Looschelders | Schuldrecht Besonderer Teil

Schuldrecht

Besonderer Teil

von

Dr. Dirk Looschelders

Professor an der Universität Düsseldorf

7., neu bearbeitete Auflage

Verlag Franz Vahlen München 2012

www.vahlen.de

ISBN 978 3 8006 4280 9

Wilhelmstraße 9, 80801 München

Satz und Druck: Druckerei C. H. Beck, Nördlingen
Umschlagkonzeption: Martina Busch, Grafikdesign, Fürstenfeldbruck

Gedruckt auf säurefreiem, alterungsbeständigem Papier
(hergestellt aus chlorfrei gebleichtem Zellstoff)

Vorwort

Die Neuauflage bringt das Lehrbuch auf den Stand von Anfang Januar 2012. Im Vordergrund stand die Einarbeitung der aktuellen Rechtsprechung und Literatur. Besonders hervorzuheben ist dabei das Urteil des EuGH v. 16. 6. 2011 (Rs. C-65/09 und C-87/09) zur Reichweite des Anspruchs auf Nachlieferung und zum Einwand der absoluten Unverhältnismäßigkeit beim Verbrauchsgüterkauf. Die am 23. 1. 2011 in Kraft getretene Novellierung der Vorschriften über Teilzeit-Wohnrechte war schon in der 6. Auflage berücksichtigt. Darüber hinaus wurde das Werk in allen Teilen durchgesehen und überarbeitet. Den Lesern der Vorauflage danke ich herzlich für zahlreiche wertvolle Anregungen und Hinweise. Zuschriften erreichen mich am besten unter meiner E-Mail-Adresse Dirk.Looschelders@uni-duesseldorf.de. Großer Dank gebührt auch meinen Mitarbeiterinnen und Mitarbeitern, die durch ihren Einsatz die pünktliche Fertigstellung der Neuauflage ermöglicht haben.

Düsseldorf, im Januar 2012 *Dirk Looschelders*

Aus dem Vorwort zur 1. Aufl. (2007)

Fünf Jahre nach dem Erscheinen meines Lehrbuchs zum Allgemeinen Teil des Schuldrechts kann nun auch der Besondere Teil vorgelegt werden. Die Grundkonzeption stimmt mit dem ersten Band überein. Wichtigstes Anliegen bleibt, den Studierenden die Systematik des Schuldrechts prägnant und verständlich nahe zu bringen. Daher habe ich mich bei den vertraglichen Schuldverhältnissen besonders darum bemüht, die Verbindungen mit dem allgemeinen Leistungsstörungsrecht herauszuarbeiten.

Das vorliegende Werk beruht auf meiner Vorlesung zum Besonderen Schuldrecht. Es enthält wieder zahlreiche Beispielsfälle, die überwiegend der Rechtsprechung entnommen wurden. Den Studierenden soll damit verdeutlicht werden, in welcher Form die erörterten Probleme bei der Fallbearbeitung relevant werden können. Davon abgesehen ist das geltende Recht in wesentlichen Bereichen (insbesondere im Bereicherungs- und Deliktsrecht) von der Rechtsprechung so stark ausgeformt worden, dass eine genaue Kenntnis der einschlägigen Leitentscheidungen unerlässlich erscheint.

Bei der Ausarbeitung des Werkes haben mich meine Mitarbeiterinnen und Mitarbeiter in vielfältiger Weise unterstützt. Mein besonderer Dank gilt meinen Assistentinnen Christina Bruns, Hannah Gesing, Astrid Götz und Véronique Wagner, den studentischen Hilfskräften Mark Makowsky, Kirstin Smarowos und Bianca Walther sowie meiner Sekretärin Bettina Jensen. Aus dem Kreis meiner ehemaligen Mitarbeiterinnen und Mitarbeiter sind Herr Rechtsreferendar Marco Becker, Frau Dr. Sabine Boos, Herr Ass. Prof. Thomas B. Schäfer (Tohoku Universität Sendai) und meine Sekretärin Gabriele Krüger hervorzuheben.

Düsseldorf, im Januar 2007 *Dirk Looschelders*

Inhaltsübersicht

Inhaltsverzeichnis

Abkürzungsverzeichnis

aA	anderer Ansicht
aaO	am angegebenen Ort
abl.	ablehnend
ABl. EG	Amtsblatt der Europäischen Gemeinschaft
ABl. EU	Amtsblatt der Europäischen Union
Abs.	Absatz
abw.	abweichend
AbzG	Abzahlungsgesetz
AcP	Archiv für die civilistische Praxis
aE	am Ende
aF	alte Fassung
AEG	Allgemeines Eisenbahngesetz
AEUV	Vertrag über die Arbeitsweise der Europäischen Union
AG	Aktiengesellschaft, Amtsgericht
AGB	Allgemeine Geschäftsbedingungen
AGBG	Gesetz zur Regelung des Rechts der Allgemeinen Geschäftsbedingungen
AGG	Allgemeines Gleichbehandlungsgesetz
AKB	Allgemeine Bedingungen für die Kraftfahrtversicherung
AktG	Aktiengesetz
Alt.	Alternative
AMG	Arzneimittelgesetz
Anh.	Anhang
Anm.	Anmerkung
AnwKomm	Anwaltkommentar BGB
AP	Arbeitsrechtliche Praxis (Entscheidungssammlung)
ArbG	Arbeitsgericht
AT	Allgemeiner Teil
AtomG	Atomgesetz
Aufl.	Auflage
ausf.	ausführlich
BAG	Bundesarbeitsgericht
BAGE	Entscheidungen des Bundesarbeitsgerichts
BayObLG	Bayerisches Oberstes Landesgericht
BB	Betriebs-Berater (Zeitschrift)
BBergG	Bundesberggesetz
Bd.	Band
Begr.	Begründung
Beil.	Beilage
BJagdG	Bundesjagdgesetz
betr.	betrifft
BeurkG	Beurkundungsgesetz
BGB	Bürgerliches Gesetzbuch
BGB-InfoV	Verordnung über Informationspflichten nach bürgerlichem Recht
BGBl.	Bundesgesetzblatt
BGH	Bundesgerichtshof
BGHSt	Entscheidungen des Bundesgerichtshofs in Strafsachen
BGHZ	Entscheidungen des Bundesgerichtshofs in Zivilsachen
BNotO	Bundesnotarordnung
BT	Besonderer Teil
BT-Drs.	Drucksachen des Deutschen Bundestages
BVerfG	Bundesverfassungsgericht
BVerfGE	Entscheidungen des Bundesverfassungsgerichts

c. i. c. .... culpa in contrahendo
CISG .... Wiener UN-Übereinkommen über Verträge über den internationalen Warenkauf

DB .... Der Betrieb (Zeitschrift)
ders. .... derselbe
dies. .... dieselbe(n)
DJT .... Deutscher Juristentag
DNotZ .... Deutsche Notarzeitschrift

E-Commerce-RL . Richtlinie der EG v. 17. 7. 2000 über den elektronischen Rechtsverkehr
EFZG .... Entgeltfortzahlungsgesetz
EGBGB .... Einführungsgesetz zum Bürgerlichen Gesetzbuch
EGMR .... Europäischer Gerichtshof für Menschenrechte
EGV .... EG-Vertrag
EMRK .... Europäische Konvention zum Schutz der Menschenrechte und Grundfreiheiten
EnergieWiG .... Energiewirtschaftsgesetz
ErbbauRG .... Gesetz über das Erbbaurecht (früher ErbbauVO)
ErbbauVO .... Verordnung über das Erbbaurecht (jetzt ErbbauRG)
EuGH .... Gerichtshof der Europäischen Gemeinschaften
EuZW .... Europäische Zeitschrift für Wirtschaftsrecht
EWiR .... Entscheidungen zum Wirtschaftsrecht
EzA .... Entscheidungen zum Arbeitsrecht

FamFG .... Gesetz über das Verfahren in Familiensachen und in Angelegenheiten der freiwilligen Gerichtsbarkeit
FamRZ .... Zeitschrift für das gesamte Familienrecht
FernAbsG .... Fernabsatzgesetz
FernAbs-RL .... Richtlinie der EG v. 20. 5. 1997 über den Verbraucherschutz bei Vertragsabschlüssen im Fernabsatz
FernUG .... Fernunterrichtsgesetz
ff. .... folgende
FGG .... Gesetz über die Angelegenheiten der freiwilligen Gerichtsbarkeit
Fn. .... Fußnote
FVE .... Sammlung fremdenverkehrsrechtlicher Entscheidungen

GBO .... Grundbuchordnung
GbR .... Gesellschaft bürgerlichen Rechts
gem. .... gemäß
GenTG .... Gentechnikgesetz
GewO .... Gewerbeordnung
GG .... Grundgesetz für die Bundesrepublik Deutschland
GKG .... Gerichtskostengesetz
GmbH .... Gesellschaft mit beschränkter Haftung
GmbHG .... Gesetz betreffend die Gesellschaft mit beschränkter Haftung
GPR .... Zeitschrift für Gemeinschaftsprivatrecht
GPSG .... Geräte- und Produktsicherheitsgesetz
GrS .... Großer Senat
GRUR .... Gewerblicher Rechtsschutz und Urheberrecht
GS .... Gedächtnisschrift
GVG .... Gerichtsverfassungsgesetz
GWG .... Gesetz gegen Wettbewerbsbeschränkungen

HausTW-RL ...... Richtlinie der EG v. 10. 12. 1985 betreffend den Verbraucherschutz im Falle von außerhalb von Geschäftsräumen geschlossenen Verträgen
HGB .... Handelsgesetzbuch
Hk-BGB .... Handkommentar zum Bürgerlichen Gesetzbuch
HKK .... Historisch-kritischer Kommentar zum BGB

hL .... herrschende Lehre
hM .... herrschende Meinung
HPflG .... Haftpflichtgesetz
HRR .... Höchstrichterliche Rechtsprechung
HWiG .... Haustürwiderrufsgesetz

idR .... in der Regel
iE .... im Ergebnis
ieS .... im engeren Sinne
insbes. .... insbesondere
InsO .... Insolvenzordnung
IPRax .... Praxis des Internationalen Privat- und Verfahrensrechts
iSd .... im Sinne der (des)
iVm .... in Verbindung mit
iwS .... im weiteren Sinne

JA .... Juristische Arbeitsblätter
Jb. J.ZivRWiss. .... Jahrbuch Junger Zivilrechtswissenschaftler
JR .... Juristische Rundschau
juris-PK .... juris Praxiskommentar BGB
JuS .... Juristische Schulung
JZ .... Juristenzeitung

Kap. .... Kapitel
KF .... Karlsruher Forum
KG .... Kammergericht
KO .... Konkursordnung
krit. .... kritisch
KSchG .... Kündigungsschutzgesetz
KUG .... Kunsturhebergesetz
KWG .... Kreditwesengesetz

LAG .... Landesarbeitsgericht
LadSchlG .... Ladenschlussgesetz
lat. .... latein(isch)
lit. .... Buchstabe (litera)
LM .... Lindenmaier-Möhring, Nachschlagewerk des BGH
LMK .... Kommentierte BGH-Rechtsprechung Lindenmaier-Möhring
LPartG .... Gesetz über die Eingetragene Lebenspartnerschaft
LuftVG .... Luftverkehrsgesetz

m. Anm. .... mit Anmerkung
MDR .... Monatsschrift für Deutsches Recht
Mot. .... Motive zum Entwurf eines Bürgerlichen Gesetzbuches
MüKoBGB .... Münchener Kommentar zum Bürgerlichen Gesetzbuch
MüKoZPO .... Münchener Kommentar zur Zivilprozessordnung
mwN .... mit weiteren Nachweisen

NJW .... Neue Juristische Wochenschrift
NJW-RR .... Neue Juristische Wochenschrift – Rechtsprechungsreport
NK-BGB .... Nomos Kommentar zum Bürgerlichen Gesetzbuch
n. v. .... nicht veröffentlicht
NVwZ .... Neue Zeitschrift für Verwaltungsrecht
NZA .... Neue Zeitschrift für Arbeitsrecht

OHG .... Offene Handelsgesellschaft
OLG .... Oberlandesgericht

OLG-VertrÄndG Gesetz zur Änderung des Rechts der Vertretung durch Rechtsanwälte vor den Oberlandesgerichten v. 23. 7. 2002
österr. .... österreichische

PatG .... Patentgesetz
PBefG .... Personenbeförderungsgesetz
PflVersG .... Gesetz über die Pflichtversicherung für Kraftfahrzeughalter
ProdHaftG .... Produkthaftungsgesetz
Prot. .... Protokoll(e)
PSG .... Produktsicherheitsgesetz
PStG .... Personenstandsgesetz
pVV .... positive Vertragsverletzung
PWW .... Prütting/Wegen/Weinreich, BGB Kommentar

RabelsZ .... Rabels Zeitschrift für ausländisches und europäisches Privatrecht
RegE .... Regierungsentwurf
RG .... Reichsgericht
RGBl. .... Reichsgesetzblatt
RGRK .... Das Bürgerliche Gesetzbuch mit besonderer Berücksichtigung der Rechtsprechung des Reichsgerichts und des Bundesgerichtshofes, Kommentar, hrsg. von Reichsgerichtsräten und Bundesrichtern (Reichsgerichtsrätekommentar)
RGZ .... Entscheidungen des Reichsgerichts in Zivilsachen
Rn. .... Randnummer
RPfleger .... Der Deutsche Rechtspfleger
RPflG .... Rechtspflegergesetz
RRa .... Reiserecht aktuell
Rspr. .... Rechtsprechung
RVO .... Reichsversicherungsordnung

S. .... Seite; Satz
s. .... siehe
SAT .... Looschelders, Schuldrecht Allgemeiner Teil, 9. Aufl. 2011
Sec. .... Section
Slg. .... Sammlung
2. SchadRÄndG .. Zweites Gesetz zur Änderung schadensersatzrechtlicher Vorschriften v. 19. 7. 2002
ScheckG .... Scheckgesetz
SchuldRModG .... Gesetz zur Modernisierung des Schuldrechts v. 26. 11. 2001
SchwArbG .... Schwarzarbeitsgesetz
SGB .... Sozialgesetzbuch
Slg. .... Sammlung
sog. .... so genannt
st. .... ständig
StAZ .... Das Standesamt (Zeitschrift)
StGB .... Strafgesetzbuch
StHG .... Staatshaftungsgesetz v. 26. 6. 1981
str. .... streitig
StVG .... Straßenverkehrgesetz
StVO .... Straßenverkehrsordnung
SZ .... Zeitschrift der Savigny-Stiftung für Rechtsgeschichte

TzWRG .... Teilzeit-Wohnrechtegesetz

u. a. .... unter anderem
Uabs. .... Unterabsatz
UKlaG .... Unterlassungsklagengesetz
Unidroit .... Internationales Institut für die Vereinheitlichung des Privatrechts

UrhG .... Urhebergesetz
uU .... unter Umständen
UWG .... Gesetz gegen den unlauteren Wettbewerb

VAG .... Versicherungsaufsichtsgesetz
VerbrKauf-RL .... Richtlinie der EG v. 25. 5. 1999 zu bestimmten Aspekten des Verbrauchsgüterkaufs und der Garantien für Verbrauchsgüter
VerbrKrG .... Verbraucherkreditgesetz
VersR .... Versicherungsrecht (Zeitschrift)
VOB .... Vergabe- und Vertragsordnung für Bauleistungen
Vorbem. .... Vorbemerkung
VRS .... Verkehrsrechts-Sammlung
VVG .... Gesetz über den Versicherungsvertrag

WEG .... Wohnungseigentumsgesetz
WG .... Wechselgesetz
WHG .... Wasserhaushaltsgesetz
WiStG .... Gesetz zur weiteren Vereinfachung des Wirtschaftsstrafrechts (Wirtschaftsstrafgesetz)
WM .... Wertpapiermitteilungen (Zeitschrift)
WoVermittG ...... Wohnungsvermittlungsgesetz
WpHG .... Gesetz über den Wertpapierhandel (Wertpapierhandelsgesetz)
WRP .... Wettbewerb in Recht und Praxis (Zeitschrift)
WuM .... Wohnungswirtschaft und Mietrecht

ZAG .... Zahlungsdiensteaufsichtsgesetz
zB .... zum Beispiel
ZBB .... Zeitschrift für Bankrecht und Bankwirtschaft
ZEuP .... Zeitschrift für Europäisches Privatrecht
ZfA .... Zeitschrift für Arbeitsrecht
ZfS .... Zeitschrift für Schadensrecht
ZGR .... Zeitschrift für Unternehmens- und Gesellschaftsrecht
ZGS .... Zeitschrift für das gesamte Schuldrecht
ZHR .... Zeitschrift für das gesamte Handels- und Wirtschaftsrecht
ZIP .... Zeitschrift für Wirtschaftsrecht
ZMR .... Zeitschrift für Miet- und Raumrecht
ZNR .... Zeitschrift für Neuere Rechtsgeschichte
ZPO .... Zivilprozessordnung
ZRP .... Zeitschrift für Rechtspolitik
ZVG .... Gesetz über die Zwangsversteigerung und die Zwangsverwaltung
ZVglRWiss .... Zeitschrift für vergleichende Rechtswissenschaft
ZZP .... Zeitschrift für Zivilprozess

Schrifttum (Auswahl)

Im Text werden die aufgeführten Werke in abgekürzter Form zitiert.

I. Lehrbücher und Fallsammlungen

1. Schuldrecht (Schwerpunkt: Besonderer Teil)

Brox/Walker Allgemeines Schuldrecht, 35. Aufl. 2011; Besonderes Schuldrecht, 35. Aufl. 2011.

Buck-Heeb Examens-Repetitorium Besonderes Schuldrecht/2, Gesetzliche Schuldverhältnisse, 3. Aufl. 2010.

Emmerich BGB Schuldrecht, Besonderer Teil, 12. Aufl. 2009.

Enneccerus/Lehmann Recht der Schuldverhältnisse, 15. Aufl. 1958.

Esser/Weyers Schuldrecht, Bd. II, Besonderer Teil, Teilband 1, 8. Aufl. 1998; Teilband 2, 8. Aufl. 2000.

Fezer Klausurenkurs zum Schuldrecht Besonderer Teil, 7. Aufl. 2009.

Fikentscher/Heinemann Schuldrecht, 10. Aufl. 2006.

Gursky Schuldrecht Besonderer Teil, 5. Aufl. 2005.

Harke Allgemeines Schuldrecht, 2010; Besonderes Schuldrecht, 2011.

Hirsch Besonderes Schuldrecht, 2007.

Huber/Bach Examens-Repetitorium Besonderes Schuldrecht/1, Vertragliche Schuldverhältnisse, 3. Aufl. 2011.

Kittner Schuldrecht, 3. Aufl. 2003.

Köhler/Lorenz Schuldrecht II (PdW Bd. 3), 18. Aufl. 2007.

Kötz Vertragsrecht, 2009.

Larenz Lehrbuch des Schuldrechts, Allgemeiner Teil, 14. Aufl. 1987; Besonderer Teil, Halbband 1, 13. Aufl. 1986.

Larenz/Canaris Lehrbuch des Schuldrechts, Besonderer Teil, Halbband 2, 13. Aufl. 1994.

Lorenz/Riehm Lehrbuch zum neuen Schuldrecht, 2002.

Marburger/Sutschet 20 Probleme aus dem Schuldrecht Besonderer Teil I, 6. Aufl. 2006.

Medicus Gesetzliche Schuldverhältnisse, 5. Aufl. 2007.

Medicus/Lorenz Schuldrecht Bd. I, Allgemeiner Teil, 19. Aufl. 2010.

Medicus/Lorenz Schuldrecht Bd. II, Besonderer Teil, 15. Aufl. 2010.

Oechsler Vertragliche Schuldverhältnisse, 2. Aufl. 2007.

Oetker/Maultzsch Vertragliche Schuldverhältnisse, 3. Aufl. 2007.

Peifer Schuldrecht – Gesetzliche Schuldverhältnisse, 2. Aufl. 2010.

Röthel Schuldrecht BT/2, Gesetzliche Schuldverhältnisse, 2009.

Schellhammer Schuldrecht nach Anspruchsgrundlagen, 8. Aufl. 2011.

Schlechtriem/Schmidt-Kessel Schuldrecht, Besonderer Teil, 6. Aufl. 2003.

Schwab/Witt Examenswissen zum neuen Schuldrecht, 2. Aufl. 2003.

Schwarz/Wandt Gesetzliche Schuldverhältnisse, 4. Aufl. 2011.

Sutschet 20 Probleme aus dem Schuldrecht Besonderer Teil II, 2008.

Teichmann Vertragliches Schuldrecht, 4. Aufl. 2008.

Tonner Schuldrecht – Vertragliche Schuldverhältnisse, 2. Aufl. 2010.

Wieling/Finkenauer Fälle zum Besonderen Schuldrecht, 6. Aufl. 2007.

*Wörlen/Metzler-Müll*er Schuldrecht BT, 10. Aufl. 2011.

2. Sonstige Gebiete

Baur/Stürner Sachenrecht, 18. Aufl. 2009.
Becker Fälle zum Zivilrecht für Fortgeschrittene, 2008.
Brox/Henssler Handelsrecht, 20. Aufl. 2009.
Brox/Walker Allgemeiner Teil des BGB, 35. Aufl. 2011.
Canaris Handelsrecht, 24. Aufl. 2006.
Flume Allgemeiner Teil des Bürgerlichen Rechts, Bd. 2, 4. Aufl. 1992.
Grunewald Bürgerliches Recht, 8. Aufl. 2009.
Hübner/Constantinesco Einführung in das französische Recht, 4. Aufl. 2001.
Kaser/Knütel Römisches Privatrecht, 19. Aufl. 2008.
Köhler Allgemeiner Teil des BGB, 35. Aufl. 2011.
Larenz/Wolf Allgemeiner Teil des bürgerlichen Rechts, 9. Aufl. 2004.
Looschelders/Roth Juristische Methodik im Prozeß der Rechtsanwendung, 1996.
Medicus Grundwissen zum Bürgerlichen Recht, 8. Aufl. 2008.
Medicus/Petersen Bürgerliches Recht, 23. Aufl. 2011.
Musielak Grundkurs BGB, 12. Aufl. 2011.
Musielak Examenskurs BGB, 2. Aufl. 2010.
Oetker Handelsrecht, 6. Aufl. 2010.
Olzen/Wank Zivilrechtliche Klausurenlehre mit Fallrepetitorium, 6. Aufl. 2010.
Pawlowski Allgemeiner Teil des BGB, 7. Aufl. 2003.
Schwab/Löhnig Einführung in das Zivilrecht, 18. Aufl. 2010.
Schwab/Löhnig Falltraining im Zivilrecht, 4. Aufl. 2010.
Vieweg/Werner Sachenrecht, 5. Aufl. 2011.
Wolf/Wellenhofer Sachenrecht, 26. Aufl. 2011.
Zweigert/Kötz Einführung in die Rechtsvergleichung, 3. Aufl. 1996.

II. Kommentare

AnwKomm AnwaltKommentar BGB, Bd. 2, Schuldrecht, 2005.
Bamberger/Roth Kommentar zum Bürgerlichen Gesetzbuch, 2. Aufl. 2007.
Erman Bürgerliches Gesetzbuch, Handkommentar, 13. Aufl. 2011.
Hk-BGB BGB-Handkommentar, 7. Aufl. 2012.
Jauernig Bürgerliches Gesetzbuch, 14. Aufl. 2011.
juris-PK juris Praxiskommentar BGB, 5. Aufl. 2011.
Kropholler Studienkommentar BGB, bearb. von *Jacobi* und *v. Hinden*, 13. Aufl. 2011.
Münchener Kommentar Bürgerliches Gesetzbuch, 5. Aufl. 2006 ff.; Bd. 1, 6. Aufl. 2012.
NK-BGB Nomos Kommentar BGB, Bd. 1, Allgemeiner Teil / EGBGB, 2. Aufl. 2012.
Palandt Bürgerliches Gesetzbuch, 71. Aufl. 2012.
Prütting/Wegen/Weinreich BGB Kommentar, 6. Aufl. 2011.
RGRK Das Bürgerliche Gesetzbuch, Kommentar, 12. Aufl. 1974 ff.
Soergel Bürgerliches Gesetzbuch, 13. Aufl. 1999 ff.
v. Staudinger Kommentar zum Bürgerlichen Gesetzbuch, Neubearb. 2001 ff.

Einleitung

I. Systematik des Besonderen Schuldrechts

Gegenstand des Lehrbuchs ist das **Besondere Schuldrecht**, das im Achten Abschnitt des Zweiten Buches des BGB (§§ 433–853) geregelt ist. Der Gesetzgeber hat hier einzelne Typen von Schuldverhältnissen kodifiziert, die aus seiner Sicht besonders wichtig sind. Dabei kann – entsprechend den Entstehungsgründen (dazu SAT Rn. 89) – zwischen rechtsgeschäftlichen und gesetzlichen Schuldverhältnissen unterschieden werden. 1

1. Rechtsgeschäftliche Schuldverhältnisse

Bei den **rechtsgeschäftlichen** Schuldverhältnissen steht der **Vertrag** als Entstehungsgeschäft im Vordergrund. Eine Ausnahme bildet die Auslobung (§ 657), die auf einem einseitigen Rechtsgeschäft beruht (→ Rn. 782 ff.). 2

Im Rahmen der vertraglichen Schuldverhältnisse kann man sich bei der weiteren Systematisierung an der Art der **Leistung** orientieren, welche für das jeweilige Schuldverhältnis **charakteristisch** ist. Hiernach lassen sich sieben große Gruppen von Vertragstypen unterscheiden.

Eine erste Gruppe von Vertragstypen ist auf die dauerhafte Übertragung einer Sache, eines Rechts oder eines sonstigen Gegenstandes gerichtet. Man spricht daher von **Veräußerungsverträgen.**[1] Im Vordergrund steht der Kaufvertrag (§§ 433–479). Zu den Veräußerungsverträgen zählen aber auch Tausch (§ 480) und Schenkung (§§ 516–534). Darüber hinaus hat der Gesetzgeber bei der Schuldrechtsreform (SAT Rn. 44 ff.) die Regelungen über Teilzeit-Wohnrechteverträge im Zusammenhang mit den Veräußerungsverträgen in das BGB aufgenommen (§§ 481–487), weil es sich hier um eine besondere Ausprägung des Rechtskaufs handeln soll (→ Rn. 296 ff.). 3

Bei der zweiten Gruppe von Vertragstypen geht es um die vorübergehende Überlassung eines Gegenstandes (sog. **Überlassungsverträge**). Dazu gehören insbesondere der Mietvertrag (§§ 535–580 a), der Pachtvertrag (§§ 581–597) und die Leihe (§§ 598–606). Zu den Überlassungsverträgen wird traditionell aber auch das Darlehen gezählt, das früher in den §§ 607–610 geregelt war. Seit der Schuldrechtsreform findet sich hier nur noch das praktisch wenig bedeutsame Sachdarlehen; das Gelddarlehen ist dagegen gemeinsam mit den Vorschriften über Verbraucherkredite in den §§ 488–507 geregelt worden. Da die Einordnung des Gelddarlehens bei den Überlassungsverträgen auch inhaltlich überholt erscheint, soll es seiner neuen systematischen Stellung entsprechend im Zusammenhang mit den Veräußerungsverträgen behandelt werden. 4

Zu der dritten Gruppe gehören alle Verträge, die auf die Ausführung einer Tätigkeit gerichtet sind (sog. **Tätigkeitsverträge**). Repräsentativ sind der Dienstvertrag (§§ 611–630) und der Werkvertrag (§§ 631–651), welcher im Reisevertrag (§§ 651 a–651 m) eine besondere Ausprägung findet. Zu nennen sind außerdem der Maklerver- 5

1 Vgl. *Oetker/Maultzsch* § 1 Rn. 17.

trag (§§ 652–656), die Auslobung (§§ 657–661 a), Auftrag und Geschäftsbesorgung (§§ 662–676 h) sowie die Verwahrung (§§ 688–700). Im Anschluss an die Verwahrung hat der Gesetzgeber wegen des sachlichen Zusammenhangs die Einbringung von Sachen bei Gastwirten (§§ 701–704) geregelt. Dogmatisch ist dies ein Fremdkörper, weil es sich um ein gesetzliches Schuldverhältnis handelt (→ Rn. 911).

6 Die vierte Gruppe erfasst mit der Gesellschaft bürgerlichen Rechts (§§ 705–740) und der Gemeinschaft nach Bruchteilen (§§ 741–758) Schuldverhältnisse, die durch das **Zusammenwirken** mehrerer Personen geprägt sind.[2] Dabei zählt allerdings nur die *BGB-Gesellschaft* zu den vertraglichen Schuldverhältnissen; die *Gemeinschaft* ist dagegen den gesetzlichen Schuldverhältnissen zuzurechnen.[3] Da die BGB-Gesellschaft in den Lehrbüchern zum Gesellschaftsrecht ausführlich behandelt wird und die Gemeinschaft nach Bruchteilen vor allem außerhalb des Schuldrechts (nämlich im Sachenrecht sowie im Familien- und Erbrecht) Bedeutung gewinnt,[4] soll auf diese beiden Schuldverhältnisse hier nicht weiter eingegangen werden.

7 In der fünften Gruppe geht es um **Verträge über ein Risiko**. Dazu gehören die Leibrente (§§ 759–761), Spiel, Wette (§ 762), Lotterie- und Ausspielvertrag (§ 763) sowie der außerhalb des BGB – nämlich im VVG – geregelte und praktisch sehr wichtige Versicherungsvertrag.[5]

8 Die sechste Gruppe erfasst Verträge zur **Sicherung und Feststellung von Forderungen**. Dazu gehören die Bürgschaft (§§ 765–778),[6] der Vergleich (§ 779) sowie Schuldversprechen und Schuldanerkenntnis (§§ 780–782).

9 Die Vertragstypen der siebenten Gruppe – Anweisung (§§ 783–792) und Inhaberschuldverschreibung (§§ 793–808) – sind dem **Wertpapierrecht** zuzuordnen und werden daher in den einschlägigen Lehrbüchern behandelt.[7]

2. Gesetzliche Schuldverhältnisse

10 Mit der **ungerechtfertigten Bereicherung** (§§ 812–822) und den **unerlaubten Handlungen** (§§ 823–853) finden sich die beiden wichtigsten gesetzlichen Schuldverhältnisse am Schluss des Zweiten Buches des BGB. Hinzu kommt vor allem die **Geschäftsführung ohne Auftrag** (§§ 677–687), die wegen des engen Zusammenhangs mit dem Auftrag und dem Geschäftsbesorgungsvertrag im Anschluss an diese Vertragstypen geregelt worden ist.

---

2 Vgl. *Medicus/Lorenz*, Schuldrecht II, Rn. 961.

3 Zur Qualifikation der Gemeinschaft als gesetzliches Schuldverhältnis vgl. Staudinger/*Langhein* (2008) § 741 Rn. 275. Zur dogmatischen Einordnung der Gemeinschaft s. auch BGHZ 62, 243 (246): Gemeinschaft als »Quelle gesetzlicher Schuldverhältnisse«.

4 Zum Anwendungsbereich der §§ 741 ff. s. Staudinger/*Langhein* (2008) § 741 Rn. 21 ff.

5 Zur historischen Verwandtschaft des Versicherungsvertrags mit Spiel und Wette vgl. *Looschelders*, VersR 1996, 529 ff. Das Versicherungsvertragsrecht gehört zwar zum Schuldrecht; es handelt sich aber um eine eigenständige Materie, die in gesonderten Lehrbüchern (zB *Looschelders/Paffenholz*, Versicherungsvertragsrecht, 2011; *Wandt*, Versicherungsrecht, 5. Aufl. 2010) behandelt wird (vgl. aber auch *Medicus/Lorenz*, Schuldrecht II, Rn. 1032 ff.; *Harke*, Schuldrecht BT, Rn. 168 ff.).

6 Vgl. *Emmerich*, Schuldrecht BT, § 14 Rn. 1; für Zuordnung der Bürgschaft zu den Verträgen über ein Risiko *Medicus/Lorenz*, Schuldrecht II, Rn. 11.

7 Vgl. etwa *Brox/Henssler*, Handelsrecht, § 36 Rn. 602 ff.

II. Atypische und gemischte Verträge

Da die Parteien im Rahmen der **Privatautonomie** frei sind, den Inhalt des Schuldverhältnisses selbst festzulegen (dazu SAT Rn. 33), können sie den Vertrag auch so ausgestalten, dass er Elemente aus mehreren gesetzlich geregelten Vertragstypen enthält (gemischter Vertrag) oder überhaupt keinem solchen Typ entspricht (atypischer Vertrag).[8] 11

Bei den **gemischten Verträgen** lassen sich zwei Grundformen unterscheiden: die Typenkombination und die Typenverschmelzung. 12

Bei der **Typenkombination** werden im Allgemeinen die *charakteristischen Leistungen* mehrerer Vertragstypen miteinander *kombiniert*. So setzt sich die Leistungspflicht des Hoteliers beim **Beherbergungsvertrag** (→ Rn. 911) aus Elementen der Miete (Hotelzimmer), des Dienstvertrages (Service) sowie des Kauf- oder Werkvertrages (zB Verköstigung) zusammen.[9] Die hM behandelt solche Verträge nach der *Trennungs- und Kombinationstheorie*, wonach jede einzelne Leistung nach den Regeln des jeweils einschlägigen Vertragstyps zu beurteilen ist.[10]

Entsprechendes gilt, wenn die Typenkombination in der Vereinbarung einer **anderstypischen Gegenleistung** besteht.[11]

> **Beispiel:** Vermieter V zahlt dem Hausmeister H für seine Dienste (§§ 611 ff.) keine Vergütung in Geld, sondern überlässt ihm stattdessen im Haus eine Wohnung.[12]

In manchen Fällen werden die charakteristischen Leistungen mehrerer Vertragstypen nicht nur kombiniert, sondern geradezu miteinander **verschmolzen**. Paradebeispiel ist die *gemischte Schenkung* (→ Rn. 331 ff.), bei der der Empfänger die Zuwendung teils unentgeltlich und teils entgeltlich (wie beim Kauf) erhält. Da die Trennungs- und Kombinationstheorie in solchen Fällen zumindest bei unteilbaren Leistungen schwer durchführbar ist, tendiert die hM zur *Einheits- oder Absorptionstheorie*. Maßgeblich sind danach allein die Vorschriften über den »dominierenden« Vertragstyp; die Elemente der übrigen Typen werden »absorbiert«.[13] Generelle Leitlinien lassen sich jedoch nicht festlegen. Die Lösung muss letztlich immer anhand der Wertungen der jeweils einschlägigen Vorschriften entwickelt werden. 13

Einige der gemischten Verträge haben in der **Vertragspraxis** eine gewisse Typisierung erfahren. Dies gilt vor allem für die modernen Vertragstypen *Factoring* (→ Rn. 224 ff.) und *Leasing* (→ Rn. 509 ff.).

Atypische Verträge sind dadurch gekennzeichnet, dass sie sich weder einem gesetzlich geregelten Vertragstyp zuordnen noch als Kombination bzw. Mischung mehrerer solcher Typen verstehen lassen. Der Inhalt solcher Verträge richtet sich in erster Linie nach den Parteivereinbarungen. Daneben sind aber auch die Vorschriften des Allgemeinen Teils des BGB und des Allgemeinen Schuldrechts heranzuziehen. 14

---

8 Zu dieser Unterscheidung *Larenz/Canaris*, Schuldrecht II/2, § 63; *Medicus/Lorenz*, Schuldrecht II, Rn. 1078 ff.; *Oetker/Maultzsch* § 16 Rn. 1 ff.
9 Vgl. Palandt/*Sprau* Einf. vor § 701 Rn. 3.
10 Vgl. *Medicus/Lorenz*, Schuldrecht II, Rn. 1080.
11 *Oetker/Maultzsch* § 16 Rn. 15 f.
12 *Medicus/Lorenz*, Schuldrecht II, Rn. 1085.
13 *Larenz/Canaris*, Schuldrecht II/2, § 63 I 3 a; *Oetker/Maultzsch* § 16 Rn. 21.

Beispiele: Garantievertrag als Instrument zur Sicherung von Forderungen. Demgegenüber wird die Garantie für die Beschaffenheit oder Haltbarkeit einer Sache seit der Schuldrechtsreform wenigstens erwähnt (§§ 443, 477); für die inhaltliche Ausgestaltung einer solchen Garantie gibt es aber nach wie vor kaum Vorgaben (→ Rn. 165 ff.).[14]

Literatur: *Stoffels*, Gesetzlich nicht geregelte Schuldverträge, 2001.

14 Zur Garantie vgl. ausführlich *Larenz/Canaris*, Schuldrecht II/2, § 64.

1. Teil. Veräußerungs- und Kreditverträge

Die traditionellen **Veräußerungsverträge** sind Kauf, Tausch und Schenkung. Gemeinsam ist diesen Verträgen, dass sie auf die dauerhafte Übertragung eines Gegenstandes gerichtet sind. Als moderner Vertragstyp ist der Teilzeit-Wohnrechte-Vertrag (§§ 481 ff.) hinzugekommen, der freilich nicht durchweg als Veräußerungsvertrag qualifiziert werden kann (→ Rn. 296 ff.). Praktisch wichtigster Vertragstyp ist der Kauf. 15

1. Abschnitt. Der Kaufvertrag

§ 1 Grundlagen

I. Schuldrechtsreform und Verbrauchsgüterkaufrichtlinie

Der Kaufvertrag ist in den §§ 433–479 geregelt. Die Vorschriften sind bei der **Schuldrechtsreform** von 2001 (dazu SAT Rn. 44 ff.) völlig neu gefasst worden. Die Neuregelung diente der Umsetzung der Richtlinie 1999/44/EG v. 25. 5. 1999 zu bestimmten Aspekten des Verbrauchsgüterkaufs und der Garantien für Verbrauchsgüter (**VerbrKauf-RL**). Indessen wird nur ein Kernbereich durch die Richtlinie zwingend vorgegeben. Sie betrifft nämlich nur solche Kaufverträge, die zwischen einem Verbraucher und einem Unternehmer geschlossen werden, also nicht all die Kaufverträge, bei denen auf beiden Seiten ein Unternehmer oder ein Verbraucher steht. Auch für den Verbrauchsgüterkauf wird im Übrigen nur gefordert, dass die Gewährleistungsvorschriften ieS (Mangelbegriff, Rücktritt und Minderung) sowie die darauf bezogenen Verjährungsvorschriften in einem bestimmten Sinne zu regeln sind; der (praktisch sehr relevante) Schadensersatzanspruch des Käufers gegen den Verkäufer wird von der Richtlinie dagegen nicht erfasst. 16

Der Gesetzgeber wäre nach allem nicht gehindert gewesen, sich auf punktuelle Änderungen zu beschränken (sog. kleine Lösung). Er hat sich jedoch zu einer umfassenden Reform (sog. große Lösung) entschieden. Ziel war die **Schaffung eines einheitlichen** (dh nicht zwischen Verbrauchsgüterkäufen und sonstigen Kaufverträgen differenzierenden) **neuen Kaufrechts**, das an den Grundsätzen der Richtlinie ausgerichtet ist, sowie die **Angleichung von Kauf- und Werkvertrag**. Damit einher geht die **Integration der kaufrechtlichen Gewährleistung** in das allgemeine Leistungsstörungsrecht. Diese Lösung vermeidet die nach dem alten Recht immer wieder aufgetretenen Wertungswidersprüche zwischen beiden Regelungsbereichen (dazu SAT Rn 44). Sie hat aber auch zur Folge, dass man bei der Beurteilung kaufrechtlicher Fragen meist auch das allgemeine Leistungsstörungsrecht heranziehen muss. Die Rechtsanwendung ist damit nicht einfacher geworden. 17

Zur Rechtsvergleichung: Die VerbrKauf-RL ist in den einzelnen Mitgliedsstaaten der EU bzw. des EWR unterschiedlich umgesetzt worden.[1] In den meisten Staaten ist keine umfassende Reform des nationalen Kaufrechts erfolgt; vielmehr hat man sich für eine mehr oder weniger eng an der

1 Ausführlich dazu *Mansel*, AcP 204 (2004), 396 ff.

Richtlinie orientierte Sonderregelung des Verbrauchsgüterkaufs entschieden (so zB im Vereinigten Königreich sowie in Italien, Spanien und Finnland). In Österreich hat man zwar einen etwas weiter gehenden Ansatz gewählt; eine umfassende Reform des Leistungsstörungsrechts fand aber auch hier nicht statt. Insgesamt ist damit festzuhalten, dass die VerbrKauf-RL zu keiner Vereinheitlichung des Kaufrechts in Europa geführt hat.

18 Die große Lösung hat zur Folge, dass eine Vielzahl der Vorschriften des deutschen Kaufrechts auf der EG-Richtlinie beruht. Im unmittelbaren Anwendungsbereich der Richtlinie (Verbrauchsgüterkauf) ist eine **richtlinienkonforme Auslegung** europarechtlich geboten. Da eine unterschiedliche Auslegung von Kaufverträgen zwischen Verbrauchern und Unternehmern einerseits und Kaufverträgen zwischen Privaten oder zwischen Unternehmern andererseits unsachgemäß wäre, muss man sich im Zweifel aber auch außerhalb des Verbrauchsgüterkaufs an der Richtlinie orientieren.[2]

II. Systematik

19 Die allgemeinen Fragen des Kaufrechts sind in den §§ 433–452 geregelt. Diese Vorschriften beziehen sich unmittelbar nur auf den Kauf von **Sachen**; für den Kauf von **Rechten** und **sonstigen Gegenständen** verweist § 453 I aber auf die Vorschriften über den Sachkauf (vgl. → Rn. 218 ff.). Der Begriff der Sache richtet sich nach § 90. Erfasst werden also nur **körperliche Gegenstände**. Dazu gehören auch Wasser und Gas.[3] Fernwärme und Elektrizität sind dagegen sonstige Gegenstände iSd § 453.[4] Bewegliche und unbewegliche Sachen werden grundsätzlich gleich behandelt; doch finden sich für Grundstücke und eingetragene Schiffe (§ 452) Sonderregelungen (vgl. §§ 435 S. 2, 436, 438 I Nr. 1 b, II, 448 II). Für den Kauf von **Tieren** gelten die §§ 433 ff. über § 90 a S. 3 entsprechend. Das **Zubehör** der Kaufsache (§ 97) wird nach § 311 c im Zweifel vom Vertrag mit umfasst.

20 In den §§ 454–473 finden sich Vorschriften über einige **besondere Arten des Kaufs,** nämlich den Kauf auf Probe (§§ 454–455), den Wiederkauf (§§ 456–462) und den Vorkauf (§§ 463–473). Im Anschluss hieran hat der Gesetzgeber die Sonderregeln für den **Verbrauchsgüterkauf** platziert (§§ 474–479). Der **Tausch** als eine Art Sonderform des Kaufes (entgeltlicher Veräußerungsvertrag mit nicht in Geld bestehender Gegenleistung) ist in § 480 durch eine schlichte Verweisung auf die §§ 433 ff. geregelt.

III. Zustandekommen des Kaufvertrages

21 Das Zustandekommen des Kaufvertrages richtet sich nach allgemeinen Grundsätzen (§§ 145 ff.). Formzwang besteht grundsätzlich nicht. Bei Kaufverträgen über Grundstücke ist aber nach **§ 311 b I** eine notarielle Beurkundung erforderlich (dazu SAT Rn. 125 ff.).

Literatur: *Coester-Waltjen*, Der Kaufvertrag, Jura 2002, 534; *Canaris*, Die Neuregelung des Leistungsstörungs- und des Kaufrechts – Grundstrukturen und Problemschwerpunkte, in: *E. Lorenz* (Hrsg.), Karlsruher Forum 2002: Schuldrechtsmodernisierung, 2003, 5; *Glöckner*, Die Umsetzung der Verbrauchsgüterkaufrichtlinie in Deutschland und ihre Konkretisierung durch die Rechtsprechung, JZ 2007, 652; *Grunewald*, Kaufrecht, 2006; *S. Lorenz*, Fünf Jahre »neues« Schuldrecht im Spiegel der Rechtsprechung, NJW 2007, 1; *Leible*, Kaufvertrag (§§ 433 bis 480 BGB), in: *Gebauer/Wiedmann*,

2 Näher dazu *Leible*, in: *Gebauer/Wiedmann*, Zivilrecht, Kap. 10 Rn. 36.
3 Erman/*Grunewald* § 433 Rn. 11; aA Jauernig/*Berger* § 453 Rn. 11.
4 Hk-BGB/*Saenger* § 453 Rn. 3.

Zivilrecht unter europäischem Einfluss, 2. Aufl. 2010, Kap. 10 (S. 403–503); *Mansel*, Kaufrechtsreform in Europa und Dogmatik des deutschen Leistungsstörungsrechts, AcP 204 (2004), 396; *Reinicke/Tiedtke*, Der Kaufvertrag, 8. Aufl. 2009; *Röthel*, Das neue Kaufrecht in der Fallbearbeitung, Jura 2002, 62; *Tiedtke*, Zur Rechtsprechung auf dem Gebiet des Kaufrechts, JZ 2008, 395 und 452; *Westermann*, Das neue Kaufrecht, NJW 2002, 241.

§ 2 Die Pflichten des Verkäufers und des Käufers

I. Pflichten des Verkäufers

Die Hauptpflichten des Verkäufers einer Sache sind in § 433 I geregelt. Satz 1 schreibt vor, dass der Verkäufer dem Käufer die Sache zu **übergeben** und das **Eigentum an der Sache zu verschaffen** hat. 22

Ob sich die Leistungspflicht des Verkäufers beim Stückkauf auf die Freiheit der Kaufsache von Sachmängeln erstreckt, war **vor der Schuldrechtsreform** sehr umstritten. Die hM verneinte dies mit der Erwägung, dass der Verkäufer die Kaufsache nur so leisten könne (und müsse), wie sie nun einmal tatsächlich sei. Die kaufrechtliche Gewährleistung für Sachmängel (§§ 459 ff. aF) stellte sich damit beim Stückkauf als eine besondere Einstandspflicht dar, die nicht als Sanktion für die Verletzung einer Leistungspflicht verstanden werden konnte.[5] Für Rechtsmängel galten dagegen die Regeln des allgemeinen Leistungsstörungsrechts (§ 440 I aF).

§ 433 I 2 stellt demgegenüber – im Einklang mit der Richtlinie – klar, dass der Verkäufer **verpflichtet** ist, dem Käufer die Sache **frei von Sach- und Rechtsmängeln** zu verschaffen. Diese Neuorientierung hat es ermöglicht, die Lieferung einer mangelhaften Sache als **Pflichtverletzung** zu qualifizieren (vgl. SAT Rn. 493 ff.). Die Gewährleistung für Sachmängel konnte damit in das allgemeine Leistungsstörungsrecht eingegliedert werden; gleichzeitig entfiel die Notwendigkeit einer grundlegenden Differenzierung zwischen Rechts- und Sachmängeln. Schließlich konnte dem Käufer entsprechend den Vorgaben der VerbrKauf-RL ein Anspruch auf **Nacherfüllung** (Nachlieferung oder Nachbesserung) eingeräumt werden (§ 439), den das alte Recht nur beim Gattungskauf kannte (§ 480 aF). 23

Zur Wiederholung: Der Kaufvertrag ist ein Verpflichtungsgeschäft. Die Erfüllung der aus § 433 I folgenden Pflicht zur Eigentumsverschaffung erfordert zwar ebenfalls ein Rechtsgeschäft. Hierbei handelt es sich jedoch um ein dingliches Rechtsgeschäft (Verfügungsgeschäft), das nach dem Trennungs- und Abstraktionsprinzip strikt von dem zugrunde liegenden Kaufvertrag unterschieden werden muss (vgl. SAT Rn. 28).[6] So richtet sich die Übereignung beweglicher Sachen nach §§ 929 ff., die Übereignung von Grundstücken nach §§ 873, 925. Demgegenüber ist die Übergabe der Kaufsache (in Form der Verschaffung des unmittelbaren Besitzes nach § 854) ein Realakt. Die Übergabe kann bei beweglichen Sachen Bestandteil der Übereignung sein (§ 929). Dies ist aber nicht zwingend (vgl. §§ 930, 931). Bei unbeweglichen Sachen ist die Übergabe für den Eigentumsübergang irrelevant. Dies erklärt die gesonderte Anführung der Übergabepflicht in § 433 I.[7]

Den Verkäufer trifft darüber hinaus eine Vielzahl von **Nebenpflichten**, die mit Hilfe ergänzender Vertragsauslegung (§§ 133, 157) und des Grundsatzes von Treu und 24

5 Vgl. *Larenz*, Schuldrecht II/1, § 41 II e.
6 Vgl. *Petersen*, Jura 2004, 98 ff.
7 Vgl. dazu Staudinger/*Beckmann* (2004) § 433 Rn. 66 ff.

Glauben (§ 242) konkretisiert werden. Nach der Systematik des § 241 ist zwischen den leistungsbezogenen Nebenpflichten (**Nebenleistungspflichten**) nach Abs. 1 (ordnungsgemäße Instruktion, ordnungsgemäße Verpackung etc.) und den nicht leistungsbezogenen Nebenpflichten (**Schutzpflichten**) nach Abs. 2 zu unterscheiden (vgl. SAT Rn. 13, 21). Praktische Bedeutung hat diese Unterscheidung vor allem für die Frage, nach welchen Vorschriften die Rechte des Käufers bei Pflichtverletzungen des Verkäufers zu beurteilen sind (→ Rn. 31).

II. Pflichten des Käufers

25 Der Käufer ist nach § 433 II zur **Zahlung des Kaufpreises** verpflichtet. Die Erfüllung dieser Pflicht erfolgt nach §§ 929 ff. durch Übereignung des Geldes oder durch bargeldlose Zahlung (vgl. SAT Rn. 312).

26 Außerdem schreibt § 433 II dem Käufer vor, die gekaufte Sache abzunehmen. Nach allgemeinen Grundsätzen stellt die Annahme der Leistung eine bloße Obliegenheit (SAT Rn. 26) dar. Die **Abnahme der Kaufsache** ist dagegen als **echte Rechtspflicht** ausgestaltet. Bei Nichtabnahme kommt der Käufer daher nicht nur in Annahmeverzug, sondern darüber hinaus auch in Schuldnerverzug (vgl. dazu SAT Rn. 747).

Die Pflicht des Käufers zur **Zahlung des Kaufpreises** ist eine Hauptleistungspflicht, die mit der Pflicht des Verkäufers zur Übergabe und Übereignung der Kaufsache in einem **Austauschverhältnis** steht. Die §§ 320–322 (dazu SAT Rn. 347 ff.) sind insoweit also anwendbar.[8] Demgegenüber stellt die **Abnahme der Kaufsache** idR eine bloße **Nebenleistungspflicht** dar. Die Parteien können jedoch vereinbaren, dass die Abnahme eine im Austauschverhältnis stehende Hauptleistungspflicht sein soll. Hiervon ist im Wege ergänzender Vertragsauslegung (§§ 133, 157) auszugehen, wenn der Verkäufer ein gesteigertes Interesse an der Abnahme hat.[9]

27 Weitere Pflichten des Käufers sind in den §§ 446 S. 2, 448 geregelt. Nach § 446 S. 2 hat der Käufer von der Übergabe der Kaufsache an die **Lasten** der Sache (§ 103), zB bei Grundstücken die Grundsteuer, zu tragen.

Zur Vertiefung: Die Pflicht des Käufers zur Lastentragung gilt nicht für Erschließungs- und sonstige Anliegerbeiträge. Soweit die betreffenden Maßnahmen bis zum Tag des Vertragsschlusses begonnen wurden, treffen die damit verbundenen Kosten gemäß § 436 I den Verkäufer des Grundstücks, und zwar unabhängig davon, zu welchem Zeitpunkt die Beitragsschuld entsteht. Diese Sonderregelung beruht auf der Erwägung, dass der Käufer vor den oft schwer kalkulierbaren Belastungen geschützt werden soll, die mit den in Frage stehenden Beiträgen verbunden sind.[10]

28 § 448 I bürdet dem Käufer die **Kosten** der Abnahme und der Versendung der Sache nach einem anderen Ort als dem Erfüllungsort auf. Nach § 448 II fallen dem Käufer eines Grundstücks außerdem die Kosten der Beurkundung des Kaufvertrages und der Auflassung, der Eintragung ins Grundbuch sowie der zur Eintragung erforderlichen Erklärungen zur Last. All diese Regelungen sind auch beim Verbrauchsgüterkauf **dispositiv** (vgl. § 475 I).[11]

8 Vgl. *Medicus/Lorenz*, Schuldrecht II, Rn. 43.
9 Staudinger/*Beckmann* (2004) § 433 Rn. 163.
10 Staudinger/*Beckmann* (2004) § 436 Rn. 3.
11 Palandt/*Weidenkaff* § 448 Rn. 2.

Darüber hinausgehende Pflichten des Käufers können sich aus dem jeweiligen Kaufvertrag ergeben. In Betracht kommen sowohl **weitere Nebenleistungspflichten** (§ 241 I) als auch **Schutzpflichten** (§ 241 II). Die Konkretisierung erfolgt auch hier mit Hilfe ergänzender Vertragsauslegung (§§ 133, 157) und des Grundsatzes von Treu und Glauben (§ 242).

Beispiele: Den Käufer trifft die Nebenleistungspflicht (§ 241 I), den Verkäufer über die eigentliche Abnahme hinaus bei der Ablieferung der Sache zu unterstützen, zB durch Mitwirkung bei der Einholung erforderlicher Genehmigungen.[12] Hat der Käufer dem Verkäufer die gelieferte Ware wegen Mängeln zur Verfügung gestellt, so muss er sie bis zur Abholung durch den Verkäufer aufbewahren (§ 241 II).[13]

III. Haftung des Verkäufers und des Käufers für Pflichtverletzungen

1. Pflichtverletzungen des Verkäufers

Verletzt der Verkäufer seine Pflicht aus **§ 433 I 1** zur Übergabe und Übereignung der Kaufsache, so richten sich die Rechte des Käufers nach den Regeln des allgemeinen Leistungsstörungsrechts. Im Fall der **Unmöglichkeit** entfällt also die Leistungspflicht des Verkäufers (§ 275 I); der Käufer muss aber grundsätzlich auch keinen Kaufpreis zahlen (§ 326 I 1). Hat der Verkäufer die Unmöglichkeit bzw. die Unkenntnis des anfänglichen Leistungshindernisses zu vertreten, so steht dem Käufer außerdem ein Anspruch auf Schadensersatz statt der Leistung aus §§ 280 I, III, 283 bzw. § 311 a II oder auf Aufwendungsersatz (§ 284) zu. Bei einer **Verzögerung** der Leistung kann der Käufer nach §§ 280 I, II, 286 Ersatz des Verzugsschadens verlangen. Darüber hinaus steht ihm das Recht zu, nach Fristsetzung vom Vertrag zurückzutreten (§ 323) und Schadensersatz statt der Leistung zu verlangen (§§ 280 I, III, 281). Für die Einzelheiten kann auf die Darstellung des allgemeinen Leistungsstörungsrechts (SAT Rn. 437 ff.) verwiesen werden. Zu den Besonderheiten bei der Gefahrtragung → Rn. 186 ff. 29

Hat der Verkäufer dem Käufer die Sache entgegen **§ 433 I 2** nicht frei von **Sach-** und **Rechtsmängeln** verschafft, so richten sich die Rechte des Käufers aufgrund der **Verweisung durch § 437** ebenfalls weitgehend nach allgemeinem Leistungsstörungsrecht. Es gibt jedoch einige wichtige Sonderregeln, die nachfolgend (→ Rn. 82 ff.) ausführlich behandelt werden sollen. 30

Soweit es um die Verletzung sonstiger Pflichten durch den Verkäufer geht, gelten die Regeln des allgemeinen Leistungsstörungsrechts wieder unmittelbar. Bei **leistungsbezogenen Nebenpflichten** richten sich die Rechte des Käufers also nach §§ 280 I, III, 281 bzw. § 323; bei **Schutzpflichten** sind die §§ 280 I (ggf. iVm 280 III, 282) und 324 anwendbar. 31

2. Pflichtverletzungen des Käufers

Auf Seiten des Käufers besteht die wichtigste Pflichtverletzung in der **Nichtzahlung des Kaufpreises**. Da § 275 I auf Geldschulden nicht anwendbar ist (vgl. SAT Rn. 464), richten sich die Rechte des Verkäufers in diesem Fall nach den Regeln über die Verzögerung der Leistung. Der Verkäufer hat also einen Anspruch aus §§ 280 I, 32

12 Staudinger/*Beckmann* (2004) § 433 Rn. 179.
13 Erman/*Grunewald* § 433 Rn. 58.

II, 286 auf Ersatz des Verzugsschaden; er kann außerdem nach §§ 280 I, III, 281 Schadensersatz statt der Leistung verlangen und nach § 323 vom Vertrag zurücktreten. Das Gleiche gilt, wenn der Käufer die Pflicht zur **Abnahme der Kaufsache** verletzt (→ Rn. 26).[14] Da der Käufer bei Nichtabnahme der Kaufsache gleichzeitig in Annahmeverzug kommt, geht auch die Gefahr des zufälligen Untergangs auf ihn über (→ Rn. 189). Außerdem greift zugunsten des Verkäufers die Haftungserleichterung des § 300 I ein (vgl. SAT Rn. 760).

Verletzt der Käufer **leistungsbezogene Nebenpflichten** (§ 241 I) oder **Schutzpflichten** (§ 241 II), so richten sich die Rechte des Verkäufers nach §§ 280 ff. und §§ 323, 324.[15] Zu den Einzelheiten s. SAT Rn. 553 ff., 702 ff.

Literatur: *Müller/Hempel*, Nebenpflichten des Verkäufers unter besonderer Berücksichtigung der Verjährung, AcP 205 (2005), 246; *Petersen*, Das Abstraktionsprinzip, Jura 2004, 98. Vgl. auch die Nachweise zu § 1.

§ 3 Der Mangel der Kaufsache

I. Vorbemerkung: Die kaufrechtliche Gewährleistung im Überblick

33 Zentrale Voraussetzung der kaufrechtlichen Gewährleistung ist das Vorliegen eines **Sach- oder Rechtsmangels** (§ 433 I 2). Wann die Kaufsache frei von Sach- und Rechtsmängeln ist, wird in den §§ 434, 435 (iVm § 436) geregelt (→ Rn. 34 ff.).

Die **weiteren Voraussetzungen** hängen davon ab, welches Recht der Käufer geltend macht (→ Rn. 82 ff.). Die einzelnen **Rechte des Käufers** finden sich in § 437. In Betracht kommen Nacherfüllung (Nr. 1), Rücktritt oder Minderung (Nr. 2) sowie Schadensersatz oder Aufwendungsersatz. Für Rücktritt, Schadensersatz und Aufwendungsersatz wird auf die Vorschriften des allgemeinen Leistungsstörungsrechts verwiesen; das Kaufrecht enthält insoweit nur Modifizierungen (vgl. § 440). Nacherfüllung und Minderung sind in § 439 und § 441 eigenständig geregelt; für die Minderung stellt § 441 aber durch Bezugnahme auf den Rücktritt (»statt zurückzutreten«) die Verbindung mit dem allgemeinen Leistungsstörungsrecht her. Für die Nacherfüllung ergibt sich diese Verbindung daraus, dass Rücktritt und Schadensersatz statt der Leistung nach §§ 280 I, III, 281 und § 323 grundsätzlich eine Fristsetzung zur Nacherfüllung voraussetzen.

Unabhängig davon, welcher Anspruch geltend gemacht wird, muss abschließend geprüft werden, ob ein **Haftungsausschluss** eingreift (→ Rn. 146 ff.) oder ob der Anspruch nach § 438 **verjährt** ist (→ Rn. 155 ff.).

Für die Klausur folgt hieraus ein **einheitlicher Prüfungsaufbau**, der im Anhang zum Abschnitt über den Kaufvertrag (→ Rn. 291) dargestellt wird.

II. Der Begriff des Sachmangels

34 Der Begriff des Sachmangels war vor der Schuldrechtsreform umstritten. Der Streit kreiste um die Frage, ob man sich bei der Feststellung eines Sachmangels primär an

14 Vgl. *Reinicke/Tiedtke*, Kaufrecht, Rn. 187.
15 Vgl. *Oetker/Maultzsch* § 2 Rn. 421.

objektiven Kriterien (namentlich der normalen Beschaffenheit der Kaufsache) oder an den **(subjektiven) Vereinbarungen der Parteien** über die Beschaffenheit der Kaufsache zu orientieren hat. Die hM legte einen **subjektiven Fehlerbegriff** zugrunde. Ein Fehler ist danach jede für den Käufer nachteilige Abweichung der tatsächlichen Beschaffenheit (Ist-Beschaffenheit) von der vertraglich geschuldeten Beschaffenheit (Soll-Beschaffenheit).[16] Nur wenn die geschuldete Beschaffenheit nicht subjektiv zu bestimmen ist, geben objektive Kriterien den Ausschlag. Dieser Ansatz entspricht dem Gedanken der Privatautonomie. Den Parteien muss danach freistehen, die geschuldete Beschaffenheit selbst festzulegen.

§ 434 I folgt bei **Beschaffenheitsabweichungen** dem subjektiven Fehlerbegriff. Maßgeblich sind also in erster Linie die Vereinbarungen der Parteien (Abs. 1 S. 1). Soweit die Parteien keine Vereinbarung getroffen haben, kommt es auf die Eignung der Sache für die vertraglich vorausgesetzte Verwendung an (Abs. 1 S. 2 Nr. 1). Hilfsweise wird darauf abgestellt, ob die Sache sich für die gewöhnliche Verwendung eignet und eine Beschaffenheit aufweist, die bei Sachen gleicher Art üblich ist und die der Käufer nach der Art der Sache erwarten kann (Abs. 1 S. 2 Nr. 2). **35**

Neben solchen Beschaffenheitsabweichungen regelt § 434 zwei weitere Formen des Sachmangels: den **Montagefehler** und die **fehlerhafte Montageanleitung** (Abs. 2) sowie die **Falsch- und Zuweniglieferung** (Abs. 3). **36**

III. Beschaffenheitsabweichungen

1. Beschaffenheit der Kaufsache

Im Zusammenhang mit den nachteiligen Beschaffenheitsabweichungen (§ 434 I) muss zunächst geklärt werden, was unter dem Begriff der **Beschaffenheit** zu verstehen ist. **37**

a) Allgemeine Kriterien

Der Begriff der Beschaffenheit wird vom Gesetz nicht definiert. Insbesondere hat der Gesetzgeber bewusst offen gelassen, ob nur Eigenschaften erfasst werden, die der Kaufsache unmittelbar physisch anhaften, oder ob auch Umstände heranzuziehen sind, die außerhalb der Kaufsache selbst liegen. Der Schutzzweck der §§ 434 ff. und der VerbrKauf-RL spricht für eine weite Auslegung. Die hM geht daher zu Recht davon aus, dass der Begriff der Beschaffenheit sich nicht auf die Eigenschaften beschränkt, die der Kaufsache unmittelbar **physisch anhaften**; erfasst werden auch außerhalb der Kaufsache liegende Umstände, insbesondere deren **Beziehungen zur Umwelt.**[17] Die Anwendung der §§ 434 ff. setzt allerdings voraus, dass die betreffenden Umstände einen **Bezug zur Kaufsache** aufweisen.[18] Im Übrigen bleibt der Käufer auf die allgemeinen Vorschriften (insbes. Ansprüche aus culpa in contrahendo nach §§ 280 I, 311 II, 241 II) verwiesen. **38**

Beispiele: Zur Beschaffenheit der Kaufsache gehören etwa die Größe und die Mieterträge eines Grundstücks sowie die durch die Lage des Grundstücks neben einer Kläranlage bzw. in der Einflugschneise eines Flughafens bedingten Geruchs- oder Lärmbelästigungen.[19] Erfasst werden

16 Vgl. *Larenz*, Schuldrecht II/1, § 41 I a.

17 *Brox/Walker*, Schuldrecht BT, § 4 Rn. 10; Erman/*Grunewald* § 434 Rn. 4; Jauernig/*Berger* § 434 Rn. 7.

18 Vgl. *Reinicke/Tiedtke*, Kaufrecht, Rn. 305 ff.; weiter einschränkend Erman/*Grunewald* § 434 Rn. 3; Bamberger/Roth/*Faust* § 434 Rn. 22: Bezug zu physischen Sacheigenschaften erforderlich.

19 Vgl. BGH, NJW-RR 1988, 10 – Klärwerk; OLG Köln, NJW-RR 1995, 531 – Einflugschneise.

ferner das Alter und die Unfallfreiheit eines gebrauchten Pkw,[20] die Herkunft der Kaufsache (zB Wein aus der Toskana, Importauto aus Italien),[21] sowie die Urheberschaft eines Kunstwerks.[22]

b) Verwendbarkeit am vertraglich vorausgesetzten Ort

39 Vor diesem Hintergrund stellt sich die Frage, ob der Umstand, dass die Kaufsache (zB Motorsäge, Wäschetrockner) nicht an dem **vertraglich vorausgesetzten Platz** eingesetzt werden kann, einen Sachmangel darstellt. Nach altem Recht ist der BGH davon ausgegangen, dass dem Käufer hier keine Gewährleistungsansprüche zustehen; in Betracht kamen allein Ansprüche aus culpa in contrahendo.[23] In der neueren Literatur finden sich dagegen viele Stimmen, die einen Sachmangel iSd § 434 I bejahen.[24]

Beispiel (BGH, NJW 1962, 1196): K möchte von V für sein Sägewerk eine neue elektrische Säge kaufen. Die neue Maschine soll am selben Platz wie die alte aufgestellt werden. Im Rahmen der Vertragsverhandlungen misst V den Aufstellungsplatz aus und erklärt ihn für ausreichend. Nach der Lieferung stellt sich heraus, dass die Säge, wollte man sie am vorgesehenen Platz aufstellen, 805 mm zu weit in die Fahrbahn einer Gleisanlage reichen würde. Dies hat V infolge von Fahrlässigkeit übersehen. K verlangt von V Rückzahlung des Kaufpreises. Zu Recht? – Nach der traditionellen Auffassung liegt kein Sachmangel vor, weil die Nichtverwendbarkeit der Säge nicht auf der Beschaffenheit der Säge, sondern auf der Beschaffenheit des Aufstellungsortes beruht.[25] In Betracht kommt daher nur ein Schadensersatzanspruch wegen Verletzung einer vorvertraglichen Beratungspflicht aus §§ 280 I, 311 II, 241 II. Die Gegenauffassung stellt darauf ab, dass die Nichtverwendbarkeit der Säge durchaus mit deren physischer Beschaffenheit zusammenhängt. Außerdem stelle § 434 I 2 Nr. 1 ausdrücklich klar, dass die Kaufsache sich für die vertraglich vorausgesetzte Verwendung eignen müsse.[26] § 434 I wäre damit anwendbar.

40 Bei der Würdigung des Streits ist davon auszugehen, dass die **Verwendbarkeit der Kaufsache** grundsätzlich *im alleinigen Risikobereich des Käufers* liegt. Etwas anderes gilt jedoch, wenn die Parteien insoweit eine *besondere Vereinbarung* getroffen haben. In diesem Fall erscheint eine verschuldensunabhängige Einstandspflicht des Verkäufers nach §§ 434, 437 sachgemäß. Im Motorsägenfall kann damit eine nachteilige Beschaffenheitsabweichung bejaht werden.

c) Verdacht einer nachteiligen Beschaffenheitsabweichung

41 Ob der bloße **Verdacht** einer nachteiligen Beschaffenheitsabweichung einen Sachmangel iSd § 434 I begründen kann, ist ebenfalls streitig.

Beispiel (BGHZ 52, 51; BGH, NJW 1972, 1462): Die K-OHG kaufte von dem Fleischgroßhändler V einen Posten Hasenfleisch aus Argentinien. Kurz darauf wurde in der Bild-Zeitung zutreffend berichtet, dass in den letzten Wochen etwa 50.000 mit Salmonellen verseuchte Hasen aus Argentinien importiert worden seien. Da das gelieferte Hasenfleisch damit unverkäuflich war, erklärte die K-OHG den Rücktritt vom Vertrag. Das Fleisch wurde später von der Ordnungsbehörde beschlagnahmt und vernichtet. Ob es wirklich verseucht war, ließ sich im Prozess nicht mehr feststellen. Der BGH hat auf der Grundlage des alten Rechts einen Sachmangel bejaht.

42 Nach einer in der Literatur verbreiteten Auffassung liegt in solchen Fällen keine Beschaffenheitsabweichung iSd § 434 I vor, weil der bloße Verdacht der Verseuchung

20 Erman/*Grunewald* § 434 Rn. 9, 36; *Emmerich*, Schuldrecht BT, § 4 Rn. 15.
21 Vgl. BGH, NJW 2005, 1045 – Erstzulassung in Italien.
22 Vgl. BGHZ 63, 369 (371); Staudinger/*Matusche-Beckmann* (2004) § 434 Rn. 49.
23 Vgl. BGH NJW 1962, 1196 – Motorsäge; NJW 1985, 2472 f. – Wäschetrockner.
24 Bamberger/Roth/*Faust* § 434 Rn. 22; *Medicus/Petersen*, Bürgerliches Recht, Rn. 306; *Medicus/Lorenz*, Schuldrecht II, Rn. 76; aA Palandt/*Weidenkaff* § 434 Rn. 85.
25 Vgl. *Canaris*, Karlsruher Forum 2002, 2003, 64.
26 Vgl. Bamberger/Roth/*Faust* § 434 Rn. 22.

keinen Bezug zu den physischen Eigenschaften der Kaufsache habe.[27] Dem ist jedoch entgegenzuhalten, dass der Begriff der Beschaffenheit nicht auf die *physische Beschaffenheit* verengt werden darf.[28] Davon abgesehen betrifft der Verdacht sehr wohl die physischen Eigenschaften der Kaufsache. Das eigentliche Problem liegt indessen darin, dass nicht jeder noch so vage Verdacht ausreichen kann, um den Verkäufer mit der strengen Einstandspflicht nach §§ 434, 437 zu belasten. Ein Sachmangel ist daher nur anzunehmen, wenn der Verdacht auf konkreten Tatsachen beruht und sich vom Käufer nicht durch zumutbare Maßnahmen ausräumen lässt.[29] Diese Voraussetzungen liegen im Hasen-Fall vor. Denn der Verdacht wurde durch die argentinische Herkunft des Fleisches gestützt. Zur Ausräumung des Verdachts wäre eine Untersuchung aller gelieferten Hasenteile erforderlich gewesen, was mehr als die Ware selbst gekostet hätte.

d) Dauerhaftigkeit des nachteiligen Beschaffenheitsmerkmals

Nach der Rechtsprechung zum alten Recht war ein Sachmangel nur gegeben, wenn der in Frage stehende Umstand der Kaufsache **auf Dauer** anhaftete. Ein Teil der Literatur will hieran auf der Grundlage des § 434 I festhalten.[30] Eine solche Einschränkung des Beschaffenheitsbegriffs lässt sich dem § 434 I aber nicht entnehmen. Hat der Käufer ein besonderes Interesse am Vorliegen von Umständen, die nicht auf Dauer angelegt sind (zB sofortige Bebaubarkeit des Grundstücks), so muss er mit dem Verkäufer eine entsprechende Beschaffenheitsvereinbarung treffen können.[31] 43

2. Beschaffenheitsvereinbarung

Nach § 434 I 1 kommt es für die Feststellung der Sollbeschaffenheit in erster Linie auf die **Parteivereinbarung** an. Diese Vereinbarung kann ausdrücklich oder stillschweigend getroffen werden.[32] Da der Begriff der »Vereinbarung« zwei übereinstimmende Willenserklärungen voraussetzt, scheinen **einseitige Beschaffenheitsbeschreibungen** durch den Verkäufer (entgegen Art. 2 II lit. a VerbrKauf-RL) nicht auszureichen. Zu beachten ist aber, dass die Willenserklärung des Käufers im Allgemeinen eine zumindest stillschweigende Bezugnahme auf die Beschreibung des Verkäufers enthält. Von daher kann auch bei einseitigen Beschaffenheitsbeschreibungen eine Vereinbarung angenommen werden.[33] 44

Hat der Verkäufer dem Käufer eine **Probe** oder ein **Muster** vorgelegt, so muss die Kaufsache nach Art. 2 II lit. a VerbrKauf-RL im Allgemeinen die Eigenschaften der Probe bzw. des Musters aufweisen. In § 434 I wird diese Alternative nicht gesondert erwähnt, weil in solchen Fällen grundsätzlich eine Beschaffenheitsvereinbarung anzunehmen sei.[34] 45

Die Beschaffenheitsvereinbarung begründet **keine Garantie** iSd § 276, die zu einer verschuldensunabhängigen Haftung auf Schadensersatz führt (vgl. dazu SAT Rn. 531 ff.). Eine solche Garantie setzt vielmehr voraus, dass der Verkäufer für die 46

27 So Erman/*Grunewald* § 434 Rn. 4; *Oetker/Maultzsch* § 2 Rn. 52; aA Jauernig/*Berger* § 434 Rn. 14.
28 Vgl. *Oechsler* Rn. 80 ff.; *Reinicke/Tiedtke*, Kaufrecht, Rn. 308.
29 BGHZ 52, 51 (54); vgl. auch BGH NJW 1989, 218 (220).
30 Palandt/*Weidenkaff* § 434 Rn. 11; *Oetker/Maultzsch* § 2 Rn. 53.
31 Vgl. Bamberger/Roth/*Faust* § 434 Rn. 24; Staudinger/*Matusche-Beckmann* (2004) § 434 Rn. 46.
32 Vgl. BGH NJW 2009, 2807; Staudinger/*Matusche-Beckmann* (2004) § 434 Rn. 55.
33 *Brox/Walker*, Schuldrecht BT, § 4 Rn. 9.
34 Vgl. Begr. RegE., BT-Drs. 14/6040, 212; *Oechsler* Rn. 88.

Folgen einer nachteiligen Beschaffenheitsabweichung eine unbedingte Einstandspflicht übernimmt (→ Rn. 127 ff.).

Zur Vertiefung: Bei der praktischen Rechtsanwendung kann die Beschaffenheitsvereinbarung auch zu einer Einschränkung der Einstandspflicht des Verkäufers führen. Haben die Parteien das Vorliegen bestimmter Mängel (zB Unfallwagen zum Ausschlachten) in die Vereinbarung aufgenommen, so liegt eine nachteilige Beschaffenheitsabweichung auch dann nicht vor, wenn die Kaufsache sich nicht für die gewöhnliche Verwendung eignet und nicht die übliche und vom Käufer im Allgemeinen zu erwartende Beschaffenheit aufweist (§ 434 I 2 Nr. 2).[35] Beim Verbrauchsgüterkauf dürfen solche negativen Beschaffenheitsvereinbarungen allerdings nicht dazu eingesetzt werden, den zwingenden Charakter des Gewährleistungsrechts zum Nachteil des Käufers zu umgehen (vgl. → Rn. 266).

3. Eignung für die vertraglich vorausgesetzte Verwendung

47 Bei Fehlen einer Beschaffenheitsvereinbarung ist primär darauf abzustellen, ob die Kaufsache für die nach dem Vertrag vorausgesetzte Verwendung geeignet ist (§ 434 I 2 Nr. 1). Der Gesetzgeber trägt damit dem Umstand Rechnung, dass die Parteien ihr Augenmerk meist weniger auf einzelne Merkmale der Kaufsache richten als darauf, ob diese für einen bestimmten Zweck einsetzbar ist.[36] Die Festlegung der vertraglich vorausgesetzten Verwendung erfordert nach hM eine **rechtsgeschäftliche Vereinbarung,** die aber auch konkludent getroffen werden kann.[37] Einseitige Erwartungen des Käufers sind auch dann irrelevant, wenn sie dem Verkäufer mitgeteilt werden. Nach der Verkehrssitte kann es allerdings ausreichen, dass der Verkäufer den Vorstellungen des Käufers nicht widerspricht.[38]

Probleme ergeben sich, wenn die von den Parteien **vereinbarte Beschaffenheit** nicht mit der **vertraglich vorausgesetzten Verwendung** vereinbar ist. Nach der Systematik des § 434 I müsste in diesem Fall an sich die Beschaffenheitsvereinbarung vorgehen. Die Auslegung des Vertrages kann jedoch ergeben, dass der Verwendungszweck den Vorrang haben soll. Dies gilt insbesondere dann, wenn die Parteien die vereinbarten Beschaffenheitsmerkmale als bloße Konkretisierungen der Anforderungen verstanden haben, welche die Kaufsache nach dem Verwendungszweck erfüllen muss.[39]

Beispiel: Der K beschäftigt sich mit der Beseitigung von Feuchtigkeitsschäden in Gebäuden. Er möchte bei V eine Trockenanlage kaufen, die für Räume bis 500 qm geeignet sein soll. Bei den Verkaufsverhandlungen berät V den K dahingehend, dass die Anlage zur Verwirklichung dieses Zwecks eine bestimmte Trockenleistung erbringen muss. K bestellt daraufhin bei V eine Trockenanlage mit entsprechender Leistung. Beim Einsatz der Anlage muss K jedoch feststellen, dass die vereinbarte Leistung nur für das Trocknen von Räumen bis 250 qm ausreicht.[40] – Ob eine nachteilige Beschaffenheitsabweichung vorliegt, hängt davon ab, in wessen Risikobereich der Umstand fällt, dass die der Beschaffenheitsvereinbarung entsprechende Sache nicht in der vertraglich vorausgesetzten Weise verwendet werden kann. Dies ist durch Auslegung der Parteivereinbarungen (§§ 133, 157) zu ermitteln. Grundsätzlich trägt der Käufer das Verwendungsrisiko. Empfiehlt der Verkäufer dem Käufer in Kenntnis des Verwendungszwecks eine bestimmte Beschaffenheit, so kann man darin jedoch eine stillschweigende Übernahme des Verwendungsrisikos sehen.[41] Eine nachteilige Beschaffenheitsabweichung liegt also vor.

35 Vgl. *Brox/Walker*, Schuldrecht BT, § 4 Rn. 11; *Adolphsen*, FS Schapp, 2010, 1 ff.
36 Vgl. Begr. RegE, BT-Drs. 14/6040, 213.
37 Vgl. Bamberger/Roth/*Faust* § 434 Rn. 50 f.; aA Palandt/*Weidenkaff* § 434 Rn. 20.
38 Erman/*Grunewald* § 434 Rn. 17.
39 Vgl. Bamberger/Roth/*Faust* § 434 Rn. 48; Erman/*Grunewald* § 434 Rn. 18.
40 Zu einem ähnlichen Beispiel vgl. *Reinicke/Tiedtke*, Kaufrecht, Rn. 324.
41 Vgl. Erman/*Grunewald* § 434 Rn. 18; Jauernig/*Berger* § 434 Rn. 12.

4. Eignung für die gewöhnliche Verwendung

Soweit die Parteien sich weder über eine bestimmte Beschaffenheit noch über einen bestimmten Verwendungszweck verständigt haben, kommt es nach § 434 I 2 Nr. 2 darauf an, ob die Sache sich für die gewöhnliche Verwendung eignet und eine Beschaffenheit aufweist, die bei Sachen der gleichen Art üblich ist und die der Käufer nach der Art der Beschaffenheit erwarten kann. Entgegen einer in der Literatur verbreiteten Auffassung folgt das Gesetz hier **nicht** etwa dem **objektiven Fehlerbegriff;**[42] vielmehr entspricht es bei Fehlen von gegenteiligen Anhaltspunkten dem **hypothetischen Parteiwillen,** dass die Sache sich für die gewöhnliche Verwendung eignen und die übliche Beschaffenheit aufweisen soll.[43] Für die praktische Rechtsanwendung bedeutet dies, dass der Wille der Parteien auch in diesem Bereich vorrangig zu beachten ist.[44] Die Abgrenzung zwischen dem vertraglich vorausgesetzten und dem gewöhnlichen Gebrauch ist damit fließend. 48

Was als **gewöhnliche Verwendung** und als **übliche Beschaffenheit** anzusehen ist, richtet sich nach der Verkehrsauffassung. Abgestellt wird auf die **Erwartungen** eines durchschnittlichen Käufers.[45] Vergleichsmaßstab sind die Verwendung und die Beschaffenheit von **Sachen der gleichen Art.**[46] Mit Blick auf die übliche Beschaffenheit kommt dabei der Unterscheidung zwischen neuen und gebrauchten Sachen große Bedeutung zu.[47] Bei gebrauchten Sachen stellt der »normale Verschleiß« grundsätzlich keinen Sachmangel dar.[48]

Der Begriff der **Erwartungen** ist **normativ** zu bestimmen. Entscheidend sind also nicht die tatsächlichen Erwartungen des Käufers. Es kommt vielmehr darauf an, welche Beschaffenheit der Käufer erwarten *kann.*[49] Der BGH hat daher für den **Tierkauf** klargestellt, dass geringfügige Abweichungen von der »physiologischen Norm« auch dann keinen Mangel darstellen, wenn »der Markt« darauf mit Preisabschlägen reagiert. Da Lebewesen nicht immer dem »physiologischen Idealzustand« entsprechen, könne der Käufer ohne besondere Vereinbarung nicht erwarten, dass er ein Tier mit »idealen« Eigenschaften erhält.[50] 49

5. Insbesondere: Werbung des Verkäufers oder des Herstellers

Nach § 434 I 3 gehören zur üblichen Beschaffenheit auch Eigenschaften, die der Käufer nach den **öffentlichen Äußerungen** des Verkäufers, des Herstellers oder seines Gehilfen namentlich in der Werbung erwarten kann. Systematisch betrachtet enthält diese Vorschrift eine Ergänzung zu Abs. 1 S. 2 Nr. 2. Denn Werbeaussagen und andere öffentliche Äußerungen über bestimmte Eigenschaften der Sache können einen maßgeblichen Einfluss auf die berechtigten Erwartungen des Käufers haben.[51] Bei öffentlichen Äußerungen des Verkäufers selbst wird allerdings oft schon eine 50

42 So aber *Brox/Walker*, Schuldrecht BT, § 4 Rn. 13.
43 Ähnlich *Schlechtriem*, Schuldrecht BT, Rn. 41.
44 *Medicus/Lorenz*, Schuldrecht II, Rn. 81.
45 Vgl. Palandt/*Weidenkaff* § 434 Rn. 30.
46 Begr. RegE, BT-Drs. 14/6040, 214; *Reinicke/Tiedtke*, Kaufrecht, Rn. 327 ff.
47 Vgl. BT-Drs. 14/6040, 214; Hk-BGB/*Saenger* § 434 Rn. 13.
48 BGH, NJW 2006, 434 (435).
49 Bamberger/Roth/*Faust* § 434 Rn. 74; *Reinicke/Tiedtke*, Kaufrecht, Rn. 329.
50 BGH, NJW 2007, 1351 (1352 f.); krit. *Graf v. Westphalen*, ZGS 2007, 168.
51 Vgl. *Emmerich*, Schuldrecht BT, § 4 Rn. 23 f.

stillschweigende Beschaffenheitsvereinbarung anzunehmen sein.[52] Praktische Bedeutung hat Abs. 1 S. 3 damit vor allem für Werbeaussagen des Herstellers. Der Verkäufer muss sich diese Äußerungen zurechnen lassen, weil ihm auch die Vorteile der Werbung durch den Hersteller zugutekommen.[53]

51 Der Begriff des **Herstellers** wird in § 434 I 3 durch Verweis auf § 4 I, II ProdHaftG definiert. Erfasst werden damit auch der Hersteller von Teilprodukten, der sog. Quasi-Hersteller sowie der Importeur.

Der Begriff des **Gehilfen** erfasst alle Hilfspersonen, die vom Verkäufer oder Hersteller betraut worden sind, öffentliche Äußerungen über die Eigenschaften der Sache abzugeben.[54] Der Betreffende muss nicht die Eigenschaft eines Vertreters (§ 164) oder Erfüllungsgehilfen (§ 278) des Verkäufers bzw. des Herstellers haben.[55] Erfasst werden auch selbständige Werbeagenturen, die für den Verkäufer oder den Hersteller tätig werden.[56]

Zur Vertiefung: Ob sich die Wendung »*seines* Gehilfen« auf den Verkäufer oder den Hersteller bezieht, ist nach den Regeln der grammatikalischen Auslegung unklar. Der deutsche Wortlaut der VerbrKauf-RL deutet darauf hin, dass es allein um den Gehilfen des Herstellers geht (vgl. Art. 2 II lit. d: »des Verkäufers, des Herstellers oder dessen Vertreters«). Es ist jedoch kein Grund ersichtlich, den Verkäufer für die Äußerungen der Gehilfen des Herstellers in stärkerem Maße einstehen zu lassen als für die Äußerungen der eigenen Gehilfen. Die Einstandspflicht gilt daher sowohl für die Gehilfen des Verkäufers selbst als auch für die Gehilfen des Herstellers.[57]

52 Als Beispiele für eine öffentliche Äußerung nennt das Gesetz neben der **Werbung** die **Kennzeichnung.** Im Unterschied zur Werbung geht es hier nicht um die Anpreisung der Ware, sondern um deren Beschreibung (zB in Katalogen).[58] Gebrauchsanweisungen werden aber nicht erfasst.[59]

Die öffentliche Äußerung muss sich auf bestimmte **(konkrete) Eigenschaften** der Sache beziehen. Allgemeine – insbesondere reißerische – Werbeanpreisungen (»nichts ist unmöglich« – »weißer geht's nicht« etc.) ohne nachprüfbaren Gehalt sind nicht geeignet, beim Käufer berechtigte Erwartungen hinsichtlich der Beschaffenheit der Kaufsache zu wecken.[60]

Beispiel: Automobilhersteller H wirbt öffentlich damit, dass der neue »Rapso« nur 2 Liter Biodiesel auf 100 km verbraucht. K kauft daraufhin bei dem H-Vertragshändler V einen neuen »Rapso«. Tatsächlich verbraucht der »Rapso« aber 4 Liter Biodiesel auf 100 km. – Unter Berücksichtigung der Werbeäußerung (§ 434 I 3) weist das Fahrzeug eine nachteilige Qualitätsabweichung iSd § 434 I 2 Nr. 2 auf.[61] Dem K stehen also Gewährleistungsrechte gegen V zu.

53 Der Verkäufer kann sich nach § 434 I 3 Hs. 2 damit entlasten, dass er die öffentlichen Äußerungen des Herstellers oder des Gehilfen über das Produkt weder **kannte** noch

52 Vgl. Begr. RegE, BT-Drs. 14/6040, 214.
53 Hk-BGB/*Saenger* § 434 Rn. 15.
54 Jauernig/*Berger* § 434 Rn. 16; vgl. auch OLG München, ZGS 2005, 237.
55 Staudinger/*Matusche-Beckmann* (2004) § 434 Rn. 87.
56 Palandt/*Weidenkaff* § 434 Rn. 36.
57 So auch Bamberger/Roth/*Faust* § 434 Rn. 78; *Medicus/Lorenz*, Schuldrecht II, Rn. 86.
58 Staudinger/*Matusche-Beckmann* § 434 Rn. 84.
59 Palandt/*Weidenkaff* § 434 Rn. 35.
60 BT-Drs. 14/6040, 214; *Oetker/Maultzsch* § 2 Rn. 67.
61 Zur Annahme eines Mangels bei erhöhtem Kraftstoffverbrauch BGHZ 132, 55; BGH, NJW 2007, 2111; zur Erheblichkeit des Mangels → Rn. 108.

kennen musste. Nach der Legaldefinition des § 122 II kommt es also darauf an, ob die Unkenntnis auf Fahrlässigkeit beruht. In welchem Maße ein Verkäufer sich über die einschlägigen öffentlichen Äußerungen des Herstellers oder des Gehilfen zu informieren hat, lässt sich nicht allgemein festlegen. Besonders strenge Anforderungen gelten insoweit für Vertragshändler.[62] Im Übrigen wird man im Fachhandel einen strengeren Standard als bei anderen gewerblichen Verkäufern anwenden müssen. Privatleute haben im Allgemeinen keine Kenntnisverschaffungspflichten.[63]

Nach § 434 I 3 Hs. 2 ist die Einstandspflicht des Verkäufers für öffentliche Äußerungen ferner ausgeschlossen, wenn die Äußerung im Zeitpunkt des Vertragsschlusses **in gleichwertiger Weise berichtigt** war oder die **Kaufentscheidung nicht beeinflussen konnte.** Diese Entlastungsmöglichkeiten dürften in der Praxis keine große Bedeutung erlangen. 54

Zur Vertiefung: Fraglich ist, in welchem Verhältnis die verschiedenen Formen der Beschaffenheitsabweichung zueinander stehen. Die Abgrenzung wird dadurch erschwert, dass die in § 434 I 2 Nr. 1 und 2 genannten Merkmale im Rahmen der ergänzenden Vertragsauslegung (§§ 133, 157) auch schon bei der Frage nach dem Vorliegen einer konkludenten Beschaffenheitsvereinbarung iSd § 434 I 1 heranzuziehen sind.[64] Bei der praktischen Rechtsanwendung sollte eine konkludente Beschaffenheitsvereinbarung daher nur bejaht werden, wenn hierfür konkrete Anhaltspunkte vorliegen, die über die Kriterien des § 434 I 2 hinausgehen.[65] Da alle Alternativen auf dem gleichen Grundgedanken beruhen, mögen zwar fließende Übergänge (insbes. im Verhältnis von Abs. 1 S. 1 und Abs. 1 S. 2 Nr. 1) bleiben.[66] Entscheidend ist aber, dass man sich bei der Bestimmung der vertragsgemäßen Leistung an den konkreten Vereinbarungen der Parteien orientiert.

6. Maßgeblicher Zeitpunkt

Die nachteilige Beschaffenheitsabweichung muss **bei Gefahrübergang** (§§ 446, 447) vorliegen. Maßgeblich ist also grundsätzlich der Zeitpunkt der Übergabe der Sache (§ 446 S. 1). Dem Käufer stehen daher keine Gewährleistungsansprüche zu, wenn der Mangel bei Abschluss des Kaufvertrages vorgelegen hat, bis zur Übergabe der Sache aber beseitigt worden ist. 55

Die **Beweislast** für das Fehlen eines Mangels trifft bis zur Abnahme der Kaufsache den Verkäufer. Mit der Abnahme der Kaufsache geht die Beweislast entsprechend § 363 auf den Käufer über.[67] Dies gilt sowohl für die Existenz des Mangels als solchen als auch für die Frage, ob der Mangel schon bei Gefahrübergang vorlag. Beim **Verbrauchsgüterkauf** wird aber gemäß § 476 vermutet, dass der Mangel schon bei Gefahrübergang vorlag, wenn er innerhalb von 6 Monaten auftritt (→ Rn. 271 ff.). 56

IV. Fehler im Zusammenhang mit der Montage der Kaufsache

1. Montagefehler

Nach § 434 II können auch Fehler im Zusammenhang mit der Montage der Kaufsache zu Sachmängeln führen. Weitgehend unproblematisch ist dabei der in Satz 1 57

62 Vgl. Bamberger/Roth/*Faust* § 434 Rn. 85.
63 *Reinicke/Tiedtke*, Kaufrecht, Rn. 335.
64 *Canaris*, Karlsruher Forum 2002, 2003, 57 ff.; *Grigoleit/Herresthal*, JZ 2003, 233 ff.
65 So auch Bamberger/Roth/*Faust* § 434 Rn. 40.
66 Vgl. dazu Erman/*Grunewald* § 434 Rn. 14; *Emmerich*, Schuldrecht BT, § 4 Rn. 21.
67 BGH, NJW 2006, 434 (435); Bamberger/Roth/*Faust* § 434 Rn. 119.

geregelte Fall, dass der Verkäufer oder dessen Erfüllungsgehilfe (§ 278) die Montage unsachgemäß durchführt (sog. **Montagefehler**). Zwei Fallgruppen lassen sich unterscheiden. Denkbar ist, dass die fehlerhafte Montage zu einem Mangel der Kaufsache selbst führt.[68] In solchen Fällen tritt letztlich eine nachteilige Beschaffenheitsabweichung iSd Abs. 1 ein; Abs. 2 S. 1 hat aber eigenständige Bedeutung, wenn die Beschaffenheitsabweichung bei Gefahrübergang noch nicht vorlag.[69]

> **Beispiel:** K kauft im Küchenstudio des V eine Einbauküche. V übernimmt den Einbau. Die Monteure des V installieren den Elektroherd unsachgemäß. Infolgedessen kommt es zu einem Kurzschluss, bei dem der Herd erheblich beschädigt wird. – Der Herd als solcher war zwar bei Gefahrübergang (§ 446 S. 1) frei von Sachmängeln. Die Einstandspflicht des Verkäufers ergibt sich aber aus § 434 II 1.

58 Die fehlerhafte Montage begründet aber auch dann einen Sachmangel, wenn die **Beschaffenheit** der Kaufsache selbst durch die fehlerhafte Montage **nicht beeinträchtigt wird.** Die Gesetzesbegründung nennt den Fall, dass der Verkäufer einer Einbauküche einzelne Schränke schief anbringt, ohne dass die vertraglich vorausgesetzte Verwendbarkeit leidet.[70]

59 Die Anwendung des § 434 II 1 setzt voraus, dass es sich um einen Kaufvertrag mit Montageverpflichtung handelt. Der unmittelbare Anwendungsbereich der Vorschrift beschränkt sich damit auf den Fall, dass die **Montage nicht** den **Schwerpunkt** der vertraglich geschuldeten Leistung darstellt. Steht die Montage im Vordergrund, so wird § 434 II 1 aber häufig über die Verweisungsvorschrift des § 651 zur Anwendung kommen.[71]

Ob die **Montage sachgemäß** ist, richtet sich nach den gleichen Kriterien wie die Vertragsmäßigkeit der Kaufsache selbst.[72] Maßgeblich sind also auch hier in erster Linie die Vereinbarungen der Parteien (§ 434 I 1) und die vertraglich vorausgesetzte Verwendung (§ 434 I 2 Nr. 1).

2. Fehlerhafte Montageanleitung

60 Bei einer zur Montage bestimmten Sache liegt ein Sachmangel nach § 434 II 2 auch dann vor, wenn die Montageanleitung mangelhaft ist. Die Vorschrift trägt dem Umstand Rechnung, dass immer mehr Kaufsachen (insbesondere Möbel) bestimmungsgemäß vom Käufer selbst zusammengebaut werden. Sie wird daher auch als **IKEA-Klausel** bezeichnet.[73]

a) Mangel der Montageanleitung

61 Wann eine Montageanleitung **mangelhaft** ist, richtet sich nach den Kriterien des § 434 I. Die Anleitung muss also die vereinbarte Beschaffenheit aufweisen bzw. für den vertraglich vorausgesetzten Zweck geeignet sein; hilfsweise ist auf die gewöhnliche Verwendung und die übliche Beschaffenheit abzustellen.[74] Allgemein ist hiernach zu sagen, dass die Montageanleitung den Käufer in die Lage versetzen muss, die

68 Vgl. Begr. RegE, BT-Drs. 14/6040, 215.
69 Vgl. Bamberger/Roth/*Faust* § 434 Rn. 92; *Reinicke/Tiedtke*, Kaufrecht, Rn. 338.
70 Begr. RegE, BT-Drs. 14/6040, 215.
71 Vgl. Erman/*Schwenker* § 651 Rn. 13.
72 *Oetker/Maultzsch* § 2 Rn. 78.
73 Vgl. *Medicus/Lorenz*, Schuldrecht II, Rn. 93. Ausführlich dazu *Brand*, ZGS 2003, 96 ff.
74 Vgl. Staudinger/*Matusche-Beckmann* (2004) § 434 Rn. 103.

Kaufsache ohne größere Schwierigkeiten zusammenzubauen.[75] Eine Montageanleitung ist somit jedenfalls dann mangelhaft, wenn sie in einer fremden Sprache (zB Japanisch) abgefasst ist, wenn sie unvollständig, missverständlich oder inhaltlich falsch ist oder wenn sie sich auf ein anderes Modell bezieht.[76]

Die entscheidende Frage im Zusammenhang mit der Mangelhaftigkeit von Montageanleitungen ist, welches **Maß an Verständlichkeit** vorausgesetzt werden muss. Die hM stellt auf die berechtigten Erwartungen des durchschnittlichen Kunden ab.[77] Dem wird teilweise entgegengehalten, dass es nicht hinnehmbar sei, einen erheblichen Teil der Kunden an der Montage scheitern zu lassen.[78] Dieser Einwand beruht jedoch auf der Prämisse, dass ein großer Teil der Kunden (uU sogar mehr als die Hälfte) mit unterdurchschnittlichen Fähigkeiten ausgestattet ist. Der Meinungsstreit lässt sich somit dadurch entschärfen, dass man bei der Umschreibung des durchschnittlichen Kunden nicht von einem statistischen Mittelwert ausgeht, sondern nur gewisse Grundfertigkeiten voraussetzt, die auch von einem technischen Laien erwartet werden können. Bei dieser Betrachtung wird es nur wenige unterdurchschnittliche Kunden geben. Diese sind dann allerdings darauf verwiesen, bei der Montage entsprechender Sachen die Unterstützung sachkundiger Personen in Anspruch zu nehmen.[79] 62

Bei vollständigem **Fehlen der Montageanleitung** ist § 434 II 2 entsprechend anwendbar.[80] Denn bei wertender Betrachtung macht es keinen Unterschied, ob die Anleitung nicht vorhanden oder völlig unbrauchbar ist. 63

Zur Vertiefung: Nach einer in der Literatur vertretenen Auffassung ist § 434 II 2 auf Bedienungsanleitungen entsprechend anwendbar.[81] Hiergegen spricht aber, dass der Ausschlusstatbestand des § 434 II 2 Hs. 2 (→ Rn. 65) auf Bedienungsanleitungen nicht passt.[82] Außerdem liegen bei Mängeln der Bedienungsanleitung meist schon die Voraussetzungen des § 434 I vor, weil die Sache nicht in der vertraglich vorausgesetzten oder der gewöhnlichen Weise verwendet werden kann.[83] Es fehlt damit die für die Analogie erforderliche Regelungslücke.

b) Rechtsfolgen

Ist die Montageanleitung mangelhaft, so beschränkt sich der Nacherfüllungsanspruch des Käufers grundsätzlich auf die Lieferung einer **fehlerfreien Montageanleitung;** ein Anspruch auf Lieferung einer **neuen Sache mit fehlerfreier Montageanleitung** steht ihm nur zu, wenn die Kaufsache bei der Montage beschädigt wurde oder nicht mehr ohne weiteres demontiert werden kann.[84] Ein Anspruch des Käufers auf Neumontage der Sache durch den Verkäufer ist dagegen nicht anzuerkennen.[85] Führt der Mangel der Montageanleitung zu Schäden an sonstigen Rechtsgütern des Käufers, so 64

75 Bamberger/Roth/*Faust* § 434 Rn. 97.
76 Vgl. Erman/*Grunewald* § 434 Rn. 55; *Brand*, ZGS 2003, 96 (97).
77 Vgl. *Reinicke/Tiedtke*, Kaufrecht, Rn. 343; *Brand*, ZGS 2003, 96 (97).
78 So Bamberger/Roth/*Faust* § 434 Rn. 97.
79 Vgl. *Reinicke/Tiedtke*, Kaufrecht, Rn. 345.
80 Erman/*Grunewald* § 434 Rn. 57; *Reinicke/Tiedtke*, Kaufrecht, Rn. 351; aA Staudinger/*Matusche-Beckmann* (2004) § 434 Rn. 107; *Brand*, ZGS 2003, 96 (97).
81 So AnwKomm-*Büdenbender* § 434 Rn. 19; Erman/*Grunewald* § 434 Rn. 58.
82 Staudinger/*Matusche-Beckmann* (2004) § 434 Rn. 106.
83 Vgl. *Medicus/Lorenz*, Schuldrecht II, Rn. 94; *Brand*, ZGS 2003, 96 (97).
84 Staudinger/*Matusche-Beckmann* (2004) § 434 Rn. 113.
85 *Reinicke/Tiedtke*, Kaufrecht, Rn. 353; Palandt/*Weidenkaff* § 434 Rn. 51.

kommt ein Schadensersatzanspruch aus §§ 434 II 2, 437 Nr. 3, 280 I in Betracht. Daneben sind auch deliktische Ansprüche (§ 823 I) denkbar.

Beispiel: K hat im Möbelhaus des V für seinen neugeborenen Sohn (S) eine Wickelkommode gekauft, die zur Montage durch den Käufer bestimmt ist. Aufgrund eines Fehlers in der von V erstellten Montageanleitung befestigt A beim Zusammenbau die Wickelauflage unsachgemäß. Dies hat zur Folge, dass S beim Wickeln mitsamt der Auflage vom Wickeltisch stürzt und verletzt wird. S verlangt von V Ersatz der Behandlungskosten. Zu Recht? – S könnte einen Schadensersatzanspruch gegen V aus §§ 434, 437 Nr. 3, 280 I haben. Voraussetzung ist zunächst ein wirksamer Kaufvertrag. Problematisch erscheint, dass S nicht Vertragspartei ist. Er ist aber in den Schutzbereich des Kaufvertrages zwischen K und V einbezogen (vgl. SAT Rn. 198 ff.). Erforderlich ist außerdem ein Sachmangel. Ein solcher liegt in Form der fehlerhaften Montageanleitung vor (§ 434 II 2). Für Schadensersatzansprüche wegen Mängeln verweist § 437 auf die §§ 280 ff. sowie auf § 311 a. Da S Schadensersatz neben der Leistung verlangt, ist § 280 I zu prüfen. Die Merkmale Schuldverhältnis (= Kaufvertrag) und Pflichtverletzung (= Verletzung der Pflicht, die Sache dem Käufer frei von Sachmängeln zu verschaffen) wurden bereits bejaht. Das Verschulden des V wird nach § 280 I 2 vermutet. Der Schaden des S besteht in den Behandlungskosten. Die Voraussetzungen des § 280 I liegen damit vor.

65 Nach § 434 II 2 Hs. 2 ist kein Sachmangel gegeben, wenn die Sache trotz der mangelhaften Montageanleitung – zB aufgrund eigener Sachkenntnis des Käufers oder mit Hilfe eines hinzugezogenen Fachmanns – **fehlerfrei montiert** worden ist. Maßgeblich für diesen Haftungsausschluss ist die Erwägung, dass der Fehler der Montageanleitung sich in diesem Fall nicht ausgewirkt hat. Diese Erwägung trifft indes nicht zu, wenn der Käufer aufgrund des Fehlers der Montageanleitung höhere Aufwendungen hatte (zB Entgelt für den hinzugezogenen Fachmann). Die hM geht gleichwohl davon aus, dass ein möglicher Anspruch des Käufers auf Ersatz solcher Aufwendungen durch § 434 II 2 Hs. 2 ausgeschlossen wird.[86]

66 Die **Beweislast** für die fehlerfreie Montage der Sache trägt der Verkäufer. Kommt eine mehrmalige Montage der Sache in Betracht (zB Möbel nach einem Umzug), so greift der Haftungsausschluss nach hM schon dann ein, wenn die **erstmalige Montage fehlerfrei** erfolgt ist.[87]

V. Falsch- und Minderlieferung

1. Allgemeines

67 Im **alten Kaufrecht** konnte die Notwendigkeit entstehen, den Fehler (peius) von einer Falschlieferung (aliud) oder Zuweniglieferung (minus) abzugrenzen. Diese Abgrenzung war (und ist) beim Gattungskauf oft zweifelhaft. Sie entschied aber darüber, ob die Gewährleistungsregeln mit der 6-monatigen Verjährung nach § 477 aF oder die Regeln über die Nichtleistung mit der 30-jährigen Verjährung nach § 195 aF Anwendung fanden.

Beispiel (Glykol-Wein-Fall BGH, NJW 1989, 218): K hatte bei V für eine private Hochzeitsfeier 200 Flaschen St. Georgener Auslese, Burgenland, Österreich bestellt, die am 20. 3. 1985 geliefert wurden. Der Wein enthielt Diethylenglykol, wodurch er erst die Merkmale einer Auslese erlangte. Nachdem der sog. Glykol-Skandal aufgedeckt worden war, rügte K am 21. 12. 1985, dass der Wein glykolhaltig sei, und lehnte die Kaufpreiszahlung ab. – Die Abgrenzung zwischen Falschlieferung und Sachmangel hängt davon ab, ob es sich um eine fehlerhafte Auslese handelt (dann Sachmangel) oder ob der Wein aufgrund des Glykolzusatzes schon gar nicht zur Gattung »Auslese« gehört (dann aliud). Gewährleistungsansprüche wegen Sachmängeln waren nach § 477 aF verjährt. Der

86 *Medicus/Petersen*, Bürgerliches Recht, Rn. 287; *Brand*, ZGS 2003, 96 (100 f.).
87 Vgl. Bamberger/Roth/*Faust* § 434 Rn. 103; *Brand*, ZGS 2003, 96 (99).

BGH ging jedoch von einer Falschlieferung aus und billigte dem Käufer deshalb ein Rücktrittsrecht zu.

Bei der **Minderlieferung** standen dem Käufer nach altem Recht ebenfalls keine Gewährleistungsansprüche zu. Da die **Minderlieferung** als partielle Nichtleistung angesehen wurde, konnte der Käufer mit Blick auf den Rest vielmehr seinen primären Erfüllungsanspruch geltend machen. Dies führte zu ähnlichen Abgrenzungsproblemen wie bei der Falschlieferung. 68

Beispiel: Dachdeckermeister D bestellt 100 Dachbalken von 5 m Länge. Die gelieferten Balken haben nur eine Länge von 4, 95 m. D kann sie deshalb nicht in der vorgesehenen Weise verwenden. Sind die Balken wegen der fehlenden Eignung zur vorgesehenen Verwendung mangelhaft oder liegt eine Zuweniglieferung vor?

Diese Abgrenzungsprobleme werden durch **§ 434 III** erheblich entschärft. Nach dieser Vorschrift steht es einem Sachmangel gleich, wenn der Verkäufer eine andere Sache oder eine zu geringe Menge liefert. Bei der praktischen Rechtsanwendung kann daher meist offen gelassen werden, ob eine Qualitätsabweichung iSd § 434 I oder eine Falsch- bzw. Minderlieferung iSd § 434 III vorliegt. 69

Die Regelung des § 434 III hat zur Folge, dass der **Inhalt des Schuldverhältnisses** aufgrund der Falsch- oder Minderlieferung durch den Verkäufer **kraft Gesetzes modifiziert** wird.[88] Der Käufer kann damit nicht mehr den ursprünglichen Erfüllungsanspruch aus § 433 I geltend machen; er ist vielmehr auf die Rechte aus § 437 verwiesen. Da der Nacherfüllungsanspruch (§ 439) sich nicht wesentlich vom ursprünglichen Erfüllungsanspruch unterscheidet oder mit diesem sogar identisch ist (s. zum Stückkauf → Rn. 71), erscheint dies jedoch auch für den Käufer akzeptabel.[89] 70

Die Regelung des § 434 III hat zwar einige schwierige Probleme des alten Kaufrechts gelöst; **neue Probleme** sind jedoch entstanden. Die wichtigsten dieser Probleme sollen im Folgenden genauer betrachtet werden.

2. Falschlieferung beim Stückkauf

Die Abgrenzung zwischen Sachmangel und Falschlieferung war nach altem Recht nur beim Gattungskauf umstritten. Beim **Stückkauf** war anerkannt, dass die Lieferung einer falschen Sache (sog. **Identitätsabweichung**) als Nichtleistung anzusehen ist. In der Literatur wird deshalb teilweise für eine teleologische Reduktion des § 434 III plädiert; die Vorschrift wäre danach beim Stückkauf nicht anwendbar.[90] Gegen eine solche Lösung spricht jedoch, dass der Gesetzgeber der Unterscheidung von Stück- und Gattungsschuld im neuen Kaufrecht keine zentrale Bedeutung mehr beimessen wollte.[91] Zwar ist der Anspruch auf Nacherfüllung im Fall der Identitätsabweichung ebenso wie der ursprüngliche Erfüllungsanspruch auf Lieferung der gekauften Sache gerichtet.[92] Die Verjährung beurteilt sich aber nach § 438. 71

Beispiel: K kauft beim Kunsthändler V das Gemälde »Weiche Uhren« von Dali. Aufgrund eines Versehens liefert K aber das Gemälde »Brennende Giraffen« von Dali. – Nach § 434 III steht die

88 So überzeugend *Oetker/Maultzsch* § 2 Rn. 165.

89 Vgl. Begr. RegE, BT-Drs. 14/6040, 216.

90 So HK-BGB/*Saenger* § 434 Rn. 20; *Oechsler* Rn. 114; aA Erman/*Grunewald* § 434 Rn. 61; Palandt/*Weidenkaff* § 434 Rn. 52 a; *Medicus/Lorenz*, Schuldrecht II, Rn. 96.

91 Vgl. Bamberger/Roth/*Faust* § 434 Rn. 107; *Medicus/Lorenz*, Schuldrecht II, Rn. 96.

92 Vgl. Begr. RegE, BT-Drs. 14/6040, S. 216; *Lorenz/Riehm* Rn. 494.

Falschlieferung einem Sachmangel gleich. Dem K steht damit nach § 437 Nr. 1 iVm § 439 ein Anspruch auf Lieferung des Gemäldes »Weiche Uhren« zu. Der Anspruch verjährt nach § 438 I Nr. 3 in zwei Jahren.

3. Krasse Abweichungen beim Gattungskauf

72 Bei **Gattungsschulden** sind ebenfalls **krasse Abweichungen** denkbar (zB Lieferung eines Fahrrads statt eines Kfz). Auch für solche Fälle wird teilweise eine teleologische Reduktion des § 434 III befürwortet.[93] Hiergegen spricht jedoch, dass eine solche Einschränkung der Gleichstellung von Falschlieferung und Sachmangel vor der Schuldrechtsreform im Handelsrecht bekannt war (§ 378 HGB aF). Der Gesetzgeber hat diese Regelung nicht auf § 434 III übertragen, sondern auch für das Handelsrecht gestrichen. Maßgeblich war die Erwägung, dass die Ist-Beschaffenheit auch bei Sachmängeln ganz erheblich von der Sollbeschaffenheit abweichen kann.[94]

73 Die Gleichstellung von Falschlieferung und Sachmangel setzt allerdings voraus, dass der Verkäufer die Sache – für den Käufer erkennbar – **als Erfüllung seiner Pflicht** aus dem Kaufvertrag geliefert hat.[95] Dass der Käufer die Sache als Erfüllung angenommen hat, ist nicht erforderlich.[96]

4. Lieferung einer wertvolleren Sache

74 § 434 III erfasst auch die Lieferung einer wertvolleren Sache. Dem Käufer stehen daher auch in diesem Fall die Rechte aus § 437 zu. Eine andere Frage ist, ob der Verkäufer bei Nichtausübung dieser Rechte durch den Käufer die Zahlung des höheren Kaufpreises verlangen kann. Dies ist – vorbehaltlich einer stillschweigenden Vertragsänderung durch die Parteien – zu verneinen. Das heißt aber nicht, dass der Käufer die wertvollere Sache zum vereinbarten Kaufpreis behalten darf. Dem Verkäufer steht vielmehr ein Herausgabeanspruch aus § 812 I 1 Alt. 1 zu. Der Kaufvertrag kann nicht als rechtlicher Grund für den Erwerb der Sache angesehen werden, weil § 434 III dem Käufer keinen ungerechtfertigten Vorteil verschaffen soll.[97]

Beispiel: Kioskbesitzer K bestellt beim Versandhändler V für seinen Kiosk einen Kühlschrank der Marke P 2000 mit der Energieeffizienz B (Preis: 300 EUR). Geliefert wird ein Modell mit der Energieeffizienz A. – V steht in diesem Fall kein Anspruch auf Zahlung des höheren Kaufpreises für das Modell mit Energieeffizienz A zu. Die bloße Annahme des gelieferten Kühlschranks als Erfüllung kann grundsätzlich nicht als stillschweigende Annahme eines möglichen Angebots auf Vertragsänderung angesehen werden. Dies gilt auch im Fall eines Handelskaufs.[98] V hat aber einen Anspruch auf Rückgabe des Kühlschranks aus § 812 I 1 Alt. 1. Er muss dann freilich nach § 433 I das bestellte Modell liefern.

5. Anwendbarkeit des § 241 a

75 Beim Verbrauchsgüterkauf stellt sich die Frage, ob die Vorschrift des § 241 a über die **Lieferung unbestellter Sachen** (dazu SAT Rn. 102 ff.) auf Falschlieferungen iSd § 434 III anwendbar ist. Für die Anwendbarkeit des § 241 a spricht, dass die Liefe-

93 Vgl. *Medicus/Petersen*, Bürgerliches Recht, Rn. 288; *Ehmann/Sutschet*, Schuldrecht, § 7 X 2; dagegen Palandt/*Weidenkaff* § 434 Rn. 52 b; *Reinicke/Tiedtke*, Kaufrecht, Rn. 358 ff.

94 Begr. RegE, BT-Drs. 14/6040, 216.

95 Vgl. Begr. RegE, BT-Drs. 14/6040, 216; *Medicus/Lorenz*, Schuldrecht II, Rn. 97.

96 *Reinicke/Tiedtke*, Kaufrecht, Rn. 365.

97 *Lorenz/Riehm* Rn. 493; aA *Reinicke/Tiedtke*, Kaufrecht, Rn. 371.

98 Vgl. *Canaris*, Handelsrecht, § 29 Rn. 73 f.

rung einer anderen Sache in § 241 a III ausdrücklich geregelt ist.[99] Dass der Gesetzgeber diese auf einer EG-Richtlinie beruhende Vorschrift durch § 434 III einschränken wollte, ist nicht anzunehmen. Bei einer unbewussten Falschlieferung bleiben die gesetzlichen Ansprüche des Verkäufers jedoch entsprechend § 241 a II bestehen, wenn der Käufer den Irrtum des Verkäufers erkannt hat oder bei Anwendung der im Verkehr erforderlichen Sorgfalt hätte erkennen können.

6. Offene und verdeckte Minderlieferung

§ 434 III Alt. 2 gilt nur für die **verdeckte Minderlieferung.** Hat der Käufer die Minderlieferung als solche erkannt und angenommen, handelt es sich um eine Teilleistung (§ 266), die nach den Regeln des allgemeinen Leistungsstörungsrechts zu beurteilen ist.[100] Zur Bedeutung des § 434 III Alt. 2 bei § 281 I 2, 3 und § 323 V vgl. SAT Rn. 629, 709. 76

VI. Zuvielleistung

Nicht von § 434 III erfasst wird die Zuvielleistung.[101] Hier muss zunächst geprüft werden, ob die Zuviellieferung als stillschweigendes Angebot des Verkäufers zu einer **Vertragsänderung** gewertet werden kann, das vom Käufer – wiederum stillschweigend – angenommen worden ist. Da § 377 HGB (→ Rn. 154) nicht anwendbar ist, wird dies jedoch im Regelfall selbst beim beiderseitigen Handelskauf zu verneinen sein.[102] Eine Ausnahme kommt allenfalls dann in Betracht, wenn der Verkäufer die Mehrlieferung offen ausgewiesen hat. Ansonsten steht dem Verkäufer kein Anspruch auf Zahlung des Kaufpreises für die gelieferte Übermenge zu; er hat insoweit jedoch einen Herausgabeanspruch aus § 812 I 1 Alt. 1.[103] Beim Verbrauchsgüterkauf ist wieder § 241 a zu beachten. 77

Ähnliche Abgrenzungsprobleme können sich stellen, wenn die gelieferte Sache für die vertraglich vorausgesetzte Verwendung **zu groß** ist. Nach den Wertungen des § 434 ist hier jedoch nicht von einer Zuviellieferung, sondern von einem Sachmangel iSd Abs. 1 S. 2 Nr. 1 auszugehen. Eine analoge Anwendung des § 434 III ist damit entbehrlich.

VII. Der Begriff des Rechtsmangels

Nach § 435 liegt ein **Rechtsmangel** vor, wenn Dritte in Bezug auf die Sache Rechte geltend machen können, die der Käufer im Kaufvertrag nicht übernommen hat. Wichtigstes Beispiel ist die Belastung der Kaufsache mit beschränkten **dinglichen Rechten** Dritter (zB Pfandrecht, Hypothek).[104] **Obligatorische Rechte** Dritter kommen nur in Betracht, wenn sie auch gegenüber dem Erwerber Wirkung entfalten (zB 78

99 Vgl. *Wrase/Müller-Helle*, NJW 2002, 2537 (2538); für Anwendbarkeit des § 241 a auch Jauernig/*Mansel* § 241 a Rn. 3; *Thier*, AcP 203 (2003), 399 (410 ff.); aA Staudinger/*Matusche-Beckmann* (2004) § 434 Rn. 118; *S. Lorenz*, JuS 2003, 36 (40).

100 *Brox/Walker*, Schuldrecht BT, § 4 Rn. 26; Jauernig/*Berger* § 434 Rn. 24; MüKoBGB/*Westermann* § 434 Rn. 42; aA AnwKomm-*Büdenbender* § 434 Rn. 78.

101 Staudinger/*Matusche-Beckmann* (2004) § 434 Rn. 121; aA *Pfeiffer*, ZGS 2002, 138 ff.

102 Vgl. *Canaris*, Handelsrecht, § 29 Rn. 73 f.; *Brox/Henssler*, Handelsrecht, § 20 Rn. 415.

103 Vgl. Erman/*Grunewald* § 434 Rn. 64; *Brox/Walker*, Schuldrecht BT, § 4 Rn. 27.

104 *Oetker/Maultzsch* § 2 Rn. 84 ff.

die Rechte des Mieters nach § 566).[105] Erfasst werden außerdem Immaterialgüter- und Persönlichkeitsrechte wie das Recht am eigenen Namen und Bild.

Beispiel (BGHZ 110, 196): Der Sportartikelhersteller K will T-Shirts, Hemden und andere Kleidungsstücke auf den Markt bringen, die mit dem Aufdruck einer Abbildung von Boris Becker und dem schriftlichen Zusatz »Boris Becker Superstar« versehen sein sollen. Er wendet sich deshalb an V, der Aufbügelmotive vertreibt, und vereinbart mit ihm die Lieferung entsprechender Motive. K lässt die von V gelieferten Motive auf T- und Sweatshirts aufbringen. Der Verkauf der Kleidung gerät ins Stocken, als Boris Becker sich gerichtlich gegen die Verwendung seines Bildes und seines Namens wendet, weil er hierzu keine Einwilligung gegeben habe. K verlangt von V Schadensersatz. Zu Recht? – Dem K steht ein Schadensersatzanspruch gegen V aus §§ 435, 437 Nr. 3, 311 a II zu. Der Rechtsmangel ergibt sich daraus, dass ein Dritter – Boris Becker – in Bezug auf die gelieferten Motive Unterlassungsansprüche wegen Verletzung des Rechts am eigenen Namen und am eigenen Bild sowie des allgemeinen Persönlichkeitsrechts geltend machen kann. Da die mangelfreie Lieferung der Motive dem V schon bei Abschluss des Kaufvertrages nicht möglich war, richtet sich der Schadensersatzanspruch des K nach § 311 a II. Nach § 311 a II 2 ist davon auszugehen, dass V die Unkenntnis des Rechtsmangels zu vertreten hat. Zu einem möglichen Mitverschulden des K → Rn. 149.

79 Ob die Verletzung der **Pflicht zur Eigentumsverschaffung** einen Rechtsmangel begründet, ist streitig. Gegen einen Rechtsmangel spricht, dass § 433 I klar zwischen der Pflicht zur Eigentumsverschaffung (Satz 1) und der Pflicht zur (rechts-)mangelfreien Leistung (Satz 2) unterscheidet.[106] Die Verletzung der Pflicht zur Eigentumsverschaffung stellt daher einen Fall der *Nichterfüllung* dar, für den die §§ 434 ff. nicht gelten.[107] Bei dieser Betrachtung scheint allerdings auch die verjährungsrechtliche Sonderregelung des § 438 I Nr. 1 lit. a (→ Rn. 157) nicht auf die Verletzung der Pflicht zur Eigentumsverschaffung anwendbar, obwohl sie gerade hierauf zugeschnitten ist.[108] Der Widerspruch lässt sich aber durch die analoge Anwendung des § 438 I Nr. 1 lit. a auflösen.[109]

80 § 435 S. 2 stellt dem Rechtsmangel die Eintragung eines **nicht bestehenden Rechts im Grundbuch gleich**. Dies rechtfertigt sich daraus, dass solche eingetragenen Rechte aufgrund gutgläubigen Erwerbs (§ 892) zu wirklichen Rechten erstarken können.[110] Inwieweit **öffentlich-rechtliche Beschränkungen** als Rechtsmängel anzusehen sind, hat der Gesetzgeber offen gelassen.[111] § 436 II stellt aber klar, dass öffentliche Abgaben und öffentliche Lasten beim Kauf von Grundstücken keine Rechtsmängel sind.

81 **Maßgeblicher Zeitpunkt** für die Beurteilung der Frage nach dem Vorliegen von Rechtsmängeln ist der **Eigentumsübergang.**[112] Da bei der Haftung für Sachmängel auf den Zeitpunkt des Gefahrübergangs abzustellen ist (→ Rn. 55), kann die Abgrenzung im Einzelfall doch einmal praktische Bedeutung gewinnen.

Beispiel (BGHZ 113, 106): Transportunternehmer K bestellt bei V 60.000 l Dieselkraftstoff für seinen Fuhrpark. V lässt den Kraftstoff durch das Frachtunternehmen F an K ausliefern. Wenige Tage später stellt ein Kontrolltrupp der Zollverwaltung fest, dass der Treibstoff einen Heizölanteil

105 Palandt/*Weidenkaff* § 435 Rn. 10.
106 Erman/*Grunewald* § 435 Rn. 2.
107 BGHZ 174, 61 (68) = NJW 2007, 3777 (3779); OLG Karlsruhe, ZGS 2004, 477 (480); Bamberger/Roth/*Faust* § 435 Rn. 15; Palandt/*Weidenkaff* § 435 Rn. 8; aA Jauernig/*Berger* § 435 Rn. 5.
108 So überzeugend *Meier*, JR 2003, 353 (355).
109 Vgl. Bamberger/Roth/*Faust* § 438 Rn. 14; MüKoBGB/*Westermann* § 438 Rn. 13; Palandt/*Weidenkaff* § 438 Rn. 6; von BGHZ 174, 61 (68 f.) offen gelassen.
110 Vgl. *Medicus/Lorenz*, Schuldrecht II, Rn. 118.
111 Vgl. Begr. RegE, BT-Drs. 14/6040, 217.
112 Vgl. BGHZ 113, 106 (113); MüKoBGB/*Westermann* § 435 Rn. 6.

von 7 % aufweist. Der Treibstoff ist damit zwar weiter zum Betreiben von Dieselmotoren geeignet; er ist aber nicht mehr verkehrsfähig und wird deshalb von der Zollverwaltung beschlagnahmt. Die Lieferung neuen Kraftstoffs lehnt V mit der Begründung ab, dass der von ihm gelieferte Diesel bei Übergabe an F in Ordnung gewesen sei. K erklärt darauf den Rücktritt vom Vertrag und verlangt den gezahlten Kaufpreis für den noch nicht verbrauchten Treibstoff (50.000 l) zurück. Im Prozess wird festgestellt, dass der Diesel erst im Tankwagen des F aufgrund nicht vollständiger Leerung mit Heizöl vermischt wurde. – Fraglich ist hier das Vorliegen eines Sach- oder Rechtsmangels. Gegen die Annahme eines Sachmangels spricht, dass der Treibstoff zum Betrieb von Dieselmotoren geeignet war. Zu beachten ist aber, dass der Treibstoff aufgrund der Verunreinigungen nicht die vereinbarte Beschaffenheit (§ 434 I 1) hatte. Da er aus diesem Grunde der Beschlagnahme unterlag, ist die Beschaffenheitsabweichung für K nachteilig.[113] Zu dem für die Sachmängelhaftung maßgeblichen Zeitpunkt des Gefahrübergangs – bei Übergabe an F (§ 447) – war der Kraftstoff indes noch nicht verunreinigt, so dass Gewährleistungsrechte ausscheiden. Lehnt man mit dem BGH einen Sachmangel ab, weil der Kraftstoff zum Betreiben von Dieselmotoren geeignet war, so begründet die Beschlagnahme einen Rechtsmangel.[114] Dieser lag auch zu dem für die Rechtsmängelhaftung maßgeblichen Zeitpunkt des Eigentumsübergangs vor. Der BGH hat jedoch – systemwidrig – § 447 angewendet, weil die Verunreinigung eine Transportgefahr darstelle, die der Käufer zu tragen habe.[115] Nach diesem Ansatz ist der Rückzahlungsanspruch des K auch bei Annahme eines Rechtsmangels ausgeschlossen, so dass es auf die Abgrenzung im Ergebnis nicht ankommt.

Literatur: *Adolphsen*, Die Negative Beschaffenheitsvereinbarung im Kaufrecht, FS Schapp, 2010, 1; *Berger*, Der Beschaffenheitsbegriff des § 434 Abs. 1 BGB, JZ 2004, 276; *Brand*, Probleme mit der »IKEA-Klausel«, ZGS 2003, 96; *Dauner-Lieb/Arnold*, Die Falschlieferung beim Stückkauf, JuS 2002, 1175; *Giesen*, Falschlieferung und Mengenfehler nach neuem Schuldrecht, 2009; *Grigoleit/Herresthal*, Grundlagen der Sachmängelhaftung im Kaufrecht, JZ 2003, 118; *dies.*, Die Beschaffenheitsvereinbarung und ihre Typisierungen in § 434 I BGB, JZ 2003, 233; *Grigoleit/Riehm*, Grenzen der Gleichstellung von Zuwenig-Leistung und Sachmangel, ZGS 2002, 233; *Haedicke*, Die Mängelbeseitigungspflicht des Verkäufers bei fehlerhafter Montageanleitung, ZGS 2006, 55; *Hanke*, Die Garantie in der kaufrechtlichen Mängelhaftung, 2008; *Harke*, Das neue Sachmängelrecht in rechtshistorischer Sicht, AcP 205 (2005), 67; *Kasper*, Die Sachmangelhaftung des Verkäufers für Werbeaussagen, ZGS 2007, 172; *Looschelders*, Beschaffenheitsvereinbarung, Zusicherung, Garantie, Gewährleistungsausschluss, in: *Dauner-Lieb/Konzen/Schmidt*, Das neue Kaufrecht in der Praxis, 2003, S. 395; *ders.*, Die neuere Rechtsprechung zur kaufrechtlichen Gewährleistung, JA 2007, 673; *Lettl*, Die Falschlieferung durch den Verkäufer nach der Schuldrechtsreform, JuS 2002, 866; *S. Lorenz*, Aliud, peius und indebitum im neuen Kaufrecht, JuS 2003, 36; *Meier*, Nutzungsherausgabe und Verjährung beim Verkauf gestohlener Sachen: Nichterfüllung oder Rechtsmangel?, JR 2003, 353; *Pahlow*, Der Rechtsmangel beim Sachkauf, JuS 2006, 289; *Scheuren-Brandes*, Fehlendes Eigentum des Verkäufers – Rechtsmangel oder Unmöglichkeit?, ZGS 2005, 295; *Schulze*, Falschlieferung beim Spezieskauf – Unzulänglichkeiten des Gesetzes?, NJW 2003, 1022; *Sutschet*, Probleme des kaufrechtlichen Gewährleistungsrechts, JA 2007, 161; *Thier*, Aliud- und Minus-Lieferung im neuen Kaufrecht des Bürgerlichen Gesetzbuches, AcP 203 (2003), 399; *Tiedtke/Schmitt*, Die Falschlieferung durch den Verkäufer, JZ 2004, 1092; *Tröger*, Grundfälle zum Sachmangel nach neuem Kaufrecht, JuS 2005, 503; *Wrase/Müller-Helle*, Aliud-Lieferung beim Verbrauchsgüterkauf – ein nur scheinbar gelöstes Problem, NJW 2002, 2537; *Zerres*, Der Begriff des Sachmangels im neuen Kaufrecht, JA 2002, 713. Vgl. auch die Nachweise zu § 1.

113 Vgl. Bamberger/Roth/*Faust* § 435 Rn. 10 mit dem Argument, dass alle Mängel, die an die Beschaffenheit der Sache anknüpfen, allein nach Sachmängelrecht zu behandeln sind.

114 Für Annahme eines Rechtsmangels auch Staudinger/*Matusche-Beckmann* (2004) § 435 Rn. 33.

115 Zur Kritik an der Lösung des BGH vgl. Bamberger/Roth/*Faust* § 447 Rn. 21.

§ 4 Die Rechte des Käufers

I. Überblick

82 Weist die Kaufsache im maßgeblichen Zeitpunkt einen Sach- oder Rechtsmangel auf, so richten sich die Rechte des Käufers nach § 437. Dem Käufer steht hiernach in erster Linie ein Anspruch auf Nacherfüllung in Form von Nachbesserung oder Nachlieferung zu (§ 439). Rücktritt, Minderung und Schadensersatz statt der Leistung kommen grundsätzlich erst nach fruchtlosem Ablauf einer vom Käufer gesetzten Frist zur Nacherfüllung in Betracht. Der **Vorrang der Nacherfüllung** ist zwar nicht ausdrücklich im Gesetz geregelt; er ergibt sich aber aus den für die anderen Rechte des Käufers (Rücktritt, Minderung und Schadensersatz statt der Leistung) maßgeblichen Vorschriften des allgemeinen Schuldrechts über die Schlechterfüllung (§§ 281, 323), auf die § 437 Nr. 2 und 3 verweist.[116] Der Verkäufer hat damit ein **»Recht zur zweiten Andienung«.**[117]

83 Das **System der kaufrechtlichen Gewährleistung** wird transparenter, wenn man berücksichtigt, dass § 275 auch für die *Pflicht zur mangelfreien Leistung* gilt. Kann diese Pflicht nicht erfüllt werden, so handelt es sich der Sache nach um einen Fall der Unmöglichkeit (sog. **qualitative Unmöglichkeit;** vgl. dazu SAT 500). Es sind daher die allgemeinen Regeln über die Unmöglichkeit (§§ 283, 311 a, 326 V) anzuwenden. Dabei kommt es zunächst nicht darauf an, ob die Unmöglichkeit schon die Erbringung der ursprünglich geschuldeten Leistung betroffen hat oder erst in Bezug auf die Nacherfüllung eingetreten ist. Entscheidend ist, dass der **Mangel** durch Nacherfüllung **nicht behoben werden kann.** Denn in diesem Fall muss eine Fristsetzung zur Nacherfüllung von vornherein ausscheiden. Für **behebbare Mängel** gelten die Regeln über die Schlechtleistung (§§ 281, 323), womit eine Fristsetzung grundsätzlich erforderlich ist. Bei der Suche nach der Rechtsgrundlage ist daher zwischen *behebbaren* und *nicht behebbaren Mängeln* zu unterscheiden.

Keine Bedeutung hat der Vorrang der Nacherfüllung für Schäden an sonstigen Rechtsgütern und Interessen des Käufers (sog. **Mangelfolgeschäden**). Der Ersatzanspruch richtet sich daher nach §§ 437 Nr. 3, 280 I, ohne dass es auf die Unterscheidung zwischen behebbaren und nicht behebbaren Mängeln ankommt (→ Rn. 133).

> **Beispiel:** K hat bei dem Autohändler V für 6.000 EUR einen gebrauchten Pkw gekauft. Nach Übergabe des Fahrzeuges stellt sich heraus, a) dass die Bremsen defekt sind; b) dass es sich um einen Unfallwagen handelt. Welche Rechte hat K gegenüber V? – Bei den defekten Bremsen handelt es sich um einen behebbaren Mangel. K kann (und muss) daher in erster Linie Nacherfüllung verlangen (§ 437 Nr. 1 iVm § 439). Zwar ist ein Anspruch auf Nachlieferung bei gebrauchten Sachen nach hM grundsätzlich wegen Unmöglichkeit (§ 275 I) ausgeschlossen (→ Rn. 91); eine Reparatur der Bremsen (Nachbesserung) ist aber möglich. Rücktritt, Minderung und Schadensersatz statt der Leistung setzen nach § 437 Nr. 2 und 3 iVm §§ 323, 441, 280 I, III, 281 grundsätzlich voraus, dass K dem V erfolglos eine angemessene Frist zur Nacherfüllung gesetzt hat. In Variante b) kann der Mangel (Eigenschaft als Unfallwagen) dagegen auch durch Nachbesserung nicht behoben werden. Nacherfüllung ist damit im Ganzen unmöglich. Die Rechte des K richten sich somit nach §§ 326 V, 441 sowie nach § 311 a II.

116 Zu dieser Systematik vgl. BGHZ 162, 219 (221 ff.); Palandt/*Weidenkaff* § 437 Rn. 4.
117 Vgl. *Medicus/Lorenz*, Schuldrecht II, Rn. 123; *Schroeter*, AcP 207 (2007), 28 ff.

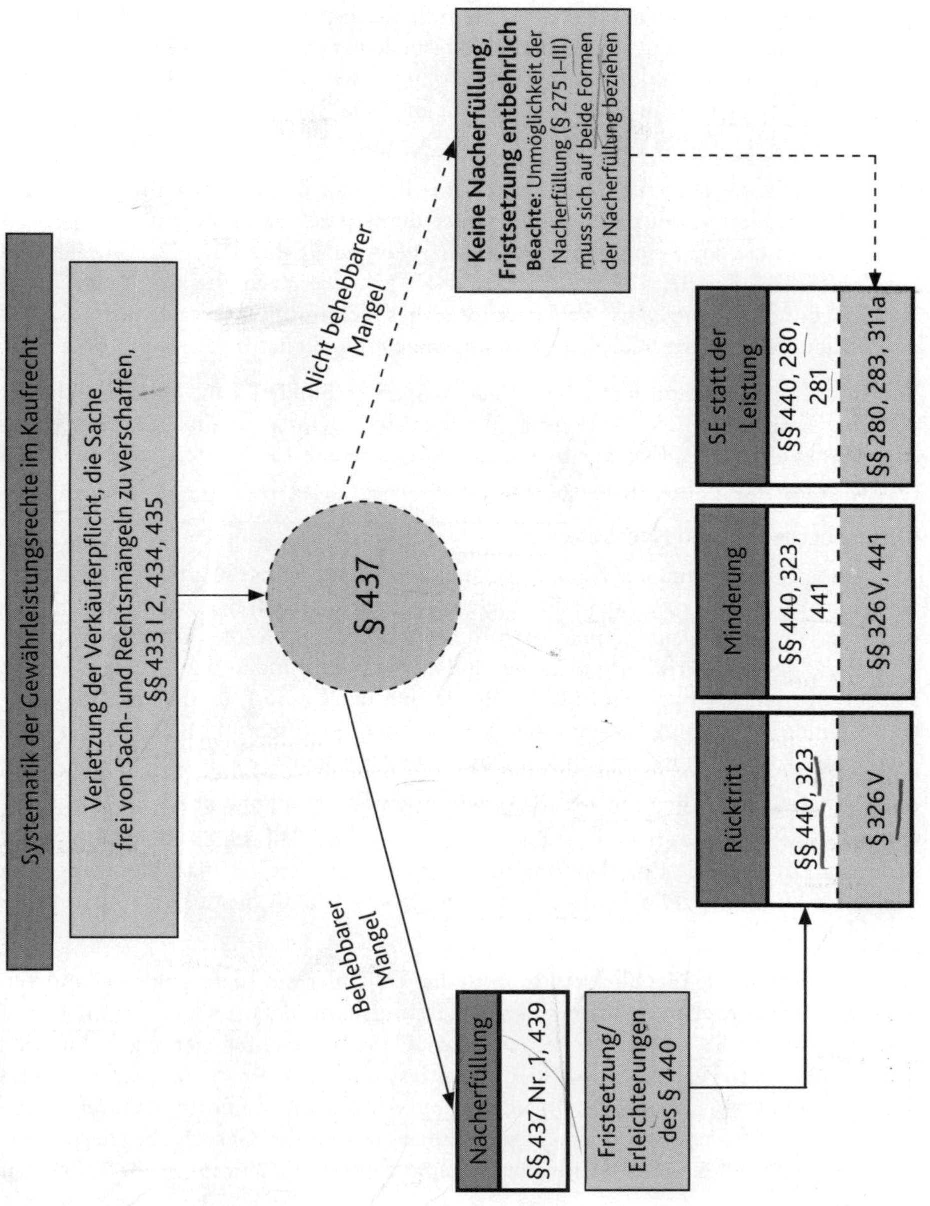

Übersicht: Systematik der Gewährleistungsrechte im Kaufrecht

II. Der Anspruch auf Nacherfüllung

1. Der Inhalt des Anspruchs

a) Allgemeines

Der Anspruch des Käufers auf Nacherfüllung ist in § 439 geregelt. Nach hM handelt 84
es sich um eine **Modifikation** des ursprünglichen Anspruchs auf mangelfreie Leistung

(§ 433 I 2);[118] dieser setzt sich im Nacherfüllungsanspruch in abgewandelter Form fort.[119] Für die praktische Rechtsanwendung bedeutet dies, dass § 320 auch im Verhältnis von Kaufpreiszahlung und Nacherfüllung anwendbar ist. Soweit der Käufer den Kaufpreis noch nicht gezahlt hat, steht ihm also bis zur Vornahme der Nacherfüllung die Einrede des nicht erfüllten Vertrages (dazu SAT Rn. 347 ff.) zu.[120]

85 Der Nacherfüllungsanspruch setzt ebenso wie der ursprüngliche Erfüllungsanspruch **kein Verschulden** voraus; er unterliegt aber der *kurzen Verjährung* nach § 438 (→ Rn. 156 f.) sowie den *besonderen Ausschlussregeln* der §§ 439 III, 442, 444, 445 und § 377 HGB (→ Rn. 92, 147 ff., 150 ff. und 154).[121] Die Rechtsstellung des Käufers wird hierdurch zwar teilweise verschlechtert; dies rechtfertigt sich jedoch daraus, dass der Käufer die gelieferte Sache als Erfüllung angenommen hat.[122]

86 Die Nacherfüllung kann mit erheblichen **Kosten** verbunden sein. § 439 II schreibt vor, dass diese Kosten vom Verkäufer zu tragen sind. Beim Verbrauchsgüterkauf steht dem Verkäufer aber ein Rückgriffsanspruch gegen seinen Lieferanten aus § 478 II zu (→ Rn. 279).

b) Nachbesserung und Nachlieferung

87 Als Nacherfüllung kann der Käufer gemäß § 439 I **nach seiner Wahl** die Beseitigung des Mangels (Nachbesserung) oder Lieferung einer mangelfreien Sache (Nachlieferung) verlangen. An eine einmal getroffene Wahl ist der Käufer nach hM bis zur Vornahme der Nacherfüllung nicht gebunden.[123] Aus Gründen der Rechtssicherheit erscheint es indes vorzugswürdig, der Erklärung des Käufers ab Zugang beim Verkäufer Bindungswirkung beizumessen,[124] wobei der Verkäufer im Einzelfall aber nach Treu und Glauben gehindert sein kann, den Käufer an seiner Wahl festzuhalten.

88 Bei der **Nachbesserung** ist der Verkäufer verpflichtet, den Mangel selbst oder durch einen Dritten zu beseitigen.[125] Lässt sich der Mangel auf unterschiedliche Weise beseitigen, so steht die Entscheidung über die konkrete Art der Nachbesserung dem Verkäufer zu; das Wahlrecht des Käufers aus § 439 I kann hierauf also nicht übertragen werden.[126]

89 Wählt der Käufer die **Nachlieferung,** so ist der Verkäufer zur Lieferung einer anderen – mangelfreien – Sache verpflichtet. Beim **Gattungskauf** (dazu SAT Rn. 281 ff.) muss also eine andere Sache aus der vereinbarten Gattung geleistet werden.[127] Für den **Stückkauf** wird dagegen teilweise die Auffassung vertreten, eine Nacherfüllung durch Nachlieferung müsse von vornherein ausscheiden, weil nur die konkrete Sache geschuldet sei.[128] Dem ist jedoch entgegenzuhalten, dass der Gesetzgeber der Unterscheidung von Stück- und Gattungskauf keine zentrale Bedeutung mehr beimessen

118 Bamberger/Roth/*Faust* § 439 Rn. 6; *Reinicke/Tiedtke*, Kaufrecht, Rn. 408.
119 *P. Huber*, NJW 2002, 1004 (1005).
120 *Oetker/Maultzsch* § 2 Rn. 181.
121 Vgl. Bamberger/Roth/*Faust* § 439 Rn. 6.
122 *Oetker/Maultzsch* § 2 Rn. 147.
123 Vgl. Palandt/*Weidenkaff* § 439 Rn. 8; *Medicus/Lorenz*, Schuldrecht II, Rn. 125; einschränkend wegen des Verbots widersprüchlichen Verhaltens OLG Saarbrücken, NJW 2009, 369 (370).
124 So auch Erman/*Grunewald* § 439 Rn. 11.
125 Vgl. Jauernig/*Berger* § 439 Rn. 8.
126 *Reinicke/Tiedtke*, Kaufrecht, Rn. 418; aA *Oechsler* Rn. 139.
127 Jauernig/*Berger* § 439 Rn. 9.
128 So Bamberger/Roth/*Faust* § 439 Rn. 27; *P. Huber*, NJW 2002, 1004 (1006).

wollte. Ausweislich der Materialien ist der Gesetzgeber zwar davon ausgegangen, dass eine Nachlieferung beim Stückkauf »zumeist« ausscheidet.[129] Dies schließt jedoch nicht aus, dass es in Ausnahmefällen einen Nachlieferungsanspruch geben kann. Entscheidend ist, ob eine **andere Sache nach den Vereinbarungen der Parteien** an die Stelle der mangelhaften Sache treten kann.[130] Hieran ist insbesondere zu denken, wenn der Stückkauf sich auf eine neue vertretbare Sache bezieht.[131] Das Gleiche gilt für Kaufverträge über nicht vertretbare – insbesondere gebrauchte – Sachen, die einer vertretbaren Sache wirtschaftlich entsprechen.[132] In der Praxis geht es vor allem um neuwertige Kraftfahrzeuge, die vom Händler kurzzeitig zugelassen werden (sog. »Tageszulassungen«), um den Kunden einen Preisnachlass einräumen zu können. Die dogmatische Einordnung dieser Fälle ist ungeklärt. Nach Ansicht von *Canaris* ist der »Vertrag mit ersetzbarer Primärleistung« eine eigenständige Rechtsfigur; die Regeln über die Konkretisierung (§ 243 II) seien hierauf aber entsprechend anwendbar.[133]

Beispiel (OLG Braunschweig, NJW 2003, 1053): Die K erwarb im April 2002 beim Autohändler V einen am 31. 3. 2002 erstzugelassenen Pkw Seat Ibiza zum Preis von 11.390 EUR. V hatte das Fahrzeug im Internet mit der Ausstattungsbeschreibung »ABS, 4 Airbags« angeboten. Das Fahrzeug verfügte jedoch über kein ABS und nur zwei Airbags. K verlangt von V Lieferung eines Fahrzeugs mit der vereinbarten Ausstattung. – Das OLG Braunschweig hat den Anspruch der K auf Nachlieferung aus §§ 437 Nr. 1, 439 bejaht. Dabei hat es sich auf die Erwägung gestützt, dass »der Verkäufer das Leistungsinteresse des Käufers durch Lieferung *einer* (nicht: *der*) mangelfreien Sache zu erfüllen« habe. Es genüge daher, dass ein gleichartiges Fahrzeug mit ABS und vier Airbags auf dem Markt zu beschaffen sei.

Beim Kauf von Baumaterialien (zB Bodenfliesen, Parkett) stellt sich der Mangel der 90
Kaufsache oft erst heraus, nachdem die Sache bestimmungsgemäß vom Käufer oder in dessen Auftrag von einem Dritten in das Gebäude eingebaut worden ist. Verlangt der Käufer in einem solchen Fall Nachlieferung, so stellt sich die Frage, ob der Verkäufer über die Lieferung der mangelfreien Ersatzsache hinaus auch den Ausbau der mangelhaften Sache sowie den Einbau der Ersatzsache schuldet bzw. die dafür erforderlichen Kosten tragen muss. Der BGH ist in der **Parkettstäbe-Entscheidung** v. 15. 7. 2008 davon ausgegangen, dass der Verkäufer im Rahmen der Nachlieferung nicht zum (Wieder-)**Einbau** der Ersatzsache verpflichtet sei. Wenn der Einbau der ursprünglich gelieferten – mangelhaften – Kaufsache nicht zu den Pflichten des Verkäufers gehört habe, könne der Käufer im Rahmen der Nacherfüllung auch nicht den Einbau der neuen Sache verlangen. Die Kosten für den (Wieder-)Einbau seien nur unter den Voraussetzungen der §§ 437 Nr. 3, 280 I BGB (also bei Vertretenmüssen des V) geschuldet.[134] Fraglich ist aber, ob dieses Verständnis mit der VerbRKauf-RL vereinbar ist. Das AG Schorndorf hat die Problematik daher mit Beschluss v. 25. 2. 2009 dem EuGH nach Art. 267 AEUV (dazu SAT Rn. 40) zur Vorabentscheidung vorgelegt.[135]

129 Vgl. BT-Drs. 14/6040, 232.
130 BGH, NJW 2006, 2839 (2840 ff.); *Medicus/Lorenz*, Schuldrecht II, Rn. 127; *Canaris*, JZ 2003, 831 (833).
131 Jauernig/*Berger* § 439 Rn. 24.
132 Palandt/*Weidenkaff* § 439 Rn. 15.
133 Ausführlich *Canaris*, FS Westermann, 2008, 137 ff.
134 BGHZ 177, 224 = JA 2008, 892 (*Looschelders*); zustimmend *Medicus/Lorenz*, Schuldrecht II, Rn. 128.
135 AG Schorndorf, ZGS 2009, 525 = BeckRS 2009, 88603.

Sehr umstritten war bislang auch die Frage, ob der Verkäufer im Rahmen der Nachlieferung für den **Ausbau und Abtransport** der mangelhaften Sachen sorgen muss. Während ein Teil der Rechtsprechung und Literatur eine solche Verpflichtung bejaht hat,[136] tendierte der BGH in der **Bodenfliesen-Entscheidung** v. 14. 1. 2009 zu der Gegenauffassung und hat dem EuGH daher auch diese Frage nach Art. 267 AEUV zur Vorabentscheidung vorgelegt.[137]

> **Beispiel** (BGH, NJW 2009, 1660): Der K hatte beim Baustoffhändler V 45 qm polierte Bodenfliesen eines italienischen Herstellers zum Preis von 1.400 EUR gekauft. Nach der Verlegung der Fliesen zeigten sich an der Oberfläche Schattierungen. Da eine Beseitigung der Mängel durch Nachbesserung unmöglich war, verlangte K die Lieferung mangelfreier Fliesen sowie den Ausbau der mangelhaften Fliesen. – Der Anspruch des K gegen V auf Lieferung mangelfreier Fliesen folgt aus §§ 437 Nr. 1, 439 I Alt. 2. Fraglich ist aber, ob der Anspruch auch den Ausbau der mangelhaften Fliesen und den Einbau der mangelfreien Fliesen umfasst. Wird dies bejaht, stellt sich in einem zweiten Schritt das Problem der Unverhältnismäßigkeit (→ Rn. 95).

90a Der EuGH hat auf die Vorlagen des BGH und des AG Schorndorf mit Urteil v. 16. 6. 2011 klargestellt, dass der Verkäufer nach der VerbrKauf-RL im Rahmen der Nachlieferung verpflichtet ist, entweder selbst den **Ausbau** der vertragswidrigen Sache vorzunehmen und die als Ersatz gelieferte Sache **einzubauen** oder die dafür erforderlichen **Kosten** zu tragen.[138] Dies gelte unabhängig davon, ob der Verkäufer sich im Kaufvertrag verpflichtet habe, die ursprünglich gekaufte Sache einzubauen. Zur Begründung verweist der EuGH darauf, dass die Nacherfüllung nach Art. 3 III Uabs. 3 VerbrKauf-RL »ohne erhebliche Unannehmlichkeiten für den Verbraucher« zu erfolgen habe. Da die Richtlinie dem Verbraucher ein hohes Schutzniveau gewähren solle, dürfe diese Anforderung nicht eng ausgelegt werden. Wenn der Verbraucher die mangelhafte Sache selbst ausbauen und die nachgelieferte Sache selbst einbauen müsse, sei dies für ihn daher mit erheblichen Unannehmlichkeiten verbunden.

Die Entscheidung des EuGH kann weder methodisch noch inhaltlich überzeugen. Die Argumentation mit der Vermeidung von »Unannehmlichkeiten« und dem Ziel eines hohen Verbraucherschutzniveaus erscheint viel zu pauschal. Dies gilt umso mehr, als die entgegenstehenden Interessen des Unternehmers nicht ausreichend in die Betrachtung einbezogen werden.[139] Die erforderliche Abwägung zwischen den divergierenden Interessen der Beteiligten fehlt. Für das deutsche Recht hat die Entscheidung zur Folge, dass der Anspruch auf Nachlieferung aus § 439 I im Anwendungsbereich der VerbrKauf-RL im Wege der **richtlinenkonformen Auslegung** auf den Ausbau der mangelhaften Sache und den Einbau der Ersatzsache erstreckt werden muss.[140] Der Anspruch des Verbrauchers auf Ersatz der Einbau- und Ausbaukosten ließe sich mit Hilfe einer analogen Anwendung des § 439 II verwirklichen.[141] Nach der Systematik des Kaufrechts müsste der Verbraucher dem Verkäufer aber zunächst die Möglichkeit geben, den Aus- und Einbau selbst vorzuneh-

136 So etwa OLG Köln, NJW-RR 2006, 677; MüKoBGB/*Westermann* § 439 Rn. 13.

137 BGH, NJW 2009, 1660 = JA 2009, 384 (*Looschelders*). Während das Vorabentscheidungsersuchen des AG Schorndorf sich sowohl auf den Einbau der mangelfreien Ersatzsachen als auch auf den Ausbau der mangelhaften Sachen bezog, ging es im Bodenfliesen-Fall des BGH allein um die letztere Frage.

138 EuGH, Rs. C-65/09, C-87/09, EuZW 2011, 631 – Gebr. Weber und Ingrid Putz = JA 2011, 629 (*Looschelders*) = JuS 2011, 744 (*Faust*).

139 Ausführlich zur Kritik *S. Lorenz*, NJW 2011, 2241 ff.

140 Vgl. *Faust*, JuS 2011, 744 (747); für den Ausbau jetzt auch BGH v. 21. 12. 2011 – VIII ZR 70/08.

141 Vgl. *Looschelders*, JA 2011, 629 (631).

men.[142] De lege ferenda erscheint aus Gründen der Rechtssicherheit aber eine entsprechende Ergänzung des § 439 geboten.

c) Rückgewähr der Kaufsache und Nutzungsersatz bei Nachlieferung

Verlangt der Käufer Nachlieferung, so ist er nach § 439 IV zur **Rückgewähr der mangelhaften Sache** verpflichtet. Die Einzelheiten richten sich nach §§ 346–348 (Rechtsfolgenverweisung). Nach § 346 I, II muss der Käufer damit an sich auch die gezogenen **Nutzungen,** insbesondere die Gebrauchsvorteile (§ 100), herausgeben bzw. deren Wert ersetzen.[143] 91

> **Beispiel** (BGH, NJW 2006, 3200; NJW 2009, 427; EuGH, NJW 2008, 1433): Die K bestellte im August 2002 bei der Quelle AG ein »Herd-Set« für den privaten Gebrauch. Anfang 2004 stellte K fest, dass das Gerät vertragswidrig war. Da eine Reparatur nicht möglich war, ersetzte die Quelle AG das Gerät durch ein neues, verlangte von K aber die Zahlung von 69,07 EUR als Ersatz für die Vorteile aus der Nutzung des ursprünglich gelieferten Geräts.

Die Wertersatzpflicht hinsichtlich der Nutzung der ursprünglich gelieferten Sache beruht auf einer bewussten Entscheidung des Gesetzgebers. Maßgeblich war die Erwägung, dass der Käufer durch die Nachlieferung eine neue Sache erhalte; es sei deshalb nicht einzusehen, dass er für die zwischenzeitige Nutzung der mangelhaften Sache kein Entgelt zahlen müsse.[144] Dieses Argument kann jedoch nicht überzeugen. Da der Käufer den Kaufpreis gezahlt hat, erhält er die Nutzungen keineswegs unentgeltlich. Mit Blick auf den **Verbrauchsgüterkauf** hat der EuGH im Quelle-Herd-Fall nach Vorlage durch den BGH[145] festgestellt, dass die Pflicht des Verbrauchers zur Zahlung einer Nutzungsentschädigung mit den Vorgaben der Verbrauchsgüterkauf-RL nicht vereinbar ist.[146] Der durch das Gesetz v. 10. 12. 2008[147] geänderte § 474 II stellt nunmehr ausdrücklich klar, dass § 439 IV auf einen Verbrauchsgüterkauf mit der Maßgabe anzuwenden ist, dass Nutzungen nicht herauszugeben oder durch ihren Wert zu ersetzen sind. 92

2. Ausschluss des Nacherfüllungsanspruchs

a) Unmöglichkeit (§ 275)

Der Anspruch des Käufers aus § 439 I ist nach § 275 I kraft Gesetzes ausgeschlossen, wenn Nacherfüllung für den Verkäufer in beiden Formen (Nachbesserung *und* Nachlieferung) **unmöglich** ist. Betrifft die Unmöglichkeit nur *eine Form* der Nacherfüllung, so beschränkt sich der Anspruch des Käufers auf die andere Form.[148] Soweit keine sonstigen Ausschlussgründe eingreifen, muss der Käufer also grundsätzlich eine 93

142 *S. Lorenz*, NJW 2011, 2241 (2244); für Wahlrecht des Verkäufers zwischen Vornahme des Ein- und Ausbaus oder Kostenerstattung auch *Maultzsch*, GPR 2011, 253 (254).

143 Vgl. BT-Drs. 14/6040, 232 f.; MüKoBGB/*Westermann* § 439 Rn. 17; *Brox/Walker*, Schuldrecht BT, § 4 Rn. 42; einschränkend *Gsell*, NJW 2003, 1969 (1971).

144 BT-Drs. 14/6040, 232 f.

145 BGH, NJW 2006, 3200 = JA 2006, 893 (*Looschelders*).

146 EuGH, NJW 2008, 1433 = JA 2008, 646 (*Looschelders*); zu den Konsequenzen im Quelle-Herd-Fall BGH, NJW 2009, 427 = JA 2009, 462 (*Looschelders*). Die letztere Entscheidung ist zwar mit Blick auf das konkrete Problem durch die Änderung des § 474 II überholt; aus methodischer Sicht – richtlinienkonforme Rechtsfortbildung – ist sie aber weiterhin von hohem Interesse.

147 BGBl. I 2399.

148 Vgl. *Brox/Walker*, Schuldrecht BT, § 4 Rn. 44: »soweit« in § 275 I; für entsprechende Anwendung des § 439 III 3 Jauernig/*Berger* § 439 Rn. 22.

Frist zur Nacherfüllung setzen, wenn er auf die anderen Gewährleistungsrechte zurückgreifen will.

§ 439 III stellt klar, dass der Verkäufer auch die in § 275 II und III geregelten Leistungsverweigerungsrechte geltend machen kann. Große praktische Bedeutung hat dies jedoch nicht. Zu beachten ist nämlich, dass § 439 III die strengen Voraussetzungen der **praktischen Unmöglichkeit** nach § 275 II (dazu SAT Rn. 474 ff.) abmildert.[149] Liegen die Voraussetzungen des § 439 III nicht vor, so wird man das Leistungsverweigerungsrecht aus § 275 II erst recht nicht bejahen können. Ist der Verkäufer schon nach § 439 III berechtigt, die Nacherfüllung zu verweigern, so kann man es andererseits dahinstehen lassen, ob auch die strengeren Voraussetzungen des § 275 II vorliegen.[150] Die **persönliche Unmöglichkeit** nach § 275 III hat im Kaufrecht schon deshalb einen sehr engen Anwendungsbereich, weil sie sich nur auf persönliche Leistungspflichten bezieht (s. dazu SAT Rn. 480 ff.); dies ist bei den Leistungspflichten des Verkäufers (einschließlich der Nacherfüllungspflicht) aber regelmäßig nicht der Fall.[151]

b) Unverhältnismäßigkeit der Kosten (§ 439)

94 Entscheidend ist damit meist, ob der Verkäufer die vom Käufer gewählte Art der Nacherfüllung nach § 439 III verweigern kann, weil sie mit **unverhältnismäßigen Kosten** verbunden wäre. Ebenso wie bei § 275 II und III handelt sich um eine *Einrede*: dem Verkäufer steht also frei, die in Frage stehende Art der Nacherfüllung mit überobligatorischem Aufwand durchzuführen.[152] Zur Bestimmung der Unverhältnismäßigkeit ist eine Interessenabwägung im Einzelfall erforderlich; feste Prozentsätze lassen sich kaum festlegen.[153] Als *Abwägungskriterien* nennt § 439 III 2 beispielhaft (»insbesondere«) den Wert der Sache in mangelfreiem Zustand, die Bedeutung des Mangels sowie die Frage, ob auf die andere Art der Nacherfüllung ohne erhebliche Nachteile für den Käufer zurückgegriffen werden kann.

> **Beispiel:** K hat bei V eine Waschmaschine gekauft. Die Maschine ist defekt. Der Mangel kann aber durch einfaches Auswechseln einer Dichtung behoben werden. Da eine solche Nachbesserung mit keinen erheblichen Nachteilen für den Käufer verbunden ist, kann er nicht Lieferung einer neuen Maschine verlangen.[154]

95 Ebenso wie die Unmöglichkeit muss auch die Unverhältnismäßigkeit für **jede Form** der Nacherfüllung **getrennt** geprüft werden.[155] Kann der Verkäufer die vom Käufer gewählte Form der Nacherfüllung wegen Unverhältnismäßigkeit verweigern, so beschränkt sich der Anspruch des Käufers auf die andere Form (§ 439 III 3 Hs. 1). Der Verkäufer kann aber nach § 439 III 3 Hs. 2 berechtigt sein, auch diese Form der Nacherfüllung wegen Unverhältnismäßigkeit zu verweigern. Die Unverhältnismäßigkeit ergibt sich dabei nicht aus dem Vergleich mit den Kosten für die andere Form der Nacherfüllung, sondern aus dem Vergleich zwischen den Nacherfüllungskosten und dem Interesse des Käufers (sog. **absolute Unverhältnismäßigkeit**). Betrifft das Leistungsverweigerungsrecht beide Formen der Nacherfüllung, so kann der Käufer die

149 Vgl. BT-Drs. 14/6040, 232; *Medicus*, FS K. Schmidt, 2009, 1153 (1156).
150 So auch *Brox/Walker*, Schuldrecht BT, § 4 Rn. 47.
151 Vgl. *Brox/Walker*, Schuldrecht BT, § 4 Rn. 48; *Schlechtriem*, Schuldrecht BT, Rn. 75.
152 Bamberger/Roth/*Faust* § 439 Rn. 35.
153 Bamberger/Roth/*Faust* § 439 Rn. 49; *Emmerich*, Schuldrecht BT, § 5 Rn. 13.
154 Vgl. BT-Drs. 14/6040, 232.
155 *Oetker/Maultzsch* § 2 Rn. 217.

übrigen Gewährleistungsrechte (Rücktritt, Minderung, Schadensersatz statt der Leistung) ohne Fristsetzung geltend machen (§ 440 S. 1).

Ob das Leistungsverweigerungsrecht wegen absoluter Unverhältnismäßigkeit mit der VerbrKauf-RL vereinbar ist, war bislang umstritten. In der Bodenfliesen-Entscheidung (Rn. 90) hat der BGH hat daher auch diese Frage dem EuGH zur Vorabentscheidung vorgelegt.[156]

Beispiel: Im Bodenfliesen-Fall betrugen die Kosten für die neuen Fliesen (1.400 EUR) und den Ausbau der mangelhaften Fliesen (2.100 EUR) insgesamt 3.500 EUR und überstiegen damit den Wert von mangelfreien Fliesen um erheblich mehr als 150 % und den mangelbedingten Minderwert der gelieferten Fliesen um deutlich mehr als 200 %.[157] Geht man davon aus, dass der Anspruch auf Nachlieferung auch die Ausbaukosten umfasst, liegt ein Fall der absoluten Unverhältnismäßigkeit vor. Das Problem verschärft sich, wenn man mit dem EuGH (→ Rn. 90 a) auch die Einbaukosten für die Ersatzsache in den Anspruch auf Nachlieferung einbezieht.

Der EuGH ist in der bereits dargestellten Entscheidung v. 16. 6. 2011 (→ Rn. 90 a) zu dem Ergebnis gelangt, dass Art. 3 III Uabs. 3 VerbrKauf-RL den Ausschluss der Nacherfüllung nur in den Fällen der relativen Unverhältnismäßigkeit zulässt. Der Ausschluss der einzig möglichen oder verbleibenden Form der Nacherfüllung wegen absoluter Unverhältnismäßigkeit (§ 439 III 3 Hs. 2) ist damit richtlinienwidrig. Nach Ansicht des EuGH verbietet es die VerbrKauf-RL aber nicht, den Anspruch des Verbrauchers auf Ersatz der Ein- und Ausbaukosten auf einen Betrag zu begrenzen, der dem Wert der Kaufsache in vertragsgemäßem Zustand und der Bedeutung der Vertragswidrigkeit angemessen sei. Die Grundlage für diese Einschränkung lässt sich der Entscheidung nicht entnehmen. Letztlich handelt es sich um einen Kompromiss, der sich weder aus dem Wortlaut noch aus der Systematik der VerbrKauf-RL stringent ableiten lässt. Dies ändert freilich nichts daran, dass die Entscheidung des EuGH verbindlich ist. Die Konsequenzen für das deutsche Recht sind vorerst unklar. Offen ist insbesondere, ob die Vorschrift des § 439 III 3 Hs. 2 im Wege der richtlinienkonformen Rechtsfortbildung auf Kaufverträge beschränkt werden kann, die nicht von der VerbrKauf-RL erfasst werden.[158] Davon abgesehen ist nicht ersichtlich, auf welche Rechtsgrundlage die vom EuGH für zulässig erachtete Begrenzung des Anspruchs auf Ersatz der Einbau- und Ausbaukosten im deutschen Recht gestützt werden kann.[159] Der Gesetzgeber ist daher aufgerufen, den Einwand der Unverhältnismäßigkeit zumindest für den Verbrauchsgüterkauf neu zu regeln.

c) Sonstige Ausschlussgründe

Nach dem Rechtsgedanken der §§ 323 VI Alt. 1, 326 II 1 Alt. 1 ist der Anspruch auf 96
Nacherfüllung auch dann ausgeschlossen, wenn der **Käufer** für den Mangel der Kaufsache allein oder weit überwiegend **verantwortlich** ist.[160] Denkbar ist etwa der Fall, dass der Käufer die Kaufsache vor Übergabe infolge von Fahrlässigkeit beschädigt. Ist ein vom Verkäufer nicht zu vertretender Rechtsmangel **im Annahmeverzug** des Käufers eingetreten, so ist der Nacherfüllungsanspruch nach dem Rechtsgedanken

156 BGH, NJW 2009, 1660 = JA 2009, 384 (*Looschelders*); vgl. dazu *S. Lorenz*, NJW 2009, 1633 ff.

157 Zu diesen Grenzwerten *Bitter/Meidt*, ZIP 2001, 2114 (2121). Der BGH betont, dass es sich nur um Anhaltspunkte handelt, die eine Würdigung der Umstände des Einzelfalls nicht ersetzen.

158 Dagegen aus methodischen Gründen *S. Lorenz*, NJW 2011, 2241 (2244); dafür jetzt aber BGH v. 21. 12. 2011 – VIII ZR 70/08.

159 Für analoge Anwendung des § 439 III *Faust*, JuS 2011, 744 (747); i. E. jetzt auch BGH v. 21. 12. 2011 – VIII ZR 70/08; gegen Umsetzung der Kürzungsmöglichkeit *Maultzsch*, GPR 2011, 253 (258 f.).

160 Vgl. *Emmerich*, Schuldrecht BT, § 5 Rn. 11.

der §§ 323 VI Alt. 2, 326 II 1 Alt. 2 ebenfalls ausgeschlossen. Bei Sachmängeln scheitert der Nacherfüllungsanspruch dagegen schon daran, dass die Gefahr der zufälligen Verschlechterung im Annahmeverzug auf den Käufer übergeht (§ 446 S. 3); in dem nach § 434 maßgeblichen Zeitpunkt des Gefahrübergangs (→ Rn. 55) liegt damit schon gar kein Sachmangel vor.[161]

3. Erfüllungsort der Nacherfüllung

96a Der Erfüllungsort der Nacherfüllung ist im Kaufrecht nicht gesondert geregelt. In der Literatur wird überwiegend auf den aktuellen **Lageort der Kaufsache** am Wohnsitz des Käufers abgestellt.[162] Die Gegenauffassung geht davon aus, dass der Nacherfüllungsanspruch am selben Ort wie der ursprüngliche Erfüllungsanspruch zu erfüllen ist;[163] gemäß § 269 ist dies im Zweifel der Wohnsitz bzw. die **gewerbliche Niederlassung des Verkäufers.** Der BGH hat beiden Ansätzen in einer neueren Entscheidung eine klare Absage erteilt. Nach Ansicht des Gerichts ist der Erfüllungsort der Nacherfüllung selbständig nach § 269 zu beurteilen. Maßgeblich sind danach in erster Linie die Parteivereinbarungen. Hilfsweise ist auf die jeweiligen Umstände, insbesondere die **Natur des Schuldverhältnisses** abzustellen. Erst wenn sich auch hieraus keine eindeutige Lösung ergibt, soll auf den Wohnsitz bzw. den Ort der gewerblichen Niederlassung des Verkäufers zurückgegriffen werden können.[164]

> **Beispiel:** (BGH, NJW 2011, 2278): Der in Frankreich wohnhafte K hatte von dem in Deutschland ansässigen V einen Camping-Faltanhänger gekauft. Der Vertrag unterlag deutschem Recht. In der Folgezeit rügte der K diverse Mängel und forderte den V auf, den Anhänger abzuholen und die Mängel zu beseitigen. Der V war dagegen der Auffassung, dass K den Anhänger zu Zwecken der Mängelbeseitigung in seine Werkstatt bringen müsse. – Der BGH ist zu dem Ergebnis gelangt, dass der Erfüllungsort der Nacherfüllung aufgrund der Umstände des Einzelfalles am Sitz des V liege, weil die Beseitigung der Mängel – ebenso wie die Reparatur eines Kfz – das Verbringen des Anhängers in die Werkstatt des V erfordere. Dem K sei dies zumutbar, weil V nach § 439 II die mit dem Transport verbundenen Kosten tragen müsse.

Die Lösung des BGH entspricht den allgemeinen Kriterien des § 269 (vgl. SAT Rn. 271). Das Abstellen auf die Umstände des Einzelfalles kann zwar zu einer gewissen **Rechtsunsicherheit** führen;[165] dem lässt sich jedoch durch die Bildung von Fallgruppen entgegenwirken. So können keine Zweifel daran bestehen, dass die Nacherfüllung beim Einbau der Kaufsache in das Haus des Käufers am Lageort der Sache – also beim Käufer – zu erfolgen hat. Die Lösung des BGH ist auch mit der aktuellen Rechtsprechung des EuGH zum Nacherfüllungsanspruch (→ Rn. 90 a) vereinbar. Entscheidend ist, dass der Verkäufer nach § 439 II in jedem Fall die Transport- oder Versandkosten zu tragen hat.[166]

4. Selbstvornahme der Mängelbeseitigung durch den Käufer

97 Bei Werkverträgen ist der Besteller gemäß § 634 Nr. 2 iVm § 637 berechtigt, den Mangel selbst zu beseitigen und vom Unternehmer Ersatz der erforderlichen Aufwendungen zu verlangen. Für den Käufer sieht das Gesetz kein entsprechendes

161 Vgl. Bamberger/Roth/*Faust* § 439 Rn. 59.
162 So MüKoBGB/*Westermann* § 439 Rn. 4; Staudinger/*Matusche-Beckmann* (2004) § 439 Rn. 9.
163 So MüKoBGB/*Krüger* § 269 Rn. 37; *S. Lorenz*, NJW 2009, 1633 (1635).
164 BGH, NJW 2011, 2278 = JA 2011, 783 (*Looschelders*) = JuS 2011, 748 (*Faust*).
165 Sehr krit. unter diesem Aspekt *Faust*, JuS 2011, 748 (750 f.).
166 Vgl. *Looschelders*, JA 2011, 783 (785); ebenso *Faust*, JuS 2011, 748 (750).

Selbstvornahmerecht vor. Da dies auf einer bewussten Entscheidung des Gesetzgebers beruht, muss eine entsprechende Anwendung des § 637 ausscheiden.[167] In der Literatur wird indes die Auffassung vertreten, der Käufer könne vom Verkäufer bei Selbstvornahme der Mängelbeseitigung wenigstens **Ersatz der ersparten Aufwendungen** verlangen. Als Anspruchsgrundlage wird die direkte oder analoge Anwendung des **§ 326 II 2** vorgeschlagen.[168] Dabei wird darauf verwiesen, dass die Nacherfüllung aufgrund der Selbstvornahme der Mängelbeseitigung unmöglich geworden sei; dies beruhe auf einem Umstand, den der Käufer allein zu vertreten habe.

Rechtsprechung und hL sind diesem Ansatz zu Recht nicht gefolgt.[169] Die Kosten für die Mängelbeseitigung kann der Käufer nur unter dem Aspekt des Schadensersatzes statt der Leistung geltend machen; dies setzt jedoch nach §§ 280 I, III, 281 eine erfolglose Fristsetzung zur Nacherfüllung voraus. Das durch die Fristsetzung geschützte **Recht** des Verkäufers **zur zweiten Andienung** darf nicht durch eine analoge Anwendung des § 326 II 2 unterlaufen werden. Da die §§ 437 ff. die Gewährleistungsrechte des Käufers abschließend regeln, muss auch ein Ersatzanspruch des Käufers aus berechtigter oder unberechtigter Geschäftsführung ohne Auftrag (§§ 677, 683, 670 bzw. §§ 677, 684 S. 1, 812, 818 II, III) ausscheiden.[170] 98

Beispiel (BGHZ 162, 219): K hat bei Autohändler V einen EU-Neuwagen gekauft. Nach einigen Monaten tritt ein Motorschaden auf. K lässt den Motor von einem Vertragshändler des Herstellers austauschen und verlangt von V Ersatz der Aufwendungen. Zu Recht? – Zu prüfen ist zunächst ein Anspruch auf Schadensersatz statt der Leistung aus §§ 434, 437 Nr. 3 iVm §§ 280 I, III, 281. Der Anspruch scheitert indes jedenfalls daran, dass K dem V keine Frist zur Nacherfüllung gesetzt hat. Ein Aufwendungsersatzanspruch aus §§ 326 II 2 analog ist abzulehnen, weil sonst das Fristsetzungserfordernis – und damit das Recht des V zur zweiten Andienung – unterlaufen würde. Ein Ersatzanspruch aus §§ 677, 684 S. 1, 812, 818 II scheitert am abschließenden Charakter der kaufrechtlichen Gewährleistung.

Ob das Verhalten des Käufers eine unzulässige Selbstvornahme darstellt, muss sorgfältig geprüft werden. So führt etwa die **Beschaffung eines fehlerfreien Ersatzteils** durch den Käufer noch nicht zum Ausschluss seiner Gewährleistungsrechte. Da der Käufer das Ersatzteil anderweitig nutzen kann, bleibt die Nacherfüllung durch den Verkäufer nämlich weiter möglich.[171]

III. Rücktritt

Für den Rücktritt verweist § 437 Nr. 2 auf die §§ 440, 323, 326 V. Bei behebbaren Mängeln ist § 323 maßgeblich, wobei die Notwendigkeit einer Fristsetzung auch nach § 440 entfallen kann; bei nicht behebbaren Mängeln ist eine Fristsetzung nach § 326 V von vornherein nicht erforderlich. 99

167 Vgl. BGHZ 162, 219 (225); Hk-BGB/*Saenger* § 437 Rn. 16; aA Jauernig/*Berger* § 439 Rn. 16.

168 *Harke*, Schuldrecht BT, Rn. 61; *S. Lorenz*, NJW 2004, 1417 (1419).

169 BGHZ 162, 219 = NJW 2005, 1348; BGH, NJW 2005, 3211 (3212); NJW 2006, 988 (989); NJW 2007, 1534 (1535); MüKoBGB/*Westermann* § 439 Rn. 10; *Looschelders*, JA 2007, 673 (674); dagegen *Harke*, Schuldrecht BT, Rn. 61; *Herresthal/Riehm*, NJW 2005, 1457 ff.; *S. Lorenz*, NJW 2005, 1321 ff.

170 Staudinger/*Matusche-Beckmann* (2004) § 437 Rn. 50; für Anwendung der §§ 677, 684 S. 1 *Oechsler*, NJW 2004, 1825 (1826); für bereicherungsrechtliche Ansprüche *Katzenstein*, ZGS 2005, 184 ff.

171 BVerfG, ZGS 2006, 470 = JA 2007, 456 (*Looschelders*).

1. Voraussetzungen des Rücktritts bei behebbaren Mängeln

100 Der Rücktritt gemäß § 323 setzt zunächst voraus, dass der Schuldner bei einem gegenseitigen Vertrag eine fällige Leistung nicht oder nicht vertragsgemäß erbracht hat (s. dazu SAT Rn. 702). Diese Voraussetzungen sind in den Fällen des § 437 notwendig gegeben und müssen daher nicht gesondert geprüft werden. Denn der Kaufvertrag ist ein **gegenseitiger Vertrag** und die Lieferung einer mit Mängeln behafteten Sache stellt eine **nicht vertragsgemäße Leistung** (§ 323 I Alt. 2) dar. Nimmt der Verkäufer die Nacherfüllung nicht oder nicht rechtzeitig vor, so liegt zwar auch eine **Nichtleistung** (§ 323 I Alt. 1) vor. Anders als beim Schadensersatz (→ Rn. 124 f.) kommt dieser zweiten denkbaren Pflichtverletzung beim Rücktritt aber keine eigenständige Bedeutung zu.[172]

a) Notwendigkeit der Fristsetzung

101 Sehr sorgfältig muss dagegen geprüft werden, ob der Käufer dem Verkäufer erfolglos eine **angemessene Frist zur Nacherfüllung** gesetzt hat oder ob eine solche Fristsetzung entbehrlich ist. Die *Angemessenheit* der Frist beurteilt sich nach allgemeinen Regeln. Die Frist muss also so bemessen sein, dass der Verkäufer die Nacherfüllung bewirken kann (s. dazu SAT Rn. 617). Ist die gesetzte Frist unangemessen kurz, so ist die Fristsetzung nicht unwirksam; vielmehr wird eine angemessene Frist in Lauf gesetzt.[173] Der BGH hat in einer Entscheidung zu § 281 I die Auffassung vertreten, dass die Fristsetzung nicht die Angabe eines konkreten Zeitraums erfordert; ausreichend sei vielmehr, wenn der Gläubiger durch das Verlangen nach sofortiger, unverzüglicher oder umgehender Leistung deutlich macht, dass dem Schuldner nur ein begrenzter Zeitraum zur Verfügung steht.[174] Diese Rechtsprechung ist auch bei § 323 zu beachten.

Beim **Verbrauchsgüterkauf** (§§ 474 ff.) besteht das Problem, dass Art. 3 V VerbrKauf-RL es für den Rücktritt und die Minderung ausreichen lässt, wenn der Verkäufer nicht innerhalb einer angemessenen Frist Abhilfe geschaffen hat. Eine **Fristsetzung** ist also **nicht erforderlich.** Das Problem lässt sich durch richtlinienkonforme Auslegung lösen. Schafft der Verkäufer nicht innerhalb einer angemessenen Frist Abhilfe, obwohl der Käufer Nacherfüllung verlangt hat, ist eine Fristsetzung nach § 323 II Nr. 3 beim Verbrauchsgüterkauf entbehrlich.[175] Der Verzicht auf die Angabe eines konkreten Zeitraums bei der Fristsetzung hat das Problem freilich entschärft.

b) Entbehrlichkeit der Fristsetzung nach § 323 II

102 Ist keine Fristsetzung erfolgt, so muss zunächst geprüft werden, ob die **Fristsetzung** nach allgemeinen Regeln (§ 323 II) **entbehrlich** ist. Die Notwendigkeit der Fristsetzung entfällt hiernach, wenn der Verkäufer die Nacherfüllung **ernsthaft und endgültig verweigert** (Nr. 1).[176] Aus dem Zusammenhang mit §§ 440 S. 1, 439 III ergibt sich, dass hier nur die *unberechtigte* Verweigerung der Nacherfüllung erfasst

172 So auch Bamberger/Roth/*Faust* § 437 Rn. 12; MüKoBGB/*Westermann* § 437 Rn. 9; *Looschelders*, JA 2007, 673 (675).

173 Vgl. BT-Drs. 10/6040, 138; Jauernig/*Berger* § 437 Rn. 11.

174 BGH, NJW 2009, 3153.

175 MüKoBGB/*Ernst* § 323 Rn. 50 a; Soergel/*Gsell* § 323 Rn. 85; *Medicus/Lorenz*, Schuldrecht I, Rn. 482.

176 Zu den Voraussetzungen vgl. LG Hanau, NJW-RR 2003, 1561.

wird, wobei eine unberechtigte Verweigerung der vom Käufer gewählten Art der Nacherfüllung ausreicht.[177]

Weitere Fälle, in denen die Fristsetzung entbehrlich ist, sind nach § 323 II Nr. 2 das **relative Fixgeschäft** (dazu SAT Rn. 705) sowie nach § 323 II Nr. 3 das Vorliegen **besonderer Umstände**, die unter Abwägung der beiderseitigen Interessen den sofortigen Rücktritt rechtfertigen. Hierher gehört etwa der Fall, dass der Verkäufer den Mangel bei Vertragsschluss **arglistig** verschwiegen hat. Denn eine arglistige Täuschung zerstört regelmäßig die für die Nacherfüllung erforderliche Vertrauensgrundlage.[178] Hat der Käufer dennoch eine Frist zur Nacherfüllung gesetzt, so erlischt sein Rücktrittsrecht aber, wenn der Verkäufer den Mangel innerhalb der Frist behebt. Der Käufer kann also im Nachhinein nicht geltend machen, dass die Fristsetzung wegen der Arglist entbehrlich war.[179]

c) Entbehrlichkeit der Fristsetzung nach § 440

§ 440 sieht über § 323 II hinaus weitere Konstellationen vor, in denen eine Fristsetzung entbehrlich ist. Hierher gehört zunächst der Fall, dass der Verkäufer **beide Arten der Nacherfüllung** nach § 439 III *zu Recht* **verweigert;** das Gleiche gilt, wenn eine Art der Nacherfüllung nach § 275 I ausgeschlossen ist und die andere Art der Nacherfüllung gemäß § 439 III verweigert wird.[180] Nach der Rechtsprechung des EuGH (→ Rn. 95) kommen diese beiden Fälle im Anwendungsbereich der VerbrKauf-RL allerdings nicht mehr in Betracht, weil der Einwand der absoluten Unverhältnismäßigkeit richtlinienwidrig ist 103

Nach § 440 S. 1 Alt. 2 ist die Fristsetzung ferner entbehrlich, wenn die dem Käufer zustehende Art der Nacherfüllung **fehlgeschlagen** ist. Die *Nachbesserung* gilt nach dem erfolglosen zweiten Versuch als fehlgeschlagen; aus der Art der Sache oder des Mangels oder den sonstigen Umständen kann sich jedoch im Einzelfall etwas anderes ergeben (§ 440 S. 2).[181] Für die *Nachlieferung* dürfte grundsätzlich das Gleiche gelten, es sei denn, dass schon der erste erfolglose Versuch den Schluss zulässt, eine weitere Nachlieferung werde ebenfalls ohne Erfolg bleiben (zB weil alle für die Ersatzlieferung in Betracht kommenden Sachen denselben Mangel aufweisen).[182] 104

Nach der Gesetzesbegründung ist die Nacherfüllung auch dann fehlgeschlagen, wenn der Verkäufer sie trotz Aufforderung durch den Käufer nicht innerhalb einer **angemessenen Frist** vorgenommen hat.[183] Der Gesetzgeber will so das Problem lösen, dass die VerbrKauf-RL eine Aufforderung zur Nachbesserung ausreichen lässt, also **keine Fristsetzung** verlangt. Die Vereinbarkeit mit der Richtlinie lässt sich aber bereits durch Rückgriff auf § 323 II Nr. 3 gewährleisten (→ Rn. 101), so dass § 440 S. 1 Alt. 2 nicht mehr herangezogen werden muss.

177 *Oetker/Maultzsch* § 2 Rn. 243.

178 BGH, NJW 2007, 835 (837); NJW 2007, 1534 (1535); zur Minderung BGH, NJW 2008, 1371, 1373 = JA 2008, 301 (*Looschelders*) – Diokletian.

179 BGH, NJW 2010, 1805 m. Anm. *Looschelders*, LMK 2010, 305065.

180 MüKoBGB/*Westermann* § 440 Rn. 6.

181 Vgl. BGH, NJW 2007, 504.

182 Bamberger/Roth/*Faust* § 440 Rn. 33; *Reinicke/Tiedtke*, Kaufrecht, Rn. 485.

183 BT-Drs. 14/6040, 222; *Brox/Walker*, Schuldrecht BT, § 4 Rn. 54; krit. Bamberger/Roth/*Faust* § 440 Rn. 31; *Oetker/Maultzsch* § 2 Rn. 245.

105 Nach § 440 S. 1 Alt. 3 ist die Fristsetzung schließlich entbehrlich, wenn für den Käufer die ihm zustehende Art der Nacherfüllung **unzumutbar** ist. Diese Regelung geht weiter als § 323 II Nr. 3, weil keine Abwägung mit den Interessen des Verkäufers vorgesehen ist.[184] Erfasst werden soll insbesondere der Fall, dass die Nacherfüllung für den Käufer mit erheblichen Unannehmlichkeiten verbunden wäre; dabei sind auch die Art der Sache und der Zweck zu berücksichtigen, für den der Käufer die Sache benötigt.[185] So muss man die Zumutbarkeit einer »Nachbesserung« durch den Verkäufer besonders zurückhaltend beurteilen, wenn es sich bei der Kaufsache um ein Haustier (zB einen Hund) handelt.[186] § 440 S. 1 Alt. 3 erfasst darüber hinaus alle Fälle, in denen das Vertrauensverhältnis zwischen den Parteien wegen der Art des Mangels aus sonstigen Gründen erheblich gestört ist.[187]

2. Voraussetzungen des Rücktritts bei nicht behebbaren Mängeln

106 Kann der Mangel weder durch Nachlieferung noch durch Nachbesserung behoben werden, so ist der Nacherfüllungsanspruch nach § 275 I ausgeschlossen; infolgedessen richtet sich der Rücktritt nach **§ 437 Nr. 2 iVm § 326 V**. Das Gleiche gilt, wenn der Verkäufer beide Formen der Nacherfüllung nach § 275 II oder III verweigert. Da § 326 V sowohl die anfängliche als auch die nachträgliche Unmöglichkeit erfasst (s. SAT Rn. 718), kommt es nicht darauf an, ob die Unbehebbarkeit des Mangels bzw. das Leistungsverweigerungsrecht aus § 275 II, III bereits bei Vertragsschluss vorlag oder erst zwischen Vertragsschluss und Gefahrübergang eingetreten ist.

107 Wegen der Einzelheiten des Rücktritts verweist § 326 V auf § 323. Bedeutung hat dies vor allem für die noch zu erörternden Ausschlussgründe (→ Rn. 108 ff.). Im Unterschied zu § 323 ist die **Fristsetzung** zur Nacherfüllung gemäß § 326 V aber von vornherein **entbehrlich**.

3. Ausschluss des Rücktrittsrechts

108 Liegen die Rücktrittsvoraussetzungen nach § 323 bzw. § 326 V vor, so muss weiter geprüft werden, ob der Rücktritt nach § 323 V oder VI (ggf. iVm § 326 V) ausgeschlossen ist.

a) Unerheblichkeit der Pflichtverletzung

Praktische Bedeutung hat vor allem der Ausschluss des Rücktritts nach § 323 V 2 wegen **Unerheblichkeit der Pflichtverletzung** (allg. dazu SAT Rn. 628). Da die Pflichtverletzung in der mangelhaften Leistung (§ 433 I 2) liegt, muss geklärt werden, unter welchen Voraussetzungen ein Mangel unerheblich ist. Der BGH geht im Anschluss an seine Rechtsprechung zu § 459 I 2 aF davon aus, dass der Ausschlusstatbestand jedenfalls für sog. **Bagatellfälle** gilt (zB Mängel, die in Kürze von selbst verschwinden oder vom Käufer mit geringem Aufwand beseitigt werden können).[188] Bei diesem Ansatz ist allerdings zu beachten, dass nach altem Recht im Fall der Unerheblichkeit schon gar kein Sachmangel vorlag, womit *alle* Gewährleistungsrechte ausgeschlossen waren. Nach geltendem Recht kann der Käufer bei unerheblichen

184 Vgl. Staudinger/*Matusche-Beckmann* (2004) § 440 Rn. 21.
185 Vgl. BT-Drs. 14/6040, 233 f.; Bamberger/Roth/*Faust* § 440 Rn. 35 ff.
186 Vgl. BGH, NJW 2005, 3211; Palandt/*Weidenkaff* § 440 Rn. 8.
187 Vgl. Staudinger/*Matusche-Beckmann* (2004) § 440 Rn. 22 ff.
188 BGH, NJW 2007, 2111 m. Anm. *Reinking*; vgl. auch *Brox/Walker*, Schuldrecht BT, § 4 Rn. 61 ff.

Mängeln zwar nicht vom Vertrag zurücktreten; sein Nacherfüllungsanspruch bleibt aber unberührt. Außerdem kann der Käufer auch bei unerheblichen Mängeln den Kaufpreis mindern (§ 441 I 2) und »kleinen« Schadensersatz verlangen (→ Rn. 117 ff.). Es erscheint daher gerechtfertigt, die Unerheblichkeit bei § 323 V 2 in einem weiteren Sinne zu verstehen als bei § 459 I 2 aF Erforderlich ist eine **Interessenabwägung** im Einzelfall.[189] Einen wichtigen Orientierungspunkt liefert die Überlegung, ob der Mangel für einen verständigen Durchschnittskäufer ein Grund wäre, vom Kauf der Sache Abstand zu nehmen.[190] Maßgeblicher **Zeitpunkt** für die Beurteilung der Unerheblichkeit ist der Zeitpunkt der Rücktrittserklärung. Ist der Mangel zu diesem Zeitpunkt als erheblich anzusehen, wird die Erheblichkeit nicht dadurch ausgeschlossen, dass sich im Nachhinein – etwa aufgrund eines Sachverständigengutachtens im Verlauf des Prozesses – herausstellt, dass der Mangel mit verhältnismäßig geringem Aufwand beseitigt werden kann.[191] Der Käufer kann aber nach Treu und Glauben (§ 242) gehindert sein, an der durch den Rücktritt erlangten Rechtsposition festzuhalten, wenn der Mangel später *mit seiner Zustimmung* beseitigt worden ist.[192]

Beispiele: Bei einem Neuwagen ist eine Abweichung des Kraftstoffverbrauchs um weniger als 10 % unerheblich.[193] Das Eindringen von Feuchtigkeit in den Fahrzeuginnenraum begründet dagegen auch bei einem acht Jahre alten Gebrauchtwagen mit einer Laufleistung von mehr als 100.000 km einen nicht unerheblichen Mangel.[194]

Hat der Verkäufer den Mangel **arglistig** verschwiegen, soll die Erheblichkeit nach Ansicht des BGH auch bei objektiv geringfügigen Mängeln zu bejahen sein.[195] Das Gericht argumentiert damit, dass es nach § 323 V 2 auf die Unerheblichkeit der *Pflichtverletzung* (und nicht nur des Mangels) ankomme. Dem ist jedoch entgegenzuhalten, dass § 323 V 2 im Kaufrecht aufgrund der Verweisung durch § 437 Nr. 2 anwendbar ist. Die Vorschriften über die kaufrechtliche Gewährleistung knüpfen aber *allein* an die Verletzung der Pflicht zu *mangelfreier Leistung* an.[196] 109

b) Ausschluss des Rücktritts bei Zuweniglieferung

Nach § 434 III liegt ein Sachmangel auch dann vor, wenn der Verkäufer eine **zu geringe Menge** geliefert hat (→ Rn. 76). Ob diese Gleichstellung auch im Rahmen des § 323 V beachtet werden muss, ist streitig (vgl. dazu schon SAT Rn. 629 und 709). Die hM bejaht die Frage und wendet deshalb auch hier **§ 323 V 2** an. Bei einer Zuweniglieferung wäre der Rücktritt vom ganzen Vertrag damit nur ausgeschlossen, wenn die Mengenabweichung unerheblich ist.[197] Die Gegenauffassung beurteilt den Ausschluss des Rücktritts nach **§ 323 V 1.** Der Käufer kann danach nur dann vom ganzen Vertrag zurücktreten, wenn er an der Teilleistung kein Interesse hat.[198] 110

Für die letztere Auffassung spricht der primäre **Zweck des § 434 III,** die kaufrechtlichen Sonderregeln über die Gewährleistung auf die Minderleistung zu erstrecken.

189 BGH, NJW 2008, 1517; NJW 2009, 508 m. Anm. *Bruns*; BB 2010, 1175.
190 BGH, NJW 2009, 508 (509).
191 BGH, Urt. v. 15. 6. 2011 – VIII ZR 139/09, BeckRS 2011, 22417.
192 BGH, NJW 2009, 508 (509).
193 BGH, NJW 2007, 2111; ebenso schon BGHZ 132, 55.
194 BGH, NJW 2009, 508.
195 BGH, NJW 2006, 1960; aA *S. Lorenz*, NJW 2006, 1925 ff.
196 Vgl. *Medicus/Petersen*, Bürgerliches Recht, Rn. 300; *Looschelders*, JR 2007, 309 ff.
197 Vgl. Bamberger/Roth/*Faust* § 434 Rn. 115; *Brox/Walker*, Schuldrecht BT, § 4 Rn. 65 und 96.
198 Jauernig/*Berger* § 434 Rn. 24; MüKoBGB/*Westermann* § 434 Rn. 42; *Lorenz/Riehm* Rn. 219; *Canaris*, FS K. Schmidt, 2009, 177 (191 ff.); *Windel*, Jura 2003, 793 (796).

Die Übertragung der Gleichstellung auf den Ausschlusstatbestand des § 323 V ist hiernach jedenfalls nicht zwingend. Auch sonst gibt es für eine Übertragung der Gleichstellung auf § 323 V keine starken teleologischen Argumente. Vielmehr wäre es gerade nicht sachgemäß, dem Käufer den Rücktritt vom ganzen Vertrag zu erlauben, obwohl er am erhaltenen Teil der Leistung bei objektiver Betrachtung durchaus Interesse hat.

c) Verantwortlichkeit des Käufers für den Rücktrittsgrund

111 Nach § 323 VI Alt. 1 (ggf. iVm § 326 V) ist der Rücktritt auch dann ausgeschlossen, wenn der Käufer für den Rücktrittsgrund allein oder weit überwiegend verantwortlich ist (allgemein dazu SAT Rn. 710 ff.). Dieser Ausschlussgrund kommt jedenfalls dann in Betracht, wenn der Käufer den **Eintritt des Mangels** selbst **verschuldet** hat (zB durch unsorgfältigen Umgang mit der Kaufsache vor Gefahrübergang).[199] Große praktische Bedeutung dürfte dieser Konstellation freilich nicht zukommen.

112 In der neueren Literatur wird überwiegend die Auffassung vertreten, der Ausschlussgrund des § 323 VI Alt. 1 sei auch auf den Fall anwendbar, dass der Käufer allein oder weit überwiegend für den **Grund** verantwortlich ist, der zum **Ausschluss des Nacherfüllungsanspruchs** führt und ihm damit ein Recht zum sofortigen Rücktritt gäbe.[200] Im Vordergrund der Diskussion steht dabei der Fall, dass der Käufer die mit einem an sich behebbaren Mangel behaftete Speziessache schuldhaft zerstört und damit dem Verkäufer die Nacherfüllung (in Form der Nachbesserung) unmöglich macht.

> **Beispiel:** K hat von V einen gebrauchten Pkw gekauft. Wenige Tage nach der Übergabe verursacht K infolge leichter Fahrlässigkeit einen Unfall, bei dem das Fahrzeug einen Totalschaden erleidet. Bei der Untersuchung der Unfallschäden wird festgestellt, dass das Fahrzeug diverse Mängel aufweist, die durch Nachbesserung hätten behoben werden können. Kann K zurücktreten? – Dem K könnte ein Rücktrittsrecht nach §§ 434, 437 Nr. 2, 326 V zustehen. Zwischen K und V ist ein Kaufvertrag zustande gekommen. Die Kaufsache weist einen Sachmangel nach § 434 I auf. Da beide Formen der Nacherfüllung gemäß § 275 I ausgeschlossen sind (eine Nachlieferung war von vornherein nicht möglich und die Nachbesserung ist aufgrund des Unfalls unmöglich geworden), beurteilt sich das Rücktrittsrecht nach § 326 V; eine Fristsetzung zur Nacherfüllung ist damit entbehrlich. K ist jedoch für den Grund verantwortlich, der zur Unmöglichkeit der Nachbesserung geführt hat. Der Rücktritt könnte daher nach § 326 V iVm § 323 VI Alt. 1 ausgeschlossen sein.

113 Ob § 323 VI Alt. 1 auf solche Fälle anzuwenden ist, lässt sich dem Gesetzeswortlaut nicht entnehmen. Gegen die Anwendung der Vorschrift spricht, dass die schuldhafte Zerstörung des Leistungsgegenstands nach der **Konzeption des Reformgesetzgebers** nicht mehr zum Ausschluss des Rücktritts führen sollte; stattdessen sollte den Rücktrittsberechtigten bei Unmöglichkeit der Rückgewähr in natura eine Wertersatzpflicht nach § 346 II treffen (s. SAT Rn. 834). Fraglich ist auch, ob man dem Käufer, der die Unmöglichkeit der Nacherfüllung verschuldet hat, wirklich die alleinige oder weit überwiegende Verantwortlichkeit für den Rücktrittsgrund zusprechen kann; immerhin ist der Verkäufer ebenfalls für eine wesentliche Voraussetzung des Rücktritts – nämlich den Mangel – verantwortlich.[201]

Anlass zu Zweifeln gibt auch die unterschiedliche Behandlung von behebbaren und nicht behebbaren Mängeln. Bei **nicht behebbaren Mängeln** führt die schuldhafte

199 Vgl. *Brox/Walker*, Schuldrecht BT, § 4 Rn. 66.

200 So etwa Bamberger/Roth/*Faust* § 437 Rn. 33 ff.; MüKoBGB/*Westermann* § 437 Rn. 14; *Kohler*, AcP 203 (2003), 539 (546 ff.); *S. Lorenz*, NJW 2002, 2497 (2499).

201 Vgl. *Dauner-Lieb/Arnold*, ZGS 2005, 10 (12).

Zerstörung der Kaufsache zu einer bloßen Wertersatzpflicht nach § 346 II, die überdies durch § 346 III beschränkt ist; bei **behebbaren Mängeln** kann der Käufer dagegen schon gar nicht zurücktreten. Folgt man gleichwohl der hL, so muss man zur Vermeidung von Wertungswidersprüchen wenigstens die Privilegierung des § 346 III 1 Nr. 3 (dazu SAT Rn. 848 ff.) im Rahmen des § 323 VI Alt. 1 **analog** anwenden.[202]

> **Beispiel:** Lehnt man die Anwendbarkeit des § 323 VI Alt. 1 auf die Verantwortlichkeit des Käufers für die Unmöglichkeit der Nacherfüllung prinzipiell ab, so kann K im Gebrauchtwagenfall (→ Rn. 112) ohne weiteres zurücktreten. Nach der Gegenauffassung kommt ein Ausschluss des Rücktrittsrechts nach §§ 326 V, 323 VI Alt. 1 in Betracht. Da K analog § 346 III 1 Nr. 3 nur für die eigenübliche Sorgfalt (und damit grundsätzlich nur für Vorsatz und grobe Fahrlässigkeit) einstehen muss, ist das Rücktrittsrecht aber auch nach dieser Auffassung gegeben. Der Wertersatzanspruch des V ist nach beiden Auffassungen gemäß § 346 III 1 Nr. 3 ausgeschlossen.

d) Eintritt des Mangels im Annahmeverzug des Käufers

Der Ausschlussgrund des § 323 VI Alt. 2 – Eintritt des Mangels im Annahmeverzug des Käufers – muss bei **Sachmängeln** nicht herangezogen werden, weil die Gefahr der zufälligen Verschlechterung im Annahmeverzug nach § 446 S. 3 ohnehin auf den Käufer übergeht. Bei **Rechtsmängeln** ist § 323 VI Alt. 2 jedoch anwendbar.[203] 114

4. Erklärung des Rücktritts

Auch wenn die Voraussetzungen des § 323 bzw. des § 326 V vorliegen, wird der Rücktritt nicht automatisch wirksam; nach allgemeinen Regeln (§ 349) ist vielmehr erforderlich, dass der Käufer den **Rücktritt** gegenüber dem Verkäufer **erklärt** (vgl. SAT Rn. 828). 115

5. Rechtsfolgen des Rücktritts

Für die Rückabwicklung nach Rücktritt gelten die §§ 346 ff. Die Parteien müssen also die empfangenen Leistungen zurückgewähren und die gezogenen Nutzungen herausgeben bzw. Wertersatz leisten. Anders als in den Fällen der Ersatzlieferung (→ Rn. 92) ist die Verpflichtung des Käufers zum **Wertersatz für Gebrauchsvorteile** mit der VerbrKauf-RL vereinbar.[204] Die unterschiedliche Beurteilung beider Fälle rechtfertigt sich inhaltlich daraus, dass der Käufer im Fall des Rücktritts seinerseits auch den gezahlten Kaufpreis mit Zinsen zurückerhält. 116

Die Rückabwicklung stößt auf Probleme, wenn die **Kaufsache** zwischenzeitig **untergegangen** ist. Nach früherem Recht war der Rücktritt in solchen Fällen ausgeschlossen, wenn der Käufer den Untergang der Kaufsache verschuldet hatte (§ 351 aF). Nach geltendem Recht schließt der Untergang der Kaufsache den Rücktritt grundsätzlich nicht mehr aus (zu möglichen Ausnahmen → Rn. 111 ff.). Soweit die Kaufsache nicht zurückgewährt werden kann, trifft den Käufer eine **Wertersatzpflicht** aus § 346 II (ausführlich dazu SAT Rn. 838 ff.). Der Anspruch auf Wertersatz kann gemäß § 346 III ausgeschlossen sein. Dabei kommt der **Privilegierung** des Rücktrittsberechtigten nach § 346 III 1 Nr. 3 besondere Bedeutung zu. Ist die Kaufsache beim Käufer untergegangen oder hat sie sich dort verschlechtert, so ist die Wert-

202 So auch *Kohler*, AcP 203 (2003), 539 (554).
203 Vgl. *Oetker/Maultzsch* § 2 Rn. 252.
204 BGH, NJW 2010, 148 (149).

ersatzpflicht hiernach ausgeschlossen, wenn der Käufer die eigenübliche Sorgfalt (§ 277) beachtet hat (zu den Einzelheiten SAT Rn. 848 ff.; zur Fallbearbeitung SAT Rn. 1227).

IV. Minderung

117 Nach §§ 437 Nr. 2, 441 kann der Käufer statt des Rücktritts den Kaufpreis mindern. Das Wort »statt« macht deutlich, dass die **Voraussetzungen des Rücktritts** vorliegen müssen. Es ist also auch hier zwischen behebbaren und nicht behebbaren Mängeln zu unterscheiden. Bei *behebbaren* Mängeln gilt § 323. Der Käufer ist damit grundsätzlich gehalten, dem Verkäufer zunächst eine Nacherfüllungsfrist zu setzen. Ausnahmen können sich wieder aus § 323 II oder § 440 ergeben (→ Rn. 102 ff.). Bei *nicht behebbaren* Mängeln ist die Fristsetzung nach § 326 V entbehrlich. Nach § 441 I 2 ist der Ausschlussgrund des § 323 V 2 auf die Minderung nicht anwendbar; der Käufer kann also auch bei **unerheblichen Mängeln** mindern.

118 Bei der Minderung wird der Kaufpreis gemäß § 441 in dem **Verhältnis** herabgesetzt, »in welchem zur Zeit des Verkaufs der Wert der Sache in mangelfreiem Zustand zu dem wirklichen Wert gestanden haben würde« (§ 441 III). Dem Käufer sollen damit die Vorteile aus dem Abschluss eines günstigen Kaufes erhalten bleiben. Umgekehrt behält der Verkäufer freilich auch die Vorteile aus einem guten Geschäft.

Die Formulierung des § 441 III lässt sich **mathematisch** wie folgt ausdrücken: Geminderter Kaufpreis (GKP) / vereinbarter Kaufpreis = Wert mit Mangel / Wert ohne Mangel. Löst man die Gleichung nach dem geminderten Kaufpreis hin auf, so ergibt sich die folgende Formel:

GKP = Wert mit Mangel x vereinbarter Kaufpreis / Wert ohne Mangel.

> **Beispiel:** K kauft bei Kfz-Händler V einen vier Jahre alten Golf Diesel für 8.000 EUR. Das Fahrzeug hätte in mangelfreiem Zustand einen Wert von 10.000 EUR. Aufgrund diverser Mängel beträgt der tatsächliche Wert aber nur 6.000 EUR. Da Nachlieferung und Nachbesserung unmöglich sind, will K den Kaufpreis mindern. – Die Voraussetzungen der Minderung richten sich nach §§ 434, 437 Nr. 2, 441, 326 V. K kann danach den Kaufpreis ohne Fristsetzung mindern. Der geminderte Kaufpreis beträgt 4.800 EUR (6.000 EUR x 8.000 EUR / 10.000 EUR).

119 Hat der Käufer bereits mehr als den geminderten Kaufpreis gezahlt, so kann er nach § 441 IV **Rückzahlung des Mehrbetrages** verlangen.

V. Der Anspruch auf Schadensersatz

1. Allgemeines

120 Den Anspruch auf Schadensersatz regelt das Gesetz in § 437 Nr. 3 im Wesentlichen dadurch, dass es auf die allgemeinen Bestimmungen der §§ 280 ff., 311 a verweist. Der Schadensersatzanspruch des Käufers setzt damit grundsätzlich eine **Pflichtverletzung** und ein **Vertretenmüssen** voraus (SAT Rn. 484 ff., 508 ff.). Die Prüfung der Pflichtverletzung bereitet in diesem Zusammenhang allerdings keine Probleme. Wird ein Sach- oder Rechtsmangel bejaht, so steht nämlich fest, dass der Verkäufer seine **Pflicht aus § 433 I 2** (→ Rn. 23) verletzt hat. Keine Pflichtverletzung liegt nach der Konzeption des Gesetzes in den Fällen der **anfänglichen Unmöglichkeit** (§ 311 a) vor. Hier tritt an die Stelle der Pflichtverletzung die Nichtleistung aufgrund anfänglicher Unmöglichkeit (dazu SAT Rn. 655 ff.). Bei der kaufrechtlichen Gewährleistung

wird diese Kategorie für Schadensersatzansprüche wegen anfänglicher nicht behebbarer Mängel relevant.

Soweit es um den Ersatz des *Verzögerungsschadens* oder um *Schadensersatz statt der Leistung* geht, müssen nach § 280 II bzw. § 280 III **zusätzliche Voraussetzungen** (Mahnung, Fristsetzung etc.) vorliegen (wobei die Fristsetzung auch nach § 440 S. 1 entbehrlich sein kann). Der Schadensersatzanspruch wegen Sach- oder Rechtsmängel passt sich damit nahtlos in die Systematik der Schadensersatzansprüche nach allgemeinem Leistungsstörungsrecht (dazu SAT Rn. 552 ff.) ein. 121

2. Vertretenmüssen

Während die Pflichtverletzung in Gestalt der Lieferung einer mit Sach- oder Rechtsmängeln behafteten Sache bereits bei der Prüfung der §§ 434–436 festgestellt wird, muss auf das Vertretenmüssen gesondert eingegangen werden, wobei die **Beweislast** nach § 280 I 2 freilich dem Verkäufer obliegt (vgl. SAT Rn. 558). Dieser muss also nachweisen, dass er den Mangel nicht zu vertreten hat. Eine entsprechende Beweislastumkehr gilt nach § 311 a II 2 für das Vertretenmüssen bei anfänglichen nicht behebbaren Mängeln. 122

Ob der Verkäufer die Pflichtverletzung bzw. die Unkenntnis des anfänglichen unbehebbaren Mangels zu vertreten hat, beurteilt sich nach §§ 276, 278. Grundsätzlich kann insoweit daher auf die Ausführungen zum Allgemeinen Schuldrecht (SAT Rn. 508 ff.) verwiesen werden. Folgende Punkte sind aber im Kaufrecht von besonderem Interesse.

a) Vorsatz und Fahrlässigkeit

Nach § 276 hat der Verkäufer grundsätzlich Vorsatz und Fahrlässigkeit zu vertreten. **Bezugspunkt** des Vertretenmüssens ist nach allgemeinen Grundsätzen die Pflichtverletzung (vgl. § 280 I 2). Soweit es um *Schadensersatz statt der Leistung* geht, ist fraglich, auf welche Pflichtverletzung abgestellt werden soll: die ursprüngliche Schlechtleistung oder die Verletzung der Nacherfüllungspflicht. Weitere Komplikationen ergeben sich, wenn die Pflicht zur Nacherfüllung gemäß § 275 ausgeschlossen ist (→ Rn. 91 ff.). Bei der Beurteilung der Problematik muss deshalb zwischen behebbaren und nicht behebbaren Mängeln unterschieden werden. 123

Bei **behebbaren Mängeln** kann zunächst auf die Verletzung der *Pflicht zur Lieferung einer mangelfreien Sache* (§ 433 I 2) abgestellt werden. Der Schuldvorwurf betrifft hier den Umstand, dass der Verkäufer den Mangel verursacht oder trotz Kenntnis oder Kennenmüssens nicht schon vor der Ablieferung beseitigt hat.[205] Daneben kann aber auch an die *Nicht- oder Schlechterfüllung der Nacherfüllungspflicht* (§ 439) angeknüpft werden.[206] Da der Verkäufer bereits eine mangelhafte Sache geliefert hat, sind die Sorgfaltsanforderungen insoweit besonders streng.[207] So wird die unberechtigte Verweigerung der Nacherfüllung regelmäßig als schuldhaft anzusehen sein. Bei 124

205 Zum Inhalt des Schuldvorwurfs vgl. Bamberger/Roth/*Faust* § 437 Rn. 76; allein auf die Kenntnis bzw. das Kennenmüssen abstellend Begr. BT-Drs. 14/6040, 210.

206 BGH, NJW 2008, 2837 (2840); MüKoBGB/*Westermann* § 437 Rn. 27 ff.; Palandt/*Weidenkaff* § 437 Rn. 37; *Reinicke/Tiedtke*, Kaufrecht, Rn. 537 ff.; *Looschelders*, FS Canaris I, 2007, 737 (746 ff.). Für alleinige Anknüpfung an die Verletzung der Nacherfüllungspflicht *Oetker/Maultzsch* § 2 Rn. 274; *Lorenz/Riehm* Rn. 535; *S. Lorenz*, NJW 2002, 2497 (2503).

207 Vgl. *Canaris*, FS Wiegand, 2005, 179 (233 f.).

der Fallbearbeitung muss daher klar zwischen den beiden Bezugspunkten des Vertretenmüssens unterschieden werden.

125 Bei **anfänglichen nicht behebbaren Mängeln** ist zu prüfen, ob der Verkäufer den Mangel und dessen Unbehebbarkeit bei Vertragsschluss kannte oder kennen musste (§ 437 Nr. 3 iVm § 311 a II 2).[208] Ist **nach Vertragsschluss** ein unbehebbarer Mangel entstanden bzw. ein behebbarer Mangel **unbehebbar** geworden, so kommt es nach hM allein darauf an, ob der Verkäufer die *Unmöglichkeit der Nacherfüllung* zu vertreten hat (§ 437 Nr. 3 iVm §§ 280 I, III, 283).[209] Hierfür lässt sich anführen, dass das Vertretenmüssen im unmittelbaren Anwendungsbereich der §§ 280, 283 auf die Entstehung des Leistungshindernisses zu beziehen ist. Mit der Verweisung auf § 283 wollte der Gesetzgeber indes lediglich klarstellen, dass der Käufer bei nicht behebbaren Mängeln keine Frist zur Nacherfüllung setzten muss. Der Bezugspunkt des Vertretenmüssens sollte dagegen nicht verschoben werden. Vorzugswürdig erscheint daher, das Vertretenmüssen alternativ auch auf die ursprüngliche *Schlechtleistung* zu beziehen. Hat der Verkäufer diese zu vertreten, so kann er sich also nicht damit entlasten, die Nacherfüllung sei ohne sein Verschulden unmöglich geworden.[210]

Beispiel: Weinbauer W verkauft dem K aus eigenem Anbau 50 Flaschen Wein. W weiß, dass der Wein aufgrund unsachgemäßer Lagerung verdorben ist. Sollte K den Wein beanstanden, will er ihm aber aus seinem Vorrat andere Weinflaschen liefern. Kurz nach Auslieferung des Weins wird der gesamte Vorrat des W ohne dessen Verschulden bei einem Brand vernichtet. – Geht man von einer Vorratsschuld (dazu SAT Rn. 289) aus, so ist der Anspruch des K auf Nacherfüllung gemäß § 275 I ausgeschlossen. Nach hM steht dem K auch kein Anspruch auf Schadensersatz statt der Leistung aus §§ 434, 437 Nr. 3 iVm §§ 280 I, III, 283 zu, weil W die Unmöglichkeit der Nacherfüllung nicht zu vertreten hat.[211] Nach der hier befürworteten Konzeption genügt es, dass W die fehlerhafte Leistung zu vertreten hat. K kann daher Schadensersatz statt der Leistung verlangen.

126 Soweit es auf das Kennenmüssen des Mangels ankommt, stellt sich die Frage, welche **Untersuchungspflichten** den Verkäufer treffen. Der BGH hat in einer neueren Entscheidung klargestellt, dass die im Verkehr erforderliche Sorgfalt den Verkäufer im Regelfall nicht zur Untersuchung der Kaufsache verpflichtet.[212] Es sind jedoch auch Ausnahmen möglich. Entscheidend ist letztlich, welche Erwartungen der Käufer aufgrund der Umstände des Einzelfalles an die Sorgfalt des Verkäufers haben durfte. Dabei sind die Art des Produkts und die fachliche Qualifikation des Verkäufers zu berücksichtigen. So treffen einen sachkundigen Fachhändler bei einem besonders hochwertigen oder fehleranfälligen Produkt wesentlich weitergehende Untersuchungspflichten als einen Discounter beim Verkauf eines billigen Massenprodukts.[213]

b) Übernahme einer Garantie

127 Unabhängig vom Verschulden hat der Verkäufer die Pflichtverletzung bzw. die Unkenntnis des Mangels auch dann zu vertreten, wenn er für die Mangelfreiheit der Kaufsache eine **Garantie** übernommen hat. Eine solche Beschaffenheitsgarantie ist

208 *Oetker/Maultzsch* § 2 Rn. 274 Fn. 518; *S. Lorenz*, NJW 2002, 2497 (2501).

209 So *Oetker/Maultzsch* § 2 Rn. 274; *Reinicke/Tiedtke*, Kaufrecht, Rn. 536; *Hirsch*, Jura 2003, 289 (296); *S. Lorenz*, NJW 2002, 2497 (2501).

210 So auch Bamberger/Roth/*Faust* § 437 Rn. 115; Staudinger/*Otto* (2009) § 280 Rn. D 13. Ausführlich dazu *Looschelders*, FS Canaris I, 2007, 737 (750 ff.).

211 Vgl. zu einem ähnlichen Beispiel *Reischl*, JuS 2003, 453 (457).

212 BGH, NJW 2009, 2674 (2676).

213 Vgl. Palandt/*Grüneberg* § 280 Rn. 19; *Medicus/Petersen*, Bürgerliches Recht, Rn. 296.

streng von einer bloßen Beschaffenheitsvereinbarung iSd § 434 I 1 (→ Rn. 44) zu unterscheiden; der Verkäufer muss dem Käufer ausdrücklich oder stillschweigend zu erkennen gegeben haben, dass er für das Vorhandensein der in Frage stehenden Merkmale und die Folgen ihres Fehlens eine unbedingte (verschuldensunabhängige) Einstandspflicht übernimmt (ausführlich dazu SAT Rn. 533 ff.).

Bei der Abgrenzung kann man an die Rechtsprechung zur verschuldensunabhängigen Haftung des Verkäufers bei Fehlen einer **zugesicherten Eigenschaft** (§ 463 aF) anknüpfen.[214] Nach altem Recht hatte die Frage aber größere Bedeutung, weil der Verkäufer für Mangelschäden sonst nur noch im Fall der Arglist einstehen musste. Heute lassen sich die meisten einschlägigen Fälle bereits über die Fahrlässigkeitshaftung lösen. 128

Beispiel (BGH, NJW 1993, 2103; NJW 1995, 1673): K kauft bei Kunsthändler V für 5.000 EUR ein mit »Burra 33« signiertes Ölgemälde. Auf Wunsch des K übergibt V ihm dazu eine schriftliche Erklärung, dass Edward Burra Urheber des Bildes sei und es sich um »ein Original von der Hand des Künstlers« handle. Später erfährt K, dass das Gemälde nicht von Burra stammt. Da ein echter »Burra« einen Wert von 150.000 EUR hätte, verlangt K von V Schadensersatz in Höhe von 145.000 EUR.

Die Rechtsprechung unterscheidet bei der Abgrenzung zwischen Beschaffenheitsgarantien und bloßen Beschaffenheitsvereinbarungen nach der Art des Geschäfts. Im **Kunsthandel** werden besonders strenge Anforderungen an das Vorliegen einer Garantie gerichtet. Dies beruht darauf, dass an der Urheberschaft eines Gemäldes häufig Zweifel bestehen. 129

Beispiel: In der zweiten Burra-Entscheidung hat der BGH eine Zusicherung (= Garantie) abgelehnt.[215] Nach damaligem Recht war die Klage daher abzuweisen. Auf der Grundlage des geltenden Rechts wäre dem V Fahrlässigkeit anzulasten. Der K hätte damit einen Schadensersatzanspruch gegen V aus §§ 434, 437 Nr. 3, 311 a II.

Im **Gebrauchtwagenhandel** hat der BGH bislang geringere Anforderungen an die Annahme einer Garantie gestellt. Aufgrund der Sachkunde des Händlers wird zwar auch hier meist Fahrlässigkeit vorliegen; soweit die Garantie reicht, ist ein Haftungsausschluss aber nach § 444 auch dann unwirksam, wenn es sich beim Käufer nicht um einen Verbraucher handelt (→ Rn. 150 ff.). 130

Beispiele: Gebrauchtwagenhändler G verwendet beim Abschluss des Vertrages einen Vordruck. Darin findet sich unter anderem die Wendung: »Das Fahrzeug ist fahrbereit: Ja – nein«. Der Verkäufer kreuzt die Alternative »ja« an. Der BGH hat darin die Zusicherung (= Garantie) gesehen, dass sich das Fahrzeug in einem Zustand befindet, der eine gefahrlose Benutzung im Straßenverkehr erlaubt; das Fahrzeug dürfe daher nicht mit verkehrsgefährdenden Mängeln behaftet sein, auf Grund derer es bei einer Hauptuntersuchung als verkehrsunsicher eingestuft werden müsste.[216] In einer neueren Entscheidung hat der BGH allerdings klargestellt, dass der Verkäufer mit der Angabe »fahrbereit« nicht die Garantie übernimmt, dass das Fahrzeug auch noch nach Gefahrübergang über einen längeren Zeitraum oder eine längere Strecke fahrbereit bleibt.[217]

Die strenge Haftung des Gebrauchtwagenhändlers beruhte im alten Recht auf der Erwägung, dass der Käufer sonst schutzlos wäre. Da der Käufer nach neuem Recht – insbesondere bei Vorliegen eines **Verbrauchsgüterkaufs** – einen wesentlich besseren

---

214 Vgl. BGH, NJW 2007, 1346; *Brox/Walker*, Schuldrecht BT, § 4 Rn. 89.
215 Vgl. BGH, NJW 1995, 1673; ausführlich dazu *Hattenhauer*, JuS 1998, 684 ff.
216 BGHZ 122, 256 (261).
217 BGHZ 170, 67 (76): Keine Haltbarkeitsgarantie iSd § 443.

Schutz genießt, hat der BGH angedeutet, dass hieran vielleicht nicht festzuhalten ist.[218]

c) Übernahme eines Beschaffungsrisikos

131 Insbesondere bei Gattungssachen ist ferner die verschuldensunabhängige Haftung wegen **Übernahme eines Beschaffungsrisikos** (dazu SAT Rn. 536 ff.) zu beachten. In der Literatur wird die Auffassung vertreten, das vom Verkäufer übernommene Beschaffungsrisiko erfasse regelmäßig auch das Fehlen von Sach- und Rechtsmängeln, weil der Verkäufer einer Gattungssache nach § 243 I nur mit einer fehlerfreien Sache erfüllen könne.[219] Dem ist jedoch entgegenzuhalten, dass der Verkäufer auch bei der Stückschuld verpflichtet ist, dem Käufer eine mangelfreie Sache zu verschaffen (§ 433 I 2). Stück- und Gattungsschuld unterscheiden sich in dieser Hinsicht nicht prinzipiell. Es ist daher nicht einsichtig, dem Verkäufer bei Gattungsschulden *im Regelfall* eine verschuldensunabhängige Einstandspflicht aufzuerlegen, bei Stückschulden dagegen grundsätzlich am Verschuldensprinzip festzuhalten. Bei Fehlen besonderer Abreden oder Umstände beschränkt sich das Beschaffungsrisiko des Verkäufers einer Gattungssache deshalb darauf, dass er die Kaufsache überhaupt besorgt.[220]

d) Haftung für Erfüllungsgehilfen

132 Nach § 278 muss der Verkäufer sich auch das Verschulden seiner Erfüllungsgehilfen zurechnen lassen. Fraglich ist, ob hiervon auch die **Hersteller und Lieferanten** der Kaufsache erfasst werden. Bei der Beantwortung dieser Frage ist davon auszugehen, dass ein selbständiger Unternehmer Erfüllungsgehilfe iSd § 278 sein kann. Erforderlich ist aber, dass er im Pflichtenkreis des Schuldners tätig wird. Hersteller und Lieferanten werden nicht im Pflichtenkreis des Verkäufers tätig, sondern erfüllen eigene Pflichten. Sie können deshalb nicht als Erfüllungsgehilfen des Verkäufers angesehen werden (s. SAT Rn. 542).[221]

3. Ersatz von Mangelfolgeschäden

133 Für die Zuordnung des Sachverhalts zur einschlägigen Anspruchsgrundlage kommt es zunächst darauf an, ob der Käufer **Schadensersatz statt der Leistung** oder **Schadensersatz neben der Leistung** verlangt. Die Abgrenzung richtet sich danach, ob der Schadensersatzanspruch an die Stelle des primären Leistungsanspruchs tritt oder daneben geltend gemacht werden kann (vgl. SAT Rn. 565, 572 ff.). Einen Orientierungspunkt liefert dabei die Frage, ob der Schaden durch eine mögliche Nacherfüllung ausgeglichen werden könnte.[222] Dies ist jedenfalls dann zu verneinen, wenn der Käufer aufgrund eines Mangels der Kaufsache an seinen sonstigen Rechtsgütern oder Interessen geschädigt wird. Für den Ersatz solcher **Mangelfolgeschäden** gilt allein § 280 I. Neben den vier *Grundelementen* der vertraglichen Schadensersatzhaftung (Schuldverhältnis, Pflichtverletzung, Vertretenmüssen, Schaden) sind also keine weiteren Voraussetzungen erforderlich.

Beispiele: (1) Futterlieferant V liefert dem Biobauern K dioxinhaltiges Hühnerfutter, worauf die Hühner des K notgeschlachtet werden müssen.

---

218 BGH, NJW 2007, 1346 (1348); zustimmend *Looschelders*, JA 2007, 673 (677).
219 *Schlechtriem*, Schuldrecht BT, Rn. 85; einschränkend *Canaris*, FS Wiegand, 2005, 179 (230 ff.).
220 So auch *Brox/Walker*, Schuldrecht BT, § 4 Rn. 87; *S. Lorenz*, NJW 2002, 2497 (2502).
221 Vgl. BGHZ 48, 118 (120); 177, 224 (235); BGH, NJW 2009, 2674 (2676).
222 Vgl. Palandt/*Grüneberg* § 280 Rn. 18.

(2) Die Bremsen des gekauften Gebrauchtwagens versagen aufgrund eines schon bei Gefahrübergang vorhandenen Defekts; Käufer K wird bei dem Unfall erheblich verletzt.

4. Schadensersatz statt der Leistung

Verlangt der Käufer **Schadensersatz statt der Leistung,** so muss zwischen behebbaren und nicht behebbaren Mängeln unterschieden werden. 134

a) Behebbare Mängel

Für **behebbare Mängel** verweist § 437 Nr. 3 auf die §§ 280 I, III, 281. Die Pflichtverletzung liegt hier darin, dass der Verkäufer die fällige Leistung *nicht wie geschuldet* erbringt (vgl. SAT Rn. 607). Für die Begründung der Pflichtwidrigkeit ergeben sich dabei zwei unterschiedliche Ansatzpunkte: die Leistung einer mangelhaften Sache bei Gefahrübergang sowie die nicht (ordnungsgemäß) vorgenommene Nacherfüllung bis Fristablauf (→ Rn. 84 ff.). Für den Schadensersatzanspruch nach §§ 280 I, III, 281 genügt es, wenn der Verkäufer die Pflichtverletzung zu einem dieser Zeitpunkte zu vertreten hat (→ Rn. 124 sowie SAT Rn. 609).

Nach § 281 I kann Schadensersatz statt der Leistung grundsätzlich nur nach erfolglosem Ablauf einer angemessenen **Frist zur Nacherfüllung** verlangt werden. Die Frist muss so bemessen sein, dass der Verkäufer die Nacherfüllung tatsächlich bewirken kann (s. dazu SAT Rn. 617). Ist die Frist hierfür zu kurz, wird eine angemessene Frist in Lauf gesetzt.[223] Die Fristsetzung setzt nicht die Angabe eines bestimmten Zeitraums voraus; es genügt, wenn der Käufer den Verkäufer zur »umgehenden« Beseitigung des Mangels auffordert (→ Rn. 101).[224] 135

Die Fristsetzung ist unter den allgemeinen Voraussetzungen des § 281 II **entbehrlich.** Da das Fristsetzungserfordernis beim Schadensersatz statt der Leistung der VerbrKauf-RL nicht widersprechen kann, muss man es in den Fällen des Verbrauchsgüterkaufs – anders als beim Rücktritt (→ Rn. 101) – nicht ausreichen lassen, dass der Verkäufer trotz eines entsprechenden Begehrens des Käufers nicht innerhalb einer angemessenen Frist Abhilfe geschaffen hat. Eine richtlinienkonforme Anwendung des § 281 II Alt. 2 ist insoweit also nicht erforderlich. 136

Auch beim Schadensersatz statt der Leistung gilt schließlich die Sonderregelung des § 440 (→ Rn. 103 ff.). Die Fristsetzung ist also auch dann entbehrlich, wenn der Verkäufer die Nacherfüllung **berechtigt verweigert** hat und wenn die Nacherfüllung **fehlgeschlagen** oder dem Käufer unzumutbar ist.

b) Nicht behebbare Mängel

Bei nicht behebbaren Mängeln kommt es darauf an, ob die mangelfreie Leistung schon **bei Vertragsschluss** nicht erbracht werden konnte oder danach unmöglich geworden ist.[225] Für **nachträgliche** nicht behebbare Mängel gelten die §§ 280 I, III, 283. Wichtigster Unterschied zu § 281 ist das Fehlen des Fristsetzungserfordernisses. Nach allgemeinen Regeln (→ Rn. 55) muss der *Mangel* als solcher in jedem Fall schon **bei Gefahrübergang** vorliegen; die *Unbehebbarkeit* kann dagegen auch später eintreten. 137

223 Palandt/*Grüneberg* § 281 Rn. 10.
224 BGH, NJW 2009, 3153.
225 Zur Abgrenzung BGH, NJW 2005, 2852 (2854); *S. Lorenz*, NJW 2002, 2497 (2501).

Zur Vertiefung: Bei nachträglichen nicht behebbaren Mängeln lassen sich demnach zwei Fallgruppen unterscheiden:[226] (1) Entstehung eines von vornherein nicht behebbaren Mangels vor Übergabe. **Beispiel:** Nach Abschluss des Kaufvertrages erleidet das verkaufte Gemälde infolge unsachgemäßer Lagerung durch V einen irreparablen Feuchtigkeitsschaden. (2) Unmöglichwerden der Nacherfüllung nach Übergabe. **Beispiel:** Die verkaufte Gattungssache weist einen Mangel auf, der nicht durch Nachbesserung behoben werden kann. Nach Übergabe der mangelhaften Sache wird auch noch die Lieferung einer neuen Sache aufgrund eines Embargos unmöglich.

138 Bei anfänglichen unbehebbaren Mängeln richtet sich der Schadensersatzanspruch nach § 311 a II. Maßgeblich sind auch hier wieder die allgemeinen Grundsätze (vgl. SAT Rn. 648 ff.). Für das Vertretenmüssen kommt es nach § 311 a II 2 iVm § 276 grundsätzlich darauf an, ob der Verkäufer den unbehebbaren Mangel bei Vertragsschluss gekannt hat oder hätte kennen müssen. Das Vertretenmüssen ist überdies auch dann zu bejahen, wenn der Verkäufer mit Blick auf die Mangelfreiheit eine Garantie übernommen hat.

Beispiel: Im Burra-Fall (→ Rn. 128) begründet die fehlende Urheberschaft des Künstlers einen anfänglichen nicht behebbaren Mangel des Bildes. Der Schadensersatzanspruch des K richtet sich also nach §§ 434, 437 Nr. 3, 311 a II. Mit Blick auf das Vertretenmüssen ist zu prüfen, ob V die Unechtheit des Bildes aus Fahrlässigkeit nicht erkannt oder für die Echtheit eine Garantie übernommen hat.

c) Berechnung des Schadens

139 Steht dem Käufer ein Anspruch auf Schadensersatz statt der Leistung zu, so kann er grundsätzlich zwischen kleinem und großem Schadensersatz wählen.[227] Beim **kleinen Schadensersatz** behält der Käufer die mangelhafte Sache; ersetzt wird nur die Differenz zu dem Zustand, der bei ordnungsgemäßer Erfüllung eingetreten wäre (zB Minderwert der Kaufsache, Kosten für Reparatur durch Dritte). Beim **großen Schadensersatz** gibt der Käufer die mangelhafte Sache zurück und verlangt den Ersatz sämtlicher Schäden, die ihm aufgrund der Nichtdurchführung des Vertrages entstanden sind (zB Kosten der Ersatzbeschaffung, entgangener Gewinn). Das Gesetz spricht hier von Schadensersatz statt der *ganzen* Leistung (§ 281 I 3).

140 Der Anspruch auf Schadensersatz statt der ganzen Leistung ist bei **unerheblichen Mängeln** ausgeschlossen (§§ 281 I 3, 283 S. 2, 311 a II 3). Im Einzelnen gelten die gleichen Grundsätze wie beim Rücktritt (§ 323 V 2, → Rn. 109). Entscheidend ist also wieder, ob die Rückabwicklung des Vertrages wegen des geringen Gewichts des Mangels unverhältnismäßig wäre. Bei unerheblichen Mängeln beschränken sich die Rechte des Käufers damit auf Nacherfüllung, Minderung sowie kleinen Schadensersatz.

5. Ersatz des Verzögerungsschadens

141 Der Mangel der Kaufsache kann auch zu einem **Verzögerungsschaden** (Verzugsschaden) führen, der unter den Voraussetzungen der §§ 280 I, II, 286 zu ersetzen ist. Voraussetzung ist, dass der Verkäufer mit der **Nacherfüllung in Verzug** kommt. Die Vorschrift des § 286 wird zwar in § 437 Nr. 3 nicht genannt. Die Verweisung erfasst jedoch auch § 280 II, der seinerseits § 286 in Bezug nimmt.[228]

226 Zu dieser Unterscheidung Bamberger/Roth/*Faust* § 437 Rn. 115.
227 Vgl. *Medicus/Lorenz*, Schuldrecht II, Rn. 180.
228 Vgl. BT-Drs. 14/6040, 225.

Beispiel: Gastwirt G hat bei V eine Zapfanlage bestellt. Die Anlage weist einen Defekt auf. G verlangt Lieferung einer anderen, funktionsfähigen Anlage und setzt dem V hierzu eine angemessene Frist. Die Nachlieferung verzögert sich aus Gründen, die V zu vertreten hat. G verlangt von V Ersatz des Gewinns, der ihm durch die Verzögerung entgangen ist. Zu Recht? – Dem G steht ein Schadensersatzanspruch gegen V aus §§ 437 Nr. 3, 280 I, II, 286 zu. Die Zapfanlage weist einen Mangel auf. V war mit der Nachlieferung in Verzug. Die Mahnung liegt in der Fristsetzung als eindeutiger und bestimmter Leistungsaufforderung.[229]

6. Einordnung des Nutzungsausfallschadens

Nach welchen Vorschriften sich der Ersatz des **Nutzungsausfallschadens** bis zur (rechtzeitigen) Nacherfüllung richtet, war bislang sehr umstritten (dazu SAT Rn. 575). Eine in der Literatur verbreitete Auffassung wollte auch hier die §§ 437 Nr. 3, 280 I, II, 286 anwenden.[230] Dabei wurde darauf abgestellt, dass die *mangelfreie Leistung zu spät erbracht* wird. Der BGH hat sich aber in einer aktuellen Entscheidung der hM angeschlossen, wonach sich der Ersatz solcher Schäden allein nach §§ 437 Nr. 3, 280 I richtet.[231] Das Gericht hat zwar eingeräumt, dass das Verständnis der Gegenauffassung mit dem Gesetzeswortlaut vereinbar ist. Für die Einordnung des Nutzungsausfallschadens bei § 280 I spreche jedoch, dass der Käufer im Fall der Lieferung einer mangelhaften Sache schutzwürdiger sei als im Fall der Nichtleistung, weil der Mangel vielfach erst bemerkt werde, wenn die Sache bereits ihrer Verwendung zugeführt worden sei. Außerdem entspreche die Einordnung bei § 280 I auch den Vorstellungen des Gesetzgebers.[232] 142

Beispiel: Im Zapfanlagen-Fall nimmt V die Nacherfüllung fristgerecht vor. Bis dahin entgeht G aber schon ein Gewinn in Höhe von 6.000 EUR. Nach der hM kann G seinen Schadensersatzanspruch auf §§ 437 Nr. 3, 280 I stützen. Die zusätzlichen Voraussetzungen des Verzugs (§ 286) müssen also nicht vorliegen. Auf der Grundlage der Gegenauffassung wäre in einem solchen Fall zu prüfen, ob die Mahnung nach § 286 II Nr. 4 entbehrlich ist, weil G ein besonderes Interesse daran hatte, die Anlage sofort einsetzen zu können.[233]

VI. Der Anspruch auf Aufwendungsersatz (§§ 437 Nr. 3, 284)

Gemäß § 437 Nr. 3 iVm § 284 kann der Käufer bei Vorliegen eines Mangels auch nach § 284 den Ersatz vergeblicher Aufwendungen verlangen. Die weiteren Voraussetzungen richten sich nach allgemeinen Regeln (dazu SAT Rn. 678 ff.). Da der Ersatz der vergeblichen Aufwendungen nur »anstelle des **Schadensersatzes statt der Leistung**« verlangt werden kann, müssen die Voraussetzungen der §§ 280 I, III, 281, 283 bzw. des § 311 a II erfüllt sein. Aufwendungsersatz kann daher nicht verlangt werden, wenn der Verkäufer die Pflichtverletzung bzw. die Unkenntnis des Mangels nicht *zu vertreten* hat. Bei behebbaren Mängeln ist außerdem grundsätzlich eine *Fristsetzung* erforderlich. 143

Darüber hinaus muss der Käufer im **Vertrauen** auf den Erhalt der Leistungen Aufwendungen getätigt haben und billigerweise tätigen dürfen, deren Zweck nicht erreicht worden ist. Der Anspruch ist nach § 284 Hs. 2 ausgeschlossen, wenn der

229 Vgl. *Brox/Walker*, Schuldrecht BT, § 4 Rn. 105.
230 AnwKomm-*Dauner-Lieb* § 280 Rn. 60 ff.; *Oetker/Maultzsch* § 2 Rn. 267 ff.
231 BGH, NJW 2009, 2674 = JA 2009, 819 (*Looschelders*). Für die hM vgl. auch Palandt/*Grüneberg* § 280 Rn. 18; *Medicus/Petersen*, Bürgerliches Recht, Rn. 299; *Medicus*, JuS 2003, 521 (528).
232 Begr. RegE, BT-Drs. 14/6040, S. 225.
233 Vgl. *Grigoleit/Riehm*, JuS 2004, 745 (747 ff.).

Zweck auch bei Mangelfreiheit der Sache bzw. ordnungsgemäßer Nacherfüllung verfehlt worden wäre.

144 Nach den Vorstellungen des Gesetzgebers sollte der Anspruch auf Ersatz vergeblicher Aufwendungen vor allem bei Verträgen mit ideeller oder konsumtiver Zwecksetzung relevant werden;[234] die hM geht jedoch zu Recht davon aus, dass § 284 auch auf Verträge mit **erwerbswirtschaftlicher** Zwecksetzung anwendbar ist (vgl. SAT Rn. 677).[235] Die Vorschrift hat damit auch im Kaufrecht einen großen Anwendungsbereich.[236]

Beispiel (BGH, NJW 2005, 2848): K hat für seine Bauunternehmung von V einen Pkw erworben und diesen für 5.000 EUR mit Zubehör (Alufelgen etc.) ausgerüstet. Nach etwa einem Jahr tritt er wegen eines Mangels des Pkw vom Kaufvertrag zurück und verlangt Rückzahlung des Kaufpreises sowie Ersatz der Aufwendungen für das Zubehör. – Dem K steht ein Anspruch auf Rückzahlung des Kaufpreises aus §§ 434, 437 Nr. 2, 323, 346 I zu. Daneben hat der BGH einen Anspruch auf Ersatz der Kosten für das Zubehör aus §§ 434, 437 Nr. 3, 284 (wohl iVm §§ 280 I, III, 281) bejaht. Da Autozubehör fahrzeugspezifisch angeschafft werde, handele es sich um vergebliche Aufwendungen. K müsse sich jedoch die Gebrauchsvorteile anrechnen lassen, die er durch die einjährige Nutzung des Zubehörs erlangt habe.

145 Der Anspruch auf Aufwendungsersatz umfasst auch die **Vertragskosten** (Beurkundungs-, Transportkosten etc.). Anders als nach altem Recht (§ 467 S. 2 aF) steht dem Käufer insoweit also kein verschuldensunabhängiger Ersatzanspruch mehr zu.

Literatur: *Augenhofer/Appenzeller/Holm*, Nacherfüllungsort und Aus- und Einbaukosten, JuS 2011, 680; *Canaris*, Die Nacherfüllung durch Lieferung einer mangelfreien Sache beim Stückkauf, JZ 2003, 831; *ders.*, Die Einstandspflicht des Gattungsschuldners und die Übernahme eines Beschaffungsrisikos nach § 276 BGB, FS Wiegand, 2005, 179; *ders.*, Der Vertrag mit ersetzbarer Primärleistung als eigenständige Rechtsfigur und die Zentralprobleme seiner Ausgestaltung, FS Westermann, 2008, 137; *Dauner-Lieb*, Kein Kostenersatz bei Selbstvornahme des Käufers – Roma locuta, causa finita!?, ZGS 2005, 169; *Dedek*, Entwertung von Aufwendungen durch Schlechterfüllung im Kaufrecht, ZGS 2005, 409; *Ebert*, Das Recht des Verkäufers zur zweiten Andienung und seine Risiken für den Käufer, NJW 2004, 1761; *Eichel*, Minderung und kleiner Schadensersatz im Kauf- und Werkrecht, JuS 2011, 1064; *Grigoleit/Riehm*, Der mangelbedingte Betriebsausfallschaden im System des Leistungsstörungsrechts, JuS 2004, 745; *Gsell*, Nutzungsentschädigung bei kaufrechtlicher Nacherfüllung?, NJW 2003, 1969; *dies.*, Grenzen der Nutzungsentschädigung bei Rückgabe einer mangelhaften Kaufsache, JuS 2006, 203; *dies.*, Beschaffungsnotwendigkeit und Ersatzlieferung beim Stück- und beim Vorratskauf, JuS 2007, 97; *Harke*, Schadensersatz und Nacherfüllung, ZGS 2006, 9; *Heiderhoff/Skamel*, Teilleistung im Kaufrecht, JZ 2006, 383; *Herresthal/Riehm*, Die eigenmächtige Selbstvornahme im allgemeinen und besonderen Leistungsstörungsrecht, NJW 2005, 1457; *P. Huber*, Der Nacherfüllungsanspruch im neuen Kaufrecht, NJW 2002, 1004; *U. Huber*, Die Schadensersatzhaftung des Verkäufers wegen Nichterfüllung der Nacherfüllungspflicht und die Haftungsbegrenzung des § 275 Abs. 2 BGB neuer Fassung, FS Schlechtriem, 2003, 521; *Katzenstein*, Grund und Grenzen des Bereicherungsausgleichs bei eigenmächtiger Selbstvornahme der Nacherfüllung, ZGS 2005, 184; *Kirsten*, Verschuldensunabhängige Schadensersatzhaftung für Sachmängel beim Warenkauf?, 2009; *Klinck*, Der Anspruch des Käufers auf Ersatz mangelbedingt nutzloser Aufwendungen, Jura 2006, 481; *Kohler*, Rücktrittsausschluss im Gewährleistungsrecht bei nachträglicher Nacherfüllungsunmöglichkeit, AcP 203 (2003), 539; *Looschelders*, Unerheblichkeit des Mangels und Arglist des Verkäufers, JR 2007, 309; *ders.*, Der Bezugspunkt des Vertretenmüssens bei Schadensersatzansprüchen wegen Mangelhaftigkeit der Kaufsache, FS Canaris, Bd. I, 2007, 737; *S. Lorenz*, Rücktritt, Minderung und Schadensersatz wegen Sachmängeln im neuen Kaufrecht: Was hat der

234 Vgl. BT-Drs. 14/6040, 142 ff. mit Hinweis auf BGHZ 99, 182.
235 Vgl. BGH, NJW 2005, 2848 (2850); Palandt/*Grüneberg* § 284 Rn. 3.
236 Ausführlich dazu *Dedek*, ZGS 2005, 409 ff.

Verkäufer zu vertreten?, NJW 2002, 2497; *ders.*, Selbstvornahme der Mängelbeseitigung im Kaufrecht, NJW 2003, 1419; *ders.*, Voreilige Selbstvornahme der Nacherfüllung im Kaufrecht: Der BGH hat gesprochen und nichts ist geklärt, NJW 2005, 1321; *ders.*, Schuldrechtsmodernisierung – Erfahrungen seit dem 1. Januar 2002, in: *E. Lorenz* (Hrsg.), Karlsruher Forum 2005, 2006, 5; *ders.*, Arglist und Sachmangel – Zum Begriff der Pflichtverletzung in § 323 V 2 BGB, NJW 2006, 1925; *ders.*, Die Reichweite der kaufrechtlichen Nacherfüllungspflicht durch Neulieferung, NJW 2009, 1633; *ders.*, Ein- und Ausbauverpflichtung des Verkäufers bei der kaufrechtlichen Nacherfüllung, NJW 2011, 2241; *Mankowski*, Die Anspruchsgrundlage für den Ersatz von »Mangelfolgeschäden« (Integritätsschäden), JuS 2006, 481; *Maultzsch*, Der Umfang des Nacherfüllungsanspruchs gemäß Art. 3 VerbrGK-RL, GPR 2011, 253; *Medicus*, Die unverhältnismäßig teure Nachbesserung beim Kauf, FS K. Schmidt, 2009, 1153; *Oechsler*, Praktische Anwendungsprobleme des Nacherfüllungsanspruchs, NJW 2004, 1825; *Peters*, Die Erfüllungsgehilfen des Verkäufers neu hergestellter Sachen, ZGS 2010, 24; *Pils*, Der Ort der Nacherfüllung, JuS 2008, 767; *Reinking*, Leistungsort der Nacherfüllung im Kauf- und Werkvertragsrecht, NJW 2008, 3608; *Reischl*, Grundfälle zum neuen Schuldrecht (Teil 2), JuS 2003, 453; *Schollmeyer/Utlu*, Die Nacherfüllung im Kauf, Jura 2009, 721; *Schroeter*, Kostenerstattungsanspruch des Käufers nach eigenmächtiger Selbstvornahme der Mängelbeseitigung?, JR 2004, 441; *Skamel*, Nacherfüllung beim Sachkauf, 2008; *Spickhoff*, Der Nacherfüllungsanspruch des Käufers: Dogmatische Einordnung und Rechtsnatur, BB 2003, 589; *Stodolkowitz*, Die Reichweite der Leistungspflicht des Verkäufers im Rahmen der Nacherfüllung, JA 2010, 492; *Tetenberg*, Der Bezugspunkt des Vertretenmüssens beim Schadensersatz statt der Leistung, JA 2009, 1; *Tröger*, Das Recht zur zweiten Andienung im System des Schuldrechts, AcP 207 (2007), 28; *Unberath/Cziupka*, Der Leistungsort der Nacherfüllung, JZ 2008, 764; *E. Wagner*, Kriterien für die Bestimmung der Möglichkeit der Nachlieferung beim Stückkauf, ZGS 2007, 330; *G. Wagner*, Mangel- und Mangelfolgeschäden im neuen Schuldrecht?, JZ 2002, 475. Vgl. auch die Nachweise zu § 1 und § 3.

§ 5 Ausschluss und Begrenzung der Mängelrechte

Die §§ 442, 444, 445 enthalten einige Tatbestände, nach denen die Mängelhaftung des Verkäufers ausgeschlossen oder eingeschränkt ist. Beim **Handelskauf** ist darüber hinaus der Ausschluss der Mängelhaftung wegen Verletzung der Untersuchungs- und Rügepflicht zu beachten (§ 377 HGB). 146

I. Kenntnis oder grob fahrlässige Unkenntnis des Mangels (§ 442)

Nach § 442 I 1 sind die Mängelrechte ausgeschlossen, wenn der Käufer den Mangel bei Vertragsschluss **gekannt** hat. In diesem Fall handelt der Käufer *widersprüchlich*, wenn er sich gleichwohl auf den Mangel beruft.[237] Weist die Kaufsache weitere Mängel auf, die dem Käufer bei Vertragsschluss nicht bekannt waren, so bleiben seine Mängelrechte insoweit bestehen.[238] 147

§ 442 I 2 regelt den Fall, dass der Käufer den Mangel bei Vertragsschluss infolge **grober Fahrlässigkeit** nicht gekannt hat. Hier bleiben die Mängelrechte nur bestehen, wenn der Verkäufer den Mangel arglistig verschwiegen oder eine Garantie für die Beschaffenheit der Sache übernommen hat. Für die Annahme der **Arglist** ist bedingter Vorsatz ausreichend. Der Verkäufer muss also nicht notwendig mit betrügerischer Absicht gehandelt haben; es genügt, dass er den Mangel gekannt oder sein Vorliegen

237 Zur Ratio des § 442 vgl. Staudinger/*Matusche-Beckmann* (2004) § 442 Rn. 1.
238 AnwKomm-*Büdenbender* § 442 Rn. 9.

für möglich gehalten und trotzdem geschwiegen hat.[239] Auch sog. »Angaben ins Blaue hinein« können daher den Vorwurf der Arglist begründen.[240]

148 Nach hM wird das **Verschweigen** nur bei einer besonderen Aufklärungspflicht des Verkäufers relevant.[241] Eine solche Pflicht wird aber bei erheblichen Mängeln regelmäßig bestehen, weil diese für die Entscheidung des Käufers typischerweise ausschlaggebende Bedeutung haben.

Bei der **Garantie für die Beschaffenheit der Sache** geht es um eine Garantie iSd § 276 (dazu SAT Rn. 531 ff.). Erfasst wird also insbesondere der Fall, dass der Verkäufer das Vorliegen einer bestimmten Eigenschaft bzw. das Fehlen des Mangels *zugesichert* und damit eine unbedingte Einstandspflicht übernommen hat (→ Rn. 127 ff.).[242]

149 § 442 I 2 regelt das Problem der fahrlässigen Unkenntnis des Mangels abschließend. Der Käufer muss sich eine einfache Fahrlässigkeit daher nicht unter dem Aspekt des **Mitverschuldens** (§ 254) entgegenhalten lassen.

> **Beispiel:** Im Boris Becker-Fall (→ Rn. 78) kann V sich nicht darauf berufen, den K treffe ein Mitverschulden (§ 254), weil er den Rechtsmangel infolge von Fahrlässigkeit verkannt habe. Grobe Fahrlässigkeit würde dem K aber – anders als nach altem Recht (§ 439 aF)[243] – gemäß § 442 I 2 schaden.

Die Ausschlussgründe des § 442 I gelten nicht, wenn der Mangel in einem **Recht** besteht, das **im Grundbuch** eingetragen ist. Ein solches Recht muss der Verkäufer gemäß § 442 II auch bei Kenntnis des Käufers beseitigen. Hintergrund ist die Tatsache, dass der Käufer bei der Beurkundung des Kaufvertrages (§ 311 b I) stets Kenntnis der eingetragenen Rechte erlangt.[244] Die Vorschrift enthält keinen eigenständigen Beseitigungsanspruch, sondern knüpft an den Nacherfüllungsanspruch aus §§ 437 Nr. 1, 439 an.[245]

II. Vertraglicher Haftungsausschluss (§ 444)

150 Nach dem Prinzip der **Privatautonomie** ist ein vertraglicher Ausschluss der Gewährleistungsrechte grundsätzlich möglich. Eine Ausnahme gilt nur für den Verbrauchsgüterkauf, wo die meisten Vorschriften gemäß § 475 zugunsten des Verbrauchers (einseitig) zwingend sind (→ Rn. 263). § 444 regelt die Zulässigkeit vertraglicher Haftungsbeschränkungen nicht positiv, sondern umschreibt nur deren Grenzen: nämlich das **arglistige Verschweigen** des Mangels und die Übernahme einer **Beschaffenheitsgarantie.** Arglist und Garantieübernahme beurteilen sich dabei nach den gleichen Kriterien wie bei § 442. Der BGH hat in einer aktuellen Entscheidung klargestellt, dass der Verkäufer sich gemäß § 444 auch dann nicht auf den vertraglichen Haftungsausschluss berufen kann, wenn der arglistig verschwiegene Mangel für den Willensentschluss des Käufers **nicht ursächlich** war.[246] Denn § 444

239 BGHZ 117, 363 (368); *Emmerich*, Schuldrecht BT, § 4 Rn. 44.

240 Vgl. BGH, ZGS 2006, 348 (349); *Reinicke/Tiedtke*, Kaufrecht, Rn. 606; *Harke*, Schuldrecht BT, Rn. 55.

241 Palandt/*Weidenkaff* § 442 Rn. 18; aA Erman/*Grunewald* § 438 Rn. 23.

242 BGH, NJW 2007, 1346 (1348); Hk-BGB/*Saenger* § 442 Rn. 7; für weiteres Verständnis der Garantie bei § 442 Bamberger/Roth/*Faust* § 442 Rn. 26.

243 Dazu BGHZ 110, 196 (201 ff.).

244 Vgl. Palandt/*Weidenkaff* § 442 Rn. 20.

245 AnwKomm-*Büdenbender* § 442 Rn. 33.

246 BGH, BB 2011, 2644 m. Anm. *S. Lorenz*, LMK 2011, 323580.

spricht – anders als § 123[247] – nicht davon, dass der Käufer durch die arglistige Täuschung »zur Abgabe einer Willenserklärung … bestimmt worden« sein muss. Arglist liegt freilich nur vor, wenn der Verkäufer es bei den Verhandlungen zumindest für möglich gehalten und billigend in Kauf genommen hat, dass der Käufer den Vertrag bei Kenntnis des Mangels nicht oder nur zu anderen Konditionen schließen würde.

Bei Vorliegen einer bloßen **Beschaffenheitsvereinbarung** greift § 444 nicht ein. Haben die Parteien einen pauschalierten Haftungsausschluss vereinbart, so wird die Auslegung im Regelfall aber ergeben, dass das Fehlen der vereinbarten Beschaffenheit davon nicht erfasst wird.[248]

Nach § 444 aF war ein vertraglicher Haftungsausschluss unwirksam, *wenn* der Verkäufer den Mangel arglistig verschwiegen oder eine Beschaffenheitsgarantie übernommen hatte. Dies führte zu einem heftigen Streit darüber, ob die Übernahme einer Beschaffenheitsgarantie jeder Haftungseinschränkung entgegensteht. Die hM legte die Vorschrift einschränkend dahin aus, dass es den Parteien unbenommen sei, einen Haftungsausschluss für Mängel zu vereinbaren, die nicht von der Garantie erfasst sind.[249] Der Gesetzgeber hat diese Auslegung durch Neufassung des § 444 (»soweit« statt »wenn«) bestätigt.[250] Der Verkäufer kann also auch eine **»eingeschränkte Garantie«** übernehmen. 151

Beispiel: Fliesenleger F kauft für seinen Betrieb bei dem Gebrauchtwagenhändler V einen Lieferwagen. V sichert dem F zu, dass der Motor des Fahrzeugs generalüberholt und in einem »1-A Zustand« sei. Im Übrigen schließt V jede Gewährleistung aus. Kurze Zeit nach der Übergabe stellt sich heraus, dass der Kühler des Lieferwagens undicht ist. F verlangt von V Reparatur des Kühlers. Zu Recht? – F könnte einen Anspruch auf Nachbesserung aus §§ 434, 437 Nr. 1, 439 haben. Der Lieferwagen weist einen Sachmangel iSd § 434 I auf. Dem F steht damit an sich ein Nachbesserungsanspruch zu. Der Anspruch könnte indes im Kaufvertrag wirksam ausgeschlossen worden sein. Da es sich um keinen Verbrauchsgüterkauf handelt, ist ein Ausschluss der Mängelrechte grundsätzlich wirksam. V wird auch nicht durch § 444 gehindert, sich auf den Gewährleistungsausschluss zu berufen. Denn die Garantie betrifft nur den Motor, nicht aber den Kühler.

Werden die Mängelrechte des Käufers in **AGB** ausgeschlossen oder beschränkt, so sind neben § 444 die Vorschriften der §§ 305 ff. (dazu SAT Rn. 357 ff.) zu beachten. Auf die kaufrechtliche Gewährleistung beziehen sich dabei vor allem die **Klauselverbote des § 309 Nr. 8 b.**[251] Die praktische Bedeutung der Vorschrift ist allerdings gering, weil sie nach § 310 I nicht im Geschäftsverkehr zwischen Unternehmern gilt und die meisten Vorschriften des Gewährleistungsrechts im Verbrauchsgüterkauf ohnehin nicht zum Nachteil des Verbrauchers abdingbar sind. Was bleibt sind zum einen Schadensersatzansprüche (vgl. § 475 III).[252] Zum anderen können die Wertungen des § 309 Nr. 8 b im Geschäftsverkehr zwischen Unternehmern bei der Inhaltskontrolle nach § 307 berücksichtigt werden.[253] 152

247 Zum Kausalitätserfordernis bei § 123 vgl. *Brox/Walker*, BGB AT, Rn. 452.
248 BGH, NJW 2007, 1346 m. Anm. *S. Lorenz*, LMK 2007, 215088; *Harke*, Schuldrecht BT, Rn. 55.
249 Vgl. Staudinger/*Matusche-Beckmann* (2004) § 444 Rn. 53 mwN.
250 Zur Neufassung des § 444 vgl. AnwKomm-*Büdenbender* § 444 Rn. 27.
251 Ausführlich dazu *Reinicke/Tiedtke*, Kaufrecht, Rn. 615 ff.
252 *Brox/Walker*, Schuldrecht BT, § 4 Rn. 35.
253 Jauernig/*Stadler* § 309 Rn. 11.

III. Einschränkung der Mängelhaftung bei Pfandversteigerungen (§ 445)

153 Wird eine Sache aufgrund eines Pfandrechts in einer öffentlichen Versteigerung (§ 383 III) verkauft, so ist die Mängelhaftung des Verkäufers gemäß § 445 grundsätzlich ausgeschlossen. Maßgeblich ist die Erwägung, die Einstandspflicht für Sach- und Rechtsmängel sei dem Verkäufer eines Pfandes nicht zumutbar, weil er eine fremde Sache verkaufe.[254] Die Interessen des Käufers gehen aber vor, wenn der Verkäufer den Mangel **arglistig verschwiegen** oder eine **Beschaffenheitsgarantie** übernommen hat. Die Gewährleistung richtet sich dann nach den allgemeinen Regeln.

Beim **Verbrauchsgüterkauf** ist § 445 gemäß § 474 II 2 nicht anwendbar.

IV. Untersuchungs- und Rügepflicht im Handelsrecht (§ 377 HGB)

154 Ist der Kauf für beide Vertragsparteien ein **Handelsgeschäft** (§ 343 HGB), so hat der Käufer die Ware nach § 377 HGB unverzüglich auf Mängel zu untersuchen und diese dem Verkäufer unverzüglich anzuzeigen.[255] Es handelt sich um eine *Obliegenheit* (SAT Rn. 26), deren Verletzung zum Verlust der Gewährleistungsrechte führt. Zweck ist die Beschleunigung der Vertragsabwicklung im Handelsrecht. Im Einzelnen gilt Folgendes:

Der Käufer muss die Ware gemäß § 377 I HGB unverzüglich nach der Ablieferung **untersuchen**. Der Umfang der gebotenen Untersuchung richtet sich nach den Umständen des Einzelfalles. Es ist also jeweils genau zu prüfen, welche Maßnahmen »nach ordnungsgemäßem Geschäftsgange tunlich« sind. Dabei kommt es insbesondere auf das Verhältnis zwischen dem für die Entdeckung des Mangels erforderlichen Aufwand und dem Wert der Kaufsache an; ggf. kann auch die Höhe des Schadens berücksichtigt werden, der aufgrund eines Mangels zu befürchten wäre.[256] Die bei einer ordnungsgemäßen Untersuchung erkannten oder erkennbaren **(offenen) Mängel** sind dem Verkäufer unverzüglich anzuzeigen. Unterlässt der Käufer die Anzeige, so gilt die Ware als genehmigt (Abs. 2). Gewährleistungsrechte sind damit ausgeschlossen. Mängel, die auch bei ordnungsgemäßer Untersuchung nicht erkennbar sind (sog. **verdeckte Mängel**), hat der Käufer unverzüglich nach ihrer Entdeckung anzuzeigen; ansonsten greift wieder die Genehmigungsfiktion ein (Abs. 3). Hat der Verkäufer den Mangel **arglistig verschwiegen** (→ Rn. 147), kann er sich auf die Verletzung der Untersuchungs- und Rügepflicht nicht berufen (Abs. 5). Die Gewährleistungsrechte des Käufers bleiben in diesem Fall also bestehen.

Literatur: *Faust*, Garantie und Haftungsbeschränkung in § 444 BGB, ZGS 2002, 271; *Gsell*, »Einfache« Beschaffenheitsvereinbarung und Haftungsausschluss beim Kauf einer gebrauchten Sache, FS Eggert, 2008, 1; *Harke*, § 444 BGB und die Beschaffenheitsgarantie: Verwechselung von Tatbestand und Rechtsfolge, JR 2003, 400; *Stoppel*, Untersuchungspflichten auf Verkäuferseite im Zusammenspiel mit Untersuchungsobliegenheiten auf Käuferseite, ZGS 2006, 49. Vgl. auch die Nachweise zu §§ 1–4.

254 AnwKomm-*Büdenbender* § 445 Rn. 1.
255 Vgl. dazu *Medicus/Lorenz*, Schuldrecht II, Rn. 192; *Stoppel*, ZGS 2006, 49 (53 f.).
256 Vgl. *Harke*, Schuldrecht BT, Rn. 58.

§ 6 Verjährung

I. Überblick

Nach **altem Recht** verjährten die Gewährleistungsansprüche des Käufers regelmäßig in sechs Monaten, bei Grundstücken in einem Jahr ab Ablieferung bzw. Übergabe der Kaufsache (§ 477 aF). Hatte der Verkäufer den Mangel arglistig verschwiegen, so richtete sich die Verjährungsfrist allerdings nach der allgemeinen Vorschrift des § 195 aF und betrug damit 30 Jahre. Die kaufrechtlichen Verjährungsfristen galten allgemein als zu kurz. Der Gesetzgeber hat sie deshalb – nicht zuletzt mit Rücksicht auf die Vorgaben der Verbrauchsgüterkauf-RL – erheblich verlängert. Die kaufrechtliche Verjährung nach **§ 438** ist aber immer noch kürzer als die regelmäßige Verjährung nach §§ 195, 199. Zum einen beträgt sie bei beweglichen Sachen zwei (statt drei) Jahre. Zum anderen kommt es für den Beginn der kaufrechtlichen Verjährung – anders als bei § 199 – nicht auf die Kenntnis der anspruchsbegründenden Tatsachen (hier also des Mangels) an. **155**

II. Verjährungsfristen

Nach der Grundregel des § 438 I Nr. 3 verjähren die Gewährleistungsansprüche des Käufers im Allgemeinen in **zwei Jahren.** Beim Kauf von Bauwerken beträgt die Verjährungsfrist gemäß § 438 I Nr. 2 lit. a **fünf Jahre.** Die 2-Jahresfrist des § 438 I Nr. 3 betrifft damit bewegliche Sachen. Eine Ausnahme gilt dabei allerdings für Sachen, die entsprechend ihrer üblichen Verwendungsweise für ein Bauwerk verwendet worden sind. Um den Gleichlauf mit der Verjährung von Gewährleistungsansprüchen wegen Baumängeln (§ 634 a) sicherzustellen, hat der Gesetzgeber hier ebenfalls eine 5-jährige Verjährung vorgeschrieben (§ 438 I Nr. 2 lit. b). Der Bauhandwerker liefe sonst nämlich Gefahr, wegen der Mängel am Bauwerk in Anspruch genommen zu werden, ohne auf den Verkäufer der verwendeten mangelhaften Baumaterialien zurückgreifen zu können. **156**

Zur Vertiefung: Da die Verjährung bezüglich der Baumaterialien nach § 438 II mit deren Ablieferung an den Handwerker (und nicht erst wie bei § 634 a II mit der Abnahme des Bauwerks durch den Bauherrn) beginnt, besteht zwischen beiden Verjährungsfristen kein vollständiger Gleichlauf. Die verbleibende Regresslücke fällt in den Risikobereich des Handwerkers. Dies erscheint sachgemäß, weil der Verkäufer der Materialien den Zeitpunkt des Einbaus nicht beeinflussen kann.[257]

Besteht der Mangel in dem dinglichen Recht eines Dritten, auf Grund dessen die Herausgabe der Kaufsache verlangt werden kann, so beträgt die Verjährungsfrist **30 Jahre.** Das Gesetz trägt damit dem Umstand Rechnung, dass der Herausgabeanspruch des Dritten gegen den Käufer nach § 197 I Nr. 1 in 30 Jahren verjährt. Der Rechtsausschuss hat diese Sonderregel auf Rechtsmängel erstreckt, die darin bestehen, dass im Grundbuch eine dingliche Belastung eingetragen ist. Zur Begründung wird angeführt, dass ein solcher Mangel qualitativ mit der fehlenden Eigentumsverschaffung vergleichbar sei. Im Übrigen erfahre der Käufer von Belastungen, die nach der Auflassung erfolgen, oft erst bei der Eintragung, weil er keinen Anlass habe, den Inhalt des Grundbuchs nochmals zu überprüfen. Die Eintragung finde aber meist wesentlich später als die Übergabe des Grundstücks statt. **157**

257 Vgl. BT-Drs. 14/6040, 227.

III. Beginn der Verjährung

158 Die Verjährung **beginnt** bei Grundstücken mit deren Übergabe, bei beweglichen Sachen mit deren Ablieferung (§ 438 II). Ob der Käufer von dem Mangel bereits Kenntnis erlangt hat, ist unerheblich.

Zur Vertiefung: Für den Fall der Nacherfüllung wird teilweise davon ausgegangen, dass die Verjährung mit »Ablieferung« der reparierten Sache bzw. der Ersatzsache generell neu beginnt.[258] Da eine solche »*Kettengewährleistung*« zu einer übermäßigen Belastung des Verkäufers führt, hat der BGH diesem Ansatz aber zu Recht eine Absage erteilt.[259] Für den Beginn der Verjährung ist damit allein auf die *erste* Ablieferung abzustellen.[260] Liefert der Verkäufer dem Käufer nicht nur aus Kulanz eine neue Sache, so erkennt er damit freilich seine Gewährleistungspflicht an. Dies führt gem. § 212 I Nr. 1 zum Neubeginn der Verjährung.[261] Im Fall der Nachbesserung ist ein möglicher Neubeginn der Verjährung dagegen im Allgemeinen auf den betreffenden Mangel oder die Folgen einer mangelhaften Nachbesserung beschränkt.[262]

159 Bei **Arglist** des Verkäufers gilt nach § 438 III die regelmäßige Verjährungsfrist. Diese beträgt zwar nach § 195 nur noch 3 Jahre. Der Vorteil für den Käufer liegt aber darin, dass die Verjährung gemäß § 199 I Nr. 2 erst mit dem Schluss des Jahres beginnt, in dem er von den anspruchsbegründenden Tatsachen Kenntnis erlangt hat oder hätte erlangen müssen. Ist die regelmäßige Verjährung kürzer als die Frist des § 438 I Nr. 2, so gilt letztere, weil dem Verkäufer seine Arglist nicht zugutekommen darf.

IV. Ausschluss des Rücktritts- und Minderungsrechts

160 Gemäß § 194 unterliegen nur *Ansprüche* der Verjährung. Da Rücktritt und Minderung keine Ansprüche, sondern Gestaltungsrechte sind, können sie nicht verjähren. § 438 IV, V löst das Problem durch Verweisung auf **§ 218**. Rücktritt und Minderung sind danach unwirksam, wenn der **Nacherfüllungsanspruch verjährt** ist und der Verkäufer sich darauf beruft. Ist der Nacherfüllungsanspruch gemäß **§ 275 I–III** oder **§ 439 III** ausgeschlossen, so kann er auch nicht verjähren. In diesem Fall kommt es gemäß § 218 I 2 darauf an, ob der Anspruch – wenn er denn bestünde – verjährt wäre. Maßgeblicher Zeitpunkt für die Prüfung der Verjährung des bestehenden oder hypothetischen Nacherfüllungsanspruchs ist die Erklärung des Rücktritts bzw. der Minderung. Zu welchem Zeitpunkt der Käufer die daraus folgenden Rückgewähransprüche geltend macht, ist dagegen unerheblich. Die Ansprüche des Käufers unterliegen insoweit auch nicht der Verjährung nach § 438, sondern der regelmäßigen Verjährung nach §§ 195, 199.[263]

161 Hat der Käufer den Kaufpreis noch nicht oder erst teilweise gezahlt, so kann er die **(vollständige) Zahlung** gemäß § 438 IV 2, V auch dann **verweigern,** wenn Rücktritt und Minderung nach § 218 unwirksam sind. Die (hypothetische) Verjährung des Nacherfüllungsanspruchs steht also nur der Rückforderung des geleisteten Kaufpreises entgegen.

258 Vgl. Bamberger/Roth/*Faust* § 438 Rn. 59.
259 BGH, NJW 2006, 47 (48).
260 So auch *Auktor/Mönch*, NJW 2005, 1686 ff.; *Bolthausen/Rinker*, ZGS 2006, 12 ff.
261 Vgl. MüKoBGB/*Westermann* § 438 Rn. 41; *Auktor/Mönch*, NJW 2005, 1686 (1687 ff.).
262 BGH, NJW 2006, 47 (48).
263 BGHZ 170, 31 (44 ff.); *Medicus/Petersen*, Bürgerliches Recht, Rn. 305.

Das Leistungsverweigerungsrecht aus § 438 IV 2, V besteht insoweit, als der Käufer aufgrund eines wirksamen Rücktritts bzw. einer wirksamen Minderung dazu berechtigt wäre. Bei Vorliegen der Rücktrittsvoraussetzungen kann der Käufer damit das Recht haben, die Zahlung vollständig zu verweigern. Es wäre jedoch unbillig, wenn er gleichwohl mangels wirksamen Rücktritts die Kaufsache behalten dürfte. § 438 IV 3 räumt deshalb dem **Verkäufer** für diesen Fall ein **eigenes Rücktrittsrecht** ein.[264]

Verjährung von Gewährleistungsrechten im Kaufvertrag (§ 438)		
Grundregel: 2 Jahre (Abs. 1 Nr. 3)	Kauf von Bauwerken und Baumaterialien: 5 Jahre (Abs. 1 Nr. 2)	Dingliche Herausgaberechte und sonstige im Grundbuch eingetragene Rechte: 30 Jahre (Abs. 1 Nr. 1)
Beginn der Verjährung: Ablieferung der Sache bzw. Übergabe des Grundstücks (§ 438 II)		
Bei Arglist: Regelmäßige Verjährungsfrist nach §§ 195, 199 (§ 438 III)		
Bei Rücktritt und Minderung: Entsprechende Anwendung von § 218 (§ 438 IV u. V)		

V. Anwendbarkeit des § 438 bei Mangelfolgeschäden

Die kurze Verjährung nach § 438 gilt auch für Ansprüche auf Ersatz von Schäden, 162 die aufgrund des Mangels an anderen Rechtsgütern, Rechten und Interessen des Käufers entstehen (sog. **Mangelfolgeschäden**). Dies kann dazu führen, dass der Schadensersatzanspruch des Käufers verjährt, noch bevor der Schaden überhaupt eingetreten ist. In der Reformdiskussion wurde deshalb teilweise dafür plädiert, die kurze Verjährung auf Mangelschäden zu beschränken.[265] Der Gesetzgeber ist dem jedoch nicht gefolgt. Da diese Wertentscheidung verbindlich ist, kann der Anwendungsbereich des § 438 auch nicht im Wege der Rechtsfortbildung auf Mangelschäden beschränkt werden.[266] Dies führt zu keinen unbilligen Ergebnissen, weil der deliktische Schadensersatzanspruch aus § 823 I auch bei Mangelfolgeschäden der regelmäßigen Verjährung nach §§ 195, 199 unterliegt.[267] Die kurze Verjährung des § 438 schlägt insoweit also nicht durch.

VI. Vertragliche Vereinbarungen

Aufgrund der Vertragsfreiheit können die Parteien die Verjährung der Mängelrechte 163 des Käufers grundsätzlich in den Grenzen des § 202 erleichtern oder erschweren. In **AGB** wird die Zulässigkeit einer Erleichterung der Verjährung durch das Klauselverbot des § 309 Nr. 8 lit. b Unterbuchst. ff) begrenzt. Soweit es um Schadensersatz

264 Vgl. dazu AnwKomm-*Büdenbender* § 438 Rn. 47; *Medicus/Lorenz*, Schuldrecht II, Rn. 226.
265 Vgl. *Canaris*, ZRP 2001, 329 (335); *Leenen*, JZ 2001, 552 (554 ff.).
266 MüKoBGB/*Westermann* § 438 Rn. 9 f.; *Medicus/Lorenz*, Schuldrecht II, Rn. 211; aA bei Verletzung der Schutzgüter des § 823 I *Wagner*, JZ 2002, 475 (479).
267 *Medicus/Lorenz*, Schuldrecht II, Rn. 212.

geht, sind auch die Klauselverbote des § 309 Nr. 7 lit. a) und b) zu beachten.[268] Beim **Verbrauchsgüterkauf** ist eine Verkürzung der Verjährung nur im Rahmen des § 475 II wirksam (→ Rn. 270).

Literatur: *Arnold*, Der neue § 438 BGB – eine Zwischenbilanz, ZGS 2002, 438; *ders.*, Verjährung und Nacherfüllung, FS Eggert, 2008, 41; *Auktor/Mönch*, Nacherfüllung – nur noch auf Kulanz?, NJW 2005, 1686; *Bolthausen/Rinker*, »Kettengewährleistung« als Folge des Schuldrechtsmodernisierungsgesetzes?, ZGS 2006, 12; *Gramer/Thalhofer*, Hemmung oder Neubeginn der Verjährung bei Nachlieferung durch den Verkäufer, ZGS 2006, 250; *Hofmann/Pammler*, Mängeleinrede beim Kauf – die Lage nach der Schuldrechtsreform, ZGS 2004, 293; *Peters*, Verjährungsfristen bei Minderung und mangelbedingtem Rücktritt, NJW 2008, 119; *Rühl*, Die Verjährung kaufrechtlicher Gewährleistungsansprüche, AcP 207 (2007), 614; *Wagner*, Mangel- und Mangelfolgeschäden im neuen Schuldrecht, JZ 2002, 475. Vgl. auch die Nachweise zu § 1.

§ 7 Beschaffenheits- und Haltbarkeitsgarantien

164 Die **Rechte des Käufers** können im Rahmen der Privatautonomie durch Vereinbarung einer Garantie **erweitert** werden. § 443 nennt zwei Formen der Garantie: die Beschaffenheits- und die Haltbarkeitsgarantie. Beide Formen der Garantie können sowohl durch den Verkäufer als auch durch einen Dritten (insbesondere den Hersteller) übernommen werden.

I. Begriff der Garantie in § 443 und dogmatische Einordnung

165 Welche Bedeutung dem **Begriff** der Garantie in § 443 zukommt, ist streitig.[269] Unklar ist insbesondere, in welchem Verhältnis der Garantiebegriff des § 443 zum Garantiebegriff der §§ 276, 442, 444 steht.

Da § 443 den Inhalt der Garantie nicht selbst festlegt, sondern der vertraglichen Ausgestaltung durch die Parteien überlässt, erscheint ein weites Verständnis des Garantiebegriffs geboten. Erfasst werden alle vertraglichen Vereinbarungen, in denen der Verkäufer oder ein Dritter eine *über die gesetzlichen Mängelrechte hinausgehende Einstandspflicht* dafür übernimmt, dass die Kaufsache eine bestimmte Eigenschaft aufweist **(Beschaffenheitsgarantie)** oder für eine gewisse Dauer behält **(Haltbarkeitsgarantie).**[270]

Die Beschaffenheitsgarantie des Verkäufers kann zu einer verschuldensunabhängigen Haftung auf Schadensersatz nach § 276 (→ Rn. 127 ff.) führen; sie kann die Käuferrechte aber auch in sonstiger Weise erweitern. So mag der Verkäufer dem Käufer ein Rücktrittsrecht bei unerheblichen Mängeln oder ein gesetzlich nicht vorgesehenes Recht einräumen.

Beispiele: Der Verkäufer erklärt sich bereit, die gekaufte Maschine durch ein anderes Modell zu ersetzen, wenn sie für die vorausgesetzte Verwendung ungeeignet ist.[271] Der Kfz-Händler verspricht dem Käufer, ihm während der Zeit einer notwendigen Nacherfüllung ein Ersatzfahrzeug zu stellen (sog. Mobilitätsgarantie).[272]

268 BGHZ 170, 31 (39).
269 Zum Streitstand vgl. AnwKomm-*Büdenbender* § 443 Rn. 37.
270 Vgl. Jauernig/*Berger* § 443 Rn. 2.
271 BT-Drs. 14/6857, 61.
272 Vgl. Staudinger/*Matusche-Beckmann* (2004) § 443 Rn. 17.

Der Garantiebegriff des § 443 ist also **nicht** mit dem Garantiebegriff des § 276 **identisch,** sondern geht darüber hinaus. Die »Zusicherungsgarantie« nach § 276 ist damit ein Unterfall der Beschaffenheitsgarantie nach § 443.[273] 166

Bei **Verbraucherverträgen** hat die Garantie gemäß § 477 bestimmten inhaltlichen Anforderungen zu genügen. Insbesondere muss klargestellt werden, dass die gesetzlichen Rechte des Käufers hierdurch nicht eingeschränkt werden (→ Rn. 275).

Alle Formen der Garantie beruhen auf einer **vertraglichen Vereinbarung.** Dies gilt auch für die Herstellergarantie.[274] Der Vertrag kommt hier im Regelfall dadurch zustande, dass der Verkäufer als Vertreter oder Bote des Herstellers dem Käufer die (meist in dem Garantieschein verkörperte) Garantieerklärung übermittelt und der Käufer das Angebot des Herstellers auf Abschluss eines Garantievertrages nach § 151 S. 1 annimmt.[275] 167

II. Rechte aus der Garantie und Verjährung

Welche Rechte dem Käufer zustehen, richtet sich nach dem jeweiligen Inhalt der Garantie. Der Regelungsgehalt des § 443 I ist insoweit also gering.[276] Deutlich wird immerhin die **rechtliche Bindungswirkung** der Garantie.[277] Praktische Bedeutung hat außerdem der Hinweis, dass die einschlägige **Werbung** bei der Auslegung der Garantie zu berücksichtigen ist.[278] Erforderlich ist allerdings, dass die Werbung dem Garantiegeber zurechenbar ist, wobei § 434 I 3 analog angewendet werden kann.[279] 168

Soweit die Parteien keine besondere Vereinbarung treffen, richtet sich die **Verjährung** der Ansprüche des Käufers aus der Garantie nicht nach § 438, sondern nach §§ 195, 199.[280] Die dreijährige Verjährungsfrist beginnt also erst mit dem Ablauf des Jahres, in dem der Käufer den Mangel entdeckt.

III. Besonderheiten bei Haltbarkeitsgarantien

Bei der Haltbarkeitsgarantie besteht nach § 443 II die **Vermutung,** dass ein während ihrer Geltungsdauer auftretender Mangel die Rechte aus der Garantie begründet. Der Käufer muss also lediglich darlegen und beweisen, dass ein von der Haltbarkeitsgarantie erfasster Mangel während der Garantiefrist aufgetreten ist. Ob der Mangel schon bei Gefahrübergang vorlag oder wenigstens angelegt war, ist unerheblich.[281] Der Verkäufer kann die Vermutung aber **widerlegen,** indem er nachweist, dass der Mangel durch unsachgemäße Behandlung der Kaufsache oder andere von der Garantie nicht erfasste Umstände (zB Verhalten Dritter) verursacht worden ist. 169

Die Garantiefrist ist von der **Verjährungsfrist** zu unterscheiden. Die Haltbarkeitsgarantie greift nur ein, wenn der Mangel während der Garantiefrist auftritt. Die Verjährung des Anspruchs beginnt dann gemäß § 199 I Nr. 2 mit Ablauf des Jahres,

273 *Looschelders*, Beschaffenheitsvereinbarung, S. 395 (404).
274 AnwKomm-*Büdenbender* § 443 Rn. 9.
275 BGHZ 104, 82 (85); *Brox/Walker*, Schuldrecht BT, § 4 Rn. 117.
276 Vgl. Erman/*Grunewald* § 443 Rn. 12; MüKoBGB/*Westermann* § 443 Rn. 1.
277 Jauernig/*Berger* § 443 Rn. 1.
278 Vgl. dazu Bamberger/Roth/*Faust* § 443 Rn. 17 ff.
279 So auch *Oetker/Maultzsch* § 2 Rn. 359; aA MüKoBGB/*Westermann* § 443 Rn. 13.
280 Jauernig/*Berger* § 443 Rn. 15; *Medicus/Lorenz*, Schuldrecht II, Rn. 335.
281 Vgl. *Larenz/Canaris*, Schuldrecht II/2, § 64 II 3.

in dem der Käufer den Mangel entdeckt. Ob der Mangel in der Garantiefrist geltend gemacht werden muss, hängt dagegen von der Auslegung der Garantie ab.[282]

IV. Verhältnis zu den gesetzlichen Mängelrechten

170 § 443 I stellt klar, dass die »gesetzlichen Ansprüche« des Käufers durch die Garantie nicht ausgeschlossen oder eingeschränkt werden (»unbeschadet«). Dies gilt entgegen dem missverständlichen Wortlaut für **alle Mängelrechte** des Käufers gemäß § 437 einschließlich des Rücktritts und der Minderung, auch wenn es sich dabei um keine »Ansprüche« handelt.[283] Enthält die Garantie eine Einschränkung der gesetzlichen Mängelrechte, so ist die entsprechende Klausel ungültig.[284] Die Wirksamkeit der Garantie bleibt unberührt.

Bei einer **Herstellergarantie** kann der Käufer sowohl die Mängelrechte gegen den Verkäufer als auch die Rechte aus der Garantie gegen den Hersteller geltend machen. Er muss sich also vom Verkäufer nicht auf die vorrangige Inanspruchnahme des Herstellers verweisen lassen.[285] Soweit sich die Ansprüche des Käufers gegen den Verkäufer und den Hersteller inhaltlich decken, haften diese gemäß §§ 421 ff. als **Gesamtschuldner.**[286]

Literatur: *Braunschmidt/Vesper*, Die Garantiebegriffe des Kaufrechts – Auslegung von Garantieerklärungen und Abgrenzung zur Beschaffenheitsvereinbarung, JuS 2011, 393; *Dauner-Lieb/Thiessen*, Garantiebeschränkungen in Unternehmenskaufverträgen nach der Schuldrechtsreform, ZIP 2002, 108; *Hammen*, Zum Verhältnis der Garantie zu den Mängelrechten, NJW 2003, 2588; *Hanke*, Die Garantie in der kaufrechtlichen Mängelhaftung, 2008; *Stöber*, Beschaffenheitsgarantien des Verkäufers, 2006. Vgl. auch die Nachweise zu § 1 und § 3.

§ 8 Konkurrenzen zu anderen Ansprüchen und Rechten

171 Für den Fall, dass die Kaufsache einen Sach- oder Rechtsmangel aufweist, enthalten die §§ 434 ff. für die Rechte des Käufers ein sehr **differenziertes System,** das auf einen angemessenen Interessenausgleich zwischen den Parteien abzielt. Es stellt sich daher die Frage, inwieweit daneben noch auf die allgemeinen Rechtsinstitute zurückgegriffen werden kann.

I. Anfechtung wegen Irrtums

172 Eine Anfechtung nach § 119 I wegen **Erklärungs- oder Inhaltsirrtums** ist bei Kaufverträgen generell zulässig.[287] Da der Irrtum nicht die Beschaffenheit der Sache betrifft, besteht hier kein echtes Konkurrenzproblem.

Schwieriger zu beurteilen ist die Zulässigkeit der Anfechtung wegen **Eigenschaftsirrtums** (§ 119 II). Hier muss zwischen der Anfechtung durch den Käufer und der Anfechtung durch den Verkäufer unterschieden werden.

282 Vgl. dazu BGHZ 75, 75 (79).
283 *Hammen*, NJW 2003, 2588 ff.; Jauernig/*Berger* § 443 Rn. 14.
284 Erman/*Grunewald* § 443 Rn. 15.
285 *Oetker/Maultzsch* § 2 Rn. 361.
286 Staudinger/*Matusche-Beckmann* (2004) § 443 Rn. 52.
287 Vgl. Palandt/*Weidenkaff* § 437 Rn. 53.

1. Anfechtungsrecht des Käufers wegen Eigenschaftsirrtums

Ob und inwieweit die §§ 434 ff. die Anfechtung wegen eines **Eigenschaftsirrtums** ausschließen, ist umstritten. Für einen Ausschluss des Anfechtungsrechts des **Käufers** spricht, dass die einschränkenden Voraussetzungen für die Geltendmachung von Gewährleistungsrechten (insbesondere nach §§ 438, 442) nicht durch den Rückgriff auf § 119 II unterlaufen werden dürfen. Außerdem steht dem Verkäufer bei Mängeln grundsätzlich ein »Recht zur zweiten Andienung« zu (→ Rn. 82), welches durch Zulassung der Anfechtung nach § 119 II beträchtlich entwertet würde. Soweit das Fehlen der verkehrswesentlichen Eigenschaft einen Mangel darstellt, wird das Anfechtungsrecht des Käufers nach § 119 II daher jedenfalls für die Zeit **nach Gefahrübergang** durch die §§ 434 ff. verdrängt.[288] 173

Für die Zeit **vor Gefahrübergang** will die hM die Anfechtung wegen Eigenschaftsirrtums zulassen, weil die Vorschriften über die kaufrechtliche Gewährleistung grundsätzlich erst ab Gefahrübergang gelten.[289] Nach der Gegenauffassung wird das Recht des Verkäufers zur »zweiten Andienung« auch dann beeinträchtigt, wenn der Käufer den Vertrag vor Gefahrübergang nach § 119 II anfechten kann.[290] Dieser Einwand ist jedoch nur für behebbare Mängel berechtigt, zu deren Beseitigung der Verkäufer bereit ist. Hier scheitert die Anfechtung nach § 119 II indes schon daran, dass der Irrtum überhaupt keine verkehrswesentliche Eigenschaft betrifft.[291] In den übrigen Fällen (also insbesondere bei unbehebbaren Mängeln) ist dagegen davon auszugehen, dass der Käufer den Kaufvertrag vor Gefahrübergang wegen Eigenschaftsirrtums anfechten kann. Die kurze Verjährung nach § 438 wird hierdurch nicht unterlaufen, weil sie ohnehin erst nach Gefahrübergang einsetzt. Wertungswidersprüche mit § 442 lassen sich durch entsprechende Anwendung der Vorschrift im Rahmen des § 119 II vermeiden. 174

2. Anfechtungsrecht des Verkäufers wegen Eigenschaftsirrtums

Da dem **Verkäufer** keine Gewährleistungsrechte zustehen können, bestehen zwischen seinem Anfechtungsrecht nach § 119 II und den §§ 434 ff. zwar **keine echten Konkurrenzprobleme.** Der Verkäufer handelt aber *rechtsmissbräuchlich*, wenn er den Vertrag nach § 119 II anficht, um sich der Haftung für Sachmängel zu entziehen. Das Anfechtungsrecht kann deshalb nach Treu und Glauben (§ 242) nicht ausgeübt werden, wenn der Käufer bei Wirksamkeit des Vertrages Mängelrechte geltend machen kann.[292] 175

Betrifft der Irrtum des Verkäufers eine Eigenschaft, die **keinen Mangel** darstellt, so ist der Einwand des Rechtsmissbrauchs grundsätzlich nicht gerechtfertigt. Das Gleiche gilt, wenn der Käufer aus dem vorhandenen Mangel **keine Gewährleistungsrechte** ableiten kann (zB weil diese nach § 442 ausgeschlossen oder nach § 438 verjährt sind) oder will.[293] 176

288 So auch Hk-BGB/*Saenger* § 437 Rn. 27; Staudinger/*Matusche-Beckmann* (2004) § 437 Rn. 20 ff.; aA Bamberger/Roth/*Faust* § 437 Rn. 182; *Emmerich*, Schuldrecht BT, § 5 Rn. 40.

289 So *Brox/Walker*, Schuldrecht BT, § 4 Rn. 134; Erman/*Grunewald* Vor § 437 Rn. 25; MüKoBGB/*Westermann* § 437 Rn. 53; Palandt/*Weidenkaff* § 437 Rn. 53.

290 Jauernig/*Berger* § 437 Rn. 32; Staudinger/*Matusche-Beckmann* (2004) § 437 Rn. 27; *Medicus/Lorenz*, Schuldrecht II, Rn. 271; vgl. auch Begr. BT-Drs. 14/6040, 210.

291 Vgl. Erman/*Grunewald* Vor § 437 Rn. 26.

292 Vgl. BGH NJW 1988, 2597 (2598); Erman/*Grunewald* Vor § 437 Rn. 28.

293 MüKoBGB/*Westermann* § 437 Rn. 55.

Beispiel (nach BGH, NJW 1988, 2597): V verkauft dem K für 3.000 EUR das Ölgemälde »Bildnis eines jungen Mannes«. Beide gehen davon aus, dass es sich um ein »Original von Frank Duveneck« handelt. Später stellt sich heraus, dass das Bild von dem berühmten Maler Wilhelm Leibl stammt und daher 12.500 EUR wert ist. V ficht den Kaufvertrag wegen Irrtums an und verlangt von K Rückgabe des Bildes Zug um Zug gegen Rückzahlung der 3.000 EUR. Zu Recht? – Dem V könnte ein Anspruch auf Rückübereignung des Bildes aus § 812 I 1 Alt. 1 zustehen.[294] Dies setzt unter anderem voraus, dass K das Eigentum und den Besitz an dem Bild ohne rechtlichen Grund erlangt hat. Rechtlicher Grund wäre der Kaufvertrag. Dieser könnte aber aufgrund der Anfechtung nach §§ 119 II, 142 I nichtig sein. Die Urheberschaft eines Bildes stellt eine verkehrswesentliche Eigenschaft iSd § 119 II dar. Die Anfechtung ist auch nicht rechtsmissbräuchlich. Beschränkt man den Begriff des Mangels iSd § 434 I 1 auf *nachteilige* Beschaffenheitsabweichungen,[295] so stehen dem K schon gar keine Gewährleistungsrechte zu, die V durch die Anfechtung vereiteln könnte.[296] Wer eine solche Beschränkung des Mangelbegriffs ablehnt, muss darauf abstellen, dass der K keine Gewährleistungsrechte geltend machen *will*.[297] Dem V steht damit ein Anspruch auf Rückübereignung des Bildes aus § 812 I 1 zu.

II. Anfechtung wegen arglistiger Täuschung

177 Konkurrenzprobleme bestehen auch zwischen dem Anfechtungsrecht des Käufers wegen **arglistiger Täuschung** über die Beschaffenheit der Kaufsache (§ 123) und den Gewährleistungsrechten. Im Fall der arglistigen Täuschung ist der Käufer besonders schutzwürdig. Dies zeigen auch die Wertungen der §§ 438 III, 442 I 2, 444. Die hM geht daher zu Recht davon aus, dass das Anfechtungsrecht nach § 123 **nicht** durch die kaufrechtliche Gewährleistung **verdrängt wird.**[298] Der Käufer hat damit die Wahl, ob er den Vertrag nach § 123 anficht oder die Rechte des § 437 geltend macht. Die Anfechtung führt zwar dazu, dass der Verkäufer das Recht zur »zweiten Andienung« verliert. Bei Arglist ist eine Fristsetzung zur Nacherfüllung aber ohnehin regelmäßig entbehrlich (vgl. → Rn. 102).

III. Culpa in contrahendo

178 Soweit sich die Pflichtverletzung des Verkäufers im vorvertraglichen Bereich auf einen Mangel iSd §§ 434 ff. bezieht, ist für einen Anspruch des Käufers aus **culpa in contrahendo** (§§ 280 I, 311 II, 241 II) grundsätzlich kein Raum, weil sonst die differenzierten kaufrechtlichen Gewährleistungsregeln (insbesondere §§ 438, 442) unterlaufen würden.[299] Der Käufer kann also nicht unter dem Aspekt der culpa in contrahendo geltend machen, der Verkäufer habe bei den Vertragsverhandlungen in Bezug auf die Beschaffenheit der Kaufsache eine Aufklärungs- oder Hinweispflicht verletzt. Die Verletzung sonstiger (selbständiger) Beratungspflichten, die nicht auf die Beschaffenheit der Kaufsache bezogen sind, kann dagegen einen Schadensersatzanspruch aus culpa in contrahendo begründen.

Beispiel (nach BGH, NJW 1989, 2051): K hat von V eine chemische Reinigungsanlage gekauft. Dem Vertragsschluss ist ein Gespräch zwischen V und K vorausgegangen, in dem V es übernommen hat, dem K einen geeigneten Raum für den Betrieb der Reinigungsanlage zu vermitteln. Nachdem

294 In einem solchen Fall kommt auch die Anfechtung des dinglichen Rechtsgeschäfts in Betracht mit der Folge, dass in der Klausur auch ein Herausgabeanspruch aus § 985 zu prüfen wäre.
295 So etwa *Oetker/Maultzsch* § 2 Rn. 50.
296 *Reinicke/Tiedtke*, Kaufrecht, Rn. 810 ff.; vgl. auch RGZ 124, 115 (Ming-Vasen).
297 In diesem Sinne zu § 459 aF. BGH, NJW 1988, 2597 (2598).
298 Vgl. BGH, NJW 2006, 2839; Erman/*Grunewald* Vor § 437 Rn. 30.
299 BGHZ 180, 205 (212 ff.); *Brox/Walker*, Schuldrecht AT, § 25 Rn. 18; *Medicus/Lorenz*, Schuldrecht II, Rn. 272; Palandt/*Weidenkaff* § 437 Rn. 51 a; *Köster*, Jura 2005, 145 (147); aA Bamberger/Roth/*Faust* § 437 Rn. 190; *Häublein*, NJW 2003, 388 ff.; *Reischl*, JuS 2003, 1076 (1079).

die Anlage in dem von V vermittelten Raum installiert worden ist, erhält K von der Ordnungsbehörde ein Schreiben mit dem Hinweis, dass in dem betreffenden Gebiet keine chemischen Reinigungen betrieben werden dürfen. K verlangt von V Ersatz der mit der Betriebsverlagerung verbundenen Kosten. Zu Recht? – K könnte gegen V einen Schadensersatzanspruch aus §§ 280 I, 311 II, 241 II haben. V hat im Vorfeld des Vertragsschlusses die Pflicht verletzt, dem K einen geeigneten Raum für den Betrieb der Anlage zu vermitteln. Das Verschulden wird nach § 280 I 2 vermutet. Da sich die Pflichtverletzung des V nicht auf die Beschaffenheit der Reinigungsanlage bezieht, wird der Anspruch auch nicht durch die §§ 434 ff. verdrängt.[300] Dies ist ein wesentlicher Unterschied gegenüber dem Motorsägen-Fall (→ Rn. 39), in dem die Nichtverwendbarkeit der Kaufsache auf deren Beschaffenheit zurückzuführen war.

Bei **Vorsatz bzw. Arglist des Verkäufers** wird der Schadensersatzanspruch des Käufers aus §§ 280 I, 311 II, 241 II nach h. M. auch dann nicht verdrängt, wenn die Täuschung sich auf die **Beschaffenheit der Kaufsache** bezieht.[301] Dem wird in der Literatur zwar entgegengehalten, dass die §§ 434 ff. den Fall der Arglist besonders berücksichtigen und damit den Käufer auch in diesen Fällen ausreichend schützen.[302] Für die h. M. spricht aber, dass die kaufrechtlichen Sonderregeln bei Arglist ohnehin nicht eingreifen (vgl. §§ 438 III, 442 I 2, 444). Da die Arglist das Fristsetzungserfordernis entfallen lässt, wird auch das Recht des Verkäufers zur »zweiten Andienung« nicht unterlaufen.[303] Der Verkäufer ist hier also ebenso wenig schutzwürdig wie bei der Anfechtung nach § 123 (→ Rn. 177). 179

IV. Delikt

Vertragliche und deliktische Schadensersatzansprüche können im Kaufrecht grundsätzlich nebeneinander geltend gemacht werden (Anspruchskonkurrenz). Dies gilt auch für den Ersatz von Schäden, die aufgrund eines Mangels an anderen Rechtsgütern des Käufers eintreten (sog. **Mangelfolgeschäden**). Die kurze Verjährung nach § 438 schlägt dabei nicht auf die deliktischen Ansprüche durch (→ Rn. 162). 180

Beispiel (nach BGH, NJW 1978, 2241): K hat beim Autohändler V für 7.000 EUR einen gebrauchten Sportwagen gekauft. Zwei Jahre später erleidet K einen Unfall, weil ein Hinterradreifen platzt. K wird am Körper verletzt. Der Sachverständige stellt nach einigen Wochen fest, dass der Unfall auf eine unvorschriftsmäßige Bereifung der Hinterräder zurückzuführen ist: Für diesen Sportwagen sind nur Reifen des Typs A zugelassen; am Unfalltag wurde der Wagen jedoch mit Reifen des Typs B gefahren.[304] Mit diesen Reifen hat K den Wagen bereits von V gekauft. K verlangt von V Ersatz der Arztkosten. V beruft sich auf Verjährung. – Dem K könnte ein Schadensersatzanspruch aus §§ 434, 437 Nr. 3, 280 I gegen V zustehen. Aufgrund der unvorschriftsmäßigen Bereifung weist der Sportwagen einen Sachmangel iSd § 434 I 2 Nr. 2 auf. Für den Ersatz des Körperschadens verweist § 437 Nr. 3 auf § 280 I. Bejaht man die Voraussetzungen des § 280 I, so ist der Anspruch jedenfalls nach § 438 I Nr. 3 verjährt. K kann seinen Anspruch jedoch auch auf § 823 I (Verletzung von Körper- und Gesundheit) stützen. Die Verjährung richtet sich insoweit nach §§ 195, 199. Der Anspruch ist hiernach noch durchsetzbar.

Besondere Probleme bereitet die Beurteilung von Schäden, die aufgrund des Mangels an der Kaufsache selbst eintreten. Umstritten ist insbesondere der Fall, dass der 181

300 A. A. *Medicus/Lorenz*, Schuldrecht II, Rn. 76: Verwendbarkeit der Anlage in den vorgesehenen Räumen als vereinbarte Beschaffenheit oder vertraglich vorausgesetzte Verwendung.

301 Vgl. BGHZ 180, 205 (214); BGH, NJW 2010, 858 (859); *Medicus/Lorenz*, Schuldrecht II, Rn. 273; *Kulke*, ZGS 2006, 412 (415); *Fischinger/Lettmaier*, NJW 2009, 2496 ff.

302 So *Fikentscher/Heinemann*, Schuldrecht, Rn. 901; *Schulze/Ebers*, JuS 2004, 462 (463).

303 Vgl. BGHZ 180, 205 (214); Staudinger/*Ewert*, JA 2010, 241 (243).

304 Zu einem ähnlichen Fall vgl. BGH, NJW 2004, 1032 – überalterte Reifen.

Mangel nach Gefahrübergang auf die ganze Kaufsache übergreift und diese beschädigt oder zerstört (sog. **weiterfressender Mangel**).

> **Beispiel:** Im Sportwagen-Fall ist das Fahrzeug bei dem Unfall erheblich beschädigt worden. Kann K von V aus § 823 I Ersatz der Reparaturkosten verlangen?

182 In solchen Fällen kommt eine **Eigentumsverletzung** in Betracht. Man könnte dem zwar entgegenhalten, der Käufer habe niemals mangelfreies Eigentum erworben. Auf der anderen Seite ist jedoch zu beachten, dass der Unfallschaden weit über den »Unwert« hinausgeht, der dem Sportwagen aufgrund der mangelhaften Bereifung bei Gefahrübergang anhaftete. Nach der Rechtsprechung des BGH kommt daher in solchen Fällen ein deliktischer Schadensersatzanspruch aus § 823 I in Betracht.[305]

§ 823 I schützt aber nur das Interesse des Käufers am unversehrten Bestand seiner Rechtsgüter und Interessen (sog. Integritätsinteresse). In Bezug auf die vertragsgemäße Verwendbarkeit der Kaufsache (sog. Äquivalenzinteresse) treffen die §§ 434 ff. eine abschließende Regelung. Der deliktische Anspruch erfasst daher nur Schäden, die nicht mit dem ursprünglichen Mangel **»stoffgleich«** sind. Zur Abgrenzung kann auf die Grundsätze der *Minderung* zurückgegriffen werden. Soweit der Wert der Kaufsache aufgrund des Mangels bereits bei Gefahrübergang nach den Kriterien des § 441 III herabgesetzt war, scheidet ein Anspruch nach § 823 I aus.

> **Beispiel:** Im Sportwagen-Fall kann K nach § 823 I nur Ersatz der Unfallschäden verlangen. Die Kosten für den Kauf einer ordnungsgemäßen Bereifung sind dagegen lediglich nach §§ 434, 437 Nr. 3, 280 I, III, 281 ersatzfähig.

183 Frisst sich der Mangel **notwendig** auf die ganze Kaufsache weiter, so ist der ursprüngliche Minderwert mit dem späteren Schaden »stoffgleich«. Ein Schadensersatzanspruch aus § 823 I kommt deshalb nicht in Betracht, wenn die Beseitigung des Mangels vor Eintritt des Schadens technisch unmöglich oder wirtschaftlich nicht vertretbar war.

> **Beispiel** (nach BGH, NJW 1983, 812): Der K kauft bei V eine »Zwei-Säulen-Kfz-Hebebühne«, die er in seiner Kfz-Reparaturwerkstatt aufstellt. Aufgrund eines Konstruktions- oder Fabrikationsfehlers des Führungsschlittens sinkt die Hebebühne beim Betrieb in sich zusammen; dies hat zur Folge, dass ein dem K zur Reparatur übergebenes Kundenfahrzeug herabstürzt und stark beschädigt wird. – Der BGH hat einen deliktischen Schadensersatzanspruch in Bezug auf die Hebebühne mit der Erwägung verneint, dass sich in dem schädigenden Ereignis lediglich ein der Kaufsache schon bei Gefahrübergang anhaftender Minderwert realisiert habe.

184 Soweit der Schaden nicht mit dem ursprünglichen Mangel »stoffgleich« ist, fragt sich, ob der **vertragliche Schadensersatzanspruch** des Käufers insoweit nach § 437 Nr. 3 iVm §§ 280 I, III, 281 oder nach § 437 Nr. 3 iVm § 280 I zu beurteilen ist. Für die Anwendung des **§ 280 I** spricht, dass es um den Ersatz des Integritätsinteresses geht. Auf der anderen Seite ist jedoch zu beachten, dass der Nacherfüllungsanspruch des Käufers aus §§ 437 Nr. 1, 439 nach hM die Beseitigung des Weiterfresser-Schadens umfasst.[306] Da der Schadensersatzanspruch damit an die Stelle der Nacherfüllung tritt, erscheint die Anwendung der §§ 280 I, III, 281 mit dem Fristsetzungserfordernis sachgemäß.[307]

---

305 Grundlegend BGHZ 67, 359 – Schwimmerschalter; BGHZ 86, 256 – Gaszug; vgl. auch BGH, NJW 1978, 2241 (Sportwagen); BGH, NJW 1983, 812 – Hebebühne.

306 Staudinger/*Matusche-Beckmann* (2004) § 439 Rn. 14 ff.; *Tettinger*, JZ 2006, 641 (644 ff.).

307 AnwKomm-*Dauner-Lieb* § 280 Rn. 78; Bamberger/Roth/*Faust* § 437 Rn. 62.

Beispiel: Im Sportwagenfall kommt wegen der Unfallschäden am Pkw neben dem deliktischen Anspruch aus § 823 I ein vertraglicher Schadensersatzanspruch aus § 437 Nr. 3 iVm § 280 I, III, 281 in Betracht. Da eine Fristsetzung fehlt, stellt sich die Frage, ob diese nach § 281 II entbehrlich ist. Davon abgesehen wäre der vertragliche Anspruch gemäß § 438 I Nr. 3 verjährt.

Die Rechtsprechung hat den Rückgriff auf § 823 I in den Weiterfresser-Fällen vor dem Hintergrund zugelassen, dass die sechsmonatige Verjährung nach **§ 477 aF** für solche Schäden unangemessen kurz war. Nachdem die Verjährung in § 438 I Nr. 3 auf zwei Jahre verlängert worden ist, wird der Rückgriff auf die deliktische Haftung zum Teil für **entbehrlich** erklärt.[308] Dieses Argument ist jedoch nicht zwingend, weil die kaufrechtliche Verjährung nach § 438 immer noch deutlich kürzer als die regelmäßige Verjährung ist.[309] Diese beträgt nämlich gemäß § 195 drei Jahre und beginnt gemäß § 199 I nicht schon mit der Ablieferung der Kaufsache, sondern erst mit dem Schluss des Jahres, in dem der Anspruch entstanden ist und der Käufer davon Kenntnis erlangt oder ohne grobe Fahrlässigkeit erlangen müsste. Die Erstreckung des Nacherfüllungsanspruchs auf den weiterfressenden Mangel spricht allerdings dafür, dass es hier nur um den Ersatz des Äquivalenzinteresses geht, so dass deliktische Ansprüche nicht in Betracht kommen dürften.[310] Zumindest muss zur Vermeidung von Wertungswidersprüchen das Fristsetzungserfordernis des § 281 auf den konkurrierenden deliktischen Anspruch übertragen werden.[311] 185

Literatur: *Fischinger/Lettmaier*, Sachmangel bei Asbestverseuchung – Anwendbarkeit der c. i. c. neben den §§ 434 ff. BGB, NJW 2009, 2496; *Grigoleit*, Weiterfresserschäden und Mangelfolgeschäden nach der Schuldrechtsreform: Der mangelhafte Traktor, ZGS 2002, 78; *Gsell*, Deliktsrechtlicher Eigentumsschutz bei »weiterfressendem« Mangel, NJW 2004, 1913; *Häublein*, Der Beschaffenheitsbegriff und seine Bedeutung für das Verhältnis der Haftung aus culpa in contrahendo zum Kaufrecht, NJW 2003, 388; *Heßeler/Kleinhenz*, Der kaufrechtliche Anspruch auf Schadensersatz für Weiterfresserschäden, JuS 2007, 706; *P. Huber*, Die Konkurrenz von Irrtumsanfechtung und Sachmängelhaftung im neuen Schuldrecht, FS Hadding, 2004, 105; *Köster*, Konkurrenzprobleme im neuen Kaufmängelrecht, Jura 2005, 145; *Kulke*, Rücktrittsrecht bei geringfügigem Mangel wegen Arglist des Verkäufers?, ZGS 2006, 412; *Looschelders*, Neuere Entwicklungen des Produkthaftungsrechts, JR 2003, 309; *Schur*, Eigenschaftsirrtum und Neuregelung des Kaufrechts, AcP 204 (2004), 883; *Staudinger/Ewert*, Täuschung durch den Verkäufer, JA 2010, 241; *Tettinger*, Wer frißt wen? Weiterfresser vs. Nacherfüllung, JZ 2006, 641. Vgl. auch die Nachweise zu § 1.

§ 9 Gefahrtragung im Kaufrecht

Bei der Abwicklung von Kaufverträgen kann das Problem auftreten, wer vor der Übereignung die Gefahr des **zufälligen Untergangs** der Kaufsache trägt. Im Ausgangspunkt gelten dabei die allgemeinen Regeln: Einerseits erlischt die Leistungspflicht des Verkäufers nach § 275, andererseits entfällt die Gegenleistungspflicht des Käufer nach § 326 I 1. Der Käufer trägt damit die **Leistungsgefahr,** der Verkäufer die **Preisgefahr** (vgl. SAT Rn. 294 f.). 186

Für die **Preisgefahr** finden sich schon im **Allgemeinen Schuldrecht** Ausnahmeregeln. So bleibt die Gegenleistungspflicht nach § 326 II bestehen, wenn der Gläubi-

308 So Erman/*Grunewald* Vor § 437 Rn. 31; Jauernig/*Berger* § 437 Rn. 36.
309 *Looschelders*, JR 2003, 309 (311).
310 So auch *Tettinger*, JZ 2006, 641 (649).
311 Bamberger/Roth/*Faust* § 437 Rn. 199; *Grigoleit*, ZGS 2002, 78 (79).

ger (Käufer) die Unmöglichkeit allein oder weit überwiegend zu verantworten hat oder wenn die Unmöglichkeit im Annahmeverzug eintritt und der Schuldner (Verkäufer) sie nicht zu vertreten hat. (s. SAT Rn. 724 ff.). Gemäß § 326 III muss die Gegenleistung auch dann erbracht werden, wenn der Gläubiger nach § 285 Herausgabe des Ersatzgegenstands oder Abtretung des Ersatzanspruchs verlangt (SAT Rn. 739 f.). Diese Tatbestände sind auch im Kaufrecht anwendbar. Darüber hinaus finden sich für das **Kaufrecht** in §§ 446, 447 weitere Vorschriften über die Preisgefahr, welche die allgemeine Regel des § 326 I 1 durchbrechen.

I. Übergabe der Kaufsache (§ 446 S. 1)

187 Zentrale Bedeutung kommt in diesem Zusammenhang § 446 S. 1 zu, wonach die Preisgefahr mit **Übergabe der Kaufsache** auf den Käufer übergeht. Durch die bloße Übergabe erwirbt der Käufer zwar noch kein Eigentum; da die Kaufsache in seinen Machtbereich gelangt, wäre es jedoch unbillig, die Preisgefahr beim Verkäufer zu belassen.[312] Besondere Bedeutung hat dies beim Kauf unter Eigentumsvorbehalt (§ 449), weil die Übergabe dem Eigentumsübergang hier oft weit vorgelagert ist (→ Rn. 201 ff.).

Beispiel: K kauft beim Möbelhändler V für 2.500 EUR eine Holzvitrine. Beide vereinbaren, dass K die Vitrine in fünf Monatsraten zu je 500 EUR bezahlen soll. V übergibt K die Vitrine, behält sich aber bis zur vollständigen Bezahlung das Eigentum vor. Nachdem K die ersten zwei Monatsraten gezahlt hat, wird die Vitrine in seiner Wohnung durch einen unverschuldeten Wohnungsbrand zerstört. – Aufgrund des Kaufvertrages war V nicht nur zur Übergabe, sondern auch zur Übereignung der Vitrine verpflichtet (§ 433 I 1). Diese Pflicht hatte er im Zeitpunkt des Wohnungsbrandes noch nicht erfüllt. Aufgrund des Brandes ist die Pflicht des V zur Übereignung der Vitrine jedoch nach § 275 I erloschen. Gemäß § 326 I 1 würde damit an sich auch die Pflicht des K zur Kaufpreiszahlung entfallen. Mit der Übergabe der Vitrine ist die Preisgefahr aber gemäß § 446 S. 1 auf K übergegangen. V hat also gegen K einen Anspruch auf Zahlung der weiteren Raten aus § 433 II.

188 Mit der Übergabe wird der Käufer auch sonst bereits wie der Eigentümer behandelt. So gebühren ihm von der Übergabe an die **Nutzungen** (§ 100), auf der anderen Seite muss er aber die **Lasten** (zB Grundsteuern) tragen (§ 446 S. 2). Die Übergabe ist darüber hinaus wichtigster Anknüpfungspunkt für die Sachmängelhaftung nach § 434 (→ Rn. 55).

§ 446 S. 1 regelt dem Wortlaut nach nur die Gefahr des zufälligen *Untergangs* und der zufälligen *Verschlechterung*. Die Vorschrift erfasst jedoch auch alle anderen Fälle, in denen die Leistungspflicht des Verkäufers nach § 275 I-III ausgeschlossen ist (zB Diebstahl der Kaufsache).[313]

II. Annahmeverzug (§ 446 S. 3)

189 § 446 S. 3 stellt den Annahmeverzug (§§ 293 ff.) des Käufers der Übergabe gleich. Der Zweck der Vorschrift besteht in erster Linie darin, den maßgeblichen Zeitpunkt für den Übergang der Nutzungen und Lasten (§ 446 S. 2) und das Vorliegen von Sachmängeln (§ 434) beim Annahmeverzug vorzuverlagern.[314] Für die **Preisgefahr** hat § 446 S. 3 dagegen keine eigenständige Bedeutung, weil § 326 II 1 Alt. 2 insoweit

312 Vgl. *Medicus/Lorenz*, Schuldrecht II, Rn. 51.
313 Vgl. *Brox/Walker*, Schuldrecht BT, § 3 Rn. 17; Hk-BGB/*Saenger* § 446 Rn. 5.
314 Staudinger/*Beckmann* (2004) § 446 Rn. 23.

die speziellere Regelung enthält (SAT Rn. 735).[315] Die Auswirkungen des Annahmeverzugs auf die Leistungsgefahr sind in § 300 II geregelt; § 446 S. 3 gilt dagegen hier nicht.[316]

III. Versendungskauf (§ 447)

1. Anwendungsbereich

190 Beim Versendungskauf verlagert § 447 I den Gefahrübergang auf die **Auslieferung der Sache** an die Transportperson vor, weil die mit dem Transport verbundenen Risiken dem Verkäufer nicht zumutbar sind. Diese Interessenwertung trifft aber nur zu, wenn der Käufer kein Verbraucher ist. Beim **Verbrauchsgüterkauf** ist § 447 daher nicht anwendbar (§ 474 II 2).

Beispiel (BGH, NJW 2003, 3341): Der K bestellte zu privaten Zwecken bei dem Versandhandelshaus V einen Camcorder zum Preis von 1.000 EUR. V übergab die ordnungsgemäß adressierte Sendung mit dem Camcorder an einen Paketdienst (P). Die Sendung kam jedoch aus ungeklärten Gründen nicht bei K an. Wie ist die Rechtslage? – Aufgrund des Kaufvertrages hatte K einen Anspruch gegen V auf Lieferung eines Camcorders aus § 433 I 1. Der Anspruch ist aber nach § 275 I untergegangen. Die Lieferung eines Camcorders ist zwar eine Gattungsschuld; mit der Übergabe an den Paketdienst ist aber Konkretisierung (§ 243 II) eingetreten (dazu SAT Rn. 290 ff.). Nach § 326 I 1 ist damit auch der Kaufpreisanspruch des V aus § 433 II entfallen. Die Gefahr könnte jedoch gemäß § 447 I mit der Übergabe des Camcorders an P auf K übergegangen sein. Ob § 447 I für den Kauf im Versandhandel gilt (→ Rn. 262), kann hier dahinstehen. Da K Verbraucher (§ 13) und V Unternehmer (§ 14) ist, schließt § 474 II die Anwendung des § 447 aus.

191 Aus dem Zusammenhang mit § 446 folgt, dass es in § 447 ebenfalls um die Gefahr des zufälligen Untergangs und der zufälligen Verschlechterung der Kaufsache geht.[317] Die hM beschränkt den Anwendungsbereich des § 447 darüber hinaus auf **typische Transportrisiken.**[318] Da damit alle während des Transports auftretenden zufälligen Ereignisse erfasst werden, hat diese Beschränkung aber keine große praktische Bedeutung.[319]

2. Voraussetzungen

192 Ein Versendungskauf liegt nach § 447 I nur vor, wenn der Verkäufer die Sache nach einem **anderen Orte als dem Erfüllungsort** versendet. Die Bringschuld fällt damit nicht unter § 447, weil der Erfüllungsort hier am Wohnsitz des Gläubigers (und damit am Zielort der Versendung) liegt. Erfasst wird also lediglich die **Schickschuld.**[320] Ob eine Bring- oder Schickschuld vorliegt, ist in erster Linie durch Auslegung der Parteivereinbarungen zu entscheiden; im Zweifel ist gemäß § 269 III davon auszugehen, dass es sich um eine Schickschuld handelt (vgl. SAT Rn. 271 ff.).

Im Fall einer Schickschuld ist § 447 I auch dann anwendbar, wenn Verkäufer und Käufer ihren Wohnsitz bzw. ihre Niederlassung in derselben Stadt oder Gemeinde haben (sog. **Platzgeschäft**). Denn die Stadt- oder Gemeindegrenzen sind für die Zuordnung des Transportrisikos irrelevant.[321]

---

315 Hk-BGB/*Saenger* § 446 Rn. 2; aA *Brox/Walker*, Schuldrecht BT, § 3 Rn. 16.
316 Staudinger/*Beckmann* (2004) § 446 Rn. 23; aA Palandt/*Weidenkaff* § 446 Rn. 1, 17.
317 MüKoBGB/*Westermann* § 447 Rn. 19; *Larenz*, Schuldrecht II/1, § 42 II c.
318 BGHZ 113, 106 (113 f.); Erman/*Grunewald* § 447 Rn. 12.
319 In diesem Sinne auch AnwKomm-*Büdenbender* § 447 Rn. 14.
320 BGH, NJW 2003, 3341 (3342); *Brox/Walker*, Schuldrecht BT, § 3 Rn. 21.
321 So auch *Medicus/Lorenz*, Schuldrecht II, Rn. 53; aA Jauernig/*Berger* § 447 Rn. 6.

193 Die Versendung muss **»auf Verlangen«** des Käufers erfolgen. Dieses Erfordernis ist schon dann erfüllt, wenn die Versendung dem ausdrücklich oder stillschweigend erklärten Willen des Käufers entspricht. Ausgeschlossen wird also nur die eigenmächtige Versendung durch den Verkäufer.[322] Demgegenüber wird der Kauf im Versandhandel nach hM erfasst, obwohl der Verkäufer die Versendung von vornherein anbietet.[323] Entscheidend ist, dass die Versendung auch hier mit Einverständnis des Käufers erfolgt.

194 § 447 I setzt grundsätzlich voraus, dass die Sache vom Erfüllungsort (also dem Sitz des Verkäufers) aus versendet wird. Erfolgt die **Versendung von einem anderen Ort** aus, so greift die Vorschrift nur dann ein, wenn der Käufer sich damit zumindest stillschweigend einverstanden erklärt hat.[324]

> **Beispiel** (BGHZ 113, 106): Der Mönchengladbacher Fuhrunternehmer K bestellt beim Düsseldorfer Großhändler V 60.000 l Dieselkraftstoff. Da V nicht über ein eigenes Treibstofflager verfügt, lässt er den Kraftstoff von einer Spedition direkt bei der Raffinerie in Köln abholen und an K ausliefern. – Der BGH hat einen Versendungskauf bejaht. Erfüllungsort sei zwar Düsseldorf. K habe aber stillschweigend akzeptiert, dass die Lieferung direkt von der Kölner Raffinerie aus erfolge.

195 Der Gefahrübergang tritt nach § 447 I ein, sobald der Verkäufer die Sache dem Spediteur, dem Frachtführer oder einer sonstigen Transportperson **übergeben** hat. Bei der Gattungsschuld kommt es damit gleichzeitig gemäß § 243 II zur *Konkretisierung* (vgl. SAT Rn. 292).

3. Transport durch eigene Mitarbeiter

196 Nach hM ist § 447 I auch anwendbar, wenn der Verkäufer die **Lieferung durch eigene Leute** ausführen lässt. Eine Ausnahme soll allerdings gelten, wenn diese Leute den Untergang oder die Verschlechterung der Sache verschuldet haben. Hier müsse der Verkäufer sich das Verschulden seiner Erfüllungsgehilfen nach § 278 zurechnen lassen, womit es an dem für die Anwendung des § 447 I erforderlichen »zufälligen« Untergang fehle.[325] Dem wird in der Literatur zum Teil entgegengehalten, dass § 278 das Handeln zur Erfüllung einer Verbindlichkeit des Schuldners voraussetze; da der Verkäufer den Transport beim Versendungskauf nicht schulde, sei § 278 nicht anwendbar.[326] Dieser Einwand ist jedoch nicht zwingend. Auch wenn den Verkäufer keine Pflicht zur Durchführung des Transports trifft, so muss er mit dem Kaufgegenstand doch sorgfältig umgehen. Insofern sind die Mitarbeiter des Verkäufers somit in jedem Fall als dessen Erfüllungsgehilfen anzusehen. Geht die Sache während des Transports aufgrund eines Verschuldens der Mitarbeiter unter, so steht dem Käufer daher ein Schadensersatzanspruch aus § 280 I iVm §§ 241 II, 278 zu.[327]

197 Dass die Kaufsache im Fall der Beförderung durch eigene Leute im **Machtbereich des Verkäufers** bleibt, steht der Anwendung des § 447 I bei *zufälligem* Untergang der Kaufsache ebenfalls nicht entgegen.[328] Denn nach der Ratio des § 447 I kommt es

322 LG Köln, NJW-RR 1998, 1457 (1458); Staudinger/*Beckmann* (2004) § 447 Rn. 10.
323 Vgl. BGH, NJW 2003, 3341 (3342); *Medicus/Lorenz*, Schuldrecht II, Rn. 54.
324 Vgl. BGHZ 113, 106 (110); *Wertenbruch*, JuS 2003, 625 (627).
325 So *Brox/Walker*, Schuldrecht BT, § 3 Rn. 29; *Larenz*, Schuldrecht II/1, § 42 II c.
326 So *Medicus/Petersen*, Bürgerliches Recht, Rn. 275.
327 So auch *Brox/Walker*, Schuldrecht BT, § 3 Rn. 29; *Medicus/Lorenz*, Schuldrecht II, Rn. 57.
328 So aber *Medicus/Petersen*, Bürgerliches Recht, Rn. 275.

allein darauf an, dass das Risiko eines zufälligen Untergangs durch die Versendung erhöht wird.[329]

4. Transport durch Dritte und Drittschadensliquidation

Handelt es sich bei der Transportperson um einen **Dritten,** so muss der Verkäufer sich dessen Verschulden bei der Durchführung des Transports nach allgemeiner Ansicht nicht nach § 278 zurechnen lassen.[330] § 447 ist daher auch dann anwendbar, wenn die Kaufsache durch ein Verschulden der Transportperson untergegangen oder verschlechtert worden ist. 198

Bei einem **Verschulden des Transporteurs** stehen dem Verkäufer an sich Schadensersatzansprüche aus § 280 I und § 823 I (Eigentumsverletzung) zu. Beide Ansprüche scheitern jedoch daran, dass der Verkäufer keinen Schaden erleidet, weil dieser durch § 447 auf den Käufer verlagert wird. Dem Käufer stehen aber weder vertragliche (kein Vertrag) noch deliktische Ansprüche (keine Eigentumsverletzung) gegen die Transportperson zu. Die hM löst die Problematik mit der Figur der **Drittschadensliquidation.** Dem Verkäufer wird dabei das Recht zuerkannt, den Schaden des Käufers gegen die Transportperson geltend zu machen. Der Käufer hat dann einen Anspruch auf Herausgabe des Ersatzes aus § 285 (vgl. SAT Rn. 945 f.). 199

In Bezug auf die Haftung von **Spediteuren** und **Frachtführern** ist die Problematik seit der Transportrechtsreform von 1998 gesetzlich geregelt. Gemäß §§ 421 I 2, 425 I, 458 I 2 HGB ist der Empfänger der Sendung (also der Käufer) berechtigt, die vertraglichen Ansprüche des Verkäufers gegen den Frachtführer bzw. Spediteur im eigenen Namen geltend zu machen. Die Drittschadensliquidation muss hier also nicht mehr herangezogen werden.[331] 200

Literatur: *S. Lorenz*, Leistungsgefahr, Gegenleistungsgefahr und Erfüllungsort beim Verbrauchsgüterkauf, NJW 2003, 3341, JuS 2004, 105; *Oetker*, Versendungskauf, Frachtrecht und Drittschadensliquidation, JuS 2001, 833; *Stieper*, Gefahrtragung und Haftung des Verkäufers bei Versendung fehlerhaft verpackter Sachen, AcP 208 (2008), 818; *Wertenbruch*, Gefahrtragung beim Versendungskauf nach neuem Schuldrecht, JuS 2003, 625.

§ 10 Verkauf unter Eigentumsvorbehalt

I. Problemstellung

In vielen Fällen kann der Käufer den Kaufpreis nicht sofort (vollständig) bezahlen. Auf der anderen Seite hat er aber meistens ein starkes Interesse daran, die Kaufsache möglichst bald nutzen zu können. In dieser Situation kann der Verkäufer zwar darauf bestehen, dass er die Kaufsache nach **§ 320** nur Zug um Zug gegen Zahlung des Kaufpreises übergeben und übereignen muss (vgl. dazu SAT Rn. 347 ff.). Zur Förderung seines Absatzes wird er aber nicht selten bereit sein, dem Käufer den Kaufpreis zu stunden. 201

329 AnwKomm-*Büdenbender* § 447 Rn. 8.
330 Vgl. BGHZ 50, 32 (35); 113, 106 (115); Bamberger/Roth/*Faust* § 447 Rn. 25.
331 Vgl. dazu *Oetker*, JuS 2001, 833 ff.

202 Übereignet der Verkäufer dem Käufer die Sache vor vollständiger Kaufpreiszahlung, so läuft er Gefahr, dass andere Gläubiger des Käufers im Wege der **(Einzel-)Zwangsvollstreckung** oder im Rahmen eines **Insolvenzverfahrens** darauf Zugriff nehmen. Außerdem könnte der Käufer die Sache als Berechtigter wirksam **weiterveräußern.** In all diesen Fällen würde der Verkäufer die Möglichkeit verlieren, die Sache bei Nichtzahlung des Kaufpreises vom Käufer zurückzuverlangen und selbst zu verwerten.

203 Die eben beschriebenen Risiken lassen sich durch Vereinbarung eines **Eigentumsvorbehalts** gering halten oder sogar vermeiden. Die Kaufsache wird hiernach dem Käufer übergeben; die Übereignung erfolgt aber unter der aufschiebenden Bedingung (§ 158 I) der vollständigen Kaufpreiszahlung. Solange der Käufer den Kaufpreis noch nicht gezahlt hat, bleibt der Verkäufer damit Eigentümer der Kaufsache. Vollstreckt ein anderer Gläubiger des Käufers in die Kaufsache, so kann der Verkäufer nach § 771 ZPO **Drittwiderspruchsklage** erheben. In der Insolvenz des Käufers steht dem Verkäufer gemäß § 47 InsO ein Recht auf **Aussonderung** zu, sofern der Insolvenzverwalter die Erfüllung des Kaufvertrages ablehnt (vgl. § 103 I InsO).[332] Veräußert der Käufer die Sache ohne Zustimmung des Verkäufers an einen Dritten, so kann dieser nur bei Gutgläubigkeit Eigentum erwerben (§§ 932 ff.). Der Kauf unter Eigentumsvorbehalt schützt damit einerseits die **Sicherungsinteressen des Verkäufers**. Andererseits wird dem **Käufer** ermöglicht, vor vollständiger Kaufpreiszahlung in den **Besitz** der Sache zu gelangen.[333]

Ein Eigentumsvorbehalt kommt nur bei **beweglichen Sachen** in Betracht (vgl. § 449 I); bei unbeweglichen Sachen kann der Kaufpreisanspruch durch Hypothek (§§ 1113 ff.) oder Grundschuld (§§ 1191 ff.) gesichert werden.[334]

II. Der einfache Eigentumsvorbehalt

204 Die Grundform des Eigentumsvorbehalts ist in § 449 I, II recht rudimentär geregelt. Die **Struktur** dieses Rechtsinstituts wird deutlich, wenn man entsprechend den Grundprinzipien des deutschen Rechts zwischen der schuldrechtlichen und der sachenrechtlichen Ebene unterscheidet.

1. Schuldrechtliche Ebene

205 Auf der schuldrechtlichen Ebene liegt dem Eigentumsvorbehalt ein **unbedingter Kaufvertrag** zugrunde. Für den Inhalt des Kaufvertrages lässt sich aus § 449 I ableiten, dass der Käufer entgegen §§ 320, 322 die Übergabe der Kaufsache sowie deren bedingte Übereignung verlangen kann, ohne gleichzeitig zur vollständigen Zahlung des Kaufpreises verpflichtet zu sein.[335]

Der Eigentumsvorbehalt kann ausdrücklich oder **konkludent** vereinbart werden. Behält der Verkäufer eines Kfz bei der Übergabe des Fahrzeugs den Fahrzeugschein ein, so ist im Regelfall davon auszugehen, dass er dem Käufer das Eigentum unter der aufschiebenden Bedingung der vollständigen Kaufpreiszahlung übertragen will.[336]

332 Vgl. AnwKomm-*Büdenbender* § 449 Rn. 27.
333 Zu den Zwecken des Eigentumsvorbehalts MüKoBGB/*Westermann* § 449 Rn. 3.
334 Vgl. *Brox/Walker*, Schuldrecht BT, § 7 Rn. 22.
335 Vgl. AnwKomm-*Büdenbender* § 449 Rn. 7.
336 BGH, NJW 2006, 3488; dazu *Fritsche/Würdinger*, NJW 2007, 1037 ff.

Die Vereinbarung des Eigentumsvorbehalts ist grundsätzlich auch in AGB möglich.[337] In den AGB werden dann meist auch die Einzelheiten geregelt. Hat sich der Verkäufer lediglich das Eigentum vorbehalten, so folgt aus § 449 I, dass der Eigentumsvorbehalt im Zweifel bis zur vollständigen Kaufpreiszahlung gelten soll.[338]

Im Unterschied zu § 455 I aF enthält § 449 I für den **Rücktritt des Verkäufers** 206
wegen Nichtzahlung des Kaufpreises keine eigenständige Regelung. Der Rücktritt richtet sich damit regelmäßig nach § 323. Grundsätzlich ist also eine *Fristsetzung* erforderlich. Bei Schutzpflichtverletzungen (zB unsachgemäße Behandlung der Kaufsache) kommt auch ein Rückgriff auf § 324 in Betracht.[339] § 449 II stellt klar, dass der Verkäufer auch den Herausgabeanspruch aus § 985 nur nach einem Rücktritt geltend machen kann; bis dahin steht dem Käufer ein Recht zum Besitz (§ 986) zu.[340]

Beim **Teilzahlungskauf** wird der Rücktritt des Verkäufers durch § 508 II 1 erschwert. Der Unternehmer (Verkäufer) kann hier bei Zahlungsverzug des Verbrauchers (Käufers) nur unter den strengen Voraussetzungen des § 498 I zurücktreten (zu den Einzelheiten → Rn. 384).

Der Eigentumsvorbehalt schützt den Verkäufer auch dann noch, wenn der gesicherte **Kaufpreisanspruch verjährt** ist. Nach § 218 I ist der Rücktritt im Fall der Verjährung zwar grundsätzlich ausgeschlossen (→ Rn. 160 ff.); dies gilt jedoch nicht für den Eigentumsvorbehalt (§§ 216 II 2, 218 I 3).[341]

2. Sachenrechtliche Ebene

Auf der sachenrechtlichen Ebene folgt aus § 449 I, dass die Übereignung nach § 929 207
im Zweifel unter der **aufschiebenden Bedingung** (§ 158 I) vollständiger Kaufpreiszahlung steht. Der Käufer erhält somit zwar unmittelbaren Besitz an der Sache (§ 854); bis zum Bedingungseintritt bleibt der Verkäufer jedoch Eigentümer und mittelbarer Besitzer (§ 868). Bei vollständiger Kaufpreiszahlung erwirbt der Käufer automatisch Eigentum.

Der Käufer hat bei dieser Ausgestaltung eine gesicherte Rechtsposition, die der Ver- 208
käufer ihm nicht einseitig entziehen kann (sog. **Anwartschaftsrecht**).[342] Auf der einen Seite kann der Verkäufer nämlich ohne Rücktritt keinen Herausgabeanspruch aus § 985 geltend machen, weil der Käufer aufgrund des Kaufvertrages ein Recht zum Besitz (§ 986) hat (→ Rn. 206).[343] Da der Verkäufer Eigentümer bleibt, kann er die Sache auf der anderen Seite zwar zunächst wirksam an einen Dritten übereignen (wobei die Übereignung wegen des unmittelbaren Besitzes des Käufers nicht nach § 929, sondern nur nach § 931 erfolgen kann). Mit Eintritt der Bedingung – also mit vollständiger Kaufpreiszahlung – wird eine solche **»Zwischenverfügung«** jedoch

337 Vgl. *Brox/Walker*, Schuldrecht BT, § 7 Rn. 25; *Schlechtriem*, Schuldrecht BT, Rn. 158.
338 Vgl. Bamberger/Roth/*Faust* § 449 Rn. 11.
339 Palandt/*Weidenkaff* § 449 Rn. 26.
340 Staudinger/*Beckmann* (2004) § 449 Rn. 49; *Medicus/Lorenz*, Schuldrecht II, Rn. 290; *Schulze/Kienle*, NJW 2002, 2842 (2843).
341 Vgl. Palandt/*Ellenberger* § 216 Rn. 4; *Schlechtriem*, Schuldrecht BT, Rn. 156.
342 Zum Schutz des Anwartschaftsrechts s. *Medicus/Petersen*, Bürgerliches Recht, Rn. 462 ff.
343 BGHZ 54, 214 (215 f.). Ob das Anwartschaftsrecht dem Käufer darüber hinaus ein dingliches Recht zum Besitz gibt, ist streitig; vgl. Palandt/*Bassenge* § 929 Rn. 41.

gemäß § 161 I 1 unwirksam. Bis dahin wird der Käufer vor einem Herausgabeanspruch des Dritten durch § 986 II geschützt.[344]

Beispiel: Handwerksmeister K hat für seinen Betrieb bei V unter Eigentumsvorbehalt einen Lieferwagen gekauft. Kurz bevor K die letzte Kaufpreisrate zahlt, veräußert V den Lieferwagen an D und tritt diesem seinen Herausgabeanspruch gegen V ab. Aufgrund der Übereignung erwirbt D gemäß § 931 Eigentum an dem Lieferwagen. Zahlt K die letzte Rate, so wird die Übereignung V – D aber gemäß § 161 I 1 unwirksam. K kann damit von V Eigentum an dem Lieferwagen erwerben.

209 Gefahren drohen somit allenfalls aufgrund eines **gutgläubigen Erwerbs** nach § 161 III iVm §§ 932 ff. Solange der Käufer unmittelbarer Besitzer der Kaufsache ist, scheidet ein gutgläubiger Erwerb nach § 932 zwar aus. Da der Verkäufer mittelbarer Besitzer bleibt, liegen aber die Voraussetzungen des § 934 Alt. 1 vor. Die hM wendet jedoch § 936 III analog an: Das Anwartschaftsrecht steht dem Käufer als unmittelbarem Besitzer zu und erlischt deshalb auch gegenüber einem gutgläubigen Erwerber nicht.[345]

Zur Vertiefung: Die Rechtsnatur des Anwartschaftsrechts ist umstritten. Nach hL handelt es sich um ein dingliches Recht.[346] Demgegenüber sieht die Rechtsprechung das Anwartschaftsrecht als »wesensgleiches Minus« zum Eigentum an, das zwar kein gegen Jedermann wirkendes (beschränktes) dingliches Recht an einer fremden Sache sei, einem solchen aber nach Bedeutung und Wirkung nahe komme.[347] Anerkannt ist jedenfalls, dass das Anwartschaftsrecht nach den gleichen Regeln wie das Eigentum an beweglichen Sachen (also nach §§ 929 ff.) übertragen werden kann.[348]

210 Tritt der Verkäufer nach § 323 oder § 324 wirksam vom Kaufvertrag zurück, so **erlischt** das Anwartschaftsrecht des Vorbehaltskäufers. Der Verkäufer kann dann nach § 346 und § 985 Herausgabe der Sache verlangen.

III. Erweiterter Eigentumsvorbehalt

211 Nach der Auslegungsregel des § 449 I sichert der Eigentumsvorbehalt nur den Anspruch auf Zahlung des Kaufpreises für die konkrete Kaufsache. In der Praxis wird der Eigentumsvorbehalt teilweise jedoch zur Sicherung weitergehender Forderungen eingesetzt. Verbreitet ist etwa der **Kontokorrentvorbehalt.** Hier soll das Eigentum an der Kaufsache erst dann auf den Käufer übergehen, wenn dieser sämtliche Forderungen aus der Geschäftsverbindung mit dem Verkäufer erfüllt hat. Im kaufmännischen Verkehr kann eine solche Gestaltung grundsätzlich auch in AGB wirksam vereinbart werden;[349] im Verhältnis zu Nichtkaufleuten liegt dagegen ein Verstoß gegen § 307 II Nr. 2 vor.[350] Im Einzelfall kann ein zu weitgehender Kontokorrentvorbehalt außerdem wegen Übersicherung sittenwidrig sein.[351]

212 In früherer Zeit wurde der Eigentumsübergang teilweise davon abhängig gemacht, dass der Vorbehaltskäufer auch die Forderungen Dritter, insbesondere mit dem Ver-

344 Vgl. *Harke*, Schuldrecht BT, Rn. 39.
345 Vgl. Staudinger/*Beckmann* (2004) § 449 Rn. 64.
346 Vgl. MüKoBGB/*Westermann* § 449 Rn. 42; Palandt/*Bassenge* § 929 Rn. 37.
347 Vgl. BGHZ 28, 16 (21); 30, 374 (377); 34, 122 (124).
348 Vgl. dazu *Medicus/Petersen*, Bürgerliches Recht, Rn. 473 ff.
349 BGHZ 94, 105 (112); 125, 83 (87); Palandt/*Weidenkaff* § 449 Rn. 19; krit. *Reinicke/Tiedke*, Kaufrecht, Rn. 1344 ff.; MüKoBGB/*Westermann* § 449 Rn. 82.
350 Jauernig/*Berger* § 929 Rn. 31; von BGHZ 145, 203 (224) offen gelassen.
351 Vgl. *Brox/Walker*, Schuldrecht BT, § 7 Rn. 32.

käufer verbundener Unternehmen, erfüllt.[352] § 449 III stellt aber nunmehr klar, dass ein solcher **Konzernvorbehalt** nichtig ist. Die Nichtigkeit betrifft allerdings nur die Ausweitung auf Forderungen Dritter; im Übrigen bleibt der Eigentumsvorbehalt dagegen wirksam (»soweit«).[353]

IV. Verlängerter Eigentumsvorbehalt

Im Handelsverkehr ist der Käufer häufig darauf angewiesen, die unter Eigentumsvorbehalt gelieferten Waren an seine Kunden **weiterzuveräußern,** um aus dem Erlös den Kaufpreis zu bezahlen. Da der Verkäufer den Kaufpreis erhalten möchte, wird er der Weiterveräußerung im Regelfall zustimmen. Er verliert damit freilich seine Sicherheit, weil die Kunden nach §§ 929, 185 Eigentum an der Kaufsache erwerben. 213

Zur Lösung dieser Problematik hat sich in der Praxis der **verlängerte Eigentumsvorbehalt** herausgebildet. Der Vorbehaltsverkäufer ermächtigt dabei den Käufer, die unter Eigentumsvorbehalt gekauften Waren im eigenen Namen weiterzuveräußern. Gleichzeitig lässt er sich die künftigen Kaufpreisforderungen des Vorbehaltskäufers gegen dessen Kunden aus dem Weiterverkauf der Waren zur Sicherheit nach § 398 abtreten. Eine solche **Vorausabtretung** ist wirksam, da die erfassten Forderungen hinreichend bestimmbar sind (vgl. SAT Rn. 1098). Die Kunden des Vorbehaltskäufers werden von der Abtretung nicht informiert (sog. **stille Zession**). Der Vorbehaltsverkäufer erteilt dem Vorbehaltskäufer vielmehr eine **Einziehungsermächtigung,** damit dieser die Forderungen im eigenen Namen geltend machen kann. 214

Der verlängerte Eigentumsvorbehalt zugunsten des Vorbehaltsverkäufers kann mit der **Globalzession** (SAT Rn. 1099) zugunsten eines Geldkreditgebers kollidieren. In diesem Fall ist zu unterscheiden. Ist der verlängerte Eigentumsvorbehalt *vor* der Globalzession vereinbart worden, geht er nach dem **Prioritätsgrundsatz** vor; soweit Forderungen vom verlängerten Eigentumsvorbehalt erfasst werden, geht die Globalzession also ins Leere. 215

Da die Globalzession mit dem Geldkreditgeber nicht immer wieder neu vereinbart werden muss, wird sie häufig zeitliche Priorität gegenüber dem verlängerten Eigentumsvorbehalt haben.[354] Nach hM ist die Globalzession in diesem Fall jedoch insoweit gemäß § 138 I **sittenwidrig,** wie sie auch Forderungen erfasst, bei denen der Geldkreditgeber mit einem verlängerten Eigentumsvorbehalt rechnen musste. Denn der Käufer wird vor die Alternative gestellt, auf künftige Warenkredite zu verzichten oder dem Verkäufer die Globalzession zu verschweigen und damit vertragsbrüchig zu werden.[355] Letztlich setzt sich also wieder der verlängerte Eigentumsvorbehalt durch.

V. Verarbeitungsklausel

In anderen Fällen erwirbt der Käufer Waren, um sie anschließend zu verarbeiten und das neu hergestellte Produkt zu veräußern. Auch hier läuft der Vorbehaltsverkäufer Gefahr, seine Sicherheit zu verlieren, weil der Käufer nach § 950 durch die Verarbeitung Eigentümer der Waren wird. In der Praxis wird daher oft vereinbart, dass 216

352 Vgl. dazu *Larenz*, Schuldrecht II/1, § 43 II e (4).
353 Vgl. BGH, NJW 2008, 1803 (1804); einschränkend *Harke*, Schuldrecht BT, Rn. 38.
354 Vgl. *Leible/Sosnitza*, JuS 2001, 449 (452).
355 BGHZ 55, 34 (35 ff.); BGH, NJW 1999, 940; NK-BGB/*Looschelders* § 138 Rn. 264 ff.

der Käufer die Waren für den Verkäufer verarbeitet (sog. **Verarbeitungsklausel**). Der Verkäufer erwirbt dann als »Hersteller« nach § 950 Vorbehaltseigentum an den neuen Sachen.[356] Mit Blick auf die Veräußerung der neuen Sachen kann der Vorbehaltsverkäufer sich wieder durch einen verlängerten Eigentumsvorbehalt absichern.[357]

Literatur: *Fritsche/Würdinger*, Konkludenter Eigentumsvorbehalt beim Autokauf, NJW 2007, 1037; *Haas/Beiner*, Das Anwartschaftsrecht im Vorfeld das Eigentumserwerbs, JA 1997, 115; *Habersack/Schürnbrand*, Der Eigentumsvorbehalt nach der Schuldrechtsreform, JuS 2002, 833; *Leible/Sosnitza*, Grundfälle zum Recht des Eigentumsvorbehalts, JuS 2001, 341, 449 und 556; *S. Lorenz*, Grundwissen – Zivilrecht: Der Eigentumsvorbehalt, JuS 2011, 199; *Schreiber*, Anwartschaftsrechte, Jura 2001, 623; *Schulze/Kienle*, Kauf unter Eigentumsvorbehalt – eine Kehrtwende des Gesetzgebers?, NJW 2002, 2842. Vgl. auch die Nachweise zu § 1.

§ 11 Der Kauf von Rechten und sonstigen Gegenständen

217 Die §§ 433 ff. gelten unmittelbar nur für den Kauf von Sachen. Für den Kauf von Rechten (zB Forderungen, Immaterialgüterrechte) und sonstigen Gegenständen (zB Elektrizität, Unternehmen, Arztpraxen) verweist § 453 I aber auf die Vorschriften über den Kauf von Sachen. Da die §§ 433 ff. nur **entsprechend** anwendbar sind, muss jeweils geprüft werden, ob die Besonderheiten des Kaufgegenstands eine abweichende Beurteilung gebieten. So passen die Regeln über den Eigentumsvorbehalt (§ 449) nicht auf den Kauf von Rechten oder Strom. Sachmängel iSd § 434 kommen beim Rechtskauf meist ebenfalls nicht in Betracht (aber → Rn. 222).

I. Der Rechtskauf

218 § 453 I regelt zunächst den Kauf von **Forderungen** und **sonstigen Rechten** (vgl. § 413), zB Hypotheken, Erbbaurechten, Anwartschaftsrechten, gewerblichen Schutzrechten oder Gesellschaftsanteilen. Gemäß § 453 I iVm § 433 I 1 ist der Verkäufer in diesen Fällen verpflichtet, dem Käufer das Recht zu verschaffen. Bei Forderungen wird diese Verpflichtung durch **Abtretung** nach §§ 398 ff. erfüllt (dazu SAT Rn. 1080 ff.). Für die Übertragung sonstiger Rechte gelten die §§ 398 ff. gemäß § 413 entsprechend, sofern keine spezielleren Regelungen (zB §§ 15 GmbHG, 29, 31 ff. UrhG) eingreifen. Die Kosten der Begründung oder Übertragung des Rechts fallen nach § 453 II dem Verkäufer zur Last.

219 Existiert das verkaufte Recht bei Abschluss des Kaufvertrages nicht oder ist es nicht übertragbar, so liegt ein Fall der anfänglichen Unmöglichkeit vor. Dem Käufer steht also ein Schadensersatzanspruch aus § 311 a II zu. Vor der Schuldrechtsreform hatte § 437 aF dem Verkäufer eines Rechts eine Garantiehaftung für dessen Bestand (**Verität**) auferlegt. Demgegenüber sieht § 311 a II 2 eine Entlastungsmöglichkeit des Verkäufers bei schuldloser Unkenntnis der Unmöglichkeit vor (SAT Rn. 658 ff.).[358] Beim Rechtskauf ist aber jeweils genau zu prüfen, ob der Verkäufer nicht eine Garantie für den Bestand und die Übertragbarkeit des Rechts übernommen hat.[359]

356 Vgl. BGHZ 46, 117 (118 ff.); *Reinicke/Tiedtke*, Kaufrecht, Rn. 1356 ff.

357 Vgl. *Larenz*, Schuldrecht II/1, § 43 II e (1).

358 Bamberger/Roth/*Faust* § 453 Rn. 18; Erman/*Grunewald* § 453 Rn. 8; für Beibehaltung der Garantiehaftung beim Rechtskauf *Zimmer/Eckhold*, Jura 2002, 145 (146).

359 Jauernig/*Berger* § 453 Rn. 5; *Reinicke/Tiedtke*, Kaufrecht, Rn. 1236.

Gemäß § 453 I iVm § 433 I 2 muss der Verkäufer dem Käufer das Recht frei von **Rechtsmängeln** (§ 435) verschaffen. Ein Rechtsmangel liegt etwa vor, wenn das Recht beschlagnahmt oder gepfändet ist.[360] Das Gleiche gilt, wenn die verkaufte Forderung Einwendungen (zB Aufrechnung) oder Einreden (zB Verjährung) ausgesetzt ist.[361] Für die Zahlungsfähigkeit des Schuldners **(Bonität)** muss der Verkäufer einer Forderung dagegen nur bei Vorliegen einer entsprechenden Vereinbarung einstehen.[362] Liegt ein Rechtsmangel vor, so richten sich die Rechte des Käufers nach § 437. 220

Die fehlende **Verität** des Rechts stellt keinen Rechtsmangel dar.[363] Es gelten insoweit die gleichen Erwägungen wie zum fehlenden Eigentum des Verkäufers beim Sachkauf (→ Rn. 79). Existiert das verkaufte Recht nicht oder ist der Verkäufer nicht dessen Inhaber, so ist das allgemeine Leistungsstörungsrecht (insbes. § 311 a II) daher unmittelbar anwendbar. 221

Berechtigt das verkaufte **Recht zum Besitz einer Sache,** so hat der Verkäufer dem Käufer nicht nur das Recht zu verschaffen, sondern ihm auch die **Sache** zu **übergeben** (§ 453 III). Die Gewährleistung wird dabei auf die Sache erweitert. Somit darf nicht nur das Recht keinen Rechtsmangel aufweisen; die Sache muss ebenfalls frei von Sach- und Rechtsmängeln sein. 222

> **Beispiel:** Der Verkäufer eines Erbbaurechts muss dem Käufer nicht nur das Recht frei von Rechtsmängeln verschaffen, sondern ihm auch das mit dem Erbbaurecht belastete Grundstück frei von Sach- und Rechtsmängeln übergeben.[364]

Neben dem Erbbaurecht (§ 1 ErbbauRG) berechtigen auch der Nießbrauch (§§ 1036 I), das Wohnungsrecht (§ 1093 I) und das Dauerwohnrecht (§ 31 WEG) zum Besitz einer Sache. Für das **Pfandrecht** (§§ 1205, 1251) wird die Anwendbarkeit des § 453 III dagegen überwiegend verneint, weil das Pfandrecht nicht selbst Gegenstand des Kaufvertrages sei, sondern nach § 1250 I der gesicherten Forderung folge.[365] Das verkaufte Recht (also die Forderung) begründe damit als solches kein Recht zum Besitz einer Sache. 223

II. Insbesondere: Factoring

Seit einigen Jahrzehnten haben sich in Deutschland Vertragstypen durchsetzen können, die ihren Ursprung im anglo-amerikanischen Rechtskreis haben. Hierzu gehört neben dem Leasing (→ Rn. 509) vor allem das Factoring. Es handelt sich um einen *gemischten Vertrag* mit Bezügen zur entgeltlichen Geschäftsbesorgung, zum Darlehen sowie zum **Rechtskauf.**[366] Vertragspartner sind einerseits ein **Unternehmer** sowie andererseits der sog. **Factor.** Bei diesem handelt es sich idR um ein Kreditinstitut. 224

---

360 Vgl. Erman/*Grunewald* § 453 Rn. 10.
361 *Brink*, WM 2003, 1355 (1357).
362 MüKoBGB/*Westermann* § 453 Rn. 11; *Medicus/Lorenz*, Schuldrecht II, Rn. 366.
363 Bamberger/Roth/*Faust* § 453 Rn. 12; Staudinger/*Beckmann* (2004) § 453 Rn. 6.
364 Vgl. Begr. RegE., BT-Drs. 14/6040, 242; BGH, NJW 1986, 1605.
365 So etwa Bamberger/Roth/*Faust* § 453 Rn. 5; Staudinger/*Beckmann* (2004) § 453 Rn. 16; aA Hk-BGB/*Saenger* § 453 Rn. 6; AnwKomm-*Büdenbender* § 453 Rn. 9.
366 MüKoBGB/*Roth* § 398 Rn. 164.

1. Inhalt des Factoring-Vertrages

225 Nach dem **Inhalt des Factoring-Vertrags** ist der Unternehmer verpflichtet, dem Kreditinstitut sämtliche *Forderungen*, die er gegen seine Kunden hat, zur Abtretung *anzubieten*. Der Factoring-Vertrag bezieht sowohl gegenwärtige als auch zukünftige Forderungen ein.[367] Das Kreditinstitut muss seinerseits die Forderungen übernehmen und deren Wert dem Unternehmen gutschreiben. Der Wert der Forderungen wird allerdings nicht vollständig berücksichtigt. Denn das Kreditinstitut darf einen gewissen Betrag als Provision für sich einbehalten. Es wird dafür entlohnt, dass es dem Unternehmer den Wert der Forderungen sofort zur Verfügung stellt und selbständig die fälligen Forderungen bei den Kunden einzieht. Damit entlastet das Kreditinstitut die Buchhaltung des Unternehmers. Hinsichtlich weiterer Einzelheiten ist zwischen **echtem und unechtem Factoring** zu unterscheiden.

a) Echtes Factoring

226 Beim Factoring besteht immer das Risiko, dass die Forderungen gegen die Kunden nicht realisiert werden können. Der echte Factoring-Vertrag weist dieses **Risiko** dem *Kreditinstitut* zu.[368] Der Unternehmer haftet deshalb nur für die *Verität* der Forderung, so dass er dem Kreditinstitut bei Nichtbestehen der Forderung nach § 311 a II Schadensersatz leisten muss (→ Rn. 221). Eine Bonitätshaftung kommt dagegen nicht in Betracht. Das Kreditinstitut trägt somit das Risiko, dass sich die Forderungen als nicht realisierbar erweisen (*Delkrederefunktion* des echten Factoring).[369]

227 *Die Rechtsnatur* des echten Factoring ist umstritten. Nach hM handelt es sich um einen **Forderungskauf** (§ 453 I) durch das Kreditinstitut.[370] Nach der Gegenansicht hat das echte (ebenso wie das unechte) Factoring die Gewährung eines **Darlehens** (§ 488) an den Unternehmer zum Inhalt.[371] Praktische Bedeutung hat dieser Meinungsstreit jedoch nicht. Denn auch bei einer Einordnung als Darlehen muss der Unternehmer den erhaltenen Betrag im Regelfall nicht zurückzahlen, weil das Kreditinstitut die abgetretenen Forderungen an Erfüllungs Statt annimmt. Die Gewährleistungspflicht des Unternehmers folgt bei dieser Betrachtung aus § 365; sie bleibt aber in jedem Fall auf die **Verität** der Forderungen beschränkt.[372]

b) Unechtes Factoring

228 Das Risiko, dass die Forderungen nicht realisiert werden können, trifft beim unechten Factoring den *Unternehmer*. Er haftet also auch für die **Bonität** der Forderungen. Gelingt es dem Kreditinstitut nicht, die Forderungen bei den Kunden einzutreiben, so kann es sich daher an den Unternehmer halten.

229 Da das Kreditinstitut dem Unternehmer den Wert der Forderungen vorab zur Verfügung stellt, wird das unechte Factoring als **Darlehensvertrag** qualifiziert.[373] Die Abtretung der Forderungen dient der Sicherung des Rückzahlungsanspruchs aus § 488

367 *Brox/Walker*, Schuldrecht BT, § 7 Rn. 60.
368 *Oetker/Maultzsch* § 16 Rn. 31.
369 AnwKomm-*Eckard* Anh. zu §§ 398–413 Rn. 12; *Medicus/Lorenz*, Schuldrecht II, Rn. 1095; *Oetker/Maultzsch* § 16 Rn. 32; *E. Wolf*, WM 1979, 1374.
370 BGHZ 69, 254 (257 f.); NK-BGB/*Looschelders* § 138 Rn. 270; *Brox/Walker*, Schuldrecht BT, § 7 Rn. 61; *Oetker/Maultzsch* § 16 Rn. 31.
371 *Larenz/Canaris*, Schuldrecht II/2, § 65 II 2 b; *Medicus/Lorenz*, Schuldrecht II, Rn. 1097.
372 Vgl. auch *Larenz/Canaris*, Schuldrecht II/2, § 65 II 2 b.
373 BGHZ 58, 364 (367 f.); 69, 254 (257); 82, 50 (61); *Serick*, BB 1979, 845 (848).

I 2. Daneben ist das Kreditinstitut gehalten, sich vorrangig aus den abgetretenen Forderungen zu befriedigen. Da die Abtretung eine Leistung *erfüllungshalber* (§ 364 II) darstellt, erlischt der Anspruch auf Rückzahlung des Darlehens aber erst, wenn das Kreditinstitut die Forderungen tatsächlich realisieren konnte (vgl. SAT Rn. 406).[374]

2. Abtretung der Forderungen an den Factor

Von dem Factoring-Vertrag als Verpflichtungsgeschäft ist die Abtretung der Forderungen als Verfügungsgeschäft zu unterscheiden. Die Wirksamkeit der Abtretung beurteilt sich nach den allgemeinen Regeln der §§ 398 ff. (dazu SAT Rn. 1080 ff.). Die Abtretung erfolgt danach durch **Vertrag** zwischen Unternehmer und Kreditinstitut (§ 398 S. 1). Da ein gutgläubiger Erwerb von Forderungen nicht möglich ist, muss der Unternehmer tatsächlich *Inhaber der Forderung* sein. Erforderlich ist weiter, dass die Forderung *übertragbar* ist. Diese Voraussetzung ist nicht gegeben, wenn die Abtretung der Forderung durch Vertrag ausgeschlossen worden ist (vgl. § 399 Alt. 2). Im Verkehr zwischen Kaufleuten ist jedoch § 354 a HGB zu beachten, wonach ein vertragliches Abtretungsverbot der Wirksamkeit der Abtretung grundsätzlich nicht entgegensteht (vgl. dazu auch SAT Rn. 1108). 230

3. Das Verhältnis zur Abtretung beim verlängerten Eigentumsvorbehalt

Die Abtretung im Rahmen des Factoring kann mit der **Vorausabtretung** im Rahmen eines **verlängerten Eigentumsvorbehalts** (→ Rn. 214) kollidieren. Eine solche Kollisionslage tritt ein, wenn die Forderungsabtretung aufgrund des Factoring-Vertrages Forderungen umfasst, die der Unternehmer bereits zur Sicherung seiner Zahlungspflicht für gelieferte Waren an den Lieferanten abgetreten hat. Nach allgemeinen Regeln richtet sich das Verhältnis zwischen mehreren nacheinander vorgenommenen Abtretungen nach dem **Prioritätsprinzip** (dazu SAT Rn. 1110). Im Ausgangspunkt ist deshalb danach zu unterscheiden, ob die Factoring-Zession an das Kreditinstitut vor oder nach der Vorausabtretung an den Lieferanten erfolgt ist. 231

a) Zeitliche Priorität der Factoring-Zession

Ist die Factoring-Zession schon vor der Vorausabtretung an den Lieferanten erfolgt, so greift das **Prioritätsprinzip** ein. Die Factoring-Zession ist damit *wirksam*. Die spätere Abtretung der Forderung an den Lieferanten geht dementsprechend ins Leere. Ein anderes Ergebnis käme nur in Betracht, wenn die Factoring-Zession nach § 138 I **sittenwidrig** wäre, was jedoch nicht der Fall ist.[375] Grundsätzlich ist eine *Globalzession* zwar insoweit unwirksam, als sie auch Forderungen umfasst, die üblicherweise aufgrund eines verlängerten Eigentumsvorbehalts an die Lieferanten abgetreten werden. Dahinter steht jedoch die Erwägung, dass der Unternehmer durch die Globalzession zum **Vertragsbruch** gegenüber den Lieferanten verleitet wird (→ Rn. 215). Beim echten Factoring werden die Lieferanten indes nicht benachteiligt. Denn sie können sich beim Unternehmer aus den Beträgen befriedigen, die ihm von dem Kreditinstitut gutgeschrieben werden.[376] Die Vertragsbruchtheorie ist hier daher nicht anwendbar.[377] 232

---

374 Palandt/*Grüneberg* § 364 Rn. 6; *Medicus/Lorenz*, Schuldrecht II, Rn. 1097.

375 Vgl. BGHZ 69, 254 (256 ff.); Palandt/*Grüneberg* § 398 Rn. 39; *Reinicke/Tiedtke*, Kaufrecht, Rn. 1391 ff.; *Wolf/Wellenhofer*, Sachenrecht, § 14 Rn. 71 ff.; *E. Wolf*, WM 1979, 1374 (1377).

376 Vgl. BGHZ 69, 254 (258); *Brox/Walker*, Schuldrecht BT, § 7 Rn. 64.

377 *Reinicke/Tiedtke*, Kaufrecht, Rn. 1393; *Vieweg/Werner*, Sachenrecht, § 11 Rn. 26.

233 Für das **unechte Factoring** gilt dagegen der Grundsatz, dass die Lieferanten vor Globalzessionen an andere Kreditgeber geschützt werden müssen, die konkurrierenden Sicherungszwecken dienen und das Risiko der Durchsetzbarkeit letztlich beim Unternehmer belassen. In diesem Fall ist die Abtretung der Forderungen an das Kreditinstitut daher nach § 138 I **nichtig.**[378]

b) Zeitliche Priorität der Vorausabtretung

234 Ist die Abtretung an den Factor erst nach Vorausabtretung der Forderung an den Lieferanten erfolgt, so bleibt dieser nach dem Prioritätsgrundsatz Inhaber der Forderungen. Allerdings wird der Unternehmer idR von den Lieferanten ermächtigt, die Forderungen bei seinen Kunden einzuziehen.[379] Die **Einziehungsermächtigung** umfasst im Zweifel auch das Recht zur Abtretung der Forderung an ein Kreditinstitut aufgrund eines **echten Factoring-Vertrages.**[380] Dahinter steht wieder die Erwägung, dass das echte Factoring die Lieferanten nicht benachteiligt. Da das **unechte Factoring** aus Sicht der hM zu einer Benachteiligung der Lieferanten führt, wird diese Gestaltung nicht von der Einziehungsermächtigung gedeckt. Die Abtretung an das Kreditinstitut ist hier daher nach dem Prioritätsprinzip unwirksam.

III. Der Kauf von sonstigen Gegenständen

235 Zu den sonstigen möglichen Gegenständen eines Kaufvertrages gehören **unkörperliche Gegenstände** wie Fernwärme und Elektrizität, **Gesamtheiten** von Gegenständen wie Unternehmen und Arzt- oder Rechtsanwaltspraxen sowie **alle sonstigen vermögenswerten Positionen** (zB technisches Know-how oder Domain-Namen).[381]

236 Bei **Software** ist zu unterscheiden. Der Verkauf von *Standardsoftware* wird allgemein dem Kaufrecht zugeordnet.[382] Wird die Software mitsamt einem Datenträger verkauft, handelt es sich um einen Sachkauf. Die §§ 433 ff. sind also unmittelbar anwendbar. Für den Kauf von Software ohne Datenträger (zB Herunterladen aus dem Internet) gilt § 453 I Alt. 2.[383] Verträge über die Entwicklung von *Individualsoftware* werden dagegen überwiegend dem Werkvertragsrecht (§§ 631 ff.) zugeordnet.[384]

IV. Insbesondere: der Unternehmenskauf

237 Besonders große praktische Bedeutung hat der **Unternehmenskauf.** Zwei Formen sind hier zu unterscheiden: der Kauf der zum Unternehmen gehörenden Vermögensgegenstände (sog. *asset deal*) und der Kauf von Gesellschaftsanteilen (sog. *share deal*).

1. Kauf der Vermögensgegenstände

238 Beim *asset deal* besteht das Problem darin, dass sich das Unternehmen aus einer Gesamtheit sehr unterschiedlicher Gegenstände (bewegliche und unbewegliche Sa-

378 BGHZ 82, 50 (61); *Wolf/Wellenhofer*, Sachenrecht, § 14 Rn. 77; aA *Reinicke/Tiedtke*, Kaufrecht, Rn. 1399 ff.; *Brox/Walker*, Schuldrecht BT, § 7 Rn. 66.
379 *Medicus/Lorenz*, Schuldrecht II, Rn. 294.
380 BGHZ 72, 15 (20); *Larenz/Canaris*, Schuldrecht II/2, III 3 a.
381 Vgl. AnwKomm-*Büdenbender* § 453 Rn. 21.
382 BGHZ 110, 130 (137); *Brox/Walker*, Schuldrecht BT, § 2 Rn. 7.
383 Staudinger/*Beckmann* (2004) § 453 Rn. 53.
384 BGH, NJW 1987, 1259; Palandt/*Weidenkaff* § 433 Rn. 9; *Brox/Walker*, Schuldrecht BT, § 2 Rn. 7; aA *Hassemer*, ZGS 2002, 95 (102), wonach § 651 anwendbar ist.

chen, Forderungen und sonstige Rechte, Know-How, Kunden- und Lieferantenstamm etc.) zusammensetzt. Gleichwohl ist anerkannt, dass das Unternehmen als solches Gegenstand eines **einheitlichen Kaufvertrags** sein kann. Die **dingliche Übertragung** muss aber wegen des sachenrechtlichen Spezialitätsgrundsatzes für jeden Gegenstand **einzeln** nach den jeweils maßgeblichen Vorschriften (§§ 398 ff. für Forderungen, §§ 873, 925 für Grundstücke, §§ 929 ff. für bewegliche Sachen) erfolgen.[385]

Besondere Probleme bereitet beim Unternehmenskauf die Gewährleistung für **Mängel des Unternehmens.** Im Vordergrund steht dabei die Haftung des Verkäufers für unzutreffende Angaben über den Umsatz oder Ertrag des Unternehmens. Vor der Schuldrechtsreform hatte die Rechtsprechung in diesen Fällen Gewährleistungsansprüche verneint, weil der geringere Umsatz oder Ertrag eines Unternehmens keinen Sachmangel begründe. Stattdessen wurden dem Käufer Schadensersatzansprüche aus *culpa in contrahendo* zugebilligt.[386] Nachdem der Gesetzgeber den Anwendungsbereich des Kaufrechts bewusst auf Unternehmenskäufe erstreckt hat, erscheint es jedoch sachgemäß, die Rechte des Käufers bei nachteiligen Abweichungen von der geschuldeten Beschaffenheit des Unternehmens nach §§ 434 ff. zu beurteilen. Dies gilt auch bei Unterschreitung des vertraglich vorausgesetzten Umsatzes oder Ertrags. Ansprüche aus culpa in contrahendo werden insoweit verdrängt.[387] 239

Bei der praktischen Rechtsanwendung ist zu beachten, dass der **Mangel eines einzelnen unternehmenszugehörigen Gegenstandes** nicht notwendig einen Mangel des Unternehmens im Ganzen begründet.[388] So kann der Mangel eines einzelnen Gegenstandes für das ganze Unternehmen ohne Bedeutung sein, weil das Vorhandensein mangelhafter Gegenstände zur gewöhnlichen Beschaffenheit eines solchen Unternehmens gehört. Dies kommt vor allem bei größeren Unternehmen in Betracht, bei denen sich Mängel einzelner Gegenstände meist nicht auf die Funktionsfähigkeit des gesamten Unternehmens auswirken. In diesem Fall kann der Mangel des einzelnen Gegenstands keine Gewährleistungsrechte aus dem Unternehmenskauf als solchem auslösen. In Bezug auf den zum Unternehmen gehörenden mangelhaften Gegenstand bestehen ebenfalls keine Gewährleistungsrechte, da das Unternehmen im Ganzen und nicht die einzelne Sache den Vertragsgegenstand bildet.[389]

In der Praxis werden solche Probleme meistens dadurch vermieden, dass der Umfang der Gewährleistung beim Unternehmenskauf **vertraglich detailliert geregelt wird.**[390] Dabei übernimmt der Verkäufer für einige Merkmale Garantien, für andere wird die Gewährleistung ausgeschlossen. Der Gesetzgeber hat durch die Neufassung des § 444 (»soweit«) klargestellt, dass diese Praxis weiter zulässig ist (→ Rn. 151). 240

2. Kauf von Gesellschaftsanteilen

Wird das Unternehmen von einer Gesellschaft (zB GbR, OHG, KG, GmbH, AG) betrieben, so kommt auch ein Kauf der Gesellschaftsanteile (zB Aktien) in Betracht. In dieser Alternative erfolgt der Unternehmenskauf in der Form eines Rechtskaufs 241

385 Vgl. *Brox/Walker*, Schuldrecht BT, § 1 Rn. 8; *Medicus/Lorenz*, Schuldrecht II, Rn. 372.
386 Vgl. *Wertenbruch*, in *Dauner-Lieb/Konzen/K. Schmidt*, Schuldrecht, S. 493 (501 ff.).
387 Staudinger/*Beckmann* (2004) § 453 Rn. 29 ff.; aA *U. Huber*, AcP 202 (2002), 179 ff.
388 Vgl. Staudinger/*Beckmann* (2004) § 453 Rn. 26 (sog. Gesamterheblichkeitstheorie).
389 Vgl. *Medicus/Lorenz*, Schuldrecht II, Rn. 371, 375.
390 Vgl. *Medicus/Lorenz*, Schuldrecht II, Rn. 376; *Emmerich*, Schuldrecht BT, Rn. 9.

(§ 453 I Alt. 1).[391] Die Erfüllung erfolgt nicht wie beim *asset deal* durch Übertragung der einzelnen Vermögensgegenstände, sondern durch Übertragung des Gesellschaftsanteils (zB nach § 15 GmbHG iVm §§ 398 ff., 413). Der Verkäufer haftet nach allgemeinen Regeln für **Rechtsmängel.** Eine der Rechtslage beim *asset deal* entsprechende Haftung für **Sachmängel** kommt nur in Betracht, wenn der Mangel des Unternehmens als unmittelbarer Mangel des Anteilsrechts anzusehen ist.[392] Dies setzt voraus, dass der Käufer alle oder doch den ganz überwiegenden Teil der Anteile erworben hat.[393] Der Erwerb von 90 % der Anteile ist in jedem Fall ausreichend.[394] Bei der GmbH genügt nach verbreiteter Auffassung eine satzungsändernde Mehrheit von 75 % der Anteile.[395]

Literatur: *Bette*, Das Factoringgeschäft in Deutschland, 1999; *Brink*, Forfaiting und Factoring im Licht der Schuldrechtsreform, WM 2003, 1355; *Eidenmüller*, Rechtskauf und Unternehmenskauf, ZGS 2002, 290; *U. Huber*, Die Praxis des Unternehmenskaufs im System des Kaufrechts, AcP 202 (2002), 179; *Kindl*, Unternehmenskauf und Schuldrechtsmodernisierung, WM 2003, 409; *S. Lorenz*, Der Unternehmenskauf nach der Schuldrechtsreform, FS Heldrich, 2005, 305; *Pahlow*, Grundfragen der Gewährleistung beim Rechtskauf, JA 2006, 385; *Palzer*, Grundfragen des Unternehmenskaufs im Lichte der jüngeren Rechtsprechung, Jura 2011, 917; *Schröcker*, Unternehmenskauf und Anteilskauf nach der Schuldrechtsreform, ZGR 2005, 63; *Weitnauer*, Der Unternehmenskauf nach neuem Kaufrecht, NJW 2002, 2511; *Wertenbruch*, Gewährleistung beim Unternehmenskauf, in: *Dauner-Lieb/Konzen/K. Schmidt*, Das neue Schuldrecht in der Praxis, 2003, 493; *M. Wolf/Kaiser*, Die Mängelhaftung beim Unternehmenskauf nach neuem Recht, DB 2002, 411. Vgl. auch die Nachweise zu § 1.

§ 12 Besondere Arten des Kaufs

242 Im zweiten Untertitel (§§ 454–473) sind einige besondere Arten des Kaufs geregelt: der Kauf auf Probe, der Wiederkauf und der Vorkauf.

I. Kauf auf Probe (§§ 454, 455)

Beim Abschluss von Kaufverträgen hat der Käufer häufig ein Interesse daran, den Kaufgegenstand zunächst eingehend zu untersuchen oder auszuprobieren, bevor er sich endgültig bindet. Lässt der Verkäufer sich darauf ein, so können die Parteien einen Kauf auf Probe vereinbaren. Für diesen Fall enthält § 454 I 2 die Auslegungsregel, dass der Kauf im Zweifel unter der **aufschiebenden Bedingung der Billigung** (§ 158 I) geschlossen ist. Der Kaufvertrag wird also erst wirksam, wenn der Käufer die Kaufsache billigt. Erst dann geht auch die Gefahr auf den Käufer über, selbst wenn ihm die Sache schon vorher übergeben worden ist.[396] Vor der Billigung ist § 446 S. 1 also nicht anwendbar. Bei schuldhafter Beschädigung oder Zerstörung der Sache kommen aber Schadensersatzansprüche des Verkäufers aus culpa in contrahendo (§§ 280 I, 241 II, 311 II) oder Delikt (§ 823 I) in Betracht.[397]

391 *Medicus/Lorenz*, Schuldrecht II, Rn. 363, 374.
392 Vgl. *Weitnauer*, NJW 2002, 2511 (2515).
393 Vgl. AnwKomm-*Büdenbender* Anh. zu §§ 433–480: Unternehmenskauf – BGB Rn. 33 ff.; *Oetker/Maultzsch* § 2 Rn. 16; *Palzer*, Jura 2011, 917(918 f.); weitgehend PWW/*Schmidt* § 53 Rn. 29.
394 Vgl. BGHZ 65, 246 (252).
395 So etwa *Weitnauer*, NJW 2002, 2511 (2515); krit. Bamberger/Roth/*Faust* § 453 Rn. 32.
396 Vgl. BGH, NJW-RR 2004, 1058 (1059); *Medicus/Lorenz*, Schuldrecht II, Rn. 314.
397 Vgl. Erman/*Grunewald* § 454 Rn. 7.

Zur Vertiefung: Die Parteien können den Kaufvertrag auch unter der *auflösenden Bedingung* (§ 158 II) der Missbilligung des Kaufgegenstands durch den Käufer schließen. In diesem Fall ist der Kaufvertrag zunächst wirksam. Für den Käufer hat dies den Nachteil, dass die Gefahr nach § 446 S. 1 bereits mit der Übergabe der Kaufsache übergeht.[398] Als auflösende Bedingung kann im Übrigen auch gleich die unversehrte Rückgabe der Kaufsache an den Verkäufer vereinbart werden.[399]

Die Billigung steht nach § 454 I 1 im *freien Belieben* des Käufers. Es gibt also keine objektiven Kriterien (zB Beschaffenheit der Kaufsache). Um dem Käufer die notwendige Entscheidungsgrundlage zu verschaffen, hat der Verkäufer ihm die Untersuchung des Gegenstands zu gestatten (§ 454 II). Die Billigung muss nach § 455 innerhalb einer angemessenen Frist erklärt werden, die von den Parteien vereinbart oder vom Verkäufer bestimmt werden kann. Ist die Sache dem Käufer zur Probe oder Besichtigung übergeben worden, so gilt sein **Schweigen als Billigung** (§ 455 S. 2). 243

Der Kauf auf Probe ist vor allem im Versandhandel gebräuchlich. Da es sich hier um **Fernabsatzverträge** handelt, muss das Verhältnis zum Widerrufsrecht nach § 312 d (dazu SAT Rn. 170 ff.) geklärt werden. Der BGH hat hierzu überzeugend dargelegt, dass die Billigungsfrist nach § 455 und das Widerrufsrecht nach § 312 d unterschiedlichen Zwecken dienen. Die Widerrufsfrist nach § 312 d beginne daher nicht vor dem Zeitpunkt, in dem der Kaufvertrag durch Billigung für den Verbraucher bindend geworden sei.[400] 244

Beispiel (BGH, NJW-RR 2004, 1058): V betreibt einen Kunstversand. Am 29. 10. 2002 bestellte K bei ihm telefonisch eine Kunstgraphikmappe für 1.200 EUR, wobei ein Kauf auf Probe vereinbart wurde. Die Ware wurde am 5. 11. 2002 ausgeliefert. Die Sendung enthielt ein Schreiben des V, in dem dieser dem K eine Billigungsfrist von zwei Wochen ab Eingang der Ware einräumte. K wurde außerdem über das Recht belehrt, den Kaufvertrag innerhalb einer Frist von zwei Wochen ab Eingang der Bilder ohne Angabe von Gründen zu widerrufen. Am 20. 11. 2002 sendete K die Bilder an V zurück. V verlangt von K Zahlung des Kaufpreises. Zu Recht? – Dem V könnte ein Anspruch auf Zahlung der 1.200 EUR aus § 433 II zustehen. Voraussetzung ist ein wirksamer Kaufvertrag. Der Kaufvertrag war zunächst gemäß §§ 454 I 2, 158 I schwebend unwirksam. Der Vertrag ist jedoch mit Ablauf der Billigungsfrist am 19. 11. 2002 gemäß § 455 S. 2 wirksam geworden. K könnte seine Willenserklärung jedoch wirksam nach §§ 312 d I 1, 355 I 2 durch Rücksendung der Bilder widerrufen haben. Nach Sinn und Zweck des § 312 d beginnt die Widerrufsfrist erst mit dem Wirksamwerden des Vertrages. K hat seine Willenserklärung daher fristgerecht widerrufen. Davon abgesehen wäre das Widerrufsrecht auch bei Fristablauf gemäß § 355 III 3 nicht erloschen, weil die Belehrung insoweit unrichtig war.

Anders als der Kauf auf Probe beruht der gesetzlich nicht geregelte Kauf mit **Umtauschrecht** auf einem *unbedingten* Vertrag, in dem der Verkäufer dem Käufer das Recht einräumt, die gekaufte Sache innerhalb einer bestimmten Frist unter Anrechnung auf den Kaufpreis durch eine andere Sache aus seinem Sortiment ersetzen zu lassen.[401] Das Umtauschrecht kann dabei idR nur ausgeübt werden, wenn der Käufer die ursprüngliche Kaufsache in unbeschädigtem Zustand an den Verkäufer zurückgibt.[402] 245

Keine Sonderregelung besteht mehr für den Fall, dass der Verkäufer vor oder bei Vertragsschluss eine Probe oder ein Muster vorgelegt hat, um dem Käufer die Be- 246

398 Vgl. Jauernig/*Berger* § 455 Rn. 9.
399 Vgl. Bamberger/Roth/*Faust* § 454 Rn. 6.
400 BGH, NJW 2004, 1058 (1059).
401 *Brox/Walker*, Schuldrecht BT, § 7 Rn. 44; Hk-BGB/*Saenger* §§ 454, 455 Rn. 7.
402 Vgl. *Larenz*, Schuldrecht II/1, § 44 I.

schaffenheit der Kaufsache zu verdeutlichen (sog. **Kauf nach Probe**). § 494 aF hatte demgegenüber noch angeordnet, dass die Eigenschaften der Probe oder des Musters als zugesichert anzusehen sind. Nach geltendem Recht ist in solchen Fällen von einer *Beschaffenheitsvereinbarung* auszugehen. Die Kaufsache ist damit nur dann frei von Mängeln, wenn sie die Beschaffenheit der Probe oder des Musters aufweist. Ob der Verkäufer für das Vorhandensein einer solchen Beschaffenheit eine *Garantie* übernommen hat, ist dagegen eine Auslegungsfrage, die sich nach den allgemeinen Kriterien des § 276 I 1 beurteilt (s. dazu SAT Rn. 531 ff.).[403]

II. Wiederkauf (§§ 456 ff.)

247 Der Verkäufer kann sich das Recht einräumen lassen, die Kaufsache innerhalb einer bestimmten Frist zurück zu erwerben, wobei der Verkaufspreis im Zweifel auch für den Wiederkauf gilt (§ 456 II; vgl. aber auch § 460). Die Rechtsprechung qualifiziert eine solche Vereinbarung als **aufschiebend bedingten Vertrag** über den Wiederkauf (§ 158 I), der durch eine entsprechende Erklärung des Verkäufers wirksam wird.[404] Die Wiederkaufserklärung ist eine einseitige empfangsbedürftige Willenserklärung, die – anders als die Vereinbarung des Wiederkaufsrechts – nicht der *Form* des § 311 b I bedarf (§ 456 I 2).[405] Nach hM handelt es sich um ein **Gestaltungsrecht.**[406]

248 Wiederkaufsrechte haben in der Praxis keine große Bedeutung. Am häufigsten findet sich noch die Gestaltung, dass das Wiederkaufsrecht vereinbart wird, um eine **Zweckbindung der Kaufsache** zu verwirklichen.[407]

Beispiel (BGH, NJW 2001, 284): Die Gemeinde G verkauft mit notariellem Vertrag ein unbebautes Grundstück zum Preis von 450.000 EUR an den Unternehmer U. U verpflichtet sich, das Grundstück spätestens 18 Monate nach Vertragsschluss der gewerblichen Nutzung durch einen Kunststoff-Bearbeitungsbetrieb zuzuführen. Bei Verletzung dieser Pflicht behält G sich den Wiederkauf zum Verkehrswert vor.

249 Der Käufer ist zu einem sorgfältigen Umgang mit dem Kaufgegenstand verpflichtet, weil er damit rechnen muss, dass der Verkäufer sein Wiederkaufsrecht ausübt. Hat der Käufer vor der Ausübung des Wiederkaufsrechts eine Verschlechterung, den Untergang oder eine aus anderen Gründen eingetretene Unmöglichkeit der Herausgabe verschuldet oder den Gegenstand wesentlich verändert, so haftet er nach § 457 II 1 auf **Schadensersatz.** Ist der Gegenstand ohne Verschulden des Käufers verschlechtert oder nur unwesentlich verändert worden, so scheidet nicht nur der Schadensersatzanspruch, sondern auch die **Minderung** aus (§ 457 II 2).[408] Bei unverschuldetem *Untergang* kommt ein Anspruch auf Herausgabe des Ersatzes (§ 285) in Betracht.[409] Hat der Käufer zwischenzeitig über den Kaufgegenstand *verfügt*, so richten sich die Rechte des Verkäufers nach § 458.

Die §§ 457 ff. regeln die Haftung des Käufers (Wiederverkäufers) **abschließend.** Der Verkäufer (Wiederkäufer) kann also keine darüber hinausgehenden Ansprüche nach §§ 434 ff. (zB Minderung) geltend machen.

---

403 Vgl. Begr. RegE., BT-Drs. 14/6040, 207; *Medicus/Lorenz*, Schuldrecht II, Rn. 313.
404 BGHZ 29, 107 (110 ff.); BGH, NJW 2000, 1332; krit. *Larenz*, Schuldrecht II/1, § 44 II.
405 BGH, NJW 2000, 1332; *Medicus/Lorenz*, Schuldrecht II, Rn. 317.
406 Vgl. Palandt/*Weidenkaff* § 456 Rn. 4; *Harke*, Schuldrecht BT, Rn. 28.
407 Erman/*Grunewald* § 456 Rn. 1.
408 *Brox/Walker*, Schuldrecht BT, § 7 Rn. 48; Staudinger/*Mader* (2004) § 457 Rn. 7 f.
409 Vgl. Erman/*Grunewald* § 457 Rn. 7.

Vom Wiederkaufsrecht zu unterscheiden ist das Recht des **Käufers,** den Kaufgegenstand an den Verkäufer zurückzuverkaufen (sog. **Wiederverkaufsrecht**).[410] Da der Wiederverkauf auf Initiative des Käufers erfolgt, passt die Beschränkung der Mängelhaftung auf verschuldete Verschlechterungen und wesentliche Änderungen (§ 457 II) hier nicht.[411] Die Rechte des Verkäufers richten sich daher nach den allgemeinen Regeln (§§ 434 ff.). 250

III. Vorkauf (§§ 463 ff.)

1. Allgemeines

Die §§ 463 ff. enthalten recht ausführliche Regelungen über das **Vorkaufsrecht.** Darunter versteht man die Befugnis, einen Gegenstand durch Kauf zu erwerben, wenn der Vorkaufsverpflichtete diesen Gegenstand an einen Dritten verkauft. Mit Ausübung des Vorkaufsrechts kommt ein Kaufvertrag zwischen dem Berechtigten und dem Verpflichteten zu den Bedingungen zustande, die der Verpflichtete mit dem Dritten vereinbart hat (§ 464 II).[412] 251

Vorkaufsrechte können durch Vertrag oder Gesetz begründet werden. **Vertragliche** Vorkaufsrechte haben meist den Zweck, dem Berechtigten eine Erwerbschance zu verschaffen oder ihn vor einem unerwünschten Eigentumserwerb durch Dritte zu schützen.[413] Besonders häufig findet sich eine solche Gestaltung bei Miet- und Pachtverträgen: Der Mieter bzw. Pächter lässt sich ein Vorkaufsrecht für den Fall einräumen, dass der Eigentümer die Miet- bzw. Pachtsache an einen Dritten verkauft. 252

Betrifft das Vorkaufsrecht ein Grundstück, so muss die Vereinbarung nach § 311 b I notariell beurkundet werden.[414] Die Ausübung des Vorkaufsrechts bedarf dagegen keiner **Form** (§ 464 I 2).[415] Es gelten insoweit also die gleichen Grundsätze wie beim Wiederkaufsrecht (→ Rn. 247). 253

Gesetzliche Entstehungstatbestände sind zB das Vorkaufsrecht des Mieters oder Miterben nach § 577 bzw. § 2034 I. Praktisch besonders wichtig ist außerdem das Vorkaufsrecht der Gemeinden nach §§ 24 ff. BauGB.[416]

Bei Grundstücken können Vorkaufsrechte gemäß §§ 1094 ff. auch mit **dinglicher Wirkung** bestellt werden. Gemäß § 1098 I 1 richtet sich das Verhältnis zwischen Berechtigtem und Verpflichtetem dann ebenfalls nach den Vorschriften über das schuldrechtliche Vorkaufsrecht (§§ 463–473).

Zur Vertiefung: Die dogmatische Einordnung des *vertraglichen Vorkaufsrechts* ist umstritten. Die traditionelle Auffassung geht von einem doppelt bedingten Kaufvertrag aus: aufschiebende Bedingungen sind der Eintritt des Vorkaufsfalls (Abschluss des Kaufvertrages zwischen Verpflichtetem und Drittem) und die Ausübung des Vorkaufsrechts durch den Berechtigten nach § 464 I.[417] Nach der Gegenansicht ist das Vorkaufsrecht ein durch den Eintritt des Vorkaufsfalls bedingtes Gestal-

410 Dazu ausführlich *Stoppel*, JZ 2007, 218 ff.
411 BGHZ 140, 218 (222); Erman/*Grunewald* § 456 Rn. 6; *Harke*, Schuldrecht BT, Rn. 28.
412 Zum Begriff des Vorkaufsrechts vgl. *Larenz*, Schuldrecht II/1, § 44 III.
413 Vgl. Erman/*Grunewald* § 463 Rn. 1.
414 Palandt/*Weidenkaff* § 463 Rn. 2; krit. *Medicus/Lorenz*, Schuldrecht II, Rn. 323.
415 BGH, NJW 2000, 2665; Hk-BGB/*Saenger* § 464 Rn. 2; aA Staudinger/*Mad*er (2004) § 464 Rn. 4.
416 Vgl. dazu *Larenz*, Schuldrecht II/1, § 44 III; *Medicus/Lorenz*, Schuldrecht II, Rn. 326.
417 Vgl. RGZ 72, 385 (386); *Brox/Walker*, Schuldrecht BT, § 7 Rn. 52.

tungsrecht.[418] Ebenso wie beim Wiederkaufsrecht (→ Rn. 247) lassen sich beide Auffassungen aber auch miteinander kombinieren. Das vertragliche *Vorkaufsrecht* beruht danach auf einem doppelt bedingten Kaufvertrag; dagegen ist die *Erklärung* nach § 464 I ein Gestaltungsrecht.[419] Da diese Fragen für die praktische Rechtsanwendung unergiebig sind, soll ihnen hier nicht weiter nachgegangen werden.

2. Voraussetzungen und Rechtsfolgen

254 Die Ausübung des Vorkaufsrechts setzt nach § 463 voraus, dass der Verpflichtete mit einem Dritten einen wirksamen *Kaufvertrag* über den Gegenstand abgeschlossen hat (sog. **Vorkaufsfall**). Die nachträgliche Aufhebung des Kaufvertrages lässt das Vorkaufsrecht nicht entfallen.[420] Andere Verträge (zB Tausch, Schenkung) können den Vorkaufsfall nicht auslösen. Dieser Grundsatz muss allerdings nach Treu und Glauben durchbrochen werden, wenn der Verpflichtete und der Dritte zur *Umgehung* des Vorkaufsrechts eine Gestaltung wählen, die zwar formell keinen Kaufvertrag darstellt, im Ergebnis einem solchen aber nahezu gleichkommt (sog. »kaufähnliche Verträge«).[421]

255 Das Vorkaufsrecht wird nach § 464 I durch eine einseitige empfangsbedürftige und formfreie **Willenserklärung** ausgeübt. Eine Sonderregelung gilt nach § 28 II 1 BauGB für das Vorkaufsrecht der Gemeinden; dieses wird durch Verwaltungsakt ausgeübt.[422] Die Ausübung des Vorkaufsrechts hat nicht zur Folge, dass der Berechtigte in den Kaufvertrag zwischen Verpflichtetem und Drittem eintritt. Gemäß § 464 II kommt vielmehr ein zweiter, **rechtlich selbständiger Kaufvertrag** zwischen Berechtigtem und Verpflichtetem zustande,[423] dessen Inhalt sich aber nach den Vereinbarungen richtet, die zwischen dem Verpflichteten und dem Dritten getroffen worden sind. Da der Kaufvertrag zwischen dem Verpflichteten und dem Dritten unberührt bleibt, kann der Dritte Schadensersatz statt der Leistung (§§ 280 I, III, 283) verlangen, sofern der Verpflichtete die Kaufsache an den Berechtigten übereignet. Der Verpflichtete sollte den Kaufvertrag mit dem Dritten deshalb unter der auflösenden Bedingung (§ 158 II) schließen, dass der Berechtigte sein Vorkaufsrecht ausübt, oder sich für diesen Fall von dem Dritten ein vertragliches Rücktrittsrecht einräumen lassen.[424]

Literatur: *Burbulla*, Die Auslösung des Vorkaufsfalls durch kaufähnliche Verträge, Jura 2002, 687; *Grunewald*, Umgehungen schuldrechtlicher Vorkaufsrechte, FS Gernhuber, 1993, 137; *Mayer-Maly*, Beobachtungen und Gedanken zum Wiederkauf, FS Wieacker, 1978, 424; *Sarnighausen*, Formfreie Ausübung des Vorkaufsrechts nach § 505 I BGB im Hinblick auf Grundstückskaufverträge, NJW 1998, 37; *Schermaier*, Die Umgehung des Vorkaufsrechts durch »kaufähnliche« Verträge, AcP 196 (1996), 256; *Schreiber*, Vorkaufsrechte, Jura 2001, 196; *Schurig*, Das Vorkaufsrecht im Privatrecht, 1975; *Stoppel*, Das System des Wiederverkaufsrechts unter besonderer Berücksichtigung der Mängelhaftung durch den Wiederverkäufer, JZ 2007, 218. Vgl. auch die Nachweise zu § 1.

418 Vgl. *Larenz*, Schuldrecht II/1, § 44 III; *Medicus/Lorenz*, Schuldrecht II, Rn. 322.
419 Vgl. Staudinger/*Mader* (2004) Vorbem. zu §§ 463 ff. Rn. 29 ff.
420 Vgl. BGH, NJW 2010, 3774 (3775); *Harke*, Schuldrecht BT, Rn. 30.
421 Vgl. BGHZ 115, 335 (339 ff.); BGH, NJW 2003, 3769.
422 Vgl. Staudinger/*Mader* (2004) § 464 Rn. 9.
423 BGH, NJW 2000, 1033 (1034); Erman/*Grunewald* § 464 Rn. 5.
424 Vgl. Bamberger/Roth/*Faust* § 464 Rn. 9; *Schlechtriem*, Schuldrecht BT, Rn. 171.

§ 13 Der Verbrauchsgüterkauf

Da der deutsche Gesetzgeber das gesamte Kaufrecht den Vorgaben der Verbrauchsgüterkauf-RL angepasst hat (→ Rn. 16 ff.), konnte er auf eine umfassende Regelung des Verbrauchsgüterkaufs verzichten. Die allgemeinen Vorschriften der §§ 433 ff. sind deshalb grundsätzlich auch hier anwendbar. Die §§ 474 ff. enthalten lediglich **ergänzende Sonderregeln,** die der besonderen Schutzbedürftigkeit des Verbrauchers Rechnung tragen. 256

I. Anwendungsbereich (§ 474 I)

1. Verbraucher

Ein Verbrauchsgüterkauf liegt nach der Legaldefinition des § 474 I 1 vor, wenn ein Verbraucher von einem Unternehmer eine bewegliche Sache kauft. Verbraucher ist nach § 13 jede **natürliche Person,** die ein Rechtsgeschäft zu einem Zweck abschließt, der weder ihrer gewerblichen noch ihrer selbständigen beruflichen Tätigkeit zugerechnet werden kann. Der BGH leitet aus der negativen Formulierung der Ausschlussgründe (»weder … noch«) ab, dass die Verbrauchereigenschaft bei einer natürlichen Person im Zweifel zu bejahen ist.[425] Problematisch ist allerdings der Fall, dass der Käufer dem Verkäufer einen *gewerblichen Verwendungszweck vortäuscht.* Hier stellt sich die Frage, ob der Begriff des Verbrauchers **objektiv** oder **aus Sicht des Verkäufers** (Unternehmers) zu beurteilen ist. 257

In der **Literatur** wird die Auffassung vertreten, dass die Verbrauchereigenschaft des Käufers aus Sicht des Verkäufers (Unternehmers) zu bestimmen sei.[426] Hierfür spricht der Zusammenhang mit anderen europäischen Verbraucherschutzvorschriften (zB Art. 15 EuGVVO), in denen auf den Horizont des Vertragspartners abgestellt wird.[427] Davon abgesehen wird die Anknüpfung an den Empfängerhorizont des Verkäufers durch Verkehrsschutzinteressen gerechtfertigt.[428] Da die §§ 474 ff. auf der VerbrKauf-RL beruhen, muss ihr Anwendungsbereich letztlich aber durch **Vorlage an den EuGH** geklärt werden.[429] Bei der praktischen Rechtsanwendung kann der Meinungsstreit allerdings offen bleiben, wenn man bei objektivem Verständnis über § 242 zum gleichen Ergebnis gelangt. 258

Beispiel (BGH, NJW 2005, 1045 = JR 2005, 284 m. Anm. *Looschelders*): K kaufte beim Kfz-Händler V für 6.500 EUR einen gebrauchten Fiat Barchetta. Der Vertrag enthielt folgende »Sondervereinbarung«. »Keine Gewährleistung, Händlergeschäft. Baujahr 1995. EZ 3.00 in Deutschland«. K wollte den Fiat zwar privat nutzen; gleichwohl unterzeichnete er die Vereinbarung, weil er wusste, dass V das Fahrzeug nur an einen Händler verkaufen wollte, gegenüber dem er die Gewährleistung ausschließen konnte. Einige Wochen später trat K vom Vertrag zurück und verlangte Rückzahlung der 6.500 EUR. Er berief sich darauf, das Fahrzeug weise technische Mängel auf und sei vor der Zulassung in Deutschland bereits in Italien zugelassen gewesen. Den Gewährleistungsausschluss müsse er sich nach § 475 I 1 nicht entgegen halten lassen. – Nach Ansicht des BGH ist der Gewährleistungsausschluss wirksam. Das Gericht hat dabei offen gelassen, ob der Geschäftszweck im Rahmen der §§ 474 I 1, 13 objektiv oder aus Sicht des Verkäufers (subjektiv) zu bestimmen sei. Da K dem V bei Vertragsschluss einen gewerblichen Verwendungszweck vor-

425 BGH NJW 2009, 3780 (3781).

426 So Soergel/*Pfeiffer* § 13 Rn. 28; Hk-BGB/Dörner §§ 13, 14 Rn. 2; *Looschelders*, JR 2005, 286 f.; aA MüKoBGB/*S. Lorenz* § 474 Rn. 23; Staudinger/*Matusche-Beckmann* (2004) § 474 Rn. 9.

427 Vgl. EuGH, NJW 2005, 653 (655) Tz. 49 – Gruber.

428 Soergel/*Pfeiffer* § 13 Rn. 28; *Müller*, NJW 2003, 1975 (1978).

429 Vgl. *Müller*, NJW 2003, 1975 (1978).

getäuscht habe, verstoße er jedenfalls gegen das Verbot widersprüchlichen Verhaltens (§ 242), wenn er sich später auf seine Verbrauchereigenschaft berufe.

259 Abgrenzungsprobleme ergeben sich, wenn die Kaufsache sowohl zu privaten Zwecken als auch im Zusammenhang mit einer gewerblichen oder selbständigen beruflichen Tätigkeit des Käufers eingesetzt werden soll. Die hM stellt in solchen **Mischfällen** darauf ab, ob der private oder der unternehmerische Zweck überwiegt.[430] Demgegenüber hat der EuGH in einer Entscheidung zum europäischen Prozessrecht klargestellt, dass die Verbrauchereigenschaft schon dann zu verneinen ist, wenn der beruflich-gewerbliche Zweck mehr als eine nur ganz untergeordnete Rolle spielt. Denn sobald der Vertrag einen Bezug zur beruflichen oder gewerblichen Tätigkeit aufweise, stünden beide Parteien »auf gleicher Stufe«.[431] Überträgt man diese Sichtweise auf das materielle Verbraucherschutzrecht, so scheidet die Anwendung der §§ 474 ff. in Mischfällen grundsätzlich aus.[432]

2. Unternehmer

260 Auf der Verkäuferseite muss dem Verbraucher ein **Unternehmer** gegenüberstehen. § 14 definiert den Unternehmer als natürliche oder juristische Person oder rechtsfähige Personengesellschaft (zB OHG, KG), die bei Abschluss eines Rechtsgeschäfts in Ausübung ihrer gewerblichen oder selbständigen beruflichen Tätigkeit handelt. Ob der betreffende Kaufvertrag zu den üblichen Geschäften des Unternehmers gehört, ist unerheblich.[433] Ein Freiberufler (Rechtsanwalt, Arzt etc.) ist daher auch dann als Unternehmer anzusehen, wenn er seinen beruflich genutzten Pkw verkauft.[434] Der Freiberufler handelt dagegen nicht als Unternehmer, wenn die berufliche Nutzung des Pkw nur eine ganz untergeordnete Bedeutung hatte.[435]

In neuerer Zeit hat der BGH klargestellt, dass es für die gewerbliche Tätigkeit bei § 14 **nicht** auf die **Gewinnerzielungsabsicht** ankommt, weil dieses Merkmal unter dem Aspekt des Verbraucherschutzes irrelevant ist.[436] Der Begriff der gewerblichen Tätigkeit geht hier also über den traditionellen Gewerbebegriff des Handelsrechts (§ 1 HGB) hinaus, wobei man sich aber auch dort zunehmend mit einer »entgeltlichen Tätigkeit am Markt« begnügt.[437]

3. Sachlicher Anwendungsbereich

261 Gegenstand des Kaufvertrages muss eine **bewegliche Sache** sein. Bei Kaufverträgen über unbewegliche Sachen, Rechte oder sonstige Gegenstände wird der Verbraucher nicht durch die §§ 474 ff. geschützt.

---

430 OLG Celle, ZGS 2004, 474 (475); PWW/*Prütting* § 13 Rn. 9; Soergel/*Pfeiffer* § 13 Rn. 38; so jetzt auch Erwägungsgrund 17 RL 2011/83/EU.

431 EuGH, NJW 2005, 653 (654 ff.) – Gruber.

432 So Jauernig/*Jauernig* § 13 Rn. 3; für einen weiteren Verbraucherbegriff bei § 13 OLG Celle, ZGS 2007, 354 (355). Allgemein zum Verbraucherbegriff *Kieselstein*, ZGS 2007, 54 ff.

433 BGH NZV 2011, 535 = JA 2011, 944 (*Looschelders*): branchenfremdes Nebengeschäft einer GmbH.

434 Bamberger/Roth/*Faust* § 474 Rn. 13; aA *Brüggemeier*, WM 2002, 1376 (1385).

435 Noch enger LG Frankfurt a. M., NJW 2004, 1208; Palandt/*Ellenberger* § 13 Rn. 4: keine Unternehmereigenschaft bei überwiegender privater Nutzung des Pkw.

436 BGHZ 167, 40 (45) = JA 2006, 814 (*Looschelders*) – Sommerekzem.

437 Vgl. *Brox/Henssler*, Handelsrecht, § 2 Rn. 28.

Ob der Kaufvertrag eine neue oder eine gebrauchte Sache betrifft, ist grundsätzlich irrelevant (vgl. aber §§ 475 II, 478 I). Gemäß § 474 I 2 gelten die §§ 474 ff. allerdings nicht für **gebrauchte Sachen,** die in einer **öffentlichen Versteigerung** verkauft werden, an welcher der Verbraucher persönlich teilnehmen konnte. Nach der Legaldefinition des § 383 III genügt für die öffentliche Versteigerung nicht, dass sie öffentlich (im Sinne von allgemein zugänglich) erfolgt; sie muss vielmehr auch von einem für den Versteigerungsort bestellten Gerichtsvollzieher, einem zu Versteigerungen befugten anderen Beamten oder einem öffentlich angestellten Versteigerer durchgeführt werden.[438] Bei *Internet-Auktionen* (zB ebay) liegt schon diese Voraussetzung regelmäßig nicht vor (vgl. SAT Rn. 175); außerdem fehlt dem Käufer die Möglichkeit der persönlichen Teilnahme.[439]

Nach der Rechtsprechung ist die Unterscheidung zwischen neuen und gebrauchten Sachen auch bei **Tieren** durchführbar. Ein junges Tier sei jedenfalls dann nicht als »gebraucht« anzusehen, wenn es bis zum Verkauf noch in keiner Weise (zB zu Reitzwecken) verwendet wurde.[440]

II. Unanwendbarkeit der §§ 445, 447 (§ 474 II 2)

Von der grundsätzlichen Anwendbarkeit des allgemeinen Kaufrechts (§§ 433 ff.) **262**
macht § 474 II 2 zwei Ausnahmen. Zum einen gilt die **Haftungsbeschränkung bei öffentlichen Versteigerungen** (§ 445) nicht im Bereich des Verbrauchsgüterkaufs. Da die §§ 474 ff. auf die öffentliche Versteigerung von gebrauchten Sachen grundsätzlich nicht anwendbar sind (→ Rn. 261), hat dies vor allem für die Versteigerung *neuer Sachen* Bedeutung.

Die zweite Ausnahme betrifft den **Versendungskauf.** Beim Verbrauchsgüterkauf entspricht es aus Sicht des Gesetzgebers der Verkehrsauffassung, dass der Verkäufer im Fall der Versendung die Gefahr des zufälligen Untergangs oder der zufälligen Verschlechterung trägt.[441] § 474 II 2 ordnet deshalb an, dass § 447 hier nicht anwendbar ist (→ Rn. 190). Zur Modifikation des § 439 IV durch § 474 II 1 → Rn. 92.

III. Besonderheiten bei Mängelhaftung und Garantien (§§ 475–477)

1. Unzulässigkeit von Haftungsbeschränkungen

Entsprechend den Vorgaben der Verbrauchsgüterkauf-RL (Art. 7 I) schreibt § 475 **263**
I 1 vor, dass der Unternehmer sich nicht auf eine vor Mitteilung des Mangels getroffene Vereinbarung berufen kann, die zum Nachteil des Verbrauchers von den §§ 433–435, 437, 439–443 oder von den Vorschriften über den Verbrauchsgüterkauf abweicht. Zugunsten des Verbrauchers sind die Gewährleistungsvorschriften somit ganz überwiegend (einseitig) **zwingend.** Abweichende Vereinbarungen sind unwirksam. Eine Ausnahme gilt gemäß § 475 III für den Ausschluss oder die Beschränkung des Anspruchs auf **Schadensersatz,** weil dieser Anspruch von der Verbrauchsgüter-

438 BGH, NJW 2006, 613; vgl. auch BGH, NJW-RR 2010, 1210, wonach der die Auktion leitende öffentlich bestellte Versteigerer nicht auch deren Veranstalter sein muss. Gegen den Rückgriff auf § 383 III HGB im Rahmen des § 474 I 2 *Wertenbruch*, NJW 2004, 1977 (1981).

439 Vgl. Erman/*Grunewald* § 474 Rn. 6; Jauernig/*Berger* § 474 Rn. 5.

440 Vgl. BGH, NJW 2007, 1066 (1067); aA Erman/*Grunewald* § 474 Rn. 7, die Tiere immer als »gebraucht« ansehen will.

441 Vgl. Begr. RegE., BT-Drs. 14/640, 244.

kauf-RL überhaupt nicht erfasst wird. Für den Ausschluss von Schadensersatzansprüchen bleibt damit nur die Grenze des § 444 sowie die AGB-Kontrolle nach §§ 307 ff. (»unbeschadet«), wobei den Klauselverboten des § 309 Nr. 7 besondere Bedeutung zukommt. Bei schuldhafter Verletzung von Leben, Körper oder Gesundheit ist ein formularmäßiger Haftungsausschluss danach generell unwirksam; das Gleiche gilt bei allen Schäden, die auf einem groben Verschulden des Unternehmers oder seiner Erfüllungsgehilfen beruhen.

264 Wenn der Verbraucher in den Genuss der gesetzlichen Mängelrechte kommen soll, so darf die Unzulässigkeit einer Haftungsbeschränkung **nicht** gemäß §§ 134, 139 zur **Nichtigkeit des gesamten Vertrages** führen. Der Gesetzgeber hat deshalb in § 475 I 1 angeordnet, dass sich der Unternehmer lediglich nicht auf die betreffende Vereinbarung »berufen« kann.[442]

Das Verbot abweichender Vereinbarungen gilt nur für die Zeit **vor der Mitteilung des Mangels.** Spätere Vereinbarungen sind daher grundsätzlich zulässig, auch wenn sie die Mängelrechte des Verbrauchers beschränken.

2. Umgehungsgeschäfte

265 Das Verbot abweichender Vereinbarungen gilt nach § 475 I 2 auch für **anderweitige Gestaltungen,** durch welche die Anwendbarkeit der in § 475 I 1 genannten Vorschriften umgangen werden soll. Nach der Rechtsprechung liegt eine Gesetzesumgehung vor, wenn die Gestaltung eines Rechtsgeschäfts objektiv den Zweck hat, den Eintritt einer bestimmten Rechtsfolge zu verhindern; eine Umgehungsabsicht ist nicht erforderlich.[443] Wann eine unzulässige Umgehung vorliegt, kann im Einzelfall unsicher sein. Beim Verbrauchsgüterkauf stehen folgende Fallgruppen im Vordergrund.[444]

a) Negative Beschaffenheitsvereinbarungen

266 Problematisch unter dem Aspekt der Gesetzesumgehung sind zunächst die **negativen Beschaffenheitsvereinbarungen.** Denn die Vereinbarung eines niedrigen Qualitätsstandards kann sich wie eine Haftungseinschränkung auswirken.[445] Den Parteien steht zwar grundsätzlich frei, den geschuldeten Standard selbst festzulegen und ggf. gegenüber dem üblichen Standard abzusenken.[446] Das Umgehungsverbot muss indes eingreifen, wenn die vereinbarte Beschaffenheit erheblich unter dem Standard liegt, den der Verbraucher nach den sonstigen Vereinbarungen (zB Preis)[447] oder den objektiven Gegebenheiten erwarten konnte. In solchen Fällen wird im Allgemeinen aber schon die **Auslegung des Vertrages** ergeben, dass die Parteien die »übliche« Beschaffenheit zugrunde gelegt haben. Ein Rückgriff auf § 475 I 2 ist dann nicht erforderlich.[448]

---

442 Vgl. *Medicus/Lorenz*, Schuldrecht II, Rn. 237.

443 BGHZ 110, 230 (233 f.); BGH, ZGS 2006, 107 (109); allgemein zur Gesetzesumgehung NK-BGB/*Looschelders* § 134 Rn. 81 ff.; *Teichmann*, JZ 2003, 761 ff.

444 Praktisch sehr wichtig ist außerdem das Finanzierungsleasing; dazu unten Rn. 514.

445 Zur Abgrenzung vgl. *Adolphsen*, FS Schapp, 2010, 1 (9 ff.), der das Wesen des Haftungsausschlusses in der Überwälzung des Risikos unerkannter Mängel auf den Käufer sieht.

446 Vgl. *Brox/Walker*, Schuldrecht BT, § 7 Rn. 7; *Müller*, NJW 2003, 1975 (1976).

447 Zur Relevanz des Preises *Adolphsen*, FS Schapp, 2010, 1 (10).

448 Vgl. *Medicus/Lorenz*, Schuldrecht II, Rn. 239; *Müller*, NJW 2003, 1975 (1976).

Beispiel (nach OLG Oldenburg, ZGS 2004, 75): Der Matrose M kauft am 30. 8. 2005 bei dem Gebrauchtwagenhändler G einen gebrauchten Pkw Opel Corsa Baujahr 2000 zum marktüblichen Preis von 4.900 EUR. In dem Vertragsformular finden sich die Angaben »unfallfrei, Laufleistung 60.000 km, TÜV 07/2006, Bastlerfahrzeug, ohne Garantie«. Als wenige Wochen später technische Mängel auftreten, verlangt M Nachbesserung. G beruft sich darauf, dass M ein Bastlerfahrzeug gekauft habe. Im Prozess muss G aber einräumen, dass er die Formulierung »Bastlerfahrzeug« nur gewählt habe, weil er keine Gewährleistung übernehmen wollte. – Dem M könnte ein Anspruch auf Nachbesserung aus §§ 434, 437 Nr. 1, 439 zustehen. Fraglich ist, ob das Fahrzeug einen Sachmangel aufweist. Dies hängt davon ab, welche Beschaffenheit der Corsa nach den Parteivereinbarungen aufweisen sollte. Bei einem Bastlerfahrzeug begründen auch erhebliche technische Mängel im Allgemeinen keinen Sachmangel. M wollte jedoch ein fahrbereites Fahrzeug kaufen. In dieser Erwartung wurde er durch den Preis sowie die Angaben über die Unfallfreiheit, die Laufleistung und den TÜV bestärkt. Die Formulierung »Bastlerauto« beruht demgegenüber allein darauf, dass G keine Gewährleistung übernehmen wollte. Geschuldet ist also die »übliche« Beschaffenheit. Die technischen Mängel begründen somit einen Sachmangel iSd § 434 I 2 Nr. 2. Der Gewährleistungsausschluss ist nach § 475 I 1 unwirksam. Dem M steht somit ein Nachbesserungsanspruch zu.

b) Agentur- und Strohmanngeschäfte

Die Annahme eines Umgehungsgeschäfts soll auch dann in Betracht kommen, wenn der Unternehmer die Kaufsache **im Namen eines Verbrauchers** an einen anderen Verbraucher verkauft. 267

Beispiel (BGH, NJW 2005, 1039): Gebrauchtwagenhändler G hat den Pkw des E in Kommission genommen und verkauft das Fahrzeug im Namen des E an den Verbraucher K. Im Vertragstext heißt es: »Das Kfz wird unter Ausschluss der Sachmängelhaftung verkauft.« Ist der Gewährleistungsausschluss wirksam?

Bei der Würdigung der Problematik ist zu beachten, dass solche Agenturgeschäfte gerade im Gebrauchtwagenhandel schon vor der Schuldrechtsreform üblich waren. Man kann sie daher nicht pauschal als Umgehungsgeschäfte qualifizieren. Rechtsprechung und hL gehen daher nur dann von einem Umgehungsgeschäft aus, wenn der Gebrauchtwagenhändler bei **wirtschaftlicher Betrachtungsweise** als Verkäufer anzusehen ist. Dabei wird darauf abgestellt, ob der Händler oder der private Eigentümer des Kfz das **wirtschaftliche Risiko** des Verkaufs trägt. Ein Umgehungsgeschäft liegt danach vor, wenn der Händler dem Eigentümer beim Kauf eines Neuwagens einen bestimmten Mindestverkaufspreis für sein Altfahrzeug garantiert und ihm diesen Betrag von vornherein auf den Preis für den Neuwagen anrechnet.[449]

Stellt das Agenturgeschäft eine Gesetzesumgehung dar, so muss geklärt werden, wen der Verbraucher bei Mängeln in Anspruch nehmen kann: den Gebrauchtwagenhändler oder den Eigentümer. Die hM sieht den **Händler als alleinigen Anspruchsgegner** an.[450] Dies wird damit begründet, der Händler sei wirtschaftlich der Vertragspartner des Käufers.[451] 268

Die hM stößt auf Bedenken, weil dem Käufer nicht ohne seinen Willen ein anderer Vertragspartner aufgedrängt werden darf.[452] Vorzugswürdig erscheint daher die Auf-

449 BGHZ 170, 67 (72 ff.); BGH, NJW 2005, 1039 (1040); OLG Celle, NJW-RR 2008, 1635 (1636); Bamberger/Roth/*Faust* § 474 Rn. 7; MüKoBGB/*Lorenz* § 475 Rn. 30; Palandt/*Weidenkaff* § 474 Rn. 5 a; enger *Grunewald*, Kaufrecht, § 3 Rn. 32; *Oetker/Maultzsch* § 2 Rn. 520 ff.

450 BGHZ 170, 67 (73) = JA 2007, 381 (*Looschelders*); OLG Celle, NJW-RR 2008, 1635 (1636); Palandt/*Weidenkaff* § 475 Rn. 8; PWW/*Schmidt* § 474 Rn. 4; Bamberger/Roth/*Faust* § 474 Rn. 7; Jauernig/*Berger* § 474 Rn. 6; *Hofmann*, JuS 2005, 8 (11); *Erhardt*, Vermeidung, S. 147 ff.

451 So *Czaplinski*, ZGS 2007, 92 (96 f.).

452 So auch *Medicus/Lorenz*, Schuldrecht II, Rn. 241; *Oetker/Maultzsch* § 2 Rn. 520.

fassung, dass sich die Gewährleistungsrechte des Verbrauchers **primär gegen den Eigentümer** richten. Dieser muss sich die Unternehmereigenschaft des Händlers nach § 475 I 2 zurechnen lassen.[453] Die damit verbundene Belastung des Eigentümers lässt sich damit rechtfertigen, dass ihm das wirtschaftliche Risiko des Verkaufs seines Fahrzeugs abgenommen wird. Nach der hier vertretenen Ansicht wird der Händler also auch bei Umgehungsgeschäften nicht zum Vertragspartner des Verbrauchers. Er verstößt aber gegen Treu und Glauben (§ 242), wenn er den Verbraucher auf die Inanspruchnahme des privaten Eigentümers verweist. Der Verbraucher kann sich damit im Ergebnis sowohl an den Eigentümer als auch an den Händler halten. Wird der Eigentümer in Anspruch genommen, so steht ihm ein Ausgleichsanspruch gegen den Händler zu.[454]

Die gleichen Grundsätze wie für die Agenturgeschäfte gelten auch für die sog. **Strohmanngeschäfte**. Diese sind dadurch gekennzeichnet, dass der Unternehmer einen Verbraucher als mittelbaren Stellvertreter »vorschiebt«, um die Anwendbarkeit der §§ 474 ff. zu vermeiden.[455]

> **Beispiel:** Händler G möchte einen Gebrauchtwagen unter Ausschluss der Gewährleistung verkaufen. Er bittet daher seinen Schwager S, der kein Unternehmer ist, das Fahrzeug im eigenen Namen zu verkaufen.

c) Vereinbarung der Unternehmereigenschaft des Käufers

269 In der Praxis werden Umgehungsgeschäfte auch in der Form geschlossen, dass der **Käufer** im Vertragsformular **bestätigt, selbst Unternehmer zu sein.** Weiß der Verkäufer in diesem Fall, dass der Käufer in Wirklichkeit als Verbraucher handelt, so liegt dennoch ein Verbrauchsgüterkauf vor.[456] Täuscht der Verbraucher dem Verkäufer einen gewerblichen Verwendungszweck vor, so sind die §§ 474 ff. dagegen nicht anwendbar (→ Rn. 257).

3. Verjährung

270 Nach allgemeinen Regeln (§ 202 I) können die Parteien grundsätzlich kürzere als die gesetzlich vorgesehenen Verjährungsfristen vereinbaren. Beim Verbrauchsgüterkauf schließt **§ 475 II** aber aus, dass die Verjährung der Mängelrechte des Käufers in Bezug auf **neue Sachen** unter zwei Jahre verkürzt wird. Da die Verjährungsfrist beim Kauf von beweglichen Sachen nach § 438 I Nr. 3 im Allgemeinen zwei Jahre beträgt, kommt eine Verkürzung hier also nur in Ausnahmefällen (zB § 438 Nr. 2 lit. b) in Betracht. Bei **gebrauchten Sachen** ist eine Verkürzung der Verjährung dagegen zulässig, wobei die Frist aber mindestens ein Jahr betragen muss.

Die Mindestfristen des § 475 II entsprechen den Vorgaben der Verbrauchsgüterkauf-RL. Da diese keine **Schadensersatzansprüche** erfasst, ist dort eine weitergehende Verkürzung der Verjährung zulässig (§ 475 III).

---

453 MüKoBGB/*S. Lorenz* § 475 Rn. 36; *S. Lorenz*, FS Westermann, 2008, 415 (424); *Looschelders*, JR 2008, 45 (47); *Lettl*, JA 2009, 241 (243); krit. *Oetker/Maultzsch* § 2 Rn. 521.

454 MüKoBGB/*S. Lorenz* § 475 Rn. 36; *S. Lorenz*, FS Westermann, 2008, 415 (424). Der Anspruch ergibt sich zumeist schon aus der ergänzenden Auslegung des Vertrages zwischen Eigentümer und Händler (§§ 133, 157). Weitere mögliche Anspruchsgrundlagen sind § 426 und § 670.

455 Zu Strohmanngeschäften MüKoBGB/*S. Lorenz* § 475 Rn. 32 ff.; *Looschelders*, JR 2008, 45 ff.

456 Palandt/*Weidenkaff* § 474 Rn. 4; *Müller*, NJW 2003, 1975 (1979).

4. Beweislastumkehr

Stellt der Verbraucher nach Übergabe der Kaufsache einen Mangel fest, so kann er sehr häufig nur schwer nachweisen, dass die Sache bereits im Zeitpunkt des Gefahrübergangs mangelhaft war. Insbesondere lässt sich der Einwand des Verkäufers, der Käufer habe den Mangel durch unsachgemäßen Umgang mit der Sache verursacht, nach längerem Gebrauch oft nicht widerlegen. In dieser Situation hilft § 476 dem Verbraucher mit einer **Beweislastumkehr.** Zeigt sich der Mangel innerhalb von sechs Monaten nach Gefahrübergang, so wird vermutet, dass die Sache schon **bei Gefahrübergang** mangelhaft war. Eine Ausnahme gilt nur für den Fall, dass diese Vermutung mit der Art der Sache oder des Mangels unvereinbar ist. **271**

Die Beweislastumkehr betrifft nur den **Zeitpunkt,** zu dem der Mangel vorgelegen hat. Dass die Sache überhaupt einen **Mangel** aufweist, muss der Verbraucher beweisen. Nach der Rechtsprechung beschränkt sich die Beweislastumkehr auf den konkret aufgetretenen Mangel. Der Verkäufer kann die Vermutung also damit widerlegen, dass *dieser* Mangel bei Gefahrübergang noch nicht vorgelegen hat.[457] Ein großer Teil der Literatur will den § 476 dagegen auf die Vermutung erstrecken, dass ein erst später aufgetretener Mangel schon bei Gefahrübergang *angelegt* war.[458] **272**

> **Beispiel** (BGHZ 159, 215): K kaufte am 15. 1. 2002 beim Kfz-Händler V einen Opel Vectra (Erstzulassung 12/1996) für den privaten Gebrauch. Das Fahrzeug wurde dem K am 18. 1. 2002 übergeben. Es wies zu diesem Zeitpunkt einen Kilometerstand von 118.000 auf. V hatte den Zahnriemen kurz zuvor erneuert. Am 12. 7. 2002 erlitt der Pkw beim Kilometerstand von 128.950 einen Motorschaden, der auf eine Lockerung des Zahnriemens zurückzuführen war. Ob der Zahnriemen sich aufgrund eines Materialfehlers oder wegen unsachgemäßer Fahrweise gelockert hatte, war nicht mehr aufklärbar.

Der BGH hat die Anwendung des § 476 im **Zahnriemenfall** abgelehnt, weil der innerhalb der Sechsmonatsfrist aufgetretene Motorschaden bei Gefahrübergang unstreitig noch nicht vorgelegen habe. Die Unsicherheit darüber, ob die Lockerung des Zahnriemens auf einem Material- oder Fahrfehler beruht, gehe zu Lasten des K. Dagegen hat das Gericht die Beweislastumkehr beim Defekt einer **Zylinderkopfdichtung** eingreifen lassen, obwohl ungeklärt war, ob der Defekt bei Gefahrübergang vorlag oder erst später aufgrund eines Fahrfehlers eingetreten ist.[459] Die Ungleichbehandlung beider Fälle lässt sich formal damit erklären, dass der Defekt der Zylinderkopfdichtung (anders als der Materialfehler im Zahnriemenfall) nachgewiesen war. Inhaltlich bestehen gleichwohl Bedenken. Die Besonderheit des Zahnriemenfalls liegt darin, dass ein Materialfehler – im Unterschied zum Defekt der Zylinderkopfdichtung – per definitionem von Anfang an vorliegt. Verlangt man vom Käufer den Nachweis eines solchen Fehlers, so ist die Beweislastumkehr nach § 476 funktionslos. Denn mit dem Mangel steht ohnehin fest, dass er schon bei Gefahrübergang vorlag. Diese Überlegung ändert zwar nichts daran, dass der Motorschaden als solcher im Zahnriemenfall bei Gefahrübergang nicht vorgelegen hat. Nach § 476 ist aber davon auszugehen, dass er zu diesem Zeitpunkt in Gestalt eines Materialfehlers **angelegt** war.

---

457 So BGHZ 159, 215 (218); BGH, NJW 2005, 3490 (3492); BGHZ 167, 40 (48) = JA 2006, 814 (*Looschelders*).

458 Bamberger/Roth/*Faust* § 476 Rn. 21; *Medicus/Lorenz*, Schuldrecht II, Rn. 244; *Looschelders/Benzenberg*, VersR 2005, 233 f.; *S. Lorenz*, NJW 2004, 3020 ff.; aA *Oetker/Maultzsch* § 2 Rn. 548.

459 BGH, NJW 2007, 2621 = JA 2007, 898 (*Looschelders*).

273 Gemäß § 476 Hs. 2 greift die Beweislastumkehr nicht ein, wenn die Vermutung mit der Art der Kaufsache oder des Mangels unvereinbar ist. Ein Ausschluss der Beweislastumkehr wegen der **Art der Kaufsache** kommt insbesondere bei *gebrauchten* Sachen in Betracht, weil hier der typische Verschleiß zu berücksichtigen ist;[460] dieser stellt aber gerade keinen Mangel dar (→ Rn. 48). Das heißt aber nicht, dass § 476 bei gebrauchten Sachen generell unanwendbar wäre. Auch hier kann nämlich der Verschleiß als Ursache bisweilen mit Sicherheit auszuschließen sein.

Beispiel: Im Vectra-Fall (→ Rn. 272) war der Zahnriemen erst kurz vor der Veräußerung des Fahrzeugs ausgetauscht worden. Bei neuen Zahnriemen kann aber eine längere Haltbarkeit als 10.000 km erwartet werden.

274 Beim **Tierkauf** ist die Anwendung der Vermutung nicht schon nach der Art der Kaufsache ausgeschlossen.[461] Im Fall einer *Erkrankung* kommt aber ein Ausschluss nach der **Art des Mangels** in Betracht. Beträgt die Inkubationszeit drei Wochen, so war die Krankheit sicher nicht schon drei Monate vor Auftreten der ersten Symptome »angelegt«.[462] Insoweit kommt es aber immer auf die jeweilige Art der Erkrankung an.[463] Auch bei **äußeren Beschädigungen der Kaufsache** (zB Beulen am Kotflügel) wird die Beweislastumkehr nicht generell durch die Art des Mangels ausgeschlossen.[464] Eine Ausnahme gilt nur für Beschädigungen, die auch dem fachlich unkundigen Käufer auffallen müssen. Dass unsachgemäßer Gebrauch als Ursache nicht auszuschließen ist, steht der Anwendung des § 476 ebenfalls nicht entgegen.

5. Sonderbestimmungen für Garantien

275 Ergänzend zu § 443 (→ Rn. 156 ff.) stellt § 477 einige **inhaltliche und formale Anforderungen** für Garantien auf. Dazu gehört, dass Garantieerklärungen im Fall des Verbrauchsgüterkaufs einfach und verständlich abgefasst sein müssen. Außerdem hat der Unternehmer in der Garantieerklärung auf die gesetzlichen Rechte des Verbrauchers sowie darauf hinzuweisen, dass diese Rechte durch die Garantie nicht eingeschränkt werden.

Für den Fall der Verletzung dieser Anforderungen sieht § 477 keine Sanktion vor. Abs. 3 stellt lediglich klar, dass die **Wirksamkeit der Garantieerklärung** hierdurch nicht berührt wird, was nach dem Schutzzweck des § 477 aber selbstverständlich erscheint. Gleichwohl muss der Unternehmer mit Konsequenzen rechnen. So haben Verbraucherschutzverbände die Möglichkeit, ihn nach § 2 I, II Nr. 1 UKlaG auf Unterlassung in Anspruch zu nehmen. Aus wettbewerbsrechtlicher Sicht ist ein Verstoß gegen §§ 3, 5 UWG denkbar.[465] Für den Verbraucher selbst kommt ein Schadensersatzanspruch aus culpa in contrahendo (§§ 280 I, 311 II, 241 II) in Betracht.

460 Begr. RegE, BT-Drs. 14/6040, 245.
461 Zur Anwendbarkeit des § 476 beim Tierkauf BGHZ 167, 40 – Sommerekzem = JA 2006, 814 (*Looschelders*); BGH, NJW 2007, 2619 – Zuchtkater = JA 2007, 898 (*Looschelders*).
462 Vgl. LG Essen, NJW 2004, 527; Palandt/*Weidenkaff* § 476 Rn. 11.
463 Vgl. BGHZ 167, 40 (51) = NJW 2006, 2250 (2252)
464 BGH, NJW 2005, 3490 (3492); NJW 2006, 1195 (1196); aA MüKoBGB/*S. Lorenz* § 476 Rn. 17.
465 Vgl. Hk-BGB/*Saenger* § 477 Rn. 5.

IV. Der Rückgriff des (Letzt-)Verkäufers auf den Lieferanten

1. Allgemeines

Erfüllt der Verkäufer einer neu hergestellten Sache die Gewährleistungsrechte des Verbrauchers, so muss ihm nach Art. 4 Verbrauchsgüterkauf-RL der Rückgriff auf seinen Lieferanten oder den Hersteller der Sache ermöglicht werden. Denn die Ausweitung der Käuferrechte im Verbrauchsgüterkauf soll sich nicht einseitig zu Lasten des **Letztverkäufers** auswirken. Dieser erscheint schutzwürdig, weil der Mangel im Allgemeinen nicht aus seiner Sphäre stammt und weil er im Verhältnis zum Lieferanten oder Hersteller typischerweise als die **schwächere Vertragspartei** anzusehen ist. 276

Diese Vorgaben werden in den §§ 478, 479 verwirklicht. Die Vorschriften ermöglichen dem Letztverkäufer allerdings **keinen Durchgriff** auf den Hersteller. Er muss sich vielmehr an seinen Lieferanten (zB den Zwischenhändler) halten, der wiederum gegen seinen Lieferanten (zB den Großhändler) vorgehen kann. Der wirtschaftliche Nachteil kann so **in der Lieferkette** bis zum Hersteller weiter gereicht werden, wobei die für den Rückgriff des (Letzt-)Verkäufers maßgeblichen Sonderregeln den weiteren Gliedern der Lieferkette ebenfalls zugute kommen (§ 478 V). 277

Inhaltlich übertragen die §§ 478 I–IV, 479 die Regeln über den Verbrauchsgüterkauf weitgehend auf den Rückgriff des (Letzt-)Verkäufers. Im Verhältnis zu seinem Lieferanten stehen diesem somit praktisch die **gleichen Rechte wie einem Verbraucher** gegenüber einem Unternehmer zu.

2. Die Rechte des Letztverkäufers (Unternehmers)

Ist die Kaufsache mangelhaft, so kann der Letztverkäufer (Unternehmer) die **in § 437 genannten Gewährleistungsrechte** gegen seinen Lieferanten geltend machen. § 478 I modifiziert diese Rechte dahingehend, dass eine nach allgemeinen Regeln erforderliche Fristsetzung entbehrlich ist, wenn der Unternehmer aufgrund des Mangels die Kaufsache *zurücknehmen* oder eine *Minderung* durch den Käufer hinnehmen musste. Maßgeblich ist dabei die Überlegung, dass eine Nachlieferung oder Nachbesserung den Interessen des Letztverkäufers in diesem Fall regelmäßig nicht gerecht wird.[466] 278

Hinweis: § 478 I ist keine eigenständige Anspruchsgrundlage, sondern enthält nur eine Sonderregelung für das Fristsetzungserfordernis. Bei der praktischen Rechtsanwendung muss daher von den in § 437 geregelten Rechten ausgegangen werden.

Verlangt der Verbraucher vom (Letzt-)Verkäufer *Nacherfüllung*, so muss dieser die damit verbundenen Kosten tragen (§ 439 II). Damit diese Belastung nicht beim Letztverkäufer bleibt, gibt § 478 II ihm einen entsprechenden **Aufwendungsersatzanspruch** gegen den Lieferanten. Anders als bei § 478 I handelt es sich hier um eine selbständige Anspruchsgrundlage.[467] Für den Letztverkäufer liegt der Vorteil vor allem darin, dass er insoweit nicht auf den verschuldensabhängigen Schadensersatzanspruch verwiesen ist. 279

Die Sonderregeln des § 478 I, II greifen nur beim Kauf einer **neu hergestellten** Sache ein. Dahinter steht die Erwägung, dass bei gebrauchten Sachen in der Regel keine 280

466 Vgl. Hk-BGB/*Saenger* §§ 478, 479 Rn. 3; *Medicus/Lorenz*, Schuldrecht II, Rn. 250.
467 Vgl. *Brox/Walker*, Schuldrecht BT, § 7 Rn. 17.

geschlossene Vertriebskette vorliegt, die eine Sonderbehandlung des Rückgriffs rechtfertigen könnte.[468] Beim Verkauf von gebrauchten Sachen richten sich die Gewährleistungsrechte des Verkäufers gegenüber etwaigen Lieferanten daher nach den allgemeinen Vorschriften.

281 Die durch § 478 I modifizierten allgemeinen Rechte des Unternehmers setzen ebenso wie der Aufwendungsersatzanspruch aus § 478 II voraus, dass »der vom Verbraucher geltend gemachte Mangel bereits beim Übergang der Gefahr auf den Unternehmer vorhanden war« und nicht etwa erst später beim Unternehmer entstanden ist (zB Lagerschäden). Dies kann den Unternehmer vor erhebliche Beweisprobleme stellen. § 478 III schafft dadurch Abhilfe, dass die **Beweislastumkehr** nach § 476 (→ Rn. 271 ff.) auf das Verhältnis von Unternehmer und Lieferant übertragen wird. Da zwischen dem Erwerb der Kaufsache und ihrer Weiterveräußerung durch den Unternehmer ein längerer Zeitraum liegen kann, beginnt die sechsmonatige Frist dabei erst mit dem Gefahrübergang auf den Verbraucher.

282 Der Schutz des Unternehmers wäre unvollkommen, wenn er zugunsten des (typischerweise stärkeren) Lieferanten **abbedungen** werden könnte. § 478 IV schränkt deshalb die Vertragsfreiheit dahingehend ein, dass eine vorherige Vereinbarung der Parteien über die Einschränkung der Rechte des Unternehmers gegenüber seinem Lieferanten (einseitig) unwirksam ist. Eine Ausnahme gilt allerdings für den Fall, dass dem Unternehmer für die Einschränkung der Gewährleistungsrechte ein *gleichwertiger* Ausgleich eingeräumt wird. Der Gesetzgeber denkt dabei insbesondere an pauschale Abrechnungssysteme, nach denen den berechtigten Interessen des Unternehmers auf andere Weise (zB durch pauschale Kürzung des Kaufpreisanspruchs, Einräumung von Rabatten) Rechnung getragen wird.[469] Für die Einschränkung von Schadensersatzansprüchen gelten dagegen nur die allgemeinen Grenzen der §§ 134, 138, 242, 307.

283 § 478 VI stellt klar, dass der Ausschlusstatbestand des **§ 377 HGB** (→ Rn. 154) auch im Verhältnis zwischen dem Verkäufer und seinem Lieferanten sowie bei den anderen Rückgriffsansprüchen in der Lieferkette anwendbar ist. Der Rückgriff ist also ausgeschlossen, wenn der Anspruchsteller seine Untersuchungs- und Rügepflicht verletzt hat.

3. Verjährung der Rückgriffsansprüche

284 Bei der Verjährung ist zwischen den verschiedenen Regressansprüchen des Unternehmers zu unterscheiden. Soweit sich die **Ansprüche** des Unternehmers **nach § 437** richten, gilt die allgemeine Vorschrift des § 438, wobei beim Verkauf beweglicher Sachen die Zwei-Jahresfrist des Abs. 1 Nr. 3 im Vordergrund steht. Eine eigenständige Regelung ist insoweit nicht erforderlich. Auf den **Aufwendungsersatzanspruch** aus § 478 II ist § 438 nicht anwendbar. Für diesen Anspruch enthält § 479 I deshalb eine eigenständige Verjährungsvorschrift. Die Verjährungsfrist beträgt aber auch hier zwei Jahre, wobei es für den Beginn der Verjährung – ebenso wie bei den Ansprüchen des Unternehmers nach § 437 – auf die *Ablieferung* der Sache *an den Unternehmer* (und nicht etwa an den Verbraucher) ankommt.

---

468 BT-Drs. 14/6040, S. 248; Hk-BGB/*Saenger* §§ 478, 479 Rn. 4; *Jacobs*, JZ 2004, 225 (227); krit. *Nguyen*, Rückgriff, S. 110 ff.; *Westermann*, NJW 2002, 241 (252).

469 Vgl. AnwKomm-*Büdenbender* § 478 Rn. 61; *Nguyen*, Rückgriff, S. 173 ff.

Zur Vertiefung: Ist die Kaufsache entsprechend ihrer üblichen Verwendungsweise für ein Bauwerk verwendet worden, so harmoniert die Regelung des § 479 I nicht mit der Fünf-Jahresfrist des § 438 I Nr. 2 lit. b. Eine teleologische Korrektur dieser Divergenz kommt jedoch nicht in Betracht, zumal der Letztverkäufer durch die Ablaufhemmung nach § 479 II (→ Rn. 285) ausreichend geschützt wird.[470]

Da die Verjährung der Regressansprüche mit der Ablieferung der Sache durch den Lieferanten beginnt, läuft der Unternehmer Gefahr, dass die Verjährungsfrist für seine Regressansprüche schon abgelaufen ist, bevor er selbst durch den Verbraucher in Anspruch genommen wird. Um den Unternehmer vor dieser »Verjährungsfalle« zu schützen, sieht § 479 II eine **Ablaufhemmung** vor. Bei neu hergestellten Sachen tritt die Verjährung der in §§ 437, 478 II geregelten Ansprüche des Unternehmers gegen seinen Lieferanten frühestens zwei Monate nach dem Zeitpunkt ein, in dem der Unternehmer die Ansprüche des Verbrauchers erfüllt hat. Die Frist endet aber spätestens fünf Jahre nach Ablieferung der Sache an den Unternehmer. Diese Obergrenze kann praktische Bedeutung erlangen, wenn der Unternehmer die Sache erst nach sehr langer Lagerzeit weiterverkauft. **285**

Verjährungsfragen stellen sich nicht nur im Verhältnis zwischen dem Letztverkäufer und seinem Lieferanten, sondern auch bei den weiteren Regressansprüchen **in der Lieferkette.** § 479 III sieht deshalb vor, dass die Regelungen des Abs. 1 und 2 hier entsprechend anwendbar sind. **286**

Die Verjährung kann gemäß § 478 IV grundsätzlich **nicht** zu Lasten des rückgriffsberechtigten Unternehmers **verkürzt** werden. Eine Ausnahme gilt allerdings wieder bei Einräumung eines gleichwertigen Ausgleichs.[471] **287**

Literatur: *Arnold*, Zur Reichweite des § 475 BGB, ZGS 2004, 64; *Bartelt*, Der Rückgriff des Letztverkäufers, 2006; *Bitterich*, Der Rückgriff des Letztverkäufers – Auslegungsprobleme der §§ 478, 479 BGB einschließlich internationaler Aspekte, JR 2004, 485; *Czaplinski*, Strohmanngeschäfte im Gebrauchtwagenhandel als Umgehung nach § 475 Abs. 1 Satz 2 BGB, ZGS 2007, 92; *Eichelberger*, Von neuen und gebrauchten Tieren – Zur Anwendbarkeit des § 475 Abs. 2 BGB auf den Tierkauf, ZGS 2007, 98; *Erhardt*, Vermeidung und Umgehung im Verbrauchsgüterkaufrecht (2009); *Gsell*, Die Beweislast für den Sachmangel beim Verbrauchsgüterkauf, JuS 2005, 967; *dies.*, Sachmangelbegriff und Reichweite der Beweislastumkehr beim Verbrauchsgüterkauf, JZ 2008, 29; *Hofmann*, Agenturvertrag im Gebrauchtwagenhandel, JuS 2005, 8; *Höpfner*, Die Reichweite der Beweislastumkehr im Verbrauchsgüterkauf, ZGS 2007, 410; *Jacobs*, Der Rückgriff des Unternehmers nach § 478 BGB, JZ 2004, 225; *Katzenmeier*, Agenturgeschäfte im Gebrauchtwagenhandel, NJW 2004, 2632; *Kieselstein*, Die Rechtsprechung des BGH zu § 476 BGB, ZGS 2006, 170; *dies.*, Der Verbraucher im BGB, ZGS 2007, 54; *Kieselstein/Rückebeil*, Aktuelle Rechtsprechung zu einzelnen Problemen des Verbrauchsgüterkaufs, JA 2006, 423; *Klöhn*, Beweislastumkehr beim Verbrauchsgüterkauf (§ 476 BGB), NJW 2007, 2811; *Lepsius*, Obliegenheiten versus unternehmerische Dispositionsfreiheit als taugliche Prinzipien bei der gegenwärtigen und künftigen Interpretation der §§ 478, 479 BGB, AcP 207 (2007), 340; *Lettl*, Vertragliche Beschränkungen der Mängelgewährleistung des Verkäufers beim Verbrauchsgüterkauf (§ 475 BGB), JA 2009, 241; *Looschelders*, Die Rechtsfolgen der Gesetzesumgehung durch Agentur- und Strohmanngeschäfte beim Verbrauchsgüterkauf, JR 2008, 45; *S. Lorenz*, Sachmangel und Beweislastumkehr beim Verbrauchsgüterkauf – Zur Reichweite der Vermutungsregel in § 476 BGB, NJW 2004, 3020; *ders.*, Die Rechtsfolgen eines Verstoßes gegen das Umgehungsverbot im Verbrauchsgüterkaufrecht bei Agentur- und Strohmanngeschäften, FS Westermann, 2008, 415; *Nietsch*,

470 MüKoBGB/*S. Lorenz* § 479 Rn. 5.

471 Palandt/*Weidenkaff* § 479 Rn. 3; krit. MüKoBGB/*S. Lorenz* § 479 Rn. 17, wonach ein gleichwertiger Ausgleich für die Verkürzung der Verjährung kaum vorstellbar ist.

System und Gestaltung des Rückgriffs in der Lieferkette, AcP 210 (2010), 722; *Nguyen*, Der Rückgriff des Unternehmers gegen seinen Lieferanten nach Umsetzung der Verbrauchsgüterkaufrichtlinie, Diss. Düsseldorf, 2004; *Raue*, Der mangelhafte »Ladenhüter« beim Verbrauchsgüterkauf – Zur Funktionsweise der Ablaufhemmung in § 479 II BGB, Jura 2007, 427; *Rühl*, Zur Vermutung der Mangelhaftigkeit beim Verbrauchsgüterkauf – Die Rechtsprechung des BGH in rechtsvergleichender Perspektive, RabelsZ 73 (2009), 912; *Saenger/Veltmann*, § 476 – Gesetzliche Haltbarkeitsgarantie?, ZGS 2005, 450; *Schroeter*, Probleme des Anwendungsbereichs des Verbrauchsgüterkaufrechts (§§ 474 ff. BGB), JuS 2006, 682; *Schumacher*, Der Lieferantenregress gemäß §§ 478, 479 BGB, 2004; *Sendmeyer*, Der Unternehmerregress nach Maßgabe der §§ 478, 479 BGB, 2008; *Tröger*, Voraussetzungen des Verkäuferregresses im BGB, AcP 204 (2004), 115; *Westermann*, Zu den Gewährleistungsansprüchen des Pferdekäufers, ZGS 2005, 342; *Graf v. Westphalen*, Zur Auslegung von § 476 BGB bei Verschleiß und Bedienungsfehlern, ZGS 2005, 210; *Witt*, Beweislastumkehr beim Verbrauchsgüterkauf nach § 476 BGB: Versuch einer Bestandsaufnahme, ZGS 2007, 386. Vgl. auch die Nachweise zu § 1.

§ 14 Internationale Kaufverträge

I. Internationales Privatrecht

288 In Fällen mit Auslandsberührung ist nach den Vorschriften des **Internationalen Privatrechts** (Art. 3 ff. EGBGB) zu ermitteln, welches Recht auf den Kaufvertrag anwendbar ist. Das Internationale Vertragsrecht war bis zum 17. 12. 2009 in den Art. 27 ff. EGBGB geregelt. Für Verträge, die seit diesem Stichtag geschlossen worden sind, bestimmt sich das anwendbare Recht nach der Verordnung (EG) Nr. 593/2008 über das auf vertragliche Schuldverhältnisse anzuwendende Recht v. 17. 6. 2008 (sog. Rom I-VO; vgl. Art. 3 Nr. 1 b EGBGB). Da die Art. 27 ff. EGBGB auf dem Europäischen Schuldvertragsübereinkommen von 1980 (EVÜ) beruhten, haben sich die wesentlichen Anknüpfungsregeln für Kaufverträge aber nicht geändert.

289 Gemäß Art. 3 I Rom I-VO können die Parteien das anwendbare Recht grundsätzlich frei wählen, ohne dass ein objektiver Bezug zu dem gewählten Recht erforderlich wäre. Grenzen der **Rechtswahlfreiheit** bestehen namentlich bei Verbraucherverträgen (Art. 6 Rom I-VO). Mangels Rechtswahl gilt für Kaufverträge über bewegliche Sachen das Recht des Staates, in dem der Verkäufer seinen gewöhnlichen Aufenthalt hat (Art. 4 I lit. a Rom I-VO). Bei Verbraucherverträgen wird stattdessen unter bestimmten Voraussetzungen auf den gewöhnlichen Aufenthalt des Verbrauchers abgestellt (Art. 6 I Rom I-VO). Für Kaufverträge über unbewegliche Sachen (insbesondere Grundstücke) gilt das Recht am Lageort der Sache (Art. 4 I lit. c Rom I-VO). Verträge über den Kauf beweglicher Sachen durch Versteigerung unterliegen dem Recht am Ort der Versteigerung (Art. 4 I lit. g Rom I-VO).

II. UN-Kaufrecht und Gemeinsames Europäisches Kaufrecht

290 Beim internationalen Warenkauf ist überdies das **UN-Kaufrecht** von 1980 (CISG) zu beachten, das für die Bundesrepublik Deutschland am 1. 1. 1991 in Kraft getreten ist (s. dazu SAT Rn. 42). Das UN-Kaufrecht erfasst Kauf- und Werklieferungsverträge über bewegliche Sachen (Waren), die nicht für den persönlichen Gebrauch bestimmt sind. Es gilt also **nicht** für **Verbraucherverträge** (Art. 2 lit. a CISG). Nach Art. 1 I CISG ist das UN-Kaufrecht anwendbar, wenn beide Vertragsparteien ihre Niederlassung in verschiedenen Vertragsstaaten haben oder wenn die Regeln des Internationalen Privatrechts auf das Recht eines Vertragsstaats verweisen. Nach Art. 6 CISG

können die Parteien die Anwendung des UN-Kaufrechts aber durch Vertrag ausschließen, was in der Praxis häufig geschieht.

Das UN-Kaufrecht enthält eigene **materiell-rechtliche Regeln** über den Abschluss von Kaufverträgen, die Gefahrtragung sowie die Folgen von Vertragsverletzungen. Soweit das UN-Kaufrecht keine eigenständigen Regeln enthält, wird auf das nach dem Internationalen Privatrecht maßgebliche nationale Recht zurückgegriffen.[472] **291**

Die Kommission hat am 11. 10. 2011 den Vorschlag für eine Verordnung des Europäischen Parlaments und des Rates über ein Gemeinsames Europäisches Kaufrecht vorgelegt.[473] Der Vorschlag sieht vor, dass die Parteien das Recht haben sollen, für ihre **grenzüberschreitenden Verträge** über den Kauf von Waren oder die Bereitstellung digitaler Inhalte sowie die Erbringung verbundener Dienstleistungen die Anwendbarkeit der Regeln des Gemeinsamen Europäischen Kaufrechts zu vereinbaren (Art. 3). Die Regeln des Gemeinsamen Europäischen Kaufrechts sollen nur gelten, wenn die Parteien eine entsprechende **Vereinbarung** getroffen haben. Eine solche Vereinbarung soll nur zulässig sein, wenn der Verkäufer der Waren oder der Lieferant der digitalen Inhalte Unternehmer ist. Wenn alle Parteien Unternehmer sind, muss mindestens eine Partei ein »kleines oder mittleres Unternehmen« sein (Art. 7). Wichtigstes Ziel des Vorschlags ist es, den Abschluss von grenzüberschreitenden Geschäften dadurch zu fördern, dass die Parteien sich nicht mit dem jeweiligen nationalen Recht vertraut machen müssen. Der Sinn eines solchen optionalen Gemeinsamen Europäischen Kaufrechts für grenzüberschreitende Geschäfte ist umstritten; außerdem besteht hinsichtlich der inhaltlichen Ausgestaltung großer Diskussionsbedarf. Die weitere Entwicklung bleibt daher abzuwarten. **291a**

Literatur: *v. Hoffmann/Thorn*, Internationales Privatrecht, 9. Aufl. 2007; *Karollus*, Der Anwendungsbereich des UN-Kaufrechts im Überblick, JuS 1993, 378; *Kropholler*, Internationales Privatrecht, 6. Aufl. 2006; *Reithmann/Martiny*, Internationales Vertragsrecht, 7. Aufl. 2010; *Schlechtriem*, Internationales UN-Kaufrecht, 4. Aufl. 2007; *Schlechtriem/Schwenzer*, Kommentar zum Einheitlichen UN-Kaufrecht (CISG), 5. Aufl. 2008.

Die kaufrechtliche Gewährleistung (Prüfungsschema)
I. Tatbestand des § 437
1. Kaufvertrag
2. Mangel (§§ 434, 435)
3. Im maßgeblichen Zeitpunkt
a) Sachmangel: bei Gefahrübergang §§ 446, 447 *(vgl. auch § 474 II und § 476)*
b) Rechtsmangel: bei Eigentumsübertragung
II. Voraussetzungen der einzelnen Gewährleistungsrechte
1. **Nacherfüllung** §§ 437 Nr. 1, 439
→ Anspruch besteht bei Vorliegen der Voraussetzungen des § 437
→ evtl. Ausschluss nach § 275 I oder Einrede nach §§ 275 II, III, 439 III

472 Vgl. Staudinger/*Magnus* (2004) Einl. zum CISG Rn. 29.
473 KOM(2011) 635 endg.

2. Rücktritt/Minderung §§ 437 Nr. 2, 440, 323, 326 V (ggf. iVm § 441) a) Kaufvertrag (= gegenseitiger Vertrag) b) Verstoß gegen § 433 I 2 (= nicht vertragsgemäße Leistung bzw. qualitative Unmöglichkeit) c) Evtl. weitere Voraussetzungen (insb. Fristsetzung, § 323 I)	**3. Schadensersatz** § 437 Nr. 3 iVm **§§ 280 ff.**, 440 a) Kaufvertrag (= Schuldverhältnis) b) Verstoß gegen § 433 I 2 (= Pflichtverletzung) c) Evtl. weitere Voraussetzungen (insb. Fristsetzung, § 281 I oder Mahnung, § 286 I) d) Vertretenmüssen (§§ 276 ff.) e) Schaden – bei anfänglicher Unmöglichkeit: iVm **§ 311 a II**
III. Ausschlusstatbestände	
1. § 442 Kenntnis des Käufers 2. § 444 Vertraglicher Haftungsausschluss (*vgl. aber § 475 I und III*) 3. § 445 Haftungsbegrenzung bei öffentlichen Versteigerungen (*vgl. aber § 474 II*) 4. § 377 HGB Verletzung der Rügeobliegenheit (*vgl. auch § 478 VI*)	
IV. Verjährung § 438 ggf. iVm § 218 (*vgl. auch § 475 II und III*)	

2. Abschnitt. Sonstige Veräußerungsverträge

§ 15 Der Tausch

292 Im Anschluss an den Kauf regelt das BGB in § 480 den Tausch. Es handelt sich um einen **gegenseitigen Vertrag**, in dem sich jede Partei zur Leistung einer Sache, eines Rechts oder eines sonstigen Gegenstands im Austausch gegen einen anderen Gegenstand verpflichtet. Der Unterschied zum Kauf liegt darin, dass **keine Partei** eine **Geldleistung** zu erbringen hat.[474]

293 Gemäß § 480 sind auf den Tausch die **Vorschriften über den Kauf** entsprechend anzuwenden. Die Verweisung wird in der Literatur mit Recht als zu pauschal kritisiert.[475] Anerkannt ist aber, dass jede Partei im Hinblick auf die von ihr zu erbringende Leistung als Verkäufer und im Hinblick auf die ihr zustehende Leistung als Käufer zu behandeln ist.[476] Weist die von der einen Partei erbrachte Leistung einen **Sach- oder Rechtsmangel** auf, so richten sich die Rechte der anderen Partei somit nach den §§ 434 ff. Der anderen Partei steht also grundsätzlich ein Anspruch auf *Nacherfüllung*

---

474 Vgl. *Medicus/Lorenz*, Schuldrecht II, Rn. 378; *Gursky*, Schuldrecht BT, S. 62.
475 Vgl. MüKoBGB/*Westermann* § 480 Rn. 6.
476 Vgl. Palandt/*Weidenkaff* § 480 Rn. 8; *Brox/Walker*, Schuldrecht BT, § 8 Rn. 1.

(§§ 437 Nr. 1, 439) zu. Die anderen Mängelrechte (Rücktritt, Minderung, Schadensersatz statt der Leistung) können im Regelfall erst geltend gemacht werden, wenn der Erwerber der mangelhaften Sache dem Veräußerer zuvor erfolglos eine angemessene **Frist zur Nacherfüllung** gesetzt hat.[477]

Beispiel (BGH, NJW 2006, 988): Die A hatte ihren Wallach gegen eine Stute des B getauscht. Etwa zwei Monate später stellte sie bei der Stute eine sog. periodische Augenentzündung fest. Sie ließ das Pferd tierärztlich behandeln und zwei Mal operieren und verlangte von B Ersatz der Behandlungs- und Operationskosten. Der BGH hat einen Anspruch auf Ersatz dieser Kosten aus §§ 480, 437 Nr. 3, 440, 280, 281 abgelehnt, weil die A den B nicht zur Mängelbeseitigung durch eine tierärztliche Behandlung des Pferdes aufgefordert hatte. Da es sich bei der Behandlung um keine Notmaßnahme gehandelt habe, sei die Fristsetzung auch nicht nach § 440 oder § 281 II wegen Unzumutbarkeit entbehrlich gewesen.

Besondere Komplikationen können bei der **Minderung** auftreten. Denn die Gegenleistung für den mangelhaften Gegenstand kann als solche nicht nach § 441 III »herabgesetzt« werden. Die hM behilft sich damit, dass sie dem Erbringer der mangelfreien Leistung einen Ausgleichsanspruch in Geld zubilligt.[478] Dem wird zum Teil entgegengehalten, dass es hierfür an einer Rechtsgrundlage fehle.[479] Dieser Einwand übersieht indessen, dass § 480 eine (den Besonderheiten des Tausches) *entsprechende* Anwendung der §§ 433 ff. anordnet.[480] Der Ausgleichsanspruch ist aber ein geeignetes Mittel, um die Wertungen des § 441 III, IV in einer den Besonderheiten des Tausches entsprechenden Weise zu verwirklichen. 294

Beispiel: A tauscht sein Gemälde »Blaue Horizonte« des Malers Max Müller (Wert: 4.000 EUR) im Rahmen einer Tauschbörse gegen das Gemälde des B »Grüne Triangeln« des Malers Franz Schulze (Wert: 5.000 EUR). Später stellt sich heraus, dass das Gemälde »Grüne Triangeln« nicht von Franz Schulze, sondern von einem anderen Künstler stammt, und deshalb nur 3.000 EUR wert ist. Kann A mindern? – A könnte nach §§ 480, 437 Nr. 2, 441, 326 V zur Minderung berechtigt sein. Die Parteien haben einen Vertrag über den Tausch der Gemälde geschlossen. Dass das Bild »Grüne Triangeln« nicht von Franz Schulze stammt, stellt einen Sachmangel iSd § 434 I 1 dar. Ebenso wie beim Rücktritt ist auch bei der Minderung grundsätzlich eine vorherige Fristsetzung zur Nacherfüllung erforderlich (vgl. §§ 441 I, 323 I). Da eine Beseitigung des Mangels durch Nachlieferung oder Nachbesserung unmöglich ist (§ 275 I), entfällt die Notwendigkeit einer Fristsetzung aber gemäß § 326 V. Problematisch erscheint die Durchführung der Minderung. Nach der Formel des § 441 III (→ Rn. 118) müsste A dem B an sich eine Sache im Wert von nur 2.400 EUR übereignen. Da das Gemälde »Blaue Horizonte« 4.000 EUR wert ist, steht ihm ein Ausgleichsanspruch aus § 480 iVm § 441 IV in Höhe von 1.600 EUR zu.[481]

Soweit die Leistungsstörung **keinen Sachmangel** betrifft, gelten für den Tausch die Vorschriften des allgemeinen Schuldrechts, namentlich die §§ 280 ff., 311 a II, 320 ff. Besonderheiten ergeben sich bei der Berechnung des **Schadensersatzes statt der Leistung.** Hier kann der Gläubiger der »gestörten« Leistung wählen, ob er den Schaden nach der Differenz- oder der Surrogationstheorie berechnen will (ausführlich dazu SAT Rn. 667 ff.). 295

Beispiel: Im Kunsttausch-Fall weist das Gemälde »Grüne Triangeln« bei Abschluss des Tauschvertrages keinen Mangel auf. Es wird aber vor der Abwicklung des Tausches bei einem Wohnungs-

477 BGH, NJW 2006, 988.
478 Vgl. *Brox/Walker*, Schuldrecht BT, § 8 Rn. 2; *Medicus/Lorenz*, Schuldrecht II, Rn. 380; MüKoBGB/*Westermann* § 480 Rn. 6.
479 So *Oetker/Maultzsch* § 2 Rn. 606.
480 Zur methodischen Einordnung *Larenz/Canaris*, Methodenlehre, S. 82.
481 Zur Berechnung der Minderung in solchen Fällen vgl. Palandt/*Weidenkaff* § 480 Rn. 8; Staudinger/*Mader* (2004) § 480 Rn. 17.

brand zerstört, den B infolge von Fahrlässigkeit verursacht hat. – A steht in diesem Fall ein Schadensersatzanspruch aus §§ 280 I, III, 283 zu. Denn die Leistung des Gemäldes »Grüne Triangeln« ist B nach Abschluss des Vertrages durch ein von ihm zu vertretendes Ereignis unmöglich geworden. Nach der Differenztheorie kann A das Gemälde »Blaue Horizonte« behalten und von B Zahlung von 1.000 EUR verlangen. Entscheidet A sich für die Anwendung der Surrogationstheorie, so hat er gegen B einen Anspruch auf Zahlung von 5.000 EUR Zug um Zug gegen Übereignung der »Blauen Horizonte«.

Literatur: *Fehrenbacher*, Der Tausch, ZVglRWiss 101 (2002), 89.

§ 16 Teilzeit-Wohnrechteverträge

I. Allgemeines

296 Verträge über Teilzeitwohnrechte (sog. Timesharing-Verträge) bergen in der Praxis erhebliche Missbrauchsgefahren. Dies gilt insbesondere mit Blick auf Timesharing-Verträge über **Ferienwohnungen im Ausland**, welche nicht selten durch extrem lange Laufzeiten und übermäßige Belastungen für den Erwerber (Verbraucher) gekennzeichnet sind.

Beispiel (nach BGH, NJW 1997, 1697): V vertreibt Wohnrechte an einer Ferienanlage auf Gran Canaria. Während eines dortigen Urlaubsaufenthalts wurde das Ehepaar M und F von Werbern des V auf der Straße angesprochen und zu einer Informationsveranstaltung in die Ferienanlage eingeladen. Dort unterzeichneten sie eine formularmäßige Erklärung über den Erwerb eines Wohnrechts an dem Appartement Nr. 255 der Anlage für die jeweils 31. Woche eines jeden Jahres, beginnend mit dem 31. 7. 1994 und endend im Jahre 2073. In der Erklärung verpflichteten sich M und F, dem V ein einmaliges Entgelt von DM 28.255 sowie jährliche Bewirtschaftungs- und Verwaltungskosten von »z. Zt. 345 DM pro Woche« zu zahlen. M und F leisteten eine Anzahlung von DM 3.000. Nach Rückkehr aus dem Urlaub kamen sie aber zu dem Schluss, dass sie nicht die nächsten 80 Jahre zur selben Zeit in derselben Anlage Urlaub machen wollten, und lehnten weitere Zahlungen ab. Zu Recht?

297 Um solche Missbräuche zu bekämpfen, hat der europäische Gesetzgeber am 26. 10. 1994 die **Timesharing-Richtlinie (RL 94/47/EG)** erlassen. Der deutsche Gesetzgeber hat diese Richtlinie zunächst im Teilzeit-Wohnrechtegesetz (TzWRG) v. 20. 12. 1996[482] umgesetzt und die Regelungen im Zuge der Schuldrechtsreform in das BGB (§§ 481–487) integriert. Der systematische Standort im Anschluss an Kauf und Tausch beruht auf der Erwägung, dass Timesharing-Verträge häufig als **Rechtskauf** (§ 453) zu qualifizieren sind.[483]

Der durch die Richtlinie 94/47/EG gewährte Verbraucherschutz hatte Lücken, die zu Umgehungsgeschäften verleiteten. Der europäische Gesetzgeber hat daher am 14. 1. 2009 eine **neue Timesharing-Richtlinie** (RL 2008/122/EG) erlassen, die eine Ausweitung des Verbraucherschutzes insbesondere auf ähnliche Urlaubsprodukte vorsieht (vgl. → Rn. 299 a).[484] Der deutsche Gesetzgeber hat diese Richtlinie mit Wirkung v. 23. 2. 2011 umgesetzt.

---

482 BGBl. I, 2154. Zur Entstehungsgeschichte Staudinger/*Martinek* (2004) Vorbem. zu §§ 481–487 Rn. 1.

483 Begr. RegE., BT-Drs. 14/6040, 250 f.; Palandt/*Weidenkaff* § 481 Rn. 1; *Brox/Walker*, Schuldrecht BT, § 7 Rn. 67.

484 Vgl. *Bülow/Artz*, Verbraucherprivatrecht, Rn. 463.

II. Begriff und Rechtsnatur

Nach der **Legaldefinition** des § 481 I handelt es sich bei Teilzeit-Wohnrechtever- 298
trägen um Verträge, durch die ein Unternehmer einem Verbraucher gegen Zahlung eines Gesamtpreises das Recht verschafft oder zu verschaffen verspricht, für die Dauer von mehr als einem Jahr ein Wohngebäude mehrfach für einen bestimmten oder zu bestimmenden Zeitraum zu Übernachtungszwecken zu nutzen. Nach § 481 II 2 kann dem Verbraucher dabei auch das Recht eingeräumt werden, zwischen verschiedenen Objekten aus einem Bestand von Wohngebäuden (zB in verschiedenen Ländern) zu wählen. Teile eines Wohngebäudes (zB Ferienwohnungen, einzelne Zimmer) und bewegliche Unterkünfte (zB Wohnmobile, Hausboote; Kabinen auf Kreuzfahrtschiffen) stehen dem Wohngebäude nach § 481 III gleich.[485] Die §§ 481 ff. gelten somit für alle Verträge zwischen einem **Verbraucher** (§ 13) und einem **Unternehmer** (§ 14), die auf die **mehrfache Nutzung** eines Objekts zu Übernachtungszwecken gerichtet sind. Gegenüber der bisherigen Fassung des § 481 I wurde die Mindestdauer von drei Jahren auf mehr als ein Jahr verkürzt; außerdem ist nicht mehr erforderlich, dass das Objekt zu Erholungs- oder Wohnzwecken genutzt wird.

Timesharing-Verträge sind in der Praxis unterschiedlich ausgestaltet. § 481 II 1 stellt 299
klar, dass das dem Verbraucher eingeräumte Nutzungsrecht dinglicher oder anderer (insbesondere schuldrechtlicher) Natur sein mag und auch durch eine vereins- oder gesellschaftsrechtliche Gestaltung eingeräumt werden kann. Hieran anknüpfend lassen sich drei Grundformen unterscheiden: Beim **schuldrechtlichen Timesharing** wird dem Verbraucher ein obligatorischer Nutzungsanspruch verschafft, der meist miet- oder pachtrechtlichen Charakter aufweist. Bei **dinglicher Ausgestaltung** erwirbt der Verbraucher ein dingliches Nutzungsrecht an der Immobilie (zB Miteigentum nach §§ 1008 ff.; Dauerwohnrecht nach §§ 31 ff. WEG). Die **vereins- oder gesellschaftsrechtlichen Ausgestaltungen** sind dadurch gekennzeichnet, dass das Nutzungsrecht durch die Mitgliedschaft in einem Verein oder den Anteil an einer Gesellschaft vermittelt wird.[486]

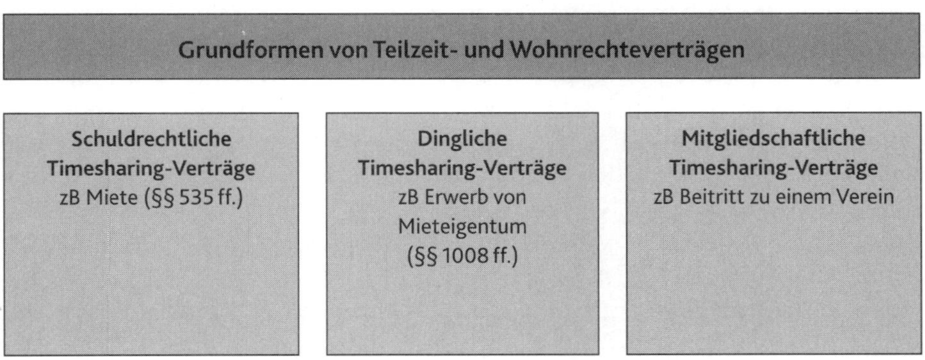

Abbildung: Grundformen von Teilzeit-Wohnrechteverträgen

485 Vgl. Begr. RegE, BT-Drs. 17/2764, 16.
486 Vgl. MüKoBGB/*Franzen* § 481 Rn. 2 f.; *Bülow/Artz*, Verbraucherprivatrecht, Rn. 465; zum Timesharing nach einem österreichischen Vereinsmodell BGH, NJW-RR 2010, 712.

299a Der bei der Umsetzung der Richtlinie 2008/122/EG neu eingefügte § 481 a erweitert den Anwendungsbereich der §§ 481 ff. auf Verträge über ein **langfristiges Urlaubsprodukt.** Es handelt sich dabei um Verträge über mehr als ein Jahr, durch die ein Unternehmer einem Verbraucher gegen Zahlung eines Gesamtpreises das Recht verschafft oder zu verschaffen verspricht, Preisnachlässe oder sonstige Vergünstigungen in Bezug auf eine Unterkunft zu erwerben. Ein Beispiel ist die Mitgliedschaft in einem Reise-Rabatt-Club.[487] Durch § 481 b werden darüber hinaus **Vermittlungs- und Tauschsystemverträge** in Bezug auf Teilzeit-Wohnrechte oder langfristige Urlaubsprodukte erstmals erfasst.

300 Welche Vorschriften neben den Schutzvorschriften der §§ 481 ff. anwendbar sind, richtet sich nach der jeweiligen Ausgestaltung des Vertrages. Im Allgemeinen handelt es sich um die **Kombination** mehrerer Vertragstypen.[488] Soweit die kaufrechtlichen Elemente im Vordergrund stehen, sind die §§ 433 ff. (direkt oder über § 453) heranzuziehen. Bei mietrechtlicher Ausgestaltung sind dagegen in erster Linie die §§ 535 ff. maßgeblich.

III. Verbraucherschutz

301 Die einzelnen Bestimmungen zum Schutz des Verbrauchers finden sich in den §§ 482–487. Dabei geht es zunächst um **vorvertragliche Informationspflichten** (vgl. § 482 iVm Art. 242 § 1 EGBGB). Nach der bisherigen Fassung des § 482 hatte der Unternehmer dem Verbraucher einen **Prospekt** (in Form eines zusammenhängenden Druckwerks) mit den wesentlichen Informationen auszuhändigen. Die Neufassung vermeidet das Wort »Prospekt«, weil die Informationen dem Verbraucher nunmehr in einem **Formblatt** zur Verfügung gestellt werden müssen, das den in den Anhängen zur Richtlinie 2008/122/EG enthaltenen Mustern entspricht (Art. 242 § 1 II EGBGB). Bei Verletzung einer Informationspflicht kann dem Verbraucher ein Schadensersatzanspruch aus §§ 280 I, 311 II, 241 II zustehen.[489] Außerdem wird der Beginn der **Widerrufsfrist** hinausgeschoben (§ 485 a II).

302 § 483 I schreibt vor, dass der Vertrag, die vorvertraglichen Informationen und die Belehrung über das Widerrufsrecht in der am Wohnsitz des Verbrauchers maßgeblichen **Amtssprache** abgefasst sein müssen. Wird im *Vertrag* eine andere Sprache verwendet, so ist der Vertrag nach § 483 III nichtig. Da das Spracherfordernis dem Schutz des Verbrauchers dient, kann der Unternehmer aber im Einzelfall nach Treu und Glauben (§ 242) gehindert sein, sich auf die Nichtigkeit zu berufen.[490] Werden dem Verbraucher die *vorvertraglichen Informationen* oder die *Widerrufsbelehrung* nicht in der vorgeschriebenen Sprache überlassen, so wird der Beginn der Widerrufsfrist hinausgeschoben (§ 485 a II und III).

Der Teilzeit-Wohnrechtevertrag und die in §§ 481 a, 481 b geregelten Verträge bedürfen nach § 484 I der **Schriftform,** soweit nicht in anderen Vorschriften eine strengere Form vorgeschrieben ist. Als strengere Form kommt insbesondere die notarielle Beurkundung nach § 311 b I bei Verträgen über den Erwerb von Miteigentum am

487 Begr. RegE, BT-Drs. 17/2764, 16.
488 So auch Staudinger/*Martinek* (2004) § 481 Rn. 2.
489 *Brox/Walker*, Schuldrecht BT, § 7 Rn. 69.
490 So auch Hk-BGB/*Staudinger* § 483 Rn. 3.

Gebäude in Betracht.[491] Formfehler führen nach § 125 S. 1 zur Nichtigkeit des Vertrags.

Zentraler Schutzmechanismus für den Verbraucher ist das **Widerrufsrecht** nach § 485. Der Unternehmer ist nach § 482 a verpflichtet, den Verbraucher *vor Vertragsschluss* in Textform über sein Widerrufsrecht einschließlich der Widerrufsfrist sowie das Anzahlungsverbot nach § 486 (→ Rn. 304) zu **belehren.** Für die Ausübung des Widerrufsrechts gelten die allgemeinen Regeln des § 355 I (s. dazu SAT Rn. 141 ff.). Die **Widerrufsfrist** beträgt nach § 355 II 1 14 Tage. Sie beginnt abweichend von § 355 III grundsätzlich schon mit dem Abschluss des Vertrages oder eines Vorvertrages (§ 485 a I). Bei fehlenden oder fehlerhaften vorvertraglichen Informationen und bei fehlender oder fehlerhafter Widerrufsbelehrung wird der Beginn der Frist aber bis zum Erhalt der ordnungsgemäßen Informationen (§ 485 a II 1) bzw. der ordnungsgemäßen Widerrufsbelehrung (§ 485 a III 1) hinausgeschoben. Abweichend von § 355 IV **erlischt** das Widerrufsrecht bei Fehlern im Zusammenhang mit der vorvertraglichen Informationspflicht spätestens drei Monate und zwei Wochen, bei Fehlern im Zusammenhang mit der Widerrufsbelehrung ein Jahr und zwei Wochen nach dem Abschluss des Vertrages bzw. des Vorvertrages (§ 485 a II 2, III 2). Der Gesetzgeber will damit im Interesse der Rechtssicherheit den Schwebezustand begrenzen, der sonst bei dauerhaften Verstößen gegen die Informations- und Belehrungspflichten eintreten würde.[492] Anders als nach der allgemeinen Regel des § 355 IV 3 gibt es also **kein Widerrufsrecht »ad infinitum«** (SAT Rn. 147). 303

Beispiel: Im Gran Canaria-Fall (→ Rn. 295) steht M und F nach deutschem Recht ein Widerrufsrecht gemäß § 485 zu. Das daneben in Betracht zu ziehende Widerrufsrecht nach § 312 I Nr. 2 (Freizeitveranstaltung) oder Nr. 3 (überraschendes Ansprechen im Bereich öffentlich zugänglicher Verkehrsflächen) tritt nach § 312 a zurück.

Der Schutz des Verbrauchers wird komplettiert durch das Verbot an den Unternehmer, vor Ablauf der Widerrufsfrist **Anzahlungen des Verbrauchers** zu fordern oder entgegenzunehmen (§ 486). § 487 stellt klar, dass die §§ 481 ff. **nicht** zum Nachteil des Verbrauchers **abbedungen** werden können. 304

Zur Vertiefung: In der Praxis bereiten Timesharing-Verträge vor allem in Fällen mit Auslandsberührung Probleme. Hier besteht die Gefahr, dass die Parteien auf Initiative des Unternehmers die Anwendbarkeit einer Rechtsordnung vereinbaren, welche dem Verbraucher einen geringeren Schutz gewährt. So hatten die AGB des V im Gran Canaria-Fall (→ Rn. 295) eine Klausel enthalten, wonach der Vertrag dem Recht der Isle of Man unterliegt. Solche Missbräuche werden nicht immer schon durch den allgemeinen kollisionsrechtlichen Verbraucherschutz nach Art. 6 Rom I-VO vermieden. Art. 46 b IV EGBGB enthält daher ergänzende Sonderregeln, die auf die neue Timesharing-Richtlinie zurückgehen. Unterliegt ein Vertrag über Teilzeitwohnrechte oder ein anderer von der Richtlinie erfasster Vertrag (→ Rn. 299 a) nicht dem Recht eines EU- oder EWR-Staates, so darf einem Verbraucher dennoch der in Umsetzung der Richtlinie gewährte Schutz nicht vorenthalten werden, sofern eine der betroffenen Immobilien im Hoheitsgebiet eines EU- oder EWR-Staates belegen ist. Bezieht sich der Vertrag nicht unmittelbar auf eine Immobilie, so kommt es darauf an, ob der Unternehmer eine gewerbliche oder berufliche Tätigkeit in einem EU- oder EWR-Staat ausübt oder auf einen solchen Staat ausrichtet und der Vertrag in den Bereich dieser Tätigkeit fällt. Bei Vorliegen dieser Voraussetzungen hat ein inländisches Gericht die Schutzvorschriften der §§ 481 ff. auch dann anzuwenden, wenn der Vertrag an sich dem Recht eines Drittstaates unterliegt.

491 Staudinger/*Martinek* (2004) § 484 Rn. 6.
492 Begr. RegE, BT-Drs. 17/2764, 20.

Literatur: *Bülow/Artz*, Verbraucherprivatrecht, 3. Aufl. 2011; *Drasdo*, Time-Sharing als Urlaubsidee – Ein Relikt der Vergangenheit, NJW-Spezial 2005, 289; *Martinek*, Das neue Teilzeit-Wohnrechtegesetz – mißratener Verbraucherschutz bei Time-sharing-Verträgen, NJW 1997, 1393; *Reinkenhof*, Einführung in die Rechtsprobleme des time-sharing und das neue Teilzeit-Wohnrechtegesetz, Jura 1998, 561; *Staudinger*, Teilzeit-Wohnrechteverträge (§§ 481 bis 487, 355 ff. BGB), in: *Gebauer/Wiedmann*, Zivilrecht unter europäischem Einfluss, 2. Aufl. 2010, Kap. 11 (S. 505–549).

§ 17 Die Schenkung

I. Allgemeines

305 Die Schenkung nach §§ 516 ff. bezieht sich auf die **unentgeltliche Zuwendung eines Vermögenswerts.** Ebenso wie beim Kauf geht es regelmäßig um die *endgültige Übertragung* einer Sache, eines Rechts oder eines sonstigen Gegenstands. Die Schenkung erscheint insofern als unentgeltliches Gegenstück zum Kauf.[493] Die *Zuwendung* kann allerdings auch auf andere Weise erfolgen, zB durch Erlass einer Forderung.[494] Nach §§ 516, 518 sind *zwei Formen* der Schenkung zu unterscheiden: die formlos wirksame Handschenkung und das formbedürftige Schenkungsversprechen.[495]

1. Die Handschenkung

a) Inhalt

306 In der Praxis wird eine Schenkung im Allgemeinen sofort vollzogen. Das Gesetz regelt dementsprechend an erster Stelle (§ 516) die Handschenkung. Hierbei handelt es sich um eine »Zuwendung, durch die jemand aus seinem Vermögen einen anderen bereichert«. Der Begriff der **Zuwendung** wird in einem weiten Sinne verstanden. Entscheidend ist einerseits eine *Vermögensmehrung* beim Beschenkten (»bereichert«). Auf der anderen Seite muss beim Schenker eine Vermögensminderung eintreten (»aus seinem Vermögen«).[496] Nicht erfasst wird der bloße Verzicht auf einen Vermögenserwerb (vgl. § 517). Die unentgeltliche Ausführung von Arbeitsleistungen unterliegt deshalb ebenso wenig dem Schenkungsrecht wie die unentgeltliche Überlassung einer Sache zum Gebrauch.[497] Diese beiden Fälle werden in den §§ 598 ff. (Leihe) und §§ 662 ff. (Auftrag) gesondert geregelt.

307 Die Parteien müssen sich zudem darüber **einig** sein, dass die Zuwendung **unentgeltlich** erfolgt. Entscheidend ist der (subjektive) Wille der Parteien; dass objektiv keine Gegenleistung erbracht wird, genügt nicht.[498]

308 § 516 II stellt klar, dass die **Zuwendung** auch **vor der Einigung** über die Unentgeltlichkeit (»ohne den Willen des anderen«) vollzogen werden kann. Erfasst werden damit vor allem Fälle, in denen es an einer Einigung fehlt, weil die Zuwendung nicht unmittelbar an den Beschenkten erfolgt. Zu denken ist etwa an die Tilgung einer

493 Vgl. *Schlechtriem*, Schuldrecht BT, Rn. 183.
494 Vgl. *Larenz*, Schuldrecht II/1, § 47 I; *Schlechtriem*, Schuldrecht BT, Rn. 187.
495 Zu den historischen Grundlagen *Harke*, Schuldrecht BT, Rn. 399 ff.
496 Vgl. *Brox/Walker*, Schuldrecht BT, § 9 Rn. 7.
497 *Larenz*, Schuldrecht II/1, § 47 I; *Medicus/Lorenz*, Schuldrecht II, Rn. 384; speziell mit Blick auf Arbeitsleistungen für den Betrieb des anderen Ehegatten BGHZ 127, 48 (51).
498 Vgl. MüKoBGB/*Koch* § 516 Rn. 24; *Larenz*, Schuldrecht BT II/1, § 47 I.

Verbindlichkeit des Beschenkten durch Zahlung an einen Dritten (s. dazu auch SAT Rn. 262 ff.).[499]

Beispiel: Als V von den Mietschulden seines Sohnes (S) erfährt, zahlt er den ausstehenden Betrag ohne Rücksprache mit S unmittelbar an dessen Vermieter G.

Erfolgt die Zuwendung ohne den Willen des Beschenkten, so kommt der Schenkungsvertrag nur zustande, wenn der **Beschenkte** das in der Vornahme der Zuwendung liegende (konkludente) Angebot des Schenkers **annimmt.** Die Annahme kann ebenfalls konkludent erklärt werden (zB durch Zusendung eines Dankschreibens).[500] Zur Schaffung von Rechtsklarheit räumt § 516 II 1 dem Schenker die Möglichkeit ein, dem Beschenkten für die Annahme eine angemessene Frist zu setzen (§ 516 II 1); lehnt der Beschenkte die Schenkung innerhalb dieser Frist nicht ab, so gilt sie als angenommen (§ 516 II 2). Der Vertrag kommt damit ausnahmsweise durch *Schweigen* zustande. Dies rechtfertigt sich daraus, dass der Beschenkte aufgrund der Unentgeltlichkeit der Zuwendung nicht schutzwürdig ist. 309

b) Dogmatische Einordnung

Bei der dogmatischen Einordnung ist zu beachten, dass die Handschenkung nach der Definition des § 516 **zwei Elemente** enthält: die (dingliche) Zuwendung und die (schuldrechtliche) Einigung über deren Unentgeltlichkeit.[501] Der historische Gesetzgeber hat die Handschenkung damit als *Realvertrag* konstruiert, der erst durch den Vollzug der Zuwendung zustande kommt.[502] Die hM zieht hieraus den Schluss, dass das schuldrechtliche Element bei der Handschenkung *keine Leistungspflicht* des Schenkers begründet, sondern nur den *rechtlichen Grund* für das Behaltendürfen der Zuwendung (§ 812 I) schafft.[503] Nach der Gegenauffassung trifft den Schenker auch bei der Handschenkung eine Pflicht zur Vornahme der Zuwendung; diese wird aber unmittelbar bei Abschluss des Schenkungsvertrages erfüllt.[504] Da die Leistungspflicht damit sofort erlischt (§ 362), ergeben sich hieraus keine Unterschiede.[505] Entscheidend ist, dass die Handschenkung nach beiden Auffassungen einen **schuldrechtlichen Vertrag** voraussetzt, der nach dem Trennungs- und Abstraktionsprinzip von dem dinglichen Geschäft streng zu unterscheiden ist. 310

2. Das Schenkungsversprechen

Soll die Zuwendung erst nach der Einigung zwischen Schenker und Beschenktem vollzogen werden, so bedarf die Willenserklärung des Schenkers – das sog. **Schenkungsversprechen** – der notariellen Beurkundung. Die Schenkung stellt in diesem Fall unstreitig einen *einseitig verpflichtenden Vertrag* dar.[506] Der Formzwang soll den Schenker *vor Übereilung schützen.*[507] Er gilt gemäß § 518 I 2 auch für ein schenkweise erteiltes Schuldversprechen oder Schuldanerkenntnis nach §§ 780, 781. 311

499 Vgl. MüKoBGB/*Koch* § 516 Rn. 47.
500 Vgl. *Medicus/Lorenz*, Schuldrecht II, Rn. 388.
501 Vgl. AnwKomm-*Dendorfer* § 516 Rn. 9.
502 Vgl. *Schlechtriem*, Schuldrecht BT, Rn. 185.
503 RGZ 111, 151 (152 f.); Jauernig/*Mansel* § 516 Rn. 2; *Oetker/Maultzsch* § 4 Rn. 22.
504 So Hk-BGB/*Saenger* § 516 Rn. 6; *Schlechtriem*, Schuldrecht BT, Rn. 185.
505 Zur Irrelevanz des Meinungsstreits vgl. MüKoBGB/*Kollhosser* (4. Aufl.) § 516 Rn. 11 Fn. 48.
506 Vgl. Palandt/*Weidenkaff* § 518 Rn. 2; *Larenz*, Schuldrecht II/1, § 47 I.
507 Vgl. BGHZ 82, 354 (359).

312 Bewirkt der Schenker die versprochene Leistung, so bedarf der Schenker keiner gesonderten Warnung mehr, weil die mit der Schenkung verbundene Vermögensminderung ihm bei Vornahme der Zuwendung deutlich vor Augen tritt. Gemäß § 518 II wird der **Formmangel** daher **geheilt.**

Zur Vertiefung: Nach § 518 I bezieht sich der Formzwang nur auf die Willenserklärung des Schenkers. Bedarf nach einer anderen Vorschrift der ganze Vertrag der notariellen Beurkundung, so muss aber diese strengere Form eingehalten werden.[508] Bedeutung hat dies vor allem für die Schenkung von Grundstücken (vgl. § 311 b I).

3. Die Schenkung als Rechtsgeschäft

313 Sieht man von der Sonderregelung des § 516 II 2 (→ Rn. 309) ab, so gelten für das Zustandekommen und die Wirksamkeit des Schenkungsvertrages sowohl bei der Handschenkung als auch beim Schenkungsversprechen die allgemeinen Regeln über das Rechtsgeschäft (§§ 104 ff.). Besondere Probleme können sich insoweit bei **Beteiligung Minderjähriger** ergeben. Da der Minderjährige in der Rolle des Beschenkten durch den Schenkungsvertrag lediglich einen rechtlichen Vorteil erlangt, ist eine Zustimmung des gesetzlichen Vertreters gemäß § 107 zwar grundsätzlich nicht erforderlich.[509] Etwas anderes gilt jedoch, wenn sich der Schenker den Rücktritt vom Schenkungsvertrag vorbehalten hat. Denn in diesem Fall kann den Minderjährigen bei Ausübung des Rücktrittsrechts eine Wertersatz- oder Schadensersatzpflicht nach § 346 II–IV (dazu SAT Rn. 837 ff.) treffen.[510]

II. Schutz des Schenkers

314 Da der Schenker eine **unentgeltliche** Leistung erbringt, erscheint er im Vergleich mit anderen Schuldnern **besonders schutzwürdig.** Das Gesetz trägt dem auf verschiedene Weise Rechnung.

1. Haftungsmilderungen

Große Bedeutung haben die Haftungsmilderungen für den Schenker nach §§ 521 ff. Es handelt sich um eine bei **unentgeltlichen** Verträgen häufige Erscheinung (vgl. für die Leihe § 599; für die unentgeltliche Verwahrung § 690).[511] Beim Auftrag besteht dagegen trotz Unentgeltlichkeit keine gesetzliche Haftungsmilderung (→ Rn. 809).

a) Allgemeine Haftungsprivilegierung (§ 521)

315 § 521 legt fest, dass der Schenker nur Vorsatz und grobe Fahrlässigkeit zu vertreten hat. Systematisch betrachtet handelt es sich um keine eigenständige Anspruchsgrundlage, sondern um eine **gesetzliche Haftungsmilderung** iSd § 276 I (dazu SAT Rn. 524). Die Vorschrift ist daher bei der Prüfung des Merkmals »Vertretenmüssen« im Rahmen der jeweils maßgeblichen Anspruchsgrundlage (§§ 280 ff., 311 a II) zu berücksichtigen. Sie gilt für alle Arten der Leistungsstörung mit Ausnahme der Haftung für Sach- und Rechtsmängel, die in den §§ 523, 524 gesondert geregelt ist.

---

508 Palandt/*Weidenkaff* § 518 Rn. 7.
509 Ausführlich dazu *Brox/Walker*, BGB AT, Rn. 275.
510 BGH, NJW 2005, 415 (416); NJW 2005, 1430 (1431); *Köhler*, BGB AT, § 10 Rn. 13.
511 Vgl. *Medicus/Lorenz*, Schuldrecht II, Rn. 5.

Erfasst wird damit insbesondere auch die Haftung für **anfängliche Unmöglichkeit.** Sollte der Schenker im Einzelfall eine verschuldensunabhängige Einstandspflicht übernommen haben, so wäre § 521 allerdings nicht anwendbar. Die Übernahme einer solchen Garantie wäre aber nach § 518 I formbedürftig.[512]

Beispiel: A schenkt seinem Großneffen G mit notariell beurkundetem Vertrag ein Grundstück, das sich im Nachlass seines Vaters V befindet. Er geht dabei davon aus, gesetzlicher Alleinerbe zu sein. Später stellt sich heraus, dass ein Dritter (D) testamentarischer Erbe ist. Es kommt daher nicht zur Übereignung. G verlangt von A Schadensersatz. Zu Recht? – Der G könnte gegen A einen Anspruch auf Schadensersatz statt der Leistung aus § 311 a II haben. Die Parteien haben einen formwirksamen Schenkungsvertrag (§§ 518 I, 311 b I) über das Grundstück geschlossen. Da A schon bei Abschluss des Vertrages kein Eigentum an dem Grundstück hatte, ist der Anspruch des G auf Übereignung desselben aufgrund anfänglicher (subjektiver) Unmöglichkeit nach § 275 I ausgeschlossen. A könnte sich aber gemäß § 311 a II 2 damit entlasten, dass er das Leistungshindernis nicht kannte und seine Unkenntnis auch nicht zu vertreten hat. Das Vertretenmüssen richtet sich nach § 521. A müsste also grob fahrlässig angenommen haben, dass er Erbe des V ist. Vor der Schuldrechtsreform hat der BGH zwar in einem ähnlich gelagerten Fall die Auffassung vertreten, den Schenker treffe bei anfänglicher subjektiver Unmöglichkeit eine Garantiehaftung.[513] Da § 311 a II 2 ausdrücklich auf das Vertretenmüssen abstellt, lässt sich dies auf der Grundlage des geltenden Rechts aber nicht aufrechterhalten.[514]

Ob der Schenker auch bei **Schäden an sonstigen Rechtsgütern des Beschenkten** 316
nur für Vorsatz und grobe Fahrlässigkeit haftet, ist umstritten. Ein Teil der Literatur vertritt die Auffassung, die Interessenwertung des § 521 passe nur auf die Verletzung von Leistungspflichten des Schenkers (Unmöglichkeit, Verzug), nicht aber auf die Verletzung von Schutzpflichten iSd § 241 II.[515] Dem ist jedoch entgegenzuhalten, dass der Schenker in Anbetracht der schwer kalkulierbaren Höhe von Schäden an sonstigen Rechtsgütern besonders schutzwürdig erscheint. Die hM geht daher zu Recht davon aus, dass § 521 auch hier anwendbar ist. Das Gleiche muss dann aber auch für konkurrierende **deliktische Ansprüche** gelten, weil sonst die Bedeutung der Haftungsmilderung weitgehend entwertet wäre.[516]

Beispiel (BGHZ 93, 23): Im Betrieb des S werden Kartoffelchips hergestellt. Die dabei anfallenden Kartoffelreste werden erhitzt und mit Enzymen versetzt. Dabei wird ein Großteil der Kartoffelstärke in Zucker umgewandelt und die Masse verflüssigt. Die flüssige Kartoffelpülpe stellt S den Landwirten der Umgebung kostenlos zur Verfügung. Landwirt B verwendet die Pülpe als Bullenfutter. Nachdem seine Bullen von der Pülpe gefressen haben, erkranken sie zum Teil schwer. B nimmt den S auf Schadensersatz in Anspruch. Er macht geltend, der S habe ihn nicht darauf hingewiesen, dass die Pülpe mit Enzymen versetzt worden sei. Unbehandelte Kartoffelpülpe sei auch in großen Mengen als Bullenfutter geeignet; enzymatisierte Pülpe tauge dagegen nur als Schweinefutter. – Der BGH hat einen Anspruch aus § 524 mit der Erwägung abgelehnt, dass die Kartoffelpülpe als solche nicht mangelhaft war. Da S es fahrlässig versäumt hatte, den B auf den Zusatz von Enzymen hinzuweisen, kamen jedoch Schadensersatzansprüche aus § 280 I (Aufklärungspflichtverletzung) und § 823 I in Betracht. Grobe Fahrlässigkeit war S indes nicht anzulasten, so dass die Haftung insoweit gemäß § 521 ausgeschlossen war.

§ 521 gilt allerdings nur für Schutzpflichtverletzungen, die einen **Zusammenhang** 317
mit dem Vertragsgegenstand aufweisen. Der Schenker kann sich daher nicht auf

512 Palandt/*Weidenkaff* § 524 Rn. 3.
513 BGHZ 144, 118 (120 ff.) = NJW 2000, 2101; krit. zu Recht *Huber*, ZIP 2000, 1372.
514 So auch MüKoBGB/*Koch* § 521 Rn. 3; *Schlechtriem*, Schuldrecht BT, Rn. 190.
515 So etwa *Larenz*, Schuldrecht II/1, § 47 IIb; MüKoBGB/*Koch* § 521 Rn. 4 f.
516 BGHZ 93, 23 (27 ff.); *Medicus/Petersen*, Bürgerliches Recht, Rn. 209 a; Palandt/*Weidenkaff* § 521 Rn. 4; Staudinger/*Wimmer-Leonhardt* (2005) § 521 Rn. 9 ff.

§ 521 berufen, wenn der Beschenkte bei der Abholung des Geschenks auf der schadhaften Treppe des Schenkers zu Fall kommt.[517]

Bei **Verzug** des Schenkers (§ 286) ist § 522 zu beachten. Da der Schenker die Leistung unentgeltlich erbringt, wird er dadurch begünstigt, dass er entgegen der allgemeinen Regel des § 288 keine Verzugszinsen zahlen muss.

b) Haftung für Rechts- und Sachmängel

318 Bei Rechts- und Sachmängeln wird der Schenker durch die §§ 523, 524 noch weitergehend privilegiert. Es handelt sich um Sondervorschriften, die sowohl den §§ 280 ff., 311 a II als auch dem § 521 vorgehen und deshalb vorrangig zu prüfen sind.[518] Die Begriffe des **Rechts-** und **Sachmangels** beurteilen sich nach den gleichen Kriterien wie im Kaufrecht (§§ 434, 435).[519] Die *Nichtverschaffung des Eigentums* stellt also ebenso wie dort (→ Rn. 79) keinen Rechtsmangel, sondern einen Fall der (anfänglichen) *Unmöglichkeit* dar. Hat der Schenker bei Vertragsschluss gewusst oder infolge grober Fahrlässigkeit nicht gewusst, dass er dem Beschenkten kein Eigentum verschaffen kann, so steht diesem also ein Schadensersatzanspruch aus § 311 a II (iVm § 521) zu (s. Grundstücks-Fall → Rn. 314).

319 Nach §§ 523 I, 524 I haftet der Schenker für Rechts- und Sachmängel grundsätzlich nur, wenn er den Mangel **arglistig verschwiegen** hat. Da es um die Verletzung einer Aufklärungspflicht geht, richtet sich der Schadensersatzanspruch – ebenso wie bei der culpa in contrahendo (SAT Rn. 192) – auf das *Vertrauensinteresse*: Der Beschenkte muss also so gestellt werden, wie wenn der Schenker ihn über den Mangel aufgeklärt hätte.[520]

320 Die hM wendet § 524 I auch auf den Fall an, dass der Mangel zu einem **Folgeschaden** an den Rechtsgütern des Beschenkten führt.[521] Dabei wird allerdings teilweise angenommen, dass § 524 deliktische Ansprüche des Beschenkten unberührt lässt.[522] Die Gegenauffassung will § 524 I bei Mangelfolgeschäden ganz außer Betracht lassen; dies hätte zur Konsequenz, dass der Schenker nach §§ 280 I, 823 I iVm § 276 schon für **leichte Fahrlässigkeit** einstehen müsste.[523] Hieran ist richtig, dass die Interessenwertung des § 524 I mit der Begrenzung der Haftung auf **Arglist** bei einer Verletzung sonstiger Rechtsgüter des Beschenkten nicht passt. Die vertragliche Haftung richtet sich also nach §§ 280 I, 241 II. Bei der Anwendung der Vorschriften ist aber darauf zu achten, dass Wertungswidersprüche gegenüber der Haftung für andere Fälle der Schutzpflichtverletzung vermieden werden. Vorzugswürdig erscheint daher, die Haftung des Schenkers für Mangelfolgeschäden gemäß § 521 auf **Vorsatz und grobe Fahrlässigkeit** zu begrenzen.[524] Dies gilt dann nicht nur für die vertraglichen, sondern auch für die deliktischen Ansprüche des Beschenkten.

517 So BGHZ 93, 23 (27); Palandt/*Weidenkaff* § 521 Rn. 5; *Medicus/Lorenz*, Schuldrecht II, Rn. 395; aA *Oetker/Maultzsch* § 4 Rn. 34.
518 MüKoBGB/*Koch* § 521 Rn. 7.
519 Vgl. Bamberger/Roth/*Gehrlein* § 523 Rn. 1, § 524 Rn. 1.
520 Vgl. *Oetker/Maultzsch* § 4 Rn. 36; Staudinger/*Wimmer-Leonhardt* (2005) § 523 Rn. 6.
521 BGHZ 93, 23 (28); Palandt/*Weidenkaff* § 524 Rn. 4; Erman/*Herrmann* § 524 Rn. 2.
522 So Bamberger/Roth/*Gehrlein* § 524 Rn. 2; Hk-BGB/*Saenger* § 524 Rn. 1; für Anwendung des § 521 auf die deliktischen Ansprüche *Medicus/Lorenz*, Schuldrecht II, Rn. 395.
523 Vgl. MüKoBGB/*Koch* § 521 Rn. 7; *Larenz*, Schuldrecht II/1, § 47 II b.
524 So überzeugend Staudinger/*Wimmer-Leonhardt* (2005) § 521 Rn. 11.

Beispiel: Wäre die Kartoffelpülpe im oben (→ Rn. 315) erörterten Fall mit giftigen Stoffen verunreinigt gewesen, so hätte ein Sachmangel vorgelegen. Nach hM würde sich der vertragliche Schadensersatzanspruch des B gegen S nach § 524 I richten. S müsste also nur für Arglist einstehen. Nach der Gegenauffassung stünde dem B schon bei leichter Fahrlässigkeit des S ein Anspruch aus §§ 280 I, 276 zu. Die Ungleichbehandlung gegenüber dem Ausgangsfall kann jedoch nicht überzeugen. Es erscheint daher geboten, die Haftung des S auch hier nach den §§ 280 I, 521 zu beurteilen. Da die Pflichtverletzung des S sich bei Mangelfolgeschäden notwendig auf den Schenkungsgegenstand bezieht, muss die Privilegierung des Schenkers nach § 521 auch für den deliktischen Anspruch aus § 823 I gelten.

Hatte der Schenker die Leistung eines Gegenstands versprochen, den er erst noch 321
erwerben sollte, so trifft ihn nach § 523 II eine (leicht) **verschärfte Haftung für Rechtsmängel**. Ausreichend ist danach (ebenso wie bei § 521), dass der Schenker den Mangel bei dem Erwerb der Sache kennt oder infolge grober Fahrlässigkeit nicht kennt. Der Schadensersatzanspruch des Beschenkten richtet sich in diesem Fall auf das *Erfüllungsinteresse.*[525]

Bei der Haftung für **Sachmängel** greift eine entsprechende Haftungsverschärfung (nur) dann ein, wenn sich die Beschaffungsschuld des Schenkers auf eine **Gattungssache** (vgl. dazu SAT Rn. 281 ff.) bezieht (§ 524 II). Bei Kenntnis oder grob fahrlässiger Unkenntnis des Sachmangels kann der Beschenkte die *Nachlieferung* einer mangelfreien Sache verlangen. Hat der Schenker den Mangel arglistig verschwiegen, so steht dem Beschenkten darüber hinaus ein *Schadensersatzanspruch auf das Erfüllungsinteresse* zu.

2. Einrede des Notbedarfs

Die besondere Schutzwürdigkeit des Schenkers kommt auch darin zum Ausdruck, 322
dass § 519 ihm bei wesentlicher Verschlechterung seiner Vermögensverhältnisse (sog. »Verarmung«) die **Einrede des Notbedarfs** zubilligt. Es handelt sich hier um eine besondere Ausprägung des Wegfalls der Geschäftsgrundlage (dazu SAT Rn. 768 ff.). Dahinter steht der Gedanke, dass der Schenker aufgrund seiner Freigiebigkeit nicht Gefahr laufen soll, den eigenen angemessenen Unterhalt zu beeinträchtigen oder seine gesetzlichen Unterhaltspflichten nicht mehr erfüllen zu können.[526]

Der Schenker kann die Einrede des Notbedarfs auch erheben, wenn er die Ver- 323
schlechterung seiner Vermögensverhältnisse **selbst verschuldet** hat.[527] § 529 ist hier nicht analog anwendbar. Bei Arglist kann der Schenker aber nach Treu und Glauben (§ 242) daran gehindert sein, sich auf die Verschlechterung der Vermögensverhältnisse zu berufen.[528]

3. Rückforderung des Geschenks bei Verarmung

Tritt der Notbedarf erst **nach Vollziehung** der Schenkung ein, so kann der Schenker 324
nach § 528 die Herausgabe des Geschenkes verlangen. Anders als bei § 519 setzt der Rückforderungsanspruch allerdings voraus, dass die »Verarmung« bereits eingetreten ist; eine bloße Gefährdung reicht also nicht aus.[529] Eine weitere Verschärfung der

525 Bamberger/Roth/*Gehrlein* § 523 Rn. 3.
526 Zur ratio des § 519 vgl. *Medicus/Lorenz*, Schuldrecht II, Rn. 398.
527 MüKoBGB/*Koch* § 519 Rn. 2; Palandt/*Weidenkaff* § 519 Rn. 4.
528 Vgl. BGH, NJW 2001, 1207 (1208) (zu § 529 II).
529 *Medicus/Lorenz*, Schuldrecht II, Rn. 399; zu § 519 vgl. BGH, NJW 2001, 1207 (1209).

Anspruchsvoraussetzungen besteht darin, dass der Schenker die Bedürftigkeit nicht **vorsätzlich** oder durch **grobe Fahrlässigkeit** herbeigeführt haben darf (§ 529 I Alt. 1). Der Anspruch ist zudem ausgeschlossen, wenn bei Eintritt der Bedürftigkeit seit Vollzug der Schenkung zehn Jahre vergangen sind (§ 529 I Alt. 2).

Gemäß § 529 II kann der Beschenkte sich schließlich darauf berufen, dass sein **eigener standesgemäßer Unterhalt** oder die Erfüllung seiner gesetzlichen Unterhaltspflichten bei Herausgabe des Geschenks **gefährdet** wären. Dies gilt – vorbehaltlich des § 242 – auch dann, wenn der Beschenkte die eigene Bedürftigkeit schuldhaft herbeigeführt hat.[530]

325 Inhalt und Umfang des Herausgabeanspruchs richten sich nach den Vorschriften über die **ungerechtfertigte Bereicherung** (§§ 818 ff.). Es handelt sich um eine *Rechtsfolgenverweisung.*[531] Die tatbestandlichen Voraussetzungen der §§ 812 ff. sind also nicht zu prüfen. Ist die Herausgabe des Geschenks in natura nicht möglich, muss der Beschenkte nach § 818 II Wertersatz leisten. Er kann sich jedoch gemäß § 818 III auf den Wegfall der Bereicherung berufen, sofern er in Bezug auf die Bedürftigkeit des Schenkers nicht bösgläubig war (§§ 819 I, 818 IV; allg. dazu → Rn. 1010 ff.).[532]

Zur Vertiefung: Der Herausgabeanspruch aus § 528 I besteht nur *soweit*, wie der Schenker nach der Vollziehung der Schenkung außer Stande ist, seinen angemessenen Unterhalt zu bestreiten. Bei Schenkung eines unteilbaren Gegenstands (zB eines Grundstücks) schuldet der Beschenkte daher grundsätzlich nur die wiederkehrende Zahlung eines der jeweiligen Bedürftigkeit des Schenkers entsprechenden Anteils. Da die Beschränkung der Herausgabepflicht den Beschenkten schützen soll, kann dieser sich seiner Zahlungspflicht durch Rückgabe des ganzen Geschenks an den Schenker entledigen.[533]

4. Widerruf der Schenkung

326 Bei grobem Undank kann der Schenker die Schenkung gemäß §§ 530, 531 I durch Erklärung gegenüber dem Beschenkten widerrufen. Erforderlich ist eine **schwere Verfehlung** des Beschenkten gegenüber dem Schenker oder einem nahen Angehörigen, die subjektiv einen tadelnswerten Mangel an Dankbarkeit erkennen lässt.[534] Die Rückabwicklung erfolgt auch hier nach *Bereicherungsrecht* (§ 531 II). Gemäß § 532 S. 1 ist der Widerruf ausgeschlossen, wenn der Schenker dem Beschenkten verziehen hat oder wenn seit der Kenntniserlangung von den maßgeblichen Umständen durch den Schenker ein Jahr vergangen ist. Das Gleiche gilt nach dem Tod des Beschenkten (§ 532 S. 2). Da die Missbilligung groben Undanks an die persönliche Beziehung zwischen Schenker und Beschenkten anknüpft, soll das Fehlverhalten des Beschenkten nicht zu Lasten der Erben gehen.[535] Ein **Verzicht** auf das Widerrufsrecht ist möglich; er kann aber erst nach Bekanntwerden des groben Undanks erklärt werden (§ 533). Bei **Pflicht- und Anstandsschenkungen** (zB Geburtstags-, Hochzeits- oder Weihnachtsgeschenken) schließt § 534 den Widerruf aus. Die Vorschriften über den Widerruf der Schenkung wegen groben Undanks sind grundsätzlich auch unter

530 Dazu BGH, NJW 2001, 1207 (1208).
531 MüKoBGB/*Koch* § 528 Rn. 5.
532 Vgl. BGH, NJW 2003, 1384 (1387); NJW 2003, 2449 (2450 f.).
533 BGH, NJW 2010, 2655 (2656); MüKoBGB/*Koch* § 528 Rn. 6.
534 Zu den Einzelheiten vgl. BGHZ 151, 116 (124) mwN.
535 MüKoBGB/*Koch* § 532 Rn. 5.

Ehegatten anwendbar.[536] Dabei kann trotz Abschaffung des Verschuldensprinzips im Scheidungsrecht auch auf die Verletzung ehelicher Pflichten abgestellt werden.[537]

Unter Ehegatten wird der Anwendungsbereich der §§ 530 ff. allerdings dadurch beschränkt, dass (objektiv) unentgeltliche Zuwendungen häufig nicht als Schenkung iSd §§ 516 ff. qualifiziert werden, weil sie nicht auf Freigiebigkeit beruhen, sondern der Verwirklichung, Ausgestaltung, Erhaltung oder Sicherung der ehelichen Lebensgemeinschaft dienen.[538] Solche **unbenannten Zuwendungen** stellen einen eigenständigen, gesetzlich nicht geregelten Vertragstyp dar. Da der Bestand der Ehe als **Geschäftsgrundlage** der Zuwendung anzusehen ist, kommt bei Scheitern der Ehe eine Anpassung des Vertrages nach § 313 in Betracht, die meist auf eine vollständige oder partielle Rückabwicklung der Zuwendung gerichtet sein wird.[539] 327

Auf **nichteheliche Lebensgemeinschaften** waren diese Grundsätze nach der früheren Rechtsprechung nicht anwendbar. In neuerer Zeit hat der BGH diese Einschränkung aber aufgegeben.[540] Bei Zuwendungen zur Ausgestaltung der Lebensgemeinschaft kommt nunmehr ebenfalls ein Ausgleichsanspruch wegen Wegfalls der Geschäftsgrundlage in Betracht. Die Geschäftsgrundlage für eine Zuwendung, die im Vertrauen auf den weiteren Bestand der Lebensgemeinschaft getätigt wird, entfällt aber nicht dadurch, dass die Lebensgemeinschaft durch den Tod des Zuwendenden ein natürliches Ende findet.[541]

Zuwendungen von **Schwiegereltern,** die wegen der Ehe ihres Kindes an das (künftige) Schwiegerkind erfolgen, werden von der neueren Rechtsprechung nicht mehr als unbenannte Zuwendung, sondern als **Schenkung** qualifiziert.[542] Dies wird damit gerechtfertigt, dass die Zuwendung der Schwiegereltern im Regelfall nicht auf der Erwartung beruht, auch künftig noch an dem zugewendeten Gegenstand zu partizipieren. Der BGH wendet aber die Grundsätze über den **Wegfall der Geschäftsgrundlage** (§ 313) auch auf Schenkungen an. Die §§ 527 ff. werden insoweit also nicht als abschließende Sonderregelung verstanden. Außerdem soll bei Scheitern der Ehe ein bereicherungsrechtlicher Anspruch wegen **Zweckverfehlung** aus § 812 I 2 Alt. 2 in Betracht kommen (→ Rn. 1045).[543]

III. Schenkung unter Auflage

Die Parteien können die Schenkung mit der Nebenabrede verbinden, dass der Beschenkte eine Auflage zu vollziehen hat. Bei einer solchen Schenkung unter Auflage stellt die Vollziehung der Auflage nicht die Gegenleistung zur Leistung des Schenkers dar. Die Schenkung bleibt vielmehr in vollem Umfang ein **unentgeltlicher** Vertrag, so dass die §§ 516 ff. uneingeschränkt anwendbar sind. Hinzu treten die Sonderregeln der §§ 525–527. 328

536 Vgl. BGHZ 87, 145 (147); BGH, NJW 1999, 1623.
537 Vgl. MüKoBGB/*Koch* § 530 Rn. 10.
538 Vgl. BGHZ 116, 167 (169 ff.); *Brox/Walker*, Schuldrecht BT, § 9 Rn. 12.
539 BGHZ 116, 167 (169 ff.); BGH, NJW 1997, 2747; 1999, 1962 (1965).
540 BGHZ 177, 193 (208) = NJW 2008, 3277; BGH, NJW 2010, 998 (999 f.).
541 BGH, NJW 2010, 998 (1000).
542 BGH, NJW 2010, 2202 (2884); aA noch BGHZ 129, 259 (263); BGH, NJW-RR 2006, 664.
543 BGH, NJW 2010, 2202 (2204 ff.); zustimmend *Schmitz*, NJW 2010, 2207 (2208).

329 Nach § 525 I kann der Schenker die Erfüllung der Auflage erst verlangen, nachdem er die Schenkung vollzogen hat. Erfüllt der Beschenkte die Auflage nicht, so hat der Schenker gemäß § 527 I einen Anspruch auf **Herausgabe des Geschenks,** soweit dieses zur Vollziehung der Auflage hätte verwendet werden sollen. Für die Voraussetzungen dieses Anspruchs verweist § 527 I auf die Vorschriften über den Rücktritt bei gegenseitigen Verträgen. Im Fall der Verzögerung ist damit § 323 maßgeblich. Ist der Anspruch auf Vollziehung der Auflage aufgrund von Unmöglichkeit (§ 275) ausgeschlossen, so richtet sich das Rücktrittsrecht nach § 326 V.[544] Für den Umfang des Anspruchs verweist § 527 I auf das Bereicherungsrecht (§§ 818 ff.). Sofern der Beschenkte nicht verschärft haftet (§§ 818 IV, 819 I), kann er sich also gemäß § 818 III auf den Wegfall der Bereicherung berufen.

330 Der **Begriff der Auflage** wird vom Gesetz nicht definiert. Aus dem Merkmal der Unentgeltlichkeit folgt, dass die Leistung des Beschenkten nach dem Willen der Parteien keinen auch nur partiellen Ausgleich für das Geschenk darstellen darf. Der Beschenkte soll die Auflage also nicht aus seinem sonstigen Vermögen erbringen, sondern hierzu das Geschenk verwenden (vgl. 527 I aE). Die Auflage mindert damit zwar den Wert des Geschenks; sie darf ihn aber nicht vollständig aufzehren.[545] Müsste der Beschenkte aufgrund eines Mangels der verschenkten Sache sein eigenes Vermögen angreifen, so kann er die Vollziehung der Auflage gemäß § 526 bis zum Ausgleich des Fehlbetrags verweigern.

Beispiel (BGHZ 107, 156)**:** Bauer B überträgt mit notariellem Vertrag »im Wege vorweggenommener Erbfolge« seinem Sohn S das Hofgrundstück. S verpflichtet sich, dem B ein lebenslängliches unentgeltliches Wohnrecht einzuräumen, ihn zu verpflegen und ihm eine monatliche Rente zu zahlen. Die Pflichten des S stellen hier die Unentgeltlichkeit nicht in Frage. Da die Leistungen aus dem Zuwendungsgegenstand entnommen werden sollen, handelt es sich vielmehr um eine Schenkung unter Auflage. B kann daher nach § 525 die Vollziehung der Auflage verlangen.

IV. Gemischte Schenkung

331 Die gemischte Schenkung unterscheidet sich von der Schenkung unter Auflage dadurch, dass die Leistung des »Beschenkten« eine partielle Gegenleistung darstellt, die aus seinem sonstigen Vermögen zu erbringen ist.[546] Dies führt zu Abgrenzungsproblemen gegenüber reinen Austauschverträgen. Ob eine **gemischte Schenkung** oder ein **Kauf zum Freundschaftspreis** vorliegt, richtet sich nicht nach den objektiven Wertverhältnissen, sondern nach dem Parteiwillen. Die Parteien müssen also einig sein, dass ein Teil der Leistung unentgeltlich ist.[547]

Beispiel: V verkauft ein Hausgrundstück im Wert von 500.000 EUR für 300.000 EUR an seinen Sohn S. Beide sind darüber einig, dass der nicht durch den Kaufpreis abgegoltene Wert des Grundstücks dem S unentgeltlich zugewendet werden soll.

332 Die Einordnung der gemischten Schenkung ist umstritten. Nach der **Trennungstheorie** ist das Geschäft in zwei selbständige Teile zu zerlegen, wobei jeder Teil selbständig zu beurteilen ist.[548] Die **Einheitstheorie** qualifiziert das Geschäft einheit-

544 Staudinger/*Wimmer-Leonhardt* (2005) § 527 Rn. 4.

545 *Larenz*, Schuldrecht II/1, § 47 III; *Oetker/Maultzsch* § 4 Rn. 53.

546 Staudinger/*Wimmer-Leonhardt* (2005) § 525 Rn. 23.

547 Vgl. BGHZ 82, 274 (281); BGH, NJW-RR 1996, 754 (755).

548 Vgl. RGZ 54, 107 (110); 148, 236 (239 ff.); iE auch *Harke*, Schuldrecht BT, Rn. 404, wonach bei gemischter Schenkung »stets ein antezipierter Teilerlass des Anspruchs auf die Gegenleistung« vorliegt.

lich als Schenkung oder Kaufvertrag, je nachdem ob der entgeltliche oder der unentgeltliche Charakter überwiegt.[549] Die hM stellt auf den **Zweck** der jeweiligen Rechtsnorm ab.[550] Grundsätzlich ist danach zwischen teilbaren und unteilbaren Zuwendungen zu unterscheiden.

Bei teilbaren Zuwendungen ist **§ 518** nur auf den unentgeltlichen Teil anwendbar. Ist **333**
der Vertrag danach formnichtig, so beurteilt sich das Schicksal des ganzen Geschäfts nach § 139.[551] Bei unteilbaren Leistungen gilt der Formzwang auch dann für den ganzen Vertrag, wenn der entgeltliche Charakter überwiegt. Denn den Parteien kann nicht erlaubt werden, ein formbedürftiges Geschäft durch Kombination mit einem formfreien dem Formzwang zu entziehen.[552] Ein Widerruf wegen groben Undanks gemäß **§§ 530 ff.** ist bei gemischten Schenkungen stets möglich. Bei Unteilbarkeit kann der Leistungsgegenstand – Zug um Zug gegen Erstattung der Gegenleistung – aber nur herausverlangt werden, wenn der unentgeltliche Charakter überwiegt. Ansonsten ist der Leistende auf Wertersatz hinsichtlich des unentgeltlichen Teils verwiesen.[553] Die Anwendbarkeit der Haftungserleichterungen nach **§§ 521 ff.** richtet sich bei teilbaren Zuwendungen nach der Trennungstheorie, bei unteilbaren Zuwendungen nach der Einheitstheorie.[554]

Literatur: *Eichenhofer*, Rückforderung bei Verarmung von Schenker und Beschenktem, LMK 2003, 161; *Grundmann*, Zur Dogmatik der unentgeltlichen Rechtsgeschäfte, AcP 198 (1998), 457; *Henke/Keßler*, Die Rückforderung von Zuwendungen nach endgültiger Trennung, JuS 2011, 686; *Herrmann*, Vollzug von Schenkungen nach § 518 II BGB, MDR 1980, 883; *Huber*, Keine Haftung des Schenkers für Rechtsmängel, ZIP 2000, 1372; *Kollhosser*, Ehebezogene Zuwendungen und Schenkungen unter Ehegatten, NJW 1994, 2313; *ders.*, Zum Bereicherungsanspruch des bedürftigen Schenkers, ZEV 2003, 206; *v. Proff*, Tod des nichtehelichen Partners und Vermögensausgleich, NJW 2010, 980; *Schlinker*, Sachmängelhaftung bei gemischter Schenkung, AcP 206 (2006), 28.

3. Abschnitt. Gelddarlehen und Verbraucherkredit

§ 18 Überblick

Das Darlehensrecht ist bei der Schuldrechtsreform völlig neu strukturiert worden. **334**
Waren Geld- und Sachdarlehensverträge früher einheitlich in den §§ 607 ff. aF geregelt, so werden beide Vertragstypen seit der Reform an unterschiedlichen Stellen (§§ 488 ff. und §§ 607 ff.) behandelt. Für **Verbraucherkreditverträge** hat die Umsetzung der neuen Verbraucherkreditrichtlinie (RL 2008/48/EG) zu erheblichen Veränderungen geführt, die seit dem 11. 6. 2010 in Kraft sind. Das am 31. 7. 2010 in Kraft getretene Änderungsgesetz v. 24. 7. 2010[555] hat dann rasch wieder einige kleinere Modifikationen mit sich gebracht.

---

549 Vgl. BGHZ 112, 40 (53).
550 So *Brox/Walker*, Schuldrecht BT, § 9 Rn. 28; *Schlechtriem*, Schuldrecht BT, Rn. 192.
551 *Brox/Walker*, Schuldrecht BT, § 9 Rn. 29.
552 Vgl. Staudinger/*Wimmer-Leonhardt* (2005) § 516 Rn. 211 f.
553 BGHZ 107, 156 (158); *Medicus/Petersen*, Bürgerliches Recht, Rn. 381.
554 Staudinger/*Wimmer-Leonhardt* (2005) § 516 Rn. 220; ähnlich MüKoBGB/*Koch* § 516 Rn. 44.
555 BGBl. I 977; dazu *Bülow*, NJW 2010, 1713 ff.

I. Struktur des Darlehensrechts

335 **Gelddarlehen** und **sonstige Kreditverträge** sind in den §§ 488–512 geregelt. Im ersten Untertitel (§§ 488–505) finden sich die Bestimmungen über das *Darlehen*. Während die §§ 488–490 allgemeine Vorschriften enthalten, regeln die §§ 491–505 das *Verbraucherdarlehen*. Der zweite Untertitel (§§ 506–509) behandelt entgeltliche Finanzierungshilfen zwischen einem Unternehmer und einem Verbraucher. Im dritten Untertitel geht es um *Ratenlieferungsverträge* (§ 510). Der vierte Untertitel stellt klar, dass die §§ 491–510 zugunsten des Verbrauchers *zwingend* sind (§ 511), und ordnet die Anwendbarkeit der §§ 491 ff. auf sog. *Existenzgründer* an (§ 512).

Gelddarlehen und Verbraucherkredit			
I. Darlehensvertrag	II. Entgeltliche Finanzierungshilfen (§§ 506–509)	III. Ratenlieferungsverträge (§ 510)	IV. Sonstiges
1. **Allgemeine Vorschriften** (§§ 488–490)	• Entgeltlicher Zahlungsaufschub		• Unabdingbarkeit (§ 511)
2. **Besondere Vorschriften für Verbraucherdarlehen** (§§ 491–505)	• Sonstige entgeltliche Finanzierungshilfen (zB Finanzierungsleasing, § 506 II) • Teilzahlungsgeschäfte, § 506 III		• Existenzgründerverträge (§ 512)

Abbildung: Gelddarlehen und Verbraucherkredit

Die grau hervorgehobenen Bereiche betreffen ausschließlich Verträge zwischen Unternehmern und Verbrauchern und beruhen in wesentlichen Teilen auf der neuen Verbraucherkreditrichtlinie (RL 2008/48/EG).

336 Die §§ 607–609 normieren den Darlehensvertrag über eine vertretbare Sache **(Sachdarlehensvertrag).** Zu Einzelheiten → Rn. 532 ff.

II. Historische Entwicklung

337 Der **historische BGB-Gesetzgeber** von 1896 hatte Geld- und Sachdarlehen einheitlich in den §§ 607 ff. aF geregelt. Die einschlägigen Vorschriften galten schon lange vor der Schuldrechtsreform als nicht mehr zeitgemäß. Dies lag unter anderem daran, dass der Gesetzgeber als Regelfall von der *Unentgeltlichkeit* des Darlehens ausging.

Außerhalb des BGB hat sich schon früh ein besonderes Schutzrecht für Darlehensnehmer entwickelt. Ausgangspunkt war der **Abzahlungskauf**. Der Gesetzgeber hatte bereits vor Inkrafttreten des BGB erkannt, dass es für den Käufer mit erheblichen Risiken verbunden ist, wenn er mit dem Verkäufer die Zahlung des Kaufpreises in Raten vereinbart. Da private Käufer geschäftlich oft unerfahren sind, schätzen sie die hiermit verbundenen finanziellen Belastungen falsch ein und können deshalb irgendwann ihrer Zahlungspflicht nicht mehr nachkommen. Diese Problematik wurde erstmals im **Abzahlungsgesetz** v. 16. 5. 1894 (AbzG) aufgegriffen: Um den Käufer vor unüberlegten Ratenzahlungsvereinbarungen zu schützen, legte das Gesetz dem Verkäufer *Aufklärungspflichten* auf. Außerdem wurde dem Käufer ein zeitlich befristetes *Widerrufsrecht* zugebilligt.[556]

338 Das AbzG wurde mit Wirkung zum 1. 1. 1991 durch das **Verbraucherkreditgesetz** v. 17. 12. 1990 (VerbrKrG) ersetzt, welches die Verbraucherkredit-Richtlinie I (Richtlinie 87/102/EWG) v. 22. 12. 1986 in nationales Recht umsetzte. Im Unterschied zum AbzG erfasste das VerbrKrG nicht nur Abzahlungskäufe, sondern auch alle sonstigen entgeltlichen Kreditverträge.

Durch das **SchuldRModG** v. 26. 11. 2001 wurden die Vorschriften des VerbrKrG zusammen mit den allgemeinen Bestimmungen über das Gelddarlehen in den dritten Titel (§§ 488 ff.) eingestellt. Eine Ausnahme gilt für den *Kreditvermittlungsvertrag* (§§ 15–17 VerbrKrG), der sich wegen des Zusammenhangs mit dem Maklerrecht in den §§ 655 a–655 e wieder findet.

Die **neue Verbraucherkreditrichtlinie** v. 23. 4. 2008 (RL 2008/48/EG)[557] hat zahlreiche Änderungen im Darlehensrecht – insbesondere bei den Vorschriften über Verbraucherdarlehensverträge und entgeltliche Finanzierungshilfen – erforderlich gemacht, die seit dem 11. 6. 2010 in Kraft sind (→ Rn. 334). Gleichzeitig wurden die Vorschriften über das Widerrufs- und Rückgaberecht des Verbrauchers (§§ 355 ff.) geändert.[558] Die Richtlinie zielt auf eine **Vollharmonisierung** des Verbraucherkreditrechts in der EU ab.[559] In ihrem Anwendungsbereich ist daher auch eine Erhöhung des Verbraucherschutzniveaus unzulässig.[560]

III. Systematische Einordnung

339 Der Gesetzgeber hat die Trennung von Geld- und Sachdarlehen damit gerechtfertigt, dass es beim Gelddarlehen – anders als beim Sachdarlehen – in der Praxis **nicht** mehr um die **Überlassung von Sachen** (durch körperliche Übergabe) gehe, sondern um die Verschaffung oder Belassung einer Geldsumme durch **Überweisung** oder **Einräumung eines Kreditrahmens.**[561] Diese Überlegung erscheint sachgemäß. In der Tat handelt es sich beim Gelddarlehen, ebenso wie bei den übrigen Kreditgeschäften, um Verträge, die sich von den Überlassungsverträgen (einschließlich dem Sachdarlehen) deutlich unterscheiden. Hinzu kommt nicht selten ein enger wirtschaftlicher Zusammenhang mit Kaufverträgen, der bei den Teilzahlungsgeschäften und den Ratenlieferungsverträgen besonders klar hervortritt.

Literatur: *Artz*, Schuldrechtsmodernisierung 2001/2002 – Integration der Nebengesetze in das BGB, JuS 2002, 528; *Bülow*, Neues Verbraucherkreditrecht in Etappen, NJW 2010, 1713; *Bülow/Artz*, Verbraucherprivatrecht, 3. Aufl. 2011; *Coester-Waltjen*, Der Darlehensvertrag, Jura 2002, 675; *Derleder*, Die vollharmonisierende Europäisierung des Rechts der Zahlungsdienste und des Verbraucherkredits, NJW 2009, 3195; *Köndgen*, Darlehen, Kredit und finanzierte Geschäfte nach neuem Schuldrecht – Fortschritt oder Rückschritt?, WM 2001, 1637; *Looschelders*, Die richtlinienkonforme Auslegung des § 506 BGB (§ 499 BGB aF) im Hinblick auf Versicherungsverträge mit unterjähriger Prämienzahlung, VersR 2010, 977; *Mülbert*, Die Auswirkungen der Schuldrechtsmodernisierung im

556 Vgl. *Medicus/Lorenz*, Schuldrecht II, Rn. 300; *Larenz*, Schuldrecht II/1, § 43 a I.
557 ABl. EU Nr. L 133 S. 66; vgl. dazu *Siems*, EuZW 2008, 454 ff.
558 Zu den Einzelheiten *Welter*, in: *Gebauer/Wiedmann*, Zivilrecht, Kap. 12 Rn. 20 ff.
559 Vgl. Palandt/*Weidenkaff* Vorb. v. §§ 491–498 Rn. 6; *Derleder*, NJW 2009, 3195 (3198).
560 Vgl. *Welter*, in: *Gebauer/Wiedmann*, Zivilrecht, Kap. 12 Rn. 19; *Looschelders*, VersR 2010, 977 (982).
561 Begr. RegE, BT-Drs. 14/6040, 251.

Recht des »bürgerlichen« Darlehensvertrags, WM 2002, 465; *Siems*, Die neue Verbraucherkreditrichtlinie und ihre Folgen, EuZW 2008, 454; *Welter*, Verbraucherkredit (§§ 491 bis 512 BGB), in: *Gebauer/Wiedmann*, Zivilrecht unter europäischem Einfluss, 2. Aufl. 2010, Kap. 12 (S. 551–648); *Wittig/Wittig*, Das neue Darlehensrecht im Überblick, WM 2002, 145.

§ 19 Das Gelddarlehen

340 Die praktische Bedeutung des (Geld-) Darlehens ist nicht zu unterschätzen. Im Vordergrund steht die **geschäftsmäßige Kreditvergabe** durch Banken und Sparkassen. Daneben haben aber auch unentgeltliche Darlehen (zB unter Bekannten) praktische Bedeutung.[562]

I. Begriff des (Geld-) Darlehensvertrages

Der Darlehensvertrag ist in § 488 I definiert. Kennzeichnend ist danach die Verpflichtung des Darlehensgebers, dem Darlehensnehmer einen **Geldbetrag** (das Darlehen) in der vereinbarten Höhe zur Verfügung zu stellen. Mit der Verwendung des unbestimmten Artikels »einen« will der Gesetzgeber klarstellen, dass der Darlehensgeber nicht zur Überlassung bestimmter Geldscheine oder -münzen, sondern zur *wertmäßigen* Verschaffung des Geldbetrages verpflichtet ist. Die Formulierung »zur Verfügung stellen« soll verdeutlichen, dass nicht nur die Übergabe von Bargeld, sondern auch alle Formen des bargeldlosen Verkehrs erfasst werden.[563]

341 Der Darlehensnehmer ist verpflichtet, einen geschuldeten Zins zu zahlen und das Darlehen bei Fälligkeit zurückzuzahlen. Die gesonderte Erwähnung der **Zinszahlungspflicht** macht deutlich, dass § 488 I – anders als das alte Recht (→ Rn. 337) – nicht mehr von der grundsätzlichen Unentgeltlichkeit des Darlehens ausgeht.[564] Andererseits gehört die Entgeltlichkeit – anders als die Rückzahlungspflicht (→ Rn. 353) – aber auch nicht zum Begriffskern des Darlehens. Die **Rückzahlungspflicht** besteht nicht in der Rückgabe derselben Geldscheine oder -münzen, sondern bezieht sich auf einen *Geldbetrag in derselben Höhe.*[565]

Haben die Parteien eine Zinszahlungspflicht vereinbart, so handelt es sich um einen **gegenseitigen Vertrag.** Die §§ 320 ff. sind daher anwendbar, wobei die synallagmatische Verknüpfung (dazu SAT Rn. 347 ff.) zwischen der Zur-Verfügung-Stellung des Darlehens und der Zinszahlung besteht.[566]

II. Abgrenzungen

342 Von den **Überlassungsverträgen** wie *Miete* (§§ 535 ff.), *Pacht* (§§ 581 ff.) und *Leihe* (§§ 598 ff.) unterscheidet sich der Darlehensvertrag zunächst dadurch, dass es in den meisten Fällen nicht um die Überlassung von Sachen (durch körperliche Übergabe von Geldscheinen oder -münzen) geht. Soweit doch eine körperliche Übergabe von Geld stattfindet, ist dies mit einer Eigentumsübertragung nach § 929 verbunden. Die

562 Vgl. zu weiteren Beispielen *Brox/Walker*, Schuldrecht BT, § 17 Rn. 2; Erman/*Saenger* Vorbem. zu §§ 488 Rn. 17 ff.; Palandt/*Weidenkaff* Vorb. v. § 488 Rn. 11 ff.

563 Begr. RegE., BT-Drs. 14/6040, 253.

564 Vgl. AnwKomm-*Reiff* § 488 Rn. 5.

565 Begr. RegE., BT-Drs. 14/6040, 253.

566 MüKoBGB/*Berger* Vor § 488 Rn. 10; *Medicus/Lorenz*, Schuldrecht II, Rn. 570.

betreffenden Scheine oder Münzen verbleiben damit auf Dauer beim Darlehensnehmer;[567] dieser muss das Darlehen nur seinem Wert nach erstatten.[568] Kennzeichnend für die Überlassungsverträge ist dagegen, dass der Mieter, Pächter oder Entleiher kein Eigentum an den übergebenen Sachen erwirbt und gerade diese in ihrer konkreten Gestalt wieder zurückgeben muss. Eine Sonderstellung unter den Überlassungsverträgen hat in dieser Hinsicht zwar das *Sachdarlehen* (→ Rn. 532 ff.); die Rückerstattungspflicht bezieht sich hier aber immerhin noch auf *Sachen gleicher Art, Güte und Menge* (§ 607 I 2) und nicht nur auf eine bestimmte Wertsumme.

Von der **Schenkung** (§§ 516 ff.) unterscheidet sich der Darlehensvertrag dadurch, 343
dass den Beschenkten grundsätzlich keine Rückerstattungspflicht trifft.[569] Eine gewisse Ähnlichkeit besteht schließlich mit der **Verwahrung** (§§ 688 ff.), da der Verwahrer eine Sache vom Hinterleger empfängt. Diese Sache wird dem Verwahrer jedoch nicht übereignet. Zudem ist gerade der empfangene Gegenstand wieder herauszugeben. Zu den Besonderheiten bei der *unregelmäßigen Verwahrung* (§ 700) → Rn. 908 ff.

III. Zustandekommen eines Darlehensvertrages

1. Das Darlehen als Konsensualvertrag

Der Darlehensvertrag (§ 488 I) wird nach allgemeinen Regeln (§§ 145 ff.) durch zwei 344
miteinander korrespondierende Willenserklärungen geschlossen. Der auf der Grundlage des § 607 aF bestehende Streit, ob der Darlehensvertrag bereits durch den rechtsgeschäftlichen Konsens zwischen den Parteien oder erst durch den Empfang des Darlehens (sog. Realvertragstheorie) zustande kommt, ist auf der Grundlage des geltenden Rechts obsolet. Es handelt sich beim Darlehensvertrag um einen **Konsensualvertrag.**[570]

Die Einigung ist darauf gerichtet, dass der Darlehensgeber dem Darlehensnehmer den vereinbarten **Geldbetrag zur Verfügung** stellt (§ 488 I 1), und dass das Darlehen bei Fälligkeit vom Darlehensnehmer zurückzuzahlen ist (§ 488 I 2). Weiterhin kann vereinbart werden, dass ein bestimmter *Darlehenszins* gezahlt werden soll (§§ 488 I 2, III 3). Für den Begriff des Darlehensvertrages ist eine solche Vereinbarung aber nicht zwingend.[571]

Die Einigung kann auch konkludent erfolgen, beispielsweise indem ein Kreditinstitut seinem Kunden einen **Überziehungskredit** gewährt.[572]

2. Das Vereinbarungsdarlehen

In der Praxis findet sich neben dem »klassischen« (Geld-) Darlehen noch das sog. 345
Vereinbarungsdarlehen. Wer Geld aus einem anderen Grunde (zB aus einem Kauf- oder Werkvertrag) schuldet, kann mit dem Gläubiger vereinbaren, dass der Betrag künftig als Darlehen geschuldet werden soll. Eine Verpflichtung des Darlehensgebers

---

567 *Brox/Walker*, Schuldrecht BT, § 17 Rn. 3.
568 Vgl. *Brox/Walker*, Schuldrecht BT, § 17 Rn. 10; *Medicus/Lorenz*, Schuldrecht II, Rn. 571.
569 *Brox/Walker*, Schuldrecht BT, § 17 Rn. 5; *Medicus/Lorenz*, Schuldrecht II, Rn. 384.
570 Vgl. Begr. RegE, BT-Drs. 14/6040, 252; Erman/*Saenger* Vorbem. zu § 488 Rn. 3; *Medicus/Lorenz*, Schuldrecht II, Rn. 572; *Schlechtriem*, Schuldrecht BT, Rn. 202.
571 Begr. RegE, BT-Drs. 14/6040, 253; AnwKomm-*Reiff* § 488 Rn. 5.
572 Vgl. zum Vereinbarungsdarlehens *Medicus/Lorenz*, Schuldrecht II, Rn. 573.

zur Zur-Verfügung-Stellung des Darlehens muss hier also nicht mehr begründet werden.

Im alten Recht war die **Zulässigkeit dieser Gestaltung** ausdrücklich geregelt (§ 607 II aF). Die Notwendigkeit einer solchen Regelung beruhte jedoch auf der antiquierten Vorstellung, dass das Zustandekommen des Darlehensvertrages von der *Empfangnahme* des Geldes *als Darlehen* abhängt, woran es beim Vereinbarungsdarlehen fehlt.[573] Auf der Grundlage des geltenden Rechts kann kein Zweifel bestehen, dass das Vereinbarungsdarlehen im Rahmen der Vertragsfreiheit (§ 311 I) zulässig ist.[574]

3. Form des Vertrages

346 Ein Darlehensvertrag nach § 488 unterliegt grundsätzlich **keinem Formzwang.**[575] Der Verbraucherdarlehensvertrag bedarf aber gemäß § 492 der Schriftform (→ Rn. 365).

4. Schutz des Darlehensnehmers nach § 138

a) Voraussetzungen

347 Der Wirksamkeit eines Darlehensvertrags kann insbesondere § 138 entgegenstehen.[576] Im Prozess wird § 138 II zwar meist nicht durchgreifen, da sich die subjektiven Voraussetzungen des Wuchers nur schwer nachweisen lassen.[577] Der Darlehensvertrag kann jedoch nach § 138 I sittenwidrig sein. Dies ist bei einem entgeltlichen Darlehensvertrag vor allem dann der Fall, wenn Leistung und Gegenleistung **objektiv** in einem **auffälligen Missverhältnis** stehen (sog. wucherähnliches Geschäft).[578] Hierbei sind in erster Linie die vereinbarten Zinsen mit dem marktüblichen Zins zu vergleichen. Davon abgesehen kann der Darlehensvertrag aber auch deshalb nichtig sein, weil er zu einem sittenwidrigen Zweck abgeschlossen worden ist.[579]

Zur Vertiefung: Bei Krediten von gewerbsmäßigen Darlehensgebern wird die Sittenwidrigkeit regelmäßig bejaht, wenn der vereinbarte Zins den marktüblichen Zins *relativ* um 100 % überschreitet.[580] Das Gleiche gilt bei einer absoluten Zinsdifferenz von 12 %.[581] Die Überschreitung dieser Zinsgrenzen führt jedoch nicht notwendig zur Sittenwidrigkeit. Vielmehr kann sich aus den Umständen des Einzelfalls ergeben, dass der Vertrag nicht gegen die guten Sitten verstößt.[582] Umgekehrt kann ein Vertrag auch dann sittenwidrig sein, wenn keine Zinsgrenze überschritten wurde, die weitere Vertragsgestaltung den Darlehensnehmer aber unzumutbar belastet.[583] Hieran ist insbesondere dann zu denken, wenn der vereinbarte Zins den marktüblichen um mindestens 90 % überschreitet.[584]

573 Vgl. Mot. II, 314; Staudinger/*Hopt/Mülbert* (1989) § 607 Rn. 408.
574 So auch MüKoBGB/*Berger* § 488 Rn. 18; Staudinger/*Freitag* (2010) § 488 Rn. 73.
575 Bamberger/Roth/*Rohe* § 488 Rn. 6.
576 Hierzu ausführlich MüKoBGB/*Berger* § 488 Rn. 106 ff.
577 *Bodenbenner*, JuS 2001, 1172; *Brox/Walker*, Schuldrecht BT, § 17 Rn. 13.
578 BGH, NJW 1986, 2564 (2565); BGHZ 110, 336 (338); NK-BGB/*Looschelders* § 138 Rn. 223; *Emmerich*, Schuldrecht BT, § 8 Rn. 23.
579 *Schlechtriem*, Schuldrecht BT, Rn. 209.
580 BGH, NJW 1986, 2564 (2565); BGHZ 104, 102 (105).
581 BGHZ 104, 102 (106 f.); *Brox/Walker*, Schuldrecht BT, § 17 Rn. 14.
582 *Bodenbenner*, JuS 2001, 1172 (1173); *Schlechtriem*, Schuldrecht BT, Rn. 209 f.
583 BGH, NJW 1987, 944 (945); NK-BGB/*Looschelders* § 138 Rn. 228.
584 BGHZ 104, 102 (105); 110, 336 (338); Palandt/*Ellenberger* § 138 Rn. 28 f.

In **subjektiver Hinsicht** muss der Darlehensgeber die wirtschaftliche Unterlegenheit des Darlehensnehmers *bewusst ausgenutzt* haben. Nach hM liegt die subjektive Komponente auch dann vor, wenn der Darlehensgeber sich leichtfertig der Erkenntnis verschließt, dass der Darlehensnehmer sich nur aufgrund seiner wirtschaftlich schwächeren Stellung auf die nachteiligen Bedingungen eingelassen hat.[585] Anders als beim Wuchertatbestand des § 138 II werden die subjektiven Voraussetzungen beim wucherähnlichen Geschäft vermutet, sofern der Vertrag zwischen einem gewerblichen Kreditgeber und einem Verbraucher geschlossen worden ist.[586] 348

Beispiel: N hat mit seiner Hausbank (B) einen Darlehensvertrag über eine Kreditsumme von 10.000 EUR abgeschlossen, um einen privaten Autokauf zu finanzieren. Das Darlehen wird sofort ausgezahlt, die Zinsen sind zum Ersten eines jeden Monats zu entrichten. N hat sich mit B auf einen Zinssatz von 18 % geeinigt, obwohl der marktübliche Zinssatz nur bei 7,5 % liegt. Der vereinbarte Zinssatz übersteigt den marktüblichen damit relativ um mehr als 100 % und absolut um mehr als 12 %. Objektiv liegt also ein auffälliges Missverhältnis von Leistung und Gegenleistung vor. Die B müsste darüber hinaus die wirtschaftliche Unterlegenheit des N ausgenutzt haben. Da es sich bei N um einen Verbraucher handelt, greift im Prozess eine Beweislastumkehr ein. Die B muss also nachweisen, dass N sich nicht nur wegen seiner wirtschaftlich schwächeren Situation auf die Kreditbedingungen eingelassen hat oder dass sie dies jedenfalls ohne Leichtfertigkeit annehmen durfte. Gelingt ihr dieser Nachweis nicht, so ist der Vertrag nach § 138 I sittenwidrig.

b) Rechtsfolgen

Der Darlehensvertrag ist im Fall der Sittenwidrigkeit vollständig nichtig. Es gilt das **Verbot der geltungserhaltenden Reduktion.**[587] Diese strikte Rechtsfolge rechtfertigt sich daraus, dass der Schutz des Darlehensnehmers keine partielle Aufrechterhaltung des Vertrages erfordert. 349

Die **Rückabwicklung** des Vertrages vollzieht sich nach § 812 I 1 Alt. 1. Der Darlehensgeber hat hiernach einen Anspruch auf Rückzahlung des Darlehens. Die Konditionssperre des § 817 S. 2 steht dem nicht entgegen, weil das Darlehen nicht auf Dauer in das Vermögen des Darlehensnehmers übergehen sollte, sondern nur für einen *begrenzten Zeitraum* gewährt wurde (→ Rn. 1056).[588] Aus dem Schutzzweck des § 817 S. 2 folgt aber, dass das Darlehen nur in den vereinbarten Raten zurückgezahlt werden muss.[589] 350

Ob der Darlehensnehmer für die zwischenzeitliche Nutzung des Darlehens **Zinsen** zu zahlen hat, ist umstritten. Nach der Rechtsprechung steht dem Darlehensgeber mit Rücksicht auf § 817 S. 2 kein Zinsanspruch zu.[590] Dies führt jedoch zu einer *Bestrafung* des Darlehensgebers, die vom Schutzzweck des § 138 I nicht gedeckt ist. Die hL geht deshalb zu Recht davon aus, dass der Darlehensgeber den angemessenen (marktüblichen) Zins fordern kann.[591] Dieser Anspruch lässt sich wegen des Verbots der *geltungserhaltenden Reduktion* nicht aus dem Vertrag herleiten, sondern folgt aus der Wertersatzpflicht nach § 818 II.[592] Soweit der Darlehensnehmer bereits Zinsen 351

585 Vgl. BGHZ 80, 153 (160); 128, 255 (267); *Brox/Walker*, Schuldrecht BT, § 17 Rn. 18.
586 BGHZ 104, 102 (107); 128, 255 (267); Palandt/*Ellenberger* § 138 Rn. 30.
587 Vgl. NK-BGB/*Looschelders* § 138 Rn. 230; Palandt/*Ellenberger* § 138 Rn. 19.
588 BGHZ 99, 333 (338 f.); *Larenz/Canaris*, Schuldrecht II/2, § 68 III 3 c.
589 BGHZ 99, 333 (338 f.); BGH, NJW 1989, 3217; NJW 1993, 2108; *Oetker/Maultzsch* § 3 Rn. 11.
590 BGH, NJW 1983, 1420 (1422 f.); NJW 1989, 3217 (3218); NJW 1993, 2108.
591 NK-BGB/*Looschelders* § 138 Rn. 232; *Brox/Walker*, Schuldrecht BT, § 17 Rn. 19; *Medicus/Petersen*, Bürgerliches Recht, Rn. 700; aA MüKoBGB/*Berger* § 488 Rn. 123.
592 MüKoBGB/*Lieb* (4. Aufl.) § 817 Rn. 17.

gezahlt hat, die hiernach nicht geschuldet sind, kann er sie nach § 812 I 1 Alt. 1 und § 817 S. 1 zurückverlangen.

> **Beispiel:** Im Hausbank-Fall (→ Rn. 347) hat die B einen Anspruch gegen N auf Rückzahlung des Darlehens in den vereinbarten Raten aus § 812 I 1 Alt. 1. Einem Anspruch auf sofortige Rückzahlung steht § 817 S. 2 entgegen. Nach der hier vertretenen Ansicht kann die B von N für die Zeit der Darlehensüberlassung außerdem nach § 818 II den marktüblichen Zinssatz von 7,5 % verlangen.

IV. Pflichten aus dem Darlehensvertrag

1. Pflichten des Darlehensgebers

352 Bei einem Gelddarlehen ist der Darlehensgeber nach § 488 I 1 verpflichtet, dem Darlehensnehmer den **vereinbarten Geldbetrag** zur Verfügung zu stellen. Dies geschieht üblicherweise durch Barzahlung oder Gutschrift auf dem Bankkonto des Darlehensnehmers. Die Auszahlung kann aber auch an einen Notar als *Treuhänder* erfolgen; dieser ist dann dafür zuständig, dem Darlehensnehmer bei Vorliegen bestimmter Voraussetzungen (zB Bestellung von Grundpfandrechten zur Sicherung des Darlehens) den Zugriff auf die Kreditsumme zu ermöglichen.[593] Dient das Darlehen der Finanzierung eines Kaufvertrages, so findet sich in der Praxis häufig die Gestaltung, dass der Betrag unmittelbar an den Verkäufer überwiesen wird.[594]

Daneben treffen den Darlehensgeber **Schutzpflichten** (§ 241 II) zugunsten des Darlehensnehmers, die insbesondere auf dessen Vermögen bezogen sind. Eine allgemeine *Beratungs-, Warn- oder Aufklärungspflicht* des Darlehensgebers kann zwar nicht anerkannt werden. Eine Ausnahme gilt jedoch für den Fall, dass der Darlehensgeber in Bezug auf wesentliche Umstände oder Risiken des Kreditgeschäfts einen konkreten Wissensvorsprung gegenüber dem Darlehensnehmer hat und dies auch erkennen kann.[595]

2. Pflichten des Darlehensnehmers

353 Auf Seiten des Darlehensnehmers ist das Darlehen durch die **Rückerstattungspflicht** bei Fälligkeit (§ 488 I 2) gekennzeichnet.[596] Die Rückerstattungspflicht steht zwar nicht im synallagmatischen Verhältnis zur Pflicht des Darlehensgebers, dem Darlehensnehmer das Darlehen zur Verfügung zu stellen (→ Rn. 341).[597] Nach hM handelt es sich gleichwohl um keine bloße Nebenpflicht, sondern um eine Hauptpflicht des Darlehensnehmers.[598]

Bei einem entgeltlichen Darlehen trifft den Darlehensnehmer außerdem die Pflicht zur **Zahlung des vereinbarten Zinses**. Soweit nicht etwas anderes vereinbart wurde, sind die Zinsen nach Ablauf eines Jahres, spätestens bei der Rückerstattung der Kreditsumme zu entrichten (§ 488 II).

---

593 MüKoBGB/*Berger* § 488 Rn. 35.

594 Vgl. *Brox/Walker*, Schuldrecht BT, § 17 Rn. 22.

595 BGH, NJW 1999, 2032; Bamberger/Roth/*Rohe* § 488 Rn. 80 ff.; *Medicus/Lorenz*, Schuldrecht II, Rn. 577.

596 MüKoBGB/*Berger* § 488 Rn. 42; Staudinger/*Mülbert* (2010) § 488 Rn. 61.

597 *Brox/Walker*, Schuldrecht BT, § 17 Rn. 24.

598 Palandt/*Weidenkaff* § 488 Rn. 8; Jauernig/*Berger* § 488 Rn. 25; aA AnwK-BGB/*Reiff* § 488 Rn. 5: »gesetzlich normierte Nebenpflicht«.

Der Darlehensnehmer ist des Weiteren zur **Abnahme des Darlehens** verpflichtet, sofern der Darlehensgeber hieran ein erkennbares wirtschaftliches Interesse hat. Dies wird bei einem entgeltlichen Darlehen in der Regel anzunehmen sein.[599] Zur Bestellung von **Sicherheiten** ist der Darlehensnehmer nur bei besonderer Vereinbarung verpflichtet.[600]

3. Rechtsfolgen einer Pflichtverletzung

Stellt der Darlehensgeber den Kredit nicht rechtzeitig zur Verfügung, so steht dem 354
Darlehensnehmer – vorbehaltlich der übrigen Voraussetzungen – ein **Schadensersatzanspruch** aus §§ 280 I, II, 286 zu. Weiterhin kann der Darlehensnehmer nach § 288 I *Verzugszinsen* verlangen. Bei einem entgeltlichen Darlehensvertrag hat der Darlehensnehmer überdies vor Auszahlung des Darlehens ein Rücktrittsrecht nach § 323.

Kommt der Darlehensnehmer seiner **Rückzahlungspflicht** nicht rechtzeitig nach, kann der Darlehensgeber nach §§ 280 I, II, 286 Ersatz des Verzögerungsschadens sowie nach § 288 I Verzugszinsen verlangen. Ein Schadensersatzanspruch aus §§ 280 I, II, 286 kommt auch bei nicht rechtzeitiger Zahlung der Zinsen durch den Darlehensnehmer in Betracht. Verzugszinsen werden hier jedoch wegen des Zinseszinsverbots (§ 289) nicht geschuldet. Zur *Kündigung* des Darlehensvertrages wegen Verzugs → Rn. 362.

Bei **Schutzpflichtverletzungen** ist an einen Schadensersatzanspruch aus §§ 280 I, 241 II (im vorvertraglichen Bereich iVm § 311 II) zu denken.[601] Außerdem kommt eine Kündigung nach § 314 in Betracht.

V. Fälligkeit des Darlehens

Für die Rückzahlungspflicht des Darlehensnehmers kommt es nach § 488 I 2 auf die 355
Fälligkeit des Darlehens an. Der Zeitpunkt der Fälligkeit richtet sich vorrangig nach der *Vereinbarung* der Parteien. Falls die Parteien hierüber keine Abrede getroffen haben, stellt § 488 III 1 auf die Kündigung des Darlehens durch den Darlehensgeber oder den Darlehensnehmer ab. Dabei kommt sowohl eine *ordentliche* als auch eine *außerordentliche* Kündigung in Betracht.

1. Ordentliche Kündigung

Sowohl der Darlehensgeber als auch der Darlehensnehmer können den Darlehens- 356
vertrag **nach § 488 III** mit einer Frist von drei Monaten **ordentlich kündigen.**[602] Nach Ablauf der Frist ist das Darlehen zurückzuzahlen. Sofern keine Zinsen geschuldet sind, ist der Darlehensnehmer nach § 488 III 3 berechtigt, das Darlehen auch ohne Kündigung *sofort* zurückzuzahlen, da der Darlehensgeber hierdurch keine wirtschaftlichen Nachteile erleidet.[603]

599 Zur Abnahmepflicht vgl. *Oetker/Maultzsch* § 3 Rn. 31 f.; *Medicus/Lorenz*, Schuldrecht II, Rn. 585; *Harke*, Schuldrecht BT, Rn. 379.
600 BGH, NJW 2000, 957 (958); MüKoBGB/*Berger* § 488 Rn. 56; *Medicus/Lorenz*, Schuldrecht II, Rn. 585.
601 Vgl. Bamberger/Roth/*Rohe* § 488 Rn. 87.
602 *Brox/Walker*, Schuldrecht BT, § 17 Rn. 26; MüKoBGB/*Berger* § 488 Rn. 226.
603 *Medicus/Lorenz*, Schuldrecht II, Rn. 578; *Schlechtriem*, Schuldrecht BT, Rn. 221.

Beispiel: G stellt dem N ein Darlehen in Höhe von 2.000 EUR zu einem Zinssatz von 3 % zur Verfügung, ein Rückzahlungstermin wird nicht vereinbart. G und N können den Vertrag nach § 488 III jederzeit ordentlich kündigen. N muss das Darlehen jedoch erst drei Monate nach der Kündigung zurückzahlen. Für diese Zeit hat er an G weiter Zinsen zu zahlen.

357 Darüber hinaus steht dem *Darlehensnehmer*, auch wenn ein Fälligkeitszeitpunkt vereinbart wurde, ein **ordentliches Kündigungsrecht nach § 489** zu. Der Gesetzgeber differenziert zwischen entgeltlichen Darlehensverträgen mit einem festen Zinssatz (§ 489 I) und solchen mit einem veränderlichen, also an den Markt angepassten Zinssatz (§ 489 II). Die Neufassung des § 489 I bezeichnet den festen Zinssatz als »gebundenen Sollzinssatz« (zur genauen Definition vgl. § 489 V). Es handelt sich aber lediglich um eine sprachliche Änderung, die an die Verbraucherkreditrichtlinie 2008 angelehnt ist.[604]

Ein entgeltlicher Darlehensvertrag mit einem **veränderlichen Zinssatz** kann gemäß § 489 II jederzeit mit einer Frist von drei Monaten gekündigt werden.

358 Bei **fester Zinsvereinbarung** (gebundenem Sollzinssatz) kann der Vertrag nach § 489 I Nr. 1 gekündigt werden, wenn die *Zinsbindung vor der für die Rückzahlung bestimmten Zeit endet* und keine neue Vereinbarung über den Zinssatz getroffen wurde. Die Kündigung kann frühestens zum Ablauf der Zinsbindung ausgesprochen werden, wobei die Kündigungsfrist einen Monat beträgt. *In jedem Fall* kann die Kündigung mit einer Frist von sechs Monaten nach Ablauf von zehn Jahren nach dem vollständigen Empfang der Kreditsumme erfolgen (§ 489 I Nr. 2).

Zur Vertiefung: Das Kündigungsrecht nach § 489 dient dem *Schutz des Darlehensnehmers* vor überlanger Vertragsbindung. Es zielt insbesondere darauf ab, dem Darlehensnehmer bei sinkenden Zinsen eine Umschuldung zu ermöglichen.[605] Bei fester Zinsbindung muss aber auch das Interesse des Darlehensgebers an der Kalkulierbarkeit von Darlehen mit längerer Laufzeit berücksichtigt werden. Dies erklärt die differenzierte Regelung des § 489 I.[606]

359 **Zahlt** der Darlehensnehmer den geschuldeten Betrag innerhalb von zwei Wochen nach Wirksamwerden der Kündigung **nicht zurück,** so gilt seine Kündigung als *nicht erfolgt* (§ 489 III). Die Kündigungsrechte des Darlehensnehmers sind nach § 489 IV grundsätzlich zwingend.

2. Außerordentliche Kündigung

360 Nach § 490 haben beide Parteien ein Recht zur außerordentlichen Kündigung. Wird die Rückzahlung des Darlehens dadurch gefährdet, dass in den Vermögensverhältnissen des Darlehensnehmers oder in der Werthaltigkeit einer von diesem gestellten Sicherheit ein wesentliche Verschlechterung eintritt oder einzutreten droht, steht dem **Darlehensgeber** ein außerordentliches fristloses Kündigungsrecht nach § 490 I zu.[607] Eine Gefahr für die Interessen des Darlehensgebers besteht beispielsweise, wenn die zur Sicherheit übereignete Sache zerstört wird oder Zwangsvollstreckungsmaßnahmen gegen den Darlehensnehmer eingeleitet wurden.[608] Vor Auszahlung des Darlehens besteht dieses Kündigungsrecht uneingeschränkt (»im Zweifel stets«), weil dem

604 Vgl. Begr. RegE, BT-Drs. 16/11643, 74; Palandt/*Weidenkaff* § 489 Rn. 2.
605 Vgl. Hk-BGB/*Ebert* § 489 Rn. 1.
606 Vgl. MüKoBGB/*Berger* § 489 Rn. 2.
607 Vgl. Bamberger/Roth/*Rohe* § 490 Rn. 7 ff.; krit. *Freitag*, WM 2001, 2370 (2375).
608 *Oetker/Maultzsch* § 3 Rn. 43.

Darlehensgeber nicht zugemutet werden kann, das erhöhte Ausfallrisiko »sehenden Auges« auf sich zu nehmen.[609] Nach Auszahlung des Darlehens folgt aus der Wendung »in der Regel« die Notwendigkeit einer Interessenabwägung.[610] Die Kündigung ist danach unzulässig, wenn dem Darlehensgeber die *Belassung des Darlehens* im Einzelfall *zumutbar* ist. Dies kann etwa der Fall sein, wenn die Rückforderung des Darlehens in einer Summe den Darlehensnehmer in die Insolvenz treiben würde, während ihm eine Rückzahlung in Raten möglich wäre.[611]

Nach § 490 II kann der **Darlehensnehmer** einen Darlehensvertrag mit gebundenem Sollzinssatz (fester Zinsvereinbarung), bei dem das Darlehen durch ein **Grund- oder Schiffspfandrecht** gesichert ist, unter Einhaltung der Fristen des § 488 III 2 kündigen, sofern seine berechtigten Interessen dies gebieten und seit dem vollständigen Empfang des Darlehens sechs Monate abgelaufen sind. Als Beispiel nennt § 490 II 2 das Bedürfnis nach einer anderweitigen Verwertung des beliehenen Objekts. Ob dieses Bedürfnis auf privaten Gründen (zB Krankheit oder Arbeitslosigkeit des Darlehensnehmers) oder wirtschaftlichen Überlegungen beruht, ist unerheblich.[612] Den Interessen des Darlehensgebers wird dadurch Rechnung getragen, dass ihm der Darlehensnehmer nach § 490 II 3 eine **Vorfälligkeitsentschädigung** zahlen muss. **361**

Unabhängig von den Voraussetzungen des § 490 I, II können beide Parteien den Darlehensvertrag nach **§§ 313, 314** kündigen (§ 490 III). Eine Kündigung nach § 314 kommt insbesondere dann in Betracht, wenn der Darlehensnehmer mit der Zahlung der Zinsen bzw. der Tilgungsraten **in Verzug** ist.[613] Einmalige Zahlungsverzögerungen stellen aber für sich genommen keinen wichtigen Grund dar.[614] Nach den Wertungen des § 498 S. 1 Nr. 1 und des § 543 II Nr. 3 lit. a ist vielmehr davon auszugehen, dass der Darlehensnehmer grundsätzlich mit mindestens zwei aufeinander folgenden Zahlungen zu einem nicht unerheblichen Teil in Verzug sein muss.[615] Bei Verbraucherdarlehen gelten die Beschränkungen des Kündigungsrechts nach § 498 (→ Rn. 377) unmittelbar. **362**

Literatur: *Bodenbenner*, Rechtsfolgen sittenwidriger Ratenkreditverträge, JuS 2001, 1172; *Budzikiewicz*, Die Verjährung im neuen Darlehensrecht, WM 2003, 264; *Bunte*, Rückabwicklung sittenwidriger Ratenkreditverträge, NJW 1983, 2674; *Coester-Waltjen*, Der Darlehensvertrag, Jura 2002, 675; *Eichner*, Vorzeitige Beendigung von Darlehensverträgen – Voraussetzungen und Methoden der Berechnung von Vorfälligkeits- und Nichtabnahmeentschädigung, MDR 2001, 1338; *Freitag*, Die Beendigung des Darlehensvertrages nach dem Schuldrechtsmodernisierungsgesetz, WM 2001, 2370; *Krüger*, Kreditzusage ohne Kreditgewährung?, WM 2002, 156. Vgl. auch die Nachweise zu § 18.

609 MüKoBGB/*Berger* § 490 Rn. 15.
610 MüKoBGB/*Berger* § 490 Rn. 18.
611 BT-Drs. 14/6040, S. 254; Jauernig/*Berger* § 490 Rn. 7.
612 Vgl. BT-Drs. 14/6040, 255; BGHZ 136, 161 (167).
613 Vgl. *Emmerich*, Schuldrecht BT, § 8 Rn. 24, 27; *Medicus/Lorenz*, Schuldrecht II, Rn. 587.
614 Vgl. Palandt/*Weidenkaff* § 490 Rn. 11: »wiederholter Verzug«.
615 Vgl. BGHZ 95, 362 (373); MüKoBGB/*Berger* § 490 Rn. 49.

§ 20 Verbraucherkredite

I. Der Verbraucherdarlehensvertrag

363 Die §§ 491–512 enthalten Vorschriften über Kreditverträge zwischen **Verbrauchern (§ 13) und Unternehmern (§ 14).** Im Vordergrund steht der praktisch besonders wichtige Verbraucherdarlehensvertrag (§§ 491–505).

1. Anwendungsbereich

364 Der Anwendungsbereich der §§ 492 ff. ist in § 491 festgelegt. Die Vorschriften finden danach auf entgeltliche (Geld-)Darlehensverträge Anwendung, die zwischen einem **Unternehmer** als Darlehensgeber und einem **Verbraucher** als Darlehensnehmer abgeschlossen werden.

Die Begriffe des Verbrauchers und des Unternehmers bestimmen sich grundsätzlich nach den allgemeinen Regeln (§§ 13, 14). Im Verbraucherkreditrecht geht die hM allerdings davon aus, dass auch eine nicht kommerzielle Gruppe von Personen **(BGB-Gesellschaft) als Verbraucher** anzusehen ist. Denn die einzelnen Gesellschafter seien hier wie ein Verbraucher schutzwürdig.[616] Die einschlägige Leitentscheidung des BGH ist indes noch zu § 1 VerbrKrG ergangen.[617] Nach geltendem Recht ist zu beachten, dass § 13 nur von »natürlichen Personen« spricht; die in § 14 ausdrücklich angesprochenen »rechtsfähigen Personengesellschaften« werden gerade nicht erwähnt. Im Übrigen geht auch der EuGH davon aus, dass der Verbraucherbegriff nur **natürliche Personen** erfasst.[618] Da die Gesellschafter einer BGB-Gesellschaft analog § 128 HGB für die Verbindlichkeiten der Gesellschaft haften, mögen sie bei nicht kommerzieller Zielsetzung zwar schutzwürdig sein. Dieser Schutz ist indes nicht durch Ausweitung des Verbraucherbegriffs, sondern durch Einschränkung der Gesellschafterhaftung nach § 128 HGB zu verwirklichen.[619]

Der Begriff des **Unternehmers** umfasst nach § 14 natürliche und juristische Personen sowie rechtsfähige Personengesellschaften. Die unternehmerische Tätigkeit muss nicht notwendig auf die Vergabe von Krediten gerichtet sein (zB Banken, Sparkassen). Erforderlich ist nur, dass der Unternehmer beim Abschluss des Darlehensvertrages in Ausübung seiner gewerblichen oder selbständigen beruflichen Tätigkeit handelt. Insofern wird auch die einmalige oder gelegentliche Kreditvergabe durch einen Unternehmer erfasst.[620]

§ 491 II nennt einige Verträge, die auch dann nicht als Verbraucherdarlehensverträge zu qualifizieren sind, wenn die Voraussetzungen des § 491 I vorliegen. Dazu gehören unter anderem **Bagatelldarlehen** von weniger als 200 EUR (§ 491 II Nr. 1) und **Arbeitgeberdarlehen** mit vergünstigtem Zinssatz (§ 491 II Nr. 4). Das Gleiche gilt für Darlehensverträge, die im Rahmen **staatlicher Förderungen** mit unter den marktüblichen Sätzen liegenden Zinsen geschlossen werden (§ 491 II Nr. 5). Einzelne verbraucherschützende Vorschriften sind auch in den Fällen des § 491 III (insbesondere bei gerichtlich protokolliertem Vergleich) unanwendbar.

616 Palandt/*Weidenkaff* § 491 Rn. 5; aA AnwKomm-*Reiff* § 491 Rn. 3.
617 BGHZ 149, 80 (83).
618 EuGH, NJW 2002, 205 (zur Klausel-Richtlinie).
619 Zu den Einzelheiten AnwKomm-*Reiff* § 491 Rn. 3.
620 BGHZ 179, 126; PWW/*Kessal-Wulf* § 491 Rn. 3.

Die Vorschriften über den Verbraucherdarlehensvertrag gelten auch für den **Schuldbeitritt** zu einem Darlehensvertrag[621] sowie für die **befreiende Schuldübernahme** nach §§ 414 f.[622] Auf die Bürgschaft sind die §§ 491 ff. dagegen nicht anwendbar (→ Rn. 940). 365

2. Formbedürftigkeit

a) Voraussetzungen

Ein wesentlicher Unterschied zum allgemeinen Darlehensrecht ist das **Formerfordernis** des § 492 I 1. Soweit keine strengere Form vorgesehen ist, müssen Verbraucherdarlehensverträge *schriftlich* abgeschlossen werden. Anders als nach früherem Recht (§ 492 I 2 aF) kann die Schriftform jetzt durch die **elektronische Form** (§ 126 a) ersetzt werden (§ 126 III). 366

Der Formzwang soll den Verbraucher von **unüberlegten Vertragsschlüssen** abhalten.[623] § 492 II iVm Art. 247 §§ 6–13 EGBGB regeln deshalb detailliert, welche Angaben der Vertrag enthalten muss. Der Darlehensgeber ist schließlich verpflichtet, dem Darlehensnehmer eine Abschrift der Vertragserklärungen zur Verfügung zu stellen (§ 492 III).

Entgegen § 167 II und der früheren Rechtsprechung des BGH[624] gelten die Formvorschriften auch für die **Vollmacht,** die ein Darlehensnehmer zum Abschluss eines Verbraucherdarlehensvertrags erteilt (§ 492 IV 1).[625]

b) Rechtsfolgen

Die Rechtsfolgen eines Formverstoßes sind in § 494 geregelt. Es handelt sich um eine Spezialvorschrift zu § 125 S. 1 und § 139. Gemäß § 494 I ist der Darlehensvertrag **nichtig,** wenn die Schriftform insgesamt nicht eingehalten ist oder wenn eine der in Art. 247 §§ 6 und 9–13 EGBGB vorgeschriebenen Angaben fehlt. 367

Nimmt der Verbraucher das Darlehen in Anspruch, so tritt die Nichtigkeitsfolge nach § 494 II nicht ein; der **Formmangel** wird also **geheilt.** Um den Verbraucher vor *übermäßigen Belastungen* zu schützen, **ändert sich aber der Vertragsinhalt** nach Maßgabe des § 494 II–VI. Insbesondere ermäßigt sich der dem Verbraucherdarlehensvertrag zugrunde gelegte Sollzinssatz auf den gesetzlichen Zinssatz, wenn die Angabe des Sollzinssatzes, des effektiven Jahreszinses oder des Gesamtbetrags fehlt (Abs. 2). Nicht angegebene Kosten werden vom Darlehensnehmer auch nicht geschuldet (Abs. 4). Fehlen im Vertrag Angaben zur Laufzeit oder zum Kündigungsrecht, kann der Darlehensnehmer jederzeit kündigen. Nicht im Vertrag angegebene Sicherheiten können nicht gefordert werden, sofern der Nettodarlehensbetrag 75.000 EUR nicht übersteigt (Abs. 6). Der Darlehensgeber hat dem Darlehensnehmer eine Abschrift des Vertrages zur Verfügung zu stellen, in denen die Änderungen des Vertragsinhalts berücksichtigt sind (Abs. 7 S. 1). Die Widerrufsfrist nach § 495 beginnt in diesem Fall erst mit dem Erhalt der Abschrift (Abs. 7 S. 2).

621 BGHZ 133, 71; 134, 94; 179, 126 (134); Palandt/*Weidenkaff* § 491 Rn. 10.

622 *Brox/Walker*, Schuldrecht BT, § 17 Rn. 38; *Medicus/Lorenz*, Schuldrecht II, Rn. 592; krit. Erman/*Saenger* § 491 Rn. 21, 23.

623 Vgl. *Oetker/Maultzsch* § 3 Rn. 54; *Medicus/Lorenz*, Schuldrecht II, Rn. 594.

624 BGH, NJW 2001, 1931 (1932) mwN.

625 Vgl. *Medicus/Lorenz*, Schuldrecht II, Rn. 595; *Artz*, JuS 2002, 528 (533); *Bülow*, NJW 2002, 1145 (1147); *Heyers*, Jura 2001, 760 ff.

3. Widerrufsrecht

368 Zentrales Schutzinstrument für den Verbraucher ist ebenso wie bei Timesharing-Verträgen (→ Rn. 303) das **Widerrufsrecht** (§ 495 I iVm § 355). Der Darlehensnehmer erhält dadurch die Möglichkeit, die rechtlichen und wirtschaftlichen Folgen des Vertrages zu überdenken. Die allgemeinen Modalitäten des Widerrufs (§§ 355 ff.) sind mit Rücksicht auf die Vorgaben der Verbraucherkreditrichtlinie 2008 in einigen Punkten modifiziert worden. So tritt die Pflichtangabe nach Art. 247 § 6 II EGBGB an die Stelle der **Widerrufsbelehrung** nach § 355 II (§ 495 II Nr. 1). Die Angaben müssen in den Vertrag aufgenommen werden. Nach § 491 a iVm Art. 247 § 3 Nr. 13 EGBGB ist der Verbraucher schon bei Vertragsschluss über das Widerrufsrecht zu unterrichten.[626] Bei ordnungsgemäßer Information über das Widerrufsrecht muss der Widerruf gegenüber dem Darlehensgeber innerhalb von 14 Tagen (§ 355 II, III) in Textform erklärt werden. Die Vorschriften über das Erlöschen des Widerrufsrechts (§ 355 IV) sind gemäß § 495 II 2 nicht anwendbar. Fehlt es an einer ordnungsgemäßen Information, so bleibt das Widerrufsrecht daher auch über die Sechs-Monatsfrist des § 355 IV 1 hinaus bestehen.

Die **Rechtsfolgen des Widerrufs** sind in § 357 geregelt (s. dazu SAT 864 ff.). Die Vorschrift verweist mit gewissen Modifikationen auf die Regelungen über den gesetzlichen Rücktritt (§§ 346 ff.). Weitere kleinere Modifikationen finden sich noch in § 495 II Nr. 3.

Bei einer **eingeräumten Überziehungsmöglichkeit** ist das Widerrufsrecht unter den Voraussetzungen des § 504 II ausgeschlossen. Das Gleiche gilt bei einer **geduldeten Überziehung** nach § 505 (§ 495 III Nr. 3). § 495 III Nr. 1 und 2 nennen einige weitere besondere Formen des Darlehensvertrags, bei denen das Widerrufsrecht nicht besteht.

4. Informationspflichten des Darlehensgebers

369 Das Gesetz zur Umsetzung der Verbraucherkreditrichtlinie 2008 (→ Rn. 334, 338) hat die **Informationspflichten** des Darlehensgebers erheblich **ausgeweitet.**[627] Eine umfassende Regelung dieser Pflichten bei Verbraucherdarlehensverträgen, entgeltlichen Finanzierungshilfen und Darlehensvermittlungsverträgen findet sich jetzt in Art. 247 §§ 1–17 EGBGB. § 491 a I stellt klar, dass der Darlehensgeber den Darlehensnehmer über die dort geregelten Einzelheiten zu unterrichten hat.[628] Ein **amtliches Muster** hierfür findet sich in Anlage 6 zu Art. 247 EGBGB. Nach § 491 a III ist der Darlehensgeber darüber hinaus verpflichtet, dem Darlehensnehmer vor Abschluss des Darlehensvertrages angemessene Erläuterungen zu geben, damit dieser beurteilen kann, ob der Vertrag dem von ihm verfolgten Zweck und seinen Vermögensverhältnissen gerecht wird. Die Informationspflichten des Darlehensgebers während des Vertragsverhältnisses sind in § 493 geregelt.

5. Schutz des Verbrauchers bei verbundenen Verträgen

370 In der Praxis dienen Verbraucherdarlehensverträge häufig der Finanzierung von Kaufverträgen. Soweit beide Verträge eine wirtschaftliche Einheit bilden (sog. **ver-**

626 Vgl. Begr. RegE, BT-Drs. 16/11643, 129; Palandt/*Weidenkaff* § 495 Rn. 2.
627 Krit. *Derleder*, NJW 2009, 3195 (3199): »Füllhorn vorvertraglicher Informationspflichten«.
628 Zu den Einzelheiten vgl. *Bülow/Artz*, Verbraucherprivatrecht, Rn. 230 a.

bundene Verträge nach § 358 III 1), schlägt der **Widerruf** des Darlehensvertrags nach § 495 I auf das finanzierte Geschäft (namentlich den Kaufvertrag) durch (§ 358 II). Umgekehrt ist der Verbraucher auch nicht mehr an den Darlehensvertrag gebunden, wenn er das finanzierte Geschäft (zB nach §§ 312, 312 d) widerruft (§ 358 I). Seit der Neuregelung durch das Gesetz v. 24. 7. 2010 (→ Rn. 334) wird das Widerrufsrecht nach § 495 I nicht mehr durch das Widerrufsrecht in Bezug auf das finanzierte Geschäft verdrängt (anders noch § 358 II 2 aF). Die Änderung gewinnt vor allem dann praktische Bedeutung, wenn das Verbraucherdarlehen später als das finanzierte Geschäft abgeschlossen worden ist, weil dann auch die Widerrufsfrist nach § 495 I länger als die Widerrufsfrist für das finanzierte Geschäft läuft.[629]

Stehen dem Verbraucher aus dem finanzierten Geschäft **Einwendungen** (zB Mängelrechte nach § 437) zu, so kann er diese gemäß § 359 auch dem Darlehensgeber entgegenhalten (dazu SAT Rn. 149 ff.). Liegen die Voraussetzungen für ein verbundenes Geschäft nicht vor, ist § 358 I und IV nach dem bei der Umsetzung der Richtlinie 2008/48/EG eingefügten § 359 a I entsprechend anzuwenden, wenn die Ware oder die Leistung des Unternehmers aus dem widerrufenen Vertrag in einem Verbraucherdarlehensvertrag genau angegeben ist. Für Verträge über Zusatzleistungen (zB **Restschuldversicherung**)[630] gilt § 358 II und IV auch dann, wenn die Voraussetzungen für ein verbundenes Geschäft nicht vorliegen (§ 359 a II).

6. Weitere Schutzvorschriften

a) Unwirksamkeit eines Einwendungsverzichts

Dem Verbraucher sollen bei einer **Abtretung der Ansprüche des Darlehensgebers** 371
alle **Einwendungen** gegenüber dem neuen Gläubiger erhalten bleiben. Nach allgemeinen Regeln wird der Schuldner bei einer Abtretung durch die §§ 404 ff. geschützt (vgl. SAT Rn. 1115 ff.). Diese Vorschriften sind jedoch dispositiv. § 496 I verstärkt deshalb den Schutz des Darlehensnehmers dahingehend, dass der Verzicht auf die Einwendungen nach § 404 und die Aufrechnungsmöglichkeit nach § 406 unwirksam ist.

> **Beispiel:** N und seine Hausbank (B) haben einen Darlehensvertrag über 20.000 EUR geschlossen. Die monatlichen Raten, die N zu entrichten hat, belaufen sich auf 500 EUR. Die B tritt ihre Ratenforderungen an einen Dritten (D) ab. Hat N seinerseits Ansprüche gegen die B (zB auf Auszahlung von Sparbeträgen), so kann er damit auch dann gemäß § 406 gegen die Ratenforderungen des D aufrechnen, wenn er auf dieses Recht gegenüber B verzichtet hat. Ob N aufrechnet, bleibt freilich ihm selbst überlassen. § 496 I schützt allein die *Entscheidungsfreiheit* des Verbrauchers.

Auffällig ist, dass die **§§ 407 ff.** in § 496 I nicht genannt sind. Wegen des hohen 372
Gerechtigkeitsgehalts der §§ 407 ff. ist § 496 I insoweit jedoch analog anzuwenden.[631]

b) Scheck- und Wechselverbot

Der Verbraucher soll auch davor bewahrt werden, im Zusammenhang mit dem 373
Darlehensvertrag weitere – abstrakte – Verbindlichkeiten einzugehen, durch die er der **Gefahr eines Urkunden- und Wechselprozesses** (§§ 592 ff. ZPO) ausgesetzt wird.[632] Deshalb kann er sich nach § 496 II nicht verpflichten, für die Ansprüche des

629 Vgl. *Brox/Walker*, Schuldrecht AT, § 19 Rn. 45.
630 Zur Restschuldversicherung BGHZ 184, 1; *Heinig*, VersR 2010, 863 ff.
631 AnwKomm-*Reiff* § 496 Rn. 3; MüKoBGB/*Schürnbrand* § 496 Rn. 7.
632 *Oetker/Maultzsch* § 3 Rn. 65.

Darlehensgebers eine Wechselverbindlichkeit einzugehen. Auch darf der Darlehensgeber keinen Scheck entgegennehmen. Ein gleichwohl gegebener Wechsel oder Scheck kann jederzeit *herausverlangt* werden. Ist dem Darlehensnehmer durch die Hingabe des Wechsels oder Schecks ein Schaden entstanden, so steht ihm ein *verschuldensunabhängiger Ersatzanspruch* gegen den Darlehensgeber zu.[633]

c) Verzug des Darlehensnehmers

374 Für den Zahlungsverzug des Darlehensnehmers verweist § 497 I 1 auf § 288 I. Der **Verzugszins** liegt damit gemäß § 288 I 2 bei 5 % über dem Basiszinssatz. Bei **Immobiliardarlehensverträgen** setzt § 503 II den Verzugszins auf 2,5 % über dem Basiszins herab.

> **Zur Vertiefung:** Der Verweis des § 497 I 1 erscheint auf den ersten Blick überflüssig, da § 288 I beim Schuldnerverzug ohnehin Anwendung findet. Der eigentliche Sinn der Vorschrift liegt indes darin, den Darlehensgeber vom Verbot der Zinseszinsen zu befreien. Dies ergibt sich daraus, dass in dem vom Verbraucher »geschuldeten Betrag« auch rückständige Zinsen sein können.[634] § 497 I 1 regelt damit eine Ausnahme zu § 289 S. 1. Auf der anderen Seite wird der Verbraucher aber dadurch geschützt, dass die nach Eintritt des Verzugs anfallenden Zinsen gemäß § 497 II einem *Kontokorrentverbot* unterliegen und ein möglicher weitergehender *Schadensersatzanspruch* des Darlehensgebers hinsichtlich dieser Zinsen (§ 289 S. 2 iVm §§ 280 I, II, 286) auf den gesetzlichen Zinssatz (§ 246) *begrenzt* wird.[635]

375 Der Grund für die **Pauschalierung des Verzugsschadens** liegt in der vereinfachten Berechnung, die die Gerichte von Rechtsstreitigkeiten entlasten soll. Außerdem sollen die Parteien die wirtschaftlichen Konsequenzen eines Verzugs besser vorhersehen können.[636] Abweichend vom allgemeinen Verzugsrecht (SAT Rn. 597) steht hier aber nicht nur dem Darlehensgeber der Nachweis eines **höheren Schadens,** sondern auch dem Darlehensnehmer der Nachweis eines **niedrigeren Schadens** offen (§ 497 I 2).

d) Tilgungsbestimmung bei Teilleistungen

376 Erbringt der Darlehensnehmer eine **Teilleistung,** die zur Tilgung der gesamten fälligen Schuld nicht ausreicht, so würde diese nach der allgemeinen Regel des § 367 II zunächst auf die Kosten, dann auf die Zinsen und zuletzt auf die Hauptleistung angerechnet (s. dazu SAT Rn. 396 f.). Bei einem entgeltlichen Verbraucherdarlehensvertrag hat dies zur Folge, dass die Kreditsumme sich nicht oder nur in geringem Umfang vermindert.[637] Die Hauptschuld wird damit kaum abgebaut.[638] Aus diesem Grund ordnet § 497 III 1 an, dass Teilleistungen nach den Kosten der Rechtsverfolgung zunächst auf den geschuldeten Betrag und erst zuletzt auf die Zinsen angerechnet werden. Für den Verbraucher ist dies auch insofern von Vorteil, als der Schadensersatzanspruch wegen der nach Eintritt des Verzugs anfallenden Zinsen durch § 497 II 2 begrenzt wird.[639] Im Übrigen schreibt § 497 III 2 vor, dass Teilleistungen entgegen § 266 (dazu SAT Rn. 258) nicht zurückgewiesen werden dürfen.

---

633 Vgl. AnwKomm-*Reiff* § 486 Rn. 7; Palandt/*Weidenkaff* § 496 Rn. 4.
634 Vgl. BT-Drs. 14/6040, 256; MüKoBGB/*Schürnbrand* § 497 Rn. 8.
635 Vgl. MüKoBGB/*Schürnbrand* § 497 Rn. 8.
636 BT-Drs. 14/6040, 256.
637 *Reinicke/Tiedtke*, Kaufrecht, Rn. 1522.
638 *Oetker/Maultzsch* § 3 Rn. 69.
639 Zu diesem Zusammenhang MüKoBGB/*Schürnbrand* § 497 Rn. 30.

Auf **Immobiliardarlehensverträge** sind diese Regeln nach § 503 I nicht anwendbar. Eine Ausnahme gilt nur für die Hemmung der Verjährung nach § 497 III 3.

e) Gesamtfälligstellung bei Teilzahlungsdarlehen

Kommt der Darlehensnehmer mit der Tilgung des Darlehens oder der Zahlung der Zinsen in **Verzug** (§ 286), so kann dem Darlehensgeber nach § 314 ein Recht zur **außerordentlichen Kündigung** zustehen (→ Rn. 362). Da eine solche Kündigung den Darlehensnehmer erheblich belastet, werden die Voraussetzungen beim Verbraucherdarlehen durch § 498 S. 1 verschärft. Die Kündigung ist danach nur zulässig, wenn der Darlehensnehmer **mit mindestens zwei aufeinander folgenden Raten** (ganz oder teilweise) **in Verzug** ist, wobei sich der Rückstand im Ganzen je nach Laufzeit des Darlehens auf mindestens 5 % bzw. 10 % des Nettobetrages zu belaufen hat (Nr. 1). Darüber hinaus muss der Darlehensgeber dem Darlehensnehmer erfolglos eine zweiwöchige **Frist** zur Zahlung des rückständigen Betrags mit der Erklärung gesetzt haben, dass er bei Nichtzahlung die gesamte Restschuld verlange (Nr. 2). Die Fristsetzung ist in jedem Fall erforderlich. § 323 II ist nicht entsprechend anwendbar.[640] Auf Immobiliardarlehensverträge ist § 498 S.1 Nr. 1 gemäß § 503 III in modifizierter Form anwendbar. 377

Die Anwendung des § 498 S.1 setzt voraus, dass der Darlehensnehmer das Darlehen in **Teilzahlungen** zu tilgen hat. Aus den Anforderungen der Nr. 1 lässt sich ableiten, dass mindestens drei Ratenzahlungen vereinbart sein müssen.[641]

Bei einer Kündigung des Darlehens nach § 498 wird die **gesamte Restschuld fällig.** Diese vermindert sich jedoch – ebenso wie bei vorzeitiger Darlehensrückzahlung (→ Rn. 378) – um die Zinsen und sonstigen *laufzeitabhängigen Kosten* des Darlehens, die bei gestaffelter Berechnung auf die Zeit nach Wirksamwerden der Kündigung entfallen (§ 501).

f) Kündigungsrechte des Darlehensgebers und des Darlehensnehmers

§ 499 I begrenzt das **Kündigungsrecht des Darlehensgebers.** Ist eine bestimmte Vertragslaufzeit vereinbart worden, kann dem Darlehensgeber durch Vertrag kein Kündigungsrecht eingeräumt werden. Darüber hinaus ist eine Vereinbarung über ein Kündigungsrecht des Darlehensgebers auch dann unwirksam, wenn die Kündigungsfrist zwei Monate unterschreitet. Der Darlehensgeber ist bei einer entsprechenden Vereinbarung aber berechtigt, die **Auszahlung** eines Darlehens ohne fest vereinbarte Laufzeit aus einem sachlichen Grund (zB zwischenzeitige Verschlechterung der Vermögensverhältnisse des Darlehensnehmers) zu **verweigern** (§ 499 II). 378

Der **Darlehensnehmer** ist bei unbefristeten Verbraucherdarlehensverträgen gemäß § 500 I 1 berechtigt, das Darlehen ohne Einhaltung der allgemeinen Frist des § 488 III 2 zu kündigen. Die Vereinbarung einer Kündigungsfrist von mehr als einem Monat ist nach § 500 I 2 unwirksam. Darüber hinaus räumt § 500 II dem Darlehensnehmer erstmals das Recht ein, seine Verbindlichkeiten aus dem Darlehensvertrag jederzeit ganz oder teilweise **vorzeitig zu erfüllen.** In diesem Fall ermäßigen sich die Gesamtkosten nach § 501; der Darlehensgeber kann nach § 502 aber eine angemessene **Vorfälligkeitsentschädigung** verlangen.

640 OLG Celle, ZGS 2007, 119 (120); Staudinger/*Kessal-Wulf* (2004) § 498 Rn. 20.
641 So auch Jauernig/*Berger* § 498 Rn. 2; MüKoBGB/*Schürnbrand* § 498 Rn. 3.

Auf **Immobiliardarlehensverträge** sind die §§ 499, 500 und § 502 unanwendbar (§ 503 I).

II. Entgeltliche Finanzierungshilfen

379 Nach § 506 I (§ 499 aF) sind die Vorschriften über verbundene Verträge (§§ 358 ff.) sowie die meisten für das Verbraucherdarlehen maßgeblichen Schutzvorschriften auch auf Verträge anwendbar, durch die ein Unternehmer einem Verbraucher einen **entgeltlichen Zahlungsaufschub** oder eine **sonstige entgeltliche Finanzierungshilfe** gewährt. Dahinter steht die Erwägung, dass solche Finanzierungshilfen mit Krediten vergleichbar sind.[642] Nicht in Bezug genommen wird die Bestimmung des § 492 IV über die Formbedürftigkeit der Vollmacht. Die Verweisung umfasst auch nicht die Vorschriften über Immobiliardarlehensverträge (§ 503) und Überziehungskredite (§§ 504, 505), die hier aber ohnehin nicht relevant werden könnten.[643]

1. Verträge über die entgeltliche Nutzung eines Gegenstandes

380 Nach § 506 II 1 gelten Verträge über die **entgeltliche Nutzung eines Gegenstandes** als entgeltliche Finanzierungshilfe, wenn der Verbraucher zum Erwerb des Gegenstandes verpflichtet ist (Nr. 1), der Unternehmer von ihm den Erwerb des Gegenstandes verlangen kann (Nr. 2) oder der Verbraucher bei Beendigung des Vertrags für einen bestimmten Wert des Gegenstands einstehen muss (Nr. 3). Die Vorschrift erfasst insbesondere das **Finanzierungsleasing** (→ Rn. 510). § 500 aF hatte für solche Verträge die Verweisung auf die Vorschriften über das Verbraucherdarlehen erheblich eingeschränkt (vgl. 3. Aufl. Rn. 381). Diese Einschränkungen sind wegen der Vorgaben der neuen Verbraucherkreditrichtlinie 2008 entfallen.

381 Auf Verträge mit einer **Restwertgarantie** des Verbrauchers (§ 506 II 1 Nr. 3) sind das vorzeitige Erfüllungsrecht des Verbrauchers (§ 500 II) und der Anspruch des Unternehmers auf Vorfälligkeitsentschädigung (§ 502) nach § 506 II 2 nicht anwendbar. Die Zulässigkeit dieser Einschränkungen ergibt sich daraus, dass die betreffenden Verträge von der Richtlinie nicht erfasst werden. Der Gesetzgeber hat sie aber in die Regelungen über die entgeltlichen Finanzierungshilfen aufgenommen, weil der Unternehmer durch die Restwertgarantie des Verbrauchers eine Vollamortisation des Vertragsgegenstandes erhält.[644]

2. Teilzahlungsgeschäfte

382 Teilzahlungsgeschäfte sind Verträge über die Lieferung einer bestimmten Sache oder die Erbringung einer bestimmten anderen Leistung **gegen Teilzahlungen** (§ 506 III). Den Charakter eines Kredits erhalten Teilzahlungsgeschäfte dadurch, dass der Unternehmer die Gegenleistung nicht sofort erhält und damit das Insolvenzrisiko des Verbrauchers trägt. Wichtigster Anwendungsfall ist der **finanzierte Abzahlungskauf**. Gegenüber den Verbraucherdarlehensverträgen weisen Teilzahlungsgeschäfte gewisse **Besonderheiten** auf. Dem wird durch die Sonderregeln der §§ 507, 508 Rechnung getragen.

---

642 *Brox/Walker*, Schuldrecht BT, § 18 Rn. 1; *Reinicke/Tiedtke*, Kaufrecht, Rn. 1500.
643 Vgl. Begr. RegE, BT-Drs. 16/11643, 145.
644 Vgl. Begr. RegE, BT-Drs. 16/11643, 146.

a) Rechtsfolgen von Formmängeln (§ 507)

Die Vorschriften des § 494 I–III und VI 3 über die Rechtsfolgen von Formmängeln sind auf Teilzahlungsgeschäfte nicht anwendbar (§ 507 I). § 507 II ordnet bei bestimmten Fehlern zwar ebenfalls die **Nichtigkeit** des Vertrages an, sieht aber eine **Heilungsmöglichkeit** für den Fall vor, dass dem Verbraucher die Sache übergeben oder die Leistung erbracht wird. Auch bei einer Heilung ist der Barzahlungspreis nur mit dem gesetzlichen Zinssatz zu verzinsen, wenn die Angabe des Gesamtbetrags oder des effektiven Jahreszinses fehlt. Liefert der Unternehmer nur gegen Teilzahlungen Sachen oder erbringt er nur gegen Teilzahlungen Leistungen, so sind bestimmte Angaben bei der vorvertraglichen Information und im Vertrag nach § 507 III entbehrlich. Dahinter steht die Erwägung, dass es hier keinen Barzahlungspreis gibt, auf den Zinsen und Kosten aufgeschlagen werden.[645] Der Gesetzgeber geht daher davon aus, dass der Vertrag nicht von der Verbraucherkreditrichtlinie erfasst wird.[646] **383**

b) Rückabwicklungsmöglichkeiten (§ 508)

§ 508 I gewährt dem Unternehmer das Recht, dem Verbraucher bei Verträgen über die Lieferung einer bestimmten Sache anstelle des Widerrufsrechts nach § 495 I ein **Rückgaberecht** nach § 356 (dazu SAT Rn. 148) einzuräumen. Für die Ausübung des Rückgaberechts gilt die *Widerrufsfrist des § 355*. Da § 495 II auch für Teilzahlungsgeschäfte gilt, tritt an die Stelle der Belehrung über das Rückgaberecht die entsprechende Pflichtangabe im Vertrag (Art. 247 § 6 II EGBGB).[647] Die *Rechtsfolgen* der Rückgabe richten sich nach § 357. **384**

Bei **Zahlungsverzug des Verbrauchers** steht dem Unternehmer gemäß § 506 I das **Kündigungsrecht** nach § 498 zu. Da Teilzahlungsgeschäfte keine echten Dauerschuldverhältnisse sind, kommt daneben auch ein **Rücktritt** nach § 323 in Betracht.[648] Der Unternehmer kann dabei zwischen beiden Rechten frei wählen.[649] Um den Verbraucher auch im Fall des Rücktritts zu schützen, schreibt § 508 II 1 aber vor, dass der Unternehmer wegen Zahlungsverzugs *nur* unter den Voraussetzungen des § 498 zurücktreten kann.[650]

Zur Vertiefung: Aus dogmatischer Sicht ist zu beachten, dass § 508 II 1 kein eigenständiges Rücktrittsrecht begründet, sondern ein dem Unternehmer nach anderen Vorschriften zustehendes Rücktrittsrecht einschränkt. Soweit die Parteien dem Unternehmer für den Zahlungsverzug des Verbrauchers kein vertragliches Rücktrittsrecht eingeräumt haben, ist § 323 maßgeblich.[651] Die Vorschrift knüpft allerdings nicht an den Verzug an. Zu beachten ist insbesondere, dass die Mahnung nach § 286 II in weiterem Umfang entbehrlich sein kann als die Fristsetzung nach § 323 II. Sofern die qualifizierten Anforderungen des § 498 erfüllt sind, werden aber in der Regel auch die Voraussetzungen des § 323 gegeben sein.

Entscheidet der Unternehmer sich für den Rücktritt, so wandelt sich das Teilzahlungsgeschäft in ein **Rückgewährschuldverhältnis** nach §§ 346 ff. um.[652] Der Unter- **385**

645 Vgl. Palandt/*Weidenkaff* § 507 Rn. 2.
646 Vgl. Begr. RegE, BT-Drs. 16/11643, 150.
647 Begr. RegE, BT-Drs. 16/11643, 152.
648 Vgl. Bamberger/Roth/*Möller/Wendehorst* § 503 Rn. 6.
649 Vgl. AnwKomm-*Reiff* § 503 Rn. 4; Staudinger/*Kessal-Wulf* (2004) § 503 Rn. 27.
650 *Emmerich*, Schuldrecht BT, § 6 Rn. 22.
651 Vgl. Bamberger/Roth/*Möller/Wendehorst* § 503 Rn. 8.
652 Vgl. *Emmerich*, Schuldrecht BT, § 6 Rn. 23.

nehmer kann unter anderem die Rückgabe der Kaufsache verlangen. Nimmt der Unternehmer die gelieferte Sache wieder an sich, so gilt dies als Ausübung des Rücktrittsrecht, auch wenn der Rücktritt nicht ausdrücklich erklärt wird (§ 508 II 5).[653] Das Gleiche gilt, wenn ein Vertrag über die Lieferung einer Sache mit einem Verbraucherdarlehensvertrag **verbunden** ist und der Darlehensgeber die Sache (zB aufgrund einer Sicherungsübereignung) an sich nimmt (§ 508 II 6).[654]

3. Prüfung der Kreditwürdigkeit des Verbrauchers

386 Der neu eingefügte § 509 verpflichtet den Unternehmer, vor dem Abschluss eines Vertrages über eine entgeltliche Finanzierungshilfe die Kreditwürdigkeit des Verbrauchers zu bewerten. Für Verbraucherdarlehensverträge hat der Gesetzgeber darauf verzichtet, eine solche **zivilrechtliche** Verpflichtung zu statuieren. Dahinter steht die Erwägung, dass der Darlehensgeber in diesem Bereich stets den **öffentlich-rechtlichen Vorschriften** des Kreditwesengesetzes (KWG) unterliegt.[655] Eine entsprechende Verpflichtung der Kreditinstitute findet sich in § 18 II KWG.

Die Pflicht der Kreditinstitute zur Prüfung der Kreditwürdigkeit dient ausschließlich **öffentlichen Interessen** und hat daher **keine Schutzwirkung zugunsten des Verbrauchers.**[656] Eine andere Betrachtung wird auch nicht durch den Schutzzweck der Verbraucherkreditrichtlinie 2008 geboten.[657] Bei einer Verletzung der Prüfungspflicht steht dem Verbraucher daher kein Schadensersatzanspruch aus § 280 I gegen das Kreditinstitut zu.

III. Ratenlieferungsverträge

387 **Ratenlieferungsverträge** sind Verträge zwischen einem Unternehmer und einem Verbraucher, bei denen entweder mehrere als zusammengehörend verkaufte Sachen in Teilleistungen gegen Teilzahlungen oder regelmäßig Sachen gleicher Art geliefert werden sollen (§ 510 I 1 Nr. 1 und 2). Auch die Verpflichtung zum wiederkehrenden Erwerb oder Bezug von Sachen stellt einen Ratenlieferungsvertrag dar (§ 510 I 1 Nr. 3). Da die Gegenleistung sofort nach der Lieferung fällig ist, haben diese Verträge nicht den Charakter eines Kredits[658] und werden daher auch nicht von der Verbraucherkreditrichtlinie 2008 erfasst. Ratenlieferungsverträge bergen jedoch die Gefahr, dass sich ein Verbraucher voreilig an Verträge mit langen Laufzeiten bindet, ohne die wirtschaftlichen Risiken zu überblicken.[659] Der Verbraucher erscheint deshalb auch hier besonders schutzwürdig.

Beispiele: Beispiele für Ratenlieferungsverträge sind der Erwerb eines mehrbändigen Lexikon (§ 510 I 1 Nr. 1) oder das Abonnement von Zeitungen und Zeitschriften (§ 510 I 1 Nr. 2). Der Abschluss eines *Pay-TV-Abonnementvertrages* kann dagegen nicht als Ratenlieferungsvertrag qualifiziert werden, weil es hier nicht um die regelmäßige Lieferung von Sachen geht.[660]

653 Vgl. Staudinger/*Kessal-Wulf* (2004) § 503 Rn. 32 ff.; *Gursky*, Schuldrecht BT, S. 56.
654 Vgl. Jauernig/*Berger* § 508 Rn. 6.
655 Vgl. Begr. RegE, BT-Drs. 16/11643, 153.
656 Palandt/*Weidenkaff* § 509 Rn. 1; *Herresthal*, WM 2009, 1174 (1175).
657 *Herresthal*, WM 2009, 1174 (1176 ff.); aA *Hofmann*, NJW 2010, 1712 ff.
658 Vgl. BGH, NJW 2003, 1932 (1933); PWW/*Kessal-Wulf* § 510 Rn. 1.
659 BGH, NJW 2003, 1932 (1933); *Brox*/*Walker*, Schuldrecht BT, § 18 Rn. 15.
660 BGH, NJW 2003, 1932; Palandt/*Weidenkaff* § 510 Rn. 3; Staudinger/*Kessal-Wulf* (2004) § 505 Rn. 18; aA AnwKomm-*Reiff* § 505 Rn. 10: § 505 I 1 Nr. 2 aF analog.

Wichtigstes Schutzinstrument ist auch beim Ratenlieferungsvertrag das **Widerrufsrecht** gemäß § 355, das dem Verbraucher durch § 510 I 1 eingeräumt wird. Gemäß § 510 II 1, 2 bedarf der Ratenlieferungsvertrag zudem der **Schriftform,** sofern dem Verbraucher nicht die Möglichkeit verschafft wird, die Vertragsbestimmungen einschließlich der Allgemeinen Geschäftsbedingungen bei Vertragsschluss abzurufen und in wiedergabefähiger Form zu speichern. Der Vertragsinhalt ist dem Verbraucher in *Textform* mitzuteilen (§ 510 II 3). Schließlich sind auch die Vorschriften über die *verbundenen Verträge* (§§ 358, 359) anwendbar.[661] Die Einschränkungen des Verbraucherschutzes nach § 491 II, III (→ Rn. 364) sind allerdings auch bei Ratenlieferungsverträgen zu beachten (§ 510 I 2). 388

IV. Existenzgründer

Die Vorschriften über das Verbraucherdarlehen, die sonstigen Finanzierungshilfen sowie die Ratenlieferungsverträge schützen auch sog. Existenzgründer nach § 512. Hierbei handelt es sich um natürliche Personen, die sich ein Darlehen, einen Zahlungsaufschub oder eine sonstige Finanzierungshilfe für die **Aufnahme einer gewerblichen oder beruflichen Tätigkeit** gewähren lassen oder zu diesem Zweck einen Ratenlieferungsvertrag schließen. *Übersteigt* der Nettodarlehensbetrag oder der Barzahlungspreis 75.000 EUR, so greifen die Verbraucherschutzvorschriften nicht ein. 389

V. Abweichende Vereinbarungen

Nach § 511 handelt es sich bei den Vorschriften über den Verbraucherkredit, die sonstigen Finanzierungshilfen und den Ratenlieferungsvertrag um **zwingendes Recht,** von dem nicht zum Nachteil des Verbrauchers abgewichen werden kann. Auf diese Weise erreicht der Gesetzgeber einen *effektiven Verbraucherschutz*. Da § 512 den § 511 mit in Bezug nimmt, kommt dieser zwingende Charakter auch dem Existenzgründer zugute. 390

Literatur: *Bülow*, Verbraucherkreditrecht im BGB, NJW 2002, 1145; *Gsell/Schellhase*, Vollharmonisiertes Verbraucherkreditrecht – Ein Vorbild für die weitere europäische Angleichung des Verbrauchervertragsrechts?, JZ 2009, 20; *Heinig*, Anwendbarkeit der Vorschriften über verbundene Verträge auf Verbraucherdarlehens- und Restschuldversicherungsverträge, VersR 2010, 863; *Herresthal*, Die Verpflichtung zur Bewertung der Kreditwürdigkeit und zur angemessenen Erläuterung nach der neuen Verbraucherkreditrichtlinie, WM 2009, 1174; *Heyers*, Formbedürftigkeit von Verbraucherkreditvollmachten, Jura 2001, 760; *Hofmann*, Die Pflicht zur Bewertung der Kreditwürdigkeit, NJW 2010, 1782; *Krebs*, Verbraucher, Unternehmer oder Zivilperson, DB 2002, 517; *Kurz*, Schuldübernahme, Schuldbeitritt und das Verbraucherkreditgesetz, DNotZ 1997, 552; *Limbach*, Die Subventionierung von Mobiltelefonen als sonstige entgeltliche Finanzierungshilfe gem. § 499 Abs. 1 BGB?, ZGS 2006, 332; *Reifner*, Schuldrechtsmodernisierungsgesetz und Verbraucherschutz bei Finanzdienstleistungen, ZBB 2001, 193; *Reinicke/Tiedtke*, Kaufrecht, 8. Aufl. 2009; *Roth*, Heilung und Wirksamwerden von mit formnichtiger Vollmacht geschlossenen Verbraucherdarlehensverträgen, WM 2003, 2356; *Sauer/Wittemann*, Einführung in das deutsche und europäische Verbraucherkreditrecht, Jura 2005, 8; *Schneider*, Widerrufsbelehrung beim Ratenlieferungsvertrag, ZGS 2003, 21; *Schwab*, Leistungsstörungen im Sukzessivlieferungsvertrag nach neuem Schuldrecht, ZGS 2003, 73; *H. P. Westermann*, Gesellschaftsbeitritt als Verbraucherkreditgeschäft?, ZIP 2002, 189. Vgl. auch die Nachweise zu § 18 und § 19.

661 Bamberger/Roth/*Möller/Wendehorst* § 505 Rn. 13.

2. Teil. Überlassungsverträge

Überlassungsverträge sind dadurch gekennzeichnet, dass sich die eine Vertragspartei verpflichtet, der anderen Vertragspartei zeitweise den Gebrauch einer Sache oder eines sonstigen Gegenstandes zu überlassen. 391

1. Abschnitt. Der Mietvertrag

§ 21 Allgemeines Mietrecht

I. Vorbemerkungen

1. Begriff und Bedeutung des Mietvertrages

Kennzeichnend für den Mietvertrag ist die **zeitweilige Überlassung einer Sache** gegen Entrichtung der vereinbarten Miete (§ 535). Es handelt sich somit um einen *gegenseitigen Vertrag* iSd §§ 320 ff. Anders als beim Kauf- oder Werkvertrag geht es nicht nur um den einmaligen Austausch von Leistungen. Die vertraglichen Pflichten bestehen vielmehr über einen längeren Zeitraum. Das Mietverhältnis ist daher ein *Dauerschuldverhältnis*.

Mietverträge haben eine große wirtschaftliche Bedeutung. Speziell bei der Vermietung 392 von **Wohnraum** darf auch die soziale Dimension nicht vernachlässigt werden. Da der Mieter auf die Wohnung existenziell angewiesen ist, besteht zwischen den Parteien ein ähnliches *strukturelles Ungleichgewicht* wie im Verhältnis von Arbeitnehmer und Arbeitgeber (vgl. SAT Rn. 54). Den besonderen Vorschriften über Wohnraummietverhältnisse (§§ 549 ff.) liegt deshalb das gesetzgeberische Leitbild des schutzbedürftigen Mieters zugrunde.

2. Schuldrechts- und Mietrechtsreform

Die **Schuldrechtsreform** hat für den Bereich des Mietrechts keine grundlegenden 393 Änderungen gebracht. Da das besondere Gewährleistungsrecht in den §§ 536 ff. unangetastet blieb, lässt es sich nicht in das Konzept des allgemeinen Leistungsstörungsrechts einpassen.[1]

Das Mietrecht ist aber durch das **Mietrechtsreformgesetz** v. 19. 6. 2001 (in Kraft seit 1. 9. 2001) völlig neu geregelt worden. Die Reform hatte das *Ziel*, das Mietrecht übersichtlicher auszugestalten und zu modernisieren. Außerdem sollten die im Laufe der Zeit entstandenen *Nebengesetze* in das BGB *integriert* werden. So ist bei der Reform das Gesetz zur Regelung der Miethöhe in den §§ 557 ff. verankert worden. Die Reform hat außerdem eine stärkere Akzentuierung der Sonderregeln über die *Miete von Wohnraum* mit sich gebracht und den Schutz des Wohnraummieters erhöht.

---

1 Einzelheiten bei *Teichmann*, Vertragliches Schuldrecht Rn. 388; *Derleder*, NZM 2002, 676 ff.; *Emmerich*, NZM 2002, 363 ff.; *Hau*, JuS 2003, 130 ff.; *Graf v. Westphalen*, NZM 2002, 368 ff.

3. Systematik des Mietrechts

394 Der **Aufbau** der Regeln über das Mietverhältnis orientiert sich an der im BGB gängigen Vorgehensweise, einen allgemeinen Teil voranzustellen. Dementsprechend stehen am Anfang allgemeine Vorschriften für **alle Mietverhältnisse** (§§ 535–548), insbesondere über die Rechte und Pflichten der Parteien, die Gewährleistung bei Mängeln der Mietsache und die Kündigung. Der zweite Untertitel enthält besondere Vorschriften für die **Wohnraummiete** (§§ 549–577 a). Zunächst werden auch hier wieder allgemeine Fragen geregelt (§§ 549–555), zB über die Form und die Kaution. Anschließend finden sich Vorschriften über die Miete (§§ 556–561), das Pfandrecht des Vermieters (§§ 562–562 d), den Wechsel der Vertragsparteien (§§ 563–567 b) und die Beendigung des Mietverhältnisses (§§ 568–577 a), insbesondere durch Kündigung. Der Gesetzgeber hat sich insoweit am typischen Ablauf eines Mietverhältnisses orientiert.[2] Der dritte Untertitel enthält Sonderregeln für Mietverhältnisse über bestimmte **andere Sachen,** nämlich Grundstücke, andere Räume als Wohnräume sowie eingetragene Schiffe (§§ 578–580 a).

4. Abgrenzungen

395 Der **Pachtvertrag** (§§ 581 ff.) unterscheidet sich vom Mietvertrag in zwei wesentlichen Punkten: Zum einen geht die Verpflichtung des Verpächters über die des Vermieters hinaus, da er dem Pächter nicht nur den Gebrauch des Vertragsgegenstands, sondern auch den *Genuss der Früchte* (§ 99) gewähren muss. Zum anderen ist der Vertragsgegenstand bei der Pacht nicht auf Sachen (§ 90) beschränkt; nach § 581 I können vielmehr auch *Rechte* und *andere Gegenstände* verpachtet werden (→ Rn. 519).

396 Kennzeichnend für den **Leihvertrag** (§§ 598 ff.) ist, dass die Sache *unentgeltlich* zum Gebrauch überlassen wird (→ Rn. 526). Der Leihvertrag gehört damit zu den gesetzlich geregelten Gefälligkeitsverträgen.[3]

397 Vom **Sachdarlehen** (§§ 607 ff.) unterscheidet sich der Mietvertrag dadurch, dass der Überlassende (ebenso wie bei Pacht und Leihe) *Eigentümer* des Vertragsgegenstandes bleibt und dem Vertragspartner nur den Besitz daran einräumt. Das Sachdarlehen verpflichtet den Darlehensnehmer dagegen nicht zur Rückgabe gerade der überlassenen Sachen, sondern zur Rückerstattung von *Sachen gleicher Art, Güte und Menge* (→ Rn. 536).

398 Die Abgrenzung zum **Verwahrungsvertrag** (§§ 688 ff.) erfolgt über die geschuldete Tätigkeit. Während der Vermieter dem Mieter den Gebrauch der vermieteten (beweglichen oder unbeweglichen) Sache zu gewähren hat, ist der Verwahrer zur *Aufbewahrung* der (beweglichen) Sache verpflichtet.

II. Abschluss und Wirksamkeit des Mietvertrages

399 Abschluss und Wirksamkeit des Mietvertrages richten sich nach den **allgemeinen Vorschriften** über Rechtsgeschäfte (§§ 104 ff.). Der Mietvertrag kann hiernach insbesondere wegen Verstoßes gegen ein Verbotsgesetz (§ 134) oder wegen Sittenwidrigkeit (§ 138) *nichtig* sein. Werden vorformulierte Vertragsmuster verwendet, so sind

2 Vgl. Jauernig/*Teichmann* Vor § 535 Rn. 2.
3 Bamberger/Roth/*Wagner* § 598 Rn. 14; Staudinger/*Reuter* (2005) Vor § 598 Rn. 8 ff.

darüber hinaus die Vorschriften über die *Allgemeinen Geschäftsbedingungen* (§§ 305 ff.) zu beachten.[4]

Zur Vertiefung: Bei *unangemessen hohen Miethöhevereinbarungen* ist zu unterscheiden: Geht es um die Vermietung von Wohnraum, so greift § 134 iVm § 5 I WiStG ein. Nach § 5 I WiStG liegt eine Ordnungswidrigkeit vor, wenn der Vermieter eine unangemessen hohe Miete fordert, sich versprechen lässt oder annimmt. Dabei wird eine Überschreitung der ortsüblichen Vergleichsmiete um 20 % als unangemessen betrachtet.[5] Erforderlich ist aber, dass der Vermieter sich die überhöhte Miete unter Ausnutzung eines geringen Angebots an vergleichbaren Räumen hat versprechen lassen (§ 5 II WiStG).[6] Die Nichtigkeit bezieht sich nicht auf den ganzen Vertrag, sondern nur auf die unangemessene Mietvereinbarung.[7] Bei gewerblichen Mietverhältnissen richtet sich die Nichtigkeit nach § 138 I. Danach wird ein Mietvertrag als sittenwidrig angesehen, wenn ein auffälliges Missverhältnis zwischen Leistung und Gegenleistung vorliegt. Nach hM ist dies der Fall, wenn die vereinbarte Miete die ortsübliche Vergleichsmiete um 100 % übersteigt.[8]

Mietverträge sind grundsätzlich **formlos gültig.** Zu den Besonderheiten bei Mietverhältnissen über Wohnraum → Rn. 468.

Beim Abschluss des Mietvertrages hat der Vermieter die Vorgaben des **Allgemeinen Gleichbehandlungsgesetzes** (AGG) zu beachten (allgemein dazu SAT Rn. 58). Das allgemeine zivilrechtliche Benachteiligungsverbot gilt grundsätzlich allerdings nur für Schuldverhältnisse, die **ohne Ansehen der Person** zu vergleichbaren Bedingungen in einer Vielzahl von Fällen zustande kommen (sog. Massengeschäfte) oder bei denen das Ansehen der Person zumindest nur eine nachrangige Bedeutung hat (§ 19 I Nr. 1 AGG). Nach § 19 V 3 AGG liegen diese Voraussetzungen bei der Vermietung von Wohnraum in der Regel nicht vor, wenn der Vermieter insgesamt nicht mehr als 50 Wohnungen vermietet. Dahinter steht der Gedanke, dass die Relevanz der persönlichen Eigenschaften des Mieters mit der Anzahl der vermieteten Wohnungen abnimmt. Eine Benachteiligung wegen der **Rasse** oder der **ethnischen Herkunft** ist aber in jedem Fall unzulässig (§ 19 II AGG).[9] Nach § 19 III AGG kann eine unterschiedliche Behandlung bei der Vermietung von Wohnraum zwar mit dem Interesse an der Schaffung und Erhaltung sozial stabiler Bewohnerstrukturen und ausgewogener Siedlungsstrukuren sowie ausgeglichener wirtschaftlicher, sozialer und kultureller Verhältnisse gerechtfertigt werden. Mit Rücksicht auf die Vorgaben der Antirassismus-Richtlinie (RL 2000/43/EG) kann dieser Rechtfertigungsgrund jedoch nicht auf Benachteilungen aus Gründen der Rasse oder wegen der ethnischen Herkunft angewendet werden.[10] Nutzen die Parteien oder ihre Angehörigen Wohnraum auf demselben Grundstück, kann ein besonderes Nähe- oder Vertrauensverhältnis vorliegen, so dass die Vorschriften des AGG insgesamt unanwendbar sind (§ 19 V 1, 2 AGG). 400

4 Vgl. *Heinrichs*, NZM 2003, 6 ff.; allgemein zur AGB-Kontrolle SAT Rn. 357 ff.
5 Vgl. BGH, NJW 1984, 722 (723).
6 Vgl. BGH, NJW 2004, 1740; NZM 2005, 534; dazu *Langenberg*, FS Blank, 2006, 291 ff.
7 Vgl. NK-BGB/*Looschelders* § 134 Rn. 195.
8 BGHZ 128, 255 (261); NK-BGB/*Looschelders* § 138 Rn. 292 f.
9 Vgl. *Brox/Walker*, Schuldrecht BT, § 10 Rn. 10; *Rolfs*, NJW 2007, 1489 (1490).
10 So auch MüKoBGB/*Thüsing* § 19 AGG Rn. 89; einschränkend auch Staudinger/*Rolfs* (2011) Anh. zum Mietrecht: § 19 AGG Rn. 39: nur positive Maßnahmen iSd § 5 AGG zulässig.

III. Die Pflichten des Vermieters

1. Gebrauchsgewährung (§ 535 I 1)

401 Der Vermieter ist nach § 535 I 1 verpflichtet, dem Mieter während der Mietzeit den Gebrauch der vermieteten Sache zu gewähren. Der Begriff der **Sache** ist iSd § 90 zu verstehen; es muss also ein körperlicher Gegenstand vorliegen. Dabei kann es sich um eine bewegliche (zB Pkw) oder eine unbewegliche Sache (Grundstücks- und Raummiete) handeln. Dass die Sache im Eigentum des Vermieters steht, ist nicht erforderlich. Auch *fremde Sachen* können vermietet werden, wie die Untervermietung zeigt.

Der Vermieter kommt seiner Verpflichtung zur Gebrauchsgewährung im Allgemeinen dadurch nach, dass er dem Mieter den **unmittelbaren Besitz** (§ 854) an der Mietsache einräumt. Im Einzelfall genügt es aber auch, wenn die Sache dem Mieter *zugänglich* gemacht wird, etwa bei der Vermietung einer Werbefläche auf einem Bus oder auf einer Wand.

2. Gebrauchsüberlassung und Erhaltung der Mietsache (§ 535 I 2)

402 § 535 I 2 stellt ergänzend klar, dass der Vermieter die Sache dem Mieter in einem gebrauchsfähigen Zustand **überlassen** und sie während der Mietzeit in einem solchen Zustand **erhalten** muss (Gebrauchsüberlassungs- und Gebrauchserhaltungspflicht). Die fortwährende Gebrauchserhaltungspflicht macht den *Dauerschuldcharakter* der Miete besonders deutlich.

Der Vermieter ist aufgrund des Mietvertrages verpflichtet, dem Mieter die Sache zu **belassen** und den **vertragsgemäßen Gebrauch** durch den Mieter zu **dulden.** Wie weit die Duldungspflicht im Einzelnen geht, richtet sich nach der – ggf. durch *ergänzende Auslegung* nach § 157 zu konkretisierenden – Abrede der Vertragsparteien. Geduldet werden muss jedenfalls die Aufstellung von Gas- und Elektrogeräten[11] und die Verkabelung der Wohnung,[12] unter Umständen auch das Anbringen einer Parabolantenne.

Zur Vertiefung: Das BVerfG musste sich schon mehrfach damit auseinandersetzen, ob ein Wohnungsmieter eine *Parabolantenne* an der Außenfassade des Gebäudes anbringen darf.[13] Dabei ging es vornehmlich um ausländische Mieter, die Rundfunkprogramme in ihrer Landessprache empfangen wollten. In solchen Fällen stehen sich grundrechtlich geschützte Rechte der Vertragsparteien gegenüber: auf der einen Seite das Eigentumsrecht des Vermieters (Art. 14 GG) und auf der anderen Seite das Recht des Mieters, sich aus allgemein zugänglichen Quellen ungehindert zu informieren (Art. 5 I 1 Hs. 2 GG). Das BVerfG bestätigte die fachgerichtliche Rechtsprechung, wonach es ausreicht, dass der dauerhaft in Deutschland lebende ausländische Mieter über einen kostenpflichtigen Kabelanschluss mehrere Programme seines Heimatlandes nutzen kann.[14] Ein weitergehender Anspruch des Mieters ergibt sich auch nicht aus dem Europäischen Gemeinschaftsrecht oder der EMRK.[15] Das Interesse eines türkischen Mieters kurdischer Volkszugehörigkeit an Programmen in kurdischer Sprache kann dagegen die Anbringung einer entsprechenden Antenne rechtfertigen.[16] Hat der Mieter eine Parabolantenne installiert, ohne dazu berechtigt zu sein, so steht dem Vermieter ein Beseitigungsanspruch aus § 541 zu (→ Rn. 448).

---

11 OLG Frankfurt, WuM 1997, 609 (610).
12 LG Frankfurt, WuM 1990, 271 (277 f.); Staudinger/*Emmerich* (2011) § 535 Rn. 46.
13 BVerfGE 90, 27; dazu *Maaß/Hitpaß*, NZM 2003, 181 ff.
14 BVerfG, NZM 2005, 252 (253).
15 BGH, NJW 2006, 1062 (1064).
16 BGH, NJW 2010, 436.

Die Gebrauchsüberlassungspflicht ist in erster Linie eine Duldungs- bzw. Unterlassungspflicht, sie kann aber im Einzelfall auch ein **positives Tun** des Vermieters erfordern. So ist es dem Vermieter nicht nur verboten, den vertragsgemäßen Gebrauch durch den Mieter durch eigene Handlungen zu stören, er muss vielmehr darüber hinaus auch *Störungen Dritter* abwehren. In der Praxis spielt in diesem Kontext der Schutz vor Lärmbelästigungen durch andere Mieter oder deren Besucher eine wichtige Rolle.[17] 403

3. Instandhaltung der Mietsache und Schönheitsreparaturen

Häufiger Gegenstand eines Streits zwischen den Parteien ist die Pflicht des Vermieters 404
zur **Instandhaltung der Mietsache** (§ 535 I 2). Der Vermieter hat hiernach während des Mietverhältnisses alle notwendigen Maßnahmen zu treffen, um dem Mieter den vertragsgemäßen Gebrauch an der Mietsache zu erhalten. Dazu gehört an sich auch die Ausführung von Reparaturen, die aufgrund von Abnutzungen durch den vertragsgemäßen Gebrauch erforderlich werden. Die Instandhaltungspflicht ist freilich *abdingbar*. Dies geschieht in der Praxis dadurch, dass der Mieter formularmäßig zur Vornahme von sog. **Schönheitsreparaturen** (Streichen oder Tapezieren von Wänden, Decken, Fenstern und Türen) verpflichtet wird. Nach Ansicht des BGH verstoßen solche Klauseln grundsätzlich nicht gegen § 307. Das Gericht argumentiert damit, dass die Pflicht des Mieters zur Vornahme der Schönheitsreparaturen bei der Kalkulation der Miete berücksichtigt wird.[18] So betrachtet, deckt der Mieter mit den Schönheitsreparaturen einen Teil seiner Entgeltpflicht ab. Allerdings unterliegt die Abwälzung von Schönheitsreparaturen auf den Mieter zahlreichen Einschränkungen. Insbesondere werden Renovierungsklauseln mit **starren Fristen** (zB »fachgerechtes Tapezieren von Küche und Bad alle 3 Jahre«) als unzulässig angesehen, sofern sie ohne Rücksicht auf den tatsächlichen Renovierungsbedarf ausgestaltet sind. Der BGH hat diese Einschränkung zunächst für den Bereich der Wohnraummiete entwickelt.[19] Sie ist aber auf die Miete von Gewerberäumen übertragbar.[20]

Nicht mit § 307 vereinbar sind auch sog. **Endrenovierungsklauseln,** sofern diese vorsehen, dass der Mieter die Schönheitsreparaturen bei seinem Auszug ohne Rücksicht auf den Renovierungsbedarf auszuführen hat.[21] Eine formularvertragliche Klausel, wonach der Mieter die Schönheitsreparaturen in **»neutralen, hellen, deckenden Farben«** auszuführen hat, führt zu einer unangemessenen Benachteiligung des Mieters, wenn sie auch für die Schönheitsreparaturen gilt, die der Mieter im Laufe des Mietverhältnisses vorzunehmen hat.[22] Ansonsten wird eine solche Klausel aber durch das berechtigte Interesse des Vermieters gedeckt, dass die Farbgestaltung bei Weitervermietung für möglichst viele Mietinteressenten akzeptabel sein muss.[23]

Bei einem Verstoß gegen § 307 ist wegen des Verbots der geltungserhaltenden Reduktion grundsätzlich die ganze Klausel unwirksam.[24] Zur Lückenfüllung greift nach

17 Vgl. BGH, NZM 2009, 855; Palandt/*Weidenkaff* § 535 Rn. 28.
18 BGHZ 92, 363 (368); 101, 253 (261 ff.).
19 BGH, NJW 2004, 2586 = JuS 2004, 1008 (*Emmerich*); NJW 2006, 2915 (2916); *Heinrichs*, NZM 2005, 201 ff.; *Beyer*, NJW 2008, 2065 ff.
20 BGH, NJW 2008, 3772 (»Änderungsschneiderei«) = JA 2009, 228 (*Looschelders*).
21 BGH, NJW 2003, 3192; zur Unwirksamkeit von Abgeltungsklauseln mit »starrer« Abgeltungsquote BGH, NJW 2006, 3778.
22 BGH, NJW 2008, 2499 (2500); vgl. auch BGH, NJW 2009, 62; NZM 2009, 903.
23 Vgl. *Herrlein*, NJW 2009, 1250 (1251).
24 Vgl. BGH, NJW 2010, 674 (675).

§ 306 II die gesetzliche Regelung ein, so dass der Vermieter nach § 535 I 2 die Schönheitsreparaturen zu tragen hat.[25] Eine abweichende Gestaltung lässt sich auch nicht im Wege der **ergänzenden Auslegung** (§§ 133, 157) begründen.[26] Hat der Mieter aufgrund einer unwirksamen Klausel Schönheitsreparaturen ausgeführt, können ihm gegen den Vermieter ein **Schadensersatzanspruch** aus § 280 I und ein **Wertersatzanspruch** aus §§ 812 I 1 Alt. 1, 818 II zustehen.[27] Ein Anspruch auf Aufwendungsersatz aus **Geschäftsführung ohne Auftrag** scheidet dagegen nach der Rechtsprechung des BGH aus (vgl. → Rn. 853).

4. Sonstige Pflichten

405 Zu den **Nebenleistungspflichten** des Vermieters von Räumen gehört es, die Versorgung mit Wasser und Strom sowie die Funktion der Heizung sicherzustellen.[28] Der Vermieter hat außerdem die **Lasten** der Mietsache (Müllabfuhrgebühren, Grundsteuer, Feuerversicherung etc.) zu tragen (§ 535 I 3). Nach § 556 können diese Kosten zwar auch bei der Wohnraummiete auf den Mieter abgewälzt werden (vgl. → Rn. 443). Eine formularmäßige Abwälzung ist hier aber nur dann mit § 307 vereinbar, wenn der Mieter die Belastungen klar erkennen kann.[29]

406 Aus dem Mietverhältnis ergeben sich schließlich auch zahlreiche **Schutzpflichten** (§ 241 II) des Vermieters. So muss der Vermieter den Mieter *warnen*, wenn Gefahr für dessen Gesundheit oder Eigentum besteht, etwa bei Einbruchsgefahr.[30] Praktisch bedeutsam ist der Schutz des gewerblichen Mieters vor *Konkurrenz*. Auch ohne Vereinbarung eines Wettbewerbsverbots darf der Vermieter in unmittelbarer Nähe kein Konkurrenzunternehmen eröffnen und keine Räume an andere Konkurrenzunternehmen vermieten.[31]

Beispiel (BGH, WuM 1979, 144)**:** Der Vermieter darf an den Betreiber einer Eisdiele keine gewerblichen Räume vermieten, wenn er in dem Gebäude bereits ein Café mit Konditorei zum Mieter hat. Verletzt der Vermieter diese Schutzpflicht, so ist er dem Mieter gemäß § 280 I schadensersatzpflichtig.

407 Eine spezielle **Duldungspflicht** des Vermieters ergibt sich aus § 539 II. Danach ist der Mieter berechtigt, eine Einrichtung wegzunehmen, mit der er die Mietsache versehen hat. Es handelt sich um ein *Wegnahmerecht* iSd § 258, so dass der Mieter die Mietsache nach Wegnahme der Einrichtung wieder auf seine Kosten herzurichten hat (vgl. dazu SAT Rn. 325). Im Einzelfall hat § 539 II auch *dinglichen Charakter*, nämlich wenn die Einrichtung durch die Verbindung mit der Mietsache nach §§ 946 ff. kraft Gesetzes in das Eigentum des Vermieters übergegangen ist. In diesem Fall hat der Mieter zugleich ein Aneignungsrecht in Bezug auf die Einrichtung.[32]

Beispiel: Ein Waschbecken, das der Mieter in das Badezimmer einfügt, geht gemäß §§ 946, 94 in das Eigentum des Vermieters über. Der Vermieter hat aber gem. § 539 II die Wegnahme durch den Mieter zu dulden (vgl. § 951 II 1).

---

25 BGH, NJW 2006, 3778 (3781); NJW 2008, 2499 (2500).
26 BGH, NJW 2006, 2915 (2917).
27 BGH, NJW 2009, 2590. Zur Verjährung des bereicherungsrechtlichen Anspruchs → Rn. 433.
28 Palandt/*Weidenkaff* § 535 Rn. 63.
29 Vgl. BGH, NJW 2006, 3057 (3058); Staudinger/*Emmerich* (2011) § 535 Rn. 66.
30 OLG Hamburg, NJW-RR 1988, 1481.
31 Bamberger/Roth/*Ehlert* § 535 Rn. 180 ff.
32 BGHZ 81, 146 (150); Staudinger/*Emmerich* (2011) § 539 Rn. 28.

IV. Die Haftung des Vermieters für Sach- und Rechtsmängel

408 Verletzt der Vermieter seine vertraglichen Pflichten, so richten sich die Ansprüche des Mieters grundsätzlich nach den Vorschriften des allgemeinen Leistungsstörungsrechts (§§ 280 ff., 320 ff.). Besonderheiten gelten aber für den Fall, dass die Mietsache einen Sach- oder Rechtsmangel aufweist. Der Gesetzgeber hat die Gewährleistungsrechte des Mieters nämlich **nicht** in das **allgemeine Pflichtverletzungskonzept** integriert. Bei Vorliegen eines Sach- oder Rechtsmangels sind die Ansprüche und Rechte des Mieters daher allein nach den Sonderregeln der §§ 536 ff. zu beurteilen.

1. Allgemeine Voraussetzungen der Haftung

409 Voraussetzung für die Gewährleistungsrechte des Mieters ist zunächst das Vorliegen eines **Sach- oder Rechtsmangels** (§ 536 I, III) oder das Fehlen einer **zugesicherten Eigenschaft** (§ 536 II). Im Unterschied zum Kaufrecht (→ Rn. 36 und SAT Rn. 532) bildet die *zugesicherte Eigenschaft* im Mietrecht also weiter eine eigenständige Kategorie des Mangels.[33]

a) Sachmangel

410 Im Mietrecht wird der Begriff des Sachmangels gesetzlich nicht näher umschrieben. Nach allgemeiner Ansicht gilt aber auch hier der **subjektive Mangelbegriff.**[34] Ein Mangel liegt danach vor, wenn die tatsächliche Beschaffenheit der Mietsache (sog. **Ist-Beschaffenheit**) von der *vertraglich* geschuldeten **(Soll-)Beschaffenheit** abweicht (vgl. → Rn. 34).[35] Die Soll-Beschaffenheit bestimmt sich primär nach den Vereinbarungen der Parteien; hilfsweise muss sie anhand *objektiver* Kriterien ermittelt werden.[36]

Die Haftung für Sachmängel setzt voraus, dass der Mangel die **Tauglichkeit** der Sache zu dem vertragsgemäßen Gebrauch aufhebt oder nicht unerheblich mindert (§ 536 I 1, 3). *Unerheblich* ist ein Mangel, wenn er in kurzer Zeit mit geringen Kosten beseitigt werden kann oder nur eine unwesentliche Beeinträchtigung darstellt (zB abgetretene Türschwellen).[37]

411 Dass der Mangel der Sache innewohnt, ist ebenso wie im Kaufrecht nicht erforderlich. Der Mangel kann sich vielmehr auch aus der **Beziehung der Sache zur Umwelt** ergeben. Erforderlich ist aber eine *unmittelbare* Einwirkung auf die Gebrauchstauglichkeit; Umstände, welche die Tauglichkeit der Mietsache nur mittelbar beeinträchtigen, begründen keinen Mangel.[38] Bei *öffentlich-rechtlichen Beschränkungen* kommt es darauf an, dass die Gebrauchsbeeinträchtigung nicht in der Person des Mieters begründet ist (zB Entzug der Gaststättenkonzession wegen Unzuverlässigkeit). Ein Mangel ist nämlich nur gegeben, wenn er mit der konkreten Beschaffenheit der Mietsache im Zusammenhang steht.

Beispiele: Entzug der Gaststättenerlaubnis wegen Zustands der Küchenräume oder unzureichenden Brandschutzes;[39] Nutzungsuntersagung aus bauordnungsrechtlichen Gründen, etwa weil ein

33 Vgl. dazu *Hau*, JuS 2003, 130 (133).
34 *Brox/Walker*, Schuldrecht BT, § 11 Rn. 11; MüKoBGB/*Häublein* § 536 Rn. 3.
35 Bamberger/Roth/*Ehlert* § 536 Rn. 15 ff.; Staudinger/*Emmerich* (2011) § 536 Rn. 5.
36 Vgl. BGH, NZM 2009, 855 (856); Hk-BGB/*Ebert* § 536 Rn. 9.
37 Bamberger/Roth/*Ehlert* § 536 Rn. 17; Schmidt-Futterer/*Eisenschmid* § 536 Rn. 43, 56.
38 BGH, NJW 2009, 664 (666); NJW 2011, 3151.
39 Schmidt-Futterer/*Eisenschmid* § 536 Rn. 60.

Gebäude im Gewerbegebiet als Wohnung genutzt wird.[40] Die Einführung eines landesrechtlichen Rauchverbots in Gaststätten stellt demgegenüber keinen Mangel der vermieteten oder verpachteten Gaststätte dar.[41]

412 Im Einzelfall kann zweifelhaft sein, ob der Vermieter das Risiko einer **von außen kommenden Störung** des Gebrauchs der Mietsache tragen soll, etwa wenn der Fußgängerverkehr vor dem vermieteten Laden durch den Bau einer U-Bahn behindert wird. Die Lösung lässt sich hier nicht aus dem Mangelbegriff ableiten. Vielmehr ist durch eine genaue Analyse der vertraglichen Vereinbarungen und der darin zum Ausdruck kommenden Risikoverteilung zu entscheiden, wer das Risiko tragen muss.[42] Bei Beeinträchtigungen durch *Bau- oder Straßenlärm* in der Nachbarschaft wird das Vorliegen eines Mangels im Allgemeinen bejaht.[43] Der Eigentümer hat ggf. in Höhe der Mietminderung oder des Schadensersatzes einen Entschädigungsanspruch gegen den Störer nach § 906 II 2. Die Gewährleistungsrechte des Mieters gegenüber dem Vermieter bestehen aber unabhängig davon, ob der Vermieter sich seinerseits an den Verursacher des Lärms halten kann.[44]

b) Rechtsmangel

413 Die **Unterscheidung** zwischen Sach- und Rechtsmangel war im Mietrecht seit jeher weniger ausgeprägt als im Kaufrecht und hat seit der Mietrechtsreform noch mehr an Bedeutung verloren. Für Rechtsmängel gelten dieselben Gewährleistungsrechte wie für Sachmängel, insbesondere ist auch hier die Geringfügigkeitsklausel des § 536 I 3 (→ Rn. 410) zu beachten.

414 Ein **Rechtsmangel** liegt vor, wenn dem Mieter der vertragsgemäße Gebrauch durch das Recht eines Dritten ganz oder teilweise entzogen wird (§ 536 III). Es geht dabei um den Fall, dass ein Dritter ein schuldrechtliches oder dingliches Recht an der Mietsache ausübt und der Mieter infolgedessen die Mietsache nicht (mehr) vertragsgemäß nutzen kann. Die wichtigsten Beispiele sind die *Doppelvermietung* (der Vermieter schließt zwei Mietverträge über dieselbe Mietsache) und die *Untervermietung* (der Hauptvermieter verlangt die Mietsache nach Beendigung des Hauptmietverhältnisses gemäß § 546 II vom Untermieter heraus). *Öffentlich-rechtliche Beschränkungen* stellen dagegen keine Rechte Dritter dar, können aber einen Sachmangel iSd § 536 I begründen (→ Rn. 411).[45]

c) Fehlen einer zugesicherten Eigenschaft

415 Hat der Vermieter das Vorliegen einer Eigenschaft zugesichert, so kann der Mieter bei deren Fehlen Gewährleistungsrechte auch dann geltend machen, wenn die Tauglichkeit der Mietsache dadurch nur **unerheblich** gemindert wird. § 536 II verweist nämlich ausdrücklich nicht auf § 536 I 3. Die damit verbundene Begünstigung des Mieters hat den Gesetzgeber dazu veranlasst, die Kategorie der zugesicherten Eigenschaft im Mietrecht beizubehalten.

---

40 OLG Köln, MDR 1998, 709 (710); *Blank/Börstinghaus* § 536 Rn. 15.
41 BGH, NJW 2011, 3151 m. Anm. *Eisenschmid* LMK 2011, 324591.
42 Schmidt-Futterer/*Eisenschmid* § 536 Rn. 17, 187.
43 OLG Dresden, NZM 1999, 317 (318); Staudinger/*Emmerich* (2011) § 536 Rn. 27 ff.
44 BayObLG, NJW 1987, 1950 (1952); *Blank/Börstinghaus* § 536 Rn. 14.
45 BGHZ 114, 277 (280); Staudinger/*Emmerich* (2011) § 536 Rn. 42.

Die Eigenschaftszusicherung ist von der bloßen Beschreibung der Mietsache **abzugrenzen.** Entscheidend ist, ob der Vermieter für das Vorhandensein der Eigenschaft unbedingt einstehen will. Bei der Auslegung ist zu berücksichtigen, dass die Eigenschaftszusicherung eine **Garantie** iSd § 276 I 1 darstellt (s. SAT Rn. 531 ff.). Soweit für die Gewährleistungsrechte des Mieters ein *Vertretenmüssen* des Vermieters erforderlich ist – also insbesondere für Schadensersatzansprüche nach § 536 a I Alt. 2 –, begründet die Zusicherung also eine verschuldensunabhängige Haftung.[46] 416

d) Der maßgebliche Zeitpunkt

Der **Sachmangel** muss *bei Überlassung* der Mietsache an den Mieter vorliegen oder danach entstehen.[47] Der maßgebliche Zeitpunkt ist wichtig für die Frage, ob die Gewährleistungsrechte der §§ 536 ff. oder die Vorschriften des allgemeinen Schuldrechts Anwendung finden (→ Rn. 434 ff.). 417

Für **Rechtsmängel** soll es dagegen nach einer verbreiteten Auffassung im Schrifttum nicht auf den Zeitpunkt der Überlassung ankommen. Aus dem Wortlaut des § 536 III (»entzogen«) wird vielmehr gefolgert, dass die §§ 536 ff. bereits *ab Vertragsschluss* anwendbar sind.[48] Dem ist zuzustimmen. Es macht nämlich keinen Unterschied, ob dem Mieter der Gebrauch an der Mietsache aufgrund eines Rechtsmangels von Anfang an nicht eingeräumt wird oder ob er im Nachhinein wieder entzogen wird. 418

2. Die Ansprüche und Rechte des Mieters

a) Anspruch auf Mängelbeseitigung

Unabhängig von den Gewährleistungsrechten nach §§ 536, 536 a steht dem Mieter zunächst einmal der primäre Erfüllungsanspruch auf **Beseitigung des Mangels** nach § 535 I 2 zu.[49] Kommt der Vermieter dieser Verpflichtung nicht nach, so kann der Mieter die Miete nach § 320 auch über den Minderungsbetrag hinaus zurückbehalten (→ Rn. 436). 419

46 *Oetker/Maultzsch* § 5 Rn. 57 f.
47 BGHZ 136, 102 (107 ff.); Schmidt-Futterer/*Eisenschmid* § 536 Rn. 516.
48 BGH, NJW 1991, 3277 (3278); *Brox/Walker*, Schuldrecht BT, § 11 Rn. 12.
49 Staudinger/*Emmerich* (2011) § 536 Rn. 59.

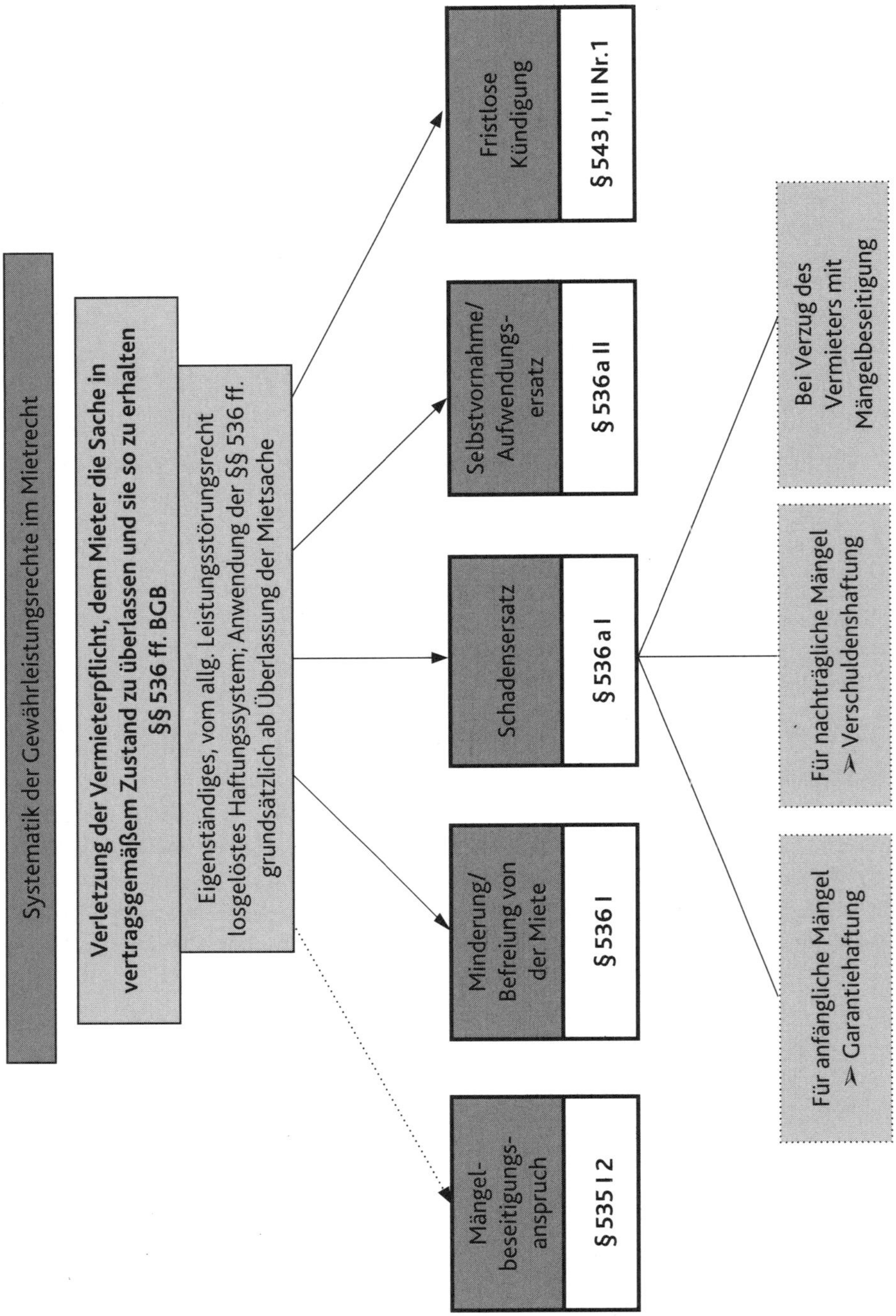

Übersicht: Systematik der Gewährleistungsrechte im Mietrecht

b) Minderung der Miete nach § 536

Weist die Mietsache einen Mangel auf, so ist der Mieter ganz oder teilweise von der Pflicht zur Mietzahlung befreit. Anders als im Kaufrecht tritt die Minderung im Mietrecht **kraft Gesetzes** ein. Es handelt sich also um kein Gestaltungsrecht. Ein Verschulden des Vermieters ist nicht erforderlich. 420

Ist die Tauglichkeit der Mietsache aufgrund des Mangels vollständig aufgehoben, so ist der Mieter nach § 536 I 1 ganz von der Pflicht zur Mietzahlung **befreit.** Im Übrigen ist die Miete angemessen **herabzusetzen** (§ 536 I 2). Die Angemessenheit richtet sich nach den Umständen des *Einzelfalles.* Bei einem Ausfall der Heizung ist daher die Minderung im Winter höher zu bemessen als im Sommer; ein defekter Aufzug ist bei einer Wohnung im ersten Stock weniger beeinträchtigend als bei Wohnungen in höheren Stockwerken. Berechnungsgrundlage für die Minderung ist die *Bruttomiete* (einschließlich Nebenkosten) und nicht die Netto- oder Kaltmiete.[50]

Der Anspruch auf **Rückzahlung** zuviel gezahlter Miete ergibt sich im Fall der Minderung aus § 812 I 1 Alt. 1.[51] Es ist zwar misslich, dass der Vermieter sich uU auf den Wegfall der Bereicherung nach § 818 III berufen kann. Da ein Verweis auf die Rücktrittsfolgen wie in § 441 IV fehlt, kann aber nur eine Änderung durch den Gesetzgeber Abhilfe schaffen.

c) Schadensersatz (§ 536 a I)

Beim Schadensersatzanspruch des Mieters sind **drei Fallgruppen** zu unterscheiden (vgl. § 536 a I). Ist der Mangel schon ***bei Vertragsschluss*** vorhanden, so trifft den Vermieter eine verschuldensunabhängige Garantiehaftung. Diese strenge Haftung weicht von der allgemeinen Regelung des § 311 a II ab, wonach bei anfänglicher Unmöglichkeit eine Verschuldenshaftung besteht (vgl. → Rn. 437). Sie wird aber durch das besondere Schutzbedürfnis des Mieters gegenüber anfänglichen Mängeln gerechtfertigt. Entscheidend ist, dass die Schadensursache sich in die Zeit vor dem Vertragsschluss zurückverfolgen lässt. Die Annahme eines **anfänglichen** Mangels wird in diesem Fall nicht dadurch ausgeschlossen, dass die nachteilige Beschaffenheit der Mietsache erst später zu einer konkreten Beeinträchtigung des Mietgebrauchs oder einem Schaden des Mieters führt.[52] 421

> **Beispiel:** Mieter M stürzt mitsamt seinem Balkon auf die Straße herab, weil der den Balkon tragende Eisenträger durchgerostet ist. Im Prozess stellt sich heraus, dass dieser Mangel schon bei Abschluss des Mietvertrages vorhanden war. Der Unfall ist zwar erst nach Vertragsschluss eingetreten. Da die Schadensursache schon bei Vertragsschluss vorlag, handelt es sich aber um einen anfänglichen Mangel. Der Vermieter (V) haftet somit nach § 536 a I Alt. 1 ohne Verschulden auf Schadensersatz.

Schadensersatzansprüche entstehen auch, wenn der Mangel **nach Vertragsschluss** entsteht oder wenn der Vermieter mit der Beseitigung des Mangels in **Verzug** kommt. In diesen Fällen muss der Vermieter aber nur Schadensersatz leisten, wenn er den Mangel oder dessen Nichtbeseitigung *zu vertreten* hat. Dies ergibt sich für nachträgliche Mängel aus § 536 a I Alt. 2, für die Verzugshaftung aus § 536 a I Alt. 3 iVm § 286 IV.

---

50 Vgl. BGH, NJW 2005, 1713.
51 Vgl. *Oetker/Maultzsch* § 5 Rn. 61; *Medicus/Lorenz*, Schuldrecht II, Rn. 457.
52 Vgl. BGH, NJW 2010, 3152.

422 Der Schadensersatzanspruch aus § 536 a umfasst neben Mangelschäden auch **Mangelfolgeschäden** (insbesondere Körper- und Sachschäden infolge des Mangels).[53] Eine Differenzierung zwischen Mangel- und Mangelfolgeschäden ist folglich nicht erforderlich. Auch wenn bei Mangelfolgeschäden die Garantiehaftung für *anfängliche Mängel* sehr streng erscheint, so handelt es sich dabei doch um eine bewusste Entscheidung des Gesetzgebers, die durch das Schutzbedürfnis des Mieters gerechtfertigt wird. Eine einschränkende Auslegung kommt daher nicht in Betracht.[54]

423 Häufig kommen Dritte mit der Mietsache in Berührung (zB Angehörige oder Besucher des Wohnungsmieters, Mitfahrer im Mietwagen, Arbeitnehmer des Mieters von Geschäftsräumen). Erleiden diese Personen infolge eines Mangels der Mietsache einen Schaden, so können sie nach den Grundsätzen des **Vertrages mit Schutzwirkung für Dritte** (dazu SAT Rn. 198 ff.) vertragliche Schadensersatzansprüche aus § 536 a I gegen den Vermieter haben.[55] Praktische Bedeutung hat dies vor allem bei **anfänglichen Mängeln,** weil eine dem § 536 a I Alt. 1 entsprechende Garantiehaftung dem Deliktsrecht fremd ist.

Beispiel: Im Balkon-Fall steht auch dem Sohn des M (S) ein Schadensersatzanspruch gegen V aus § 536 a I Alt. 1 zu, wenn er bei dem Unfall verletzt wird.

d) Mängelbeseitigung und Aufwendungsersatz

424 In zwei Fällen kann der Mieter den Mangel nach § 536 a II selbst beseitigen und anschließend vom Vermieter **Ersatz der erforderlichen Aufwendungen** verlangen, nämlich wenn der Vermieter mit der Beseitigung des Mangels in Verzug ist oder wenn die umgehende Mangelbeseitigung zur Erhaltung oder Wiederherstellung des Bestands der Mietsache notwendig ist.

Beispiel: Die Heizung der vermieteten Wohnung ist bei winterlichen Temperaturen defekt. Trotz einer entsprechenden Mitteilung des Mieters (M) trifft der Vermieter (V) keine Maßnahmen zur Beseitigung des Defekts. Daraufhin lässt M die Heizung von einem Installateur für 450 EUR reparieren und verlangt anschließend von V die Erstattung der Kosten. Zu Recht? – M könnte gegen V einen Anspruch auf Aufwendungsersatz aus § 536 a II Nr. 1 haben. Voraussetzung ist, dass V mit der Mängelbeseitigung in Verzug gekommen ist. Problematisch erscheint, dass eine verzugsbegründende Mahnung (§ 286 I) fehlt, da eine bloße Mängelanzeige den Anforderungen an eine Mahnung nicht genügt.[56] Die Mahnung ist jedoch nach § 286 II Nr. 4 entbehrlich, weil eine sofortige Reparatur der Heizung bei winterlichen Temperaturen im Interesse der Gesundheit des M geboten ist. Davon abgesehen handelt es sich bei der Reparatur der Heizung um eine notwendige Maßnahme zur Erhaltung der Mietsache. M kann daher auch nach § 536 a II Nr. 2 Ersatz der 450 EUR verlangen.

425 Hat der Vermieter die in Frage stehenden Aufwendungen nicht nach § 536 a II zu ersetzen, so kann der Mieter gemäß § 539 I nur nach den Vorschriften über die Geschäftsführung ohne Auftrag (677 ff.) Aufwendungsersatz verlangen. Die hM ging bislang davon aus, dass § 539 I immer dann angewendet werden kann, wenn dem Mieter kein Anspruch aus § 536 a II zusteht.[57] Demgegenüber hat der BGH in einer neueren Entscheidung klargestellt, dass § 536 a II für **Aufwendungen zur Mängelbeseitigung** eine abschließende Regelung trifft, die nicht durch Rückgriff auf § 539 I

---

53 BGH, NJW-RR 1991, 970 f. (zu § 538 aF); Palandt/*Weidenkaff* § 536 a Rn. 14.

54 MüKoBGB/*Häublein* § 536 a Rn. 12 f.; aA *Larenz*, Schuldrecht II/1, § 48 III b3 für den Fall, dass der Mangel auch bei größtmöglicher Sorgfalt nicht erkennbar war.

55 BGH, NJW 2010, 3152 (3153) = JA 2011, 146 (*Looschelders*).

56 OLG Düsseldorf, ZMR 1993, 115; Staudinger/*Emmerich* (2011) § 536 a Rn. 15.

57 MüKoBGB/*Bieber* § 539 Rn. 2; *Herresthal/Riehm*, NJW 2005, 1457 (1461).

unterlaufen werden darf. § 539 I kann daher insbesondere nicht auf den Fall der **eigenmächtigen Mängelbeseitigung** durch den Mieter – ohne Verzug des Vermieters – angewendet werden.[58]

§ 539 I enthält nach hM eine **Rechtsgrundverweisung** auf die §§ 677 ff.[59] Die Kosten für **sonstige Erhaltungs- oder Wiederherstellungsmaßnahmen** oder **Verbesserungen** (zB Schönheitsreparaturen) sind daher nur dann ersatzfähig, wenn ihre Durchführung dem wirklichen oder mutmaßlichen Willen des Vermieters entspricht (§ 683 S. 1), vom Vermieter genehmigt wurde (§ 684 S. 2) oder der Erfüllung einer öffentlich-rechtlichen Pflicht dient (§ 679). Außerdem muss der Mieter mit *Fremdgeschäftsführungswillen* (→ Rn. 846 ff., 853) gehandelt haben. Der Anspruch auf Aufwendungsersatz ist daher ausgeschlossen, wenn der Mieter ausschließlich im eigenen Interesse tätig geworden ist.[60]

e) Fristlose Kündigung des Mietvertrages (§ 543 I, II Nr. 1)

Bei Mängeln der Mietsache ist ein Rücktrittsrecht des Mieters nicht vorgesehen. 426
Entsprechend der Rechtsnatur des Mietvertrages als Dauerschuldverhältnis kommt stattdessen aber eine **außerordentliche fristlose Kündigung** aus wichtigem Grund nach § 543 I in Betracht. In diesem Zusammenhang gewinnt § 543 II Nr. 1 Bedeutung, wonach der Mieter das Mietverhältnis kündigen kann, wenn ihm der vertragsgemäße Gebrauch der Mietsache ganz oder zum Teil nicht rechtzeitig gewährt oder wieder entzogen wird. Die Vorschrift hat gerade bei Rechts- und Sachmängeln einen wichtigen Anwendungsbereich; sie gilt aber für alle Fälle der Leistungsstörung.[61]

Da der wichtige Grund bei Rechts- und Sachmängeln in der Verletzung einer Pflicht 427
aus dem Mietverhältnis besteht, muss der Mieter dem Vermieter zuvor eine **angemessene Frist** zur Beseitigung des Mangels setzen oder ihn abmahnen; die Kündigung ist erst nach erfolglosem Fristablauf bzw. erfolgloser Abmahnung zulässig (§ 543 III 1). Die Fristsetzung bzw. Abmahnung ist nach § 543 III 2 *entbehrlich*, wenn sie keinen Erfolg verspricht oder die sofortige Kündigung aus besonderen Gründen gerechtfertigt ist. Zur fristlosen Kündigung von Mietverträgen über Wohnraum bei **Gesundheitsgefährdung** → Rn. 53.

f) Verhältnis der Ansprüche und Rechte

Die Gewährleistungsrechte des Mieters stehen **nebeneinander.** Im Falle eines Man- 428
gels *mindert* sich daher die Miete unter den Voraussetzungen des § 536. Daneben kann der Mieter *Schadensersatz* nach § 536 a verlangen (»unbeschadet des § 536«) und das Mietverhältnis nach § 543 *kündigen*.

3. Ausschluss der Haftung

a) Gesetzlicher Ausschluss

Nach § 536 b ist die Haftung des Vermieters ausgeschlossen, wenn der Mieter den 429
Mangel beim Abschluss des Vertrages **kennt** bzw. grob fahrlässig nicht kennt und keine Arglist des Vermieters vorliegt (vgl. zum Kaufrecht § 442). Das Gleiche gilt, wenn der Mieter die Mietsache vorbehaltlos annimmt. Zahlt der Mieter über einen

58 BGH, NJW 2008, 1216 (1217) = JA 2008, 541 (*Looschelders*).
59 Vgl. Jauernig/*Teichmann* § 539 Rn. 2.
60 Vgl. Staudinger/*Emmerich* (2011) § 539 Rn. 6.
61 Staudinger/*Emmerich* (2011) § 543 Rn. 18.

längeren Zeitraum den vollen Mietzins trotz Kenntnis des Mangels ohne Widerspruch weiter, so sollte die Vorgängervorschrift des § 536 b (§ 539 aF) nach der Rechtsprechung *analog* anwendbar sein.[62] Im Jahre 2003 hat der BGH aber für das neue Mietrecht klargestellt, dass eine analoge Anwendung des § 536 b hier ausscheide und ein Ausschluss der Gewährleistungsrechte daher nur unter den engeren Voraussetzungen der Verwirkung nach § 242 in Betracht komme.[63]

Einen weiteren Ausschlussgrund enthält § 536 c II. Danach sind die Gewährleistungsrechte ausgeschlossen, wenn der Vermieter wegen einer **unterlassenen Mängelanzeige** des Mieters keine Abhilfe schaffen konnte.

b) Vertraglicher Ausschluss

430 Ein vertraglicher Ausschluss der Gewährleistungsrechte ist grundsätzlich zulässig, unterliegt aber aus Gründen des Mieterschutzes verschiedenen Grenzen. Insbesondere kann sich der Vermieter nicht auf den Haftungsausschluss berufen, wenn er den Mangel **arglistig verschwiegen** hat (§ 536 d). Für Mietverträge über **Wohnraum** gelten weitere Einschränkungen: Vereinbarungen, die zu Lasten des Wohnraummieters von der Minderungsvorschrift des § 536 oder von den Kündigungsregelungen der §§ 569 I–III, 543 abweichen, sind nach §§ 536 IV, 569 V unwirksam.

431 Häufig handelt es sich bei Mietverträgen um Formularverträge, auf die die Vorschriften über **Allgemeine Geschäftsbedingungen** (§§ 305 ff.) anwendbar sind. Von den speziellen Klauselverboten sind vor allem § 309 Nr. 7 und Nr. 8 a von Bedeutung, so dass etwa die Haftung des Vermieters für Vorsatz und grobe Fahrlässigkeit nicht durch AGB ausgeschlossen werden kann (§ 309 Nr. 7 b). Im Übrigen ist die Generalklausel des § 307 zu beachten (zu Schönheitsreparaturen → Rn. 404). Nach der Rechtsprechung ist die *Garantiehaftung* des Vermieters für anfängliche Mängel (§ 536 a I Alt. 1) in AGB abdingbar, nicht aber die *Verschuldenshaftung* für nachträgliche Mängel (§ 536 a I Alt. 2).[64] In Mietverträgen über Wohnraum kann daher auch die Haftung für leichte Fahrlässigkeit nicht ausgeschlossen werden.[65] Bei Verletzung des Lebens, des Körpers oder der Gesundheit wäre ein solcher Ausschluss ohnehin schon nach § 309 Nr. 7 a unzulässig.

4. Verjährung

432 Der **Schadensersatzanspruch** des Mieters verjährt nach *allgemeinen Regeln* (§§ 195, 199 I) in drei Jahren ab Kenntnis oder grob fahrlässiger Unkenntnis (gerechnet vom Schluss des Jahres der Kenntniserlangung). Bei der *Verletzung von Leben, Körper, Gesundheit oder Freiheit* beträgt die Höchstdauer der Verjährung 30 Jahre beginnend mit dem schädigenden Ereignis (§ 199 II). *Sonstige Ansprüche* verjähren spätestens 10 Jahre nach ihrer Entstehung oder 30 Jahre ab dem schädigenden Ereignis (§ 199 III).

433 Das Mietrecht sieht in § 548 zwar auch eine spezielle (kurze) Verjährungsfrist von **sechs Monaten** vor. Diese Frist gilt aber *nicht* für die *Schadensersatzansprüche des*

---

62 BGH, NJW 2000, 2663 (2664) [zu § 539 aF].

63 Vgl. BGHZ 155, 380 (388 ff.) = BGH, NJW 2003, 2601 (2602 f.); Staudinger/*Looschelders/Olzen* (2009) § 242 Rn. 761; *Kandelhard*, NZM 2005, 43 (44); krit. *Timme*, NJW 2003, 3099 ff.

64 BGH, NJW 2002, 3232; NJW-RR 1991, 74; MüKoBGB/*Häublein* § 536 a Rn. 21.

65 BGH, NZM 2002, 116 (117); *Heinrichs*, NZM 2003, 6 (10).

Mieters gegen den Vermieter, sondern nur für die Schadensersatzansprüche des Vermieters gegen den Mieter wegen Veränderungen oder Verschlechterungen der vermieteten Sache (§ 548 I; dazu → Rn. 456 ff.). Ansprüche des Mieters sind nur betroffen, sofern es um den *Ersatz von Aufwendungen* oder die *Gestattung der Wegnahme einer Einrichtung* geht (§ 548 II). Der bereicherungsrechtliche Wertersatzanspruch des Mieters bei Ausführung nicht geschuldeter Schönheitsreparaturen (→ Rn. 404) wird hiervon nicht erfasst.[66] Soweit § 548 eingreift, beginnt die Verjährung für die Ersatzansprüche des Vermieters mit dem Zeitpunkt, in welchem er die Sache zurückerhält,[67] für die *Ansprüche des Mieters* mit der Beendigung des Mietverhältnisses.

5. Konkurrenzen

Ist die Mietsache mit einem Mangel behaftet, so stellt sich die Frage, in welchem **Verhältnis** die Gewährleistungsrechte der §§ 536 ff. zum allgemeinen Leistungsstörungsrecht stehen. Praktische Bedeutung hat dies etwa im Hinblick auf die gewährleistungsrechtlichen Haftungsausschlüsse. **434**

Im Ausgangspunkt ist zwischen der Zeit **vor** und **nach Überlassung** der Mietsache zu unterscheiden. Da die §§ 536 ff. an die Überlassung der Mietsache anknüpfen, kann davor auf die allgemeinen Regeln zurückgegriffen werden.[68] Dies ergibt sich für die Minderung aus § 536 I, der ausdrücklich auf die Überlassung abstellt. Über die Verweisung des § 536 a I bzw. wegen § 543 III erlangt dieser Zeitpunkt auch für die Schadensersatzansprüche und das Kündigungsrecht Bedeutung. Die Anknüpfung an den Zeitpunkt der Überlassung ist aber eine bloße *Richtschnur*, die in einigen Fällen zur Vermeidung von Wertungswidersprüchen durchbrochen werden muss.

a) Anfechtung wegen Eigenschaftsirrtums oder arglistiger Täuschung

Ein Konkurrenzproblem zwischen der Anfechtung wegen eines **Eigenschaftsirrtums** (§ 119 II) und den §§ 536 ff. stellt sich, wenn der Irrtum des Mieters eine verkehrswesentliche Eigenschaft betrifft, die zugleich einen Sachmangel darstellt (zB Irrtum über die Größe oder Lage der Wohnung). In Rechtsprechung und Literatur ist anerkannt, dass der Mieter den Mietvertrag in solchen Fällen **vor Überlassung** der Mietsache nach § 119 II anfechten kann.[69] Ob diese Möglichkeit auch **nach der Überlassung** der Mietsache besteht, ist dagegen streitig. Die hM billigt dem Mieter auch hier das Anfechtungsrecht nach § 119 II zu, weil für eine Einschränkung der §§ 119 ff. kein Anlass bestehe.[70] Dem ist jedoch entgegenzuhalten, dass die Haftungsausschlüsse nach §§ 536 b, 536 c nicht durch Rückgriff auf § 119 II unterlaufen werden dürfen.[71] Nach der Überlassung der Mietsache gehen die §§ 536 ff. dem § 119 II daher als *Spezialregelungen* vor. **435**

Die Anfechtung des Mietvertrages wegen **arglistiger Täuschung** (§ 123) ist dagegen auch nach Überlassung der Mieträume zulässig. Die Anfechtung wird insoweit auch nicht durch das Recht zur außerordentlichen Kündigung nach § 543 verdrängt. Beide

66 Palandt/*Weidenkaff* § 548 Rn. 10; aA LG Kassel, NJW 2010, 3666.
67 Vgl. dazu BGH, NJW 2005, 739 (741).
68 BGHZ 136, 102 (107 ff.); *Blank/Börstinghaus* § 536 a Rn. 3; *Oetker/Maultzsch* § 5 Rn. 55 f.
69 Vgl. nur Erman/*Lützenkirchen* Vor § 536 Rn. 21.
70 MüKoBGB/*Häublein* Vor § 536 Rn. 23; Palandt/*Weidenkaff* § 536 Rn. 12; Staudinger/*Emmerich* (2011) Vorbem. zu § 535 Rn. 70; *Emmerich*, NZM 1998, 692 (695).
71 *Oetker/Maultzsch* § 5 Rn. 82.

Institute haben eine unterschiedliche Schutzrichtung. Während die Anfechtung nach § 123 die rechtsgeschäftliche Entschließungsfreiheit schützt, knüpfen die Gewährleistungsrechte des Mieters und die außerordentliche Kündigung an eine aktuelle Leistungsstörung an.[72] Eine **Einschränkung der ex-tunc-Wirkung** der Anfechtung (§ 142 I) – wie etwa bei vollzogenen Arbeitsverträgen (→ Rn. 555) oder bei gesellschaftsrechtlichen Rechtsgeschäften[73] – ist bei Mietverträgen **nicht gerechtfertigt.** Für die Geschäftsraummiete hat der BGH dies ausdrücklich entschieden.[74] Bei der Wohnraummiete dürfte aber keine andere Beurteilung geboten sein.[75]

b) Einrede des nicht erfüllten Vertrages

436 Die gesetzlich eintretende Minderung hindert den Mieter nicht, daneben die **Einrede des nicht erfüllten Vertrages** (§ 320) geltend zu machen, um den Vermieter zur Behebung des Mangels anzuhalten (vgl. → Rn. 419). Der Mieter kann daher die Mietzahlung über den Minderungsbetrag hinaus ganz oder teilweise verweigern, bis der Vermieter den Mangel behoben hat. Ist der Mangel dem Vermieter nicht bekannt, so kann der Mieter sein Zurückbehaltungsrecht aus § 320 nach dem Rechtsgedanken des § 536 c II allerdings erst an den Mieten geltend machen, die nach der **Anzeige des Mangels** fällig geworden sind.[76]

Zur Vertiefung: Der M hat von V eine Wohnung gemietet. Die Mietzahlung soll monatlich erfolgen. Nach Überlassung der Mietsache stellt sich heraus, dass die Heizung defekt ist. Kann M die Miete nach § 320 zurückbehalten? – Bei Verletzung der Instandhaltungspflicht des Vermieters hat der Mieter grundsätzlich ein Leistungsverweigerungsrecht nach § 320 I 1. Etwas anderes könnte sich aber daraus ergeben, dass die Miete bei Mietverträgen über Wohnraum und andere Räume gemäß § 556 b I, ggf. iVm § 579 II am Beginn des verabredeten Zeitabschnitts, spätestens am 3. Werktag fällig ist (→ Rn. 444). Der Mieter ist also *vorleistungspflichtig*. Nach dem Wortlaut des § 320 I 1 ist das Leistungsverweigerungsrecht aber bei einer Vorleistungspflicht ausgeschlossen. Die hM geht dennoch zu Recht von der Anwendbarkeit des § 320 aus.[77] Der bei der Mietrechtsreform eingefügte § 556 b I hat nur den Zweck, die übliche Fälligkeitsabrede festzuschreiben; er soll also keineswegs das Leistungsverweigerungsrecht des Mieters ausschließen, zumal § 556 b II die Existenz des Zurückbehaltungsrechts selbst voraussetzt. Im Beispielsfall kann M die Miete daher zurückbehalten.

c) Unmöglichkeit

437 Das Verhältnis zwischen dem mietrechtlichen Schadensersatzanspruch aus § 536 a und der **anfänglichen Unmöglichkeit** ist seit jeher umstritten. Weder die Schuldrechts- noch die Mietrechtsreform haben hier Klarheit geschaffen; die Streitfragen wurden vielmehr nur verlagert. Die Auswirkungen des Konkurrenzproblems zeigen sich bei der *Haftung für anfängliche unbehebbare Mängel.* Während der Vermieter nach § 536 a I unabhängig von einem Verschulden haftet, kommt es für die Haftung nach § 311 a II auf die Kenntnis bzw. das Kennenmüssen des Leistungshindernisses an.

Beispiel (nach BGH, NJW 1999, 635): V hat an M Räume für eine Arztpraxis vermietet. Vor der Überlassung der Räume stellt sich heraus, dass diese aufgrund öffentlich-rechtlicher Vorschriften nicht als Arztpraxis genutzt werden dürfen. M verlangt von V Schadensersatz wegen entgangenen

72 BGH, NJW 2009, 1266 (1268) = JA 2009, 303 (*Stadler*).
73 Dazu MüKoBGB/*Busche* § 142 Rn. 19.
74 BGH, NJW 2009, 1266 (1268 f.).
75 Vgl. Staudinger/*Roth* (2003) § 142 Rn. 36; MüKoBGB/*Busche* § 142 Rn. 20.
76 BGH, NJW-RR 2011, 447 = JA 2011, 706 (*Looschelders*).
77 MüKoBGB/*Häublein* Vor § 536 Rn. 14; Schmidt-Futterer/*Eisenschmid* § 536 Rn. 379, 382.

Gewinns. Zu Recht? – Nach der Rechtsprechung zum alten Recht greift die Garantiehaftung des § 536 a I vor Überlassung der Mietsache nicht ein (→ Rn. 421), so dass sich die Haftung des V nach allgemeinem Leistungsstörungsrecht bestimmt.[78] Nach § 311 a II käme es darauf an, ob V das Leistungshindernis kannte oder kennen musste. Indessen ist es nicht einsichtig, weshalb die Haftung für anfängliche Sachmängel vor der Überlassung der Mietsache weniger streng sein soll als nach der Überlassung. Der Wertungswiderspruch ließe sich dadurch auflösen, dass man die Wertungen des § 536 a I Alt. 1 auf die Haftung nach § 311 a II überträgt und hier eine *Garantiehaftung nach § 276* begründet.[79] Zum gleichen Ergebnis gelangt man, wenn man die Haftung des Vermieters für anfängliche Mängel schon vor der Überlassung der Mietsache nach § 536 a I Alt. 1 beurteilt,[80] was aus methodischen Gründen vorzugswürdig ist.[81]

Ist **nach Vertragsschluss** ein nicht behebbarer Mangel entstanden, so bleibt es bei der allgemeinen Regel, dass die §§ 536 ff. erst ab Überlassung der Mietsache anwendbar sind.[82] Vor der Überlassung haftet der Vermieter somit nach §§ 280 I, III, 283. Wertungswidersprüche zu § 536 a I Alt. 1 können hier nicht auftreten, weil die Voraussetzungen der Garantiehaftung – Vorliegen eines Mangels bei Vertragsschluss – nicht gegeben sind. 438

d) Verschulden bei Vertragsverhandlungen

Die mietrechtlichen Gewährleistungsregeln sind Sondervorschriften gegenüber der Haftung aus **culpa in contrahendo** (§§ 280 I, 311 II, 241 II).[83] Sie schließen daher einen Anspruch wegen Verschuldens bei Vertragsverhandlungen aus, sofern die Pflichtverletzung im *Zusammenhang mit einem Mangel* steht und die Mietsache dem Mieter bereits *überlassen* wurde. 439

Beispiel: Hat der Vermieter bei den Vertragverhandlungen unrichtige Angaben über die *Beschaffenheit der Mietsache* gemacht, so richten sich die Rechte des Mieters nach Überlassung der Mietsache allein nach den §§ 536 ff.

e) Störung der Geschäftsgrundlage

Auch die Regeln über die **Störung der Geschäftsgrundlage** (§ 313) müssen nach Überlassung der Mietsache grundsätzlich gegenüber den §§ 536 ff. zurücktreten, wenn sich die Störung auf einen Mangel bezieht.[84] Im Übrigen ist § 313 im Mietrecht zwar anwendbar. Eine Störung der Geschäftsgrundlage liegt jedoch nicht vor, wenn der in Frage stehende Umstand in den alleinigen Risikobereich einer der Parteien fällt (vgl. SAT Rn. 782). 440

Beispiel (BGH, NJW 2000, 1714): Der M hat in einem geplanten Einkaufszentrum ein Ladenlokal gemietet. Nach der Eröffnung des Einkaufszentrums zeigt sich, dass dieses von den Kunden nicht in dem erwarteten Maße angenommen wird. M erzielt daher nicht den erhofften Umsatz. Kann er das Mietverhältnis vorzeitig kündigen? – Qualifiziert man die geringe Akzeptanz des Einkaufszentrums als Mangel der Mietsache, so kommt eine außerordentliche fristlose Kündigung nach § 543 I, II Nr. 1 in Betracht. Der BGH hat dies jedoch mit der Begründung verneint, die Eignung des Ladenlokals zum vertragsgemäßen Gebrauch werde durch die geringe Akzeptanz des Einkaufszentrums allenfalls mittelbar beeinträchtigt. Damit ist der Weg zu einer Kündigung wegen Wegfalls

78 BGHZ 136, 102 (107 ff.); vgl. dazu *Emmerich*, NZM 2002, 362 (364).
79 Für Annahme einer konkludenten Garantie im Einzelfall *Emmerich*, FS Blank, 2006, 145 (148).
80 So Jauernig/*Teichmann* § 536 Rn. 2; MüKoBGB/*Ernst* § 280 Rn. 84; *Schaub*, in: DMT-Bilanz 2011, 168 (170 ff.).
81 Ausführlich *Looschelders*, in: DMT-Bilanz 2011, 141 (148 ff.).
82 BGHZ 136, 102 (106 f.); Bamberger/Roth/*Ehlert* § 536 a Rn. 5; aA Jauernig/*Teichmann* § 536 Rn. 2, 5; MüKoBGB/*Häublein* Vor § 536 Rn. 12.
83 BGH, NJW 2000, 1714 (1718); *Oechsler*, NZM 2004, 881 (882); für ein offenes Nebeneinander beider Ansprüche MüKoBGB/*Häublein* Vor § 536 Rn. 22.
84 BGH, NJW-RR 1992, 267; NJW 2000, 1714 (1716); Palandt/*Weidenkaff* § 536 Rn. 13.

der Geschäftsgrundlage (§ 313 III 2) frei. Diese scheitert im konkreten Fall aber daran, dass die Rentabilität des in den gemieteten Räumen betriebenen Geschäfts in den alleinigen Risikobereich des Mieters fällt.

f) Deliktische Ansprüche

441 Zwischen mietvertraglichen und deliktischen Schadensersatzansprüchen besteht **Anspruchskonkurrenz.** Der *Anspruchsausschluss nach § 536 c II* greift dabei nicht auf den deliktischen Ersatzanspruch des Mieters durch.[85]

Beispiel: Vermieter V lässt die lockere Brüstung am Balkon der Mietwohnung des M durch seinen trunksüchtigen Hausmeister H reparieren. Da H unsachgemäß arbeitet, ist die Brüstung nach kurzer Zeit erneut locker, was M dem V aber aus Nachlässigkeit nicht mitteilt. Infolge des Defekts stürzt M eines Tages den Balkon herab und verletzt sich schwer. – Da V sich das Verschulden des H nach § 278 zurechnen lassen muss, liegen die Voraussetzungen des § 536 a I Alt. 2 vor. Der Anspruch ist indes nach § 536 c II ausgeschlossen. V haftet jedoch auch nach § 831. Auf deliktische Schadensersatzansprüche ist § 536 c II nicht anwendbar. M muss sich die unterlassene Anzeige allerdings nach § 254 als Mitverschulden anrechnen lassen.[86]

V. Pflichten und Haftung des Mieters

1. Zahlung der Miete

442 **Hauptleistungspflicht** des Mieters ist die Zahlung der Miete (§ 535 II). Diese Pflicht wird nicht dadurch in Frage gestellt, dass der Mieter die Mietsache aus persönlichen Gründen (zB Krankheit, Reise) nicht nutzen kann; allerdings muss sich der Vermieter ersparte Aufwendungen und Vorteile aus einer anderweitigen Verwendung anrechnen lassen (§ 537 I 2). Die Unmöglichkeitsregeln oder die Grundsätze über die Störung der Geschäftsgrundlage finden hier keine Anwendung. Etwas anderes gilt, wenn die Vertragsparteien einen bestimmten Zweck zum *Inhalt des Vertrages* gemacht haben und dieser verfehlt wird. Nach hM entfällt in diesem Fall die Verpflichtung des Mieters zur Zahlung der Miete gemäß § 326 I.[87] Gegen die Anwendung des § 326 I spricht jedoch, dass die Fälle der **Zweckstörung** nach allgemeinen Grundsätzen (SAT Rn. 461, 792) keine Unmöglichkeit begründen, sondern nach den Regeln über die Störung der Geschäftsgrundlage zu beurteilen sind. Vorzugswürdig ist daher der Rückgriff auf § 313.[88]

Beispiel: In einem traditionellen Lehrbeispiel aus der englischen Rechtsprechung hat M einen Fensterplatz gemietet, um einen Krönungszug zu betrachten. Fällt der Zug aus, so ist die Pflicht des M zur Mietzahlung nach hM gemäß § 326 I ausgeschlossen. Nach der Gegenansicht kann M den Vertrag nach § 313 III 2 kündigen.[89]

443 Die Parteien können die Pflicht zur Entrichtung der Miete im Rahmen der Vertragsfreiheit ausgestalten. Sie können zB vereinbaren, dass der Mieter nicht Geld, sondern Sachen leistet oder Dienstleistungen (etwa als Hausmeister) erbringt.[90] Die Miete kann einmalig oder in wiederkehrenden Zeitabständen entrichtet werden. Auch die **Miethöhe** kann in den Grenzen der §§ 134, 138 (→ Rn. 399) grundsätzlich frei ausgehandelt werden.

---

85 MüKoBGB/*Häublein* § 536 c Rn. 13; Palandt/*Weidenkaff* § 536 c Rn. 10.
86 Vgl. zu einem ähnlichen Fall *Medicus*, Bürgerliches Recht, 18. Aufl. 1999, Rn. 350.
87 Vgl. MüKoBGB/*Emmerich* § 275 Rn. 161; *Flume*, BGB AT-2, § 26, 3.
88 So etwa Staudinger/*Löwisch* (2004) § 275 Rn. 28; *Pawlowski*, BGB AT, Rn. 562, 566 f.
89 Vgl. *Flume*, BGB AT-2, § 26, 3; *Pawlowski*, BGB AT, Rn. 562, 566 f.
90 Vgl. Bamberger/Roth/*Ehlert* § 535 Rn. 209.

Zur Vertiefung: Für Mietverhältnisse über *Wohnraum* enthalten die §§ 556 ff. Sonderregeln betreffend die Miete. So erlaubt § 556 dem Vermieter, die *Betriebskosten* entgegen der allgemeinen Vorschrift des § 535 I 3 auf den Mieter abzuwälzen (→ Rn. 405). Die Voraussetzungen für *Mieterhöhungen* sind in den §§ 557 ff. geregelt. Dort finden sich zunächst Anforderungen an Staffel- und Indexmieten (§§ 557 a, 557 b). Die Miete kann außerdem in drei Fällen erhöht werden. Zum einen kann der Vermieter vom Mieter die Zustimmung zur Erhöhung der Miete bis zur ortsüblichen Vergleichsmiete verlangen, wenn die Miete seit 15 Monaten nicht erhöht wurde (zu den Einzelheiten §§ 558 ff.). Zum anderen kann der Vermieter die Kosten einer Modernisierung der Wohnung auf die jährliche Miete umlegen (§§ 559 ff.). In beiden Fällen steht dem Mieter zwei Monate ab Zugang der Erklärung über die Mieterhöhung ein *außerordentliches Kündigungsrecht* zu, das vertraglich nicht abbedungen werden kann (§ 561). Kein Sonderkündigungsrecht gibt es für den dritten Fall einer zulässigen Mieterhöhung, nämlich die Verteilung gestiegener Betriebskosten auf die Mieter (§ 560).

Bei Fehlen besonderer Vereinbarungen bestimmt sich die **Fälligkeit** der Miete bei *Wohnraum* und *anderen Räumen* nach §§ 556 b I, 579 II (zu Beginn der einzelnen Zeitabschnitte, spätestens nach drei Werktagen),[91] bei Grundstücken und beweglichen Sachen nach § 579 I (am Ende der Mietzeit bzw. eines Zeitabschnitts). Kommt der Mieter mit der Mietzahlung in **Verzug** (§ 286), so kann der Vermieter das Mietverhältnis nach § 543 I, II 1 Nr. 3 außerordentlich ohne Einhaltung einer Frist **kündigen,** sofern der Rückstand nach den dort umschriebenen Kriterien erheblich ist. Da für die Mietzahlung eine Zeit nach dem Kalender bestimmt ist, tritt der Verzug gemäß § 286 II Nr. 1 ohne Mahnung ein. Eine Fristsetzung oder Abmahnung ist nicht erforderlich (§ 543 III 2 Nr. 3), kann aber im Einzelfall nach Treu und Glauben geboten sein. Neben der Kündigung kann der Vermieter nach §§ 280 I, II, 286 auch Ersatz des Verzögerungsschadens verlangen.[92] 444

2. Obhuts- und Sorgfaltspflichten

Den Mieter treffen Obhuts- und Sorgfaltspflichten hinsichtlich der Mietsache. Ausdruck dieser Verpflichtung ist **§ 536 c I.** Danach muss der Mieter dem Vermieter Mängel der gemieteten Sache unverzüglich *anzeigen*. Unterlässt der Mieter die Anzeige, so ist er dem Vermieter zum *Schadensersatz* verpflichtet (§ 536 c II). Darüber hinaus hat der Mieter die Mietsache **sorgsam zu behandeln,** sie insbesondere vor möglichen Schäden zu bewahren. 445

Bei Verletzung der Obhuts- und Sorgfaltspflichten hat der Vermieter gegen den Mieter einen *Schadensersatzanspruch* aus § 280 I.

3. Einhaltung des vertragsgemäßen Gebrauchs

Der Mieter muss den **vertragsgemäßen Gebrauch** einhalten. Inhalt und Grenzen des vertragsgemäßen Gebrauchs richten sich in erster Linie nach den Vereinbarungen der Parteien (→ Rn. 402). Im Vordergrund steht dabei der Mietvertrag. Daneben kann aber auch auf die *Hausordnung* abgestellt werden, sofern diese wirksam in den Vertrag einbezogen worden ist. 446

§ 540 I konkretisiert die Grenzen des vertragsgemäßen Gebrauchs dahingehend, dass der Mieter den Gebrauch der Mietsache **nicht** ohne Zustimmung des Vermieters **einem Dritten überlassen** darf. Aufgrund des verfassungsrechtlichen Schutzes von

91 Zum Begriff des Werktags s. BGH, NJW 2010, 2879: Sonnabend kein Werktag.
92 Staudinger/*Emmerich* (2011) § 543 Rn. 45.

Ehe und Familie durch Art. 6 I GG ist die Aufnahme von **Angehörigen** in die Wohnung aber auch ohne Erlaubnis des Vermieters zulässig.[93] *Angehörige* des Mieters sind daher keine »Dritten« iSd § 540 I. Dazu gehören Ehe- und eingetragene Lebenspartner (nicht aber Partner einer nichtehelichen Lebensgemeinschaft),[94] Kinder, Enkel sowie uU die Eltern.[95]

447 Für Mietverhältnisse über Wohnraum gilt im Übrigen die Sonderregel des § 553, wonach der Mieter vom Vermieter die Erlaubnis zur Gebrauchsüberlassung an Dritte verlangen kann. Voraussetzung ist aber, dass der Mieter ein **berechtigtes Interesse** hieran hat (zB bei Einzug des Lebensgefährten), dieses nach Abschluss des Mietvertrages entstanden ist und nur ein Teil der Wohnung überlassen werden soll. Die Gebrauchsüberlassung muss für den Vermieter zumutbar sein (§ 553 I 2) und kann von einer Mieterhöhung abhängig gemacht werden (§ 553 II).

4. Rechtsfolgen des vertragswidrigen Gebrauchs

448 Bei vertragswidrigem Gebrauch kann der Vermieter nach vorheriger Abmahnung auf **Unterlassung** klagen (§ 541). Der Anspruch umfasst auch die **Beseitigung** eines vom Mieter geschaffenen vertragswidrigen Zustandes. Steht die Mietsache im Eigentum des Vermieters, so könnte dieser sich nach allgemeinen Grundsätzen auch auf § 1004 stützen. Der BGH sieht § 541 aber als lex specialis an, weil sonst das *Abmahnungserfordernis* umgangen werden könnte.[96]

> **Beispiel** (BGH, NJW 2007, 2180): Der geschäftsunfähige Mieter M hat an der Balkonbrüstung seiner Mietwohnung ohne die erforderliche Zustimmung des Vermieters V eine Parabolantenne (→ Rn. 402) angebracht. Nach fruchtloser Abmahnung verklagt V den M auf Beseitigung der Antenne. – Da die Abmahnung gegenüber M nicht wirksam geworden ist (§ 131 I analog), scheidet ein Beseitigungsanspruch aus § 541 aus. Der Anspruch aus § 1004 scheitert an der Spezialität des § 541. In der Praxis ist der Vermieter in solchen Fällen darauf verwiesen, die Abmahnung gegenüber dem Betreuer des Mieters (§ 1896) zu erklären.

449 Der vertragswidrige Gebrauch kann auch eine **fristlose Kündigung** nach § 543 II Nr. 2 rechtfertigen. Liegt eine *unbefugte Gebrauchsüberlassung* an Dritte vor, so folgt daraus nicht zwangsläufig eine erhebliche Verletzung der Vermieterrechte. Die Erheblichkeit der Verletzung ist vielmehr ein eigenständiges Merkmal, das aufgrund einer Interessenabwägung gesondert geprüft werden muss.[97] Überdies ist die Kündigung grundsätzlich erst nach erfolgloser Fristsetzung oder Abmahnung zulässig (§ 543 III).

450 Ist die Mietsache durch den vertragswidrigen Gebrauch beschädigt worden, so steht dem Vermieter ein **Ersatzanspruch aus § 280 I** zu. Gemäß § 538 haftet der Mieter dagegen nicht für die Abnutzung der Mietsache aufgrund vertragsgemäßen Gebrauchs. Bei Fehlen einer abweichenden Vereinbarung gehört auch das *Rauchen* in der Wohnung zum vertragsgemäßen Gebrauch. Für hierdurch verursachte Verunreinigungen muss der Mieter daher nicht einstehen.[98]

---

93 BGHZ 157, 1 (5); Bamberger/Roth/*Ehlert* § 540 Rn. 5; *Brox*/*Walker*, Schuldrecht BT, § 11 Rn. 29.
94 BGHZ 157, 1 (5 ff.) m. Anm. *Blank*, LMK 2004, 1; Palandt/*Weidenkaff* § 540 Rn. 5.
95 Vgl. Bamberger/Roth/*Ehlert* § 540 Rn. 5; MüKoBGB/*Bieber* § 540 Rn. 5.
96 BGH, NJW 2007, 2180.
97 Schmidt-Futterer/*Blank* § 543 Rn. 70; aA MüKoBGB/*Bieber* § 543 Rn. 40.
98 BGH, NJW 2006, 2915 (2917).

Hat der Mieter die Mietsache an einen Dritten überlassen, so muss er sich dessen Verschulden nach § 540 II zurechnen lassen. In Bezug auf die Obhutspflichten gegenüber der Mietsache wird der Dritte damit kraft Gesetzes zum Erfüllungsgehilfen des Mieters (§ 278 BGB).[99] Die **Einstandspflicht** des Mieters **für den Dritten** greift auch dann ein, wenn der Vermieter die Überlassung erlaubt hat (§ 540 II Hs. 2). Bei unerlaubter Gebrauchsüberlassung haftet der Mieter nach hM sogar für solche Schäden, die der Dritte ohne Verschulden verursacht hat.[100] Die Pflichtverletzung liegt hier schon in der Gebrauchsüberlassung an den Dritten.[101]

5. Vornahme von Schönheitsreparaturen

Aufgrund des Vertrages ist der Mieter von Wohnraum im Allgemeinen zur Vornahme von Schönheitsreparaturen verpflichtet (→ Rn. 404). Probleme ergeben sich, wenn der Mieter **auszieht**, ohne diese Pflicht zu erfüllen. 451

Beispiel: Mieter M hat sich verpflichtet, beim Auszug die Schönheitsreparaturen durchzuführen. Als M nach mehrjähriger Mietdauer auszieht, zeigt die Wohnung deutliche Gebrauchsspuren. Vermieter V nimmt die Schönheitsreparaturen selbst vor und verlangt von M Schadensersatz. Zu Recht? – Da die Durchführung der Schönheitsreparaturen einen Teil der Gegenleistung des M darstellt, geht es um *Schadensersatz statt der Leistung*. Nach §§ 280, 281 ist grundsätzlich eine Fristsetzung erforderlich. Der BGH sieht im Auszug des Mieters aber eine endgültige Erfüllungsverweigerung.[102] Die Fristsetzung ist somit nach § 281 II Alt. 1 entbehrlich.

Will der Vermieter die Wohnung **nach Vertragsende umbauen**, so wäre die Durchführung von Schönheitsreparaturen beim Auszug sinnlos. Nach überwiegender Auffassung wird der Mieter dennoch nicht von der Leistungspflicht frei. Der Mietvertrag sei vielmehr *ergänzend* dahingehend *auszulegen*, dass der Mieter dem Vermieter in diesem Fall einen Ausgleich in Geld zu zahlen habe.[103] Zur Begründung wird auf den Entgeltcharakter der Übernahme von Schönheitsreparaturen verwiesen. Dem Mieter soll nicht die Gegenleistung für die Leistungen des Vermieters erlassen werden. Dem ist aber entgegenzuhalten, dass der Mieter damit im Ergebnis verpflichtet wird, die Umbauarbeiten des Vermieters mit zu finanzieren.[104] 452

6. Rückgabe der Mietsache

a) Rückgabepflichten

Nach Beendigung des Mietverhältnisses ist der **Mieter** verpflichtet, die Mietsache dem Vermieter zurückzugeben (§ 546 I). Da der *Rückgabeanspruch* auf dem Vertrag beruht, besteht er unabhängig von der dinglichen Rechtsstellung des Vermieters. Ist der Vermieter Eigentümer, so steht ihm daneben ein Herausgabeanspruch aus § 985 zu. 453

Der Mieter hat dem Vermieter den **unmittelbaren Besitz** (§ 854 I) an der Mietsache zu verschaffen. Die bloße *Besitzaufgabe* durch den Mieter reicht dafür regelmäßig nicht aus (etwa wenn der Mieter die gemietete Wohnung unter Zurücklassung der

99 Staudinger/*Emmerich* (2011) § 540 Rn. 37; MüKoBGB/*Bieber* § 540 Rn. 24.
100 Palandt/*Weidenkaff* § 540 Rn. 15; Bamberger/Roth/*Ehlert* § 540 Rn. 20.
101 Staudinger/*Emmerich* (2011) § 540 Rn. 38; PWW/*Riecke* § 540 Rn. 17.
102 BGH, NJW 1991, 2416 (2417); einschränkend KG, ZGS 2007, 116 (117).
103 BGHZ 92, 363 (369 ff.); BGH, NZM 2002, 655; NJW 2005, 425 (426); MüKoBGB/*Häublein* § 535 Rn. 129.
104 Ablehnend auch Staudinger/*Emmerich* (2011) § 535 Rn. 117.

Schlüssel verlässt oder das gemietete Auto auf einem Parkplatz abstellt). Die Rückgabepflicht erstreckt sich auf das mitvermietete *Zubehör* (§ 311 c analog) sowie auf sämtliche Schlüssel.[105]

454 Nicht nur der Mieter, sondern auch jeder **Dritte,** dem der Mieter mit oder ohne Einverständnis des Vermieters den Gebrauch an der Mietsache überlassen hat, ist nach Beendigung des (Haupt-)Mietverhältnisses zur Rückgabe an den Vermieter verpflichtet (§ 546 II). Hier geht es vor allem um *Untermieter*, aber auch um andere Besitzer wie den Entleiher. Ohne diesen Anspruch wäre der Vermieter *schutzlos*, wenn er gegen den Dritten weder aus Eigentum noch aus abgetretenem Recht des Mieters vorgehen könnte.[106]

Zur Vertiefung: Besteht zwischen dem Mieter und dem Dritten ein Untermietverhältnis über *Wohnraum*, so wird der Dritte durch § 565 geschützt, sofern der Mieter ein *gewerblicher Zwischenvermieter* ist. Bei Beendigung des Hauptmietvertrages tritt der Vermieter hiernach in die Rechte und Pflichten des Mieters gegenüber dem Dritten ein. Diese Sonderregelung ist erforderlich, weil die besonderen Schutzvorschriften für die Wohnraummiete nach §§ 573 ff. (→ Rn. 467 ff.) zugunsten des gewerblichen Zwischenvermieters nicht eingreifen und damit nicht einmal mittelbar dem Dritten zugute kommen, obwohl dieser als Mieter von Wohnraum schutzwürdig ist.[107] Die Schlechterstellung von Wohnraummietern, die einen Untermietvertrag mit einem gewerblichen Mieter schließen, verstieße nach Ansicht des BVerfG aber gegen den Gleichbehandlungsgrundsatz nach Art. 3 I GG.[108]

b) Verletzung der Rückgabepflicht

455 Gibt der **Mieter** die Mietsache nach Beendigung des Mietverhältnisses nicht zurück, so hat der Vermieter einen Anspruch auf *Nutzungsentschädigung* (§ 546 a I). Der Vermieter kann für die Dauer der Vorenthaltung die vereinbarte oder – wenn diese höher ist[109] – die ortsübliche Miete verlangen, unabhängig davon, ob der Mieter die Verzögerung zu *vertreten* hat.

Zugleich kann der Vermieter nach **allgemeinen Vorschriften** Schadensersatz vom Mieter verlangen (§ 546 a II). Der Vermieter kann danach insbesondere seinen entgangenen Gewinn (§ 280 I, II, 286, 252) geltend machen. Anders als bei der Nutzungsentschädigung nach § 546 a muss er den Schaden aber darlegen und beweisen. Bei der *Wohnraummiete* wird der Schadensersatzanspruch des Vermieters außerdem durch § 571 beschränkt.

7. Verjährung

456 Eine Sonderregel über die Verjährung von Ansprüchen des Vermieters wegen **Veränderungen oder Verschlechterungen** der Mietsache enthält § 548 I. Die Verjährungsfrist beträgt danach sechs Monate ab Rückgabe der Mietsache. Da § 548 dazu dient, die Rechtslage möglichst rasch aufzuklären, ist die Vorschrift *weit auszulegen.*[110] Sie gilt daher nicht nur für Ersatzansprüche in Bezug auf die Mietsache selbst, sondern greift auch bei Schäden an nicht vermieteten Sachen des Vermieters oder an

105 MüKoBGB/*Bieber* § 546 Rn. 6.
106 Staudinger/*Rolfs* (2011) § 546 Rn. 63; *Medicus/Lorenz*, Schuldrecht II, Rn. 446.
107 *Blank/Börstinghaus* § 565 Rn. 1; MüKoBGB/*Häublein* § 565 Rn. 1.
108 BVerfG, NJW 1991, 2272 (2273).
109 BGH, NJW 1999, 2808; Erman/*Lützenkirchen* § 546 a Rn. 12.
110 *Blank/Börstinghaus* § 548 Rn. 2; Staudinger/*Emmerich* (2011) § 548 Rn. 5.

Sachen von Dritten ein.[111] In diesen Fällen genügt es allerdings nicht, dass der Schaden auf die Pflichtverletzung des Mieters zurückzuführen ist; vielmehr muss der Schaden einen *hinreichenden Bezug zum Mietobjekt* haben.[112] Die kurze Frist des § 548 beruht nämlich auf der Erwägung, dass der Vermieter bei der Veränderung oder Verschlechterung der Mietsache regelmäßig in der Lage ist, etwaige Schäden sogleich festzustellen. Die Anwendung des § 548 I ist daher nicht gerechtfertigt, wenn es um entfernte Folgeschäden geht.

Beispiel (BGHZ 124, 186): Infolge von Fahrlässigkeit des ehemaligen Mieters (M) ist auf dem Grundstück des Vermieters (V) Öl ausgelaufen und hat über die Kanalisation zu Schäden an der weit entfernt liegenden Fischzuchtanlage des D geführt. V ersetzt D den Schaden und verlangt seinerseits von M Schadensersatz. M beruft sich darauf, dass die kurze Verjährung nach § 548 I bereits abgelaufen ist. Der BGH hat die Anwendbarkeit des § 548 I mit der Begründung verneint, dass V keine Möglichkeit hatte, die fraglichen Schäden alsbald durch eine Untersuchung festzustellen.

Bei **völliger Zerstörung** der Mietsache ist § 548 I nicht anwendbar, weil die Sache nicht mehr zurückgegeben werden kann und auch kein gesteigertes Bedürfnis nach rascher Klärung der Rechtslage besteht. Hier wird daher auf die allgemeinen Verjährungsregeln (→ Rn. 432) zurückgegriffen.[113] Der Ausschluss des § 548 I ist aber nur gerechtfertigt, wenn jedwede Rückgabe ausgeschlossen ist; noch so schwere Beschädigungen der Mietsache schließen die Anwendung der Vorschrift dagegen nicht aus.[114] 457

§ 548 I gilt auch für Ansprüche des Vermieters wegen Veränderungen oder Verschlechterungen der Mietsache, die nicht auf den Mietvertrag, sondern auf eine **unerlaubte Handlung** (insbes. § 823 I) gestützt werden.[115] Da die Veränderung oder Verschlechterung der Mietsache regelmäßig eine Eigentumsverletzung darstellt, wäre § 548 nämlich praktisch bedeutungslos, wenn Ansprüche aus § 823 I nach allgemeinen Regeln verjährten. 458

Die kurze Verjährung nach § 548 I kommt auch Dritten zugute, die in den **Schutzbereich des Mietvertrages** einbezogen sind (vgl. → Rn. 423).

Beispiel (BGH, VersR 2006, 1076 = JA 2006, 736 [*Looschelders*]): Die 10 und 13 Jahre alten Kinder des Mieters (M) verursachen beim Spielen mit Feuer einen Brandschaden. Da zwischen dem Vermieter (V) und den Kindern kein Vertrag besteht, scheidet ein vertraglicher Schadensersatzanspruch gegen die Kinder aus. In Betracht kommt aber ein Anspruch des V aus unerlaubter Handlung (§ 823 I bzw. § 830 I 2). Die Kinder des M sind jedoch in den Schutzbereich des Mietvertrages einbezogen und können sich daher auf die kurze Verjährung nach § 548 I berufen.

VI. Die Beendigung des Mietverhältnisses

Gemäß § 542 kann ein Mietverhältnis infolge **Zeitablaufs** enden oder durch **Kündigung** beendet werden. Die Vorschrift gilt für alle Mietverhältnisse. Bei Mietverhältnissen über Wohnraum werden außerdem die §§ 568ff. herangezogen (→ Rn. 495). Im Übrigen steht es den Parteien jederzeit frei, das Mietverhältnis durch einen *Aufhebungsvertrag* zu beenden. 459

111 BGH, NJW 2000, 3203 (3205); Palandt/*Weidenkaff* § 548 Rn. 9.
112 Vgl. BGHZ 124, 186 (191); BGH, NJW 2000, 3203 ff.; *Jendrek*, NZM 1998, 593 (595).
113 BGH, NJW 1993, 2797; Bamberger/Roth/*Ehlert* § 548 Rn. 12.
114 BGH, VersR 2006, 1076; Staudinger/*Emmerich* (2011) § 548 Rn. 18.
115 BGHZ 71, 175 (179 f.); 135, 152 (156); MüKoBGB/*Bieber* § 548 Rn. 3.

460 Die Kündigung ist ein **Gestaltungsrecht,** das durch einseitige empfangsbedürftige Willenserklärung ausgeübt wird.[116] Sie bedarf grundsätzlich weder einer bestimmten Form noch einer Begründung.[117] Ausnahmen gelten jedoch bei Mietverhältnissen über Wohnraum (→ Rn. 496).

Bei der Beendigung eines Mietverhältnisses durch Kündigung unterscheidet man zwischen **ordentlicher** und **außerordentlicher Kündigung.** Das Recht zur Kündigung steht in der Regel beiden Vertragsparteien zu.[118]

1. Ordentliche Kündigung bei unbestimmter Mietzeit

461 Nach § 542 I kann ein Mietverhältnis, das auf *unbestimmte Zeit* eingegangen wurde, von jeder Partei nach den gesetzlichen Vorschriften **ohne Kündigungsgrund** gekündigt werden. Bei Mietverhältnissen über *Wohnraum* sind allerdings erhebliche Einschränkungen zu beachten (→ Rn. 498).

Bei der ordentlichen Kündigung ist in jedem Fall eine **Kündigungsfrist** einzuhalten, damit sich die andere Partei auf die Auflösung des Mietverhältnisses einstellen kann. Die Frist ist für Mietverhältnisse über Wohnraum in § 573 c (→ Rn. 501 f.), für Mietverhältnisse über Grundstücke, Räume, eingetragene Schiffe und bewegliche Sachen in § 580 a geregelt.

2. Außerordentliche Kündigung

462 Das Recht zur außerordentlichen Kündigung steht den Vertragsparteien sowohl bei befristeten als auch bei unbefristeten Mietverträgen zu. Erforderlich ist aber jeweils ein **besonderer Grund** für die Kündigung. Liegen die Voraussetzungen einer außerordentlichen Kündigung nicht vor, so kommt nach § 140 eine **Umdeutung** in eine ordentliche Kündigung in Betracht. Die Rechtsprechung ist insoweit allerdings sehr zurückhaltend.[119]

a) Außerordentliche befristete Kündigung

463 Ist das Mietverhältnis auf eine *bestimmte Zeit* eingegangen worden oder haben die Parteien eine von den gesetzlichen Vorschriften *abweichende (längere) Kündigungsfrist* vereinbart, so kann ein Bedürfnis für eine außerordentliche Kündigung unter **Einhaltung der gesetzlichen Kündigungsfrist** entstehen. Die einzelnen Fälle der außerordentlichen befristeten Kündigung sind recht verstreut geregelt; da die außerordentliche befristete Kündigung zu einer vorzeitigen Beendigung des Mietverhältnisses führt, muss aber jeweils ein **besonderer Grund** für die Kündigung vorliegen.

Beispiele: Mietverträge über mehr als 30 Jahre (§ 544); Kündigungsrecht des Mieters bei Verweigerung der Erlaubnis zur Untervermietung (§ 540 I 2), Maßnahmen des Vermieters zur Verbesserung der Mietsache etc. (§ 554 III) oder bei Mieterhöhung (§ 561); Tod des Mieters (§§ 563 IV, 563 a II, 564, 580); vgl. ferner §§ 1056 II, 2135; §§ 109 S. 1, 111 InsO; § 57 a ZVG; § 37 III 2 WEG; § 30 II ErbbauRG.

116 MüKoBGB/*Bieber* § 542 Rn. 8.
117 *Brox/Walker*, Schuldrecht BT, § 13 Rn. 8.
118 Schmidt-Futterer/*Blank* § 542 Rn. 11.
119 Vgl. BGH, NJW 1993, 2528.

b) Außerordentliche unbefristete Kündigung

§ 543 I gibt jeder Partei die Möglichkeit, das Mietverhältnis **aus wichtigem Grund** fristlos zu kündigen. Ein für eine außerordentliche fristlose Kündigung erforderlicher wichtiger Grund ist nach § 543 I 2 gegeben, wenn dem Kündigenden **unter Berücksichtigung aller Umstände** des Einzelfalls und **unter Abwägung der beiderseitigen Interessen** die Fortsetzung des Mietverhältnisses bis zum Ablauf der Kündigungsfrist oder bis zur sonstigen Beendigung des Mietverhältnisses **nicht zugemutet** werden kann. 464

Einzelne **Beispiele** für das Vorliegen eines wichtigen Grundes sind in § 543 II Nr. 1–3 sowie – für Mietverhältnisse über Wohnraum – in § 569 I, II geregelt (→ Rn. 503 f.). Da diese Aufzählung nicht abschließend ist (»insbesondere«), kann im Übrigen auf die **Generalklausel** des § 543 I 2 zurückgegriffen werden.[120] Die allgemeine Vorschrift des § 314 (dazu SAT Rn. 794 ff.) tritt demgegenüber zurück. 465

Liegt der wichtige Grund in der **Verletzung einer Pflicht** aus dem Mietverhältnis, so setzt die Kündigung nach § 543 III 1 grundsätzlich eine *erfolglose Fristsetzung oder Abmahnung* voraus. Die Fristsetzung oder Abmahnung kann jedoch nach § 543 III 2 Nr. 1 oder Nr. 2 entbehrlich sein (vgl. → Rn. 427).

3. Beendigung durch Zeitablauf

Wurde das Mietverhältnis auf eine **bestimmte Zeit** eingegangen, so endet es nach § 542 II mit dem Ablauf dieser Zeit, sofern es nicht von den Parteien verlängert wird (§ 542 II Nr. 2). Die *Verlängerung* kann ausdrücklich oder stillschweigend erfolgen. Setzt der Mieter den Gebrauch der Mietsache nach Ablauf der Mietzeit fort, so ist eine stillschweigende Verlängerung anzunehmen, sofern keine Partei innerhalb von zwei Wochen der anderen Partei ihren entgegenstehenden Willen erklärt (§ 545). Während der Dauer der vereinbarten Mietzeit ist eine ordentliche Kündigung nicht möglich (vgl. → Rn. 495).[121] § 542 II Nr. 1 stellt aber klar, dass eine *außerordentliche Kündigung* in den gesetzlich zugelassenen Fällen (→ Rn. 462 ff.) nicht ausgeschlossen ist. 466

Literatur: *Ahrens*, Mietrechtliche Garantiehaftung – Widersprüchlichkeiten im neuen Schuldrecht, ZGS 2003, 134; *Artz*, Das Selbstbeseitigungsrecht des Mieters im Lichte des modernisierten Schuldrechts, FS Blank, 2006, 5; *Artz/Börstinghaus*, 10 Jahre Mietrechtsreformgesetz – eine Bilanz, 2011; *Beyer*, Schönheitsreparaturen: Was ist den Vermietern nach den »BGH-Tornados« noch geblieben?, NJW 2008, 2065; *ders.*, Schönheitsreparaturklauseln im Spiegel der BGH-Rechtsprechung, ZGS 2009, 353; *Blank*, Das Gebot der Rücksichtnahme nach § 241 Abs. 2 BGB im Mietrecht, ZGS 2004, 104; *ders.*, Renovierungsklausel im »Hamburger Mietvertrag«, NJW 2009, 27; *Blank/Börstinghaus*, Miete, 3. Aufl. 2008; *Derleder*, Mängelrechte des Wohnraummieters nach Miet- und Schuldrechtsreform, NZM 2002, 676; *Emmerich*, Nichtigkeit und Anfechtung von Mietverträgen, NZM 1998, 692; *ders.*, Neues Mietrecht und Schuldrechtsmodernisierung, NZM 2002, 362; *ders.*, Aufwendungsersatz im Mietrecht, FS Blank, 2006, 145; *Emmerich/Sonnenschein*, Miete, 9. Aufl. 2007; *Hau*, Schuldrechtsmodernisierung 2001/2002 – Reformiertes Mietrecht und modernisiertes Schuldrecht, JuS 2003, 130; *Heinrichs*, Gesamtunwirksamkeit oder Teilaufrechterhaltung von Formularklauseln in Mietverträgen unter besonderer Berücksichtigung der aktuellen Rechtsprechung zu Schönheitsreparatur- und Kautionsklauseln, NZM 2005, 201; *Kandelhard*, Verwirkung im laufenden Mietverhältnis, NZM 2005, 43; *Langenberg*, Zur neuen Rechtsprechung des BGH zu § 5 WiStG, FS Blank, 2006, 291;

120 Zur Systematik vgl. MüKoBGB/*Bieber* § 543 Rn. 1.
121 BGH, NJW 2007, 439; *Brox/Walker*, Schuldrecht BT, § 13 Rn. 2.

Lehmann-Richter, Der Mängelbeseitigungsanspruch des Mieters und Gegenrechte des Vermieters, NJW 2008, 1196; *Löhnig/Gietl*, Grundfälle zum Mietrecht, JuS 2011, 202; *Looschelders*, Mietrechtliche Gewährleistung und allgemeines Leistungsstörungsrecht nach der Schuldrechtsreform, in: *Artz/Börstinghaus*, 10 Jahre Mietrechtsreformgesetz – eine Bilanz, 2011, 141; *Maaß/Hitpaß*, Entwicklung der Parabolantennen-Rechtsprechung seit 2000, NZM 2003, 181; *Oechsler*, Schadensersatzansprüche im Mietverhältnis nach §§ 280, 281, 311 a II BGB, NZM 2004, 881; *Rolfs*, Allgemeine Gleichbehandlung im Mietrecht, NJW 2007, 1489; *Schaub*, Mietrechtsreform und Schuldrechtsmodernisierung – am Beispiel des Schadensersatzes nach § 536 a BGB, in: *Artz/Börstinghaus*, 10 Jahre Mietrechtsreformgesetz – eine Bilanz, 2011, 168; *Schlösser*, Die formularvertragliche Regelung der Durchführung von Schönheitsreparaturen aus rechtsökonomischer Perspektive, Jura 2008, 81; *Schmidt-Futterer*, Mietrecht, 10. Aufl. 2011; *Schrader*, Schönheitsreparaturklauseln in Rechtsprechung und Examensklausuren, Jura 2010, 241; *Timme*, Anfängliche Mängel der Mietsache – immer noch ungelöst?, NZM 2003, 703; *ders.*, Rechtsfolgen vorbehaltloser Mietzahlung in Mangelkenntnis – Mehr als bloß eine Etappe beim BGH?, NJW 2003, 3099; *Wetekamp*, Bericht: Kündigung des Mietvertrags, NZM 1999, 485; *Graf v. Westphalen*, Mietrecht und Schuldrechtsreform, NZM 2002, 368.

§ 22 Besonderheiten bei der Miete von Wohnräumen

467 Die allgemeinen Vorschriften des Mietrechts (§§ 535 ff.) gelten grundsätzlich auch für Mietverhältnisse über Wohnraum (vgl. § 549 I). Darüber hinaus enthalten die §§ 550 ff. wichtige Sondervorschriften, die vornehmlich dem **Schutz des Wohnraummieters** dienen. Soweit diese Vorschriften nicht schon – wie etwa in Bezug auf die Miete (→ Rn. 443 f.) – in anderem Kontext behandelt wurden, sollen sie im Folgenden dargestellt werden.

Hinweis: Der Schutzzweck der §§ 550 ff. trifft nicht auf alle Mietverhältnisse über Wohnraum uneingeschränkt zu. § 549 II, III schließt daher für bestimmte Mietverhältnisse die Anwendung einzelner Vorschriften aus. Konkret geht es um die Vermietung von Wohnraum zum vorübergehenden Gebrauch (§ 549 II Nr. 1), die Vermietung von möbliertem Wohnraum innerhalb der vom Vermieter selbst bewohnten Wohnung (II Nr. 2), die Weitervermietung von Wohnraum, den eine juristische Person des öffentlichen Rechts oder ein privater Träger der Wohlfahrtspflege für Personen mit dringendem Wohnbedarf angemietet hat (II Nr. 3) sowie die Vermietung von Wohnraum in einem Studenten- oder Jugendwohnheim (§ 549 III). Besonderheiten gelten auch für Werkmietwohnungen (§§ 576-576 b).[122]

I. Form des Mietvertrages

468 In den §§ 549–555 finden sich zunächst allgemeine Vorschriften über die Wohnraummiete. Von besonderem Interesse ist in diesem Zusammenhang das **Schriftformerfordernis des § 550.** Ist der Vertrag für längere Zeit als ein Jahr geschlossen worden, so gilt er hiernach für unbestimmte Zeit, sofern die Schriftform (§ 126) nicht eingehalten wurde. Die Vorschrift soll mögliche **Erwerber** des Grundstücks schützen. Da diese gemäß § 566 in das Mietverhältnis eintreten, sollen sie sich über den Inhalt langfristiger Mietverträge informieren können.[123] Darüber hinaus zielt das Schriftformerfordernis aber auch darauf ab, die Beweisbarkeit langfristiger Vereinbarungen zwischen den **ursprünglichen Vertragsparteien** sicherzustellen und diese vor der unbe-

122 Vgl. zum Ganzen *Brox/Walker*, Schuldrecht BT, § 13 Rn. 24 ff., 30 f.
123 Vgl. BGHZ 136, 357 (370 f.); Hk-BGB/*Ebert* § 550 Rn. 1.

dachten Eingehung langfristiger Bindungen zu schützen.[124] Bei Nichteinhaltung der Schriftform ist nicht (wie nach § 125) der gesamte Vertrag, sondern nur die Mietzeitabrede unwirksam. Dies hat zur Folge, dass jede Partei den Vertrag nach §§ 573 ff. ordentlich kündigen kann.[125] Vor Ablauf eines Jahres nach Überlassung des Wohnraums ist die Kündigung allerdings unzulässig (§ 550 S. 2).

Das Schriftformerfordernis des § 550 gilt gemäß § 578 auch für Mietverhältnisse über **Grundstücke** und **andere Räume** als Wohnräume.

II. Vereinbarung von Mietsicherheiten

Beim Abschluss von Mietverträgen über Wohnräume wird häufig vereinbart, dass der Mieter zur Sicherung des Vermieters eine **Kaution** zu leisten hat. Um den Mieter in diesem Zusammenhang vor übermäßigen Belastungen zu schützen, schreibt § 551 I vor, dass die Sicherheit höchstens das Dreifache der Monatsmiete (ohne Nebenkosten) betragen darf. Abweichende Vereinbarungen sind nach § 551 IV unwirksam. Die Vereinbarung über die Sicherheitsleistung ist hiernach aber nicht im Ganzen unwirksam, sondern nur insoweit, wie sie das nach § 551 I zulässige Maß überschreitet.[126] 469

Beispiel (BGH, NJW 2004, 3045): Mieter M hat von V eine Wohnung gemietet. Die vereinbarte Netto-Monatsmiete beträgt 490 EUR. Im Mietvertrag hat M sich verpflichtet, eine Kaution von 1.470 EUR zu hinterlegen und außerdem eine Bürgschaft seines Vaters beizubringen. Nach einiger Zeit verlangt M Rückzahlung der Kaution. Zu Recht? – In Betracht kommt ein Rückzahlungsanspruch aus § 812 I 1 Alt. 1. Dann müsste M die Kaution ohne rechtlichen Grund geleistet haben. Rechtlicher Grund ist hier aber die Kautionsvereinbarung. Da die vereinbarte Kaution den nach § 551 I zulässigen Höchstbetrag ausschöpft, ist die zusätzliche Verpflichtung zur Beibringung einer Bürgschaft zwar nach § 551 IV unwirksam; die Wirksamkeit der Kautionsvereinbarung als solcher wird dadurch jedoch nicht berührt.

Nach Beendigung des Mietverhältnisses kann der Mieter die **Rückzahlung der Kaution** verlangen. Die Rechtsprechung billigt dem Vermieter aber eine angemessene Frist (idR 3–6 Monate) zu, um über die Notwendigkeit eines Zugriffs auf die Kaution zu entscheiden. Der Rückzahlungsanspruch wird erst nach Ablauf dieser Frist fällig.[127] Auf Mietverträge über **Grundstücke** und **sonstige Räume** ist § 551 wegen der geringeren Schutzwürdigkeit des Mieters nicht anwendbar (vgl. § 578 I). Soweit die Parteien einzelne Fragen offen gelassen haben, kann man sich bei der ergänzenden Auslegung der Kautionsvereinbarung aber an den Wertungen des § 551 orientieren.[128] 470

III. Das Vermieterpfandrecht

1. Allgemeines

Nach § 562 steht dem Vermieter von Wohnräumen für seine Forderungen aus dem Mietverhältnis ein Pfandrecht an den eingebrachten Sachen des Mieters zu. Es handelt sich um ein **gesetzliches Pfandrecht,** auf welches nach § 1257 die Vorschriften über das Vertragspfandrecht (§§ 1204 ff.) entsprechend anzuwenden sind. Für Mietverträge 471

124 BGH, NJW 2008, 2178 = JA 2008, 732 (*Looschelders*).
125 Vgl. *Larenz*, Schuldrecht II/1, § 48 I.
126 BGH, NJW 2004, 3045.
127 Vgl. BGHZ 101, 244 (250 f.); Staudinger/*Emmerich* (2011) § 551 Rn. 29.
128 Vgl. BGHZ 127, 138 (144 f.) (betr. Verzinsung der Kaution).

über Grundstücke und sonstige Räume gelten die §§ 562 ff. entsprechend (§ 578 I, II).

Das Vermieterpfandrecht beruht auf der Erwägung, dass der Vermieter zur Sicherung seiner Rechte gegenüber dem Mieter in besonderer Weise auf gesetzliche Schutzmechanismen angewiesen ist. In der Praxis ist das Vermieterpfandrecht heute aber viel unbedeutender als die Kaution.[129]

Der Vermieter hat das Recht, die mit einem Vermieterpfandrecht belastete Sache zu **verwerten.** Dies geschieht durch Verkauf (§ 1228 I), der regelmäßig im Wege der öffentlichen Versteigerung stattfindet (vgl. §§ 1235 ff.).

2. Voraussetzungen

a) Gegenstand des Vermieterpfandrechts

472 Das Pfandrecht entsteht nur an **Sachen** des Mieters, die dieser in die Wohnung eingebracht hat. Der Begriff der *Sache* bestimmt sich nach § 90. Forderungen werden auch dann nicht erfasst, wenn das entsprechende Legitimationspapier (zB ein Sparbuch) in der Wohnung aufbewahrt wird.[130]

Eingebracht ist eine Sache, wenn der Mieter sie nicht nur vorübergehend in die Mieträume geschafft hat.[131] Erfasst werden nicht nur Möbel und Haushaltsgeräte, sondern auch Fahrräder und Kraftfahrzeuge, die in dem mitvermieteten Keller oder der mitvermieteten Garage untergestellt sind.[132]

Die Einbringung ist keine Willenserklärung, sondern ein **Realakt.** Daher kommt es auf die *Geschäftsfähigkeit* im Zeitpunkt der Einbringung nicht an.[133] Der Mieter kann sich auch nicht nach § 119 I darauf berufen, er habe sich bei der Einbringung über die damit verbundenen Rechtsfolgen geirrt.

b) Eigentum des Mieters und gutgläubiger Erwerb

473 Die Sache muss im **Eigentum des Mieters** stehen. Erwirbt der Mieter erst nach dem Einbringen der Sache das Eigentum, so entsteht das Vermieterpfandrecht an der Sache mit dem Zeitpunkt des Eigentumserwerbs. Bringt der Mieter eine unter *Eigentumsvorbehalt* gekaufte Sache ein, so erwirbt der Vermieter aber ein Pfandrecht am Anwartschaftsrecht; dieses setzt sich dann nach vollständiger Kaufpreiszahlung an der gekauften Sache fort.[134]

474 Ist der Mieter nicht Eigentümer der eingebrachten Sache, so stellt sich die Frage, ob ein **gutgläubiger Erwerb** des Vermieterpfandrechts möglich ist.

> **Beispiel:** Der Mieter M hat sich von einem Freund eine wertvolle Schallplattensammlung ausgeliehen. Nach § 562 I 1 ist mangels Eigentums des M kein Pfandrecht des Vermieters an der Sammlung entstanden. Fraglich ist aber, ob der Vermieter gemäß §§ 1257, 1207 gutgläubig ein Vermieterpfandrecht erwerben kann.

---

129 Vgl. MüKoBGB/*Artz* § 562 Rn. 4; *Larenz*, Schuldrecht II/1, § 48 V.
130 Staudinger/*Emmerich* (2011) § 562 Rn. 8.
131 RGZ 132, 116 (118); Palandt/*Weidenkaff* § 562 Rn. 6; *Spieker*, ZMR 2002, 327.
132 Vgl. Staudinger/*Emmerich* (2011) § 562 Rn. 13.
133 Palandt/*Weidenkaff* § 562 Rn. 6; aA Staudinger/*Emmerich* (2011) § 562 Rn. 10.
134 Vgl. Jauernig/*Teichmann* § 562 Rn. 3.

Nach § 1207 kann ein rechtsgeschäftlich bestelltes Pfandrecht gutgläubig erworben werden. Die Verweisungsnorm des § 1257 betrifft aber nur Pfandrechte, die kraft Gesetzes (bereits) »entstanden« sind. Da es beim gutgläubigen Erwerb erst um die Entstehung des Pfandrechts geht, wird § 1207 von § 1257 nicht in Bezug genommen. Bei besitzlosen Pfandrechten wie dem Vermieterpfandrecht ist diese Auslegung – anders als beim Werkunternehmerpfandrecht (dazu Rn. 661) – unbestritten.[135] Denn nach allgemeinen Grundsätzen kommt ein gutgläubiger Erwerb nur in Betracht, wenn der Erwerber den unmittelbaren Besitz an der Sache erlangt. 475

Zur Vertiefung: Häufig diskutiert wird das Verhältnis von Vermieterpfandrecht und *Sicherungsübereignung* (§ 930).[136] Hat der Mieter eine Sache vor ihrer Einbringung in die Räumlichkeit zur Sicherheit an einen Dritten übereignet, so kann mangels Eigentums des Mieters kein Vermieterpfandrecht an der Sache entstehen; der Dritte hat damit lastenfreies Eigentum. Findet die Übereignung hingegen nach der Einbringung statt, ist das Eigentum des Dritten mit dem Vermieterpfandrecht belastet. Schwierig zu beurteilen ist die Rechtslage bei der antizipierten Sicherungsübereignung aller in einem bestimmten Mietraum gelagerten Sachen (insbesondere eines Warenlagers). Hier werden die dingliche Einigung und die Vereinbarung eines Besitzmittlungsverhältnisses als Übergabesurrogat vorweggenommen; die Übereignung wird aber erst mit der Einbringung der Sache in den Raum wirksam. Der BGH löst die Konkurrenz zugunsten des Vermieterpfandrechts auf.[137] Danach ist das Sicherungseigentum in diesem Fall mit dem Vermieterpfandrecht belastet.

Ein Vermieterpfandrecht kann nur an **pfändbaren Sachen** entstehen (§ 562 I 2). 476
Unpfändbare Sachen iSd §§ 811 ff. ZPO werden dagegen aus sozialen Gründen nicht erfasst. Das Vermieterpfandrecht erstreckt sich daher zB nicht auf den Fernseher oder die Waschmaschine des Mieters.[138]

c) Gesicherte Forderungen

Das Pfandrecht sichert alle **Forderungen** des Vermieters **aus dem Mietverhältnis.** 477
Dazu gehören neben dem Anspruch auf Zahlung von Miete und Nebenkosten auch Schadensersatzansprüche (zB wegen Beschädigung oder verspäteter Rückgabe der Mietsache). Die *Fälligkeit* der Forderung wird grundsätzlich nicht vorausgesetzt. Für zukünftige Entschädigungsforderungen kann das Pfandrecht allerdings nicht geltend gemacht werden. Das Gleiche gilt für zukünftige Mietforderungen, soweit sie über das laufende und das folgende Mietjahr hinausgehen (vgl. § 562 II).

3. Erlöschen des Pfandrechts

Aufgrund der Verweisung des § 1257 gelten für das Erlöschen des Vermieterpfand- 478
rechts dieselben Vorschriften **wie für rechtsgeschäftliche Pfandrechte.** Das Vermieterpfandrecht erlischt folglich, wenn *keine Forderungen* aus dem Mietverhältnis mehr bestehen (§ 1252) oder wenn es vom Vermieter aufgegeben wird (§ 1255). Außerdem geht das Vermieterpfandrecht bei *gutgläubigem lastenfreiem Erwerb* durch einen Dritten unter (§ 936).

Über die allgemeinen Regeln hinaus erlischt das Vermieterpfandrecht gemäß § 562 a 479
mit der **Entfernung der Sache** vom Grundstück, es sei denn, dass die Entfernung ohne Wissen oder unter Widerspruch des Vermieters erfolgt. Da der Mieter in seinen

135 Vgl. *Brox/Walker*, Schuldrecht BT, § 11 Rn. 48; *Larenz*, Schuldrecht II/1, § 48 V.
136 Vgl. *Fischer*, JuS 1993, 542 ff.; *Nicolai*, JZ 1996, 219 ff.
137 BGHZ 117, 200 = NJW 1992, 1156; krit. *Fischer*, JuS 1993, 542 (545).
138 Vgl. Bamberger/Roth/*Ehlert* § 562 Rn. 24.

persönlichen und gewerblichen Verhältnissen nicht unzumutbar beeinträchtigt werden soll, ist der Widerspruch des Vermieters *unbeachtlich*, wenn die Entfernung den gewöhnlichen Lebensverhältnissen des Mieters entspricht oder wenn die verbliebenen Sachen zur Sicherung des Vermieters offenbar ausreichen (§ 562 a S. 2).

Beispiele: Den gewöhnlichen Lebensverhältnissen entspricht es, abgenutzte Gegenstände auszutauschen und beschädigte Sachen zur Reparatur zu bringen, Fahrzeuge zu benutzen und auf eine Reise Gepäckstücke und Fotoapparate mitzunehmen.

480 Bei Mietverhältnissen über Grundstücke und sonstige Räume wird nicht auf die gewöhnlichen Lebensverhältnisse, sondern auf den **regelmäßigen Geschäftsbetrieb** des Mieters abgestellt. Zur Begründung wird darauf verwiesen, dass § 562 a in diesen Fällen nach § 578 nur *entsprechend* anwendbar ist.[139] Der Vermieter eines Ladenlokals kann daher zB nicht der geschäftsüblichen Veräußerung von Waren durch den Mieter widersprechen.

4. Selbsthilferecht und Herausgabeanspruch des Vermieters

481 Soweit der Vermieter berechtigt ist, der Entfernung einer eingebrachten Sache zu widersprechen, billigt ihm § 562 b I ein **Selbsthilferecht** zu, das über das allgemeine Selbsthilferecht nach §§ 229 ff. hinausgeht. Danach kann der Vermieter die Entfernung der Sache auch ohne Anrufung des Gerichts verhindern. Widersetzt sich der Mieter, so darf der Vermieter uU Gewalt anwenden – allerdings nur im Rahmen der Verhältnismäßigkeit.[140] Aus strafrechtlicher Sicht ist zu beachten, dass sich der Mieter bei unberechtigter Entfernung eingebrachter Sachen der **Pfandkehr** nach § 289 StGB schuldig machen kann.

482 *Nach der Entfernung* der Sache steht dem Vermieter unter den Voraussetzungen des § 562 b II ein **dinglicher Herausgabeanspruch** gegen den Besitzer der Sache zu. Daneben kann der Vermieter die *allgemeinen Rechte* aus §§ 985, 1004 und 823 I geltend machen.

Der Mieter hat seinerseits die Möglichkeit, die Geltendmachung des Pfandrechts durch **Sicherheitsleistung** abzuwenden (§ 562 c). Die Höhe der Sicherheitsleistung richtet sich nach dem Wert der gesicherten Forderung.[141]

5. Konkurrenz mit dem Pfändungspfandrecht eines Dritten

483 Besondere Probleme ergeben sich, wenn eine dem Pfandrecht des Vermieters unterliegende Sache für einen anderen Gläubiger des Mieters nach den Vorschriften der ZPO (§ 808) gepfändet wird. Da das Pfändungspfandrecht später zur Entstehung gelangt, hat das Vermieterpfandrecht grundsätzlich Vorrang. Dieser Vorrang wird aber durch § 562 d zugunsten des Dritten eingeschränkt. Soweit es um **rückständige Miete** geht, kann der Vermieter sein Pfandrecht gegenüber dem Dritten nur im Hinblick auf die im letzten Jahr vor der Pfändung angefallenen Rückstände geltend machen.

139 Bamberger/Roth/*Ehlert* § 562 a Rn. 10.
140 Vgl. Staudinger/*Emmerich* (2011) § 562 b Rn. 9; Jauernig/*Teichmann* § 562 b Rn. 2.
141 *Larenz*, Schuldrecht II/1, § 48 V; Palandt/*Weidenkaff* § 562 c Rn. 1 f.

IV. Der Schutz der Angehörigen beim Tod des Mieters

Beim Tod des Mieters von Wohnraum treten der Ehegatte bzw. der Lebenspartner (§ 1 LPartG) oder die anderen Angehörigen des Mieters, die mit diesem einen *gemeinsamen Haushalt* geführt haben, nach § 563 I, II in das Mietverhältnis ein. § 563 II 4 erweitert das **Eintrittsrecht** auf andere Personen, die mit dem Mieter einen auf Dauer angelegten gemeinsamen Haushalt geführt haben (sog. nichteheliche Lebensgemeinschaften). Da das Eintrittsrecht unabhängig vom Willen der Begünstigten entsteht, haben diese ein einmonatiges *Widerspruchsrecht* (§ 563 III 1). Dem Vermieter steht ein *außerordentliches befristetes Kündigungsrecht* zu, sofern in der Person des Eintretenden ein wichtiger Grund vorliegt (§ 563 IV). 484

Waren der Verstorbene und die privilegierten Personen **gemeinsam Mieter** (zB beide Ehegatten als Mitmieter), so wird das Mietverhältnis nach Maßgabe des § 563 a **mit den überlebenden Mietern fortgesetzt.**

Treten beim Tod des Mieters keine privilegierten Personen nach § 563 in das Mietverhältnis ein und wird dieses auch nicht nach § 563 a fortgesetzt, so findet die **Fortsetzung** entsprechend den allgemeinen erbrechtlichen Grundsätzen (§§ 1922, 1967) **mit den Erben** statt (§ 564). Beide Teile sind in diesem Fall aber berechtigt, das Mietverhältnis innerhalb eines Monats außerordentlich unter Einhaltung der gesetzlichen Frist zu *kündigen*. 485

Nach früherem Recht konnte der Vermieter auch gegenüber den Erben nur kündigen, wenn er ein **berechtigtes Interesse** an der Beendigung des Mietverhältnisses hatte (§ 573).[142] Die damit verbundene Einschränkung der Kündigungsmöglichkeit des Vermieters ist in der Literatur kritisiert worden, weil die nicht privilegierten Erben insoweit nicht schutzwürdig seien.[143] Der Gesetzgeber hat deshalb die Anwendung der §§ 573, 573 a für die Kündigung gegenüber den Erben nach § 564 ausgeschlossen (§§ 573 d, 575 a). 486

Auf Mietverhältnisse über **Grundstücke** und **sonstige Räume** sind die §§ 563 ff. nicht anwendbar (vgl. § 578 I, II). Beim Tod des Mieters kann sowohl der Erbe als auch der Vermieter das Mietverhältnis innerhalb eines Monats außerordentlich mit der gesetzlichen Frist kündigen (§ 580).

V. Der Schutz des Mieters bei Veräußerung der Mietsache

1. Allgemeines

Veräußert der Eigentümer die Mietsache an einen Dritten, so muss der Mieter vor Herausgabeansprüchen des neuen Eigentümers aus § 985 geschützt werden. Bei **beweglichen Sachen** wird dies über § 986 II gewährleistet. 487

Zur Vertiefung: Befindet sich eine Sache im Besitz eines Dritten, so kann sie nicht nach § 929 durch Einigung und Übergabe übereignet werden. Die Übereignung erfolgt stattdessen gemäß § 931 dadurch, dass der Eigentümer seinen Herausgabeanspruch gegenüber dem Dritten an den Erwerber abtritt. Im Fall eines bestehenden Mietverhältnisses ist der Mieter Dritter. Bei der Übereignung der Mietsache nach § 931 tritt der Vermieter seinen Herausgabeanspruch gegen den Mieter aus § 546 I

142 BGHZ 135, 86; vgl. auch BVerfG, NJW 1997, 2746.
143 Vgl. etwa *Wetekamp*, NZM 1999, 485 (488).

an den Erwerber ab. Dem Herausgabeanspruch des Erwerbers aus § 985 kann der Mieter dann gemäß § 986 II sein Besitzrecht aus dem Mietvertrag entgegenhalten.

488 Bei der Vermietung von **Wohnraum sowie Grundstücken und Räumen** (vgl. § 578) hilft § 986 II nicht weiter, weil die Übereignung hier nicht nach § 931, sondern nach §§ 873, 925 erfolgt. Das Gesetz löst die Problematik dadurch, dass der Erwerber gemäß § 566 I anstelle des Vermieters in den Mietvertrag eintritt (»Kauf bricht nicht Miete«). Es handelt sich dabei um eine *gesetzliche Vertragsübernahme* (allg. dazu SAT Rn. 1169).

2. Voraussetzungen

489 Die gesetzliche Vertragsübernahme nach § 566 I setzt zunächst einen wirksamen Mietvertrag voraus. Außerdem muss der Wohnraum dem Mieter schon **vor der Veräußerung überlassen** worden sein. Dafür ist regelmäßig die Verschaffung des unmittelbaren Besitzes an der Mietsache erforderlich (→ Rn. 401).[144] Durch dieses zeitliche Kriterium will der Gesetzgeber dem Erwerber die Möglichkeit verschaffen, noch vor dem Eigentumsübergang anhand der Besitzverhältnisse von der Vermietung Kenntnis zu erhalten; außerdem ist der Mieter nach der Überlassung besonders schutzwürdig.

War der Wohnraum dem Mieter im Zeitpunkt des Eigentumswechsels **noch nicht überlassen** worden, so ist der Erwerber an den von dem Veräußerer abgeschlossenen Mietvertrag grundsätzlich nicht gebunden. § 566 I gilt aber entsprechend, wenn der Erwerber sich gegenüber dem Vermieter zur Erfüllung der Rechte und Pflichten aus dem Mietverhältnis verpflichtet hat (§ 567 a). Für den Erwerber hat dies den Vorteil, dass er mit dem Mieter keinen neuen Mietvertrag über den Wohnraum abschließen muss.[145]

490 § 566 gilt unmittelbar nur für die **rechtsgeschäftliche** Übertragung des Eigentums an der Mietsache. Als Kausalgeschäft kommen neben dem Kauf auch die anderen Veräußerungsverträge (Schenkung, Tausch) in Betracht. In einigen Fällen findet § 566 außerdem durch Verweisung Anwendung.

Beispiele: Für den Erwerb im Wege der *Zwangsversteigerung* gelten die §§ 566 ff. nach Maßgabe der §§ 57–57 d ZVG entsprechend; der Ersteher kann das Mietverhältnis aber unter Einhaltung der gesetzlichen Frist kündigen (§ 57 a ZVG). Gemäß § 567 ist § 566 entsprechend anwendbar, wenn der vermietete Wohnraum nach Überlassung an den Mieter mit dinglichen Rechten belastet wird, durch deren Ausübung dem Mieter der vertragsgemäße Gebrauch entzogen wird (zB Nießbrauchsrecht nach §§ 1030 ff. oder Wohnungsrecht nach § 1093). Der dinglich Berechtigte tritt somit in das Mietverhältnis ein. Die entsprechende Anwendung des § 566 ist schließlich auch bei Weiterveräußerung oder Belastung der Mietsache durch den Erwerber (§ 567 b) und bei der gewerblichen Weitervermietung (§ 565) vorgesehen.

3. Folgen

a) Eintritt des Erwerbers in den Mietvertrag

491 Mit der Veräußerung übernimmt der Erwerber **alle Rechte und Pflichten** des Vermieters aus dem Mietverhältnis (§ 566 I). Dazu gehören auch jene Rechte und

144 Vgl. Staudinger/*Emmerich* (2011) § 566 Rn. 34.
145 Erman/*Lützenkirchen* § 567 a Rn. 2.

Pflichten, die sich aus der vom Mieter an den Vermieter geleisteten Sicherheit, insbesondere einer *Mietkaution*, ergeben (vgl. § 566 a).

Beispiele: Der Erwerber ist gegenüber dem Mieter zur Gewährung des Gebrauchs an der Mietsache verpflichtet (§ 535 I); er haftet nach §§ 536 ff. für Sach- und Rechtsmängel. Die Miete hat der Mieter an den Erwerber zu entrichten (§ 535 II). Bei Beendigung des Mietvertrages hat der Erwerber die geleistete Mietkaution an den Mieter zurückzuzahlen, auch wenn der ehemalige Vermieter sie nicht an den Erwerber weitergeleitet hatte; der Vermieter haftet aber subsidiär (vgl. § 566 a).

b) Mithaftung des bisherigen Vermieters

Die **Stellung des bisherigen Vermieters** ist in § 566 II geregelt. Er haftet danach für die *vertraglichen Schadensersatzpflichten* des Erwerbers wie ein Bürge, der auf die Einrede der Vorausklage verzichtet hat (vgl. § 771). Auf deliktische Ansprüche des Mieters ist § 566 II dagegen nicht anwendbar.[146] **492**

Der bisherige Vermieter kann sich durch Mitteilung der Veräußerung an den Mieter von der **Haftung entlasten.** Sieht der Mieter nach einer solchen Mitteilung davon ab, den Vertrag zum nächstmöglichen Zeitpunkt zu kündigen, so endet die Haftung des bisherigen Vermieters mit dem Zeitpunkt, zu dem die nächstmögliche Kündigung das Mietverhältnis beendet hätte.

c) Schutz des Erwerbers bei Vorausverfügungen

Hat der Vermieter seine künftigen Mietforderungen vor der Eigentumsübertragung gemäß §§ 398 ff. an einen Dritten abgetreten, so müsste der Erwerber diese **Vorausverfügung** nach allgemeinen Regeln uneingeschränkt gegen sich gelten lassen. Der Erwerber wird hier jedoch durch § 566 b geschützt. Eine Vorausverfügung ist danach nur soweit wirksam, wie sie sich auf die Miete bezieht, die für den zur Zeit des Eigentumsübergangs laufenden Kalendermonat zu leisten ist. Erfolgt die Eigentumsübertragung nach dem 15. Tag des Monats, so erstreckt sich die Wirksamkeit auch auf den folgenden Kalendermonat. Das Ausfallrisiko des Erwerbers beschränkt sich damit auf höchstens zwei Monatsmieten. Darüber hinaus muss der Erwerber Vorausverfügungen nur dann gegen sich gelten lassen, wenn er zur Zeit des Eigentumsübergangs positive Kenntnis von der Verfügung hat (§ 566 b II). **493**

d) Schutz des Mieters

In Bezug auf Rechtsgeschäfte zwischen dem Mieter und dem Vermieter über die Miete (zB Vorauszahlung, Stundung, Erlass) enthält § 566 c eine Sonderregelung zu § 407 (dazu SAT Rn. 1131 ff.), die den Mieter vor **doppelter Inanspruchnahme** durch den Vermieter und den Erwerber schützt. **494**

Beispiel: Wohnraummieter M hat Anfang Januar die Miete für die nächsten sechs Monate im Voraus an Vermieter V bezahlt. Einen Monat später veräußert V die Wohnung an E, wovon M Anfang April Kenntnis erlangt. Ab wann kann E von M Mietzahlung verlangen? – Gemäß § 566 I ist E neuer Gläubiger der Mietforderung. Nach allgemeinen Grundsätzen könnte er den M also ab März in Anspruch nehmen. Aus § 566 c ergibt sich indessen, dass die Vorauszahlung an V grundsätzlich auch gegenüber E wirksam ist. Da M Anfang April von dem Eigentumsübergang erfahren hat, muss E die Vorausverfügung aber ab Mai nicht mehr gegen sich gelten lassen.

In § 566 d und § 566 e finden sich weitere Schutzvorschriften zugunsten des Mieters, die den Vorschriften über die Abtretung nachgebildet sind (vgl. §§ 406, 409). Es geht dabei zum einen um die **Aufrechnungsbefugnis** des Mieters gegenüber dem Erwer-

146 Vgl. Staudinger/*Emmerich* (2011) § 566 Rn. 60.

ber mit einer Forderung, die ihm gegen den bisherigen Vermieter zusteht (§ 566 d). Zum anderen wird der Mieter für den Fall geschützt, dass der bisherige Vermieter ihm einen **Eigentumsübergang anzeigt**, der nicht erfolgt oder nicht wirksam ist (§ 566 e).

VI. Kündigungsschutz

495 Für die Kündigung von Mietverhältnissen über Wohnraum gelten neben den allgemeinen Regeln (→ Rn. 459 ff.) die §§ 568 ff. Die Vorschriften bezwecken vor allem den **Schutz des Mieters** vor einer Kündigung durch den Vermieter; zur Verwirklichung dieses Zwecks wird das **ordentliche Kündigungsrecht** des Vermieters beschränkt. Die Beschränkungen stellen einen erheblichen Eingriff in das Eigentumsrecht des Vermieters (Art. 14 GG) dar, lassen sich aber mit der *Sozialbindung des Eigentums* rechtfertigen. Davon abgesehen wird nach der Rechtsprechung des BVerfG auch das **Besitzrecht des Mieters** durch **Art. 14 I GG** geschützt.[147]

Zur Vertiefung: Um einer Aushöhlung des Mieterschutzes durch Vereinbarung von *Zeitmietverträgen* vorzubeugen, gilt bei Mietverhältnissen über Wohnraum die Sonderregelung des § 575. Die Befristung ist danach nur bei Vorliegen eines besonderen Grundes zulässig. Fehlt es an einem Befristungsgrund, so kommt nach § 575 I 2 ein unbefristetes Mietverhältnis zustande. Bei wirksamer Befristung des Mietverhältnisses ist eine ordentliche Kündigung ausgeschlossen. Dies gilt auch für die Kündigung durch den Mieter.[148]

1. Form und Inhalt der Kündigung

496 Eine Sonderregelung über die Form der Kündigung (§ 542 I) findet sich in § 568 I. Danach bedarf die Kündigung des Mietverhältnisses der **Schriftform** (§ 126). Auch wenn die Vorschrift Teil des sozialen Mietrechts ist, gilt sie doch sowohl für den Mieter als auch für den Vermieter. Hauptzweck ist der Schutz vor übereilten Kündigungen. Darüber hinaus soll für den Empfänger der Kündigung Rechtssicherheit geschaffen werden.[149]

Der Anwendungsbereich des § 568 I erstreckt sich auf **alle Arten der Kündigung;** eine Anwendung auf andere Fälle der Vertragsbeendigung (zB Aufhebungsvertrag) muss nach dem klaren Gesetzeswortlaut aber ausscheiden.[150] Aus dem Schutzzweck des § 568 I folgt, dass das Formerfordernis von den Parteien weder abbedungen noch erleichtert werden kann.[151] Einer formularmäßigen Verschärfung steht § 309 Nr. 13 entgegen. Bei Missachtung der Form ist die Kündigung nach § 125 unwirksam.

497 Gemäß § 568 II soll der Vermieter den Mieter außerdem rechtzeitig auf die Möglichkeit des **Widerspruchs** nach §§ 574–574 b sowie auf die Form und Frist des Widerspruchs hinweisen. Ein Wirksamkeitserfordernis für die Kündigung stellt § 568 II indes nicht dar (»soll«). Versäumt der Vermieter den Hinweis, so hat er aber beim Räumungsprozess Nachteile (§ 574 b II 2).

147 BVerfGE 89, 1 (5 ff.).
148 BGH, NJW 2007, 2177 (2179); krit. MüKoBGB/*Häublein* § 575 Rn. 4 ff.
149 Vgl. Bamberger/Roth/*Ehlert* § 568 Rn. 2; *Medicus/Lorenz*, Schuldrecht II, Rn. 518.
150 Staudinger/*Rolfs* (2011) § 568 Rn. 11.
151 *Blank/Börstinghaus/Blank* § 568 Rn. 3.

2. Ordentliche Kündigung von Wohnraum

a) Erfordernis eines berechtigten Interesses

Die zentrale Schutzvorschrift für den Mieter findet sich in § 573. Hiernach ist dem Vermieter die ordentliche Kündigung eines Wohnraummietvertrages nur möglich, wenn er ein **berechtigtes Interesse** an der Beendigung des Mietverhältnisses nachweisen kann. Das Gesetz trägt damit der sozialen Bedeutung der Wohnung als Lebensmittelpunkt des Mieters Rechnung. 498

Eine nicht abschließende Aufzählung von Beispielen für ein berechtigtes Interesse des Vermieters findet sich in § 573 II. So liegt ein berechtigtes Interesse nach § 573 II Nr. 1 vor, wenn der Mieter seine vertraglichen **Pflichten** schuldhaft **nicht unerheblich verletzt** hat. Ein berechtigtes Interesse ist ferner gegeben, wenn der Vermieter die vermieteten Räume für sich, seine Familienangehörigen[152] oder für Angehörige seines Haushalts benötigt (§ 573 II Nr. 2).[153] Bei der Prüfung des **Eigenbedarfs** muss der Wunsch des Vermieters, die Wohnung selbst zu nutzen, grundsätzlich respektiert werden. Es reicht daher aus, dass der Vermieter vernünftige und nachvollziehbare Gründe für den Eigenbedarf anführt.[154] Die Interessen des Mieters sind dann im Rahmen des § 574 (→ Rn. 506) zu berücksichtigen.

Zur Vertiefung: Verfolgt der Vermieter den Wunsch zur eigenen Nutzung nicht ernsthaft, so ist die Kündigung unwirksam. Das Gleiche gilt für den Fall, dass der Vermieter in sonstiger Weise *missbräuchlich* handelt, zB Eigenbedarf anmeldet, obwohl die gekündigte Wohnung seine Bedürfnisse überhaupt nicht erfüllen kann.[155] Hatte der Vermieter von vornherein nicht die Absicht, die Wohnung selbst zu nutzen, so steht dem Mieter ein Anspruch auf Ersatz des durch die unberechtigte Kündigung entstandenen Schadens aus § 280 I zu;[156] ggf. kann auch die Wiedereinräumung der Besitz- und Mietrechte an der Wohnung verlangt werden.[157] *Entfällt* der Eigenbedarf nach der Kündigung, aber vor Ablauf der Kündigungsfrist, so muss der Vermieter den Mieter hierüber *informieren* und ihm die Fortsetzung des Mietverhältnisses anbieten; anderenfalls macht er sich ebenfalls schadensersatzpflichtig.[158] Steht dem Vermieter im selben Haus oder in derselben Wohnanlage eine andere, *vergleichbare Wohnung* zur Verfügung, die vermietet werden soll, so muss er diese dem Mieter anbieten.[159] Unter Umständen muss er sich sogar selbst auf die Alternativwohnung verweisen lassen.[160]

Nach § 573 II Nr. 3 ist ein berechtigtes Interesse schließlich auch dann gegeben, wenn der Vermieter durch die Fortsetzung des Mietverhältnisses an einer angemessenen wirtschaftlichen Verwertung des Grundstücks gehindert wäre und dadurch erhebliche Nachteile erleiden würde. Für die **Angemessenheit der wirtschaftlichen Verwertung** lässt es die Rechtsprechung ausreichen, dass sie von vernünftigen, nachvollziehbaren Erwägungen getragen wird.[161] Ob der Fortbestand des Mietverhält- 499

152 Zum Eigenbedarf für Nichten und Neffen BGH, NJW 2010, 1290 = JA 2010, 548 (*Looschelders*).
153 Zum Eigenbedarf bei Vermietung durch eine Personengesellschaft vgl. BGH, NJW 2009, 2738; *Grunewald*, NJW 2009, 3486.
154 BVerfGE 79, 292; 103, 91; BGH, NJW 2003, 2604; *Medicus/Lorenz*, Schuldrecht II, Rn. 526.
155 BVerfGE 79, 292 (303 ff.).
156 Vgl. BGH, NJW 2005, 2395; OLG Karlsruhe, NJW 1982, 54.
157 Vgl. BGH, NJW 2010, 1068 (1069).
158 Vgl. BGHZ 165, 75; krit. *Blank*, NJW 2006, 739 ff. und *Timme*, NZM 2006, 249 ff.; vgl. auch Staudinger/*Looschelders*/*Olzen* (2009) § 242 Rn. 763 ff.
159 BGH, NJW 2003, 2604; NZM 2008, 642.
160 Vgl. Staudinger/*Rolfs* (2011) § 573 Rn. 125 ff.
161 BGH, NJW 2009, 1200 (1201) = JA 2009, 644 (*Looschelders*).

nisses beim Vermieter **erhebliche Nachteile** verursachen würde, muss aufgrund einer Abwägung mit dem Bestandsinteresse des Mieters beurteilt werden. Die Erheblichkeit ist gegeben, wenn die beim Vermieter entstehenden Nachteile weit über die Nachteile hinausgehen, die der Verlust der Wohnung für den Mieter nach sich zieht.[162]

500 Gemäß § 573 III hat der Vermieter die **Gründe** für ein berechtigtes Interesse im Kündigungsschreiben **anzugeben**. Andere Gründe werden nur berücksichtigt, soweit sie nachträglich entstanden sind.

b) Kündigungsfristen

501 Für die ordentliche Kündigung von Mietverhältnissen über Wohnraum schreibt § 573 c besondere Fristen vor. Die **allgemeine Kündigungsfrist** des § 573 c I 1 gilt sowohl für den Mieter als auch für den Vermieter. Die Kündigung muss hiernach spätestens am dritten Werktag eines Kalendermonats zum Ablauf des übernächsten Monats erfolgen. Die allgemeine Kündigungsfrist beträgt damit für beide Parteien fast drei Monate.

502 Je nach Dauer der Überlassung der Wohnung **verlängert** sich die Frist für die Kündigung durch den **Vermieter** gemäß § 573 c I 2 um jeweils drei Monate auf bis zu neun Monate. Die Verlängerung der Kündigungsfrist hat den Zweck, den langjährigen Mieter zu schützen und ihm Gelegenheit zu geben, sich eine neue Wohnung in der bisherigen Umgebung zu suchen. Da eine entsprechende Steigerung des Schutzbedürfnisses aufgrund langer Mietzeit auf Seiten des Vermieters fehlt, hat der Gesetzgeber sich bei der Mietrechtsreform zu Recht entschieden, es für die Kündigung durch den Mieter generell bei der allgemeinen Kündigungsfrist zu belassen.[163]

3. Außerordentliche Kündigung

a) Außerordentliche fristlose Kündigung

503 Die allgemeine Vorschrift des § 543 über die außerordentliche fristlose Kündigung (dazu → Rn. 464) wird für Wohnraummietverhältnisse durch § 569 ergänzt. Die Vorschrift enthält insbesondere weitere Tatbestände, in denen ein **wichtiger Grund** iSd § 543 I vorliegt. Nach § 569 I ist ein solcher Grund auch dann gegeben, wenn die Benutzung des gemieteten Wohnraumes aufgrund dessen Beschaffenheit eine **erhebliche Gesundheitsgefährdung** für den Mieter begründet. Über § 578 II 2 wird die Geltung des § 569 I zudem auf andere Räume erstreckt, die »zum Aufenthalt von Menschen bestimmt sind« (zB Büros, Ladenlokale, Gaststätten).[164] Aus der Systematik des Gesetzes folgt, dass eine **Fristsetzung** oder **Abmahnung** nach der allgemeinen Regelung des § 543 III 1 (→ Rn. 427) auch hier grundsätzlich erforderlich ist.[165] Bei erheblicher Gesundheitsgefährdung wird beides zwar häufig nach § 543 III 2 entbehrlich sein. Letztlich handelt es sich aber um eine Frage des Einzelfalls.

Beispiel (BGH, NJW 2007, 439): Die M hat von V eine Wohnung gemietet, wobei der Mietvertrag nach § 575 wirksam auf zwei Jahre befristet ist. Als M nach einem Jahr Schimmelpilze an der Tapete hinter ihrem Schrank feststellt, erklärt sie die Kündigung. – Bei befristeten Mietverhältnissen ist eine ordentliche Kündigung ausgeschlossen (→ Rn. 495). In Betracht kommt daher nur eine außer-

162 BGH, NJW 2009, 1200 (1201).
163 Zur Rechtfertigung der unterschiedlichen Kündigungsfristen *Looschelders/Roth*, JZ 1995, 1034 ff.
164 Vgl. Palandt/*Weidenkaff* § 569 Rn. 3.
165 BGH, NJW 2007, 2177 (2178); Schmidt-Futterer/*Blank* § 569 Rn. 13.

ordentliche Kündigung wegen Gesundheitsgefährdung nach § 569 I. Dies setzt nach § 543 III 1 den erfolglosen Ablauf einer zur Abhilfe bestimmten angemessenen Frist voraus. Eine solche Fristsetzung ist hier nicht erfolgt. Sofern V bereit und in der Lage ist, den gesundheitsgefährdenden Zustand alsbald ohne unzumutbare Belastungen für M zu beseitigen, ist die Fristsetzung auch nicht nach § 543 III 2 entbehrlich. Die Kündigung ist damit unwirksam.

Bei nachhaltiger **Störung des Hausfriedens** steht beiden Parteien nach § 569 II das Recht zur fristlosen Kündigung zu. Für alle sonstigen Räume (zB Geschäftsräume) gilt diese Regelung entsprechend (§ 578 II 1). 504

§ 569 III dient der Konkretisierung und Ergänzung des § 543 II 1 Nr. 3. Der Gesetzgeber will damit vor allem die Kündigungsmöglichkeiten des Vermieters wegen **Zahlungsverzugs des Mieters** einschränken.[166]

Gemäß § 569 IV muss der zur Kündigung führende wichtige Grund bei der Wohnraummiete im Kündigungsschreiben **angegeben** werden. Fehlt diese Angabe, so ist die Kündigung unwirksam.

b) Außerordentliche Kündigung mit gesetzlicher Frist

Die §§ 573 d, 575 a enthalten Sonderregeln für die außerordentliche Kündigung mit gesetzlicher Frist. § 573 d gilt für Wohnraummietverträge, die **auf unbestimmte Zeit** geschlossen wurden. Gemäß § 573 d I kann der Vermieter das Recht zur außerordentlichen Kündigung mit gesetzlicher Frist nur dann ausüben, wenn Kündigungsgründe iSd § 573 gegeben sind oder die erleichterten Voraussetzungen des § 573 a vorliegen. Eine Ausnahme gilt nur für die Kündigung gegenüber den Erben des Mieters nach § 564 (→ Rn. 485). § 573 II sieht eine dreimonatige Kündigungsfrist vor, die der allgemeinen Frist des § 573 c I 1 entspricht. Praktische Bedeutung hat dies für den Fall, dass der Vermieter aufgrund der Dauer des Mietverhältnisses an sich die längere Kündigungsfrist des § 573 c I 2 zu beachten hätte. 505

Für **auf bestimmte Zeit** eingegangene Wohnraummietverträge gilt § 575 a, der im Wesentlichen der Regelung des § 573 d entspricht.

4. Widerspruchsrecht des Mieters

Liegt eine **wirksame Kündigung** durch den Vermieter vor, so kann der Mieter nach § 574 I gleichwohl der Kündigung widersprechen und die Fortsetzung des Mietverhältnisses verlangen, wenn dessen Beendigung für ihn, seine Familie oder einen anderen Angehörigen seines Haushalts eine Härte bedeuten würde, die auch unter Würdigung der berechtigten Interessen des Vermieters nicht zu rechtfertigen ist. Neben § 573 handelt es sich hier um die zweite zentrale Vorschrift des sozialen Mietrechts. Wichtigster Anwendungsbereich ist die **ordentliche Kündigung** des Mietvertrages durch den Vermieter. Die Regelung des § 574 I 2 lässt aber den Gegenschluss zu, dass auch die **außerordentliche Kündigung mit gesetzlicher Frist** erfasst ist.[167] 506

Die Entscheidung über den Widerspruch erfordert eine umfassende **Interessenabwägung.** Allgemeine Grundsätze lassen sich dabei kaum aufstellen. § 573 II stellt klar, dass eine Härte auch dann vorliegt, wenn angemessener Ersatzwohnraum zu zumutbaren Bedingungen nicht beschafft werden kann. Zugunsten des Vermieters dürfen nur Gründe berücksichtigt werden, die dieser im Kündigungsschreiben nach § 573 507

166 Zu den Einzelheiten vgl. MüKoBGB/*Häublein* § 569 Rn. 27 ff.

167 MüKoBGB/*Häublein* § 574 Rn. 8; Jauernig/*Teichmann* § 574 Rn. 1.

III angegeben hat; eine Ausnahme gilt allerdings für nachträglich entstandene Gründe (§ 574 III).

508 Liegen die Voraussetzungen des § 574 vor, so kann der Mieter verlangen, dass das Mietverhältnis für einen **angemessenen Zeitraum** fortgesetzt wird (§ 574 a I 1). Sofern die Parteien sich nicht einigen, wird der genaue Zeitraum durch Urteil festgelegt (§ 574 a II 1). Das Gericht hat sich dabei vor allem an der Frage zu orientieren, zu welchem Zeitpunkt die geltend gemachten Härtegründe (zB Krankheit des Mieters) voraussichtlich wegfallen werden. Besteht hierüber Ungewissheit, so kann das Gericht auch eine **Fortsetzung auf unbestimmte Zeit** anordnen (§ 574 a II 2). Wird die Räumungsklage des Vermieters nach §§ 574–574 b abgewiesen, so entscheidet das Gericht gemäß § 308 a ZPO über die Dauer der Fortsetzung des Mietverhältnisses, ohne dass hierfür ein Antrag erforderlich wäre.

Literatur: *Blank*, Der Wegfall des Eigenbedarfs nach Ablauf der Kündigungsfrist, NJW 2006, 739; *Fischer*, Vorrang des Vermieterpfandrechts vor dem Sicherungseigentum? – BGHZ 117, 200, JuS 1993, 542; *Derleder*, Der »mitgekaufte« Mieter, NJW 2008, 962; *Grunewald*, Vermietung durch Personengesellschaften und Eigenbedarf – Eine Möglichkeit zur Einschränkung des Wohnraumkündigungsschutzes der Mieter von Wohnräumen?, NJW 2009, 3486; *Herresthal*, Abwälzung von Schönheitsreparaturen durch AGB bei der Wohnraummiete, Jura 2008, 248; *Herrlein*, Die Rechtsprechung zur Wohnraummiete im zweiten Halbjahr 2008, NJW 2009, 1250; *ders.*, Eigenbedarfskündigung der Gesellschaft bürgerlichen Rechts, in: *Artz/Börstinghaus*, 10 Jahre Mietrechtsreformgesetz – eine Bilanz, 2011, 752; *Lammel*, Die Rechtsprechung des BVerfG zur Eigenbedarfskündigung, NJW 1994, 3320; *ders.*, Anwaltkommentar Wohnraummietrecht, 3. Aufl. 2007; *Looschelders/Roth*, Grundrechte und Vertragsrecht: Die verfassungskonforme Reduktion des § 565 Abs. 2 S. 2 BGB, JZ 1995, 1034; *Nicolai*, Vermieterpfandrecht und (Raum-) Sicherungsübereignung, JZ 1996, 219; *Schrader*, Schönheitsreparaturklauseln in Rechtsprechung und Examensklausuren, Jura 2010, 241; *Schürnbrand*, Eigenbedarfskündigung von Personengesellschaften, in: *Artz/Börstinghaus*, 10 Jahre Mietrechtsreformgesetz – eine Bilanz, 2011, 792; *Spieker*, Das Vermieterpfandrecht nach § 562 BGB: Von der Wirklichkeit überrannt, ZMR 2002, 327; *Timme*, Vermieters Reaktionspflichten nach Wegfall des Eigenbedarfs, NZM 2006, 249. Vgl. auch die Nachweise zu § 21.

§ 23 Leasing

I. Arten des Leasing

509 Ein gesetzlich nicht vertypter Vertrag mit **mietähnlichem Charakter** ist das Leasing. In der Praxis finden sich zwei Hauptvarianten: das Operatingleasing und das Finanzierungsleasing.

Das **Operatingleasing** ist auf die kurzzeitige Überlassung des Gebrauchs an Wirtschaftsgütern gerichtet, wobei der Leasinggeber die volle Amortisation des Anschaffungsaufwands durch mehrfache Überlassung des Leasinggegenstands an verschiedene Leasingnehmer erstrebt. Nach der Interessenlage entspricht diese Gestaltung weitgehend dem »normalen« Mietvertrag. Die §§ 535 ff. sind daher in vollem Umfang anwendbar.[168]

510 Beim **Finanzierungsleasing** geht es dem Leasingnehmer letztlich darum, den Leasinggegenstand zu erwerben. Umgekehrt ist der Leasinggeber daran interessiert, dass seine Aufwendungen sich bereits durch die einmalige Überlassung des Gegenstands

168 Vgl. BGH, NJW 1998, 1637 (1638); *Larenz/Canaris*, Schuldrecht II/2, § 66 I 1 a.

amortisieren (→ Rn. 509). Das Finanzierungsleasing weist daher eine deutliche *Nähe zum finanzierten Abzahlungskauf* auf. Die Rechtsprechung wendet zwar auch hier primär *Mietrecht* an, berücksichtigt aber im Einzelfall auch die abweichende Interessenlage.[169]

Während das Operatingleasing fast nur im gewerblichen Bereich vorkommt, findet sich das Finanzierungsleasing auch bei **Verbraucherverträgen,** insbesondere im Zusammenhang mit dem Erwerb von Pkw. Unter den Voraussetzungen des § 506 I, II (§ 500 aF) sind die Schutzvorschriften betreffend den Verbraucherkredit auf das Finanzierungsleasing anwendbar (→ Rn. 380 f.). Insbesondere steht dem Verbraucher ein *Widerrufsrecht* nach §§ 506 I, 495 I zu. 511

II. Leasingverträge als Dreipersonenverhältnisse

Leasingverträge sind typischerweise als **Dreipersonenverhältnisse** ausgestaltet.[170] 512 Der Leasingnehmer schließt dabei einen Leasingvertrag mit dem Leasinggeber, welcher den Leasinggegenstand nach den Vorgaben des Leasingnehmers bei einem Dritten (dem Lieferanten) kauft und dann dem Leasingnehmer gegen Zahlung der Leasingraten überlässt. Kein Dreipersonenverhältnis liegt allerdings dem vor allem im Kfz-Handel gebräuchlichen **Herstellerleasing** zugrunde, bei dem der Hersteller (selbst oder durch Tochtergesellschaften) als Leasinggeber und Lieferant auftritt.[171]

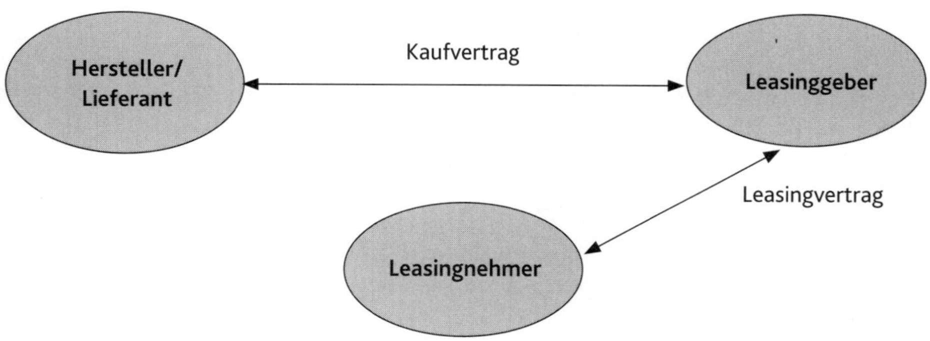

Abbildung: Leasingverträge als Dreipersonenverhältnisse

1. Die Abtretungskonstruktion

In Dreipersonenverhältnissen sind Leasingverträge im Allgemeinen so ausgestaltet, 513 dass der Leasinggeber gegenüber dem Leasingnehmer die **mietrechtliche Gewährleistung** nach §§ 536 ff. **ausschließt** und ihm stattdessen seine **kaufrechtlichen Gewährleistungsrechte** nach §§ 434 ff. gegen den Lieferanten der Sache **abtritt**. Dies führt nach hM zu einer interessengerechten Risikoverteilung und verstößt daher nicht gegen § 307.[172]

169 BGHZ 68, 118 (123); BGHZ 112, 65 (71 ff.); BGH, NJW 2009, 575 (577); *Reinicke/Tiedtke*, Kaufrecht, Rn. 1684; krit. gegenüber der mietrechtlichen Einordnung *Larenz/Canaris*, Schuldrecht II/2, § 66 II 1; *Fikentscher/Heinemann*, Schuldrecht, Rn. 1071; *Harke*, Schuldrecht BT, Rn. 396.

170 Vgl. dazu *Oetker/Maultzsch* § 16 Rn. 50 ff.

171 Zum Herstellerleasing *Medicus/Lorenz*, Schuldrecht II, Rn. 1091.

172 Vgl. BGHZ 97, 135 (140); 106, 304 (309 ff.); *Medicus/Lorenz*, Schuldrecht II, Rn. 1093.

514 Ist der Leasingnehmer Verbraucher, so könnte die Abtretungskonstruktion als **Umgehungsgeschäft** iSd § 475 I 2 (Rn. 267 f.) anzusehen sein. Da die Schutzvorschriften über den **Verbrauchsgüterkauf** (§§ 474 ff.) für den Leasinggeber als Unternehmer nicht gelten, stehen dem Leasingnehmer aufgrund der Abtretung nämlich nicht die Gewährleistungsrechte eines Verbrauchers zu.[173] Der BGH verneint gleichwohl einen Verstoß gegen das Umgehungsverbot.[174] Stattdessen soll der Leasingnehmer dadurch geschützt werden, dass der formularmäßige Ausschluss der mietrechtlichen Gewährleistung gemäß § 307 I 1 unwirksam ist, sofern die abgetretenen kaufrechtlichen *Gewährleistungsrechte* im Verhältnis zwischen Leasinggeber und Lieferant *wirksam ausgeschlossen* worden sind.

Ob § 307 I 1 auch dann eingreift, wenn der Leasingnehmer nicht die kaufrechtlichen Gewährleistungsansprüche eines **Verbrauchers** erhält (zB wegen Unanwendbarkeit des § 476), hat das Gericht offen gelassen. Eine unbillige Benachteiligung des Leasingnehmers dürfte insoweit jedoch zu verneinen sein, weil er im Vergleich mit einem »gewöhnlichen« Mieter nicht schlechter gestellt wird.

2. Einwendungsdurchgriff und Wegfall der Geschäftsgrundlage

515 Weist der Leasinggegenstand **Sach-** oder **Rechtsmängel** auf, so kann sich der Leasingnehmer bei der Abtretungskonstruktion gemäß §§ 434 ff. an den Lieferanten (Verkäufer) halten. Fraglich ist, ob er etwaige Mängelrechte auch dem Anspruch des Leasinggebers auf Zahlung der Leasingraten entgegenhalten kann. Hier ist wie folgt zu unterscheiden:

Für das **Verbraucher-Finanzierungsleasing** verweist § 506 I, II auf die §§ 358 ff. Handelt es sich bei dem Leasingvertrag und dem Kaufvertrag über die Leasingsache um **verbundene Verträge** iSd § 358 III (dazu SAT Rn. 150), so muss der Leasinggeber sich die kaufrechtlichen Mängelrechte des Leasingnehmers gemäß § 359 unmittelbar entgegenhalten lassen.[175] Dass der Leasingnehmer – anders als in den anderen Fällen des § 358 III – nicht beide Verträge selbst geschlossen hat, steht einer *entsprechenden* Anwendung der Vorschrift nicht entgegen, weil die Verweisung sonst weitgehend ins Leere ginge.[176]

516 Liegen die Voraussetzungen der §§ 506 I, II, 358 III, 359 nicht vor – sei es, weil der Leasingnehmer kein Verbraucher ist, sei es, weil Kaufvertrag und Leasingvertrag keine wirtschaftliche Einheit bilden –, so muss auf eine Konstruktion zurückgegriffen werden, die der BGH vor der Schuldrechtsreform entwickelt hat. Der Leasingnehmer hat sich hiernach wegen der Mängel zunächst an den Lieferanten zu halten. Er kann von diesem insbesondere **Nachbesserung** und **Nachlieferung** (§ 439) verlangen. Wegen des Ausschlusses der mietrechtlichen Gewährleistungsrechte steht der Mangel der Leasingsache der Leistungspflicht des Leasingnehmers gegenüber dem Leasinggeber grundsätzlich nicht entgegen.[177] Die Zahlung der Leasingraten an den Leasinggeber kann der Leasingnehmer erst nach einem **Rücktritt** vom Kaufvertrag mit dem Lieferanten (§§ 434 Nr. 2 iVm §§ 323, 440 oder § 326 V) einstellen. Sofern der

173 Zur Problemstellung vgl. *Reinking*, ZGS 2002, 229 (231).
174 BGH, NJW 2006, 1066; vgl. auch OLG Naumburg, ZGS 2005, 238 (239).
175 *Medicus/Petersen*, Bürgerliches Recht, Rn. 776 f.
176 PWW/*Frensch* Anh. zu §§ 488–515 Rn. 79; aA *Tavakoli*, NJW 2010, 2768 (2769).
177 MüKoBGB/*Koch* Leasing Rn. 97; *Tavakoli*, NJW 2010, 2768 (2769).

Lieferant den Rücktritt nicht akzeptiert, setzt das **Leistungsverweigerungsrecht** in Bezug auf die Leasingraten (§ 320) außerdem voraus, dass der Leasingnehmer aus dem Rücktritt klageweise gegen den Lieferanten vorgeht.[178]

Der Rücktritt des Leasingnehmers vom Kaufvertrag hat darüber hinaus zur Folge, dass die **Geschäftsgrundlage des Leasingvertrages** mit dem Leasinggeber rückwirkend auf den Zeitpunkt des Vertragsschlusses **entfällt.**[179] Da es sich beim Leasingvertrag um ein Dauerschuldverhältnis handelt, wäre der Leasingnehmer an sich auf die nur für die Zukunft wirkende **Kündigung** nach § 313 III 2 verwiesen.[180] Dies erscheint wegen des *rückwirkenden* Wegfalls der Geschäftsgrundlage aber nicht interessengerecht. Die Sonderregel für Dauerschuldverhältnisse in § 313 III 2 bedarf daher einer teleologischen Reduktion, so dass der Leasingnehmer nach der Grundregel des § 313 III 1 vom Leasingvertrag **zurücktreten** kann.[181] Die Rückabwicklung des Leasingvertrags erfolgt dann nach §§ 346 ff. Der Leasingnehmer hat also einen Anspruch auf Rückzahlung der geleisteten Leasingraten aus § 346 I. Im Gegenzug muss er dem Leasinggeber gemäß § 346 II 1 Nr. 1 den Wert der Nutzungen ersetzen, die er durch den Gebrauch der Leasingsache gezogen hat.[182]

Literatur: *Ebenroth*, Der Finanzierungs-Leasing-Vertrag als Rechtsgeschäft zwischen Miete und Kauf, JuS 1978, 588; *ders.*, Das Recht der Leistungsstörungen beim Leasing, JuS 1985, 425; *Löhnig/Gietl*, Grundfälle zum Finanzierungsleasing, JuS 2009, 491; *Omlor*, Finanzierungsleasing unter der neuen Verbraucherkreditrichtlinie, NJW 2010, 2694; *ders.*, Leasingrecht im Dreieck von Gewährleistungs-, Verbraucherschutz- und Aufsichtsrecht, JuS 2011, 305; *Reinicke/Tiedtke*, Kaufrecht, 8. Aufl. 2009; *Reinking*, Auswirkungen der geänderten Sachmängelhaftung auf den Leasingvertrag, ZGS 2002, 229; *Tavakoli*, Das Leistungsverweigerungsrecht des Leasingnehmers – Der mangelhafte Land Rover, NJW 2010, 2768; *Wolf*, Die Rechtsnatur des Finanzierungsleasing, JuS 2002, 335.

2. Abschnitt. Sonstige Gebrauchsüberlassungsverträge

§ 24 Die Pacht

Im Recht der Pacht unterscheidet man zwischen dem **allgemeinen Pachtvertrag** 517
(§§ 581–584 b) dem **speziellen Landpachtvertrag** (§§ 585–597).

Nach § 581 II sind auf den Pachtvertrag *mit Ausnahme des Landpachtvertrages* die Vorschriften über den **Mietvertrag** entsprechend anzuwenden, soweit sich aus den §§ 582–584 b nichts anderes ergibt. Die Verweisung auf das Mietvertragsrecht erfasst die allgemeinen Vorschriften über Mietverhältnisse in den §§ 535–548 sowie die Vorschriften der §§ 578–580 a. Die Vorschriften über die Wohnraummiete sind grundsätzlich nicht anwendbar, es sei denn, dass sie von den §§ 578, 579 in Bezug genommen werden.[183]

---

178 BGH, NJW 2010, 2798 (2800).
179 Vgl. BGHZ 81, 298 (307 ff.); 97, 135 (141 ff.); *Medicus/Lorenz*, Schuldrecht II, Rn. 1093.
180 Bamberger/Roth/*Möller* § 500 Rn. 40; für Kündigung nach § 314 Jauernig/*Teichmann* Vor § 535 Rn. 8.
181 So auch PWW/*Frensch* Anh. zu §§ 488–515 Rn. 146; MüKoBGB/*Koch* Leasing Rn. 101 f.
182 Zu den Einzelheiten MüKoBGB/*Koch* Leasing Rn. 103.
183 MüKoBGB/*Harke* § 581 Rn. 21.

I. Begriff des Pachtverhältnisses und Abgrenzung

518 Der Pachtvertrag begründet ebenso wie der Mietvertrag ein Dauerschuldverhältnis, das eine entgeltliche Gebrauchsüberlassung auf Zeit zum Gegenstand hat. Der wichtigste Unterschied zwischen beiden Verträgen besteht darin, dass der Verpächter dem Pächter nicht nur den Gebrauch des verpachteten Gegenstands, sondern auch den **Genuss der Früchte** gewähren muss. Nach § 99 I sind die Früchte einer Sache deren Erzeugnisse und die sonstige Ausbeute, welche aus der Sache bestimmungsgemäß gewonnen wird. Beispiele sind landwirtschaftliche Produkte (zB Getreide, Eier) sowie die bestimmungsgemäße Ausbeute im Bergbau (zB Kohle, Erz).

519 Wie § 99 II belegt, können sich Früchte auch aus einem Recht ergeben: nämlich in Form der Erträge, die das Recht seiner Bestimmung gemäß gewährt. Als Beispiel nennt § 99 II das Recht auf Gewinnung von Bodenbestandteilen. Weitere Beispiele sind etwa Jagd- und Fischereirechte sowie Urheber- und Patentrechte. § 581 beschränkt den Gegenstand des Pachtvertrages daher nicht (wie § 535) auf **Sachen**; vielmehr können auch **Rechte** und sonstige **unkörperliche Gegenstände** verpachtet werden. In der Praxis hat dabei die *Unternehmenspacht* erhebliche Bedeutung gewonnen.[184]

Zur Vertiefung: Bei der Überlassung von Räumen für einen gewerblichen Betrieb (zB als Gaststätte) oder eine freiberufliche Nutzung (zB als Arztpraxis) entstehen Abgrenzungsprobleme zur Miete.[185] Allein der Umstand, dass die Räume gewerblich oder freiberuflich genutzt werden sollen, macht aus der Raumüberlassung noch keine Pacht. Pacht liegt nur dann vor, wenn der Vertragsgegenstand für den Betrieb eines bestimmten Gewerbes oder die Ausübung eines bestimmten Berufs so eingerichtet und ausgestattet ist, dass eine alsbaldige Nutzung möglich ist. So ist etwa die Gaststättenpacht dadurch gekennzeichnet, dass die verpachteten Räume vom Verpächter (meist eine Brauerei) bereits als Gaststätte eingerichtet worden sind.[186]

II. Pflichten des Verpächters

520 Die Hauptpflichten des Verpächters sind in § 581 I 1 geregelt. Hiernach ist der Verpächter verpflichtet, dem Pächter während der Pachtzeit den **Gebrauch des verpachteten Gegenstandes** sowie den **Genuss der Früchte** (dazu bereits → Rn. 518) zu gewähren, soweit diese nach den Regeln einer ordnungsmäßigen Wirtschaft als Ertrag anzusehen sind.

Die **Gebrauchsgewährung** erfordert bei Sachen die *Übergabe* an den Pächter. Aus § 581 II iVm § 535 I 2 folgt, dass der Verpächter den Gegenstand in einem *zum vertragsgemäßen Gebrauch geeigneten Zustand* zu überlassen und ihn während der Pachtzeit in einem solchen Zustand zu erhalten hat. Verletzt der Verpächter diese Pflicht, so stehen dem Pächter die **Gewährleistungsrechte** nach §§ 536 ff. zu (§ 581 II).[187] Das Risiko der Fruchtziehung liegt allerdings beim Pächter.[188] Dieser kann die Pacht daher nicht mit der Begründung mindern, die Erträge seien geringer als erwartet ausgefallen. Eine Vertragsanpassung wegen Wegfalls der Geschäftsgrundlage (§ 313) kommt auch im Pachtrecht nur ausnahmsweise in Betracht.

184 Vgl. AnwKomm-*Klein-Blenkers* Anh. zu §§ 581–597: Unternehmenspacht.
185 Zur Problemstellung *Larenz*, Schuldrecht II/1, § 49 I.
186 Zur Gaststättenpacht AnwKomm-*Klein-Blenkers* Vor §§ 581–584 b Rn. 10 ff.
187 Vgl. dazu MüKoBGB/*Harke* § 581 Rn. 36 ff.
188 Vgl. MüKoBGB/*Harke* § 581 Rn. 8.

In Bezug auf das **Inventar** (vgl. dazu § 98) schränkt § 582 die Pflichten des Verpächters ein. Ab Übernahme des Inventars ist der Pächter für die *Erhaltung* zuständig; der Verpächter muss aber die Inventargegenstände ersetzen, die infolge eines vom Pächter nicht zu vertretenden Umstands »in Abgang kommen« (§ 582 II 1), zB durch Zufall zerstört oder durch vertragsgemäßen Gebrauch völlig unbrauchbar werden.[189]

In Bezug auf die **Nebenpflichten** des Verpächters gelten keine Besonderheiten. Ins- **521**
besondere treffen den Verpächter gegenüber dem Pächter die allgemeinen Schutzpflichten nach § 241 II. Bei Verletzung dieser Pflichten steht dem Pächter ein Schadensersatzanspruch aus § 280 I zu.

III. Pflichten des Pächters

Der Pächter ist gemäß § 581 I 2 verpflichtet, dem Verpächter die vereinbarte **Pacht** **522**
zu zahlen. Eine gesetzliche Verpflichtung zur **Nutzung des Pachtgegenstands** besteht nicht und lässt sich auch nicht aus der Natur des Pachtvertrages herleiten. Den Parteien steht es aber frei, im Vertrag eine entsprechende Pflicht des Pächters festzuschreiben. Dies ist insbesondere dann sinnvoll, wenn die Parteien eine umsatz- oder gewinnabhängige Pacht vereinbart haben.[190] Für die *Landpacht* sieht § 586 I 3 vor, dass der Pächter zur ordnungsgemäßen Bewirtschaftung der Pachtsache verpflichtet ist.[191]

Der Pächter muss ebenso wie der Mieter die Grenzen des **vertragsgemäßen Gebrauchs** einhalten und darf die Pachtsache nicht unbefugt Dritten überlassen (§ 581 II iVm § 540). Eine übermäßige, die Regeln der ordnungsgemäßen Wirtschaft überschreitende Fruchtziehung ist pflichtwidrig und gibt dem Verpächter ein Kündigungsrecht nach §§ 581 II, 543.

Dem **Verpächter** steht wegen seiner Forderungen aus dem Pachtverhältnis ein **ge-** **523**
setzliches Pfandrecht an den eingebrachten Sachen des Pächters zu (§§ 581 II, 562 ff.). Umgekehrt kann der **Pächter** wegen seiner auf das mitverpachtete Inventar bezogenen Forderungen gegen den Verpächter – zB aus § 582 II 1 (dazu → Rn. 520) – ein **Pfandrecht an** den in seinen Besitz gelangten **Inventarstücken** geltend machen (§ 583).

IV. Die Beendigung des Pachtvertrages

Auch auf die Beendigung des Pachtverhältnisses sind die **Vorschriften über die Miete** **524**
nach § 581 II entsprechend anwendbar. Für die Kündigung des Pachtvertrages gilt der **Grundsatz der Formfreiheit**. Eine Ausnahme besteht nur bei der *Landpacht* gemäß § 594 f. Bei Verstoß gegen das dort statuierte Schriftformerfordernis ist die Kündigung nach § 125 nichtig.[192]

Für Pachtverträge über *Grundstücke und Rechte* enthält **§ 584** besondere Vorschriften über die **Kündigungsfristen**, die § 580 a vorgehen. Für die *Landpacht* sind die Kündigungsfristen in § 594 a (→ Rn. 525) geregelt.

---

189 AnwKomm-*Klein-Blenkers* § 582 Rn. 11.
190 Vgl. MüKoBGB/*Harke* § 581 Rn. 9; *Harke*, Schuldrecht BT, Rn. 361.
191 Zur Ratio dieser Sonderregelung s. MüKoBGB/*Harke* § 586 Rn. 1: Sicherung des öffentlichen Interesses an ertragsfähigen landwirtschaftlichen Betrieben.
192 AnwKomm-*Klein-Blenkers* § 594 f. Rn. 3.

Für bestimmte Fälle schließt **§ 584 a** die außerordentliche befristete Kündigung nach Mietrecht gänzlich aus. So steht dem Pächter gemäß § 584 a I iVm § 540 I 2 kein Recht zur außerordentlichen Kündigung zu, wenn ihm der Verpächter die Erlaubnis zur **Unterverpachtung** verweigert. Außerdem hat der Verpächter beim **Tod des Pächters** kein Recht zur außerordentlichen Kündigung nach § 580. Den Erben des Pächters bleibt das Kündigungsrecht hingegen entsprechend §§ 581 II, 580 erhalten.

V. Besonderheiten bei der Landpacht

525 Die allgemeinen pachtrechtlichen Vorschriften der §§ 581 I, 582–583 a finden auch auf den Pachtvertrag über **landwirtschaftliche Grundstücke** Anwendung (§ 585 II). Darüber hinaus enthalten die §§ 585 ff. eigenständige Regelungen, die den Besonderheiten der Landpacht Rechnung tragen. So ist der Pächter nach § 586 I 3 zur **ordnungsgemäßen Bewirtschaftung** der Pachtsache verpflichtet. Die Bewirtschaftungspflicht dient nicht nur den Interessen des Verpächters, sondern auch dem Interesse der Allgemeinheit an der Erhaltung leistungsfähiger landwirtschaftlicher Betriebe.[193] Parallel hierzu muss der Pächter die Pachtsache bei Beendigung des Pachtverhältnisses in einem Zustand zurückgeben, der einer bis zur Rückgabe fortgesetzten ordnungsgemäßen Bewirtschaftung entspricht.[194] Bei unbestimmter Pachtzeit beträgt die **Kündigungsfrist** gemäß § 594 a (fast) zwei Jahre. Dies beruht darauf, dass die Fruchtziehung bei landwirtschaftlichen Grundstücken aufwendige Vorbereitungen (Aussaat etc.) erfordert und zudem nur während einer bestimmten Zeit des Jahres erfolgen kann. Bei einer nachträglichen grundlegenden Veränderung der maßgeblichen Verhältnisse kann jeder Teil nach § 593 die **Anpassung des Vertrages** verlangen. Nach hM handelt es sich dabei um eine Sonderregelung zum Wegfall der Geschäftsgrundlage (§ 313), die wiederum nicht nur den Parteiinteressen, sondern auch dem Erhalt funktionsfähiger landwirtschaftlicher Betriebe dient.[195]

Da § 581 II nicht anwendbar ist, findet keine generelle Verweisung auf das **Mietrecht** statt. Zu beachten ist aber, dass sich einige wichtige mietrechtliche Vorschriften in den §§ 585 ff. nahezu wortgleich wieder finden.[196] So ist die *Überlassungs- und Erhaltungspflicht* des Verpächters in § 586 I 1 parallel zu § 535 I 2 geregelt; die *Ausbesserungspflicht* des Landpächters nach § 586 I 2 stellt freilich wieder eine Besonderheit dar. Für die *Gewährleistungsrechte des Pächters* verweist § 586 II auf die § 536 I–III, 536 a–536 d. Auch hier gelten also doch wieder die gleichen Regeln wie im Mietrecht.

Literatur: *Joachim*, Aktuelle Rechtsfragen gewerblicher Nutzungsüberlassung, ZIP 1991, 966; *Michalski*, Abgrenzung von Gewerberaummiete und Pacht, GS Sonnenschein, 2003, 383; *Pikalo*, Das neue Landpachtrecht, NJW 1986, 1472.

193 Vgl. Hk-BGB/*Ebert* § 586 Rn. 4 in Anknüpfung an BGH, NJW 1989, 1222 (1223).
194 Näher dazu *Harke*, Schuldrecht BT, Rn. 364.
195 Vgl. Hk-BGB/*Ebert* § 593 Rn. 1 ff.; Palandt/*Weidenkaff* § 593 Rn. 1; gegen Einordnung als Sonderfall des § 313 *Harke*, Schuldrecht BT, Rn. 365.
196 Zur Rechtfertigung dieser Regelungstechnik *Larenz*, Schuldrecht II/1, § 49 II.

§ 25 Die Leihe

I. Allgemeines

Die **Leihe** ist ein unvollkommen zweiseitiger Vertrag[197] über die unentgeltliche Gebrauchsüberlassung einer Sache (§ 598). Den Entleiher treffen zwar ebenfalls Pflichten (zB die Rückgabepflicht nach § 604); diese stehen aber in keinem Gegenseitigkeitsverhältnis zur Überlassungspflicht des Verleihers. Die §§ 320–322 sind daher nicht anwendbar. 526

Die **Unentgeltlichkeit** der Leihe dient als entscheidendes Abgrenzungskriterium zur Miete. Im allgemeinen Sprachgebrauch wird dagegen auch die entgeltliche Gebrauchsüberlassung beweglicher Sachen als Leihe bezeichnet (zB Kostümverleih, Leihbibliothek, Leihwagen).

Vertragsgegenstände des Leihvertrages sind in der Regel *bewegliche* oder *unbewegliche Sachen*. Die rechtliche Behandlung der unentgeltlichen Überlassung von *Rechten* (zB Urheberrechten) ist dagegen umstritten. Während das Pachtrecht die Überlassung von Rechten ausdrücklich erfasst (»Pachtgegenstände«), beziehen sich die §§ 598 ff. unmittelbar nur auf die unentgeltliche Überlassung von Sachen. Die hM schließt diese Lücke durch analoge Anwendung der §§ 598 ff. Dies rechtfertigt sich daraus, dass die Rechtsleihe nur wegen des fehlenden praktischen Bedürfnisses nicht geregelt worden ist.[198]

II. Pflichten der Parteien und Haftung

1. Pflichten des Verleihers

Während der Dauer des Leihverhältnisses ist der Verleiher gemäß § 598 verpflichtet, dem Entleiher den **Gebrauch** der Sache **zu gestatten**. Diese Gestattung umfasst im Gegensatz zur mietrechtlichen Gebrauchsgewährung nicht die Pflicht, positive Maßnahmen zu ergreifen, um dem Entleiher einen ungestörten Gebrauch der Leihsache zu ermöglichen oder diese in einem vertragsgemäßen Zustand zu *erhalten.*[199] Der Gesetzgeber trägt damit dem unentgeltlichen Charakter der Leihe Rechnung. Die Gestattung des Gebrauchs erfolgt in der Regel dadurch, dass der Verleiher dem Entleiher den unmittelbaren Besitz an der Sache verschafft. Dies ist indes kein konstitutives Element des Leihvertrages. Es kommt vielmehr darauf an, ob der Zweck des Vertrages die Übergabe der verliehenen Sache erfordert.[200] 527

Im Unterschied zu § 535 I enthält § 598 keine ausdrückliche Pflicht, dem anderen Teil den **Gebrauch** an der Sache **zu verschaffen**. Dies erklärt sich daraus, dass der Gesetzgeber bei der Formulierung des § 598 vom Regelfall der *»Handleihe«* ausgegangen ist, bei der die Sache dem Entleiher unmittelbar bei Vertragsschluss überlassen wird.[201] Die Parteien können freilich vereinbaren, dass der Verleiher dem Entleiher den Gebrauch an der Sache später noch zu verschaffen hat (sog. *»Leihversprechen«*).[202] Insoweit

197 Vgl. MüKoBGB/*Häublein* § 598 Rn. 2; Staudinger/*Reuter* (2004) § 598 Rn. 14.
198 Vgl. Staudinger/*Reuter* (2004) § 598 Rn. 9.
199 MüKoBGB/*Häublein* § 598 Rn. 20.
200 BGH, NJW-RR 2004, 1566; Jauernig/*Mansel* § 598 Rn. 8.
201 Vgl. MüKoBGB/*Häublein* § 598 Rn. 1; *Larenz*, Schuldrecht II/1, § 50.
202 Vgl. Staudinger/*Reuter* (2004) Vorbem. zu §§ 598 ff. Rn. 6.

gelten die gleichen Überlegungen wie für das Verhältnis von Handschenkung nach § 516 und Schenkungsversprechen nach § 518 (→ Rn. 306 ff.). Anders als das Schenkungsversprechen ist das Leihversprechen allerdings **formfrei**. Da die Leihe nicht zum Verlust des Eigentums an der Sache führt, ist die Warnfunktion der notariellen Beurkundung entbehrlich. Eine analoge Anwendung des § 518 I scheidet daher auch bei langfristigen Leihverträgen aus.[203]

528 Ebenso wie bei der Schenkung führt die Unentgeltlichkeit bei der Leihe zu **Haftungsprivilegierungen**, die sich mit der Uneigennützigkeit des Verleihers rechtfertigen lassen. Für **allgemeine Leistungsstörungen** ist die Haftung des Verleihers gemäß § 599 auf *Vorsatz* und *grobe Fahrlässigkeit* begrenzt. Für die Reichweite der Privilegierung gelten die gleichen Überlegungen wie bei § 521 (→ Rn. 315); erfasst werden damit auch Schutzpflichtverletzungen, die einen Zusammenhang mit dem Vertragsgegenstand aufweisen.[204] Mit dieser Maßgabe ist § 599 auch im Deliktsrecht anwendbar.

Parallel zu §§ 523, 524 ist die Haftung des Verleihers für **Sach- und Rechtsmängel** grundsätzlich ausgeschlossen. Eine Ausnahme gilt lediglich bei *arglistigem* Handeln des Verleihers (§ 600). In diesem Fall steht dem Entleiher ein Anspruch auf Ersatz seines Vertrauensschadens zu.[205]

Den Entleiher treffen gemäß § 601 I die gewöhnlichen Erhaltungskosten für die Leihsache (etwa die Fütterungskosten für ein Tier). Darüber hinausgehende **Verwendungen** auf die Sache hat der Verleiher nach den Vorschriften über die *Geschäftsführung ohne Auftrag* zu ersetzen (§ 601 II 1).

2. Pflichten des Entleihers

529 Der Entleiher ist gemäß § 604 verpflichtet, die Sache nach Beendigung des Leihverhältnisses in vertragsgemäßem Zustand **zurückzugeben**. Die Verletzung dieser Pflicht kann einen Schadensersatzanspruch des Verleihers aus §§ 280 ff. begründen.

> **Beispiel:** E hat sich von V ein Fahrrad (Wert: 200 EUR) geliehen, das er unabgeschlossen vor der Mensa abstellt. Dort wird das Rad von Unbekannten entwendet. V verlangt von E Schadensersatz. Zu Recht? – Dem V könnte ein Anspruch gegen E auf Schadensersatz statt der Leistung aus §§ 280 I, III, 283 zustehen. Zwischen V und E besteht ein wirksames Schuldverhältnis (der Leihvertrag). E hat seine Rückgabepflicht aus § 604 verletzt. Aufgrund des Diebstahls ist ihm die Erfüllung dieser Pflicht unmöglich geworden (§ 275 I). Das Vertretenmüssen richtet sich nach § 276. Die Privilegierung des § 599 ist auf den Entleiher nicht anwendbar. E hat das Fahrrad unverschlossen vor der Mensa abgestellt und daher fahrlässig gehandelt. Der Schaden des V beträgt 200 EUR. Die Anspruchsvoraussetzungen liegen somit vor.

Aus der Verpflichtung des Entleihers, die gewöhnlichen Kosten für die Erhaltung die Leihsache zu tragen (§ 601) und dieselbe bei Beendigung des Leihverhältnisses in vertragsgemäßem Zustand zurückzugeben (§ 604), lässt sich eine allgemeine Pflicht des Entleihers zur Vornahme der erforderlichen und zumutbaren **Erhaltungsmaßnahmen** ableiten.[206] Das Risiko von normalen Verschleißerscheinungen trifft allerdings den Verleiher (arg. § 602).[207]

---

203 BGH, NJW 1982, 820 (821); *Loschelder*, NJW 2010, 705 (707).
204 Staudinger/*Reuter* (2004) § 599 Rn. 2.
205 MüKoBGB/*Häublein* § 600 Rn. 3.
206 Staudinger/*Reuter* (2004) § 601 Rn. 1.
207 MüKoBGB/*Häublein* § 601 Rn. 3; Staudinger/*Reuter* (2004) § 601 Rn. 2.

Gemäß § 603 darf der Entleiher von der Sache nur den **vertragsgemäßen Gebrauch** machen und sie nicht ohne Erlaubnis des Verleihers an Dritte überlassen. Darüber hinaus ist der Entleiher nach allgemeinen Regeln (§ 241 II) zu einem **sorgfältigen Umgang** mit der Sache verpflichtet.

3. Verjährung

Die Ersatzansprüche des Verleihers wegen Veränderungen oder Verschlechterungen der verliehenen Sache sowie die Ansprüche des Entleihers auf Ersatz von Verwendungen verjähren in sechs Monaten (§ 606). Gemäß § 606 S. 2 gelten insoweit die gleichen Grundsätze wie bei der Miete (§ 548). Um eine Aushöhlung der kurzen Verjährungsfrist zu vermeiden, wird § 606 auch auf konkurrierende deliktische Ansprüche angewendet.[208] 530

Zur Vertiefung: Gemäß § 606 S. 2 iVm § 548 I 2 beginnt die Verjährung mit dem Zeitpunkt, in dem der Verleiher die Sache zurückerhält. Bei einem Diebstahl liegt diese Voraussetzung nicht vor. Im Fahrrad-Fall (→ Rn. 529) findet § 606 daher keine Anwendung. § 606 ist auch dann unanwendbar, wenn die Sache so zerstört wird, dass sie körperlich nicht mehr zurückgegeben werden kann (→ Rn. 457 zu § 548). Ein wirtschaftlicher Totalschaden genügt dafür allerdings nicht.[209]

III. Beendigung des Leihverhältnisses

Gemäß § 604 I endet das Leihverhältnis grundsätzlich mit dem **Ablauf der vereinbarten Leihzeit**. Wurde das Leihverhältnis auf unbestimmte Zeit geschlossen, so kommt es nach § 604 II primär auf den Zeitpunkt an, zu dem der Entleiher den sich aus dem **Zweck der Leihe** ergebenden Gebrauch gemacht hat (Satz 1) oder machen konnte (Satz 2). 531

Beispiele: Bei Kraftfahrzeugen kann je nach Vertragszweck auf die Beendigung einer Fahrt oder den Erhalt eines Ersatzfahrzeuges abgestellt werden; bei Maschinen kommt zB die Fertigstellung des Werkes als Anknüpfungspunkt in Betracht.

Ist die Leihdauer auch nicht dem Zweck des Leihvertrages zu entnehmen, so kann der Verleiher die Sache gemäß § 604 III **jederzeit zurückfordern**.

Neben der Beendigung des Leihvertrages nach § 604 I–III steht das Recht des Verleihers zur **außerordentlichen Kündigung** nach § 605. Nach ihrem Sinn und Zweck beschränkt sich die Kündigungsmöglichkeit auf den Fall, dass der Verleiher die Sache zurückfordern will, obwohl die vertraglich vereinbarte *Leihzeit noch nicht abgelaufen* (§ 604 I) oder der mit der Leihe verfolgte *Zweck noch nicht erreicht* werden konnte (§ 604 II 1). In den anderen Fällen ist eine Kündigung nicht erforderlich, weil der Verleiher die Leihsache ohne weiteres nach § 604 II 2 oder III zurückfordern kann.[210]

Die einzelnen **Kündigungsgründe** sind in § 605 Nr. 1–3 aufgezählt. Die Kündigung ist hiernach bei nicht vorhergesehenem Eigenbedarf des Verleihers, bei vertragswidrigem Gebrauch der Sache durch den Entleiher sowie beim Tod des Entleihers zulässig. Die Aufzählung ist nicht abschließend.[211] In anderen Fällen kann daher auf

208 BGHZ 119, 35 (41); Hk-BGB/*Ebert* § 606 Rn. 3.
209 OLG Hamm, NJW-RR 1993, 215; Palandt/*Weidenkaff* § 606 Rn. 3.
210 Palandt/*Weidenkaff* § 605 Rn. 2; Staudinger/*Reuter* (2004) § 605 Rn. 1.
211 Staudinger/*Reuter* (2004) § 605 Rn. 1; vgl. auch BGHZ 82, 354 (359).

die allgemeine Regelung über die Kündigung aus wichtigem Grund (§ 314) zurückgegriffen werden.[212]

Für den **Entleiher** sieht das Gesetz keine entsprechenden Kündigungsmöglichkeiten vor. Die hM geht jedoch davon aus, dass der Entleiher die Sache grundsätzlich jederzeit ohne Kündigung zurückgeben darf.[213]

Literatur: *Grundmann*, Zur Dogmatik der unentgeltlichen Rechtsgeschäfte, AcP 198 (1998), 457; *Hoffmann*, Der Einfluss des Gefälligkeitsmoments auf das Haftungsmaß, AcP 167 (1967), 394; *Kuhlenbeck*, Der Leihvertrag, JW 1904, 226; *Loschelder*, Die Dauerleihgabe, NJW 2010, 705.

§ 26 Das Sachdarlehen

I. Grundsätzliches

532 Die §§ 607 bis 609 beschäftigen sich mit dem Sachdarlehen. Vor der **Schuldrechtsreform** galten die §§ 607 ff. aF auch für das Gelddarlehen; dieses ist aber nun in den §§ 488 ff. geregelt (→ Rn. 340 ff.). Die §§ 607 ff. nF finden insoweit also keine Anwendung mehr (§ 607 II).

Da Darlehensverträge über Sachen nur in wenigen Fällen abgeschlossen werden, kommt den §§ 607 ff. nur eine **geringe praktische Bedeutung** zu.[214] Im gewerblichen Bereich finden sich allenfalls Darlehensverträge über *Wertpapiere* (sog. »Wertpapierleihe«) oder *Mehrweg-Verpackungen* (Flaschen, Kisten, Paletten, Container etc.).[215] Nach der neueren Rechtsprechung scheidet die Annahme eines Sachdarlehens allerdings bei individualisierten – aufgrund einer dauernden Kennzeichnung als Eigentum eines bestimmten Herstellers erkennbaren – Mehrwegflaschen aus, weil keine Übereignung an den Endabnehmer gewollt ist.[216] Ansonsten spielt das Sachdarlehen nur noch im privaten Bereich eine Rolle: Überlässt ein Nachbar dem anderen Lebensmittel, die zum Verzehr bestimmt sind, und bittet um gleichwertigen Ersatz hierfür, so liegt ein Sachdarlehensvertrag vor, auch wenn umgangssprachlich in diesen Fällen häufig von einer »Leihe« gesprochen wird.[217]

Beispiel: Student S möchte am Sonntag einen Kuchen backen, weil er überraschend Besuch von seinen Eltern erhält. Da er in seinen Vorräten keine Eier mehr findet, bittet er seine Vermieterin V, ihm sechs Eier zu »leihen«. Er verspricht der V, am Montag im Supermarkt sechs neue Eier zu kaufen und ihr diese »zurückzugeben«.

II. Begriff des Sachdarlehens

533 Das Sachdarlehen hat die **Überlassung einer vertretbaren Sache** zum Inhalt. Vertretbare Sachen sind *bewegliche Sachen*, die im Rechtsverkehr nach Maß, Zahl oder Gewicht bestimmt werden (§ 91). Grundstücke können nicht Gegenstand des Sachdarlehens sein. Die Beschränkung auf vertretbare Sachen beruht darauf, dass der

212 Bamberger/Roth/*C. Wagner* § 605 Rn. 2.
213 AnwKomm-*Brors* § 605 Rn. 1; Palandt/*Weidenkaff* § 604 Rn. 4.
214 *Brox/Walker*, Schuldrecht BT, § 17 Rn. 63; MüKoBGB/*Berger* § 607 Rn. 2.
215 Begr. RegE., BT-Drs. 14/6040, 259; MüKoBGB/*Berger* § 607 Rn. 6 ff., 11 ff.; Staudinger/*Freitag* (2010) § 607 Rn. 2.
216 BGH, NJW 2007, 2913; dazu *C. Wolf*, JA 2007, 737 (738); zur Einordnung des Flaschenpfandes s. auch Staudinger/*Freitag* (2010) § 607 Rn. 23 ff.; *Martinek*, JuS 1987, 514 ff.
217 Vgl. MüKoBGB/*Berger* § 607 Rn. 18; *Coester-Waltjen* Jura 2002, 675 (676).

Sachdarlehensnehmer – anders als bei den sonstigen Gebrauchsüberlassungsverträgen – nicht die empfangenen Sachen als solche, sondern Sachen gleicher Art, Güte und Menge **zurückgeben** muss, was bei nicht vertretbaren Sachen nicht möglich wäre.

Der Sachdarlehensvertrag kann eine **Entgeltpflicht** des Darlehensnehmers begründen, er kann aber auch unentgeltlich abgeschlossen werden.[218] Seit der Schuldrechtsreform geht das Gesetz im Regelfall von der Entgeltlichkeit aus, was im wirtschaftlichen Bereich auch der Praxis entspricht.

III. Zustandekommen des Darlehensvertrages

Bei der Neufassung des § 607 I 1 hat der Gesetzgeber klargestellt, dass es sich auch 534
beim Sachdarlehen um einen **Konsensualvertrag** (→ Rn. 344) handelt.[219] Der Vertrag kommt also nach allgemeinen Grundsätzen (§§ 145 ff.) durch die Einigung von Darlehensgeber und Darlehensnehmer zustande. Die Einigung muss zum Inhalt haben, dass der Darlehensgeber dem Darlehensnehmer eine vertretbare Sache überlässt. Auf der anderen Seite verpflichtet sich der Darlehensnehmer, eine Sache von gleicher Art, Güte und Menge nach einer gewissen Zeit zurückzuerstatten (§ 607 I). Die Entgeltlichkeit ist dagegen kein zwingendes Merkmal des Sachdarlehens.

Der Sachdarlehensvertrag bedarf zu seiner Wirksamkeit grundsätzlich **keiner Form.**[220] Für Sachdarlehen über *Wertpapiere* gilt jedoch ein spezielles Schriftformerfordernis nach § 15 II, III DepotG.

IV. Pflichten aus dem Darlehensvertrag

1. Pflichten des Darlehensgebers

Der Darlehensgeber ist nach § 607 I 1 verpflichtet, dem Darlehensnehmer eine ver- 535
einbarte vertretbare Sache zu überlassen. Die Überlassung erfolgt durch **Übereignung der Sache** nach sachenrechtlichen Grundsätzen.[221] Dies ist ein wesentlicher Unterschied zu den anderen Überlassungsverträgen, bei denen das Eigentum bei dem Überlassenden verbleibt.

2. Pflichten des Darlehensnehmers

Der Darlehensnehmer ist gemäß § 607 I 2 verpflichtet, nach Ablauf einer bestimmten 536
Zeit eine Sache gleicher Art, Güte und Menge **zurückzuerstatten.** Ist darüber hinaus die Zahlung eines **Entgelts** vereinbart, so hat es der Darlehensnehmer zum vereinbarten Zeitpunkt (monatlich, jährlich) zu entrichten (§ 607 I 2).[222] Wurde über den Zeitpunkt der Zahlung keine Abrede getroffen, so hat der Darlehensnehmer das Entgelt nach § 609 spätestens bei der Rückerstattung der überlassenen Sache zu bezahlen.

---

218 Hk-BGB/*Ebert* § 609 Rn. 2; *Medicus/Lorenz*, Schuldrecht II, Rn. 589.
219 Bamberger/Roth/*Rohe*, § 607 Rn. 1; *Schlechtriem*, Schuldrecht BT, Rn. 199.
220 MüKoBGB/*Berger* § 607 Rn. 20.
221 *Brox/Walker*, Schuldrecht BT, § 17 Rn. 65; MüKoBGB/*Berger* § 607 Rn. 23.
222 *Gursky*, Schuldrecht BT, S. 106.

3. Rechtsfolgen einer Pflichtverletzung

537 Wird die Sache dem Darlehensnehmer nicht rechtzeitig überlassen oder gibt dieser bei Fälligkeit keine vergleichbare Sache zurück, so finden die Regeln über die **Verzögerung der Leistung** Anwendung. In Betracht kommt ein Schadensersatzanspruch aus §§ 280 I, II, 286. Das Gleiche gilt, wenn der Darlehensnehmer das Entgelt nicht zum vereinbarten Termin zahlt.

Bei einem *entgeltlichen* Sachdarlehen kann der Darlehensnehmer nach § 323 vom Vertrag **zurücktreten**, wenn der Darlehensgeber ihm die Sache nicht rechtzeitig überlässt. Da es sich um ein *Dauerschuldverhältnis* handelt, ist § 323 nach Überlassung des Darlehens grundsätzlich nicht mehr anwendbar (zur parallelen Rechtslage beim Gelddarlehen → Rn. 354). Kommt der Darlehensnehmer mit der Entgeltzahlung in Verzug, so kann der Darlehensgeber den Vertrag daher nur nach § 314 kündigen.[223] Weist die zurückerstattete Sache Mängel auf, so sind die §§ 434 ff. auf die Rechte des Darlehensgebers entsprechend anwendbar.[224]

V. Fälligkeit des Darlehens

538 Wann der Darlehensnehmer das Darlehen zurückzuerstatten hat, richtet sich in erster Linie nach der Parteivereinbarung. Fehlt eine solche, so hängt die Fälligkeit des Rückerstattungsanspruchs von der **Kündigung** durch den Darlehensgeber oder den Darlehensnehmer (§ 608 I) ab. Die Kündigung kann mangels abweichender Vereinbarungen *jederzeit* ohne Einhaltung einer Kündigungsfrist ausgesprochen werden (§ 608 II).[225] Im Übrigen kommt jedenfalls eine außerordentliche Kündigung nach **§ 314** in Betracht.[226]

Literatur: *Acker*, Die Wertpapierleihe, 2. Aufl. 1995; *Kollhosser/Bork*, Rechtsfragen bei der Verwendung von Mehrwegverpackungen, BB 1987, 909; *Martinek*, Das Flaschenpfand als Rechtsproblem, JuS 1987, 514. Vgl. außerdem die Nachweise zu § 18.

223 MüKoBGB/*Berger* § 607 Rn. 35.
224 Palandt/*Weidenkaff* § 607 Rn. 9; Staudinger/*Freitag* (2011) § 607 Rn. 39; für Anwendung des allgemeinen Leistungsstörungsrechts MüKoBGB/*Berger* § 607 Rn. 35.
225 Vgl. dazu BT-Drs. 14/640, 259; Jauernig/*Mansel* §§ 607–609 Rn. 6.
226 Vgl. *Oetker/Maultzsch* § 3 Rn. 114.

3. Teil. Tätigkeitsbezogene Schuldverhältnisse

In den §§ 611–704 sind verschiedene Schuldverhältnisse geregelt, die **nicht** auf die Erbringung einer **Sachleistung**, sondern auf die Ausführung einer **Tätigkeit** gerichtet sind. Die meisten dieser Schuldverhältnisse beruhen auf Verträgen. Es finden sich jedoch auch einseitige Rechtsgeschäfte (vgl. §§ 657 ff.) und gesetzliche Schuldverhältnisse (§§ 677 ff., 701 ff.). 539

1. Abschnitt. Der Dienstvertrag

§ 27 Allgemeines

Wichtigste Ausprägungen der Tätigkeitsverträge sind der Dienstvertrag (§§ 611 ff.) und der Werkvertrag (§§ 631 ff.). In beiden Fällen handelt es sich um Verträge, die auf die Ausführung einer **Tätigkeit gegen Entgelt** gerichtet sind.[1] Dies unterscheidet sie vom Auftrag (§§ 662 ff.), der eine unentgeltliche Tätigkeit zum Gegenstand hat. 540

I. Dienstvertrag und Werkvertrag

Die Abgrenzung zwischen Dienst- und Werkvertrag hat große praktische Bedeutung. Zu beachten ist insbesondere, dass das Werkvertragsrecht **besondere Gewährleistungsvorschriften** (§§ 633 ff.) enthält; demgegenüber gilt im Dienstvertragsrecht allein das **allgemeine Leistungsstörungsrecht**. 541

Das maßgebliche Abgrenzungskriterium lässt sich § 631 II entnehmen. Während der Werkunternehmer einen über das bloße Tätigwerden hinausgehenden **Erfolg** herbeiführen muss, schuldet der Dienstverpflichtete allein die **Erbringung der Tätigkeit**. Der Werkunternehmer erhält die Vergütung daher nur bei erfolgreicher Fertigstellung des Werkes; der Dienstverpflichtete wird dagegen auch bei Fehlschlagen seiner Bemühungen entlohnt.

Bei einem Vertrag über die Herstellung oder Veränderung einer Sache (zB Errichtung eines Bauwerkes, Reparatur von Schuhen) ist regelmäßig ein Erfolg geschuldet. Eingehende Überlegungen zur Abgrenzung von Dienst- und Werkvertrag sind hier nicht erforderlich. Viele Verträge sind jedoch nicht derart einfach zu erfassen. Schließlich wird auch der Dienstberechtigte im Regelfall erwarten, dass die Bemühungen des Dienstverpflichteten nicht völlig erfolglos bleiben.[2] Die Abgrenzung muss dann im Wege der **Vertragsauslegung** erfolgen, also durch Ermittlung des Willens beider Parteien unter Berücksichtigung der Verkehrssitte (§§ 133, 157).[3] 542

Als ein wichtiges Abgrenzungskriterium hat sich die **vertragliche Risikoverteilung hinsichtlich der Vergütung** erwiesen.[4] Die Annahme eines Werkvertrages liegt hier- 543

---

1 Vgl. Staudinger/*Richardi/Fischinger* (2011) Vorbem. zu §§ 611 ff. Rn. 3 und 23.
2 Vgl. *Brox/Walker*, Schuldrecht BT, § 19 Rn. 9.
3 Vgl. BGH, NJW 2002, 3323; MüKoBGB/*Busche* § 631 Rn. 16.
4 OLG Düsseldorf NJW-RR 1998, 345; Staudinger/*Richardi/Fischinger* (2011) Vorbem. zu §§ 611 ff. Rn. 39; MüKoBGB/*Busche* § 631 Rn. 17; Hk-BGB/*Schreiber* § 611 Rn. 5.

nach nahe, wenn der Schuldner nur bei Eintritt eines bestimmten Erfolges eine Vergütung erhalten soll. Soll der Schuldner hingegen auch bei Ausbleiben des Erfolges für das bloße Tätigwerden entlohnt werden, so ist von einem Dienstvertrag auszugehen.

Ein Dienstvertrag ist auch dann anzunehmen, wenn der Erfolgseintritt außerhalb der Einflusssphäre des Schuldners liegt oder nicht ausschließlich von dessen Fähigkeiten abhängt.[5] Dann kann nämlich kaum angenommen werden, dass der Schuldner für die Herbeiführung des Erfolges einstehen will. Die **ärztliche Behandlung** und die **Prozessführung** des Rechtsanwalts werden daher regelmäßig aufgrund eines Dienstvertrages erbracht.

544 In einigen Bereichen gibt es **Mischformen** zwischen Dienst- und Werkvertrag. Die hM geht grundsätzlich von der Trennungstheorie (→ Rn. 12) aus. Die Haftung des Schuldners bestimmt sich damit für die eine Tätigkeit nach Werkvertrags- und für die andere nach Dienstvertragsrecht.[6] Beim **Architektenvertrag** wird dagegen auf den *Schwerpunkt der Tätigkeit* abgestellt, weil sich wegen der Einheitlichkeit des Honoraranspruchs eine Aufspaltung des Vertrages verbiete.[7]

Zur Vertiefung: Hat der Architekt den Bauplan zu erstellen, so besteht darin der Schwerpunkt seiner Tätigkeit. Es liegt somit ein Werkvertrag vor.[8] Auch die anderen Architektentätigkeiten wie Bauleitung und örtliche Bauaufsicht sind aber auf die Herbeiführung eines Erfolges – nämlich die Fertigstellung des Bauwerks – gerichtet. Die neuere Rechtsprechung geht deshalb auch dann von einem Werkvertrag aus, wenn dem Architekten nur die Bauleitung und die Bauaufsicht übertragen sind.[9]

II. Freier Dienstvertrag und Arbeitsvertrag

1. Gemeinsamkeiten und Unterschiede

545 Im Anwendungsbereich der §§ 611 ff. ist zwischen zwei Grundformen des Dienstvertrages zu unterscheiden: dem **selbständigen (freien) Dienstvertrag** und dem **Arbeitsvertrag.**[10] Die Notwendigkeit einer solchen Unterscheidung ergibt sich bei einer *formalen* Betrachtung schon daraus, dass einige Vorschriften ausschließlich für Arbeitsverhältnisse gelten (vgl. §§ 612 a, 613 a, 615 S. 3, 619 a, 622 und 623), während andere Normen gerade *nicht* auf Arbeitsverhältnisse anwendbar sind (§§ 621, 627).

Wichtiger sind aber die *inhaltlichen Unterschiede* zwischen freien Dienstverträgen und Arbeitsverträgen. Nach dem Leitbild der **Privatautonomie** stehen sich im Vertragsrecht zwei gleich starke Parteien gegenüber, die aufgrund eines Verhandlungsprozesses eine für beide Seiten annehmbare Lösung vereinbaren (s. SAT Rn. 49 ff.). Dieser Gedanke trifft auch auf freie Dienstverträge zu. Bei Arbeitsverträgen ist dagegen zu beachten, dass der Arbeitnehmer auf eine entgeltliche Tätigkeit existenziell angewiesen ist und zudem wegen seiner persönlichen Abhängigkeit von dem wirtschaftlich überlegenen Arbeitgeber besonders schutzwürdig erscheint.

5 Vgl. *Oetker/Maultzsch* § 7 Rn. 11.
6 *Emmerich*, Schuldrecht BT, § 9 Rn. 5.
7 BGHZ 59, 163 (166); *Larenz*, Schuldrecht II/1, § 53 I.
8 BGHZ 31, 224 (227).
9 BGHZ 82, 100 (103 ff.); anders noch BGHZ 59, 163 (166): Dienstvertrag.
10 Zur systematischen Einordnung des Arbeitsvertrages als Unterfall des Dienstvertrages vgl. Soergel/*Raab* Vor § 611 Rn. 2; *Medicus/Lorenz*, Schuldrecht II, Rn. 617; *Larenz*, Schuldrecht II/1, § 52 I.

Das BGB hat dieser Ungleichgewichtslage in seiner ursprünglichen Fassung nur wenig Beachtung geschenkt. Zwischenzeitliche Pläne zur Schaffung eines eigenständigen Arbeitsgesetzbuchs wurden nicht verwirklicht.[11] Stattdessen hat der Gesetzgeber einige zusätzliche **Vorschriften in das BGB** aufgenommen (vgl. §§ 612 a, 613 a, 615 S. 3, 619 a, aber auch § 310 IV), die den Besonderheiten des Arbeitsvertrages Rechnung tragen. Davon abgesehen gibt es außerhalb des BGB eine Vielzahl **spezieller Gesetze** zum Schutz des Arbeitsnehmers.[12] Seit dem 1. 1. 2003 finden sich überdies in den §§ 105–110 GewO einige **allgemeine arbeitsrechtliche Regelungen**, die nach § 6 II GewO auf alle Arbeitnehmer anwendbar sind.[13] 546

Das Arbeitsrecht wird im Übrigen in weitem Umfang durch **kollektive Verträge** geprägt. Zu unterscheiden ist zwischen *Tarifverträgen*, die von den Tarifvertragsparteien auf der Grundlage des Art. 9 III GG und des Tarifvertragsgesetzes geschlossen werden, und *Betriebsvereinbarungen* zwischen Arbeitgeber und Betriebsrat nach dem Betriebsverfassungsgesetz.

2. Abgrenzungskriterien

Die hM sieht die **persönliche Abhängigkeit** und die **Weisungsgebundenheit** des Dienstverpflichteten als maßgebliche Merkmale der Arbeitnehmereigenschaft an.[14] Einen normativen Anknüpfungspunkt liefert die Definition des § 84 I 2 HGB. Selbständig ist danach, wer im Wesentlichen frei seine Tätigkeit gestalten und seine Arbeitszeit bestimmen kann. Die Vorschrift bezieht sich zwar unmittelbar nur auf den selbständigen Handelsvertreter; sie enthält aber einen darüber hinaus reichenden allgemeinen Rechtsgedanken. Ein wichtiges Indiz für die persönliche Abhängigkeit des Dienstverpflichteten ist die Eingliederung in die Arbeitsorganisation des Dienstberechtigten. Es ist heute jedoch anerkannt, dass eine solche Eingliederung im Einzelfall fehlen kann.[15] So kann etwa Telearbeit aufgrund eines Arbeitsvertrages oder eines freien Dienstvertrages geleistet werden.[16] 547

Typische Beispiele für selbständige Dienstverhältnisse sind Verträge mit **Freiberuflern** (Rechtsanwälten, Steuerberatern, Ärzten etc.). Das Gleiche gilt etwa für Handelsvertreter (§ 84 I HGB) oder »freie Mitarbeiter«. Entscheidend ist jedoch nicht die im Vertrag gewählte Bezeichnung, sondern die tatsächliche Ausformung der geschuldeten Tätigkeit.[17]

Hinweis: Die nachfolgende Darstellung konzentriert sich auf die allgemeinen Regeln über den Dienstvertrag. Dabei werden zwar auch die jeweiligen Besonderheiten des Arbeitsrechts berücksichtigt. Da das Arbeitsrecht sich seit längerem zu einem eigenständigen Rechtsgebiet entwickelt hat, muss wegen der Einzelheiten aber auf die speziellen Lehrbücher zum Arbeitsrecht verwiesen werden.

11 Vgl. dazu Staudinger/*Richardi/Fischinger* (2011) Vorbem. zu §§ 611 ff. Rn. 206 ff.
12 Z. B. Kündigungsschutzgesetz, Teilzeit- und Befristungsgesetz, Entgeltfortzahlungsgesetz, Mutterschutzgesetz, Jugendarbeitsschutzgesetz.
13 Vgl. dazu Jauernig/*Mansel* Vor § 611 Rn. 2.
14 BAGE 12, 303 (307); 77, 226 (232); Palandt/*Weidenkaff* Einf. v. § 611 Rn. 7.
15 Ausführlich dazu Staudinger/*Richardi/Fischinger* (2011) Vorbem. zu §§ 611 ff. Rn. 234 ff.
16 Zur Telearbeit Staudinger/*Richard/Fischingeri* (2011) Vorbem. zu §§ 611 ff. Rn. 303 f.
17 Vgl. hierzu MüKoBGB/*Müller-Glöge* § 611 Rn. 172.

III. Zustandekommen und Wirksamkeit des Dienstvertrages

1. Der Grundsatz der Vertragsfreiheit

548 Trotz der besonderen Schutzwürdigkeit des Arbeitnehmers gilt der Grundsatz der Vertragsfreiheit für alle Dienstverträge **einschließlich der Arbeitsverträge**. Dies wird in § 105 GewO ausdrücklich betont. Das Arbeitsrecht enthält jedoch einige besondere Regelungen, welche die Vertragsfreiheit zum Schutz des Arbeitnehmers einschränken.

a) Einschränkungen der Abschlussfreiheit bei Arbeitsverträgen

549 Besonders große Bedeutung kommt dem Grundsatz der Abschlussfreiheit zu, der sowohl auf Seiten des Arbeitgebers als auch auf Seiten des Arbeitnehmers durch das Grundrecht der Berufsfreiheit (Art. 12 GG) geschützt wird.[18] Hier finden sich daher traditionell nur wenige gesetzliche Einschränkungen. Zu nennen ist etwa das **Verbot der Kinderarbeit** nach § 5 Jugendarbeitsschutzgesetz. Zugunsten von **Schwerbehinderten** sieht § 71 SGB IX ein **Abschlussgebot** vor. Ein Schwerbehinderter erhält hierdurch zwar keinen Einstellungsanspruch; der Arbeitgeber muss aber bei Unterschreitung der vorgeschriebenen Quote eine Ausgleichsabgabe entrichten.[19]

550 Die Abschlussfreiheit wird im Übrigen durch das **Allgemeine Gleichbehandlungsgesetz (AGG)** v. 14. 8. 2006[20] (dazu SAT Rn. 58, 121) beschränkt, das auf mehreren EG-Richtlinien beruht und unter anderem die bisherigen Diskriminierungsverbote der §§ 611 a, 611 b und 612 III aF ersetzt hat. Nach § 1 iVm § 7 I AGG ist dem Arbeitgeber verboten, Beschäftigte aus Gründen der Rasse oder wegen der ethnischen Herkunft, des Geschlechts, der Religion oder Weltanschauung, einer Behinderung, des Alters oder der sexuellen Identität zu benachteiligen. Der Schutz vor solchen Benachteiligungen kommt auch Personen zugute, die sich um ein Beschäftigungsverhältnis bewerben (§ 6 I 2 AGG).[21] Praktische Bedeutung hat vor allem die Ungleichbehandlung wegen des **Alters**[22] und des **Geschlechts.**[23] Nach Art. 8 I AGG kann die Anknüpfung an das »verpönte« Merkmal **gerechtfertigt** sein, wenn es sich dabei wegen der Art der auszuübenden Tätigkeit oder der Bedingungen ihrer Ausübung um eine wesentliche und entscheidende berufliche Anforderung handelt.

> **Beispiel** (BAG, NZA 2009, 1016): Der Träger eines Mädcheninternats verstößt nicht gegen das Verbot der geschlechtsbezogenen Diskriminierung, wenn er eine Stelle, die mit Nachtdiensten in dem Internat verbunden ist, nur mit einer Frau besetzen will und deshalb männliche Bewerber unberücksichtigt lässt. Die Ungleichbehandlung ist in diesem Fall vielmehr nach § 8 I AGG gerechtfertigt.

Ein Verstoß gegen das Benachteiligungsverbot verschafft dem Betroffenen **keinen Anspruch auf Begründung des Beschäftigungsverhältnisses** (§ 15 VI AGG).[24] Hat der Arbeitgeber die Pflichtverletzung zu vertreten, so muss er dem Bewerber aber den dadurch entstandenen **materiellen Schaden** (zB Bewerbungskosten) ersetzen (§ 15 I AGG).

---

18 Vgl. MüKoBGB/*Müller-Glöge* § 611 Rn. 590 ff.
19 MüKoBGB/*Müller-Glöge* § 611 Rn. 597.
20 BGBl. I 1897.
21 Vgl. BAG, NZA 2009, 1016 (1018); *Adomeit/Mohr*, NZA 2007, 179 ff.
22 Dazu BAG, NZA 2009, 945.
23 BAG, NZA 2009, 1016 = JA 2010, 903 (*Krause*).
24 MüKoBGB/*Thüsing* § 15 AGG Rn. 1; *Annuß*, BB 2006, 1629 (1634).

Nach § 15 II AGG kann der Benachteiligte außerdem eine angemessene Entschädigung in Geld verlangen. Es handelt sich um eine Sondervorschrift zu § 253 I (vgl. SAT Rn. 968), die auf den Ersatz des **immateriellen Schadens** gerichtet ist. Bei einer Nichteinstellung darf die Entschädigung drei Monatsgehälter nicht übersteigen, wenn der Bewerber auch ohne die Diskriminierung nicht eingestellt worden wäre (§ 15 II 2 AGG).[25] Ob der Arbeitgeber sich auch bei § 15 II AGG damit entlasten kann, er habe die Pflichtverletzung nicht zu vertreten, lässt sich dem Gesetzeswortlaut nicht eindeutig entnehmen. Der systematische Zusammenhang mit § 15 I AGG könnte darauf hindeuten, dass das **Vertretenmüssen** bei beiden Absätzen relevant ist. Dem steht aber entgegen, dass der Entschädigungsanspruch nach der zugrunde liegenden EG-Richtlinie *verschuldensunabhängig* gewährt werden muss. Insofern ist also eine richtlinienkonforme Auslegung geboten.[26]

b) Formfreiheit

551 Der Abschluss des Dienstvertrages bedarf in der Regel keiner Form.[27] Ausnahmen können sich wiederum im **Arbeitsrecht** ergeben. So ist in *Tarifverträgen* häufig ein Schriftformerfordernis vorgesehen. Darüber hinaus ergibt sich aus dem *Nachweisgesetz* von 1995, dass die wesentlichen Vertragsbedingungen bei Arbeitsverträgen spätestens einen Monat nach Vertragsbeginn schriftlich niedergelegt werden sollen.[28] In beiden Fällen hat die Schriftform jedoch keine konstitutive Bedeutung; ein Formfehler führt daher auch nicht nach § 125 zur Nichtigkeit des Vertrages.[29]

2. Geltung der allgemeinen Regeln über Rechtsgeschäfte

552 Zustandekommen und Wirksamkeit des Dienstvertrages unterliegen im Übrigen den allgemeinen Regeln des BGB über Rechtsgeschäfte (§§ 104 ff.). Hiernach müssen beide Parteien grundsätzlich voll **geschäftsfähig** sein.[30] Bei Minderjährigkeit sind die Sonderregeln der §§ 112, 113 zu beachten.[31] Arbeitsverträge mit Kindern unter 13 Jahren sind aber in jedem Fall nach § 134 iVm § 5 Jugendarbeitsschutzgesetz unwirksam.[32]

553 Lag bei Vertragsschluss ein Willensmangel vor, so kann der Dienstvertrag nach § 119 oder § 123 **angefochten** werden. Bei der Anfechtung eines Arbeitsvertrages durch den Arbeitgeber wegen arglistiger Täuschung (§ 123 I) ist allerdings zu beachten, dass dem Arbeitnehmer bei diskriminierenden Fragen ein **»Recht zur Lüge«** zusteht. Die unwahre Beantwortung einer solchen Frage stellt deshalb keine *rechtswidrige* Täuschung dar.[33]

Beispiel: Eine Arbeitnehmerin täuscht beim Einstellungsgespräch über eine bestehende Schwangerschaft. Ein Anfechtungsgrund wegen Täuschung besteht nicht, weil die Frage nach einer Schwangerschaft grundsätzlich unzulässig ist.[34] Dies gilt auch dann, wenn wegen der Schwangerschaft ein

25 Vgl. *Seel*, JA 2007, 206 (208).
26 Vgl. BT-Drs. 16/1780, 38; BGH, NZA 2009, 945 (951); Palandt/*Weidenkaff* § 15 AGG Rn. 6.
27 *Larenz*, Schuldrecht II/1, § 52 I.
28 *Emmerich*, Schuldrecht BT, § 9 Rn. 9; ausführlich zum Nachweisgesetz Staudinger/*Richardi/Fischinger* (2011) § 611 Rn. 38 ff.; *Grünberger*, NJW 1995, 2809 ff.
29 *Brox/Walker*, Schuldrecht BT, § 19 Rn. 21; *Schlechtriem*, Schuldrecht BT, Rn. 349.
30 Vgl. Soergel/*Raab* § 611 Rn. 8 ff.
31 Dazu *Brox/Walker*, BGB AT, Rn. 296 f.
32 Vgl. NK-BGB/*Looschelders* § 134 Rn. 105.
33 Vgl. *Oetker*, RdA 2004, 8 (14); *Schatzschneider*, NJW 1993, 1115; speziell mit Blick auf das AGG *Wisskirchen/Bissels*, NZA 2007, 169 ff.
34 EuGH, NJW 1994, 2077; BAG, NZA 2003, 848; Palandt/*Weidenkaff* § 611 Rn. 6 ff.

Beschäftigungsverbot nach dem MuSchG besteht.[35] Das BAG hat seine einschlägige Rechtsprechung bislang auf § 611 a aF gestützt. Nach geltendem Recht sind die §§ 1, 3 I 2, 7 I AGG anwendbar.

Die Zulässigkeit einer Frage hängt im Übrigen davon ab, ob der Arbeitgeber an der Auskunft ein *berechtigtes schutzwürdiges Interesse* hat. Nach **Vorstrafen** darf daher nur gefragt werden, wenn sie für die in Aussicht genommene Tätigkeit relevant sind.[36]

3. Fehlerhafte Arbeits- und Dienstverhältnisse

554 Liegt eine wirksame Anfechtung oder ein sonstiger Unwirksamkeitsgrund vor, so ist der Vertrag nach allgemeinen Regeln **von Anfang an nichtig** (§ 142 I). Diese Regeln können bei Dienstverträgen indes nicht uneingeschränkt angewendet werden.

a) Arbeitsverträge

555 Die Einschränkung der ex tunc-Nichtigkeit wird insbesondere bei Arbeitsverträgen befürwortet. Hier haben sich folgende Grundsätze herausentwickelt: Solange die **Arbeitstätigkeit noch nicht aufgenommen** wurde, ist der nichtige Vertrag nach allgemeinen Regeln von Anfang an unwirksam und der angefochtene Vertrag wird nach § 142 I mit ex tunc-Wirkung nichtig. Ist das Arbeitsverhältnis durch Aufnahme der Tätigkeit bereits **in Vollzug gesetzt** worden, so würde die rückwirkende Vernichtung des Vertrages dem Arbeitnehmer den Vergütungsanspruch für die schon geleisteten Dienste entziehen. Um dies zu vermeiden, kommt eine Nichtigkeit nur mit Wirkung für die Zukunft (*ex nunc*) in Betracht. Für die Vergangenheit besteht damit ein sog. **fehlerhaftes Arbeitsverhältnis.**[37] Bei Minderjährigen und anderen nicht (voll) geschäftsfähigen Personen darf die Aufrechterhaltung des Arbeitsverhältnisses aber nicht dazu führen, dass sie vertraglichen Schadensersatzansprüchen nach §§ 280 ff. ausgesetzt sind.[38]

Die Regeln über das fehlerhafte Arbeitsverhältnis gelten grundsätzlich auch für **gesetz- oder sittenwidrige Verträge** (§§ 134, 138). Eine Ausnahme muss aber für den Fall gemacht werden, dass der Dienstvertrag auf die Ausführung einer gesetzwidrigen (insbesondere strafbaren) oder sittenwidrigen **Handlung** gerichtet ist.[39] Denn hier erscheint das Interesse des Dienstverpflichteten an der Aufrechterhaltung seines Vergütungsanspruchs für die Vergangenheit nicht schutzwürdig. Die Rückabwicklung richtet sich nach den §§ 812 ff., wobei die Kondiktionssperre des § 817 S. 2 zu beachten ist.

Zur Vertiefung: Besonderheiten gelten für Verträge über die Vornahme *sexueller Handlungen*. Diese waren früher nach ganz hM gemäß § 138 I sittenwidrig und konnten daher keinen Entgeltanspruch der Prostituierten begründen.[40] Das am 1. 1. 2002 in Kraft getretene Prostitutionsgesetz (ProstG) ordnet nunmehr aber in § 1 S. 1 an, dass den Prostituierten bei Vornahme sexueller Handlungen gegen ein vorher vereinbartes Entgelt ein Anspruch auf Zahlung des Entgelts zusteht. Die gleiche Rechtsfolge ist für den Fall vorgesehen, dass die Betroffenen sich *im Rahmen eines Beschäftigungs-*

35 BAG, NZA 2003, 848; anders noch BAG, NJW 1993, 1154.
36 BAG, NJW 1999, 3653.
37 Erman/*Edenfeld* § 611 Rn. 267; Palandt/*Weidenkaff* § 611 Rn. 22 f.
38 *Brox/Walker*, Schuldrecht BT, § 19 Rn. 25.
39 Vgl. *Schlechtriem*, Schuldrecht BT, Rn. 352; NK-BGB/*Looschelders* § 138 Rn. 133.
40 Vgl. nur BGHZ 67, 119 (122); Soergel/*Hefermehl* § 138 Rn. 208.

verhältnisses für die Erbringung derartiger Handlungen gegen ein vorher vereinbartes Entgelt für eine bestimmte Zeitdauer bereitgehalten haben (§ 1 S. 2 ProstG). Auf der anderen Seite bleibt ein Anspruch der Kunden auf Vornahme sexueller Handlungen mit Rücksicht auf die Menschenwürde der Prostituierten (Art. 1 GG) ausgeschlossen.[41]

b) Freie Dienstverträge

Ob die Grundsätze über das fehlerhafte Arbeitsverhältnis *auf freie Dienstverträge übertragbar* sind, ist umstritten. Sieht man den entscheidenden Grund für die Durchbrechung der ex tunc-Nichtigkeit in der **besonderen Schutzwürdigkeit des Arbeitnehmers**, so ist eine Übertragung auf freie Dienstverträge nicht möglich;[42] eine Ausnahme kommt allenfalls bei *arbeitnehmerähnlichen Personen* in Betracht, deren soziale und wirtschaftliche Abhängigkeit vom Dienstberechtigten mit der eines Arbeitnehmers vergleichbar ist.[43] Ein weiterer Grund für die Einschränkung der Nichtigkeit liegt jedoch in der **Schwierigkeit einer bereicherungsrechtlichen Rückabwicklung** erbrachter Dienstleistungen, weil deren Wert unwiderruflich in das Vermögen des Dienstberechtigten übergeht, ohne dass sich dies notwendig in einer konkreten Vermögensmehrung messen lässt.[44] Dieser Grund trifft auch auf freie Dienstverträge zu.[45] Die Rechtsprechung geht daher zu Recht davon aus, dass die Regeln über das fehlerhafte Arbeitsverhältnis grundsätzlich auch auf freie Dienstverträge anwendbar sind.[46] 556

Literatur: *Adomeit*, Der Dienstvertrag des BGB und die Entwicklung zum Arbeitsrecht, NJW 1996, 1710; *Adomeit/Mohr*, Benachteiligung von Bewerbern (Beschäftigten) nach dem AGG als Anspruchsgrundlage für Entschädigung und Schadensersatz, NZA 2007, 179; *Annuß*, Das Allgemeine Gleichbehandlungsgesetz im Arbeitsrecht, BB 2006, 1629; *Brox/Rüthers/Henssler*, Arbeitsrecht, 18. Aufl. 2011; *Däubler*, Die Auswirkungen der Schuldrechtsmodernisierung auf das Arbeitsrecht, NZA 2001, 1329; Erfurter Kommentar zum Arbeitsrecht, 11. Aufl. 2011; *Dütz*, Arbeitsrecht, 15. Aufl. 2011; *Grünberger*, Nachweisgesetz und Änderung des Kündigungsschutzgesetzes, NJW 1995, 2809; *Hanau/Adomeit*, Arbeitsrecht, 14. Aufl. 2007; *Henssler*, Arbeitsrecht und Schuldrechtsreform, RdA 2002, 129; *Hromadka/Maschmann*, Arbeitsrecht, Bd. 1, 4. Aufl. 2008; *Hümmerich/Holthausen*, Der Arbeitnehmer als Verbraucher, NZA 2002, 173; *Kamanabrou*, Die arbeitsrechtlichen Vorschriften des Allgemeinen Gleichbehandlungsgesetzes, RdA 2006, 321; *Lieb/Jacobs*, Arbeitsrecht, 9. Aufl. 2006; *Preis*, Individualarbeitsrecht, 3. Aufl. 2009; *Preis/Bender*, Recht und Zwang zur Lüge – Zwischen List, Tücke und Wohlwollen im Arbeitsleben, NZA 2005, 1321; *Schatzschneider*, Frage nach der Schwangerschaft und gemeinschaftsrechtliches Diskriminierungsverbot, NJW 1993, 115; *Seel*, Praxisfälle zum Allgemeinen Gleichbehandlungsgesetz, JA 2007, 206; *Tillmanns*, Strukturfragen des Dienstvertrages, 2007; *Walker*, Der Entschädigungsanspruch nach § 15 II AGG, NZA 2009, 5; *Wendehorst*, Das Vertragsrecht der Dienstleistungen im deutschen und künftigen europäischen Recht, AcP 206 (2006), 205; *Wisskirchen/Bissels*, Das Fragerecht des Arbeitgebers bei Einstellung unter Berücksichtigung des AGG, NZA 2007, 169; *Wörlen/Kokemoor*, Arbeitsrecht, 10. Aufl. 2011; *Zöllner/Loritz/Hergenröder*, Arbeitsrecht, 6. Aufl. 2008.

41 NK-BGB/*Looschelders* Anh. zu § 138 Rn. 1 ff.; MüKoBGB/*Armbrüster* § 1 ProstG Rn. 7.
42 So *Oetker/Maultzsch* § 7 Rn. 31.
43 BGHZ 53, 152 (159). Zur arbeitnehmerähnlichen Person Palandt/*Weidenkaff* Einf. v. § 611 Rn. 9.
44 Vgl. Staudinger/*Richardi/Fischinger* (2011) § 611 Rn. 307.
45 So auch Bamberger/Roth/*Fuchs* § 611 Rn. 8.
46 Vgl. BGH, NJW 2000, 2983: »faktisches Dienstverhältnis«.

§ 28 Rechte und Pflichten der Parteien

557 Die Hauptleistungspflichten der Parteien sind in § 611 I geregelt. Danach ist der Dienstverpflichtete zur Leistung der versprochenen Dienste und der Dienstberechtigte zur Gewährung der vereinbarten Vergütung verpflichtet. Beide Pflichten stehen in einem **Gegenseitigkeitsverhältnis** (Synallagma). Die §§ 320 ff. sind daher grundsätzlich anwendbar (vgl. aber auch → Rn. 586). Im Übrigen treffen beide Parteien Nebenpflichten, bei deren Verletzung unter anderem Schadensersatzansprüche aus §§ 280 ff. in Betracht kommen.

I. Pflichten des Dienstverpflichteten

1. Leistung der versprochenen Dienste

558 Die Hauptleistungspflicht des Verpflichteten besteht nach § 611 I in der Leistung der versprochenen Dienste. Eine genaue gesetzliche Umschreibung der Dienste ist naturgemäß nicht möglich. § 611 II stellt lediglich klar, dass der Vertrag **»Dienste jeder Art«** zum Gegenstand haben kann.

Zur Vertiefung: Mit der Wendung »Dienste jeder Art« wollte der Gesetzgeber deutlich machen, dass die §§ 611 ff. auch auf »Dienste höherer Art« (vgl. § 627 I), wie etwa die Tätigkeiten von Ärzten, Rechtsanwälten und Lehrern, anwendbar sind. Die Klarstellung war nötig, weil solche Tätigkeiten nach der römischen Rechtstradition aufgrund eines Auftrags (mandatum) erbracht wurden.[47] Soweit der Dienstvertrag die selbständige Wahrnehmung fremder Vermögensinteressen betrifft, kommen über die Verweisung des § 675 I aber auch heute einige wichtige Vorschriften über den Auftrag ergänzend zur Anwendung (s. → Rn. 820 ff.).

Der Inhalt der Dienstleistungspflicht bestimmt sich in erster Linie nach den **vertraglichen Vereinbarungen**. Soweit diese nicht eindeutig sind, können sie oft durch *Auslegung* nach Treu und Glauben mit Rücksicht auf die Verkehrssitte (§§ 133, 157) konkretisiert werden. Dabei sind die Gepflogenheiten der jeweiligen Branche zu berücksichtigen.[48]

Beispiel (BAG AP Nr. 2 zu § 21 MTL II): Nach Ansicht des BAG umfasst die Arbeitspflicht eines Kraftfahrers nicht nur den Fahrdienst, sondern auch die Wartung und Pflege des Fahrzeugs sowie die Durchführung kleinerer Reparaturen.

559 Die Modalitäten der geschuldeten Dienstleistung lassen sich allerdings nicht immer von vornherein im Einzelnen festlegen. Dies gilt namentlich bei Arbeitsverträgen. Die Konkretisierung erfolgt hier durch das **Direktions- oder Weisungsrecht** des Arbeitgebers. Dieser ist nach § 106 GewO berechtigt, Inhalt, Ort und Zeit der Arbeitsleistung nach billigem Ermessen näher zu bestimmen. Dabei muss der Arbeitgeber sich aber in dem Rahmen halten, der durch den Inhalt des Arbeitsverhältnisses, etwa bestehende Betriebsvereinbarungen und Tarifverträge, sowie das Gesetz vorgegeben ist.

Bei **freien Dienstverträgen** ist es dagegen oft Sache des **Verpflichteten**, die Ausführung der Dienstleistung im Einzelnen zu konkretisieren.[49]

47 Vgl. Staudinger/*Richardi/Fischinger* (2011) Vorbem. zu §§ 611 ff. Rn. 11.
48 Vgl. Staudinger/*Looschelders/Olzen* (2009) § 242 Rn. 768.
49 *Schlechtriem*, Schuldrecht BT, Rn. 355.

Beispiel: Ein Patient sucht wegen einer Erkrankung einen Arzt auf. Wie bei der Untersuchung und Behandlung vorzugehen ist, bestimmt der Arzt aufgrund seines Fachwissens selbst. Dabei muss er aber mit dem Patienten Rücksprache halten.

2. Der persönliche Charakter der Leistungspflicht

Nach § 613 S. 1 muss der Dienstverpflichtete die Dienste **im Zweifel persönlich** 560 erbringen. Da es sich um eine bloße Auslegungsregel handelt, sind abweichende Vereinbarungen möglich. Ausnahmen können sich darüber hinaus aus dem Inhalt des Dienstverhältnisses ergeben. Bei **Arbeitsverträgen** steht der persönliche Charakter der Leistungspflicht allerdings so im Vordergrund, dass der Arbeitnehmer sich in aller Regel nicht durch einen betriebsfremden Dritten »vertreten« lassen kann.[50]

Beispiel (LAG Schleswig-Holstein, NZA 1987, 669): Der A ist im Außendienst der Fa. F tätig. Zu seinen Aufgaben gehört insbesondere, die Kunden der F mit dem ihm zur Verfügung gestellten Firmenwagen zu besuchen. Als ihm der Führerschein für längere Zeit entzogen wird, bittet A seine Ehefrau F, ihn mit dem Firmenwagen zu den Kunden zu fahren. Nach Ansicht des LAG ist dies mit dem höchstpersönlichen Charakter des Arbeitsverhältnisses nicht vereinbar. Der Arbeitnehmer darf hiernach auch nicht einen Teil seiner Tätigkeit auf andere Personen delegieren.

Bei **freien Dienstverträgen** (zB Rechtsanwälten, Ärzten) ist eine *vollständige* Über- 561 tragung der geschuldeten Tätigkeit im Allgemeinen ebenfalls unzulässig. Dagegen ist der Einsatz von *Gehilfen* in den meisten Bereichen zulässig.[51] Denn nach der Verkehrsauffassung kann regelmäßig nicht erwartet werden, dass der Verpflichtete alle Tätigkeiten persönlich ausführt.

Beispiel: Mandant M beauftragt den erfahrenen Strafverteidiger S damit, in einem Strafverfahren seine Verteidigung zu übernehmen. Da S das Mandat aufgrund seiner besonderen Erfahrung erhalten hat, darf er die Verteidigung nicht gegen den Willen des M einem in seiner Kanzlei tätigen Berufsanfänger überlassen. Er kann sich aber für bestimmte Tätigkeiten (zB das Tippen von Schriftsätzen) einer Sekretärin als Gehilfin bedienen oder sich durch Referendare und Kollegen zuarbeiten lassen.

Aus dem höchstpersönlichen Charakter der Dienstleistungspflicht folgt außerdem, 562 dass der Anspruch auf die Dienstleistung im Zweifel **nicht übertragbar** und damit nicht abtretbar ist (§ 613 S. 2). Der Sache nach ergibt sich dies freilich schon aus § 399 Alt. 1, weil die Dienstleistung an einen anderen nicht ohne Veränderung ihres Inhalts erbracht werden kann (vgl. SAT Rn. 1105).[52] Konsequenz ist, dass der Arbeitgeber den Arbeitnehmer nicht ohne dessen Zustimmung an einen Dritten »verleihen« kann.[53]

3. Besonderheiten beim Betriebsübergang

Die Grundregel des § 613 S. 2 bereitet im Arbeitsrecht Probleme, wenn der **Betrieb** 563 **des Arbeitgebers** (zB aufgrund einer Veräußerung) auf einen **anderen Inhaber** übergeht. Denn danach könnten die bestehenden Arbeitsverhältnisse nur aufgrund einer Vereinbarung zwischen allen Beteiligten auf den neuen Inhaber übertragen werden.[54] Dieser hätte es damit in der Hand, die Weiterbeschäftigung abzulehnen

50 Vgl. ErfK/*Preis* § 613 Rn. 2; MüKoBGB/*Müller-Glöge* § 613 Rn. 6.
51 *Brox/Walker*, Schuldrecht BT, § 20 Rn. 3; *Larenz*, Schuldrecht II/1, § 52 II.
52 *Medicus/Lorenz*, Schuldrecht II, Rn. 626; Staudinger/*Richardi/Fischinger* (2011) § 613 Rn. 18.
53 Vgl. Jauernig/*Mansel* § 611 Rn. 3.
54 Vgl. MüKoBGB/*Müller-Glöge* § 613 a Rn. 8; *Larenz*, Schuldrecht II/1, § 52 IIa.

und so den Kündigungsschutz zu unterlaufen. Im Arbeitsrecht kommt es indes weniger auf die Person des Arbeitgebers als vielmehr auf die Zugehörigkeit zu einem bestimmten Betrieb an.[55] Dem trägt § 613 a I Rechnung, indem er anordnet, dass der Erwerber in die Rechte und Pflichten aus den bestehenden Arbeitsverhältnissen eintritt.[56] Ebenso wie bei § 566 (→ Rn. 487) handelt es sich um einen Fall des *gesetzlichen Vertragsübergangs* (vgl. SAT Rn. 1169). Die Privatautonomie des Arbeitnehmers wird dadurch gewahrt, dass er dem Übergang des Arbeitsverhältnisses nach § 613 a VI widersprechen kann.

Bei der Anwendung des § 613 a ist zu beachten, dass der Betriebsübergang nicht notwendig die **Übernahme von Personal** durch den neuen Betrieb voraussetzt. Die Rechtsprechung unterscheidet vielmehr danach, ob die menschliche Arbeitskraft oder die sächlichen Betriebsmittel (Räume, Inventar, Arbeitsgeräte etc.) bei wertender Betrachtung den Kern des Betriebs ausmachen. Im letzteren Fall kann die **Übernahme der Betriebsmittel** für sich genommen die Anwendbarkeit des § 613 a begründen.[57] Die bloße Übertragung einer bestimmten Aufgabe oder Funktion auf einen anderen Betrieb (ohne Übernahme von Personal oder Betriebsmitteln) ist dagegen nicht ausreichend.

Beispiel (EuGH, NJW 2004, 45): Krankenhaus K lässt die Speisen für seine Patienten in der krankenhauseigenen Küche durch ein selbständiges Unternehmen (U) zubereiten. Nach einiger Zeit kündigt K den Vertrag mit U und betraut ein anderes Unternehmen (D) mit der Verpflegung. D benutzt dafür ebenfalls die Küche des K; das bislang dort beschäftigte Personal des U wird aber nicht übernommen. – Nach Ansicht des EuGH wird die Verpflegung der Patienten durch die sächlichen Betriebsmittel (konkret: die Krankenhausküche) geprägt. Es liegt also keine bloße Funktionsübertragung, sondern ein Betriebsübergang vor. Die Arbeitsverhältnisse mit dem in der Krankenhausküche eingesetzten Personal des U sind damit nach § 613 a I auf D übergegangen.

4. Die Nebenpflichten des Dienstverpflichteten

564 Das Dienstverhältnis ist ein Dauerschuldverhältnis und verpflichtet als solches beide Parteien zu gegenseitiger Rücksichtnahme und Interessenförderung.[58] Da der Dienstverpflichtete oft eng mit den Interessen des Dienstberechtigten in Berührung kommt, hat er hierauf besondere Rücksicht zu nehmen. So treffen ihn je nach der Intensität des Vertrauensverhältnisses strenge **Aufklärungs- und Verschwiegenheitspflichten.**[59]

Beispiel: Besonders große Bedeutung haben die Verschwiegenheitspflichten von Ärzten und Rechtsanwälten. Hier gibt es sogar entsprechende Strafvorschriften (§ 203 I Nr. 1 und 3 StGB). Andererseits muss der Arzt den Patienten über die Risiken der Behandlung aufklären (→ Rn. 615). Das Gleiche gilt für den Rechtsanwalt mit Blick auf die Risiken der Prozessführung.[60]

565 Große praktische Bedeutung haben **Konkurrenz- oder Wettbewerbsverbote**. Bei Arbeitsverhältnissen werden solche Verbote oft ausdrücklich vereinbart (vgl. § 110 GewO); ansonsten können sie sich aus dem Inhalt des Schuldverhältnisses ergeben (§ 241 II).[61] Bei freien Dienstverhältnissen bedarf es für die Annahme eines Kon-

55 *Medicus/Lorenz*, Schuldrecht II, Rn. 626.
56 Ausf. dazu *Schmidt/Wittig*, Jura 2007, 568 ff.
57 Vgl. EuGH, NJW 1997, 2039; NJW 2004, 45; NJW 2006, 889; BAG, NZA 2007, 793; NZA 2007, 927. Zusammenfassend *Willemsen*, NJW 2007, 2065 ff.
58 Erman/*Edenfeld* § 611 Rn. 482.
59 Bamberger/Roth/*Fuchs* § 611 Rn. 11.
60 Zu den Pflichten des Rechtsanwalts vgl. *Emmerich*, Schuldrecht BT, § 9 Rn. 15 ff.
61 Staudinger/*Looschelders/Olzen* (2009) § 242 Rn. 777.

kurrenzverbots einer besonders engen Vertragsbeziehung.[62] So trifft den Handelsvertreter während der Vertragsdauer auch ohne ausdrückliche Vereinbarung ein Wettbewerbsverbot.[63]

Im Arbeitsrecht wird teilweise davon gesprochen, dass den Arbeitnehmer eine **Treuepflicht** gegenüber dem Arbeitgeber trifft.[64] Nach dem heutigen Stand der Dogmatik erscheint dies jedoch missverständlich, weil es auch hier um die normalen Schutz- und Rücksichtspflichten aus § 241 II geht.[65]

II. Haftung des Dienstverpflichteten

Spezielle Gewährleistungsvorschriften wie im Kauf- oder Werkvertragsrecht existieren im Dienstvertragsrecht nicht. Der Dienstverpflichtete haftet bei Pflichtverletzungen daher nach den **allgemeinen Regeln** der §§ 280 ff. (SAT Rn. 552 ff.). Es gibt allerdings einige wichtige Besonderheiten. 566

1. Keine Beweislastumkehr zu Lasten von Arbeitnehmern

Zu beachten ist zunächst, dass die **Beweislastumkehr** hinsichtlich des Vertretenmüssens (§ 280 I 2) gemäß § 619 a nicht zu Lasten von **Arbeitnehmern** wirkt. Der Arbeitgeber muss also darlegen und beweisen, dass der Arbeitnehmer die Pflichtverletzung zu vertreten hat (s. dazu SAT Rn. 559). 567

Beispiel (BAG, NJW 1999, 1049): Der A ist im Spielcasino des B als Kassierer angestellt. Nach den von B erstellten Arbeitsbedingungen ist jeder Kassierer für seinen Kassenbestand selbst verantwortlich. Als in der von A verwalteten Kasse 260 EUR fehlen, verlangt B Schadensersatz. Zu Recht? – Anspruchsgrundlage ist § 280 I. Ein Schuldverhältnis liegt vor. Fraglich ist, ob A eine Pflicht verletzt hat. Das BAG hat darauf abgestellt, dass A die arbeitsvertragliche Pflicht hatte, Kassenfehlbestände zu vermeiden. Diese Pflicht habe A verletzt. Folgt man dem, stellt sich die Frage des Vertretenmüssens. Nach allgemeinen Grundsätzen (§ 280 I 2) läge die Beweislast bei A. Hier greift jedoch die Sonderregel des § 619 a ein. B muss somit darlegen und beweisen, dass A den Fehlbestand in der Kasse zu vertreten hat. Dies entspricht auch der Rechtsprechung des BAG zum alten Recht (§ 282 aF).

2. Haftungserleichterung bei betrieblicher Tätigkeit

Bei der Bestimmung des Sorgfaltsmaßstabs des Arbeitnehmers sind die von der Rechtsprechung entwickelten Grundsätze über die **Haftung bei betrieblicher Tätigkeit** zu beachten (dazu schon SAT Rn. 527 f.).[66] 568

a) Risikoverteilung zwischen Arbeitnehmer und Arbeitgeber

Die einschlägige Rechtsprechung des BAG beruht auf dem Gedanken, dass eine unbeschränkte Haftung des Arbeitnehmers gegenüber dem Arbeitgeber bei betrieblicher Tätigkeit unangemessen wäre, weil auch ein noch so sorgfältiger Arbeitnehmer nicht ständig die Sorgfalt aufbringen kann, die zur Vermeidung von Schäden erforderlich ist. Da die aus der Tätigkeit des Arbeitnehmers resultierenden Vorteile primär dem Arbeitgeber zugute kommen, erscheint eine Aufteilung der Schadensrisiken geboten. Bei **leichtester Fahrlässigkeit** ist der Arbeitnehmer hiernach von jeder Haftung frei. Bei **normaler** (leichter und mittlerer) **Fahrlässigkeit** wird der Schaden 569

62 *Oetker/Maultzsch* § 7 Rn. 51.
63 Vgl. dazu *Roth*, in *Koller/Roth/Morck*, HGB, 7. Aufl. 2011, § 86 Rn. 6.
64 *Emmerich*, Schuldrecht BT, § 9 Rn. 12; *Schlechtriem*, Schuldrecht BT, Rn. 358.
65 Staudinger/*Looschelders/Olzen* (2009) § 242 Rn. 770.
66 Ausführlich zum Ganzen Staudinger/*Richardi/Fischinger* (2011) § 611 Rn. 730 ff.

aufgrund einer Abwägung im Einzelfall zwischen Arbeitnehmer und Arbeitgeber aufgeteilt. Dabei sind neben dem Maß des Verschuldens auch die mit der Tätigkeit verbundenen Risiken (sog. Gefahrgeneigtheit der Arbeit), die Höhe des Schadens, die Dauer der Betriebszugehörigkeit des Arbeitnehmers sowie die Höhe seines Arbeitsentgelts zu berücksichtigen.[67]

Beispiel: F ist bei dem Spediteur S als Lkw-Fahrer angestellt. Eines Tages verursacht er in Folge leichter Fahrlässigkeit einen Verkehrsunfall, bei dem der Lkw beträchtlich beschädigt wird. S verlangt von F Ersatz der Reparaturkosten in Höhe von 25.000 EUR. – Nach den Grundsätzen über die Haftung des Arbeitnehmers bei betrieblich veranlasster Tätigkeit ist eine volle Haftung abzulehnen. Der Schaden ist vielmehr zwischen F und S aufzuteilen. Da die Tätigkeit als Lkw-Fahrer besonders gefahrgeneigt ist, kommt sogar eine völlige Haftungsfreistellung des F in Betracht, zumal S sich durch den Abschluss einer Kaskoversicherung hätte absichern können.

570 Bei **Vorsatz** ist generell keine Haftungserleichterung geboten. Das Gleiche gilt im Regelfall auch bei **grober Fahrlässigkeit**, sofern eine Interessenabwägung hier nicht ausnahmsweise zu einem anderen Ergebnis führt.[68]

Beispiel: Fährt ein Kraftfahrer bei Rotlicht in eine Kreuzung ein, so begründet dies grundsätzlich den Vorwurf der groben Fahrlässigkeit. Nach den Umständen des Einzelfalls (lange Betriebszugehörigkeit ohne Unfall, unverhältnismäßige Schadenshöhe etc.) kann aber auch hier eine Aufteilung des Schadens gerechtfertigt sein.

b) Dogmatische Einordnung

571 Die Haftungseinschränkung zugunsten des Arbeitnehmers wurde vor der Schuldrechtsreform auf die Regelung des **Mitverschuldens** in § 254 gestützt.[69] Dies ist nach Ansicht des Gesetzgebers »nicht recht passend«.[70] Es sei vielmehr einfacher, die Haftungsmilderung bei § 276 zu verankern und sie dort aus dem **sonstigen Inhalt des Schuldverhältnisses** abzuleiten.[71]

Nach richtiger Ansicht sind beide Ansätze miteinander zu kombinieren. Bei der Prüfung der **Anspruchsvoraussetzungen** des § 280 I stellt sich die Frage, ob der Arbeitnehmer die Pflichtverletzung überhaupt nach § 276 zu **vertreten** hat. Bei betrieblich veranlasster Tätigkeit ist dies zu verneinen, sofern dem Arbeitnehmer nur *leichteste Fahrlässigkeit* anzulasten ist.

572 Liegt eine andere Form der Fahrlässigkeit vor, so ist das Vertretenmüssen der Pflichtverletzung zu bejahen. Auf der **Rechtsfolgenseite** des § 280 I muss aber noch geprüft werden, ob der **Schaden** nach den Regeln über die Haftung bei betrieblicher Tätigkeit zu verteilen ist. In diesem Zusammenhang ist § 254 der richtige Ansatzpunkt.[72] Denn die quotenmäßige Aufteilung des Schadens entspricht genau dem Regelungsmechanismus der Vorschrift.

c) Anwendungsbereich der Haftungserleichterung

573 Die Haftungserleichterung gilt nicht nur für vertragliche, sondern auch für **deliktische Schadensersatzansprüche** des Arbeitgebers.[73] Schädigt der Arbeitnehmer einen

67 Hk-BGB/*Schreiber* § 619 a Rn. 6.
68 Vgl. BAG, VersR 2003, 736 (737); BAG, NJW 2011, 1096 (1097).
69 Vgl. BAG (GrS), NJW 1995, 210.
70 BT-Drs. 14/6857, 48 zu Nr. 21; vgl. auch Palandt/*Grüneberg* § 276 Rn. 44.
71 Zur Problemstellung *Walker*, JuS 2002, 736 ff.
72 So auch Staudinger/*Löwisch/Caspers* (2009) § 276 Rn. 139.
73 *Brox/Walker*, Schuldrecht BT, § 20 Rn. 11; Staudinger/*Richardi/Fischinger* (2011) § 611 Rn. 734.

betriebsfremden Dritten, so kann er sich gegenüber dessen Schadensersatzanspruch nicht auf die Privilegierung berufen. Soweit der Arbeitnehmer im Innenverhältnis nicht haftbar ist, steht ihm aber ein Freistellungsanspruch gegen den Arbeitgeber nach § 670 analog zu.[74]

Auf **freie Dienstverträge** ist die Haftungserleichterung wegen der geringeren Schutzbedürftigkeit des selbständigen Dienstverpflichteten nicht übertragbar.[75] Der Sorgfaltsmaßstab richtet sich nach den berechtigten Verkehrserwartungen. Das hat zur Folge, dass die an den Dienstverpflichteten gerichteten Sorgfaltsanforderungen bei einigen besonders verantwortungsvollen Berufen (zB Ärzten, Rechtsanwälten) überaus streng sind.[76] 574

2. Unmöglichkeit und Verzögerung der Leistung

Hat der Dienstverpflichtete die geschuldete Leistung überhaupt nicht erbracht, so 575
stellt sich die Frage, ob die Vorschriften über die Verzögerung der Leistung (§§ 280, 281) oder über die (nachträgliche) Unmöglichkeit (§§ 280, 283) anwendbar sind. Die Antwort auf diese Frage entscheidet darüber, ob der Dienstberechtigte dem Verpflichteten eine **Frist zur Nachholung der Leistung** setzen muss oder gleich Schadensersatz statt der Leistung verlangen kann. Bei Dienstverträgen besteht insofern die Besonderheit, dass zahlreiche Dienstleistungen **nicht nachholbar** sind.[77]

Nicht selten ist die geschuldete Dienstleistung so beschaffen, dass sie nur zu einem 576
genau bestimmten Zeitpunkt erbracht werden kann (sog. **absolute Fixschuld**). Ist die Leistung zu diesem Zeitpunkt nicht erbracht worden, so wird sie gemäß § 275 I unmöglich (dazu SAT Rn. 471 f.). Zugleich wird der Dienstberechtigte von seiner Vergütungspflicht nach § 326 I 1 frei. Hat der Dienstverpflichtete das Leistungshindernis zu vertreten, so kann der Dienstberechtigte nach §§ 280, 283 Schadensersatz statt der Leistung verlangen.

> **Beispiel:** M und F haben für ihre Hochzeitsfeier den Alleinunterhalter A engagiert. A kann auf Grund eines Verkehrsunfalls nicht zu der Feier erscheinen. Das Hochzeitspaar muss deshalb eine um 200 EUR höhere Gage für einen anderen Alleinunterhalter (D) aufbringen. – Da A die vereinbarte Leistung nicht nachholen kann, ist seine Leistungspflicht gemäß § 275 I entfallen. M und F müssen ihm daher auch keine Vergütung zahlen (§ 326 I 1). Hat A den Verkehrsunfall verschuldet, so hat er dem Paar aber nach §§ 280, 283 die Mehrkosten von 200 EUR zu ersetzen.

Bei **Nachholbarkeit der Dienstleistung** bleibt die Leistungspflicht des Dienstver- 577
pflichteten grundsätzlich bestehen (vgl. aber → Rn. 593). Der Dienstverpflichtete haftet dann ggf. gemäß §§ 280, 286 für den *Verzugsschaden*. Schadensersatz statt der Leistung kann grundsätzlich nur nach fruchtlosem Ablauf einer *Frist* verlangt werden (§§ 280, 281).

3. Schlechtleistung und Schutzpflichtverletzung

a) Anspruch auf einfachen Schadensersatz

Bei schuldhafter *Schlechtleistung* macht der Dienstverpflichtete sich ebenfalls nach 578
§§ 280 ff. ersatzpflichtig. In der Praxis geht es dabei vor allem um Fälle, in denen der

74 BGHZ 108, 305 (308); MüKoBGB/*Hennsler* § 619 a Rn. 25.
75 BGH, NJW 1970, 34 (35); *Brox/Walker*, Schuldrecht BT, § 20 Rn. 12.
76 Vgl. *Emmerich*, Schuldrecht BT, § 9 Rn. 11.
77 Vgl. *Oetker/Maultzsch* § 7 Rn. 53.

Dienstverpflichtete durch die Schlechterfüllung seiner Leistungspflicht gleichzeitig eine *Schutzpflicht* gegenüber **den Rechtsgütern** oder dem **sonstigen Vermögen** des Dienstberechtigten verletzt. Anspruchsgrundlage ist damit § 280 I. Anknüpfungspunkt ist die jeweilige Pflichtverletzung. Bei der Prüfung des Vertretenmüssens sind ggf. die arbeitsrechtlichen Besonderheiten (→ Rn. 568 ff.) zu berücksichtigen.

Beispiele: (1) Arzt A behandelt den Patienten P unsachgemäß. Dies hat zur Folge, dass sich der Gesundheitszustand des P verschlechtert.

(2) Der bei der S-Spedition angestellte Kraftfahrer K beschädigt fahrlässig den LKW der S.

(3) Rechtsanwalt R versäumt bei der Prozessführung Fristen, worauf die Klage seines Mandanten M abgewiesen wird. M erleidet dadurch einen Schaden in Höhe von 10.000 EUR.

b) Schadensersatz statt der Leistung nach §§ 280, 281

579 Ob im Fall der Schlechtleistung darüber hinaus auch ein Anspruch auf **Schadensersatz statt der Leistung** aus §§ 280, 281 in Betracht kommt, erscheint zweifelhaft, weil die Regelungen des § 281 insoweit auf die Gewährleistung im Kauf- und Werkvertragsrecht zugeschnitten sind.[78] Bei Dienstverträgen ist demgegenüber zu beachten, dass das Gesetz für den Fall der Schlechtleistung keinen Nacherfüllungsanspruch vorsieht. Ein solcher lässt sich bei Dienstverträgen auch schwer konstruieren, weil der Dienstverpflichtete eben keinen Erfolg, sondern nur die Tätigkeit als solche schuldet. Damit wäre auch eine Fristsetzung zur Nacherfüllung regelmäßig sinnlos.

580 Auch bei Dienstverträgen kann es aber **einzelne Pflichten** geben, die auf die **Herbeiführung eines Erfolgs** gerichtet sind. Hier ist ein Anspruch auf Nacherfüllung also denkbar.[79] Bleibt die Nacherfüllung trotz **Fristsetzung** aus, so kommt ein Anspruch auf Schadensersatz statt der Leistung in Betracht.[80] In anderen Fällen mag eine **Abmahnung** (§ 281 III) erforderlich sein, um Schadensersatz statt der Leistung verlangen zu können.

Beispiele: (1) Bei der Erstellung der Steuererklärung des U vergisst Steuerberater S, einzelne Positionen als Betriebsausgaben aufzuführen. Beseitigt S diese Mängel trotz *Fristsetzung* nicht, so kann U einen anderen Steuerberater einschalten und von S gemäß §§ 280, 281 Ersatz der damit verbundenen Mehrkosten verlangen.

(2) Der Vorstand der S-Sparkasse (V) hat den Alleinunterhalter A damit beauftragt, auf insgesamt fünf Sommerfesten in den verschiedenen Filialen für Stimmung zu sorgen. Bei seinem ersten Auftritt spielt A überaus lustlos und schiebt immer wieder längere Pausen ein. Nachdem auf dem zweiten Fest trotz *Abmahnung* keine Besserung eintritt, engagiert V für die weiteren Veranstaltungen einen anderen Alleinunterhalter (D) und verlangt von A Ersatz der Mehrkosten aus §§ 280, 281.

581 Bei Schlechterfüllung von **Arbeitsverträgen** sind die §§ 280, 281 nicht anwendbar.[81] Hier muss es dabei bleiben, dass der Arbeitnehmer nur die Tätigkeit als solche schuldet. Aus dem gleichen Grunde kommt im Fall der Schlechtleistung auch **keine Minderung** des Arbeitsentgelts in Betracht.[82]

78 Vgl. AnwKomm-*Dauner-Lieb* § 281 Rn. 14.
79 Bamberger/Roth/*Fuchs* § 611 Rn. 31; *Schlechtriem*, Schuldrecht BT, Rn. 374.
80 Für prinzipielle Anwendbarkeit der §§ 280, 281 Palandt/*Grüneberg* § 281 Rn. 44.
81 So auch Palandt/*Grüneberg* § 281 Rn. 44.
82 Bamberger/Roth/*Fuchs* § 611 Rn. 33; einschränkend Erman/*Edenfeld* § 611 Rn. 408.

c) Minderung bei freien Dienstverträgen

Bei freien Dienstverträgen ist streitig, ob der Dienstberechtigte im Fall der Schlechtleistung ein **Minderungsrecht** hat.[83] Gegen die Anerkennung eines solchen Rechts spricht, dass das Dienstvertragsrecht das Institut der Minderung – anders als das Kaufrecht und das Werkvertragsrecht – gerade nicht kennt.[84] Dies erklärt sich daraus, dass der Dienstverpflichtete keinen Erfolg, sondern nur die Tätigkeit als solche schuldet. Außerdem lässt sich der Minderwert einer Dienstleistung selten exakt messen.[85] 582

Entgegen einer verbreiteten Ansicht[86] kann die Minderung des Vergütungsanspruchs bei nicht nachholbaren Schlechtleistungen auch nicht auf § 326 I 1 Hs. 2 iVm § 441 III gestützt werden. Denn der Gesetzgeber wollte mit der einschränkenden Vorschrift des § 326 I 2 ausschließen, dass die Regelungen über die **teilweise Unmöglichkeit** auf solche Fälle angewendet werden.[87] Eine Herabsetzung des Vergütungsanspruchs nach § 326 I 1 Hs. 2 iVm § 441 III kommt daher nur dann in Betracht, wenn wirklich eine teilweise Unmöglichkeit vorliegt.[88]

Beispiel (nach BGH, NJW 1990, 2549): Im Lagerbereich der A-GmbH sind wiederholt Waren abhanden gekommen. Es besteht der Verdacht, dass der Verlust auf kriminellen Handlungen von Arbeitnehmern der A-GmbH beruht. Der Versicherer der A-GmbH (V) beauftragt daraufhin das Detektivbüro des D mit der Aufklärung der Vorgänge. D soll gegen einen Pauschalbetrag von 10.000 EUR einen Mitarbeiter (M) als Lagerarbeiter bei der A-GmbH einschleusen. Tatsächlich wird M für 14 Tage als Lagerarbeiter eingestellt. Der Lagermeister setzt ihn aber nicht im Hauptlager, sondern nur in dem mit einem Mann besetzten Außenlager ein. – Hier hat D die Pflichten aus dem Dienstvertrag nur in Bezug auf das Außenlager, nicht aber in Bezug auf das Hauptlager erfüllt. Da die Observierung des Hauptlagers nach Beendigung des Arbeitsverhältnisses von M bei der A-GmbH unmöglich geworden ist, kann V die vereinbarte Vergütung gemäß § 326 I 1 Hs. 1 iVm § 441 III herabsetzen. Sofern die alleinige Beobachtung des Außenlagers für V wertlos ist, kann er nach § 326 V iVm § 323 V 1 vom ganzen Vertrag zurücktreten (SAT Rn. 744).

III. Pflichten des Dienstberechtigten

1. Vergütungspflicht

Die **Hauptleistungspflicht** des Dienstberechtigten besteht nach § 611 I darin, dem Dienstverpflichteten die vereinbarte Vergütung zu gewähren. Bei Arbeitsverhältnissen ist das Entgelt nach § 107 I GewO in Euro zu berechnen und auszuzahlen. Die Parteien können jedoch vereinbaren, dass ein Teil des Entgelts aus Sachbezügen besteht, wenn dies dem Interesse des Arbeitnehmers oder der Eigenart des Arbeitsverhältnisses entspricht (§ 107 II GewO). Solche Vereinbarungen waren früher vor allem im landwirtschaftlichen Bereich und im Bergbau häufig. Heute hat die Überlassung eines Geschäftswagens zur privaten Nutzung größere Bedeutung.[89] 583

Nach § 612 I gilt eine Vergütung als **stillschweigend vereinbart**, »wenn die Dienstleistung den Umständen nach nur gegen eine Vergütung zu erwarten ist«. In solchen

83 Dafür Erman/*Edenfeld* § 611 Rn. 408; aA Jauernig/*Mansel* § 611 Rn. 16; Palandt/*Weidenkaff* § 611 Rn. 16. Ausführlich dazu *Canaris*, FS K. Schmidt, 2009, 177 ff.

84 Vgl. BGH, NJW 2004, 2817; WM 2010, 673 (betr. Anwaltsvertrag).

85 *Larenz*, Schuldrecht II/1, § 52 IIa.

86 *Oetker/Maultzsch* § 7 Rn. 67; *Schlechtriem*, Schuldrecht BT, Rn. 377.

87 Vgl. Begr. RegE., BT-Drs. 14/6040, 189; *Wendehorst*, AcP 206 (2006), 205 (277 ff.).

88 *Medicus/Lorenz*, Schuldrecht II, Rn. 631.

89 Zu den Einzelheiten Staudinger/*Richardi/Fischinger* (2011) § 611 Rn. 770 ff.

Fällen wird im Allgemeinen zwar schon eine konkludente Vergütungsvereinbarung vorliegen. § 612 I greift aber auch (und gerade) dann ein, wenn sich eine solche Vereinbarung nach rechtsgeschäftlichen Grundsätzen nicht begründen lässt.[90] Der Gesetzgeber will damit zum einen *vermeiden*, dass der Vertrag wegen fehlender Einigung über einen wesentlichen Bestandteil nach §§ 154, 155 *unwirksam* ist.[91] Zum anderen geht es um eine *Abgrenzung zu den Gefälligkeitsverhältnissen*, bei denen eine Vergütung nach den Umständen gerade nicht zu erwarten ist.[92]

Beispiele: Bei kleineren Hilfsarbeiten im Familien- oder Freundeskreis wird eine Vergütung bei Fehlen einer entsprechenden Vereinbarung kaum zu erwarten sein. Lässt man sich dagegen von einem Arzt behandeln, ohne eine Vergütung zu vereinbaren, so ist die Behandlung dennoch nur gegen eine Vergütung zu erwarten.

584 Nach hM kann § 612 I auch dann eingreifen, wenn jemand aufgrund einer **fehlgeschlagenen Vergütungserwartung** für einen anderen tätig geworden ist. Repräsentativ ist der Fall, dass jemand einen anderen mit großem Aufwand pflegt und im Haushalt unterstützt, weil er als Gegenleistung zum Erben eingesetzt werden soll. Erweist sich die Erbeinsetzung später als unwirksam, so soll dem Betreffenden nach § 612 I ein Anspruch gegen die Erben auf Zahlung einer angemessenen Vergütung zustehen.[93]

Zur Vertiefung: Nach hM begründet § 612 I eine unwiderlegbare gesetzliche Vermutung.[94] Andere gehen von einer gesetzlichen Auslegungsregel oder einer Fiktion aus.[95] Einigkeit besteht darüber, dass die Parteien eine unentgeltliche Tätigkeit vereinbaren können, auch wenn nach den Umständen eine Vergütung zu erwarten wäre. § 612 I ist insofern also durchaus »widerlegbar«.[96] Da die Vorschriften über Willenserklärungen nicht anwendbar sind, kann der Dienstberechtigte den Vertrag nicht nach § 119 I wegen Irrtums über die Vergütungspflicht anfechten.[97]

2. Höhe und Fälligkeit der Vergütung

585 Die **Höhe der Vergütung** richtet sich nach den Parteivereinbarungen. Bei Arbeitsverträgen gilt der Grundsatz des *gleichen Entgelts für Männer und Frauen.*[98] Dieser Grundsatz wird durch den – unmittelbar anwendbaren – Art. 157 AEUV statuiert und war bislang außerdem in § 612 III aF verankert. Seit dem 18. 8. 2006 ist auf das AGG (→ Rn. 550) abzustellen.

Gilt eine Vergütung als stillschweigend vereinbart oder haben die Parteien die Höhe der Vergütung sonst nicht geregelt, hilft § 612 II weiter. Danach ist die **taxmäßige Vergütung** und bei Fehlen einer Taxe die **übliche Vergütung** geschuldet. Ist auch die übliche Vergütung nicht zu ermitteln, so kann der Dienstverpflichtete gem. §§ 315, 316 (dazu SAT Rn. 240 ff.) die Höhe seines Entgelts nach **billigem Ermessen** festlegen.[99]

90 Vgl. Staudinger/*Richardi/Fischinger* (2011) § 612 Rn. 15; Soergel/*Raab* § 612 Rn. 12.
91 ErfK/*Preis* § 612 Rn. 1; *Brox/Walker*, Schuldrecht BT, § 19 Rn. 18 f.
92 Vgl. Palandt/*Weidenkaff* § 612 Rn. 1.
93 Vgl. ErfK/*Preis* § 612 Rn. 21 ff.; MüKoBGB/*Müller-Glöge* § 612 Rn. 13 ff.
94 Palandt/*Weidenkaff* § 612 Rn. 5; *Brox/Walker*, Schuldrecht BT, § 19 Rn. 19.
95 Zum Streitstand Staudinger/*Richardi/Fischinger* (2011) § 612 Rn. 5 ff.
96 Staudinger/*Richardi/Fischinger* (2011) § 612 Rn. 5.
97 Vgl. AnwKomm-*Franzen* § 612 Rn. 2; *Medicus/Lorenz*, Schuldrecht II, Rn. 638.
98 Vgl. dazu Staudinger/*Richardi/Fischinger* (2011) § 611 Rn. 760 ff.
99 BGH, NJW-RR 1990, 349 (350); Hk-BGB/*Schreiber* § 612 Rn. 3.

Hinweis: Als *taxmäßige Vergütung* gelten nur staatlich festgesetzte Vergütungssätze, wie zB für Ärzte (GoÄ) oder Rechtsanwälte (RVG, früher BRAGO). Die *übliche Vergütung* ist das an dem betreffenden Ort für gleiche oder ähnliche Dienstleistungen in gleichen oder ähnlichen Gewerben oder Berufen unter Berücksichtigung der persönlichen Verhältnisse des Dienstverpflichteten gewöhnlich gezahlte Entgelt.[100] Bei Arbeitnehmern kann uU auf den Tariflohn abgestellt werden.[101]

Die **Fälligkeit** der Vergütung ist in § 614 geregelt. Nach Satz 1 muss der Dienst- **586**
berechtigte die Vergütung grundsätzlich erst *nach der Leistung* der Dienste entrichten. Ist die Leistung nach Zeitabschnitten bemessen (also zB beim Arbeitnehmer nach Monaten), so ist die Vergütung nach Ablauf der einzelnen Zeitabschnitte zu zahlen (§ 614 S. 2). Der Dienstverpflichtete ist damit *vorleistungspflichtig*. § 614 gilt nicht nur für freie Dienstverträge, sondern auch für Arbeitsverträge. Der Zeitpunkt der Fälligkeit wird hier aber meist durch Tarifvertrag oder Betriebsvereinbarung geregelt.[102]

Die Vorleistungspflicht des Dienstverpflichteten hat zur Folge, dass er wegen der für die aktuelle Tätigkeit geschuldeten Vergütung **kein Leistungsverweigerungsrecht nach § 320** geltend machen kann. Auf rückständige Vergütungsansprüche ist § 320 nach hM ebenfalls nicht anwendbar, weil es hier an einem Gegenseitigkeitsverhältnis fehlt. Dem Dienstverpflichteten steht insoweit aber ein Zurückbehaltungsrecht nach § 273 zu.[103]

3. Sonstige Pflichten des Dienstberechtigten

Ebenso wie für den Dienstverpflichteten bestehen für den Dienstberechtigten zahlrei- **587**
che **Nebenpflichten**. So ist auch der Dienstberechtigte zu besonderer Rücksichtnahme auf die Rechte, Rechtsgüter und Interessen seines Vertragspartners verpflichtet (§ 241 II). Im Arbeitsrecht wird im Hinblick hierauf auch von einer *Fürsorgepflicht des Arbeitgebers* gesprochen, die als Gegenstück zur Treuepflicht des Arbeitnehmers verstanden wird.[104]

In § 618 ist eine spezifische Schutzpflicht des Dienstberechtigten normiert. Den **588**
Dienstberechtigten treffen danach weit reichende **Verkehrssicherungspflichten**, um die mit der Ausführung der Tätigkeit verbundenen Gefahren möglichst gering zu halten. Große Bedeutung hat dabei die sichere Ausgestaltung des Arbeitsplatzes und der Arbeitsgeräte. Zur Konkretisierung kann auf die Bestimmungen des Arbeitsschutzrechts zurückgegriffen werden.[105] Bei Nichterfüllung dieser Schutzpflichten steht dem Dienstverpflichteten in Bezug auf die Dienstleistung ein **Zurückbehaltungsrecht** nach § 273 I zu.[106] Ist der Dienstberechtigte nicht bereit, den Anforderungen des § 618 nachzukommen, so gerät er nach §§ 298, 274 in Annahmeverzug. Der Dienstverpflichtete kann daher nach § 615 S. 1 die vereinbarte Vergütung verlangen, ohne nachleisten zu müssen.[107] Wird der Dienstverpflichtete aufgrund einer Schutzpflichtverletzung getötet oder an der Gesundheit geschädigt, so ist der Dienst-

100 BGH, NJW-RR 1990, 349 (350); Palandt/*Weidenkaff* § 612 Rn. 8.
101 Krit. Staudinger/*Richardi/Fischinger* (2011) § 612 Rn. 49.
102 Staudinger/*Richardi* (2005) § 614 Rn. 4.
103 Vgl. ErfK/*Preis* § 614 Rn. 17; Soergel/*Raab* § 611 Rn. 87 f.
104 Vgl. *Gursky*, Schuldrecht BT, S. 119; MüKoBGB/*Müller-Glöge* § 611 Rn. 981 ff.
105 Vgl. Erman/*Belling* § 618 Rn. 4.
106 *Oetker/Maultzsch* § 7 Rn. 100.
107 So auch BAG, NJW 1964, 883; AnwKomm-*Franzen* § 618 Rn. 21.

berechtigte nach §§ 280 I, 241 II **schadensersatzpflichtig.** Für den Umfang des Anspruchs verweist § 618 III auf die §§ 842–846 (→ Rn. 1407 ff.). Im Fall der Tötung steht den Angehörigen somit nach § 844 II ein Unterhaltsanspruch gegen den Dienstberechtigten zu.

Zur Vertiefung: Bei *Arbeitsunfällen* ist die Haftung des Arbeitgebers sowie der Arbeitskollegen des Geschädigten für Personenschäden grundsätzlich ausgeschlossen (§§ 104, 105 SGB VII). Eine Ausnahme gilt nur bei *Vorsatz* des Schädigers sowie bei *Wegeunfällen* (§ 8 II Nr. 1–4 SGB VII). Die Haftungsbeschränkung beruht darauf, dass der Arbeitnehmer bei Arbeitsunfällen durch die vom Arbeitgeber finanzierte gesetzliche Unfallversicherung geschützt wird. Sie greift auch gegenüber deliktischen Schadensersatzansprüchen des Arbeitnehmers aus §§ 823 ff. ein.

589 Bei betriebsbezogenen Entscheidungen (zB Gewährung von freiwilligen Leistungen wie Weihnachtsgratifikation) ist der Arbeitgeber grundsätzlich gehalten, die Arbeitnehmer gleich zu behandeln.[108] Dieses **arbeitsrechtliche Gleichbehandlungsgebot** verwirklicht die Wertungen des verfassungsrechtlichen Gleichheitssatzes (Art. 3 I GG). Eine Benachteiligung wegen eines der in § 1 AGG genannten Merkmale (Alter, Geschlecht, sexuelle Orientierung etc.) ist dem Arbeitgeber schon nach § 7 AGG verwehrt (→ Rn. 550). So stellt die Nichtverlängerung eines befristeten Arbeitsvertrags wegen Schwangerschaft eine unzulässige Benachteilung aufgrund des Geschlechts dar.[109] Der Arbeitgeber ist darüber hinaus verpflichtet, den Arbeitnehmer vor Anfeindungen, Schikanen und sonstigen Belästigungen (zB **Mobbing**) durch Vorgesetzte oder andere Arbeitnehmer zu schützen. Soweit eine Belästigung an die Merkmale des § 1 AGG anknüpft (zB bei **sexueller Belästigung**), ergibt sich diese Verpflichtung aus § 7 iVm § 3 III AGG. Im Übrigen wird auf die Fürsorgepflicht des Arbeitgebers aus § 242 abgestellt.[110] Bei einem Verstoß gegen das Benachteiligungsverbot des § 7 AGG steht dem Arbeitnehmer ein Schadensersatzanspruch aus § 15 I, II AGG zu. Bei sonstigen Benachteiligungen oder Belästigungen richtet sich der Schadensersatzanspruch nach §§ 280 I, 241 II, ggf. iVm § 253 II.

590 Fraglich ist, ob der Dienstberechtigte neben der Vergütung zur **tatsächlichen Beschäftigung** des Vertragspartners verpflichtet ist. Im *Arbeitsrecht* ist dies mit Rücksicht auf die Würde und das allgemeine Persönlichkeitsrecht des Arbeitnehmers (Art. 1, 2 I GG) weithin anerkannt.[111] Bei *freien Dienstverträgen* werden die Interessen des Dienstverpflichteten im Fall der Nichtbeschäftigung dagegen regelmäßig bereits durch die Aufrechterhaltung des Vergütungsanspruchs nach § 615 S. 1 ausreichend gewahrt.[112]

IV. Vergütungsanspruch bei Leistungshindernissen

591 Wie bereits dargelegt, ist die Pflicht zur Erbringung der Dienstleistung häufig als absolute Fixschuld einzuordnen (→ Rn. 576). Wird der Dienstverpflichtete wegen Unmöglichkeit nach § 275 von seiner Leistungspflicht frei, so entfällt nach § 326 I 1 auch sein Vergütungsanspruch. Im Grundsatz gilt danach die prägnante Formel:

108 BAG, NZA 1992, 739; NZA 1997, 1294; NZA 2002, 917; NJW 2007, 3801. Ausführlich zum Gleichbehandlungsgrundsatz Staudinger/*Richardi/Fischinger* (2011) § 611 Rn. 484 ff.
109 Jauernig/*Mansel* § 7 AGG Rn. 5.
110 BAG, NZA 2008, 223 (225 ff.) – Mobbing.
111 Palandt/*Weidenkaff* § 611 Rn. 119; MüKoBGB/*Müller-Glöge* § 611 Rn. 973.
112 AnwKomm-*Franzen* § 611 Rn. 74.

»Ohne Arbeit kein Lohn«.[113] Diese Formel unterliegt jedoch einigen wichtigen Ausnahmen.

1. Verantwortlichkeit des Dienstberechtigten für das Leistungshindernis

Nach allgemeinen Grundsätzen bleibt der Vergütungsanspruch im Fall der Unmög- **592**
lichkeit bestehen, wenn der Dienstberechtigte nach § 326 II 1 Alt. 1 für den Grund der Leistungsbefreiung (also die Unmöglichkeit) **allein oder weit überwiegend verantwortlich** ist (s. dazu SAT Rn. 725 ff.).

Beispiel: Im Alleinunterhalter-Fall (→ Rn. 576) fährt Bräutigam M den A auf dem Weg von der Kirche zum Festsaal infolge von Fahrlässigkeit mit dem Pkw an, weshalb A nicht wie geplant auftreten kann. – Die Leistungspflicht des A erlischt hier nach § 275 I. Da M für das Leistungshindernis allein verantwortlich ist, kann A nach § 326 II 1 Alt. 1 aber dennoch Zahlung der vereinbarten Vergütung verlangen.

2. Annahmeverzug des Dienstberechtigten

Gemäß § 326 II 1 Alt. 2 bleibt der Gegenleistungsanspruch des Schuldners auch dann **593**
bestehen, wenn die Unmöglichkeit im Annahmeverzug des Gläubigers (§§ 293 ff.) eintritt und keine Partei sie zu vertreten hat (vgl. SAT Rn. 732 ff.). Diese Regelung setzt jedoch voraus, dass die Unmöglichkeit gerade *im Annahmeverzug* eintritt. Sie erfasst also nicht den bei Dienstverträgen häufigen Fall, dass eine **nicht nachholbare Leistung** *aufgrund des Annahmeverzuges* unmöglich wird.[114]

Probleme ergeben sich aber auch bei **nachholbaren Leistungen**. Hier wäre der Dienstverpflichtete nach allgemeinen Grundsätzen zur Nachleistung verpflichtet. Dies erscheint aber unangemessen, wenn die Erbringung der Leistung allein an der fehlenden Mitwirkung des Dienstberechtigten scheitert. Denn soweit der Dienstverpflichtete nicht vertraglich gebunden ist, muss er über seine Arbeitszeit selbst frei disponieren können.[115]

Für den Annahmeverzug des Dienstberechtigten enthält § 615 S. 1 deshalb eine **594**
Sonderregelung, die dem § 326 II 1 Alt. 2 als *lex specialis* vorgeht.[116] Kommt der Dienstberechtigte nach den allgemeinen Regeln der §§ 293 ff. in Annahmeverzug, so muss er dem Dienstverpflichteten gemäß § 615 S. 1 die vereinbarte **Vergütung** gewähren, **ohne** dass dieser zur Nachleistung der vereinbarten Dienste verpflichtet wäre. Der Dienstverpflichtete muss sich jedoch nach § 615 S. 2 anrechnen lassen, was er infolge des Unterbleibens der Dienstleistung erspart oder durch anderweitige Verwendung seiner Dienste erworben oder böswillig nicht erworben hat.

Beispiel: Klavierlehrerin K hat mit ihrem 19-jährigen Schüler S vereinbart, dass dieser jeweils mittwochs um 15.00 Uhr zu ihr in die Klavierstunde kommt. An einem Mittwoch erscheint S nicht zum Unterricht, weil er lieber ins Kino gehen will. – Durch sein Fortbleiben ist S gemäß §§ 293, 296 S. 1 in Annahmeverzug gekommen. K kann daher von S nach § 611 I iVm § 615 S. 1 die Bezahlung der ausgefallenen Klavierstunde verlangen. S hat keinen Anspruch gegen K auf Nachholung des Unterrichts, weil deren Leistungspflicht insoweit gemäß § 615 S. 1 entfallen ist. Hat K in der fraglichen Zeit einen anderen Klavierschüler unterrichtet, so muss sie sich den dabei erzielten Lohn jedoch gemäß § 615 S. 2 anrechnen lassen.

---

113 Vgl. BT-Drs. 14/6857, 48; *Söllner*, AcP 167 (1967), 132 ff.

114 Vgl. *Oetker/Maultzsch* § 7 Rn. 95.

115 Vgl. Erman/*Belling* § 615 Rn. 1; *Larenz*, Schuldrecht II/1, § 52 IIa.

116 Zum Vorrang des § 615 S. 1 vgl. Erman/*Belling* § 615 Rn. 1.

595 Ist der Dienstverpflichtete zur Zeit des Angebots bzw. (bei Entbehrlichkeit des Angebots nach § 296) zu der für die Mitwirkungshandlung des Gläubigers bestimmten Zeit **außerstande, die Leistung zu erbringen**, so tritt nach § 297 kein Annahmeverzug ein. Dementsprechend kann auch § 615 S. 1 nicht eingreifen (vgl. SAT Rn. 749). Beruht die Unmöglichkeit auf der fehlenden Mitwirkung des Gläubigers, so ist § 615 S. 1 aber nach Sinn und Zweck anwendbar.[117] Dem Dienstverpflichteten steht daher auch dann die vereinbarte Vergütung zu, wenn er eine *nicht nachholbare* Dienstleistung *aufgrund des Annahmeverzugs* nicht pünktlich erbracht hat.

Beispiel: Im Alleinunterhalter-Fall (→ Rn. 576) verweigert Bräutigam M dem A den Zutritt zum Festsaal, weil er aufgrund eines Streits mit seinem Schwager nicht mehr in Stimmung ist, sich fröhliche Musik anzuhören. Die Hochzeitsfeier findet daher ohne Musik statt. – Da es sich um eine absolute Fixschuld handelt, ist die Erbringung der geschuldeten Leistung unmöglich. Gleichwohl steht dem A ein Vergütungsanspruch aus § 611 I iVm § 615 S. 1 zu. Das gleiche Ergebnis lässt sich hier allerdings auch mit Hilfe des § 326 II 1 Alt. 1 (→ Rn. 592) begründen.[118] Unterschiede ergeben sich damit nur, wenn der Dienstberechtigte das Leistungshindernis nicht zu vertreten hat, weil dann die Voraussetzungen des § 326 II 1 Alt. 1 nicht vorliegen.

3. Betriebsrisiko des Arbeitgebers

596 Bei Arbeitsverträgen normiert der durch das SchuldRModG eingefügte § 615 S. 3 eine weitere wichtige Ausnahme vom Grundsatz »Ohne Arbeit kein Lohn«. Demnach behält der Arbeitnehmer auch dann seinen Lohnanspruch, ohne zur Nachleistung verpflichtet zu sein, wenn der Arbeitgeber das Risiko des Arbeitsausfalls (»**Betriebsrisiko**«) trägt. Der Gesetzgeber hat damit für die von Rechtsprechung und Literatur entwickelte *Betriebsrisikolehre* eine gesetzliche Grundlage geschaffen.[119] Wann der Arbeitgeber das Betriebsrisiko trägt, lässt sich dem Gesetz freilich nicht entnehmen. Hier muss auf die bisherige Rechtsprechung zurückgegriffen werden. Der Arbeitgeber trägt danach das Risiko für alle Störungen, die mit der Organisation und dem Ablauf der betrieblichen Vorgänge zusammenhängen. Der Arbeitnehmer behält damit seinen Lohnanspruch, wenn er seine Tätigkeit aufgrund eines Stromausfalls oder eines Brandes der Arbeitsstätte oder aufgrund des Fehlens von Rohstoffen nicht ausführen kann.[120] Demgegenüber fallen Arbeitsausfälle aufgrund eines Streiks in anderen Betrieben (zB bei Fehlen von Zulieferteilen) in den Risikobereich des Arbeitnehmers.[121] Das Gleiche gilt, wenn der Arbeitnehmer aufgrund witterungsbedingter Hindernisse (zB Glatteis) nicht zur Arbeit kommen kann.[122]

597 Da § 615 S. 3 ausdrücklich vom »Arbeitgeber« spricht, ist die Betriebsrisikolehre auf **freie Dienstverträge** nicht anwendbar.[123] Im Einzelfall kann sich aber aus dem Vertrag ergeben, dass der Dienstberechtigte das Risiko des Leistungshindernisses tragen soll. In diesem Fall bleibt der Vergütungsanspruch des Dienstverpflichteten nach § 326 II 1 Alt. 1 bestehen, wobei das Vertretenmüssen aus der *Übernahme einer Garantie* (§ 276) folgt.

117 Vgl. Staudinger/*Richardi/Fischinger* (2011) § 615 Rn. 29 ff.; Erman/*Belling* § 615 Rn. 24.
118 Vgl. *Oetker/Maultzsch* § 7 Rn. 95.
119 Zur Entwicklung der Betriebsrisikolehre vgl. MüKoBGB/*Henssler* § 615 Rn. 93 ff.
120 Vgl. Palandt/*Weidenkaff* § 615 Rn. 21 a; Erman/*Belling* § 615 Rn. 62.
121 Zum Arbeitskampfrisiko vgl. im Einzelnen Bamberger/Roth/*Fuchs* § 615 Rn. 45 ff.
122 *Schlechtriem*, Schuldrecht BT, Rn. 373.
123 Erman/*Belling* § 615 Rn. 60.

Beispiel (BGH, NJW 2002, 595): Konzertveranstalter V engagiert den selbständigen Beleuchtungstechniker T für eine Tournee der Musikgruppe M. Die Durchführung der Tournee scheitert, weil sich die drei Sängerinnen der Gruppe zerstreiten. – Der BGH hat aus dem Inhalt des Vertrages abgeleitet, dass V gegenüber T das Veranstaltungsrisiko übernommen hat. Da V in ständigem Kontakt mit den Managern der Künstlerinnen gestanden habe, konnte nur er dieses Risiko abschätzen. Der Vergütungsanspruch des T bleibt somit nach § 326 II 1 Alt. 1 iVm § 276 bestehen.

4. Persönliche Dienstverhinderung

Nach § 616 S. 1 **verliert** der Dienstverpflichtete seinen Vergütungsanspruch entgegen **598**
§ 326 I 1 **nicht** dadurch, dass er für eine verhältnismäßig nicht erhebliche Zeit durch einen in seiner Person liegenden Grund ohne sein Verschulden an der Dienstleistung verhindert war. Die Bestimmung beruht auf fürsorgerischen bzw. sozialen Erwägungen.[124] Dennoch gilt § 616 S. 1 nicht nur für Arbeitsverhältnisse, sondern auch für freie Dienstverträge. Hier gewinnt der Gedanke Bedeutung, dass die Versagung des Lohns *unverhältnismäßig* wäre, wenn der Dienstverpflichtete ohne Verschulden für eine »verhältnismäßig nicht erhebliche Zeit« an der Leistung gehindert ist.[125]

Dass der persönlich verhinderte Arzt oder Anwalt seinen Vergütungsanspruch behalten sollte, erscheint dennoch auf den ersten Blick etwas befremdlich. Eine sachgemäße Lösung lässt sich aber über das Kriterium der **»verhältnismäßig nicht erheblichen Zeit«** entwickeln. Dies führt dazu, dass bei einmaligen oder aus Einzelleistungen zusammengesetzten Diensten jede nicht nur ganz geringfügige Verhinderung erheblich sein kann.[126]

Beispiele: Der Arzt kann vom Patienten keine Vergütung verlangen, wenn er den vereinbarten Hausbesuch aus persönlichen Gründen nicht ausführen kann. Desgleichen steht der aus persönlichen Gründen verhinderten Musiklehrerin kein Anspruch auf Bezahlung der ausgefallenen Musikstunde zu. Eine Ausnahme gilt aber für den Fall, dass sich der Beginn der Musikstunde lediglich geringfügig verzögert hat.[127]

Als weitere Voraussetzung des § 616 S. 1 muss der Hinderungsgrund **in der Person** **599**
bzw. der **persönlichen Sphäre** des Dienstverpflichteten liegen.

Beispiele: Besondere familiäre Vorkommnisse (Geburten, Hochzeiten, Todesfälle bei nahen Angehörigen), Erkrankung des Dienstverpflichteten oder eines nahen Angehörigen (zB des eigenen Kindes); bei Arbeitnehmern haben aber die speziellen arbeitsrechtlichen Regelungen (insbes. das Entgeltfortzahlungsgesetz) Vorrang.

Bei **objektiven Hinderungsgründen** (Verkehrsstau, Glatteis, Schneechaos) fehlt das personenbezogene Element. § 616 ist daher nicht anwendbar.

Weiterhin darf der Dienstverpflichtete die Verhinderung **nicht selbst verschuldet** haben. Die Rechtsprechung legt dieses Erfordernis sehr restriktiv aus. Schädlich ist daher nur ein grober Verstoß gegen das von einem verständigen Menschen im eigenen Interesse zu erwartende Verhalten.[128]

Literatur: *Bruns*, Das Synallagma des Dienstvertrages, AcP 178 (1978), 34; *Canaris*, Die Problematik der Minderung beim Dienstvertrag, FS K. Schmidt, 2009, 177; *Feuerborn*, Der Verzug des Gläubigers – Allgemeine Grundzüge und Besonderheiten im Arbeitsverhältnis, JR 2003, 177; *Schmidt/Wittig*,

124 *Medicus/Lorenz*, Schuldrecht II, Rn. 643 f.; *Brox/Walker*, Schuldrecht BT, § 20 Rn. 17.
125 Vgl. Staudinger/*Oetker* (2011) § 616 Rn. 17.
126 Vgl. *Medicus/Lorenz*, Schuldrecht II, Rn. 644; krit. *Larenz*, Schuldrecht II/1, § 52 IIb.
127 Vgl. Erman/*Belling* § 616 Rn. 51; Staudinger/*Oetker* (2011) § 616 Rn. 40.
128 Bamberger/Roth/*Fuchs* § 616 Rn. 10; Palandt/*Weidenkaff* § 616 Rn. 10.

Der Betriebsübergang gem. § 613 a I 1 BGB, Jura 2007, 568; *Seel*, Wie funktioniert § 613 a BGB? – Betriebsübergang und seine Rechtsfolgen, JA 2008, 874; *Söllner*, »Ohne Arbeit kein Lohn«, AcP 167 (1967), 132; *Walker*, Die eingeschränkte Haftung des Arbeitnehmers unter Berücksichtigung der Schuldrechtsmodernisierung, JuS 2002, 736; *Willemsen*, Aktuelles zum Betriebsübergang – § 613 a BGB im Spannungsfeld von deutschem und europäischem Recht, NJW 2007, 2065. Vgl. auch die Nachweise zu § 27.

§ 29 Beendigungsgründe

I. Tod des Dienstverpflichteten

600 Aus der Pflicht zur persönlichen Erbringung der Dienstleistung nach § 613 S. 1 folgt, dass die Dienstleistungspflicht mit dem **Tod des Dienstverpflichteten** erlischt. Der Tod des Dienstberechtigten führt dagegen allein nicht zur Beendigung des Dienstverhältnisses. In diesem Fall treten vielmehr die Erben des Dienstberechtigten in dessen Stellung ein (vgl. §§ 1922, 1967). Jedoch wird eine auf die Person des Dienstberechtigten bezogene Dienstleistungspflicht, wie zB die Erbringung von Pflegeleistungen, mit dessen Tod unmöglich (§ 275 I).[129] Es handelt sich hier um eine Erscheinungsform des *Zweckfortfalls* (dazu SAT Rn. 458).

II. Zeitablauf

601 Ein befristetes Dienstverhältnis endet nach § 620 I durch **Zeitablauf**, also mit dem Ablauf der vereinbarten Zeit. Entsprechendes gilt bei Erledigung des zugrunde liegendes Zweckes (vgl. § 620 II), zB bei Einstellung eines Pflegers für die Dauer der Erkrankung. Für Arbeitsverträge verweist § 620 III auf die Sonderregeln des Teilzeit- und Befristungsgesetzes.

Gemäß § 625 gilt das Dienstverhältnis als auf unbestimmte Zeit **verlängert**, wenn es nach Ablauf der vereinbarten Zeit mit Wissen des Dienstberechtigten fortgesetzt wird und dieser nicht unverzüglich widerspricht. Da diese Rechtsfolge kraft Gesetzes eintritt, scheidet eine Anfechtung aus.[130]

III. Kündigung

602 Bei **unbefristeten Dienstverhältnissen** können beide Parteien ordentlich nach §§ 621, 622 oder außerordentlich (fristlos) nach §§ 626, 627 kündigen. Die Kündigung bedarf bei Arbeitsverträgen der Schriftform (§ 623). Wird diese Form nicht eingehalten, so ist die Kündigung nach § 125 nichtig.

1. Ordentliche Kündigung

603 Die gesetzlichen Kündigungsfristen sind für freie Dienstverträge in § 621 und für Arbeitsverträge in § 622 geregelt. Bei **Arbeitsverhältnissen** beträgt die Kündigungsfrist vier Wochen zur Mitte oder zum Ende eines Kalendermonats (§ 622 I). Für Kündigungen durch den Arbeitgeber verlängert sich die Frist nach § 622 II mit zunehmender Dauer des Arbeitsverhältnisses auf bis zu sieben Monate zum Ende des Monats. Gemäß § 622 II 2 werden Beschäftigungszeiten vor dem 25. Lebensjahr bei

129 *Medicus/Lorenz*, Schuldrecht II, Rn. 659.
130 Vgl. *Larenz*, Schuldrecht II/1, § 52 III a.

der Berechnung der Beschäftigungsdauer nicht berücksichtigt. Die damit verbundene Benachteiligung junger Arbeitnehmer verstößt nach der Rechtsprechung des EuGH gegen das unionsrechtliche **Verbot der Altersdiskriminierung**; die Vorschrift muss daher von den Arbeitsgerichten außer Betracht gelassen werden.[131] Besonderheiten gelten während einer vereinbarten **Probezeit** von längstens 6 Monaten. Hier kann das Arbeitsverhältnis mit einer Frist von zwei Wochen gekündigt werden (§ 622 III).

Abweichende Kündigungsfristen können sowohl durch *Tarifvertrag* (§ 622 IV) als auch durch *Einzelvertrag* (§ 622 V) vereinbart werden. Einzelvertragliche Vereinbarungen über die *Verkürzung* der Kündigungsfrist sind aber nur in engen Grenzen zulässig. Zudem darf die Frist für den Arbeitnehmer nicht länger als für den Arbeitgeber sein (§ 622 VI).

604 Das Kündigungsrecht des Arbeitgebers wird durch spezielle Gesetze zum Schutz des Arbeitnehmers eingeschränkt. Besonders große Bedeutung kommt dem **Kündigungsschutzgesetz** zu. Nach § 1 KSchG ist eine Kündigung unwirksam, wenn sie *sozial ungerechtfertigt* ist. Darüber hinaus finden sich in einigen anderen Gesetzen Bestimmungen über den Kündigungsschutz für bestimmte Personengruppen (zB § 9 MuSchG). Außerhalb des Anwendungsbereichs des KSchG wird der Arbeitnehmer durch die §§ 138 I, 242 vor unangemessenen Kündigungen geschützt. Besondere Bedeutung kommt dabei den Grundrechten zu. Das **AGG** ist dagegen auf Kündigungen **nicht anwendbar** (§ 2 IV AGG). Diese Ausnahme wird damit gerechtfertigt, dass die Kündigungsvorschriften bereits einen ausreichenden Schutz gewährleisten.[132] Ob der Ausschluss des AGG mit den europarechtlichen Vorgaben vereinbar ist, unterliegt Zweifeln.[133] Das BAG trägt solchen Bedenken dadurch Rechnung, dass es die Diskriminierungsverbote des AGG bei der Konkretisierung der Sozialwidrigkeit heranzieht.[134]

Beispiel: Die Religionszugehörigkeit des Arbeitnehmers darf schon wegen Art. 4 I GG nicht als Kündigungsgrund herangezogen werden. Das Gleiche gilt für das Tragen einer bestimmten Kleidung (zB islamisches Kopftuch) als Ausdruck der Bekenntnisfreiheit. Eine Ausnahme gilt nach der bisherigen Rechtsprechung zu § 1 II KSchG aber, wenn das Tragen der Kleidung nachweislich zu betrieblichen Störungen oder wirtschaftlichen Einbußen des Arbeitgebers führt.[135] Nach Art. 8 I AGG könnte das religiös motivierte Tragen eines Kopftuches nur verboten werden, wenn es dabei um eine »wesentliche und entscheidende berufliche Anforderung« (→ Rn. 550) geht. Die Anforderungen des AGG an die Rechtfertigung des Verbots sind also strenger.[136] Dieser strengere Maßstab wird künftig auch im Rahmen des § 1 II KSchG zu beachten sein.

2. Außerordentliche Kündigung

605 Eine außerordentliche Kündigung kann nach § 626 aus **wichtigem Grund** oder nach § 627 bei einer besonderen **Vertrauensstellung** des Dienstverpflichteten erfolgen. Da es sich um Sonderregelungen zur *Kündigung aus wichtigem Grund bei Dauerschuldverhältnissen* handelt, gehen die §§ 627, 628 der allgemeinen Vorschrift des § 314 (dazu SAT Rn. 794 ff.) vor.[137]

---

131 EuGH, NZA 2010, 85; dazu *Mörsdorf*, NJW 2010, 1046 ff.; *Preis/Temming*, NZA 2010, 185 ff.
132 Vgl. *Seel*, JA 2007, 206 (209).
133 MüKoBGB/*Thüsing* Einl. AGG Rn. 37, 76; ErfK/*Schlachter* § 2 AGG Rn. 14.
134 BAG, NZA 2009, 361 = JA 2009, 463 (*Schwarze*); dazu *Adomeit/Mohr*, NJW 2009, 2255 ff.
135 BAG, NJW 2003, 1685; BVerfG, NJW 2003, 2815.
136 Vgl. MüKoBGB/*Thüsing* § 2 AGG Rn. 19.
137 Vgl. MüKoBGB/*Henssler* § 626 Rn. 44 und § 627 Rn. 5.

a) Kündigung aus wichtigem Grund gemäß § 626

606 Mit dem Merkmal »**wichtiger Grund**« verwendet § 626 für die fristlose Kündigung einen unbestimmten Rechtsbegriff, der durch eine *Interessenabwägung* im Einzelfall konkretisiert werden muss. Als Leitlinie gilt, dass eine Kündigung aus wichtigem Grund verhältnismäßig sein muss und daher nur als äußerstes Mittel (*ultima ratio*) in Betracht kommt.[138] Im Allgemeinen wird daher eine vorherige *Abmahnung* erforderlich sein.[139] Ein Verschulden des Kündigungsgegners muss nicht notwendig vorliegen, kann aber bei der Interessenabwägung entscheidende Bedeutung gewinnen.[140]

Beispiele: Strafbare Handlungen des Arbeitnehmers, insbesondere Vermögensdelikte zum Nachteil des Arbeitgebers; uU kann der Verdacht einer Straftat ausreichen.[141] Verstoß des Arbeitnehmers gegen das Konkurrenzverbot (→ Rn. 565); missbräuchliche Nutzung des Internets am Arbeitsplatz, zB durch Aufruf von Seiten mit pornographischem Inhalt;[142] häufige Unpünktlichkeit; wiederholter Alkoholkonsum am Arbeitsplatz; Beleidigung oder sexuelle Belästigung von Arbeitskollegen; Störung des Betriebsfriedens durch ausländerfeindliche Äußerungen.[143]

607 Die Kündigung muss **innerhalb von zwei Wochen** ab Kenntniserlangung von den zur Kündigung berechtigenden Tatsachen erfolgen (§ 626 II 1, 2). Dahinter steht die Erwägung, dass die Fortsetzung des Arbeitsverhältnisses bei einem längeren Zuwarten mit der Kündigung nicht unzumutbar sein kann. Es handelt sich damit um einen gesetzlich geregelten Fall der Verwirkung (dazu SAT Rn. 85). Auf Verlangen des anderen Teils muss die Kündigung gemäß § 626 II 3 **schriftlich begründet** werden. Die Verletzung dieser Pflicht führt aber nicht zur Unwirksamkeit der Kündigung.[144]

b) Kündigung von Diensten höherer Art gemäß § 627

608 **Ohne besonderen Grund** kann ein Dienstvertrag von beiden Parteien nach § 627 I außerordentlich ohne Frist gekündigt werden, wenn es sich nicht um ein Arbeitsverhältnis handelt und der Dienstverpflichtete **Dienste höherer Art** zu leisten hat, die auf Grund *besonderen Vertrauens* übertragen zu werden pflegen. Traditionelle Beispiele sind Rechtsanwälte, Ärzte, Steuerberater und Privatlehrer. § 627 I erfasst aber auch Ehe- und Partnerschaftsvermittlungsverträge.[145] Solche Verträge begründen nach § 656 zwar keine Verbindlichkeit (→ Rn. 781). Der Kunde kann aber nach der Kündigung Rückzahlung einer im Voraus gezahlten Vergütung verlangen.

Zur Vertiefung: Gemäß § 627 II 1 hat der Dienstverpflichtete bei der Kündigung darauf zu achten, dass der Dienstberechtigte sich die Dienste anderweitig beschaffen kann; ggf. muss ihm eine gewisse Frist zur Beschaffung einer Ersatzkraft eingeräumt werden.[146] Etwas anderes gilt nur, wenn die *Kündigung zur Unzeit* durch einen wichtigen Grund gerechtfertigt wird. Verletzt der Dienstverpflichtete seine Rücksichtspflicht, so ist die Kündigung zwar wirksam; er ist dem Dienstberechtigten aber zum Ersatz des daraus entstandenen Schadens verpflichtet (§ 627 II 2).[147]

---

138 Erman/*Belling* § 626 Rn. 45; *Oetker/Maultzsch* § 7 Rn. 114.
139 Vgl. *Brox/Walker*, Schuldrecht BT, § 21 Rn. 9.
140 BAG, BB 1999, 1819 (1820); Staudinger/*Preis* (2012) § 626 Rn. 64.
141 Zur Verdachtskündigung vgl. Palandt/*Weidenkaff* § 626 Rn. 49 mwN.
142 Vgl. Staudinger/*Preis* (2012) § 626 Rn. 173; ArbG Hannover, NJW 2001, 3500.
143 Vgl. Erman/*Belling* § 626 Rn. 61; Staudinger/*Preis* (2012) § 626 Rn. 129.
144 Palandt/*Weidenkaff* § 626 Rn. 32.
145 Vgl. BGHZ 106, 341 (346); BGH, NJW 1999, 276; NJW 2005, 2543.
146 Vgl. Staudinger/*Preis* (2012) § 627 Rn. 28.
147 Vgl. BGH, NJW 1987, 2808; *Larenz*, Schuldrecht II/1, § 52 IIIe.

c) Ansprüche der Parteien bei außerordentlicher Kündigung

Erfolgt eine außerordentliche Kündigung iSd §§ 626, 627 nach Beginn der Dienstleistung, so kann der Dienstverpflichtete gem. § 628 I 1 eine den bisherigen Leistungen entsprechende **Teilvergütung** verlangen, sofern keine der in Satz 2 geregelten Ausnahmen eingreift. Im Voraus entrichtete Vergütungen muss der Dienstverpflichtete nach § 628 I 3 zurückerstatten. 609

Dem Kündigenden steht nach § 628 II ein Anspruch auf **Ersatz seines Nichterfüllungsschadens** zu, wenn der andere Teil die Kündigung durch schuldhaftes vertragswidriges Verhalten veranlasst hat. Der Ersatzanspruch endet aber spätestens zu dem Zeitpunkt, zu dem **der andere Teil** das Dienstverhältnis selbst hätte kündigen können, weil der darüber hinausgehende Schaden auch bei rechtmäßigem Alternativverhalten eingetreten wäre.[148]

Beispiel: Arbeitgeber G kündigt den Arbeitsvertrag mit seinem Arbeitnehmer A wirksam nach § 626 und stellt eine Ersatzkraft ein. Gemäß § 628 II muss A dem G die Mehrkosten für die neue Arbeitskraft ersetzen. Der Anspruch entfällt jedoch mit Ablauf der Frist, die A bei einer ordentlichen Kündigung hätte einhalten müssen.

3. Besonderheiten bei dauernden Dienstverhältnissen

Bei dauernden Dienstverhältnissen hat der Dienstverpflichtete nach der Kündigung einen Anspruch gegen den Dienstberechtigten auf Gewährung angemessener **Freizeit für die Stellensuche** (§ 629). Außerdem kann er die Erstellung eines schriftlichen **Zeugnisses** verlangen (§§ 630, 109 GewO). Der Dienstberechtigte muss das Zeugnis auf Verlangen auch auf die Beurteilung der dienstlichen Leistungen und der Führung erstrecken (§§ 630 S. 2, 109 I 2 GewO). Man spricht dann von einem *qualifizierten Zeugnis*. 610

Zur Vertiefung: Das Zeugnis muss vollständig und wahr sein, wobei der Aussteller aber einen gewissen Beurteilungsspielraum hat.[149] Bei wissentlich unwahren Zeugnissen können dem neuen Dienstherrn Schadensersatzansprüche nach § 826 (→ Rn. 1298) zustehen. Der BGH zieht außerdem Schadensersatzansprüche auf vertragsähnlicher Grundlage (§§ 280 I, 311 III 1) in Betracht.[150] Für den neuen Dienstherrn hat dies den Vorteil, dass der Aussteller sich nicht nach § 831 I 2 damit entlasten kann, er habe den für die Ausstellung des Zeugnisses zuständigen Mitarbeiter sorgfältig ausgewählt und überwacht. Kommt der Dienstherr mit der Zeugniserteilung in Verzug, so ist er dem Dienstverpflichteten nach §§ 280 I, II, 286 schadensersatzpflichtig. Weist das Zeugnis Mängel auf, die sich zu Lasten des Verpflichteten auswirken, so steht diesem ein Schadensersatzanspruch aus §§ 280 I, 241 II zu.

IV. Aufhebungsvertrag

Den Parteien steht es im Übrigen jederzeit frei, das Dienstverhältnis durch Abschluss eines **Aufhebungsvertrages** zu beenden. Bei Arbeitsverhältnissen ist nach § 623 **Schriftform** erforderlich. Bei dauernden Dienstverhältnissen stehen dem Dienstverpflichteten die Rechte aus §§ 629, 630 zu. 611

Ob ein vom Arbeitnehmer am Arbeitsplatz geschlossener Aufhebungsvertrag mit dem Arbeitgeber ein **Haustürgeschäft** nach § 312 I 1 Nr. 1 darstellt und somit

148 BGHZ 44, 271 (277); BAG, NJW 2002, 1593; Staudinger/*Preis* (2012) § 628 Rn. 46 ff.
149 AnwKomm-*Franzen* § 630 Rn. 19; Palandt/*Weidenkaff* Anh. zu § 630 Rn. 6.
150 BGHZ 74, 281 (290 ff.); vgl. dazu Staudinger/*Preis* (2012) § 630 Rn. 82.

widerrufen werden kann, ist umstritten. Für die Annahme eines Haustürgeschäfts spricht, dass der Arbeitnehmer als Verbraucher (§ 13) anzusehen ist.[151] Zwar kann der Abschluss des Aufhebungsvertrages seiner beruflichen Tätigkeit zugerechnet werden; es geht jedoch um keine selbständige Tätigkeit. Der Arbeitgeber ist dagegen Unternehmer (§ 14).

Die hM verneint in dieser Konstellation allerdings die Anwendbarkeit des § 312.[152] Maßgeblich ist die Erwägung, dass es beim Aufhebungsvertrag sowohl an einer **typischen Überrumpelungssituation** als auch an einer **»besonderen Vertriebsform«** fehle. Dies kann aber zumindest mit Blick auf die Überrumpelungsproblematik nicht überzeugen.

Literatur: *Adomeit/Mohr*, Rechtsgrundlagen und Reichweite des Schutzes vor diskriminierenden Kündigungen, NJW 2009, 2255; *Bauer*, Neue Spielregeln für Aufhebungs- und Abwicklungsverträge durch das geänderte BGB?, NZA 2002, 169; *Brors*, Das Widerrufsrecht des Arbeitnehmers, DB 2002, 2046; *Mörsdorf*, Diskriminierung jüngerer Arbeitnehmer – Unanwendbarkeit von § 622 II 2 BGB wegen Verstoßes gegen das Unionsrecht, NJW 2010, 1046; *Preis/Temming*, Der EuGH, das BVerfG und der Gesetzgeber – Lehren aus Mangold II, NZA 2010, 185. Vgl. auch die Nachweise zu § 28.

§ 30 Der Arztvertrag

612 Der Arztvertrag ist im Gesetz nicht besonders geregelt. Bei Beachtung einiger Besonderheiten ist es jedoch möglich, die meisten auftretenden Fragen mit Hilfe **allgemeiner Grundsätze sachgemäß** zu lösen.

I. Qualifikation und Zustandekommen des Arztvertrages

613 Der Arztvertrag ist im Regelfall als **freier Dienstvertrag** (§ 611) einzuordnen. Dies ergibt sich daraus, dass der Arzt nicht den Heilerfolg als solchen schuldet, sondern eine kunstgerechte medizinische Behandlung. Ausnahmsweise kann aber auch ein Werkvertrag vorliegen, wenn die Hauptpflicht des Arztes in der Herbeiführung eines bestimmten Erfolges liegt.[153]

Beispiele für Werkverträge: Kosmetische Operationen wie Begradigung der Nase oder »Fettabsaugung«; Anfertigung einer Zahnprothese.[154] Demgegenüber unterliegt das Einsetzen der Prothese schon wieder den Regeln des Dienstvertrages. Die prothetische Behandlung ist damit ein gemischter Vertrag (→ Rn. 544), der teils nach Dienstvertrags-, teils aber auch nach Werkvertragsrecht zu beurteilen ist.

614 Der Arztvertrag wird zwischen dem Arzt und dem Patienten geschlossen. Dies gilt nicht nur für **Privat-**, sondern auch für **Kassenpatienten**. Auch zwischen dem Kassenarzt und dem Kassenpatienten kommt also ein *privatrechtlicher Arztvertrag* zustande.[155] Der Kassenarzt ist freilich kraft seiner kassenärztlichen Zulassung ver-

151 BAG, NJW 2005, 3305 (3308); BVerfG, NJW 2007, 286; Palandt/*Weidenkaff* Einf. v. § 611 Rn. 7 b.

152 BAG, NJW 2004, 2401 (2404); NJW 2006, 938 (941); Staudinger/*Thüsing* (2005) § 312 Rn. 85; *Brors*, DB 2002, 2046 (2048); aA *Däubler*, NZA 2001, 1329 (1333).

153 Soergel/*Spickhoff* § 823 Anh. I Rn. 8; *Larenz*, Schuldrecht II/1, § 52 I.

154 Vgl. BGHZ 63, 306 (309 ff.).

155 BGHZ 76, 259 (261); 100, 363 (367 f.); 142 (126 ff.); Staudinger/*Richardi/Fischinger* (2011) Vorbem. zu §§ 611 ff. Rn. 107; *Medicus/Lorenz*, Schuldrecht II, Rn. 686.

pflichtet, den Kassenpatienten zu behandeln. Zudem richtet sich sein Vergütungsanspruch nicht gegen den Patienten, sondern gegen die kassenärztliche Vereinigung.

Für die **Haftung des Arztes** sind diese Besonderheiten ohne Bedeutung. § 76 IV SGB V stellt ausdrücklich klar, dass der an der kassenärztlichen Versorgung teilnehmende Arzt gegenüber dem Versicherten »zur Sorgfalt nach den Vorschriften des bürgerlichen Vertragsrechts« verpflichtet ist.

Das Zustandekommen des Arztvertrages richtet sich nach allgemeinen Grundsätzen (§§ 104 ff.). Bei der *Behandlung von Minderjährigen* wird der Vertrag zumeist von den Eltern als **Vertrag zugunsten Dritter** geschlossen.[156] Gleichzeitig vertreten diese das Kind bei der notwendigen Einwilligung in die Vornahme eines ärztlichen Heileingriffs (→ Rn. 1187).

Bei der **Behandlung Bewusstloser** kommt kein Vertrag mit dem Arzt zustande. Vielmehr richten sich die Vergütungsansprüche des Arztes nach den Regeln über die **Geschäftsführung ohne Auftrag** (→ Rn. 836 ff.).

II. Pflichten des Arztes

Als Hauptpflicht schuldet der Arzt die **Behandlung** des Patienten nach dem jeweili- **615**
gen Stand der ärztlichen Wissenschaft.[157] Daneben muss der Arzt den Patienten über die in Aussicht genommenen medizinischen Maßnahmen und die damit verbundene Risiken aufklären. Diese **Aufklärungspflicht** hat zwei Funktionen. Zunächst soll der medizinische Heilungserfolg gesichert werden. Zu diesem Zweck muss der Patient insbesondere darüber informiert werden, wie er sich selbst zur Förderung des Heilungserfolges zu verhalten hat. Die zweite Funktion besteht darin, dem Patienten eine eigenverantwortliche **Einwilligung** in die Vornahme eines ärztlichen Eingriffs (insbes. einer Operation) zu ermöglichen. Bei unterbliebener oder fehlerhafter Aufklärung ist die Einwilligung in den Eingriff *unwirksam.*[158] Der Eingriff stellt damit eine rechtswidrige Körperverletzung dar (→ Rn. 1202).

Außerdem muss der Arzt über die Behandlung *Aufzeichnungen* machen. Hauptzweck dieser **Dokumentationspflicht** ist zwar die Gewährleistung einer ordnungsgemäßen Behandlung.[159] Für den Patienten können die Krankenunterlagen aber auch ein wichtiges Mittel darstellen, um dem Arzt einen Behandlungsfehler nachzuweisen. Bei Fehlen von ordnungsgemäßen Aufzeichnungen ist der Patient hierzu kaum in der Lage. Da diese *Beweisschwierigkeiten* auf einem Versäumnis des Arztes beruhen, müssen sie im Arzthaftungsprozess zu seinen Lasten gehen.[160]

Weiterhin besteht eine **Schweigepflicht** des Arztes über alle Aspekte der Behandlung. Es handelt sich dabei um eine vertragliche Schutzpflicht iSd § 241 II, die dem besonderen Vertrauensverhältnis zwischen Arzt und Patienten sowie dem Selbstbestimmungsrecht des Patienten über die Verwendung seiner persönlichen Daten

156 Vgl. *Brox/Walker*, Schuldrecht BT, § 27 Rn. 3; *Medicus/Lorenz*, Schuldrecht II, Rn. 673.

157 Vgl. *Schlechtriem*, Schuldrecht BT, Rn. 934; *Hart*, Jura 2000, 64 ff.

158 *Medicus/Lorenz*, Schuldrecht II, Rn. 679; MüKoBGB/*Müller-Glöge* § 611 Rn. 90; Staudinger/*Richardi/Fischinger* (2011) Vorbem. zu §§ 611 ff. Rn. 127; Soergel/*Spickhoff* § 823 Anh. I Rn. 95 ff.

159 Zur Dokumentationspflicht des Arztes vgl. MüKoBGB/*Müller-Glöge* § 611 Rn. 91.

160 BGHZ 72, 132 (137 ff.); 132, 47 ff.; Staudinger/*Hager* (2009) § 823 Rn. I 72.

(Art. 1, 2 I GG) Rechnung trägt. Strafrechtlich wird diese Pflicht durch § 203 I Nr. 1 StGB abgesichert.[161]

III. Die Haftung des Arztes

616 Verletzt der Arzt seine **vertraglichen Pflichten**, so macht er sich nach § 280 I schadensersatzpflichtig. Nach § 253 II steht dem Patienten auch ein angemessenes *Schmerzensgeld* zu (s. dazu SAT Rn. 969 ff.). Darüber hinaus kommen **deliktische Ansprüche** nach § 823 I, § 823 II iVm §§ 222 ff. StGB oder § 839 in Betracht. Bei der deliktischen Haftung ist zu beachten, dass auch der kunstgerecht ausgeführte ärztliche Heileingriff nach hM eine tatbestandsmäßige Körperverletzung darstellt (→ Rn. 1202) und daher der Rechtfertigung bedarf. Wichtigster Rechtfertigungsgrund ist dabei die Einwilligung (→ Rn. 1187 ff.).

Die Haftung des Arztes setzt nach allen Anspruchsgrundlagen ein Verschulden voraus. Bei **Behandlungsfehlern** bilden die *Regeln der ärztlichen Kunst* den Maßstab für die im Verkehr erforderliche Sorgfalt (§ 276 II).[162] Es gilt also ein objektiver Verschuldensmaßstab. Der Arzt kann sich daher nicht damit entlasten, er habe nicht über die für die Behandlung des Patienten erforderlichen Fähigkeiten oder Kenntnisse verfügt (s. SAT Rn. 516 ff.). Eine Ausnahme gilt nur, wenn der Arzt seine mangelnde Qualifikation für die Behandlung nicht erkennen konnte.

Beispiel: Überträgt der Chefarzt eines Krankenhauses die Durchführung einer schwierigen Operation auf seinen unerfahrenen Assistenzarzt, so stellt dies einen Behandlungsfehler dar. Wird der Patient bei der Operation geschädigt, so haftet der Krankenhausträger nach § 280 I und § 823 I, jeweils iVm § 31.[163] Daneben trifft den Chefarzt eine eigene Haftung aus § 823 I. Der Assistenzarzt muss dagegen nur dann nach § 823 I für den Schaden einstehen, wenn er nach seinem Wissens- und Erfahrungsstand Bedenken gegen die Übernahme der Operation haben musste.[164]

617 In der Praxis bereitet der Nachweis eines Behandlungsfehlers oft große Schwierigkeiten. Steht der Fehler fest, so kann immer noch die Kausalität für die Schädigung des Patienten zweifelhaft sein. Die Rechtsprechung hilft dem Patienten allerdings durch **Beweiserleichterungen**. Bei groben Behandlungsfehlern gilt für die Kausalität sogar eine Beweislastumkehr.[165] Hat ein unqualifizierter Berufsanfänger den Patienten bei einer Operation geschädigt, so muss der Krankenhausträger nachweisen, dass die Schädigung nicht auf der Unerfahrenheit des Operateurs beruht.[166] Bei einer Verletzung der **Aufklärungspflicht** steht der Patient gleichwohl wesentlich besser da, weil sein Schadensersatzanspruch dann nicht mehr vom Nachweis eines für die Rechtsgutsverletzung kausalen Behandlungsfehlers abhängt.[167] Die Rechtsprechung geht vielmehr von der Vermutung aus, dass der Patient bei ordnungsgemäßer Aufklärung nicht in den Eingriff eingewilligt hätte.

161 MüKoBGB/*Müller-Glöge* § 611 Rn. 93; *Brox/Walker*, Schuldrecht BT, § 27 Rn. 17.
162 Vgl. Bamberger/Roth/*Spindler* § 823 Rn. 521; MüKoBGB/*Wagner* § 823 Rn. 742 ff.; *Deutsch*, NJW 1993, 1506 ff.
163 Zur Anwendbarkeit des § 31 auf den Chefarzt → Rn. 619.
164 Vgl. BGHZ 88, 248 (258); Bamberger/Roth/*Spindler* § 823 Rn. 681.
165 Einzelheiten hierzu bei Staudinger/*Hager* (2009) § 823 Rn. I 42 ff.
166 BGHZ 88, 248 (256).
167 Vgl. *Medicus/Lorenz*, Schuldrecht II, Rn. 678 f.

Zur Vertiefung: Welche Bedeutung der *Verschuldensvermutung des § 280 I 2* bei der vertraglichen Haftung des Arztes zukommt, ist umstritten.[168] Da der Arztvertrag nicht auf die Herbeiführung eines bestimmten Erfolgs ausgerichtet ist, muss von einem handlungsbezogenen Pflichtwidrigkeitsbegriff ausgegangen werden (vgl. SAT Rn. 563). Der Patient hat dem Arzt daher auch im Vertragsrecht eine objektive Pflichtverletzung (zB in Gestalt eines Behandlungsfehlers) nachzuweisen. Die Beweislastumkehr kann sich somit allenfalls bei der Frage nach der Verletzung der sog. inneren Sorgfalt (insbes. Erkennbarkeit der Pflichtwidrigkeit) auswirken.

IV. Pflichten und Obliegenheiten des Patienten

Die Hauptpflicht des **Privatpatienten** besteht in der Zahlung der Vergütung. Über 618
die Höhe der Vergütung wird im Allgemeinen keine besondere Vereinbarung getroffen; der Arzt kann daher gemäß § 612 II die taxmäßige Vergütung nach der einschlägigen *Gebührenordnung* verlangen.[169]

Der **Kassenpatient** ist hingegen nicht selbst Schuldner des Vergütungsanspruchs, sondern die kassenärztliche Vereinigung (→ Rn. 614).

Der Patient hat im Übrigen die Obliegenheit, die Anweisungen des Arztes zur Sicherung des Heilerfolges zu befolgen. Kommt der Patient diesen Anweisungen nicht nach, so kann der Arzt sich gegenüber etwaigen Schadensersatzansprüchen auf ein **Mitverschulden** (§ 254) berufen.[170]

V. Besonderheiten bei stationärer Krankenhausbehandlung

Besonderheiten bestehen bei der **stationären Krankenhausbehandlung**. Hier wird 619
allgemein zwischen drei Grundformen unterschieden.

1. Totaler Krankenhausaufnahmevertrag

In den meisten Fällen schließt der Patient ausschließlich einen Vertrag mit dem Krankenhausträger ab (sog. **totaler Krankenhausaufnahmevertrag**).[171] Dieser schuldet dem Patienten alle für die stationäre Behandlung erforderlichen Leistungen, und zwar sowohl ärztliche als auch nichtärztliche (insbesondere Unterbringung, Verpflegung, und pflegerische Betreuung). Der **Arzt** wird in solchen Fällen nur als **Erfüllungsgehilfe** des Krankenhausträgers tätig. Bei Pflichtverletzungen des Arztes stehen dem Patienten somit vertragliche Schadensersatzansprüche gegen den Krankenhausträger aus § 280 I iVm § 278 zu. Daneben sind deliktische Ansprüche gegen den Krankenhausträger aus § 831 denkbar. Handelt es sich bei dem behandelnden Arzt um einen **Chefarzt**, so richtet sich die Zurechnung sowohl im vertraglichen als auch im deliktischen Bereich nach § 31 (ggf. iVm § 89). Im Deliktsrecht haftet der Krankenhausträger daher ohne Exkulpationsmöglichkeit nach § 823 I iVm § 31 (→ Rn. 1321).

Gegen den **Arzt** selbst können beim totalen Krankenhausaufnahmevertrag nur **deliktische Ansprüche** bestehen. Im Vordergrund steht § 823 I; bei beamteten Ärzten ist aber auch § 839 (dazu Rn. 1355 ff.) zu beachten.

---

168 Dazu Soergel/*Spickhoff* § 823 Anh. I Rn. 41 ff.; *Katzenmeier*, VersR 2002, 1066 ff.
169 *Brox/Walker*, Schuldrecht BT, § 27 Rn. 23; *Medicus/Lorenz*, Schuldrecht II, Rn. 640.
170 Ausführlich dazu Soergel/*Spickhoff* § 823 Anh. I Rn. 203 ff.
171 Soergel/*Spickhoff* § 823 Anh I Rn. 21; *Brox/Walker*, Schuldrecht BT, § 27 Rn. 6.

2. Totaler Krankenhausaufnahmevertrag mit Arzt-Zusatzvertrag

620 Neben dem totalen Krankenhausaufnahmevertrag wird mitunter ein **zusätzlicher Behandlungsvertrag** mit einem bestimmten Arzt (meist dem Chefarzt) geschlossen. Dem Arzt steht dann ein eigener Vergütungsanspruch gegen den Patienten zu. Für Behandlungsfehler haftet neben dem Krankenhausträger auch der Arzt nach vertraglichen Grundsätzen (§ 280 I).[172]

3. Gespaltener Krankenhausvertrag

621 Bisweilen schließt der Patient **getrennte Verträge** mit dem Krankenhausträger und dem behandelndem Arzt ab (sog. »gespaltener Krankenhausvertrag«).[173] Diese Gestaltung findet sich insbesondere bei *Belegärzten*. Der Krankenhausträger schuldet hier nur die nichtärztlichen Leistungen; der Arzt ist zur Erbringung der ärztlichen Leistungen verpflichtet. Die vertragliche Haftung von Krankenhausträger und Arzt beschränkt sich auf den jeweiligen Pflichtenkreis. Der Krankenhausträger muss für das Verschulden des Belegarztes weder nach § 278 noch nach § 831 einstehen, weil der Arzt nicht als sein Erfüllungs- oder Verrichtungsgehilfe anzusehen ist.

Literatur: *Deutsch*, Fahrlässigkeitstheorie und Behandlungsfehler, NJW 1993, 1506; *ders.*, Die Medizinhaftung nach dem neuen Schuldrecht und dem neuen Schadensrecht, JZ 2002, 588; *Deutsch/Spickhoff*, Medizinrecht, 6. Aufl. 2008; *Giesen*, Arzthaftungsrecht, 5. Aufl. 2007; *Hart*, Grundlagen des Arzthaftungsrechts: Pflichtengefüge, Jura 2000, 64; *Katzenmeier*, Schuldrechtsmodernisierung und Schadensersatzrechtsänderung – Umbruch in der Arzthaftung, VersR 2002, 1066; *Laufs/Katzenmeier/Lipp*, Arztrecht, 6. Aufl. 2009; *Spickhoff*, Das System der Arzthaftung im reformierten Schuldrecht, NJW 2002, 2530; *ders.*, Die Entwicklung des Arztrechts 2009/2010, NJW 2010, 1718; *ders.*, Medizinrecht, 2011; *Spindler/Rieckers*, Die Auswirkungen der Schuld- und Schadensrechtsreform auf das Arztrecht, JuS 2004, 272; *Tamm*, Der Haftungsgrund für ärztliches Fehlverhalten im Lichte der Schuldrechtsmodernisierung und der neuen Rechtsprechung, Jura 2008, 881.

2. Abschnitt. Werkvertrag und ähnliche Verträge

§ 31 Anwendungsbereich und Pflichten der Parteien

I. Allgemeines

622 Der Werkvertrag ist neben dem Dienstvertrag der zweite Haupttypus des Tätigkeitsvertrages. Kennzeichnend ist die Verpflichtung des **Unternehmers** zur Herstellung des versprochenen Werkes. Anders als beim Dienstvertrag wird nicht die Tätigkeit als solche, sondern ein bestimmter **Erfolg** (§ 631 II) geschuldet (→ Rn. 541 ff.). Der **Besteller** hat demgegenüber die vereinbarte Vergütung zu entrichten (§ 631 I). Es handelt sich also um einen **gegenseitigen Vertrag** iSd §§ 320 ff. In terminologischer Hinsicht ist zu beachten, dass der (Werk-)Unternehmer nicht Unternehmer iSd § 14 sein muss. Der Unternehmerbegriff des § 14 ist vielmehr im Zusammenhang mit dem Verbraucherbegriff des § 13 und dem gesamten Verbraucherschutzrecht zu sehen.[174]

---

172 BGHZ 95, 63 (67 ff.); *Brox/Walker*, Schuldrecht BT, § 27 Rn. 10.
173 Vgl. Soergel/*Raab* Vor § 611 Rn. 106; *Medicus/Lorenz*, Schuldrecht II, Rn. 682.
174 *Oetker/Maultzsch* § 8 Rn. 5.

Gegenstand des Werkvertrages kann nach § 631 II sowohl die Herstellung oder Veränderung einer Sache als auch jeder andere Erfolg sein. Die §§ 631 ff. haben damit einen sehr weiten Anwendungsbereich.[175] 623

Beispiele: Errichtung eines Bauwerks, Reparatur eines Pkw, Erstellung eines Rechtsgutachtens, Durchführung von Transporten, Leistungen von Frisören etc.

Die Vorschriften über den Werkvertrag sind bei der Reform des Schuldrechts **neu gefasst** worden. Dabei wurde die Gewährleistung des Unternehmers in das allgemeine Leistungsstörungsrecht integriert. Kauf- und werkvertragsrechtliche Gewährleistung laufen damit nun weitgehend **parallel**. 624

II. Verhältnis zum Kaufrecht

Während es beim Werkvertrag um die *Herstellung* eines Werkes geht, betrifft der Kaufvertrag die *Übereignung* von Sachen.[176] Überschneidungen treten auf, wenn der Vertrag sich auf die Lieferung einer Sache bezieht, die der Schuldner noch herzustellen hat. Vor der Schuldrechtsreform sah § 651 aF für solche Verträge einen eigenen Vertragstypus vor, den **Werklieferungsvertrag**. Nach geltendem Recht finden bei Verträgen über die **Lieferung** herzustellender oder zu erzeugender **beweglicher** Sachen (zB Maßanzüge, Möbel) die Vorschriften über den Kauf Anwendung (**§ 651 S. 1**).[177] Dies entspricht den Vorgaben der Verbrauchsgüterkauf-RL und wird sachlich dadurch gerechtfertigt, dass der Unternehmer die hergestellten Sachen dem Vertragspartner ebenso wie ein Verkäufer zu **übereignen** hat. Bei wertender Betrachtung macht es außerdem keinen Unterschied, ob der Verkäufer die Kaufsache bereits hergestellt hat oder noch herstellen muss. 625

Das Kaufrecht ist auch dann anwendbar, wenn der Besteller die **Materialien** zur Herstellung des Werkes **stellt** (arg. § 651 S. 2).[178] Da der Unternehmer durch die Verarbeitung der Materialien zu einer *neuen Sache* nach § 950 Eigentum erwirbt, erscheint die Anknüpfung an die Übereignungspflicht sinnvoll.[179] § 651 greift dagegen nicht ein, wenn der Unternehmer die vom Besteller gestellte Sache lediglich verändert (zB repariert), ohne dass eine neue Sache entsteht. Hier gilt vielmehr Werkvertragsrecht.[180] 626

Beispiel: B lässt sich von dem Schneider U einen Maßanzug anfertigen. Nach § 651 findet Kaufrecht auch dann Anwendung, wenn der Stoff für den Anzug von B gestellt wird. Denn U stellt aus dem Stoff eine neue Sache her. Lässt B seinen Anzug von U ändern, so liegt dagegen ein Werkvertrag iSd §§ 631 ff. vor.

Handelt es sich um *nicht vertretbare Sachen*, so sind einzelne Vorschriften des Werkvertragsrechts **neben** dem Kaufrecht anwendbar (§ 651 S. 3). 627

Zur Vertiefung: Der Begriff der vertretbaren Sachen ist in § 91 geregelt. Es handelt sich danach um Sachen, die im Verkehr nach Zahl, Maß oder Gewicht bestimmt werden. Nicht vertretbar sind also solche Sachen, die individuelle Merkmale aufweisen oder den Bestellerwünschen angepasst sind.[181]

175 Vgl. *Medicus/Lorenz*, Schuldrecht II, Rn. 688.
176 Vgl. AnwKomm-*Raab* Vor §§ 631 ff. Rn. 15; *Schlechtriem*, Schuldrecht BT, Rn. 18.
177 Vgl. BGH, NJW 2009, 2877 (2878); BGH, BeckRS 2010, 05468.
178 *Brox/Walker*, Schuldrecht BT, § 22 Rn. 10; *Medicus/Lorenz*, Schuldrecht II, Rn. 693.
179 *Oetker/Maultzsch* § 8 Rn. 12.
180 Vgl. Jauernig/*Mansel* § 651 Rn. 1; *Schlechtriem*, Schuldrecht BT, Rn. 18.
181 MüKoBGB/*Holch* § 91 Rn. 1; Palandt/*Ellenberger* § 91 Rn. 1.

Beispiele sind Maßanzüge, individuell gefertigte Möbel oder Kunstwerke. Die Verweisung auf das Werkvertragsrecht trägt insbesondere dem Umstand Rechnung, dass die Herstellung nicht vertretbarer Sachen oft nicht ohne Mitwirkung des Bestellers möglich ist (vgl. §§ 642, 643); außerdem erscheint die Risikoverteilung nach § 645 (→ Rn. 658) bei Verträgen über die Lieferung herzustellender nicht vertretbarer Sachen interessengerecht.

628 Abgrenzungsprobleme ergeben sich auch gegenüber dem **Kauf mit Montageverpflichtung** (§ 434 II 1). Entscheidend ist hier, ob die Lieferung der Sache oder die Montage den Schwerpunkt bildet (→ Rn. 59).[182] Der Vertrag über die Errichtung eines Fertighauses ist daher ein Werkvertrag.[183]

III. Gesetzliche Sonderregelungen und AGB

629 Da das Werkvertragsrecht einen sehr weiten Anwendungsbereich hat (→ Rn. 622 ff.), sind die einschlägigen Vorschriften des BGB (§§ 631 ff.) recht *allgemein* gehalten. Daneben gibt es für bestimmte Bereiche aber **gesetzliche Sonderregelungen**. So enthält das HGB Regelungen über das Kommissionsgeschäft (§§ 383 ff. HGB), den Frachtvertrag (§§ 407 ff. HGB) und den Speditionsvertrag (§§ 453 ff. HGB). Bei Architektenverträgen ist die Verordnung über die Honorare für Leistungen der Architekten und Ingeniere (HOAI) zu beachten.[184] Für Bauträgerverträge sieht die Makler- und Bauträgerverordnung (MaBV) Schutzvorschriften zugunsten des Kunden vor.[185]

Zur Vertiefung: Beim Bauträgervertrag erwirbt der Kunde ein Bauwerk (zB ein Einfamilienhaus), das der Bauträger geplant und bei Vertragsschluss oft schon wenigstens partiell errichtet hat. Es handelt sich um einen Mischvertrag mit kauf- und werkvertraglichen Elementen. Die Gewährleistung richtet sich bei Mängeln des Grundstücks nach §§ 434 ff., bei Mängeln der Bauleistungen nach §§ 634 ff.[186]

630 Bei bestimmten standardisierten Werkleistungen haben **Allgemeine Geschäftsbedingungen** zentrale Bedeutung erlangt. So kann bei Bauverträgen die *Vergabe- und Vertragsordnung für Bauleistungen* (VOB) relevant werden. Teil B der VOB (VOB/B) regelt die allgemeinen Vertragsbedingungen für die Bauausführung und liegt in der Praxis vielen Bauverträgen zu Grunde. Die VOB/B gilt aber nicht kraft Gesetzes, sondern muss von den Parteien nach §§ 305 ff. wirksam in den Vertrag **einbezogen** werden.

631 Die VOB/B unterliegt auch der **Inhaltskontrolle** nach §§ 307–309. Die hM ging früher allerdings davon aus, dass eine Inhaltkontrolle **einzelner Klauseln** ausgeschlossen ist, wenn die VOB/B **als Ganzes** ohne inhaltliche Abweichungen in den Vertrag einbezogen wurde.[187] Dahinter stand die Erwägung, dass die VOB/B im Ganzen ein ausgewogenes Regelwerk darstellt. Demgegenüber hatte der BGH in einer neueren Entscheidung bereits klargestellt, dass die einzelnen Klauseln in jedem Fall einer vollen Inhaltskontrolle nach §§ 307 ff. unterliegen, wenn die VOB/B gegenüber einem **Verbraucher** verwendet wird.[188] Der durch das Forderungssicherungs-

---

182 BGH, NJW 1998, 3197 (3198); Bamberger/Roth/*Voit* § 631 Rn. 3; *Oetker/Maultzsch* § 8 Rn. 18.
183 BGHZ 87, 112; BGH, NJW 2006, 904 (905).
184 Dazu AnwKomm-*Langen* Anh. zu §§ 631–651: Planungsverträge Rn. 12 ff.
185 Vgl. AnwKomm-*Langen* Anh. zu §§ 631–651: Vertragstypen im Baurecht Rn. 15.
186 Vgl. AnwKomm-*Langen* Anh. zu §§ 631–651: Vertragstypen im Baurecht Rn. 14 ff. Zum Bauträgervertrag vgl. auch *Emmerich*, Schuldrecht BT, § 11 Rn. 1 ff.
187 BGHZ 86, 135 (141); 101, 357; 157, 346; *Oetker/Maultzsch* § 8 Rn. 20.
188 BGH, NZBau 2008, 640 m. Anm. *Gebauer*, LMK 2008, 268863.

gesetz v. 23. 10. 2008 mit Wirkung v. 1. 1. 2009 eingefügte § 310 I 3 sieht jetzt ausdrücklich vor, dass die Privilegierung der VOB/B nur gegenüber **Unternehmern,** juristischen Personen des öffentlichen Rechts sowie öffentlich-rechtlichen Sondervermögen gilt.

IV. Abschluss und Wirksamkeit des Vertrages

Für den **Abschluss des Werkvertrages** gelten die **allgemeinen Regeln** über das Zustandekommen von Verträgen (§§ 145 ff.). Bei *Fehlen einer Vergütungsvereinbarung* ist der Vertrag nicht mangels Einigung über einen wesentlichen Bestandteil unwirksam; vielmehr greift § 632 I (→ Rn. 640) ein. **Formvorschriften** müssen im Allgemeinen nicht eingehalten werden. Begründet der Werkvertrag einen mittelbaren Zwang zum Erwerb oder zur Veräußerung eines Grundstücks, so ist aber § 311 b I anwendbar.[189] 632

Haben die Parteien zu Zwecken der Steuerhinterziehung eine sog. **»Ohne-Rechnung-Abrede«** getroffen, so ist zunächst nur die Abrede als solche nach **§§ 134, 138** unwirksam. Ob der ganze Werkvertrag für nichtig zu erachten ist, richtet sich nach **§ 139**. Die Rechtsprechung nimmt nur dann keine vollständige Nichtigkeit an, wenn der Vertrag auch bei ordnungsgemäßer Steuerabführung zu denselben Konditionen geschlossen worden wäre.[190] Bei einem Werkvertrag über Bauleistungen sei der Unternehmer jedoch im Allgemeinen nach **Treu und Glauben** (§ 242) gehindert, sich zur Abwehr von Gewährleistungsansprüchen darauf zu berufen, dass die Gesetz- und Sittenwidrigkeit der Abrede zur Nichtigkeit des ganzen Vertrages führt.[191] 633

Zur Vertiefung: Der BGH begründet den Rückgriff auf § 242 mit der spezifischen Interessenlage bei Bauverträgen. Hier besteht die Besonderheit, dass der Unternehmer die Bauleistungen am Grundstück des Bestellers erbringt. Da die mangelhaften Bauleistungen nach § 946 in das Eigentum des Bestellers übergehen, ist eine Rückabwicklung erheblich erschwert.[192] Die einschlägigen Entscheidungen lassen sich daher nicht auf andere Bereiche übertragen.

V. Die Pflichten des Unternehmers

1. Hauptpflichten

Hauptpflicht des Unternehmers ist die **Herstellung** des versprochenen Werkes (§ 631 I). Anders als beim Dienstvertrag (§ 613, → Rn. 560 ff.) muss der Werkunternehmer nicht persönlich tätig werden. Vielmehr kann er sich bei der Erfüllung seiner Verpflichtung auch **dritter** Personen bedienen. So ist es etwa bei größeren Bauprojekten üblich, dass der Unternehmer für Einzelleistungen andere selbständige **(Sub-)Unternehmer** einschaltet. In solchen Fällen haftet der Unternehmer für den Dritten nach § 278. Wird das Werk durch die besonderen Fähigkeiten des Unternehmers (zB eines Künstlers oder Gutachters) geprägt, so wird eine **höchstpersönliche** Leistungspflicht aber meist zumindest stillschweigend vereinbart sein.[193] 634

189 Vgl. MüKoBGB/*Busche* § 631 Rn. 52.
190 BGH, NJW-RR 2008, 1050.
191 BGH, NJW-RR 2008, 1050; NJW-RR 2008, 1051; krit. Staudinger/*Looschelders/Olzen* (2009) § 242 Rn. 844; *Jooß*, JR 2009, 397 ff.
192 BGH, NJW-RR 2008, 1050; NJW-RR 2008, 1051.
193 *Brox/Walker*, Schuldrecht BT, § 23 Rn. 1; *Medicus/Lorenz*, Schuldrecht II, Rn. 707.

635 § 633 I konkretisiert die Herstellungspflicht dahingehend, dass der Unternehmer dem Besteller das Werk **frei von Sach- und Rechtsmängeln** zu verschaffen hat (→ Rn. 666 ff.). Der Unternehmer hat seine Herstellungspflicht somit auch dann nicht erfüllt, wenn das Werk mangelhaft ist.[194] Der Besteller kann daher nach § 640 I die Abnahme des Werkes verweigern, sofern der Mangel nicht unwesentlich ist (→ Rn. 648).

2. Nebenpflichten

636 Da der Unternehmer im Allgemeinen intensive Einwirkungsmöglichkeiten auf die Rechtsgüter und Interessen des Bestellers hat, besteht zwischen den Parteien ein **besonderes Vertrauensverhältnis.**[195] Nach Treu und Glauben (§ 242) treffen den Unternehmer daher zahlreiche Nebenleistungs- und Schutzpflichten (vgl. § 241 II). So hat er die ihm zur Bearbeitung oder Reparatur überlassenen Sachen des Bestellers in seine Obhut zu nehmen[196] und den Besteller vor Gefahren zu warnen, die von dem hergestellten Werk ausgehen oder sich aus dessen Gebrauch ergeben können.[197]

3. Folgen einer Pflichtverletzung

637 Wird das Werk überhaupt *nicht* oder *verspätet* hergestellt, so richten sich die Rechte des Käufers nach den **allgemeinen Vorschriften** (§§ 280 ff., 320 ff.). Bei Vorliegen eines *Mangels im Zeitpunkt der Abnahme* (§ 640 I) bzw. der Vollendung (§ 646) stehen dem Besteller die **Gewährleistungsrechte** aus § 634 zu (dazu Rn. 673 ff.). Vor Abnahme bleibt es dagegen auch hier bei der Anwendung des allgemeinen Leistungsstörungsrechts.[198]

Vor der Abnahme gilt damit Folgendes: Solange der Unternehmer das Werk nicht mangelfrei hergestellt hat, besteht der **Erfüllungsanspruch** des Bestellers fort. Bis zur ordnungsgemäßen Erfüllung muss der Besteller mangels Fälligkeit (§ 641 I 1) die Vergütung nicht zahlen. Das **Rücktrittsrecht** des Bestellers richtet sich nach § 323 I. Daneben (vgl. § 325) sind **Schadensersatzansprüche** aus §§ 280 I, III, 281 (zB wegen der Mehrkosten für einen anderen Unternehmer) denkbar. Ein möglicher **Verzögerungsschaden** des Bestellers muss nach §§ 280 I, II, 286 ersetzt werden.

638 Im Fall der **Unmöglichkeit** ist der Erfüllungsanspruch des Bestellers nach § 275 I ausgeschlossen. Das gleiche gilt, wenn der Unternehmer die Leistung nach § 275 II oder III verweigert. In diesen Fällen sind aber Schadensersatzansprüche nach §§ 280 I, III, 283 bzw. § 311 a II 1 zu prüfen.[199]

Zur Vertiefung: In der Praxis hat die Unmöglichkeit nach § 275 I im Werkvertragsrecht keine große Bedeutung, weil man sich nach den heutigen technischen Möglichkeiten schwer Fälle vorstellen kann, in denen das Werk aus *tatsächlichen* Gründen nicht hergestellt werden kann. Neben dem eher theoretischen Beispiel der Herstellung eines perpetuum mobile sind allerdings Fälle denkbar, in denen das Leistungssubstrat vor Abnahme des Werks untergeht (zB Einsturz der zu renovierenden Kirche). Praktisch relevant erscheint überdies die *rechtliche* Unmöglichkeit, zB wenn ein Bauwerk

194 Bamberger/Roth/*Voit* § 633 Rn. 1; Staudinger/*Peters/Jacoby* (2008) § 633 Rn. 1.
195 Vgl. Erman/*Hohloch* § 242 Rn. 89.
196 BGH, NJW-RR 1997, 342; Staudinger/*Olzen* (2005) § 241 Rn. 502.
197 Vgl. Bamberger/Roth/*Voit* § 631 Rn. 59 ff.
198 *Oetker/Maultzsch* § 8 Rn. 47.
199 Vgl. *Brox/Walker*, Schuldrecht BT, § 23 Rn. 14. Zur Behandlung vorübergehender Leistungshindernisse vgl. *Wertenbruch*, ZGS 2003, 53 ff.

aufgrund öffentlich-rechtlicher Vorschriften nicht in der vertraglich vereinbarten Weise umgebaut oder errichtet werden darf (vgl. SAT Rn. 462). Soweit den Unternehmer eine *persönliche* Leistungspflicht trifft, kommt auch die Anwendung des § 275 III in Betracht (dazu auch → Rn. 655).

VI. Die Pflichten des Bestellers

1. Vergütungspflicht

a) Allgemeines

Die Hauptleistungspflicht des Bestellers besteht in der Entrichtung der vereinbarten 639 Vergütung (§ 631 I). Wurde hierüber keine Vereinbarung getroffen, so gilt eine **Vergütung** nach § 632 I als **stillschweigend vereinbart,** wenn die Herstellung des Werkes nur gegen eine Vergütung zu erwarten ist. Im Einzelnen gelten die gleichen Erwägungen wie bei § 612 I (→ Rn. 583 f.). Der Besteller kann den Vertrag daher ebenfalls nicht nach § 119 I wegen Irrtums über seine Vergütungspflicht anfechten.

§ 632 II regelt den Fall, dass eine Einigung über die **Höhe der Vergütung** fehlt. Demnach gilt die taxmäßige Vergütung – zB nach der HOAI – und bei deren Fehlen die übliche Vergütung als vereinbart.

b) Kostenvoranschlag

Ein Kostenvoranschlag ist gemäß § 632 III **im Zweifel** nicht zu vergüten. Die Par- 640 teien können aber eine abweichende Vereinbarung treffen. **Vorarbeiten des Unternehmers** (zB Entwürfe, Zeichnungen) sind gleichfalls nur *ausnahmsweise* zu vergüten. Voraussetzung ist, dass die Vorarbeiten entweder den Gegenstand eines selbständigen Werkvertrages bilden oder so umfangreich sind, dass ihre Unentgeltlichkeit nach Treu und Glauben oder gemäß § 632 I nicht erwartet werden kann.[200] Grundsätzlich bleibt es aber dabei, dass der Unternehmer Aufwendungen zur Förderung eines Vertragsschlusses auf **eigenes Risiko** tätigt und hierfür keine Vergütung verlangen kann.[201]

c) Fälligkeit der Vergütung und Abschlagszahlungen

Abweichend von der allgemeinen Vorschrift des § 271 I sieht § 641 I 1 für den 641 Vergütungsanspruch des Werkunternehmers eine **eigene Fälligkeitsregel** vor, wonach die Vergütung nicht sofort, sondern erst bei der Abnahme des Werkes (→ Rn. 647 ff.) zu entrichten ist. Der Unternehmer muss folglich das Werk herstellen, bevor er eine Vergütung beanspruchen kann. Bezüglich der Verschaffung des Werkes gilt aber § 320: Der Unternehmer hat dem Besteller das Werk nur gegen Bezahlung herauszugeben.[202]

Die Fälligkeitsregelung des § 641 I 1 hat zur Folge, dass der Unternehmer zu erheb- 642 lichen Vorleistungen gezwungen ist, bevor er die Vergütung verlangen kann. Dies kann ihn in finanzielle Bedrängnis bringen. Das Gesetz enthält daher einige Vorschriften, um die Wirkungen der Vorleistungspflicht zu entschärfen. So können die Parteien vereinbaren, dass das Werk in Teilen abzunehmen und zu vergüten ist; in diesem Fall tritt die Fälligkeit der einzelnen **Teilvergütungen** gemäß § 641 I 2 schon bei der jeweiligen **Teilabnahme** ein. Vor unberechtigter Verweigerung der Abnahme

200 BGH, NJW-RR 2005, 19 (20); Erman/*Schwenker* § 632 Rn. 2.
201 Staudinger/*Peters/Jacoby* (2008) § 632 Rn. 113.
202 MüKoBGB/*Busche* § 641 Rn. 2; *Oetker/Maultzsch* § 8 Rn. 181.

durch den Besteller wird der Unternehmer durch die **Abnahmefiktionen** des § 640 I 3 geschützt (vgl. → Rn. 648).

643 Hat der Besteller einen Mängelbeseitigungsanspruch, so kann er auch nach Fälligkeit noch die Zahlung eines **angemessenen Teils** der Vergütung **verweigern** (§ 641 III). § 641 III aF hatte die Angemessenheit auf mindestens das Dreifache der Kosten der Mängelbeseitigung beziffert; das Forderungssicherungsgesetz v. 23. 10. 2008 hat dies dahingehend herabgesetzt, dass in der Regel nur noch das Doppelte der für die Beseitigung des Mangels erforderlichen Kosten angemessen ist (vgl. § 641 III Hs. 2 nF).

Zur Vertiefung: Für VOB/B-Bauverträge ist die Fälligkeit der Vergütung in § 16 Nr. 3 VOB/B geregelt. Über die Abnahme hinaus ist danach erforderlich, dass der Auftragnehmer dem Auftraggeber eine prüffähige Schlussrechnung erteilt hat;[203] die Fälligkeit tritt dann alsbald nach Prüfung und Feststellung der Schlussrechnung, spätestens aber zwei Monate nach deren Zugang ein. Hat der Auftragnehmer die Schlusszahlung des Auftraggebers vorbehaltlos angenommen, so kann er nach § 16 Nr. 3 (2) VOB/B grundsätzlich keine Nachforderungen mehr geltend machen.[204]

644 Die vorstehenden Regelungen ändern indes nichts daran, dass die Vorleistungspflicht gerade bei mittelständischen Unternehmen große Liquiditätsprobleme verursachen kann. Nachteilig wirkt insbesondere, dass der Anspruch auf Teilvergütungen nach § 641 I 2 nicht kraft Gesetzes eingreift, sondern von den Parteien vereinbart werden muss. Der Gesetzgeber hat dem Unternehmer deshalb in § 632 a I 1 das Recht eingeräumt, für *vertragsgemäß* erbrachte Leistungen **Abschlagszahlungen** zu verlangen; die Beschränkung auf *in sich abgeschlossene Teile* des Werkes ist durch das Forderungssicherungsgesetz v. 23. 10. 2008 aufgehoben worden. Für die Höhe des Anspruchs kommt es nunmehr darauf an, welchen Wertzuwachs der Besteller durch die Leistung erlangt. § 632 a I 2 stellt klar, dass die Abschlagszahlung als solche wegen **unwesentlicher Mängel** nicht verweigert werden kann.[205] Das Leistungsverweigerungsrecht beschränkt sich in diesem Fall auf einen angemessenen Teil der Zahlung (§ 632 a I 3 iVm § 641 III).

645 Die Zahlungspflicht besteht nicht nur im Hinblick auf die erbrachten Leistungen, sondern erfasst auch die Kosten für angelieferte, eigens angefertigte oder bereitgestellte **Stoffe oder Bauteile.** Zum Schutz des Bestellers macht § 632 a I 5 den Anspruch aber davon abhängig, dass der Unternehmer dem Besteller **Eigentum** an den Stoffen oder Bauteilen überträgt (§§ 929 ff.) oder Sicherheit leistet (§ 232). Hat der Besteller das Eigentum an den Stoffen oder Bauteilen nach §§ 946 ff. *kraft Gesetzes* erworben, so handelt es sich um eine erbrachte Leistung; der Anspruch des Unternehmers folgt damit schon aus § 632 a I 1.[206]

Ist der Besteller ein **Verbraucher** (§ 13), so begrenzt § 632 a III das mit der Abschlagszahlung verbundene Risiko dadurch, dass der Unternehmer ihm eine **Sicherheit** für die rechtzeitige Herstellung des Werkes ohne wesentliche Mängel zu leisten hat. Zur Art der geschuldeten Sicherheit vgl. §§ 232 ff. und § 632 a IV.

203 Zu diesen Voraussetzungen MüKoBGB/*Busche* § 641 Rn. 46.
204 Vgl. AnwKomm-*Leupertz* Anh. zu §§ 631–651: Der VOB/B-Bauvertrag Rn. 68 ff.
205 Zur Problemstellung vgl. *v. Gehlen*, NZBau 2008, 612 (613).
206 Palandt/*Sprau* § 632 a Rn. 10.

d) Folgen der Verletzung der Vergütungspflicht

Bei Nichterfüllung des Vergütungsanspruchs aus § 631 I oder eines Abschlagszahlungsanspruchs aus § 632 a I kann dem Unternehmer ein Anspruch auf Ersatz des **Verzögerungsschadens** aus §§ 280 I, II iVm § 286 sowie ein Anspruch auf Zahlung von Verzugszinsen (§ 288) zustehen. Der Unternehmer kann außerdem ggf. nach § 323 vom Vertrag zurücktreten und/oder Schadensersatz statt der Leistung nach §§ 280 I, III, 281 verlangen. 646

2. Pflicht zur Abnahme (§ 640)

Nach § 640 I hat der Besteller das vertragsmäßig hergestellte Werk abzunehmen, sofern dies nicht nach der Beschaffenheit des Werkes ausgeschlossen ist. Ebenso wie im Kaufrecht (→ Rn. 26) handelt es sich um eine *echte Rechtspflicht*. Wegen der großen Bedeutung der Abnahme im Werkvertragsrecht wird sogar von einer **Hauptleistungspflicht** ausgegangen.[207] 647

a) Voraussetzungen und Bedeutung der Abnahme

Die Abnahme des Werkes nach § 640 hat im Allgemeinen zwei Elemente: die **körperliche Entgegennahme** des Werkes und dessen **Anerkennung** als zumindest in der Hauptsache vertragsgemäße Leistung.[208] Ist die körperliche Entgegennahme nicht möglich (zB bei Arbeiten an Bauwerken), reicht die ausdrückliche oder konkludente **Anerkennung** als vertragsgemäße Leistung (zB durch vorbehaltlose Ingebrauchnahme des Werkes) aus.[209] Sofern auch eine solche Anerkennung oder Billigung des Werkes nach der Verkehrssitte nicht zu erwarten ist (zB bei Theateraufführungen, Konzerten, Vorträgen, Beförderungsleistungen),[210] tritt die Vollendung des Werkes nach § 646 an die Stelle der Abnahme. 648

§ 640 I 2 verstärkt den Schutz des Unternehmers dahingehend, dass der Besteller die Abnahme nicht wegen **unwesentlicher** Mängel verweigern darf. Der Gesetzgeber will damit verhindern, dass der Besteller sich seiner Zahlungspflicht entzieht, indem er unter Berufung auf geringfügige Mängel die Abnahme verweigert. Zum Schutz des Bestellers genügt in diesem Fall das Leistungsverweigerungsrecht nach § 641 III (→ Rn. 643). Gemäß § 640 I 3 steht es der Abnahme gleich, wenn der Besteller das im Wesentlichen vertragsgemäß hergestellte Werk innerhalb einer vom Unternehmer bestimmten **angemessenen Frist** nicht abnimmt.

Mit der Abnahme wird nicht nur die Vergütung nach § 641 I 1 fällig; sie ist auch für verschiedene andere Rechtsfragen relevant. So geht mit der Abnahme nach § 644 I 1 die **Vergütungsgefahr** vom Unternehmer auf den Besteller über. Bei den Gewährleistungsrechten des § 634 stellt die Abnahme den **maßgeblichen Zeitpunkt** für das Vorliegen des Mangels dar. Mit der Abnahme beginnt dementsprechend auch der Lauf der kurzen werkvertraglichen **Verjährungsfristen** (§ 634 a II). Darüber hinaus droht dem Besteller bei vorbehaltloser Abnahme des Werkes trotz Kenntnis des Mangels der **Verlust der Mängelrechte** des § 634 Nr. 1–3 (§ 640 II). Schließlich hat 649

207 Vgl. *Brox/Walker*, Schuldrecht BT, § 25 Rn. 10; Hk-BGB/*Ebert* § 640 Rn. 2; *Medicus/Lorenz*, Schuldrecht II, Rn. 727.
208 BGHZ 48, 257 (262); BGH, NJW 1993, 1972 (1974); *Schlechtriem*, Schuldrecht BT, Rn. 462.
209 Palandt/*Sprau* § 640 Rn. 3; vgl. auch BGHZ 125, 111.
210 Vgl. AnwKomm-*Raab* § 640 Rn. 19 ff.; Palandt/*Sprau* § 640 Rn. 4.

der Besteller die Vergütung von der Abnahme an mit dem gesetzlichen Zinssatz von 4 % (§ 246) zu verzinsen (§ 641 IV).

b) Folgen der Verletzung der Abnahmepflicht

650 Bei grundloser Verweigerung der Abnahme gerät der Besteller in **Annahmeverzug** (§§ 293 ff.). Da die Abnahme keine bloße Obliegenheit, sondern eine echte Rechtspflicht darstellt, kann der Besteller gleichzeitig in **Schuldnerverzug** kommen (vgl. SAT Rn. 747).[211] Der Unternehmer hat dann einen Anspruch auf den Ersatz des durch die **Verzögerung** der Abnahme entstandenen Schadens (§ 280 I, II, 286). Der Unternehmer kann schließlich nach § 323 vom Vertrag zurücktreten und/oder nach §§ 280 I, III, 281 Schadensersatz statt der Leistung verlangen, sofern die dafür erforderlichen zusätzlichen Voraussetzungen (insbesondere Fristsetzung) vorliegen.[212] Da die Fristsetzung die **Abnahmefiktion** des § 640 I 3 auslöst, dürfte der Unternehmer auf diese Ansprüche und Rechte aber im Allgemeinen nicht angewiesen sein.

3. Mitwirkungsobliegenheit

651 Gemäß § 642 hat der Besteller bei der Herstellung des Werkes mitzuwirken, soweit dies erforderlich ist. Hierbei handelt es sich grundsätzlich um **keine Rechtspflicht,** sondern um eine bloße **Obliegenheit** (dazu SAT Rn. 26).[213] Die Parteien können aber vereinbaren, dass den Besteller eine Mitwirkungspflicht treffen soll.[214] In diesem Fall können dem Unternehmer bei unterlassener Mitwirkung Schadensersatzansprüche aus §§ 280 ff. zustehen.

> **Beispiele:** Der Besteller eines Maßanzugs hat nach § 642 persönlich zur Anprobe zu erscheinen. Persönliches Erscheinen ist auch bei einem Porträt erforderlich. Wer Malerarbeiten in Auftrag gibt, hat Farben und Tapeten auszuwählen und dem Unternehmer Zutritt zu seiner Wohnung zu verschaffen. Bei Bauverträgen muss der Besteller dem Unternehmer das Grundstück so zur Verfügung stellen, dass es für dessen Leistungen aufnahmebereit ist. Hierzu gehört insbesondere, dass etwa erforderliche Vorarbeiten durch andere Unternehmer bereits durchgeführt sind.[215]

652 Durch Verweigerung der erforderlichen Mitwirkung kommt der Besteller gemäß § 295 S. 1 in Annahmeverzug. Der Unternehmer kann damit Ersatz der durch den Annahmeverzug entstandenen **Mehraufwendungen** verlangen (§ 304). Darüber hinaus steht ihm nach § 642 I eine angemessene **Entschädigung** zu. Außerdem kann er den Werkvertrag nach § 643 kündigen und nach § 645 I 2 einen der geleisteten Arbeit entsprechenden **Teil der Vergütung** sowie Ersatz der hierdurch nicht abgedeckten **Auslagen** verlangen. Schließlich geht mit dem Annahmeverzug noch die **Preisgefahr** auf den Besteller über (§§ 326 II 1, 644 I 2). Wird die Fertigstellung des Werkes unmöglich, so steht dem Unternehmer also ein Anspruch auf die vereinbarte Vergütung zu.[216] Er muss sich aber die Vorteile anrechnen lassen, die er aufgrund der Befreiung von der Leistungspflicht oder durch anderweitige Verwendung seiner Arbeitskraft erlangt oder böswillig nicht erworben hat.

---

211 Staudinger/*Peters/Jacoby* (2008) § 640 Rn. 43.
212 Jauernig/*Mansel* § 640 Rn. 5.
213 BGHZ 11, 80 (83); 50, 175 (178); Staudinger/*Peters/Jacoby* (2008) § 642 Rn. 17.
214 Vgl. *Larenz*, Schuldrecht II/1, § 53 III c; *Medicus/Lorenz*, Schuldrecht II, Rn. 733.
215 BGHZ 143, 32 (41).
216 Staudinger/*Peters/Jacoby* (2008) § 644 Rn. 26.

4. Fürsorgepflicht des Bestellers analog § 618

Wird der Unternehmer zur Ausführung des Werkes in den Räumen des Bestellers tätig oder stellt dieser ihm die für die Herstellung des Werkes benötigten Gerätschaften zur Verfügung, so treffen den Besteller analog § 618 die gleichen **Schutz- und Fürsorgepflichten** wie den Dienstberechtigten (→ Rn. 588).[217] Verstößt der Besteller gegen diese Pflichten, so stehen dem Unternehmer und seinen Angehörigen Ersatzansprüche aus § 618 III iVm §§ 842–846 zu. Die Schutzpflichten des Bestellers sollen allerdings (anders als im Dienstvertragsrecht wegen § 619) **abdingbar** sein.[218] 653

VII. Gefahrtragung

Auch beim Werkvertrag stellt sich die Frage, wer die Gefahr des zufälligen Untergangs des Werkes trägt. Den Ausgangspunkt der Überlegungen bilden dabei wiederum die allgemeinen Regeln der §§ 275, 326. 654

1. Leistungsgefahr

Die Leistungsgefahr beurteilt sich auch im Werkvertragsrecht nach § 275. Der Anspruch des Bestellers auf Herstellung des vereinbarten Werkes kann deshalb wegen **Unmöglichkeit** gemäß § 275 I ausgeschlossen sein. Da der Werkunternehmer einen Erfolg schuldet, trägt er aber das **Herstellungsrisiko.** Dies hat zur Folge, dass der Unternehmer vor Abnahme des Werkes regelmäßig zur Neuherstellung verpflichtet bleibt (→ Rn. 638).

Beispiel: In der Stadt M soll neben der mittelalterlichen Kirche ein modernes Gemeindezentrum errichtet werden. Den Bauauftrag hierfür erhält der Bauunternehmer U. Gleichzeitig wird mit dem Restaurator R ein Vertrag über die Ausbesserung des Deckengemäldes der Kirche geschlossen. Nachdem beide Arbeiten weit voran geschritten sind, stürzen der Rohbau des Gemeindezentrums und die Kirche infolge eines Erdbebens ein. – U kann das eingestürzte Gemeindezentrum neu errichten. Deshalb liegt keine Unmöglichkeit vor. Die Restauration des Deckengemäldes kann dagegen nicht fortgesetzt werden, da das Leistungssubstrat untergegangen ist.

Denkbar ist auch, dass der Unternehmer ein Leistungsverweigerungsrecht wegen **praktischer Unmöglichkeit** nach § 275 II hat. Aufgrund der Erfolgsbezogenheit der Leistungspflicht des Unternehmers sind aber auch hier hohe Anforderungen zu stellen. Soweit den Unternehmer eine persönliche Leistungspflicht trifft, kann auch das Leistungsverweigerungsrecht des § 275 III relevant werden. Musterbeispiel für eine solche **persönliche Unmöglichkeit** ist die Sängerin, die wegen einer lebensgefährlichen Erkrankung ihres Kindes nicht auftreten will (vgl. SAT Rn. 481). 655

2. Gegenleistungsgefahr

Für die **Gegenleistungsgefahr** gelten zunächst die Grundsätze des § 326. Ist die Leistungspflicht des Unternehmers nach § 275 I–III ausgeschlossen, so verliert er also gemäß § 326 I 1 den Anspruch auf Zahlung des Werklohnes. Der Besteller trägt aber die Preisgefahr, wenn er das Leistungshindernis allein oder weit überwiegend zu verantworten hat (§ 326 II 1 Alt. 1). 656

217 BGHZ 5, 62; 26, 365 (371); OLG Düsseldorf, NJW-RR 1995, 403; *Emmerich*, Schuldrecht BT, § 10 Rn. 35; *Schlechtriem*, Schuldrecht BT, Rn. 420.
218 BGHZ 56, 269 (272 ff.).

Diese allgemeinen Regeln werden durch die besonderen Vorschriften der §§ 644 bis 646 ergänzt. **Zentrale Bedeutung** hat dabei wiederum die **Abnahme.** Bis zur Abnahme ist der Unternehmer grundsätzlich zur Neuherstellung verpflichtet, ohne für das untergegangene Werk eine Vergütung verlangen zu können. Er trägt also bis zur Abnahme sowohl die Leistungs- als auch die Vergütungsgefahr.[219] Mit der Abnahme des Werkes geht die Gefahr des zufälligen Untergangs auf den Besteller über (§ 644 I 1). Der Besteller muss den Werklohn somit auch bei zufälligem Untergang des Werks entrichten. Dies gilt auch dann, wenn die Abnahme **fingiert** (§ 640 I 3) oder durch die **Vollendung** des Werkes ersetzt wird (§ 646).

657 Vor der Abnahme geht die Preisgefahr gemäß § 644 I 2 auf den Besteller über, wenn er in **Annahmeverzug** (§§ 293 ff.) kommt. Dies entspricht der allgemeinen Regelung des § 326 II 1 Alt. 2 (dazu SAT Rn. 732). § 644 I 2 ist im Übrigen auch dann anwendbar, wenn der Besteller seiner Mitwirkungsobliegenheit aus § 642 I nicht nachkommt (→ Rn. 652).[220]

Zur Vertiefung: § 644 enthält keine dem § 326 II 2 entsprechende Regelung, wonach der Unternehmer sich auf den Vergütungsanspruch die mit der Leistungsbefreiung verbundenen Vorteile anrechnen lassen muss. Es wäre aber unbillig, die Zahlungspflicht des Bestellers in voller Höhe aufrechtzuerhalten, obwohl der Unternehmer infolge des Untergangs des Werkes Aufwendungen erspart oder sonstige Vorteile erlangt hat. § 326 II 2 ist deshalb auf diesen Fall analog anwendbar.[221]

Für den Gefahrübergang bei **Versendung des Werkes** verweist § 644 II auf § 447. Danach geht die Gegenleistungsgefahr mit der Auslieferung an die Transportperson auf den Besteller über (dazu auch → Rn. 190 ff.).

658 Eine werkvertragsspezifische Sonderregelung findet sich in **§ 645 I.** Ist der Untergang, die Verschlechterung oder die Unausführbarkeit des Werkes auf den **Mangel eines vom Besteller gelieferten Stoffes** oder auf eine **Anweisung des Bestellers** zurückzuführen, so kann der Unternehmer einen der geleisteten Arbeit entsprechenden Teil der Vergütung sowie Auslagenersatz verlangen. In der älteren Literatur ist teilweise die Ansicht vertreten worden, dass der Rechtsgedanke des § 645 I auf alle Risiken zutrifft, die in der Sphäre des Bestellers wurzeln (sog. **Sphärentheorie**).[222] Hiergegen sprechen jedoch der Wortlaut der Vorschrift sowie die Erwägung, dass die differenzierte Regelung der §§ 644, 645 nicht durch eine allgemeine Sphärentheorie unterlaufen werden darf.[223] Eine analoge Anwendung des § 645 I ist daher nur in engen Grenzen möglich. Hieran ist insbesondere zu denken, wenn sich im Untergang des noch nicht fertig gestellten Werkes eine Gefahr realisiert hat, die vom Besteller frei verantwortlich geschaffen worden ist.[224]

Beispiel (BGHZ 40, 71): Bauer B beauftragt den Bauunternehmer U, für ihn eine Scheune zu errichten. Vor Fertigstellung der Scheune lagert B Heu ein, das sich ohne sein Verschulden entzündet. Dabei brennt die Scheune ab. U verlangt von B Vergütung seiner bereits geleisteten Arbeit. – Da der Untergang der Scheune weder auf dem Mangel eines von B für die Errichtung der Scheune gelieferten Stoffes noch auf dessen Anweisungen beruht, ist § 645 I dem Wortlaut nach

219 Vgl. AnwKomm-*Raab* § 644 Rn. 7; *Schlechtriem*, Schuldrecht BT, Rn. 458.
220 MüKoBGB/*Busche* § 644 Rn. 8; *Oetker/Maultzsch* § 8 Rn. 209; Staudinger/*Peters/Jacoby* (2008) § 644 Rn. 26; aA AnwKomm-*Raab* § 644 Rn. 16; Bamberger/Roth/*Voit* § 644 Rn. 15.
221 AnwKomm-*Raab* § 644 Rn. 15; vgl. auch MüKoBGB/*Busche* § 644 Rn. 9.
222 So etwa *Enneccerus/Lehmann*, Schuldverhältnisse, § 153 II 1 a.
223 Vgl. *Oetker/Maultzsch* § 8 Rn. 217; Staudinger/*Peters/Jacoby* (2008) § 645 Rn. 31.
224 *Brox/Walker*, Schuldrecht BT, § 23 Rn. 12; Palandt/*Sprau* § 645 Rn. 8.

nicht anwendbar. B hat das Werk jedoch durch eine freiverantwortliche Handlung – die Einlagerung des Heus – einer gesteigerten Gefahr ausgesetzt. Diese Gefahr hat sich in dem Brand der Scheune realisiert. Der BGH hat § 645 I deshalb zu Recht analog angewendet.

VIII. Sicherung des Unternehmers

Da der Unternehmer regelmäßig vorleistungspflichtig ist (→ Rn. 643 ff.), hat er ein 659 berechtigtes Interesse an der Sicherung seines Vergütungsanspruchs. Um dieses Interesse zu schützen, sieht das Gesetz in den §§ 647, 648 und 648 a **besondere Sicherungsrechte** zugunsten des Unternehmers vor. Hierbei ist danach zu unterscheiden, ob sich die Leistungen des Unternehmers auf bewegliche oder unbewegliche Sachen beziehen.

1. Unternehmerpfandrecht (§ 647)

Der Unternehmer hat nach § 647 ein Pfandrecht an den von ihm hergestellten oder 660 ausgebesserten **beweglichen Sachen** des Bestellers, wenn diese im Zusammenhang mit der Herstellung des Werkes in seinen Besitz gelangt sind. Es handelt sich um ein *gesetzliches Pfandrecht*, auf das die Vorschriften über das rechtsgeschäftliche Pfandrecht (§§ 1204 ff.) anwendbar sind (§ 1257). Erfüllt der Besteller seine Pflichten nicht, so kann sich der Unternehmer durch Verwertung des Pfandes nach §§ 1228 ff. **befriedigen.**[225]

Nach hM entsteht das Unternehmerpfandrecht nur, wenn der Besteller Eigentümer 661 der Sache ist (»Sachen *des Bestellers*«).[226] Die Voraussetzungen des § 647 liegen also nicht vor, wenn der Besteller dem Unternehmer ein Auto zur Reparatur gibt, das er von einem Dritten gemietet oder geliehen hat. Für solche Fälle stellt sich die Frage, ob der Unternehmer das Pfandrecht gutgläubig nach §§ 1207, 932 ff. erwerben kann. Gegen die Möglichkeit eines **gutgläubigen Erwerbs** spricht, dass sich die Verweisung auf die §§ 1204 ff. nach dem Wortlaut des § 1257 nur auf ein »kraft Gesetzes *entstandenes*« Pfandrecht bezieht, während das Unternehmerpfandrecht durch den gutgläubigen Erwerb ja erst zur Entstehung gelangen soll. Dies lässt den Schluss zu, dass die Entstehungsvoraussetzungen allein nach § 647 zu beurteilen sind; § 1207 ist daneben also nicht anwendbar.[227]

2. Sicherungshypothek des Bauunternehmers (§ 648)

Bei **Bauwerken** hat der Unternehmer einen *Anspruch* auf Bestellung einer Siche- 662 rungshypothek am Baugrundstück des Bestellers (§ 648 I). Der gleiche Anspruch besteht gemäß § 648 II 1 beim Bau oder bei der Reparatur von Schiffen. Voraussetzung ist in beiden Fällen, dass der Besteller mit dem Eigentümer des Grundstücks bzw. des Schiffes identisch ist. Da der Unternehmer nur einen **schuldrechtlichen** Anspruch auf Einräumung der Sicherungshypothek hat, entsteht diese nicht kraft Gesetzes, sondern muss erst noch **rechtsgeschäftlich** bestellt werden.[228] Der Unternehmer steht damit schlechter als im Fall des § 647. Davon abgesehen kann die Einräumung der Sicherungshypothek vor Fertigstellung des Werks nur für einen der

225 *Larenz*, Schuldrecht II/1, § 53 III e.
226 Vgl. *Medicus/Petersen*, Bürgerliches Recht, Rn. 589; *Schlechtriem*, Schuldrecht BT, Rn. 464.
227 BGHZ 34, 122 (125), 119, 75 (89); *Brox/Walker*, Schuldrecht BT, § 25 Rn. 7; Palandt/*Bassenge* § 1257 Rn. 2. Zur parallelen Problematik im Mietrecht → Rn. 474 f.
228 Vgl. *Brox/Walker*, Schuldrecht BT, § 25 Rn. 8; Jauernig/*Mansel* § 648 Rn. 1.

geleisteten Arbeit entsprechenden Teil der Vergütung zuzüglich der dadurch nicht abgedeckten Auslagen verlangt werden (§ 648 I 2).[229] Die praktische Bedeutung des § 648 wird schließlich dadurch gemindert, dass der Bauherr das Grundstück nicht selten bereits vor Baubeginn zugunsten des den Bau finanzierenden Kreditinstituts mit Grundpfandrechten belastet hat.[230]

3. Bauhandwerkersicherung (§ 648 a)

663 Um diese Schwächen auszugleichen, hat der Gesetzgeber dem Unternehmer in § 648 a das Recht zugebilligt, für seine **Vorleistungen** vom Besteller **anderweitige Sicherheitsleistung** zu verlangen. Für die Art der Sicherheitsleistung gelten die §§ 232 ff. Die Sicherheit kann darüber hinaus auch in Form einer Garantie oder eines sonstigen Zahlungsversprechens wie einer Bankbürgschaft von Seiten eines Kreditinstituts geleistet werden (§ 648 a II).

664 Der wesentliche Schwachpunkt des § 648 a bestand bislang darin, dass der Unternehmer **keinen Anspruch** auf die Sicherheitsleistung hatte. Kam der Besteller einem entsprechenden Verlangen trotz Fristsetzung nicht nach, so stand dem Unternehmer zunächst nur ein **Leistungsverweigerungsrecht** zu (§ 648 a I aF). Nach nochmaliger erfolgloser Fristsetzung konnte er den Vertrag gemäß § 643 kündigen und gemäß § 645 I die Vergütung der schon erbrachten Leistungen verlangen (§ 648 a V 1 aF).[231]

Das Forderungssicherungsgesetz hat die Stellung des Unternehmers auch insoweit wesentlich verbessert. Nach dem neu gefassten § 648 a I steht dem Unternehmer ein **einklagbarer Anspruch** auf die Sicherheitsleistung zu.[232] Kommt der Besteller diesem Anspruch nicht nach, so kann der Unternehmer nach erfolgloser Fristsetzung die Leistung verweigern oder den Vertrag kündigen (§ 648 a V 1). Bei einer Kündigung kann der Unternehmer die vereinbarte Vergütung verlangen; er muss sich jedoch das anrechnen lassen, was er infolge der Kündigung an Aufwendungen erspart oder durch anderweitige Verwendung seiner Arbeitskraft erwirbt oder böswillig zu erwerben unterlässt (§ 648 a V 2). Außerdem kommt ein Schadensersatzanspruch nach §§ 280 ff. in Betracht.[233]

Literatur: *Brückner/Neumann*, Die Haftung des Sachverständigen nach neuem Delikts- und Werkvertragsrecht, MDR 2003, 906; *Büdenbender*, Der Werkvertrag, JuS 2001, 625; *v. Gehlen*, Das Gesetz zur Sicherung von Werkunternehmeransprüchen und zur verbesserten Durchsetzung von Forderungen, NZBau 2008, 612; *Henkel*, Werkvertrag – Der abschließende Charakter der Abnahmefiktion in § 640 Abs. 1 S. 3 BGB, MDR 2003, 913; *Jooß*, Mängelgewährleistungsansprüche bei einem Vertrag mit sog. Ohne-Rechnung-Abrede, JR 2009, 397; *Kapellmann/Langen*, Einführung in die VOB/B, 19. Aufl. 2010; *Kohler*, Verfassungswidrigkeit des § 640 Abs. 2 BGB?, JZ 2003, 1081; *Leistner*, Die »richtige« Auslegung des § 651 BGB im Grenzbereich von Kaufrecht und Werkvertragsrecht, JA 2007, 81; *Mankowski*, Werkvertragsrecht – Die Neuerungen durch § 651 und der Abschied vom Werklieferungsvertrag, MDR 2003, 854; *Mezger*, Der neue § 651 BGB, AcP 204 (2004), 231; *Nietsch*, Werklieferungen im Spannungsverhältnis zwischen Vertragstypisierung und Parteiautonomie, AcP 211 (2011), 737; *Reinkenhof*, Das neue Werkvertragsrecht, Jura 2002, 433; *Reischl*, Grundfälle zum neuen Schuldrecht. 4. Teil: Neuerungen im Kauf- und Werkvertragsrecht, JuS 2003, 1076; *Schudna-*

229 Vgl. *Oetker/Maultzsch* § 8 Rn. 253.
230 AnwKomm-*Raab* § 648 Rn. 4; Staudinger/*Peters/Jacoby* (2008) § 648 Rn. 5.
231 Vgl. BGHZ 146, 24 (28); 157, 335 (341).
232 Vgl. Palandt/*Sprau* § 648 a Rn. 5; *v. Gehlen*, NZBau 2008, 612 (617).
233 Vgl. Palandt/*Sprau* § 648 a Rn. 19.

gies, Das Werkvertragsrecht nach der Schuldrechtsreform, NJW 2002, 396; *Schuhmann*, Werkvertrag oder Kaufvertrag? – § 651 BGB im Lichte der Verbrauchsgüterkaufrichtlinie, ZGS 2005, 250; *ders.*, Formularverträge im Grenzbereich von Kauf- und Werkvertragsrecht, JZ 2008, 115; *Teichmann*, Schuldrechtsmodernisierung 2001/ 2002: Das neue Werkvertragsrecht, JuS 2002, 417; *Wertenbruch*, Die Anwendung des § 275 BGB auf Betriebsstörungen beim Werkvertrag, ZGS 2003, 53.

§ 32 Die Gewährleistung für Sach- und Rechtsmängel

Weist das Werk bei Gefahrübergang einen Mangel auf, so richten sich die Rechte des Bestellers nach den speziellen **Gewährleistungsvorschriften** der §§ 634–638. Diese verweisen für Rücktritt und Schadensersatz mit gewissen Modifikationen auf das allgemeine Leistungsstörungsrecht (§§ 280 ff., 311 a, 323 ff.). Die Systematik **entspricht** im Wesentlichen dem **kaufrechtlichen Modell;** im Detail finden sich indes einige Abweichungen. **665**

I. Mangelbegriff des § 633

§ 633 I statuiert im Einklang mit § 433 I 2 die Pflicht des Unternehmers, das Werk dem Besteller **frei von Sach- und Rechtsmängel** zu verschaffen. Die Begriffe des Sach- und des Rechtsmangels werden in § 633 II, III parallel zum Kaufrecht (§§ 434, 435) bestimmt. Nach dem **subjektiven Mangelbegriff** kommt es wieder primär auf die Vereinbarungen der Parteien an; objektive Kriterien dürfen nur hilfsweise herangezogen werden.[234] **666**

1. Beschaffenheitsabweichung

Das Werk weist nach § 633 II 1 einen Sachmangel auf, wenn es nicht die **vereinbarte Beschaffenheit** hat. Vorrangig zu beachten sind also auch hier die Parteivereinbarungen über die Beschaffenheit. Bei Fehlen einer Beschaffenheitsvereinbarung ist das Werk gemäß § 633 II 2 Nr. 1 mangelhaft, wenn es sich nicht für die vertraglich **vorausgesetzte Verwendung** eignet. Ist keine besondere Verwendung vorausgesetzt, so wird darauf abgestellt, ob das Werk sich für die **gewöhnliche Verwendung** eignet und die **übliche**, vom Besteller zu erwartende **Beschaffenheit** aufweist (§ 633 II 2 Nr. 2). **667**

Trotz dieser gesetzlichen Rangfolge darf bei der Prüfung des Mangels nicht isoliert auf die einzelnen Kriterien abgestellt werden. Da es sich um Konkretisierungen des subjektiven Mangelbegriffs handelt, muss immer der Wille der Parteien entscheiden. Weist das Werk nicht die **vereinbarte Funktionstauglichkeit** auf, so kann sich der Unternehmer daher grundsätzlich nicht damit entlasten, das Werk sei in der vereinbarten Art oder nach den anerkannten Regeln der Technik ausgeführt worden.[235]

Im Unterschied zum Kaufrecht (§ 434 I 3) ist im Werkvertragsrecht **keine Haftung für Werbeaussagen** vorgesehen. Eine Zurechnung solcher Aussagen ist meist nicht erforderlich, weil der Unternehmer selbst Hersteller des Produkts ist. Bei Werbeaussagen des Unternehmers liegt deshalb die Annahme einer Beschaffenheitsverein- **668**

234 Vgl. Hk-BGB/*Ebert* § 633 Rn. 2; *Gursky*, Schuldrecht BT, S. 126.
235 BGH, NJW 2008, 511 (512) = JA 2008, 385 – Blockheizkraftwerk.

barung iSd § 633 II 1 nahe.[236] Dies gilt auch, wenn der Unternehmer dem Besteller Werbeprospekte eines anderen Unternehmers vorlegt, der die verwendeten Materialien hergestellt hat.

Beispiel: Der B lässt die Auspuffanlage seines Pkw in der Discount-Werkstatt des P reparieren. Für die Ersatzteile legt P dem B Werbeprospekte vor, in denen der Hersteller der Teile deren hohe Qualität und Langlebigkeit anpreist. Da P sich hierdurch die Herstellerangaben zu Eigen macht, muss er dafür nach § 633 II 1 einstehen.

2. Falsch- und Minderleistung

669 Parallel zum Kaufrecht steht auch im Werkvertragsrecht die Herstellung eines **aliud** oder einer **zu geringen Menge** des Werkes dem Sachmangel gleich (§ 633 II 3). In der Praxis spielen beide Fälle bei Werkverträgen aber eine geringe Rolle. Eine *Falschleistung* ist nämlich am ehesten bei Verträgen über die Herstellung und Lieferung beweglicher Sachen denkbar, für die § 651 aber auf das Kaufrecht verweist (→ Rn. 625).[237] Im Übrigen kommt eine aliud-Leistung in Betracht, wenn der Unternehmer zur Herstellung des Werkes ein anderes als das vereinbarte Material verwendet.[238] Hier lässt sich der Mangel aber meist schon nach § 633 II 1 begründen.

Beispiel: Der B hat den Schuhmacher U damit beauftragt, ein Paar Schuhe neu zu besohlen. B und U vereinbaren, dass U Ledersohlen verwenden soll. Aufgrund eines Versehens greift U dennoch auf Gummisohlen zurück. Dem B fällt dies erst auf, als er die Schuhe das nächste Mal wieder anziehen will. – Ob sich der Mangel aus § 633 II 1 oder § 633 II 3 ergibt, kann offen bleiben. Nach beiden Betrachtungen stehen dem B nämlich die Rechte aus § 634 zu. Die Nacherfüllung (§ 634 Nr. 1 iVm § 635) ist dabei nur durch Neuherstellung des Werks zu verwirklichen.

670 Bei *Minderleistungen* greift § 633 II 3 nur ein, wenn die geringere Menge dem Besteller als vollständige Erfüllung angeboten wird.[239] Ansonsten handelt es sich um eine bloße **Teilleistung** (§ 266), auf welche das allgemeine Leistungsstörungsrecht unmittelbar anwendbar ist.

Beispiel: Bauunternehmer U soll für den Bauträger B fünf Reihenhäuser errichten. Zum vereinbarten Zeitpunkt hat U erst vier Häuser fertig gestellt. – In Bezug auf das fünfte Haus liegt damit ein Fall der teilweisen Nichtleistung vor. Die Rechte des U richten sich unmittelbar nach §§ 280 I, III, 281 I 2 bzw. § 323 V 1. Daneben kommt ein Anspruch auf Ersatz des Verzögerungsschadens aus §§ 280 I, II, 286 in Betracht.

3. Rechtsmangel

671 Der Rechtsmangel ist in § 633 III in Anlehnung an § 435 S. 1 (→ Rn. 220 ff.) geregelt. Das Werk muss so hergestellt werden, dass Dritte in Bezug darauf keine oder nur die im Vertrag übernommenen Rechte gegen den Besteller geltend machen können. Als Rechte Dritter kommen zB Urheberrechte, Patentrechte und andere gewerbliche Schutzrechte in Betracht.

Beispiel (BGH, NJW-RR 2003, 1285)**:** Der B hat die Werbeagentur U mit der Herstellung von Werbespots für die Programmzeitschrift »Z« beauftragt. U erstellt hierzu zwei Werbefilme, die mit Musik des Komponisten und Interpreten K untermalt sind. Nachdem die Werbespots von mehreren Sendern ausgestrahlt wurden, macht K gegenüber B geltend, dass die Verwendung der Musik

236 Vgl. *Schlechtriem*, Schuldrecht BT, Rn. 406; *Brox/Walker*, Schuldrecht BT, § 24 Rn. 3; für Analogie zu § 434 I 3 *Oetker/Maultzsch* § 8 Rn. 32.
237 *Brox/Walker*, Schuldrecht BT, § 24 Rn. 4; MüKoBGB/*Busche* § 633 Rn. 31.
238 Palandt/*Sprau* § 633 Rn. 8.
239 Vgl. Staudinger/*Peters/Jacoby* (2008) § 633 Rn. 197.

seine Urheberrechte verletze. Zur Abgeltung der verletzten Urheberrechte zahlt B an K Lizenzgebühren in Höhe von 40.000 EUR. Diesen Betrag kann B seinerseits unter dem Aspekt der Rechtsmängelhaftung (§§ 633 III, 634 Nr. 4, 280 I) von U ersetzt verlangen.[240]

4. Maßgeblicher Zeitpunkt

Die entscheidende Zäsur für die Anwendung des Gewährleistungsrechts ist wie im Kaufrecht der **Gefahrübergang**. Im Werkvertragsrecht ist dabei grundsätzlich auf die Abnahme bzw. die Vollendung des Werkes abzustellen (§ 644 I 1).[241] Vor diesem Zeitpunkt besteht der primäre Erfüllungsanspruch des Bestellers fort; auf Pflichtverletzungen findet das allgemeine Leistungsstörungsrecht unmittelbar Anwendung (→ Rn. 637 ff.). 672

II. Rechte des Bestellers gemäß § 634

Weist das Werk im Zeitpunkt der Abnahme einen Mangel auf, so richten sich die Rechte des Bestellers nach § 634. Die Vorschrift ist in gleicher Weise strukturiert wie § 437 (→ Rn. 82 ff.). Soweit auf das allgemeine Leistungsstörungsrecht verwiesen wird, muss daher auch hier zwischen **behebbaren** und **nicht behebbaren Mängeln** unterschieden werden; auf letztere finden die Vorschriften über die Unmöglichkeit Anwendung. Die einzelnen Rechte (Nacherfüllung, Rücktritt, Minderung, Schadens- bzw. Aufwendungsersatz) sind im Wesentlichen aus dem Kaufrecht bekannt. Anders als dort (→ Rn. 97 f.) steht dem Besteller im Werkvertragsrecht aber ein Recht zur Selbstvornahme (§§ 634 Nr. 2, 637) zu. 673

240 So schon zum alten Recht im Ergebnis BGH, NJW-RR 2003, 1285.
241 Staudinger/*Peters/Jacoby* (2008) § 634 Rn. 11.

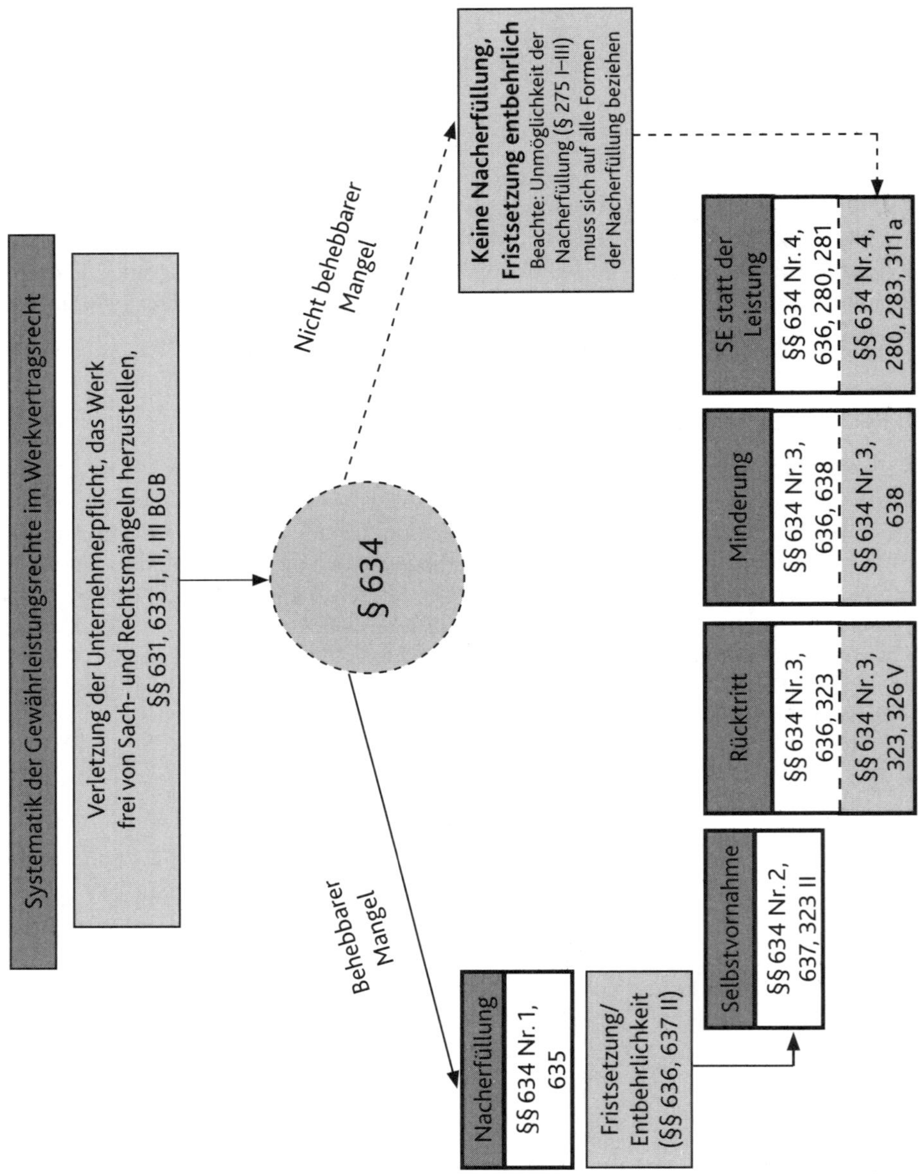

Übersicht: Systematik der Gewährleistungsrechte im Werkvertragsrecht

1. Nacherfüllung

674 Primärer Rechtsbehelf des Bestellers ist die Nacherfüllung (§§ 634 Nr. 1, 635). Die sonstigen Rechte können grundsätzlich nur nach Ablauf einer angemessenen Frist zur Nacherfüllung geltend gemacht werden. Wie im Kaufrecht hat der Unternehmer damit ein **Recht zur zweiten Andienung**.

Die Nacherfüllung kann gemäß § 635 I in Form der **Beseitigung des Mangels** (Nachbesserung) oder der **Neuherstellung** des Werkes erfolgen. Das Wahlrecht steht dabei – anders als im Kaufrecht (vgl. § 439 I) – dem Unternehmer zu. Dies wird damit gerechtfertigt, dass der Unternehmer viel enger mit dem Herstellungsvorgang befasst ist als der Verkäufer und aufgrund seiner größeren Sachkunde leichter entscheiden kann, auf welche Weise der Mangel am besten und kostengünstigsten beseitigt werden kann.[242]

Parallel zu § 439 II trägt der Unternehmer nach § 635 II die **Kosten** der Nacherfüllung. Bei Neuherstellung des Werkes kann er gemäß § 635 IV iVm §§ 346–348 die **Rückgabe** des mangelhaften Werkes verlangen.

Der Anspruch auf Nacherfüllung kann gem. § 275 I-III ausgeschlossen sein. Echte **Unmöglichkeit** iSd § 275 I liegt bei nicht behebbaren Mängeln vor. Im Werkvertragsrecht sind solche Mängel zwar selten, da meistens zumindest eine Neuherstellung möglich sein wird (→ Rn. 639). In Einzelfällen ist die Unmöglichkeit der Nacherfüllung aber doch denkbar. Dies gilt insbesondere für den Fall, dass die mangelhafte Werkleistung zu einer vollständigen Zerstörung des Leistungssubstrats führt. 675

Beispiel: Aufgrund einer unsachgemäßen Reparatur des Flugzeugmotors stürzt das Flugzeug ab. Wird das Flugzeug bei dem Aufprall völlig zerstört, so ist die Nacherfüllung in Form einer ordnungsgemäßen Reparatur des Motors unmöglich.

Darüber hinaus kann der Unternehmer die Nacherfüllung gemäß § 635 III **verweigern**, wenn sie mit **unverhältnismäßigen** Kosten verbunden ist (vgl. § 439 III, dazu Rn. 93 ff.). Das Leistungsverweigerungsrecht des § 635 III geht über die Rechte aus § 275 II–III hinaus.[243] Bei der Bestimmung der Unverhältnismäßigkeit kommt es maßgeblich auf den Wert des Werkes in mangelfreiem und mangelhaftem Zustand an.[244] Entscheidend ist letztlich aber immer eine Interessenabwägung im Einzelfall. 676

2. Selbstvornahme und Aufwendungsersatz

Nach §§ 634 Nr. 2, 637 I kann der Besteller nach erfolglosem Ablauf einer Frist zur Nacherfüllung den Mangel auch **selbst beseitigen** (bzw. durch einen Dritten beseitigen lassen) und Ersatz der dazu **erforderlichen Aufwendungen** verlangen. Ein vergleichbares Recht auf Selbstvornahme existiert im Kaufrecht nicht (→ Rn. 97 f.). 677

a) Kein Ausschluss des Nacherfüllungsanspruchs

Das Selbstvornahmerecht setzt zunächst voraus, dass der Besteller einen entsprechenden Nacherfüllungsanspruch hat. Dieser darf also nicht nach § 275 I ausgeschlossen sein. Praktische Bedeutung hat dies für den Fall, dass die Nacherfüllung nur für den Unternehmer **(subjektiv) unmöglich** ist, während der Besteller den Mangel beseitigen kann; auch hier ist das Selbstvornahmerecht ausgeschlossen.[245] Entsprechende Probleme stellen sich, wenn der Unternehmer die **Nacherfüllung** nach § 275 II, III oder § 635 III wegen Unzumutbarkeit oder Unverhältnismäßigkeit **verweigert**. Da 678

---

242 BT-Drs. 14/6040, 265; *Medicus/Lorenz*, Schuldrecht II, Rn. 755.

243 Vgl. BT-Drs. 14/6040, 265.

244 MüKoBGB/*Busche* § 635 Rn. 38; Palandt/*Sprau* § 635 Rn. 12; aA Bamberger/Roth/*Voit* § 635 Rn. 14; Staudinger/*Peters/Jacoby* (2008) § 635 Rn. 12.

245 AnwKomm-*Raab* § 637 Rn. 4; MüKoBGB/*Busche* § 637 Rn. 5.

das Leistungsverweigerungsrecht des Unternehmers nicht unterlaufen werden darf, schließt § 637 I Hs. 2 das Selbstvornahmerecht für diesen Fall aus.

> **Beispiel:** Unternehmer U verweigert die Nacherfüllung nach § 635 III, weil sie nur mit unverhältnismäßigen Kosten möglich ist. Stünde dem Besteller B hier ein Selbstvornahmerecht zu, so müsste U doch die unverhältnismäßigen Kosten tragen.

b) Notwendigkeit oder Entbehrlichkeit der Fristsetzung

679 Erforderlich ist schließlich der erfolglose Ablauf einer **angemessenen Frist**, die der Besteller dem Unternehmer **zur Nacherfüllung** gesetzt hat. Dahinter steht wieder der Gedanke, dass der Unternehmer zunächst selbst die Möglichkeit haben soll, den Mangel durch Nacherfüllung zu beseitigen.

680 Für die **Entbehrlichkeit der Fristsetzung** verweist § 637 II 1 auf die Voraussetzungen des § 323 II (dazu SAT Rn. 704 f.). Erfasst werden also wieder die *unberechtigte* Erfüllungsverweigerung, das relative Fixgeschäft sowie die Entbehrlichkeit aufgrund besonderer Umstände.

Parallel zum Kaufrecht (vgl. § 440 S. 1) sowie zu den anderen sekundären Gewährleistungsrechten im Werkvertragsrecht (vgl. § 636) erweitert § 637 II 2 die Entbehrlichkeit der Fristsetzung auf den Fall, dass die Nacherfüllung **fehlgeschlagen** oder dem Besteller **unzumutbar** ist.

681 Für das **Fehlschlagen der Nacherfüllung** kommt es vor allem darauf an, wie viele Versuche dem Unternehmer zustehen sollen. Das Gesetz enthält hierzu keine allgemeine Regelung. Dies beruht darauf, dass man die Eigenarten des jeweiligen Werkes berücksichtigen muss. Bei standardisierten Werken kann man sich aber an § 440 S. 2 (→ Rn. 104) orientieren.[246]

682 Bei der **Unzumutbarkeit** ist allein auf die Sicht des Bestellers abzustellen; eine Abwägung mit den Interessen des Unternehmers ist – anders als bei § 323 II Nr. 3 – nicht erforderlich.[247] Da der Besteller die Nacherfüllung selbst durchführt, kann sich die Unzumutbarkeit nicht auf die damit verbundenen Beeinträchtigungen als solche beziehen; entscheidend ist vielmehr, dass die Nacherfüllung *gerade durch den Unternehmer* unzumutbar ist.[248]

> **Beispiele:** Unzumutbarkeit liegt nahe, wenn das Vertrauen des Bestellers in die ordnungsgemäße Beseitigung der Mängel durch den Unternehmer nachhaltig erschüttert ist.[249] Die Nacherfüllung durch den Unternehmer kann auch aus zeitlichen Gründen unzumutbar sein, wenn der Besteller das mangelfreie Werk möglichst rasch zur eigenen Verwendung oder zur Weitergabe an seine Kunden braucht.[250]

c) Der Anspruch des Bestellers auf Aufwendungsersatz

683 Hat der Besteller die Mängel berechtigter Weise selbst beseitigt, so kann er nach § 637 I Ersatz der erforderlichen Aufwendungen verlangen. Der Begriff der **Aufwendungen** richtet sich nach allgemeinen Regeln (vgl. SAT Rn. 321). Erfasst werden alle freiwilligen Vermögensopfer einschließlich der *eigenen Arbeitleistung* des Bestellers.[251] Die

246 MüKoBGB/*Busche* § 636 Rn. 21.
247 Palandt/*Sprau* § 636 Rn. 16.
248 AnwKomm-*Raab* § 637 Rn. 9; *Brox/Walker*, Schuldrecht BT, § 24 Rn. 19.
249 BGHZ 46, 242.
250 BGH, NJW-RR 1993, 560; Palandt/*Sprau* § 636 Rn. 16.
251 BGHZ 59, 328 (330 f.); MüKoBGB/*Busche* § 637 Rn. 10. Die abweichende Rechtslage bei § 670 (dazu → Rn. 811 ff.) erklärt sich aus der Unentgeltlichkeit des Auftrags.

Erforderlichkeit ist danach zu bestimmen, welche Aufwendungen ein vernünftiger, wirtschaftlich denkender Besteller zur Beseitigung des Mangels tätigen würde,[252] unabhängig davon, ob diese sich im Nachhinein als sinnvoll oder als nutzlos erweisen.[253] Der Anspruch umfasst insbesondere das Entgelt, das der Besteller für die Beseitigung des Mangels an einen anderen Unternehmer zu zahlen hat.[254] Nach § 637 III kann der Besteller für die zur Beseitigung des Mangels voraussichtlich erforderlichen Aufwendungen einen **Vorschuss** verlangen.

3. Rücktritt

Nach § 634 Nr. 3 Alt. 1 kann der Besteller im Fall eines Mangels auch vom Vertrag **684** zurücktreten. Die weiteren Voraussetzungen des Rücktritts richten sich nach den §§ 323, 326 V. Bei **behebbaren Mängeln** muss der Besteller dem Unternehmer daher zunächst eine angemessene *Frist* zur Nacherfüllung setzen. Die Fristsetzung kann wieder nach § 323 II entbehrlich sein. Darüber hinaus lässt § 636 das Fristsetzungserfordernis auch dann entfallen, wenn der Unternehmer die Nacherfüllung berechtigter Weise (§ 635 III) verweigert oder wenn die Nacherfüllung fehlschlägt oder für den Besteller unzumutbar ist. Dies entspricht den Regelungen des § 440 (→ Rn. 104 ff.) und des § 637 II (→ Rn. 680 ff.). Bei **nicht behebbaren Mängeln** kommt § 326 V zu Anwendung; die Fristsetzung ist damit auch hier entbehrlich.

Das Rücktrittsrecht ist bei **unerheblichen Mängeln** (§ 323 V 2) sowie bei alleiniger **685** oder weit überwiegender **Verantwortlichkeit des Bestellers** und im **Annahmeverzug des Bestellers** ausgeschlossen (§ 323 VI).

Durch den Rücktritt entsteht zwischen Besteller und Unternehmer ein **Rückgewährschuldverhältnis.** Die Rückabwicklung richtet sich nach den allgemeinen Vorschriften der §§ 346 ff. (dazu SAT Rn. 837 ff.).

4. Minderung

Anstelle des Rücktritts kann der Besteller wahlweise die Vergütung des Unterneh- **686** mers mindern (§§ 634 Nr. 3 Alt. 2, 638 I 1). Ein vergleichbares Minderungsrecht ist dem BGB nur im Kaufrecht (§§ 437 Nr. 2, 441) bekannt (→ Rn. 117 ff.). Die Ausübung des Minderungsrechts setzt grundsätzlich voraus, dass die **Voraussetzungen des Rücktritts** (§§ 323, 326 V) vorliegen (§ 638 I 1: »statt zurückzutreten«). Da § 323 V 2 nicht anwendbar ist, steht die Unerheblichkeit des Mangels der Minderung aber nicht entgegen.

Die Minderung ist ein **Gestaltungsrecht,** das durch Erklärung gegenüber dem Unter- **687** nehmer ausgeübt wird (§ 638 I 1). Bei mehreren Bestellern oder Unternehmern ist eine einheitliche Geltendmachung erforderlich (§ 638 II).

Bei der Minderung wird die Vergütung gemäß § 638 III 1 in Höhe des **mangelbeding-** **688** **ten Minderwertes** herabgesetzt. Die Berechnung erfolgt wie im Kaufrecht (→ Rn. 118). Hat der Besteller schon die volle Vergütung gezahlt, so kann er den Mehrbetrag nach § 638 IV 1 vom Unternehmer zurückverlangen. Die Rückerstattung richtet

252 BGH, NJW-RR 1991, 789; *Brox/Walker*, Schuldrecht BT, § 24 Rn. 20.
253 Palandt/*Sprau* § 637 Rn. 6.
254 AnwKomm-*Raab* § 637 Rn. 19.

sich wiederum nach den allgemeinen Rückgewährvorschriften der §§ 346 I, 347 I (§ 638 VI 2).

5. Schadensersatzansprüche des Bestellers

689 Gemäß § 634 Nr. 4 können dem Besteller außerdem Schadensersatzansprüche nach §§ 280, 281, 283, 311 a zustehen. Nach allgemeinen Grundsätzen ist dabei zwischen den einzelnen **Schadenskategorien** zu unterscheiden.

a) Schadensersatz neben der Leistung

690 Ein Anspruch aus §§ 634 Nr. 4, 280 I auf Schadensersatz neben der Leistung kommt in Betracht, wenn der Besteller aufgrund des Werkmangels einen Schaden an seinen sonstigen Rechten, Rechtsgütern oder Interessen erleidet. Solche Schäden werden auch als **Mangelfolgeschäden** bezeichnet (dazu SAT Rn. 571 ff.). Da es allein um den Ersatz des Integritätsinteresses geht, bleibt der Nacherfüllungsanspruch des Bestellers unberührt. Der Schadensersatz kann also *neben der Nacherfüllung* verlangt werden. Zusätzliche Voraussetzungen (zB Fristsetzung) sind daher entbehrlich.

Beispiel: Installateur U baut vereinbarungsgemäß im Ladengeschäft des Juweliers J eine Alarmanlage ein. Aufgrund eines Versehens des U wird die Anlage nicht sachgerecht installiert. Kurz darauf bricht der Dieb D im Laden des J ein und entwendet Schmuck im Wert von 66.000 EUR. Der Einbruch konnte dem D nur gelingen, weil die Alarmanlage versagt hat. Muss U dem J für den entwendeten Schmuck Schadensersatz leisten? – J könnte gegen U einen Anspruch auf Zahlung von 66.000 EUR aus §§ 634 Nr. 4, 280 I haben. J und U haben einen Werkvertrag (§ 631) über den Einbau der Alarmanlage geschlossen.[255] Da die Anlage nicht sachgemäß installiert worden ist, weist das Werk einen Mangel iSd § 633 II 2 Nr. 1 auf. Aufgrund des Mangels hat J einen Schaden an seinem Eigentum erlitten. Für solche Mangelfolgeschäden, die neben der Nacherfüllung geltend gemacht werden können, verweist § 634 Nr. 4 auf § 280 I. Schuldverhältnis (Werkvertrag) und Pflichtverletzung (Mangel) wurden bereits festgestellt. Da der Mangel auf einem Versehen des U beruht, hat dieser die Pflichtverletzung auch zu vertreten (§ 280 I 2, 276 II). Der Schaden des U besteht im Verlust des Schmuckes im Wert von 66.000 EUR. Zusätzliche Voraussetzungen sind nicht erforderlich. Der Anspruch ist damit begründet.

b) Ersatz des mangelbedingten Verzögerungsschadens

691 Nach §§ 634 Nr. 4, 280 I, II, 286 I muss der Unternehmer den Schaden ersetzen, der dem Besteller durch die Verzögerung der *mangelfreien* Leistung entsteht. Ähnlich wie im Kaufrecht geht es dabei vor allem um den Fall, dass der Unternehmer mit der **Nacherfüllung in Verzug** kommt. Der **Nutzungsausfallschaden wird** dagegen nach hM nicht von §§ 280 I, II, 286 erfasst, sondern ist als »einfacher« Schaden nach § 280 I zu ersetzen (vgl. allg. SAT Rn. 575 sowie zum Kaufrecht → Rn. 142).[256]

c) Schadensersatz statt der Leistung

692 Soweit es um das Erfüllungsinteresse geht (zB Minderwert des Werkes, Kosten einer Ersatzvornahme, idR entgangener Gewinn), kann der Besteller Schadensersatz **statt** der Leistung nur unter den Voraussetzungen der §§ 280 I, III, 281 bzw. 283 oder des § 311 a II (jeweils iVm §§ 634 Nr. 4) beanspruchen (zur Abgrenzung SAT Rn. 572). Dabei muss wieder zwischen behebbaren und nicht behebbaren Mängeln unterschieden werden.

---

255 Gegen die Annahme eines Kaufvertrags mit Montageverpflichtung spricht hier, dass der ordnungsgemäße Einbau der Anlage im Vordergrund steht (→ Rn. 627 ff.).

256 Vgl. Palandt/*Sprau* § 634 Rn. 8; *Medicus/Lorenz*, Schuldrecht II, Rn. 769.

(1) Bei **behebbaren Mängeln** kann Schadensersatz statt der Leistung grundsätzlich nur verlangt werden, wenn der Besteller dem Unternehmer erfolglos eine angemessene **Frist** zur Nacherfüllung gesetzt hat (§ 281 I 1). Da der Ersatzanspruch an die Stelle der Nacherfüllung tritt, würde der Unternehmer sonst sein Recht zur zweiten Andienung verlieren. Die Fristsetzung kann nach § 281 II (dazu SAT Rn. 619 ff.) wegen ernsthafter und endgültiger Verweigerung der Nacherfüllung durch den Unternehmer oder aus besonderen Gründen **entbehrlich** sein. Darüber hinaus sind die Ausnahmetatbestände des § 636 (→ Rn. 684) auch hier anwendbar. 693

(2) Ist die Nacherfüllung wegen **Unmöglichkeit** (§ 275 I) oder aufgrund eines vergleichbaren Leistungshindernisses (§ 275 II, III) ausgeschlossen, so richten sich die Ersatzansprüche des Bestellers bei nachträglichen Leistungshindernissen nach § 634 Nr. 4 iVm §§ 280 I, III, 283. Bei anfänglichen Leistungshindernissen sind die §§ 634 Nr. 4, 311 a II einschlägig. Eine Fristsetzung ist in beiden Fällen nicht erforderlich. Zu beachten ist allerdings, dass Fälle der anfänglichen Unmöglichkeit in der Praxis selten sind. 694

Beispiel: Die B-Bank beauftragt den Softwarespezialisten S, für ihren Großrechner ein Programm zu entwickeln, mit dem alle Kontenvorgänge schneller bearbeitet werden können. S sichert der B zu, dass die Software auf ihrem Großrechner problemlos laufen wird. Nach der Abnahme zeigt sich, dass die Software des S den Großrechner der B ständig zum Abstürzen bringt. Ein Sachverständiger stellt fest, dass der Großrechner eine zu geringe Kapazität hat, um mit einer so leistungsfähigen Software betrieben zu werden. Dies hatte S aufgrund fehlerhafter Berechnungen verkannt. – Die B könnte einen Schadensersatzanspruch gegen S aus §§ 634 Nr. 4, 311 a II haben. Zwischen den Parteien ist ein Werkvertrag über die Erstellung der Software zustande gekommen. Die Software weist einen Mangel auf, da sie sich nicht für den vertraglich vorausgesetzten Zweck eignet (§ 633 II 2 Nr. 1). Die Herstellung einer Software mit den vereinbarten Eigenschaften war aber von vornherein unmöglich (§ 311 a I). Dies war dem S nicht bekannt; da seine Unkenntnis auf falschen Berechnungen beruht, hat er sie aber zu vertreten (§ 311 a II 2). B kann daher nach §§ 634 Nr. 4, 311 a II 1 Schadensersatz statt der Leistung verlangen.

(3) Im Übrigen richtet sich der Anspruch auf Schadensersatz statt der Leistung nach den allgemeinen Voraussetzungen des § 281, ggf. iVm § 283 S. 2 oder § 311 a II 3 (vgl. SAT Rn. 624 ff.). **Schadensersatz statt der ganzen Leistung** (sog. »großen Schadensersatz«) kann demnach nur bei erheblichen Mängeln verlangt werden (§ 281 I 3). Der Unternehmer kann das mangelhafte Werk in diesem Fall nach § 281 V iVm §§ 346 ff. zurückfordern. Bei unerheblichen Mängeln kommt nur der sog. **»kleine Schadensersatz«** in Betracht. Hier behält der Besteller das mangelhafte Werk und macht nur die durch die Mangelhaftigkeit entstandenen Schäden (zB Reparaturkosten, Minderwert) geltend. 695

Zur Vertiefung: Bei Mängeln an einem Bauwerk umfasst der Anspruch des Bestellers auf Schadensersatz statt der Leistung nach einer aktuellen Entscheidung des BGH nicht den Ersatz der auf die voraussichtlichen Mängelbeseitigungskosten entfallenden *Umsatzsteuer.*[257] Der BGH lehnt zwar die Anwendung des § 249 II 2 (dazu SAT Rn. 956) ab, meint aber, der Ersatz der nicht angefallenen Umsatzsteuer würde im Lichte der für diese Vorschrift maßgeblichen gesetzgeberischen Erwägungen zu einer Überkompensation führen. Diese Lösung kann nicht überzeugen. Da der Gesetzgeber den Anwendungsbereich des § 249 II 2 bewusst auf »die Restitutionsfälle des § 249« beschränkt hat,[258] kann die Vorschrift in der Tat nicht auf den Schadensersatz statt der Leistung angewendet werden.[259] Bei dieser Rechtslage fehlt es aber an einer gesetzlichen Grundlage, um dem Besteller den Ersatz der Umsatzsteuer zu versagen.

257 BGH, NJW 2010, 3085; ausführlich dazu *Looschelders*, JA 2011, 65 f.
258 Vgl. BT-Drs. 14/7752, 23.
259 Für analoge Anwendung des § 249 II 2 jetzt aber Palandt/*Grüneberg* § 249 Rn. 29.

6. Ersatz der vergeblichen Aufwendungen

696 Anstelle des Schadensersatzes statt der Leistung kann der Besteller gemäß § 634 Nr. 4 iVm § 284 Ersatz der **vergeblichen Aufwendungen** verlangen, die er im Vertrauen auf den Erhalt eines mangelfreien Werkes gemacht hat (vgl. SAT Rn. 674 ff.). Dazu gehören insbesondere die Vertragskosten[260] sowie die Kosten für Zubehör, das für das Werk erworben worden ist.

III. Ausschluss der Mängelrechte

697 Die Gewährleistungsrechte können **vertraglich** oder **gesetzlich** ausgeschlossen sein. Keine Bedenken bestehen insoweit gegen den *einzelvertraglichen* Ausschluss der Mängelrechte. Ähnlich wie im Kaufrecht bei § 444 (→ Rn. 150 ff.) kann sich der Unternehmer auf eine solche Vereinbarung aber nicht berufen, *soweit* er den Mangel arglistig verschwiegen oder eine Beschaffenheitsgarantie übernommen hat (§ 639). Haftungsbeschränkungen in *AGB* unterliegen zudem der Kontrolle nach §§ 307 ff. Dabei kommt den Klauselverboten des § 309 Nr. 8 b besonders große Bedeutung zu.

Nimmt der Besteller das Werk **in Kenntnis des Mangels ab,** so stehen ihm die Rechte des § 634 Nr. 1–3 nur zu, wenn er sich diese bei der Abnahme vorbehält (§ 640 II). Dem Besteller schadet aber nur **positive Kenntnis;** selbst grob fahrlässige Unkenntnis lässt die Mängelrechte unberührt.

698 Da die in § 634 Nr. 4 geregelten **Schadensersatzansprüche** des Bestellers nicht in § 640 II genannt sind, bleiben sie auch bei Abnahme des Werkes in Kenntnis des Mangels **bestehen.**[261] Ist der Nacherfüllungsanspruch gemäß § 640 II ausgeschlossen, so stellt sich aber die Frage, ob der Besteller dem Unternehmer gleichwohl eine angemessene **Frist zur Nacherfüllung** setzen muss, bevor er nach §§ 634 Nr. 4, 280 I, III, 281 Schadensersatz statt der Leistung verlangen kann. Für die Geltung des Fristsetzungserfordernisses spricht, dass § 640 II nicht den Zweck hat, die Rechte des Bestellers zu erweitern. Insbesondere darf der Unternehmer durch das Versäumnis des Bestellers nicht sein Recht zur zweiten Andienung verlieren.[262]

Zur Vertiefung: Die § 640 II entsprechende kaufrechtliche Vorschrift (§ 464 aF) ist bei der Schuldrechtsreform gestrichen worden. Ein ähnlicher Ausschlusstatbestand findet sich zwar in § 442 (Rn. 147 ff.). Im Unterschied zu § 640 II stellt § 442 aber nicht auf den Gefahrübergang, sondern auf den *Vertragsschluss* ab. Zu beachten ist außerdem, dass bei § 442 schon grob fahrlässige Unkenntnis schaden kann.

IV. Verjährung

1. Überblick

699 Die Verjährung ist in § 634 a geregelt. Die Vorschrift weist deutliche Parallelen zu § 438 (→ Rn. 155 ff.) auf. Zu beachten ist allerdings, dass die besonderen **werkvertraglichen Verjährungsfristen** nur für Arbeiten an einer Sache oder einem Bauwerk einschließlich darauf bezogener Planungs- und Überwachungsleistungen gelten (§ 634 a I Nr. 1 und 2). Bei Mängeln an sonstigen (insbesondere unkörperlichen)

260 AnwKomm-*Raab* § 636 Rn. 57; MüKoBGB/*Busche* § 634 Rn. 71.
261 Vgl. BT-Drs. 14/6040, 267.
262 Staudinger/*Peters/Jacoby* (2008) § 640 Rn. 65.

Werken greift dagegen die **regelmäßige Verjährung** nach §§ 195, 199 ein (§ 634 a I Nr. 3).

Die besonderen werkvertraglichen Verjährungsfristen sind für alle Gewährleistungs- 700
ansprüche des Bestellers nach § 634 Nr. 1, 2 und 4 maßgeblich. Sie gelten auch für Ersatzansprüche wegen **Mangelfolgeschäden.**[263] Die vor der Schuldrechtsreform praktizierte Unterscheidung zwischen nahen Mangelfolgeschäden (kurze Verjährung) und entfernten Mangelfolgeschäden (regelmäßige Verjährung) ist heute dagegen obsolet.[264]

Zur Vertiefung: In der Literatur wird zum Teil die Ansicht vertreten, dass auch die Kategorie des Mangelfolgeschadens auf der Grundlage des geltenden Rechts obsolet sei.[265] Hiergegen spricht jedoch die Überlegung, dass Ansprüche wegen Schäden an sonstigen Rechtsgütern des Bestellers der werkvertraglichen Verjährung nach § 634 a I Nr. 1 und 2 nur dann unterliegen, wenn diese Schäden *Folge eines Werkmangels* sind. Beruht der Schaden auf keinen Werkmangel, so sind die §§ 280 ff. unmittelbar anwendbar. Die Verjährung richtet sich dann nach §§ 195, 199.

Da das **Selbstvornahmerecht** aus §§ 634 Nr. 2, 637 kein Anspruch iSd § 194 ist, 701
kann es als solches nicht verjähren. Die Verjährung betrifft hier also nur den Anspruch auf Aufwendungsersatz. Zu den Besonderheiten bei Rücktritt und Minderung (§ 634 Nr. 3) → Rn. 706.

Verjährung von Gewährleistungsrechten im Werkvertragsrecht (§ 634a)

<table>
<tr><td colspan="2">Mängel an körperlichen Werken einschließlich darauf bezogener Planungs- und Überwachungsarbeiten</td><td>Mängel an sonstigen Werken</td></tr>
<tr><td>Herstellung, Wartung und Veränderung einer Sache (außer Bauwerke):
2 Jahre (Abs. 1 Nr. 1)</td><td>Bauwerke:
5 Jahre (Abs. 1 Nr. 2)</td><td rowspan="3">Regelmäßige Verjährungsfrist:
(Abs. 1 Nr. 3)</td></tr>
<tr><td colspan="2">Beginn der Verjährung: Abnahme (Abs. 2)</td></tr>
<tr><td colspan="2">Bei Arglist: Regelmäßige Verjährungsfrist (Abs. 3)</td></tr>
<tr><td colspan="3">Bei Rücktritt und Minderung:
Entsprechende Anwendung von § 218 (Abs. 4 u. 5)</td></tr>
</table>

Abbildung: Verjährung von Gewährleistungsrechten im Werkvertragsrecht (§ 634 a)

2. Arbeiten an einer Sache oder einem Bauwerk

Besteht das Werk in der Herstellung, Wartung oder Veränderung einer **Sache** (mit 702
Ausnahme von Bauwerken) oder einer hierauf bezogenen Planungs- oder Über-

263 AnwKomm-*Raab* § 634 a Rn. 13; Palandt/*Sprau* § 634 a Rn. 5; *Medicus/Lorenz*, Schuldrecht II, Rn. 779.
264 Vgl. *Brox/Walker*, Schuldrecht BT, § 24 Rn. 41; *Tettinger*, ZGS 2006, 96 ff.
265 Vgl. *Tettinger*, ZGS 2006, 96 (101).

wachungsleistung, so verjähren die Mängelansprüche des Bestellers nach § 634 a I Nr. 1 in zwei Jahren. Dies entspricht der kaufrechtlichen Verjährung nach § 438 I Nr. 3. Bei Lieferung herzustellender beweglicher Sachen gelten nach § 651 ohnehin die **kaufrechtlichen** Verjährungsfristen.

703 Bei **Bauwerken** und darauf bezogenen Planungs- und Überwachungsleistungen (zB von Architekten) sind Mängel nicht selten erst sehr spät zu erkennen. Gemäß § 634 a I Nr. 2 beträgt die Verjährung der Mängelansprüche hier daher **fünf Jahre.** Parallel dazu verjähren die *kaufrechtlichen* Mängelansprüche des Bauhandwerkers gegen den Lieferanten seiner Baustoffe gemäß § 438 I Nr. 2 lit. b ebenfalls erst in 5 Jahren (→ Rn. 156).

Die speziellen werkvertraglichen Verjährungsfristen nach § 634 a I Nr. 1 und 2 beginnen gemäß § 634 a II mit der **Abnahme** des Werkes.

704 Hat der Unternehmer den Mangel **arglistig verschwiegen,** so gilt gemäß § 634 a III 1 die regelmäßige Verjährungsfrist. Die Frist beträgt damit drei Jahre ab Schluss des Jahres, in dem der Anspruch entstanden ist und der Besteller von den anspruchsbegründenden Umständen Kenntnis erlangt hat oder hätte erlangen müssen, höchstens 10 bzw. 30 Jahre (§ 199). Arglist kann auch dann zu bejahen sein, wenn der Mangel einem Erfüllungsgehilfen des Unternehmers (zB Bauleiter oder Subunternehmer) bekannt war, dessen **Wissen** er sich nach § 278 **zurechnen** lassen muss.[266] Da die Arglist des Unternehmers die fünfjährige Frist des § 634 a I Nr. 2 nicht verkürzen darf, ordnet § 634 a III 2 (wie § 438 III 2) an, dass die Verjährung nicht vor Ablauf dieser Frist eintritt.

Beispiel: Der B hat Dachdecker D damit beauftragt, das Dach seines Hauses neu einzudecken. Um Geld zu sparen, verwendet D bewusst ungeeignete Materialien, so dass es im Dachstuhl des Hauses zu Feuchtigkeitsschäden kommt. – Da D arglistig gehandelt hat, unterliegt der Schadensersatzanspruch des B aus §§ 634 Nr. 4, 280 I der regelmäßigen Verjährung (§ 634 a III). Diese ist für B grundsätzlich günstiger als die Verjährung nach § 634 a I Nr. 2, weil sie erst mit dem Schluss des Jahres beginnt, in dem er von dem Mangel und von dem Schaden Kenntnis erlangt. Etwas anderes gilt allerdings, wenn B schon kurz nach der Abnahme von den anspruchsbegründenden Tatsachen erfährt. In diesem Fall kann B sich jedoch auf § 634 a I Nr. 2 berufen.

3. Mängel an sonstigen (insbesondere unkörperlichen) Werken

705 Bei sonstigen Werken gilt nach § 634 a I Nr. 3 die **regelmäßige Verjährungsfrist** von drei Jahren (§§ 195, 199). Im Vordergrund stehen hier Ansprüche wegen Mängeln an *unkörperlichen Werken* (zB Gutachten, Unternehmensberatung, Beförderungsleistungen), soweit es sich nicht um Planungs- und Überwachungsleistungen für Arbeiten an Bauwerken und sonstigen Sachen handelt. Erfasst werden aber auch Werkleistungen am *menschlichen Körper* (zB Schönheitsoperationen, Tätowierungen).[267]

Zur Vertiefung: Die Ungleichbehandlung von sachbezogenen und sonstigen Werkleistungen rechtfertigt sich daraus, dass die Feststellung von Mängeln bei Arbeiten an Bauwerken und sonstigen Sachen aufgrund der Verkörperung des Werkes meist keine großen Schwierigkeiten bereitet. Deshalb ist eine kurze objektive Verjährungsfrist angemessen. Für sachbezogene Planungs- und Überwachungsmaßnahmen gilt ebenfalls, dass sich der Mangel in einem verkörperten Werk niederschlägt und daher leichter feststellbar ist. Außerdem soll eine unterschiedliche Verjährung von Gewährleistungsansprüchen gegen die an der Herstellung eines körperlichen Werkes beteiligten Unterneh-

266 Vgl. BGH, NJW 2007, 366 = JA 2007, 142 (*Looschelders*).
267 Vgl. Palandt/*Sprau* § 634 a Rn. 12.

mer (zB Bauunternehmer und Architekten) vermieden werden. Auf der anderen Seite weisen Verträge über die Herstellung sonstiger Werke eine enge Verwandtschaft mit Dienstverträgen auf, bei denen die Ansprüche wegen Schlechtleistung der regelmäßigen Verjährung unterliegen.[268] Insoweit erscheint die Geltung der regelmäßigen Verjährung daher auch im Werkvertragsrecht sachgemäß.

4. Ausschluss des Rücktritts- und Minderungsrechts

706 Rücktritt und Minderung sind keine Ansprüche, sondern Gestaltungsrechte, und können daher als solche **nicht** verjähren. § 634 a IV, V löst dieses Problem parallel zum Kaufrecht (§ 438 IV, V) durch Verweisung auf § 218. Rücktritt und Minderung sind hiernach unwirksam, wenn der Anspruch auf Nacherfüllung gemäß § 634 a verjährt ist bzw. (im Fall der Unmöglichkeit) verjährt wäre und der Unternehmer sich darauf beruft.

Trotz Unwirksamkeit des Rücktritts kann der Besteller die Zahlung **verweigern,** wenn er aufgrund des Rücktritts dazu berechtigt wäre (§ 634 a IV 2). Im Gegenzug kann der Unternehmer nach § 634 a IV 3 vom Vertrag **zurücktreten** und das Werk herausverlangen. Bei der Minderung hat der Besteller ein entsprechendes Leistungsverweigerungsrecht (§ 634 a V iVm IV 2). Da die Leistung hier nur partiell verweigert werden kann, steht dem Unternehmer aber kein Rücktrittsrecht nach § 634 a IV 3 zu.

5. Vertragliche Vereinbarungen

707 Nach § 202 II können die Verjährungsfristen des § 634 a I durch einzelvertragliche Vereinbarung verlängert werden. Bei Verwendung von AGB wird diese Möglichkeit durch § 309 Nr. 8 lit. b Unterbuchstabe ff) eingeschränkt.

Literatur: *Eichel*, Minderung und kleiner Schadensersatz im Kauf- und Werkrecht, JuS 2011, 1064; *Faber/Werner*, Hemmung der Verjährung durch werkvertragliche Nacherfüllung, NJW 2008, 1910; *Jaeger*, Naher und entfernter Mangelfolgeschaden beim Werkvertrag nach der Schuldrechtsreform, ZGS 2002, 236; *Lucenti*, Der »funktionale« Sachmangelbegriff des § 633 II BGB und die Aussichten auf eine Haftungsentschärfung der Beschaffenheitsvereinbarung, NJW 2008, 962; *Maultzsch*, Zum zeitlichen Anwendungsbereich der kauf- und werkvertraglichen Mängelrechte am Beispiel der §§ 439 Abs. 3, 635 Abs. 3 BGB, ZGS 2003, 411; *Mehring*, Der Anspruch auf großen Schadensersatz im Werkvertragsrecht, ZGS 2009, 310; *Schiemann*, Vorteilsanrechnung beim werkvertraglichen Schadensersatz, NJW 2007, 3037; *Schlinker*, Die Sachmängelrechte im Kauf- und Werkvertragsrecht im Falle mangelhafter Drittleistung, AcP 207 (2007), 399; *Tettinger*, Nahe Mangelfolgeschäden nach der Schuldrechtsreform?, ZGS 2006, 96. Vgl. auch die Nachweise zu § 31.

§ 33 Beendigung des Werkvertrags

708 Die Beendigung des Werkvertrags richtet sich grundsätzlich nach **allgemeinen Regeln.** Die gegenseitigen Verpflichtungen der Parteien können hiernach insbesondere durch Erfüllung (§ 362) oder aufgrund von Unmöglichkeit (§ 275) erlöschen. Außerdem ist es den Parteien jederzeit unbenommen, einen Aufhebungsvertrag zu schließen (vgl. SAT Rn. 122). Darüber hinaus räumt das Gesetz beiden Parteien **besondere Kündigungsrechte** ein, die eine vorzeitige Beendigung des Werkvertrags ermöglichen.

268 Vgl. zur Begründung BT-Drs. 14/6040, 264.

I. Kündigung durch den Besteller

709 Gemäß § 649 S. 1 kann der Besteller den Werkvertrag **jederzeit** kündigen, ohne dass dafür ein besonderer Grund erforderlich wäre. In diesem Fall wird der Vertrag mit Wirkung für die Zukunft aufgehoben. Gleichwohl schuldet der Besteller dem Unternehmer nach § 649 S. 2 die **volle Vergütung.** Ebenso wie bei §§ 326 II 2, 615 S. 2, 642 II und 648 a V 2 muss der Unternehmer sich jedoch ersparte Aufwendungen und sonstige Vorteile anrechnen lassen. Die Beweislast für den Vergütungsanspruch liegt beim Unternehmer. Der durch das Forderungssicherungsgesetz eingefügte § 649 S. 3 hilft dem Unternehmer aber mit der Vermutung, dass ihm 5 % der auf den noch nicht erbrachten Teil der Werkleistung entfallenden vereinbarten Vergütung (ohne Umsatzsteuer) zustehen.[269]

Zur Vertiefung: Das Kündigungsrecht des Bestellers nach § 649 S. 1 beruht auf der Erwägung, dass die Herstellung des Werkes häufig einen längeren Zeitraum beansprucht. Hat der Besteller inzwischen sein Interesse an dem Werk verloren, so macht die Aufrechterhaltung des Vertrages für ihn keinen Sinn. Der Unternehmer ist im Allgemeinen ohnehin nicht daran interessiert, das Werk fertig stellen zu dürfen. Seine Interessen werden durch die Aufrechterhaltung des Vergütungsanspruchs gemäß § 649 S. 2 vollständig geschützt.[270] Sofern der Unternehmer im Einzelfall ein berechtigtes Interesse an der Durchführung des Vertrages hat, muss er das Kündigungsrecht aus § 649 S. 1 durch Vereinbarung mit dem Besteller ausschließen.[271] Im Einzelfall kann ein solcher Ausschluss des Kündigungsrechts allerdings auch nach den Grundsätzen der ergänzenden Vertragsauslegung (§§ 133, 157) anzunehmen sein.[272]

710 Neben dem »freien« Kündigungsrecht nach § 649 steht dem Besteller ein **Kündigungsrecht aus wichtigem Grund** zu, sofern ihm die Fortsetzung des Vertrages unter Abwägung der beiderseitigen Interessen unzumutbar ist.[273] Der Vergütungsanspruch des Unternehmers richtet sich in diesem Fall nicht nach § 649 S. 2. Da der Vertrag durch die Kündigung mit ex nunc-Wirkung aufgehoben wird, kann der Unternehmer nach allgemeinen Regeln nur die Vergütung der schon erbrachten Leistungen verlangen.[274]

Zur Vertiefung: Auf welche Rechtsgrundlage die außerordentliche Kündigung durch den Besteller gestützt werden kann, ist umstritten. Da Werkverträge im Allgemeinen keine Dauerschuldverhältnisse sind, ist § 314 (dazu SAT Rn. 794 ff.) zwar nicht unmittelbar anwendbar. Die Interessenwertung des § 314 passt jedoch auch hier, so dass eine analoge Anwendung der Vorschrift gerechtfertigt erscheint.[275]

711 Liegt dem Vertrag ein **Kostenanschlag** zugrunde, so kann der Besteller nach § 650 I kündigen, sofern sich herausstellt, dass das Werk nicht ohne *wesentliche Überschreitung* des Anschlags fertig gestellt werden kann. Das Kündigungsrecht besteht allerdings nur, wenn der Unternehmer **keine Gewähr** für die Richtigkeit des Kostenanschlags übernommen hat. Bei Übernahme einer solchen Gewähr ist für die Kündi-

269 Vgl. Palandt/*Sprau* § 649 Rn. 7.
270 Vgl. AnwKomm-*Raab* § 649 Rn. 2; *Larenz*, Schuldrecht II/1, § 53 III b.
271 Vgl. MüKoBGB/*Busche* § 649 Rn. 5.
272 Zu den Einzelheiten *Bitter/Rauhut*, JZ 2007, 964 ff.
273 AnwKomm-*Raab* § 649 Rn. 28; MüKoBGB/*Busche* § 649 Rn. 32.
274 Vgl. BGH, NJW 1993, 1972 (1973); NZBau 2001, 621 (622).
275 Jauernig/*Mansel* § 649 Rn. 10; MüKoBGB/*Busche* § 649 Rn. 31; *Medicus/Lorenz*, Schuldrecht II, Rn. 704; für analoge Anwendung des § 649 S. 1 AnwKomm-*Raab* § 649 Rn. 27; Bamberger/Roth/*Voit* § 649 Rn. 21.

gung kein Raum, weil der Unternehmer den Vertrag ohnehin zum vereinbarten Preis zu erfüllen hat.

Kündigt der Besteller den Vertrag nach § 650 I, so steht dem Unternehmer nur der Anspruch aus § 645 I zu. Der Unternehmer kann damit lediglich die Vergütung der **bisher geleisteten Arbeit** verlangen. Die Folgen der Kündigung sind für den Besteller also deutlich günstiger als bei § 649. 712

II. Kündigung durch den Unternehmer

Im Unterschied zum Besteller steht dem Unternehmer kein »freies« Kündigungsrecht zu. Eine spezifische werkvertragliche Kündigungsmöglichkeit wird dem Unternehmer aber in § 643 eingeräumt. Verletzt der Besteller seine **Mitwirkungsobliegenheit** aus § 642, so kann der Unternehmer ihm hiernach eine angemessene Frist zur Nachholung der Handlung setzen. Der Unternehmer muss damit die Erklärung verbinden, dass er den Vertrag bei nicht fristgerechter Nachholung kündige. Wird die Mitwirkungshandlung bis zum Ablauf der Frist nicht vorgenommen, so gilt der Vertrag als aufgehoben (§ 643 S. 2). Dem Unternehmer steht dann gemäß § 645 I 2 ein Teilvergütungsanspruch gegen den Besteller (§ 645 I 1) zu (→ Rn. 652). 713

Zum Kündigungsrecht des Unternehmers bei Verweigerung der **Bauhandwerkersicherung** durch den Besteller → Rn. 664.

Literatur: *Bitter/Rauhut*, Vertragsdurchführungspflicht des Werkbestellers?, JZ 2007, 964; *Rudkowski*, Die vorzeitige Beendigung des Werkvertrages, Jura 2011, 567. Vgl. auch die Nachweise zu § 32.

<table>
<tr><th colspan="3">Die werkvertragliche Gewährleistung (Prüfungsschema)</th></tr>
<tr><th colspan="3">I. Tatbestand des § 634</th></tr>
<tr><td colspan="3">1. Werkvertrag
2. Mangel (§ 633)
3. Im maßgeblichen Zeitpunkt: Abnahme/Vollendung des Werkes (§§ 640 i, 646)</td></tr>
<tr><th colspan="3">II. Voraussetzungen der einzelnen Gewährleistungsrechte</th></tr>
<tr><td colspan="3">1. Nacherfüllung §§ 634 Nr. 1, 635
→ Anspruch besteht bei Vorliegen der Voraussetzungen des § 634
→ evtl. Ausschluss nach § 275 I oder Einrede nach §§ 275 II, III, 635 III</td></tr>
<tr><td>2. Selbstvornahmerecht/ Aufwendungsersatz §§ 634 Nr. 2, 637
a) Werkvertrag
b) Verstoß gegen § 633 I</td><td>3. Rücktritt/Minderung §§ 634 Nr. 3, 323, 326 V, 636 (ggf. iVm § 638
a) Werkvertrag (= gegenseitiger Vertrag)
b) Verstoß gegen § 633 I (= nicht vertragsgemäße Leistung bzw. qualitative Unmöglichkeit)</td><td>4. Schadensersatz §§ 634 Nr. 4, 280 ff., 636
a) Werkvertrag (= Schuldverhältnis)
b) Verstoß gegen § 633 I (= Pflichtverletzung)</td></tr>
</table>

c) Erfolgloser Ablauf einer Frist zur Nacherfüllung (§ 637 I) bzw. Entbehrlichkeit der Fristsetzung gem. § 637 II iVm § 323 II	c) Evtl. weitere Voraussetzungen (insb. Fristsetzung, § 323 I)	c) Evtl. weitere Voraussetzungen (insb. Fristsetzung, § 281 I oder Mahnung, § 286 I)
		d) Vertretenmüssen (§§ 276 ff.)
		e) Schaden – bei anfänglicher Unmöglichkeit: §§ 634 Nr. 4, 311 a II
III. Ausschlusstatbestände		
1. § 639 Vertraglicher Haftungsausschluss		
2. § 640 II Vorbehaltlose Abnahme in Kenntnis des Mangels (*betrifft nicht § 634 Nr. 4*)		
IV. Verjährung § 634 a ggf. iVm § 218		

§ 34 Der Reisevertrag

714 Eng mit dem Werkvertrag verwandt ist der Reisevertrag, der in den **§§ 651 a–651 m** geregelt ist. Die Vorschriften über den Reisevertrag sind durch das **Reisevertragsgesetz** v. 4. 5. 1979[276] ins BGB eingefügt worden. Vorher fand Werkvertragsrecht Anwendung, das auf die Besonderheiten des Reisevertrages aber nicht hinreichend zugeschnitten war.

Die §§ 651 a ff. dienen in erster Linie dem **Verbraucherschutz.**[277] Dies kann nicht zuletzt § 651 m entnommen werden, wonach von den Bestimmungen grundsätzlich nicht zum Nachteil des Reisenden abgewichen werden darf. Auf der anderen Seite finden sich freilich auch Vorschriften, die den Interessen des Reiseveranstalters Rechnung tragen (vgl. etwa §§ 651 g, 651 h). Es geht also letztlich darum, einen angemessenen *Interessenausgleich* zwischen Reisendem und Reiseveranstalter zu verwirklichen.[278]

715 Bei der Umsetzung der **Pauschalreiserichtlinie**[279] wurden die Vorschriften über den Reisevertrag durch das Gesetz v. 24. 6. 1994[280] geändert. Das Zweite Gesetz zur Änderung reiserechtlicher Vorschriften v. 23. 7. 2001[281] hat dann die **Insolvenzsicherung** (§ 651 k) verbessert und eine besondere Regelung für **Gastschulaufenthalte** (§ 651 l) eingefügt.

Anders als im Werkvertragsrecht hat das **Gesetz zur Modernisierung des Schuldrechts** im Reisevertragsrecht zu keiner durchgehenden Anpassung an das neue Leis-

276 BGBl. 1979 I 509.
277 Bamberger/Roth/*Geib* § 651 a Rn. 1; Hk-BGB/*Ebert* § 651 a Rn. 1.
278 Vgl. *Brox/Walker*, Schuldrecht BT, § 28 Rn. 5; Erman/*Schmid* Vor § 651 a Rn. 1.
279 RL 90/314/EWG v. 13. 6. 1990, ABl. EG L 158, 59. Ausführlich zum unionsrechtlichen Hintergrund der §§ 651 a ff. *Tonner*, in: *Gebauer/Wiedemann*, Zivilrecht, Kap. 14 Rn. 1 ff.
280 BGBl. 1994 I 1322.
281 BGBl. 2001 I 1658; dazu *Führich*, NJW 2001, 3083 ff.

tungsstörungsrecht geführt. Der Gesetzgeber hat sich vielmehr darauf beschränkt, die kurze *Verjährungsfrist* von sechs Monaten in § 651 g II auf zwei Jahre zu verlängern, wobei die Verjährung durch Parteivereinbarung auf ein Jahr verkürzt werden kann (§ 651 m S. 2).

I. Begriff des Reisevertrags und Abgrenzungen

Beim Reisevertrag handelt es sich um einen gegenseitigen Vertrag, der den Reiseveranstalter zur Erbringung einer Gesamtheit von Reiseleistungen (Reise) und den Reisenden zur Zahlung des Reisepreises verpflichtet (§ 651 a I). Da der Reisevertrag dem Werkvertrag ähnelt, kann zur Schließung von Regelungslücken auf die §§ 631 ff. zurückgegriffen werden.[282] 716

Prägend für den Reisevertrag ist, dass der Reiseveranstalter eine **Gesamtheit von Reiseleistungen** zu erbringen hat. Um von einer »Gesamtheit von Reiseleistungen« sprechen zu können, müssen mindestens zwei Leistungsteile (zB Beförderung und Unterkunft) vorliegen.[283] Der unmittelbare Anwendungsbereich der §§ 651 a ff. umfasst damit nur die *Pauschalreise*, bei der der Reisende besonders schutzwürdig erscheint. Werden nur einzelne Reiseleistungen – zB nur die Beförderung oder nur die Hotelunterkunft – versprochen, so liegt demnach kein Reisevertrag iSd § 651 a vor. 717

Bei Verträgen über **einzelne Reiseleistungen** kommt aber eine entsprechende Anwendung der §§ 651 a ff. in Betracht. Nach Rechtsprechung und hL ist eine solche Analogie zulässig, wenn die Interessenlage unter allen wesentlichen Gesichtspunkten derjenigen bei einer Pauschalreise gleicht.[284] Erforderlich ist hiernach, dass die Einzelleistung den Urlaub maßgeblich prägt und von entscheidender Bedeutung für dessen Erfolg ist.[285] Außerdem muss der Reisende davon ausgehen dürfen, dass der Reiseveranstalter die Leistung in eigener Verantwortung erbringt und nicht nur einen Vertrag mit einem bestimmten Anbieter vermittelt.[286] Diese Voraussetzungen liegen regelmäßig vor, wenn der Reiseveranstalter in einem Urlaubsprospekt die Überlassung einer Ferienwohnung oder eines Ferienhauses angeboten hat.[287] Das Chartern einer Hochseejacht eröffnet dem Charterer dagegen nur die Möglichkeit, eine selbst organisierte Reise in eigener Verantwortung zu unternehmen. Es handelt sich damit um einen bloßen Mietvertrag.[288] 718

Das Reisevertragsrecht gilt auch für **internationale Gastschulaufenthalte** von mehr als drei Monaten; auf kürzere Gastschulaufenthalte sind die §§ 651 a ff. nur bei entsprechender Vereinbarung anwendbar (§ 651 l). 719

---

282 BGHZ 100, 157 (163); Erman/*Schmid* Vor § 651 a Rn. 2.
283 Vgl. EuGH, RRa 1999, 132; BGH, NJW 1985, 906 (907); *Führich*, Reiserecht, Rn. 86; *Medicus/Lorenz*, Schuldrecht II, Rn. 807.
284 BGHZ 119, 152 (161 ff.); 130, 128 (131 ff.); MüKoBGB/*Tonner* § 651 a Rn. 28 ff.; aA Staudinger/*Staudinger* (2011) § 651 a Rn. 27 ff.; Erman/*Schmid* Vor § 651 a Rn. 20.
285 Vgl. *Oetker/Maultzsch* § 9 Rn. 6.
286 Vgl. MüKoBGB/*Tonner* § 651 a Rn. 29.
287 BGHZ 119, 152 (161 ff.).
288 BGHZ 130, 128 (130 ff.); aA Jauernig/*Teichmann* § 651 a Rn. 5.

II. Parteien des Reisevertrags

1. Reiseveranstalter

720 Reiseveranstalter ist, wer dem Reisenden die Erbringung der Reiseleistungen **in eigener Verantwortung** verspricht.[289] Dass der Betreffende die Reisen innerhalb seiner gewerblichen Tätigkeit oder zumindest nicht nur gelegentlich veranstaltet, ist nicht erforderlich.[290] Bei gelegentlicher, nicht gewerblicher Veranstaltung von Reisen treffen den Veranstalter aber weder die Informationspflichten nach § 651 a III iVm §§ 4 ff. BGB-InfoV noch die Pflicht zur Sicherstellung nach § 651 k (§ 11 BGB-InfoV, § 651 k VI).

721 Nicht als Reiseveranstalter anzusehen ist im Allgemeinen das **Reisebüro,** bei dem die Reise gebucht wird. Das Reisebüro hat nämlich meist die Stellung eines Handelsvertreters (§ 84 HGB), der den Reisevertrag zwischen Reiseveranstalter und Reisendem lediglich vermittelt.[291] Im Verhältnis zwischen Reisebüro und Reisendem liegt dann ein Geschäftsbesorgungsvertrag (§ 675 I) vor,[292] der *eigenständige* Beratungspflichten des Reisebüros bei der *Auswahl* des Reiseveranstalters auslösen kann. Sobald der Reisende sich für einen bestimmten Reiseveranstalter entschieden hat, wird das Reisebüro aber ausschließlich als dessen Erfüllungsgehilfe tätig, so dass eine vertragliche Eigenhaftung grundsätzlich ausscheidet.[293] Stattdessen haftet der *Reiseveranstalter* für Aufklärungspflichtverletzungen des Reisebüros hinsichtlich der Buchung und Durchführung der konkreten Reise nach §§ 280 I, 278.[294] Darüber hinaus muss er sich ggf. die Angaben des Reisebüros über die Eigenschaften der Reise im Rahmen des § 651 c I (→ Rn. 736 ff.) zurechnen lassen.[295]

Zur Vertiefung: Nach der Rechtsprechung des EuGH erfasst die Pauschalreise-RL auch solche Reisen, die das Reisebüro auf Wunsch und nach den Vorgaben des Reisenden durch Zusammenstellung mehrerer Einzelleistungen organisiert.[296] Reiseveranstalter ist dabei das Reisebüro, sofern es gegenüber dem Reisenden die eigenverantwortliche Planung und Organisation der Reise übernommen hat.[297]

722 In früherer Zeit waren die Reiseveranstalter geneigt, die Haftung für den Erfolg der Reise durch die Klausel auszuschließen, sie würden die Leistungen der einzelnen Leistungsträger nur vermitteln. Der BGH hat solche **Vermittlerklauseln** aber für unwirksam erklärt.[298] Der Gesetzgeber hat diese Rechtsprechung in § 651 a II aufgegriffen. Die Erklärung, nur Verträge mit den Leistungsträgern zu vermitteln, bleibt hiernach unberücksichtigt, wenn nach den sonstigen Umständen der Anschein erweckt wird, dass der Erklärende die Reiseleistungen in eigener Verantwortung erbringt.

---

289 Staudinger/*Staudinger* (2011) § 651 a Rn. 45; *Brox/Walker*, Schuldrecht BT, § 28 Rn. 2.
290 Vgl. MüKoBGB/*Tonner* § 651 a Rn. 8. Demgegenüber erfasst die Pauschalreise-RL nach Art. 2 II keine Personen, die nur gelegentlich Pauschalreisen organisieren.
291 BGH, NJW 2006, 2321 (2322); *Brox/Walker*, Schuldrecht BT, § 28 Rn. 2.
292 MüKoBGB/*Tonner* § 651 a Rn. 46; von BGH, NJW 2003, 743 (745) und BGH, NJW 2006, 2321 (2322) offen gelassen.
293 BGH, NJW 2006, 2321 (2322); NJW 2006, 3137 (3138).
294 Vgl. OLG Düsseldorf, NJW-RR 2005, 644 (645).
295 *Emmerich*, Schuldrecht BT, § 11 Rn. 12; MüKoBGB/*Tonner* § 651 a Rn. 56.
296 EuGH, EuZW 2002, 402 m. Anm. *Tonner*.
297 Vgl. dazu LG Bielefeld, RRa 2005, 35; Palandt/*Sprau* Einf. v. § 651 a Rn. 4.
298 BGHZ 60, 14 (16); 61, 275; 63, 98 (99); Staudinger/*Staudinger* (2011) § 651 a Rn. 106.

Keine Vertragspartner des Reisenden sind die **einzelnen Leistungsträger** (zB Hoteliers, Fluggesellschaften).[299] Diese führen die Reiseleistungen aufgrund eines Vertrages mit dem Reiseveranstalter durch und sind daher als dessen *Erfüllungsgehilfen* (§ 278) anzusehen. Die Einstandspflicht des Reiseveranstalters setzt allerdings voraus, dass er die von dem Dritten ausgeführte Reiseleistung **als eigene anbietet** und sich insofern nicht auf eine bloße Vermittlung beschränkt.[300] Demgegenüber ist § 831 grundsätzlich nicht anwendbar, weil die Leistungsträger mangels der erforderlichen Abhängigkeit und Weisungsgebundenheit (→ Rn. 1321) im Allgemeinen *keine Verrichtungsgehilfen* des Reiseveranstalters sind.[301] 723

In Rechtsprechung und Literatur ist die Ansicht verbreitet, dass der Vertrag zwischen Reiseveranstalter und Leistungsträger als **Vertrag zugunsten Dritter** – nämlich der Reisenden – zu qualifizieren ist.[302] Damit erhalten die Reisenden einen eigenen Erfüllungsanspruch gegen die Leistungsträger. 724

Beispiel (BGHZ 93, 271): Familie R hat bei dem Reiseveranstalter V eine Pauschalreise in die Karibik gebucht. V schließt mit der Fluggesellschaft F einen Chartervertrag über die Beförderung der Reisenden. Als Familie R am Ende des Urlaubs nach Hause zurückfliegen möchte, verweigert F die Rückbeförderung, weil V seine Zahlungspflicht aus dem Chartervertrag nicht erfüllt hat und inzwischen insolvent ist. – Der BGH hat den Chartervertrag zwischen V und F als Vertrag zugunsten Dritter qualifiziert und der Familie R einen eigenen Anspruch gegen F auf Rückbeförderung zugebilligt. Nach der Interessenlage könne sich F dabei entgegen § 334 nicht darauf berufen, dass ihm ein Leistungsverweigerungsrecht gegenüber V zustehe.

Die hM kann indes nicht überzeugen. Die Zubilligung eines eigenen Leistungsanspruchs war früher notwendig, um die Reisenden bei **Insolvenz des Reiseveranstalters** zu schützen. Nach Einführung der Insolvenzsicherung nach § 651 k ist diese Notwendigkeit jedoch entfallen.[303] Die Annahme eines Vertrages zugunsten Dritter entspricht zudem nicht der Interessenlage. Veranstalter und Leistungsträger wollen jeweils ihre eigenen Vertragspflichten erfüllen und nicht den Reisenden darüber hinaus begünstigen.[304] 725

Auch die Annahme, der Vertrag zwischen dem Reiseveranstalter und dem Leistungsträger entfalte **Schutzwirkung** zugunsten des Reisenden, stößt auf Bedenken.[305] Der Reisende hat einen gleichwertigen vertraglichen Anspruch gegen den Reiseveranstalter, so dass es an der für den Vertrag mit Schutzwirkung für Dritte erforderlichen Schutzbedürftigkeit fehlt.

2. Reisender

Nach der Terminologie der §§ 651 a ff. wird der Vertragspartner des Reiseveranstalters als Reisender bezeichnet. Entscheidend ist, dass der Betreffende die Reise **im eigenen Namen** für sich und/oder andere Reiseteilnehmer **bucht**. Dass er die Reise 726

299 *Brox/Walker*, Schuldrecht BT, § 28 Rn. 3; *Medicus/Lorenz*, Schuldrecht II, Rn. 814.
300 Vgl. BGH, NJW 2011, 371 – Rail & Fly Ticket.
301 Vgl. BGHZ 45, 311 (313); 103, 298 (303); OLG Düsseldorf, NJW 2003, 59 (62).
302 So BGHZ 93, 271 (274 f.); LG Frankfurt a. M., NJW 1983, 52 (53); Erman/*Schmid* § 651 a Rn. 21; MüKoBGB/*Tonner* § 651 a Rn. 39 ff.; *Oetker/Maultzsch* § 9 Rn. 26.
303 *Seyderhelm* § 651 a Rn. 98; *Schwenk*, RRa 1997, 3 (9).
304 So Hk-BGB/*Ebert* § 651 a Rn. 7; Staudinger/*Staudinger* (2011) § 651 a Rn. 59.
305 So aber LG Frankfurt a. M., NJW-RR 1986, 852 (854); Erman/*Schmid* § 651 a Rn. 21; *Oetker/Maultzsch* § 9 Rn. 25; dagegen BGHZ 70, 327 (330); Staudinger/*Staudinger* (2001) § 651 a Rn. 60.

selbst antritt, ist nicht erforderlich.[306] Der Reisende muss im Übrigen auch kein Verbraucher iSd § 13 sein.[307]

727 Bei Buchung einer Reise für **mehrere Reiseteilnehmer** stellt sich die Frage, ob der Buchende alleiniger Vertragspartner des Reiseveranstalters wird oder ob er die anderen Reisenden beim Vertragsschluss nach §§ 164 ff. vertritt. Bei **Gruppenreisen** wird grundsätzlich die Stellvertretungslösung befürwortet, so dass mit jedem Reisenden ein eigener Reisevertrag zustande kommt.[308] Für den Buchenden hat dies den Vorteil, dass er nicht für die vertraglichen Pflichten sämtlicher Mitreisender einstehen muss.

728 Eine andere Beurteilung ist geboten, wenn es sich bei den Mitreisenden um den Ehepartner, die Kinder oder um sonstige Angehörige des Buchenden handelt.[309] Bei solchen **Familienreisen** wird der Buchende grundsätzlich alleiniger Vertragspartner des Reiseveranstalters; die Rechte der mitreisenden Familienmitglieder richten sich nach den Vorschriften über den Vertrag zugunsten Dritter (§§ 328 ff.).[310] Die Annahme eines einheitlichen Reisevertrages rechtfertigt sich daraus, dass zwischen den Reisenden eine Interessen- und Wirtschaftsgemeinschaft besteht, was für den Reiseveranstalter aufgrund der Namensidentität oder der sonstigen Umstände[311] ersichtlich ist.

III. Zustandekommen des Reisevertrags

729 Für den Abschluss des Reisevertrages gelten die **allgemeinen Regeln** der **§§ 145 ff.** Wichtig ist in diesem Zusammenhang, dass der **Katalog** oder der **Reiseprospekt** des Reiseveranstalters lediglich eine **invitatio ad offerendum** darstellt.[312] Dies bedeutet, dass das Angebot im Allgemeinen in der Buchung der Reise durch den Reisenden liegt. Der Reiseveranstalter nimmt das Angebot unmittelbar durch das Buchungsprogramm oder spätestens durch die Reisebestätigung an. Ein Formerfordernis besteht dabei nicht.

730 Im Zusammenhang mit dem Abschluss eines Reisevertrages treffen den Reiseveranstalter umfassende **Informations- und Nachweispflichten** nach §§ 4–11 BGB-InfoV. So ist der Reiseveranstalter verpflichtet, dem Reisenden im Reiseprospekt genaue Angaben über die Reise zur Verfügung zu stellen (§ 4 BGB-InfoV). Außerdem muss er dem Reisenden bei oder unverzüglich nach Vertragsschluss eine Reisebestätigung aushändigen, welche die allgemeinen Reisebedingungen enthält (§ 6 BGB-InfoV).

306 Vgl. BGH, NJW 2002, 2238 (2239).
307 MüKoBGB/*Tonner* § 651 a Rn. 11.
308 MüKoBGB/*Tonner* § 651 a Rn. 87.
309 BGH, MDR 1978, 1016; OLG Düsseldorf, RRa 2000, 159; Staudinger/*Staudinger* (2011) § 651 a Rn. 86.
310 OLG Düsseldorf, RRa 1999, 206; AG Hamburg, RRa 2000, 134 (135); Hk-BGB/*Ebert* § 651 a Rn. 6; Soergel/*H. W. Eckert* § 651 a Rn. 35.
311 Vgl. LG Frankfurt, RRa 1996, 51 (52); AG Düsseldorf, RRa 1995, 162 (163); RRa 1997, 240 (241); *Kaufmann*, MDR 2002, 1036 (1037); *Martis*, MDR 2001, 901.
312 Bamberger/Roth/*Geib* § 651 a Rn. 26; Erman/*Schmid* § 651 a Rn. 6.

IV. Hauptleistungspflichten und Nebenpflichten der Vertragsparteien

1. Pflichten des Reiseveranstalters

Als Hauptleistungspflicht schuldet der Reiseveranstalter die **mangelfreie Erbringung der Reiseleistung** (zur Mängelhaftung s. Rn. 742 ff.). Darüber hinaus werden auch die Informations- und Nachweispflichten nach der BGB-InfoV zu den Hauptleistungspflichten des Reisveranstalters gezählt.[313] 731

Wichtigste Nebenpflichten sind die **Schutz- und Obhutspflichten** gegenüber den Rechtsgütern und Interessen des Reisenden (§ 241 II).[314]

2. Pflichten des Reisenden

Die Hauptleistungspflicht des Reisenden besteht nach § 651 a I 2 in der **Zahlung des Reisepreises.** Entsprechend der werkvertraglichen Regelung in §§ 641 I 1, 646 wird der Preis an sich erst nach Beendigung der Reise fällig.[315] Nach den AGB der Reiseveranstalter muss er indes oft schon im Voraus bezahlt werden.[316] Nach der Rechtsprechung sind solche Vorleistungsklauseln grundsätzlich weder nach § 309 Nr. 2 lit. a noch nach § 307 unwirksam.[317] Der Reisende wird bei einer Vorleistung aber durch § 651 k davor geschützt, den Reisepreis bei Insolvenz des Reiseveranstalters zu verlieren. 732

Während der Reise können den Reisenden außerdem vertragliche Nebenpflichten treffen. Praktisch bedeutsam sind vor allem die **Schutzpflichten** nach § 241 II.[318] So hat der Reisende dafür zu sorgen, dass er den Hotelschlüssel nicht verliert und im Hotelzimmer keine Gegenstände beschädigt.

V. Vertragsänderungen und Rücktrittsrecht vor Reiseantritt

Nach allgemeinen Regeln kann eine Vertragsänderung nur durch Parteivereinbarung erfolgen (vgl. SAT Rn. 231). Es ist aber möglich, dass der Reiseveranstalter sich das Recht zur **einseitigen Änderung** bestimmter Inhalte (zB des Preises oder einzelner Reiseleistungen) im Vertrag vorbehält.[319] Für diesen Fall sieht § 651 a IV, V zum Schutz des Reisenden einige Beschränkungen vor, die über die allgemeinen Grenzen der §§ 315 ff. und – bei Verwendung von AGB – der §§ 307, 308 Nr. 4, 309 Nr. 1 hinausgehen. 733

Zu den Einzelheiten: Gemäß § 651 a IV kann der Reiseveranstalter den Preis im Nachhinein nur aufgrund einer qualifizierten Preisänderungsklausel erhöhen, die genaue Angaben zur Berechnung des neuen Preises enthält. Die Preiserhöhung kann nur bis 20 Tage vor dem Abreisetermin verlangt werden. Sie ist nur zulässig, wenn damit einer Erhöhung der Beförderungskosten, der Abgaben für bestimmte Leistungen (zB Flughafengebühren) oder einer Wechselkursänderung Rechnung getragen werden soll. Preiserhöhungen oder wesentliche Änderungen der Reiseleistung sind dem Reisenden unverzüglich nach Kenntnis des Grundes zu erklären (§ 651 a V 1). Erhöht sich der Reisepreis um

313 Vgl. MüKoBGB/*Tonner* § 651 a Rn. 74; *Oetker/Maultzsch* § 9 Rn. 38.
314 *Oetker/Maultzsch* § 9 Rn. 40; *Medicus/Lorenz*, Schuldrecht II, Rn. 825.
315 *Oetker/Maultzsch* § 9 Rn. 92; Palandt/*Sprau* § 651 a Rn. 6; RGRK/*Recken* § 651 a Rn. 47.
316 Vgl. *Medicus/Lorenz*, Schuldrecht II, Rn. 826; MüKoBGB/*Tonner* § 651 a Rn. 79 ff.
317 Vgl. BGH, NJW 1987, 1931 (1932); ausführlich Staudinger/*Staudinger* (2011) § 651 a Rn. 139 ff.
318 Vgl. *Niehuus*, Reiserecht, § 9 Rn. 42; Staudinger/*Staudinger* (2011) § 651 a Rn. 154.
319 Erman/*Schmid* § 651 a Rn. 43; *Oetker/Maultzsch* § 9 Rn. 18.

mehr als 5% oder wird die Reiseleistung wesentlich geändert, so kann der Reisende nach § 651 a V 2 vom Vertrag zurücktreten.

734 Der Reisende kann **vor Reisebeginn** nach § 651 i I ohne Angabe eines Grundes vom Vertrag **zurücktreten**. Dahinter steht der Gedanke, dass der Reisende nicht zum Antritt der Reise gezwungen werden kann.[320] Der Reiseveranstalter verliert durch den Rücktritt den Anspruch auf den Reisepreis. Er kann aber nach § 651 i II 2 eine angemessene Entschädigung verlangen.

735 Bis zum Reiseantritt besteht nach § 651 b außerdem die Möglichkeit, dass ein Dritter statt des Reisenden in die Rechte und Pflichten aus dem Reisevertrag eintritt. Diese **gesetzliche Ersetzungsbefugnis** kann ohne besonderen Grund geltend gemacht werden. Eine Zustimmung des Reiseveranstalters ist grundsätzlich nicht erforderlich. Sofern die Voraussetzungen des § 651 b I 2 gegeben sind, hat der Reiseveranstalter aber ein Widerspruchsrecht. Entstehen durch den Eintritt des Ersatzreisenden Mehrkosten, so sind diese nach § 651 b II zu ersetzen. Nach § 651 b II haften Reisender und Eintretender als *Gesamtschuldner* für den Reisepreis und die Mehrkosten.

Zur Vertiefung: Die dogmatische Einordnung des § 651 b ist streitig. Teilweise wird von einem *Vertrag zugunsten Dritter* (des Ersatzreisenden) ausgegangen. Die hM nimmt dagegen eine Vertragsübernahme an. Der Ersatzreisende tritt hiermit in alle Rechte und Pflichten aus dem Vertrag ein. Für den (ursprünglichen) Reisenden bleibt nur die gesamtschuldnerische Haftung nach § 651 b II.[321]

VI. Die Gewährleistung des Reiseveranstalters bei Reisemängeln

736 Die Vorschriften über die Gewährleistung des Veranstalters bei Reisemängeln (§§ 651 c ff.) stellen das zentrale Mittel zum Schutz des Reisenden dar.

1. Vorliegen eines Reisemangels

Der Begriff des Reisemangels wird in § 651 c I umschrieben. Die Reise ist danach so zu erbringen, dass sie die zugesicherten Eigenschaften hat und nicht mit Fehlern behaftet ist, die den Wert oder die Tauglichkeit zu dem gewöhnlichen oder vertraglich vorausgesetzten Nutzen aufheben oder mindern. Die Formulierung macht deutlich, dass der Begriff des Reisemangels im Zuge der Schuldrechtsreform **nicht an den neuen Mangelbegriff** der §§ 434, 633 **angepasst** worden ist. Ähnlich wie im Mietrecht (→ Rn. 409 ff.) findet sich auch hier noch die traditionelle Unterscheidung zwischen dem **Fehler** und dem **Fehlen einer zugesicherten Eigenschaft**.

a) Fehler

737 Wie in allen anderen Bereichen so ist auch im Reiserecht von einem **subjektiven Fehlerbegriff** auszugehen. Die Reise darf daher nicht mit Fehlern behaftet sein, die den Wert oder die Tauglichkeit zu dem gewöhnlichen oder nach dem Vertrag vorausgesetzten Nutzen aufheben oder mindern (§ 651 c I). Damit ist darauf abzustellen, ob die tatsächliche Beschaffenheit der Reise (sog. **Istbeschaffenheit**) zum Nachteil des Reisenden von der vertraglich geschuldeten Beschaffenheit (**Sollbeschaffenheit**) abweicht.[322]

---

320 So *Brox/Walker*, Schuldrecht BT, § 28 Rn. 13.
321 Dazu Bamberger/Roth/*Geib* § 651 b Rn. 8 ff.; MüKoBGB/*Tonner* § 651 b Rn. 5 f.
322 Hk-BGB/*Ebert* § 651 c Rn. 6.

Inhalt und Umfang der geschuldeten Reiseleistungen ergeben sich in erster Linie aus der **Vereinbarung der Parteien.** Zur Konkretisierung können die Leistungsbeschreibungen in **Reiseprospekten**, die **Reisebestätigung** sowie **Preis** und **Charakter** der Reise herangezogen werden.[323] Entscheidend ist, welche berechtigten Erwartungen der Reisende haben durfte. 738

Beispiele: Ist das Hotel ausdrücklich als »ruhig« bezeichnet worden, so darf zumindest nachts ein gewisser Lärmpegel nicht überschritten werden. Nach der Rechtsprechung ist Lärm bis Mitternacht in südlichen Ländern aber mit Rücksicht auf die dortigen Lebensgewohnheiten hinzunehmen.[324] Ob der Reisende der Wendung »zentrale Lage« entnehmen muss, dass mit starkem Verkehrslärm zu rechnen ist, erscheint dagegen zweifelhaft.[325] Mitunter verschleiern Reiseveranstalter Hinweise auf etwaige Beeinträchtigungen in schönen Formulierungen. So soll die Formulierung »Sie haben es nicht weit zum Flugplatz« darauf hindeuten, dass mit Fluglärm bzw. Geräuscheinwirkungen gerechnet werden muss.[326] Aufgrund der Nähe des Hotels zu einem Luftwaffenstützpunkt hat das Berliner Kammergericht den intensiven Fluglärm im Ergebnis aber nicht durchgehen lassen.[327] Die bloße Anwesenheit geistig behinderter Mitreisender kann schon mit Rücksicht auf die Wertungen der Art. 1 und Art. 3 III 2 GG und des § 19 I Nr. 1 AGG keinen Mangel darstellen.[328] Eine andere Beurteilung kommt nur in Betracht, wenn konkrete schwerwiegende Beeinträchtigungen auftreten.[329] Kinderlärm begründet jedenfalls dann keinen Mangel, wenn er nicht über das »übliche kindgerechte Verhalten« hinausgeht.[330]

Der Fehler der Reise kann nicht auf Beeinträchtigungen gestützt werden, die zum **allgemeinen Lebensrisiko** des Reisenden gehören. Denn solche Beeinträchtigungen berühren nicht den Pflichtenkreis des Reiseveranstalters und fallen nicht in seine Risikosphäre. Das Gleiche gilt für **bloße Unannehmlichkeiten.** Die genaue Abgrenzung zum Mangel ist häufig schwierig und erfordert oft eine umfassende Interessenabwägung im Einzelfall. 739

Beispiele: An- und Abflugverspätungen von bis zu vier Stunden sind grundsätzlich als bloße Unannehmlichkeiten anzusehen.[331] Sucht ein ausgebrochener Bienenschwarm die Ferienanlage heim, verwirklicht sich selbst dann nur das allgemeine Lebensrisiko, wenn der Reisende von den Bienen mehrfach gestochen wird.[332] Entsprechendes gilt für den Fall, dass der Reisende bei einem nicht vorhersehbaren Terroranschlag verletzt wird.[333] Je nach Urlaubsland stellt es auch keinen Reisemangel dar, wenn der Reisende auf dem Hotelgelände von einem Ziegenbock angegriffen[334] oder von einem Affen gebissen wird.[335] Ob einzelne Kakerlaken auf dem Zimmer in bestimmten Regionen hinzunehmen sind, hängt von der jeweiligen Kategorie des Hotels ab.[336]

b) Zusicherung einer Eigenschaft

Die zweite Kategorie des Mangels ist das Fehlen einer zugesicherten Eigenschaft. Ebenso wie im Mietrecht (→ Rn. 415) kommt es bei Vorliegen einer Zusicherung auch 740

---

323 Zur Bedeutung des Reiseprospekts BGHZ 84, 268 (270); 100, 157 (176).
324 Vgl. *Tonner*, Reisevertrag, Anhang zu § 651 c – Mängelliste Rn. 103 ff. mwN.
325 Krit. *Führich*, Reiserecht, Rn. 228: »unzulässige Geheimsprache«.
326 Vgl. auch LG Dortmund, NJW-RR 1986, 1174: großzügig konzipiertes Haus für fehlende Heizung; LG Frankfurt, NJW-RR 1992, 51: Stadthotel für Eisenbahnlärm.
327 So KG, NJW-RR 1993, 557 (558).
328 AG Kleve, NJW 2000, 84; *Tonner*, Reiserecht, Anhang zu § 651 c – Mängelliste Rn. 118; aA noch AG Flensburg, NJW 1993, 272.
329 Vgl. LG Frankfurt, NJW 1980, 1169; Staudinger/*Staudinger* (2011) § 651 c Rn. 126.
330 LG Kleve, NJW-RR 1997, 1208.
331 LG Frankfurt a. M., NJW-RR 1997, 820 (821); Soergel/*H. W. Eckert* § 651 c Rn. 21.
332 LG Frankfurt a. M., NJW-RR 2000, 786; PWW/*Deppenkemper* § 651 c Rn. 5.
333 OLG Celle, NJW 2005, 3647 (3649) (betr. Terroranschlag auf Djerba).
334 LG Frankfurt a. M., NJW-RR 2001, 52 (Portugal).
335 AG München, NJW-RR 1996, 1399 (Kenia).
336 Weitere Beispiele in MüKoBGB/*Tonner* § 651 c Rn. 19 ff.

im Reiserecht nicht darauf an, ob der Mangel den Wert oder die Tauglichkeit der Reise beeinträchtigt. Außerdem kann die Zusicherung unter dem Aspekt der **Garantie** (§ 276) eine verschuldensunabhängige Haftung auf Schadensersatz nach § 651 f begründen.[337]

741 Wegen der weitreichenden Haftungsfolgen kann eine Zusicherung nur unter strengen Voraussetzungen angenommen werden. Der Reiseveranstalter muss zumindest konkludent zum Ausdruck gebracht haben, dass er für das Vorliegen der Eigenschaft eine **unbedingte Einstandspflicht** übernehmen will.[338] Die Leistungsbeschreibungen im Prospekt können dafür nicht ausreichen, weil die verschuldensunabhängige Haftung sonst zum Normalfall würde.[339] Eine konkludente Zusicherung kommt daher nur in Bezug auf solche Umstände in Betracht, von denen der Reiseveranstalter weiß oder wissen muss, dass sie für den Reisenden eine besondere Bedeutung haben.[340]

2. Die Gewährleistungsrechte des Reisenden

a) Recht auf Abhilfe

742 Liegt ein Reisemangel iSd § 651 c I vor, so muss der Reisende zunächst Abhilfe verlangen (§ 651 c II 1). Es handelt sich dabei um die Geltendmachung des **modifizierten Erfüllungsanspruchs**, der dem Nacherfüllungsanspruch im Kauf- und Werkvertragsrecht entspricht.[341] Abhilfe kann durch Beseitigung des Mangels der Reiseleistung oder durch Erbringung einer gleichwertigen und zumutbaren Ersatzleistung geschaffen werden.[342]

> **Beispiel:** Wird der Reisende R in seinem Hotelzimmer durch Lärm gestört, so kann die Abhilfe darin bestehen, dass der Reiseveranstalter entweder die Lärmquelle beseitigt oder dem R ein anderes Zimmer (zB in einem ruhigeren Hotel) zuweist.

Sofern die Abhilfe einen **unverhältnismäßigen Aufwand** erfordert, kann der Reiseveranstalter sie nach § 651 c II 2 verweigern.

743 Der Reisende hat die Möglichkeit, dem Reiseveranstalter eine angemessene **Frist zur Abhilfe** zu setzen. Wird innerhalb dieser Frist keine Abhilfe geleistet, so kann er nach § 651 c III 1 selbst Abhilfe schaffen. Dies entspricht der Selbstvornahme beim Werkvertrag nach § 637 (→ Rn. 677 ff.). Ebenso wie dort steht dem Reisenden ein Anspruch auf Ersatz der erforderlichen Aufwendungen (zB der Kosten einer gleichwertigen Ersatzunterkunft)[343]zu (§ 651 c III 1). Die Fristsetzung ist wie nach § 323 II Nr. 1 und 3 bzw. § 637 II 1 **entbehrlich**, wenn der Reiseveranstalter die Abhilfe verweigert oder wenn die sofortige Abhilfe durch ein besonderes Interesse des Reisenden (zB Schutz vor Gesundheitsgefahren) geboten wird (§ 651 c III 2).

---

337 Vgl. MüKoBGB/*Tonner* § 651 c Rn. 11.
338 Vgl. BGHZ 59, 158 (160); Soergel/*H. W. Eckert* § 651 c Rn. 3 f.
339 Ähnlich Staudinger/*Staudinger* (2011) § 651 c Rn. 45; *Tempel*, NJW 1997, 2206 (2207); aA *Blaurock/Wagner*, Jura 1985, 169 (170); *Coester-Waltjen*, Jura 1995, 329 (330 f.).
340 So auch Palandt/*Sprau* § 651 c Rn. 2 a; *Weishaupt*, JuS 2005, 241 (243).
341 Vgl. *Emmerich*, Schuldrecht BT, § 11 Rn. 19; *Medicus/Lorenz*, Schuldrecht II, Rn. 830.
342 Vgl. Palandt/*Sprau* § 651 c Rn. 4.
343 OLG Köln, NJW-RR 1993, 252; KG, NJW-RR 1993, 1209.

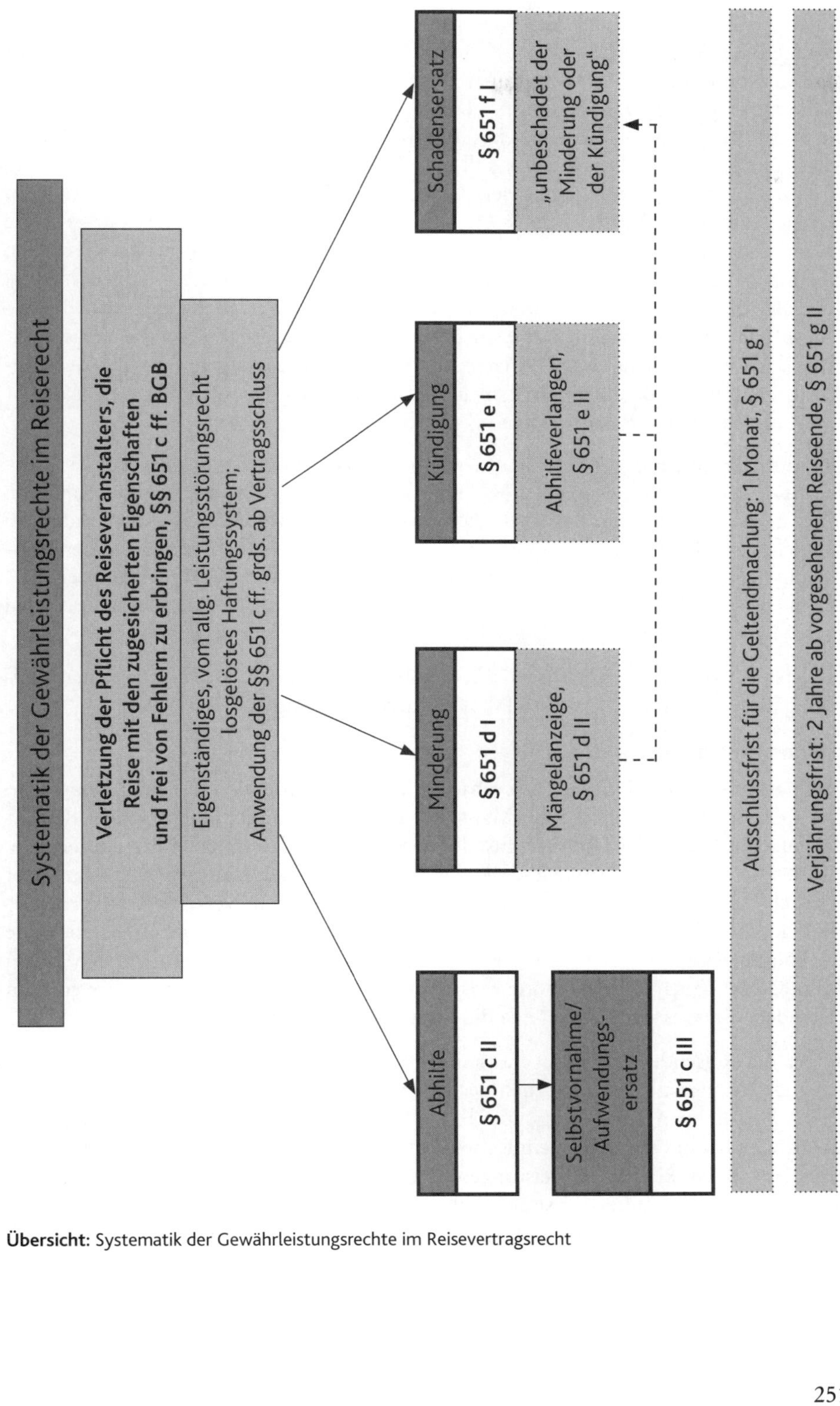

Übersicht: Systematik der Gewährleistungsrechte im Reisevertragsrecht

b) Minderung des Reisepreises

744 Nach § 651 d mindert sich der Reisepreis für die Dauer des Mangels, wenn und solange die Abhilfe nach § 651 c I ausbleibt. Ebenso wie im Mietrecht (Rn. 419) tritt die Minderung **kraft Gesetzes** ein. Sie hängt nicht davon ab, dass der Reisende dem Veranstalter eine *Frist* zur Abhilfe gesetzt hat. Die Minderung ist ausgeschlossen, wenn der Reisende den Mangel schuldhaft **nicht angezeigt** hat (§ 651 d II; vgl. zum Mietrecht § 536 c II). Die Anzeige soll dem Reiseveranstalter die Möglichkeit geben, Abhilfe zu schaffen und damit den Umfang der Minderung möglichst gering zu halten. Nach dem Wortlaut des § 651 d I mindert sich der Reisepreis nur »für die Dauer des Mangels«. Beruht der Mangel auf einem besonders schwerwiegenden Ereignis, so kann aber auch eine über die zeitanteilige Dauer des Mangels hinausgehende Minderung des Reisepreises bis hin zum vollständigen Ausschluss der Zahlungspflicht gerechtfertigt sein. Beispiele sind der Tod des Reisenden, die Vergewaltigung der Reisenden durch den Angestellten eines Leistungsträgers oder der Beinahe-Absturz auf dem Rückflug.[344] Bei solchen Ereignissen ist davon auszugehen, dass der Erholungszweck der Reise vollständig verfehlt wird.

745 Für die **Berechnung** des Betrages der Minderung verweist § 651 d I auf die Vorschriften des Werkvertragsrechts (§§ 638 III und IV). Somit ist der Reisepreis auf den Wert herabzusetzen, den die tatsächlich durchgeführte Reise für den Reisenden im Vergleich zur vertraglich vereinbarten Reise hatte. Hinsichtlich der Höhe der Minderung kann man sich an der »**Frankfurter Tabelle zur Reisepreisminderung**« orientieren,[345] die für typische Reisemängel Richtsätze enthält. Aktuellere Leitlinien finden sich allerdings in der **ADAC-Tabelle** zur Reisepreisminderung.[346]

Hat der Reisende den Reisepreis schon vollständig gezahlt, so kann er einen Teilbetrag nach §§ 651 d I 2 iVm 638 IV, 346 I **zurückverlangen**.

c) Kündigung des Reisenden

746 Nach § 651 e hat der Reisende bei **schwerwiegenden Mängeln** ein Kündigungsrecht. Die Reise muss dann infolge des Mangels erheblich beeinträchtigt oder dem Reisenden aus wichtigem, dem Reiseveranstalter erkennbaren Grund nicht zuzumuten sein. Abzustellen ist auf Art und Zweck der Reise sowie auf Dauer und Umfang der Mängel.[347] Für die Kündigung ist grundsätzlich erforderlich, dass der Reiseveranstalter eine vom Reisenden bestimmte angemessene **Frist** hat verstreichen lassen, ohne Abhilfe zu leisten (Abs. 2). Die Fristsetzung ist auch hier nicht erforderlich, wenn Abhilfe unmöglich ist oder vom Reiseveranstalter verweigert wird oder wenn ein besonderes Interesse des Reisenden die sofortige Kündigung rechtfertigt.

747 Sofern der Reisende dem Reiseveranstalter oder der örtlichen Reiseleitung die Kündigung erklärt, entfällt der Anspruch des Reiseveranstalters auf den Reisepreis (§ 651 e III 1). Für die mangelfrei erbrachten bzw. bis zum Reiseende noch zu erbringenden Leistungen hat der Reisende dem Reiseveranstalter nach § 651 e III 2 eine **Entschädigung** zu zahlen. Haben die Leistungen infolge der Aufhebung des Vertrages für den Reisenden kein Interesse, so entfällt die Entschädigungspflicht nach § 651 e

344 Zu diesen Beispielen BGH, NJW 2008, 2775 (2776).

345 Abgedruckt in NJW 1985, 113 und NJW 1994, 1639 sowie bei Staudinger/*Staudinger* (2011) Anh. zu § 651 d.

346 Abgedruckt bei *Schattenkirchner*, NJW 2005, 2506 ff.

347 Erman/*Schmid* § 651 e Rn. 4; *Oetker/Maultzsch* § 9 Rn. 61.

III 3. Praktische Bedeutung hat dies vor allem dann, wenn die Beförderung keine Mängel aufweist, der Aufenthalt am Urlaubsort dem Reisenden aber (zB aufgrund gravierender Mängel der Unterkunft) unzumutbar ist.[348]

Der Reiseveranstalter ist im Übrigen verpflichtet, die durch die Aufhebung des Vertrages notwendigen Maßnahmen zu treffen (§ 651 e IV 1). Dazu gehört insbesondere die **Rückbeförderung** des Reisenden, sofern diese geschuldet war. Die damit verbundenen Mehrkosten fallen dem Veranstalter zur Last. Denn der Kündigungsgrund stammt aus seiner Sphäre.[349] 748

d) Anspruch auf Schadensersatz wegen Nichterfüllung (§ 651 f I)

Hat der Reiseveranstalter den Mangel zu vertreten (§§ 276 ff.), so kann der Reisende nach § 651 f I unbeschadet der Minderung oder der Kündigung **Schadensersatz wegen Nichterfüllung** verlangen. Aus der negativen Formulierung des § 651 f I (»es sei denn«) folgt, dass die **Verantwortlichkeit** des Schuldners wie bei § 280 I 2 **vermutet** wird (s. dazu SAT Rn. 558). Ein etwaiges Verschulden der Leistungsträger (zB des Hoteliers) wird dem Veranstalter nach § 278 zugerechnet (vgl. dazu schon → Rn. 723). 749

Eine **Mängelanzeige** (bzw. ein **Abhilfeverlangen**) ist nach dem Wortlaut des § 651 f I nicht erforderlich. Der Wendung »unbeschadet« lässt sich insoweit auch keine Bezugnahme auf die Voraussetzungen der Minderung (§ 651 d II) entnehmen.[350] Nach der Systematik der §§ 651 c ff. ist die Mängelanzeige aber unverzichtbar. Es wäre nämlich widersprüchlich, dem Reisenden bei Unterlassen der Mängelanzeige die Minderung zu versagen und ihm zugleich zu erlauben, den Minderwert der Reise über § 651 f I geltend zu machen. Davon abgesehen muss dem Veranstalter auch bei § 651 f I die Möglichkeit der Mängelbeseitigung gewährt werden.[351] 750

Nach Sinn und Zweck **entfällt das Anzeigeerfordernis** aber, wenn Abhilfe nicht möglich oder der Schaden auch bei erfolgreicher Abhilfe nicht zu vermeiden war. Der Reisende kann sich schließlich darauf berufen, er habe die Unterlassung der Anzeige nach den Umständen nicht zu vertreten.[352] 751

Der Anspruch aus § 651 f I umfasst alle **Mangel- sowie Begleit- und Mangelfolgeschäden.**[353] Dies bedeutet, dass nicht nur das **Erfüllungsinteresse**, sondern auch das **Integritätsinteresse** des Reisenden erfasst wird. Da das Gesetz noch die alte Formulierung »Schadensersatz wegen Nichterfüllung« verwendet, ist eine Differenzierung zwischen Schadensersatz statt der Leistung und einfachem Schadensersatz – wie im Kauf- oder Werkvertragsrecht – nicht erforderlich. Von daher sind auch Körperverletzungen, die auf den Mangel zurückzuführen sind, nach § 651 f I ersatzfähig. Daneben kommt noch ein deliktischer Schadensersatzanspruch in Betracht. Praktische Bedeutung hat dies vor allem, wenn der vertragliche Anspruch nach § 651 g I ausgeschlossen oder nach § 651 g II verjährt ist (→ Rn. 755 ff.). 752

348 So *Tonner*, Reiserecht, § 651 e Rn. 22.
349 *Brox/Walker*, Schuldrecht BT, § 28 Rn. 21.
350 Vgl. Staudinger/*Staudinger* (2011) § 651 f Rn. 13.
351 Vgl. BGHZ 92, 177 (179 ff.); *Brox/Walker*, Schuldrecht BT, § 28 Rn. 22; *Larenz*, Schuldrecht II/1, § 53 V b; für Kürzung des Anspruchs nach § 254 Staudinger/*Staudinger* (2011) § 651 f Rn. 14.
352 BGHZ 92, 177 (179 ff.).
353 BT-Drs. 8/2343, 10; BGH, NJW 1986, 148 (149); NJW 1987, 1931 (1937); AnwKomm-*Niehuus* § 651 f Rn. 12 ff.; *Larenz*, Schuldrecht II/1, § 53 V b.

Beispiel (BGHZ 103, 298): R buchte bei der Reiseveranstalterin V eine 3-wöchige Pauschalreise nach Gran Canaria. Am Rückreisetag stürzte R vom Balkon seines Zimmers, das im Obergeschoss des von H betriebenen Vertragshotels der V belegen war. Der Unfall beruhte darauf, dass sich das Holzgeländer der Balkonbrüstung gelöst hatte. Diese Gefahr war bei ordnungsgemäßer Kontrolle des Geländers erkennbar. R verlangt von V Ersatz seiner materiellen Schäden sowie Zahlung von Schmerzensgeld. Zu Recht? – Dem R steht ein Schadensersatzanspruch gegen V aus § 651 f I zu, wobei V sich die Versäumnisse des H bei der Kontrolle des Balkongeländers nach § 278 zurechnen lassen muss. Da Körper und Gesundheit des R verletzt wurden, kann er auch Schmerzensgeld verlangen (§ 253 II). Zu prüfen sind ferner deliktische Ansprüche. Als selbständiger Hotelier ist H kein Verrichtungsgehilfe der V. Die Voraussetzungen des § 831 liegen daher nicht vor. V könnte aber eine eigene *Verkehrssicherungspflicht* (→ Rn. 1178 ff.) verletzt haben und damit nach § 823 I haftbar sein.[354] Nach Ansicht des BGH beschränkt sich die Verkehrssicherungspflicht des Reiseveranstalters nicht auf die sorgfältige Auswahl der Leistungsträger; er habe deren Leistungen vielmehr auch regelmäßig zu überwachen. Da R diese Pflicht verletzt hat, steht V auch ein Schadensersatzanspruch aus § 823 I zu.

e) Entschädigung wegen nutzlos aufgewendeter Urlaubszeit (§ 651 f II)

753 Wird die Reise vereitelt oder erheblich beeinträchtigt, so kann der Reisende schließlich nach § 651 f II wegen nutzlos aufgewendeter Urlaubszeit eine angemessene Entschädigung in Geld verlangen.[355] Nach heute hM geht es dabei um den Ersatz eines **immateriellen Schadens** (vgl. SAT Rn. 998 ff.). § 651 f II stellt damit eine Ausnahmevorschrift zu § 253 I dar.[356]

754 Nach welchen Grundsätzen die Höhe der Entschädigung zu berechnen ist, war bislang streitig. Während die Rechtsprechung bislang häufig auf pauschale *Tagessätze* zurückgegriffen hat,[357] verlangte der überwiegende Teil der Literatur die *Berücksichtigung aller Umstände des Einzelfalls.*[358] Der BGH hat in seinem Malediven-Urteil klargestellt, dass es für die Höhe der Entschädigung **nicht** auf das **Arbeitseinkommen** des Reisenden ankomme.[359] Da es um den Ausgleich eines immateriellen Schadens gehe, dürfe nicht zwischen berufstätigen und nicht berufstätigen Reisenden (zB Studierenden, Rentnern) differenziert werden. Damit ist dem Tagessatzsystem die Grundlage entzogen.[360] Als zentrale Kriterien bleiben der **Reisepreis** sowie das **Ausmaß der Beeinträchtigung**.

3. Ausschlussfrist und Verjährung

755 Nach § 651 g I hat der Reisende seine Gewährleistungsansprüche innerhalb eines Monats nach dem vertraglich vorgesehenen Ende der Reise gegenüber dem Reiseveranstalter geltend zu machen. Hierbei handelt es sich um eine **materiell-rechtliche Ausschlussfrist**, die von Amts wegen zu beachten ist.[361] Bei der Fristberechnung ist

---

354 Zur Verkehrssicherungspflicht des Reiseveranstalters BGH, NJW 2006, 3268 = JA 2006, 895 (*Hager*); NJW 2007, 2549.

355 Zur europarechtlichen Fundierung des Anspruchs EuGH, NJW 2002, 1255 (1256).

356 BGH, NJW 1983, 35 (36); Erman/*Schmid* § 651 f Rn. 11; *Medicus/Lorenz*, Schuldrecht II, Rn. 835.

357 Vgl. dazu (ablehnend) MüKoBGB/*Tonner* § 651 f Rn. 65 mwN.

358 Vgl. AnwKomm-*Niehuus* § 651 f Rn. 36; Soergel/*H. W. Eckert* § 651 f Rn. 17.

359 BGH, NJW 2005, 1047 (1050); die abweichende ältere Rechtsprechung (BGHZ 63, 98; 77, 116) beruht auf der überholten Vorstellung, es handle sich um einen materiellen Schaden.

360 LG Frankfurt a. M., RRa 2006, 264 (266); RRa 2008, 121 (123); MüKoBGB/*Tonner* § 651 f Rn. 65; Staudinger/*Staudinger* (2011) § 651 f Rn. 85.

361 AG Kleve, RRa 1996, 105; Soergel/*H. W. Eckert* § 651 g Rn. 1.

auf die §§ 187 I, 188 II Alt. 1 abzustellen.[362] Danach wird der letzte Urlaubstag nicht mitgerechnet.

Die Anmeldung der Ansprüche ist eine **rechtsgeschäftsähnliche Handlung**. Gleichwohl wird § 174 für unanwendbar erklärt (§ 651 g I 2).[363] Ein Vertreter des Reisenden (zB sein Rechtsanwalt) kann somit nicht mit dem Argument zurückgewiesen werden, er habe keine Originalvollmachtsurkunde vorgelegt. Das Gesetz trägt damit dem Problem Rechnung, dass die Anmeldung aufgrund der Kürze der Frist nicht immer rechtzeitig nachgeholt werden kann.[364] Der Reisende kann sich im Übrigen darauf berufen, dass die Nichteinhaltung der Frist nicht auf seinem **Verschulden** beruht (§ 651 g I 3). Nach der Rechtsprechung ist das Verschulden idR zu verneinen, wenn der Reiseveranstalter den Reisenden entgegen § 6 II Nr. 8 BGB-InfoV nicht auf die Frist hingewiesen hat. Macht der Reisende gesundheitliche Spätschäden geltend, die für ihn nicht vorhersehbar waren, so kommt ein Verschulden von vornherein nicht in Betracht.[365] **756**

Zur Vertiefung: Durch die kurze Anmeldefrist will der Gesetzgeber dem Reiseveranstalter ermöglichen, die gerade bei Auslandsreisen oft sehr schwierigen Ermittlungen hinsichtlich der Begründetheit der Ansprüche zeitnah durchzuführen und ggf. eigene Regressansprüche gegen die Leistungsträger geltend zu machen. Diese Funktion wird durch die bloße Anzeige der Mängel am Urlaubsort nicht erfüllt. Wird in der Anzeige deutlich, dass der Reisende nach Beendigung des Urlaubs Gewährleistungsrechte geltend machen wird, so kann darin aber eine Anmeldung des Anspruchs nach § 651 g I gesehen werden.[366] Dies gilt auch dann, wenn die »Anmeldung« gegenüber der örtlichen Reiseleitung erfolgt. Denn der Reisende darf darauf vertrauen, dass seine Erklärung an den Veranstalter weitergeleitet wird.

Die kurze Ausschlussfrist des § 651 g I ist wegen ihrer einschneidenden Wirkungen **nicht** auf **deliktische Ansprüche** anwendbar. Dehnt der Reiseveranstalter die Ausschlussfrist in seinen AGB ganz allgemein auf deliktische Ansprüche aus, so wird der Reisende hierdurch unbillig benachteiligt. Entsprechende Klauseln sind daher nach § 307 unwirksam.[367] **757**

Nach § 651 g II 1 **verjähren** Ansprüche des Reisenden in **zwei Jahren**, wobei die Verjährung mit dem Tage beginnt, an dem die Reise nach dem Vertrag enden sollte (§ 651 g II 2). Mit dieser kurzen Frist soll eine rasche Abwicklung der Ansprüche gewährleistet werden.[368] **758**

Die kurze Verjährung nach § 651 g II 1 schlägt **nicht** auf **deliktische Ansprüche** durch. Die Verjährung dieser Ansprüche richtet sich vielmehr nach den allgemeinen Vorschriften der §§ 195, 199 (→ Rn. 1425). Um die Effektivität des § 651 g II 1 zu gewährleisten, bedarf es keiner Übertragung in den deliktischen Bereich, weil die Ansprüche aus §§ 651 c ff. nicht notwendig oder typischerweise mit Ansprüchen aus §§ 823 ff. einhergehen.

362 So AG Kleve, RRa 1998, 113; AnwKomm-*Niehuus* § 651 g Rn. 2; Soergel/*H. W. Eckert* § 651 g Rn. 10; für Anwendbarkeit des § 187 II AG Hamburg, RRa 1999, 141.

363 Zur Begründung BT-Drs. 14/5944, 19; anders noch BGHZ 145, 343 (347 ff.).

364 MüKoBGB/*Tonner* § 651 g Rn. 14 f.

365 BGH, NJW 2007, 2549.

366 BGH, NJW 2004, 3777 (3778); MüKoBGB/*Tonner* § 651 g Rn. 16 ff.

367 Vgl. BGH, NJW 2004, 3777 (3778); aA Bamberger/Roth/*Geib* § 651 g Rn. 3.

368 So Staudinger/*Staudinger* (2011) § 651 g Rn. 43.

4. Haftungsbeschränkung

759 Der Reiseveranstalter kann seine Haftung für Schäden durch Vertrag grundsätzlich auf den **dreifachen Reisepreis** beschränken (§ 651 h). Voraussetzung ist, dass der Schaden des Reisenden weder vorsätzlich noch grob fahrlässig herbeigeführt wurde, oder dass der Reiseveranstalter für den Schaden allein wegen eines Verschuldens eines Leistungsträgers verantwortlich ist. Bei *Körperschäden* ist eine Haftungsbeschränkung generell ausgeschlossen.

§ 651 h gilt nur für vertragliche Schadensersatzansprüche. **Deliktische Schadensersatzansprüche** werden dagegen **nicht erfasst.**[369] Das Gleiche gilt für Ansprüche des Reisenden auf Aufwendungsersatz wegen Selbstabhilfe (§ 651 c III) sowie für Ansprüche im Zusammenhang mit der Kündigung des Reisevertrages wegen Mangels (§ 651 e III, IV).[370]

5. Verhältnis zum allgemeinen Leistungsstörungsrecht

760 Nach dem **Spezialitätsgrundsatz** verdrängen die §§ 651 c ff. in ihrem Anwendungsbereich das allgemeine Leistungsstörungsrecht (§§ 280 ff., 323 ff.).[371] Abgrenzungsprobleme entstehen, wenn eine einzelne Reiseleistung oder die ganze Reiseleistung ausfällt. Da Reiseverträge wegen der zeitlichen Festlegung *absolute Fixgeschäfte* (dazu SAT Rn. 471) sind,[372] handelt es sich um Fälle der **(Teil-)Unmöglichkeit.** Es fragt sich daher, ob die §§ 651 c ff. auch den Vorschriften über die Unmöglichkeit vorgehen.

761 Sofern nur **einzelne Reiseleistungen** (zB ein Ausflug) ausfallen, liegt unzweifelhaft ein Mangel der Reise iSd § 651 c vor.[373] Die Vorschriften über die Unmöglichkeit werden daher verdrängt. Das Gleiche gilt, wenn die Reise aufgrund einer fehlerhaften Reiseleistung **vorzeitig abgebrochen** werden muss. Die hM wendet die §§ 651 c ff. darüber hinaus auch dann an, wenn die Reise aufgrund eines nicht in der Person des Reisenden liegenden Umstands (zB Überbuchung des Hinflugs oder der Unterkunft) erst gar **nicht angetreten** werden kann.[374] Den reiserechtlichen Vorschriften wird damit schon **ab Vertragsschluss** der Vorrang eingeräumt. Die Gegenauffassung plädiert dafür, die §§ 651 c ff. erst **ab dem tatsächlichen Beginn der Reise** anzuwenden. Denn vor dem Reiseantritt bestehe noch kein *Vertrauenstatbestand*, der etwa die kurze Ausschlussfrist des § 651 g I (→ Rn. 755) rechtfertigen könne.[375]

762 Gegen die Anknüpfung an den Reiseantritt spricht, dass die **Wertungen** der §§ 651 c ff. auch bei vollständigem Ausfall der Reise passen. So muss dem Reisenden schon bei Nichterbringung der ersten Reiseleistung (zB des Hinflugs) ein Selbstabhilferecht aus § 651 c III zugebilligt werden. Hat der Reiseveranstalter die für den Ausfall der Reise maßgebenden Gründe zu vertreten, so sollte dem Reisenden auch

369 AnwKomm-*Niehuus* § 651 h Rn. 3; Palandt/*Sprau* § 651 h Rn. 1; *Medicus/Lorenz*, Schuldrecht II, Rn. 841.

370 BGHZ 100, 157 (180); Hk-BGB/*Ebert* § 651 h Rn. 2.

371 Vgl. *Brox/Walker*, Schuldrecht BT, § 28 Rn. 15.

372 Vgl. *Oetker/Maultzsch* § 9 Rn. 46.

373 BGHZ 97, 255 (260); *Larenz*, Schuldrecht II/1, § 53 Vb.

374 Vgl. BGHZ 97, 255 (259 f.); 100, 157 (180 f.); BGH, NJW 2000, 1188; NJW 2005, 1047 (1048); Erman/*Schmid* § 651 c Rn. 26; MüKoBGB/*Tonner* § 651 c Rn. 34; ; Staudinger/*Staudinger* (2011) Vorbem. zu §§ 651c-g Rn. 17 ff.

375 So Staudinger/*J. Eckert* (2003) Vorbem. zu §§ 651c–g Rn. 19 ff.; *Oetker/Maultzsch* § 9 Rn. 45.

ein Entschädigungsanspruch wegen nutzlos aufgewendeter Urlaubszeit zustehen (§ 651 f II). Ein solcher Anspruch ist aber im allgemeinen Leistungsstörungsrecht nicht vorgesehen.

VII. Weitere Schutzvorschriften zu Gunsten des Reisenden

1. Kündigung bei höherer Gewalt

Wird die Reise wegen **nicht voraussehbarer höherer Gewalt** bei Vertragsschluss erheblich erschwert, gefährdet oder beeinträchtigt, so steht sowohl dem Reiseveranstalter als auch dem Reisenden ein Kündigungsrecht gemäß § 651 j I zu. Unter höherer Gewalt werden **von außen kommende Ereignisse** verstanden, die von den Parteien auch bei Einhaltung der äußersten zumutbaren Sorgfalt nicht verhindert werden können (zB Naturkatastrophen, Kriege, innere Unruhen, Störung des Flugverkehrs durch Vukanasche).[376] Einzelne terroristische Anschläge in der Urlaubsregion begründen nach der instanzgerichtlichen Rechtsprechung noch keine höhere Gewalt.[377] Bei **Streiks** kommt höhere Gewalt nach hM nur dann in Betracht, wenn der Reiseveranstalter für das Funktionieren des betroffenen Bereichs nicht einzustehen hat. Ein Streik der Fluglotsen oder des Flughafenpersonals stellt damit einen Fall höherer Gewalt dar, nicht aber ein Streik im Bereich der Leistungsträger (Hoteliers, Fluggesellschaften etc.).[378] 763

§ 651 e (→ Rn. 746 ff.) ist in diesem Zusammenhang nicht anwendbar. Dies lässt sich der Formulierung »allein nach Maßgabe dieser Vorschrift« entnehmen.

2. Sicherstellung

Wird der Reiseveranstalter zahlungsunfähig oder wird über sein Vermögen das Insolvenzverfahren eröffnet, so besteht die Gefahr, dass der Reisende den schon gezahlten Reisepreis ohne Erhalt der (vollständigen) Reiseleistungen einbüßt und darüber hinaus Aufwendungen tätigen muss, um den Ausfall einzelner Reiseleistungen – insbesondere des Rückflugs – zu kompensieren. Dieser Gefahr soll durch § 651 k entgegengewirkt werden. Hiernach hat der Veranstalter für den Fall seiner Zahlungsunfähigkeit oder Insolvenz sicherzustellen, dass dem Reisenden der **Reisepreis** sowie die **notwendigen Aufwendungen erstattet** werden. Zu diesem Zweck muss er entweder eine Versicherung abschließen oder das Zahlungsversprechen eines Kreditinstituts beibringen (§ 651 k I 2 Nr. 1 und 2). 764

Der Veranstalter ist nach § 651 k III verpflichtet, dem Reisenden einen **unmittelbaren Anspruch** gegen den Kundengeldabsicherer zu verschaffen. Der Vertrag zwischen Veranstalter und Versicherer bzw. Kreditinstitut wird deshalb als Vertrag zugunsten des Reisenden qualifiziert.[379] Zum Nachweis des Anspruchs muss der Veranstalter dem Reisenden einen **Sicherungsschein** übergeben, der vom Kundengeldabsicherer oder auf dessen Veranlassung ausgestellt ist. Solange der Reisende den Sicherungsschein nicht erhalten hat, dürfen von ihm vor Beendigung der Reise keine 765

376 BGHZ 100, 185 (188); Soergel/*H. W. Eckert* § 651 j Rn. 4; speziell zum Problem der Vulkanasche *Staudinger/Schürmann*, NJW 2011, 2769 (2771).
377 LG Amberg, NJW-RR 2004, 1140; LG Düsseldorf, RRa 2008, 117 = BeckRs 2008, 13534.
378 Palandt/*Sprau* § 651 j Rn. 3; krit. *Staudinger/Schürmann*, NJW 2011, 2769 (2771).
379 MüKoBGB/*Tonner* § 651 k Rn. 23; *Oetker/Maultzsch* § 9 Rn. 41; *Führich*, Reiserecht, Rn. 463; aA *Tempel*, RRa 1998, 19 (30) (Garantievertrag).

Zahlungen verlangt oder angenommen werden (§ 651 k IV). § 651 k VI nennt einige Ausnahmefälle, in denen die Pflicht zur Sicherstellung nicht gilt.

Literatur: *Bidinger/Müller*, Reisevertragsrecht – Kommentar zu den §§ 651 a–651 l BGB, 2. Aufl. 1995; *Blaurock/Wagner*, Der Anspruch auf Schadensersatz wegen Nichterfüllung im Reisevertragsrecht, Jura 1985, 169; *Coester-Waltjen*, Die Rechte des Reisenden bei mangelhaften Leistungen im Reisevertragsrecht, Jura 1995, 329; *Eckert*, Die Anforderungen der Rechtsprechung an die Verkehrssicherungspflicht der Reiseveranstalter und ihre Auswirkungen auf die Haftung, RRa 2007, 113; *Führich*, Reiserecht, 6. Aufl. 2010; *ders.*, Reisevertrag nach modernisiertem Schuldrecht, NJW 2002, 1082 ff.; *ders.*, Zweite Novelle des Reisevertragsrechts zur Verbesserung der Insolvenzsicherung und der Gastschulaufenthalte, NJW 2001, 3083; *Kauffmann*, Reiseprozess – Die Rechtsstellung des Mitreisenden, MDR 2000, 1036; *Lettmaier/Fischinger*, Grundfälle zum Reisevertragsrecht, JuS 2010, 14 und 99; *Martis*, Aktuelle Entwicklungen im Reiserecht, MDR 2000, 922 und MDR 2001, 901; *Müller-Langguth*, Stellungnahme zur »Frankfurter Tabelle zur Reisepreisminderung«, NJW 1985, 900; *Niehuus*, Reiserecht in der anwaltlichen Praxis, 3. Aufl. 2008; *Rodegra*, Pauschalreisen – Allgemeines Lebensrisiko und hinzunehmende Unannehmlichkeiten, MDR 2002, 919; *ders.*, Reisevertragliche Schadensersatzansprüche wegen Nichterfüllung und nutzlos aufgewendeter Urlaubszeit, MDR 2004, 550; *Schattenkirchner*, ADAC-Tabelle zur Reisepreisminderung, NJW 2005, 2506; *Schmid*, Krieg in der Nähe des Urlaubslandes – ein Fall der »höheren Gewalt«?, MDR 2003, 974; *Schwenk*, Rechtsverhältnisse bei der Flugpauschalreise, RRa 1997, 3; *Seyderhelm*, Kommentar zum Reiserecht (1997); *Staudinger/Ilchmann*, Pauschalreise-, Luftverkehrs-, Eisenbahn- sowie Reiseversicherungsrecht – Rechtsprechung aus dem Jahr 2007/2008 sowie aktuelle Entwicklungen, NJW 2008, 2752; *Staudinger/Schürmann*, Die Entwicklung des Reiserechts in den Jahren 2009/10, NJW 2010, 2771; *dies.*, Die Entwicklung des Reiserechts in den Jahren 2010/11, NJW 2011, 2769; *Teichmann*, Die Struktur der Leistungsstörungen im Reisevertrag, JZ 1979, 737; *Tempel*, »Geringfügige Reisemängel« – Zugleich ein Beitrag zum Mangelbegriff im allgemeinen, NJW 1997, 2206; *ders.*, Das zeitliche Moment bei der Bemessung von Minderung und Schadensersatz in Reisesachen, RRa 1997, 67; *ders.*, Entwicklung und Tendenzen im Reisevertragsrecht – Rückschau und Zukunftsperspektiven, RRa 1998, 19; *ders.*, Zur Kündigung von Reiseverträgen wegen terroristischer Anschläge, NJW 1998, 1827; *Tonner*, Der Reisevertrag – Kommentar zu §§ 651 a–651 m BGB, 5. Aufl. 2007; *ders.*, Reisevertrag, in: *Gebauer/Wiedemann*, Zivilrecht unter europäischem Einfluss, 2. Aufl. 2010, Kap. 14 (S. 663–703); *Weishaupt*, Referendarexamensklausur – Bürgerliches Recht: Probleme des Reisevertragsrechts, JuS 2005, 241.

3. Abschnitt. Maklervertrag und Auslobung

§ 35 Der Maklervertrag

I. Grundlagen

766 Zu den Tätigkeitsverträgen gehört auch der Maklervertrag. Kennzeichnend für diesen Vertragstyp ist, dass der Auftraggeber dem Makler einen Lohn (oder eine Provision) für den Nachweis der Gelegenheit zum Abschluss eines Vertrages (sog. **Nachweismakler**) oder für die Vermittlung eines Vertrages (sog. **Vermittlungsmakler**) verspricht (vgl. § 652 I). Maklerverträge haben bei der Vermittlung von Immobilien, Wohnungen, Versicherungen und Krediten große Bedeutung. Gleichwohl hat das BGB die Materie in den §§ 652 ff. nur rudimentär geregelt.

Für den **Handelsmakler** finden sich im HGB ergänzende Vorschriften (§§ 93 ff. HGB). Diese gelten allerdings nur für die gewerbsmäßige Vermittlung von Verträgen über die Anschaffung oder Veräußerung von *Waren* und *Wertpapieren* sowie über sonstige Gegenstände des Handelsverkehrs (§ 93 I HGB). Auf die Vermittlung von Geschäften über *unbewegliche Sachen* (Grundstücke, Wohnungen und Geschäftsräume etc.) sind die §§ 93 ff. HGB nicht anwendbar (§ 93 II HGB). Die Geschäfte des **Immobilienmaklers** unterliegen damit allein den Vorschriften des BGB.[380]

Der Gesetzgeber hat den Maklervertrag als **einseitig verpflichtenden Vertrag** ausgestaltet.[381] Denn der Makler ist nicht verpflichtet, für den Auftraggeber tätig zu werden oder gar einen Erfolg (etwa in Form der Vermittlung eines Vertrages) herbeizuführen.[382] Auf der anderen Seite muss der Auftraggeber die vereinbarte Provision zahlen. Der **Provisionsanspruch des Maklers** entsteht allerdings nur, »wenn der Vertrag *infolge* des Nachweises oder *infolge* der Vermittlung des Mäklers zustande kommt« (§ 652 I 1). Die Tätigkeit des Maklers muss also für den Abschluss eines wirksamen Hauptvertrags zwischen dem Auftraggeber und einem Dritten **ursächlich** sein. Der Makler trägt damit das Risiko, dass der Hauptvertrag trotz seiner Bemühungen nicht zustande kommt. 767

Beim **Fehlen einer Vergütungsvereinbarung** greift § 653 I ein. Ein Maklerlohn gilt danach als stillschweigend vereinbart, wenn die dem Makler übertragene Leistung den Umständen nach nur gegen eine Vergütung zu erwarten ist. Für die Höhe der Vergütung gilt § 653 II. Ebenso wie bei Dienst- und Werkverträgen (§§ 612, 632) wird damit verhindert, dass der Vertrag wegen Nichteinigung über eine wesentliche Frage unwirksam ist.[383] 768

Für den **Vertragsschluss** gelten die allgemeinen Bestimmungen. Der Maklervertrag kann damit auch konkludent geschlossen werden. Die Rechtsprechung ist insoweit aber zurückhaltend. Wer sich an einen Makler wendet, der im geschäftlichen Verkehr mit Angeboten wirbt, erklärt damit noch nicht seine Bereitschaft, dem Makler bei Zustandekommen eines Vertrages über das angebotene Objekt eine Provision zu zahlen. Das Gleiche gilt, wenn ein Kaufinteressent bei dem Makler nach Angeboten aus dessen Bestand nachfragt. Der Interessent darf in diesen Fällen nämlich davon ausgehen, dass der Makler allein für den Verkäufer tätig wird.[384] 769

Die Einhaltung einer bestimmten **Form** ist grundsätzlich nicht erforderlich. Bei Maklerverträgen über die Vermittlung von Grundstücksgeschäften kommt aber eine analoge Anwendung des § 311 b I in Betracht, sofern die Entschließungsfreiheit des Auftraggebers aufgrund der besonderen Ausgestaltung des Vertrags unangemessen beeinträchtigt wird (vgl. SAT Rn. 130).

II. Pflichten des Auftraggebers

Hauptpflicht des Auftraggebers ist, dem Makler die vereinbarte **Provision zu zahlen**, wenn dessen Tätigwerden für das Zustandekommen des Vertrages mit einem Dritten kausal war. Der Provisionsanspruch des Maklers setzt somit das Zustandekommen eines **wirksamen Hauptvertrages** voraus. Bei Nichtigkeit des Hauptvertrages (zB nach §§ 125, 134, 138) entsteht kein Provisionsanspruch. Dies gilt aufgrund der ex-tunc-Wirkung (§ 142 I) auch für den Fall, dass der Hauptvertrag erfolgreich nach 770

380 Vgl. *Larenz*, Schuldrecht II/1, § 54.
381 *Brox/Walker*, Schuldrecht BT, § 29 Rn. 65; *Althammer*, JA 2006, 594.
382 Vgl. BGH, NJW-RR 2003, 699 (700); PWW/*Fehrenbacher* § 652 Rn. 6.
383 Vgl. *Oetker/Maultzsch* § 10 Rn. 6.
384 Vgl. BGHZ 95, 393 (395); BGH, NJW 2005, 3779 (3780); *Fischer*, NJW 2007, 3107 ff.

§§ 119 ff. angefochten wird.[385] Wurde der Hauptvertrag unter einer aufschiebenden Bedingung geschlossen, so entsteht der Provisionsanspruch erst bei Eintritt der Bedingung (§ 652 I 2).

Ob der Auftraggeber den Hauptvertrag schließt, hängt grundsätzlich von dessen **freier Entscheidung** ab.[386] Eine Pflicht zum Abschluss des Hauptvertrages lässt sich auch nicht aus Treu und Glauben (§ 242) ableiten. Vereitelt der Auftraggeber grob treuwidrig das Zustandekommen des Vertrages, so steht dem Makler aber ein Schadensersatzanspruch aus § 280 I zu.[387]

771 Der Hauptvertrag muss mit einem **Dritten** zustande gekommen sein. Wird der Makler selbst Vertragspartner, so scheidet ein Provisionsanspruch gegen den Auftraggeber aus. Das Gleiche gilt, wenn der Makler in einem Abhängigkeitsverhältnis zu der anderen Partei des Hauptvertrages steht oder mit dieser wirtschaftlich eng verflochten ist.[388]

Hinweis: Der Makler kann auch für beide Parteien des Hauptvertrages tätig werden (»Doppelmakler«). Nach § 654 verwirkt er aber den Provisionsanspruch, wenn er *dem Inhalt des Vertrages zuwider* auch für den anderen Teil tätig wird (unerlaubte Doppeltätigkeit). Der Gesetzgeber will damit Interessenkonflikte vermeiden und die Objektivität des Maklers sicherstellen.[389]

772 Erforderlich ist schließlich, dass der Nachweis oder die Vermittlung durch den Makler für den Vertragsschluss mindestens **mitursächlich** war.[390] Hatte der Auftraggeber schon vorher anderweitig von dem Vertragsgegenstand Kenntnis erlangt (zB aufgrund des Nachweises durch einen anderen Makler), so ist die Leistung des Maklers für den Vertragsschluss nicht ursächlich, es sei denn, der Makler hat zusätzliche, für den Vertragsabschluss wesentliche (dh mitursächliche) Informationen geliefert. Die Beweislast bezüglich der **Vorkenntnis** trifft allerdings den Auftraggeber.[391]

Der Makler kann seine Stellung nicht dadurch verbessern, dass er sich in AGB die Zahlung eines **erfolgsunabhängigen Maklerlohns** versprechen lässt. Solche Klauseln verstoßen nämlich gegen das gesetzliche Leitbild des Maklervertrages und sind daher nach § 307 II Nr. 1 unwirksam.[392] Nach dem Grundsatz der Vertragsfreiheit sind die Parteien allerdings nicht gehindert, dem Makler unabhängig von den Voraussetzungen des § 652 einen Provisionsanspruch einzuräumen.[393] Bei einem solchen **»selbständigen Provisionsversprechen«** kann es insbesondere um die Vergütung einer sonstigen Dienstleistung gehen. Muss der Makler überhaupt keine Gegenleistung erbringen, so handelt es sich um ein Schenkungsversprechen, das nach § 518 I der notariellen Beurkundung bedarf.[394]

385 PWW/*Fehrenbacher* § 652 Rn. 47; Staudinger/*Reuter* (2010) §§ 652, 653 Rn. 97.
386 Vgl. BGH, NJW-RR 2003, 699 (700); PWW/*Fehrenbacher* § 652 Rn. 7; *Medicus/Lorenz*, Schuldrecht II, Rn. 908.
387 Vgl. Staudinger/*Looschelders/Olzen* (2009) § 242 Rn. 837; *Pauly*, JR 1998, 353 (355).
388 MüKoBGB/*Roth* § 652 Rn. 115 ff.; *Medicus/Lorenz*, Schuldrecht II, Rn. 911. Zur Wohnungsvermittlung → Rn. 780.
389 *Oetker/Maultzsch* § 10 Rn. 30.
390 BGH, NJW 1983, 1849; NJW 1984, 232; NJW-RR 1991, 371; *Oetker/Maultzsch* § 10 Rn. 26; *Schlechtriem*, Schuldrecht BT, Rn. 538.
391 Vgl. BGH, NJW 1971, 1133 (1135); MüKoBGB/*Roth* § 652 Rn. 190.
392 BGHZ 99, 374 (382); Staudinger/*Reuter* (2010) §§ 652, 653 Rn. 265.
393 BGHZ 112, 240 (242).
394 BGH, NJW-RR 2007, 55.

Aufwendungen für seine Tätigkeit kann der Makler nach § 652 II nur aufgrund einer entsprechenden Vereinbarung verlangen. Dies gilt auch für den Fall, dass der Hauptvertrag nicht zustande kommt. In AGB darf die Höhe des Aufwendungsersatzes außerdem nicht pauschal in Abhängigkeit zu den Preisvorstellungen der Parteien oder dem Wert des Objekts bestimmt werden. Solche Klauseln verstoßen ebenfalls gegen das Leitbild des Maklervertrages und sind daher nach § 307 II Nr. 1 unwirksam.[395] 773

III. Pflichten des Maklers

Nach der gesetzlichen Ausgestaltung des Maklervertrages trifft den Makler keine Tätigkeitspflicht (→ Rn. 767). Nach Treu und Glauben (§ 242) muss er aber die **Interessen des Auftraggebers** im Rahmen des Zumutbaren **wahren.**[396] Hieraus ergeben sich zahlreiche Nebenpflichten (insbesondere Aufklärungs- und Beratungspflichten), bei deren Verletzung der Auftraggeber nach §§ 280 I, 241 II Schadensersatz verlangen kann.[397] Bei besonders schwerwiegenden Pflichtverletzungen kommt zudem die Verwirkung des Provisionsanspruchs analog § 654 in Betracht.[398] 774

Beispiele: Der Makler verletzt seine Schutzpflichten, wenn er dem Auftraggeber *eigene* Informationen über das Objekt erteilt, obwohl er sich die dafür erforderlichen Grundlagen nicht verschafft hat. Gibt der Makler *fremde* Informationen weiter, ohne sich diese zu Eigen zu machen, so schuldet er dagegen grundsätzlich keine besonderen Nachforschungen, sondern darf sich auf die Angaben des Dritten (zB des Verkäufers) verlassen.[399]

Besonderheiten gelten für den Fall, dass der Auftraggeber für die Vertragsdauer auf die Einschaltung anderer Makler verzichtet. Ein solcher **Alleinauftrag** verbessert die Aussicht des Maklers auf Erlangung des Provisionsanspruchs. Zum Ausgleich trifft ihn aber eine Tätigkeitspflicht.[400] Auch beim Alleinauftrag stellt der Maklervertrag aber keinen gegenseitigen Vertrag dar.[401] Denn die Provisionszahlungspflicht des Auftraggebers knüpft auch hier an das *Zustandekommen des Hauptvertrages* an und steht damit in keinem Gegenseitigkeitsverhältnis zur *Tätigkeitspflicht* des Maklers. 775

IV. Besondere Formen des Maklervertrages

1. Darlehensvermittlung

a) Allgemeines

Eine besondere Ausprägung des Maklervertrages ist der Darlehensvermittlungsvertrag, der in den §§ 655 a–655 e geregelt ist. Die Vorschriften sind bei der **Schuldrechtsreform** aus systematischen Gründen nicht im Zusammenhang mit dem Verbraucherdarlehen (§§ 491 ff.), sondern im Anschluss an die allgemeinen Vorschriften über den Maklervertrag (§§ 652–655) in das BGB eingefügt worden. Das Gesetz zur Umsetzung der Verbraucherkreditrichtlinie II v. 29. 7. 2009 (→ Rn. 334, 338) hat auch bei den Vorschriften über die Darlehensvermittlung einige Änderungen mit sich gebracht, die am 11. 6. 2010 in Kraft getreten sind. 776

395 Vgl. BGHZ 99, 374 (384); MüKoBGB/*Roth* § 652 Rn. 251.
396 Vgl. BGH, NJW 2000, 3642; Jauernig/*Mansel* § 654 Rn. 4.
397 MüKoBGB/*Roth* § 652 Rn. 258 ff.
398 BGH, NJW-RR 2005, 1423 (1424); PWW/*Fehrenbacher* § 654 Rn. 10 ff.
399 BGH, NJW-RR 2007, 711 (712) = JA 2007, 546 (*Looschelders*).
400 Staudinger/*Reuter* (2010) Vorbem. zu §§ 652 ff. Rn. 11; *Larenz*, Schuldrecht II/1, § 54.
401 Palandt/*Sprau* § 652 Rn. 73; aA MüKoBGB/*Roth* § 652 Rn. 228.

Der **Darlehensvermittlungsvertrag** wird in § 655 a I definiert. Kennzeichnend ist danach zunächst der **Vertragsgegenstand**: nämlich die entgeltliche Vermittlung oder der entgeltliche Nachweis eines *Verbraucherdarlehens* oder einer *entgeltlichen Finanzierungshilfe*. Nach der bis zum 11. 6. 2010 geltenden Fassung des § 655 a war der letztere Fall noch nicht erfasst.[402] Da dies mit der Verbraucherkreditrichtlinie II unvereinbar ist, hat der Gesetzgeber den Anwendungsbereich der §§ 655 a ff. entsprechend erweitert.[403] In **persönlicher Hinsicht** ist zu beachten, dass der Makler *Unternehmer* (§ 14) und der Auftraggeber *Verbraucher* (§ 13) sein muss.

777 Liegen die Voraussetzungen des § 655 a I vor, so gelten die **verbraucherschützenden** Vorschriften der §§ 655 a II–655 e. Abweichende Vereinbarungen zum Nachteil des Verbrauchers sind gemäß § 655 e I 1 unwirksam. § 655 e I 2 statuiert darüber hinaus ein Umgehungsverbot. § 655 e II erweitert den Verbraucherschutz auf *Existenzgründer* iSd § 512 (→ Rn. 389).

Neben den §§ 655 b ff. finden auf den Darlehensvermittlungsvertrag die **allgemeinen Vorschriften** über den Maklervertrag (§§ 652 ff.) Anwendung. Bei *gewerbsmäßiger Vermittlung* von Darlehensverträgen sind außerdem die §§ 93 ff. HGB anwendbar, weil Darlehensverträge als sonstige Gegenstände des Handelsverkehrs (§ 93 I HGB) zu qualifizieren sind.[404]

b) Die einzelnen Schutzvorschriften

778 Dem Schutz des Verbrauchers dienen zunächst die **Informationspflichten** des Darlehensvermittlers nach § 655 a II iVm Art. 247 § 13 EGBGB sowie das **Schriftformerfordernis** nach § 655 b I. Bei Nichteinhaltung dieser Anforderungen ist der Vermittlungsvertrag gemäß § 655 b II nichtig. Dem Makler steht damit kein Anspruch auf das vereinbarte Entgelt zu. Nach dem Schutzweck der Vorschrift muss auch ein Provisionsanspruch aus §§ 812 I 1 Alt. 1, 818 II oder § 354 HGB ausscheiden.[405] Die Wirksamkeit des Darlehensvertrages bleibt jedoch unberührt.[406]

§ 655 c verschärft die Anforderungen an die Entstehung des Vergütungsanspruchs des Maklers. Hiernach sind nicht nur das Zustandekommen eines *wirksamen Hauptvertrags* (des Darlehensvertrags) und die *Kausalität* der Maklerleistung erforderlich; hinzukommen muss vielmehr noch die **Auszahlung** des Darlehens an den Verbraucher. Schließlich darf dem Verbraucher in Bezug auf den Darlehensvertrag **kein Widerrufsrecht** nach § 355 (ggf. iVm §§ 312 ff., 495 I) mehr zustehen. Der Vergütungsanspruch des Maklers entsteht damit grundsätzlich erst nach Ablauf der Widerrufsfrist des § 355 II; bei Fehlen einer ordnungsgemäßen Belehrung über das Widerrufsrecht bzw. der erforderlichen Pflichtangaben nach § 495 II Nr. 1 ist § 355 IV 3 zu beachten. Widerruft der Verbraucher den Darlehensvertrag erst nach Zahlung der Vergütung, so kann er den Makler nach § 812 I 1 Alt. 1 auf *Rückzahlung* in Anspruch nehmen.[407]

779 Dient der Verbraucherdarlehensvertrag mit Wissen des Maklers der vorzeitigen Ablösung eines anderen Darlehens (sog. **Umschuldungsdarlehen**), so setzt die Ent-

402 Krit. dazu mit Recht MüKoBGB/*Habersack* § 655 a Rn. 7.
403 Vgl. Begr. RegE., BT-Drs. 16/11643, 155.
404 Vgl. MüKoBGB/*Habersack* § 655 a Rn. 10.
405 BGHZ 163, 332 (335).
406 Palandt/*Sprau* § 655 b Rn. 6.
407 So auch MüKoBGB/*Habersack* § 655 c Rn. 14.

stehung des Vergütungsanspruchs zusätzlich voraus, dass sich der effektive Jahreszins für das Neudarlehen gegenüber dem Altdarlehen nicht erhöht (§ 655 c S. 2). Der Verbraucher wird dadurch vor wirtschaftlich sinnlosen Umschuldungen geschützt.[408]

Eine Vereinbarung von **Nebenentgelten** außer der Vergütung (zB Bearbeitungspauschalen) ist gemäß § 655 d S. 1 unwirksam. Die Erstattung von erforderlichen Auslagen kann jedoch nach § 655 d S. 2 vereinbart werden. Nach dem neu eingefügten § 655 d S. 3 darf die dem Verbraucher nach Art. 247 § 13 II Nr. 4 EGBGB mitgeteilte Höhe der Nebenentgelte bzw. der entsprechende Höchstbetrag dabei aber nicht überschritten werden.

2. Wohnungsvermittlung

Häufig werden Makler bei der Vermittlung von Mietverträgen über Wohnraum tätig. 780
Der Schutz der Wohnungssuchenden wird dabei durch das **Wohnungsvermittlungsgesetz** (WoVermittG) gewährleistet. Von besonderem Interesse ist hier die Vorschrift des § 2 II Nr. 2 WoVermittG. Dem Wohnungsmakler steht danach kein Vergütungsanspruch zu, wenn er *selbst* Eigentümer, Verwalter oder Vermieter der vermittelten Wohnräume ist. Dass der *Ehegatte* des Maklers eine entsprechende Stellung hat, schadet dagegen nicht.[409] Auf *Kaufverträge* über Wohnhäuser oder Eigentumswohnungen ist § 2 II Nr. 2 WoVermittG nicht anwendbar; hier muss daher auf die allgemeinen Regeln über die **Verflechtung** (→ Rn. 771) zurückgegriffen werden.[410]

3. Heiratsvermittlung

In § 656 ist der Maklervertrag in Form der Heiratsvermittlung geregelt. Beim Ver- 781
sprechen eines Lohnes für die Heiratsvermittlung handelt es sich gemäß § 656 I 1 um eine unvollkommene Verbindlichkeit bzw. **Naturalobligation** (SAT Rn. 27). Dies hat zur Folge, dass der Ehemakler einerseits keinen durchsetzbaren Anspruch auf Zahlung der Vergütung gegen den Auftraggeber hat. Andererseits kann der Auftraggeber eine bereits gezahlte Provision nicht gemäß § 812 I 1 Alt. 1 mit der Begründung zurückfordern, eine Verbindlichkeit habe nicht bestanden (§ 656 I 2). Allerdings kann der Auftraggeber seine Leistungen aus anderen Gründen zurückfordern, zB aufgrund einer Kündigung nach §§ 627, 628 (vgl. → Rn. 608).[411] Ein Widerrufsrecht steht dem Kunden dagegen nur zu, wenn es sich im Einzelfall um ein Haustür-, Fernabsatz- oder Kreditgeschäft handelt.[412]

Nach dem allgemeinen Leitbild des Maklervertrags hängt die Entstehung des Provisionsanspruchs bei der Heiratsvermittlung vom Zustandekommen einer wirksamen Ehe mit einem Dritten ab.[413] Diese Gestaltung findet sich in der Praxis jedoch nur noch selten. Häufiger ist der **Eheanbahnungsvertrag**, bei dem eine *erfolgsunabhängige* Vergütung vereinbart wird. Solche Verträge beurteilen sich zwar primär nach Dienstvertragsrecht (§§ 611 ff.); daneben ist § 656 aber analog anwendbar.[414] Noch größere Bedeutung hat heute die **Partnerschaftsvermittlung**, bei der kein unmittel-

408 Hk-BGB/*Ebert* § 655 c Rn. 5.
409 Vgl. BVerfG, NJW 1987, 2733 mit Hinweis auf Art. 6 I GG.
410 Vgl. BGH, NJW-RR 2005, 1033.
411 BGHZ 87, 309 (320); *Medicus/Lorenz*, Schuldrecht II, Rn. 921; MüKoBGB/*Roth* § 656 Rn. 11.
412 Staudinger/*Reuter* (2010) § 656 Rn. 2.
413 Vgl. Staudinger/*Reuter* (2010) § 656 Rn. 3.
414 Vgl. BGHZ 87, 309 (313).

barer Bezug zu einer künftigen Ehe besteht. Der BGH wendet § 656 auch hier analog an.[415]

Die Vorschrift des § 656 ist **rechtspolitisch umstritten**. In der heutigen Zeit sind sowohl die Ehe- als auch die Partnerschaftsvermittlung gesellschaftlich anerkannte Tätigkeiten, denen die Ausgestaltung der Vergütungspflicht als bloße Naturalobligation nicht mehr gerecht wird.[416] Das BVerfG hat diese Ausgestaltung aber mit der Erwägung gerechtfertigt, dass Prozesse über den Ehemaklerlohn die Intimsphäre der Ehegatten beeinträchtigen und den Bestand der geschlossen Ehen gefährden könnten.[417] Auf der anderen Seite hat der Ausschluss der Klagbarkeit zur Folge, dass die Makler eine Vorauszahlung der Vergütung verlangen müssen. Dies ist zwar rechtlich nicht zu beanstanden,[418] beeinträchtigt aber wegen des Ausschlusses der Rückforderung nach § 656 I 2 die Interessen des Kunden.[419]

Literatur: *Althammer*, Der Maklervertrag nach § 652 I BGB, JA 2006, 594; *Fischer*, Die Entwicklung des Maklerrechts seit 2003, NJW 2007, 3107; *Habersack/Schürnbrand*, Der Darlehensvermittlungsvertrag nach neuem Recht, WM 2003, 261; *Pauly*, Zur Frage der treuwidrigen Vereitelung des Hauptvertrages beim Maklervertrag, JR 1998, 353; *Reuter*, Das Maklerrecht als Sonderrecht der Maklertätigkeit, NJW 1990, 1321; *Schäfer*, Zum Entstehen des Provisionsanspruches für eine Maklertätigkeit, WM 1989, 1; *Scheibe*, Der Provisionsanspruch des Maklers beim Vertragsschluss durch einen mit dem Auftraggeber nicht identischen Dritten, BB 1988, 849; *Schwerdtner*, Maklerrecht, 5. Aufl. 2008; *Seydel/Heinbuch*, Maklerrecht, 4. Aufl. 2005; *Waibel/Reichstädter*, Maklerrecht im Überblick, Jura 2002, 649; *Weishaupt*, Der Maklervertrag im Zivilrecht, JuS 2003, 1166.

§ 36 Die Auslobung

I. Grundsätzliches

782 Bei der Auslobung geht es um das **Aussetzen einer Belohnung** für die Vornahme einer Handlung, insbesondere für die Herbeiführung eines *Erfolges*, wobei das Aussetzen durch *öffentliche Bekanntmachung* erfolgen muss (§ 657). Der Auslobende verfolgt meist den Zweck, andere zur Vornahme der in Frage stehenden Handlung zu veranlassen, sei es zur Wiederbeschaffung abhanden gekommener Sachen oder entlaufener bzw. entflogener Haustiere, sei es zur Aufklärung eines Verbrechens oder zur Ergreifung eines Straftäters.[420] Auslobungen können aber auch mit Blick auf wissenschaftliche, künstlerische oder sportliche Leistungen (zB Forschungs- oder Filmpreise) stattfinden.[421] Die Auslobung ist damit in einem weiteren Sinne auf die Ausführung einer Tätigkeit gerichtet. Der Gesetzgeber hat sie deshalb im Zusammenhang mit den *Tätigkeitsverträgen* geregelt.

Die Auslobung wird mit der **öffentlichen Bekanntmachung** wirksam. Der Anspruch auf die Belohnung entsteht dann durch Vornahme der geforderten Handlung, unabhängig davon, ob der Handelnde von der Auslobung wusste oder mit Rücksicht darauf

415 BGHZ 112, 122 (124 ff.); BGH, NJW-RR 2004, 778; aA *Larenz*, Schuldrecht II/1, § 54.
416 So insbesondere *Larenz*, Schuldrecht II/1, § 54.
417 BVerfG, NJW 1966, 1211; vgl. auch Staudinger/*Reuter* (2010) § 656 Rn. 1.
418 BGHZ 87, 309 (318); MüKoBGB/*Roth* § 656 Rn. 3.
419 Vgl. Staudinger/*Reuter* (2010) § 656 Rn. 2.
420 Vgl. *Larenz*, Schuldrecht II/1, § 55.
421 Vgl. MüKoBGB/*Seiler* § 657 Rn. 18 f.

gehandelt hat. Die Auslobung ist somit kein Vertrag, sondern ein **einseitiges Rechtsgeschäft**, das aus einer nicht empfangsbedürftigen Willenserklärung besteht (s. dazu SAT Rn. 91).[422] Die Vorschriften über Willenserklärungen (§§ 104 ff.) sind anwendbar. Die Auslobung ist also gemäß § 118 nichtig, wenn sie ersichtlich **nicht ernst gemeint** ist.[423] Dagegen ist ein **geheimer Vorbehalt** nach § 116 S. 1 unbeachtlich. Eine Ausnahme gilt aber für den Fall, dass der Handelnde den Vorbehalt kennt. Da die Erklärung nicht »einem anderen gegenüber abzugeben ist«, passt § 116 S. 2 zwar nicht unmittelbar. Wegen der vergleichbaren Interessenlage ist aber eine Analogie gerechtfertigt.[424]

II. Voraussetzungen

1. Öffentliche Bekanntmachung einer Belohnung

Öffentliche Bekanntmachung iSd § 657 bedeutet, dass die Erklärung gegenüber einem **nicht individuell abgrenzbaren Personenkreis** kundgetan wird. Dabei kann sich die Auslobung auch an einen bestimmten Personenkreis (zB Angehörige einer Berufsgruppe) richten, sofern dessen Mitglieder nicht individualisiert sind.[425] Die Bekanntmachung kann auf beliebige Weise (zB in Presse, Rundfunk oder Fernsehen oder durch Plakate) erfolgen.[426] **783**

Als **Belohnung** kommt jeder materielle oder immaterielle Vorteil in Betracht, wie zB die Zahlung von Geld oder die Lieferung von Waren.

2. Vornahme einer Handlung

Der Anspruch auf die Belohnung entsteht durch Vornahme der gewünschten Handlung. Dabei geht es meist um die **Herbeiführung eines Erfolges.** Das gewünschte Verhalten kann aber auch in einem Unterlassen bestehen, wenn der Auslobende gerade ein bestimmtes Tun verhindern möchte.[427] **784**

Der Anspruch auf die Belohnung entsteht durch die schlichte **Vornahme der Handlung** bzw. die Herbeiführung des Erfolges. Dass der Handelnde von der Auslobung wusste oder die Handlung sogar mit Rücksicht hierauf vorgenommen hat, ist nach hM nicht erforderlich (vgl. SAT Rn. 91).[428]

III. Abgrenzungen

Auch die **Tätigkeitsverträge** (Werkvertrag, Auftrag, Geschäftsbesorgung etc.) sind oft auf die Herbeiführung eines Erfolges gerichtet. Im Unterschied hierzu entsteht die Verpflichtung bei der Auslobung aber nicht durch Vertrag, sondern durch einseitige Willenserklärung. Die **Wette** unterscheidet sich von der Auslobung dadurch, dass der Wettende nicht zu einem bestimmten Verhalten veranlassen, sondern die Richtigkeit einer Behauptung bekräftigen will.[429] Überschneidungen können sich aber **785**

422 *Medicus/Lorenz*, Schuldrecht II, Rn. 923; MüKoBGB/*Seiler* § 657 Rn. 4 f.; aA Staudinger/*Bergmann* (2006) § 657 Rn. 14: Auslobung als Vertrag.
423 MüKoBGB/*Seiler* § 657 Rn. 6.
424 Jauernig/*Jauernig* § 116 Rn. 4.
425 OLG München, NJW 1983, 759; MüKoBGB/*Seiler* § 657 Rn. 12.
426 *Larenz*, Schuldrecht II/1, § 55; *Medicus/Lorenz*, Schuldrecht II, Rn. 923.
427 MüKoBGB/*Seiler* § 657 Rn. 8; Staudinger/*Bergmann* (2006) § 657 Rn. 62.
428 MüKoBGB/*Seiler* § 657 Rn. 17; aA Staudinger/*Bergmann* (2006) § 657 Rn. 14.
429 Palandt/*Sprau* § 657 Rn. 1; *Fikentscher/Heinemann* Rn. 1347.

ergeben, wenn die Auslobung den Zweck hat, die Richtigkeit einer Behauptung zu bekräftigen. Die Abgrenzung hat hier besonders große Bedeutung, weil die Wette anders als die Auslobung keine durchsetzbare Verbindlichkeit begründet (§ 762 I).

> **Beispiel:** In der sog. *Dasbachschen Auslobung* hatte der katholische Kaplan Dasbach (D) öffentlich die Zahlung von 2.000 Gulden für den Nachweis versprochen, dass sich der Grundsatz »Der Zweck heiligt die Mittel« in den Schriften der Jesuiten finde. Das LG Trier hat in einer unveröffentlichten Entscheidung aus dem Jahre 1904 die Auffassung vertreten, dass es sich um eine bloße Wette handelt.[430] Maßgeblich war die Erwägung, dass es D als Verteidiger des Jesuitenordens um die Nichterbringung des Nachweises gegangen sei. Nach diesem Verständnis wollte D letztlich also nur die Behauptung bekräftigen, dass der Ausspruch nicht von den Jesuiten stammt. Welches Motiv einer Auslobung zugrunde liegt, ist jedoch irrelevant. Entscheidend ist daher allein, dass D die 2.000 Gulden für die Erbringung des Nachweises versprochen hat. Nach richtiger Ansicht liegt demnach eine Auslobung vor.[431]

786 Abgrenzungsprobleme können auch gegenüber dem **bedingten** (belohnenden) **Schenkungsversprechen** auftreten. Maßgebliches Kriterium ist hier die *Bestimmtheit* des durch die *Schenkung* begünstigten Adressatenkreises; dagegen richtet sich die Auslobung an einen nicht individuell abgrenzbaren Personenkreis. Außerdem geht es dem Schenker primär um die Begünstigung des Beschenkten und nicht um die Herbeiführung eines Erfolgs.[432]

> **Beispiel** (OLG München, NJW 1983, 759)**:** Der wohlhabende A ist Anhänger des Eissportvereins V. Auf der Mitgliederversammlung verspricht A der Eishockeymannschaft des V die Zahlung von 100.000 EUR, wenn diese den Klassenerhalt schaffe. – Dem A ging es primär um die Herbeiführung eines bestimmten Erfolgs – nämlich des Klassenerhalts. Auf der anderen Seite war der begünstigte Personenkreis aber individuell abgrenzbar. Das OLG München ist deshalb von einem Schenkungsversprechen ausgegangen,[433] das nach §§ 518 I, 125 unwirksam war.

IV. Widerruf

787 Die Auslobung ist **bis zur Vornahme der Handlung** frei widerruflich (§ 658 I 1). Der Widerruf muss gemäß § 658 I 2 in derselben Weise wie die Auslobung bekannt gemacht werden oder durch besondere Mitteilung an den Einzelnen erfolgen. Nach § 658 II kann der Auslobende auf die Widerruflichkeit **verzichten**, was bei der Bestimmung einer Frist für die Vornahme der Handlung im Zweifel anzunehmen ist.

Da es sich bei der Auslobung um eine Willenserklärung handelt, ist eine **Anfechtung** gemäß §§ 119 ff. möglich. Dies ist besonders dann von Bedeutung, wenn die Handlung bereits vorgenommen wurde oder der Auslobende auf den Widerruf verzichtet hat.[434]

V. Mehrfache Vornahme und Mitwirkung mehrerer

788 Nehmen **mehrere Personen** die Handlung **unabhängig voneinander** vor, so steht die Belohnung demjenigen zu, der sie **zuerst** vollständig vorgenommen hat (§ 659 I). Bei **gleichzeitiger** Vornahme der Handlung wird eine teilbare Belohnung (zB Geld) geteilt, bei unteilbarer Belohnung entscheidet das Los (§ 659 II). Ein Losentscheid

430 Zum Sachverhalt *Gergen*, JA 2004, 760; Staudinger/*Bergmann* (2006) § 657 Rn. 41.
431 So auch MüKoBGB/*Seiler* § 657 Rn. 19; *Gergen*, JA 2004, 762.
432 MüKoBGB/*Seiler* § 657 Rn. 24; Palandt/*Sprau* § 657 Rn. 1.
433 Zustimmend *Medicus/Lorenz*, Schuldrecht II, Rn. 925.
434 MüKoBGB/*Seiler* § 658 Rn. 9; Palandt/*Sprau* § 658 Rn. 1 f.

wird auch dann erforderlich, wenn die Teilung dem erklärten Willen des Auslobenden widerspricht.

Haben **mehrere Personen zu dem Erfolg** in der Weise **beigetragen**, dass jeder Beitrag ursächlich war, hat der Auslobende die Belohnung gemäß § 660 I 1 nach billigem Ermessen zu verteilen. Nur eine *offenbar* unbillige Verteilung ist für die Beteiligten unverbindlich (§ 660 I 2). Bei Unteilbarkeit entscheidet wiederum das Los (§ 660 III iVm § 659 II 2). **789**

VI. Preisausschreiben (§ 661)

1. Voraussetzungen

Das Preisausschreiben iSd § 661 stellt eine **Sonderform der Auslobung** dar. Die Besonderheit besteht darin, dass die Adressaten des Preisausschreibens in einem **Wettbewerb** zueinander stehen und sich um den Preis **bewerben**. Die Erbringung der Leistung reicht also für den Erhalt der Belohnung bzw. des Preises nicht aus. Vielmehr erhält nur derjenige den Preis, der die nach den im Preisausschreiben genannten Bedingungen **beste Leistung** erbringt.[435] Als Beispiele lassen sich Architektenwettbewerbe für ein bestimmtes Bauvorhaben sowie Sportwettkämpfe anführen. **790**

Für das Preisausschreiben gelten grundsätzlich die gleichen Voraussetzungen wie für die Auslobung, wobei außer der Erbringung der Handlung aber eine **Bewerbung** erforderlich ist. Darüber hinaus ist beim Preisausschreiben eine **Bewerbungsfrist** zwingend (§ 661 I aE). Dies hat zur Folge, dass das Preisausschreiben nach § 658 II Hs. 2 unwiderruflich ist.[436] **791**

Ebenso wie die Auslobung muss das Preisausschreiben auf die Vornahme einer Handlung bzw. die Herbeiführung eines Erfolgs gerichtet sein. § 661 ist daher nicht anwendbar, wenn die in Frage stehende Aufgabe von jedermann ohne Mühe gelöst werden kann, wie dies bei den zu Werbezwecken eingesetzten »Preisausschreiben« oder »Preisrätseln« oft der Fall ist.[437] Auf solche **unechten Preisausschreiben** sind die Vorschriften über das Spiel (§ 762) anzuwenden; sofern der Teilnehmer eine Gegenleistung erbringen muss, kann auch eine Lotterie oder Ausspielung iSd § 763 vorliegen.[438]

2. Die Zuteilung des Preises

Die Entscheidung darüber, ob eine innerhalb der Frist erfolgte Bewerbung der Auslobung entspricht oder welche von mehreren Bewerbungen den Preis verdient, muss durch die in der Auslobung bezeichneten Personen (**Preisrichter**) getroffen werden. Sind keine Preisrichter vorgesehen, so erfolgt die Entscheidung durch den Auslobenden selbst (§ 661 II 1). In beiden Fällen ist die Entscheidung für die Bewerber verbindlich und unterliegt somit grundsätzlich keiner gerichtlichen Überprüfung (§ 661 II 2).[439] **792**

435 *Larenz*, Schuldrecht II/1, § 55; MüKoBGB/*Seiler* § 661 Rn. 13.
436 Vgl. Jauernig/*Mansel* § 661 Rn. 1.
437 OLG Düsseldorf, NJW 1997, 2122 – Gute Fee; MüKoBGB/*Seiler* § 661 Rn. 5.
438 Vgl. Staudinger/*Engel* (2002) § 763 Rn. 10 f.; *Medicus/Lorenz*, Schuldrecht II, Rn. 931.
439 BGH, NJW 1966, 1213 (1213). Zu möglichen Ausnahmen (insbesondere bei groben Verfahrensfehlern) BGH, NJW 1983, 442; MüKoBGB/*Seiler* § 661 Rn. 14.

Entsprechen mehrere Bewerbungen den Bedingungen des Preisausschreibens in gleichem Maße, so ist ein teilbarer Preis zu teilen, ansonsten hat das **Los** zu entscheiden (§ 661 III iVm § 659 II).

VII. Gewinnzusagen (§ 661 a)

1. Schutzzweck und dogmatische Einordnung

793 Versendet ein Unternehmer (§ 14) Mitteilungen über den Gewinn von Preisen, so muss er den Preis gemäß § 661 a leisten, wenn die Gewinnmitteilung bei einem durchschnittlichen Verbraucher (§ 13) den Eindruck erweckt, er habe den Preis schon gewonnen. Zweck der Vorschrift ist es, Geschäftspraktiken zu unterbinden, welche den Verbraucher durch die Zusage eines Gewinns dazu verleiten sollen, Waren oder Dienstleistungen zu bestellen.

794 § 661 a stellt eine **Anspruchsnorm** dar, wobei der Anspruch auf Leistung des in Aussicht gestellten Preises bereits **kraft Gesetzes durch Zugang** der Mitteilung entsteht. Im Unterschied zur Auslobung liegt also nicht einmal ein einseitiges Rechtsgeschäft vor. Nach hM handelt es sich bei der Gewinnmitteilung aber um eine **rechtsgeschäftsähnliche Handlung.**[440]

Zur Vertiefung: Die Verfassungsmäßigkeit des § 661 a wird teilweise bezweifelt. Dabei wird insbesondere angeführt, dass § 661 a unverhältnismäßig in die Grundrechte des Unternehmers aus Art. 2 I, 12 GG eingreife und gegen das Schuldprinzip, das Verbot der Doppelbestrafung sowie das Bestimmtheitsgebot (Art. 103 II GG) verstoße.[441] Der BGH hat dem jedoch entgegengehalten, dass es sich bei § 661 a um Ansprüche zwischen Privaten handele und nicht um eine Strafe oder strafähnliche hoheitliche Maßnahme. Das Schuldprinzip, der Bestimmtheitsgrundsatz und das Verbot der Doppelbestrafung seien daher nicht einschlägig. Ein Verstoß gegen den Grundsatz der Verhältnismäßigkeit liege nicht vor, weil der Unternehmer das Risiko der Inanspruchnahme durch Versand der Gewinnzusagen selbst steuern könne.[442]

2. Gewinnmitteilung

795 Der Anspruch aus § 661 a setzt voraus, dass die vom Unternehmer versandte Mitteilung **generell-abstrakt** geeignet ist, bei einem **durchschnittlichen Verbraucher** den Eindruck eines bereits erfolgten Preisgewinns zu erwecken. Ob der konkrete Empfänger **subjektiv** von einem Gewinn ausgeht, ist irrelevant. Der Anspruch ist daher nicht entsprechend § 116 S. 2 ausgeschlossen, wenn der Verbraucher den »Vorbehalt« des Unternehmers kennt.[443] Der Unternehmer kann sich auch nicht darauf berufen, er habe die Gewinnzusage in der Annahme versendet, der Verbraucher werde den **Mangel der Ernstlichkeit** erkennen. § 118 ist hier nicht anwendbar.[444]

796 Bei der Auslegung der Mitteilung wird auf den **plakativ herausgestellten Kerngehalt** der Aussage abgestellt. Somit bleiben **versteckte Hinweise** (zB im Kleindruck auf der

440 Vgl. BGH, NJW 2003, 426 (427); NJW 2006, 230 (232); *S. Lorenz*, NJW 2000, 3305 (3307); MüKoBGB/*Seiler* § 661 a Rn. 4; Palandt/*Sprau* § 661 a Rn. 2; Jauernig/*Mansel* § 661 a Rn. 4.
441 *Schneider*, BB 2002, 1653; *ders.*, BB 2003, 2534 f.
442 BGH, NJW 2003, 3620; zustimmend *Medicus/Lorenz*, Schuldrecht II, Rn 933.
443 Vgl. *Schulze*, Die Naturalobligation (2008), S. 567.
444 OLG Bremen, NJW-RR 2004, 347 (348); Staudinger/*Bergmann* (2006) § 661 a Rn. 36.

Rückseite) außer Betracht, wenn sie dem durchschnittlichen Empfänger nicht auffallen würden.

Bei dem angeblich gewonnenen Preis kann es sich um eine **Leistung jeder Art** handeln. Neben der Zahlung von Geld kommt zB auch die Lieferung von Sachen oder die Erbringung von Dienstleistungen in Betracht. Art und Höhe des Preises müssen in der Mitteilung aber so präzise angegeben sein, dass die Leistung durch den Empfänger bestimmt werden kann.[445]

3. Zusendung der Mitteilung

Die Mitteilung muss dem Verbraucher **zugesandt** worden sein. § 661 a ist daher nur auf **verkörperte Mitteilungen** (Brief, Infopost, Fax, E-Mail etc.) anwendbar, nicht aber auf Telefonanrufe. Des Weiteren muss ein Mindestmaß an **Individualisierung** beim Empfänger vorliegen, so dass dieser davon ausgehen kann, er sei *persönlich* Gewinner des Preises. Eine namentliche Nennung des Empfängers ist zwar nicht erforderlich. Die Übermittlung der Mitteilung an einen völlig unbestimmten Personenkreis (zB durch Postwurfsendungen oder Zeitungsbeilagen) kann jedoch nicht ausreichen.[446] **797**

Der Anspruch aus § 661 a richtet sich gegen den Unternehmer, der als **Absender** der Mitteilung nach außen in Erscheinung tritt.[447] Ob unter bestimmten Voraussetzungen auf einen dahinter stehenden Unternehmer zurückgegriffen werden kann, dessen Absatz durch die Aktion gefördert werden soll, ist offen.[448] Probleme ergeben sich insoweit insbesondere, wenn es sich bei dem Absender um eine im Ausland ansässige Briefkastenfirma handelt.[449] **798**

Zur Vertiefung: In der Praxis wird dem Verbraucher die Durchsetzung des Gewinnanspruchs oft dadurch erschwert, dass der Absender der Mitteilung seinen Sitz im Ausland hat. Für den europäischen Kontext hat der BGH allerdings klargestellt, dass der Verbraucher den Anspruch aus § 661 a an seinem eigenen Wohnsitz (also im Inland) einklagen kann. Da § 661 a eine Eingriffsnorm iSd Art. 9 Rom I-VO (Art. 34 EGBGB aF) darstellt, ist die Vorschrift auch unabhängig von dem sonst maßgeblichen Recht anwendbar.[450] Dies ändert jedoch nichts daran, dass die Vollstreckung des Anspruchs im Ausland mit großen Unwägbarkeiten verbunden ist.

Literatur: *Baldus*, Gewinnzusagen: Kann sich dem objektiven Empfängerhorizont etwas aufdrängen?, ZGS 2004, 297; *Dörner*, Haftung für Gewinnzusagen, FS Kollhosser, 2004, 75; *Dreiocker*, Zur Dogmengeschichte der Auslobung, Diss. Kiel, 1969; *Gergen*, Wette oder Auslobung – Stammt »Der Zweck heiligt die Mittel« von den Jesuiten?, JA 2004, 760; *Kleinschmidt*, Unilateral contract und einseitiges Versprechen, Jura 2007, 249; *Kuhlenbeck*, Die Auslobung, JW 1908, 645; *S. Lorenz*, Gewinnmitteilungen aus dem Ausland: kollisionsrechtliche und international-zivilprozessuale Aspekte von § 661 a BGB, NJW 2000, 3305; *ders.*, Gewinnmitteilung als geschäftsähnliche Handlung, NJW 2006, 472; *Meller-Hannich*, Bestandsaufnahme und Bewertung der Ansprüche aus Gewinnzusagen, NJW 2006, 2516; *Schäfer*, Lässt sich die Gewinnzusage nach § 661 a BGB in das System des Bürgerlichen Rechts einordnen?, JZ 2005, 981; *Schneider*, Erfüllungszwang bei Gewinnzusagen –

445 MüKoBGB/*Seiler* § 661 a Rn. 5; Palandt/*Sprau* § 661 a Rn. 2.
446 Bamberger/Roth/*Kotzian-Marggraf* § 661 a Rn. 3; MüKoBGB/*Seiler* § 661 a Rn. 9.
447 BGH, NJW 2004, 3555 (3556); NJW 2005, 827. Zur Haftung des Absenders beim Handeln unter fremdem Namen BGH, NJW-RR 2006, 701.
448 Vgl. Palandt/*Sprau* § 661 a Rn. 2 a.
449 Vgl. AnwKomm-*Ring* § 661 a Rn. 15.
450 BGH, NJW 2006, 230 (232 f.); aA Hk-BGB/*Staudinger* Art. 9 Rom I-VO Rn. 8.

verfassungsmäßig?, BB 2002, 1653; *Schröder/Thiessen*, Gewinnzusagen beim Wort genommen – zur Verfassungsmäßigkeit von § 661 a BGB, NJW 2004, 719; *Wagner/Potsch*, Gewinnzusagen aus dem Inland und Ausland, Jura 2006, 401.

4. Abschnitt. Auftrag, Geschäftsbesorgung und Zahlungsdienste

799 Zu den Tätigkeitsverträgen gehören auch Vereinbarungen über die Besorgung eines Geschäfts. Soll das Geschäft **unentgeltlich** erledigt werden, handelt es sich um einen **Auftrag** iSd §§ 662–674 (Untertitel 1). Die §§ 675–675 b enthalten Vorschriften über den (**entgeltlichen) Geschäftsbesorgungsvertrag** (Untertitel 2). Die §§ 675 c–676 c (Untertitel 3) normieren das **Recht des Zahlungsverkehrs** und beruhen auf der Zahlungsdienste-Richtlinie v. 13. 11. 2007 (RL 2007/64/EG), deren zivilrechtlicher Teil durch das Gesetz v. 29. 7. 2009 (→ Rn. 334) mit Wirkung v. 31. 10. 2009 ins deutsche Recht umgesetzt worden ist. Der öffentlich-rechtliche Teil findet sich im Zahlungsdiensteaufsichtsgesetz v. 25. 6. 2009 (ZAG).

§ 37 Auftrag

800 Die **unentgeltliche Geschäftsbesorgung** spielt in der Praxis nur eine untergeordnete Rolle.[451] Die Vorschriften über den Auftrag sind gleichwohl von großer praktischer Bedeutung, weil sie aufgrund von Verweisungen zu einem großen Teil auch für die entgeltliche Geschäftsbesorgung (§ 675 I) sowie für die Geschäftsführung ohne Auftrag (§§ 681 S. 2, 683 S. 1) gelten.

I. Wesentliche Merkmale des Auftragsverhältnisses

1. Allgemeines

801 Der Auftrag ist nach § 662 dadurch gekennzeichnet, dass sich der Beauftragte dem Auftraggeber gegenüber verpflichtet, für diesen ein Geschäft unentgeltlich zu besorgen (§ 662). Auf das Zustandekommen des Auftragsverhältnisses finden die **allgemeinen Regeln** über den **Vertragsschluss** (§§ 145 ff.) Anwendung. Das *Schweigen* auf das Angebot eines Auftraggebers führt danach – anders als im Handelsrecht nach § 362 I 1 HGB – zu keinem Vertragsschluss. Dies gilt selbst dann, wenn jemand öffentlich zur Besorgung gewisser Geschäfte bestellt ist oder sich öffentlich dazu erboten hat. Denn § 663 normiert für diesen Fall lediglich die Pflicht, die Ablehnung des Auftrags unverzüglich anzuzeigen. Die Nichtanzeige der Ablehnung begründet *Schadensersatzansprüche des Auftraggebers* wegen Verletzung von vorvertraglichen Pflichten nach § 280 I,[452] jedoch keine primären Erfüllungsansprüche aus einem Auftragsverhältnis.[453]

Da den Auftraggeber keine Gegenleistungspflicht trifft, stellt der Auftrag (ebenso wie etwa das Schenkungsversprechen) einen **einseitig verpflichtenden Vertrag** dar. Die §§ 320 ff. sind daher nicht anwendbar.[454]

451 *Brox/Walker*, Schuldrecht BT, § 29 Rn. 4.
452 Bamberger/Roth/*Czub* § 663 Rn. 1; Staudinger/*Martinek* (2006) § 663 Rn. 8, 13.
453 *Brox/Walker*, Schuldrecht BT, § 29 Rn. 10.
454 Vgl. MüKoBGB/*Seiler* § 662 Rn. 5.

Aufgrund der Unentgeltlichkeit des Auftrags bestehen Abgrenzungsprobleme zu bloßen **Gefälligkeitsverhältnissen**. Der Unterschied liegt darin, dass die Beteiligten beim Gefälligkeitsverhältnis *ohne Rechtsbindungswillen* handeln (SAT Rn. 93 ff.).[455] Dem Gefälligkeitsverhältnis entspringt deshalb – anders als dem Auftrag – keine Leistungspflicht. Bei der Abgrenzung kommt es insbesondere auf die *Art des Geschäfts* sowie dessen *rechtliche und wirtschaftliche Bedeutung* an (zu einem Beispiel → Rn. 809).

2. Geschäftsbesorgung

Das Merkmal der Geschäftsbesorgung wird in einem **weiten Sinne** verstanden.[456] Es 802 erfasst sowohl *rechtsgeschäftliche* als auch *tatsächliche Handlungen.*[457] Ein Geschäft führt demzufolge auch derjenige aus, der einen anderen vom Flughafen abholt oder ihn bei einer Erkrankung pflegt.

3. Fremdheit des Geschäfts

Das Auftragsverhältnis setzt weiter voraus, dass sich der Beauftragte verpflichtet, ein 803 Geschäft **für den Auftraggeber** zu erledigen. Dies ist bereits dann der Fall, wenn das Geschäft *nicht allein* in die Sphäre des Beauftragten fällt, sondern *auch* den Interessenkreis des Auftraggebers berührt.[458]

II. Pflichten des Beauftragten

1. Vornahme der Geschäftsbesorgung

Die Hauptleistungspflicht des Beauftragten liegt in der Besorgung des Geschäfts für 804 den Auftraggeber (§ 662). Bei Fehlen abweichender Vereinbarungen muss der Beauftragte das übertragene Geschäft grundsätzlich **persönlich** ausführen (§ 664 I 1). Da der Auftraggeber gerade den Beauftragten für die Ausführung des Geschäfts ausgewählt hat, soll dieser dafür auch selbst *verantwortlich* sein.[459] Dem Beauftragten ist daher im Zweifel verboten, einen anderen mit der eigenverantwortlichen Besorgung des Geschäfts zu betrauen (sog. **Substitution**).[460] Wie sich aus § 664 I 3 ableiten lässt, darf der Beauftragte sich aber eines *Gehilfen* bedienen. Entscheidend ist dabei aber, dass der Beauftragte weiterhin die Verantwortung für die Ausführung des Auftrags trägt. Schuldhaftes Fehlverhalten des Gehilfen wird dem Beauftragten in diesem Fall nach § 278 zugerechnet.

Wenn der Beauftragte im Einzelfall die Ausführung des Auftrages einem Dritten übertragen durfte, so kann ihm nur ein **Verschulden bei der Übertragung des Auftrags** zur Last gelegt werden (§ 664 I 2). Der Beauftragte ist damit nur für die sachgemäße Auswahl und Instruktion des Dritten verantwortlich.[461] Beachtet er

455 *Brox/Walker*, Schuldrecht BT, § 29 Rn. 5; *Medicus/Lorenz*, Schuldrecht II, Rn. 854; *Coester-Waltjen*, Jura 2001, 567 (568); krit. *Giesen*, Jura 1994, 352 (353 ff.).

456 *Emmerich*, Schuldrecht BT, § 12 Rn. 3; *Giesen*, Jura 1994, 352 (353).

457 MüKoBGB/*Seiler* § 662 Rn. 16; *Larenz*, Schuldrecht II/1, § 56 I.

458 *Brox/Walker*, Schuldrecht BT, § 29 Rn. 2.

459 *Oetker/Maultzsch* § 11 Rn. 31.

460 *Brox/Walker*, Schuldrecht BT, § 29 Rn. 13; *Medicus/Lorenz*, Schuldrecht II, Rn. 862.

461 Hk-BGB/*Schulze* § 664 Rn. 4.

insoweit die im Verkehr erforderliche Sorgfalt, so kann ihm ein Fehlverhalten des Dritten nicht zugerechnet werden.[462]

805 Dem § 665 S. 1 lässt sich im Umkehrschluss entnehmen, dass der Beauftragte im Rahmen des Zumutbaren (§ 242) grundsätzlich an die **Weisungen** des Auftraggebers gebunden ist.[463] Eine Ausnahme gilt für den Fall, dass der Auftragnehmer den Umständen nach (zB bei Auftreten unvorhergesehener Hindernisse) annehmen darf, der Auftraggeber würde die Abweichung bei Kenntnis der Sachlage billigen. Will der Beauftragte von den Weisungen des Auftraggebers abweichen, so muss er dies vor der Abweichung anzeigen und die Reaktion des Auftraggebers abwarten. Die Notwendigkeit einer vorherigen Anzeige entfällt, wenn mit dem Aufschub der Geschäftsbesorgung *Gefahr* verbunden ist (§ 665 S. 2). In diesem Fall muss der Beauftragte seinen Auftraggeber nach Durchführung der Geschäftsbesorgung gemäß § 666 informieren und ihm ggf. Rechenschaft ablegen.[464]

2. Auskunfts- und Rechenschaftspflicht

806 Um eine **interessengerechte Durchführung der Geschäftsbesorgung** zu gewährleisten, treffen den Beauftragten nach § 666 Auskunfts- und Rechenschaftspflichten (allg. dazu SAT Rn. 327 ff.). Er hat dem Auftraggeber während der Ausführung des Geschäfts selbständig sämtliche Informationen zu übermitteln, die für diesen von *Bedeutung* sind. Zudem muss er den Auftraggeber auf Verlangen über den Stand der Geschäftsbesorgung informieren. Der Gesetzgeber will hiermit gewährleisten, dass der Auftraggeber jederzeit selbst sinnvolle Entscheidungen über die Durchführung des Geschäfts treffen und die hierzu notwendigen Weisungen erteilen kann.[465]

Nach der Ausführung des Auftrags muss der Beauftragte dem Auftraggeber **Rechenschaft** ablegen. Hierunter ist die *detaillierte Auflistung* aller Einnahmen und Ausgaben zu verstehen (vgl. § 259).

3. Herausgabepflicht

807 Schließlich trifft den Beauftragten gemäß § 667 die Pflicht, dem Auftraggeber alles, was er zur Ausführung des Auftrages erhält und was er aus der Geschäftsführung erlangt, **herauszugeben**. Gegenstand der Herausgabe können sowohl *Sachen* als auch *Forderungen* sein. Hat der Beauftragte das Eigentum an einer Sache erlangt, so erfolgt die Herausgabe durch Übereignung nach §§ 929 ff. bzw. §§ 873, 925. Steht die Sache bereits im Eigentum des Auftraggebers, genügt die Besitzübertragung. Forderungen werden im Wege der *Abtretung* nach §§ 398 ff. herausgegeben.[466]

> **Beispiel:** Kunsthistoriker A hat seinem Kollegen B ein wertvolles Buch geliehen, das dieser Ende August zurückgeben soll. Da A sich Mitte August auf eine längere Forschungsreise begeben will, bittet er seinen Nachbarn N, das Buch in Empfang zu nehmen. B gibt das Buch am 30. August vereinbarungsgemäß an N zurück. Gemäß § 667 muss N dem A nach dessen Rückkehr den Besitz an dem Buch verschaffen.

462 Vgl. MüKoBGB/*Seiler* § 664 Rn. 6.
463 *Brox/Walker*, Schuldrecht BT, § 29 Rn. 12; *Larenz*, Schuldrecht II/1, § 56 II.
464 *Oetker/Maultzsch* § 11 Rn. 37.
465 Zum Zweck des § 666 vgl. MüKoBGB/*Seiler* § 666 Rn. 1.
466 Zusammenfassend MüKoBGB/*Seiler* § 667 Rn. 11; *Oetker/Maultzsch* § 11 Rn. 46.

Soweit es um die Herausgabe des »aus der Geschäftsbesorgung« Erlangten geht, muss es sich um Vorteile handeln, die in einem **inneren Zusammenhang mit der Geschäftsführung** stehen.[467] Der Beauftragte darf die Vorteile also nicht nur *bei Gelegenheit* der Geschäftsbesorgung erlangt haben.[468] Bei *unlauter erlangten Vorteilen* (zB Bestechungsgeldern) ist der innere Zusammenhang mit der Geschäftsbesorgung aber regelmäßig zu bejahen, weil solche Vorteile die Geschäftsbesorgung unmittelbar beeinflussen können.[469] 808

Verwendet der Beauftragte Geld, das er dem Auftraggeber herauszugeben oder für ihn zu verwenden hat, zu eigenen Zwecken, so muss er den Betrag gemäß § 668 mit dem gesetzlichen Zinssatz (§ 246 bzw. § 352 HGB; vgl. SAT Rn. 317) **verzinsen.** Darüber hinaus kommt ein Schadensersatzanspruch aus § 280 I und § 823 II iVm §§ 246, 266 StGB in Betracht.[470]

4. Pflichtverletzungen

Verstößt der Beauftragte gegen seine Pflichten, so ist er dem Auftraggeber nach §§ 280 ff. zum Ersatz des hieraus resultierenden Schadens verpflichtet. Bei unsachgemäßer Ausführung des Auftrags kommt ein Anspruch auf **Schadensersatz statt der Leistung** aus §§ 280 I, III, 281 I 1 Alt. 1 (»nicht wie geschuldet« erbrachte Leistung) in Betracht. Erleidet der Auftraggeber bei der Durchführung des Auftrags Schäden an seinen **sonstigen Rechtsgütern und Interessen**, so beurteilt sich sein Ersatzanspruch nach § 280 I. 809

Das Vertretenmüssen richtet sich nach § 276; der Beauftragte hat für Vorsatz und Fahrlässigkeit einzustehen. Eine **generelle Haftungsprivilegierung** entsprechend §§ 521, 599, 690 kann für den Auftrag *nicht anerkannt* werden.[471] Denn der Auftraggeber darf grundsätzlich darauf vertrauen, dass der Beauftragte die ihm übertragenen Geschäfte sorgfältig erledigt. Die Parteien können die Haftung im Einzelfall aber ausdrücklich oder konkludent einschränken.[472]

> **Beispiel** (BGHZ 21, 102): Spediteur S stellt seiner Kollegin K zur Durchführung eines wichtigen Transports kostenlos einen Lkw-Fahrer (L) zur Verfügung, nachdem der einzige Fahrer der K (ihr Ehemann) bei einem Unfall getötet worden ist. L ist unerfahren und beschädigt fahrlässig den Lkw der K. K verlangt von S Ersatz der Reparaturkosten. Zu Recht? – Der K steht gegen S ein Schadensersatzanspruch aus § 280 I zu. In Anbetracht der wirtschaftlichen Bedeutung des Geschäfts ist davon auszugehen, dass zwischen K und S kein bloßes Gefälligkeitsverhältnis, sondern ein Auftrag zustande gekommen ist. S hat die Pflicht zur sorgfältigen Auswahl des Fahrers verletzt. Er hat dabei fahrlässig gehandelt. Eine Privilegierung analog §§ 521, 599, 690 greift nicht ein. Mit Rücksicht auf den hohen Werts des Lkw scheidet auch eine stillschweigende Haftungsbeschränkung aus. S hat die Pflichtverletzung somit auch zu vertreten. Der Schaden liegt in den Reparaturkosten.

Nach hM haftet der Beauftragte nur für Vorsatz und grobe Fahrlässigkeit, wenn seine Tätigkeit der Abwendung einer dem Auftraggeber **drohenden dringenden Gefahr** dient. Hier wird § 680 analog herangezogen.[473] 810

---

467 BGH, NJW-RR 2004, 1290; Palandt/*Sprau* § 667 Rn. 3.

468 *Brox/Walker*, Schuldrecht BT, § 29 Rn. 16 f.; Staudinger/*Martinek* (2006) § 667 Rn. 12.

469 Vgl. BGH, NJW 2001, 2476 (2477); *Emmerich*, Schuldrecht BT, § 12 Rn. 5.

470 Vgl. Jauernig/*Mansel* § 668 Rn. 1.

471 So auch Palandt/*Sprau* § 662 Rn. 11; *Brox/Walker*, Schuldrecht BT, § 29 Rn. 20; aA Erman/*Ehmann*[12] § 662 Rn. 21; differenzierend *Medicus/Petersen*, Bürgerliches Recht, Rn. 369.

472 Vgl. OLG Hamm, NJW-RR 2001, 455 (456).

473 Jauernig/*Mansel* § 662 Rn. 14.

Da der Auftrag kein gegenseitiger Vertrag ist, steht dem Auftraggeber bei Pflichtverletzungen des Beauftragten **kein Rücktrittsrecht** nach §§ 323 ff. zu. Er kann den Auftrag aber jederzeit nach § 671 I **widerrufen**.

III. Pflichten des Auftraggebers

1. Ersatz der Aufwendungen

811 Den Auftraggeber trifft gemäß § 670 die Pflicht, dem Beauftragten die **Aufwendungen** zu ersetzen, die dieser zum Zwecke der Geschäftsbesorgung getätigt hat. Aufwendungen sind alle *freiwilligen Vermögensopfer*, welche dem Interesse eines anderen dienen (ausführlich SAT Rn. 321 ff.).

Beispiel: A möchte auf Reisen gehen und beauftragt den B, in der Zwischenzeit für seinen Jagdhund zu sorgen. B erklärt sich hierzu bereit und kauft während der Abwesenheit des A einige Dosen Hundefutter.

Der Beauftragte kann nur Ersatz für diejenigen Aufwendungen verlangen, die er bei Vornahme der Geschäftsbesorgung für **erforderlich** halten durfte. Stellt sich im Nachhinein heraus, dass die getätigten Aufwendungen überflüssig waren, so besteht dennoch ein Aufwendungsersatzanspruch.[474]

Beispiel: Wird der Jagdhund bereits nach zwei Tagen von einem Kfz überfahren und getötet, so muss A dennoch die Kosten für das gesamte Hundefutter ersetzen.

812 **Schäden** sind unfreiwillige Vermögensopfer, also gerade keine Aufwendungen. Die hM erstreckt den Anwendungsbereich des § 670 BGB jedoch auf Schäden, in denen sich das *typische Risiko der Geschäftsbesorgung* und nicht nur das allgemeine Lebensrisiko des Beauftragten realisiert (vgl. dazu SAT Rn. 321).[475] Der Anspruch umfasst dabei analog § 253 II auch die Zahlung eines angemessenen **Schmerzensgeldes.**[476]

Beispiele: Wird B bei der Beaufsichtigung des Jagdhundes gebissen, so realisiert sich hierin die typische Gefahr des von ihm übernommenen Geschäftes. A ist daher nach § 670 zum Ersatz der Behandlungskosten sowie zur Zahlung eines angemessenen Schmerzensgeldes (§ 253 II analog) verpflichtet. Daneben haftet A auch aus § 833 S. 1. – Verstaucht B sich beim Spaziergang mit dem Hund auf dem Gehweg den Knöchel, so steht ihm kein Anspruch auf Ersatz der Behandlungskosten aus § 670 zu, weil sich in dem Unfall nur sein allgemeines Lebensrisiko realisiert hat.

813 Eine **Vergütung** für die Besorgung des Geschäftes kann grundsätzlich nicht verlangt werden.[477] Denn die Zahlung einer Vergütung stünde im Widerspruch zur *Unentgeltlichkeit* des Auftrags.[478] Anders als bei der Geschäftsführung ohne Auftrag (dazu → Rn. 871) muss dies auch für solche Tätigkeiten gelten, die dem *beruflichen Aufgabenkreis* des Beauftragten zuzurechnen sind. § 1835 III ist also nicht analog anwendbar. Eine Ausnahme ist nur dann anzuerkennen, wenn die in Frage stehende Tätigkeit sich erst während der Ausführung des Auftrags als notwendig erweist.[479] Denn in diesem Fall kann davon ausgegangen werden, dass die Vereinbarung über die Unentgeltlichkeit des Auftrags die betreffende Tätigkeit nicht erfasst.

474 Vgl. *Medicus/Lorenz*, Schuldrecht II, Rn. 874; *Larenz*, Schuldrecht II/1, § 56 III.
475 Vgl. *Brox/Walker*, Schuldrecht BT, § 29 Rn. 32; *Emmerich*, Schuldrecht BT, § 12 Rn. 9 f.
476 Palandt/*Sprau* § 670 Rn. 13; Hk-BGB/*Schulze* § 670 Rn. 10; Jauernig/*Mansel* § 670 Rn. 10; aA Staudinger/*Martinek* (2006) § 670 Rn. 30.
477 *Brox/Walker*, Schuldrecht BT, § 29 Rn. 27; Erman/*Berger* § 670 Rn. 10.
478 Vgl. *Medicus/Lorenz*, Schuldrecht II, Rn. 870; *Giesen*, Jura 1994, 352 (357).
479 Hk-BGB/*Schulze* § 670 Rn. 4; Palandt/*Sprau* § 670 Rn. 3; vgl. auch *Köhler*, JZ 1985, 359 (360).

Beispiel: Die Mutter M bittet ihren Nachbarn N, für einen Nachmittag auf ihre 5-jährige Tochter T aufzupassen. Im Laufe des Nachmittags schließt T sich im Badezimmer ein und wirft den Schlüssel in die Toilette. N muss die Tür mit einem Spezialwerkzeug öffnen. Wenn N einen Schlüsseldienst betreibt, so kann er für diese Tätigkeit nach dem Rechtsgedanken des § 1835 III Aufwendungsersatz verlangen.

Der Auftraggeber hat dem Beauftragten auf dessen Verlangen für die erforderlichen Aufwendungen einen **Vorschuss** zu leisten (§ 669).

2. Sonstige Pflichten

Nicht zuletzt treffen den Auftraggeber allgemeine **Obhuts- und Schutzpflichten** iSd § 241 II. Er hat den Beauftragten daher über alle Gefahren zu informieren, die mit der Geschäftsbesorgung verbunden sein können. **814**

3. Pflichtverletzungen

Kommt der Auftraggeber mit der Zahlung des Aufwendungsersatzes in **Verzug**, so steht dem Beauftragten ein Anspruch aus §§ 280 I, II, 286 zu. **815**

Bei der **Verletzung einer Schutzpflicht** (§ 241 II) kann der Beauftragte vom Auftraggeber Schadensersatz nach § 280 I verlangen.

IV. Beendigung des Auftragsverhältnisses

Das Auftragsverhältnis kann durch **Widerruf** oder **Kündigung** beendet werden. Es endet außerdem mit dem **Tod des Beauftragten**. **816**

1. Widerruf des Auftraggebers

Gemäß § 671 I Alt. 1 kann der Auftrag vom Auftraggeber *jederzeit* frei **widerrufen** werden. Das Widerrufsrecht schützt die Selbstbestimmung des Auftraggebers im eigenen Geschäftskreis und ist deshalb grundsätzlich unverzichtbar.[480] Eine Ausnahme gilt nur für den Fall, dass der Beauftragte ein gleichwertiges Eigeninteresse an der Ausführung des Auftrags hat.[481]

2. Kündigung des Beauftragten

Die **Kündigung** durch den Beauftragten beendet das Auftragsverhältnis ebenfalls (§ 671 I Alt. 2). Die Kündigung muss gegenüber dem Auftraggeber erklärt werden; die Erklärung kann jederzeit abgegeben werden. Der Beauftragte kann auf die Ausübung des Kündigungsrechts wirksam *verzichten*, sofern dieses sich nicht aus einem *wichtigen Grund* ergibt (§ 671 III). **817**

Vor einer **unzeitigen Kündigung** durch den Beauftragten wird der Auftraggeber durch § 671 II geschützt. Denn der Beauftragte darf nur in der Weise kündigen, dass es dem Auftraggeber möglich ist, für die Besorgung des Geschäfts anderweitig Fürsorge zu treffen (§ 671 II 1). Diese Einschränkung resultiert daraus, dass der Beauftragte sich zur Erledigung des Geschäfts verpflichtet hat. Sie gilt jedoch ausnahms-

480 Staudinger/*Martinek* (2006) § 671 Rn. 8.
481 Zu Einzelheiten vgl. AnwKomm-*Schwab* § 671 Rn. 4.

weise nicht, wenn die Kündigung zur Unzeit auf einem wichtigen Grund beruht (§ 671 II 1 Hs. 2).

Kündigt der Beauftragte entgegen § 671 II 1 zur Unzeit, so ist die Kündigung *nicht* etwa *unwirksam*. Vielmehr hat der Beauftragte dem Auftraggeber (nur) den daraus entstandenen **Schaden** zu **ersetzen** (§ 671 II 2).[482]

3. Tod des Beauftragten

818 **Stirbt der Beauftragte**, so erlischt im Zweifel der Auftrag (§ 673 S. 1). Hierin spiegelt sich das Substitutionsverbot (→ Rn. 804) wider.[483] Zum Schutz des Auftraggebers bestimmt § 673 S. 2 aber, dass der Erbe den Tod des Beauftragten unverzüglich *anzeigen* muss. Wenn mit dem Aufschub Gefahr verbunden ist, hat der Erbe die Geschäftsbesorgung fortzusetzen, bis der Auftraggeber anderweitig Fürsorge treffen kann (sog. *Notbesorgungspflicht*).[484] Bis dahin *gilt* der Auftrag als fortbestehend (§ 673 S. 2 Hs. 2).

Der **Tod des Auftraggebers** oder dessen Geschäftsunfähigkeit führt hingegen im Zweifel nicht zur Beendigung des Auftrags (§ 672 S. 1). Erlischt er im Einzelfall doch (zB weil höchstpersönliche Interessen des Auftraggebers betroffen waren oder eine entsprechende Vereinbarung getroffen wurde), so muss der Beauftragte die Geschäftsbesorgung fortführen, sofern mit dem *Aufschub eine Gefahr verbunden ist.* Der Auftrag *gilt* als fortbestehend, bis der Erbe oder der gesetzliche Vertreter des Auftraggebers anderweitig für die Erledigung des Geschäfts sorgen kann (§ 672 S. 2).

4. Fiktion des Fortbestehens des Auftragsverhältnisses

819 Der **Fortbestand des Auftrags** wird gemäß § 674 zugunsten des Beauftragten **fingiert**, bis dieser vom Erlöschen Kenntnis erlangt hat oder erlangen musste. Sinn dieser Regelung ist es, dem gutgläubigen Beauftragten den Aufwendungsersatzanspruch aus § 670 zu belassen.[485]

§ 674 findet nur Anwendung, wenn der Auftrag in anderer Weise als durch **Widerruf** erloschen ist. Da der Widerruf dem Beauftragten nach § 130 zugehen muss, ist er hier grundsätzlich nicht schutzbedürftig. Etwas anders kann freilich im Fall der *Zugangsfiktion* (§ 132) gelten. Nach hM ist § 674 hier aber nicht analog anwendbar; vielmehr wird auf die Vorschriften über die Geschäftsführung ohne Auftrag (§§ 677 ff.) zurückgegriffen.[486]

Literatur: *Coester-Waltjen*, Der Auftrag, Jura 2001, 567; *Genius*, Risikohaftung des Geschäftsherrn, AcP 173 (1973), 481; *Giesen*, Das Recht der fremdnützigen Geschäftsbesorgung (Teil 1: Geschäftsbesorgung aufgrund eines Vertrages), Jura 1994, 352; *Köhler*, Arbeitsleistungen als »Aufwendungen«?, JZ 1985, 359.

---

482 Staudinger/*Martinek* (2006) § 671 Rn. 17.
483 Vgl. *Oetker/Maultzsch* § 11 Rn. 75.
484 Vgl. Hk-BGB/*Schulze* § 673 Rn. 3.
485 Erman/*Berger* § 674 Rn. 5; Staudinger/*Martinek* (2006) § 674 Rn. 1.
486 Vgl. Hk-BGB/*Schulze* § 674 Rn. 2.

§ 38 Geschäftsbesorgung und bargeldloser Zahlungsverkehr

Die Geschäftsbesorgung gegen Entgelt ist in den §§ 675–676 c geregelt. Während die 820
§§ 675–675 b den **Geschäftsbesorgungsvertrag** mit einigen speziellen Ausformungen (§§ 675 a, 675 b) normieren, beschäftigen sich die §§ 675 c–676 c mit den Rechtsfragen des **Zahlungsverkehrs**.

I. Geschäftsbesorgungsvertrag

Da der Geschäftsführer das Geschäft gegen Entgelt zu erledigen hat, handelt es sich bei der Geschäftsbesorgung nach § 675 I um einen **gegenseitigen Vertrag,** auf den die §§ 320 ff. uneingeschränkt Anwendung finden.

1. Anwendungsbereich

Dem Anwendungsbereich des §§ 675 I unterfallen diejenigen *Dienst- und Werkver-* 821
träge, die eine Geschäftsbesorgung zum Gegenstand haben. Verstünde man den Begriff der Geschäftsbesorgung ebenso weit wie bei § 662 (→ Rn. 802), so wäre § 675 I auf jeden Dienst- und Werkvertrag anwendbar.[487] Dies widerspricht jedoch dem Wortlaut und Zweck der Vorschrift. Aus diesem Grund muss das Merkmal der Geschäftsbesorgung im Rahmen des § 675 I enger gefasst werden als bei § 662.[488] Nach der Rechtsprechung ist **»eine selbständige Tätigkeit wirtschaftlicher Art«** erforderlich, »für die ursprünglich der Geschäftsherr selbst zu sorgen hatte, die ihm aber durch einen anderen (den Geschäftsführer) abgenommen wird«.[489] Erfasst werden vornehmlich Verträge mit starkem Bezug zu den *wirtschaftlichen Interessen* des Geschäftsherrn, namentlich die Vermögensverwaltung, die Besorgung von Steuer- oder Rechtsangelegenheiten sowie Bankgeschäfte.[490] Die Einzelheiten der Abgrenzung sind jedoch umstritten.

Nach hM liegt **keine Geschäftsbesorgung** iSd § 675 I vor, wenn die vom Geschäftsführer übernommene Aufgabe erst durch das Geschäftsbesorgungsverhältnis *begründet* worden ist.[491] Hier fehlt es daran, dass der Geschäftsherr für die Tätigkeit »ursprünglich ... selbst zu sorgen hatte«.

Beispiel (nach BGHZ 45, 223): B möchte eines seiner verfallenen Häuser wieder aufbauen. Um hierfür einen Kredit zu bekommen, muss er über die damit verbundenen Kosten ein Gutachten vorlegen. Mit der Erstellung des Gutachtens betraut er den Architekten A. Der BGH hat eine Geschäftsbesorgung iSd § 675 I verneint, weil B vor der Betrauung des A mit dem Gutachten nicht gehalten war, ein derartiges Gutachten anfertigen oder die Häuser sanieren zu lassen. Bei wertender Betrachtung kann diese Einschränkung jedoch nicht überzeugen. Entscheidend ist, dass es sich um eine dem Geschäftskreis des B zurechenbare (fremdnützige) Tätigkeit wirtschaftlicher Art handelt, die A selbständig für B auszuführen hat.[492]

487 *Medicus/Lorenz*, Schuldrecht II, Rn. 883.
488 *Emmerich*, Schuldrecht BT, § 12 Rn. 13; *Schlechtriem*, Schuldrecht BT, Rn. 519.
489 BGHZ 45, 223 (228 f.); krit. *Oetker/Maultzsch* § 11 Rn. 80.
490 Palandt/*Sprau* § 675 Rn. 9 ff.; *Giesen*, Jura 1994, 352 (356).
491 BGHZ 45, 223 (229); vgl. auch *Brox/Walker*, Schuldrecht BT, § 29 Rn. 43.
492 So auch Staudinger/*Martinek* (2006) § 675 Rn. A 21.

2. Rechtsfolgen

822 § 675 I bestimmt, dass neben den dienst- und werkvertraglichen Vorschriften auch **Regelungen aus dem Auftragsrecht** anwendbar sind. So kann der Geschäftsführer nach § 670 *Aufwendungsersatz* verlangen, sofern sein Entgelt nicht bereits die getätigten Aufwendungen mit abdecken soll.[493] Umgekehrt steht dem Geschäftsherrn ein *Herausgabeanspruch* aus § 667 zu.

Wesentliche Merkmale des Geschäftsbesorgungsvertrages sind die Weisungsabhängigkeit (§ 665) sowie die Auskunfts- und Rechenschaftspflicht des Geschäftsführers (§ 666). Dies entspricht dem Leitbild der **weisungsabhängigen Wahrnehmung fremder Interessen**, das den Geschäftsbesorgungsvertrag deutlich vom reinen Dienst- oder Werkvertrag unterscheidet.[494]

Nicht in Bezug genommen wird § 664.[495] Bei einem *Dienstvertrag* leitet sich das **Substitutionsverbot** jedoch aus § 613 ab.[496] Bei einem *Werkvertrag* kann die Herstellung des Werkes zwar einem anderen übertragen werden; bei Vorliegen eines besonderen Vertrauensverhältnisses zwischen den Parteien wird sich im Allgemeinen jedoch schon aus dem Inhalt des Vertrages ergeben, dass der Geschäftsführer das Werk persönlich zu erstellen hat. Auf § 664 muss also auch hier nicht zurückgegriffen werden.[497] Ob der Geschäftsführer bei erlaubter Übertragung der Geschäftsbesorgung für alle Fehler des Dritten oder nur für eigenes Auswahlverschulden haftet, richtet sich ebenfalls nach den *vertraglichen* Vereinbarungen.[498]

3. Informationspflichten

823 Wer zur Besorgung von Geschäften **öffentlich bestellt** ist oder sich dazu selbst **öffentlich erboten** hat, ist nach § 675 a verpflichtet, für Standardgeschäfte unentgeltlich **Informationen** über Entgelte und Auslagen der Geschäftsbesorgung zur Verfügung zu stellen. Die Vorschrift knüpft an § 663 an, der für die betreffenden Fälle besondere Pflichten beim Vertragsschluss vorsieht (→ Rn. 801).[499] Der Anspruch auf die Informationen steht nur den tatsächlichen und potenziellen Kunden des Auskunftspflichtigen zu; er kann daher nicht von Verbraucherschutzverbänden geltend gemacht werden.[500] Für **Kreditinstitute** und andere **Zahlungsdienstleister** enthält § 675 d iVm Art. 248 §§ 1–16 EGBGB eine Sonderregelung, die umfangreiche Informationspflichten gegenüber den Kunden statuiert.

4. Übertragung von Wertpapieren

824 § 675 b regelt den Widerruf von **Aufträgen zur Übertragung von Wertpapieren** oder Ansprüchen auf Herausgabe von Wertpapieren im Rahmen von Wertpapierlieferungs- und Abrechnungssystemen. Solche Aufträge erfolgen im Verhältnis zwischen einem Anleger und dem Kreditinstitut, mit dem der Anleger einen Vertrag nach dem

493 *Oetker/Maultzsch* § 11 Rn. 83.
494 Vgl. Staudinger/*Martinek* (2006) § 675 Rn. A 24.
495 Vgl. MüKoBGB/*Seiler* § 664 Rn. 19; aA *Koller*, ZIP 1985, 1243 (1246 ff.).
496 *Brox/Walker*, Schuldrecht BT, § 29 Rn. 48.
497 *Oetker/Maultzsch* § 11 Rn. 85; für Analogie *Brox/Walker*, Schuldrecht BT, § 29 Rn. 48.
498 *Oetker/Maultzsch* § 11 Rn. 50.
499 Vgl. MüKoBGB/*Heermann* § 675 a Rn. 4.
500 BGH, MMR 2010, 425 m. Anm. *Bülow* LMK 2010, 302506.

Depotgesetz über die **Verwahrung seiner Wertpapiere** geschlossen hat. In der Praxis werden die Wertpapiere im Allgemeinen nicht unmittelbar bei dem Kreditinstitut, sondern bei einer Sammelbank (zB Europäische Zentralbank) verwahrt. Die Übertragung der Wertpapiere geschieht durch **Umbuchung** auf das Depot des Begünstigten. Der Auftrag des Anlegers an das Kreditinstitut besteht darin, für diese Umbuchung zu sorgen.[501]

§ 675 b dient der Umsetzung von Art. 5 der Richtlinie 98/26/EG (sog. Zahlungssicherungs-RL).[502] Die Vorschrift stellt klar, dass der Auftrag zur Übertragung der Wertpapiere von dem in den Regeln des Systems bestimmten Zeitpunkt an nicht mehr durch **einseitige Erklärung** rückgängig gemacht werden kann. Die allgemeinen Regeln über das Kündigungsrecht (§§ 675 I, 649) oder die Rückgängigmachung von Weisungen (§ 665) finden insoweit also keine Anwendung.[503] Die Widerrufs- bzw. Kündigungsmöglichkeit des Kunden wird damit erheblich beschränkt. Die Rechtfertigung hierfür ergibt sich daraus, dass dem depotführenden Kreditinstitut genügend Zeit bleiben muss, um den Widerruf des Auftrags vor der Verbuchung auf dem Konto des Begünstigten berücksichtigen zu können.[504] Praktische Bedeutung hat dies vor allem bei Insolvenz eines Beteiligten. Für Zahlungsaufträge im Rahmen von Systemen enthält § 675 p V eine entsprechende Regelung.

Hinweis: § 675 b behandelt einen engen Ausschnitt aus dem Bankrecht und ist daher für sich genommen schwer verständlich. Für weitere Einzelheiten muss auf die einschlägigen Spezialdarstellungen verwiesen werden. Im Rahmen des Pflichtfachstoffes können insoweit aber keine vertieften Kenntnisse erwartet werden.

II. Zahlungsdienste

1. Allgemeines

Der neue Untertitel 3 setzt den zivilrechtlichen Teil der Zahlungsdienste-Richtlinie **825**
um. Er enthält umfangreiche Vorschriften über die verschiedenen Formen der **Zahlungsdienste**. Bei der Anwendung dieser Vorschriften ist zu beachten, dass die Begriffsbestimmungen des Kreditwesengesetzes (KWG) und des Zahlungsdiensteaufsichtsgesetzes (ZAG) auch im Rahmen der §§ 675 c ff. anwendbar sind (§ 675 c III). Der Begriff der Zahlungsdienste wird in § 1 II ZAG definiert. Er umfasst neben der Vornahme von Ein- und Auszahlungen (Nr. 1) vor allem die Lastschrift, die Überweisung und die Kartenzahlung (Nr. 2). Entscheidend ist die Einschaltung eines sog. Zahlungsdienstleisters (vgl. § 675 f I). Die unmittelbare Zahlung von Bargeld an den Empfänger wird also nicht erfasst (§ 1 X Nr. 1 ZAG).

Auffällig ist, dass die §§ 675 c ff. den Begriff des Kreditinstituts vermeiden, sondern durchweg vom **Zahlungsdienstleister** sprechen.[505] Gemeint sind in erster Linie die Kreditinstitute (§ 1 I Nr. 1 ZAG). Erfasst werden darüber hinaus aber unter anderem auch die Europäische Zentralbank, die Deutsche Bundesbank, die anderen Zentralbanken in der EU und den anderen Staaten des Europäischen Wirtschaftsraums

501 Näher dazu PWW/*Fehrenbacher* § 675 b Rn. 2 ff.; Palandt/*Sprau* § 675 b Rn. 2.
502 Zur Zahlungssicherungs-RL vgl. *Schinkels*, in *Gebauer/Wiedmann*, Zivilrecht, Kap. 16 Rn. 5.
503 Vgl. Palandt/*Sprau* § 675 b Rn. 4; *Medicus/Lorenz*, Schuldrecht II, Rn. 886.
504 Vgl. PWW/*Fehrenbacher* § 675 b Rn. 4.
505 Krit. zur Terminologie der §§ 675 c ff. *Emmerich*, Schuldrecht BT, § 12 Rn. 19. Zu den einzelnen Begriffen vgl. den Überblick bei Palandt/*Sprau* § 675 c Rn. 10.

(Island, Liechtenstein, Norwegen, § 1 I Nr. 4 ZAG) sowie alle Unternehmen, die gewerbsmäßig oder in einem Umfang, der einen in kaufmännischer Weise eingerichteten Gewerbebetrieb erfordert, Zahlungsdienste erbringen (§ 1 I Nr. 5 ZAG).

Die systematische Einordnung der Vorschriften über die Zahlungsdienste erklärt sich daraus, dass die betreffenden Verträge als **Geschäftsbesorgungsverträge** anzusehen sind.[506] § 675 c I sieht – ebenso wie § 675 I (→ Rn. 822) – vor, dass einige wichtige Vorschriften über den Auftrag, nämlich die §§ 663, 665–670 und 672–674 (nicht aber § 671 II), entsprechend anwendbar sind. Dies gilt aber nur, soweit sich aus den §§ 675 c ff. nichts Abweichendes ergibt.

Die neuen §§ 675 c–676 c haben seit 31. 10. 2009 die früheren §§ 676 a–676 h ersetzt, die auf der Überweisungs-Richtlinie beruhten und insbesondere den Girovertrag und den Überweisungsvertrag regelten. Die Zahlungsdienste-Richtlinie sieht eine **Vollharmonisierung** vor. Eigenständige Lösungen durch das nationale Recht sind damit ausgeschlossen.[507]

§ 675 e stellt klar, dass die Parteien von den §§ 675 c ff. grundsätzlich nicht zum Nachteil des Zahlungsdienstnutzers abweichen können. Die meisten Vorschriften sind also zugunsten des Kunden – insbesondere des Verbrauchers (§ 675 e IV) – **einseitig zwingend.** Für Kleinbetragsinstrumente und elektronisches Geld bestehen nach § 675 i Ausnahmen.

Hinweis: Die §§ 675 c ff. regeln mit dem Recht der Zahlungsdienste einen zentralen Bereich des Bankvertragsrechts.[508] Die folgenden Ausführungen können nur einen kurzen Überblick über diese Materie geben. Für die Einzelheiten muss auf spezielle Darstellungen zum Bankrecht verwiesen werden. Im Rahmen des Pflichtfachstoffes sind insoweit aber keine besonderen Kenntnisse zu erwarten.

2. Der Zahlungsdienstevertrag

826 Der Zahlungsdienstevertrag ist in § 675 f geregelt. Die Vorschrift unterscheidet zwischen dem Einzelzahlungsvertrag (Abs. 1) und dem Zahlungsdiensterahmenvertrag (Abs. 2). Während der **Einzelzahlungsvertrag** auf die Ausführung eines einzelnen Zahlungsvorgangs gerichtet ist, hat der Zahlungsdienstleister beim **Rahmenvertrag** für den Kunden (»Zahlungsdienstnutzer«) einzelne und aufeinander folgende Zahlungsvorgänge auszuführen sowie ggf. ein auf dessen Namen lautendes Zahlungskonto zu führen. Wichtigstes Beispiel für einen Rahmenvertrag ist der **Girovertrag.**[509] Der Rahmenvertrag bildet die Grundlage für die einzelnen Zahlungsvorgänge (§ 675 f III), namentlich für die Ausführung von Überweisungen und anderen Zahlungsaufträgen. Die **Überweisung** stellt damit – anders als nach altem Recht (§§ 676 a–676 c aF) – keinen eigenständigen Vertrag mehr dar; es handelt sich vielmehr um eine **einseitige Weisung** des Kunden nach §§ 675 c I, 665.[510]

---

506 Vgl. BGH, NJW-RR 2009, 979 (980); *Harke*, Schuldrecht BT, Rn. 423.

507 Vgl. *Grundmann*, WM 2009, 1109 (1110); *Derleder*, NJW 2009, 3195.

508 Zum Begriff des Bankvertrags *Petersen*, Jura 2004, 627 (629 f.).

509 Zum Girovertrag BGH, NJW-RR 2009, 979 (980); *Medicus/Lorenz*, Schuldrecht II, Rn. 893; differenzierend *Harke*, Schuldrecht BT, Rn. 423.

510 Palandt/*Sprau* § 675 f Rn. 17; *Medicus/Lorenz*, Schuldrecht II, Rn. 889; *Harke*, Schuldrecht BT, Rn. 424.

Der Zahlungsdienstevertrag ist ein gegenseitiger Vertrag iSd § 320. Die Gegenleistungspflicht des Kunden besteht in der Zahlung des vereinbarten **Entgelts** (§ 675 f IV). Da der Zahlungsdienstleister den Zahlungsbetrag nach § 675 q I ungekürzt an den Zahlungsdienstleister des Empfängers zu übermitteln hat, kann er seinen Entgeltanspruch gegen den Kunden nicht dadurch verwirklichen, dass er den übermittelten Betrag in der geschuldeten Höhe kürzt.[511]

Sofern die Parteien keine Kündigungsfrist vereinbart haben, kann der Kunde den Rahmenvertrag nach § 675 h I jederzeit ohne Einhaltung einer Frist **kündigen**. Dies gilt auch dann, wenn der Vertrag für einen bestimmten Zeitraum geschlossen wurde. Die Vereinbarung einer Kündigungsfrist von mehr als einem Monat ist nach § 675 h I 3 unwirksam.

3. Erbringung und Nutzung von Zahlungsdiensten

Die mit der Erbringung und Nutzung von Zahlungsdiensten verbundenen Rechts- 827
fragen sind in den §§ 675 j-676 c geregelt. § 675 j I stellt klar, dass ein Zahlungsvorgang gegenüber dem Kunden (»Zahler«) nur wirksam ist, wenn er diesem **zugestimmt** hat. Die Zustimmung kann als Einwilligung oder – bei einer entsprechenden Vereinbarung – als Genehmigung erteilt werden. Die Parteien können vereinbaren, dass die Zustimmung mittels eines bestimmten **»Zahlungsauthentifizierungsinstruments«** (zB EC- oder Kreditkarte mit PIN) erteilt werden kann.

Zur Vertiefung: Der Begriff des »Zahlungsauthentifizierungsinstruments« ist in § 1 V ZAG definiert. Erfasst wird »jedes personalisierte Instrument oder Verfahren, das zwischen dem Zahlungsdienstnutzer und dem Zahlungsdienstleister für die Erteilung von Zahlungsaufträgen vereinbart wird und das vom Zahlungsdienstnutzer eingesetzt wird, um einen Zahlungsauftrag zu erteilen. Entscheidend ist, dass der Zahlungsvorgang dem betreffenden Nutzer aufgrund persönlicher Sicherheitsmerkmale eindeutig zugeordnet (authentifiziert) werden kann.[512] Dies trifft nicht nur für die schon in § 676 h aF geregelten Zahlungskarten mit Geheimnummer zu. Die Authentifizierung kann vielmehr auch über unkörperliche Mechanismen (zB TAN-Nummern beim Online-Banking, Eingabe eines Passwortes) erfolgen. Die Konto- oder Kreditkartennummer genügt dagegen nicht, weil sie vom Nutzer bei jeder Zahlung offenbart werden muss und daher kein persönliches Sicherheitsmerkmal darstellt.[513] Zu den mit der Authentifizierung verbundenen Missbrauchsproblemen → Rn. 830 f.

Nach § 675 j II 1 kann der Zahler die Zustimmung gegenüber dem Dienstleister so lange **widerrufen**, wie der Zahlungsauftrag nach § 675 p widerruflich ist. § 675 p I sieht vor, dass der Zahlungsauftrag nach dessen Zugang beim Dienstleister grundsätzlich unwiderruflich ist. Ist für die Ausführung der Überweisung ein bestimmter Termin vereinbart worden, kann der Zahlungsauftrag nach § 675 p III noch bis zum Ende des Geschäftstags vor dem vereinbarten Tag widerrufen werden. Besonderheiten gelten für den Widerruf von Daueraufträgen. Gemäß § 675 j II 2 kann die Zustimmung zur Ausführung mehrerer Zahlungsvorgänge mit der Folge widerrufen werden, dass jeder nachfolgende Zahlungsvorgang nicht autorisiert ist.

Die beteiligten Dienstleister sind nach § 675 r I berechtigt, einen Zahlungsvorgang 828
ausschließlich anhand der vom Nutzer angegebenen **Kundenkennung** auszuführen.

---

511 *Derleder*, NJW 2009, 3195 (3196).
512 Palandt/*Sprau* § 675 j Rn. 6.
513 Palandt/*Sprau* § 675 j Rn. 6.

Dies hat zur Folge, dass es bei der Überweisung allein auf die vom Nutzer angegebene Kontonummer des Empfängers ankommt. Der Name des Empfängers ist dagegen irrelevant. Der Überweisungsvorgang gilt damit auch dann als ordnungsgemäß durchgeführt, wenn der angegebene Name nicht zur Kontonummer passt, etwa weil der Nutzer sich bei der Eingabe der Nummer vertippt hat.[514] Bei einer Fehlüberweisung haftet der Zahlungsdienstleister daher nicht wegen fehlerhafter Ausführung des Zahlungsauftrags nach § 675 y. Da keine Pflichtverletzung vorliegt, scheidet auch ein Schadensersatzanspruch nach § 280 I aus. Der Zahler kann nur verlangen, dass der Dienstleister sich im Rahmen seiner Möglichkeiten um die Wiedererlangung des Betrages bemüht (§ 675 y III). Im Übrigen ist er auf **bereicherungsrechtliche Ansprüche** gegen den »falschen« Empfänger aus § 812 I 1 Alt. 1 verwiesen (→ Rn. 1155).[515]

829 Für **nicht autorisierte** Zahlungsvorgänge (zB Fälschung der Überweisung)[516] haftet der Dienstleister nach § 675 u. Er hat keinen Anspruch gegen den Kunden aus §§ 675 c I, 670 auf Erstattung seiner Aufwendungen und muss diesem den Zahlungsbetrag unverzüglich erstatten. Eine entsprechende Erstattungspflicht besteht nach § 675 y I bei **nicht erfolgter oder fehlerhafter Ausführung** eines Zahlungsauftrags durch den Dienstleister (zB Fehlüberweisung wegen Irrtums der Bank).

Die Ansprüche des Kunden gegen den Dienstleister nach §§ 675 u, 675 y sind grundsätzlich **abschließend** (§ 675 z S. 1). Eine Ausnahme gilt nur für Schäden, die nicht von § 675 y erfasst werden. Zu denken ist insbesondere an **Folgeschäden** aufgrund nicht erfolgter oder fehlerhafter Ausführung eines Zahlungsauftrags; hier bleibt der Rückgriff auf § 280 I möglich.[517] Der Dienstleister kann seine diesbezügliche **Haftung** aber gem. § 675 z S. 2 auf 12.500 EUR **begrenzen.** Dies gilt allerdings nicht bei Vorsatz und grober Fahrlässigkeit.[518] Liegt die Ursache für die Haftung im Verantwortungsbereich eines anderen Zahlungsdienstleisters (zB einer zwischengeschalteten Bank), so besteht ein Ausgleichsanspruch nach § 676 a.

4. Haftung des Kunden bei Missbrauch durch Dritte

830 Besondere Haftungsprobleme ergeben sich für den Kunden beim Missbrauch von EC- oder Kreditkarten sowie anderen Zahlungsauthentifizierungsinstrumenten (→ Rn. 827) durch unberechtigte Dritte. § 675 l verpflichtet den Kunden, unmittelbar nach Erhalt eines Zahlungsauthentifizierungsinstruments alle zumutbaren Vorkehrungen zu treffen, um die personalisierten Sicherheitsmerkmale (PIN, TAN, Passwort etc.) vor **unbefugtem Zugriff** zu schützen. Der Verlust oder Diebstahl oder die missbräuchliche bzw. nicht autorisierte Verwendung ist dem Dienstleister unverzüglich **anzuzeigen**, sobald der Kunde davon Kenntnis erlangt.

§ 675 v regelt die **Haftung des Kunden** bei missbräuchlicher Nutzung eines Zahlungsauthentifizierungsinstruments. Auch in diesem Fall kann der Dienstleister vom Kunden nach § 675 u keinen Aufwendungsersatz verlangen. Beruhen nicht autorisierte Zahlungsvorgänge auf der Nutzung eines verlorengegangenen, gestohlenen oder

514 *Grundmann*, WM 2009, 1109 (1114); krit. *Derleder*, NJW 2009, 3195 (3196 f.).
515 Vgl. Palandt/*Sprau* § 675 r Rn. 4; *Scheibengruber/Breidenstein*, WM 2009, 1393 (1399).
516 Dazu *Scheibengruber/Breidenstein*, WM 2009, 1393 (1399).
517 Hk-BGB/*Schulte-Nölke* § 675 z Rn. 1.
518 Ausführlich zur Haftung des Dienstleisters *Derleder*, NJW 2009, 3195 (3198).

sonst abhanden gekommenen Zahlungsauthentifizierungsinstruments, kann der Dienstleister den Kunden nach § 675 v I aber bis zu einem Betrag von **150 €** auf Schadensersatz in Anspruch nehmen. Der Anspruch setzt **kein Verschulden** voraus.[519] Der Gesetzgeber begründet dies damit, dass für den Kunden ein Anreiz geschaffen werden soll, den Verlust zu vermeiden oder das Missbrauchsrisiko durch möglichst rasche Anzeige des Verlustes gering zu halten.[520] Hierfür wäre eine verschuldensabhängige Haftung indes ausreichend.[521] Gemäß § 676 c Nr. 1 kann sich der Kunde allerdings darauf berufen, dass der Missbrauch auf einem **ungewöhnlichen** und **unvorhersehbaren Ereignis** beruht, auf welches er keinen Einfluss hatte und dessen Folgen trotz Anwendung der gebotenen Sorgfalt nicht hätten vermieden werden können.[522]

Eine auf 150 € begrenzte Haftung greift auch dann ein, wenn der Schaden infolge der **sonstigen missbräuchlichen Verwendung** eines Zahlungsauthenfizierungsinstruments entstanden ist. Der Gesetzgeber will damit Fälle erfassen, in denen der Missbrauch sich nicht auf einen körperlichen Gegenstand wie eine Zahlungskarte, sondern auf ein **unkörperliches** Sicherheitsmerkmal (zB TAN) bezieht; solche Merkmale könnten nicht gestohlen werden oder sonst abhandenkommen.[523] Voraussetzung für die Haftung ist in diesem Fall allerdings, dass der Kunde das Sicherheitsmerkmal nicht sicher aufbewahrt hat, was mindestens **leichte Fahrlässigkeit** erfordert.[524] Bei **Vorsatz oder grober Fahrlässigkeit** muss der Kunde nach § 675 v II für den gesamten Schaden einstehen.[525]

Hat der Kunde das Abhandenkommen oder den Missbrauch des Zahlungsauthentifi- **831**
zierungsinstruments nach § 675 l S. 2 **angezeigt**, so bezieht sich die Haftung nach § 675 v I und II nicht auf solche Schäden, die durch eine spätere Nutzung des Instruments verursacht worden sind (§ 675 v III 1). Der Schadensersatzanspruch ist auch dann ausgeschlossen, wenn der Dienstleister entgegen § 675 m I Nr. 3 nicht sichergestellt hat, dass der Kunde jederzeit eine Anzeige nach § 675 l vornehmen kann (§ 675 v III 2). Bei **betrügerischer Absicht** des Kunden greifen beide Haftungsausschlüsse nicht ein (§ 675 v III 3).

Literatur: Zum früheren Recht: *Canaris*, Bankvertragsrecht, 3. Aufl. 1988; *Einsele*, Das neue Recht der Banküberweisung, JZ 2000, 9; *Grundmann*, Grundsatz- und Praxisprobleme des neuen deutschen Überweisungsrechts, WM 2000, 2269; *Koller*, Das Haftungsprivileg des Geschäftsbesorgers gem. §§ 664 Abs. 1 Satz 2, 675 BGB, ZIP 1985, 1253; *Petersen*, Der Bankvertrag, Jura 2004, 627. **Zum neuen Recht:** *Caspar/Pfeifle*, Missbrauch der Kreditkarte im Präsenz- und Mail-Order-Verfahren nach neuem Recht, WM 2009, 2343; *Derleder*, Die vollharmonisierende Europäisierung des Rechts der Zahlungsdienste und des Verbraucherkredits, NJW 2009, 3195; *Franck/Massari*, Die Zahlungsdiensterichtlinie: Günstigere und schnellere Zahlungen durch besseres Vertragsrecht?, WM 2009, 1117; *Grundmann*, Das neue Recht des Zahlungsverkehrs, WM 2009, 1109 und 1157; *Köndgen*, Das neue Recht des Zahlungsverkehrs, JuS 2011, 481; *Schinkels*, Zahlungsdienste (§§ 675 c bis 676 c BGB); Wertpapierübertragung (§ 675 b BGB), in: *Gebauer/Wiedmann*, Zivilrecht unter europäischem Einfluss, 2. Aufl. 2010, Kap. 16 (S. 749–822); *Rühl*, Weitreichende Änderungen im Verbraucherdarle-

519 Hk-BGB/*Schulte-Nölke* § 675 w Rn. 3; *Grundmann*, WM 2009, 1157 (1163).
520 BT-Drs. 16/11643, 113.
521 Krit. *Franck/Massari*, WM 2009, 1117 (1128).
522 Zur Bedeutung dieser Entlastungsmöglichkeit *Harke*, Schuldrecht BT, Rn. 426.
523 BT-Drs. 16/11643, 113.
524 BT-Drs. 16/11643, 113; PWW/*Fehrenbacher* § 675 v Rn. 3; Palandt/*Sprau* § 675 v Rn. 3.
525 Vgl. *Medicus/Lorenz*, Schuldrecht II, Rn. 891; *Brox/Walker*, Schuldrecht BT, § 29 Rn. 62.

hensrecht und Recht der Zahlungsdienste, DStR 2009, 2256; *Scheibengruber/Breidenstein*, SEPA – eine Zumutung für Verbraucher?, WM 2009, 1393.

§ 39 Haftung für Rat, Auskunft und Empfehlung

832 Die Haftung für Rat und Empfehlung ist in § 675 II geregelt. Die Vorschrift stellt klar, dass die Erteilung eines fehlerhaften Rats oder einer unrichtigen Empfehlung nicht per se zur Haftung des Auskunftserteilenden führt. Eine **Schadensersatzpflicht** besteht grundsätzlich *nur* dann, wenn ein *Vertrag* (namentlich ein Auskunftsvertrag) geschlossen wurde oder ein *deliktsrechtlicher Tatbestand* verwirklicht ist. Im Einzelfall kann allerdings auch eine Haftung wegen Inanspruchnahme besonderen *Vertrauens* begründet sein.[526]

Zur Vertiefung: Der Gesetzgeber hat die systematische Stellung der Haftung für Rat und Empfehlung im zweiten Absatz des § 675 damit gerechtfertigt, dass ein Vertrag über die *entgeltliche* Erteilung eines Rates oder einer Auskunft regelmäßig als Geschäftsbesorgungsvertrag zu qualifizieren sei.[527] Diese Bemerkung ist zwar zutreffend; sie wird dem Regelungsgehalt des § 675 II aber nicht gerecht. Die Vorschrift bezieht sich vor allem auf Fälle, in denen der Rat oder die Empfehlung *unentgeltlich* erteilt wird. Dass der Berater bei einem entgeltlichen Auskunftsvertrag schadensersatzpflichtig sein kann, versteht sich dagegen von selbst.[528]

I. Haftung aufgrund eines Auskunftsvertrages

833 Ein Vertrag über die Erteilung einer Auskunft kann **ausdrücklich oder stillschweigend** zustande kommen. Da gemäß § 675 II grundsätzlich nicht für fehlerhafte Ratschläge gehaftet wird, müssen aber *besondere Anhaltspunkte* auf einen Rechtsbindungswillen schließen lassen.[529] Der Auskunftsvertrag ist dabei von der bloßen *Gefälligkeit* abzugrenzen.[530] Die *Entgeltlichkeit* der Auskunftserteilung oder sonstige geschäftliche Interessen der Beteiligten können im Einzelfall die Annahme eines Vertrages rechtfertigen.[531]

Liegt ein Auskunftsvertrag vor, so haftet der Berater bei Erteilung einer unrichtigen Auskunft nach **§ 280 I** auf Schadensersatz.

II. Deliktische Haftung

834 Wird eine falsche Auskunft erteilt, so kommt auch eine **deliktische Haftung** in Betracht. Ansprüche können sich vor allem aus § 823 II iVm § 263 I StGB oder § 826 ergeben. Ansprüche aus § 823 I scheitern dagegen zumeist am Fehlen einer Rechtsgutsverletzung, da bei einer falschen Auskunft in der Regel nur das Vermögen geschädigt wird.

---

526 Vgl. zum Ganzen *Strauch*, JuS 1992, 897 ff. und *Thüsing/Schneider*, JA 1996, 807 ff.
527 Vgl. BT-Drs. 14/1067, 14.
528 Krit. MüKoBGB/*Heermann* § 675 Rn. 111.
529 Vgl. *Brox/Walker*, Schuldrecht BT, § 29 Rn. 6; Hk-BGB/*Schulte-Nölke* § 675 Rn. 8.
530 *Oetker/Maultzsch* § 11 Rn. 19.
531 AnwKomm-*Schwab* § 675 Rn. 137; *Brox/Walker*, Schuldrecht BT, § 29 Rn. 6.

III. Vertrauenshaftung

835 Nicht zuletzt kann derjenige, der eine falsche Auskunft erteilt, dann haftbar sein, wenn der Ratsuchende ihm **besonderes Vertrauen** entgegenbringt.[532] Ein Schadensersatzanspruch leitet sich in diesen Fällen aus § 280 I iVm § 311 II Nr. 3 oder iVm § 311 III 2 ab. Einer Vertrauenshaftung sind insbesondere **Fachleute** (zB Sachverständige) ausgesetzt, etwa wenn sie Auskünfte über die Qualität einer Kaufsache oder die Rentabilität einer Geldanlage erteilen. Denn solche Personen werden gerade wegen ihrer *besonderen Sachkenntnis* zu Rate gezogen (vgl. dazu SAT Rn. 207 ff., 214 ff.).[533] Daneben müssen sich **Banken** unter bestimmten Voraussetzungen im Wege der Vertrauenshaftung für fehlerhafte Auskünfte an Nichtkunden (zB über die Solvenz künftiger Geschäftspartner) verantworten (vgl. dazu SAT Rn. 187), da ein stillschweigend geschlossener Vertrag bei solchen Auskünften im Regelfall nicht unterstellt werden kann.[534]

Literatur: *Breinersdorfer*, Zur Dritthaftung der Banken bei Erteilung einer fehlerhaften Kreditauskunft, WM 1991, 977; *Canaris*, Die Haftung des Sachverständigen zwischen Schutzwirkungen für Dritte und Dritthaftung aus culpa in contrahendo, JZ 1998, 603; *Hopt*, Nichtvertragliche Haftung außerhalb von Schadens- und Bereicherungsausgleich, AcP 183 (1983), 608; *Lammel*, Zur Auskunftshaftung, AcP 179 (1979), 337; *Musielak*, Haftung für Rat, Auskunft und Gutachten (1974); *Schneider*, Die Haftung für Rat, Auskunft und Empfehlung, JA 1996, 907; *Strauch*, Rechtsgrundlagen der Haftung für Rat, Auskunft und Gutachten, JuS 1992, 897; *Thüsing/Schneider*, Die Haftung für Rat, Auskunft und Empfehlung, JA 1996, 807.

5. Abschnitt. Geschäftsführung ohne Auftrag

§ 40 Überblick

I. Allgemeines

836 Die Geschäftsführung ohne Auftrag ist in den §§ 677 ff. geregelt. Die Vorschriften sind immer dann einschlägig, wenn jemand **das Geschäft eines anderen tätigt**, ohne dass zwischen beiden sonstige rechtliche Beziehungen bestehen.[535] Bei der Geschäftsführung ohne Auftrag handelt es sich um ein **gesetzliches Schuldverhältnis**. Wegen des engen Zusammenhangs mit dem Auftrag wird das Institut aber schon an dieser Stelle behandelt.

Man kann bei der Geschäftsführung ohne Auftrag zwischen folgenden Fallkonstellationen unterscheiden: Führt jemand ein fremdes Geschäft mit dem Willen aus, für einen anderen zu handeln, so liegt eine **echte Geschäftsführung ohne Auftrag** iSd §§ 677–686 vor. Existiert für die Geschäftsführung eine Berechtigung, so gelten die Vorschriften über die **berechtigte** Geschäftsführung ohne Auftrag. Gibt es keine Berechtigung, so liegt eine **unberechtigte** Geschäftsführung ohne Auftrag vor.

532 *Emmerich*, Schuldrecht BT, § 12 Rn. 16; *Lammel*, AcP 179 (1979), 337 (362 ff.).

533 Vgl. auch *Oetker/Maultzsch* § 11 Rn. 19 ff.; *Schlechtriem*, Schuldrecht BT, Rn. 495; Staudinger/*Martinek* (2006) § 675 Rn. C 25.

534 Die Rechtsprechung (zB BGH, NJW 1992, 2080 [2082]; BGHZ 123, 126 [128 f.]) löst solche Fälle dagegen vornehmlich über die Annahme eines stillschweigend geschlossenen Auskunftsvertrags (vgl. AnwKomm-*Schwab* § 675 Rn. 146 ff.).

535 *Brox/Walker*, Schuldrecht BT, § 35 Rn. 1; *Medicus/Petersen*, Bürgerliches Recht, Rn. 405.

837 Wird ein fremdes Geschäft versehentlich als ein eigenes ausgeführt (sog. **irrtümliche Eigengeschäftsführung**), so gelten die Vorschriften über die Geschäftsführung ohne Auftrag gemäß § 687 I nicht. § 687 II findet Anwendung, wenn jemand ein fremdes Geschäft als sein eigenes behandelt, obwohl er weiß, dass er dazu nicht berechtigt ist. Diese *angemaßte Eigengeschäftsführung* wird ebenso wie die irrtümliche Eigengeschäftsführung als **unechte Geschäftsführung ohne Auftrag** bezeichnet.

II. Funktion der Geschäftsführung ohne Auftrag

838 Die Geschäftsführung ohne Auftrag beschäftigt sich mit den Rechtsbeziehungen zwischen der Person, die ein fremdes Geschäft erledigt (Geschäftsführer) und der Person, deren Geschäft erledigt wird (Geschäftsherr). Hierbei sind im Wesentlichen zwei **gegenläufige Interessenlagen** zu erkennen.[536] Zum einen besteht das Bedürfnis, dass jeder seine Angelegenheiten grundsätzlich in eigener Verantwortung, ohne *Einmischung* von außen, regeln kann. Zum anderen ist es aber in bestimmten Situationen wünschenswert, wenn andere *helfend* eingreifen. Diese sollen die mit der Geschäftsführung verbundenen Kosten und Einbußen nicht selbst tragen müssen, sondern sich insoweit an den Geschäftsherren halten können (vgl. SAT Rn. 223).

Beispiel: Der Eigentümer eines Grundstücks (E) wird im Allgemeinen selbst darüber entscheiden wollen, ob und an wen er das Grundstück veräußert oder vermietet. Ohne entsprechenden Auftrag soll sich ein Dritter daher auch nicht mit der Veräußerung oder Vermietung befassen. Steht jedoch das Haus des E in Flammen, so wird es seinem Wunsch entsprechen, dass jemand den Brand löscht. In einer derartigen Notsituation ist die Einmischung durch einen Fremden daher sehr erwünscht.

839 Die §§ 677 ff. greifen diese Divergenz der Interessen auf und versuchen, für die verschiedenen Konstellationen einen gerechten **Ausgleich** zu schaffen.[537]

Zur Vertiefung: Die Notwendigkeit, im Fall der Fremdgeschäftsführung einen Ausgleich zwischen den widerstreitenden Interessen zu schaffen, wurde sehr früh erkannt. Bereits das *römische Recht* enthielt Regeln über den Ersatz von Aufwendungen und Schäden sowie die Herausgabe des aus der Geschäftsführung Erlangten (negotiorum gestio).[538] Auch im *gemeinen Recht* existierten entsprechende Regeln.[539] Ein einheitliches Verständnis der Geschäftsführung ohne Auftrag konnte aber auch bei der Kodifikation des Instituts in den §§ 677 ff. nicht entwickelt werden.[540] Dies erklärt, warum die Regelungen heute vielleicht etwas unsystematisch erscheinen.[541]

Literatur: *Berg*, Hauptprobleme der Geschäftsführung ohne Auftrag, JuS 1975, 681; *Giesen*, Das Recht der fremdnützigen Geschäftsbesorgung, Jura 1996, 225, 288, 344; *Henssler*, Grundfälle zu den Anspruchsgrundlagen im Recht der Geschäftsführung ohne Auftrag, JuS 1991, 924; *Hey*, Die Geschäftsführung ohne Auftrag, JuS 2009, 400; *Martinek/Theobald*, Grundfälle zum Recht der Geschäftsführung ohne Auftrag, JuS 1997, 612, 805, 992, JuS 1998, 27; *Oppermann*, Konstruktion und Rechtspraxis der Geschäftsführung ohne Auftrag, AcP 193 (1993), 497; *Reichard*, Negotium alienum und ungerechtfertigte Bereicherung, AcP 193 (1993), 567; *Wittmann*, Begriff und Funktionen der

536 *Larenz*, Schuldrecht II/1, § 57 vor I; *Henssler*, JuS 1991, 924 (925).
537 *Brox/Walker*, Schuldrecht BT, § 35 Rn. 2; *Esser/Weyers*, Schuldrecht BT, § 46 I 1 d.
538 *Kaser/Knütel*, Römisches Privatrecht, § 44 Rn. 12 ff.; *Schlechtriem*, Schuldrecht BT, Rn. 688; Erman/*Dornis* Vor § 677 Rn. 1; MüKoBGB/*Seiler* Vor § 677 Rn. 1; *Wittmann*, Funktion, S. 38 ff.; *Wollschläger*, Geschäftsführung ohne Auftrag, S. 41 ff.
539 *Esser/Weyers*, Schuldrecht BT, § 46 I 1 a; *Reichard*, AcP 193 (1993), 567 (585 ff.).
540 Erman/*Dornis* Vor § 677 Rn. 4.
541 Zur Kritik an der Systematik vgl. nur *Esser/Weyers*, Schuldrecht BT, § 46 I 2; *Larenz*, Schuldrecht II/1, § 57 vor I; dagegen MüKoBGB/*Seiler* Vor § 677 Rn. 12.

Geschäftsführung ohne Auftrag, 1981; *Wollschläger*, Die Geschäftsführung ohne Auftrag, 1976; *ders.*, Grundzüge der Geschäftsführung ohne Auftrag, JA 1979, 57, 126, 182.

§ 41 Berechtigte Geschäftsführung ohne Auftrag

I. Voraussetzungen

Die Voraussetzungen der **echten** Geschäftsführung ohne Auftrag ergeben sich aus 840 § 677. Erforderlich ist hiernach, dass jemand ohne Beauftragung oder anderweitige Berechtigung für einen anderen ein Geschäft führt. Bei der **berechtigten** Geschäftsführung ohne Auftrag kommt hinzu, dass für die Geschäftsbesorgung ein Berechtigungsgrund iSd § 683 bestehen muss.

1. Geschäftsbesorgung

Der Begriff der Geschäftsbesorgung wurde bereits beim Auftrag (→ Rn. 802) erläu- 841 tert. Er umfasst sowohl **rechtsgeschäftliches** als auch **tatsächliches Handeln.**[542] Die Geschäftsbesorgung kann also in dem Abschluss eines Vertrages, der Rettung eines Ertrinkenden, dem Begleichen einer Schuld oder dem Abschleppen eines Pkw liegen.[543] Höchstpersönliche Handlungen sind dagegen kein tauglicher Gegenstand der Geschäftsbesorgung.[544]

Beispiel: Errichtet jemand für einen anderen ein Testament, so sind die Vorschriften über die Geschäftsführung ohne Auftrag von vornherein nicht anwendbar. Ein solches Testament wäre freilich auch nach § 2064 unwirksam.

2. Fremdheit des Geschäfts

Das Erfordernis der Fremdheit des Geschäfts wird im Gesetz zwar nicht ausdrücklich 842 erwähnt, lässt sich aber aus Sinn und Zweck der Geschäftsführung ohne Auftrag sowie der Wendung »für einen anderen« ableiten.[545] Ein Geschäft ist für den Geschäftsführer fremd, wenn es dem **Interessenkreis eines anderen** angehört.[546] Die Zuordnung eines Geschäfts zum Interessenkreis des Geschäftsherrn kann *objektiv* wie *subjektiv* erfolgen.[547]

Objektiv fremde Geschäfte sind bereits nach *äußerlichen Kriterien* dem Interessen- 843 kreis des Geschäftsherrn zuzuordnen.[548] So gehört die tatsächliche Pflege des Grundstücks eines anderen oder die Rettung seines Lebens objektiv ebenso zum Interessenkreis des Betroffenen wie die Veräußerung oder Vermietung seiner Sachen oder die Begleichung seiner Schulden.

Neben den objektiv fremden Geschäften existieren Geschäfte, die gleichermaßen dem Interessenkreis des Geschäftsherrn *und* des Geschäftsführers zuzuordnen

542 *Esser/Weyers*, Schuldrecht BT, § 46 II 1; *Medicus/Lorenz*, Schuldrecht II, Rn. 1109.
543 Vgl. Bamberger/Roth/*Gehrlein* § 677 Rn. 10; *Schwarz/Ernst*, NJW 1997, 2550 (2551).
544 *v. Bar*, FS Schlechtriem, 2003, 699 (700 f.).
545 Vgl. *Esser/Weyers*, Schuldrecht BT, § 46 II 2; *Larenz*, Schuldrecht II/1, § 57 Ia; *Schlechtriem*, Schuldrecht BT, Rn. 693; aA *Gursky*, Schuldrecht BT, S. 159; *B. Schmidt*, JuS 2004, 862 (864 ff.).
546 *Esser/Weyers*, Schuldrecht BT, § 46 II 2 b.
547 *Medicus/Lorenz*, Schuldrecht II, Rn. 1106 f.
548 BGH, NJW-RR 2004, 81 (82); Palandt/*Sprau* § 677 Rn. 4.

sind.[549] Nach hM genügt es, dass die Angelegenheit nicht ausschließlich in den Interessenkreis des Geschäftsführers fällt, sondern zumindest auch der Sorge des Geschäftsherrn obliegt. Solche **»auch-fremden« Geschäfte** werden deshalb ebenfalls als fremde Geschäfte i. S. der Vorschriften über die Geschäftsführung ohne Auftrag angesehen.[550]

Beispiel: G löscht das in Brand geratene Haus seines Nachbarn N. Damit will er gleichzeitig verhindern, dass der Brand auf sein eigenes Haus übergreift.

844 Darüber hinaus sind Fälle denkbar, in denen der Geschäftführer nicht nur im Interessenkreis des Geschäftsherrn handelt, sondern gleichzeitig einer eigenen **öffentlich-rechtlichen Pflicht** nachkommt.[551] Da der Geschäftsführer hier ebenfalls ein *»auch-fremdes« Geschäft* besorgt, sind die Vorschriften über die Geschäftsführung ohne Auftrag anwendbar.[552] Zu den Besonderheiten bei hoheitlichem Handeln des Geschäftsführers → Rn. 850.

Beispiel: Rettet der Leistungsschwimmer L den Ertrinkenden E aus dem Rhein, so berührt dies nicht lediglich den Interessenkreis des E. Vielmehr erfüllt L auch seine in § 323 c StGB normierte Hilfeleistungspflicht, die der Allgemeinheit gegenüber besteht und somit öffentlich-rechtlichen Charakter hat.

845 Bei objektiv eigenen oder neutralen Geschäften wird das Merkmal der Fremdheit bejaht, wenn der äußerlich erkennbare Wille des Geschäftsführers auf ein Tätigwerden für einen anderen gerichtet ist (**subjektiv fremde Geschäfte**).[553]

Beispiel: Bei einem Urlaub in Italien entdeckt G eine seltene Briefmarke, die seinem Schwiegervater (S) in dessen Sammlung fehlt. Nach Rücksprache mit seiner Frau entschließt G sich, die Briefmarke zum Preis von 500 EUR für S zu erwerben. Aufgrund der Umstände des Erwerbs wird äußerlich hinreichend deutlich, dass G ein Geschäft des S führen wollte. Ob G seinen Fremdgeschäftsführungswillen auch gegenüber dem Verkäufer der Briefmarke deutlich gemacht hat, ist unerheblich.[554]

3. Fremdgeschäftsführungswille

846 Aus § 687 lässt sich im Gegenschluss ableiten, dass das Vorliegen einer echten Geschäftsführung ohne Auftrag nicht allein auf die objektive Fremdheit des Geschäfts gestützt werden kann. Der Geschäftsführer muss vielmehr auch subjektiv »für einen anderen« gehandelt haben.[555] Unter welchen Voraussetzungen ein solcher **Fremdgeschäftsführungswille** angenommen werden kann, ist sehr streitig. Nach hM ist zwischen objektiv fremden, »auch-fremden« sowie subjektiv fremden Geschäften zu unterscheiden.

a) Objektiv und subjektiv fremde Geschäfte

847 Weitgehende Einigkeit besteht über die Behandlung der objektiv und der subjektiv fremden Geschäfte. Wusste der Geschäftsführer, dass das Geschäft **objektiv** zu einem

549 Bamberger/Roth/*Gehrlein* § 677 Rn. 15; *Schreiber*, Jura 1991, 155 (156).
550 BGHZ 40, 28 (30); 143, 9 (15); BGH, NJW-RR 2004, 81 (82); *Larenz*, Schuldrecht II/1, § 57 Ia; krit. *Schubert*, AcP 178 (1978), 425 (454).
551 *Schlechtriem*, Schuldrecht BT, Rn. 694; zur Anwendbarkeit der §§ 677 ff. im Öffentlichen Recht vgl. *Bamberger*, JuS 1998, 706 ff.; *Freund*, JZ 1975, 513 (514 ff.).
552 BGHZ 16, 12 (16); BGH, NJW 1979, 598; *Schlechtriem*, Schuldrecht BT, Rn. 695.
553 BGHZ 82, 323 (330 f.); BGH, NJW 2000, 72; NJW-RR 2004, 81 (82 f.).
554 Vgl. *Medicus/Lorenz*, Schuldrecht II, Rn. 1111.
555 Vgl. *Emmerich*, Schuldrecht BT, § 13 Rn. 4; *Schlechtriem*, Schuldrecht BT, Rn. 695.

fremden Interessenkreis gehört, so ist davon auszugehen, dass er auch mit dem Willen handelte, das Geschäft für einen anderen zu tätigen. Der Fremdgeschäftsführungswille wird also **vermutet.**[556] Diese Vermutung kann nur widerlegt werden, wenn Anhaltspunkte dafür vorliegen, dass der Geschäftsführer eigene Interessen verfolgt hat.[557] Detaillierte Vorstellungen über die konkrete Person des Geschäftsherrn muss der Geschäftsführer jedoch nicht gehabt haben (§ 686). Es genügt, wenn er wusste, *dass* er für irgendeinen anderen handelte.[558]

Bei einem **subjektiv fremden Geschäft** muss der Wille, für einen anderen zu handeln, dagegen nach außen erkennbar in Erscheinung getreten sein (→ Rn. 845). Die Beweislast für den Fremdgeschäftsführungswillen liegt hier also beim Geschäftsführer.[559] 848

b) »Auch-fremde« Geschäfte

Problematisch ist die Behandlung der »auch-fremden« Geschäfte. Rechtsprechung und Literatur gehen überwiegend davon aus, dass sich der Fremdgeschäftsführungswille auch hier regelmäßig aus den Umständen ergibt. Ebenso wie bei den objektiv fremden Geschäften wird der Fremdgeschäftsführungswille also **vermutet.**[560] Nach der Gegenauffassung erscheint es bei »auch-fremden« Geschäften wahrscheinlicher, dass der Geschäftsführer allein im eigenen Interesse handelt.[561] Der Fremdgeschäftsführungswille müsse deshalb **erkennbar nach außen hervortreten.**[562] 849

Im Ausgangspunkt ist der hM darin zuzustimmen, dass sich der **Fremdgeschäftsführungswille** bei »auch-fremden« Geschäften meist schon aus den (objektiven) Umständen ergibt. So wird der Fremdgeschäftsführungswille beim Löschen des Nachbarhauses oder bei der Rettung eines Ertrinkenden (→ Rn. 843 f.) nicht dadurch in Frage gestellt, dass der Geschäftsführer gleichzeitig sein eigenes Haus schützen bzw. seine öffentlich-rechtliche Hilfeleistungspflicht aus § 323 c StGB erfüllen will. Es gibt jedoch einige Fallgruppen, in denen der Fremdgeschäftsführungswille zweifelhaft ist.

c) Die problematischen Fallgruppen

(1) Nach der Rechtsprechung kann ein »auch-fremdes« Geschäft auch dann vorliegen, wenn der Geschäftsführer hoheitlich in Erfüllung einer **öffentlich-rechtlichen Dienstpflicht** gehandelt hat.[563] 850

> **Beispiel** (BGHZ 40, 28): Der Funkenflug aus einer Lokomotive der Bundesbahn entzündet im Dachstuhl des E ein Feuer. Löscht die herbeigerufene Feuerwehr die Flammen, so handelt sie zwar primär hoheitlich, doch erfüllt sie auch Pflichten der Bundesbahn. Nach Ansicht des BGH lag deshalb ein »auch-fremdes« Geschäft vor.

Die hL lehnt die Voraussetzungen der Geschäftsführung ohne Auftrag in solchen Fällen ab.[564] Dabei wird zu Recht darauf verwiesen, dass der Hoheitsträger **keinen Fremdgeschäftsführungswillen** habe, weil er sich dem Willen des »Geschäftsherrn«

556 BGHZ 98, 235 (240); BGH, NJW 2007, 63 (64); *Medicus/Lorenz*, Schuldrecht II, Rn. 1112.
557 *Brox/Walker*, Schuldrecht BT, § 35 Rn. 10; krit. *Gursky*, Schuldrecht BT, S. 159.
558 *Esser/Weyers*, Schuldrecht BT, § 46 II 2 c.; *Medicus/Petersen*, Bürgerliches Recht, Rn. 405.
559 BGHZ 138, 281 (286); BGH, NJW-RR 2004, 81 (83); Erman/*Dornis* § 677 Rn. 54.
560 BGH, NJW 2000, 72; 422 (423); 2007, 63 (64); 2008, 683 (685); 2009, 2590 (2591).
561 *Emmerich*, Schuldrecht BT, § 13 Rn. 7 f.; *Medicus/Petersen*, Bürgerliches Recht, Rn. 411 f.
562 So etwa OLG Koblenz, NJW 1992, 2367 (2368); MüKoBGB/*Seiler* § 677 Rn. 21.
563 BGHZ 30, 162 (167); für Polizeieinsatz von BGH, NJW 2004, 513 (514) offen gelassen.
564 So etwa MüKoBGB/*Seiler* Vor § 677 Rn. 31; *Medicus/Petersen*, Bürgerliches Recht, Rn. 412.

nicht unterordnen wolle. Davon abgesehen handelt der Hoheitsträger nicht »ohne Beauftragung oder sonstige Berechtigung« (→ Rn. 856 ff.), sondern aufgrund **öffentlich-rechtlicher Dienstpflichten.**[565] Er hat sich daher auf die öffentlich-rechtlichen Vorschriften über die Kostenerstattung zu stützen. Deren Voraussetzungen dürfen nicht durch die extensive Anwendung der §§ 677 ff. unterlaufen werden.[566]

851 (2) Der Wille, für einen anderen tätig zu werden, fehlt auch bei Aufwendungen, die im Hinblick auf einen **künftigen Vertragsschluss** erbracht wurden. Solche Aufwendungen liegen allein im Risikobereich dessen, der den Vertrag anbahnen möchte.[567] Dahinter steht die Erwägung, dass die *privatautonome Entscheidungsmacht* der potentiellen Vertragspartner über den Abschluss oder Nichtabschluss des Vertrages nicht durch Rückgriff auf die Regeln über die Geschäftsführung ohne Auftrag unterlaufen werden darf.

Beispiel (BGH, NJW 2000, 72): E sucht gewerbsmäßig nach unbekannten Erben. Auf eigene Initiative ermittelt er B und S als alleinige Erben der M. Den Vorschlag des E, gegen Zahlung eines Honorars die erforderlichen Informationen über die Angelegenheit mitzuteilen, lehnen B und S ab. Durch eigene Nachforschungen gelingt es ihnen schließlich, das Erbe anzutreten. E verlangt Ersatz der von ihm getätigten Aufwendungen. – E handelte hier in dem eigenen Interesse, einen Vertrag mit B und S abzuschließen. Seine Aufwendungen werden daher nicht über die Vorschriften der Geschäftsführung ohne Auftrag (§§ 677, 683 S. 1, 670) ersetzt.

852 (3) Nach der Rechtsprechung ist der Fremdgeschäftsführungswille auch dann zu vermuten, wenn der Geschäftsführer mit dem zum Interessenkreis des Geschäftsherrn gehörenden Handeln zugleich eine **eigene Verpflichtung gegenüber einem Dritten** erfüllt.[568] Etwas anderes soll aber gelten, wenn der Vertrag zwischen »Geschäftsführer« und Drittem die Rechte und Pflichten des »Geschäftsführers« umfassend und abschließend regelt.

Beispiel (BGH, NJW-RR 2004, 956): Grundstückeigentümer E beauftragt die U-GmbH als Generalunternehmerin mit der Errichtung eines Gebäudes. Die U-GmbH überträgt die Ausführung bestimmter Arbeiten vertraglich auf B. Als die U-GmbH insolvent wird, verlangt B von E Aufwendungsersatz aus Geschäftsführung ohne Auftrag. Der BGH hat die Klage mit der Begründung abgewiesen, dass die Entgeltfrage in dem zwischen der U-GmbH und B geschlossenen Vertrag umfassend geregelt sei.

Hinter der einschränkenden Rechtsprechung steht die zutreffende Überlegung, dass gesetzliche Ausgleichsansprüche bei Vorliegen einer vertraglichen Regelung nach dem Grundsatz der **Privatautonomie** ausgeschlossen sind. Nimmt man dies ernst, so muss man die Anwendung der §§ 677 ff. bei Vorliegen einer vertraglichen Verpflichtung gegenüber einem Dritten aber generell ausschließen.[569] Dies gilt umso mehr, als der Leistende in solchen Fällen regelmäßig nicht im Interesse des »Geschäftsherrn« handelt, sondern seine eigene Verpflichtung gegenüber dem Dritten erfüllen will.[570]

565 *Giesen*, Jura 1996, 225 (235); *Kischel*, VerwArch 1999, 391 (394 ff.).
566 MüKoBGB/*Seiler* Vor § 677 Rn. 24; *Kischel*, VerwArch 1999, 391 (404 ff.); *Schoch*, Jura 1994, 241 (243); iE auch BGH, NJW 2004, 513 (514).
567 BGH, NJW 2000, 72 (73); *Grunewald*, Bürgerliches Recht, § 27 Rn. 2; *Medicus/Petersen*, Bürgerliches Recht, Rn. 405; *Schulze*, JZ 2000, 523 (524); krit. *Falk*, JuS 2003, 833 (838 f.).
568 Vgl. BGHZ 61, 359 (363); MüKoBGB/*Seiler* § 677 Rn. 10; krit. *Medicus/Petersen*, Bürgerliches Recht, Rn. 414; von BGHZ 140, 102 (109) offen gelassen.
569 *Brox/Walker*, Schuldrecht BT, § 35 Rn. 16; *Medicus/Lorenz*, Schuldrecht II, Rn. 1122; iE auch *Weishaupt*, NJW 2000, 1002 (1003); aA BGH, NJW 2000, 422 (423).
570 *B. Schmidt*, JuS 2004, 862 (866).

(4) Entgegen der Ansicht des BGH[571] ist der Fremdgeschäftsführungswille auch dann zu verneinen, wenn die in Frage stehende Leistung aufgrund eines **nichtigen Vertrages** mit dem Empfänger erbracht wird.[572] Dies gilt unabhängig davon, ob die Parteien um die Nichtigkeit des Vertrages *wussten* oder nicht. Denn in beiden Fällen will der Leistende seiner eigenen – unwirksamen – Verpflichtung nachkommen und nicht die Interessen des Vertragspartners fördern.[573] Davon abgesehen dürfen die für die Rückabwicklung rechtsgrundloser Leistungen primär maßgeblichen Regeln über die Leistungskondiktion (§ 812 I 1 Alt. 1) nicht durch Rückgriff auf die Geschäftsführung ohne Auftrag unterlaufen werden.[574] **853**

Auch nach dem Ansatz des BGH fehlt es an einem »auch-fremden« Geschäft, wenn der Mieter aufgrund einer unerkannt **unwirksamen Endrenovierungsklausel** in der gemieteten Wohnung Schönheitsreparaturen vornimmt. Wie das Gericht in einer neueren Entscheidung klargestellt hat, führt der Mieter in einem solchen Fall nicht (auch) ein Geschäft des Vermieters, sondern handelt ausschließlich im eigenen Rechtskreis, weil er mit der Vornahme der Schönheitsreparaturen seiner Entgeltverpflichtung aus dem Mietvertrag nachkommen will (vgl. → Rn. 404). Die Ausführung der Schönheitsreparaturen stelle daher ebenso wenig ein Geschäft des Vermieters dar wie die Zahlung der Miete.[575] Die Entscheidung schränkt zwar den Anwendungsbereich des »auch-fremden«-Geschäfts ein; eine Änderung der Rechtsprechung zu nichtigen Verträgen ist damit aber nicht verbunden.[576] Die Differenzierung zwischen der Erbringung einer Sachleistung und der (vermeintlichen) Erfüllung einer Entgeltpflicht kann im Ergebnis freilich kaum überzeugen.

(5) Begleicht einer von **mehreren Schuldnern** eine Verbindlichkeit, so kommt es darauf an, ob die Erfüllungswirkung gegenüber dem Gläubiger auch den anderen Schuldnern zugutekommt. Soweit dies zu verneinen ist, scheitert die Anwendung der §§ 677 ff. schon am Vorliegen eines fremden Geschäfts.[577] Werden die anderen Schuldner – wie etwa bei der **Gesamtschuld** (SAT Rn. 1200) – ebenfalls von ihrer Verbindlichkeit gegenüber dem Gläubiger befreit, handelt es sich um ein »auch-fremdes« Geschäft.[578] Allerdings will der leistende Schuldner regelmäßig nur die eigene Verpflichtung erfüllen und nicht auch ein Geschäft der anderen Schuldner führen. Außerdem schließt § 426 als speziellere Rückgriffsvorschrift die Anwendung der Regeln über die Geschäftsführung ohne Auftrag aus.[579] **854**

(6) Sehr umstritten ist schließlich die Behandlung der sog. **Selbstaufopferung im Straßenverkehr**. **855**

> **Beispiel** (nach BGHZ 38, 270): A befährt mit seinem Pkw eine Landstraße. Auf der anderen Straßenseite kommt ihm der 9-jährige Fahrradfahrer F entgegen. Aufgrund einer Windböe schwenkt F plötzlich nach links vor den Wagen des A. A reißt das Lenkrad nach rechts und prallt mit dem Fahrzeug gegen einen Baum. Bei dem Unfall wird der Pkw beschädigt; außerdem erleidet

---

571 BGHZ 37, 258 (263 f.); BGHZ 111, 308 (311); BGH, NJW 1997, 47 (49).
572 *Brox/Walker*, Schuldrecht BT, § 35 Rn. 21; vgl. auch *Einsele*, JuS 1998, 401 (403).
573 *B. Schmidt*, JuS 2004, 862 (866); vgl. auch *Medicus/Petersen*, Bürgerliches Recht, Rn. 412.
574 So auch *S. Lorenz*, NJW 1996, 883 (887); *Schröder/Bär*, Jura 1996, 449 (451).
575 BGH, NJW 2009, 2590 (2591 f.).
576 So auch *S. Lorenz*, NJW 2009, 2576; weitergehend *Thole*, NJW 2010, 1243 (1246).
577 MüKoBGB/*Seiler*, § 677 Rn. 25 ff.; aA *Martinek/Theobald*, JuS 1997, 805 (809 f.).
578 Vgl. *Stamm*, Jura 2002, 730 (734).
579 So auch *Brox/Walker*, Schuldrecht BT, § 35 Rn. 17; *Medicus/Petersen*, Bürgerliches Recht, Rn. 415; aA MüKoBGB/*Seiler* § 677 Rn. 28: Anspruchskonkurrenz.

A Verletzungen. A verlangt von F Schadensersatz. – Da F gemäß § 828 II nicht deliktsfähig ist (und im Übrigen wohl auch nicht fahrlässig gehandelt hat), scheidet ein Schadensersatzanspruch nach § 823 I aus. In Betracht kommt aber ein Anspruch aus §§ 677, 683 S. 1, 670.

Nach hM wird der **Fremdgeschäftsführungswille** in solchen Fällen nur dann **vermutet**, wenn der Kraftfahrer bei dem Unfall nicht haftbar gewesen wäre; ansonsten sei davon auszugehen, dass das Ausweichmanöver allein im eigenen Interesse (nämlich zur Vermeidung der Haftung) erfolgt sei.[580] Nach altem Recht war die Halterhaftung aus § 7 I StVG schon dann ausgeschlossen, wenn der Unfall ein *unabwendbares Ereignis* darstellte (§ 7 II StVG aF). Diese Voraussetzung hat der BGH in einem vergleichbaren Fall bejaht.[581] Da der Geschäftsführer nach § 670 nur eine *angemessene* Entschädigung verlangen könne, wurde die Mitverursachung der Gefahr aber anspruchsmindernd berücksichtigt. Nach geltendem Recht kann der Halter sich gemäß § 7 II StVG nF nur noch mit *höherer Gewalt* entlasten (vgl. → Rn. 1453 ff.). Ein Anspruch aus Geschäftsführung ohne Auftrag dürfte hiernach in den meisten Fällen zu verneinen sein.

Beispiele: Läuft ein spielendes Kind unmittelbar vor ein fahrendes Kraftfahrzeug, so liegt kein Fall der höheren Gewalt vor. Der ausweichende Kraftfahrer hat daher keinen Ersatzanspruch aus Geschäftsführung ohne Auftrag. Im Fahrradfahrer-Fall (→ Rn. 855) wäre höhere Gewalt nur zu bejahen, wenn es sich bei der Windböe um keinen normalen Witterungseinfluss handelte, sondern um ein völlig außergewöhnliches Naturereignis, mit dem niemand rechnen musste.

4. Ohne Auftrag oder sonstige Berechtigung

856 Ist der Geschäftsführer aufgrund einer **rechtsgeschäftlichen Beziehung** gegenüber dem Geschäftsherrn zur Ausführung des Geschäfts berechtigt oder verpflichtet, so handelt er nicht »ohne Auftrag«. Die Vorschriften über die Geschäftsführung ohne Auftrag sind daher nicht einschlägig.[582] Das Merkmal »beauftragt« ist hier also in einem weiten Sinne zu verstehen und erfasst nicht nur den Auftrag iSd § 662, sondern **jedes Rechtsgeschäft.**[583]

Wenn der Geschäftsführer gegenüber dem Geschäftsherrn auf **sonstige Weise** zum Handeln berechtigt ist, kann ebenfalls nicht auf die §§ 677 ff. zurückgegriffen werden. Eine solche Berechtigung lässt sich insbesondere aus **gesetzlichen Bestimmungen** herleiten.[584] So sind die Organe einer GmbH oder AG für die Gesellschaft oder die Eltern für ihre Kinder zur Geschäftsführung befugt (§§ 35 GmbHG, 78 AktG, §§ 1626, 1629). Dagegen begründen die Vorschriften über die Notwehr, den Notstand oder die Selbsthilfe (§§ 227 ff., 858, 904) keine sonstige Berechtigung iSd § 677.[585] Der Geschäftsführer kann in diesen Fällen daher Aufwendungsersatz nach § 683 oder § 684 verlangen.

857 Ist das zwischen Geschäftsführer und Geschäftsherrn bestehende Rechtsverhältnis **nichtig**, so liegt zwar keine sonstige Berechtigung zur Geschäftsführung vor. Nach

580 BGHZ 38, 270 (273); *Larenz*, Schuldrecht II/1, § 57 Ib; *Medicus/Petersen*, Bürgerliches Recht, Rn. 411 f.; *Emmerich*, Schuldrecht BT, § 13 Rn. 9; krit. MüKoBGB/*Seiler* § 683 Rn. 23; *Frank*, JZ 1982, 737. Zu Ansprüchen gegen die Eltern aus GoA *Friedrich*, VersR 2000, 697 ff.

581 BGHZ 38, 270 (275 f.).

582 Palandt/*Sprau* § 677 Rn. 11; *Brox/Walker*, Schuldrecht BT, § 35 Rn. 20.

583 Vgl. *Larenz*, Schuldrecht II/1, § 57 vor I.

584 Staudinger/*Bergmann* (2006) Vorbem. zu §§ 677 ff. Rn. 196 ff.

585 MüKoBGB/*Seiler* § 677 Rn. 43; aA Staudinger/*Bergmann* (2006) Vorbem. zu §§ 677 ff. Rn. 200.

der hier vertretenden Ansicht scheitert die Anwendung der §§ 677 ff. aber am fehlenden Fremdgeschäftsführungswillen (→ Rn. 853). Das Gleiche gilt, wenn der Geschäftsführer das Geschäft aufgrund eines Vertrages mit einem Dritten besorgt (→ Rn. 852).

5. Berechtigung

Der Geschäftsführer muss **gemäß § 683** zur Übernahme der Geschäftsführung **berechtigt** gewesen sein. Eine solche Berechtigung ist gegeben, wenn die Übernahme dem Interesse und dem wirklichen oder dem mutmaßlichen Willen des Geschäftsherrn entspricht (§ 683 S. 1) oder wenn die Voraussetzungen des § 679 vorliegen (§ 683 S. 2). Im Übrigen kann der Geschäftsherr die Rechtsfolgen der berechtigten Geschäftsführung ohne Auftrag auslösen, indem er die Geschäftsführung gemäß § 684 S. 2 **genehmigt.** 858

a) Interesse und Wille des Geschäftsherrn

§ 683 S. 1 setzt voraus, dass die konkrete Geschäftsführung durch den betreffenden Geschäftsführer im Zeitpunkt der Geschäftsübernahme im Interesse des Geschäftsherrn stand und mit dessen tatsächlichen oder mutmaßlichen Willen übereinstimmte.[586] Das **Interesse** des Geschäftsherrn ist dabei nach *objektiven Kriterien* aus der Sicht eines verständigen Dritten unter Berücksichtigung aller Umstände des Einzelfalls zu bestimmen.[587] 859

> **Beispiel:** Es liegt im objektiven Interesse des Geschäftsherrn, dass sein Leben gerettet oder sein Eigentum vor Schäden bewahrt wird.

Bei dem wirklichen Willen des Geschäftsherrn handelt es sich um den **tatsächlich geäußerten Willen.**[588] Ob der Geschäftsführer hiervon bei der Geschäftsübernahme *Kenntnis* besaß oder besitzen konnte, ist unerheblich.[589] Bei unverschuldeter Unkenntnis haftet der Geschäftsführer aber nicht nach § 678 (→ Rn. 874 ff.). Der wirkliche Wille ist im Übrigen auch dann maßgeblich, wenn er unvernünftig oder interessenwidrig ist.[590] 860

> **Beispiel:** Bauer B ist Eigentümer einer alten Scheune, die auf einem abgelegenen Grundstück liegt. Gegenüber Freunden hat er wiederholt geäußert, die Scheune abreißen zu wollen, um eine modernere und größere Scheune zu errichten. Eines Tages gerät die Scheune in Brand. Der Wanderer W bemerkt dies und informiert mit seinem Mobiltelefon die Feuerwehr. Hier stand die Geschäftsübernahme durch W zwar im objektiven Interesse des B, entsprach jedoch nicht seinem tatsächlich geäußerten Willen. Sofern das Herbeirufen der Feuerwehr im öffentlichen Interesse lag (zB wegen der Gefahr einer Ausweitung des Brandes), greift allerdings § 679 ein.[591] – Wird ein Ertrinkender aus den Fluten gerettet, so läuft die Geschäftsübernahme seinem tatsächlich geäußerten wirklichen Willen zuwider, wenn er sich das Leben nehmen wollte und dies zuvor (zB in einem Abschiedsbrief) geäußert hat. Ob § 679 in solchen Fällen eingreift, ist zweifelhaft (→ Rn. 862).

Kann der wirkliche Wille des Geschäftsherrn *nicht festgestellt* werden, so ist nach seinem mutmaßlichen Willen zu fragen. Der mutmaßliche Wille wird anhand **objekti-**

586 *Esser/Weyers*, Schuldrecht BT, § 46 II 3 a; *Schlechtriem*, Schuldrecht BT, Rn. 701.
587 *Brox/Walker*, Schuldrecht BT, § 35 Rn. 23; *Rödder*, JuS 1983, 930 (931).
588 *Brox/Walker*, Schuldrecht BT, § 35 Rn. 24; *Medicus/Petersen*, Bürgerliches Recht, Rn. 425.
589 MüKoBGB/*Seiler* § 683 Rn. 9; *Grunewald*, Bürgerliches Recht, § 27 Rn. 4.
590 BGHZ 138, 281 (287).
591 Zur Anwendbarkeit des § 679 in solchen Fällen MüKoBGB/*Seiler* § 679 Rn. 7.

ver Maßstäbe ermittelt, so dass er zumeist mit dem Interesse des Geschäftsherrn zusammenfällt.[592]

861 Nach dem Wortlaut des § 683 S. 1 (»und«) muss die Geschäftsübernahme sowohl dem **Interesse** als auch dem tatsächlichen oder mutmaßlichen **Willen** des Geschäftsherrn entsprechen. Eine Ausnahme wird aber zugelassen, wenn die Geschäftsübernahme nicht dem Interesse, wohl aber dem tatsächlich geäußerten Willen des Geschäftsherrn entspricht.[593] Entscheidend hierfür ist der **Vorrang des individuellen Willens** vor objektiven Interessen. Die Geschäftsführung kann damit auch dann berechtigt sein, wenn der dahinter stehende tatsächliche Wille des Geschäftsherrn *objektiv unvernünftig* ist.

Der Geschäftsherr muss **nicht geschäftsfähig** sein. Aus *Schutzgründen* kommt es bei einem nicht voll geschäftsfähigen Geschäftsherrn auf den wirklichen oder mutmaßlichen Willen des gesetzlichen Vertreters an.[594]

b) Unbeachtlichkeit des entgegenstehenden Willens

862 Steht die Übernahme der Geschäftsführung nicht im Einklang mit dem Willen des Geschäftsherrn, so liegt dennoch eine berechtigte Geschäftsführung ohne Auftrag vor, sofern die Voraussetzungen des § 679 erfüllt sind (§ 683 S. 2). Die Geschäftsführung muss der Erfüllung einer im **öffentlichen Interesse** liegenden Pflicht oder der rechtzeitigen Erfüllung einer *gesetzlichen Unterhaltspflicht* des Geschäftsherrn dienen.

Zunächst einmal muss es sich um eine **Rechtspflicht** handeln. Bloße *sittliche Verpflichtungen* reichen nicht aus.[595] Die Rettung eines freiverantwortlichen Suizidenten wird daher nicht von § 679 erfasst.[596] In Betracht kommt aber ein Schadensersatzanspruch des Retters aus § 823 I. Der Gerettete muss sich die beim Helfer eingetretenen Rechtsgutsverletzungen (zB Gesundheitsbeschädigung wegen Unterkühlung) grundsätzlich zurechnen lassen, weil dieser sich zur Vornahme der Rettungshandlung »herausgefordert« fühlen darf.[597]

Die Erfüllung der Rechtspflicht muss außerdem im öffentlichen Interesse liegen. Da die Erfüllung jeder Pflicht irgendwie auch im öffentlichen Interesse liegt, muss ein **gesteigertes öffentliches Interesse** gegeben sein.[598]

> **Beispiele**: Wichtige Pflichten iSd § 679 sind *Verkehrssicherungspflichten* sowie *öffentlich-rechtliche Pflichten.*[599] Dazu gehört z. B. die in den Bauordnungen geregelte Pflicht des Bauherrn zur Schaffung von Stellplätzen.[600] Ob auch die Zahlung fremder Steuerschulden einen Fall des § 679 darstellt, erscheint allerdings zweifelhaft.[601] Erfasst werden jedenfalls die in § 679 Alt. 2 ausdrücklich genannten *gesetzlichen Unterhaltspflichten* aus dem Familien- und Erbrecht (§§ 1360 f., §§ 1569 ff., §§ 1601 ff., § 1969).

---

592 *Larenz*, Schuldrecht II/1, § 57 Ia; *Medicus/Petersen*, Bürgerliches Recht, Rn. 423.
593 Hk-BGB/*Schulze* § 683 Rn. 7; *Brox/Walker*, Schuldrecht BT, § 35 Rn. 26; *Medicus/Petersen*, Bürgerliches Recht, Rn. 422; aA *Larenz*, Schuldrecht II/1, § 57 Ia.
594 Erman/*Dornis* § 683 Rn. 7; *Schlechtriem*, Schuldrecht BT, Rn. 703.
595 *Mugdan* II, S. 1199; MüKoBGB/*Seiler* § 679 Rn. 13.
596 *Medicus/Lorenz*, Schuldrecht II, Rn. 1117; aA Jauernig/*Mansel* § 679 Rn. 2.
597 *Larenz*, Schuldrecht II/1, § 57 Ia; *Medicus/Lorenz*, Schuldrecht II, Rn. 1117. Allgemein zum Kriterium der »Herausforderung« SAT Rn. 923 ff.
598 Staudinger/*Bergmann* (2006) § 679 Rn. 21.
599 Vgl. MüKoBGB/*Seiler* § 679 Rn. 7; *Emmerich*, Schuldrecht BT, § 13 Rn. 13.
600 BGH, NJW-RR 2008, 683 (686).
601 Vgl. dazu Staudinger/*Bergmann* (2006) § 679 Rn. 24.

c) Genehmigung nach § 684 S. 2

Der Geschäftsherr kann eine zunächst unberechtigte Geschäftsführung ohne Auftrag **genehmigen** mit der Folge, dass sie von Anfang an als berechtigte anzusehen ist (§ 684 S. 2). Die Genehmigung kann ausdrücklich oder konkludent erfolgen. Verlangt der Geschäftsherr das aus der Geschäftsführung Erlangte heraus, so liegt darin eine konkludente Genehmigung.[602] 863

II. Rechtsfolgen

1. Ansprüche des Geschäftsherrn

Der Geschäftsführer hat das Geschäft so zu **führen**, wie das Interesse des Geschäftsherrn mit Rücksicht auf dessen wirklichen oder mutmaßlichen Willen es erfordert (§ 677). Ebenso wie bei der Geschäfts*übernahme* sind das Interesse und der Wille des Geschäftsherrn also auch bei der Durchführung des Geschäfts relevant. Aus dem Wortlaut des § 677 (»mit Rücksicht« statt »und«) folgt aber, dass Interesse und Wille hier nicht gleichberechtigt nebeneinander stehen; vielmehr kommt dem **Interesse** des Geschäftsherrn der **Vorrang** zu.[603] Dies wird damit gerechtfertigt, dass der Geschäftsführer bei der Ausführung des Geschäfts einen größeren Freiraum haben soll.[604] 864

Verletzt der Geschäftsführer die Pflicht aus § 677, so kommt ein **Schadensersatzanspruch** des Geschäftsherrn aus § 280 I in Betracht.[605] Im Rahmen des **Vertretenmüssens** ist aber die Privilegierung des § 680 zu beachten. Der Geschäftsführer hat danach nur *Vorsatz und grobe Fahrlässigkeit* zu vertreten, wenn die Geschäftsführung die Abwendung einer dem Geschäftsherrn drohenden dringenden Gefahr bezweckt. Aufgrund der *Notsituation* darf dem Retter keine leichte Unsorgfältigkeit angelastet werden. 865

> **Beispiel:** Bei dem Versuch, den H von einer herannahenden Straßenbahn wegzuziehen, zerreißt F aufgrund leichter Fahrlässigkeit die Kleidung des H.

Eine Gefahr für den Geschäftsherrn besteht in entsprechender Anwendung des § 680 auch dann, wenn eine ihm nahestehende Person bedroht ist.[606]

Für die Anwendung des § 680 kommt es nicht darauf an, ob der Geschäftsführer die Gefahr durch die pflichtwidrige Handlung abwendet. Die Privilegierung gilt vielmehr auch für *erfolglose* Rettungshandlungen. Es genügt, dass die Abwendung der Gefahr **»bezweckt«** wird.[607] Zur Anwendbarkeit des § 680 im Fall der *Scheingefahr* → Rn. 875. 866

Des Weiteren kann dem Geschäftsherrn ein **deliktischer Anspruch** aus § 823 I zustehen. Die berechtigte Geschäftsführung ohne Auftrag stellt jedoch einen *Rechtfertigungsgrund* dar, wenn die Rechtsgutsverletzung notwendigerweise im Zusammenhang mit der Geschäftsübernahme steht.[608]

---

602 Bamberger/Roth/*Gehrlein* § 684 Rn. 2; MüKoBGB/*Seiler* § 684 Rn. 17.

603 Vgl. MüKoBGB/*Seiler* § 677 Rn. 52; Jauernig/*Mansel* § 677 Rn. 9; aA *Medicus/Petersen*, Bürgerliches Recht, Rn. 426.

604 MüKoBGB/*Seiler* § 677 Rn. 52.

605 Vgl. *Emmerich*, Schuldrecht BT, § 13 Rn. 15; *Medicus/Petersen*, Bürgerliches Recht, Rn. 426.

606 *Brox/Walker*, Schuldrecht BT, § 35 Rn. 42; krit. MüKoBGB/*Seiler* § 680 Rn. 3.

607 BGHZ 43, 188 (192); Jauernig/*Mansel* § 680 Rn. 2.

608 *Medicus/Petersen*, Bürgerliches Recht, Rn. 422; *Emmerich*, Schuldrecht BT, § 13 Rn. 14; aA MüKoBGB/*Seiler* Vor § 677 Rn. 17; zum Strafrecht *Schroth*, JuS 1992, 476 ff.

Beispiel: Das Einschlagen der Wohnungstür ist gerechtfertigt, wenn dies notwendig war, um einen Bewusstlosen bei einem Brand aus der Wohnung zu bergen.

867 Ist die Verletzungshandlung nicht notwendig mit der Geschäftsübernahme verknüpft, so kann § 680 im Rahmen des § 823 I bei der Prüfung des **Verschuldens** analog angewendet werden.[609] Auf diese Weise werden *Wertungswidersprüche* zwischen den einzelnen Rechtsmaterien verhindert.

Beispiel: Im Straßenbahn-Fall (→ Rn. 865) ist das Verschulden des F analog § 680 auch im Rahmen des § 823 I zu verneinen.

868 § 682 beschränkt die Haftung des nicht **voll geschäftsfähigen Geschäftsführers** auf die Vorschriften über die unerlaubten Handlungen sowie über die ungerechtfertigte Bereicherung. Eine Haftung nach den Vorschriften über die Geschäftsführung ohne Auftrag entfällt mithin.

§ 682 regelt den Schutz des nicht voll geschäftsfähigen Geschäftsführers **abschließend.**[610] Die §§ 104 ff. sind daher auch nicht auf die Übernahme der Geschäftsführung analog anwendbar.[611] Der Rückgriff auf diese Vorschriften wäre auch nicht interessengerecht, weil der nicht voll geschäftsfähige Geschäftsführer hiernach keinen Aufwendungsersatz verlangen könnte.[612]

869 Weitere **Nebenpflichten** des Geschäftsführers ergeben sich aus § 681. So hat der Geschäftsführer die Geschäftsübernahme *anzuzeigen* und, sofern mit dem Aufschub keine Gefahr verbunden ist, die Entschließung des Geschäftsherrn abzuwarten (§ 681 S. 1). Schließlich treffen den Geschäftsführer auch die Pflichten aus §§ 666–668 (§ 681 S. 2). Insbesondere hat der Geschäftsführer alles aus der Geschäftsführung Erlangte **herauszugeben** (§ 667). Dazu gehören unter anderem die für den Geschäftsherrn erworbenen Sachen (zB Briefmarken) sowie der durch den Verkauf einer dem Geschäftsherrn gehörenden Sache erzielte Erlös.[613] Ein Anspruch des Geschäftsherrn aus ungerechtfertigter Bereicherung besteht daneben nicht, weil die berechtigte Geschäftsführung ohne Auftrag einen *Rechtsgrund* darstellt.[614]

2. Ansprüche des Geschäftsführers

870 Bei einer berechtigten Geschäftsübernahme hat der Geschäftsherr dem Geschäftsführer dessen **Aufwendungen** wie einem Beauftragten zu ersetzen (§ 683 S. 1). Nach § 670 sind solche Aufwendungen ersatzfähig, die zur Ausführung der Geschäftsführung getätigt wurden, sofern sie der Geschäftsführer für *erforderlich* halten durfte (→ Rn. 811). Hat der Geschäftsführer einen Vertrag mit einem Dritten geschlossen, so kann er vom Geschäftsherrn nach §§ 670, 677, 683 S. 1 iVm § 257 **Befreiung von der Verbindlichkeit** gegenüber dem Dritten verlangen (vgl. SAT Rn. 323).

Auch wenn es sich nach der allgemeinen Definition bei Aufwendungen um freiwillige Vermögensopfer handelt, so umfasst der Aufwendungsbegriff des § 670 doch auch solche **Schäden** (also *unfreiwillige* Vermögenseinbußen), in denen sich das *typische*

609 BGH, NJW 1972, 475; Hk-BGB/*Schulze* § 680 Rn. 2.
610 *Giesen*, Jura 1996, 288 (291); *Schlechtriem*, Schuldrecht BT, Rn. 703.
611 Vgl. *Brox/Walker*, Schuldrecht BT, § 35 Rn. 33; *Medicus/Lorenz*, Schuldrecht II, Rn. 1119.
612 *Schlechtriem*, Schuldrecht BT, Rn. 703; *Hassold*, JR 1989, 358 (361 f.).
613 *Coester-Waltjen*, JuS 1990, 608 (609).
614 Bamberger/Roth/*Gehrlein* § 677 Rn. 4; MüKoBGB/*Seiler* Vor § 677 Rn. 15.

Risiko der Geschäftsführung und nicht lediglich das allgemeine Lebensrisiko des Geschäftsführers realisiert hat.[615] Darüber hinaus kann der Geschäftsführer analog § 253 II auch die Zahlung eines angemessenen Schmerzensgeldes verlangen (→ Rn. 812).

Beispiel: Beim Löschen des Brandes am Haus des G erleidet der Nachbar N eine Rauchvergiftung. N kann von G Ersatz der Behandlungskosten (§§ 677, 683 S. 1, 670) sowie Zahlung von Schmerzensgeld (§ 253 II analog) verlangen.

Hat der Geschäftsführer den eigenen Schaden durch Unachtsamkeit **mitverursacht**, so muss er sich dies nach § 254 entgegenhalten lassen.[616] Diente die Geschäftsführung der Abwehr einer *drohenden dringenden Gefahr* für den Geschäftsherrn, dann darf dem Geschäftsherrn eine leichte Fahrlässigkeit nach dem Rechtsgedanken des § 680 aber nicht angelastet werden.[617]

Nach hM kann der Geschäftsführer schließlich in entsprechender Anwendung des § 1835 III eine **Vergütung** verlangen, wenn die Tätigkeit in seinen *beruflichen Aufgabenkreis* fällt und üblicherweise nur gegen Vergütung vorgenommen wird.[618] Die abweichende Beurteilung gegenüber dem Auftrag (→ Rn. 813) erklärt sich daraus, dass es im Fall der Geschäftsführung ohne Auftrag an einer Einigung über die Unentgeltlichkeit fehlt. **871**

Beispiel: Arzt A wird zufällig Zeuge eines Autounfalls und versorgt einen Schwerverletzten. Da die Behandlung zum beruflichen Aufgabenkreis des A gehört, kann er von dem Verletzten nach §§ 670, 677, 683 S. 1 die übliche Vergütung verlangen.

Der Aufwendungsersatzanspruch ist nach § 685 I ausgeschlossen, wenn der Geschäftsführer nicht die Absicht hatte, vom Geschäftsherrn Ersatz zu verlangen. Gewähren Eltern ihren Kindern oder Kinder ihren Eltern **Unterhalt**, so greift die *Beweislastumkehr* des § 685 II. Im Zweifel ist danach anzunehmen, dass der Geschäftsführer keinen Ersatz verlangen wollte.

Literatur: *Bamberger*, Grundfälle zum Recht der Geschäftsführung ohne Auftrag im Öffentlichen Recht, JuS 1998, 706; *v. Bar*, Geschäftsbesorgungen im Sinne des Rechts der Geschäftsführung ohne Auftrag, FS Schlechtriem, 2003, 699; *Coester-Waltjen*, Das Verhältnis von Ansprüchen aus Geschäftsführung ohne Auftrag zu anderen Ansprüchen, Jura 1990, 608; *Dietrich*, Auftraglose Hilfeleistung in gefährlichen Situationen, JZ 1974, 535; *Einsele*, Geschäftsführung ohne Auftrag bei nichtigen Verträgen? – BGH, NJW 1997, 47, JuS 1998, 401; *Falk*, Von Titelhändlern und Erbensuchern – Die GoA-Rechtsprechung am Scheideweg, JuS 2003, 833; *Frank*, Die Selbstaufopferung des Kraftfahrers im Straßenverkehr, JZ 1982, 737; *Friedrich*, Die Selbstaufopferung im Straßenverkehr für ein Kind und die Inanspruchnahme der Eltern aus Geschäftsführung ohne Auftrag, VersR 2000, 697; *Gehrlein*, Ansprüche eines Nothelfers in Rettungsfällen, VersR 1998, 1330; *Gursky*, Der Tatbestand der Geschäftsführung ohne Auftrag, AcP 185 (1985), 13; *Hassold*, Die Verweisungen in § 682 BGB – Rechtsfolgeverweisung oder Rechtsgrundverweisung?, JR 1989, 358; *Köhler*, Arbeitsleistungen als »Aufwendungen«?, JZ 1985, 359; *S. Lorenz*, Gescheiterte Vertragsbeziehungen zwischen Geschäftsführung ohne Auftrag und Bereicherungsrecht: späte Einsicht des BGH?, NJW 1996, 883; *ders.*, Geschäftsführung ohne Auftrag und Bereicherungsausgleich bei Vornahme nicht geschuldeter Schönheitsreparaturen, NJW 2009, 2576; *Martinek/Theobald*, Grundfälle zum Recht der Geschäftsführung

615 Vgl. MüKoBGB/*Seiler* § 683 Rn. 19; *Otto*, JuS 1984, 684 (687).

616 *Medicus/Petersen*, Bürgerliches Recht, Rn. 429.

617 BGHZ 43, 188 (194); *Schlechtriem*, Schuldrecht BT, Rn. 708; *Gehrlein*, VersR 1991, 1330 (1331).

618 BGHZ 143, 9 (16); BGH, NJW-RR 2005, 639 (641); Palandt/*Sprau* § 683 Rn. 8; krit. *Köhler*, JZ 1985, 359 (362 ff.).

ohne Auftrag, JuS 1997, 612, 805, 992 und JuS 1998, 27; *Otto*, Ausgleichsansprüche des Geschäftsführers bei berechtigter Geschäftsführung ohne Auftrag, JuS 1984, 684; *Pfeifer*, Ureigenste Geschäfte oder typische »Auch-Gestion«? – zur Behandlung unerkannt unwirksamer Verträge, JA 2008, 17; *Rödder*, Grundzüge der Geschäftsführung ohne Auftrag, JuS 1983, 930; *B. Schmidt*, Der Anwendungsbereich der berechtigten Geschäftsführung ohne Auftrag, JuS 2004, 862; *Schoch*, Geschäftsführung ohne Auftrag im Öffentlichen Recht, Jura 1994, 241; *Schreiber*, Das »auch-fremde« Geschäft bei der Geschäftsführung ohne Auftrag, Jura 1991, 155; *Schröder/Bär*, Geschäftsführung ohne Auftrag, Eigentümer-Besitzer-Verhältnis und Bereicherungsrecht bei der Abwicklung nichtiger Werkverträge, Jura 1996, 449; *Schroth*, Die berechtigte Geschäftsführung ohne Auftrag als Rechtfertigungsgrund im Strafrecht, JuS 1992, 476; *Schubert*, Der Tatbestand der Geschäftsführung ohne Auftrag, AcP 178 (1978), 425; *Schwarz/Ernst*, Ansprüche des Grundstücksbesitzers gegen »Falschparker«, NJW 1997, 2550; *Schwerdtner*, Geschäftsführung ohne Auftrag, Jura 1982, 593 und 642; *Stamm*, Die Rückführung der sog. »auch fremden Geschäfte« von der Geschäftsführung ohne Auftrag auf die Gesamtschuld, Jura 2002, 730; *Tachau*, Berechtigte Geschäftsführung ohne Auftrag als unbestellte Leistung? Zur Konkurrenz von § 683 BGB und § 241 a BGB, Jura 2006, 889; *Thole*, Die Geschäftsführung ohne Auftrag auf dem Rückzug – Das Ende des »auch-fremden« Geschäfts?, NJW 2010, 1243; *Weishaupt*, Zur Geschäftsführung ohne Auftrag bei vertraglicher Pflichtbindung des Geschäftsführers, NJW 2000, 1002. Vgl. auch die Nachweise zu § 40.

§ 42 Die unberechtigte Geschäftsführung ohne Auftrag

I. Voraussetzungen der unberechtigten Geschäftsführung ohne Auftrag

872 Bei der unberechtigten Geschäftsführung ohne Auftrag liegen die Voraussetzungen des § 677 ebenfalls vor. Der Unterschied zur berechtigten Geschäftsführung ohne Auftrag besteht darin, dass ein **Berechtigungsgrund** fehlt. Die Geschäftsübernahme entspricht hier also nicht dem Interesse und Willen des Geschäftsherrn (§ 683 S. 1) und wurde von diesem auch nicht genehmigt (§ 684 S. 2). Der entgegenstehende Wille des Geschäftsherrn darf schließlich auch nicht nach § 679 unbeachtlich sein (vgl. § 683 S. 2).

II. Pflichten des Geschäftsführers

1. Schadensersatzpflicht aus § 678

873 Musste der Geschäftsführer erkennen, dass die Geschäftsübernahme mit dem Willen des Geschäftsherrn in Widerspruch steht, so ist er dem Geschäftsherrn unabhängig von einem Ausführungsverschulden zum Ersatz des aus der Geschäftsführung entstandenen Schadens verpflichtet (§ 678).

a) Allgemeine Anspruchsvoraussetzungen

Die Schadensersatzpflicht nach § 678 setzt voraus, dass der Geschäftsführer bei der **Geschäftsübernahme** zumindest fahrlässig das Fehlen seiner Berechtigung ignoriert hat.[619] Dass dem Geschäftsführer im Hinblick auf die **Verletzungshandlung selbst** ein Verschulden zur Last fällt, ist nicht erforderlich (§ 678 aE). Da der unberechtigte Geschäftsführer die Geschäftsführung als solche zu unterlassen hat, muss er für *sämtliche Folgen* seines Handelns einstehen.[620] Er haftet für bloßes **Übernahmeverschulden.**[621]

619 *Brox/Walker*, Schuldrecht BT, § 35 Rn. 53.
620 Vgl. *Esser/Weyers*, Schuldrecht BT, § 46 III 2 a.
621 Erman/*Dornis* § 678 Rn. 4; MüKoBGB/*Seiler* § 678 Rn. 1; Palandt/*Sprau* § 678 Rn. 3.

Beispiel: B ist Eigentümerin eines Papageien. Obwohl A weiß, dass sie den Vogel nicht füttern darf, steckt sie ihm heimlich einige Körner zu. Daraufhin stirbt der Papagei, da das Futter – für A nicht erkennbar – mit giftigen Körnern verunreinigt war. Zwar trifft die A hinsichtlich der Zuführung des konkreten Futters kein Verschulden, dennoch widersprach die Geschäftsübernahme als solche dem Willen der B. Da A diesbezüglich vorsätzlich handelte, muss sie der B Schadensersatz leisten.

Ist der Geschäftsführer **nicht voll geschäftsfähig**, so schließt § 682 (dazu schon → Rn. 868) auch eine Haftung nach § 678 aus.[622]

b) Haftungsprivilegierung nach § 680

Hat der Geschäftsführer die Abwehr einer **drohenden dringenden Gefahr** für den Geschäftsherrn bezweckt, so ist § 680 anwendbar.[623] Er ist daher nur dann nach § 678 haftbar, wenn er das Interesse oder den Willen des Geschäftsherrn vorsätzlich oder grob fahrlässig außer Acht gelassen hat. 874

Beispiel (BGH, NJW 1972, 475): Nach einer Feier will der stark angetrunkene A mit seinem Pkw nach Hause fahren. Da A sich durch gutes Zureden seines Freundes F hiervon nicht abbringen lässt, setzt dieser sich hinter das Steuer und drängt A auf den Beifahrersitz, obwohl er selbst ebenfalls – wenngleich nicht so stark – angetrunken ist. F verursacht einen Unfall, bei dem A tödlich verletzt und der Pkw völlig zerstört wird. Die Erben des A verlangen von F nach § 678 Schadensersatz. – Die Geschäftsübernahme durch F entsprach nicht dem mutmaßlichen Willen des A. Denn bei klarem Bewusstsein hätte A keinesfalls gewünscht, von einem Betrunkenen nach Hause gefahren zu werden. F hätte auch erkennen müssen, dass er zur Geschäftsführung nicht berechtigt war. F handelte aber zur Abwehr einer dringenden Gefahr. Leicht fahrlässige Unkenntnis reicht daher nicht aus (§ 680). Da grobe Fahrlässigkeit nicht nachweisbar war, hat der BGH den Anspruch verneint.

Nach hM ist § 680 auch dann anwendbar, wenn der Geschäftsführer **irrtümlich** von einer Gefahrenlage ausgeht.[624] Zur Begründung wird darauf verwiesen, dass die Abwendung der Gefahr nur »bezweckt« sein muss. Dem ist im Ergebnis zuzustimmen: Da ein rasches Eingreifen bei drohenden Gefahren erwünscht ist, sollte das Risiko eines Irrtums über die Gefahrenlage zugunsten des Helfers abgemildert werden. 875

Ein Teil der Literatur will § 680 allerdings nur bei *unverschuldetem* Irrtum über die Gefahrenlage heranziehen.[625] Da § 678 bei fehlendem Übernahmeverschulden ohnehin nicht anwendbar ist, hilft diese Lösung dem Geschäftsführer im Fall der Scheingefahr aber nicht weiter. Nach der Wertung des § 678 muss die Privilegierung daher schon dann eingreifen, wenn der Geschäftsführer **ohne grobe Fahrlässigkeit** von einer Gefahr ausgeht.[626]

Beispiel: Der N hört aus der Wohnung seiner Nachbarn M und F lauten Streit. Plötzlich schreit M: »Ich steche dich ab«. Darauf ruft F laut um Hilfe. Kurz entschlossen tritt N die verschlossene Wohnungstür ein, um F zu retten. Dabei stellt sich heraus, dass M und F sich in einer Laienspielgruppe betätigen und gerade für ein Kriminalstück geprobt haben. – Da N ohne grobe Fahrlässigkeit vom Vorliegen einer Gefahr ausgegangen ist, scheidet ein Schadensersatzanspruch aus § 678 aus.

---

622 *Brox/Walker*, Schuldrecht BT, § 35 Rn. 52; *Medicus/Lorenz*, Schuldrecht II, Rn. 1121.

623 Bamberger/Roth/*Gehrlein* § 678 Rn. 3; Staudinger/*Bergmann* (2006) § 678 Rn. 13.

624 Vgl. Erman/*Dornis* § 680 Rn. 4; *Larenz*, Schuldrecht II/1, 57 Ib; aA MüKoBGB/*Seiler* § 680 Rn. 5; Staudinger/*Bergmann* (2006) § 680 Rn. 13.

625 So etwa *Dietrich*, JZ 1974, 534 (539); vgl. auch BAG, NJW 1976, 1229 (1230).

626 So auch Jauernig/*Mansel* § 680 Rn. 2; Palandt/*Sprau* § 680 Rn. 2.

c) Verhältnis zum Deliktsrecht

876 Neben § 678 können dem Geschäftsherrn nach allgemeiner Ansicht auch Schadensersatzansprüche aus **Deliktsrecht** (§§ 823 ff.) zustehen.[627]

2. Interessengemäße Ausführung des Geschäfts

877 Ein Schadensersatzanspruch aus **§ 677 iVm § 280 I** soll bei der unberechtigten Geschäftsführung ohne Auftrag ausscheiden, weil § 678 insoweit abschließend sei.[628] Problematisch erscheint jedoch, dass § 678 bei fehlendem *Übernahmeverschulden* nicht eingreift. Um eine unbillige Begünstigung des unberechtigten Geschäftsführers zu vermeiden, muss dem Geschäftsherrn hier wenigstens ein Schadensersatzanspruch wegen *unsachgemäßer Ausführung* des Geschäfts aus §§ 280 I, 677 zugebilligt werden.[629] Dies impliziert freilich, dass auch die **unberechtigte Geschäftsführung** ohne Auftrag als **gesetzliches Schuldverhältnis** anerkannt wird.[630]

> **Beispiel:** Im Papageien-Fall (Fn. 873) sei es für A nicht erkennbar gewesen, dass sie den Vogel der B nicht füttern darf. Infolge von Fahrlässigkeit verwendet A jedoch ein ungeeignetes Futter, so dass der Papagei stirbt. – In dieser Variante scheitert ein Schadensersatzanspruch der B gegen die A am fehlenden Übernahmeverschulden. Da B bei der Ausführung des Geschäfts schuldhaft gehandelt hat, haftet sie der A aber aus § 677 iVm § 280 I auf Schadensersatz.

In der Literatur wird die Anwendbarkeit des § 677 teilweise mit der Begründung verneint, der unberechtigte Geschäftsführer müsse das Geschäft nicht im Einklang mit Interesse und Willen des Geschäftsherrn führen, sondern habe die Geschäftsführung ganz zu unterlassen.[631] Dem ist jedoch entgegenzuhalten, dass auch der unberechtigte Geschäftsführer ein **fremdes Geschäft** führen **will**. Ist die fehlende Berechtigung für ihn nicht erkennbar, so erscheint es daher gerechtfertigt, ihn bei der Ausführung des Geschäfts wie einen berechtigten Geschäftsführer an das Interesse und den Willen des Geschäftsherrn zu binden, zumal er sonst unbillig privilegiert würde.

3. Nebenpflichten des Geschäftsführers

878 Geht man vom Vorliegen eines gesetzlichen Schuldverhältnisses aus, so treffen auch den **unberechtigten Geschäftsführer** die **Nebenpflichten** aus § 681 S. 1 und S. 2 iVm §§ 666–668.[632] Wenn der Geschäftsherr den Geschäftsführer gemäß §§ 681 S. 2, 667 auf Herausgabe des Erlangten in Anspruch nimmt, wird er im Allgemeinen aber nach Treu und Glauben (§ 242) gehalten sein, die Geschäftsführung gemäß § 684 S. 2 zu genehmigen. Denn der Geschäftsherr kann nicht gleichzeitig die Vorteile des Geschäfts beanspruchen und dem Geschäftsführer den Aufwendungsersatz nach § 683 S. 1 verweigern.[633]

---

627 *Emmerich*, Schuldrecht BT, § 13 Rn. 17.
628 Erman/*Dornis* § 678 Rn. 5; *Larenz*, Schuldrecht II/1, § 57 II a.
629 So auch Soergel/*Beuthien* Vor § 677 Rn. 3.
630 So auch *Beuthien*, FS Söllner, 2000, 125 ff.; *Brox/Walker*, Schuldrecht BT, § 35 Rn. 51; aA Jauernig/*Mansel* Vor § 677 Rn. 5; Hk-BGB/*Schulze* Vor §§ 677–687 Rn. 6.
631 So etwa *Larenz*, Schuldrecht II/1, § 57 vor I; *Esser/Weyers*, Schuldrecht BT, § 46 III 2 a.
632 Vgl. BGH, NJW 1984, 1461 (1462); *Brox/Walker*, Schuldrecht BT, § 35 Rn. 51; *Medicus/Lorenz*, Schuldrecht II, Rn. 1121; aA *Gursky*, Schuldrecht BT, S. 170.
633 Soergel/*Beuthien* § 684 Rn. 5. Zu möglichen Ausnahmen *Beuthien*, FS Söllner, 2000, 125 (130).

III. Pflichten des Geschäftsherrn

Im Falle einer unberechtigten Geschäftsführung ohne Auftrag steht dem Geschäftsführer **kein** Anspruch auf **Aufwendungsersatz aus § 683 S. 1, 670** zu. Dies gilt nach hM auch dann, wenn der Geschäftsherr schuldhaft den Anschein erweckt hat, es liege eine Gefahr iSd § 680 vor.[634] 879

Beispiel: Bergsteiger B kehrt nach einer Hochgebirgstour am Abend nicht ins Hotel zurück. Seine Freundin F organisiert daraufhin eine aufwändige Suchaktion. Tatsächlich ist B nach dem Abstieg in einer Gaststätte mit einem alten Freund »versackt«. Da die Suchaktion dem Interesse und dem mutmaßlichen Willen des B widersprach, muss er der F keinen Aufwendungsersatz nach §§ 683 S. 1, 670 zahlen.

Gemäß § 684 S. 1. ist der Geschäftsherr bei der unberechtigten Geschäftsführung ohne Auftrag aber verpflichtet, dem Geschäftsführer alles herauszugeben, was er durch die Geschäftsführung erlangt hat. Die **Herausgabe** richtet sich nach den Vorschriften über die ungerechtfertigte Bereicherung. Es handelt sich dabei um eine *Rechtsfolgenverweisung.*[635] 880

Die Bereicherung des Geschäftsherrn kann insbesondere in der **Ersparnis von Aufwendungen** bestehen. Dem Geschäftsführer steht dann ein Anspruch auf Wertersatz (§ 818 II) zu.[636] Erforderlich ist jedoch, dass der Geschäftsherr insoweit tatsächlich (noch) bereichert ist (vgl. § 818 III). Fehlgeschlagene Aufwendungen müssen daher – anders als bei der berechtigten Geschäftsführung ohne Auftrag nach § 683 S. 1 (→ Rn. 870) – nicht ersetzt werden. Für eine *aufgedrängte Bereicherung* hat der Geschäftsherr ebenfalls keinen Wertersatz zu leisten (vgl. → Rn. 1113).[637]

Beispiel: Im Bergsteiger-Fall steht F auch kein Anspruch gegen B auf Aufwendungsersatz aus § 684 S. 1 iVm § 818 II zu.

Literatur: *Beuthien*, Die unberechtigte Geschäftsführung ohne Auftrag im bürgerlichrechtlichen Anspruchssystem, FS Söllner, 2000, 125.

§ 43 Unechte Geschäftsführung ohne Auftrag

Führt ein Geschäftsführer ein fremdes Geschäft als eigenes, so liegt eine sog. **Eigengeschäftsführung** vor. Die Eigengeschäftsführung stellt als *unechte Geschäftsführung ohne Auftrag* weder einen Rechtsgrund im Sinne des Bereicherungsrechts noch einen Rechtfertigungsgrund dar. Denkbar ist eine Eigengeschäftsführung nur bei **objektiv fremden Geschäften.**[638] Denn bei neutralen Geschäften wird die Fremdheit allein durch den hier notwendig fehlenden Fremdgeschäftsführungswillen begründet (vgl. Rn. 845, 848). 881

634 *Medicus/Petersen*, Bürgerliches Recht, Rn. 424; aA Erman/*Ehmann*[12] § 680 Rn. 5.
635 BGH, WM 1976, 1056 (1060); Palandt/*Sprau* § 684 Rn. 1; für Rechtsgrundverweisung *Larenz/Canaris*, Schuldrecht II/2, § 69 III 1 a.
636 Vgl. *Martinek/Theobald*, JuS 1997, 612 (615 f.).
637 *Emmerich*, Schuldrecht BT, § 13 Rn. 17; *Medicus/Lorenz*, Schuldrecht II, Rn. 1120.
638 BGH, NJW 2000, 72 (73); krit. Staudinger/*Bergmann* (2006) § 687 Rn. 14 ff.

I. Irrtümliche Eigengeschäftsführung

882 Nach § 687 I finden die Vorschriften über die Geschäftsführung ohne Auftrag **keine Anwendung**, wenn jemand ein fremdes Geschäft in der Meinung führt, es handele sich um ein eigenes.

> **Beispiel:** A hat von B ein Fahrrad erworben und verkauft dieses weiter an D. Dabei geht er davon aus, dass er Eigentümer des Fahrrads ist. In Wahrheit steht das Rad jedoch noch im Eigentum des B, da die Übereignung unwirksam war.

Die **Rechtsfolgen** richten sich in diesen Fällen nach den Vorschriften über unerlaubte Handlungen, die ungerechtfertigte Bereicherung oder das Eigentümer-Besitzer-Verhältnis. Die Bestimmungen über die Geschäftsführung ohne Auftrag sind dagegen unanwendbar. Dies gilt unabhängig davon, ob die Fremdheit des Geschäfts für den »Geschäftsführer« erkennbar war. Entscheidend ist allein, dass der für die Geschäftsführung ohne Auftrag konstitutive **Fremdgeschäftsführungswille** (→ Rn. 846) fehlt.

II. Geschäftsanmaßung

883 Behandelt der Geschäftsführer ein fremdes Geschäft als eigenes, obwohl er von der Fremdheit des Geschäfts und dem Fehlen seiner Berechtigung *weiß*, so ist der Geschäftsherr besonders **schutzwürdig.** § 687 II räumt ihm daher das Recht ein, den Geschäftsführer nach §§ 677, 678, 681, 682 in Anspruch zu nehmen. Macht er hiervon Gebrauch, so muss er dem Geschäftsführer allerdings nach § 684 S. 1 Aufwendungsersatz leisten. Im Ergebnis sind damit zwar wichtige Vorschriften aus dem Bereich der Geschäftsführung ohne Auftrag anwendbar; da der Fremdgeschäftsführungswille fehlt, handelt es sich aber dennoch um eine **unechte** Geschäftsführung ohne Auftrag.[639]

1. Pflichten des Geschäftsführers

Bei angemaßter Eigengeschäftsführung stehen dem Geschäftsherrn zunächst wieder die allgemeinen Ansprüche aus §§ 812 ff., 823 ff., 987 ff. zu. Nach § 687 II 1 kann er das Geschäft darüber hinaus aber auch an sich ziehen, indem er die Ansprüche aus **§§ 677, 678, 681, 682** geltend macht. Praktische Relevanz haben dabei vor allem der Schadensersatzanspruch aus § 678 sowie der Anspruch auf Herausgabe des aus der Geschäftsführung Erlangten gemäß §§ 681 S. 2, 667.[640] Der letztere Anspruch ist besonders attraktiv, wenn der Geschäftsführer durch das Geschäft einen **Gewinn** erzielt hat.[641]

> **Beispiel:** D entwendet aus dem Antiquitätengeschäft des E eine kleine Marienstatue aus dem 15. Jahrhundert (Wert: 40.000 EUR) und verkauft sie für 50.000 EUR an den Kunstliebhaber K. Wenige Tage später wird D von der Polizei gefasst; der Aufenthalt des K ist nicht zu ermitteln. E kann von D gemäß §§ 687 II 1, 681 S. 2, 667 Herausgabe der 50.000 EUR verlangen. Der gleiche Anspruch steht ihm nach hM aus § 816 I 1 zu, sofern er die Veräußerung der Statue genehmigt (→ Rn. 1080). Schadensersatzansprüche aus § 823 I (Eigentumsverletzung) und §§ 823 II, 242 StGB sind dagegen nur auf den Wert der Statue (40.000 EUR) gerichtet.

---

639 Palandt/*Sprau* § 687 Rn. 2.

640 Vgl. *Larenz*, Schuldrecht II/1, § 57 IIb.

641 Vgl. Erman/*Dornis* § 687 Rn. 10; *Schlechtriem*, Schuldrecht BT, Rn. 716; *Ebert*, ZIP 2002, 2296 (2301); krit. *Wenckstern*, AcP 200 (2000), 240 (270).

2. Pflichten des Geschäftsherrn

Macht der Geschäftsherr die Ansprüche aus den §§ 677, 678, 681, 682 geltend, so handelte er widersprüchlich, wenn er dem Geschäftsführer nicht die Vorteile herausgeben würde, die ihm dadurch entstanden sind, dass er das Geschäft nicht selbst vornehmen musste. Nach §§ 687 II 2, 684 S. 1 ist der Geschäftsherr daher verpflichtet, dem Geschäftsführer alles, was er **durch die Geschäftsführung erlangt**, nach den Vorschriften über die ungerechtfertigte Bereicherung herauszugeben. Entgegen dem missverständlichen Wortlaut erfasst dieser Anspruch des Geschäftsführers allerdings nicht das, was der Geschäftsherr durch die Realisierung des Anspruches aus §§ 687 II 1, 681 S. 2, 667 erlangt hat (also nicht den Veräußerungserlös). Denn sonst würde der Herausgabeanspruch des Geschäftsherrn *ad absurdum* geführt.[642] Vielmehr geht es auch hier darum, dass der Geschäftsherr dem Geschäftsführer den **Wert der ersparten Aufwendungen** ersetzen muss, soweit er dadurch (noch) bereichert ist (→ Rn. 880).[643] 884

Literatur: *Ebert*, Das Recht auf den Eingriffserwerb, ZIP 2002, 2296; *Wenckstern*, Die Geschäftsanmaßung als Delikt, AcP 200 (2000), 240. Vgl. auch die Nachweise zu §§ 40–42.

6. Abschnitt. Verwahrung und Gastwirtshaftung

§ 44 Der Verwahrungsvertrag

I. Überblick

Die in den §§ 688–699 geregelte Verwahrung stellt einen Spezialfall der Geschäftsbesorgung (→ Rn. 820 ff.) dar. Indem der Verwahrer eine bewegliche Sache für den Hinterleger aufbewahrt, führt er nämlich ein Geschäft aus, das primär in den Interessenkreis des Hinterlegers fällt. 885

Einige **Sonderformen** von Verwahrungsverhältnissen finden sich außerhalb des BGB. So ist das *Lagergeschäft* in den §§ 467–475 h HGB geregelt (→ Rn. 907). Die *Aufbewahrung von Wertpapieren* richtet sich vorrangig nach dem Depotgesetz v. 11. 1. 1995 (→ Rn. 891 und 910).

Geht bei der Hinterlegung das Eigentum auf den Verwahrer über, so liegt kein echter Fall der Verwahrung vor. Vielmehr handelt es sich um einen **unregelmäßigen Verwahrungsvertrag**, der wie ein Darlehensvertrag behandelt wird (§ 700).

II. Inhalt des Verwahrungsvertrages

Gegenstand des Verwahrungsvertrages ist die **Aufbewahrung einer beweglichen Sache.** Da die Verwahrung auf einen bestimmten Zeitraum ausgerichtet ist, handelt es sich um ein *Dauerschuldverhältnis.*[644] 886

Die Sache muss dem Verwahrer vom Hinterleger übergeben werden. Die Übergabe ist jedoch keine notwendige Voraussetzung für das Zustandekommen eines Verwah-

642 *Medicus/Lorenz*, Schuldrecht II, Rn. 1123; MüKoBGB/*Seiler* § 687 Rn. 15.

643 Ähnlich *Beuthien*, FS Söllner, 2000, 125 (129 f.); *Brox/Walker*, Schuldrecht BT, § 35 Rn. 60; *Emmerich*, Schuldrecht BT, § 13 Rn. 20; *Esser/Weyers*, Schuldrecht BT, § 46 IV 2.

644 *Oetker/Maultzsch* § 12 Rn. 1; Palandt/*Sprau* § 688 Rn. 1.

rungsvertrages. Dieser kommt vielmehr nach allgemeinen Regeln allein durch den Konsens der Vertragsparteien zustande.[645]

887 Der Verwahrungsvertrag kann die Entrichtung eines Entgelts beinhalten. Die **stillschweigende Vereinbarung einer Vergütung** wird *fingiert*, wenn die Aufbewahrung im konkreten Einzelfall nur gegen ein Entgelt erwartet werden kann (§ 689). Wird eine Vergütung geschuldet, so handelt es sich um einen gegenseitigen Vertrag. Die §§ 320 ff. finden damit Anwendung.[646]

III. Abgrenzungen

888 Bei unentgeltlicher Verwahrung ist eine Abgrenzung zum **Gefälligkeitsverhältnis** erforderlich. Nach allgemeinen Regeln kommt es darauf an, ob die Parteien mit *Rechtsbindungswillen* handeln (vgl. SAT Rn. 93 ff.).[647] Nimmt der Kellner dem Gast in einem Restaurant die Jacke ab, um sie zur Garderobe zu bringen, so kommt damit im Allgemeinen kein Verwahrungsvertrag zustande; es handelt sich insoweit vielmehr um eine bloße Gefälligkeit.[648] Den Inhaber des Restaurants trifft allerdings eine Nebenpflicht nach § 241 II zur Obhut über die Jacke.

Die Verwahrung ist sowohl im Hinblick auf die Übergabe des Verwahrungsgegenstands an den Verwahrer als auch im Hinblick auf die Überlassung eines Aufbewahrungsraums an den Hinterleger von der **Miete** abzugrenzen. Hierbei gilt Folgendes: Bei der Miete hat die Übergabe der Sache an den Mieter den Zweck, diesem den Gebrauch zu ermöglichen. Bei der Verwahrung dient die Übergabe der Sache dagegen dem **Interesse des Hinterlegers** an einer sicheren Aufbewahrung der Sache; dem Verwahrer steht dementsprechend grundsätzlich kein Nutzungsrecht an der Sache zu.[649] Der Verwahrer eines Pferdes kann zwar die Nebenpflicht haben, das Tier in angemessenem Umfang zu reiten.[650] Der »Gebrauch« erfolgt hier aber nicht im Interesse des Verwahrers, sondern im Interesse des Hinterlegers.

889 Im Hinblick auf die Überlassung des Aufbewahrungsraums ist zu beachten, dass der Vermieter nur eine geeignete Räumlichkeit zur Verfügung stellen muss. Der Verwahrer hat die Sache dagegen in seine Obhut zu nehmen.[651] Ihn treffen daher auch **Obhutspflichten**, die keine Schutzpflichten iSd § 241 II, sondern echte Leistungspflichten sind.

> **Beispiele:** Kein Verwahrungsvertrag liegt vor, wenn der Hotelgast (G) einen Safe zur Aufbewahrung von Wertgegenständen nutzen darf, sofern der Hotelier (H) nicht besondere Maßnahmen zum Schutz der Gegenstände trifft.[652] Werden die Wertgegenstände des G gestohlen, so kommt nur ein Schadensersatzanspruch gegen H nach §§ 280 I, 241 II wegen Verletzung einer Nebenpflicht aus dem Mietvertrag in Betracht. Der G muss also an sich nachweisen, dass H eine Schutzpflicht iSd § 241 II verletzt hat. Im Einzelfall ist aber eine Beweislastumkehr nach Risikosphären möglich.[653]

645 *Brox/Walker*, Schuldrecht BT, § 30 Rn. 9; Hk-BGB/*Schulze* § 688 Rn. 1; aA *Esser/Weyers*, Schuldrecht BT, § 38 I 1: Realvertrag.
646 *Oetker/Maultzsch* § 12 Rn. 12.
647 Staudinger/*Reuter* (2006) § 688 Rn. 1; *Brox/Walker*, Schuldrecht BT, § 30 Rn. 2.
648 AG Miesbach, VersR 2003, 1400.
649 *Medicus/Lorenz*, Schuldrecht II, Rn. 939; *Emmerich*, Schuldrecht BT, § 11 Rn. 29.
650 Bamberger/Roth/*Gehrlein* § 688 Rn. 3. Zur Qualifikation des Pferdeeinstellungsvertrages als Verwahrung vgl. auch OLG Brandenburg, NJW-RR 2006, 1558; LG Ulm, NJW-RR 2004, 854.
651 *Brox/Walker*, Schuldrecht BT, § 30 Rn. 3.
652 Vgl. *Oetker/Maultzsch* § 12 Rn. 6.
653 Vgl. BGH, NJW 2009, 142; Palandt/*Grüneberg* § 280 Rn. 37.

Abwandlung: H bietet dem G die Möglichkeit, seinen Koffer bis zur Abreise unentgeltlich in einem Raum abzustellen, der durch den Portier bewacht wird. Die ordnungsgemäße Rückgabe des Koffers wird durch Ausgabe einer Gepäckmarke gewährleistet. H hat sich in diesem Fall zur unentgeltlichen Verwahrung des Koffers verpflichtet. Kommt der Koffer abhanden, so steht G ein Schadensersatzanspruch wegen Unmöglichkeit der Rückgabe aus §§ 280 I, III, 283 zu (→ Rn. 892). G muss dabei nur die Unmöglichkeit der Rückgabe nachweisen. Das Vertretenmüssen wird dann nach § 280 I 2 vermutet. – Die *entgeltliche Überlassung von Parkplätzen* stellt einen Fall der Miete dar, sofern der Betreiber des Parkhauses keine besonderen Obhutspflichten übernimmt.[654] Bei Beschädigung des Fahrzeugs folgt der Schadensersatzanspruch des Mieters aus §§ 280 I, 241 II, wobei wiederum eine Beweislastumkehr in Betracht kommt.

IV. Die Pflichten des Verwahrers

1. Verwahrungspflicht

Den Verwahrer trifft die Pflicht, den Verwahrungsgegenstand in **seine räumliche Obhut** zu nehmen (§ 688). Dies kann zB durch Einbringung in einen Raum, in einen Safe oder auch in eine Tasche oder ein Portemonnaie geschehen.[655] Aufgrund seiner **Obhutspflicht** kann der Verwahrer bei drohender Gefahr (zB Brand) zur *Rettung* der Sache verpflichtet sein.[656] Der entgeltliche Verwahrer darf gleichwertige eigene Sachen im Allgemeinen erst retten, wenn er die verwahrte Sache in Sicherheit gebracht hat.[657] 890

Im Zweifel muss der Verwahrer den Gegenstand in **eigener Verantwortung** in seinen Räumen hinterlegen (vgl. § 691 S. 1). Der Hinterleger kann ihm jedoch gestatten, die Sache in die räumliche Obhut eines Dritten zu geben. Gestattet der Hinterleger diese *Substitution* nicht, so darf der Verwahrer sich dennoch eines Erfüllungsgehilfen bedienen, sofern er die unmittelbare Bestimmungsmacht über den verwahrten Gegenstand behält. 891

Zur Vertiefung: Bei der Hinterlegung von Wertpapieren nach dem DepotG findet die Zweifelsregel des § 691 S. 1 keine Anwendung, wenn die Wertpapiere unter dem Namen des Verwahrers einem anderen Verwahrer (Zwischenverwahrer) anvertraut werden (§ 3 I DepotG). Das Verschulden des Zwischenverwahrers wird dem Verwahrer dann aber wie eigenes Verschulden zugerechnet (§ 3 II DepotG).

2. Rückgabepflicht

Der Hinterleger ist gem. § 695 S. 1 berechtigt, den verwahrten Gegenstand jederzeit vom Verwahrer **herauszuverlangen**. Dies gilt auch, wenn die Vertragsparteien eine bestimmte Aufbewahrungsdauer vereinbart haben. Erhält der Verwahrer für die Aufbewahrung eine *Vergütung*, deren Höhe von der Dauer der Aufbewahrung abhängig ist, so wird er mit dem Hinterleger regelmäßig eine *abweichende Vereinbarung* treffen.[658] 892

Nach § 697 erfolgt die Rückgabe am Ort der Verwahrung. Der Hinterleger ist also verpflichtet, die hinterlegte Sache **abzuholen**, sofern nicht etwas anderes vereinbart wurde.[659]

654 *Medicus/Lorenz*, Schuldrecht II, Rn. 940; ausführlich MüKoBGB/*Henssler* § 688 Rn. 48 ff.
655 Hierzu Bamberger/Roth/*Gehrlein* § 688 Rn. 3.
656 Staudinger/*Reuter* (2006) § 688 Rn. 7.
657 Bamberger/Roth/*Gehrlein* § 688 Rn. 3.
658 Bamberger/Roth/*Gehrlein* § 695 Rn. 1.
659 Hk-BGB/*Schulze* § 697 Rn. 1; Staudinger/*Reuter* (2006) § 697 Rn. 1.

3. Sonstige Pflichten

893 Den Verwahrer treffen neben der Pflicht zur Verwahrung und zur Rückgabe auch noch Nebenpflichten. Er ist insbesondere dazu verpflichtet, den Hinterleger vor einer Veränderung der Art der Aufbewahrung zu **informieren** und seinen Entschluss abzuwarten (§ 692 S. 2). Droht der hinterlegten Sache Gefahr, wenn die Art der Aufbewahrung nicht unverzüglich geändert wird, so hat der Verwahrer die Änderung anzuzeigen, sobald ihm dies möglich ist. Darüber hinaus muss der Verwahrer nach allgemeinen Regeln auf die **sonstigen Rechtsgüter** des Hinterlegers *Rücksicht* nehmen (§ 241 II).

V. Rechtsfolgen einer Pflichtverletzung durch den Verwahrer

1. Allgemeines

894 Kann der Verwahrer die hinterlegte Sache nicht zurückgeben, weil sie während der Aufbewahrung *zerstört* worden oder *abhanden* gekommen ist, so entfällt die Rückgabepflicht aus § 695 wegen **Unmöglichkeit** nach § 275 I. Sofern der Verwahrer sich nicht nach § 280 I 2 damit entlasten kann, dass er bei der Verwahrung die im Verkehr erforderliche Sorgfalt beachtet hat, steht dem Hinterleger ein Schadensersatzanspruch aus §§ 280 I, III, 283 zu.

895 Wird die hinterlegte Sache beim Verwahrer **beschädigt**, so liegt es auf den ersten Blick nahe, den Schadensersatzanspruch des Hinterlegers auf die Verletzung einer **Schutzpflicht** zu stützen. Anspruchsgrundlage wäre damit § 280 I iVm § 241 II.[660] Gegen diesen Ansatz spricht jedoch, dass die Obhutspflichten des Verwahrers keine Schutzpflichten iSd § 241 II sind (→ Rn. 889). Davon abgesehen drohen Wertungswidersprüche gegenüber dem Fall der Zerstörung, weil der Hinterleger dann an sich nicht nur die bloße Beschädigung der Sache, sondern auch die Verletzung der Schutzpflicht nachweisen müsste. Eine andere Ansicht in der Literatur stellt darauf ab, dass der Verwahrer nach § 695 verpflichtet ist, die Sache in *unversehrtem Zustand* zurückzugeben; die Rückgabe der beschädigten Sache stelle daher eine **Schlechterfüllung der Leistungspflicht aus § 695** dar.[661] Je nachdem ob eine Reparatur möglich ist oder nicht, folgt der Schadensersatzanspruch des Verwahrers nach dieser Ansicht aus §§ 280 I, III, 281 oder §§ 280 I, III, 283.[662] Die damit verbundene Verlagerung des Bezugspunkts der Pflichtverletzung auf die Rückgabe der Sache kann jedoch nicht überzeugen. Davon abgesehen lässt sich eine Pflicht des Verwahrers zur Nacherfüllung durch Reparatur der beschädigten Sache nicht begründen. Nach richtiger Ansicht verletzt der Verwahrer im Fall der Beschädigung seine **Leistungspflicht zur Erhaltung der Sache** in unversehrtem Zustand. Für diese Schlechtleistung haftet der Verwahrer allein nach § 280 I (vgl. SAT Rn. 570).[663] Da die Schlechterfüllung sich auf eine erfolgsbezogene Leistungspflicht – Erhaltung der Sache in unversehrtem Zustand – bezieht, hat der Hinterleger lediglich die Beschädigung nachzuweisen. Der Ver-

660 Für Anwendung der §§ 280 I, 241 II *Medicus/Lorenz*, Schuldrecht II, Rn. 946.

661 Vgl. Staudinger/*Reuter* (2006) Vor §§ 688 ff. Rn. 37.

662 Auf §§ 280 I, III, 283 abstellend *Oetker/Maultzsch* § 12 Rn. 24; für Anwendung der §§ 280 I, III, 281 Hk-BGB/*Schulze* § 688 Rn. 3.

663 Zur Anwendbarkeit des § 280 I auf die Schlechterfüllung von Leistungspflichten bei Verträgen ohne eigene Gewährleistungsregeln vgl. Palandt/*Grüneberg* § 280 Rn. 16.

wahrer muss sich dann nach § 280 I 2 damit entlasten, dass er die Beschädigung nicht zu vertreten hat.

Bei **verspäteter Rückgabe** der hinterlegten Sache sind die Vorschriften über den Verzug (§§ 280 I, II, 286) anzuwenden, wenn dem Hinterleger durch die Verspätung ein Schaden entsteht. Die Verletzung **sonstiger Pflichten** (zB Schutzpflichten hinsichtlich der Person des Hinterlegers) hat einen Schadensersatzanspruch aus § 280 I iVm § 241 II zur Folge. 896

2. Haftungsmaßstab

Unterschiede ergeben sich im Hinblick auf den **Haftungsmaßstab** im Rahmen von *entgeltlichen und unentgeltlichen Verwahrungsverträgen*. Während der Verwahrer bei der entgeltlichen Verwahrung für Vorsatz und Fahrlässigkeit iSd § 276 einzustehen hat, haftet er bei der unentgeltlichen Verwahrung nur für die *Sorgfalt, die er in eigenen Angelegenheiten anzuwenden pflegt* (§ 690). Gemäß § 277 ist der Verwahrer allerdings nicht von der Haftung für grobe Fahrlässigkeit befreit (vgl. SAT Rn. 524 ff.). 897

Bei der Feststellung der eigenüblichen Sorgfalt kann man sich daran orientieren, wie der unentgeltlich handelnde Verwahrer mit vergleichbaren eigenen Sachen umgeht. Hat sich der Verwahrer mit der fahrlässigen Beschädigung der hinterlegten Sachen **zugleich selbst geschädigt**, so kann daraus auf die Einhaltung der eigenüblichen Sorgfalt geschlossen werden.[664] 898

Beispiel (OLG Zweibrücken, NJW-RR 2002, 1456): H und V sind Schausteller, die auf Jahrmärkten Süßwaren verkaufen. Als der Schaustellerwagen des H repariert werden muss, gestattet V ihm, Süßwaren und andere Sachen in seinem Schaustellerwagen abzustellen. In dem Schaustellerwagen bricht wenig später infolge von Fahrlässigkeit des V ein Brand aus, durch den der Wagen und alle dort von H abgestellten Gegenstände zerstört werden. – Dem H könnte gegen V ein Schadensersatzanspruch aus §§ 280 I, III, 283 zustehen. Aufgrund des Brandes ist dem V die Rückgabe der in dem Wagen abgestellten Sachen des H unmöglich geworden (§ 275 I). Der V könnte sich jedoch nach § 280 I 2 iVm §§ 690, 277 entlasten, wenn er bei der Aufbewahrung der Sachen die eigenübliche Sorgfalt eingehalten hat. Hierfür spricht, dass V sich durch die Zerstörung des Wagens zugleich selbst geschädigt hat.

Die Haftungserleichterung des § 690 betrifft alle Pflichtverletzungen des Verwahrers, die **in einem inneren Zusammenhang mit der Verwahrung** stehen. Sie gilt insbesondere für Obhutspflichtverletzungen in Bezug auf die hinterlegte Sache. Verletzt der Verwahrer ein Rechtsgut des Hinterlegers, ohne dass ein spezifischer Zusammenhang mit der Verwahrung besteht, so findet § 690 keine Anwendung.[665] Ebenso wie bei § 521 und § 599 (→ Rn. 316 und → Rn. 528) erstreckt sich die Privilegierung des unentgeltlichen Handelns auch auf konkurrierende **deliktische Ansprüche.**[666] 899

3. Der Einsatz von Dritten

Bedient sich der Verwahrer zur Erledigung seiner Aufgaben eines **Dritten**, so muss differenziert werden. Setzt der Verwahrer einen *Erfüllungsgehilfen* ein, so wird ihm dessen Verschulden nach § 278 zugerechnet (§ 691 S. 3). Überträgt der Verwahrer 900

664 OLG Zweibrücken, NJW-RR 2002, 1456 (1457).
665 MüKoBGB/*Henssler* § 690 Rn. 9; Staudinger/*Reuter* (2006) § 690 Rn. 5.
666 OLG Zweibrücken, NJW-RR 2002, 1456 (1457); Palandt/*Sprau* § 690 Rn. 1; *Medicus/Lorenz*, Schuldrecht II, Rn. 947.

seine Aufgabe *berechtigterweise* einem Dritten, so dass er selbst *keine Einwirkungsmöglichkeit* mehr auf die hinterlegte Sache hat, dann haftet er nur *für die sorgfältige Auswahl* des Dritten (§ 691 S. 2).[667] Wurde der Dritte den Interessen des Hinterlegers entsprechend ordnungsgemäß ausgesucht, so ist der Verwahrer daher nicht schadensersatzpflichtig.

901 Anders liegt der Fall, wenn dem Verwahrer die Substitution nicht erlaubt ist. Dann hat er bei Eintritt eines Schadens sogar für **Zufall** einzustehen.[668]

Beispiel: H gibt bei V Schmuckstücke in Verwahrung. V hinterlegt den Schmuck unbefugt bei einem Dritten (D). Dort wird der Schmuck ohne Verschulden von V und D durch Unbekannte entwendet. – H kann von V Schadensersatz aus §§ 280 I, III, 283 verlangen. Durch die Weitergabe des Schmucks an D hat V schuldhaft seine Pflicht aus § 691 S. 1 verletzt. Er kann sich daher nicht nach § 280 I 2 entlasten. Dass das Abhandenkommen des Schmucks auf Zufall beruht, ist irrelevant.

VI. Die Pflichten des Hinterlegers

1. Vergütung und Aufwendungsersatz

902 Bei Vorliegen einer **Vergütungsvereinbarung** hat der Hinterleger dem Verwahrer den entsprechenden Betrag zu zahlen. Dass Gleiche gilt, wenn die Verwahrung nach den Umständen nur gegen eine Vergütung zu erwarten ist (§ 689). Im Regelfall hat der Hinterleger die Vergütung gemäß § 699 S. 1 *nach Beendigung der Verwahrung* zu zahlen. Die Vergütung kann aber auch an einzelne Zeitabschnitte geknüpft werden. Dann ist sie nach Ablauf des jeweiligen Abschnitts zu leisten (§ 699 S. 2).

903 Nach § 693 kann der Verwahrer außerdem den Ersatz von **Aufwendungen** verlangen, die er zur Aufbewahrung der hinterlegten Sache gemacht hat und für erforderlich halten durfte. Der Begriff der Aufwendungen hat den gleichen Inhalt wie bei § 670 (→ Rn. 811). Bei entgeltlicher Verwahrung werden allerdings nur solche Aufwendungen erfasst, die nicht schon durch die Vergütung abgedeckt sind.[669] Ersatzfähig sind schließlich auch **Schäden**, die in einem inneren Zusammenhang mit der Verwahrung stehen.[670]

Beispiel: V hat das Reitpferd des H in Verwahrung genommen. Bei einem Gewitter geraten die Stallungen des V in Brand. Dem V gelingt es in letzter Sekunde, das Pferd des H zu retten. Dabei erleidet er eine leichte Rauchvergiftung. – V hat gegen H einen Anspruch auf Ersatz der Behandlungskosten aus § 693 analog.

2. Rücknahmepflicht

904 Der Hinterleger ist nach § 696 S. 1 jederzeit verpflichtet, die hinterlegte Sache zurückzunehmen. Ist eine bestimmte Zeit für die **Rücknahme** vereinbart, so kann der Verwahrer die vorzeitige Rücknahme aber nur aus *wichtigem Grund* verlangen (§ 696 S. 2).

---

667 Vgl. *Oetker/Maultzsch* § 12 Rn. 27.
668 *Brox/Walker*, Schuldrecht BT, § 30 Rn. 18; MüKoBGB/*Henssler* § 691 Rn. 7.
669 Palandt/*Sprau* § 693 Rn. 1.
670 MüKoBGB/*Henssler* § 693 Rn. 2; Staudinger/*Reuter* (2006) § 693 Rn. 5.

VII. Rechtsfolgen einer Pflichtverletzung durch den Hinterleger

Kommt der Hinterleger seiner **Vergütungspflicht** nicht nach, so kann der Verwahrer nach § 323 den *Rücktritt* erklären oder gemäß §§ 280 I, II, 286 bzw. §§ 280 I, III, 281 *Schadensersatz* verlangen. Darüber hinaus kann der Verwahrer nach §§ 280 I, II, 286 auch den Ersatz der Schäden verlangen, die ihm durch eine **verspätete Rücknahme der Sache** entstehen. **905**

Gemäß § 694 muss der Hinterleger schließlich auch diejenigen Schäden ersetzen, die dem Verwahrer durch die **Beschaffenheit der hinterlegten Sache** entstanden sind. Die Schadensersatzpflicht ist nach § 694 Hs. 2 ausgeschlossen, wenn der Hinterleger die Beschaffenheit der Sache im Zeitpunkt der Hinterlegung nicht kannte oder kennen musste oder wenn der Verwahrer sie kannte. Dogmatisch betrachtet handelt es sich bei § 694 um eine eigenständige Anspruchsgrundlage, die dem § 280 I (iVm § 241 II) als lex specialis vorgeht. Die Spezialität besteht allerdings nur im Hinblick auf Schäden, die auf der Gefährlichkeit der hinterlegten Sache beruhen.[671] Im Übrigen muss bei Schäden an den sonstigen Rechtsgütern des Verwahrers auf die §§ 280 I, 241 II zurückgegriffen werden. Unterschiede zwischen beiden Anspruchsgrundlagen ergeben sich aus dem Haftungsausschluss nach § 694 Hs. 2. Denn die Kenntnis des Verwahrers von der Beschaffenheit der Sache wird bei § 280 I nur im Rahmen des Mitverschuldens (§ 254) relevant und führt dort nicht notwendig zum Ausschluss der Haftung. **906**

VIII. Das handelsrechtliche Lagergeschäft

Bildet die **Lagerung** von Sachen den **Gegenstand eines gewerblichen Unternehmens**, so finden die §§ 467–475 h HGB Anwendung (§ 467 III HGB). Der Lagerhalter verpflichtet sich, das Lagergut für den Einlagerer aufzubewahren, und erhält hierfür ein Entgelt (§ 467 I, II HGB). Für die Beschädigung oder den Verlust des Lagergutes haftet der Lagerhalter nach § 475 HGB, es sei denn, dass der Schaden durch die Sorgfalt eines ordentlichen Kaufmanns (§ 347 HGB) nicht abgewendet werden konnte. Ebenso wie bei § 280 I 2 besteht also auch hier eine Verschuldensvermutung. **907**

IX. Der unregelmäßige Verwahrungsvertrag

Bei *vertretbaren Sachen* kann die Hinterlegung auch in der Form erfolgen, dass der Verwahrer das **Eigentum an der Sache erwerben** bzw. zu deren **Verbrauch** berechtigt sein soll und Sachen gleicher Art, Güte und Menge zurückgewähren muss. Da eine solche *unregelmäßige Verwahrung* eine deutliche Verwandtschaft mit dem Darlehen aufweist, finden darauf gemäß § 700 S. 1 und 2 die Vorschriften über den Darlehensvertrag (→ Rn. 340 ff.) bzw. den Sachdarlehensvertrag (→ Rn. 532 ff.) Anwendung. **908**

Ein wesentlicher **Unterschied zum Darlehen** liegt darin, dass die unregelmäßige Verwahrung in erster Linie dem Interesse des Hinterlegers an einer sicheren Verwahrung des hinterlegten Geldes bzw. der hinterlegten Sachen dient. Beim Darlehen geht es dagegen vor allem darum, dem Empfänger die Nutzung des Kapitals oder der Sachen zu ermöglichen.[672] Dieser Unterschied hat für die Interessenlage im Hinblick **909**

671 Vgl. AnwKomm-*Klingelhöfer* § 694 Rn. 2; Palandt/*Sprau* § 694 Rn. 1.
672 Vgl. *Brox/Walker*, Schuldecht BT, § 30 Rn. 8.

auf den **Zeitpunkt der Rückgabe** Bedeutung. Beim Darlehen muss der Darlehensnehmer davor geschützt werden, das Geld oder die Sachen ohne Vorwarnung zurückgeben zu müssen. Die Fälligkeit des Rückerstattungsanspruchs hängt daher nach § 488 III bzw. § 608 I von einer Kündigung ab, wobei für das (Geld-)Darlehen eine Kündigungsfrist von drei Monaten besteht. Bei der unregelmäßigen Verwahrung hat der Hinterleger dagegen ein berechtigtes Interesse daran, das Geld bzw. die Sachen *jederzeit zurückfordern* zu können. Gemäß § 700 S. 3 gilt hier daher das Rückforderungsrecht des § 695.[673]

910 Der **Ort der Rückgabe** richtet sich nach § 700 S. 3 im Zweifel ebenfalls nach den Vorschriften über den Verwahrungsvertrag. Der »Hinterleger« hat das Geld bzw. die Sachen somit am Aufbewahrungsort abzuholen (§ 697).

Beispiele: Beispiele für die unregelmäßige Verwahrung von *Geld* sind Einlagen auf *Girokonten* und *Sparbüchern*. Dass solche Einlagen in erster Linie dem Interesse des Bankkunden an einer sicheren Aufbewahrung des Geldes dienen, zeigt sich daran, dass der Zinssatz deutlich niedriger als bei einem Darlehen ist.[674] Die Hinterlegung von vertretbaren Sachen betrifft in der Praxis vor allem *Wertpapiere*. Die Regeln über die unregelmäßige Verwahrung gelten hier allerdings nur bei Vorliegen einer ausdrücklichen Vereinbarung (§ 700 II), die nach §§ 15 II, 16 DepotG grundsätzlich der Schriftform bedarf. Ansonsten gelten die Vorschriften über die Verwahrung nach dem DepotG, die keinen Eigentumsübergang auf den Verwahrer vorsehen.[675]

Literatur: *Kuhlenbeck*, Der Verwahrungsvertrag, JW 1909, 649; *Schütz*, Die Rechtsnatur von Bank- und Sparkassenguthaben, JZ 1964, 91.

§ 45 Die Haftung des Gastwirtes

I. Allgemeines

911 Der Beherbergungsvertrag setzt sich aus mehreren Vertragstypen zusammen. Er enthält regelmäßig miet- und dienstvertragliche Elemente (→ Rn. 12); dazu kommen oft *verwahrungsvertragliche Komponenten.*[676] Entsteht dem Gast ein Schaden, kann er zunächst aus dem Beherbergungsvertrag nach §§ 280 ff. Ansprüche herleiten. Die §§ 701 ff. sehen darüber hinaus eine **verschuldensunabhängige Erfolgshaftung** des Gastwirts vor. Diese knüpft an den Verlust, die Zerstörung oder die Beschädigung von Sachen an, die der Gast in die Räumlichkeiten des Wirtes eingebracht hat, und tritt *neben* die Ansprüche aus dem Beherbergungsvertrag.[677] Für die Haftung nach §§ 701 ff. kommt es nicht auf das Vorliegen eines wirksamen Vertrages zwischen Gastwirt und Gast an. Es handelt sich um ein **gesetzliches Schuldverhältnis.**[678]

912 Die §§ 701 ff. wurden aufgrund des **Pariser Übereinkommens** über die Haftung der Gastwirte für die von ihren Gästen eingebrachten Sachen von 1962 neu gefasst. Der *Grund für die strenge Haftung* liegt darin, dass die eingebrachten Sachen des Gastes besonderen Einwirkungsmöglichkeiten des Gastwirts und seines Personals ausgesetzt sind (zB Zutritt zum Zimmer), auf die der Gast keinen Einfluss hat.[679] Hinzu

673 Vgl. *Larenz*, Schuldrecht II/1, § 58.
674 Vgl. Bamberger/Roth/*Gehrlein* § 700 Rn. 1; Hk-BGB/*Schulze* § 700 Rn. 1, 4.
675 Vgl. AnwKomm-*Klingelhöfer* § 700 Rn. 4; Palandt/*Sprau* § 700 Rn. 4.
676 Vgl. Bamberger/Roth/*Gehrlein* § 701 Rn. 1; *Schlechtriem*, Schuldrecht BT, Rn. 567.
677 Palandt/*Sprau* Einf. v. § 701 Rn. 3; *Medicus/Lorenz*, Schuldrecht II, Rn. 953.
678 BGHZ 63, 65 (71); MüKoBGB/*Henssler* § 701 Rn. 3; *Emmerich*, Schuldrecht BT, § 13 Rn. 21.
679 *Brox/Walker*, Schuldrecht BT, § 31 Rn. 2; *Hohloch*, JuS 1984, 357 (358).

kommen weitere Gefahrenpotentiale (insbesondere anderer Gäste), die vom Gast nicht beherrscht werden. Dies hat zur Folge, dass der Gast in vielen Fällen große Schwierigkeiten hätte, wenn er eine schuldhafte Pflichtverletzung des Gastwirts oder seiner Erfüllungsgehilfen nachweisen müsste.[680] Auf der anderen Seite kann der Gastwirt das Risiko eines möglichen Diebstahls durch sorgfältige Auswahl seiner Angestellten und seiner Gäste gering halten.[681]

Zur Rechtsgeschichte: Eine verschuldensunabhängige Haftung des Gastwirts für den Verlust oder die Beschädigung eingebrachter Sachen des Gastes war schon im BGB von 1896 vorgesehenen. Die Normierung dieses Tatbestandes ist vor geschichtlichem Hintergrund zu sehen. Bereits das römische Recht erkannte die besondere Notwendigkeit einer Gastwirtshaftung als receptum cauponum (Garantie der Herbergswirte) und receptum stabulariorum (Garantie der Stallwirte) an. Mit der Haftung sollte der Unzuverlässigkeit von Gastwirten Rechnung getragen werden.[682]

II. Voraussetzungen

913 Die Voraussetzungen der Gastwirtshaftung sind in § 701 geregelt. Der Schutz beschränkt sich auf Sachen, die bei einem **Gastwirt** eingebracht werden. Gastwirt ist, wer gewerbsmäßig Fremde zur *Beherbergung* aufnimmt, ihnen also Unterkunft gewährt. Die Verabreichung von Speisen und Getränken in einem Wirtshaus oder Restaurant genügt nicht.[683]

Darüber hinaus muss der Gast **im Betrieb des Gewerbes** aufgenommen worden sein (§ 701 I). Nicht geschützt wird daher ein privater Gast des Wirtes, der unentgeltlich in dem Hotel oder der Pension übernachten darf.[684] Die Unentgeltlichkeit schließt die Qualifikation als Gast allerdings nicht notwendig aus. So ist etwa der unentgeltlich im Hotel untergebrachte Reiseleiter oder Busfahrer der Reisegesellschaft durchaus als Gast anzusehen.[685]

914 Der Gastwirt haftet für Schäden an Sachen, die entweder vom Gast in die Räumlichkeiten des Wirtes eingebracht wurden oder sonst in der **Obhut des Gastwirtes** stehen (§ 701 II Nr. 1). Es reicht aber aus, dass die Sachen innerhalb einer angemessenen Frist vor oder nach Aufnahme des Gastes in der Obhut des Wirtes standen (§ 701 II Nr. 2). Beispiele sind die Abholung des Gepäcks vom Flughafen vor Aufnahme des Gastes oder die Aufbewahrung des Koffers nach dem Auschecken des Gastes (auch → Rn. 889).[686]

III. Grenzen der Haftung

915 Die Schadensersatzpflicht greift nach § 701 III nicht ein, wenn der Schaden durch den Gast, dessen Begleiter oder eine vom Gast aufgenommene Person verursacht wird. Für **höhere Gewalt** muss der Gastwirt ebenfalls nicht einstehen. Er haftet auch nicht für Schäden an Fahrzeugen, Gegenständen in einem Fahrzeug oder lebenden Tieren (§ 701 IV).

---

680 MüKoBGB/*Henssler* § 701 Rn. 1; *Zimmermann*, FS Canaris II, (2007, 1435 ff.
681 Vgl. Staudinger/*Werner* (2006) Vorbem. zu §§ 701 ff. Rn. 4.
682 *Kaser/Knütel*, Römisches Privatrecht, § 46 Rn. 6 f.; *Hohloch*, JuS 1984, 357 (358).
683 AG Miesbach, VersR 2003, 1400; Staudinger/*Werner* (2006) § 701 Rn. 6.
684 Bamberger/Roth/*Gehrlein* § 701 Rn. 5.
685 MüKoBGB/*Henssler* § 701 Rn. 16.
686 Vgl. Hk-BGB/*Schulze* § 701 Rn. 7; *Medicus/Lorenz*, Schuldrecht II, Rn. 956.

916 Tritt der Schaden **ohne Verschulden des Wirtes** oder seiner Gehilfen ein, so ist seine Haftung auf den in § 702 I bezeichneten Betrag begrenzt (vgl. § 702 II Nr. 1). Die Begrenzung greift nicht ein, wenn der Wirt die Aufbewahrung der Sachen übernommen oder entgegen § 702 III pflichtwidrig verweigert hat (§ 702 II Nr. 2). Der Gast muss den Schaden unverzüglich beim Gastwirt **anzeigen**, sobald er davon Kenntnis erlangt hat. Anderenfalls erlischt der Anspruch nach § 703 S. 1. Ein vertraglicher Ausschluss der Haftung ist nach § 702 a nur in engen Grenzen zulässig.

IV. Pfandrecht des Gastwirts

917 Gemäß § 704 S. 1 hat der Gastwirt für seine Ansprüche aus der Beherbergung ein **besitzloses Pfandrecht** an den eingebrachten Sachen des Gastes. Es handelt sich um ein gesetzliches Pfandrecht nach § 1257, auf das nach § 704 S. 2 die Vorschriften über das *Vermieterpfandrecht* (§§ 562 I S. 2, 562 a bis 562 d) analog anwendbar sind.

Literatur: *Blaschczok*, Zum Verhältnis von Reisevertrags- und Gastwirtshaftung, JZ 1984, 136; *Hellwege*, Der formularmäßige Ausschluss der Haftung der Gastwirte für eingebrachte Sachen im Deutschland des 19. Jahrhunderts, ZNR 2007, 240; *Hohloch*, Grundfälle zur Gastwirtshaftung, JuS 1984, 357; *K. Schmidt*, Die Haftung des Schank- und Speisewirts für Garderobe, JuS 1980, 608; *Schünemann*, Vertragstypen im Sicherheitsgewerbe, NJW 2003, 1689; *Zimmermann*, Die Geschichte der Gastwirtshaftung in Deutschland, FS Luig, 2007, 271; *ders.*, Innkeepers' liablity – Die Entwicklung der Gastwirtshaftung in England, FS Canaris II, 2007, 1435.

4. Teil. Verträge über ein Risiko

Verträge über ein Risiko sind dadurch gekennzeichnet, dass der Gegenstand oder Erfolg des Geschäfts von einem *ungewissen*, oft *zufälligen Ereignis* abhängt.[1] Man spricht daher auch von aleatorischen oder »gewagten« Verträgen. Repräsentativ für diese Kategorie sind **Spiel- und Wettverträge** (§ 762). Von einem ungewissen Ereignis hängt auch die **Leibrente** (§§ 759 ff.) ab, weil sie im Zweifel für die *Lebensdauer* des Gläubigers zu entrichten ist (§ 759 I).[2] Wegen der Ungewissheit ist der Schuldner bei solchen Verträgen besonders schutzwürdig. Für die Leibrente verwirklicht § 761 diesen Schutz durch ein *Formerfordernis*. Spiel und Wette begründen sogar überhaupt keine Verbindlichkeit (§ 762 I 1). 918

In einem gewissen Sinne kann auch die **Bürgschaft** (§§ 765 ff.) zu den Verträgen über ein Risiko gezählt werden.[3] Im Vordergrund steht hier aber die Sicherung von Forderungen. Die Bürgschaft wird daher später (→ Rn. 931 ff.) im Zusammenhang mit den anderen Verträgen zur Sicherung oder Feststellung einer Forderung behandelt.

§ 46 Leibrente

Mit der Leibrente verfolgen die Parteien den Zweck, dem Begünstigten eine **lebenslange Versorgung** zu verschaffen.[4] In der Praxis finden sich Leibrentenverträge vor allem im Zusammenhang mit dem Verkauf oder der Überlassung von Grundstücken und Betrieben.[5] Die Leibrente kann aber auch der Gewährung familienrechtlichen Unterhalts dienen (vgl. § 761 S. 2). 919

I. Die Konzeption der Rechtsprechung

Die **Rechtsnatur der Leibrente** ist umstritten. Die Rechtsprechung versteht darunter »ein einheitliches nutzbares Recht, das dem Berechtigten für die Lebensdauer eines Menschen eingeräumt ist und dessen Erträge aus fortlaufend wiederkehrenden, gleichmäßigen und in gleichen Zeitabständen zu gewährenden Leistungen in Geld oder vertretbaren Sachen bestehen«.[6] Bei diesem Verständnis sind die §§ 759 ff. nur anwendbar, wenn es den Parteien um die Begründung eines *einheitlichen nutzbaren Rechts*, des sog. **»Stammrechts«** geht, aus dem heraus die Einzelleistungen zu erbringen sind. Hat der Vertrag die Erbringung *einzelner* Rentenleistungen zum Gegenstand, so gelten die §§ 759 ff. nicht. 920

Beispiel (BGH, NJW-RR 1991, 1035): Der K verkauft dem B durch notariellen Vertrag ein Hausgrundstück gegen Einräumung eines Wohnungsrechts und Zahlung einer monatlichen »Leibrente« von 400 EUR. – Der BGH hat die Anwendbarkeit der §§ 759 ff. abgelehnt. Maßgeblich war die Erwägung, dass die Verpflichtung des B zur Zahlung der Rentenbeträge Bestandteil eines gegen-

---

1 Vgl. MüKoBGB/*Habersack* § 762 Rn. 4; Palandt/*Sprau* § 762 Rn. 1.
2 Vgl. *Gursky*, Schuldrecht BT, S. 165.
3 So etwa *Medicus/Lorenz*, Schuldrecht II, Rn. 11.
4 Vgl. *Medicus/Lorenz*, Schuldrecht II, Rn. 1030.
5 *Schlechtriem*, Schuldrecht BT, Rn. 612.
6 Vgl. RGZ 67, 204 (212); BGH, WM 1980, 593 (594); NJW-RR 1991, 1035.

seitigen Vertrages sei. Nach dem Willen der Parteien sollte die von B übernommene Gegenleistung nicht nur in dem Rentenversprechen als solchem, sondern auch und vor allem in der Verpflichtung zur Zahlung der *einzelnen* Rentenleistungen bestehen. Die Vereinbarung sei daher nicht auf die Begründung eines Stammrechts gerichtet. Zur Kritik → Rn. 922.

921 Nach der Konzeption der Rechtsprechung wird das Stammrecht durch einen **abstrakten Bestellungsvertrag** begründet. Streng von dem Bestellungsvertrag zu unterscheiden ist das **Kausalverhältnis** (zB Kaufvertrag), durch den die Verpflichtung zur Bestellung des Stammrechts begründet wird.[7] Das *Schriftformerfordernis* des § 761 soll allerdings sowohl für den Bestellungsvertrag als auch für das kausale Rechtsgeschäft gelten.[8] Da die aus dem Verpflichtungsvertrag geschuldete Gegenleistung bereits mit der Bestellung des Stammrechts erbracht ist, begründet die **Verzögerung einzelner Ratenzahlungen** kein Rücktrittsrecht des Begünstigten aus § 323.[9] Diesem steht regelmäßig nur ein Anspruch auf Ersatz des Verzögerungsschadens aus §§ 280 I, II, 286 zu. Die Rückabwicklung des Grundgeschäfts (also zB des Kaufvertrages) kann lediglich unter den Voraussetzungen der *condictio ob rem* (§ 812 I 2 Alt. 2; → Rn. 1041 ff.) verlangt werden.[10]

II. Leibrente als Dauerschuldverhältnis

922 Die Konzeption der Rechtsprechung erscheint **übermäßig kompliziert** und **schwer nachvollziehbar**. Ob der Wille der Parteien auf die Begründung eines Stammrechts oder die Verpflichtung zur Zahlung einzelner Rentenleistungen gerichtet ist, lässt sich kaum einmal sicher feststellen, weil solche feinsinnigen Unterscheidungen den Parteien regelmäßig fremd sind. In der Literatur wird deshalb zu Recht dafür plädiert, die künstliche »Zwischenschaltung« des Stammrechts aufzugeben.[11] Nach dieser Auffassung begründet das Leibrentenversprechen ein **Dauerschuldverhältnis.**[12] Stellt die Zahlung der Leibrente die Gegenleistung aus einem gegenseitigen Vertrag (zB Kaufvertrag) dar, so kann der Begünstigte bei Verzögerung einzelner Leistungen gemäß § 323 von diesem Vertrag zurücktreten.[13] Bei **Störung der Geschäftsgrundlage** ist in erster Linie eine Anpassung der Leibrentenverpflichtung nach § 313 in Betracht zu ziehen.[14] Die bei der Bemessung der Rente zugrunde gelegte Lebensdauer des Berechtigten kann aber nicht als Geschäftsgrundlage angesehen werden, weil die diesbezüglichen Unwägbarkeiten ein typischer Bestandteil von Leibrentenverträgen sind.[15]

Literatur: *Reinhart*, Zum Begriff der Leibrente im bürgerlichen Recht – Abschied von der »Isolierungstheorie«?, FS Wahl, 1973, 261.

7 Vgl. *Gursky*, Schuldrecht BT, S. 165; *Schlechtriem*, Schuldrecht BT, Rn. 613.
8 Vgl. Hk-BGB/*Saenger* §§ 759–761 Rn. 5.
9 Jauernig/*Stadler* § 759–761 Rn. 7.
10 Vgl. BGH, NJW-RR 1991, 1035; Palandt/*Sprau* § 759 Rn. 4.
11 Vgl. *Medicus/Lorenz*, Schuldrecht II, Rn. 1031; *Reinhart*, FS Wahl, 1973, 261 (271 ff.).
12 MüKoBGB/*Habersack* § 759 Rn. 4; Staudinger/*Mayer* (2008) Vor §§ 759 ff. Rn. 39.
13 MüKoBGB/*Habersack* § 759 Rn. 27.
14 Erman/*Terlau* § 759 Rn. 13; Staudinger/*Mayer* (2008) § 759 Rn. 7 ff.
15 MüKoBGB/*Habersack* § 759 Rn. 31.

§ 47 Spiel und Wette

I. Spiel und Wette (§ 762)

Spiel und Wette unterscheiden sich nur durch ihren subjektiven Zweck. Beim **Spiel** geht es den Beteiligten um Unterhaltung oder die Erlangung eines Gewinns. Erfasst werden namentlich Glücks- und Geschicklichkeitsspiele.[16] Eine **Wette** wird zur Bekräftigung einer Behauptung geschlossen.[17] 923

In § 762 werden beide Verträge **gleich behandelt**. Eine Abgrenzung ist nur insofern erforderlich, als gewisse Spiele nach §§ 284 ff. StGB verboten sind. Da solche **Verträge nach § 134 nichtig** sind, ist § 762 nicht anwendbar.[18] Die Rückforderung der rechtsgrundlos erbrachten Leistung beurteilt sich dann nach den §§ 812 ff., wobei der Kondiktionssperre des § 817 S. 2 (→ Rn. 1051 ff.) besondere Bedeutung zukommt.

Abgrenzungsprobleme ergeben sich zur **Auslobung**. Wird für eine sportliche Leistung (zB den Gewinn eines Tennisturniers) ein Preis ausgesetzt, so fällt dies nicht unter den Begriff des Spiels; es handelt sich vielmehr um eine Auslobung. Zur Abgrenzung von *Wette* und Auslobung → Rn. 785.

1. Keine Verbindlichkeit

Spiel- und Wettverträge sind Musterbeispiele für **Naturalobligationen** (dazu SAT Rn. 27).[19] § 762 I 1 BGB bestimmt hierzu, dass Spiel und Wette keine Verbindlichkeit begründen. Der Vertrag ist somit zwar wirksam; der Gläubiger hat aber **keinen Erfüllungsanspruch**. 924

Der **Grund für die Nichtklagbarkeit** von Ansprüchen aus Spiel und Wette liegt nicht darin, dass solche Verträge per se sittlich verwerflich sind. Dies zeigt die Genehmigungsmöglichkeit des § 763. Vielmehr beabsichtigt das Gesetz, die Spielleidenschaft durch Versagen von Erfüllungsansprüchen zu mindern und die Vertragsparteien zu schützen, indem der Spiel- und Wettbetrieb in staatlich kontrollierte Bahnen gelenkt wird.[20] 925

Um Umgehungsgeschäfte auszuschließen, erstreckt **§ 762 II** die Unverbindlichkeit auf neue Vereinbarungen, die der verlierende Teilnehmer zur Erfüllung einer Spiel- oder Wettschuld eingeht. Beispielhaft genannt ist das Schuldanerkenntnis (§ 781); erfasst werden aber auch das Schuldversprechen (§ 780 BGB), die Eingehung von Wechselverbindlichkeiten, die Hingabe eines Schecks sowie die Begründung von Darlehensschulden.[21]

Die Unverbindlichkeit von Spiel und Wette erstreckt sich auf Schadensersatzansprüche wegen der Verletzung von Leistungspflichten[22] sowie auf Vertragsstrafen (vgl. SAT Rn. 810). Das Gleiche gilt für die Bestellung **akzessorischer Sicherungsrechte** 9

16 AnwKomm-*Schreiber* § 762 Rn. 8; *Gursky*, Schuldrecht BT, S. 166.
17 Palandt/*Sprau* § 762 Rn. 3; Staudinger/*Engel* (2008) § 762 Rn. 4.
18 MüKoBGB/*Habersack* § 762 Rn. 2.
19 *Medicus/Lorenz*, Schuldrecht II, Rn. 998; *Schulze*, Naturalobligation, S. 522 ff.
20 AnwKomm-*Schreiber* § 762 Rn. 2; MüKoBGB/*Habersack* § 762 Rn. 1; Staudinger/*Engel* (2008 Vorbem. §§ 762 ff. Rn. 4; *Schreiber*, Jura 1998, 270; *Schulze*, Naturalobligation, S. 522.
21 AnwKomm-*Schreiber* § 762 Rn. 29; *Brox/Walker*, Schuldrecht BT, § 34 Rn. 8.
22 Vgl. BGHZ 25, 124 (125 ff.); MüKoBGB/*Habersack* § 762 Rn. 18; Staudinger/*Engel* (2008) § Rn. 8. Bei Verletzung von Schutzpflichten (§ 241 II) kommt ein Schadensersatzanspruch aus § I dagegen durchaus in Betracht.

(Bürgschaften, Pfandrechte etc.), da diese eine voll wirksame Hauptschuld voraussetzen (→ Rn. 935, 966 ff.).[23]

Der Gläubiger kann wegen einer Forderung aus Spiel oder Wette kein **Zurückbehaltungsrecht** (§§ 273, 274) geltend machen. Desgleichen ist die **Aufrechnung** (§§ 387 ff.) durch den Gläubiger ausgeschlossen.[24] Dies erklärt sich daraus, dass beide Institute die Durchsetzbarkeit der Gegenforderung voraussetzen (vgl. SAT Rn. 338 und 417). Dementsprechend kann der Schuldner die Spiel- oder Wettschuld auch durch Aufrechnung begleichen.[25]

2. Keine Rückforderung

927 Eine weitere wichtige Besonderheit von Naturalobligationen ist, dass der Schuldner das zur Erfüllung Geleistete nach § 762 I 2 **nicht** allein deshalb **zurückfordern** kann, weil die Verbindlichkeit nach § 762 I 1 nicht bestand. Dies gilt selbst dann, wenn die Leistung auf Unkenntnis der Unverbindlichkeit beruht.[26] Rückforderungen aus einem **anderen Rechtsgrund** bleiben aber möglich. So kann der Schuldner das Geld nach § 812 I 1 zurückfordern, wenn der Vertrag aufgrund der Geschäftsunfähigkeit eines Vertragspartners oder Verstoßes gegen das Gesetz bzw. die guten Sitten nichtig ist oder wegen Irrtums oder arglistiger Täuschung angefochten wurde.[27] Häufig ist ein solcher Bereicherungsanspruch aber nach § 817 S. 2 ausgeschlossen.

II. Lotterie- und Ausspielvertrag (§ 763)

928 Besonderheiten gelten bei **staatlich veranstalteten** bzw. **staatlich genehmigten** Lotterie- und Ausspielverträgen. Solche Verträge sind nach § 763 S. 1 **rechtlich verbindlich**. Dahinter steht traditionell das Interesse, dem Staat aus dem Betrieb von Lotterien und Ausspielungen Einnahmen zu verschaffen.[28] Außerdem soll der Spieltrieb der Teilnehmer durch die staatliche Kontrolle eingedämmt und in geordnete Bahnen gelenkt werden.[29]

Zur Vertiefung: Ob das *staatliche Wettmonopol* aufrechterhalten bleiben soll, ist umstritten. Das BVerfG hat in neuerer Zeit klargestellt, dass das staatliche Monopol für Sportwetten nur dann mit em Grundrecht der Berufsfreiheit (Art. 12 I GG) vereinbar sei, wenn es konsequent am Ziel der kämpfung von Suchtgefahren ausgerichtet werde; das fiskalische Interesse an staatlichen Einnen würde für sich genommen nicht ausreichen.[30] Auch nach der Rechtsprechung des EuGH ich ein staatliches Wettmonopol grundsätzlich rechtfertigen. Die Regelung muss aber geeignet e Wetttätigkeiten in systematischer und kohärenter Weise zu begrenzen; anderenfalls ver- gegen die Niederlassungs- und Dienstleistungsfreiheit. Stellt ein nationales Gericht einen erstoß fest, so darf es die Regelung auch nicht für eine Übergangszeit weiter anwenden.[31] he Gesetzgeber ist hiernach aufgerufen, die Materie möglichst bald neu zu regeln.

Schreiber § 762 Rn. 16; Palandt/*Sprau* § 762 Rn. 5.
981, 1897; *Brox/Walker*, Schuldrecht BT, § 34 Rn. 6.
ibersack § 762 Rn. 22; Staudinger/*Engel* (2008) § 762 Rn. 18.
ersack § 762 Rn. 21; *Schreiber*, Jura 1998, 270 (271).
2006, 419; Staudinger/*Engel* (2008) § 762 Rn. 26.
f.; MüKoBGB/*Habersack* § 763 Rn. 2.
4 (55); NJW 2006, 45 (46); Palandt/*Sprau* § 763 Rn. 1.
1261; vgl. dazu *Kment*, NVwZ 2006, 617 ff.
C 409/06 – Winner Wetten, EuZW 2010, 759 (LS); vgl. auch EuGH v. Carmen Media Group, EuZW 2010, 759 f. (LS) sowie C-316/07, C-358/07 nd C-410/07 – Markus Stoß u. a., EuZW 2010, 760 (LS).

Lotterie und **Ausspielung** unterscheiden sich lediglich durch die Art des Gewinns. Bei der Lotterie besteht dieser in Geld, bei der Ausspielung in beweglichen oder unbeweglichen Sachen.[32] Umfasst werden vor allem die staatlichen Klassenlotterien, aber auch private Lotterien, sowie Fußball-Toto und Zahlenlotto, Rennwetten, Spielbanken und Spielautomaten.[33] Auf andere Spiel- oder Wettveranstaltungen (zB Sportwetten) ist § 763 S. 1 bei Vorliegen einer staatlichen Genehmigung entsprechend anwendbar.[34] **929**

Die **Rechte und Pflichten** der Parteien bestimmen sich im Anwendungsbereich des § 763 primär nach dem Inhalt des Vertrages (insbesondere dem Spielplan). In der Regel hat der Teilnehmer einen Anspruch auf Durchführung des Spiels und Ausschüttung des Gewinns; im Gegenzug muss er den Einsatz erbringen.[35] Bei Fehlen einer staatlichen Genehmigung ist § 762 anwendbar, so dass die betreffenden Verträge rechtlich unverbindlich sind (§ 763 S. 2). Da eine nicht genehmigte Lotterie oder Ausspielung meist als unerlaubtes Glücksspiel im Sinne von § 287 StGB anzusehen ist, sind solche Verträge regelmäßig sogar nach § 134 nichtig.[36] Die Rückabwicklung erfolgt dann nach §§ 812 ff., wobei wieder § 817 S. 2 zu beachten ist.[37] **930**

Literatur: *Duderstadt*, Spiel, Wette und Differenzgeschäft (§§ 762–764 BGB) in der Rechtsprechung des Reichsgerichts und in der zeitgenössischen Literatur, 2006; *Janz*, Rechtsfragen der Vermittlung von Oddset-Wetten in Deutschland, NJW 2003, 1694; *Henssler*, Risiko als Vertragsgegenstand, 1994; *Kment*, Ein Monopol gerät unter Druck – Das »Sportwetten-Urteil« des BVerfG, NVwZ 2006, 617; *Otto*, Gewerbliche Lottospielgemeinschaften als Lotterie, Jura 1997, 385; *Pischel*, Verfassungsrechtliche und europarechtliche Vorgaben für ein staatliches Glücksspielmonopol – Aktuelle Entwicklungen und Tendenzen, GRuR 2006, 630; *Schreiber*, Unvollkommene Verbindlichkeiten, Jura 1998, 270; *Schulze*, Die Naturalobligation, 208.

32 AnwKomm-*Schreiber* § 763 Rn. 7; MüKoBGB/*Habersack* § 763 Rn. 4.
33 AnwKomm-*Schreiber* § 763 Rn. 10 ff.; *Medicus/Lorenz*, Schuldrecht II, Rn. 1001.
34 BGH, NJW 1999, 54 (55).
35 MüKoBGB/*Habersack* § 763 Rn. 14; Staudinger/*Engel* (2008) § 763 Rn. 14.
36 *Brox/Walker*, Schuldrecht BT, § 34 Rn. 9.
37 AnwKomm-*Schreiber* § 763 Rn. 25; Staudinger/*Engel* (2008) § 762 Rn. 45.

§ 47 Spiel und Wette

I. Spiel und Wette (§ 762)

Spiel und Wette unterscheiden sich nur durch ihren subjektiven Zweck. Beim **Spiel** geht es den Beteiligten um Unterhaltung oder die Erlangung eines Gewinns. Erfasst werden namentlich Glücks- und Geschicklichkeitsspiele.[16] Eine **Wette** wird zur Bekräftigung einer Behauptung geschlossen.[17] 923

In § 762 werden beide Verträge **gleich behandelt**. Eine Abgrenzung ist nur insofern erforderlich, als gewisse Spiele nach §§ 284 ff. StGB verboten sind. Da solche **Verträge nach § 134 nichtig** sind, ist § 762 nicht anwendbar.[18] Die Rückforderung der rechtsgrundlos erbrachten Leistung beurteilt sich dann nach den §§ 812 ff., wobei der Kondiktionssperre des § 817 S. 2 (→ Rn. 1051 ff.) besondere Bedeutung zukommt.

Abgrenzungsprobleme ergeben sich zur **Auslobung**. Wird für eine sportliche Leistung (zB den Gewinn eines Tennisturniers) ein Preis ausgesetzt, so fällt dies nicht unter den Begriff des Spiels; es handelt sich vielmehr um eine Auslobung. Zur Abgrenzung von *Wette* und Auslobung → Rn. 785.

1. Keine Verbindlichkeit

Spiel- und Wettverträge sind Musterbeispiele für **Naturalobligationen** (dazu SAT Rn. 27).[19] § 762 I 1 BGB bestimmt hierzu, dass Spiel und Wette keine Verbindlichkeit begründen. Der Vertrag ist somit zwar wirksam; der Gläubiger hat aber **keinen Erfüllungsanspruch**. 924

Der **Grund für die Nichtklagbarkeit** von Ansprüchen aus Spiel und Wette liegt nicht darin, dass solche Verträge per se sittlich verwerflich sind. Dies zeigt die Genehmigungsmöglichkeit des § 763. Vielmehr beabsichtigt das Gesetz, die Spielleidenschaft durch Versagen von Erfüllungsansprüchen zu mindern und die Vertragsparteien zu schützen, indem der Spiel- und Wettbetrieb in staatlich kontrollierte Bahnen gelenkt wird.[20] 925

Um Umgehungsgeschäfte auszuschließen, erstreckt **§ 762 II** die Unverbindlichkeit auf neue Vereinbarungen, die der verlierende Teilnehmer zur Erfüllung einer Spiel- oder Wettschuld eingeht. Beispielhaft genannt ist das Schuldanerkenntnis (§ 781); erfasst werden aber auch das Schuldversprechen (§ 780 BGB), die Eingehung von Wechselverbindlichkeiten, die Hingabe eines Schecks sowie die Begründung von Darlehensschulden.[21]

Die Unverbindlichkeit von Spiel und Wette erstreckt sich auf Schadensersatzansprüche wegen der Verletzung von Leistungspflichten[22] sowie auf Vertragsstrafen (vgl. SAT Rn. 810). Das Gleiche gilt für die Bestellung **akzessorischer Sicherungsrechte** 926

16 AnwKomm-*Schreiber* § 762 Rn. 8; *Gursky*, Schuldrecht BT, S. 166.
17 Palandt/*Sprau* § 762 Rn. 3; Staudinger/*Engel* (2008) § 762 Rn. 4.
18 MüKoBGB/*Habersack* § 762 Rn. 2.
19 *Medicus/Lorenz*, Schuldrecht II, Rn. 998; *Schulze*, Naturalobligation, S. 522 ff.
20 AnwKomm-*Schreiber* § 762 Rn. 2; MüKoBGB/*Habersack* § 762 Rn. 1; Staudinger/*Engel* (2008) Vorbem. §§ 762 ff. Rn. 4; *Schreiber*, Jura 1998, 270; *Schulze*, Naturalobligation, S. 522.
21 AnwKomm-*Schreiber* § 762 Rn. 29; *Brox/Walker*, Schuldrecht BT, § 34 Rn. 8.
22 Vgl. BGHZ 25, 124 (125 ff.); MüKoBGB/*Habersack* § 762 Rn. 18; Staudinger/*Engel* (2008) § 762 Rn. 8. Bei Verletzung von Schutzpflichten (§ 241 II) kommt ein Schadensersatzanspruch aus § 280 I dagegen durchaus in Betracht.

(Bürgschaften, Pfandrechte etc.), da diese eine voll wirksame Hauptschuld voraussetzen (→ Rn. 935, 966 ff.).[23]

Der Gläubiger kann wegen einer Forderung aus Spiel oder Wette kein **Zurückbehaltungsrecht** (§§ 273, 274) geltend machen. Desgleichen ist die **Aufrechnung** (§§ 387 ff.) durch den Gläubiger ausgeschlossen.[24] Dies erklärt sich daraus, dass beide Institute die Durchsetzbarkeit der Gegenforderung voraussetzen (vgl. SAT Rn. 338 und 417). Dementsprechend kann der Schuldner die Spiel- oder Wettschuld auch durch Aufrechnung begleichen.[25]

2. Keine Rückforderung

927 Eine weitere wichtige Besonderheit von Naturalobligationen ist, dass der Schuldner das zur Erfüllung Geleistete nach § 762 I 2 **nicht** allein deshalb **zurückfordern** kann, weil die Verbindlichkeit nach § 762 I 1 nicht bestand. Dies gilt selbst dann, wenn die Leistung auf Unkenntnis der Unverbindlichkeit beruht.[26] Rückforderungen aus einem **anderen Rechtsgrund** bleiben aber möglich. So kann der Schuldner das Geld nach § 812 I 1 zurückfordern, wenn der Vertrag aufgrund der Geschäftsunfähigkeit eines Vertragspartners oder Verstoßes gegen das Gesetz bzw. die guten Sitten nichtig ist oder wegen Irrtums oder arglistiger Täuschung angefochten wurde.[27] Häufig ist ein solcher Bereicherungsanspruch aber nach § 817 S. 2 ausgeschlossen.

II. Lotterie- und Ausspielvertrag (§ 763)

928 Besonderheiten gelten bei **staatlich veranstalteten** bzw. **staatlich genehmigten** Lotterie- und Ausspielverträgen. Solche Verträge sind nach § 763 S. 1 **rechtlich verbindlich**. Dahinter steht traditionell das Interesse, dem Staat aus dem Betrieb von Lotterien und Ausspielungen Einnahmen zu verschaffen.[28] Außerdem soll der Spieltrieb der Teilnehmer durch die staatliche Kontrolle eingedämmt und in geordnete Bahnen gelenkt werden.[29]

Zur Vertiefung: Ob das *staatliche Wettmonopol* aufrechterhalten bleiben soll, ist umstritten. Das BVerfG hat in neuerer Zeit klargestellt, dass das staatliche Monopol für Sportwetten nur dann mit dem Grundrecht der Berufsfreiheit (Art. 12 I GG) vereinbar sei, wenn es konsequent am Ziel der Bekämpfung von Suchtgefahren ausgerichtet werde; das fiskalische Interesse an staatlichen Einnahmen würde für sich genommen nicht ausreichen.[30] Auch nach der Rechtsprechung des EuGH lässt sich ein staatliches Wettmonopol grundsätzlich rechtfertigen. Die Regelung muss aber geeignet sein, die Wetttätigkeiten in systematischer und kohärenter Weise zu begrenzen; anderenfalls verstößt sie gegen die Niederlassungs- und Dienstleistungsfreiheit. Stellt ein nationales Gericht einen solchen Verstoß fest, so darf es die Regelung auch nicht für eine Übergangszeit weiter anwenden.[31] Der deutsche Gesetzgeber ist hiernach aufgerufen, die Materie möglichst bald neu zu regeln.

23 AnwKomm-*Schreiber* § 762 Rn. 16; Palandt/*Sprau* § 762 Rn. 5.
24 BGH, NJW 1981, 1897; *Brox/Walker*, Schuldrecht BT, § 34 Rn. 6.
25 MüKoBGB/*Habersack* § 762 Rn. 22; Staudinger/*Engel* (2008) § 762 Rn. 18.
26 MüKoBGB/*Habersack* § 762 Rn. 21; *Schreiber*, Jura 1998, 270 (271).
27 Vgl. BGH, VersR 2006, 419; Staudinger/*Engel* (2008) § 762 Rn. 26.
28 Vgl. Mot. II, S. 648 f.; MüKoBGB/*Habersack* § 763 Rn. 2.
29 BGH, NJW 1999, 54 (55); NJW 2006, 45 (46); Palandt/*Sprau* § 763 Rn. 1.
30 BVerfG, NJW 2006, 1261; vgl. dazu *Kment*, NVwZ 2006, 617 ff.
31 EuGH v. 8. 9. 2010 – C 409/06 – Winner Wetten, EuZW 2010, 759 (LS); vgl. auch EuGH v. 8. 9. 2010 – C 46/08 – Carmen Media Group, EuZW 2010, 759 f. (LS) sowie C-316/07, C-358/07 bis C-360/07, C 409/07 und C-410/07 – Markus Stoß u. a., EuZW 2010, 760 (LS).

5. Teil. Sicherung und Feststellung von Forderungen

In den §§ 765–782 behandelt das Gesetz verschiedene Verträge, die typischer Weise auf die Sicherung oder Feststellung einer Forderung gerichtet sind. **Sicherungsfunktion** haben neben der Bürgschaft (§§ 765–777) das Schuldversprechen und das Schuldanerkenntnis (§§ 780–782), bei denen die Stellung des Gläubigers durch die Begründung einer neuen – abstrakten – Verpflichtung des Schuldners verstärkt wird.[1] Daneben dienen Schuldversprechen und Schuldanerkenntnis häufig der **Feststellung** von Forderungen,[2] zB im Rahmen eines Vergleichs (vgl. § 782). Dies ändert freilich nichts daran, dass das Schuldversprechen und das Schuldanerkenntnis auch zu anderen Zwecken eingesetzt werden können, so dass die Funktion der §§ 780 ff. letztlich in der Anerkennung der Zulässigkeit abstrakter Schuldverhältnisse besteht (→ Rn. 999 ff.). Aus dogmatischer Sicht handelt es sich daher um Erscheinungen, die eher dem allgemeinen Schuldrecht zuzuordnen sind.[3] Beim Vergleich (§ 779) steht die feststellende (streitschlichtende) Funktion praktisch im Vordergrund.[4] Aus dogmatischer Sicht handelt es sich aber auch hier um ein Institut des allgemeinen Schuldrechts.[5] 931

§ 48 Der Bürgschaftsvertrag

I. Funktion und Struktur des Bürgschaftsvertrages

1. Rechtliche und wirtschaftliche Einordnung

Kredite werden gesichert, indem der Kreditgeber Zugriff auf das Vermögen eines Dritten oder auf bestimmte (bewegliche oder unbewegliche) Sachen des Schuldners oder eines Dritten erhält. Im ersten Fall spricht man von einer Personal-, im zweiten Fall von einer Realsicherheit. Beispiele für Realsicherheiten sind der Eigentumsvorbehalt (§ 449), die Sicherungsübereignung (§ 930) sowie die Grundpfandrechte (§§ 1113 ff.). Die Bürgschaft ist demgegenüber das typische Mittel der **Personalkreditsicherung**. 932

Der **Wert der Sicherung** hängt bei der Bürgschaft von der *Solvenz des Bürgen* ab. Diese ist bei Bank- oder Staatsbürgschaften sehr hoch, bei einzelnen Privatpersonen ist sie hingegen ungewiss.[6] Deshalb werden im Geschäftsverkehr reale Sicherheiten bevorzugt. Gleichwohl ist die Bürgschaft nach wie vor von *großer wirtschaftlicher Bedeutung*. Dies wird durch die umfangreiche Rechtsprechung zu Bürgschaften für nahe Angehörige dokumentiert. Eine wichtige Rolle spielt die Personalsicherheit aber auch bei Kreditschulden einer Kapitalgesellschaft (insbesondere einer GmbH), die häufig durch Bürgschaften der Gesellschafter gesichert werden.[7] 933

---

1 Vgl. *Gursky*, Schuldrecht BT, S. 169.
2 Vgl. *Pawlowski*, BGB AT, Rn. 871 ff.
3 Näher dazu MüKoBGB/*Habersack* § 780 Rn. 7; *Harke*, Schuldrecht BT, Rn. 1.
4 Vgl. *Larenz*, Schuldrecht I, § 7 IV; Jauernig/*Stadler* § 779 Rn. 2.
5 Vgl. MüKoBGB/*Habersack* § 779 Rn. 2; *Larenz*, Schuldrecht I, § 7 IV.
6 *Medicus/Lorenz*, Schuldrecht II, Rn. 1003.
7 *Larenz/Canaris*, Schuldrecht II/2, § 60 I 2.

2. Struktur der Bürgschaft

934 Der Bürgschaft liegt ein **3-Personen-Verhältnis** zugrunde. Nach § 765 I verpflichtet sich der Bürge gegenüber dem Gläubiger eines Dritten, für die Erfüllung der Verbindlichkeit des Dritten einzustehen. Die Bürgschaft ist also ein Vertrag zwischen **dem Gläubiger und dem Bürgen**. Es handelt sich dabei im Regelfall um einen einseitig verpflichtenden Vertrag, weil für den Gläubiger meist keine Verpflichtung gegenüber dem Bürgen entsteht.

Die Bürgschaft dient der **Sicherung einer Forderung**, die der Gläubiger gegen den Dritten (sog. Hauptschuldner) hat. Meist wird auch zwischen dem Hauptschuldner und dem Bürgen ein Schuldverhältnis (zB Auftrag, entgeltliche Geschäftsbesorgung, Geschäftsführung ohne Auftrag) vorliegen. *Aus diesem* Schuldverhältnis steht dem Bürgen bei Zahlung der Hauptschuld im Allgemeinen ein **Rückgriffsanspruch** gegen den Hauptschuldner zu (→ Rn. 978 ff.). Darüber hinaus sieht § 774 einen *gesetzlichen Forderungsübergang* zugunsten des Bürgen vor. Die Rechtsbeziehungen zwischen den Beteiligten lassen sich schematisch wie folgt darstellen.

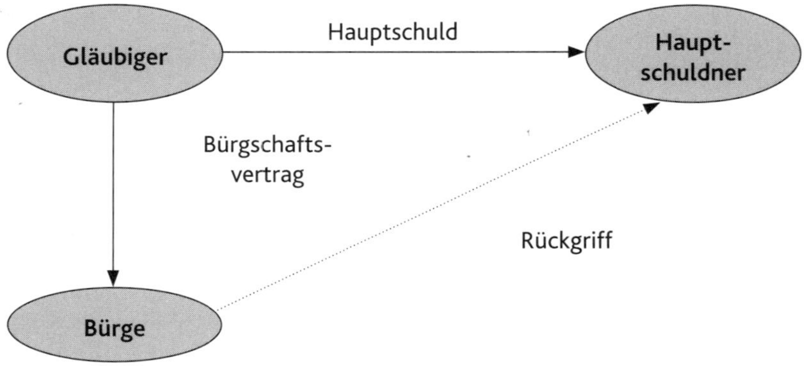

Skizze: Struktur der Bürgschaft

3. Besondere Merkmale der Bürgschaft

935 Die Bürgschaft ist ebenso wie die Hypothek (vgl. §§ 1113 I, 1153 II) ein **akzessorisches** Sicherungsmittel.[8] Dies bedeutet, dass die Verpflichtung des Bürgen von *Bestand und Umfang* der Hauptforderung abhängig ist. Der Bürge haftet also nur, wenn und soweit die Hauptschuld besteht (vgl. § 767; → Rn. 968 ff.). Ausfluss der Akzessorietät ist des Weiteren, dass die Rechte aus einer Bürgschaft bei *Abtretung* der Hauptforderung nach § 401 I auf den neuen Gläubiger übergehen (s. dazu SAT Rn. 1111). Außerdem besteht eine Abhängigkeit zwischen der *Durchsetzbarkeit* von Haupt- und Bürgschaftsforderung (§§ 768, 770; ausführlich dazu → Rn. 973 ff.).

936 Ein weiteres charakteristisches Merkmal der Bürgschaft besteht darin, dass der Bürge im Verhältnis zum Hauptschuldner grundsätzlich nur **subsidiär** für die Hauptschuld einstehen muss.[9] Der Gläubiger hat daher zunächst zu versuchen, sich beim Hauptschuldner (etwa durch Aufrechnung, vgl. § 770 II) Befriedigung zu verschaffen. Bis

8 Ausführlich dazu *Oetker/Maultzsch* § 13 Rn. 66 ff.
9 Zur Subsidiarität *Larenz/Canaris*, Schuldrecht II/2, § 60 III 3; *Harke*, Schuldrecht AT, Rn. 472 ff.

dahin kann der Bürge nach § 771 die Zahlung an den Gläubiger verweigern (Einrede der Vorausklage), wobei dieser Grundsatz in der Praxis aber oft durchbrochen wird (→ Rn. 970 ff.). Der Subsidiaritätsgedanke kommt auch in § 772 II zum Ausdruck, wonach Pfandrechte oder Zurückbehaltungsrechte an einer beweglichen Sache des Hauptschuldners vom Gläubiger vorrangig geltend zu machen sind.

II. Abgrenzungen

937 Die Bürgschaft ist von anderen Personalsicherheiten wie insbesondere dem Schuldbeitritt, dem Garantievertrag, dem Kreditauftrag sowie der Patronatserklärung abzugrenzen. Die praktische Bedeutung der Unterscheidung ergibt sich vor allem daraus, dass das **Schriftformerfordernis** des § 766 I (→ Rn. 950 ff.) für die anderen Personalsicherheiten nicht gilt.

1. Schuldbeitritt

938 Der Schuldbeitritt, auch Schuldmitübernahme oder kumulative Schuldübernahme genannt, ist anders als die befreiende Schuldübernahme (§§ 414 ff.) gesetzlich nicht geregelt. Nachdem die Voraussetzungen schon im Allgemeinen Schuldrecht (SAT Rn. 1171 ff.) behandelt worden sind, muss darauf nicht näher eingegangen werden. Der wesentliche Unterschied zur Bürgschaft liegt darin, dass der Beitretende eine *eigene* Schuld übernimmt und nicht für eine fremde Schuld einsteht. Nach einem Schuldbeitritt haften Beitretender und Schuldner dem Gläubiger gemäß §§ 421 ff. als **Gesamtschuldner**. Die Haftung des Beitretenden ist damit *nicht subsidiär*; der Gläubiger kann die Leistung vielmehr nach seinem Belieben ganz oder zum Teil von jedem Gesamtschuldner fordern (§ 421 S. 1). Da die gegen die Gesamtschuldner gerichteten Forderungen nach § 425 selbständig zu beurteilen sind, *gilt* auch der *Akzessorietätsgrundsatz* für den Schuldbeitritt *nicht*.

939 Obwohl der Beitretende strenger als der Bürge haftet, ist die Formvorschrift des § 766 nicht anwendbar.[10] Da der Schutzzweck des § 766 nicht unterlaufen werden darf, geht die Rechtsprechung **im Zweifel** von einer **Bürgschaft** aus.[11] Ein starkes Indiz für das Vorliegen eines Schuldbeitritts ist aber, wenn der Beitretende ein eigenes unmittelbares *wirtschaftliches oder rechtliches Interesse* an der Tilgung der Hauptschuld hat.[12]

> **Beispiel** (nach BGH, NJW 1981, 47): Der GmbH-Gesellschafter übernimmt eine Verbindlichkeit der GmbH, um das drohende Insolvenzverfahren zu verhindern.

940 Die Abgrenzung von Bürgschaft und Schuldbeitritt hat dadurch an Bedeutung verloren, dass die §§ 491 ff. auf den **Schuldbeitritt eines Verbrauchers** zu einem Darlehensvertrag entsprechend anwendbar sind.[13] In diesem Fall besteht daher auch für den Schuldbeitritt ein Schriftformerfordernis (§ 492 I analog).

---

10 BGHZ 121, 1 (3 ff.); für analoge Anwendung des § 766 MüKoBGB/*Habersack* Vor § 765 Rn. 15; *Grigoleit/Herresthal*, Jura 2002, 825 (830 f.).

11 BGH, NJW 1986, 580.

12 BGH, NJW 1981, 47; vgl. auch *Medicus/Lorenz*, Schuldrecht II, Rn. 1010.

13 Vgl. BGHZ 133, 71 (74 f.); 134, 94 (97); BGH, NJW 2000, 3496 (3497); Palandt/*Grüneberg* Überbl. v. § 414 Rn. 3 f.; *Emmerich*, Schuldrecht BT, § 14 Rn. 6.

2. Garantievertrag

941 Eine enge Verwandtschaft mit der Bürgschaft weist auch der gesetzlich nicht geregelte Garantievertrag auf. Ebenso wie beim Schuldbeitritt wird auch beim Garantievertrag eine *eigene Schuld* des Garanten begründet. Diese ist **unabhängig** davon, ob und in welcher Höhe eine **wirksame Hauptschuld** besteht.[14] Anders als bei der Bürgschaft ist die Haftung des Garanten damit nicht akzessorisch. Der Garantievertrag kann daher auch dann als Sicherungsmittel eingesetzt werden, wenn die Wirksamkeit oder die Höhe der Hauptschuld unsicher ist.[15] Im Unterschied zum Schuldbeitritt haftet der Garant allerdings **nicht** als **Gesamtschuldner**. Seine Haftung greift nur ein, wenn der vertraglich vereinbarte Garantiefall eintritt.[16]

942 Der Garantievertrag führt zu einer sehr weit reichenden Haftung des Garanten. Gleichwohl ist § 766 nach hM auch hier nicht (analog) anwendbar.[17] Zum Ausgleich werden an die Annahme eines Garantievertrages **hohe Anforderungen** gestellt. Erforderlich ist regelmäßig, dass der Garant ein *starkes (wirtschaftliches) Eigeninteresse* an der Erfüllung der Hauptforderung hat.[18] *Im Zweifel* ist von einer Bürgschaft auszugehen.[19]

3. Kreditauftrag

943 Durch den (formfreien) Kreditauftrag verpflichtet sich der Beauftragte gegenüber dem Auftraggeber, **einem Dritten einen Kredit zu gewähren** (§ 778). Das Verhältnis zwischen den Vertragsparteien richtet sich bis zur Kreditgewährung allein nach den Vorschriften über den Auftrag oder die entgeltliche Geschäftsbesorgung (§§ 662 ff., 675 I). Die Formvorschrift des § 766 ist daher nach allgemeiner Ansicht nicht anwendbar.[20] Inhaltlich rechtfertigt sich der Verzicht auf die Schriftform daraus, dass der Auftraggeber im Regelfall ein eigenes wirtschaftliches Interesse an der Gewährung des Kredits an den Dritten hat und insofern weniger schutzwürdig erscheint.[21] Für die Zeit nach der Kreditgewährung schreibt § 778 vor, dass der **Auftraggeber** gegenüber dem Beauftragten für die Verbindlichkeit des Dritten **als Bürge** nach Maßgabe der §§ 765 ff. **haftet**. Da die allgemeine Regelung des § 670 hierdurch verdrängt wird, steht dem Beauftragten daneben kein Anspruch auf Aufwendungsersatz zu.[22]

944 Systematisch betrachtet handelt es sich beim Kreditauftrag in erster Linie um einen Auftrag (§§ 662 ff.) bzw. eine entgeltliche Geschäftsbesorgung (§ 675 I). Übereinstimmung mit der Bürgschaft besteht aber im Hinblick auf die Haftung des Auftraggebers. Die Bürgenhaftung des Auftraggebers tritt zwar nach § 778 **kraft Gesetzes** ein; gleichwohl muss auf Seiten des Auftraggebers ein entsprechender **Verpflich-**

---

14 *Larenz/Canaris*, Schuldrecht II/2, § 64 III 1 a.
15 *Oetker/Maultzsch* § 13 Rn. 17.
16 *Oetker/Maultzsch* § 13 Rn. 18. Zum Garantiefall *Larenz/Canaris*, Schuldrecht II/2, § 64 III 4.
17 RGZ 61, 157 (160); MüKoBGB/*Habersack* Vor § 765 Rn. 19; aA *Larenz/Canaris*, Schuldrecht II/2, § 64 III 3 b.
18 Palandt/*Sprau* Einf. v. § 765 Rn. 17; *Coester/Waltjen*, Jura 2001, 742 (745); krit. *Larenz/Canaris*, Schuldrecht II/2, § 64 III 3 a mit dem Hinweis, dass das Eigeninteresse an der Erfüllung der Hauptverbindlichkeit bei der Bankgarantie regelmäßig fehlt.
19 Palandt/*Sprau* Einf. v. § 765 Rn. 17; *Grigoleit/Herresthal*, Jura 2002, 825 (828).
20 Vgl. Jauernig/*Stadler* § 778 Rn. 5; *Larenz/Canaris*, Schuldrecht II/2, § 60 VI 2 a.
21 *Oetker/Maultzsch* § 13 Rn. 121.
22 MüKoBGB/*Habersack* § 778 Rn. 1, 9; aA *Brox/Walker*, Schuldrecht BT, § 32 Rn. 5.

tungswille vorliegen.[23] Der Auftraggeber muss also auch irgendeine Weise zum Ausdruck bringen, dass er das Risiko der Kreditgewährung absichern will.[24] Hierfür ist das eigene wirtschaftliche Interesse ein wesentliches Indiz.[25] Der wichtigste Unterschied zur Bürgschaft liegt darin, dass der Gläubiger – hier also der Beauftragte – gegenüber dem Auftraggeber (Bürgen) eine *Verpflichtung* zur Gewährung des Darlehens an den Dritten übernimmt.[26] In der Praxis schließen die Banken mit dem Auftraggeber im Regelfall einen gesonderten Bürgschaftsvertrag ab, so dass die Bedeutung des § 778 gering ist.[27]

4. Patronatserklärung

945 Anstelle von Bürgschaften finden sich im Wirtschaftsverkehr auch sog. Patronatserklärungen. Dies gilt insbesondere im Rahmen von **Konzernverhältnissen**. Repräsentativ ist der Fall, dass das Mutterunternehmen (der »Patron«) dem Kreditgeber seiner Tochtergesellschaft (des »Protegé«) verspricht, diese bei der Rückzahlung des Kredits zu unterstützen.[28] Das Mutterunternehmen verfolgt damit den Zweck, die Kreditwürdigkeit der Tochtergesellschaft zu verbessern. Gegenüber der Bürgschaft besteht der Vorteil, dass das Mutterunternehmen die übernommene Verpflichtung nicht nach § 251 HGB in der Bilanz ausweisen muss.[29] Außerdem steht es dem Mutterunternehmen frei, auf welche Weise es seiner Verpflichtung nachkommt.[30]

946 Die rechtlichen Auswirkungen hängen davon ab, ob es sich um eine »weiche« oder eine »harte« Patronatserklärung handelt. Dies ist durch Auslegung zu ermitteln. **Weiche Patronatserklärungen** sind rechtlich unverbindlich und begründen grundsätzlich keine Schadensersatzpflichten des Patrons.[31]

Beispiele: »Unsere Gesellschaft steht voll und ganz hinter dem Engagement ihrer Tochtergesellschaften«. »Wir nehmen prinzipiell auf unsere Tochtergesellschaften Einfluss, damit sie ihren übernommenen Verpflichtungen nachkommen«.[32]

947 Die **harte Patronatserklärung** ist rechtlich verbindlich.[33] Der Patron übernimmt zwar im Regelfall auch hier (anders als der Bürge) *keine unmittelbare Zahlungspflicht an den Kreditgeber*. Er verpflichtet sich aber, den Schuldner mit den nötigen Mitteln für die Erfüllung seiner Verbindlichkeit auszustatten.[34]

Beispiel (nach BGHZ 117, 127): »Wir übernehmen die Verpflichtung, unsere Tochtergesellschaft finanziell so auszustatten, dass sie stets in der Lage ist, ihren Verbindlichkeiten Ihnen gegenüber fristgerecht nachzukommen«.

948 Kommt der Patron der Verpflichtung nicht nach, so macht er sich gegenüber dem Kreditgeber **schadensersatzpflichtig.**[35] Besteht die Hauptschuld nicht, so entfällt

23 BGH, WM 1960, 879 (880); Jauernig/*Stadler* § 778 Rn. 2.
24 MüKoBGB/*Habersack* § 778 Rn. 5.
25 PWW/*Brödermann* § 778 Rn. 3.
26 *Emmerich*, Schuldrecht BT, § 14 Rn. 7.
27 Vgl. PWW/*Brödermann* § 778 Rn. 1; MüKoBGB/*Habersack* § 778 Rn. 1.
28 Vgl. *Larenz/Canaris*, Schuldrecht II/2, § 64 V vor 1.
29 Vgl. OLG Karlsruhe, DStR 1993, 486 (487).
30 Vgl. *Brox/Walker*, Schuldrecht BT, § 32 Rn. 7.
31 Vgl. *Larenz/Canaris*, Schuldrecht II/2, § 64 V 2 a.
32 Vgl. OLG Karlsruhe, DStR 1993, 486 (487).
33 Zur Zulässigkeit einer Kündigung durch den Patron BGH, NJW 2010, 3442 (3443).
34 Vgl. *Koch*, Patronatserklärung S. 77 ff.; *v. Rosenberg/Kruse*, BB 2003, 641 ff.
35 BGH, WM 1992, 501 (502); OLG Karlsruhe, DStR 1993, 486 (487).

auch die Leistungspflicht des Patrons. Die Patronatserklärung stellt also ebenso wie die Bürgschaft eine **akzessorische Sicherheit** dar.[36]

III. Wirksamkeit des Bürgschaftsvertrages

949 Die Wirksamkeit des Bürgschaftsvertrages bestimmt sich nach den **allgemeinen Vorschriften** (insbes. §§ 104 ff., 119 ff., 125, 134, 138).

Hinweis: *Irrt* sich der Bürge über die *Leistungsfähigkeit des Hauptschuldners*, so berechtigt ihn dieser Umstand nicht zur Anfechtung des Bürgschaftsvertrages nach § 119 II. Eine Anpassung oder Kündigung des Vertrages nach § 313 kommt ebenfalls nicht in Betracht. Denn nach dem Zweck des Bürgschaftsvertrages soll der Bürge gerade für das Risiko einstehen, dass der Hauptschuldner leistungsunfähig ist.[37]

Bürgschaftsverträge können wegen **Formmangels** nichtig sein (§ 125). Häufig diskutiert wird außerdem die Frage, ob und unter welchen Voraussetzungen eine Bürgschaft nach **§ 138** oder nach **§§ 305 ff.** unwirksam ist.

1. Form des Bürgschaftsversprechens

950 Gemäß § 766 I ist für die Wirksamkeit des Bürgschaftsvertrages die schriftliche Erteilung der Bürgschaftserklärung (also nicht auch der Willenserklärung des Gläubigers) erforderlich. Die genauen Anforderungen an die **Schriftform** ergeben sich aus § 126. Danach muss die Urkunde vom Aussteller *eigenhändig* unterzeichnet werden (§ 126 I).

951 Darüber hinaus muss die Erklärung dem Gläubiger **erteilt** werden. Dies erfordert, dass der Bürge dem Gläubiger die Bürgschaftsurkunde *übergibt.*[38]

Zur Vertiefung: Eine Bürgschaftserklärung durch *Telefax oder Telegramm* genügt dem Schriftformerfordernis nicht, da es an der eigenhändigen Unterzeichnung fehlt und dem Gläubiger auch nicht die Originalurkunde zugeht.[39] § 766 S. 2 verstärkt den Schutz des Bürgen dadurch, dass die Bürgschaftserklärung entgegen der Grundregel des § 126 III auch nicht in elektronischer Form (§ 126 a) erteilt werden kann.

952 Das Schriftformerfordernis hat den Zweck, den Bürgen vor Übereilung zu schützen. Dieser Schutzzweck erfordert es, dass dem Bürgen Inhalt und Umfang der Haftung deutlich vor Augen geführt werden. Die schriftliche Erklärung muss daher **alle Umstände** enthalten, die für die Bürgschaft **wesentlich** sind (sog. Bestimmtheitsgrundsatz).[40] Dazu gehören neben der Person des Gläubigers und des Hauptschuldners die Umschreibung der gesicherten Hauptschuld sowie die Erklärung des Verbürgungswillens.

953 Die ältere Rechtsprechung ging davon aus, dass es dem Schutzzweck des § 766 nicht widerspricht, wenn die Person des Gläubigers oder die zu sichernde Hauptschuld in der Bürgschaftsurkunde zunächst offen bleibt und später vom Gläubiger oder von

36 Vgl. OLG München, DB 2003, 711; MüKoBGB/*Habersack* Vor § 765 Rn. 51.
37 Vgl. MüKoBGB/*Habersack* § 766 Rn. 24.
38 *Oetker/Maultzsch* § 13 Rn. 40.
39 BGHZ 24, 297 (302) [Telegramm]; BGHZ 121, 224 (229 ff.) = NJW 1993, 1126 [Telefax]; *Emmerich*, Schuldrecht BT, § 14 Rn. 10; *Harke*, Schuldrecht AT, Rn. 475; *Riehm*, JuS 2000, 241 (245 f.).
40 Vgl. BGHZ 25, 318 (320 f.); *Medicus/Lorenz*, Schuldrecht II, Rn. 1008.

einem Dritten ergänzt wird.[41] Gegen die Zulässigkeit einer solchen **Blankobürgschaft** spricht jedoch, dass die Tragweite der Verpflichtung dem Bürgen nicht klar vor Augen geführt wird. Nach der neueren Rechtsprechung sind Blankobürgschaften daher grundsätzlich formnichtig, es sei denn, dass die *Ermächtigung* zur Vervollständigung der Bürgschaftsurkunde der Form des § 766 I entspricht.[42]

Vergleichbare Probleme können entstehen, wenn eine **Vollmacht** zur Abgabe der 954
Bürgschaftserklärung erteilt wird.

> **Beispiel:** B erklärt sich bereit, für eine Schuld des S gegenüber G einzustehen. Er ermächtigt S mündlich, für ihn die Bürgschaftserklärung abzugeben. S erstellt daraufhin eine schriftliche Bürgschaftsurkunde, in der B als Bürge ausgewiesen ist, und übergibt diese dem G. Ist der Bürgschaftsvertrag wirksam? – Die Bürgschaftserklärung liegt in Schriftform vor. Fraglich ist aber, ob B wirksam durch S vertreten wurde (§ 164 I). Dies hängt von der Wirksamkeit der dem S erteilten Vollmacht ab. Gemäß § 167 II bedarf die Vollmacht nicht der für das Vertretergeschäft vorgeschriebenen Form. Eine teleologische Reduktion des § 167 II ist aber geboten, wenn sonst die Schutzfunktion des Formerfordernisses leer liefe. Diese Voraussetzung trifft bei § 766 zu.[43] Die dem S erteilte Vollmacht ist daher nach § 125 unwirksam.

Die Warnfunktion des § 766 wird hinfällig, wenn der Bürge seine Verpflichtung 955
erfüllt. Dementsprechend wird der Formmangel in diesem Fall nach § 766 S. 3 **geheilt.**[44] Allerdings ist die Anknüpfung an die Erfüllung der Hauptverbindlichkeit im Gesetzestext missverständlich, weil der Bürge die *eigene Verbindlichkeit* aus dem Bürgschaftsvertrag und nicht die Verbindlichkeit des Schuldners gegenüber dem Gläubiger erfüllt.[45]

Der Bürge bedarf keiner besonderen Warnung, wenn sich die Bürgschaft für ihn als **Handelsgeschäft** darstellt, was zB bei Bankbürgschaften der Fall ist. Gemäß § 350 HGB entfällt daher das Schriftformerfordernis.

Darüber hinaus kann der Bürge in Ausnahmefällen nach **Treu und Glauben** (§ 242) 956
daran gehindert sein, sich auf den Formmangel zu berufen.[46]

> **Beispiel** (BGH, WM 1986, 939)**:** B ist Geschäftsführer und alleiniger Gesellschafter der G-GmbH. Er schließt im Namen der G einen Vertrag mit der A-AG und verbürgt sich mündlich für die daraus entstehenden Verbindlichkeiten der G. – Der Bürgschaftsvertrag zwischen B und A ist gemäß §§ 766, 125 formnichtig. § 350 HGB greift nicht ein, weil der Geschäftsführer einer GmbH als solcher kein Kaufmann ist. B kann sich aber nach Treu und Glauben (§ 242) nicht auf die Unwirksamkeit des Bürgschaftsvertrages berufen, wenn er als Gesellschafter aus dem Vertrag zwischen G und A mittelbar selbst Vorteile erlangt hat.

2. Sittenwidrigkeit der Bürgschaft

Nicht selten wird eine Bürgschaft aus **persönlicher Verbundenheit** mit dem Haupt- 957
schuldner übernommen. Dies erscheint problematisch, wenn der Bürge geschäftlich unerfahren ist, über keine bedeutenden finanziellen Mittel verfügt und an der Hauptschuld kein wesentliches Eigeninteresse hat. Hier besteht die Gefahr, dass der Bürge sich finanziell übernimmt, weil er sich gegenüber dem Hauptschuldner moralisch zur

41 Vgl. BGH, NJW 1984, 798; zustimmend *Larenz/Canaris*, Schuldrecht II/2, § 60 II 1 b.
42 BGHZ 132, 119 (122 ff.); BGH, NJW 2000, 1179 (1180); *Riehm*, JuS 2000, 343 (347).
43 BGHZ 132, 119 (125); Palandt/*Sprau* § 766 Rn. 2; *Harke*, Schuldrecht AT, Rn. 475.
44 Vgl. hierzu auch die parallelen Regelungen in § 311 b I 2, 518 II.
45 *Medicus/Lorenz*, Schuldrecht II, Rn. 1008.
46 BGHZ 26, 142 (151 f.); BGH, WM 1986, 939 (940); WM 1991, 536 (537); *Larenz/Canaris*, Schuldrecht II/2, § 60 II 1 d.

Übernahme der Bürgschaft verpflichtet fühlt. Wird dies vom Gläubiger in sittenwidriger Weise ausgenutzt, so ist der Bürgschaftsvertrag nach § 138 I unwirksam.[47]

958 Nach allgemeinen Regeln hat der Bürge die Voraussetzungen der Sittenwidrigkeit darzulegen und zu beweisen. Das BVerfG hat jedoch klargestellt, dass die Bürgschaft für nahe stehende Personen wegen des **strukturellen Ungleichgewichts** zwischen Bürge und Kreditgeber besonderen Regeln unterliegen muss (vgl. auch SAT Rn. 57).[48]

Der BGH hat diese Vorgabe konkretisiert. Danach wird (widerleglich) vermutet, dass der Gläubiger die psychische Zwangslage des Bürgen in sittenwidriger Weise ausgenutzt hat, wenn zwischen dem Hauptschuldner und dem Bürgen ein besonderes persönliches Näheverhältnis besteht und der Bürge durch die übernommenen Verpflichtungen finanziell erheblich überfordert wird.[49] Als **besonderes persönliches Näheverhältnis** wird das Verhältnis zwischen Eltern und Kindern, Eheleuten sowie Partnern einer eheähnlichen Lebensgemeinschaft angesehen.[50]

> **Beispiel** (BGH, NJW 1994, 1278): F war Eigentümerin mehrerer Grundstücke, auf denen ihr Ehemann (M) für etwa 4 Mio. EUR ein Gebäude errichten wollte. Als Sicherheit für den erforderlichen Kredit verlangte die Bank (B) eine selbstschuldnerische Bürgschaft des Sohnes S. S war zu der Zeit Soldat, hatte kein weiteres Vermögen und wollte später Medizin studieren. Nachdem das Bauprojekt gescheitert war und die Eltern ihr Vermögen verloren hatten, nahm B den S aus der Bürgschaft in Anspruch. – Für die Sittenwidrigkeit der Bürgschaft sprechen hier das grobe Missverhältnis zwischen dem Verpflichtungsumfang und der Leistungsfähigkeit des S sowie dessen geschäftliche Unerfahrenheit. Außerdem ist zu berücksichtigen, dass M und F den S in rechtlich zu missbilligender Weise unter Verstoß gegen ihre Beistands- und Rücksichtspflicht aus § 1618 a zur Übernahme der Bürgschaft veranlasst haben. Junge, geschäftlich unerfahrene Erwachsene entscheiden in solchen Fällen meist unüberlegt und aus einer seelischen Zwangslage heraus. Die B muss sich diese Umstände zurechnen lassen. Nachdem sie eine Bürgschaft des S verlangt hatte, musste sie damit rechnen, dass M und F in unzulässiger Weise auf S einwirken.

959 Eine **erhebliche finanzielle Überforderung** liegt vor, wenn zwischen dem Umfang der Verpflichtung und der Leistungsfähigkeit des Bürgen ein *grobes Missverhältnis* besteht, insbesondere wenn der Bürge aus seinem pfändbaren Vermögen oder Einkommen voraussichtlich nicht einmal die laufenden Zinsen zahlen kann.[51] Entscheidend für die Leistungsfähigkeit des Bürgen ist eine *Prognose* über die zukünftigen wirtschaftlichen Verhältnisse. Die Sittenwidrigkeit wird nicht dadurch ausgeschlossen, dass dem Bürgen die Möglichkeit einer **Restschuldbefreiung** nach §§ 286 ff. InsO eröffnet ist.[52]

> **Beispiel** (BGH, NJW 1997, 1003; NJW 1999, 58): Ist anhand konkreter Umstände zu erwarten, dass dem Bürgen in absehbarer Zeit eine größere Erbschaft zufällt, so wird der Bürge durch die übernommenen Verpflichtungen finanziell nicht überfordert. Auf der anderen Seite hat der Kreditgeber ein berechtigtes Interesse, auf die Erbschaft zugreifen zu können, sofern der Hauptschuldner nicht zahlt. Nach der Rechtsprechung des BGH ist die Sittenwidrigkeit aber auch in diesem Fall nur ausgeschlossen, wenn aus dem Bürgschaftsvertrag klar hervorgeht, dass die Verpflichtungen aus der Bürgschaft nur bei Anfall der Erbschaft eintreten sollen. Entsprechendes gilt, wenn der Kreditgeber sich mit der Bürgschaft vor Vermögensverlagerungen vom Hauptschuldner auf den Bürgen schützen will.

---

47 Vgl. *Harke*, Schuldrecht AT, Rn. 478.
48 BVerfGE 89, 214 (231); vgl. auch *Riehm*, JuS 2000, 241 (242 f.).
49 Grundlegend BGHZ 146, 37 (42); 151, 34 (37); vgl. dazu *Tonner*, JuS 2003, 325 ff.
50 Vgl. BGHZ 125, 206 (213 f.); BGH, NJW 2002, 744 (745).
51 BGHZ 146, 37 (42); NK-BGB/*Looschelders* § 138 Rn. 243.
52 BGH, NJW 2009, 2671 (2674); vgl. *Krüger*, NJW 2009, 3408 ff.; *Homann/Maas*, JuS 2011, 774 ff.

Hat der Bürge ein **eigenes wirtschaftliches Interesse** an der Bürgschaft, so ist die Vermutung der Sittenwidrigkeit widerlegt.[53] Das hat zur Folge, dass die Beweiserleichterungen nicht gelten und der Bürge die Voraussetzungen des § 138 I nach allgemeinen Regeln darlegen und beweisen muss. 960

Beispiel (BGH, WM 2003, 1563): Ein eigenes wirtschaftliches Interesse liegt vor, wenn der Bürge Miteigentümer der kreditfinanzierten Sache werden soll. Nicht ausreichend ist aber, dass der Bürge durch den Kredit mittelbare Vorteile erlangt (etwa wenn durch den vom Bürgen gesicherten Kredit der Bau eines gemeinsam zu bewohnenden Hauses auf dem Grundstück des Hauptschuldners finanziert wird).[54]

3. Formularmäßige Vereinbarung von Globalbürgschaften

Im Geschäftsverkehr sehen die AGB der Banken oft **Globalbürgschaften** vor. Danach haftet der Bürge für alle gegenwärtigen und zukünftigen Forderungen des Schuldners aus einer bestimmten Geschäftsbeziehung. Solche Vereinbarungen verstoßen nicht gegen das Bestimmtheitserfordernis, weil die Haftung des Bürgen klar festgelegt ist.[55] Da eine Globalbürgschaft für den Bürgen sehr hohe Risiken mit sich bringt, liegt aber ein Verstoß gegen § 307 II Nr. 1 iVm dem Rechtsgedanken des § 767 I 3 nahe.[56] Dies gilt grundsätzlich auch im kaufmännischen Verkehr. Hinzu kommt, dass die betreffenden Klauseln oft als *überraschend* anzusehen sind (§ 305 c I).[57] 961

Nach der Rechtsprechung des BGH ist der Bürgschaftsvertrag bei formularmäßiger Vereinbarung einer Globalbürgschaft nicht vollständig unwirksam; die Haftung des Bürgen beschränkt sich aber auf die Forderungen, die **Anlass** für die Übernahme der Bürgschaft waren.[58] Eine darüber hinausgehende Globalbürgschaft kann nur *individualvertraglich* vereinbart werden.

4. Anwendbarkeit der Widerrufsrechte für Verbraucher

Inwieweit die **Widerrufsrechte** für Verbraucher bei Haustürgeschäften (§ 312), Fernabsatzverträgen (§ 312 d) und Verbraucherkrediten (§ 495) auf den Bürgschaftsvertrag Anwendung finden, ist noch nicht in allen Punkten abschließend geklärt. 962

a) Widerrufsrecht bei Haustürgeschäften

Ob dem Bürgen ein Widerrufsrecht nach den Regeln über die **Haustürgeschäfte** zusteht, war lange Zeit umstritten. Der Streit kreiste zunächst um die Frage, ob der Bürgschaftsvertrag »eine **entgeltliche Leistung** zum Gegenstand« hat (vgl. § 312 I).[59] Für die Praxis wurde diese Frage durch eine Entscheidung des EuGH geklärt.[60] Danach sind die Vorschriften über das Haustürgeschäft auf die Bürgschaft *anwendbar*. Das Entgelt besteht darin, dass der Gläubiger dem Hauptschuldner ein Darlehen gewährt oder auf dessen sofortige Rückzahlung verzichtet.

53 Vgl. nur *Riehm*, JuS 2000, 241 (245).
54 BGH, NJW 2000, 1182 (1184).
55 BGHZ 130, 19 (21 f.); *Larenz/Canaris*, Schuldrecht II/2, § 60 II 2 a.
56 BGHZ 130, 19 (33 f.); 143, 95 (97); 151, 374 (377, 381 ff.); *Emmerich*, Schuldrecht BT, § 14 Rn. 15.
57 *Oetker/Maultzsch* § 13 Rn. 53; *Riehm*, JuS 2000, 343 (345).
58 BGHZ 137, 153 (156); 143, 95 (97 ff.); BGH, NJW-RR 2002, 343 (344).
59 Zum früheren HWiG einerseits BGHZ 113, 287 (289) (Anwendbarkeit verneint); anderseits BGH, NJW 1993, 1594 (1595) (Anwendbarkeit bejaht).
60 EuGH, NJW 1998, 1295 (1296).

963 Nach Ansicht des EuGH reicht es für die Anwendung der Haustürwiderrufs-RL allerdings nicht aus, dass der **Bürge** die Bürgschaft **als Verbraucher** im Rahmen eines Haustürgeschäfts übernommen hat. Wegen der Akzessorietät der Bürgschaft wird zusätzlich verlangt, dass die Bürgschaft die Verbindlichkeit eines Verbrauchers sichert, die dieser im Rahmen eines Haustürgeschäfts eingegangen ist. Da die Richtlinie nur einen Mindeststandard gewährleisten soll, kann § 312 I jedoch ein **weitergehender Anwendungsbereich** beigemessen werden. Der Bürge wird danach in seiner Eigenschaft als Verbraucher geschützt; welche Rechtsnatur die Hauptschuld aufweist, ist demgegenüber irrelevant. § 312 I kann deshalb auch dann auf den Bürgschaftsvertrag angewendet werden, wenn es sich bei der Hauptverbindlichkeit um einen Geschäftskredit handelt.[61]

b) Widerrufsrecht bei Fernabsatzverträgen

964 Ein Widerrufsrecht nach § 312 d kommt bei der Bürgschaft eines Verbrauchers nicht in Betracht. Die Bürgschaft kann zwar als Vertrag über die Erbringung einer **Dienstleistung** iSd § 312 b angesehen werden. Die Vorschrift setzt aber voraus, dass die Dienstleistung vom Unternehmer erbracht wird. Hier wäre aber gerade umgekehrt der Verbraucher Erbringer der Dienstleistung.[62] Dass der Unternehmer im **Verhältnis zum Hauptschuldner** einen Vertrag über die Lieferung von Waren oder die Erbringung von Dienstleistungen abgeschlossen hat, ist bei § 312 b irrelevant.[63]

c) Widerrufsrecht bei Verbraucherkrediten

965 Die Bürgschaft ist **kein Verbraucherdarlehensvertrag** iSd § 491, weil der Bürge nicht selbst Kreditnehmer ist. Dem Bürgen steht daher kein Widerrufsrecht nach §§ 495, 355 zu.[64] Da es an einer planwidrigen Regelungslücke fehlt, scheidet auch eine analoge Anwendung der Vorschriften über das Verbraucherdarlehen aus.[65] Eine andere Betrachtung wird auch nicht durch europäisches Recht geboten. Denn nach der Rechtsprechung des EuGH wird die Bürgschaft von der Verbraucherkredit-RL nicht erfasst.[66]

IV. Bestehen der Hauptschuld und Umfang der Bürgschaft

966 Aus der **Akzessorietät der Bürgschaft** (→ Rn. 935) folgt, dass sie in Bestand und Umfang von der Hauptschuld abhängig ist.

Ist die Hauptschuld noch **nicht entstanden** oder **bereits erloschen**, so besteht auch (noch) keine wirksame Verpflichtung des Bürgen gegenüber dem Gläubiger. Aus einer Bürgschaft für eine zukünftige oder bedingte Verbindlichkeit (§ 765 II) können daher auch erst nach Entstehung der Hauptschuld Rechte abgeleitet werden. Problematisch ist allerdings der Fall, dass an die Stelle der Hauptforderung ein *bereicherungsrechtlicher Anspruch* tritt.

Beispiel: S schließt mit der G-Bank einen Darlehensvertrag. B verbürgt sich für die Darlehensforderung der G. Nach der Auszahlung des Kredits stellt sich heraus, dass der Darlehensvertrag

61 BGHZ 165, 363 (367 f.); BGH, ZGS 2007, 267 (268); anders noch BGHZ 139, 21. .
62 Vgl. Palandt/*Grüneberg* § 312 b Rn. 10 c.
63 MüKoBGB/*Wendehorst* § 312 b Rn. 40.
64 So auch BGHZ 138, 321 (323 ff.) (zum VerbrKrG); OLG Frankfurt, ZGS 2007, 240; Palandt/*Sprau* § 765 Rn. 4; *Brox/Walker*, Schuldrecht BT, § 32 Rn. 15.
65 *Tiedtke*, NJW 2001, 1015 (1027).
66 EuGH, NJW 2000, 1323.

nach § 138 I nichtig ist. Wegen Insolvenz des S möchte G den B aus der Bürgschaft in Anspruch nehmen. Zu Recht? – Dem G könnte ein Anspruch gegen B aus § 765 I zustehen. Ein solcher Anspruch lässt sich nicht schon mit dem Argument verneinen, dass der Darlehensvertrag sittenwidrig und die Hauptschuld daher nie entstanden sei. Den Parteien steht es nämlich im Rahmen der Privatautonomie frei, die Bürgschaft auf den bereicherungsrechtlichen Rückzahlungsanspruch des Gläubigers (→ Rn. 350) zu erstrecken. Dabei handelt es sich um eine Frage, die durch Auslegung des jeweiligen Bürgschaftsvertrages (§§ 133, 157) beantwortet werden muss. In der Literatur wird teilweise die Auffassung vertreten, dass der Bereicherungsanspruch im Zweifel nicht abgedeckt werden soll.[67] Die hM geht demgegenüber davon aus, dass sich die Haftung des Bürgen grundsätzlich auch auf den Rückzahlungsanspruch des Gläubigers aus § 812 I 1 Alt. 1 bezieht.[68] Der BGH unterscheidet danach, ob der Bürge die Bürgschaft aus Gefälligkeit – etwa als naher Angehöriger oder Freund – übernommen hat, oder ob er damit als Kaufmann eigene wirtschaftliche Interessen verfolgt hat; im letzteren Fall liege die Annahme nahe, dass die Bürgschaft auch den bereicherungsrechtlichen Rückzahlungsanspruch absichern soll.[69] Diese Differenzierung erscheint im Ausgangspunkt interessengerecht, auch wenn die Besonderheiten des Einzelfalls eine abweichende Beurteilung rechtfertigen können.

Da für die Verpflichtung des Bürgen der »jeweilige Bestand der Hauptverbindlich- 967
keit« maßgeblich ist (§ 767 I 1), schlagen Veränderungen im **Umfang** der Hauptschuld auf die Bürgschaft durch. Eine *Verminderung* der Hauptschuld (etwa durch Erfüllung) führt daher zu einer Herabsetzung der Bürgenschuld. Bei einer *Erhöhung* der Hauptschuld ist zu unterscheiden.

Erhöht sich die Verpflichtung des Hauptschuldners **kraft Gesetzes** (zB durch Verschulden oder Verzug des Hauptschuldners gemäß §§ 280 ff., 288), so erweitert sich auch die Verpflichtung des Bürgen (vgl. § 767 I 2). Die Bürgschaft umfasst außerdem etwaige Kündigungs- und Prozesskosten, die der Hauptschuldner dem Gläubiger ersetzen muss (§ 767 II).

Durch **Rechtsgeschäft** kann der Hauptschuldner den Umfang der Bürgschaft dagegen im Nachhinein nicht mehr ohne Zustimmung des Bürgen erweitern (§ 767 I 3). Während die gesetzliche Erweiterung für den Bürgen kalkulierbar ist, würde er durch eine rechtsgeschäftliche Erweiterungsmöglichkeit dem eigenmächtigen Handeln des Hauptschuldners ausgesetzt.

Der Bürge kann sich im Übrigen gegenüber einer möglichen gesetzlichen Erweiterung der Hauptschuld durch eine **Höchstbetragsbürgschaft** schützen. Er muss hierzu mit dem Gläubiger vereinbaren, dass dieser ihn nur bis zu einem bestimmten Betrag in Anspruch nehmen kann.

V. Eintritt des Bürgschaftsfalles

Der Gläubiger kann den Bürgen erst dann in Anspruch nehmen, wenn der von den 968
Parteien vereinbarte oder vorausgesetzte **Sicherungsfall** (sog. Bürgschaftsfall) eingetreten ist.[70] Im Allgemeinen ist danach erforderlich, dass der Hauptschuldner seine Leistung bei **Fälligkeit** nicht erbringt.[71]

67 So *Medicus/Lorenz*, Schuldrecht II, Rn. 1012; *Emmerich*, Schuldrecht BT, § 14 Rn. 12.
68 So BGH, NJW 2001, 1859 (1860); MüKoBGB/*Habersack* § 765 Rn. 62; *Larenz/Canaris*, Schuldrecht II/2, § 60 III 1 c; *Harke*, Schuldrecht AT, Rn. 479.
69 BGH, NJW 1987, 2076 (2077); vgl. auch *Coester-Waltjen*, Jura 2001, 742 (745).
70 BGH, NJW-RR 2001, 307 (308); *P. Huber*, Schuldrecht BT/1, Rn. 698.
71 Vgl. Palandt/*Sprau* § 765 Rn. 25.

VI. Einwendungen des Bürgen

1. Aus dem Verhältnis Bürge – Gläubiger

969 Dem Bürgen können aus seinem **eigenem Verhältnis zum Gläubiger** nach **allgemeinen Regeln** (§§ 104 ff.) Einwendungen zustehen. Dass der Bürgschaftsvertrag wegen *Formmangels* (§§ 125, 766) oder *Sittenwidrigkeit* (§ 138 I) unwirksam sein kann, wurde bereits dargelegt. Der Bürge kann den Bürgschaftsvertrag auch *wegen arglistiger Täuschung anfechten* (§ 123). Dies gilt jedenfalls dann, wenn die Täuschung vom Gläubiger ausgeht. Täuscht der Schuldner den Bürgen (zB über seine Kreditwürdigkeit), so ist die Anfechtung nur möglich, wenn der Gläubiger die Täuschung kannte oder kennen musste. Denn der Schuldner ist insoweit Dritter iSd § 123 II. Eine Anfechtung nach § 119 II wegen *Irrtums über die Kreditwürdigkeit* des Hauptschuldners kommt nicht in Betracht (→ Rn. 949).

970 Nach § 771 kann der Bürge darüber hinaus die **Einrede der Vorausklage** erheben. Er haftet danach nur gegenüber dem Gläubiger, wenn dieser eine Zwangsvollstreckung gegen den Hauptschuldner ohne Erfolg versucht hat.[72] Hier zeigt sich, dass der Bürge nach der Vorstellung des Gesetzgebers im Regelfall subsidiär haftet (→ Rn. 936). In der Praxis wird die Einrede der Vorausklage aber häufig durch Rechtsgeschäft ausgeschlossen. Man spricht dann von einer **selbstschuldnerischen Bürgschaft** (§ 773 I Nr. 1). Gesetzliche Ausschlussgründe sind in § 773 I Nr. 2–4 geregelt. Die Einrede der Vorausklage ist ferner ausgeschlossen, wenn der Bürge *Kaufmann* ist und die Bürgschaft für ihn ein *Handelsgeschäft* darstellt (§§ 349 I, 343 HGB).

2. Aus dem Verhältnis Schuldner – Gläubiger

971 Der Bürge kann dem Gläubiger die gleichen **Einreden** wie der Schuldner entgegenhalten (§ 768 I 1). Er kann sich etwa auf die Verjährung der Hauptforderung (§ 214), die Stundung oder ein Zurückbehaltungsrecht (§ 273) berufen. Hintergrund ist das *Akzessorietätsprinzip*. Für die Geltendmachung von **Einwendungen** bedarf es keines Rückgriffs auf § 768 I, da der Bestand der Bürgschaft ohnehin vom Bestand der Hauptforderung abhängt.[73]

> **Beispiel:** Hat der Schuldner den Kreditvertrag nach §§ 119 ff. angefochten, so ist der Vertrag nach § 142 I rückwirkend nichtig. Die Bürgschaftsschuld besteht bereits nach dem Grundsatz der Akzessorietät nicht (§§ 765 I, 767 I 1). Einreden des Hauptschuldners lassen dagegen den Bestand der Hauptschuld und damit auch der Bürgschaft unberührt, so dass es insoweit der Sonderregelung des § 768 I bedarf.

972 Ein **Verzicht** des Hauptschuldners auf die Einrede hat nicht zur Folge, dass der Bürge die Einrede verliert (§ 768 II). Dahinter steht wie bei § 767 I 3 der Gedanke, dass der Bürge vor unberechenbaren rechtsgeschäftlichen Handlungen des Hauptschuldners geschützt werden muss. Da das Akzessorietätsprinzip ein wesentliches Merkmal der Bürgschaft ist, kann § 768 I auch nicht durch *AGB* eingeschränkt werden (vgl. § 307 II Nr. 1).[74]

§ 770 I erweitert die Einredemöglichkeit des Bürgen auf den Fall, dass dem Schuldner das Recht zusteht, das seiner Verbindlichkeit zugrunde liegende Rechts-

72 Zur Bedeutung des Begriffs »Vor-Ausklage« *Duckstein/Pfeiffer*, JR 2010, 131 ff.
73 *Oetker/Maultzsch* § 13 Rn. 73.
74 Vgl. BGHZ 147, 100 (104); MüKoBGB/*Habersack* § 768 Rn. 3.

geschäft **anzufechten**. Solange der Schuldner das Rechtsgeschäft nicht anficht, bleibt der Bestand der Hauptschuld (und damit nach dem Grundsatz der Akzessorietät auch der Bestand der Bürgschaft) zwar unberührt. Der Bürge kann das Anfechtungsrecht des Schuldners auch nicht selbst ausüben. Andererseits wäre es aber unbillig, wenn der Bürge während der *Schwebezeit* bis zur Anfechtungserklärung aus der Bürgschaft in Anspruch genommen werden könnte. Der Bürge kann deshalb nach § 770 I die Befriedigung des Gläubigers so lange verweigern, wie dem Schuldner das Anfechtungsrecht zusteht. Auf **andere Gestaltungsrechte** wie die Minderung und den Rücktritt sowie das Widerrufsrecht ist § 770 I entsprechend anwendbar.[75]

§ 770 II billigt dem Bürgen ein Leistungsverweigerungsrecht für den Fall zu, dass der **973**
Gläubiger sich durch **Aufrechnung** gegen eine Forderung des Hauptschuldners befriedigen kann. Dahinter steht wieder die Erwägung, dass der Bürge während eines *Schwebezustands* nicht leisten muss. Hinzu kommt der Gedanke der *Subsidiarität*. Solange der Gläubiger sich durch Aufrechnung befriedigen kann, besteht für die Inanspruchnahme des Bürgen kein Anlass.[76] Steht ausnahmsweise nur dem *Schuldner* die Aufrechnungsmöglichkeit zu (zB weil die Aufrechnung durch den Gläubiger nach §§ 393, 394 ausgeschlossen ist), so wird zum Teil die entsprechende Anwendung des § 770 II befürwortet.[77] Da der Subsidiaritätsgedanke hier nicht zutrifft, ist § 770 II nach richtiger Ansicht aber nicht anwendbar.[78]

3. Besonderheiten bei der Bürgschaft auf erstes Anfordern

Der Bürge kann dem Gläubiger keine Einwendungen oder Einreden aus dessen Ver- **974**
hältnis zum Schuldner entgegenhalten, wenn eine **Bürgschaft auf erstes Anfordern** vereinbart ist. In diesem Fall muss der Bürge *sofort* zahlen; ihm steht aber ggf. ein Rückzahlungsanspruch aus § 812 I 1 Alt. 1 zu.[79] Der Gläubiger wird im Übrigen durch das Verbot des **Rechtsmissbrauchs** (§ 242) gehindert, sofortige Zahlung zu verlangen, obwohl sich die Einwendungen des Bürgen schon nach dem unstreitigen Sachverhalt als berechtigt erweisen.[80]

Da die Bürgschaft auf erstes Anfordern den Akzessorietätsgrundsatz zu Lasten des Bürgen empfindlich einschränkt, kann sie in AGB wegen § 307 II Nr. 1 grundsätzlich nur durch ein **Kreditinstitut** übernommen werden.[81] Ein Bauunternehmer kann daher in den AGB des Bestellers nicht wirksam dazu verpflichtet werden, zur Sicherung von Vertragserfüllungsansprüchen eine Bürgschaft auf erstes Anfordern zu übernehmen.[82] Der vollständige formularmäßige Verzicht auf die Einreden aus § 768

75 MüKoBGB/*Habersack* § 770 Rn. 6; *Brox/Walker*, Schuldrecht BT, § 32 Rn. 33; *Harke*, Schuldrecht AT, Rn. 481; aA *Gursky*, Schuldrecht BT, S. 171.

76 BGHZ 153, 293 (299); PWW/*Brödermann* § 770 Rn. 1.

77 Erman/*Herrmann* § 770 Rn. 6; MüKoBGB/*Habersack* § 770 Rn. 10; *Harke*, Schuldrecht AT, Rn. 481.

78 Palandt/*Sprau* § 770 Rn. 3; *Larenz/Canaris*, Schuldrecht II/2, § 60 III 3 b; *Primaczenko*, JA 2007, 173 (174); *Kiehnle*, AcP 208 (2008), 635 ff.

79 BGHZ 74, 244 (248); *Brox/Walker*, Schuldrecht BT, § 32 Rn. 50; *Harke*, Schuldrecht AT, Rn. 474.

80 BGHZ 147, 99 (102); Staudinger/*Looschelders/Olzen* (2009) § 242 Rn. 847.

81 BGHZ 147, 99 (104); *Medicus/Lorenz*, Schuldrecht II, Rn. 1028; *Tiedtke*, NJW 2003, 1359 (1363).

82 BGHZ 150, 299; 151, 229; dazu *Karst*, NJW 2004, 2059 ff.

und § 770 (auch mit Wirkung für einen möglichen Rückzahlungsanspruch) ist nach § 307 II Nr. 2 generell (also auch bei Kreditinstituten) unzulässig.[83]

Die **Fälligkeit** der Forderung aus der Bürgschaft auf erstes Anfordern tritt ebenso wie bei jeder anderen Bürgschaft mit der Fälligkeit der Hauptschuld ein und nicht erst mit der Leistungsaufforderung durch den Gläubiger.[84] Der Grundsatz der Akzessorietät wird insoweit also nicht durchbrochen. Praktische Bedeutung hat dies für den **Beginn der Verjährung** nach § 199 I.

VII. Erlöschen der Bürgschaft

975 Der Bürge wird nach § 776 von seiner Verpflichtung frei, soweit der Gläubiger eine **Hypothek**, ein Pfandrecht oder eine Mitbürgschaft **aufgibt**. Da diese akzessorischen Sicherungsrechte mit der Befriedigung des Gläubigers auf den Bürgen übergehen (§§ 774, 412, 401; vgl. → Rn. 979), hätte der Gläubiger es sonst in der Hand, die Stellung des Bürgen durch Aufgabe der Sicherheiten zu verschlechtern. Im Übrigen wird der Bürge durch Zeitablauf frei, wenn er die **Bürgschaft** nur **auf Zeit** übernommen hat (§ 777).

Die Verpflichtung des Bürgen aus dem Bürgschaftsvertrag erlischt im Übrigen nach **allgemeinen Grundsätzen**, etwa durch Erfüllung (§ 362) oder Aufrechnung (§§ 387 ff.).

Anspruch Gläubiger – Bürge aus § 765 I (Prüfungsschema)
I. Wirksamer Bürgschaftsvertrag
1. Abgrenzung zu anderen Verträgen (bei Zweifeln)
2. Form (§ 766, 125, beachte aber auch § 350 HGB)
3. Materielle Unwirksamkeitsgründe (zB § 138)
4. Kein wirksamer Widerruf
II. Existenz der gesicherten Hauptforderung (§ 767)
III. Durchsetzbarkeit der Bürgschaftsschuld
1. Eintritt des Sicherungsfalles
2. Gegenrechte aus dem Verhältnis Bürge – Gläubiger
a) Einwendungen und Einreden aus dem Bürgschaftsvertrag
b) Einrede der Vorausklage (§ 771)
3. Gegenrechte aus dem Verhältnis Schuldner – Gläubiger
a) Einreden nach § 768
b) Einreden nach § 770 I, II
IV. Kein Erlöschen der Bürgschaft (zB nach §§ 776 f.)

83 BGHZ 147, 99 (104); BGH, NJW 2003, 1521; AnwKomm-*Beckmann* § 768 Rn. 11.
84 BGH, NJW 2009, 378 (380); *Emmerich*, Schuldrecht BT, § 14 Rn. 40.

VIII. Der Rückgriff des Bürgen

976 Hat der Bürge den Gläubiger befriedigt, so wird er daran interessiert sein, vom Schuldner Ersatz zu erlangen. Hier kommen verschiedene Anspruchsgrundlagen in Betracht.

1. Aus dem zugrunde liegenden Rechtsverhältnis

Ersatzansprüche können sich aus dem zwischen dem Bürgen und dem Schuldner bestehenden **Schuldverhältnis** ergeben. Es mag sich hierbei um einen Auftrag (§§ 662 ff.), eine entgeltliche Geschäftsbesorgung (§ 675 I) oder eine berechtigte Geschäftsführung ohne Auftrag (§§ 677 ff.) handeln. Anspruchsgrundlage ist **§ 670** (ggf. über § 675 I oder § 683).

Zur Vertiefung: Steht dem Bürgen ein Anspruch auf Aufwendungsersatz aus § 670 zu, so könnte er nach allgemeinen Regeln (§ 257) vom Schuldner jederzeit Befreiung von der Bürgschaft (zB durch Zahlung der Hauptschuld) verlangen (vgl. SAT Rn. 323). Dies würde jedoch dem Zweck der Bürgschaft widersprechen. Gemäß § 775 steht dem Bürgen daher nur unter besonderen Voraussetzungen ein *Befreiungsanspruch* gegen den Schuldner zu. Der Sache nach geht es jeweils um Fälle, in denen sich das Risiko des Bürgen im Nachhinein deutlich erhöht, etwa weil sich die Vermögensverhältnisse des Schuldners wesentlich verschlechtert haben (§ 775 I Nr. 1).

2. Gesetzlicher Forderungsübergang (§ 774)

977 Im Fall der Zahlung geht überdies die Forderung des Gläubigers gegen den Schuldner im Wege der **cessio legis** auf den Bürgen über (§ 774). Auf diesen gesetzlichen Forderungsübergang sind die Vorschriften über den rechtsgeschäftlichen Forderungsübergang anwendbar (§ 412). Daraus folgt, dass mit der Forderung des Gläubigers gegen den Schuldner auch die für diese Forderung bestehenden *akzessorischen Sicherungsrechte* (Hypotheken, Schiffshypotheken oder Pfandrechte) gemäß § 401 auf den Bürgen übergehen (vgl. SAT Rn. 1111), was dessen Ausfallrisiko erheblich abmildert.

Nicht-akzessorische Sicherheiten (wie Grundschulden, Sicherungseigentum, Vorbehaltseigentum) gehen zwar nicht gesetzlich auf den Bürgen über. Allerdings hat der Bürge wegen der vergleichbaren wirtschaftlichen Situation einen *schuldrechtlichen Anspruch* gegen den Gläubiger auf Übertragung der Sicherheiten in analoger Anwendung der §§ 774, 412, 401.[85]

978 Gegenüber dem Rückgriffsanspruch aus dem zugrunde liegenden Schuldverhältnis hat der gesetzliche Forderungsübergang indes den Nachteil, dass der Schuldner dem Bürgen nach §§ 412, 404 die **Einwendungen und Einreden** entgegen halten kann, die er gegenüber seinem Gläubiger hatte.

Beispiel: Die Verjährung der Hauptforderung bleibt unberührt und beginnt nicht etwa mit dem gesetzlichen Forderungsübergang wieder von vorne.

Daneben stehen dem Schuldner gemäß § 774 I 3 die **Einwendungen** zu, die sich **aus seinem Rechtsverhältnis mit dem Bürgen** ergeben.

85 BGHZ 110, 41 (43); *Larenz/Canaris*, Schuldrecht II/2, § 60 III 4 b.

IX. Besondere Formen der Bürgschaft

979 In der Praxis finden sich zahlreiche Sonderformen der Bürgschaft. Soweit diese noch nicht im Kontext behandelt wurden (zur Höchstbetragsbürgschaft vgl. → Rn. 967, zur Bürgschaft auf erstes Anfordern → Rn. 974, zur Bürgschaft auf Zeit → Rn. 975), soll hierauf nachfolgend eingegangen werden.

1. Mitbürgschaft

980 Eine Mitbürgschaft liegt vor, wenn **mehrere Personen** sich für dieselbe Verbindlichkeit verbürgen (§ 769). Die Mitbürgschaften müssen nicht notwendig durch einen einheitlichen Vertrag begründet werden, sondern können auch unabhängig voneinander übernommen werden. Erforderlich ist lediglich die *Identität der gesicherten Forderung.*[86]

Mitbürgen haften gemäß § 769 als **Gesamtschuldner** nach §§ 421 ff. Es liegt damit im Ermessen des Gläubigers, von welchem Bürgen er die Leistung ganz oder teilweise verlangt. Der Ausgleich zwischen den Mitbürgen richtet sich nach § 426 (vgl. § 774 II). Danach sind die Gesamtschuldner zu gleichen Teilen verpflichtet, sofern nichts anderes vereinbart ist (§ 426 I).

2. Nachbürgschaft

981 Der Nachbürge **sichert** nicht die Hauptschuld, sondern die **Bürgschaftsverpflichtung des Hauptbürgen** gegenüber dem Gläubiger. Mangels Identität der gesicherten Forderungen sind die Regeln über die Mitbürgschaft nicht anwendbar. Leistet der Hauptbürge bei Eintritt des Bürgschaftsfalls nicht, kann sich der Gläubiger an den Nachbürgen halten. Da dieser nur subsidiär haftet, besteht **keine Gesamtschuld.** Befriedigt der Nachbürge den Gläubiger, so geht sowohl die Hauptforderung als auch die Forderung des Gläubigers gegen den Hauptbürgen auf ihn über (§ 774 analog).

3. Rückbürgschaft

982 Der Rückbürge verbürgt sich für die **Regresspflicht des Schuldners gegenüber dem Hauptbürgen.** Nimmt der Hauptbürge beim Schuldner Rückgriff, so muss der Rückbürge für diese Schuld einstehen. Er kann aber seinerseits nach § 774 I (analog) Rückgriff beim Schuldner nehmen.

X. Konkurrenz mit anderen Sicherungsrechten

983 Der Übergang der Sicherheiten auf den Bürgen (→ Rn. 977) führt zu Schwierigkeiten, wenn die Hauptschuld noch durch ein anderes akzessorisches Sicherungsrecht (zB Hypothek, Pfandrecht) gesichert ist. Denn auch die anderen akzessorischen Sicherheiten sehen einen gesetzlichen Forderungsübergang zugunsten des leistenden Sicherungsgebers vor (vgl. § 1143 für die Hypothek, § 1225 für das Pfandrecht) mit der Folge, dass die Bürgschaft nach §§ 412, 401 auf den Sicherungsgeber mit übergeht. Bei uneingeschränkter Anwendung der Vorschriften würde man daher zu dem Ergebnis gelangen, dass alle akzessorischen Sicherheiten auf den Sicherungsgeber

86 Vgl. MüKoBGB/*Habersack* § 769 Rn. 2, 4; *Medicus/Lorenz*, Schuldrecht II, Rn. 1024.

übergehen, der zuerst zahlt (Problem des »**Wettlaufs der Sicherungsgeber**«). Entsprechende Probleme können sich bei den nicht-akzessorischen Sicherheiten (zB Grundschuld) stellen, weil der leistende Sicherungsgeber hier einen schuldrechtlichen Übertragungsanspruch hat.[87]

Für das Verhältnis zwischen mehreren **Mitbürgen** löst § 774 II das Konkurrenzproblem durch Verweis auf § 426 (→ Rn. 980). Der Anspruch gegen die anderen Mitbürgen geht damit nur insoweit auf den leistenden Bürgen über, wie diesem im Innenverhältnis ein Ausgleichsanspruch gegen die anderen Mitbürgen zusteht (§ 426 II 1), wobei Mitbürgen im Zweifel zu gleichen Anteilen verpflichtet sind (§ 426 I). Für das Verhältnis zwischen Bürgen und dinglichen Sicherungsgebern fehlt eine entsprechende Regelung. Die Lösung des Konkurrenzproblems ist hier daher sehr umstritten. **984**

In der Literatur wird teilweise die Auffassung vertreten, dass das Gesamtschuldmodell sich nicht auf das Verhältnis von Bürgen und dinglichen Sicherungsgebern übertragen lässt. Stattdessen wird eine **Bevorzugung des Bürgen** befürwortet.[88] Danach soll zwar das dingliche Sicherungsrecht auf den Bürgen, nicht aber die Bürgschaftsforderung auf den dinglichen Sicherungsgeber übergehen. Zur Begründung wird auf die Wertung des § 776 (→ Rn. 975) und die besondere Schutzwürdigkeit des Bürgen verwiesen. **985**

Die hM geht hingegen davon aus, dass Bürgen und dingliche Sicherungsgeber ebenfalls wie **Gesamtschuldner** zu behandeln sind.[89] Die Sicherungsgeber bilden folglich eine Ausgleichsgemeinschaft (§ 426) mit der Folge, dass die Sicherungsrechte nur *anteilig* übergehen. Für diese Lösung spricht, dass der Rechtsgedanke des § 774 II auch hier zutrifft. Eine Privilegierung des Bürgen ist sachlich nicht gerechtfertigt. Sie kann insbesondere auch nicht aus § 776 hergeleitet werden, da die Vorschrift keine Aussage darüber enthält, ob der Bürge sich in voller Höhe schadlos halten kann.[90] **986**

Beispiel: S schuldet dem G 100.000 EUR aus Darlehen. Die Schuld ist durch eine Hypothek gesichert, die H an seinem Grundstück bestellt hat. Außerdem hat sich der B für die Schuld des S gegenüber G verbürgt. Nach erfolgloser Inanspruchnahme des S geht G gegen B vor. Nachdem dieser gezahlt hat, möchte er sich bei H schadlos halten. Zu Recht? – Gemäß §§ 774 I, 412, 401 ist die Hauptforderung des G mitsamt der Hypothek auf B übergegangen. Es stellt sich aber die Frage, in welcher Höhe der Übergang erfolgt ist. Nach hM findet unter mehreren Sicherungsgebern ein Ausgleich gemäß § 426 I statt. Danach haftet jeder nur anteilig, im Zweifel zu gleichen Teilen (vgl. § 426 I). Im vorliegenden Fall bedeutet dies, dass B den H nur zur Hälfte (in Höhe von 50.000 EUR) aus der Hypothek in Anspruch nehmen kann.

Literatur: *Bayer/Wandt*, Das Verhältnis zwischen Bürgen und Grundschuldbesteller – BGH, NJW 1982, 2308, JuS 1987, 271; *Braun*, Von den Nahbereichspersonen bis zu den Arbeitnehmern als Bürgen: ein Überblick über die Rechtsprechung des BGH zur Sittenwidrigkeit von Bürgschaften, Jura 2004, 474; *Coester-Waltjen*, Die Bürgschaft, Jura 2001, 742; *Duckstein/Pfeiffer*, Die Einrede der Vor-Ausklage, JR 2010, 231; *Giesen*, Grundsätze der Konfliktlösung im Besonderen Schuldrecht: Die Bürgschaft, Jura 1997, 64 und 122; *Grigoleit/Herresthal*, Der Schuldbeitritt, Jura 2002, 825; *Homann/Maas*, Sittenwidrige Nahbereichsbürgschaften und Restschuldbefreiung, JuS 2011, 774; *Karst*, Die Bürgschaft auf erstes Anfordern im Fadenkreuz des BGH, NJW 2004, 2059; *Kiehnle*, Gibt ein Aufrechnungsrecht des Hauptschuldners dem Bürgen eine Einrede gegen den nicht aufrechnungs-

87 Zum Verhältnis von Bürge und Grundschuldbesteller *Bayer/Wandt*, JuS 1987, 271 ff.
88 Vgl. Staudinger/*Horn* (1997) § 774 Rn. 68.
89 BGHZ 108, 179 (182 ff.); *Brox/Walker*, Schuldrecht BT, § 32 Rn. 46.
90 Vgl. Erman/*Herrmann* § 774 Rn. 15; *Larenz/Canaris*, Schuldrecht II/2, § 60 IV 3 a.

berechtigten Gläubiger?, AcP 208 (2008), 635; *Koch*, Die Patronatserklärung, 2005; *Krüger*, Sittenwidrige Mithaftung: Der Schlussstein in der Rechtsprechung des BGH, NJW 2009, 3408; *S. Lorenz*, Innenverhältnis und Leistungsbeziehungen bei der Bürgschaft, JuS 1999, 1145; *Medicus*, Entwicklungen im Bürgschaftsrecht, JuS 1999, 833; *Primaczenko*, Die Einrede der Aufrechenbarkeit in § 770 II BGB und § 129 III HGB, JA 2007, 173; *Reiff*, Der gesetzliche Ausgleich zwischen Bürgen und dinglichen Sicherungsgebern, FS E. Lorenz, 2004, 563; *Reinicke/Tiedtke*, Bürgschaftsrecht, 3. Aufl. 2008; *Riehm*, Aktuelle Fälle zum Bürgschaftsrecht, JuS 2000, 138, 241 und 343; *v. Rosenberg/Kruse*, Patronatserklärungen in der M&A-Praxis und in der Unternehmenskrise, BB 2003, 641; *Schmolke*, Grundfälle zum Bürgschaftsrecht, JuS 2009, 679; 784; *Schreiber*, Die Verteidigungsmittel des Bürgen, Jura 2007, 730; *Tiedtke*, Aus der Hauptschuld abgeleitete und eigene Einreden des Bürgen, JZ 2006, 940; *Tonner*, Neues zur Sittenwidrigkeit von Ehegattenbürgschaften – BGHZ 151, 34, und BGH, NJW 2002, 2230, JuS 2003, 325; *St. Wagner*, Die Sittenwidrigkeit von Angehörigenbürgschaften nach Einführung der Restschuldbefreiung und Kodifizierung der c. i. c., NJW 2005, 2956; *Wiese*, Der Schutz des Bürgen durch die Einrede der Aufrechenbarkeit – am Beispiel von Aufrechnungsverboten gemäß § 394 BGB, JR 2006, 397.

§ 49 Der Vergleich

I. Begriff und Funktion

987 Durch den in § 779 geregelten **Vergleich** wird ein Streit oder eine Ungewissheit über ein Rechtverhältnis durch gegenseitiges Nachgeben beseitigt. Meist handelt es sich um einen *gegenseitigen Vertrag*, bei dem die vergleichsweise begründeten Forderungen im Gegenseitigkeitsverhältnis stehen. Der Vergleich kann aber auch *einseitig verpflichtend* ausgestaltet sein.

Vergleiche kann man außergerichtlich schließen. Es gibt allerdings auch den **Prozessvergleich** (§ 127 a sowie §§ 160 ff., 794 I 1 ZPO). Dieser hat nach hM eine Doppelnatur.[91] Er ist zum einen ein privatrechtlicher Vertrag, auf den die materiell-rechtlichen Vorschriften anwendbar sind. Zum anderen hat er aber auch prozessuale Wirkungen, da er zur Beendigung des Prozesses führt und als Vollstreckungstitel dient (§ 794 I Nr. 1 ZPO).

II. Voraussetzungen

988 Voraussetzung für die Annahme eines Vergleichs ist zunächst, dass ein **Streit oder eine Ungewissheit über ein Rechtsverhältnis** (§ 779 I) besteht bzw. dass die Verwirklichung eines Anspruchs unsicher ist (§ 779 II). Dabei kommt es nicht auf einen objektiven Maßstab an. Es reicht vielmehr aus, dass die Unklarheit nur *subjektiv* aus Sicht der Parteien gegeben ist.[92]

989 Weiterhin ist ein **gegenseitiges Nachgeben** der Parteien erforderlich. Nachgeben bedeutet das völlige oder teilweise Aufgeben eines zuvor eingenommenen Standpunkts zu Gunsten der anderen Partei.[93] Der Begriff ist weit auszulegen, so dass jedes auch nur geringfügige Zugeständnis genügt.[94]

Beispiel: Der Eintritt der Fälligkeit wird hinausgeschoben; Stundung wird gewährt.

91 BGHZ 79, 71 (74); MüKoBGB/*Habersack* § 779 Rn. 71.
92 BGH, NJW-RR 1992, 363; Palandt/*Sprau* § 779 Rn. 4.
93 BGHZ 39, 60 (65).
94 Jauernig/*Stadler* § 779 Rn. 8; *Emmerich*, Schuldrecht BT, § 15 Rn. 13.

Gibt **nur eine Partei** nach, so scheidet ein Vergleich aus. In diesen Fällen kommt ein Erlassvertrag, ein Anerkenntnis oder ein einseitiger Feststellungsvertrag in Betracht, wobei § 779 aber entsprechend anwendbar ist.[95]

III. Allgemeine Unwirksamkeitsgründe

Als Vertrag unterliegt der Vergleich den **allgemeinen Wirksamkeitsvoraussetzungen** 990
des BGB für Rechtsgeschäfte.

1. Form

Der Vergleich bedarf **keiner bestimmten Form**. Allerdings kann sich aus der im Vergleich eingegangenen Verpflichtung ein *Formzwang* ergeben.

> **Beispiel:** Die Parteien vereinbaren im Wege des Vergleichs, das Eigentum an einem Grundstück zu übertragen. Der Vergleich ist in diesem Fall nur wirksam, wenn er notariell beurkundet wird (§ 311 b I). Beim Prozessvergleich wird die notarielle Beurkundung durch das gerichtliche Protokoll ersetzt (§ 127 a).

Bei **Schuldversprechen** oder **Schuldanerkenntnissen**, die aufgrund eines Vergleichs 991
abgegeben werden, ist die nach §§ 780, 781 an sich erforderliche Schriftform gemäß § 782 entbehrlich (vgl. → Rn. 1004).

2. Dispositionsbefugnis

Gegenstand des Vergleichs muss ein **Rechtsverhältnis** sein. Der Begriff wird in einem 992
weiten Sinne verstanden. In Betracht kommen nicht nur Schuldverhältnisse, sondern auch Rechtsverhältnisse auf dem Gebiet des Sachen-, des Familien- oder des Erbrechts.[96] Der Vergleichsgegenstand muss aber **disponibel** sein.[97] Über den *Bestand der Ehe*[98] oder den *Nachlass* eines lebenden Dritten (§ 311 b IV) kann daher kein Vergleich geschlossen werden. Im *Arbeitsrecht* wird die Dispositionsbefugnis der Parteien zum Schutz des Arbeitnehmers oft eingeschränkt (vgl. § 12 EFZG, § 4 III TVG).

IV. Irrtumsfälle

Besondere Probleme ergeben sich, wenn die Parteien beim Abschluss des Vergleichs 993
einem **beiderseitigen Irrtum** unterliegen. Das Gesetz unterscheidet danach, ob der Irrtum den streitigen oder den unstreitigen Teil des Sachverhalts betrifft. Betrifft der Irrtum den Teil des Sachverhalts, der von den Parteien für **unstreitig oder gewiss** erachtet worden ist, so ist der Vergleich gemäß § 779 I unwirksam, wenn der Streit oder die Ungewissheit bei Kenntnis der Sachlage nicht entstanden wäre. Es handelt sich hierbei um einen gesetzlich normierten Sonderfall der *Störung der Geschäftsgrundlage* (vgl. § 313 II).[99] Die Abgrenzung zwischen Rechts- und Tatsachenfragen ist im Einzelfall schwierig. Daher können auch Fallgestaltungen mit unklarer Rechtslage unter den Begriff des »Sachverhalts« subsumiert werden.[100]

---

95 Staudinger/*Marburger* (2009) § 781 Rn. 18.
96 AnwKomm-*Giesler* § 779 Rn. 6.
97 Jauernig/*Stadler* § 779 Rn. 4.
98 BGHZ 15, 190 (193); Palandt/*Sprau* § 779 Rn. 6.
99 Vgl. Jauernig/*Stadler* § 779 Rn. 16; *Larenz*, Schuldrecht I, § 7 IV.
100 MüKoBGB/*Habersack* § 779 Rn. 64; *Oetker*/*Maultzsch* § 14 Rn. 19; einschränkend RGZ 157, 266 (269); BGHZ 25, 390 (394).

Beispiel: Die Parteien gehen übereinstimmend von der Wirksamkeit eines Testaments aus und schließen auf dieser Grundlage einen Vergleich. Später stellt sich heraus, dass das Testament nichtig ist, weil der Erblasser es nicht eigenhändig unterschrieben hatte (vgl. § 2247 I). Hier kann es keinen Unterschied machen, ob die Parteien vom Vorliegen einer eigenhändigen Unterschrift ausgegangen sind oder eine solche Unterschrift zu Unrecht für entbehrlich gehalten haben.

994 Irrtümer betreffend den **streitigen oder ungewissen Teil** des Sachverhalts sind dagegen unbeachtlich. Es ist nämlich gerade die Funktion des Vergleichs, den Streit oder die Ungewissheit zu beenden. In Ausnahmefällen kann ein Vertragspartner aber nach Treu und Glauben (§ 242) daran gehindert sein, den anderen Vertragspartner trotz des Irrtums über den streitigen oder ungewissen Punkt an dem getroffenen Vergleich festzuhalten.[101]

Beispiel (nach OLG Hamm, VersR 1987, 389; vgl. auch OLG Köln, NJW-RR 1988, 924)**:** Der G ist bei einem von S verschuldeten Unfall schwer verletzt worden. Zur Beilegung des Streits schließen G und S eine Abfindungsvereinbarung, wonach G gegen Zahlung einer Geldsumme durch S auf künftige Ansprüche verzichtet. Mögliche Folgeschäden spielen bei der Vereinbarung eine untergeordnete Rolle. Später treten bei G Folgeerkrankungen auf, die zu völliger Erwerbsunfähigkeit führen. Da nunmehr ein krasses Missverhältnis zwischen dem Schaden und der Abfindungssumme besteht, ist es dem S nach Treu und Glauben verwehrt, sich auf die Abfindungsvereinbarung zu berufen. Hier wäre freilich auch daran zu denken, § 779 I mit der Begründung anzuwenden, dass der Irrtum in Wahrheit doch den unstreitigen Sachverhalt – nämlich das Ausmaß möglicher Folgeschäden – betrifft.

V. Rechtsfolgen

995 Durch den Vergleich werden die streitigen Rechtsbeziehungen **neu geregelt**. Ob das alte Schuldverhältnis *fortbesteht* oder mit dem Abschluss des Vergleichs *untergeht*, ist durch Auslegung zu ermitteln. So wird der Gläubiger im Allgemeinen ein berechtigtes Interesse am Fortbestand des alten Schuldverhältnisses haben, wenn dafür *Sicherheiten* bestellt worden sind. Endet das alte Schuldverhältnis, so gehen nämlich auch die akzessorischen Sicherheiten unter (vgl. etwa § 767 I 1). Davon abgesehen wollen die Parteien im Regelfall weiter die *Einwendungen* aus dem alten Schuldverhältnis geltend machen können, soweit diese durch den Vergleich unberührt bleiben. Im Allgemeinen ist daher vom Fortbestand des alten Schuldverhältnisses auszugehen.[102] Der Vergleich hat dann keine »umschaffende« Wirkung.

996 Soweit der Vergleich **keine Schuldersetzung** (Novation) beinhaltet, ergeben sich die Ansprüche des Gläubigers weiter aus dem ursprünglichen Schuldverhältnis.[103] Anspruchsgrundlage ist damit zB § 433 II oder § 823 I und nicht § 779. Die Parteien können den zugrunde liegenden Anspruch im Wege des Vergleichs aber auch durch ein abstraktes Schuldversprechen oder -anerkenntnis (§§ 781, 782) verstärken bzw. ersetzen (vgl. § 782).[104]

Beispiel: Der K hat beim Autohändler V für 5.000 EUR einen Gebrauchtwagen gekauft. Als V Zahlung verlangt, erklärt K, er würde den Kaufpreis wegen Mängeln am Auspuff und an den Bremsen um 2.000 EUR mindern. V bestreitet die Mängel. Beide Parteien einigen sich schließlich im Wege des Vergleichs darauf, dass der Kaufpreis wegen der Mängel am Auspuff um 1.000 EUR herabgesetzt werden soll. Etwaige Mängel der Bremsen sollen dagegen außer Betracht bleiben. – Dem V steht hier ein Kaufpreisanspruch in Höhe von 4.000 EUR aus § 433 II zu. Gegenüber

101 Vgl. *Medicus/Lorenz*, Schuldrecht I, Rn. 327.
102 BGH, NJW-RR 1987, 1426 f.; *Brox/Walker*, Schuldrecht BT, § 33 Rn. 9.
103 Vgl. *Pawlowski*, BGB AT, Rn. 880.
104 Vgl. AnwKomm-*Hund* § 782 Rn. 5.

diesem Anspruch kann K sich aufgrund des Vergleichs nicht mehr auf Mängel an den Bremsen berufen. Andere Einwendungen aus dem Kaufvertrag (zB betreffend sonstige, bei Abschluss des Vergleichs unbekannte Mängel des Pkw) können dagegen geltend gemacht werden. Der Vergleich ist dann ggf. nach § 779 unwirksam.[105]

Literatur: *Bork*, Der Vergleich, 1988; *Ehmann*, Schuldanerkenntnis und Vergleich, 2005; *Häsemeyer*, Zur materiellrechtlich-prozeßrechtlichen Doppelnatur des außergerichtlichen Vergleichs und des deklaratorischen Schuldanerkenntnisses, ZZP 108 (1995), 289; *Jahnke*, Die vergleichsweise Regulierung von Schadensfällen, VersR 1995, 1145; *Michel*, Der Prozeßvergleich in der Praxis, JuS 1986, 41.

§ 50 Schuldversprechen und Schuldanerkenntnis

I. Selbständiges Schuldversprechen und -anerkenntnis

1. Allgemeines

Die §§ 780, 781 regeln selbständige (abstrakte) Schuldversprechen bzw. Schuldanerkenntnisse. Es handelt sich um **einseitig verpflichtende Verträge**, durch die der Schuldner dem Gläubiger eine Leistung verspricht (§ 780) oder ihm gegenüber eine Schuld anerkennt (§ 781). Ob der Schuldner eine Leistung verspricht oder eine Schuld anerkennt, ist oft nur eine Frage der sprachlichen Formulierung.[106] Wirtschaftlich betrachtet bestehen dagegen keine Unterschiede. Da beide Verträge überdies die gleichen Voraussetzungen und Wirkungen haben, ist eine *Abgrenzung* entbehrlich.[107] Meist werden die §§ 780, 781 daher gemeinsam als Anspruchsgrundlage herangezogen. 997

In der Praxis ist das abstrakte Schuldversprechen bzw. -anerkenntnis vor allem im **Bankverkehr sowie im Wertpapierrecht** von Bedeutung. 998

Beispiele: Bei der Annahme eines *Wechsels* handelt es sich der Sache nach um ein abstraktes Schuldversprechen, das in Art. 28 WG speziell geregelt ist.[108] Auch die *Gutschrift* durch die Bank bei Überweisungen stellt ein abstraktes Schuldversprechen der Bank gegenüber dem Überweisungsempfänger dar.[109] Gleiches gilt für die Feststellung des Kontokorrentsaldos nach § 355 HGB.[110]

2. Die Bedeutung der Abstraktheit

Entscheidendes Merkmal der §§ 780, 781 ist die **Selbständigkeit** (Abstraktheit). Das Schuldversprechen bzw. Schuldanerkenntnis ist in seinem Bestand *unabhängig von der zugrunde liegenden Forderung*. Dadurch wird dem Gläubiger die *prozessuale Durchsetzung* seines Anspruchs erheblich erleichtert. Denn er muss nicht mehr das Zustandekommen und die Wirksamkeit des Kausalverhältnisses nachweisen, sondern kann sich bei seiner Klage allein auf das Versprechen bzw. Anerkenntnis stützen. 999

Ob das zugrunde liegende **Kausalverhältnis bestehen** bleibt oder abgelöst wird, ist eine Frage der Auslegung. Gemäß der Auslegungsregel des § 364 II (dazu SAT 1000

105 Vgl. zu einem anderen Beispiel *Pawlowski*, BGB AT, Rn. 881.
106 Vgl. *Pawlowski*, BGB AT, Rn. 885 mit Fn. 86.
107 *Brox/Walker*, Schuldrecht BT, § 33 Rn. 13; *Emmerich*, Schuldrecht BT, § 15 Rn. 1.
108 *Larenz/Canaris*, Schuldrecht II/2, § 61 I 3 a.
109 BGHZ 103, 143 (146).
110 Vgl. Staudinger/*Marburger* (2009) § 782 Rn. 7.

Rn. 408) ist im Zweifel davon auszugehen, dass die abstrakte Verpflichtung neben das bestehende Schuldverhältnis tritt.[111]

Zur Vertiefung: Da das Schuldversprechen bzw. -anerkenntnis abstrakt ist, wird dessen Wirksamkeit in der Regel nicht durch Mängel im Kausalverhältnis berührt. Eine generelle Ausnahme wird allerdings oft für die *§§ 134, 138* angenommen. Hier soll die Nichtigkeit des zugrunde liegenden Schuldverhältnisses auch den Anspruch aus §§ 780, 781 erfassen.[112] Gegen diese Auffassung spricht jedoch, dass die Kondiktionssperre des § 817 S. 2 ausdrücklich nicht für den Fall gilt, dass die Leistung in der Eingehung einer Verbindlichkeit bestand (→ Rn. 1058). Dieser Vorbehalt wäre gegenstandslos, wenn ein abstraktes Schuldversprechen oder -anerkenntnis bei gesetz- oder sittenwidrigem Grundgeschäft prinzipiell nichtig wäre (und damit ohnehin nicht kondiziert werden müsste). Nach zutreffender Ansicht ist daher im Einzelfall zu prüfen, ob die Gesetz- oder Sittenwidrigkeit des Grundgeschäfts ausnahmsweise – wie etwa beim Wucher (§ 138 II) – auch den abstrakten Vertrag erfasst.[113] Bei der *Ehevermittlung* sowie bei *Spiel und Wette* schlägt das Fehlen einer Verbindlichkeit immer auf die abstrakte Verpflichtung durch (vgl. §§ 656 II, 762 II).

1001 Das abstrakte Schuldversprechen bzw. Schuldanerkenntnis ist freilich nicht völlig losgelöst vom Kausalverhältnis. Der Zusammenhang wird vielmehr durch das **Bereicherungsrecht** gewährleistet.[114] Ist das Kausalverhältnis unwirksam, so kann der Schuldner das Schuldversprechen oder Schuldanerkenntnis nach den Regeln der ungerechtfertigten Bereicherung *zurückfordern* (vgl. § 812 II sowie → Rn. 1019). Gegenüber dem Erfüllungsanspruch aus dem abstrakten Vertrag kann der Schuldner zwar die *Bereicherungseinrede* erheben (§ 821). In dieser Konstellation ist aber die *Beweislast* umgekehrt: Der Gläubiger kann sich allein auf den abstrakten Schuldvertrag stützen. Er muss also nicht darlegen und beweisen, dass diesem ein wirksames Kausalverhältnis zugrunde liegt. Vielmehr ist es Sache des Schuldners, die Rechtsgrundlosigkeit des Versprechens bzw. des Anerkenntnisses nachzuweisen.[115] Nach bereicherungsrechtlichen Grundsätzen ist die Rückforderung überdies ausgeschlossen, wenn der Anerkennende wusste, dass er nicht zur Leistung verpflichtet war (§ 814; → Rn. 1036).

3. Schriftformerfordernis

1002 Nach §§ 780, 781 bedarf die Erklärung des Verpflichteten der **Schriftform**. Das Formerfordernis dient vor allem der Schaffung klarer Beweisverhältnisse; daneben soll es den Schuldner aber auch vor Übereilung schützen.[116]

Gemäß § 350 HGB ist Schriftform **entbehrlich**, wenn das abstrakte Schuldversprechen oder -anerkenntnis für den Anerkennenden oder Versprechenden ein *Handelsgeschäft* ist. Das Gesetz geht hier davon aus, dass dem Schuldner die Tragweite seiner Verpflichtung ausreichend bekannt ist. Nach § 782 sind die abstrakten Schuldverträge außerdem formfrei, wenn ihnen eine *Abrechnung* (etwa im Rahmen eines Kontokorrents nach § 355 HGB) oder ein *Vergleich* (§ 779) zugrunde liegt (§ 782).

---

111 *Larenz/Canaris*, Schuldrecht II/2, § 61 I 6; *Fischer*, JuS 1999, 998 (999).

112 So Münch-Komm-*Habersack* § 780 Rn. 52 f.; Staudinger/*Marburger* (2009) § 780 Rn. 22; *Brox/Walker*, Schuldrecht BT, § 33 Rn. 19.

113 BGH, WM 1976, 907 (909); *Oetker/Maultzsch* § 15 Rn. 29.

114 Zu diesem Zusammenhang *Medicus/Lorenz*, Schuldrecht II, Rn. 1047.

115 *Brox/Walker*, Schuldrecht BT, § 33 Rn. 21; *Larenz/Canaris*, Schuldrecht II/2, § 61 I 5 a.

116 *Brox/Walker*, Schuldrecht BT, § 33 Rn. 16; *Larenz/Canaris*, Schuldrecht II/2, § 61 I 1 b; aA BGHZ 121, 1 (4): Übereilungsschutz ist nicht bezweckt.

Auf der anderen Seite sind etwaige **strengere gesetzliche Formerfordernisse** einzuhalten (vgl. § 780 S. 1: »soweit nicht eine andere Form vorgeschrieben ist«, ähnlich § 781 S. 3). Ein Schuldversprechen oder Schuldanerkenntnis, das die Übereignung eines Grundstückes zum Gegenstand hat, bedarf daher gemäß § 311 b I der notariellen Beurkundung.

II. Kausales Schuldanerkenntnis

Von dem abstrakten Schuldanerkenntnis ist das gesetzlich nicht geregelte kausale 1003 (deklaratorische, bestätigende) Anerkenntnis zu unterscheiden. Das kausale Schuldanerkenntnis hat den Zweck, den **Streit** oder die **Ungewissheit** über das Schuldverhältnis im Ganzen oder bezüglich einzelner Aspekte zu beseitigen.[117] Es hat damit eine ähnliche Funktion wie der *Vergleich* (§ 779), wobei der Streit allerdings nicht durch gegenseitiges, sondern durch *einseitiges Nachgeben* beigelegt werden soll.[118]

Im Unterschied zum abstrakten Schuldanerkenntnis schafft das kausale Schuldaner- 1004 kenntnis **keinen eigenständigen Anspruch**, sondern verstärkt lediglich das bestehende Schuldverhältnis. Der Schuldner verliert durch das Anerkenntnis nämlich die *Einreden und Einwendungen*, die er bei dessen Abgabe kannte oder mit denen er zumindest rechnete.[119] Soweit die betreffenden Einwendungen das Schuldverhältnis als solches in Frage stellen, hat das kausale Schuldanerkenntnis aber durchaus **konstitutive Wirkung.**[120]

Die **Abgrenzung** zwischen abstrakten und kausalen Schuldanerkenntnissen ist häufig 1005 schwierig, aber wegen der unterschiedlichen Voraussetzungen und Rechtsfolgen unerlässlich. Die hM stellt auf den *Willen des Erklärenden* ab, doch lässt sich dieser nicht immer eindeutig ermitteln. Die Bezeichnung des Schuldgrundes kann als Indiz für ein kausales Schuldanerkenntnis herangezogen werden.[121] Wegen der einschneidenden Wirkungen des abstrakten Schuldanerkenntnisses ist *im Zweifel* davon auszugehen, dass das Anerkenntnis lediglich kausale Bedeutung hat.[122] Dies gilt insbesondere, wenn der Vertrag ohne Beteiligung von Rechtsberatern geschlossen wird.[123]

III. Anerkenntnis ohne Vertragscharakter

Will der Anerkennende sich nicht rechtsgeschäftlich binden, sondern lediglich eine 1006 **tatsächliche Erklärung** abgeben, so fehlt es an einer Willenserklärung. Das Anerkenntnis stellt damit eine bloße Wissenserklärung dar, die vom Gericht bei der *Beweiswürdigung* (§ 286 ZPO) zu berücksichtigen ist.[124] Davon abgesehen führt das tatsächliche Anerkenntnis nach § 212 I Nr. 2 zum Neubeginn der Verjährung.[125]

---

117 BGHZ 66, 250 (254); 98, 160 (166); Jauernig/*Stadler* § 781 Rn. 15.
118 Staudinger/*Marburger* (2009) § 781 Rn. 8.
119 BGH, NJW 1984, 799; NJW 1995, 961; *Larenz/Canaris*, Schuldrecht II/2, § 61 II 1 c.
120 BGHZ 66, 250 (254); Jauernig/*Stadler* § 781 Rn. 19.
121 Vgl. BGH, NJW 2002, 1791 (1792).
122 *Emmerich*, Schuldrecht BT, § 15 Rn. 8; *Medicus/Lorenz*, Schuldrecht II, Rn. 1048.
123 *Larenz/Canaris*, Schuldrecht II/2, § 61 I 3 b.
124 BGH, NJW 1984, 799 = JuS 1984, 557; MüKoBGB/*Habersack* § 781 Rn. 7; *Emmerich*, Schuldrecht BT, § 15 Rn. 2; *Fischer*, JuS 1999, 1214.
125 Palandt/*Ellenberger* § 212 Rn. 2.

IV. Insbesondere: Anerkenntnis am Unfallort

1007 Sehr umstritten ist die Frage, welche Bedeutung einem **am Unfallort abgegebenen Anerkenntnis** beizumessen ist.

> **Beispiel** (nach BGH, NJW 1984, 799 = JuS 1984, 557): Es kommt zu einem Autounfall zwischen A und S. An der Unfallstelle erklärt A schriftlich: »Ich erkenne die Alleinschuld an dem Unfall an.« Später beruft er sich auf ein Mitverschulden des S.

Die **Rechtsprechung** ist in solchen Fällen mit der Annahme eines vertraglichen Schuldanerkenntnisses sehr *zurückhaltend*. Ein Anerkenntnis nach einem Verkehrsunfall soll danach grundsätzlich lediglich eine »zu Beweiszwecken verwendbare Erklärung zum Unfallhergang« ohne rechtsgeschäftliche Bindungswirkung darstellen.[126] Rechtsgeschäftliche Verbindlichkeit wird erst dann angenommen, wenn die Beteiligten einen besonderen Anlass für den Abschluss des Vertrages hatten. Auch in diesem Fall soll aber nur ein kausales Schuldanerkenntnis vorliegen. Der Erklärende verzichtet damit lediglich auf solche Einwendungen, die ihm bei der Erklärung bekannt sind.

1008 Nach einer in der Literatur vertretenen **Gegenauffassung** ist von einem abstrakten Schuldanerkenntnis auszugehen.[127] Dies wird damit begründet, dass der Schädiger den Geschädigten durch das Anerkenntnis oft davon abhält, Beweissicherungsmaßnahmen von Seiten der Polizei einzuleiten. Solche Maßnahmen könnten aber auch Umstände zu Tage fördern, die dem Geschädigten nicht bekannt waren (zB Trunkenheit des Schädigers, überhöhte Geschwindigkeit) und die nun nicht mehr feststellbar sind.

1009 Gegen die Literaturauffassung spricht, dass die weit reichenden Folgen eines abstrakten Schuldanerkenntnisses bei Erklärungen am Unfallort im Allgemeinen nicht dem Willen des Erklärenden entsprechen. Davon abgesehen kann dem Schutzbedürfnis des Geschädigten auch mit **beweisrechtlichen Mitteln** Rechnung getragen werden, zB mit Hilfe einer Beweislastumkehr wegen Beweisvereitelung oder widersprüchlichen Verhaltens.[128] Die Lösung der Rechtsprechung erscheint daher flexibler als die Annahme eines abstrakten Schuldanerkenntnisses.

Literatur: *Coester*, Probleme des abstrakten und kausalen Schuldanerkenntnisses, JA 1982, 579; *Ehmann*, Schuldanerkenntnis und Vergleich, 2005; *Fischer*, »Anerkenntnisse« im materiellen Recht und im Prozeßrecht, JuS 1999, 998 und 1214; *Wellenhofer-Klein*, Das Schuldanerkenntnis – Erscheinungsformen und Abgrenzungskriterien, Jura 2002, 505.

126 BGH, NJW 1984, 799 = JuS 1984, 557.
127 So vor allem *Larenz/Canaris*, Schuldrecht II/2, § 61 II 2 a.
128 Vgl. MüKoBGB/*Habersack* § 781 Rn. 33.

6. Teil. Bereicherungsrecht

§ 51 Grundlagen

I. Entwicklung und Funktion des Bereicherungsrechts

Das Bereicherungsrecht ist in den §§ 812–822 geregelt. Es hat die Funktion, **ungerechtfertigte Vermögensverschiebungen** rückgängig zu machen und dient damit der ausgleichenden Gerechtigkeit (vgl. SAT Rn. 220, 224). Rechtsgeschichtlich geht das deutsche Bereicherungsrecht auf das römische Recht zurück. Dies lässt sich heute vor allem noch daran erkennen, dass die einzelnen Tatbestände als *Kondiktionen* bezeichnet werden. 1010

Zur Vertiefung: Während die condictio im klassischen *römischen Recht* als einheitliche Klage auf Rückerstattung einer bestimmten Geldsumme oder bestimmter Sachen ausgestaltet war, wurde sie in der nachklassischen Zeit unter *Justinian* in verschiedene Einzeltatbestände aufgelöst. Hieran haben sich die Verfasser des BGB orientiert, was die Vielzahl der Kondiktionen erklärt.[1] Die ungerechtfertigte Bereicherung ist auch in den meisten anderen *kontinentaleuropäischen Rechtsordnungen* seit langem als eigenständiges Rechtsinstitut anerkannt. In neuerer Zeit hat sich das »law of restitution« auch im *englischen Recht* zu einer einheitlichen Rechtsmaterie entwickelt.[2] Vor diesem Hintergrund erscheint es möglich, Grundstrukturen eines europäischen Bereicherungsrechts herauszuarbeiten.[3]

Als Grundlage des Bereicherungsrechts wurde schon im römischen Recht der **Billigkeitsgedanke** herangezogen.[4] In Rechtsprechung und Literatur wird noch heute davon gesprochen, dass Bereicherungsansprüche dem Billigkeitsrecht angehören und daher in besonderem Maße durch Treu und Glauben (§ 242) geprägt seien.[5] Dies ist insofern zutreffend, als der Zweck des Bereicherungsrechts – der Ausgleich ungerechtfertigter Vermögensverschiebungen – der Billigkeit entspricht. Bei der praktischen Rechtsanwendung hilft diese Feststellung aber kaum weiter, weil die meisten Billigkeitsaspekte in den §§ 812 ff. eine spezifische Ausformung gefunden haben. 1011

Hinweis: Das Bereicherungsrecht gilt als eine der schwierigsten Materien des ganzen BGB. Dies beruht nicht zuletzt darauf, dass die Diskussion bereicherungsrechtlicher Einzelfragen seit jeher durch grundlegende dogmatische Streitigkeiten überlagert wird. Vor diesem Hintergrund wird in der neueren Literatur zu Recht dafür geworben, »dogmatischen Ballast« abzuwerfen und zu einer natürlichen Auffassung zurückzukehren.[6] Für die Studierenden bedeutet dies, dass sie sich mit der Grundstruktur des Bereicherungsrechts und den für die praktische Falllösung wichtigen Grundwertungen vertraut zu machen haben. Die unterschiedlichen theoretischen Standpunkte müssen dagegen in ihren Verästelungen nicht bekannt sein.

---

1 Vgl. *Kaser/Knütel*, Römisches Privatrecht, § 48 Rn. 1 ff.; *Harke*, Schuldrecht BT, Rn. 478 ff. Ausführlich zu den historischen Grundlagen *Jansen*, SZ (Rom. Abt.) 120 (2003), 106 ff.

2 Zur Rechtsvergleichung Staudinger/*S. Lorenz* (2007) Vor §§ 812 ff. Rn. 7 ff., 16 ff.

3 Vgl. *Schlechtriem*, Restitution; *Zimmermann*, Grundstrukturen.

4 Vgl. *Kaser/Knütel*, Römisches Privatrecht, § 48 Rn. 3, 23.

5 Vgl. BGHZ 36, 232 (235); 132, 198 (215); Palandt/*Sprau* Einf. v. § 812 Rn. 1 f.

6 So dezidiert Bamberger/Roth/*Wendehorst* Vor § 812 Rn. 6 f.

II. Die Unterscheidung von Leistungs- und Nichtleistungskondiktionen

1012 Die Grundstruktur des Bereicherungsrechts ist seit langem umstritten.[7] Der Streit geht auf die Divergenzen über das Verständnis der *condictio* im römischen Recht zurück.[8] Die heute hM unterscheidet in Anknüpfung an § 812 I 1 danach, ob der Gegenstand des Bereicherungsanspruchs (»etwas«) »durch die Leistung eines anderen oder in sonstiger Weise« erlangt wurde. Nach dieser sog. **Trennungstheorie** gibt es zwei große Gruppen von Bereicherungsansprüchen: die Leistungskondiktionen und die Nichtleistungskondiktionen.[9] Die früher herrschende **Einheitstheorie** geht dagegen von einem einheitlichen Tatbestand der ungerechtfertigten Bereicherung aus.[10]

1013 Bei genauerer Betrachtung zeigt sich, dass beide Ansätze ihre Berechtigung haben. Die **Einheitstheorie** kann überzeugend darlegen, dass es bei allen Bereicherungsansprüchen um die Rückgängigmachung einer ungerechtfertigten Vermögensverschiebung geht (→ Rn. 1010). Auf einer geringeren Abstraktionsebene bestehen dagegen wichtige Unterschiede, die von der **Trennungstheorie** zutreffend herausgearbeitet worden sind. So geht es bei den Leistungskondiktionen um die Rückabwicklung nichtiger Verträge oder sonst fehlgeschlagener Leistungen. Die Leistungskondiktionen weisen damit eine deutliche Nähe zum rechtsgeschäftlichen Bereich auf. Bei den Nichtleistungskondiktionen beruht die Vermögensverschiebung dagegen meist darauf, dass der Bereicherungsschuldner in die Rechte und Rechtsgüter des Bereicherungsgläubigers eingegriffen hat (sog. *Eingriffskondiktion*). Hier besteht also eine größere Nähe zum Deliktsrecht.[11] Diese Unterschiede führen dazu, dass der **rechtliche Grund** für die Vermögensverschiebung bei den Leistungskondiktionen anders als bei den Nichtleistungskondiktionen zu bestimmen ist (→ Rn. 1030 ff. und → Rn. 1071 ff.).[12] Die folgende Darstellung geht daher von der Trennungstheorie aus.

III. Systematik des Gesetzes und Verweisungen

1014 Die §§ 812–822 lassen sich wie folgt systematisieren: In den §§ 812–817 finden sich die einzelnen **Kondiktionstatbestände** (§§ 812, 813 I, 816, 817 S. 1) mit den jeweils dazu gehörenden **Ausschlussvorschriften** (§§ 813 II, 814, 815, 817 S. 2). Im Anschluss hieran werden **Inhalt und Umfang** des Bereicherungsanspruchs, also die Rechtsfolgenseite (§§ 818–820), sowie ein Sonderproblem der **Verjährung** (§ 821) geregelt. Demgegenüber enthält **§ 822** wieder eine eigenständige Anspruchsgrundlage, die der Sache nach aber die Vorschriften über Inhalt und Umfang des Anspruchs ergänzt.[13]

1015 Im BGB finden sich zahlreiche Vorschriften, die auf das Bereicherungsrecht verweisen.[14] In den meisten Fällen handelt es sich um **Rechtsfolgenverweisungen** auf die Vorschriften der §§ 818–820. Dies hat zur Folge, dass die Voraussetzungen und

7 Vgl. *Medicus/Petersen*, Bürgerliches Recht, Rn. 663 ff.; *Reuter/Martinek* S. 22 ff.

8 Vgl. *Schlechtriem*, Schuldrecht BT, Rn. 719.

9 Grundlegend *Wilburg*, Ungerechtfertigte Bereicherung, 1934; *v. Caemmerer*, FS Rabel, 1954, 333 ff.; aus neuerer Zeit vgl. *Larenz/Canaris*, Schuldrecht II/2, § 67 I 2.

10 In neuerer Zeit MüKoBGB/*Lieb*, 4. Aufl. 2004, § 812 Rn. 1 ff.; *Wilhelm*, Rechtsverletzung, S. 173 ff.

11 Bamberger/Roth/*Wendehorst* § 812 Rn. 2 ff.

12 Vgl. *Larenz/Canaris*, Schuldrecht II/2, § 67 I 2 a; *Medicus/Lorenz*, Schuldrecht II, Rn. 1124.

13 Zur systematischen Einordnung des § 822 Bamberger/Roth/*Wendehorst* § 822 Rn. 1.

14 Vgl. dazu *Schlechtriem*, Schuldrecht BT, Rn. 720.

Ausschlussgründe der §§ 812–817 nicht zu prüfen sind; der Schuldner kann sich aber grundsätzlich auf den Wegfall der Bereicherung (§ 818 III) berufen. Beispiele sind der Aufwendungsersatz nach § 347 II 2 (SAT Rn. 857) und § 684 S. 1 (→ Rn. 880) sowie die Rückgängigmachung der Schenkung nach §§ 527 I, 528 I, 531 II (→ Rn. 325). Demgegenüber handelt es sich bei der wichtigen Vorschrift des § 951 I 1 um eine **Rechtsgrundverweisung** auf die §§ 812 ff. (→ Rn. 1062).

Literatur: *v. Caemmerer*, Bereicherung und unerlaubte Handlung, FS Rabel, Bd. I, 1954, 333; *Deutsch*, Das Recht der ungerechtfertigten Bereicherung und der unerlaubten Handlungen nach 100 Jahren, VersR 1996, 1309; *Flume*, Studien zur Lehre von der ungerechtfertigten Bereicherung, 2003; *Grigoleit/Auer*, Schuldrecht III, Bereicherungsrecht, 2009; *Jansen*, Die Korrektur grundloser Vermögensverschiebungen als Restitution?, SZ (Rom. Abt.) 120 (2003), 106; *Koppensteiner/Kramer*, Ungerechtfertigte Bereicherung, 2. Aufl. 1988; *Reuter/Martinek*, Ungerechtfertigte Bereicherung, 1983; *Schlechtriem*, Restitution und Bereichungsausgleich in Europa, Bd. 1, 2000, Bd. 2, 2002; *Wieling*, Bereicherungsrecht, 4. Aufl. 2007; *Wilburg*, Die Lehre von der ungerechtfertigten Bereicherung nach österreichischem und deutschem Recht, 1934; *Wilhelm*, Rechtsverletzung und Vermögensentscheidung als Grundlagen und Grenzen des Anspruchs aus ungerechtfertigter Bereicherung, 1973; *Zimmermann* (Hrsg.), Grundstrukturen eines europäischen Bereicherungsrechts, 2005.

§ 52 Die Leistungskondiktionen

Einheitliches Ziel der Leistungskondiktionen ist die Rückabwicklung fehlgeschlagener Leistungen.[15] Gleichwohl kennt das BGB **keine einheitliche Leistungskondiktion**, sondern **vier Einzeltatbestände**. Diese unterscheiden sich nach dem Grund für das Fehlschlagen der Leistung.[16] **Grundtatbestand** der Leistungskondiktion ist das in § 812 I 1 Alt. 1 geregelte **Fehlen des rechtlichen Grundes** (*condictio indebiti*). Weitere Erscheinungsformen sind der Wegfall des rechtlichen Grundes (§ 812 I 2 Alt. 1: *condictio ob causam finitam*), die Zweckverfehlung (§ 812 I 2 Alt. 2: *condictio ob rem*) sowie der Gesetzes- oder Sittenverstoß des Empfängers (§ 817 S. 1: *condictio ob turpem vel iniustam causam*). Dagegen handelt es sich bei der Erfüllung trotz Einrede nach § 813 I nur um einen Sonderfall der allgemeinen Leistungskondiktion nach § 812 I 1 Alt. 1.[17] Die Unterscheidung zwischen den einzelnen Formen der Leistungskondiktion hat nicht nur theoretische Bedeutung. Denn die **Ausschlusstatbestände** der §§ 813 II, 814, 815, 817 S. 2 sind jeweils nur auf bestimmte Kondiktionen anwendbar. 1016

I. Allgemeine Leistungskondiktion

Als Grundtatbestand der Leistungskondiktionen regelt § 812 I 1 Alt. 1 den Fall, dass der rechtliche Grund für die Leistung von Anfang an fehlt. Da der Bereicherungsgläubiger damit **auf eine Nichtschuld leistet**, tritt der mit der Leistung verfolgte Tilgungszweck nicht ein. Konkret sind dabei die folgenden **Voraussetzungen** und **Ausschlussgründe** zu prüfen. 1017

15 Vgl. *Brox/Walker*, Schuldrecht BT, § 36 Rn. 2; *Emmerich*, Schuldrecht BT, § 16 Rn. 6.
16 Vgl. Jauernig/*Stadler* § 812 Rn. 12 ff.; *Reuter/Martinek* S. 75 ff.
17 Zur Systematik der Leistungskondiktionen *Emmerich*, Schuldrecht BT, § 16 Rn. 24 ff.

1. Etwas erlangt

1018 Erforderlich ist zunächst, dass der Bereicherungsschuldner »etwas erlangt« hat. Der Gegenstand der Bereicherung kann in **jedem Vorteil** bestehen.[18] Im Allgemeinen wird es um einen *vermögenswerten* Vorteil gehen. Dies ist jedoch nicht notwendig. Vielmehr können auch materiell wertlose Gegenstände (zB Liebesbriefe) Gegenstand eines Bereicherungsanspruchs sein.[19]

Der erlangte Vorteil wird häufig im Erwerb einer **Rechtsposition** (zB Eigentum oder Besitz) **an einer Sache** liegen.[20] In diesem Fall darf man sich nicht mit der Feststellung begnügen, der Bereicherungsschuldner habe »die Sache« (zB den Pkw) erlangt; es muss vielmehr die konkrete Rechtsposition (zB Eigentum und Besitz an dem Pkw) benannt werden. Denn der Anspruch hat einen unterschiedlichen Inhalt, je nachdem ob der Schuldner nur den Besitz oder auch das Eigentum an der Sache »herausgeben« muss.

> **Beispiel:** Hat der Bereicherungsschuldner nur den Besitz an dem Pkw erlangt, so muss er dem Bereicherungsgläubiger lediglich die tatsächliche Verfügungsmacht über den Pkw verschaffen. Es genügt also die schlichte Übergabe des Fahrzeugs. Bezieht sich der Herausgabeanspruch (auch) auf das Eigentum an dem Pkw, so hat der Bereichungsschuldner ihn nach §§ 929 ff. an den Gläubiger zu übereignen.

1019 Das erlangte »Etwas« muss nicht in einer Sache (bzw. dem Recht an einer Sache) bestehen. Tauglicher Gegenstand der Bereicherung ist vielmehr auch die **Befreiung von einer Verbindlichkeit.**[21] § 812 II stellt klar, dass auch die **Anerkennung des Bestehens oder Nichtbestehens eines Schuldverhältnisses** (in Form eines abstrakten Schuldversprechens oder Schuldanerkenntnisses nach §§ 780, 781 oder eines negativen Schuldanerkenntnisses nach § 397 II) kondiziert werden kann (auch → Rn. 1001).

1020 Besondere Schwierigkeiten bereitet die Bestimmung des Bereicherungsgegenstands bei **Gebrauchsvorteilen und Dienstleistungen** (zB Beförderung durch ein Flugzeug, Rechtsberatung, Unterricht). Der BGH stellt hier darauf ab, dass der Bereicherungsschuldner *Aufwendungen erspart* habe; deren Wert müsse er nach § 818 II ersetzen.[22] Dieser Ansatz führt zu Problemen, wenn der Bereicherungsschuldner keine Aufwendungen erspart hat, etwa weil er die Gebrauchsvorteile oder Dienstleistungen »regulär« nicht in Anspruch genommen hätte. Nach der Konzeption des BGH kommt es dann schon bei der Bestimmung des Bereicherungsgegenstands darauf an, ob der Schuldner sich nach § 818 III auf den Wegfall der Bereicherung berufen kann. Aus systematischen Gründen erscheint dagegen vorzugswürdig, das erlangte »Etwas« in den Gebrauchsvorteilen oder Dienstleistungen als solchen zu sehen und die Ersparnis von Aufwendungen erst bei der Frage nach dem Umfang des Bereicherungsanspruchs zu prüfen.[23]

> **Beispiel** (BGHZ 55, 128): Der M flog kurz vor seinem 18. Geburtstag nach Erwerb eines entsprechenden Flugtickets mit einer Maschine der Lufthansa (L) von München nach Hamburg. Dort

18 Bamberger/Roth/*Wendehorst* § 812 Rn. 11.
19 Jauernig/*Stadler* § 812 Rn. 8; *Medicus/Lorenz*, Schuldrecht II, Rn. 1126; MüKoBGB/*Schwab* § 812 Rn. 3; aA Palandt/*Sprau* § 812 Rn. 15; vgl. auch BGH, NJW 1995, 53 (54).
20 Vgl. *Brox/Walker*, Schuldrecht BT, § 37 Rn. 3; Jauernig/*Stadler* § 812 Rn. 8.
21 Hk-BGB/*Schulze* § 812 Rn. 3; *Gursky*, Schuldrecht BT, S. 184.
22 BGHZ 55, 128 (130 f.).
23 So auch *Brox/Walker*, Schuldrecht BT, § 37 Rn. 5; *Wieling*, Bereicherungsrecht, § 2 IIIa; MüKoBGB/*Schwab* § 812 Rn. 16 ff.; Staudinger/*S. Lorenz* (2007) § 812 Rn. 72.

gelang es ihm, unbemerkt vom Kontrollpersonal das Anschlussflugzeug nach New York zu besteigen, ohne im Besitz eines Anschlussflugscheins für diese Strecke zu sein. In New York wurde ihm die Einreise verweigert, weil er kein Visum hatte. Die L verlangt von M Zahlung des Flugpreises für die Strecke Hamburg – New York. M macht geltend, die Flugreise sei für ihn ein Luxus gewesen, den er sich nie verschafft hätte, wenn er dafür hätte bezahlen müssen. – Da M als Minderjähriger ohne Zustimmung seiner Eltern keinen wirksamen Vertrag über die Flugreise schließen konnte, scheiden vertragliche Ansprüche von vornherein aus. In Betracht kommt aber ein Anspruch aus § 812 I 1 Alt. 1. Problematisch ist schon, ob M überhaupt etwas erlangt hat. Stellt man mit dem BGH auf die Ersparnis von Aufwendungen ab, so muss man sich schon an dieser Stelle damit auseinandersetzen, dass M die Flugreise nicht gegen Bezahlung angetreten hätte. Vorzugswürdig ist aber, den Gegenstand der Bereichung in dem Genuss der Flugreise zu sehen. Der Einwand der »Luxusaufwendung« wird damit erst bei der Prüfung von Inhalt und Umfang des Bereicherungsanspruchs (→ Rn. 1112) relevant.

2. Durch Leistung eines anderen

Der Bereicherungsschuldner muss den Vorteil »durch die Leistung eines anderen«, 1021
nämlich des Bereicherungsgläubigers erlangt haben. Dies ist der entscheidende **Unterschied zu den Nichtleistungskondiktionen**, bei denen der Vorteil in sonstiger Weise erlangt wird.

a) Begriff der Leistung

Die Leistung iSd § 812 I 1 Alt. 1 wird als **bewusste und zweckgerichtete Vermeh-** 1022
rung fremden Vermögens definiert.[24] Eine Leistungskondiktion muss hiernach ausscheiden, wenn der Bereicherungsgläubiger das Vermögen des anderen **unbewusst** vermehrt hat.

Beispiel: G errichtet auf dem Grundstück des E ein Gebäude. Dabei geht er zu Unrecht davon aus, selbst Eigentümer des Grundstücks zu sein. E erlangt in diesem Fall nach § 946 Eigentum an dem Gebäude. G steht deshalb nach § 951 I 1 iVm §§ 812 I 1, 818 II ein Anspruch auf Wertersatz zu. Da G das Vermögen des E nicht bewusst vermehrt hat, kann es sich nur um eine Nichtleistungskondiktion handeln.

Zentrales Element des modernen Leistungsbegriffs ist die **Zweckrichtung** der Ver- 1023
mögensmehrung. Entscheidend ist danach, welchen Zweck der Leistende mit der Zuwendung gegenüber dem Empfänger verfolgt hat.[25] Dieses Kriterium stellt die notwendige *Verbindung von Leistung und rechtlichem Grund* her.[26] Für die Leistungskondiktion nach § 812 I 1 Alt. 1 bedeutet dies: Will der Bereicherungsgläubiger eine vertragliche Verpflichtung erfüllen, so erfolgt die Leistung ohne rechtlichen Grund, wenn der in Frage stehende Vertrag nicht existiert oder nichtig ist (auch → Rn. 1032 ff.).

Fallen die Vorstellungen der Parteien über die Zweckrichtung der Leistung auseinan- 1024
der, so kommt es nach hM nicht primär auf den subjektiven Willen des Leistenden an; vielmehr wird eine objektive Betrachtung aus **Sicht des Empfängers** befürwortet.[27] Die Anknüpfung an den Empfängerhorizont rechtfertigt sich daraus, dass die Zweckbestimmung (hier also die *Tilgungsbestimmung*) eine Willenserklärung oder doch

24 Vgl. BGHZ 58, 184 (188); BGH, NJW 2004, 1169; *Brox/Walker*, Schuldrecht BT, § 37 Rn. 6; *Wieling*, Bereicherungsrecht, § 3 I 1; Palandt/*Sprau* § 812 Rn. 3.

25 BGH, NJW 2004, 1169; *Gursky*, Schuldrecht BT, S. 184; krit. *Harke*, Schuldrecht BT, Rn. 492.

26 Vgl. *Schlechtriem*, Schuldrecht BT, Rn. 722, 728.

27 BGHZ 105, 365 (369); 122, 46 (50 f.); BGH, NJW 2004, 1169.

wenigstens eine rechtsgeschäftsähnliche Handlung darstellt, für die die Regeln über die Auslegung von Willenserklärungen entsprechend gelten (s. SAT Rn. 394).[28]

1025 Zur Einschränkung dieser Sichtweise bei **fehlender Veranlassung** der Zuwendung an den Empfänger durch den »Leistenden« → Rn. 1151 ff.

b) Bestimmung der Parteien der Leistungskondiktion

1026 Mit dem Merkmal der Zweckrichtung dient der moderne Leistungsbegriff nicht nur der Verknüpfung von Leistung und rechtlichem Grund. Er soll darüber hinaus auch die Bestimmung von Gläubiger und Schuldner der Leistungskondiktion ermöglichen.[29] Verfolgt ein Beteiligter mit einer Zuwendung gegenüber dem Empfänger der Leistung keinen eigenen Zweck, so kann er hiernach nicht Gläubiger des Bereicherungsanspruchs sein.

> **Beispiel:** Schuldner S weist seine Hausbank (B) an, an Gläubiger G 5.000 EUR zu überweisen. Nachdem B die Überweisung ausgeführt hat, stellt sich heraus, dass die von G geltend gemachte Forderung nicht existiert. Mit der Ausführung der Überweisung hat die B gegenüber S eine Leistung erbringen wollen; im Verhältnis zu G hat die B dagegen keinen eigenen Leistungszweck verfolgt. Im Verhältnis zu G ist daher S als Leistender (und damit als Gläubiger des Bereicherungsanspruchs) anzusehen.

Gerade bei solchen **Mehrpersonenverhältnissen** zeigt sich aber, dass die Parteien der Leistungskondiktion allein mit dem Leistungsbegriff nicht immer sachgemäß bestimmt werden können. In der Literatur wird deshalb teilweise gefordert, den modernen Leistungsbegriff aufzugeben.[30]

1027 Dass es in komplizierteren Konstellationen weitergehender Erwägungen bedarf, heißt indes **nicht**, dass der Leistungsbegriff für die praktische Falllösung völlig **untauglich** wäre.[31] Er führt vielmehr in Zweipersonenverhältnissen durchweg zu angemessenen Ergebnissen und kann in Mehrpersonenverhältnissen als Ausgangspunkt der Überlegungen dienen (→ Rn. 1141 ff.). Im Folgenden wird daher am Leistungsbegriff festgehalten.

c) Abgrenzung von Leistungs- und Nichtleistungskondiktion

1028 Der Leistungsbegriff dient schließlich der Abgrenzung von Leistungs- und Nichtleistungskondiktion. Auch hier können jedoch **Grenzfälle** auftreten, die eingehendere Überlegungen erforderlich machen.

> **Beispiel:** Im Flugreise-Fall (→ Rn. 1020) ist der BGH offenbar von einer Leistung der Lufthansa (L) an den Minderjährigen (M) ausgegangen. Dies erscheint jedoch nur haltbar, wenn man einen *generellen Leistungswillen* der L (Erbringung der Leistung an alle Passagiere) ausreichen lässt. Stellt man dagegen *konkret* auf M ab, so liegt eine unbewusste Vermögensmehrung vor. Im Flugreise-Fall ist daher eher eine Nichtleistungskondiktion (in Form der Eingriffskondiktion) anzunehmen.[32]

---

28 Bamberger/Roth/*Wendehorst* § 812 Rn. 20; *S. Lorenz*, JuS 2003, 729 (730 f.); *Wieling*, Bereicherungsrecht, § 3 I 3 b; aA *Gursky*, Schuldrecht BT, S. 186. Zur Auslegung von Willenserklärungen nach dem Empfängerhorizont *Brox/Walker*, BGB AT, Rn. 136.

29 Vgl. *Brox/Walker*, Schuldrecht BT, § 37 Rn. 7; *Gursky*, Schuldrecht BT, S. 186; *Wieling*, Bereicherungsrecht, § 3 I 1 b bb; Palandt/*Sprau* § 812 Rn. 14.

30 Vgl. etwa *Canaris*, FS Larenz, 1973, 799 (857 ff.); *Larenz/Canaris*, Schuldrecht II/2, § 70 VI 2; MüKoBGB/*Lieb*, 4. Aufl. 2004, § 812 Rn. 26 ff.; *Wilhelm*, Rechtsverletzung, S. 137 ff.

31 So auch *Medicus/Petersen*, Bürgerliches Recht, Rn. 668, 686; *Emmerich*, Schuldrecht BT, § 16 Rn. 16; *Schlechtriem*, Schuldrecht BT, Rn. 770; *S. Lorenz*, JuS 2003, 839 (845).

32 So auch Staudinger/*S. Lorenz* (2007) § 812 Rn. 3; *Reuter/Martinek* S. 83; zweifelnd *Medicus/Petersen*, Bürgerliches Recht, Rn. 665.

3. Entbehrlichkeit des Merkmals »auf Kosten«

Das Merkmal »auf dessen Kosten« dient der Bestimmung des Bereicherungsgläubigers. Da diese Funktion bereits durch den modernen Leistungsbegriff verwirklicht wird (→ Rn. 1026), ist das Merkmal **bei der Leistungskondiktion** nach hM **entbehrlich**[33] (und muss daher nicht gesondert geprüft werden). Mit dem Wortlaut des § 812 I 1 lässt sich dieses Verständnis durchaus vereinbaren, weil man die Wendung »auf dessen Kosten« sprachlich allein auf die zweite Alternative (»in sonstiger Weise) beziehen kann.[34] Zum gleichen Ergebnis gelangt man mit der Annahme, dass die willentliche Zuwendung eines Vermögensgegenstands stets auf Kosten des Leistenden erfolge.[35] 1029

4. Ohne rechtlichen Grund

a) Objektive und subjektive Rechtsgrundtheorie

Der Anspruch aus § 812 I 1 Alt. 1 setzt schließlich voraus, dass der Bereicherungsschuldner den Vorteil ohne rechtlichen Grund erlangt hat. Worauf dabei genau abzustellen ist, wird unterschiedlich beurteilt. Nach der traditionellen **objektiven Rechtsgrundtheorie** besteht der rechtliche Grund bei der allgemeinen Leistungskondiktion in der Existenz eines wirksamen Schuldverhältnisses, aufgrund dessen der Empfänger die Leistung behalten darf.[36] Ob eine Kaufpreiszahlung ohne rechtlichen Grund erfolgt, hängt danach vom Vorliegen oder Fehlen eines wirksamen Kaufvertrages ab. 1030

Nach der in der neueren Literatur verbreiteten **subjektiven Rechtsgrundtheorie** erfolgt eine Leistung dagegen ohne rechtlichen Grund, wenn der Leistende den damit verfolgten Zweck nicht erreicht hat.[37]

Die **subjektive Theorie** hat den Vorteil, dass sie den Rechtsgrund bei *allen* Leistungskondiktionen (einschließlich der Zweckverfehlung nach § 812 I 2 Alt. 2) einheitlich umschreiben kann. Sie ist damit freilich **sehr abstrakt**. Bei der *allgemeinen* Leistungskondiktion (§ 812 I 1 Alt. 1) zwingt sie zudem zu einer »doppelstöckigen« Argumentation:[38] Bezweckt der Leistende die Tilgung einer Verbindlichkeit, so setzt die Zweckverfehlung nämlich die Unwirksamkeit des zugrunde liegenden Verpflichtungsgeschäfts voraus; die (Nicht-) Existenz einer objektiven *causa* gewinnt somit mittelbare Bedeutung. Dies ist **unnötig kompliziert**, zumal man durchwegs zu gleichen Ergebnissen gelangt.[39] Auch wenn die subjektive Theorie als *übergreifender dogmatischer Erklärungsansatz* für alle Leistungskondiktionen hilfreich erscheint, ist es daher bei der *praktischen Rechtsanwendung* doch sachgemäß, im Rahmen der 1031

33 PWW/*Leupertz* § 812 Rn. 31; *Larenz/Canaris*, Schuldrecht II/2, § 67 II 1; *Medicus/Lorenz*, Schuldrecht II, Rn. 1124; aA *Harke*, Schuldrecht BT, Rn. 494; *Kupisch*, JZ 1997, 213 ff.; *Wilhelm*, JuS 1973, 1.

34 Vgl. *Larenz/Canaris*, Schuldrecht II/2, § 67 II 1; *Medicus/Lorenz*, Schuldrecht II, Rn. 1124.

35 So PWW/*Leupertz* § 812 Rn. 15; MüKoBGB/*Lieb*, 4. Aufl. 2004, § 812 Rn. 11.

36 So Bamberger/Roth/*Wendehorst* § 812 Rn. 24; *Larenz/Canaris*, Schuldrecht II/2, § 67 III 1; *Schlechtriem*, Schuldrecht BT, Rn. 727; MüKoBGB/*Schwab* § 812 Rn. 336 ff.

37 Erman/*Buck-Heeb* § 812 Rn. 44; *Medicus/Lorenz*, Schuldrecht II, Rn. 1128, 1131 ff.; *Wieling*, Bereicherungsrecht, § 3 IIa; *Ehmann*, JZ 2003, 702 (709).

38 So treffend *Schlechtriem*, Schuldrecht BT, Rn. 727.

39 Vgl. *Emmerich*, Schuldrecht BT, § 16 Rn. 20; ähnlich *Harke*, Schuldrecht BT, Rn. 487.

allgemeinen Leistungskondiktion unmittelbar auf das Fehlen oder die Unwirksamkeit des Kausalgeschäfts abzustellen.[40]

b) Das Fehlen des rechtlichen Grundes nach § 812 I 1 Alt. 1

1032 Die Leistungskondiktion nach § 812 I 1 Alt. 1 ist dadurch gekennzeichnet, dass der für die Leistung maßgebliche **Rechtsgrund von vornherein fehlt**. Der Bereicherungsgläubiger leistet damit auf eine Nichtschuld und kann das nicht Geschuldete (*indebiti*) nach § 812 I 1 Alt. 1 herausverlangen.

Die Leistung auf eine Nichtschuld beruht häufig darauf, dass der zugrunde liegende Kausalvertrag **von Anfang an nichtig** ist (zB nach §§ 104 ff.) **oder** nach §§ 119 ff., 142 mit **ex tunc-Wirkung** angefochten wurde. Die allgemeine Leistungskondiktion stellt insofern ein notwendiges *Korrektiv zum Abstraktionsprinzip* (dazu SAT Rn. 28, 224) dar.[41]

> **Beispiel:** Der 16-jährige M kauft beim Fahrradhändler H für 500 EUR ein Rennrad. Das Fahrrad wird sofort an M übereignet; der Kaufpreis soll später gezahlt werden. Entgegen der Erwartung des H verweigern die Eltern des M die Zustimmung. H verlangt daher das Fahrrad zurück. – Der Kaufvertrag (§ 433) zwischen M und H ist nach §§ 107, 108 unwirksam. Das dingliche Geschäft – die Übereignung des Fahrrads (§ 929) – ist dagegen nach § 107 wirksam, weil M dadurch lediglich einen rechtlichen Vorteil erlangt hat. H hat somit nicht nur den Besitz, sondern auch das Eigentum am Fahrrad verloren und kann daher nicht nach § 985 Herausgabe verlangen. Da der Kaufvertrag nichtig ist, hat M jedoch ohne rechtlichen Grund Eigentum und Besitz an dem Fahrrad erlangt. H steht daher ein Anspruch auf Rückgabe und Rückübereignung des Fahrrads aus § 812 I 1 Alt. 1 zu.

1033 Die *condictio indebiti* erfasst auch den Fall, dass das Kausalverhältnis nach §§ 134, 138 wegen **Gesetz- oder Sittenwidrigkeit** nichtig ist.[42] Daneben greift hier aber auch § 817 S. 1 ein (dazu → Rn. 1048 ff.).

Die Voraussetzungen des § 812 I 1 Alt. 1 liegen schließlich auch dann vor, wenn es zwischen den Parteien **überhaupt nicht** zu einem (wenn auch unwirksamen) **Vertragsschluss** gekommen ist. Denn auch in diesem Fall hat der Bereicherungsgläubiger auf eine Nichtschuld geleistet.[43]

> **Beispiel:** Geht man im Flugreise-Fall mit dem BGH von einer Leistungskondiktion aus (dazu → Rn. 1028), so hat die L auf eine Nichtschuld geleistet, weil sie mit M überhaupt keinen Vertrag über die Beförderung nach New York geschlossen hatte.

c) Erfüllung trotz dauernder Einrede

1034 Der Leistung auf eine Nichtschuld steht nach § 813 S. 1 gleich, wenn der Bereicherungsgläubiger mit der Leistung einen Anspruch erfüllen will, dessen Geltendmachung **aufgrund einer Einrede dauernd ausgeschlossen** ist. Die Leistung erfolgt hier insofern auf eine Nichtschuld, als sie vom Leistenden nicht erbracht werden musste. Mit Ausnahme des Merkmals »ohne rechtlichen Grund« hat die Kondiktion nach § 813 I 1 die gleichen Voraussetzungen wie die allgemeine Leistungskondiktion; gleichwohl handelt es sich aber um eine *eigenständige Anspruchsgrundlage.*[44]

1035 Zu den von § 813 I erfassten dauernden Einreden gehören die Einrede der Bereicherung (§ 821), die Arglisteinrede (§ 853) sowie die Einreden des Erben nach §§ 1973,

---

40 Ähnlich MüKoBGB/*Lieb*, 4. Aufl. 2004, § 812 Rn. 172; vgl. auch *Schwarz/Wandt* § 10 Rn. 23.
41 Vgl. *Schwarz/Wandt* § 9 Rn. 11.
42 Vgl. BGHZ 8, 348 (370); Staudinger/*S. Lorenz* (2007) § 817 Rn. 6.
43 Vgl. *Schlechtriem*, Schuldrecht BT, Rn. 729.
44 Bamberger/Roth/*Wendehorst* § 813 Rn. 2; *Schwarz/Wandt* § 10 Rn. 41.

1975, 1990.[45] Zu nennen sind weiter der Einwand des rechtsmissbräuchlichen Verhaltens und der Verwirkung (§ 242).[46] Die praktisch besonders wichtige Einrede der **Verjährung** wird dagegen nicht erfasst (§ 813 I 2 iVm § 214 II). Die Rückforderung bleibt hier auch dann ausgeschlossen, wenn die Leistung in Unkenntnis der Verjährung erfolgt ist. Der Leistende kann sich auch nicht darauf berufen, dass die Rechtslage hinsichtlich der Verjährung im Zeitpunkt der Leistung zweifelhaft war. Denn das mit der Verjährung verfolgte Ziel der Schaffung von Rechtssicherheit und Rechtsfrieden würde durch die Zulassung der Rückforderung gerade in zweifelhaften Fällen konterkariert.[47]

Gemäß § 813 II ist die Rückforderung schließlich auch bei vorzeitiger Erfüllung einer **noch nicht fälligen** (betagten) **Verbindlichkeit** ausgeschlossen. Hier fehlt letztlich aber auch schon die Dauerhaftigkeit der Einrede.[48]

5. Ausschlussgründe

Die Leistungskondiktion nach § 812 I 1 Alt. 1 bzw. § 813 I kann nach § 814 ausgeschlossen sein. **1036** Dies ist zunächst der Fall, wenn der Leistende im Zeitpunkt der Leistung gewusst hat, dass er zur Leistung nicht verpflichtet war. Der Ausschlusstatbestand des § 814 Alt. 1 wird restriktiv ausgelegt. Erforderlich ist **positive Kenntnis** der Nichtschuld bzw. der Existenz einer dauernden Einrede. Die bloße Kenntnis der Umstände, aus denen sich die Unwirksamkeit des Vertrages oder die Existenz der Einrede ergibt, ist dagegen nicht ausreichend.[49] Ein *Rechtsirrtum* schadet dem Leistenden deshalb selbst dann nicht, wenn er auf grober Fahrlässigkeit beruht.[50]

Im Übrigen kann der Leistende den Ausschluss der Rückforderung dadurch vermeiden, **1037** dass er die Leistung **»unter Vorbehalt«** erbringt.[51] Trotz Kenntnis der Nichtschuld bleibt die Rückforderung auch dann möglich, wenn die Leistung nicht freiwillig, sondern **unter Druck oder Zwang** (etwa zur Abwendung der Zwangsvollstreckung oder eines Zurückbehaltungsrechts) erfolgt.[52] Denn hier verhält sich der Leistende nicht widersprüchlich, wenn er sich im Nachhinein auf das Fehlen einer Verpflichtung beruft.[53]

Nach § 814 Alt. 2 ist die Rückforderung ferner ausgeschlossen, wenn die Leistung einer **sittlichen Pflicht** oder einer **Anstandspflicht** entsprach.

> **Beispiel:** A zahlt an seinen Bruder B und seinen Schwager S Unterhalt. Dabei geht er zu Unrecht von der Existenz einer entsprechenden Unterhaltspflicht aus.[54]

Die Ausschlussgründe des § 814 gelten nur für die condictio indebiti nach § 812 I 1 **1038** Alt. 1 und § 813 I. Auf die **anderen Leistungskondiktionen** ist die Vorschrift dagegen nicht anwendbar (zu § 817 S. 1 → Rn. 1049).

45 Vgl. Jauernig/*Stadler* § 813 Rn. 2.
46 PWW/*Leupertz* § 813 Rn. 3.
47 BGH, NJW-RR 2006, 1277 (1280); *Schlechtriem*, Schuldrecht BT, Rn. 730.
48 Bamberger/Roth/*Wendehorst* § 813 Rn. 10.
49 BGHZ 113, 62 (70); BGH, NJW 2002, 2871 (2872).
50 Vgl. Bamberger/Roth/*Wendehorst* § 814 Rn. 9; Palandt/*Sprau* § 814 Rn. 3.
51 Vgl. Staudinger/*S. Lorenz* (2007) § 814 Rn. 7.
52 BGH, NJW 1995, 3052 (3054); OLG Koblenz, NJW-RR 2002, 784 (785).
53 Vgl. Staudinger/*Looschelders/Olzen* (2009) § 242 Rn. 854.
54 Vgl. dazu Palandt/*Sprau* § 814 Rn. 8; Hk-BGB/*Schulze* § 814 Rn. 5.

Zur Anwendbarkeit des § 817 S. 2 auf die allgemeine Leistungskondiktion bei **gesetz- oder sittenwidrigen Verträgen** → Rn. 1054.

II. Die sonstigen Fälle der Leistungskondiktion

1039 Die sonstigen Fälle der Leistungskondiktion setzen ebenfalls voraus, dass der Bereicherungsschuldner durch die Leistung eines anderen einen Vorteil erlangt hat. Unterschiede bestehen lediglich im Hinblick auf die Art des **fehlenden Rechtsgrunds** und die einschlägigen **Ausschlusstatbestände**.

1. Wegfall des rechtlichen Grundes

1040 Die condictio ob causam finitam (§ 812 I 2 Alt. 1) unterscheidet sich von der allgemeinen Leistungskondiktion dadurch, dass der **rechtliche Grund** für die Leistung nicht von vornherein fehlt, sondern **im Nachhinein wegfällt**. Der historische Gesetzgeber wollte damit insbesondere die *Anfechtung* erfassen.[55] Aufgrund der Rückwirkung der Anfechtung (§ 142 I) wendet die hM jedoch auch hier zu Recht § 812 I 1 Alt. 1 an.[56] Für § 812 I 2 Alt. 1 bleiben damit vor allem der Eintritt einer *auflösenden Bedingung* (§ 158 II) oder einer *auflösenden Befristung* (§ 163 iVm § 158 II).[57]

Besondere **Ausschlusstatbestände** sind für die *condictio ob causam finitam* nicht vorgesehen. Insbesondere ist § 814 nicht anwendbar.[58]

2. Nichteintritt des mit der Leistung bezweckten Erfolgs

1041 Schwierigste Sonderform der Leistungskondiktion ist die in § 812 I 2 Alt. 2 geregelte *condictio ob rem*. Der Grund für die Rückabwicklung liegt dabei darin, dass der mit der Leistung bezweckte Erfolg nicht eingetreten ist. Liegt der mit der Leistung bezweckte Erfolg in der Erfüllung einer Verbindlichkeit, so greifen bei Nichteintritt dieses Erfolgs schon die anderen Formen der Leistungskondiktion (insbesondere § 812 I 1 Alt. 1) ein. Der Zweck der Leistung darf also gerade **nicht** in der **Erfüllung einer Verbindlichkeit** bestehen.[59] Erfasst wird damit vor allem der Fall, dass der Empfänger zu einem *nicht geschuldeten Verhalten* veranlasst werden soll.[60]

a) Anwendungsbereich

1042 Ein wichtiger Anwendungsbereich der Zweckverfehlungskondiktion sind Fälle, in denen das in Aussicht genommene Verhalten überhaupt **kein tauglicher Gegenstand einer rechtsgeschäftlichen Bindung** ist.

> **Beispiele:** (1) Die Ehefrau des A (F) hat als Kassiererin bei der B-GmbH 100.000 EUR veruntreut. Um eine Strafanzeige gegen F abzuwenden, gibt A gegenüber der B-GmbH ein Schuldanerkenntnis über 100.000 EUR ab. Gleichwohl erstattet die B-GmbH Anzeige.[61]

55 Vgl. Mot. II, S. 832; vgl. auch RGRK/*Heimann-Trosien* § 812 Rn. 82.

56 *Larenz/Canaris*, Schuldrecht II/2, § 68 I 1; Staudinger/*S. Lorenz* (2007) § 812 Rn. 88; aA Jauernig/*Stadler* § 812 Rn. 14; Palandt/*Sprau* § 812 Rn. 26.

57 Jauernig/*Stadler* § 812 Rn. 14; *Wieling*, Bereicherungsrecht, § 3 III 2; krit. *Medicus/Lorenz*, Schuldrecht II, Rn. 1139. Zu weiteren Beispielen Palandt/*Sprau* § 812 Rn. 24 f.

58 Vgl. Jauernig/*Stadler* § 814 Rn. 2.

59 Vgl. *Medicus/Petersen*, Bürgerliches Recht, Rn. 691.

60 *Brox/Walker*, Schuldrecht BT, § 37 Rn. 32; Staudinger/*S. Lorenz* (2007) § 812 Rn. 108.

61 BGH, NJW-RR 1990, 827.

(2) Der Freier F übergibt der Prostituierten P 25.000 EUR, damit sie sich von ihrem Zuhälter Z freikaufen und mit ihm zusammenleben kann. P entschließt sich im Nachhinein aber, weiter für Z tätig zu sein.[62]

Das mit der Leistung bezweckte Verhalten kann auch in einer **Erbeinsetzung** liegen. **1043**
Die Rechtsprechung ist hier mitunter aber allzu großzügig.

Beispiel (BGHZ 44, 321): N hat von seiner alleinstehenden Tante T ein Grundstück gepachtet. T verspricht ihrem Neffen, ihm das Grundstück zu vermachen, und errichtet ein entsprechendes Testament. Im Vertrauen darauf baut N auf dem Grundstück ein Haus. Kurz vor ihrem Tod ändert T das Testament und setzt einen Dritten (D) als Erben ein. – Der BGH hat N einen Anspruch gegen D auf Wertersatz aus § 812 I 2 Alt. 2 zugebilligt.[63] Dem wird zu Recht entgegengehalten, dass die Errichtung des Gebäudes keine Leistung des N an T sei (T hat das Eigentum am Gebäude nach § 946 erworben); außerdem sei die Erbeinsetzung nicht der mit dem Hausbau bezweckte Erfolg.[64] Im Erbtanten-Fall kommt daher nur eine Nichtleistungskondiktion (§ 951 I iVm § 812 I 1 Alt. 2) in Betracht (→ Rn. 1095 ff., 1098).

Der Veranlassungsgedanke passt auch auf den Fall, dass der eine Teil bei einem **1044**
nichtigen Vertrag trotz **Kenntnis der Nichtigkeit** die übernommene Leistung erbringt. Denn die Leistung hat hier im Allgemeinen den Zweck, den anderen Teil zur Erbringung der Gegenleistung zu veranlassen.

Beispiel: K kauft von V mit notariell beurkundetem Vertrag ein Hausgrundstück. Der vereinbarte Kaufpreis beträgt 750.000 EUR. Aus Gründen der Steuerersparnis wird im Vertrag aber ein Preis von 500.000 EUR angegeben. Obwohl K weiß, dass der Kaufvertrag mit dem beurkundeten Inhalt nach § 117 I und mit dem gewollten Inhalt nach §§ 117 II, 311 b I 1, 125 nichtig ist (s. dazu SAT Rn. 136), zahlt er dem V den vereinbarten Kaufpreis. Gleichwohl verweigert V die Übereignung des Grundstücks. – Ein Anspruch des K gegen V auf Rückzahlung des Kaufpreises aus § 812 I 1 Alt. 1 ist hier nach § 814 ausgeschlossen. Dem K steht aber ein Rückzahlungsanspruch aus § 812 I 2 Alt. 2 zu, auf den § 814 nicht anwendbar ist.[65]

Die Rechtsprechung wendet § 812 I 2 Alt. 2 auch bei Vorliegen eines **wirksamen** **1045**
Vertrages an, wenn der Bereicherungsgläubiger mit der Leistung einen über die Erfüllung des Vertrages hinausgehenden Erfolg herbeiführen wollte.[66] In der neueren Literatur wird dagegen überwiegend davon ausgegangen, dass solche Fälle primär nach den Regeln über die **Störung der Geschäftsgrundlage** (§ 313; vgl. dazu SAT Rn. 768 ff.) zu lösen sind.[67]

Beispiel: V verkauft sein Grundstück zu einem besonders niedrigen Preis an die Gemeinde G, damit diese darauf einen Kindergarten errichtet. Die G beschließt jedoch, das Grundstück an einen Lebensmittel-Discounter zu verkaufen. Nach der Rechtsprechung hätte V einen Anspruch gegen G aus § 812 I 2 Alt. 2 auf Rückübereignung des Grundstücks gegen G.[68] Nach der hL könnte V dagegen nach § 313 I grundsätzlich nur Anpassung des Kaufpreises verlangen.[69]

Ein weiterer möglicher Anwendungsbereich des § 812 I 2 Alt. 2 ist die Rückabwicklung von Zuwendungen zwischen Ehegatten oder den Partnern einer nichtehelichen

62 Vgl. OLG Düsseldorf, NJW-RR 1998, 1517. Der Freikauf war hier allerdings daran gescheitert, dass Z trotz Erhalts des Geldes nicht zur »Freigabe« der P bereit war. Das Gericht hat einen Anspruch des F gegen P aus § 812 I 2 Alt. 2 bejaht, weil P das Risiko des Scheiterns zu tragen habe.
63 Zu ähnlichen Fällen BGHZ 108, 256 (261); BGH, NJW 2001, 3118.
64 *Medicus/Petersen*, Bürgerliches Recht, Rn. 693; *Larenz/Canaris*, Schuldrecht II/2, § 68 I 3 e.
65 Vgl. *Larenz/Canaris*, Schuldrecht II/2 § 68 I 3 b; *Medicus/Lorenz*, Schuldrecht II, Rn. 1145.
66 Vgl. RGZ 132, 238; BGH, NJW 1973, 612 (613); NJW-RR 1991, 1269.
67 Vgl. *Medicus/Lorenz*, Schuldrecht II, Rn. 1143; *Larenz/Canaris*, Schuldrecht II/2, § 68 I 3 c.
68 So in dem berühmten Festungsbaufall RGZ 132, 238: Der K hatte ein Grundstück an den Staat verkauft, damit dieser dort eine militärische Festung errichten konnte.
69 Vgl. zu einem ähnlichen Fall *Brox/Walker*, Schuldrecht BT, § 37 Rn. 36.

Lebensgemeinschaft.[70] Das Gleiche gilt für Schenkungen von Schwiegereltern an ihre Schwiegerkinder, die um der Ehe des eigenen Kindes Willen erfolgen.[71] In all diesen Fällen kann die Zweckverfehlung darin liegen, dass die **Ehe** bzw. die **nichteheliche Lebensgemeinschaft** entgegen den Erwartungen der Beteiligten **keinen dauerhaften Bestand** hat. Daneben muss jeweils ein Anspruch auf Rückabwicklung der Zuwendung nach den Grundsätzen über den Wegfall der Geschäftsgrundlage (→ Rn. 327) geprüft werden.

b) Notwendigkeit einer Zweckvereinbarung

1046 Da der Erfolg »nach dem Inhalt des Rechtsgeschäfts« bezweckt sein muss, reicht eine *einseitige* Zwecksetzung des Leistenden für die Anwendung des § 812 I 2 Alt. 2 nicht aus, selbst wenn sie dem Empfänger bekannt ist. Erforderlich ist vielmehr, dass die Beteiligten sich ausdrücklich oder stillschweigend über den bezweckten Erfolg **geeinigt** haben.[72] Die Einigung darf allerdings *nicht* zu einer *rechtsgeschäftlichen Bindung* geführt haben, weil die Leistung sonst doch zur Erfüllung einer Verbindlichkeit erbracht wird.[73]

c) Ausschlussgründe

1047 Der Anspruch aus § 812 I 2 Alt. 2 ist gemäß § 815 ausgeschlossen, wenn der Eintritt des bezweckten Erfolgs **von Anfang an unmöglich** war und der Leistende dies **gewusst** hat oder wenn der Leistende den **Eintritt des Erfolgs** wieder Treu und Glauben **verhindert** hat. Im ersten Fall geht es wie bei § 814 Alt. 1 um einen Sonderfall widersprüchlichen Verhaltens (§ 242); der zweite Fall lässt sich auf die Wertungen des § 162 I zurückführen.

Auf **andere Kondiktionen** ist § 815 nicht anwendbar.[74]

3. Gesetzes- oder sittenwidriger Empfang

a) Anwendungsbereich und Voraussetzungen des § 817 S. 1

1048 Inwieweit dem Rückforderungsanspruch aus § 817 S. 1 neben der allgemeinen Leistungskondiktion aus § 812 I 1 Alt. 1 ein eigenständiger Anwendungsbereich zukommt, ist zweifelhaft. In der Literatur wird zu Recht darauf hingewiesen, dass das der Leistung zugrunde liegende Rechtsgeschäft bei rechts- oder sittenwidrigem Empfang regelmäßig nach §§ 134, 138 nichtig ist, womit die Voraussetzungen des § 812 I 1 Alt. 1 vorliegen. Historisch betrachtet dürfte es sich um einen **Auffangtatbestand** für Fälle handeln, in denen der **Vertrag ausnahmsweise nicht unwirksam** ist.[75] Hieran ist insbesondere zu denken, wenn allein der Empfänger gegen ein gesetzliches Verbot oder die guten Sitten verstößt.[76]

Beispiel: Wichtigstes Beispiel für die Wirksamkeit des Vertrages trotz Gesetzwidrigkeit des Empfangs war lange Zeit die *Vorteilsannahme* (§ 331 I StGB).[77] Dies erklärt sich daraus, dass die *Vorteilsgewährung für zurückliegende* Diensthandlungen nach § 333 I StGB aF nicht strafbar war.

70 Vgl. BGHZ 177, 193 (206 f.); BGH, NJW 2010, 998 (1000).
71 Vgl. BGH, NJW 2010, 2202 (2206); 2884 (2886).
72 BGHZ 115, 261 (263); 177, 193 (206); BGH, NJW 2010, 2202 (2206).
73 Vgl. BGHZ 44, 321 (323); 108, 256 (265); *Larenz/Canaris*, Schuldrecht II/2, § 68 I 3 a.
74 Vgl. Jauernig/*Stadler* § 815 Rn. 1.
75 Vgl. RGZ 96, 343 (345).
76 Vgl. OLG München, NJW-RR 2001, 13; Jauernig/*Stadler* § 817 Rn. 4.
77 Vgl. Mot. II, 849; RGZ 96, 343 (346); RGRK/*Heimann-Trosien* § 817 Rn. 5.

Seitdem der Gesetzgeber die Strafbarkeitslücke durch Neufassung des § 333 I StGB geschlossen hat, ist der Vertrag im Fall der Vorteilsannahme aber unzweifelhaft nach § 134 nichtig.[78]

Soweit die Voraussetzungen des § 812 I 1 Alt. 1 und des § 817 S. 1 vorliegen, sind beide Vorschriften **nebeneinander** anwendbar. Eigenständige Bedeutung soll § 817 S. 1 auch hier zukommen, weil der Ausschlusstatbestand des § 814 für die *condictio ob turpem vel iniustam causam* nicht gilt.[79] Bei einem Gesetzes- oder Sittenverstoß wird sich der Empfänger nach Treu und Glauben aber ohnehin regelmäßig nicht auf § 814 berufen können.[80] 1049

Beispiel: Der Wucherer kann dem Anspruch aus § 812 I 1 Alt. 1 nach Treu und Glauben nicht entgegenhalten, der Bewucherte habe die überhöhten Zinsen in Kenntnis der Nichtschuld gezahlt.

In anderen Fällen konkurriert der Anspruch aus § 817 S. 1 mit der *condictio ob rem* (§ 812 I 2 Alt. 2). Hier besteht die Besonderheit des § 817 S. 1 darin, dass der Anspruch auch im Fall der **Zweckverwirklichung** eingreift.[81] In der Literatur wird teilweise sogar die Auffassung vertreten, dass der Anwendungsbereich des § 817 S. 2 auf diese Fälle beschränkt ist.[82]

Beispiel: Der verheiratete M unterhält eine außereheliche Beziehung mit seiner Geliebten G. G droht, die Ehefrau des M (F) darüber zu informieren, wenn M nicht 10.000 EUR Schweigegeld zahlt. – Gemäß § 817 S. 1 kann M das Schweigegeld auch dann zurückfordern, wenn G ihr Versprechen einhält.

Der Anspruch aus § 817 S. 1 setzt nicht voraus, dass der Empfänger sich der Gesetz- oder Sittenwidrigkeit **bewusst** war oder sich diesem Bewusstsein **leichtfertig verschlossen** hat. Da der Bereicherungsanspruch keinen Strafcharakter hat, sondern die materiell richtige Güterzuordnung wiederherstellen soll, muss ein **objektiver** Gesetzes- oder Sittenverstoß ausreichen.[83] 1050

b) Der Ausschlussgrund des § 817 S. 2

Die Leistungskondiktion wegen gesetz- oder sittenwidrigen Empfangs ist gemäß **§ 817 S. 2 ausgeschlossen**, wenn dem Leistenden gleichfalls ein Gesetzes- oder Sittenverstoß zur Last fällt. 1051

Beispiel: Der Bauunternehmer U zahlt dem Beamten B 10.000 EUR, damit dieser ihn bei der Vergabe eines städtischen Bauauftrags rechtswidrig begünstigt. Mit der Annahme des Geldes macht B sich wegen Bestechlichkeit (§ 332 StGB) strafbar. Da U gleichfalls – nämlich wegen Bestechung (§ 334 StGB) – strafbar ist, wird der Rückzahlungsanspruch des U gegen B aus § 817 S. 1 durch Satz 2 ausgeschlossen.

(1) Voraussetzungen und Ratio des Kondiktionsausschlusses

In Anbetracht der einschneidenden Wirkungen des Kondiktionsausschlusses kann der **objektive Verstoß** gegen ein Verbotsgesetz oder die guten Sitten für sich genommen noch nicht die Anwendung des § 817 S. 2 rechtfertigen. Anders als bei § 817 S. 1 (→ Rn. 1050) muss daher als **subjektives Element** hinzukommen, dass der Leistende 1052

78 Vgl. MüKoBGB/*Schwab* § 817 Rn. 4; *Brox/Walker*, Schuldrecht BT, § 37 Rn. 40.
79 Vgl. BAG, NJW 1983, 783; Jauernig/*Stadler* § 817 Rn. 3.
80 Vgl. MüKoBGB/*Lieb*, 4. Aufl. 2004, § 817 Rn. 7; aA *Wieling*, Bereicherungsrecht, § 3 III 5 a aa.
81 Vgl. *Medicus/Lorenz*, Schuldrecht II, Rn. 1137; *Wieling*, Bereicherungsrecht, § 3 III 5 a aa.
82 So MüKoBGB/*Schwab* § 817 Rn. 5.
83 So MüKoBGB/*Schwab* § 817 Rn. 67; *Wieling*, Bereicherungsrecht, § 3 III 5 b; aA Erman/*Buck-Heeb* § 817 Rn. 8; Jauernig/*Stadler* § 817 Rn. 6.

sich der Gesetz- oder Sittenwidrigkeit *bewusst* war oder sich dieser Einsicht *leichtfertig verschlossen* hat.[84]

Sinn und Zweck des § 817 S. 2 sind umstritten. In früherer Zeit ist der Vorschrift häufig **Strafcharakter** beigemessen worden.[85] Da beide Beteiligten gesetz- oder sittenwidrig handeln, fragt sich aber, warum nur der Leistende bestraft werden soll.[86] Die heute hM stellt darauf ab, dass dem rechts- oder sittenwidrig Leistenden der **Rechtsschutz verweigert** werden soll.[87] Außerdem wird auf den Gedanken der **Generalprävention** verwiesen: Verhält sich der Leistende gesetz- oder sittenwidrig, so soll er damit rechnen müssen, dass er das Geleistete nicht zurückverlangen kann.[88]

(2) Ausweitungen

1053 Wenn § 817 S. 2 von »gleichfalls« spricht, so erfasst die Vorschrift dem *Wortlaut* nach nur solche Fälle, in denen sowohl der Leistende als auch der Empfänger gesetz- oder sittenwidrig handeln. Nach Sinn und Zweck muss der Kondiktionsausschluss jedoch erst recht eingreifen, wenn **nur dem Leistenden** ein **Gesetzes- oder Sittenverstoß** zur Last fällt.[89]

1054 Da der zugrunde liegende Vertrag in den Fällen des § 817 S. 1 regelmäßig nach §§ 134, 138 nichtig ist, liefe der Kondiktionsausschluss nach § 817 S. 2 weitgehend leer, wenn er nicht auf die **allgemeine Leistungskondiktion** (§ 812 I 1 Alt. 1) anwendbar wäre. In Rechtsprechung und Literatur ist daher weitgehend anerkannt, dass § 817 S. 2 für *alle Leistungskondiktionen* gilt.[90] Eine entsprechende Anwendung auf die *Nichtleistungskondiktion* nach § 812 I 1 Alt. 2 wird dagegen abgelehnt.[91] Im Einzelfall kann hier aber auf das Verbot rechtsmissbräuchlichen Verhaltens (§ 242) zurückgegriffen werden.[92]

1055 Die Rechtsprechung wendet § 817 S. 2 auch nicht auf Ansprüche aus Eigentum (§§ 894, 985 ff.), Geschäftsführung ohne Auftrag oder Delikt (insbesondere § 826) an.[93] Dahinter steht die Erwägung, dass § 817 S. 2 eine Ausnahmevorschrift darstelle, die eng auszulegen sei. In der Literatur wird dagegen gefordert, den Ausschlusstatbestand auf **Herausgabeansprüche aus § 985** zu erstrecken, wenn nicht nur das Kausalgeschäft, sondern auch das dingliche Geschäft nach §§ 134, 138 nichtig ist.[94] Hierfür spricht, dass der Leistende bei einem solchen schwereren Mangel nicht besser stehen soll als bei bloßer Nichtigkeit des Kausalgeschäfts. Der Hinweis auf den Ausnahmecharakter des § 817 S. 2 kann demgegenüber nicht überzeugen. Entscheidend ist allein, ob die *ratio* der Vorschrift im konkreten Fall zutrifft.

---

84 BGHZ 50, 90 (92); 75, 299 (302); *Larenz/Canaris*, Schuldrecht II/2, § 68 III 3 b; MüKoBGB/*Schwab* § 817 Rn. 68 f.; aA *Emmerich*, Schuldrecht BT, § 16 Rn. 38.
85 Vgl. RGZ 105, 270 (271); BGHZ 39, 87 (91).
86 Krit. Staudinger/*S. Lorenz* (2007) § 817 Rn. 5; *Brox/Walker*, Schuldrecht BT, § 37 Rn. 44.
87 Vgl. BGHZ 44, 1 (6); BGH, NJW 2005, 1490 (1491); *Medicus/Lorenz*, Schuldrecht II, Rn. 1157.
88 *Larenz/Canaris*, Schuldrecht II/2, § 68 III 3 a; Bamberger/Roth/*Wendehorst* § 817 Rn. 2.
89 Vgl. RGZ 161, 52 (55); *Medicus/Lorenz*, Schuldrecht II, Rn. 1152.
90 BGHZ 50, 90 (91); BGH, NJW-RR 1993, 1457 (1458); Jauernig/*Stadler* § 817 Rn. 9; aA *Wazlawik*, ZGS 2007, 336 (339).
91 Vgl. BGHZ 152, 307 (315); Staudinger/*S. Lorenz* (2007) § 817 Rn. 10.
92 Vgl. Staudinger/*Looschelders/Olzen* (2009) § 242 Rn. 857.
93 Vgl. BGHZ 39, 87 (91); 44, 1 (6); 63, 365 (369); BGH, NJW 1992, 310 (311).
94 *Brox/Walker*, Schuldrecht BT, § 37 Rn. 46; *Medicus/Lorenz*, Schuldrecht II, Rn. 1160; *Larenz/Canaris*, Schuldrecht II/2, § 68 III 3 e; MüKoBGB/*Schwab* § 817 Rn. 18.

(3) Einschränkungen

Auf der anderen Seite ist anerkannt, dass unangemessene Ergebnisse oft nur durch **restriktive Anwendung** des § 817 S. 2 vermieden werden können. 1056

Erforderlich ist zunächst eine genaue **Definition der Leistung.**[95] Besteht diese in der *vorübergehenden* Überlassung einer Sache oder eines Gelddarlehens, so schließt § 817 S. 2 nicht die Rückforderung als solche, sondern nur die *vorzeitige* Rückforderung aus (zum Darlehen → Rn. 350).[96]

Weitere Einschränkungen des § 817 S. 2 können sich im Einzelfall aus dem **Schutzzweck** der verletzten Gesetzes- oder Sittennorm oder aus **Treu und Glauben** (§ 242) ergeben.[97] Besondere Bedeutung hat dies bei Verträgen, die wegen beiderseitigen Verstoßes gegen das Schwarzarbeitsgesetz (SchwArbG) nach § 134 nichtig sind. Wegen der Nichtigkeit des Vertrages steht dem Auftragnehmer hier zwar kein vertraglicher Vergütungsanspruch zu. Nach der Rechtsprechung wird der Wertersatzanspruch aus §§ 812 I 1 Alt. 1, 818 II aber nicht durch § 817 S. 2 ausgeschlossen.[98] Dies lässt sich damit rechtfertigen, dass der Auftraggeber nach dem Schutzzweck des SchwArbG nicht in den Genuss einer unentgeltlichen Leistung gelangen soll, wenn ihm selbst ein Verstoß gegen das SchwArbG zur Last fällt.[99] 1057

Bei **Darlehensverträgen** lässt die Rechtsprechung dagegen eine entsprechende Wertersatzpflicht des Darlehensnehmers für die Überlassung der Darlehensvaluta an § 817 S. 2 scheitern. Zur Kritik → Rn. 351. 1058

Eine gesetzliche Einschränkung der Kondiktionssperre sieht § 817 S. 2 Hs. 2 für den Fall vor, dass die Leistung in der **Eingehung einer Verbindlichkeit** bestand. Erfasst wird damit neben dem abstrakten Schuldversprechen (→ Rn. 1000) auch die Hingabe eines Wechsels.[100] Die Kondiktion muss insoweit zulässig bleiben, weil § 817 S. 2 sonst die endgültige Verwirklichung der missbilligten Vermögensverschiebung fördern würde.

Literatur: *Canaris*, Der Bereicherungsausgleich im Dreipersonenverhältnis, FS Larenz, 1973, 799; *Ehmann*, Über den Begriff des rechtlichen Grundes im Sinne des § 812 BGB, NJW 1969, 398; *ders.*, Zur Causa-Lehre, JZ 2003, 702; *Giesen*, Grundsätze der Konfliktlösung im Besonderen Schuldrecht: Die ungerechtfertigte Bereicherung (Teil 1: Die Leistungskondiktion), Jura 1995, 169; *Kamionka*, Der Leistungsbegriff im Bereicherungsrecht, JuS 1992, 845 und 929; *Kupisch*, Zum Rechtsgrund i. S. des § 812 BGB bei Erfüllung, NJW 1985, 2370; *ders.*, Leistungskondiktion bei Zweckverfehlung, JZ 1985, 101 und 163; *ders.*, Rechtspositivismus im Bereicherungsrecht, JZ 1997, 213; *ders.*, Leistungsbeziehung »auf Kosten« des Bereicherungsgläubigers?, FS Heldrich, 2005, 275; *Lieb*, Nutzungsmöglichkeiten als Gegenstand von Bereicherungsansprüchen, NJW 1971, 1289; *S. Lorenz*, Bereicherungsrechtliche Drittbeziehungen, JuS 2003, 729 und 839; *Medicus*, Typen der Rückabwicklung von Leistungen, JuS 1990, 689; *Michalski*, Die analoge Anwendbarkeit des § 817 S. 2 außerhalb des § 817 S. 1 BGB, Jura 1994, 113 und 232; *Peters*, Die Erstattung rechtsgrundloser Zuwendungen, AcP 205 (2005), 159; Schlinker, Zur Kondiktion der Leistung bei Unkenntnis der Einrede aus § 275 II BGB, JA 2008, 423; *Schmidt-Recla*, Von Schneebällen und Drehkrankheiten – Vergleichende Überlegungen zur Restitutionssperre des § 817 S. 2, JZ 2008, 60; *Thier*, Grundprobleme der bereiche-

95 Vgl. Jauernig/*Stadler* § 817 Rn. 13; *Medicus/Lorenz*, Schuldrecht II, Rn. 1153.
96 Vgl. *Medicus/Petersen*, Bürgerliches Recht, Rn. 699.
97 Vgl. BGH, VersR 2006, 419; Staudinger/*Looschelders/Olzen* (2009) § 242 Rn. 855.
98 Vgl. BGHZ 111, 308 (312 f.); krit. Staudinger/*S. Lorenz* (2007) § 817 Rn. 10.
99 Staudinger/*Looschelders/Olzen* (2009) § 242 Rn. 856.
100 Vgl. BGH, NJW 1994, 187; differenzierend Staudinger/*S. Lorenz* (2007) § 817 Rn. 24 f.

rungsrechtlichen Rückabwicklung gegenseitiger Verträge, JuS 1999, L 9; *Wazlawik*, § 817 Satz 2 BGB – Eine systemwidrige Vorschrift?, ZGS 2007, 336; *Weyer*, Leistungskondiktion und Normzweck des Verbotsgesetzes, WM 2002, 627; *Wilhelm*, Das Merkmal »auf Kosten« als notwendiges Kriterium der Leistungskondiktion, JuS 1973, 1. Vgl. auch die Nachweise zu § 51.

§ 53 Die Nichtleistungskondiktionen

1059 § 812 I 1 Alt. 2 beschreibt die Nichtleistungskondiktionen etwas farblos dahingehend, dass die Bereicherung »in sonstiger Weise auf Kosten eines anderen« eintritt. Wichtigste Ausprägung der Nichtleistungskondiktionen ist die **Eingriffskondiktion**. Daneben kommt noch der **Rückgriffs-** sowie der **Verwendungskondiktion** eine gewisse Bedeutung zu.

1060 Im **Verhältnis zur Leistungskondiktion** ist die Nichtleistungskondiktion grundsätzlich *subsidiär.*[101] Bei **Zweipersonenverhältnissen** ergibt sich dies schon aus Wortlaut und Systematik des Gesetzes. Hat der Empfänger den Vorteil durch die Leistung eines anderen erlangt, so kann er ihn nicht auch noch in sonstiger Weise auf Kosten des Leistenden erlangt haben.[102]

Wesentlich schwieriger zu beurteilen ist die Situation bei **Mehrpersonenverhältnissen.** Hier ist es aus logischen Gründen nämlich nicht ausgeschlossen, dass der Bereicherungsschuldner den Vorteil durch Leistung des einen und in sonstiger Weise auf Kosten eines anderen erlangt. In einem solchen Fall lässt sich die Subsidiarität der Nichtleistungskondiktion zwar damit rechtfertigen, dass der Empfänger einer Leistung grundsätzlich nur Ansprüchen des Leistenden ausgesetzt sein soll. Es gibt jedoch übergeordnete Erwägungen, die eine abweichende Beurteilung rechtfertigen können. In Mehrpersonenverhältnissen stellt der **Vorrang der Leistungskondiktion** daher nur eine **Faustformel** dar, die nicht ohne Rücksicht auf die maßgeblichen Wertungen verwendet werden darf (→ Rn. 1160 ff.).[103]

I. Die allgemeine Eingriffskondiktion (§ 812 I 1 Alt. 2)

1. Anwendungsbereich

1061 Die **Eingriffskondiktion** ist dadurch gekennzeichnet, dass der Bereicherungsschuldner eine **geschützte Rechtsposition des Gläubigers** ohne Erlaubnis **zu eigenen Zwecken** nutzt und hierdurch sein Vermögen auf dessen Kosten vermehrt.[104] Wichtigste Beispiele sind der Gebrauch, die Verwertung oder der Verbrauch einer fremden Sache oder eines anderen fremden Vermögensguts. Der Eingriff in die fremde Rechtsposition wird meist durch den Bereicherungsschuldner selbst vorgenommen; die Vermögensverschiebung kann aber auch auf dem eigenmächtigen Verhalten eines Dritten beruhen oder ohne menschliche Mitwirkung (zB durch Naturereignisse oder das Verhalten von Tieren) eintreten.[105] Beruht die Vermögensverschiebung auf

101 Vgl. BGHZ 40, 272 (278); 56, 228 (240); BGH, NJW 2005, 60; *Medicus/Petersen*, Bürgerliches Recht, Rn. 727; krit. *Larenz/Canaris*, Schuldrecht II/2, § 67 IV 3.

102 So treffend *Medicus/Petersen*, Bürgerliches Recht, Rn. 727; *S. Lorenz*, JuS 2003, 729 (731).

103 *Emmerich*, Schuldrecht BT, § 17 Rn. 18; *Medicus/Petersen*, Bürgerliches Recht, Rn. 727.

104 Vgl. BGHZ 107, 117 (120); Jauernig/*Stadler* § 812 Rn. 51.

105 *Brox/Walker*, Schuldrecht BT, § 38 Rn. 3; *Schlechtriem*, Schuldrecht BT, Rn. 745.

einem Verhalten des Bereicherungsgläubigers selbst, so ist die **Verwendungskondiktion** (→ Rn. 1095 ff.) einschlägig.[106]

> **Beispiel:** Die Rinderherde des Bauern B grast die Weide des Nachbarn N ab. Für die Annahme einer *Eingriffskondiktion* kommt es hier nicht darauf an, ob B oder ein Dritter die Tiere auf die Weide des N getrieben hat oder ob die Tiere ohne menschliches Zutun bei B ausgebrochen und eigenständig auf die Weide des N gelaufen sind.[107] Hat N selbst die Rinder auf seine Weide getrieben, ohne dass er damit das Vermögen des B mehren wollte (zB aufgrund einer Verwechselung mit den eigenen Rindern), kommt dagegen nur eine *Verwendungskondiktion* in Betracht.

Die Definition der Eingriffskondiktion erfasst auch den Fall, dass der Schuldner **1062** durch **Verbindung, Vermischung oder Verarbeitung** nach §§ 946 ff. Eigentum an Sachen eines anderen erlangt hat. Der bisherige Eigentümer kann hier zwar nicht Wiederherstellung des früheren Zustands verlangen (§ 951 I 2). Ihm steht aber ein Anspruch auf Vergütung in Geld aus § 951 I 1 iVm §§ 812 I 1 Alt. 2, 818 II zu. Da § 951 I 1 eine *Rechtsgrundverweisung* enthält, müssen die Voraussetzungen der Eingriffskondiktion nach § 812 I 1 Alt. 2 geprüft werden (auch → Rn. 1161 ff.).[108]

> **Beispiel:** Bauherr B baut Materialien des Eigentümers E in sein Haus ein und erwirbt dadurch nach §§ 946, 947 II Eigentum an den Materialien. E kann von B nach § 951 I 1 iVm § 812 I 1 Alt. 2 die Zahlung einer Vergütung verlangen. Es handelt sich dabei um einen Fall der Eingriffskondiktion. Hätte E die Materialien irrtümlich selbst bei B eingebaut, so ginge es dagegen um eine Verwendungskondiktion.

Weitere Sonderfälle der Eingriffskondiktion sind die Veräußerung fremder Sachen **1063** und die Einziehung fremder Forderungen. Diese Fällen haben aber in § 816 eigenständige Regelungen gefunden (→ Rn. 1074 ff.).

2. Rechtswidrigkeits- und Zuweisungstheorie

Der innere Grund für die Rückgängigmachung der Vermögensverschiebung ist bei **1064** der Eingriffskondiktion seit langem umstritten.[109] In früherer Zeit wurde überwiegend auf die **Rechtswidrigkeit** des Eingriffs abgestellt.[110] Für diesen Ansatz spricht, dass die Eingriffskondiktion einen gewissen Zusammenhang mit dem Deliktsrecht aufweist (→ Rn. 1013).

Auf der anderen Seite ist jedoch zu beachten, dass der Eingriff in einigen anerkannten Fällen des § 812 I 1 Alt. 2 nicht auf ein rechtswidriges Verhalten des Bereicherungsschuldners zurückzuführen ist. Dies gilt insbesondere bei Vermögensverschiebungen, die durch einen Dritten oder ohne menschliche Mitwirkung erfolgt sind.[111] Davon abgesehen reicht das Kriterium der Rechtswidrigkeit für sich genommen aber auch nicht aus, um die Notwendigkeit eines bereicherungsrechtlichen Ausgleichs zu begründen. Es fehlt vor allem der Nachweis, warum der vom Schuldner erlangte Vorteil gerade dem Gläubiger zustehen soll. Die hM knüpft deshalb an den **Zuweisungsgehalt** der betroffenen Rechtsposition an. Entscheidend ist danach, dass der durch

106 Vgl. *Wieling*, Bereicherungsrecht, § 4 I 1 d; Staudinger/*S. Lorenz* (2007) § 812 Rn. 3.
107 Vgl. *Gursky*, Schuldrecht BT, S. 194; *Fikentscher/Heinemann* Rn. 1471.
108 BGHZ 17, 236 (238 f.); 41, 151 (159); *Medicus/Lorenz*, Schuldrecht II, Rn. 1226.
109 Vgl. *Medicus/Petersen*, Bürgerliches Recht, Rn. 704 ff.; *Reuter/Martinek* S. 234 ff.
110 Grundlegend *F. Schulz*, AcP 105 (1909), 1 ff.
111 *Larenz/Canaris*, Schuldrecht II/2, § 69 I 1 b; *Medicus/Petersen*, Bürgerliches Recht, Rn. 708.

den Eingriff erlangte Vorteil von Rechts wegen nicht dem Bereicherungsschuldner, sondern dem Bereicherungsgläubiger zustehen soll.[112]

> **Beispiel** (BGHZ 131, 297): Bei unberechtigter Untervermietung steht dem Vermieter kein Anspruch gegen den Mieter auf Herausgabe des durch die Untervermietung erzielten Erlöses aus § 812 I 1 Alt. 2 zu. Der Mieter handelt hier zwar rechtswidrig; da der Vermieter selbst die Mietsache an keinen Dritten untervermieten dürfte, ist ihm der vom Mieter erlangte Vermögensvorteil aber rechtlich nicht zugewiesen.[113]

3. Voraussetzungen der allgemeinen Eingriffskondiktion

1065 Der Theorienstreit über den inneren Grund der Eingriffskondiktion hat nicht nur theoretische Bedeutung, sondern spiegelt sich auch in dem Verständnis der einzelnen Tatbestandsmerkmale des § 812 I 1 Alt. 2 wider.

a) Etwas erlangt

Ebenso wie bei der Leistungskondiktion muss der Schuldner auch bei der Eingriffskondiktion einen **Vorteil erlangt** haben. Für die Einzelheiten kann auf die dortigen Ausführungen (→ Rn. 1018 ff.) verwiesen werden.

b) In sonstiger Weise auf Kosten des Gläubigers

1066 Nach der Zuweisungstheorie ersetzt der Zuweisungsgehalt der Rechtsposition bei der Eingriffskondiktion (und den anderen Nichtleistungskondiktionen) das Merkmal der Erlangung »durch Leistung eines anderen« bei der Leistungskondiktion.[114] Bei der praktischen Rechtsanwendung muss daher geprüft werden, ob der Bereicherungsschuldner den Vorteil durch Eingriff in eine **Rechtsposition** erlangt hat, dessen **wirtschaftliche Verwertung** nach der Rechtsordnung allein **dem Gläubiger vorbehalten** ist.[115] Entscheidend ist damit, ob die in Frage stehende Rechtsposition der wirtschaftlichen Verwertung überhaupt zugänglich ist und ob eine solche Verwertung rechtlich gerade (und ausschließlich) dem Gläubiger zustehen soll.[116]

(1) Rechtsposition mit Zuweisungsgehalt

1067 Ob eine bestimmte Rechtsposition der wirtschaftlichen Verwertung zugänglich ist, wird von der hM nach einem **generellen Maßstab** bewertet. Es kommt damit nicht darauf an, ob der Inhaber der betroffenen Rechtsposition diese selbst in der konkreten Weise verwertet hätte.[117]

Der wirtschaftlichen Verwertung zugänglich sind jedenfalls das **Eigentum** sowie die **Immaterialgüterrechte** (Patent-, Marken-, Urheberrecht etc.). Das Gleiche gilt für **einzelne Aspekte des Persönlichkeitsrechts.**[118] Praktische Bedeutung hat dies bei unbefugter Nutzung des *Namens* oder des *Bildes* von Prominenten zu Werbezwecken.[119] Ob dem Betroffenen auch bei Veröffentlichung heimlich aufgenommener Fotos oder erfundener Interviews ein Anspruch aus Eingriffskondiktion zustehen soll, ist dagegen umstritten. Die Rechtsprechung zieht hier nur Schadensersatz-

112 BGHZ 82, 299 (306); 107, 117 (120 f.); Bamberger/Roth/*Wendehorst* § 812 Rn. 72.
113 So BGHZ 131, 297 (306); vgl. auch *Medicus/Petersen*, Bürgerliches Recht, Rn. 707.
114 BGHZ 82, 229 (306); 107, 117 (121).
115 BGHZ 107, 117 (120).
116 *Emmerich*, Schuldrecht BT, § 17 Rn. 6.
117 Vgl. BGHZ 169, 340 (344); MüKoBGB/*Schwab* § 812 Rn. 249, 274 und § 818 Rn. 94.
118 Bamberger/Roth/*Wendehorst* § 812 Rn. 76.
119 Vgl. BGHZ 20, 345 (355); 81, 75 (77); *Schlechtriem*, Schuldrecht BT, Rn. 750.

ansprüche aus § 823 I wegen Verletzung des **allgemeinen Persönlichkeitsrechts** in Betracht (→ Rn. 1240 ff.). Da sich die Persönlichkeitsrechtsverletzung nicht in der Nichteinholung der Einwilligung zur Veröffentlichung erschöpft, wird die Anwendung des Deliktsrechts für sachgemäßer erachtet.[120]

Beispiele: Der Motorroller-Hersteller H veröffentlicht zu Werbezwecken ein Foto des Schauspielers Paul Dahlke (D), das diesen auf einem von H produzierten Motorroller zeigt. D hatte der Veröffentlichung des Fotos nicht zugestimmt. Der BGH hat einen Anspruch aus Eingriffskondiktion (§ 812 I 1 Alt. 2) auf Zahlung der üblichen Vergütung mit der Erwägung bejaht, D hätte seine Zustimmung nach der in Künstlerkreisen herrschenden Übung von der Zahlung einer Vergütung abhängig machen können.[121] – Die Illustrierte B veröffentlicht heimlich aufgenommene Fotos aus dem Privatleben der Prinzessin Caroline von Monaco. Nach der bisherigen Rechtsprechung scheitern Ansprüche aus Eingriffskondiktion in diesen Fällen bereits daran, dass die Betroffene *generell* nicht bereit ist, die Veröffentlichung solcher Fotos zu erlauben, sondern ungestört leben will.[122] Der BGH hat jedoch in neuerer Zeit klargestellt, dass es für den Bereicherungsanspruch wegen unberechtigter kommerzieller Nutzung eines Bildnisses nicht darauf ankommt, ob der Abgebildete bereit und in der Lage gewesen wäre, gegen Entgelt Lizenzen für die Verbreitung und öffentliche Wiedergabe seines Bildnisses einzuräumen.[123]

Keinen wirtschaftlichen Zuweisungsgehalt hat das **Recht auf sexuelle Selbstbestimmung.**[124] Hieran hat auch das ProstG (→ Rn. 557) nichts geändert. 1068

(2) Die Parteien des Bereicherungsanspruchs

Das Kriterium des Zuweisungsgehalts konkretisiert auch das Merkmal **»auf dessen Kosten«** und ermöglicht damit die Bestimmung des **Bereicherungsgläubigers**: Der Anspruch aus Eingriffskondiktion steht danach demjenigen zu, dem die wirtschaftliche Verwertung der in Frage stehenden Rechtsposition rechtlich zugewiesen ist. Beim Eigentum ist dies der Eigentümer (vgl. § 903 S. 1); bei Immaterialgüterrechten der jeweilige Rechtsinhaber. Der Eintritt einer Vermögensminderung ist dabei nicht erforderlich.[125] 1069

Soweit der Erwerber nicht selbst in die geschützte Rechtsposition eingegriffen hat, kann die Person des Anspruchsgegners zweifelhaft sein. Die hM stellt in diesem Zusammenhang auf die **Unmittelbarkeit der Vermögensverschiebung** ab. Erforderlich ist danach, dass der Bereicherungsschuldner den Vorteil unmittelbar aus dem Vermögen des Bereicherungsgläubigers und nicht nur mittelbar auf dem Umweg über das Vermögen eines Dritten erlangt hat.[126] Praktische Bedeutung hat dies vor allem für den Bereicherungsausgleich bei Leistungsketten (→ Rn. 1144) sowie das Verhältnis von Leistungs- und Nichtleistungskondiktion (→ Rn. 1162). 1070

Zur Vertiefung: In der Literatur wird die Auffassung vertreten, dass das Unmittelbarkeitskriterium nicht nur bei der Leistungskondiktion, sondern auch bei der Eingriffskondiktion entbehrlich sei.[127] Dieser Einwand ist insofern nicht von der Hand zu weisen, als die meisten Ergebnisse in der Tat auch mit Hilfe anderer Argumente (zB Vorrang der Leistungskondiktion) begründet werden kön-

120 Bamberger/Roth/*Wendehorst* § 812 Rn. 74; *Steffen*, NJW 1997, 10 (13 f.); krit. *Emmerich*, Schuldrecht BT, § 17 Rn. 9; *Siemes*, AcP 201 (2001), 202 (214 ff.).
121 BGHZ 20, 345 (355).
122 Vgl. BGHZ 26, 349 (353) – Herrenreiter; OLG Hamburg, NJW-RR 1994, 990 (991).
123 BGHZ 169, 340 (344) = NJW 2007, 689 (690) – Oskar Lafontaine; dazu *Balthasar*, NJW 2007, 664 ff.
124 Bamberger/Roth/*Wendehorst* § 812 Rn. 74; *Larenz/Canaris*, Schuldrecht II/2, § 69 I 1 d.
125 *Brox/Walker*, Schuldrecht BT, § 38 Rn. 6; *Emmerich*, Schuldrecht BT, § 17 Rn. 12.
126 BGHZ 94, 160 (165); 99, 385 (390); Bamberger/Roth/*Wendehorst* § 812 Rn. 78 ff.
127 So etwa MüKoBGB/*Schwab* § 812 Rn. 44; *Esser/Weyers*, Schuldrecht BT, § 50 I 2.

nen.[128] Entscheidend sind letztlich ohnehin nicht solche abstrakten Formeln, sondern die dahinter stehenden Interessenwertungen. Dies ändert aber nichts daran, dass das Unmittelbarkeitskriterium die Argumentation im Einzelfall wesentlich erleichtern kann.

c) Ohne rechtlichen Grund

1071 Das Merkmal »ohne rechtlichen Grund« lässt sich bei der Eingriffskondiktion ebenfalls mit Hilfe der Lehre vom Zuweisungsgehalt ausfüllen. Hat der Bereicherungsschuldner durch Eingriff in die Rechtsposition eines anderen einen Vorteil erlangt, so steht dieser Vorteil von Rechts wegen grundsätzlich dem anderen zu. Der Eingriff indiziert daher die Rechtsgrundlosigkeit.[129] Eine Ausnahme kommt nur in Betracht, wenn der Schuldner sich auf einen **gesetzlichen Behaltensgrund** stützen kann.[130]

1072 Bei Eingriffen ins Eigentum kann sich der Behaltensgrund aus den Vorschriften über den gutgläubigen Erwerb (§§ 892 f., 932 ff., § 366 HGB etc.) ergeben. Dem § 816 I 1 ist nämlich zu entnehmen, dass der Erwerber hier keiner Kondiktion ausgesetzt sein soll (→ Rn. 1075).

Beispiel: A veräußert das von E entliehene Fahrrad für 200 EUR an den gutgläubigen D. Da D nach § 932 Eigentum an dem Fahrrad erwirbt, steht E kein Herausgabeanspruch aus § 985 zu. Der durch § 932 intendierte Schutz des gutgläubigen Erwerbers darf dann aber auch nicht dadurch unterlaufen werden, dass man dem E einen Herausgabeanspruch gegen D aus Eingriffskondiktion (§ 812 I 1 Alt. 2) zubilligt. Aus § 816 I 1 folgt vielmehr, dass E sich insoweit an A halten muss.

1073 Für den **Eigentumserwerb nach §§ 946 ff.** stellt § 951 I 1 klar, dass Bereicherungsansprüche nicht ausgeschlossen sind (→ Rn. 1062). Keine praktische Bedeutung hat demgegenüber der Eigentumserwerb durch **Ersitzung**, weil der bereicherungsrechtliche Herausgabeanspruch bei Ablauf der zehnjährigen Ersitzungsfrist (§ 937 I) stets nach §§ 195, 199 I, IV verjährt ist.[131]

II. Verfügung eines Nichtberechtigten (§ 816)

1074 Zwei **Sonderfälle der Eingriffskondiktion** sind in § 816 geregelt: die Verfügung über eine fremde Sache (Abs. 1) und die Einziehung einer fremden Forderung (Abs. 2). Im ersten Fall wird weiter danach unterschieden, ob die Verfügung entgeltlich (Satz 1) oder unentgeltlich (Satz 2) erfolgt.

1. Entgeltliche Verfügung des Nichtberechtigten

a) Grundgedanken und Konkurrenzen

1075 § 816 I 1 regelt den Fall, dass ein Nichtberechtigter eine entgeltliche Verfügung über einen Gegenstand trifft, die dem Berechtigten gegenüber wirksam ist. Mit dem Wirksamkeitserfordernis knüpft § 816 I 1 an die Vorschriften über den **gutgläubigen Erwerb** (insbes. §§ 892 f., 932 ff.) an. Die Vorschrift hat den Zweck, dem bisherigen Eigentümer einen schuldrechtlichen Ausgleich für den Verlust des Eigentums zu verschaffen. Der Anspruch richtet sich nicht gegen den Erwerber, sondern gegen den

128 Vgl. *Medicus/Petersen*, Bürgerliches Recht, Rn. 730 a.
129 *Wieling*, Bereicherungsrecht, § 4 I 3 a.
130 Vgl. Bamberger/Roth/*Wendehorst* § 812 Rn. 82; MüKoBGB/*Schwab* § 812 Rn. 346. Ein vertraglicher Rechtsgrund kann hier nicht vorliegen, weil es dann schon an einem Eingriff fehlt.
131 MüKoBGB/*Schwab* § 812 Rn. 346; Staudinger/*S. Lorenz* (2007) Vor § 812 Rn. 38.

Verfügenden. § 816 I 1 stellt damit klar, dass der gutgläubige Erwerb für den Erwerber einen Behaltensgrund iSd § 812 I 1 darstellt (→ Rn. 1072).

Die Vorschrift des § 816 I 1 geht der allgemeinen Eingriffskondiktion (§ 812 I 1 **1076**
Alt. 2) als Spezialregelung vor. Schadensersatzansprüche aus einem zwischen dem Berechtigten und dem Nichtberechtigten bestehenden **Vertrag** (zB Leihe, Verwahrung) oder aus **Delikt** (insbes. § 823 I: Eigentumsverletzung) können daneben geltend gemacht werden. Das Gleiche gilt für Ansprüche aus **Geschäftsführung ohne Auftrag**. Bedeutung hat dabei vor allem die Geschäftsanmaßung nach § 687 II (→ Rn. 883).

b) Vorliegen einer entgeltlichen Verfügung

Der Anspruch aus § 816 I 1 setzt das Vorliegen einer **Verfügung** voraus. Der Begriff **1077**
der Verfügung bestimmt sich nach allgemeinen Grundsätzen. Erfasst werden also alle Rechtsgeschäfte, durch die ein bestehendes Recht unmittelbar übertragen, belastet, geändert oder aufgehoben wird. Zu nennen ist etwa die Übereignung einer beweglichen Sache nach §§ 929 ff.

In der Literatur wird teilweise eine analoge Anwendung des § 816 I 1 auf die unberechtigte **Vermietung** oder Verpachtung befürwortet.[132] Dem ist jedoch entgegenzuhalten, dass der Schutzzweck des § 816 I 1 – Schaffung eines Ausgleichs für den Verlust eines Rechts durch gutgläubigen Erwerb – auf die unberechtigte Vermietung oder Verpachtung nicht passt, weil hier kein gutgläubiger »Erwerb« in Betracht kommt. Davon abgesehen wird der Eigentümer bei unberechtigter Vermietung oder Verpachtung der Sache seitens eines Dritten durch die Vorschriften über das Eigentümer-Besitzer-Verhältnis (§§ 987 ff.) ausreichend geschützt.[133]

§ 816 I 1 erfasst nur **rechtsgeschäftliche** Verfügungen. Bei Verfügungen im Wege der Zwangsvollstreckung (zB durch den Gerichtsvollzieher) bleibt nur die allgemeine Eingriffskondiktion (§ 812 I 1 Alt. 2).[134]

Aus § 816 I 2 lässt sich im Gegenschluss ableiten, dass die Verfügung **entgeltlich** sein muss. Erforderlich ist also, dass der Erwerber eine Gegenleistung erbracht hat oder erbringen sollte.[135]

c) Keine Berechtigung des Verfügenden

Die Verfügung muss durch einen **Nichtberechtigten** erfolgt sein. Die Berechtigung **1078**
beurteilt sich nach allgemeinen sachenrechtlichen Vorschriften. Berechtigter ist hiernach grundsätzlich der *Eigentümer.*[136] Ein Dritter kann wie der Berechtigte über die Sache verfügen, wenn der Eigentümer ihn hierzu nach § 185 I *ermächtigt* hat.[137] § 816 I 1 ist dann unanwendbar.

Zur Vertiefung: Veräußert ein Kommissionär (§ 383 HGB) eine Sache, die nicht im Eigentum des Kommittenten steht, an einen Dritten, so stellt sich die Frage, wer als der Nichtberechtigte (und damit als Schuldner des Bereicherungsanspruchs) anzusehen ist: der Kommissionär oder der Kommittent. Das Problem entsteht daraus, dass der Kommissionär als mittelbarer Stellvertreter im

132 So *Esser/Weyers*, Schuldrecht BT, § 50 II 2 a; *Emmerich*, Schuldrecht BT, § 17 Rn. 22.
133 *Larenz/Canaris*, Schuldrecht II/2, § 69 II 1 d; MüKoBGB/*Schwab* § 816 Rn. 13.
134 Vgl. BGHZ 32, 240 (244 f.); 100, 95 (99 ff.); MüKoBGB/*Schwab* § 816 Rn. 23.
135 Vgl. Bamberger/Roth/*Wendehorst* § 816 Rn. 8.
136 Zu einer Ausnahme MüKoBGB/*Schwab* § 816 Rn. 28: Verfügung über belastetes Eigentum.
137 Erman/*Buck-Heeb* § 816 Rn. 4; *Reuter/Martinek* S. 293.

eigenen Namen, aber für fremde Rechnung handelt.[138] Nach hM kommt es allein darauf an, dass der Kommissionär die Verfügung im eigenen Namen vornimmt.[139] Die Gegenauffassung weist zu Recht darauf hin, dass die Kaufpreisforderung gegen den Dritten nach § 392 II HGB dem Kommittenten zugeordnet ist. Da es sich dabei um das »Erlangte« handele, müsse der Anspruch gegen den Kommittenten gerichtet werden.[140] Nach der hM wird ein Anspruch gegen den Kommissionär im Übrigen meist daran scheitern, dass dieser sich nach § 818 III darauf berufen kann, er habe den Erlös an den Kommittenten abgeführt.[141]

d) Wirksamkeit der Verfügung

1079 Die Verfügung muss dem Berechtigten gegenüber wirksam sein. Erforderlich ist also ein **gutgläubiger Erwerb** (zB nach §§ 892, 932, 2366).

War der Erwerber bösgläubig oder ist die Sache dem Eigentümer abhanden gekommen, so scheidet ein gutgläubiger Erwerb aus. Dem Eigentümer steht damit ein Herausgabeanspruch gegen den Erwerber aus § 985 zu. Ein Anspruch gegen den Verfügenden aus § 816 I 1 kommt nicht in Betracht.

1080 Auch bei Scheitern des gutgläubigen Erwerbs mag der Berechtigte indes daran interessiert sein, dass er sich an den Nichtberechtigten halten kann. Dies lässt sich dadurch verwirklichen, dass der Berechtigte die Verfügung gemäß § 185 II 1 **genehmigt** und einen Bereicherungsanspruch aus § 816 I 1 gegen den Nichtberechtigten geltend macht.[142] Aufgrund der Rückwirkung der Genehmigung (§ 184 I) fehlt es damit zwar streng genommen an der Verfügung eines *Nichtberechtigten*. Nach Sinn und Zweck ist § 816 I 1 dennoch anwendbar. Da der Käufer aufgrund der Genehmigung wirksam Eigentum erwirbt, verliert der Berechtigte aber seinen Anspruch aus § 985.

Beispiel: D hat aus dem Antiquitätengeschäft des A eine Taschenuhr aus dem 17. Jahrhundert (Wert: 10.000 EUR) entwendet und für 2.000 EUR an den japanischen Touristen T veräußert. Da T wegen § 935 I nicht gutgläubig Eigentum erworben hat, kann A von ihm nach § 985 Herausgabe der Uhr verlangen. Ein Anspruch gegen D aus § 816 I 1 scheitert dagegen an der Unwirksamkeit der Verfügung. A kann die Verfügung aber gemäß § 185 II genehmigen und den D dann nach § 816 I 1 auf Herausgabe des Erlangten in Anspruch nehmen. Damit verliert A zwar sein Eigentum an der Uhr. Gleichwohl kann ein solches Vorgehen sinnvoll sein, zB wenn D gefasst wurde und T mit unbekanntem Aufenthalt nach Japan zurückgekehrt ist.

1081 Die Genehmigung muss nicht immer ausdrücklich erteilt werden. Nimmt der Eigentümer den Nichtberechtigten auf Herausgabe des Erlangten in Anspruch, so kann darin eine **konkludente Genehmigung** gesehen werden.[143] Die Genehmigungsmöglichkeit entfällt nicht dadurch, dass der Erwerber zwischenzeitlich durch Verbindung, Vermischung oder Verarbeitung nach §§ 946 ff. Eigentum an der veräußerten Sache erlangt hat.[144]

Beispiel (BGHZ 56, 131): Bei der Firma F haben Unbekannte Leder im Wert von 60.000 EUR entwendet. Ein Teil des Materials wird von dem gutgläubigen Ledergroßhändler L erworben und für 20.000 EUR an den Handwerksmeister H weiterveräußert. H verarbeitet das Leder zu Handtaschen. F verlangt von L Herausgabe der 20.000 EUR. Zu Recht? – Zu prüfen ist ein Anspruch aus § 816 I 1. Da das Leder der F abhanden gekommen war, konnte L daran nicht gutgläubig

138 Vgl. dazu *Brox/Walker*, BGB AT, Rn. 515.
139 OLG Karlsruhe, WM 2003, 584 (585); Palandt/*Sprau* § 816 Rn. 11.
140 So überzeugend *Larenz/Canaris*, Schuldrecht II/2, § 69 II 1 e.
141 BGHZ 47, 128 (131); Palandt/*Sprau* § 816 Rn. 11.
142 Vgl. BGHZ 56, 131 (133 ff.); Bamberger/Roth/*Wendehorst* § 816 Rn. 11 ff.
143 Vgl. Jauernig/*Stadler* § 816 Rn. 6.
144 Vgl. BGHZ 56, 131 (133 ff.); Staudinger/*S. Lorenz* (2007) § 816 Rn. 10.

Eigentum erwerben (§ 935 I). Mit der Veräußerung an H hat L also als Nichtberechtigter über das Leder verfügt. Auch diese Verfügung ist nach § 935 I unwirksam. F könnte die Verfügung jedoch durch Inanspruchnahme des L nach § 185 II wirksam genehmigt haben. Nachdem H durch Verarbeitung (§ 950) Eigentum an dem Leder erworben hatte, war F im Genehmigungszeitpunkt nicht mehr verfügungsberechtigt. Für die Genehmigungsmöglichkeit kommt es jedoch auf die Verfügungsberechtigung bei Vornahme der Verfügung des Nichtberechtigten an. Da diese Voraussetzung vorliegt, hat F gegen L einen Anspruch auf Herausgabe der 20.000 EUR aus § 816 I 1.

e) Herausgabe des durch die Verfügung Erlangten

Liegen die Voraussetzungen des § 816 I 1 vor, so kann der Berechtigte Herausgabe 1082 des durch die Verfügung Erlangten verlangen. Der genaue Inhalt dieses Anspruchs ist streitig. Die hM geht davon aus, dass der Anspruch auf die **Gegenleistung** (also den *Erlös*) gerichtet ist.[145] Nach einer Mindermeinung ist lediglich **Wertersatz** (§ 818 II) geschuldet.[146] Praktische Bedeutung hat der Meinungsstreit für den Fall, dass der Erlös über den objektiven Wert der veräußerten Sache hinausgeht. Bei Erzielung eines Mindererlöses wird das Problem hingegen dadurch entschärft, dass der gutgläubige Nichtberechtigte sich – falls man denn auf den höheren Wert abstellt – nach § 818 III auf den Wegfall der Bereicherung berufen kann.[147]

Beispiel (RGZ 138, 45): Kunsthändler K hat von dem Unbekannten U zum Marktwert von 20.000 EUR ein Gemälde gekauft und es für 25.000 EUR an den Kunstliebhaber L weiterverkauft. Später stellt sich heraus, dass das Gemälde aus der Villa des E entwendet worden ist. E genehmigt die Verfügung des K und verlangt von ihm Herausgabe des Erlangten. Nach hM steht E ein Anspruch auf Herausgabe des Erlöses in Höhe von 25.000 EUR zu. Nach der Gegenauffassung beschränkt sich der Anspruch auf den Wert des Gemäldes (20.000 EUR). Hätte K nur einen Kaufpreis von 15.000 EUR erzielt, so wäre dies nach der hM das Erlangte. Die Gegenauffassung müsste auch hier auf den Wert des Gemäldes abstellen. K könnte aber nach § 818 III geltend machen, er sei in Höhe von 5.000 EUR nicht mehr bereichert.

Für die Auffassung der hM spricht **zunächst** der Wortlaut des § 816 I 1. Das Wort- 1083 lautargument ist allerdings nicht zwingend. Denn durch die Verfügung als solche (im Kunsthändlerfall also die Übereignung des Gemäldes) erlangt der Nichtberechtigte genau genommen nicht den Kaufpreis, sondern nur die Befreiung von der Verpflichtung zur Übereignung der Sache. Da dieser Bereicherungsgegenstand nicht in Natur herausgegeben werden kann, erscheint ein Wertersatzanspruch (§ 818 II) konsequent.[148] Die Mindermeinung führt auch nicht notwendig zu unangemessenen Ergebnissen. **Kennt** der Verfügende **seine Nichtberechtigung**, so muss er den Erlös nämlich ohnehin schon nach § 687 II herausgeben (→ Rn. 883).[149]

Entscheidend ist letztlich, ob der Mehrerlös bei **gutgläubiger Weiterveräußerung** 1084 dem Nichtberechtigten oder dem Eigentümer zustehen soll. Für die Bevorzugung des Nichtberechtigten spricht, dass ein Mehrerlös häufig auf dessen *besonderer Geschäftstüchtigkeit* beruht.[150] Auf der anderen Seite ist es aber allein Sache des Eigentümers, die Sache zu veräußern; der Zuweisungsgehalt des Eigentums erfasst damit auch den durch die Veräußerung erzielten Gewinn.[151] Der hM ist daher letztlich doch zuzustimmen.

---

145 So BGHZ 29, 157 (159 ff.); 75, 203 (206); Palandt/*Sprau* § 816 Rn. 20.
146 So MüKoBGB/*Schwab* § 816 Rn. 42 ff.; *Medicus/Petersen*, Bürgerliches Recht, Rn. 723.
147 Vgl. Staudinger/*S. Lorenz* (2007) § 816 Rn. 23.
148 *Medicus/Petersen*, Bürgerliches Recht, Rn. 723; krit. *Larenz/Canaris*, Schuldrecht II/2, § 72 I 2 a.
149 Zu diesem Argument Staudinger/*S. Lorenz* (2007) § 816 Rn. 23.
150 Hierauf abstellend *Medicus/Petersen*, Bürgerliches Recht, Rn. 723.
151 Vgl. Erman/*Buck-Heeb* § 816 Rn. 20; *Wieling*, Bereicherungsrecht, § 4 III 1 a aa.

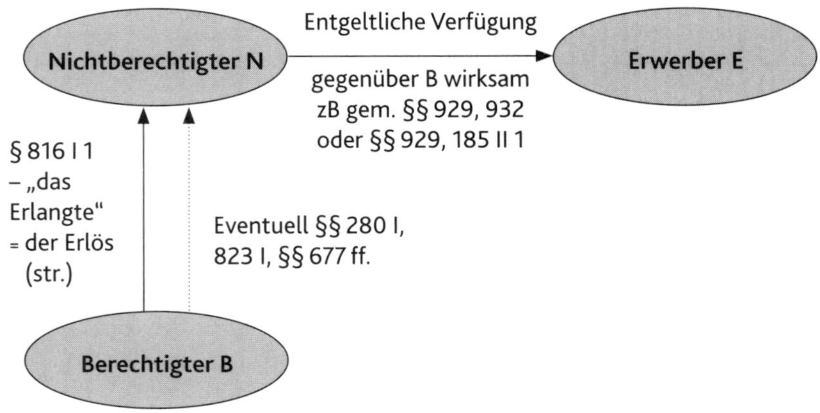

Skizze: Struktur des § 816 I 1

f) Einschränkungen der Herausgabepflicht nach § 818 III

1085 Der Nichtberechtigte kann sich gegenüber dem Anspruch aus § 816 I 1 nicht nach **§ 818 III** darauf berufen, er sei nicht in vollem Umfang um den Erlös bereichert, weil er für die Sache **selbst einen Kaufpreis gezahlt** habe. Denn vor der Weiterveräußerung hätte dieser Einwand auch nicht dem Herausgabeanspruch des Eigentümers aus § 985 entgegenhalten werden können. Der Nichtberechtigte muss sich wegen seiner Kaufpreiszahlung also nach §§ 433 ff. mit dem eigenen Vertragspartner auseinandersetzen.[152]

Der Nichtberechtigte kann dem Berechtigten entgegenhalten, dass er den **Wert der veräußerten Sache** durch eigene Aufwendungen **erhöht hat.**[153] Die hM geht allerdings davon aus, dass der Nichtberechtigte solche Verwendungen nur unter den Voraussetzungen der §§ 994 ff. – also grundsätzlich nicht bei Bösgläubigkeit – in Ansatz bringen kann.[154] Für diese Einschränkung spricht, dass es für die Ersatzfähigkeit von Verwendungen nicht darauf ankommen soll, ob der Nichtberechtigte aus § 985 oder aus § 816 I 1 in Anspruch genommen wird.

Beispiel: Im Kunsthändler-Fall (Rn. 1082) steht E gegen K ein Anspruch aus § 816 I 1 auf Zahlung von 25.000 EUR zu. Dass K selbst 20.000 EUR an U gezahlt hat, bleibt dabei außer Betracht. Wenn K das Gemälde vor der Weiterveräußerung an L für 1.500 EUR restauriert hat, so kann er diesen Betrag aber unter den Voraussetzungen der §§ 994 ff. in Abzug bringen.[155]

2. Unentgeltliche Verfügung des Nichtberechtigten

1086 Hat der Nichtberechtigte die Sache **unentgeltlich** (zB aufgrund einer Schenkung) an einen gutgläubigen Dritten übereignet, so hat er aus der Verfügung nichts erlangt. Ein Anspruch des Berechtigten gegen den Nichtberechtigten aus § 816 I 1 scheidet damit aus. Stattdessen billigt § 816 I 2 dem Berechtigten einen Anspruch **gegen den Erwerber** auf Herausgabe des Erlangten (dh des *Verfügungsobjekts*) zu.[156] Der gutgläubige

152 BGHZ 14, 7 (9); 55, 176 (179 f.); *Medicus/Petersen*, Bürgerliches Recht, Rn. 725.
153 Staudinger/*S. Lorenz* (2007) § 816 Rn. 25; *Medicus/Petersen*, Bürgerliches Recht, Rn. 724.
154 MüKoBGB/*Schwab* § 816 Rn. 465, 54; *Larenz/Canaris*, Schuldrecht II/2, § 72 I 2 b, § 73 I 5 d.
155 Vgl. RGZ 138, 45 (50) (zu § 687 II).
156 Zum Inhalt des Anspruchs vgl. AnwKomm-*v. Sachsen Gessaphe* § 816 Rn. 23.

Erwerb ist hier somit nicht kondiktionsfest. Dies beruht darauf, dass der unentgeltliche Erwerb weniger schutzwürdig erscheint.[157] Im Verhältnis zum Nichtberechtigten kommen ggf. Ansprüche aus Vertrag (§ 280 I), Delikt (§ 823 I) oder Geschäftsführung ohne Auftrag (§§ 677 ff.) in Betracht.

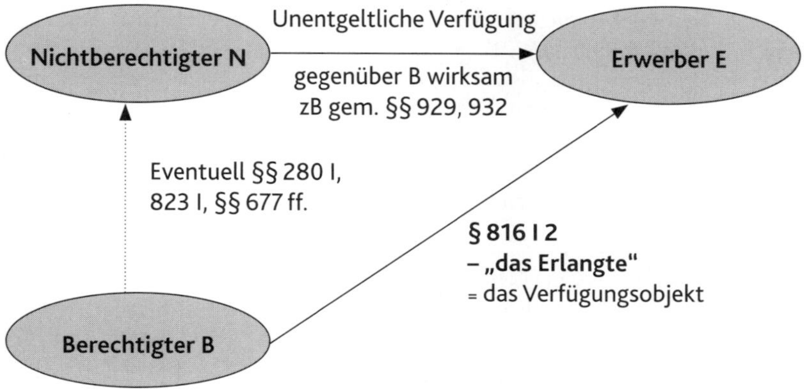

Skizze: Struktur des § 816 I 2

Nach einer in der älteren Literatur vertretenen Auffassung[158] ist § 816 I 2 analog 1087
anwendbar, wenn der Dritte die Sache entgeltlich, aber **ohne Rechtsgrund** (zB aufgrund eines nichtigen Kaufvertrages) erwirbt. Für eine solche Analogie scheint zu sprechen, dass den rechtsgrundlosen Erwerber ebenfalls keine Gegenleistungspflicht trifft. Indessen ist der rechtsgrundlose entgeltliche Erwerber deutlich schutzwürdiger als der unentgeltliche Erwerber. Dies gilt insbesondere, wenn er die eigene Leistung bereits erbracht hat. Die hM geht deshalb davon aus, dass die rechtsgrundlose Leistung allein im Verhältnis zwischen Verfügendem und Drittem abzuwickeln ist. Der Berechtigte kann damit nicht unmittelbar den Dritten in Anspruch nehmen; er muss sich vielmehr nach § 816 I 1 an den Verfügenden halten. Der Anspruch des Berechtigten gegen den Verfügenden ist dabei auf die Herausgabe des gegen den Dritten gerichteten Bereicherungsanspruchs aus § 812 I 1 Alt. 1 gerichtet (sog. **Doppelkondiktion**).[159]

Zur Vertiefung: Ob der Nichtberechtigte bei der bereicherungsrechtlichen Rückabwicklung mit dem Dritten Eigentum an der Sache erwirbt, ist streitig (Problem des *Rückerwerbs durch den Nichtberechtigten*). Das Problem beruht darauf, dass der Berechtigte sein Eigentum an der Sache zwischenzeitlich an den gutgläubigen Dritten verloren hatte. Dieser könnte das Eigentum damit nach § 929 auf den Nichtberechtigten »zurück« übertragen. Der Nichtberechtigte stünde damit freilich besser als vor der gescheiterten Weiterveräußerung. Da dies unbillig erscheint, befürwortet die hM den automatischen Rückfall des Eigentums an den bisherigen Eigentümer. Die Begründungen sind unterschiedlich. Vorzugswürdig erscheint, die Vorschriften über den gutgläubigen Erwerb (§§ 932 ff.) im Wege der teleologischen Reduktion einzuschränken, weil der Nichtberechtigte insoweit nicht schutzwürdig ist.[160]

157 Vgl. BGHZ 37, 363 (369); Erman/*Buck-Heeb* § 816 Rn. 12.
158 *Grunsky*, JZ 1962, 207 ff.; für einen Sonderfall auch BGHZ 37, 363 (368 ff.).
159 Vgl. MüKoBGB/*Schwab* § 816 Rn. 59; *Brox/Walker*, Schuldrecht BT, § 38 Rn. 27.
160 Vgl. Staudinger/*S. Lorenz* (2007) § 816 Rn. 22; aA MüKoBGB/*Oechsler* § 932 Rn. 24 f.

3. Leistung an einen Nichtberechtigten

1088 Das BGB enthält einige Vorschriften, nach denen eine Forderung erlischt, obwohl der Schuldner nicht an deren Inhaber, sondern an einen Nichtberechtigten geleistet hat. Die größte Bedeutung hat der in § 407 geregelte Fall, dass der Schuldner in **Unkenntnis einer Abtretung** an den bisherigen Gläubiger leistet (dazu SAT Rn. 1132 ff.). Weitere Beispiele finden sich in §§ 370, 408, 409 (SAT Rn. 388, 1137, 1141) sowie in §§ 851, 893, 2367.[161]

Ist die Leistung gegenüber dem Forderungsinhaber wirksam, so erlangt der Empfänger auf Kosten des Berechtigten einen Vermögensvorteil. Da die einschlägigen Vorschriften allein den **Schuldner schützen** sollen, hat der Empfänger das Geleistete nach § 816 II an den Berechtigten herauszugeben.

Beispiel: N ist Inhaber einer Forderung gegen S in Höhe von 20.000 EUR (1). Diese tritt er an die B-Bank ab (2). Zahlt S die 20.000 EUR in Unkenntnis der Abtretung an N (3), so muss die B-Bank sich dies nach § 407 I entgegenhalten lassen. Ihr steht aber ein Anspruch gegen N aus § 816 II auf Herausgabe der 20.000 EUR zu.

1089 Muss der Forderungsinhaber die Leistung an den Nichtberechtigten nicht schon nach einer der genannten Vorschriften gegen sich gelten lassen, so kann er ihr im Nachhinein durch **Genehmigung** gemäß § 185 II 1 iVm § 362 II Wirksamkeit verschaffen (vgl. SAT Rn. 387).[162] Ein solches Vorgehen ist sinnvoll, wenn der Anspruch gegen den Nichtberechtigten besser realisierbar erscheint (zB weil der Schuldner inzwischen insolvent ist).

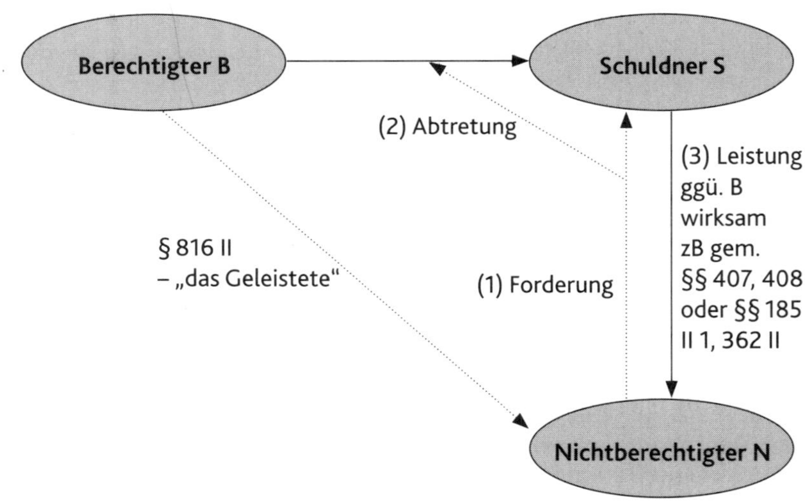

Skizze: Struktur des § 816 II

161 Vgl. MüKoBGB/*Schwab* § 816 Rn. 32.
162 Vgl. BGHZ 85, 267 (272 f.); *Larenz/Canaris*, Schuldrecht II/2, § 69 II 3 d.

III. Die Durchgriffskondiktion nach § 822

1. Dogmatische Grundlagen

Ein weiterer Sonderfall der Eingriffskondiktion ist in § 822 geregelt: die sog. Durchgriffskondiktion. Die Vorschrift knüpft an einen **anderweitig begründeten Bereicherungsanspruch** (sog. *Primärkondiktion*) an; dieser muss daran scheitern, dass der Empfänger das Erlangte unentgeltlich an einen Dritten weitergegeben hat und sich deshalb mit Erfolg auf den Wegfall der Bereicherung (§ 818 III) berufen kann. Da der Dritte aufgrund der Unentgeltlichkeit seines Erwerbs weniger schutzwürdig erscheint, hat er das Erlangte nach § 822 an den Bereicherungsgläubiger herauszugeben. 1090

Beispiel: Die E hat durch Leistung des L Eigentum und Besitz an einem wertvollen Schmuckstück erlangt. E verschenkt das Schmuckstück an ihre Tochter D. Später stellt sich heraus, dass das Verpflichtungsgeschäft zwischen E und L unwirksam ist. – Der L könnte einen Anspruch gegen E auf Wertersatz für das Schmuckstück aus §§ 812 I 1 Alt. 1, 818 II haben. Da E das Schmuckstück unentgeltlich weitergegeben hat, ist dieser Anspruch indes nach § 818 III ausgeschlossen. Stattdessen steht dem L aber ein Anspruch gegen D auf Herausgabe des Schmuckstücks aus § 822 zu.

Aus dogmatischer Sicht weist der Anspruch aus § 822 die **Besonderheit** auf, dass der Vorrang der Leistungskondiktion gegenüber der Eingriffskondiktion (→ Rn. 1060) nicht gilt. Außerdem wird auf das Erfordernis einer unmittelbaren Vermögensverschiebung zwischen Bereicherungsgläubiger und Bereicherungsschuldner (dazu → Rn. 1070) verzichtet.[163] 1091

Die Zulassung eines unmittelbaren Anspruchs gegen einen Dritten beruht bei § 822 ebenso wie bei § 816 I 2 (→ Rn. 1086) auf der **geringeren Schutzwürdigkeit des unentgeltlichen Erwerbs**. Im Übrigen bestehen zwischen beiden Vorschriften aber deutliche Unterschiede. So setzt § 816 I 2 die Verfügung eines *Nichtberechtigten* voraus. In den Fällen des § 822 erwirbt der Dritte dagegen vom *Berechtigten*; dieser ist lediglich einem schuldrechtlichen Bereicherungsanspruch ausgesetzt.[164] 1092

Trotz seiner systematischen Stellung stellt § 822 eine **eigenständige Anspruchsgrundlage** dar. Rechtsfolgenverweisungen auf das Bereicherungsrecht dürften die Vorschrift daher an sich nicht erfassen.[165] Die hM wendet § 822 jedoch auch auf den Fall an, dass der Schenker die Schenkung gemäß § 528 S. 1 wegen Verarmung nach Bereicherungsrecht zurückfordert (→ Rn. 325).[166] Dies lässt sich damit rechtfertigen, dass die Interessenwertung des § 822 auch hier passt.

2. Die einzelnen Anspruchsvoraussetzungen

Der Anspruch aus § 822 setzt zunächst voraus, dass dem Gläubiger dem Grunde nach ein Bereicherungsanspruch gegen einen anderen zusteht. Die **Primärkondiktion** kann aus jedem bereicherungsrechtlichen Tatbestand abgeleitet werden. In Betracht kommt auch ein Anspruch aus § 816 I 1. 1093

Erforderlich ist weiter, dass der Empfänger das Bereicherungsobjekt einem Dritten **unentgeltlich** zugewendet hat. Im Vordergrund stehen Schenkungen oder Vermächt-

163 Vgl. *Tommaso/Weinbrenner*, Jura 2004, 649 f.
164 Zu diesem Unterschied *Medicus/Lorenz*, Schuldrecht II, Rn. 1194.
165 Zur Problemstellung *Tommaso/Weinbrenner*, Jura 2004, 649 (650).
166 Vgl. BGHZ 106, 354 (356 ff.); MüKoBGB/*Koch* § 528 Rn. 8.

nisse. Im Verhältnis zwischen Ehegatten werden aber auch die sog. *unbenannten Zuwendungen* (→ Rn. 327) erfasst.[167]

1094 Aufgrund der unentgeltlichen Zuwendung muss die Verpflichtung des Empfängers zur Herausgabe der Bereicherung ausgeschlossen sein. Voraussetzung ist damit, dass der Empfänger sich nach § 818 III auf den **Wegfall der Bereicherung** berufen kann. Bei verschärfter Haftung des Empfängers nach §§ 818 IV, 819 (zB wegen Bösgläubigkeit) greift § 818 III nicht ein (→ Rn. 1123). Der Gläubiger kann sich deshalb weiter an den (Erst-) Empfänger halten. Ein Anspruch gegen den Dritten aus § 822 scheidet damit aus. Im Verhältnis zur Primärkondiktion ist § 822 also **subsidiär.**[168]

Zur Vertiefung: Die Subsidiarität des § 822 führt zu Problemen, wenn der Gläubiger die Primärkondiktion gegen den (Erst-) Empfänger nicht durchsetzen kann, weil dieser insolvent ist. In einem solchen Fall wirkt sich die Bösgläubigkeit des Empfängers zum Nachteil des Gläubigers aus. Um diese Konsequenz zu vermeiden, will ein großer Teil der neueren Literatur die Subsidiarität des § 822 auf den Fall beschränken, dass die Primärkondiktion tatsächlich realisiert werden kann.[169] Hiergegen spricht jedoch der Gesetzeswortlaut (»Verpflichtung … ausgeschlossen«) sowie die Funktion des § 822, dem Gläubiger einen Ausgleich für den mit der Anwendung des § 818 III verbundenen Rechtsverlust zu verschaffen.[170]

IV. Die Verwendungskondiktion

1095 Neben der allgemeinen Eingriffskondiktion ist die Verwendungskondiktion der wichtigste Anwendungsfall des § 812 I 1 Alt. 2.[171] **Verwendungen** sind Aufwendungen, die zur Erhaltung, Verbesserung oder Wiederherstellung einer Sache getätigt werden (SAT Rn. 321). Steht die Sache nicht im Eigentum des Verwendenden, so erlangt ein anderer – der Eigentümer – einen Vermögensvorteil, den er nach § 812 I 1 Alt. 2 herausgeben muss.

Beispiel: Der G errichtet auf einem Grundstück ein Haus. Dabei hält er sich zu Unrecht für den Eigentümer des Grundstücks. Später stellt sich heraus, dass das Grundstück im Eigentum des E steht. – E hat hier gemäß §§ 946, 94 I Eigentum an dem Haus erworben und muss dem G daher nach § 951 I 1 iVm § 812 I 1 Alt. 2 eine Vergütung zahlen. Da die Vermögensverschiebung auf dem eigenen Verhalten des G beruht, handelt es sich um eine Verwendungskondiktion (→ Rn. 1061 f.).

1096 Die Verwendungskondiktion setzt ebenso wie die Eingriffskondiktion voraus, dass die Bereicherung **nicht** auf einer **Leistung** des Bereicherungsgläubigers beruht. Ansonsten gilt wieder der Vorrang der Leistungskondiktion.

Beispiel: Bauunternehmer U baut eigene Baumaterialien aufgrund eines Werkvertrages mit dem Bauherrn B in dessen Haus ein. Später stellt sich heraus, dass der Vertrag unwirksam ist. – U hat das Vermögen des B bewusst und zweckgerichtet vermehrt. In Betracht kommt daher nur eine Leistungskondiktion. Da der Eigentumserwerb des B sich auch hier kraft Gesetzes (§ 946 iVm § 94 II) vollzieht, wendet die Rechtsprechung § 951 I 1 iVm § 812 I 1 Alt. 1 an.[172] Nach der hL ist § 812 I 1 Alt. 1 dagegen unmittelbar einschlägig.[173] Ein Anspruch auf Wiederherstellung des früheren Zustands ist aber auch hiernach ausgeschlossen (§ 951 I 2 analog).

---

167 BGH, NJW 2000, 134 (136).
168 BGH, NJW 1969, 605; NJW 1999, 1026 (1028); Palandt/*Sprau* § 822 Rn. 7.
169 Vgl. *Medicus/Lorenz*, Schuldrecht II, Rn. 1183; *Tommaso/Weinbrenner*, Jura 2004, 649 (656).
170 Bamberger/Roth/*Wendehorst* § 822 Rn. 8; *Reuter/Martinek* § 8 IV 2.
171 *Brox/Walker*, Schuldrecht BT, § 38 Rn. 12 ff.; *Wieling*, Bereicherungsrecht, § 4 II.
172 Vgl. BGHZ 40, 272 (276); BGH, NJW 1989, 2745 (2746).
173 So Palandt/*Bassenge* § 951 Rn. 2; Erman/*Ebbing* § 951 Rn. 3.

In den verbleibenden Fällen ist zu beachten, dass die Verwendungskondiktion durch einige speziellere Regelungen über den Ersatz von Verwendungen verdrängt wird. So gehen die Vorschriften über den Aufwendungsersatz wegen **Geschäftsführung ohne Auftrag** (§§ 683 S. 1, 670 bzw. §§ 684 S. 1, 818 ff.) dem § 812 I 1 Alt. 2 vor. Im **Eigentümer-Besitzer-Verhältnis** schließen die §§ 994 ff. die allgemeine Verwendungskondiktion nach hM aus.[174] Dies hat durchaus praktische Bedeutung, weil der Ersatzanspruch für nicht notwendige Verwendungen nach § 996 deutlich eingeschränkt ist. 1097

Zur Vertiefung: Geht man im Hausbaufall (→ Rn. 1095) davon aus, dass E Eigentümer und G unberechtigter Besitzer des Grundstücks war, so wird die Verwendungskondiktion nach hM durch die §§ 994 ff. verdrängt.[175] Nach der zutreffenden Gegenansicht kann der Vorrang der §§ 994 ff. indes nicht für die Fälle des § 951 I 1 gelten, weil der Besitzer sonst gegenüber dem Nichtbesitzer benachteiligt wäre.[176] Die notwendigen Einschränkungen des Bereicherungsanspruchs lassen sich mit den Regeln über die *aufgedrängte Bereicherung* (→ Rn. 1113) verwirklichen.

Folgt man der hM, so hat die Verwendungskondiktion nur einen **geringen Anwendungsbereich**. Eine Ausnahme bildet der Erbtanten-Fall (Rn. 1043). Die §§ 994 ff. sind hier nicht anwendbar, weil N bei Errichtung des Gebäudes aufgrund der Pacht *berechtigter* Besitzer des Grundstücks war. 1098

V. Die Rückgriffskondiktion

Der überwiegende Teil der Literatur erkennt die Rückgriffskondiktion als weitere Ausprägung der Nichtleistungskondiktion an.[177] Auch hier gibt es indes zahlreiche **vorrangige Sondervorschriften**, die zugunsten des Rückgriffsberechtigten einen gesetzlichen Forderungsübergang (zB §§ 268 III, 426 II, 774, 1143 I, 1150) oder einen eigenständigen Ausgleichsanspruch (zB § 426 I) vorsehen.[178] Als wichtiger Anwendungsfall der Rückgriffskondiktion bleibt deshalb wohl nur die Zahlung fremder Schulden (§ 267) durch einen Dritten, dem kein Ablösungsrecht iSd § 268 zusteht. 1099

1. Zahlung fremder Schulden

Wird eine fremde Schuld bezahlt, so muss zunächst geprüft werden, ob der Dritte aufgrund eines **Auftrags** gehandelt hat.[179] In diesem Fall kann er nach § 670 Aufwendungsersatz verlangen. Liegt kein Auftrag vor, so können die (im Verhältnis zu § 812 I 1 Alt. 2 ebenfalls vorrangigen) Regeln über die **Geschäftsführung ohne Auftrag** eingreifen. Bei berechtigter Geschäftsführung ohne Auftrag richtet sich der Ausgleichsanspruch des Dritten nach §§ 683 S. 1, 670. Bei unberechtigter Geschäftsführung ohne Auftrag verweist § 684 S. 1 zwar auf das Bereicherungsrecht. Geht man mit der hM von einer Rechtsfolgenverweisung aus (→ Rn. 880), so kommt es auf die Voraussetzungen des § 812 I 1 Alt. 2 aber gerade nicht an. Im Ergebnis ist somit festzuhalten: Sobald der Dritte mit *Fremdgeschäftsführungswillen* handelt, bleibt für die Rückgriffskondiktion kein Raum mehr. 1100

174 Vgl. *Emmerich*, Schuldrecht BT, § 17 Rn. 31; *Wieling*, Bereicherungsrecht, § 4 II 1.
175 BGHZ 41, 157 (158 ff.); BGH, NJW 1996, 52; Palandt/*Bassenge* § 951 Rn. 2.
176 *Medicus/Petersen*, Bürgerliches Recht, Rn. 897; *Larenz/Canaris*, Schuldrecht II/2, § 74 I 3.
177 Vgl. *Medicus/Lorenz*, Schuldrecht II, Rn. 1211; *Emmerich*, Schuldrecht BT, § 17 Rn. 33 ff.
178 Vgl. *Brox/Walker*, Schuldrecht BT, § 38 Rn. 8; *Medicus/Lorenz*, Schuldrecht II, Rn. 1211 f.
179 Ausführlich dazu *Medicus/Petersen*, Bürgerliches Recht, Rn. 946 f.

1101 Die Zahlung einer fremden Schuld erfolgt ohne Fremdgeschäftsführungswillen, wenn der Dritte irrtümlich von einer **eigenen Verpflichtung** ausgeht. Da der Dritte in diesem Fall keinen Fremdtilgungswillen hat, wird der eigentliche Schuldner durch eine solche Zahlung aber auch nicht von seiner Leistungspflicht befreit (s. dazu SAT Rn. 263). Eine Rückgriffskondiktion des Dritten scheitert deshalb schon daran, dass der Schuldner nichts erlangt hat. Der Dritte muss sich daher im Wege der Leistungskondiktion (§ 812 I 1 Alt. 1) an den Zahlungsempfänger (also den Gläubiger) halten.[180]

2. Änderung der Tilgungsbestimmung

1102 Hat der Dritte irrtümlich auf eine fremde Schuld geleistet, so kann er nach hM die **Tilgungsbestimmung** im Nachhinein ändern.[181] Bei einer solchen Änderung erlischt die Leistungspflicht des Schuldners gegenüber dem Gläubiger. Da der Schuldner damit Befreiung von seiner Verbindlichkeit erlangt, ist er dem Dritten nach § 812 I 1 Alt. 2 zum Ausgleich verpflichtet. Dogmatisch handelt es sich dabei um einen Fall der Rückgriffskondiktion.

Beispiel: Gärtner G hat beim Kleingärtner K einen »garantiert pilzfreien« Rollrasen verlegt. Kurz darauf tritt starker Pilzbefall auf. Da das Erscheinungsbild des Rasens erheblich beeinträchtigt ist, beseitigt G die Pilze auf Verlangen des K mit einem Aufwand von 100 EUR. Später stellt sich heraus, dass die Pilzsporen sich nicht schon (wie von G und K angenommen) im Rollrasen befunden haben, sondern in einem Rasendünger, den K bei dessen Hersteller H gekauft hat. – G wollte mit der Beseitigung der Pilze eine eigene Schuld erfüllen. Daher hat er gegen K einen Anspruch auf Erstattung der 100 EUR aus Leistungskondiktion (§ 812 I 1 Alt. 1). K hat seinerseits einen Anspruch gegen H auf Kostenersatz aus §§ 434, 437 Nr. 3, 280 I. Legt G nachträglich fest, dass seine Leistung auf die Schuld des H bezogen sein soll, so erlischt der Ersatzanspruch des K gegen H und G erhält anstelle der Leistungskondiktion gegen K einen Rückgriffsanspruch gegen H aus § 812 I 1 Alt. 2.

1103 Das Recht zur Änderung der Tilgungsbestimmung steht unter dem Vorbehalt von **Treu und Glauben**. Es kann daher nicht ausgeübt werden, wenn dadurch die Stellung des wirklichen Schuldners verschlechtert würde.

Literatur: *Balthasar*, Eingriffskondiktion bei unerlaubter Nutzung von Persönlichkeitsmerkmalen – Lafontaine in Werbeannonce, NJW 2007, 664; *Blaschczok*, § 816 II BGB im Mehrpersonenverhältnis, JuS 1985, 88; *Ellger*, Bereicherung durch Eingriff, 2002; *Canaris*, Gewinnabschöpfung bei Verletzung des allgemeinen Persönlichkeitsrechts, FS Deutsch, 1999, 85; *Giesen*, Grundsätze der Konfliktlösung im Besonderen Schuldrecht: Die ungerechtfertigte Bereicherung (Teil 2: Nichtleistungskondiktionen), Jura 1995, 234; *Grunsky*, Bereicherungsansprüche bei rechtsgrundloser Verfügung eines Nichtberechtigten, JZ 1962, 207; *Hüffer*, Die Eingriffskondiktion, JuS 1981, 263; *Knütel*, § 822 BGB und die Schwächen unentgeltlichen Erwerbs, NJW 1989, 2504; *W. Lorenz*, Gläubiger, Schuldner, Dritte und Bereicherungsausgleich, AcP 168 (1968), 286; *Petersen*, Die Leistung an den Nichtberechtigten, Jura 2010, 281; *Schilken*, Zur Bedeutung des § 822 BGB, JR 1989, 363; *F. Schulz*, System der Rechte auf den Eingriffserwerb, AcP 105 (1909), 1; *Siemes*, Gewinnabschöpfung bei Zwangskommerzialisierung der Persönlichkeit durch die Presse, AcP 201 (2001), 202; *Thielmann*, Gegen das Subsidiaritätsdogma im Bereicherungsrecht, AcP 187 (1987), 23; *Tommaso/Weinbrenner*, Bereicherungsrechtliche Mehrpersonenverhältnisse nach § 822 BGB, Jura 2004, 649; *Westermann*, Bereicherungshaftung des Erwerbers gestohlener Sachen: Zur »Subsidiarität« der Eingriffskondiktion – BGHZ 55, 176, JuS 1972, 18.

180 Vgl. BGHZ 137, 89 (95 f.); *Medicus/Lorenz*, Schuldrecht II, Rn. 1213.

181 Vgl. BGH, NJW 1986, 2700 (2701); Palandt/*Grüneberg* § 267 Rn. 3; *Larenz/Canaris*, Schuldrecht II/2, § 69 III 2 c; aA *Medicus/Petersen*, Bürgerliches Recht, Rn. 951.

§ 54 Inhalt und Umfang des Bereicherungsanspruchs

Der Bereicherungsanspruch bezieht sich nach § 812 I 1 in erster Linie auf das, was der Bereicherungsschuldner ohne rechtlichen Grund **erlangt** hat. Im Sonderfall des § 816 I 1 muss der Schuldner das durch die Verfügung Erlangte herausgeben (→ Rn. 1082 ff.). Weitere Einzelheiten zu Inhalt und Umfang des Bereicherungsanspruchs sind in den §§ 818 ff. geregelt. 1104

I. Herausgabe von Nutzungen und Surrogaten (§ 818 I)

§ 818 I erweitert die Herausgabepflicht des Bereicherungsschuldners auf Nutzungen und Surrogate. Bei den **Nutzungen** geht es gemäß § 100 um die Früchte einer Sache oder eines Rechts sowie die Gebrauchsvorteile (zB Bewohnen eines Hauses oder Benutzung eines Kfz).[182] Die Herausgabepflicht beschränkt sich grundsätzlich auf die *tatsächlich gezogenen* Nutzungen.[183] Wurden *Nutzungen* entgegen den Regeln einer ordnungsgemäßen Wirtschaft *nicht gezogen*, so ist der Schuldner nur bei verschärfter Haftung (→ Rn. 1116 ff.) nach §§ 818 IV, 819, 292 II, 987 II ersatzpflichtig. 1105

Zu den von der Herausgabepflicht erfassten **Surrogaten** gehört alles, was der Empfänger als Ersatz für die Zerstörung, Beschädigung oder Entziehung des erlangten Gegenstands erwirbt. Beispiele sind Versicherungsleistungen oder Schadensersatzansprüche gegen Dritte, die den Gegenstand zerstört, beschädigt oder entwendet haben. Der **Erlös** aus dem Weiterverkauf der Sache wird dagegen – anders als bei § 285 (dazu SAT Rn. 688) – nicht von der Herausgabepflicht umfasst.[184] Bei einem Weiterverkauf muss der Schuldner also nur Wertersatz (§ 818 II) leisten. Dahinter steht die Erwägung, dass ein etwa erzielter Mehrerlös primär auf die Geschäftstüchtigkeit des Schuldners zurückzuführen ist. Die Ungleichbehandlung mit § 816 I 1 (→ Rn. 1084) rechtfertigt sich daraus, dass die Weiterveräußerung keinen Eingriff in das Eigentum eines anderen darstellt, weil der Bereicherungsschuldner als Berechtigter verfügt. Der Erlös gehört hier also nicht zum Zuweisungsgehalt eines fremden Rechts. 1106

II. Wertersatz (§ 818 II)

Manche Gegenstände können schon aufgrund ihrer *Beschaffenheit* nicht in natura herausgegeben werden. Hierher gehören vor allem unkörperliche Gegenstände wie Gebrauchsvorteile, zB die Nutzung eines Pkw oder die Inanspruchnahme einer Dienstleistung (vgl. → Rn. 1020). Bei anderen Gegenständen kann die Herausgabe aus *sonstigen Gründen* unmöglich sein. So mag die erlangte Sache inzwischen zerstört, entwendet oder weiterveräußert worden sein. Für all diese Fälle sieht § 818 II eine grundsätzliche **Wertersatzpflicht** des Bereicherungsschuldners vor. 1107

Die hM bestimmt den Wert des Erlangten nach **objektiven Kriterien**. Bei Sachen wird auf den objektiven Verkehrs- oder Nutzungswert abgestellt. Bei Dienstleistungen hat der Schuldner die übliche Vergütung oder – sofern eine solche sich nicht 1108

182 Vgl. AnwKomm-*Ring* § 100 Rn. 7 mit weiteren Beispielen.
183 Vgl. BGHZ 35, 356 (360).
184 Vgl. BGHZ 75, 203 (206); *Larenz/Canaris*, Schuldrecht II/2, § 72 I 1 c; *Wieling*, Bereicherungsrecht, § 5 I 2 b; Staudinger/*S. Lorenz* (2007) § 818 Rn. 17; MüKoBGB/*Schwab* § 818 Rn. 42; aA noch MüKoBGB/*Lieb*, 4. Aufl. 2004, § 818 Rn. 23.

ermitteln lässt – die angemessene Vergütung für die Inanspruchnahme einer entsprechenden Leistung zu entrichten.[185]

> **Beispiel:** Im Flugreisefall (→ Rn. 1020) müsste M den Preis bezahlen, der üblicherweise für eine Flugreise von Hamburg nach New York verlangt wird.

1109 Eine Mindermeinung in der Literatur befürwortet demgegenüber eine **subjektiv-individuelle** Betrachtung. Danach kommt es für die Höhe der Wertersatzpflicht darauf an, welcher Zuwachs gerade im Vermögen des Empfängers eingetreten ist.[186] Dieser Ansatz ist jedoch mit den sonstigen Wertungen des Bereicherungsrechts nicht vereinbar. Geht der subjektiv-individuell berechnete Wert über den objektiven Marktwert hinaus (zB aufgrund eines höheren Erlöses), so ist der »Mehrwert« dem Bereicherungsschuldner zu belassen (→ Rn. 1106). Bleibt der subjektive Wert hinter dem objektiven Marktwert zurück, so handelt es sich um ein Problem des § 818 III. Entgegen der subjektiven Theorie wird der Schuldner also nur entlastet, wenn er nicht der verschärften Haftung unterliegt (vgl. → Rn. 1123).

III. Der Wegfall der Bereicherung (§ 818 III)

1110 Gemäß § 818 III ist die Verpflichtung zur Herausgabe des Erlangten oder zum Wertersatz ausgeschlossen, soweit der Empfänger nicht mehr bereichert ist. Die Vorschrift bringt einen **zentralen Gerechtigkeitsgedanken des Bereicherungsrechts** zum Ausdruck: Die Herausgabe- bzw. Wertersatzpflicht darf nicht dazu führen, dass das Vermögen des gutgläubigen Bereicherungsschuldners über dessen tatsächliche Bereicherung hinaus gemindert wird.[187] Dahinter steht der Gedanke des **Vertrauensschutzes**. Der gutgläubige Bereicherungsschuldner muss grundsätzlich nicht damit rechnen, dass er das Erlangte wieder herauszugeben hat. Trifft er im Vertrauen auf die Beständigkeit seines Erwerbs vermögensmindernde Dispositionen, so soll dies nicht zu Lasten seines sonstigen Vermögens gehen.[188]

1111 Ein Wegfall der Bereicherung ist nur anzunehmen, wenn das Erlangte in keiner Form mehr im Vermögen des Schuldners vorhanden ist. Die Bereicherung muss also **ersatzlos weggefallen** sein. Diese Voraussetzung ist zu verneinen, wenn der Schuldner durch Einsatz des Erlangten anderweitige **Aufwendungen** aus seinem sonstigen Vermögen **erspart** hat.[189]

> **Beispiele:** (1) Der Schuldner gibt den erlangten Geldbetrag für eine Urlaubsreise aus. Da er den Urlaub ansonsten aus seinem übrigen Vermögen hätte finanzieren müssen, kann er sich nicht auf den Wegfall der Bereicherung berufen.
>
> (2) Hat der Schuldner die ohne Rechtsgrund erlangte Sache (Wert: 500 EUR) für 400 EUR an einen Dritten veräußert, so ist die Bereicherung nur in Höhe von 100 EUR entfallen.

1112 Ein ersatzloser Wegfall der Bereicherung ist insbesondere gegeben, wenn der Bereicherungsgegenstand zerstört oder von einem Dritten entwendet worden ist. Das gleiche gilt aber auch, wenn der Schuldner mit dem Erlangten Aufwendungen getätigt hat, die er sich sonst nicht geleistet hätte (sog. **Luxusausgaben**, zB für einen Luxus-

185 Vgl. BGHZ 132, 198 (207); *Medicus/Lorenz*, Schuldrecht II, Rn. 1170.
186 So etwa Erman/*Buck-Heeb* § 818 Rn. 16 ff.; *Koppensteiner*, NJW 1971, 1769 ff.
187 Vgl. BGHZ 55, 128 (134); Jauernig/*Stadler* § 818 Rn. 26.
188 *Larenz/Canaris*, Schuldrecht II/2, § 73 I 1 b; Staudinger/*S. Lorenz* (2007) § 818 Rn. 38.
189 Vgl. *Medicus/Lorenz*, Schuldrecht II, Rn. 1172.

urlaub),[190] oder wenn er die in Frage stehende Dienstleistung sonst nicht in Anspruch genommen hätte.

> **Beispiel:** Im Flugreise-Fall hätte M sich den regulären Flug nach New York nicht leisten können. Er ist insoweit also nicht bereichert. Fraglich ist hier allerdings, ob er sich auf den Wegfall der Bereicherung berufen kann (dazu → Rn. 1119).

1113 Der gutgläubige Bereicherungsschuldner kann sich auch dann auf § 818 III berufen, wenn er den Gegenstand der Bereicherung an einen Dritten **verschenkt** hat. In diesem Fall steht dem Bereicherungsgläubiger aber nach § 822 eine Durchgriffskondiktion gegen den Dritten (→ Rn. 1090 ff.) zu.

Mit Hilfe des § 818 III lässt sich auch das Problem der **aufgedrängten Bereicherung** lösen. Der Bereicherungsschuldner kann also geltend machen, dass der konkrete Bereicherungsgegenstand *für ihn* keinen Wert hat.[191]

> **Beispiel:** Der A hat auf dem Grundstück des B einen Schuppen errichtet. Dabei ist A davon ausgegangen, dass er selbst Eigentümer des Grundstücks sei. – Da B nach §§ 946, 94 Eigentum an dem Schuppen erworben hat, muss er dem A an sich nach §§ 951, 812 I 1 Alt. 2 Wertersatz leisten (→ Rn. 1095 ff.). B kann sich aber auf den Wegfall der Bereicherung (§ 818 III) berufen, wenn der Schuppen für ihn keinen Wert hat, weil er das ganze Grundstück zum Bau eines Wohnhauses nutzen will.

1114 Ein Wegfall der Bereicherung kann auch dadurch eintreten, dass der Bereicherungsschuldner im Vertrauen auf die Beständigkeit seines Erwerbs **Aufwendungen** tätigt. Praktisch wird dies vor allem relevant, wenn der Schuldner *Verwendungen* auf eine Sache gemacht hat, die er herauszugeben hat.[192]

> **Beispiele:** Der Schuldner hat das ohne Rechtsgrund erlangte Haus neu anstreichen lassen oder den ohne Rechtsgrund erlangten Hund gefüttert.

1115 Demgegenüber führen **Schäden**, die dem Bereicherungsschuldner durch den herauszugebenden Gegenstand entstanden sind, zu keinem Wegfall der Bereicherung. Solche Schäden beruhen zwar adäquat-kausal auf dem Bereicherungsvorgang. Der Zweck des § 818 III, das Vertrauen des Schuldners auf die Beständigkeit seines Erwerbs zu schützen, trifft hier aber nicht zu.[193]

> **Beispiel:** Viel diskutiert wird der Schulfall, dass der ohne Rechtsgrund erlangte Hund den Teppich des Bereicherungsschuldners zerbeißt. Nach hL kann der Schuldner den Wert des Teppichs nicht nach § 818 III in Abzug bringen.[194]

Im Fall des § 816 I 1 kann der an einen Dritten gezahlte **Kaufpreis** ebenfalls nicht nach § 818 III vom Erlös abgezogen werden (→ Rn. 1085).

IV. Die verschärfte Haftung des Empfängers (§§ 818 IV, 819, 820)

1116 Die vergleichsweise milde bereicherungsrechtliche Haftung erscheint nicht gerechtfertigt, wenn der Bereicherungsschuldner bereits auf Herausgabe des Bereicherungsgegenstands **verklagt** ist (§ 818 IV) oder wenn er den Mangel des rechtlichen Grun-

190 Vgl. Jauernig/*Stadler* § 812 Rn. 32.
191 Vgl. *Medicus/Lorenz*, Schuldrecht II, Rn. 1173; *Wieling*, Bereicherungsrecht, § 5 I 4 b.
192 Vgl. *Larenz/Canaris*, Schuldrecht II/2, § 73 I 2 d; Jauernig/*Stadler* § 818 Rn. 33.
193 *Larenz/Canaris*, Schuldrecht II/2, § 73 I 2 g; Jauernig/*Stadler* § 818 Rn. 33.
194 So *Larenz/Canaris*, Schuldrecht II/2, § 73 I 2 g; *Emmerich*, Schuldrecht BT, § 19 Rn. 16 f.; zur Problemstellung vgl. auch *Medicus/Lorenz*, Schuldrecht II, Rn. 1174.

des **kennt** (§ 819 I). Für diese Fälle verschärft § 818 IV daher die Haftung durch Verweisung auf die **allgemeinen Vorschriften**.

1. Eintritt der Rechtshängigkeit

1117 Als ersten Anwendungsfall der verschärften Haftung nennt § 818 IV den Eintritt der **Rechtshängigkeit**. Die Rechtshängigkeit eines Anspruchs wird gemäß § 261 I ZPO durch Erhebung der Klage begründet. Hat der Bereicherungsgläubiger den Bereicherungsschuldner auf Herausgabe des Bereicherungsgegenstands verklagt, so darf dieser nicht mehr auf die Beständigkeit seines Erwerbs vertrauen. Er soll daher auch nicht mehr in den Genuss der milden bereicherungsrechtlichen Haftung kommen.

2. Kenntnis des Mangels

a) Allgemeines

1118 Dem Eintritt der Rechtshängigkeit stellt § 819 I den Fall gleich, dass der Empfänger den Mangel des rechtlichen Grundes **beim Empfang kennt** oder **später davon erfährt**. Die Kenntnis muss sich auf das Fehlen des rechtlichen Grundes selbst und die damit verbundenen Rechtsfolgen beziehen.[195] Ein *Rechtsirrtum* wirkt also grundsätzlich entlastend. Eine Ausnahme muss allerdings für den Fall gelten, dass der Empfänger die für den Mangel maßgebenden Tatsachen kennt und sich der Einsicht in die Nichtigkeit des Kausalgeschäfts bewusst verschließt.[196] Bei Anfechtbarkeit des Kausalgeschäfts kommt es nach § 142 II auf die *Kenntnis der Anfechtbarkeit* an.

Hat der Empfänger einen **Vertreter** mit der eigenverantwortlichen Abwicklung des Geschäfts betraut, so muss er sich dessen Wissen analog § 166 I zurechnen lassen.[197] Ist der Empfänger **geschäftsunfähig**, so ist auf die Kenntnis des gesetzlichen Vertreters abzustellen.[198]

b) Beschränkt geschäftsfähiger Empfänger

1119 Auf wessen Kenntnis es bei **beschränkt Geschäftsfähigen** (insbesondere Minderjährigen) ankommt, ist umstritten. Ein Großteil der Literatur wendet die §§ 106 ff. analog an. Danach ist in jedem Fall allein die Kenntnis des gesetzlichen Vertreters maßgebend.[199] Nach der Gegenauffassung sind die §§ 827 ff. analog anwendbar.[200] Entscheidend ist danach, ob der Minderjährige die erforderliche Einsichtsfähigkeit hatte (§ 828 III). Eine vermittelnde Auffassung differenziert zwischen der Leistungskondiktion (§§ 106 ff. analog) und der Eingriffskondiktion (§§ 827 ff. analog).[201] Der BGH will die §§ 827 ff. jedenfalls dann analog anwenden, wenn der Minderjährige sich das Erlangte durch eine vorsätzliche unerlaubte Handlung verschafft hat.[202]

> **Beispiel:** Das Problem der verschärften Bereicherungshaftung Minderjähriger wurde im Flugreise-Fall (→ Rn. 1020) relevant. Der BGH hat nach § 828 II aF (§ 828 III nF) auf die Kenntnis des M abgestellt, weil dieser sich die Flugreise durch eine strafbare Handlung (§ 263 StGB oder § 265 a

195 Vgl. BGHZ 118, 383 (392); BGH, NJW 1998, 2433 (2434).
196 Vgl. BGH, NJW 1996, 2652 (2653); Jauernig/*Stadler* § 819 Rn. 4.
197 Vgl. BGHZ 83, 293 (297); *Emmerich*, Schuldrecht BT, § 19 Rn. 33.
198 Jauernig/*Stadler* § 819 Rn. 5; *Gursky*, Schuldrecht BT, S. 204.
199 Vgl. *Larenz/Canaris*, Schuldrecht II/2, § 73 II 2 a; MüKoBGB/*Lieb*, 4. Aufl. 2004, § 818 Rn. 7.
200 Vgl. Soergel/*Mühl* § 819 Rn. 6; *Fikentscher/Heinemann* Rn. 1529.
201 So MüKoBGB/*Schwab* § 819 Rn. 8; *Medicus/Petersen*, Bürgerliches Recht, Rn. 176.
202 BGHZ 55, 128 (136 ff.).

StGB) erschlichen hatte.[203] Nach der hL hätten dagegen die §§ 106 ff. analog angewendet werden müssen.[204]

Gegen die analoge Anwendung der §§ 827 ff. im Bereicherungsrecht spricht, dass die Interessenwertung dieser Vorschriften auf den **Ausgleich von Schäden** zugeschnitten ist.[205] Da der Geschädigte besonders schutzwürdig erscheint, wird die Verantwortlichkeit des minderjährigen Schädigers weit gezogen. Im Bereicherungsrecht geht es indes allein um die Rückgängigmachung ungerechtfertigter Vermögensverschiebungen. Hier darf der Schutz des Minderjährigen nicht durch Rückgriff auf deliktsrechtliche Wertungen unterlaufen werden. Vorzugswürdig ist daher die entsprechende Anwendung der §§ 106 ff. Dies gilt jedenfalls für Konstellationen wie den Flugreise-Fall. Dass der Fluggesellschaft kein Schaden entstanden ist, hat der BGH selbst festgestellt. Die Wertersatzpflicht aus §§ 812 I 1, 818 II hat damit zur Folge, dass der Minderjährige entgegen den Wertungen der §§ 106 ff. den Preis für die Inanspruchnahme der Flugreise bezahlen muss. 1120

3. Die sonstigen Fälle der verschärften Haftung

Nach § 819 II greift die verschärfte Haftung auch dann ein, wenn der Empfänger durch Annahme der Leistung **gegen ein gesetzliches Verbot oder gegen die guten Sitten verstößt**. Die Vorschrift hat grundsätzlich die gleichen Voraussetzungen wie § 817 S. 1 (vgl. → Rn. 1050). Für die Haftungsverschärfung ist aber unstreitig das *Bewusstsein* der Gesetz- oder Sittenwidrigkeit erforderlich.[206] Die Vorschrift geht somit nur insofern über § 819 I hinaus, als der Empfänger seine Herausgabepflicht nicht kennen muss.[207] Praktische Bedeutung dürfte dies aber kaum haben. 1121

Für die in § 812 I 2 geregelten Sonderfälle der Leistungskondiktion finden sich in § 820 zwei weitere Tatbestände, in denen der Empfänger nicht auf die Beständigkeit des Erwerbs vertrauen darf. § 820 I 1 knüpft dabei an die **Zweckverfehlungskondiktion** (§ 812 I 2 Alt. 2) an. Hier kommt es auch dann zu einer Haftungsverschärfung, wenn der nach dem Inhalt des Rechtsgeschäfts bezweckte Erfolg von beiden Beteiligten als unsicher angesehen wurde. Das Gleiche gilt nach § 820 I 2 bei der **condictio ob causam finitam** (§ 812 I 2 Alt. 1), sofern der Wegfall des rechtlichen Grundes von beiden Beteiligten für möglich gehalten wurde. Die Haftungsverschärfung gilt nur für die Herausgabepflicht als solche. Für die Pflicht zur Verzinsung und zur Herausgabe von Nutzungen kommt es nach § 820 II auf die Kenntnis des Nichteintritts des Erfolgs bzw. des Wegfalls des Rechtsgrundes an.[208] 1122

4. Die Folgen der Haftungsverschärfung

a) Ausschluss des § 818 III

Die Haftungsverschärfung hat zunächst zur Folge, dass der Bereicherungsschuldner sich nicht mehr nach § 818 III auf den Wegfall der Bereicherung berufen kann. Ihn trifft daher eine **verschuldensunabhängige Wertersatzpflicht** aus § 818 II.[209] Der 1123

203 BGHZ 55, 128 (137); zustimmend *Medicus/Petersen*, Bürgerliches Recht, Rn. 176.
204 *Larenz/Canaris*, Schuldrecht II/2, § 73 II 2 a; Staudinger/*S. Lorenz* (2007) § 819 Rn. 10.
205 Zur Bedeutung dieses Aspekts *Wieling*, Bereicherungsrecht, § 5 II 1 b bb.
206 Vgl. Jauernig/*Stadler* § 819 Rn. 6; MüKoBGB/*Schwab* § 819 Rn. 22.
207 Vgl. Staudinger/*S. Lorenz* (2007) § 819 Rn. 13.
208 Vgl. dazu Staudinger/*S. Lorenz* (2007) § 820 Rn. 9.
209 Vgl. BGHZ 55, 128 (135); Bamberger/Roth/*Wendehorst* § 818 Rn. 116.

Wortlaut des § 818 IV ist insoweit zwar nicht ganz eindeutig, weil dort nur auf die allgemeinen Vorschriften verwiesen wird. Aus dem Zweck der Haftungsverschärfung lässt sich jedoch ableiten, dass damit nur die Berufung auf § 818 III, nicht aber die Wertersatzpflicht als solche ausgeschlossen werden sollte. Dazu passt die Erwägung, dass § 818 III nur den gutgläubigen Empfänger schützen soll (→ Rn. 1110). Die Verweisung auf die allgemeinen Vorschriften wird durch diese Lösung auch nicht unterlaufen, weil der verschuldensabhängige Anspruch auf Schadensersatz nach § 292 iVm §§ 989, 990 I über die Wertersatzpflicht nach § 818 II hinausgehen kann.[210]

Beispiel: Bejaht man im Flugreise-Fall (Rn. 1020) mit dem BGH eine verschärfte Haftung des M nach §§ 818 IV, 819 I iVm § 828 III analog, so muss M der L gemäß §§ 812 I 1, 818 II den Wert der in Anspruch genommenen Flugreise ersetzen. Er kann sich dabei nicht auf den Wegfall der Bereicherung (§ 818 III) berufen.

b) Haftung nach den allgemeinen Vorschriften

1124 Für mögliche Ansprüche auf den Ersatz von Schäden, Nutzungen und Verwendungen verweist § 818 IV auf die **allgemeinen Vorschriften**. Welche Bestimmungen damit genau in Bezug genommen werden, ist umstritten. Da § 818 IV auf die Rechtshängigkeit abstellt, muss in erster Linie auf die allgemeinen Vorschriften über die Haftung des Schuldners bei Rechtshängigkeit abgestellt werden. Damit geraten die §§ 291, 292 in den Blick.[211]

1125 § 292 I verweist für die Haftung des Schuldners auf Schadensersatz wegen Verschlechterung, Untergangs oder sonstiger Unmöglichkeit der Herausgabe auf die Vorschriften über das Eigentümer-Besitzer-Verhältnis (§§ 987 ff.). Den Empfänger trifft damit die **verschuldensabhängige Schadensersatzpflicht** aus § 989. Diese ist gegenüber der verschuldensunabhängigen Wertersatzpflicht nach § 818 II keineswegs funktionslos, weil der Wertersatz weder Folgeschäden noch den entgangenen Gewinn (§ 252) erfasst (zur parallelen Problematik beim Rücktritt s. SAT Rn. 858).

1126 Die Haftung für **Nutzungen** richtet sich nach §§ 292 II, 987. Danach sind uU auch nicht gezogene Nutzungen zu vergüten (→ Rn. 1105). Den Ersatz von **Verwendungen** kann der Empfänger nur unter den Voraussetzungen der §§ 292 II, 994 ff. verlangen. Die Ersatzpflicht des Bereicherungsgläubigers ist damit auf *notwendige Verwendungen* beschränkt (§ 994 II). Eine **Geldschuld** hat der Empfänger nach § 291 zu **verzinsen**.

c) Anwendbarkeit des allgemeinen Leistungsstörungsrechts

1127 Inwieweit auf das **allgemeine Leistungsstörungsrecht** (§§ 275 ff.) zurückgegriffen werden kann, ist noch nicht völlig geklärt. Dem § 292 I Hs. 2 lässt sich jedenfalls entnehmen, dass aus dem Schuldverhältnis oder aus dem Verzug des Schuldners eine weitergehende Haftung folgen kann. Im Einzelnen lassen sich folgende Grundsätze aufstellen: Gerät der Empfänger mit der Herausgabe des Bereicherungsgegenstands in **Verzug**, so haftet er nach §§ 280 I, II, 286.[212] Die hM wendet auch **§ 285** an.[213] Der verschärft haftende Empfänger hat damit – anders als nach § 818 I (→ Rn. 1106) –

210 So auch MüKoBGB/*Schwab* § 818 Rn. 288; aA *Harke*, Schuldrecht BT, Rn. 520.
211 Vgl. BGHZ 133, 246 (252 ff.); 140, 275 (280); *Medicus/Lorenz*, Schuldrecht II, Rn. 1180.
212 Vgl. Bamberger/Roth/*Wendehorst* § 818 Rn. 118.
213 BGHZ 75, 203 (207); *Emmerich*, Schuldrecht BT, § 19 Rn. 36; aA MüKoBGB/*Schwab* § 818 Rn. 301.

auch einen durch die Weiterveräußerung des Bereicherungsgegenstands erlangten Gewinn herauszugeben.

Ob sich bei **Gattungsschulden** der Gedanke des **Beschaffungsrisikos** aus § 276 (SAT Rn. 536 ff.) heranziehen lässt,[214] erscheint zweifelhaft, weil dem Empfänger grundsätzlich nicht unterstellt werden kann, er habe ein solches Risiko übernommen.[215] Davon abgesehen ist in den einschlägigen Fällen ohnehin bereits Konkretisierung (§ 243 II) eingetreten.

V. Besonderheiten bei der Rückabwicklung gegenseitiger Verträge

1. Problemstellung und Meinungsstand

a) Defizite einer strengen Zweikondiktionentheorie

Besonderheiten bestehen bei der Rückabwicklung gegenseitiger Verträge. Nach der früher herrschenden **strengen Zweikondiktionentheorie** steht jedem Vertragspartner ein eigenständiger Bereicherungsanspruch zu, wobei beide Ansprüche gemäß §§ 273, 274 Zug um Zug zu erfüllen sind.[216] Probleme ergeben sich, wenn die Bereicherung bei einem Vertragspartner ersatzlos wegfällt. Betrachtet man beide Ansprüche völlig getrennt voneinander, so kann sich der betroffene Vertragspartner in einem solchen Fall gemäß § 818 III auf den Wegfall der Bereicherung berufen. Gleichzeitig könnte er aber seinen eigenen Bereicherungsanspruch geltend machen.[217] 1128

Beispiel: Der K hat von V für 6.000 EUR ein Gemälde (Wert: 5.000 EUR) gekauft. Kurz nach der Übereignung wird das Gemälde von Unbekannten bei K entwendet. Später stellt sich heraus, dass der Kaufvertrag zwischen K und V nichtig ist. – Nach der strengen Zweikondiktionentheorie könnte K von V gemäß § 812 I 1 Alt. 1 Rückzahlung der 6.000 EUR verlangen. Der Anspruch des V auf Wertersatz für das Gemälde (§§ 812 I 1 Alt. 1, 818 II) wäre dagegen nach § 818 III ausgeschlossen.

Die **Unangemessenheit** dieses Ergebnisses ist heute anerkannt. Zur Kritik wird häufig darauf verwiesen, die isolierte Betrachtung beider Ansprüche werde der *synallagmatischen Verknüpfung* zwischen den Hauptleistungspflichten (dazu SAT Rn. 347 ff.) nicht gerecht, die auch bei der Rückabwicklung gegenseitiger Verträge zu beachten sei.[218] Treffender ist die Überlegung, der »Entreicherte« dürfe bei der Rückabwicklung eines Vertrages grundsätzlich *nicht besser als bei dessen regulärer Durchführung* stehen, weil § 818 nur das Vertrauen in die Beständigkeit des Erwerbs schützen soll. Ohne die Rückabwicklung wäre der Verlust des Bereicherungsgegenstands aber zu Lasten des Entreicherten (zB des Käufers) gegangen.[219] 1129

b) Saldotheorie und eingeschränkte Zweikondiktionentheorie

Die Rechtsprechung hat zur Lösung der Problematik die **Saldotheorie** entwickelt.[220] Bei der Rückabwicklung gegenseitiger Verträge sind die gegenseitigen Ansprüche zunächst einmal zu saldieren. Ist ein Bereicherungsgegenstand weggefallen, so ist 1130

214 Vgl. BGHZ 83, 293 (299) zu § 279 aF.
215 Krit. auch MüKoBGB/*Schwab* § 818 Rn. 297.
216 Vgl. dazu *Medicus/Lorenz*, Schuldrecht II, Rn. 1184; *Gursky*, Schuldrecht BT, S. 202.
217 Bamberger/Roth/*Wendehorst* § 818 Rn. 82 mwN.
218 Vgl. BGHZ 53, 139 (157); Palandt/*Sprau* § 818 Rn. 47 f.
219 Vgl. Bamberger/Roth/*Wendehorst* § 818 Rn. 91; *Medicus/Lorenz*, Schuldrecht II, Rn. 1186 ff.
220 Vgl. RGZ 54, 137 (141); aus neuerer Zeit zB BGHZ 145, 52 (54 ff.); 146, 298 (306 ff.); 173, 145 (157); BGH, NJW 1998, 1951 (1952); NJW 2005, 884 (887); NJW 2009, 2886 (2888).

dessen Wert in Ansatz zu bringen. Der Bereicherungsanspruch der entreicherten Partei geht damit nur auf den positiven Saldo. Bei negativem Saldo steht der anderen Partei kein Bereicherungsanspruch zu. Insoweit kann der Entreicherte sich auf § 818 III berufen.

Beispiel: Im Gemälde-Fall (Rn. 1128) wird der Anspruch des K auf Rückzahlung des Kaufpreises (6.000 EUR) um den Wert des gestohlenen Bildes (5.000 EUR) gekürzt. K kann daher von V nur Zahlung von 1.000 EUR verlangen. Hätte der Wert des Gemäldes 7.000 EUR betragen, so wäre der Anspruch des K ganz entfallen. Dem Anspruch des V auf Zahlung des Saldos von 1.000 EUR könnte K den Wegfall der Bereicherung (§ 818 III) entgegenhalten. Dies rechtfertigt sich daraus, dass V auch bei regulärer Durchführung des Vertrages nur 6.000 EUR erhalten hätte.

1131 Die Saldotheorie ist nicht anwendbar, wenn eine Partei **vorgeleistet** hat. Hier bleibt es bei der uneingeschränkten Anwendbarkeit des § 818 III.[221]

Beispiel: Im Gemälde-Fall (Rn. 1128) hat V dem K den Kaufpreis gestundet. Wird das Bild nun bei K entwendet, so kann dieser dem Anspruch des V auf Wertersatz (§§ 812 I 1 Alt. 1, 818 II) den Wegfall der Bereicherung (§ 818 III) entgegenhalten. Aufgrund der Nichtigkeit des Vertrages kann V auch nicht Zahlung des Kaufpreises verlangen. Dies mag man formal damit rechtfertigen, dass in den Vorleistungsfällen keine synallagmatische Verknüpfung von Leistung und Gegenleistung besteht.[222] Bei materieller Betrachtung bleibt jedoch der Einwand, dass der Käufer in diesem Fall besser als bei regulärer Durchführung des Vertrages steht.[223] Außerdem übernimmt der Verkäufer mit der Vorleistung nur das Insolvenzrisiko des Käufers, nicht aber das Risiko des zufälligen Untergangs der Kaufsache.[224] Insofern erscheint daher eine Ergänzung der Saldotheorie geboten (→ Rn. 1133).

1132 In der Rechtsprechung sind weitere Fallgruppen anerkannt, in denen die Saldotheorie mit Rücksicht auf übergeordnete Wertungen unanwendbar ist (→ Rn. 1134 ff.). In der Literatur ist daher die Auffassung verbreitet, dass die Saldotheorie ganz aufgegeben werden sollte.[225] Stattdessen wird für die **Rückkehr zur Zweikondiktionentheorie** plädiert, wobei die Anwendung des § 818 III aber nach Wertungskriterien beschränkt werden soll.

c) Würdigung

1133 Bei der praktischen Rechtsanwendung führen die Saldotheorie (mit ihren Einschränkungen) und die eingeschränkte Zweikondiktionentheorie regelmäßig zu denselben Ergebnissen. Eine Ausnahme gilt für die **Vorleistungsfälle** (→ Rn. 1131). Diese Fallgruppe wird von der Saldotheorie nicht zutreffend erfasst, weil sie zu stark auf die synallagmatische Verknüpfung der Leistungspflichten abstellt. Insoweit ist daher eine teleologische Reduktion des § 818 III geboten.[226] Im Übrigen kann nach dem derzeitigen Stand der Diskussion an der eingeschränkten Saldotheorie festgehalten werden. Dies hat den Vorteil, dass man sich auf die problematischen Fälle konzentrieren kann, in denen die Einschränkung des § 818 III nach dem **Schutzzweck der jeweiligen Nichtigkeitsnorm** ausnahmsweise nicht gerechtfertigt ist.[227]

221 Vgl. Palandt/*Sprau* § 818 Rn. 46; krit. MüKoBGB/*Schwab* § 818 Rn. 230.
222 In diesem Sinne etwa *Esser/Weyers*, Schuldrecht BT, § 51 II 3 b.
223 Vgl. *Larenz/Canaris*, Schuldrecht II/2, § 73 III 2 d.
224 MüKoBGB/*Schwab* § 818 Rn. 230.
225 So etwa *Larenz/Canaris*, Schuldrecht II/2, § 73 III; *Medicus/Lorenz*, Schuldrecht II, Rn. 1188; *Harke*, Schuldrecht BT, Rn. 518.
226 So auch *Brox/Walker*, Schuldrecht BT, § 39 Rn. 17.
227 Zum Schutzzweck als Prüfungsmaßstab *Medicus/Petersen*, Bürgerliches Recht, Rn. 230.

2. Durchbrechungen der Saldotheorie

a) Schutz des nicht voll geschäftsfähigen Vertragspartners

In Rechtsprechung und Literatur ist allgemein anerkannt, dass die Saldotheorie nicht 1134
zu Lasten eines **nicht (voll) Geschäftsfähigen** angewendet werden darf. Der Schutzweck der §§ 104 ff. geht hier dem Interesse an einer ausgewogenen Risikoverteilung bei gegenseitigen Verträgen vor.[228]

> **Beispiel:** Der 13-jährige K hat von V ohne Einwilligung seiner Eltern für 500 EUR ein Fahrrad (Wert: 500 EUR) gekauft. Als K das Fahrrad auf dem Heimweg vor einem Supermarkt abstellt, um sich eine Cola zu kaufen, wird es von Unbekannten entwendet. Die Eltern des K verweigern die Genehmigung des Geschäfts und verlangen im Namen des K die Rückzahlung der 500 EUR. – Da der Kaufvertrag über das Fahrrad gemäß §§ 107, 108 nichtig ist, steht K an sich ein Anspruch auf Rückzahlung der 500 EUR aus § 812 I 1 Alt. 1 zu. Nach der Saldotheorie müsste er sich jedoch den Wert des Fahrrads anrechnen lassen, womit der Anspruch im Ergebnis ausgeschlossen wäre. Aus Gründen des Minderjährigenschutzes ist die Saldotheorie hier aber nicht anwendbar. K kann daher die Rückzahlung der 500 EUR verlangen.

b) Arglistige Täuschung und widerrechtliche Drohung

Nach der Rechtsprechung ist die Saldotheorie auch dann nicht anwendbar, wenn der 1135
entreicherte Vertragspartner durch arglistige Täuschung oder widerrechtliche Drohung zu dem Vertragsschluss bestimmt worden ist. Dies lässt sich damit rechtfertigen, dass der Betroffene in diesen Fällen besonders schutzwürdig erscheint.[229] Auf der anderen Seite ist der Täuschende nicht schutzwürdig. Da er die Anfechtbarkeit des Vertrages kennt, haftet er nach § 819 I iVm § 142 II ohnehin verschärft. Die Gegenansprüche des Getäuschten sind daher ohne weiteres als Abzugspositionen in die Saldierung einzubeziehen.[230]

> **Beispiel** (BGHZ 53, 144): K kauft beim Autohändler V für 8.000 EUR einen gebrauchten Mercedes. Das Fahrzeug hat bei Vertragsschluss 124.000 km zurückgelegt; V hatte den Tachometer aber auf 74.000 km zurückgedreht. Am Tag nach der Übereignung wird der Pkw bei einem Unfall ohne Verschulden des K völlig zerstört. Wenig später erfährt K von der Täuschung und ficht den Kaufvertrag nach § 123 an. – Gemäß § 812 I 1 Alt. 1 steht K ein Anspruch auf Rückzahlung des Kaufpreises zu. Nach der Saldotheorie müsste K sich jedoch den Wert des Pkw anrechnen lassen. Der BGH hat die Anwendbarkeit der Saldotheorie jedoch mit Rücksicht auf die arglistige Täuschung verneint.

Die Richtigkeit der Lösung lässt sich im Gebrauchtwagen-Fall durch einen Vergleich 1136
mit dem Ergebnis bestätigen, welches eingetreten wäre, wenn K wegen des Mangels des Pkw gemäß §§ 434, 437 Nr. 2, 326 V den **Rücktritt vom Vertrag** erklärt hätte. In diesem Fall hätte K einen Anspruch auf Rückzahlung des Kaufpreises aus § 346 I. Da der Pkw ohne Verschulden des K untergegangen ist, wäre der Anspruch des V auf Wertersatz aus § 346 II 1 Nr. 3 hingegen nach § 346 III 1 Nr. 3 ausgeschlossen.[231] Wie der BGH zutreffend dargelegt hat, darf der Getäuschte aufgrund der Anfechtung nach § 123 aber nicht schlechter stehen als bei einem Rücktritt.[232]

Besonders umstritten ist der Fall, dass die Beschädigung oder Zerstörung der Kauf- 1137
sache auf dem **Verschulden des getäuschten Käufers** beruht.

---

228 Vgl. BGHZ 126, 105 (107); Jauernig/*Stadler* § 818 Rn. 43.
229 Vgl. BGHZ 53, 144 (147 ff.); *Brox/Walker*, Schuldrecht BT, § 39 Rn. 15.
230 BGH, NJW 2009, 1266 (1269).
231 Vgl. dazu *Freund/Stölting*, ZGS 2002, 182 (183).
232 Vgl. BGHZ 53, 144 (148) zu § 350 aF.

Beispiel (BGHZ 57, 137): K kauft beim Autohändler V für 7.300 EUR einen gebrauchten Pkw. Bei den Vertragsverhandlungen versichert V, dass das Fahrzeug »vollkommen unfallfrei« sei. Tatsächlich handelt es sich – was V weiß – um einen Unfallwagen. Nach der Aushändigung wird der Pkw bei einem von K allein verschuldeten Unfall zerstört. Erst danach erfährt K, dass das Fahrzeug schon zwei Unfälle hinter sich hatte, und ficht den Kaufvertrag wegen arglistiger Täuschung an. – Gemäß § 812 I 1 Alt. 1 steht dem K ein Anspruch gegen V auf Rückzahlung der 7.300 EUR zu. Fraglich ist, ob K sich den Wert des Pkw nach den Grundsätzen der Saldotheorie anrechnen lassen muss. Der BGH hat dies mit Rücksicht auf die Bösgläubigkeit des V (§§ 142 II, 819 I) verneint. K müsse sich aber das Verschulden am Unfall nach Treu und Glauben (§ 242) anrechnen lassen, wobei das Ausmaß der Anspruchskürzung durch eine Abwägung im Einzelfall zu bestimmen sei.

Die Lösung des BGH ist nach altem Recht lebhaft kritisiert worden.[233] Auf der Grundlage des geltenden Rechts kann man sich wiederum an den Wertungen des § 346 III 1 Nr. 3 orientieren.[234] Danach ist wie folgt zu differenzieren: Hat K bei dem Unfall die **eigenübliche Sorgfalt** (§ 277) beachtet (also nicht grob fahrlässig gehandelt), so träfe ihn im Fall des Rücktritts keine Wertersatzpflicht (s. dazu SAT Rn. 849). Parallel dazu darf ihm im Fall der Anfechtung auch nicht der Wert des Pkw angerechnet werden. Bei **grober Fahrlässigkeit** wäre die Wertersatzpflicht des K im Fall des Rücktritts nicht nach § 346 III 1 Nr. 3 ausgeschlossen. Dementsprechend muss K sich im Fall der Anfechtung auch den Wert des zerstörten Pkw anrechnen lassen. Ein Rückgriff auf § 242 ist in beiden Konstellationen entbehrlich.[235]

Zur Vertiefung: Die entsprechende Anwendung des § 346 III 1 Nr. 3 setzt voraus, dass der Verkäufer die Nichtigkeit des Vertrages durch eine Pflichtverletzung veranlasst hat. Bei »neutralen« Nichtigkeitsgründen (zB Dissens) kann der Käufer sich daher bei der bereicherungsrechtlichen Rückabwicklung des Vertrages nicht auf die Privilegierung berufen.[236]

c) Weitere Ausnahmefälle

1138 Die Saldotheorie darf auch nicht dazu führen, dass der durch **Wucher** (§ 138 II) oder ein **wucherähnliches Geschäft** (§ 138 I) benachteiligten Partei die Berufung auf den Wegfall der Bereicherung (§ 818 III) verwehrt wird. Auch hier ist daher die Zweikondiktionentheorie anwendbar.[237]

Eine weitere Ausnahme von der Saldotheorie gilt für den Fall der **Insolvenz**. Dahinter steht, dass ein nichtiger Vertrag in der Insolvenz jedenfalls keine stärkeren Wirkungen als ein wirksamer Vertrag äußern kann.[238]

VI. Die Einrede der Bereicherung (§ 821)

1139 Wird der Schuldner aus einer Verbindlichkeit in Anspruch genommen, die er ohne Rechtsgrund eingegangen ist, so kann er dem Gläubiger die Einrede der Bereicherung entgegenhalten. Praktische Bedeutung hat dies bei den **abstrakten Verpflichtungen** wie Schuldanerkenntnis und Schuldversprechen (§§ 780, 781), weil das Fehlen des

233 Vgl. etwa *Larenz/Canaris*, Schuldrecht II/2, 73 III 5 b.
234 Vgl. *Brox/Walker*, Schuldrecht BT, § 39 Rn. 15; *Freund/Stölting*, ZGS 2002, 182 (184 f.).
235 So auch *H. Roth*, FS Canaris I, 2007, 1131 (1144); aA Palandt/*Sprau* § 818 Rn. 49.
236 *H. Roth*, FS Canaris I, 2007, 1131 (1146 f.); aA *Bockholdt*, AcP 206 (2006), 769 (792).
237 BGHZ 146, 298 (307 ff.); *Medicus/Petersen*, Bürgerliches Recht, Rn. 230; *Brox/Walker*, Schuldrecht BT, § 39 Rn. 16; Palandt/*Sprau* § 818 Rn. 49; krit. *Flume*, ZIP 2001, 1621.
238 Vgl. BGH, NJW 2005, 884 (887); *Brox/Walker*, Schuldrecht BT, § 39 Rn. 17 a.

rechtlichen Grundes hier nicht unmittelbar zum Ausschluss der Verbindlichkeit führt (→ Rn. 1001).[239]

§ 821 regelt unmittelbar nur den Fall, dass die Bereicherungseinrede erst **nach der Verjährung** des Anspruchs auf Befreiung von der Verbindlichkeit (§ 812 II) erhoben wird. Die Vorschrift stellt klar, dass die Einrede nicht durch die Verjährung ausgeschlossen wird. Die hM entnimmt dem § 821 aber auch dann ein Leistungsverweigerungsrecht, wenn der **Anspruch** auf Befreiung von der Verbindlichkeit **noch nicht verjährt** ist.[240] 1140

Genau genommen begründet § 821 allerdings keine Bereicherungseinrede, sondern beschäftigt sich allein mit dem Problem der Verjährung. Die Vorschrift setzt damit eine anderweitig begründete Einrede voraus. Diese ergibt sich aus dem *dolo agit-Grundsatz* des § 242 (dazu SAT Rn. 79): Das Leistungsverlangen des Gläubigers erscheint treuwidrig, weil der Schuldner die Leistung sofort wieder nach Bereicherungsrecht zurückverlangen könnte.[241] § 821 soll also lediglich verhindern, dass diese Einrede wegen der Verjährung des Befreiungsanspruchs entfällt.[242]

Literatur: *Bockholdt*, Die Übertragbarkeit rücktrittsrechtlicher Wertungen auf die bereicherungsrechtliche Rückabwicklung gegenseitiger Verträge, AcP 206 (2006), 769; *Büdenbender*, Die Berücksichtigung der Gegenleistung bei der Rückabwicklung gegenseitiger Verträge, AcP 200 (2000), 627; *Canaris*, Die Gegenleistungskondiktion, FS W. Lorenz, 1991, 19; *ders.*, Der Vorrang außerbereicherungsrechtlicher, insbesondere dinglicher Wertungen gegenüber der Saldotheorie und dem Subsidiaritätsdogma, JZ 1992, 1114; *Fest*, Der Einfluss rücktrittsrechtlicher Wertungen auf die bereicherungsrechtliche Rückabwicklung nichtiger Verträge (2006); *Finkenauer*, Vindikation, Saldotheorie und Arglisteinwand, NJW 2004, 1704; *Flume*, Die Saldotheorie und die Rechtsfigur der ungerechtfertigten Bereicherung, AcP 194 (1994), 427; *ders.*, Die Rückabwicklung nichtiger Kaufverträge nach Bereicherungsrecht – Zur Saldotheorie und ihren »Ausnahmen«, JZ 2002, 321; *Freund/Stölting*, »Gebrauchtwagenfälle« im neuen Schuldrecht – Auswirkungen des Rücktrittsfolgenrechts auf das Bereicherungsrecht, ZGS 2002, 182; *Giesen*, Grundsätze der Konfliktlösung im Besonderen Schuldrecht: Die ungerechtfertigte Bereicherung (Teil 3: Der Bereicherungsumfang), Jura 1995, 281; *Grunewald*, Saldotheorie und neues Rücktrittsrecht, FS Hadding, 2004, 33; *Hoffmann*, Die Saldotheorie im Bereicherungsrecht, Jura 1997, 416; *Kohler*, Rücktrittsrechtliche Bereicherungshaftung, JZ 2002, 682; *Konzen*, Schuldrechtsreform, Rücktritt und Wegfall der Bereicherung bei gescheiterten Austauschverhältnissen, FS Canaris I, 2007, 605; *Koppensteiner*, Probleme des bereicherungsrechtlichen Wertersatzes, NJW 1971, 588 und 1769; *W. Lorenz*, Die bereicherungsrechtliche Rückabwicklung gegenseitiger Verträge, FS Canaris I, 2007, 793; *Medicus*, Die verschärfte Haftung des Bereicherungsschuldners, JuS 1993, 705; *Müller*, Die Bösgläubigkeit des Minderjährigen im Fall des § 819 BGB, JuS 1995, L 81; *H. Roth*, Rücktrittsrecht und Leistungskondiktion, FS Canaris I, 2007, 1131; *Thier*, Grundprobleme der bereicherungsrechtlichen Abwicklung gegenseitiger Verträge, JuS 1999, L 9; *ders.*, Rücktrittsrecht und Bereicherungshaftung: Zur Reichweite von § 346 Abs. 3 S. 1 Nr. 3 BGB und seinen Wirkungen für die bereicherungsrechtliche Rückabwicklung gegenseitiger Verträge, FS Heldrich, 2005, 439. Vgl. auch die Nachweise zu § 51.

239 Vgl. Staudinger/*S. Lorenz* (2007) § 821 Rn. 1 ff.; MüKoBGB/*Schwab* § 821 Rn. 6.
240 Vgl. BGH, NJW 1991, 2140 (2141); Bamberger/Roth/*Wendehorst* § 818 Rn. 3.
241 So auch AnwKomm-*Linke* § 821 Rn. 3; MüKoBGB/*Schwab* § 821 Rn. 3 f.
242 Ausführlich dazu *Reuter/Martinek* S. 744 ff.

§ 55 Besonderheiten bei Mehrpersonenverhältnissen

I. Problemstellung

1141 Besondere Probleme bestehen bei der bereicherungsrechtlichen Abwicklung von Rechtsverhältnissen, an denen mehr als zwei Personen beteiligt sind. Häufig ist hier schon unklar, zwischen welchen Personen der Bereicherungsausgleich zu erfolgen hat. Die damit verbundenen Fragen gelten seit langem als **besonders schwierig und undurchschaubar.**[243] Der BGH hat wiederholt betont, dass sich in diesem Bereich »jede schematische Lösung« verbiete; vielmehr komme es auf die Besonderheiten des Einzelfalles an.[244] In der neueren Literatur finden sich dagegen aber auch Stimmen, nach denen die beklagten **Unsicherheiten** inzwischen **weitgehend behoben** sind.[245]

Hinweis: Vor dem geschilderten Hintergrund steht der Studierende vor der Aufgabe, sich mit den *Grundkonstellationen* und den *maßgeblichen Wertungen* vertraut zu machen. Bei der Falllösung kann dann im Ausgangspunkt mit wenigen eingängigen Kriterien gearbeitet werden; diese sind jedoch nicht schematisch zu handhaben.

1142 Bei der bereicherungsrechtlichen Diskussion über Mehrpersonenverhältnisse lassen sich zwei Schwerpunkte unterscheiden.[246] Im ersten Bereich beruhen die Schwierigkeiten auf dem **Nebeneinander mehrerer Leistungsverhältnisse.** Hier stellt sich die Frage, ob die Rückabwicklung in den jeweiligen Leistungsverhältnissen zu erfolgen hat oder ob (und wann) ein »Durchgriff« erlaubt ist. Im zweiten Bereich konkurriert der Erwerb **durch Leistung** mit einem Erwerb **in sonstiger Weise.** Hier muss geklärt werden, inwieweit der Vorrang der Leistungs- gegenüber der Nichtleistungskondiktion (→ Rn. 1060) bei Mehrpersonenverhältnissen einzuschränken ist.

II. Mehrheit von Leistungsverhältnissen

1. Leistungskette

1143 Der Grundfall einer Mehrheit von Leistungsverhältnissen entsteht dadurch, dass mehrere Veräußerungsvorgänge nacheinander stattfinden. Bei solchen Leistungsketten kann die Rückabwicklung nur in dem Leistungsverhältnis durchgeführt werden, das den »Defekt« aufweist. Erfolgen beide (alle) Leistungen ohne rechtlichen Grund (sog. *Doppelmangel*), so findet die Rückabwicklung in den jeweiligen Leistungsverhältnissen statt. Eine Durchbrechung der Leistungsebenen (sog. Direktkondiktion) wird abgelehnt.[247] Einzige Ausnahme ist die Durchgriffskondiktion nach § 822 (Rn. 1090 ff.).

Beispiel: Druckereiinhaber C bestellt beim Großhändler B eine Druckmaschine. B kauft die Maschine beim Hersteller A. Im Fall der Leistungskette übereignet A die Maschine an B; dieser übereignet sie dann an C. Ist der Kaufvertrag zwischen A und B unwirksam, so erfolgt die Rückabwicklung allein in diesem Verhältnis. Entsprechendes gilt bei Unwirksamkeit des Kaufvertrages zwischen B und C. Zweifel könnten auftreten, wenn beide Verträge unwirksam sind. Auch hier erfolgt die Rückabwicklung aber in den jeweiligen Leistungsverhältnissen, dh zwischen A und B sowie zwischen B und C. Eine Direktkondiktion zwischen A und C findet nicht statt.

---

243 Vgl. nur *Larenz/Canaris*, Schuldrecht II/2, § 70 vor I; *S. Lorenz*, JuS 2003, 729.
244 BGHZ 50, 227 (229); BGH, NJW 1995, 3315 (3316); NJW 1999, 1393 (1394).
245 So etwa Jauernig/*Stadler* § 812 Rn. 28; *S. Lorenz*, JuS 2003, 839 (844 f.).
246 Vgl. *Medicus/Lorenz*, Schuldrecht II, Rn. 1215; *Kropholler* § 812 Rn. 18.
247 Vgl. *Medicus/Lorenz*, Schuldrecht II, Rn. 1216 ff.; *Larenz/Canaris*, Schuldrecht II/2, § 70 I 1; *Brox/Walker*, Schuldrecht BT, § 37 Rn. 12; *S. Lorenz*, JuS 2003, 729 (730 ff.).

Formal lässt sich die Rückabwicklung in den Leistungsebenen beim Doppelmangel mit dem **Vorrang der Leistungskondiktion** (→ Rn. 1060) erklären. Denn eine Direktkondiktion zwischen A und C wäre als Nichtleistungskondiktion anzusehen. Außerdem hat C den Vermögensvorteil **nicht unmittelbar** auf Kosten des A erlangt (vgl. → Rn. 1070).

Diese formale Betrachtung lässt sich durch **inhaltliche Kriterien** stützen. Die Rück- 1144
abwicklung in den Leistungsverhältnissen gewährleistet, dass jede Partei sich nur mit den selbst ausgewählten Vertragspartnern auseinandersetzen muss.[248] Keine Partei läuft damit Gefahr, die gegenüber ihrem Vertragspartner bestehenden *eigenen Einwendungen* (zB Zurückbehaltungsrecht, Aufrechnungsmöglichkeit) dadurch zu verlieren, dass sie von einem Dritten in Anspruch genommen werden kann. Umgekehrt muss keine Partei damit rechnen, dass sie mit *Einwendungen eines Dritten* konfrontiert wird. Schließlich trägt jede Partei nur das *Insolvenzrisiko* ihrer Vertragspartner.[249]

Beispiel: Bei einer Direktkondiktion des A würde C seine Einwendungen gegen B verlieren. Er könnte also nicht geltend machen, dass er dem B schon den Kaufpreis gezahlt hat und deshalb die Maschine nur Zug um Zug gegen Rückzahlung des Kaufpreises herausgeben muss. Würde man dem C eine solche Verteidigungsmöglichkeit zubilligen, so hätte A sich mit Einwendungen aus dem Verhältnis von B und C auseinanderzusetzen. Im Übrigen müsste A bei der Direktkondiktion das Insolvenzrisiko eines Nichtvertragspartners – nämlich des C – tragen.

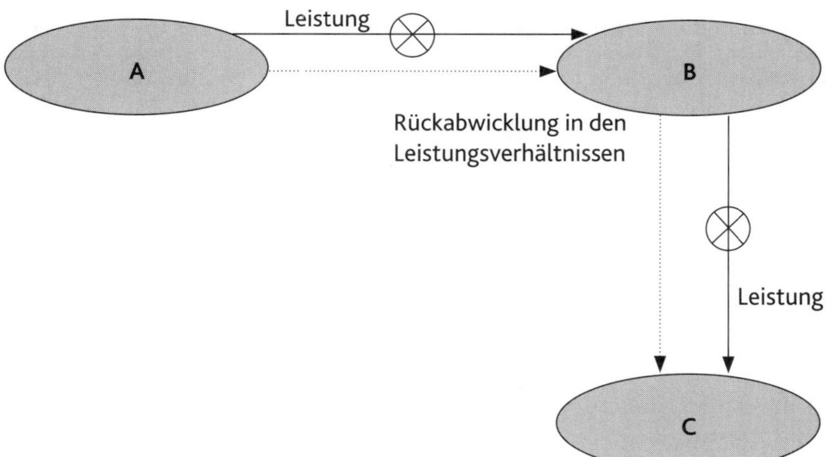

Skizze: Struktur der Leistungskette

Im Fall des Doppelmangels ist umstritten, welchen Inhalt der Bereicherungsanspruch 1145
des ersten Glieds (A) gegen das Zwischenglied (B) hat. Die Rechtsprechung stellt darauf ab, dass B einen Bereicherungsanspruch gegen C aus § 812 I 1 Alt. 1 erlangt habe; A könne daher nach § 812 I 1 Alt. 1 Abtretung dieses Anspruchs verlangen (sog. **Kondiktion der Kondiktion**).[250] Hiergegen spricht aber, dass C dem A bei Geltendmachung des abgetretenen Kondiktionsanspruchs gemäß § 404 seine Einwendungen gegenüber B entgegenhalten könnte; außerdem hätte A das Insolvenzrisi-

248 Grundlegend dazu *Canaris*, FS Larenz (1973), 799 ff.; vgl. auch *S. Lorenz*, JuS 2003, 729 (731).
249 Vgl. *Larenz/Canaris*, Schuldrecht II/2, § 70 VI 1 b; *Medicus/Petersen*, Bürgerliches Recht, Rn. 667.
250 Vgl. BGHZ 36, 30 (32); BGH, NJW 1989, 2879 (2881).

ko des C zu tragen. Die hL geht deshalb zu Recht davon aus, dass A wegen der weiterveräußerten Sache einen Anspruch auf **Wertersatz** (§ 818 II) hat.[251]

2. Abgekürzte Lieferung (Durchlieferung)

1146 In der Praxis wird die Lieferkette häufig abgekürzt, indem das erste Glied (A) auf Bitte (oder »Anweisung«) des Zwischenglieds (B) unmittelbar an den Endabnehmer (C) liefert. Auch in solchen Fällen geht die hM davon aus, dass C das **Eigentum** regelmäßig nicht unmittelbar von A erwirbt; sachenrechtlich wird vielmehr ein Zwischenerwerb des B konstruiert (sog. *Geheißerwerb*).[252] Im Einzelfall ist jedoch auch ein Direkterwerb möglich.

1147 Für den Bereicherungsausgleich kommt es indes nicht auf die sachenrechtliche Einordnung an. Entscheidend ist, dass A mit der Lieferung an C seine Leistungspflicht gegenüber B erfüllen will; dieser will mit der Anweisung des A zur »Durchlieferung« seiner Leistungspflicht gegenüber C nachkommen. Bereicherungsrechtlich handelt es sich also um **zwei Leistungen**. Da die für die Lieferkette maßgeblichen Interessenwertungen auch hier zutreffen, erfolgt die Rückabwicklung wiederum in den jeweiligen Leistungsverhältnissen. Eine *Direktkondiktion* ist auch in den Durchlieferungsfällen nur unter den Voraussetzungen des § 822 (→ Rn. 1090 ff.) zulässig.[253]

> **Beispiel:** Im Druckmaschinenfall (→ Rn. 1143) bittet Großhändler B den Hersteller A, die Maschine unmittelbar an die Druckerei des C zu liefern. Kommt A dieser »Anweisung« nach, so erfüllt er damit seine Leistungspflicht gegenüber B. Gleichzeitig erfüllt B seine Leistungspflicht gegenüber C. Dem A steht daher auch dann keine Direktkondiktion gegen C zu, wenn beide Kaufverträge nichtig sind. Die Rückabwicklung erfolgt vielmehr in den jeweiligen Leistungsverhältnissen.

3. Anweisungen im bargeldlosen Zahlungsverkehr

a) Problemstellung

1148 Besonders umstritten war lange Zeit die bereicherungsrechtliche Beurteilung von Anweisungen im bargeldlosen Zahlungsverkehr. Auch hier haben sich in neuerer Zeit klarere Grundsätze herausentwickelt. Das am 31. 10. 2009 in Kraft getretene **neue Recht der Zahlungsdienste** (→ Rn. 824 ff.) hat die bereicherungsrechtliche Problematik nicht wesentlich verändert.

Systematisch betrachtet betreffen auch die Anweisungsfälle im bargeldlosen Zahlungsverkehr den Bereicherungsausgleich bei einer **Mehrheit von Leistungsverhältnissen**. Dies lässt sich an folgendem Beispiel verdeutlichen.

> **Beispiel:** A hat dem B für 500.000 EUR ein Grundstück verkauft. Überweist B den Kaufpreis von seinem Girokonto bei der C-Bank auf ein Konto des A, so liegen darin zwei Leistungen: Die C-Bank erbringt mit der Ausführung der Überweisung eine Leistung an B. Rechtsgrund ist der Girovertrag, § 675 f (→ Rn. 826). Zugleich erbringt B eine Leistung an A. Rechtsgrund ist hier der Kaufvertrag, § 433.

---

251 Vgl. *Medicus/Lorenz*, Schuldrecht II, Rn. 1218; *Larenz/Canaris*, Schuldrecht II/2, § 70 II 2 b.

252 Dazu *Vieweg/Werner*, Sachenrecht, § 4 Rn. 31; *Baur/Stürner*, Sachenrecht, § 51 Rn. 17.

253 Vgl. *Larenz/Canaris*, Schuldrecht II/2, § 70 II; *Medicus/Lorenz*, Schuldrecht II, Rn. 1219; *S. Lorenz*, JuS 2003, 729 (732 f.); *Langenbucher*, FS Heldrich, 2005, 285 (286).

b) Struktur der Anweisungsfälle

Ähnlich wie beim Vertrag zugunsten Dritter (dazu SAT Rn. 1052 ff.) wird in den Anweisungsfällen zwischen drei Rechtsverhältnissen unterschieden: Das Verhältnis zwischen Anweisendem (B) und Angewiesenem (C) wird als **Deckungsverhältnis** (zB Girovertrag) bezeichnet, das Verhältnis zwischen Anweisendem und Zuwendungsempfänger (A) als **Valutaverhältnis** (zB Kaufvertrag). Dies sind die beiden *Leistungsverhältnisse*, in denen die Rückabwicklung grundsätzlich zu erfolgen hat. Im Verhältnis zwischen Angewiesenem und Zuwendungsempfänger (sog. **Zuwendungsverhältnis**) findet keine Leistung statt. Hier kommt daher allenfalls eine Nichtleistungskondiktion (sog. *Direktkondiktion*) in Betracht.[254] 1149

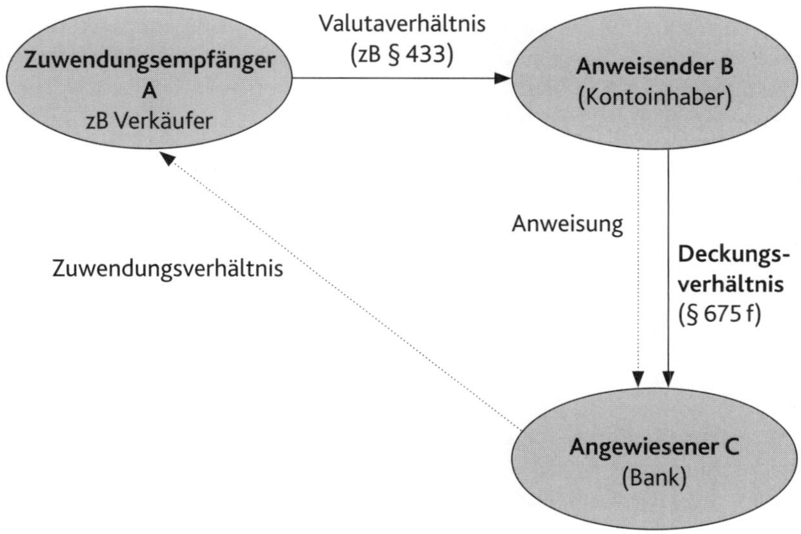

Skizze: Struktur der Anweisungsfälle

c) Mängel in den jeweiligen Rechtsverhältnissen

Soweit in den einzelnen Leistungsverhältnissen ein Mangel auftritt, erfolgt die Rückabwicklung grundsätzlich allein **in dem jeweils betroffenen Verhältnis.**[255] Dahinter steht wieder der Gedanke, dass jeder sich nur mit seinem Vertragspartner auseinanderzusetzen haben soll (→ Rn. 1144). 1150

Beispiel: Macht B im Überweisungsfall (→ Rn. 1148) geltend, der Kaufvertrag mit A sei nichtig, so muss dies bei der Prüfung der Leistungskondiktion im Verhältnis zwischen B und A geklärt werden. Im Verhältnis zwischen B und C sind etwaige Mängel des Valutaverhältnisses dagegen unbeachtlich. Bei etwaigen Mängeln im Deckungsverhältnis steht C ein Anspruch aus Leistungskondiktion gegen B zu. Solche Mängel sind für A grundsätzlich irrelevant und können daher im Allgemeinen keine Direktkondiktion von C gegen A rechtfertigen. Bei Doppelmängeln erfolgt die Rückabwicklung ebenfalls in den jeweiligen Leistungsverhältnissen.

254 *Larenz/Canaris*, Schuldrecht II/2, § 70 IV 2 e; *Medicus/Petersen*, Bürgerliches Recht, Rn. 675.
255 BGHZ 147, 269 (273); *Medicus/Lorenz*, Schuldrecht II, Rn. 1220.

d) Fehlen einer zurechenbaren Anweisung

1151 Die bisher erörterten Fälle sind dadurch gekennzeichnet, dass der Mangel sich auf die jeweiligen Kausalverhältnisse beschränkt. In der Praxis kommt es indes immer wieder vor, dass der Mangel die **Einleitung des Überweisungsvorgangs** durch den Kontoinhaber erfasst, weil dieser die Überweisung überhaupt *nicht* oder *nicht in zurechenbarer Weise* veranlasst hat.[256]

Die Einleitung des Zahlungsvorgangs wird traditionell als **»Anweisung«** des Kontoinhabers an die Bank bezeichnet. Der Begriff der Anweisung ist dabei nicht im technischen Sinne (§§ 783 ff.) zu verstehen. Aus bereicherungsrechtlicher Sicht kommt es allein darauf an, ob der Kontoinhaber die Bank zur Ausführung der Überweisung ermächtigt hat. Das neue Recht der Zahlungsdienste spricht von der »Autorisierung« des Zahlungsvorgangs (§ 675 j I). Diese Ermächtigung (Autorisierung) stellt eine *einseitige Weisung* nach § 665 dar; die Konstruktion eines eigenständigen Überweisungsvertrags (§§ 676 a ff. aF) ist nach Inkrafttreten des neuen Rechts der Zahlungsdienste nicht mehr erforderlich (→ Rn. 826).[257]

1152 Eine **zurechenbare Veranlassung** durch den Kontoinhaber **fehlt**, wenn die Bank die Überweisung ohne jede Anweisung oder aufgrund einer gefälschten bzw. vorgetäuschten Anweisung des Kontoinhabers vornimmt.[258] Das Gleiche gilt, wenn der Kontoinhaber bei Erteilung der Anweisung geschäftsunfähig[259] bzw. nur beschränkt geschäftsfähig[260] war oder wenn die Anweisung von einem vollmachtlosen Vertreter (§§ 177 ff.) erteilt wurde.[261] Darüber hinaus hat der BGB die irrtümliche **doppelte Ausführung der Anweisung** durch die Bank dem Fall der von Anfang an fehlenden Überweisung gleichgestellt.[262]

1153 Liegt keine zurechenbare Veranlassung vor, muss der Kontoinhaber (B) für den Zahlungsvorgang nicht einstehen. Nach neuem Recht (§ 675 u) steht ihm ein Erstattungsanspruch gegen die Bank (C) zu, der auf Rückgängigmachung der Kontobelastung gerichtet ist (→ Rn. 829).[263] Die Bank (C) hat ihrerseits einen Rückzahlungsanspruch gegen den Empfänger (A) aus Nichtleistungskondiktion. Der Anspruch rechtfertigt sich daraus, dass die Überweisung im Valutaverhältnis nicht als Leistung des Kontoinhabers (B) anzusehen ist. Dies gilt nach der neueren Rechtsprechung auch dann, wenn der Empfänger (A) das **Fehlen einer wirksamen Anweisung nicht kannte** und deshalb geglaubt hat, es handle sich um eine Leistung seines Vertragspartners. Nach den allgemeinen Regeln der Rechtsscheinlehre kann der gute Glaube nämlich nur geschützt werden, wenn der andere Teil den *Rechtsschein in zurechenbarer Weise hervorgerufen* hat.[264] Die Lehre vom Empfängerhorizont (→ Rn. 1024)

256 *Larenz/Canaris*, Schuldrecht II/2, § 70 IV 2; MüKoBGB/*Schwab* § 812 Rn. 80 ff. Zur Unterscheidung von Kausalverhältnis und Anweisung s. auch BGHZ 147, 269 (275).

257 Zur abweichenden Rechtslage bis 31. 10. 2009 *Langenbucher*, FS Heldrich, 2005, 285 (291 f.).

258 BGHZ 152, 307. Zur Durchgriffskondiktion bei bewusster Veränderung des Überweisungsauftrags durch die Bank BGH, WM 2005, 1564 = JA 2006, 82 (*Löhnig*).

259 BGHZ 111, 382; vgl. auch BGHZ 158, 1, wo die Kontovollmacht des Anweisenden von einem geschäftsunfähigen Vertreter des Kontoinhabers erteilt worden war.

260 Vgl. BGH, NJW-RR 2010, 858 (859).

261 Vgl. BGHZ 147, 145.

262 BGH, NJW 2011, 66 (70).

263 *Grundmann*, WM 2009, 1109 (1116); *Bartels*, WM 2010, 1828 (1831).

264 Vgl. BGHZ 147, 145 (151); 152, 307 (312); 158, 1 (6); BGH, NJW 2008, 2331 (2332) = JA 2008, 733 (*Hager*); *Larenz/Canaris*, Schuldrecht II/2, § 70 IV 2 d; *S. Lorenz*, JuS 2003, 839 (840).

ist insofern also einzuschränken. Im Ergebnis ist damit festzuhalten, dass die Bank sich bei fehlender Anweisung mit der **Direktkondiktion** (§ 812 I 1 Alt. 2) an den Empfänger halten kann und muss.

Beispiel: Im Überweisungsfall (→ Rn. 1148) ist die Bank (C) nicht von B selbst, sondern von einem vollmachtlosen Vertreter des B angewiesen worden, den Kaufpreis an A zu überweisen. Da B die Überweisung nicht gegen sich gelten lassen will, verlangt C von A Rückerstattung der 500.000 EUR. Zu Recht? – Der C könnte ein Anspruch gegen A auf Rückerstattung des überwiesenen Betrages aus §§ 812 I 1 Alt. 2 zustehen. Problematisch erscheint, dass die C mit der Ausführung der Überweisung eine Leistung an B erbringen wollte. Außerdem ist A davon ausgegangen, dass er die 500.000 EUR aufgrund einer Leistung des B erlangt hat. Nach allgemeinen Regeln findet die Rückabwicklung auch im bargeldlosen Zahlungsverkehr grundsätzlich in den jeweiligen Leistungsverhältnissen statt. Hier besteht jedoch die Besonderheit, dass die Zahlung der C dem B nicht zugerechnet werden kann, weil die Anweisung durch einen vollmachtlosen Vertreter erfolgt ist. Die C hat daher einen Rückzahlungsanspruch gegen A aus § 812 I 1 Alt. 2.[265] Der A kann sich dabei nicht darauf berufen, dass ihm der überwiesene Betrag im Verhältnis zu B zusteht.

e) Sonstige Mängel der Anweisung

Bei **sonstigen Mängeln der Anweisung** kommt eine Direktkondiktion nur in Betracht, sofern der Zahlungsempfänger den Mangel gekannt hat oder kennen musste.[266] Wenn die Zahlung der Bank vom Kontoinhaber in zurechenbarer Weise veranlasst worden ist, erscheint er nämlich weniger schutzwürdig als der *gutgläubige* Zahlungsempfänger. Diesem müssen daher seine Einwendungen gegenüber dem Kontoinhaber erhalten bleiben. **1154**

Wichtigste Beispiele für sonstige Mängel der Anweisung sind der **Widerruf einer Überweisung oder** eines **Dauerauftrags** (→ Rn. 827)[267] und das nachträgliche **Sperren eines Schecks.**[268] In der Literatur wird teilweise die Ansicht vertreten, der Bank müsse auch hier unabhängig vom guten Glauben des Empfängers eine Direktkondiktion zustehen, weil die Anweisung bei Ausführung der Überweisung bzw. der Einlösung des Schecks fehlerhaft gewesen sei.[269] Dem ist jedoch entgegenzuhalten, dass der »Anweisende« mit der Erteilung des Überweisungsauftrags bzw. der Ausstellung des Schecks den zurechenbaren Rechtsschein einer Leistung an den Empfänger geschaffen hat. Ein unmittelbarer Bereicherungsanspruch der Bank gegen den Empfänger lässt sich daher nur rechtfertigen, wenn dieser den Mangel der Anweisung **kannte.**[270] Bei fehlender Kenntnis des Empfängers kann sich die Bank dagegen nur an den Kontoinhaber halten. Nach § 675 u steht der Bank zwar auch in diesem Fall kein vertraglicher Anspruch auf Erstattung ihrer Aufwendungen zu (→ Rn. 829). Da die Überweisung im Valutaverhältnis als Leistung des Kontoinhabers anzusehen ist, wird dieser aber von seiner Verbindlichkeit gegenüber dem Empfänger befreit; bei Fehlen einer solchen Verbindlichkeit erlangt der Kontoinhaber einen Bereicherungsanspruch gegen den Empfänger aus § 812 I 1 Alt. 1. In beiden Fällen ist der Kontoinhaber

---

265 Vgl. *Grundmann*, WM 2009, 1109 (1116 f.).

266 Vgl. BGH, NJW 2011, 66 (69); *Medicus/Petersen*, Bürgerliches Recht, Rn. 676.

267 BGHZ 89, 376. Wegen der Beschränkung der Widerrufsmöglichkeit nach §§ 675 j, 675 p wird die Bedeutung solcher Fälle künftig erheblich abnehmen (*Grundmann*, WM 2009, 1109 [1117]).

268 BGHZ 87, 393.

269 So schon MüKoBGB/*Lieb*, 4. Aufl. 2004, § 812 Rn. 75 ff.

270 So BGHZ 87, 393 (397 f.); 89, 376 (380 f.); BGH, NJW 2008, 2331 (2332); MüKoBGB/*Schwab* § 812 Rn. 113 ff.; *Medicus/Petersen*, Bürgerliches Recht, Rn. 676; weitergehend *Larenz/Canaris*, Schuldrecht II/2, § 70 IV 3 b, wonach dem Empfänger auch fahrlässige Unkenntnis schaden soll.

ohne rechtlichen Grund bereichert. Die Bank hat daher einen Ausgleichsanspruch gegen den Kontoinhaber aus Nichtleistungskondiktion.[271]

In neuerer Zeit wird der hier befürworteten Lösung allerdings entgegengehalten, die von der Rechtsprechung entwickelten Grundsätze über die Rückabwicklung fehlerhafter Überweisungen müssten an das **neue Überweisungsrecht** angepasst werden mit der Folge, dass sich die Bank bei nicht autorisierten Zahlungsvorgängen nach der Wertung des § 675 u generell nicht mehr an den Kontoinhaber, sondern nur noch an den Empfänger halten könne.[272] Hiergegen spricht aber, dass das neue Überweisungsrecht den Schutz des gutgläubigen Empfängers nicht einschränken kann und soll.[273] Die für den **Schutz des gutgläubigen Empfängers** maßgeblichen Überlegungen werden durch die Reform des Überweisungsrechts nämlich nicht in Frage gestellt. Da auch die aktuellen Entscheidungen des BGH[274] sich noch auf die alte Rechtslage beziehen, muss die weitere Entwicklung der Rechtsprechung aber sorgfältig verfolgt werden.

Beispiel: Mieter B hat der C-Bank einen Dauerauftrag für die Überweisung seiner Miete von monatlich 500 EUR an Vermieter A erteilt. Später kommt es zwischen den Parteien wegen angeblicher Mängel der Mietsache zu Streitigkeiten. B widerruft nach § 675 j II 2 den Dauerauftrag, ohne A davon zu unterrichten. Aufgrund eines Versehens der C wird die nächste Überweisung an A gleichwohl noch ausgeführt. (1) Die C verlangt von A Rückzahlung der 500 EUR. Zu Recht? – Der C könnte ein Rückzahlungsanspruch gegen A aus § 812 I 1 Alt. 2 zustehen. Problematisch erscheint, dass die Rückabwicklung fehlgeschlagener Überweisungen grundsätzlich in den jeweiligen Leistungsverhältnissen zu erfolgen hat. Eine Ausnahme könnte hier aber eingreifen, weil B den Dauerauftrag vor Ausführung der letzten Überweisung wirksam widerrufen hatte. Auf der anderen Seite ist jedoch zu beachten, dass B mit der Erteilung des Dauerauftrags einen zurechenbaren Rechtsschein geschaffen hat. Da A hierauf vertrauen durfte, liegt aus seiner Sicht eine Leistung des B vor. Ein Anspruch der C gegen A aus Nichtleistungskondiktion scheidet damit aus. (2) Welche Ansprüche hat C gegen B? – Aufgrund des Widerrufs des Dauerauftrags war die Überweisung an A nicht mehr von B autorisiert (§ 675 j II 2). Gemäß § 675 u steht C damit kein Anspruch auf Aufwendungsersatz gegen B zu. Soweit B die Miete geschuldet hat, wurde er durch die Überweisung jedoch von seiner Verbindlichkeit gegenüber A aus § 535 II befreit; im Übrigen steht ihm wegen etwaiger Mängel ein Rückzahlungsanspruch gegen A aus § 812 I 1 Alt. 1 zu (vgl. → Rn. 420). Die damit verbundene Bereicherung des B ist ohne Rechtsgrund eingetreten und kann von C nach §§ 812 I 1 Alt. 2, 818 II kondiziert werden.

1155 Sehr umstritten ist auch der Fall, dass die Bank die Überweisung versehentlich über einen **zu hohen Betrag** ausführt. Nach einer verbreiteten Ansicht muss der Kontoinhaber sich einen solchen Fehler nicht zurechnen lassen, so dass der Bank eine Direktkondiktion gegen den Empfänger zusteht.[275] Dem hat der BGH eine Absage erteilt. Zur Begründung weist das Gericht darauf hin, dass der Kontoinhaber die Zuvielüberweisung durch seine Anweisung **»veranlasst«** hat; der Grad der »Veranlassung« sei dabei nicht geringer einzustufen als bei einer fahrlässigen Missachtung des Widerrufs der Anweisung durch die Bank.[276] Eine Direktkondiktion kommt also auch hier nur bei Bösgläubigkeit des Empfängers in Betracht.[277] Die vorstehenden Erwägungen ändern allerdings nichts daran, dass die Zuvielüberweisung vom Konto-

---

271 So auch *Grundmann*, WM 2009, 1109 (1117).
272 So *Harke*, Schuldrecht BT, Rn. 497; *Bartels*, WM 2010, 1828 (1833); *Belling/Belling*, JZ 2010, 708 (710 f.).
273 So überzeugend *Rademacher*, NJW 2011, 2165 (2170 ff.).
274 BGH, NJW-RR 2010, 858; NJW 2011, 66.
275 Vgl. Staudinger/*S. Lorenz* (2007) § 812 Rn. 51; *Larenz/Canaris*, Schuldrecht II/2, § 70 IV 2 a.
276 BGH, NJW 2008, 2331 (2333); ebenso BGH, NJW 2011, 66 (69).
277 In diesem Sinne schon BGH, NJW 1987, 185 (186) = JZ 1987, 199 m. Anm. *Canaris*.

inhaber nicht autorisiert ist. Ein Aufwendungsersatzanspruch der Bank ist daher wiederum nach § 675 u ausgeschlossen. Wegen der Zuvielüberweisung steht dem Kontoinhaber jedoch ein Bereicherungsanspruch gegen den Empfänger zu, den die Bank nach § 812 I 1 Alt. 2 kondizieren kann. Für den Empfänger hat dies den Vorteil, dass er der Bank seine Einwendungen aus dem Verhältnis zum Kontoinhaber entgegenhalten kann.

Beruht die Fehlüberweisung darauf, dass der Kontoinhaber versehentlich eine **falsche Kontonummer** eingegeben hat, so hat die Bank einen vertraglichen Anspruch auf Aufwendungsersatz gegen den Kontoinhaber. Denn die erforderliche Autorisierung des Zahlungsvorgangs liegt in diesem Fall vor (→ Rn. 828). Die Bank hat daher keinen Bereicherungsanspruch gegen den Empfänger. Demgegenüber steht dem Kontoinhaber gegen den Empfänger ein Rückzahlungsanspruch aus Leistungskondiktion (§ 812 I 1 Alt. 1) zu.[278]

4. Vertrag zugunsten Dritter

Besondere bereicherungsrechtliche Probleme ergeben sich auch bei **echten Verträgen zugunsten Dritter** (§§ 328 ff.). Hat der Schuldner (Versprechender) die geschuldete Leistung an den Dritten erbracht, so fragt sich, ob er sich bei der Rückabwicklung an den Dritten oder an seinen Vertragspartner (den Versprechensempfänger) zu halten hat. Der Leistungsbegriff hilft hier nicht weiter, weil der Schuldner mit der Lieferung an den Dritten im Allgemeinen seine Pflichten sowohl gegenüber dem Versprechensempfänger (§ 335) als auch gegenüber dem Dritten (§ 328 I) erfüllen will.[279] 1156

Nach allgemeinen Regeln hat die Rückabwicklung auch bei Verträgen zugunsten Dritter in den jeweiligen Leistungsverhältnissen stattzufinden. Bei **Mängeln des Deckungsverhältnisses** muss der Versprechende sich also an den Versprechensempfänger halten. Hat der Versprechensempfänger dem Dritten das Leistungsobjekt im Valutaverhältnis **unentgeltlich** zugewendet, so kann dem Versprechenden aber analog § 822 (→ Rn. 1090 ff.) eine Durchgriffskondiktion gegen den Dritten zustehen.[280] 1157

Beispiel: Der E schließt bei der V-AG eine Lebensversicherung ab. Bezugsberechtigte ist seine Ehefrau F (vgl. § 330). Nach dem Tod des E zahlt die V-AG die Versicherungssumme an F aus. Kurz darauf stellt sich heraus, dass der Versicherungsvertrag nichtig war. – Grundsätzlich müsste die V-AG sich wegen ihres Rückzahlungsanspruchs im Wege der Leistungskondiktion (§ 812 I 1 Alt. 1) an die Erben des E halten. Da E der F den Anspruch auf die Versicherungssumme unentgeltlich zugewendet hat, kann die V-AG aber analog § 822 unmittelbar bei F kondizieren.[281]

5. Abtretungsfälle

Sehr umstritten ist schließlich die bereicherungsrechtliche Rückabwicklung, wenn die Leistung auf eine in Wahrheit **nicht bestehende Forderung** erfolgt, die von dem Scheingläubiger **an einen Dritten abgetreten** worden ist. Leistet der »Schuldner« an den Dritten, so fragt sich, ob er das Geleistete von diesem oder vom Scheingläubiger (Zedenten) zurückfordern kann. 1158

278 *Scheibengruber/Breidenstein*, WM 2009, 1393 (1399).
279 Zur Problemstellung *Larenz/Canaris*, Schuldrecht II/2, § 70 V 2 a.
280 Vgl. *Medicus/Petersen*, Bürgerliches Recht, Rn. 681 ff.; Jauernig/*Stadler* § 812 Rn. 42.
281 Vgl. zu solchen »Versorgungsfällen« Staudinger/*S. Lorenz* (2007) § 812 Rn. 38; *S. Lorenz*, JuS 2003, 839 (841); einschränkend *Wieling*, Bereicherungsrecht, § 7 IIIc.

Beispiel (BGHZ 105, 365): Der Z hat seine Lagerhalle bei der V-AG gegen Feuer versichert. Als die Halle abbrennt, tritt Z seinen Anspruch auf die Versicherungssumme an D ab. Die V-AG zahlt die Versicherungssumme daraufhin unmittelbar an D aus. Später stellt sich heraus, dass Z überhaupt kein Anspruch auf die Versicherungssumme zustand, weil er den Brand selbst gelegt hatte (vgl. § 81 I VVG).

1159 Rechtsprechung und hL gehen davon aus, dass der vermeintliche Schuldner sich grundsätzlich nicht unmittelbar an den Dritten halten kann, sondern im Wege der **Leistungskondiktion gegen den Zedenten** vorgehen muss. Dahinter steht die Erwägung, der Fall solle nicht anders behandelt werden, als wenn der »Schuldner« die Leistung an den Scheingläubiger erbracht und dieser sie an den Dritten weitergegeben hätte.[282] Außerdem wird darauf verwiesen, dass die Rückabwicklung wegen eines Mangels im Verhältnis zwischen dem vermeintlichen Schuldner und dem Zedenten notwendig sei.[283]

III. Konkurrenz von Leistungs- und Eingriffskondiktion

1160 In der zweiten Fallgruppe stellt sich die Frage, inwieweit der Grundsatz vom **Vorrang der Leistungskondiktion gegenüber der Eingriffskondiktion** (→ Rn. 1060) in Mehrpersonenverhältnissen zu durchbrechen ist. Die maßgeblichen Wertungen lassen sich hier den sachenrechtlichen Regeln über den gutgläubigen Erwerb (§§ 932 ff.) entnehmen. Dies zeigt sich besonders deutlich an den viel diskutierten Einbau- und Verarbeitungsfällen.

1. Einbaufälle

1161 In den Einbaufällen ist zweifelhaft, ob der potentielle Schuldner den Bereicherungsgegenstand durch Leistung oder in sonstiger Weise erlangt hat.

Beispiel (BGHZ 56, 228): Bauunternehmer U hat sich gegenüber dem Bauherrn B verpflichtet, für 250.000 EUR ein Einfamilienhaus zu errichten. Die Dachziegel kauft U unter Eigentumsvorbehalt vom Hersteller H. U baut die Ziegel in das Haus des B ein, obwohl er nach den AGB des H hierzu nicht berechtigt ist. Kurz darauf wird U insolvent. H verlangt von B Wertersatz für die Ziegel. Zu Recht?

Durch den Einbau ist B gemäß § 946 Eigentümer der Ziegel geworden. Gleichzeitig hat H sein Eigentum verloren. H könnte daher gegen B ein Anspruch auf Wertersatz nach §§ 951 I 1, 812 I Alt. 2, 818 II zustehen. Da H offensichtlich keine Leistung an B erbracht hat, kommt nur eine **Nichtleistungskondiktion** (Eingriff durch Handlung eines Dritten) in Betracht.

1162 Aus Sicht des B stellt der Einbau der Ziegel eine **Leistung des U** dar. Der Nichtleistungskondiktion könnte damit der Vorrang der Leistungskondiktion entgegenstehen.[284] Ganz eindeutig ist dies freilich nicht. Denn genau genommen hat B das *Eigentum* an den Ziegeln gerade nicht durch Leistung des U, sondern kraft Gesetzes *unmittelbar von H* erworben.[285] Das Ergebnis kann daher nicht formal aus dem

282 BGHZ 105, 365 (368); BGH, NJW 2005, 1369 (1370); Staudinger/*S. Lorenz* (2007) § 812 Rn. 41; *S. Lorenz*, JuS 2003, 839 (842); für Direktkondiktion *Medicus/Lorenz*, Schuldrecht II, Rn. 1222; *Bayer*, JuS 1990, 883 ff.; *Flume*, AcP 199 (1999), 1 (18 ff.).

283 *Larenz/Canaris*, Schuldrecht II/2, § 70 V 1 a.

284 Hierauf abstellend BGHZ 56, 228 (240 f.).

285 Vgl. dazu MüKoBGB/*Schwab* § 816 Rn. 16; *Huber*, JuS 1970, 342 (346).

Subsidiaritätsgrundsatz abgeleitet werden. Vielmehr ist eine *materielle Begründung* erforderlich.

Bei der Lösung kann man sich an den **Wertungen der §§ 932 ff.** orientieren.[286] Hätte U die Ziegel vor dem Einbau an den **gutgläubigen** B übereignet, so wäre dieser nach § 932 Eigentümer geworden. H hätte dann einen Bereicherungsanspruch gegen U aus § 816 I 1; eine Kondiktion bei B wäre dagegen ausgeschlossen (→ Rn. 1075). Diese Wertung ist auch bei gesetzlichem Eigentumserwerb nach §§ 946 ff. zu beachten. H kann daher von B nicht nach §§ 951 I 1, 812 I 1 Alt. 2, 818 II Wertersatz verlangen. **1163**

Eine andere Beurteilung wäre geboten, wenn B **bösgläubig** gewesen wäre oder wenn U die Ziegel bei H **entwendet** hätte. Ein rechtsgeschäftlicher Eigentumserwerb des B wäre dann nämlich nach § 932 (ggf. iVm § 935 I) ausgeschlossen. Dementsprechend kann auch der gesetzliche Eigentumserwerb nach §§ 946 ff. *nicht kondiktionsfest* sein. Dem H stünde daher ein Wertersatzanspruch gegen B aus Eingriffskondiktion zu.[287]

2. Verarbeitungsfälle

Entsprechende Probleme stellen sich, wenn der Eigentumserwerb des möglichen Bereicherungsschuldners nach § 950 durch **Verarbeitung einer fremden Sache** erfolgt. Repräsentativ ist insoweit der *Jungbullen-Fall*. **1164**

> **Beispiel** (BGHZ 55, 176): D hat vom Hof des Landwirts L zwei Jungbullen entwendet und für 850 EUR an den gutgläubigen Metzger M verkauft. M verarbeitet die Tiere zu Wurstwaren. L verlangt von M Wertersatz. Zu Recht?

Durch die Verarbeitung der Tiere hat M gemäß § 950 Eigentum an den Wurstwaren erlangt. In Betracht kommt daher ein Anspruch des L gegen M aus §§ 951 I 1, 812 I 1 Alt. 2, 818 II. Da M den Besitz an den Bullen durch eine Leistung des D erlangt hat, könnte der Anspruch aber an der Subsidiarität der Eingriffskondiktion scheitern. Der BGH hat dies jedoch unter Hinweis auf § 935 verneint. Dies zeigt, dass der Subsidiaritätsgrundsatz auch in den Verarbeitungsfällen nicht weiterhilft. Vielmehr müssen die Vorschriften über den gutgläubigen Erwerb analog angewendet werden. Der Eigentumserwerb nach § 950 ist also nur dann kondiktionsfest, wenn im rechtsgeschäftlichen Bereich ein gutgläubiger Erwerb nach §§ 932 ff. erfolgt wäre.[288] **1165**

Literatur: *Bartels*, Zur bereicherungsrechtlichen Rückabwicklung von Überweisungen nach Umsetzung der Zahlungsdiensterichtlinie, WM 2010, 1828; *Bayer*, Bereicherungsausgleich nach Zession einer unwirksamen Forderung – BGHZ 105, 365, JuS 1990, 883; *Belling/Belling*, Zahlungsdiensterecht und Bereicherungsausgleich bei nicht autorisierten Zahlungsvorgängen, JZ 2010, 708; *Beuthien*, Leistung und Aufwendungen im Dreiecksverhältnis, JuS 1987, 841; *Böckmann/Kluth*, Direktkondiktion bei irrtümlicher Doppelausführung eines Überweisungsauftrags?, ZIP 2003, 656; *v. Caemmerer*, Bereicherungsansprüche und Drittbeziehungen, JZ 1962, 385; *Canaris*, Der Bereicherungsausgleich im Dreipersonenverhältnis, FS Larenz, 1973, 799; *ders.*, Der Bereicherungsausgleich im bargeldlosen Zahlungsverkehr, WM 1980, 354; *ders.*, Der Bereicherungsausgleich bei Zahlung des Haftpflichtversicherers an einen Scheingläubiger, NJW 1992, 868; *Dörner*, Kondiktion gegen den Zedenten oder gegen den Zessionar?, NJW 1990, 473; *Flume*, Zum Bereicherungsausgleich bei Zahlungen in Drei-Personen-Verhältnissen, NJW 1991, 2521; *ders.*, Der Bereicherungsausgleich in Mehrpersonenverhältnissen, AcP 199 (1999), 1; *Grundmann*, Das neue Recht des Zahlungsverkehrs

---

286 So auch *Larenz/Canaris*, Schuldrecht II/2, § 70 III 2; *Medicus/Lorenz*, Schuldrecht II, Rn. 1226; Staudinger/*S. Lorenz* (2007) § 812 Rn. 63; *S. Lorenz*, JuS 2003, 839 (844).
287 Vgl. Jauernig/*Stadler* § 812 Rn. 86; MüKoBGB/*Schwab* § 816 Rn. 19.
288 Vgl. *Medicus/Petersen*, Bürgerliches Recht, Rn. 727; *Wieling*, Bereicherungsrecht, § 6 V 2 b.

(Teil I), WM 2009, 1109; *Harke*, Zur Beweislastverteilung beim Bereicherungsausgleich im Dreiecksverhältnis, JZ 2002, 179; *Häuser*, Der Widerruf des Überweisungsauftrags im Giroverhältnis, NJW 1994, 3121; *U. Huber*, Bereicherungsansprüche beim Bau auf fremdem Boden, JuS 1972, 342 und 515; *Langenbucher*, Zum Bereicherungsausgleich im Überweisungsrecht, FS Heldrich, 2005, 285; *S. Lorenz*, Bereicherungsrechtliche Drittbeziehungen, JuS 2003, 729 und 839; *Müller*, Der Bereicherungsausgleich bei Fehlleistungen des Kreditinstituts im bargeldlosen Überweisungsverkehr, WM 2010, 1293; *Neef*, Die bereicherungsrechtliche Rückabwicklung bei fehlerhafter Anweisung, JA 2006, 458; *Rademacher*, § 675 u BGB: Einschränkung des Verkehrsschutzes im Überweisungsrecht?, NJW 2011, 2169; *Scheibengruber/Breidenstein*, SEPA – eine Zumutung für Verbraucher?, WM 2009, 1393; *Schreiber*, Der Bereicherungsausgleich im Mehrpersonenverhältnis, Jura 1986, 539; *Solomon*, Der Bereicherungsausgleich in Anweisungsfällen (2004); *Wertheimer*, Bereicherungsanspruch des Haftpflichtversicherers wegen Zahlung an vermeintlichen Zessionar, JuS 1992, 284. Vgl. auch die Nachweise zu § 51.

7. Teil. Die außervertragliche Haftung auf Schadensersatz

1. Abschnitt. Einführung

§ 56 Überblick

Die außervertragliche Haftung auf Schadensersatz wird im 27. Titel des 2. Buches (§§ 823–853) unter der Überschrift »**Unerlaubte Handlungen**« geregelt. Diese Überschrift ist insofern zutreffend, als die Vorschriften der §§ 823 ff. in der Tat ganz überwiegend an unerlaubtes (rechtswidriges) und schuldhaftes Verhalten anknüpfen. Eine Ausnahme bildet allein die Tierhalterhaftung nach § 833 S. 1 (→ Rn. 1344 ff.). Hier handelt es sich um eine **Gefährdungshaftung**, für die es auf Rechtswidrigkeit und Verschulden nicht ankommt. Außerhalb des BGB finden sich darüber hinaus aber zahlreiche weitere Gefährdungshaftungstatbestände (→ Rn. 1438 ff.). Diese haben in der Praxis eine so große Bedeutung erlangt, dass von der *Zweispurigkeit* des deutschen Deliktsrechts gesprochen werden kann. 1166

Als dritter Grundtypus der außervertraglichen Haftung wird teilweise die **Aufopferung** genannt.[1] Wichtigste Beispiele aus dem BGB sind der Schadensersatzanspruch bei *rechtfertigendem Notstand* nach § 904 S. 2 und der *nachbarrechtliche Ausgleichsanspruch* nach § 906 II 2 (→ Rn. 1433).[2] Da diese Ansprüche meistens im Allgemeinen Teil des BGB bzw. im Sachenrecht behandelt werden, soll darauf nicht näher eingegangen werden.[3] Außerhalb des BGB beruhen zB der Anspruch des duldungspflichtigen Eigentümers nach § 14 BImSchG[4] sowie die Haftung des Jagdberechtigten nach § 29 BJagdG (→ Rn. 1354) auf dem Gedanken der Aufopferung.

I. Funktion des Haftungsrechts

Die Vorschriften über die außervertragliche Schadensersatzhaftung haben in erster Linie die Funktion, den beim Geschädigten entstandenen **Schaden auszugleichen.**[5] Dies ist ein wesentlicher Unterschied gegenüber dem Bereicherungsrecht, dem es vor allem um die Abschöpfung ungerechtfertigter Vermögensvorteile geht (→ Rn. 1011). Neben der Ausgleichsfunktion kommt aber auch der **Verhaltenssteuerungsfunktion** des Haftungsrechts eine wichtige Bedeutung zu. Grob gesprochen geht es dabei darum, das Verhalten der Normadressaten so zu beeinflussen, dass Schäden möglichst vermieden werden.[6] Man spricht daher auch von der *Präventionsfunktion* des Haftungsrechts (vgl. SAT Rn. 873)[7] – eine Funktion, die von der neueren Rechtsprechung bei der Beurteilung von Persönlichkeitsrechtsverletzungen besonders hervorgehoben worden ist (→ Rn. 1245). Demgegenüber wird eine **Straffunktion** (im Sinne von 1167

1 Ausführlich dazu *Canaris*, VersR 2005, 577 ff.
2 Vgl. *Larenz/Canaris*, Schuldrecht II/2, § 85; *Medicus/Lorenz*, Schuldrecht II, Rn. 1391 f.
3 Zu § 904 *Brox/Walker*, BGB AT, Rn. 699; zu § 906 *Vieweg/Werner*, Sachenrecht, § 9 Rn. 34 ff.
4 Dazu *Larenz/Canaris*, Schuldrecht II/2, § 85 II 3.
5 *Larenz/Canaris*, Schuldrecht II/2, § 75 I 2 i.
6 Vgl. Staudinger/*Hager* (1999) Vorbem. zu §§ 823 ff. Rn. 13.
7 Vgl. MüKoBGB/*Wagner* Vor § 823 Rn. 40.

Vergeltung begangenen Unrechts) auch im Bereich der Verschuldenshaftung zu Recht abgelehnt.[8]

II. Grundentscheidungen

1168 Das Recht der außervertraglichen Haftung darf nicht einseitig unter dem Aspekt betrachtet werden, den **Rechtsgütern und Interessen des Geschädigten** einen möglichst umfassenden Schutz zukommen zu lassen. Denn dieses Ziel kollidiert mit der verfassungsrechtlich geschützten **Handlungs- und Entfaltungsfreiheit** des (potentiellen) Schädigers (Art. 2 I GG).[9]

1. Verschuldensprinzip

Der Gesetzgeber hat den Konflikt zwischen dem Schutzinteresse des Geschädigten und der Handlungsfreiheit des Schädigers in den §§ 823 ff. dahingehend aufgelöst, dass der Schädiger grundsätzlich nur für **schuldhaftes** Verhalten einzustehen hat (vgl. SAT Rn. 227).[10] Die Handlungs- und Entfaltungsfreiheit des (potentiellen) Schädigers wird also dadurch gewahrt, dass er für keine Schäden einstehen muss, die für ihn (bzw. einen durchschnittlichen Angehörigen des jeweiligen Verkehrskreises) unvorhersehbar und unvermeidbar sind.[11] Bezugspunkt des Verschuldens ist ein **rechtswidriges** Verhalten. Erforderlich ist also der Verstoß gegen eine Rechtsnorm, die das betreffende Verhalten verbietet oder ein anderes Verhalten gebietet.[12] Die §§ 823 ff. statuieren damit eine Haftung für verschuldetes Unrecht.[13]

Zur Rechtsvergleichung: Das Verschuldensprinzip ist auch in den meisten anderen europäischen Rechtsordnungen Grundlage der außervertraglichen Haftung.[14] Dahinter steht der durch die Aufklärung geprägte Gedanke, der Einzelne dürfe nur dann mit Schadensersatzpflichten belastet werden, wenn er den Schaden als selbstverantwortlich handelndes Subjekt vorhersehen und vermeiden konnte.[15]

1169 Entsprechend dem grundsätzlichen Bekenntnis zum Verschuldensprinzip setzen fast alle deliktischen Tatbestände des BGB ein **rechtswidriges und schuldhaftes Verhalten** des Schädigers voraus, wobei das Verschulden bei einigen Tatbeständen (vgl. §§ 831 ff.) allerdings *vermutet* wird (→ Rn. 1319 ff.). Ausnahmen bilden lediglich die *Tierhalterhaftung* nach § 833 S. 1 (→ Rn. 1344 ff.) sowie die *Billigkeitshaftung* nach § 829 (→ Rn. 1197 f.).

Seit Inkrafttreten des BGB hat sich in verschiedenen Bereichen gezeigt, dass das traditionelle Verschuldensprinzip den Interessen des Geschädigten nicht ausreichend Rechnung trägt (vgl. SAT Rn. 228). Der Gesetzgeber hat deshalb in zahlreichen Gesetzen außerhalb des BGB (zB StVG, HPflG, ProdHaftG) Tatbestände eingeführt, die eine verschuldensunabhängige Haftung (sog. **Gefährdungshaftung**) statuieren

---

8 Staudinger/*Hager* (1999) Vorbem. zu §§ 823 ff. Rn. 11.

9 Zu diesem Konflikt *Larenz/Canaris*, Schuldrecht II/2, § 75 I 1.

10 *Deutsch*, Haftungsrecht, Rn. 5; *Larenz/Canaris*, Schuldrecht II/2, § 75 I 2 b.

11 Zur freiheitssichernden Funktion des Schuldprinzips vgl. Staudinger/*Löwisch* (2004) § 276 Rn. 3; *v. Caemmerer*, RabelsZ 42 (1978), 5 (7); *Deutsch*, FS Medicus, 1999, 77.

12 Zur Verletzung einer Verhaltenspflicht als Grundlage der Rechtswidrigkeit vgl. *Fikentscher/Heinemann* Rn. 598, 638; *Larenz/Canaris*, Schuldrecht II/2, § 75 II 3 b.

13 *Larenz/Canaris*, Schuldrecht II/2, § 75 I 2.

14 Vgl. *v. Bar*, Deliktsrecht I, § 2 Rn. 11 m. w. N.

15 Vgl. *Zweigert/Kötz*, Rechtsvergleichung, S. 650; *Larenz/Canaris*, Schuldrecht II/2, § 75 I 2 b.

(→ Rn. 1438 ff.).[16] Darüber hinaus hat die Rechtsprechung für einige wichtige Fallgruppen des § 823 I (Arzthaftung, Produkthaftung) **Beweiserleichterungen** zugunsten des Geschädigten entwickelt (→ Rn. 617 sowie → Rn. 1257 ff.).

2. Kein genereller Schutz von Vermögen und Handlungsfreiheit

Eine zweite wesentliche Entscheidung des Gesetzgebers liegt darin, den deliktischen Schutz vor schuldhaften (vorsätzlichen und fahrlässigen) Verletzungen nach § 823 I grundsätzlich auf die **zentralen Lebensgüter** (Leben, Körper, Gesundheit, Freiheit) sowie auf absolute Rechte (insbesondere Eigentum) zu begrenzen. Keinen generellen Schutz genießen dagegen das Vermögen als solches und die allgemeine Handlungsfreiheit.[17] Insoweit kommen deliktische Schadensersatzansprüche grundsätzlich nur bei Verletzung eines einschlägigen **Schutzgesetzes** (§ 823 II) sowie bei **vorsätzlicher sittenwidriger Schädigung** (§ 826) in Betracht. Für den (potentiellen) Schädiger bedeutet dies, dass er bei Fehlen eines entsprechenden Schutzgesetzes regelmäßig keine Rücksicht auf reine Vermögensinteressen anderer oder deren allgemeine Handlungsfreiheit nehmen muss. 1170

3. Klare Umgrenzung des Kreises der Anspruchsberechtigten

Mit der Anknüpfung an das Vorliegen einer Rechtsgutsverletzung hat der Gesetzgeber zudem das Anliegen verfolgt, den Kreis der potentiellen Anspruchsberechtigten klar abzugrenzen. Anspruchsberechtigt ist grundsätzlich nur derjenige, der eine **eigene Rechtsgutsverletzung** erlitten hat. Wer aufgrund der Verletzung von Rechtsgütern eines anderen einen *bloßen Vermögensschaden* erleidet, hat dagegen keinen Ersatzanspruch aus § 823 I. 1171

Beispiel (BGH, NJW 2003, 1040): Die Eiskunstläufer M und F bilden seit vielen Jahren ein eingespieltes und international erfolgreiches Eiskunstlaufpaar. Bei einem Verkehrsunfall wird M von S schuldhaft verletzt. Dies hat zur Folge, dass die F wegen der Verletzung ihres Partners den Paarlauf zeitweise nicht ausüben kann. – Der BGH hat einen Anspruch der F gegen den Haftpflichtversicherer des S auf Ersatz des hierdurch entstandenen Schadens (Ausfall von Wettkämpfen, Verlust von Sponsoren- und Preisgeldern) mit der Begründung verneint, dass absolute Rechte der F durch den Unfall nicht verletzt worden seien.[18] Zur Problematik des Eingriffs in den eingerichteten und ausgeübten Gewerbebetrieb → Rn. 1249.

III. Das System des Deliktsrechts im BGB

Zahlreiche ausländische Rechtsordnungen enthalten eine deliktsrechtliche **Generalklausel**, wonach jeder den Schaden ersetzen muss, den er einer anderen Person schuldhaft zugefügt hat. So formuliert der französische Code civil von 1804 den Grundtatbestand der deliktischen Verschuldenshaftung in Art. 1382 wie folgt: *»Tout fait quelconque de l'homme, qui cause à autrui un dommage, oblige celui par le faute duquel il est arrivé, à le réparer«*. Eine entsprechende Generalklausel findet sich im österreichischen ABGB von 1811 (§ 1295 I).[19] Der deutsche Gesetzgeber hat sich demgegenüber bemüht, dem Richter klarere Grundsätze für die Prüfung der deliktischen Haftung an die Hand zu geben. Dabei ist es ihm insbesondere darum gegangen, 1172

16 Zur Entstehung der Gefährdungshaftung vgl. *Jansen*, Struktur, S. 369 ff.
17 Vgl. *Larenz/Canaris*, Schuldrecht II/2, § 75 I 3 b.
18 Vgl. dazu auch *Schöpflin*, JA 2003, 536 ff.
19 Vgl. *v. Bar*, Deliktsrecht I, § 2 Rn. 13 ff.; MüKoBGB/*Wagner* Vor § 823 Rn. 4 ff.

eine generelle Haftung für reine Vermögensschäden auszuschließen und den Kreis der Anspruchsberechtigten grundsätzlich auf die unmittelbar geschädigten Personen zu beschränken.[20] Im BGB finden sich deshalb mit den §§ 823 I, 823 II und 826 **drei Grundtatbestände** (sog. »kleine Generalklauseln«), die durch weitere Tatbestände (§§ 824, 825, 831–834, 836–839 a) ergänzt werden.[21]

Aus rechtspolitischer Sicht bereiten beide Systeme **gegenläufige Probleme.** So stellt die große Generalklausel den Richter vor die Notwendigkeit, den uferlosen Umfang der Haftung bei reinen Vermögensschäden einzuschränken und den Kreis der Anspruchsberechtigten sachgemäß zu begrenzen.[22] Demgegenüber hat die Rechtsprechung in Deutschland spezifische Institute entwickeln müssen, um die **Ersatzfähigkeit reiner Vermögensschäden** zu erweitern. Zu nennen ist hier vor allem die culpa in contrahendo (§§ 280 I, 311 II, 241 II), die im *vorvertraglichen Bereich* den Ersatz reiner Vermögensschäden ermöglicht (vgl. SAT Rn. 182).[23] Im Übrigen hat die Rechtsprechung mit dem *Recht am Gewerbebetrieb* versucht, den *deliktsrechtlichen* Schutz vor reinen Vermögensschäden zu verstärken (→ Rn. 1247).

Literatur: *v. Bar*, Gemeineuropäisches Deliktsrecht, Bd. I, 1996, Bd. II, 1999; *Brüggemeier*, Prinzipien des Haftungsrechts – Eine systematische Darstellung auf rechtsvergleichender Grundlage, 1999; *v. Caemmerer*, Das Verschuldensprinzip in rechtsvergleichender Sicht, RabelsZ 42 (1978), 5; *Canaris*, Grundstrukturen des deutschen Deliktsrechts, VersR 2005, 577; *Deutsch*, Allgemeines Haftungsrecht, 2. Aufl. 1996; *ders.*, Zurechnungszusammenhang, Rechtswidrigkeit und Verschulden, FS Medicus, 1999, 77; *Deutsch/Ahrens*, Deliktsrecht, 5. Aufl. 2009; *Dreier*, Kompensation und Prävention, 2002; *Fuchs*, Deliktsrecht, 7. Aufl. 2009; *ders.*, Der Einfluss des europäischen Rechts auf das nationale außervertragliche Haftungs- und Schadensersatzrecht, FS Medicus, 2009, 89; *Huber*, Das neue Schadensersatzrecht, 2003; *Jansen*, Die Struktur des Haftungsrechts (2003); *ders.*, Principles of European Tort Law?, RabelsZ 70 (2006), 732; *Katzenmeier*, Zur neueren dogmengeschichtlichen Entwicklung der Deliktsrechtstatbestände, AcP 203 (2003), 79; *Kötz/Wagner*, Deliktsrecht, 11. Aufl. 2010; *Looschelders*, Die Mitverantwortlichkeit des Geschädigten im Privatrecht, 1999; *Möller*, Das Präventionsprinzip des Schadensersatzrechts, 2006; *Münzberg*, Verhalten und Erfolg als Grundlagen der Rechtswidrigkeit und Haftung, 1966; *Rohe*, Gründe und Grenzen der deliktischen Haftung, AcP 201 (2001), 117; *Wagner*, Das neue Schadensersatzrecht, 2002; *ders.*, Prävention und Verhaltenssteuerung durch Privatrecht – Anmaßung oder legitime Aufgabe?, AcP 206 (2006), 352; *Wurmnest*, Grundzüge eines europäischen Haftungsrechts, 2003.

2. Abschnitt. Haftung des Schädigers nach § 823 I

§ 57 Grundfragen der Haftung

1173 Zentraler deliktsrechtlicher Haftungstatbestand ist § 823 I. Der Gesetzgeber hat hier die **wichtigsten Rechtsgüter** herausgestellt, welche unabhängig von der Existenz eines speziellen Schutzgesetzes gegenüber jeder rechtswidrigen und schuldhaften Verletzung geschützt werden sollen.[24] Die hM geht bei § 823 I von einem **dreistufigen**

20 Vgl. MüKoBGB/*Wagner* Vor § 823 Rn. 13.

21 Zum System des deutschen Deliktsrechts vgl. *Larenz/Canaris*, Schuldrecht II/2, § 75 I 3; *Medicus/Lorenz*, Schuldrecht II, Rn. 1236 ff.; *Canaris*, VersR 2005, 577 ff.

22 Vgl. *Medicus/Lorenz*, Schuldrecht II, Rn. 1233.

23 Dazu *Canaris*, VersR 2005, 577 (583).

24 Vgl. *Larenz/Canaris*, Schuldrecht II/2, § 76 I 2.

Tatbestand aus, wobei ebenso wie im Strafrecht zwischen der Tatbestandsmäßigkeit, der Rechtswidrigkeit und dem Verschulden unterschieden wird.[25]

Hinweis: Die meisten der nachfolgend angesprochenen Fragen beschränken sich nicht auf § 823 I, sondern können bei allen Tatbeständen der Verschuldenshaftung auftreten. Dies gilt insbesondere für die Darlegungen zur Rechtfertigung und zur Schuld. Das Problem der Verkehrspflichten wird aber ebenfalls nicht nur bei § 823 I, sondern auch bei § 823 II und § 826 diskutiert. Letztlich handelt es sich also um *Grundfragen der deliktischen Haftung*. Aus didaktischen Gründen erscheint es aber sinnvoll, diese Fragen nicht isoliert zu behandeln, sondern sie im Zusammenhang mit dem »Grundtatbestand« des § 823 I darzustellen.

I. Tatbestandsmäßigkeit und Rechtswidrigkeit

Auf der Stufe der Tatbestandsmäßigkeit geht es um die Frage, ob der Schädiger durch sein Verhalten in adäquat-kausaler und objektiv zurechenbarer Weise eines der in § 823 I genannten **Rechtsgüter verletzt** hat (haftungsbegründende Kausalität) und ob hieraus – wiederum in adäquat-kausaler und objektiv zurechenbarer Weise (haftungsausfüllende Kausalität) – ein **Schaden** entstanden ist (vgl. dazu schon SAT Rn. 890 ff.). Liegen diese Voraussetzungen vor, so ist die **Rechtswidrigkeit** (»Widerrechtlichkeit«) indiziert. Geprüft werden muss daher nur noch, ob ausnahmsweise ein Rechtfertigungsgrund eingreift (→ Rn. 1186 ff.).[26] 1174

Besonderheiten gelten für die Verletzung der sog. **»Rahmenrechte«** (allgemeines Persönlichkeitsrecht, Recht am Gewerbebetrieb). Hier muss die Rechtswidrigkeit aufgrund einer *Interessenabwägung* positiv festgestellt werden (→ Rn. 1238 und → Rn. 1250).

II. Die Bedeutung der Verkehrspflichten

1. Funktion und systematische Einordnung

Nach hM gibt es auch außerhalb der Verletzung von »Rahmenrechten« zwei Fallgruppen, in denen die Rechtswidrigkeit nicht schon allein aus der Rechtsgutsverletzung abgeleitet werden kann: nämlich die *mittelbaren Verletzungen* und die *Unterlassungen*. Hier müsse vielmehr zusätzlich festgestellt werden, ob der Schädiger eine entsprechende Verhaltenspflicht (sog. **Verkehrspflicht**) verletzt hat. Davon zu unterscheiden seien die *unmittelbaren Verletzungen*, bei denen die Rechtswidrigkeit allein aus der Erfolgsverursachung folgt.[27] Bei dieser Betrachtung beruht § 823 I auf zwei unterschiedlichen Rechtswidrigkeitskonzeptionen: bei unmittelbaren Verletzungen gilt die Lehre vom **Erfolgsunrecht**, bei mittelbaren Verletzungen und Unterlassungen die Lehre vom **Verhaltensunrecht**. 1175

Beispiele: Schlägt A dem B mit einem Knüppel auf den Kopf, so liegt eine *unmittelbare* Verletzung vor. Die Rechtswidrigkeit wird nach hM durch die Rechtsgutsverletzung indiziert. A kann sich daher allenfalls auf Rechtfertigungsgründe berufen. Bringt der Hersteller H eine gefährliche Sache (zB Auto, Rasenmäher) in den Verkehr, so haftet er für die bei Gebrauch der Sache entstehenden Rechtsgutsverletzungen nur, wenn er eine entsprechende Verkehrspflicht verletzt hat (→

25 Vgl. *Larenz/Canaris*, Schuldrecht II/2, § 75 II 2; *Medicus/Lorenz*, Schuldrecht II, Rn. 1240; *Schlechtriem*, Schuldrecht BT, Rn. 823 ff.; MüKoBGB/*Wagner* § 823 Rn. 1 ff.

26 *Larenz/Canaris*, Schuldrecht II/2, § 75 II 2 c; *Deutsch*, Haftungsrecht, Rn. 257.

27 *Brox/Walker*, Schuldrecht BT, § 41 Rn. 47 ff.; *Larenz/Canaris*, Schuldrecht II/2, § 75 II 3 b; *Medicus/Petersen*, Bürgerliches Recht, Rn. 642 ff.; *Schlechtriem*, Schuldrecht BT, Rn. 826; Soergel/*Spickhoff* § 823 Rn. 4 a; *Raab*, JuS 2002, 1041 (1046).

Rn. 1260 ff.). Hier handelt es sich nämlich um *mittelbare* Verletzungen, bei denen die Rechtswidrigkeit nicht allein aus dem Erfolg ableitbar ist. Ebenso setzt die Haftung für *Unterlassungen* voraus, dass der Schädiger eine Rechtspflicht zum Handeln (zB Streupflicht des Hauseigentümers bei Glatteis) verletzt hat.

1176 Die Anknüpfung an die Verletzung von Verkehrspflichten beruht auf der zutreffenden Erkenntnis, dass die Rechtswidrigkeit eines Verhaltens in den problematischen Fällen nicht allein aus der Erfolgsverursachung abgeleitet werden kann. Bei genauerer Betrachtung ist die Notwendigkeit einer (Verkehrs-) Pflichtverletzung allerdings keine Besonderheit von mittelbaren Verletzungen und Unterlassungen. Da Handlung und Erfolg auch bei unmittelbaren Verletzungen voneinander getrennt werden können, lässt sich ein qualitativer Unterschied gegenüber den mittelbaren Verletzungen nicht begründen. Dementsprechend ist eine stringente Abgrenzung beider Fallgruppen undurchführbar.[28] In beiden Bereichen geht es um die **Missbilligung gefährlichen Verhaltens** mit Blick auf den möglichen Eintritt eines bestimmten Erfolgs. Bei unmittelbaren Verletzungen ist die Beziehung zwischen dem gefährlichen Verhalten und dem Erfolg allerdings so eng, dass sich die Pflichtwidrigkeit meistens von selbst versteht.[29] In der Klausur sind hierzu daher keine besonderen Ausführungen erforderlich.

Dass sich die Rechtswidrigkeit eines Verhaltens auch bei unmittelbaren Verletzungen nicht immer von selbst versteht, zeigt das Beispiel der **Sporthaftung**. Bei Kampfsportarten (zB Fußball) gehört der körperliche Kontakt zwischen den Spielern zum Wesen der Sportausübung. Die besonders enge Beziehung zwischen der Verletzungshandlung und dem Erfolg (Körperverletzung) kann daher für sich genommen die Rechtswidrigkeit nicht indizieren. Erforderlich ist vielmehr, dass der Schädiger eine Verhaltenspflicht verletzt hat (vgl. auch SAT Rn. 1041).[30]

1177 Aus dogmatischer Sicht stellt sich die auch für den Klausuraufbau wichtige Frage, ob die Verkehrspflichtverletzung auf der Tatbestands- oder der Rechtswidrigkeitsebene zu prüfen ist. Für die **Einordnung auf der Tatbestandsebene** spricht die Überlegung, dass es letztlich um die Konkretisierung des tatbestandsmäßigen Verhaltens geht. Außerdem kann durch diese Sichtweise die Indizwirkung des Tatbestands aufrechterhalten werden.[31]

Zur Vertiefung: In der Literatur wird häufig davon gesprochen, die Verkehrspflichten beruhten auf richterlicher Rechtsfortbildung und hätten die vom Gesetzgeber intendierte Haftung nach § 823 I generalklauselartig erweitert.[32] Die dahinter stehende Überlegung, die Haftung nach § 823 I hätte sich nach der Konzeption des historischen Gesetzgebers auf unmittelbare Verletzungen beschränkt, ist jedoch nicht zutreffend.[33] Bezieht man die mittelbaren Verletzungen und die Unterlassungen mit in die Betrachtung ein, so ergibt sich ein differenzierteres Bild. Bei den Unterlassungen haben die Verkehrspflichten zwar in der Tat haftungsbegründende Bedeutung (→ Rn. 1124). Dies führt jedoch zu keiner generalklauselartigen Haftungserweiterung und widerspricht auch nicht der Konzeption des

28 Soergel/*Krause* Anh. II zu § 823 Rn. 3.
29 Vgl. *Looschelders*, Mitverantwortlichkeit, S. 234; MüKoBGB/*Wagner* § 823 Rn. 21 f.
30 Ausführlich dazu *Looschelders*, JR 2000, 265 (269 ff.).
31 So auch *Larenz/Canaris*, Schuldrecht II/2, § 75 II 3 c; *Medicus/Petersen*, Bürgerliches Recht, Rn. 647; MüKoBGB/*Wagner* § 823 Rn. 61; *Raab*, JuS 2002, 1041 (1047); aA *Deutsch*, Haftungsrecht, Rn. 257; *Schlechtriem*, Schuldrecht BT, Rn. 854.
32 So etwa *v. Bar*, Verkehrspflichten, S. 15 ff., 25; *Emmerich*, Schuldrecht BT, § 23 Rn. 3; *Medicus/Lorenz*, Schuldrecht II, Rn. 1239; *Mertens*, VersR 1980, 397 ff.
33 Vgl. *Larenz/Canaris*, Schuldrecht II/2, § 76 III 2; MüKoBGB/*Wagner* § 823 Rn. 52 ff.

Gesetzgebers. Bei mittelbaren Verletzungen kommt dem Erfordernis der Verkehrspflichtverletzung sogar eine haftungsbeschränkende Funktion zu, weil der Schädiger nicht für alle adäquat-kausalen Folgen seines Handelns einstehen muss.[34]

2. Begründung von Verkehrspflichten

Im BGB finden sich einige spezielle Vorschriften, die auf dem Gedanken der Verkehrspflicht beruhen. Zu nennen ist insbesondere § 836.[35] Hiernach haftet der Grundstücksbesitzer für die durch den **Einsturz eines Gebäudes** oder die **Ablösung von Teilen des Gebäudes** verursachten Rechtsgutsverletzungen, sofern er nicht nachweist, dass er zur Vermeidung der Gefahr die im Verkehr erforderliche Sorgfalt beachtet hat (vgl. → Rn. 1341). 1178

Das RG hat dem § 836 in einer grundlegenden Entscheidung aus dem Jahre 1902 zur Haftung des Grundstücksbesitzers für Schäden durch umstürzende Bäume den allgemeinen Grundsatz entnommen, dass »ein jeder für Beschädigung durch seine Sachen insoweit aufkommen solle, als er dieselbe bei billiger Rücksichtnahme auf die Interessen des anderen hätte verhüten müssen«.[36] Im weiteren Verlauf der Entwicklung ist dieser Grundsatz dahingehend ausgebaut worden, dass jeder, der eine Gefahrenlage schafft oder unterhält, die notwendigen und zumutbaren Vorkehrungen treffen muss, um eine Schädigung anderer möglichst zu verhindern.[37] Die Auferlegung von Verkehrspflichten rechtfertigt sich damit maßgeblich aus dem Gedanken der **Gefahrveranlassung** und der **Gefahrbeherrschung**. Damit korrespondiert der Gedanke des **Vertrauensschutzes**: Der (potentielle) Geschädigte muss keine eigenen Schutzvorkehrungen treffen, weil er sich auf die Absicherung der betreffenden Gefahrenquellen verlassen darf.[38]

3. Fallgruppen

Die Literatur hat verschiedene Ansätze zur Systematisierung der Verkehrspflichten entwickelt.[39] **Drei Hauptfallgruppen** lassen sich unterscheiden: 1179

a) Herrschaft über eine Gefahrenquelle

In der ersten Fallgruppe beruht die Verkehrspflicht auf der Herrschaft über einen räumlichen Bereich oder über eine gefährliche Sache. Gesetzliche Anknüpfungspunkte sind die §§ 833 S. 2, 836–838. Traditionell geht es meist darum, die Sicherheit des Verkehrs auf Straßen und Wegen (zB Streupflicht bei Glatteis, Schutz vor umstürzenden Bäumen) zu gewährleisten. Man spricht daher auch von **Verkehrssicherungspflichten.**[40] Weitere Beispiele sind die Verantwortlichkeit der Gemeinde für den Zustand eines Spielplatzes[41] und die Haftung des Sportveranstalters für die Sicherheit der Sportstätten gegenüber Besuchern und Wettkämpfern.[42]

---

34 Vgl. Bamberger/Roth/*Spindler* § 823 Rn. 23; Palandt/*Sprau* § 823 Rn. 45.
35 Vgl. *Brox/Walker*, Schuldrecht BT, § 41 Rn. 33.
36 RGZ 52, 373 (379); vgl. dazu *Larenz/Canaris*, Schuldrecht II/2, § 76 III 1 a.
37 Vgl. nur BGH, NJW 2004, 1449 (1450); NJW-RR 2003, 1459.
38 Vgl. *Larenz/Canaris*, Schuldrecht II/2, § 76 III 3; *Raab*, JuS 2002, 1041 (1044).
39 Vgl. *Brox/Walker*, Schuldrecht BT, § 41 Rn. 34 ff.; *Larenz/Canaris*, Schuldrecht II/2, § 76 III 3; *Medicus/Lorenz*, Schuldrecht II, Rn. 1244 ff.; MüKoBGB/*Wagner* § 823 Rn. 232 ff.
40 MüKoBGB/*Wagner* § 823 Rn. 236.
41 BGHZ 103, 338.
42 Vgl. *Looschelders*, JR 2000, 265 ff.

Bei **öffentlichen Straßen und Wegen** ist die Verkehrssicherungspflicht heute meist öffentlich-rechtlich ausgestaltet. Die Ansprüche des Geschädigten richten sich dann nicht nach § 823 I, sondern nach § 839 iVm Art. 34 GG (→ Rn. 1374).[43] Soweit die öffentlich-rechtliche Räum- und Streupflicht von den Gemeinden auf die Anlieger übertragen wird, wandelt sie sich aber in eine aus dem Eigentum am Grundstück folgende Verkehrssicherungspflicht um, so dass wieder § 823 I anwendbar ist.[44]

b) Ausübung einer gefährlichen Tätigkeit

1180 Die zweite Fallgruppe knüpft an die Ausübung einer **gefährlichen Tätigkeit** oder eines **gefährlichen Berufs** an.[45] Repräsentativ sind die Haftung des *Reiseveranstalters* für die Sicherheit der Hoteleinrichtungen (→ Rn. 752) und die Haftung des *Herstellers* für Schäden durch fehlerhafte Produkte (→ Rn. 1260 ff.). Ebenso muss der *Konzertveranstalter* seine Kunden vor Schäden durch übermäßige Lautstärke der Musik schützen.[46] Hintergrund ist jeweils die berechtigte Erwartung des Verkehrs, die betreffende Tätigkeit werde so ausgeübt, dass eine Schädigung Dritter ausbleibt.

c) Vorangegangenes gefährliches Tun

1181 In der dritten Fallgruppe beruht die Verkehrspflicht auf vorangegangenem gefährlichem Tun. Wer eine **Gefahrenquelle schafft**, muss hiernach die erforderlichen Vorkehrungen treffen, um Dritte vor Schäden zu schützen. Dies gilt unabhängig davon, ob der Betreffende die Gefahrenquelle aktuell noch *beherrscht*. Ob die Gefahrschaffung pflichtwidrig war oder nicht, ist im Zivilrecht ebenfalls irrelevant.[47] In der Rechtsprechung gibt es auch hierzu reiches Anschauungsmaterial.[48] So ist der Errichter einer gefährlichen baulichen Anlage gehalten, diese so abzusichern, dass keine Kinder zu Schaden kommen.[49] Werden giftige Flüssigkeiten in Getränkeflaschen gelagert, so muss der Verwechselungsgefahr wirksam begegnet werden.

> **Beispiel** (BGH, NJW 1968, 1182): Die Eheleute S ließen in ihrer Wohnung Malerarbeiten durchführen. Dabei erlitt der Maler M schwere innere Verletzungen, weil er aufgrund einer Verwechselung mit seiner eigenen Bierflasche einen kräftigen Schluck aus einer mit Natronlauge gefüllten Bierflasche genommen hatte. Die Lauge war von Frau S in die Bierflasche gefüllt und als Reinigungsmittel hinter der Toilettenschüssel verwahrt worden. Im Zuge der Malerarbeiten hatte ein Arbeitskollege des M die Flasche auf den Flur der Wohnung gestellt. Auf der Flasche befand sich ein Klebestreifen mit der Aufschrift: »Vorsicht, Lebensgefahr! Lauge«. – Nach Ansicht des BGH war diese Beschriftung nicht ausreichend, um die Maler vor einer Verwechselung zu warnen. In Anbetracht der hohen Gefährlichkeit der Lauge und der Art ihrer Aufbewahrung hätte die Flasche vielmehr vor Durchführung der Malerarbeiten aus dem Bad entfernt werden müssen.

Die hier beschriebenen Fallgruppen sind weder abschließend noch überschneidungslos. So geht im Natronlaugen-Fall die Gefährlichkeit des vorangegangenen Tuns mit der **Herrschaft über eine gefährliche Sache** einher.

43 Vgl. OLG Brandenburg, VersR 2009, 221 (222); Palandt/*Sprau* § 823 Rn. 219, 224.
44 OLG Dresden, VersR 2001, 868. Zur Streupflicht vgl. auch BGH, NJW 1987, 1571.
45 Vgl. BGH, NJW-RR 2003, 1459 (1460): Betrieb eines Sägewerks.
46 BGH, NJW 2001, 2019.
47 *Larenz/Canaris*, Schuldrecht II/2, § 76 III 3 c.
48 Vgl. MüKoBGB/*Wagner* § 823 Rn. 241 mwN.
49 BGH, NJW 1997, 582 (583) – Löschwasserteich.

4. Konkretisierung der Verkehrspflichten

Nach einer in der neueren Rechtsprechung häufig verwendeten Formel umfasst die rechtlich gebotene Verkehrssicherung alle Maßnahmen, »die ein umsichtiger und verständiger, in vernünftigen Grenzen vorsichtiger Mensch für notwendig und ausreichend hält, um andere vor Schäden zu bewahren«.[50] Soweit die Gefahren bei Ausübung eines Berufs oder Gewerbes auftreten, wird auf die Sichtweise eines verständigen, umsichtigen, vorsichtigen und gewissenhaften Angehörigen der betreffenden Berufsgruppe abgestellt.[51] Klare Maßstäbe lassen sich hierdurch jedoch nicht gewinnen. Inhalt und Intensität der jeweiligen Verkehrspflichten müssen daher letztlich aufgrund einer **Abwägung** zwischen der Handlungsfreiheit des (potentiellen) Schädigers und den Schutzinteressen des (potentiellen) Geschädigten bestimmt werden. Wichtige Kriterien sind dabei die Wahrscheinlichkeit des Eintritts einer Rechtsgutsverletzung und die Wertigkeit der bedrohten Rechtsgüter. Bei ernsthaften Gefahren für Leben, Körper oder Gesundheit anderer sind daher wesentlich umfangreiche Schutzvorkehrungen zu treffen als bei fern liegenden Gefahren für geringwertige Sachen. Eine »Verkehrssicherung um jeden Preis« ist aber auch mit Blick auf die Gefahr von Personenschäden abzulehnen. Ein Einzelhändler ist daher nicht verpflichtet, Limonadenflaschen bei sommerlichen Temperaturen in seinen Verkaufsräumen zu kühlen, um die Wahrscheinlichkeit einer Verletzung von Kunden durch explodierende Flaschen zu verringern.[52] 1182

Die Verkehrspflichten gelten im Allgemeinen nur gegenüber Personen, die **befugtermaßen** mit der Gefahrenquelle in Kontakt treten.[53] Eine Ausnahme gilt im Verhältnis zu **Kindern**. Diese müssen in Anbetracht ihrer Unerfahrenheit und Unbesonnenheit auch dann geschützt werden, wenn sie sich der Gefahrenquelle unbefugt nähern. Die Verkehrspflichten sind dabei umso stärker, je größer der Anreiz ist, den die vom Sicherungspflichtigen geschaffene oder unterhaltene Gefahrenquelle auf Kinder ausübt.[54] 1183

Beispiele: Im Natronlaugen-Fall (→ Rn. 1181) wäre die Haftung der Eheleute S zu verneinen gewesen, wenn ein Einbrecher aus der Bierflasche getrunken hätte. Wer einen Löschwasserteich errichtet oder unterhält, muss dagegen Vorkehrungen treffen, dass keine spielenden Kinder unbefugt auf das Gelände gelangen können.[55]

5. Abgrenzung zur Fahrlässigkeit (§ 276 II)

In welchem Verhältnis die Verkehrspflichten zu den Sorgfaltspflichten nach § 276 II stehen, ist umstritten. Ein Teil der Literatur vertritt die Auffassung, dass die Verkehrspflichtverletzung mit der Außerachtlassung der im Verkehr erforderlichen Sorgfalt identisch ist.[56] Dies hat zur Folge, dass die Fahrlässigkeitsprüfung auf der Verschuldensebene ihre eigenständige Bedeutung verliert. Die hM geht demgegenüber zu Recht davon aus, dass die Verkehrspflichten nach **strengeren Maßstäben** zu beurteilen sind als die Fahrlässigkeit.[57] Bei der Konkretisierung der Verkehrspflichten geht 1184

50 BGH, NJW-RR 2003, 1459 (1460); NJW 2004, 1449 (1450).
51 BGH, NJW 2004, 1449 (1450).
52 Vgl. BGH, NJW 2007, 762; *Rothe*, NJW 2007, 740 ff.
53 *Gursky*, Schuldrecht BT, S. 210.
54 BGH, NJW 1997, 582 (583); vgl. auch *Möllers*, VersR 1996, 153 ff.
55 BGH, NJW 1997, 582 (583).
56 So *Schlechtriem*, Schuldrecht BT, Rn. 863; MüKoBGB/*Wagner* § 823 Rn. 64.
57 Vgl. BGH, NJW 1994, 2232 (2233); NJW 1995, 2631 (2632); *Larenz/Canaris*, Schuldrecht II/2, § 75 II 3 d; Soergel/*Wolf* § 276 Rn. 36.

es um eine objektive Abgrenzung der Verantwortungsbereiche. Bestimmt wird also, welche Vorkehrungen nach dem Stand von Wissenschaft und Technik im Zeitpunkt der letzten mündlichen Verhandlung (ex post) geboten erscheinen, um Rechtsgutsverletzungen zu vermeiden.[58] Man bezeichnet dies auch als **äußere Sorgfalt**. Ob ein durchschnittlicher Angehöriger des betreffenden Verkehrskreises die objektiv gebotenen Anforderungen im Zeitpunkt des schädigenden Ereignisses (ex ante) hätte erkennen und erfüllen können (sog. **innere Sorgfalt**), ist dagegen eine Frage des Verschuldens.[59]

Beispiel (BGH, NJW 1995, 2631): Der 13-jährige K war in einem Abstellbahnhof auf das Dach eines Güterwagens der B geklettert und dabei zu nahe an die Oberleitung gekommen. Durch den Stromschlag stürzte er vom Wagendach und erlitt schwere Verletzungen. K verlangt von B Schadensersatz aus § 823 I. B beruft sich darauf, dass an dem Waggon das gelbe Warnzeichen »Blitzpfeil« nach Bundesbahn-Norm 11002 angebracht war. Der BGH hat bei der Prüfung der *Verkehrspflichtverletzung* festgestellt, dass die Anbringung von »Blitzpfeilen« nicht ausreicht, um Kinder auf die Gefahr eines tödlichen Stromschlags beim Beklettern des Waggons hinzuweisen, weil diese Warnung nicht deutlich genug auf die Oberleitung bezogen sei. Die B treffe aber kein *Verschulden*, weil sie zur Zeit des Unfalls darauf vertrauen durfte, dass die Pfeile nach der Rechtsprechung zur Warnung ausreichten.[60]

1185 Kommt der Sicherungspflichtige den Anforderungen an die innere Sorgfalt nach, so kann er im Allgemeinen auch die notwendigen Schutzvorkehrungen treffen, um die Verwirklichung der Gefahr zu verhindern (»Gefahr erkannt, Gefahr gebannt«). Die Nichteinhaltung der äußeren Sorgfalt begründet daher eine **Vermutung** für die Verletzung der inneren Sorgfalt.[61]

III. Rechtfertigungsgründe

1. Allgemeines

1186 Auf der Ebene der Rechtswidrigkeit sind die anerkannten Rechtfertigungsgründe zu prüfen. Soweit diese im **Allgemeinen Teil des BGB** (§§ 227 ff.) geregelt sind (Notwehr, Notstand, Selbsthilfe), kann auf die einschlägigen Lehrbücher verwiesen werden.[62] Sonderfälle des Selbsthilferechts finden sich in § 562 b (→ Rn. 480), ggf. iVm § 581 II oder § 704, sowie in §§ 859, 860, 910, 962;[63] zum Angriffsnotstand genügt ein Hinweis auf § 904. Darüber hinaus wird die **berechtigte Geschäftsführung ohne Auftrag** als Rechtfertigungsgrund angesehen.

Der traditionelle Rechtfertigungsgrund des **elterlichen Züchtigungsrechts** hat spätestens durch Einführung des § 1631 II – Recht des Kindes auf gewaltfreie Erziehung – seine Bedeutung verloren. Denn danach sind sämtliche körperliche Bestrafungen bis hin zum leichten »Klaps« auf das Gesäß unzulässig.[64] Dies ändert allerdings nichts

58 Für ex post-Beurteilung der Verkehrspflichten auch Soergel/*Wolf* § 276 Rn. 36, 40; *Raab*, JuS 2002, 1041 (1048); einschränkend *Larenz/Canaris*, Schuldrecht II/2, § 75 II 3 d; dazu aus der Perspektive des § 254 *Looschelders*, Mitverantwortlichkeit, S. 239 ff.

59 Vgl. hierzu *Deutsch*, Haftungsrecht, Rn. 385 ff.; *Schlechtriem*, Schuldrecht BT, Rn. 863; Soergel/*Wolf*, § 276 Rn. 73; krit. MüKoBGB/*Wagner* § 823 Rn. 28 ff.

60 Vgl. zu der Entscheidung auch *Looschelders/Roth*, Juristische Methodik, S. 16 f.; *Möllers*, VersR 1996, 153 ff.; *Raab*, JuS 2002, 1041 (1047).

61 Vgl. *Deutsch*, Haftungsrecht, Rn. 391.

62 Vgl. etwa *Brox/Walker*, BGB AT, Rn. 693 ff.; *Köhler*, BGB AT, § 19 Rn. 5 ff.

63 Vgl. MüKoBGB/*Grothe* § 231 Rn. 1; *Gursky*, Schuldrecht BT, S. 211.

64 MüKoBGB/*Huber* § 1631 Rn. 23; PWW/*Ziegler* § 1631 Rn. 3.

daran, dass körperlicher Zwang zur Durchsetzung zulässiger Erziehungsmaßnahmen weiter erlaubt ist.[65]

Aus dem **Strafrecht** sind der rechtfertigende Notstand (§ 34 StGB) und das Festnahmerecht (§ 127 StPO) hervorzuheben. Bei Persönlichkeits- und Ehrverletzungen kann die Wahrnehmung berechtigter Interessen (§ 193 StGB) Bedeutung erlangen (→ Rn. 1238). In Betracht kommen schließlich öffentlich-rechtliche Befugnisse, etwa die Tötung wildernder Hunde nach §§ 23, 25 BJagdG.[66]

2. Einwilligung und mutmaßliche Einwilligung

a) Allgemeine Voraussetzungen

Ein praktisch wichtiger, gesetzlich nicht geregelter Rechtfertigungsgrund ist die Einwilligung des Verletzten. Sie begegnet insbesondere bei der **ärztlichen Heilbehandlung.** Voraussetzung für die Wirksamkeit der Einwilligung ist zunächst, dass der Betreffende über das jeweilige Rechtsgut **disponieren** kann. Die Einwilligung in eine Tötung ist daher unbeachtlich.[67] Demgegenüber ist ein Patient aber nicht gehindert, seine Einwilligung in lebenserhaltende Maßnahmen zu verweigern, selbst wenn die Nichtdurchführung der Maßnahmen zu seinem sicheren Tode führt. Eine Zwangsbehandlung ist auch in diesem Fall unzulässig.[68] **1187**

Weitere Voraussetzung ist die **Einwilligungsfähigkeit**. Da die Einwilligung kein Rechtsgeschäft ist, sind die §§ 104 ff. nicht unmittelbar anwendbar.[69] Die Einwilligung eines **Minderjährigen** ist aber nur dann wirksam, wenn er nach seiner geistigen und sittlichen Entwicklung in der Lage ist, die Tragweite seiner Entscheidung zu überblicken.[70] Bei schwerwiegenden Operationen wird dies im Allgemeinen nicht anzunehmen sein; vielmehr ist hier die Einwilligung *beider Elternteile* erforderlich (vgl. § 1629 I 2).[71] In eine Sterilisation können weder die Eltern noch das Kind einwilligen (§ 1631 c). Im Übrigen muss jeweils geprüft werden, ob die Tat nicht trotz der Einwilligung gegen die guten Sitten verstößt (vgl. § 228 StGB).

Die Einwilligung muss in Kenntnis aller relevanten Umstände erteilt werden. Die Einwilligung in einen **ärztlichen Heileingriff** ist daher unwirksam, wenn der Patient nicht ordnungsgemäß über die mit dem Eingriff verbundenen Risiken **aufgeklärt** worden ist (→ Rn. 615).

Kann die Einwilligung des Patienten (zB wegen Bewusstlosigkeit) nicht rechtzeitig eingeholt werden, so kommt eine Rechtfertigung durch **mutmaßliche Einwilligung** in Betracht.[72] Hieran ist etwa zu denken, wenn sich während der Durchführung einer Operation die Notwendigkeit einer Operationserweiterung ergibt. Mit Rücksicht auf das Selbstbestimmungsrecht des Patienten darf dessen mutmaßlicher Wille in solchen Fällen aber nicht vorrangig nach objektiven Kriterien ermittelt werden. Der Arzt hat

65 Vgl. Jauernig/*Berger/Mansel* §§ 1631–1633 Rn. 3; *Gursky*, Schuldrecht BT, S. 211: Wegnahme von Streichhölzern und Zurückholen eines entlaufenen Kindes.
66 Jauernig/*Teichmann* § 823 Rn. 53.
67 *Deutsch*, Haftungsrecht, Rn. 282; *Gursky*, Schuldrecht BT, S. 211.
68 BGHZ 154, 205 (210); 163, 195 (197 f.); MüKoBGB/*Wagner* § 823 Rn. 729.
69 MüKoBGB/*Wagner* § 823 Rn. 731; *Medicus/Lorenz*, Schuldrecht II, Rn. 1258.
70 BGHZ 29, 33 (37); Soergel/*Spickhoff* § 823 Anh. I Rn. 106; *Deutsch*, Haftungsrecht, Rn. 282.
71 Vgl. BGHZ 105, 45 (47 ff.).
72 Vgl. MüKoBGB/*Wagner* § 823 Rn. 739 f.; Jauernig/*Teichmann* § 823 Rn. 56.

sich vielmehr primär an den individuellen Interessen, Wünschen, Bedürfnissen und Wertvorstellungen des jeweiligen Patienten zu orientieren.[73]

b) Einwilligungsunfähigkeit von Erwachsenen

1188 Bei **Volljährigen** ist die Einwilligungsfähigkeit grundsätzlich gegeben; sie kann aber auch hier im Einzelfall (zB aufgrund von Alter, Krankheit oder Gebrechen) ausgeschlossen sein. Hat der Betroffene einen **Betreuer**, so ist dieser bei einem entsprechenden Aufgabenbereich auch für die Einwilligung in eine ärztliche Heilbehandlung zuständig. Bei besonders gefährlichen ärztlichen Untersuchungen, Behandlungen oder Eingriffen bedarf die Einwilligung durch den Betreuer nach § 1904 I allerdings noch der **Genehmigung des Betreuungsgerichts**. Umgekehrt muss nach dem neuen § 1904 II auch die Nichteinwilligung in eine ärztliche Maßnahme oder der Widerruf einer Einwilligung durch den Betreuer vom Betreuungsgericht genehmigt werden, sofern die Maßnahme medizinisch indiziert ist und ihr Unterbleiben bzw. ihr Abbruch zum Tod des Betreuten oder zu einem schweren gesundheitlichen Schaden führen würde.

Besonderheiten gelten bei Vorliegen einer **Patientenverfügung**. Der durch das 3. Betreuungsrechtsänderungsgesetz v. 29. 7. 2009 eingefügte § 1901 a I sieht vor, dass ein einwilligungsfähiger Volljähriger für den Fall seiner Einwilligungsunfähigkeit schriftlich festlegen kann, ob er in bestimmte, zum Zeitpunkt der Festlegung noch nicht unmittelbar bevorstehende Untersuchungen, Heilbehandlungen oder ärztliche Eingriffe einwilligt oder sie untersagt. Der Betreuer hat hier zu prüfen, ob diese Festlegungen auf die aktuelle Lebens- und Behandlungssituation zutreffen. Sofern dies der Fall ist, wird die in Frage stehende Maßnahme unmittelbar durch die Festlegungen des Betroffenen gerechtfertigt; umgekehrt hat eine Untersagung zur Folge, dass die Durchführung der Maßnahme rechtwidrig wäre.[74] Der Betreuer ist nach § 1901 a I 2 verpflichtet, dem Willen des Betreuten Ausdruck und Geltung zu verschaffen.

c) Abgrenzung zum Handeln auf eigene Gefahr

1189 Keinen Fall der rechtfertigenden Einwilligung bildet das sog. **Handeln auf eigene Gefahr** (dazu SAT Rn. 1038 ff.). Nach der neueren Rechtsprechung ist die bewusste Inkaufnahme des Risikos meist erst im Rahmen des § 254 zu würdigen.[75] Im Einzelfall kann aber auch schon das Vorliegen einer tatbestandsmäßigen Verletzung zu verneinen sein (vgl. zur Tierhalterhaftung nach § 833 S. 1 → Rn. 1348).

3. Verkehrsrichtiges Verhalten als Rechtfertigungsgrund

1190 Nach einer viel diskutierten Entscheidung des BGH v. 4. 3. 1957 zur Haftung nach § 831 kann sich der Schädiger im Straßen- und Eisenbahnverkehr auf den »Rechtfertigungsgrund des verkehrsrichtigen Verhaltens« berufen.[76] Dahinter steht die zutreffende Erwägung, ein Verhalten könne nicht rechtswidrig sein, wenn es der Verkehrsordnung in jeder Hinsicht entspreche. Zur Verwirklichung dieses Gedankens bedarf es jedoch nicht der Konstruktion eines neuen *Rechtfertigungsgrundes*. Denn ein verkehrspflichtgemäßes Verhalten ist weder bei § 823 I noch bei § 831

73 BGH, VersR 2000, 603; vgl. jetzt auch die Kriterien des § 1901 a II 3.
74 Vgl. Palandt/*Diederichsen* § 1901 a Rn. 22; Staudinger/*Hager* (2009) § 823 Rn. I 117.
75 Grundlegend BGHZ 34, 355 (360 ff.); anders noch BGHZ 2, 159 (162).
76 BGHZ 24, 21 (26 ff.); dem folgend OLG Hamm, NJW-RR 1998, 1403.

tatbestandsmäßig.[77] Konsequenzen hat die unterschiedliche dogmatische Einordnung der Problematik für die **Beweislast**. Nach der »Tatbestandslösung« muss der Geschädigte das Vorliegen einer Verkehrspflichtverletzung nachweisen. Nach der »Rechtfertigungslösung« des BGH muss der Schädiger dagegen das verkehrsrichtige Verhalten beweisen.

Beispiel (BGHZ 21, 26): Der G wollte nach einer Familienfeier mit der Straßenbahn der S nach Hause fahren. Als er gerade dabei war, die vordere Plattform des Motorwagens zu besteigen, wurde er von der Straßenbahn überfahren und schwer verletzt. G verlangt von S Schadensersatz aus § 831. Er führt den Unfall darauf zurück, dass der Straßenbahnfahrer F zu früh angefahren sei, obwohl erkennbar war, dass er (G) gerade einsteigen wollte. S macht demgegenüber geltend, F habe sich ordnungsgemäß verhalten. G müsse den Unfall sich selbst zuschreiben, weil er der bereits angefahrenen Straßenbahn nachgeeilt sei, um aufzuspringen. Welche Darstellung zutreffend war, ließ sich nicht mehr feststellen. Nach Ansicht des BGH traf S die Beweislast für das verkehrsrichtige Verhalten des F. Demgegenüber müsste G nach der hier vertretenen Auffassung nachweisen, dass F sich verkehrswidrig verhalten hat.

Die Konzeption des BGH ist überwiegend auf Ablehnung gestoßen.[78] Erklären lässt 1191
sie sich nur mit den **Besonderheiten des § 831**. Dies hat zur Folge, dass sich die Lehre vom Rechtfertigungsgrund des verkehrsgerechten Verhaltens – selbst wenn man ihr folgt – keinesfalls auf § 823 I übertragen lässt.

Praktische Bedeutung hat die Einordnung des verkehrsrichtigen Verhaltens nur bei solchen Tatbeständen, in denen es nicht auf das Verschulden des Handelnden ankommt. Das ist neben § 831 vor allem § 1004.[79] Im Straßenbahn-Fall erscheint die Haftung nach § 831 aber selbst nach der Konzeption des BGH zweifelhaft. Da kein Verschulden des F nachweisbar ist, könnte die S sich nämlich nach § 831 I 2 damit entlasten, dass der Unfall auch bei noch so sorgfältiger Auswahl und Überwachung des F nicht vermieden worden wäre (→ Rn. 1330).[80] In der Klausur muss der Meinungsstreit deshalb im Allgemeinen nicht thematisiert werden.

IV. Schuld

1. Formen und Bezugspunkt des Verschuldens

Entsprechend dem deliktsrechtlichen Verschuldensprinzip greift die Haftung nach 1192
§ 823 I nur ein, wenn der Schädiger **vorsätzlich** oder **fahrlässig** gehandelt hat. Für die Einzelheiten kann auf die Darlegungen zu § 276 (SAT Rn. 510 ff.) verwiesen werden. Zu beachten ist insbesondere, dass der **objektivierte Fahrlässigkeitsmaßstab** aus Gründen des Verkehrsschutzes auch im Deliktsrecht gilt.[81] Das Maß der erforderlichen Sorgfalt richtet sich also nicht nach den individuellen Fähigkeiten des konkreten Schädigers, sondern nach den Fähigkeiten eines durchschnittlichen Angehörigen des betreffenden Verkehrskreises, wobei zwischen den verschiedenen Berufs- und Altersgruppen zu differenzieren ist (ausführlich dazu SAT Rn. 516 ff.).

Bei konkurrierenden vertraglichen Schadensersatzansprüchen bestehende **Haftungsmilderungen** (zB §§ 521, 599, 690) können uU auf das Deliktsrecht »durchschlagen«

77 *Larenz/Canaris*, Schuldrecht II/2, § 79 III 2 c; Bamberger/Roth/*Spindler* § 823 Rn. 35.
78 Vgl. MüKoBGB/*Wagner* § 823 Rn. 25: »unhaltbare Figur«.
79 Vgl. *Medicus/Lorenz*, Schuldrecht II, Rn. 1255.
80 So *Gursky*, Schuldrecht BT, S. 210; Jauernig/*Teichmann* § 823 Rn. 50.
81 *Larenz/Canaris*, Schuldrecht II/2, § 75 I 2 g; krit. *Koziol*, AcP 196 (1996), 593 (602 ff.).

(vgl. etwa → Rn. 316). Darüber hinaus sind auch die Privilegierungen zwischen Gesellschaftern (§ 708) und Ehegatten (§ 1359) sowie im Eltern-/Kindverhältnis (§ 1664) zu berücksichtigen.

1193 Bezugspunkt des Verschuldens ist allein die **haftungsbegründende Kausalität**. Dagegen muss die **haftungsausfüllende Kausalität** mitsamt dem Schaden nicht vom Verschulden erfasst sein (SAT Rn. 892).[82] Dies erklärt, warum die haftungsausfüllende Kausalität in der Klausur erst nach dem Verschulden geprüft werden sollte, obwohl sie an sich zum Tatbestand des § 823 I gehört.

2. Verschuldensfähigkeit (Deliktsfähigkeit)

1194 Die Haftung nach § 823 I ist ausgeschlossen, wenn der Schädiger nach §§ 827, 828 nicht für den Schaden verantwortlich ist.

a) Ausschluss der Haftung Minderjähriger nach § 828

Besondere praktische Bedeutung hat die Vorschrift des § 828 über die Verschuldensfähigkeit Minderjähriger. Grundsätzlich gilt hiernach, dass Kinder unter sieben Jahren nicht schuldfähig sind (§ 828 I). Ab dem siebenten Lebensjahr sind Minderjährige gemäß § 828 III beschränkt deliktsfähig. Die Haftung ist hiernach nur dann ausgeschlossen, wenn der Betreffende bei der Begehung der schädigenden Handlung nicht die zur Erkenntnis der Verantwortlichkeit erforderliche **Einsicht** hatte. Nach hM genügt dabei die abstrakte Fähigkeit, die Gefährlichkeit des in Frage stehenden Verhaltens und die Verantwortlichkeit für die Folgen des eigenen Tuns zu erkennen; dass der Minderjährige in der konkreten Situation in der Lage war, sich dieser Einsicht gemäß zu verhalten (sog. **Steuerungsfähigkeit**), wird – anders als im Strafrecht (§§ 3 S. 1 JGG, 20 StGB) – nicht vorausgesetzt.[83] Im Einzelfall kann dieser Aspekt aber bei der altersgemäßen Beurteilung der Fahrlässigkeit nach § 276 II berücksichtigt werden (vgl. SAT Rn. 517, 519).

1195 Für die Haftung von Minderjährigen bei **Verkehrsunfällen** ist der Beginn der beschränkten Deliktsfähigkeit durch das 2. SchadRÄndG mit Wirkung zum 31. 7. 2002 auf zehn Jahre heraufgesetzt worden. Dahinter steht die Erkenntnis, dass Kinder unter zehn Jahren regelmäßig nicht in der Lage sind, die Gefahren des motorisierten Straßenverkehrs zutreffend einzuschätzen und sich entsprechend zu verhalten.[84]

Nach dem *Wortlaut* des § 828 II gilt die Privilegierung für alle Unfälle mit einem Kraftfahrzeug, einer Schienenbahn oder einer Schwebebahn, die das Kind nicht vorsätzlich (zB durch Werfen von Steinen auf Autos) herbeigeführt hat. *Sinn und Zweck* der Privilegierung gebieten aber eine teleologische Reduktion, wenn sich im Unfall keine *typische* Überforderungssituation des Kindes durch die spezifischen Gefahren des motorisierten Verkehrs realisiert hat.[85] Der BGH betont dabei zwar, dass sich die Entwicklungsdefizite von Kindern im **fließenden Verkehr** häufiger auswirken;[86] in Ausnahmefällen könne die Privilegierung aber auch im **ruhenden Verkehr** eingrei-

82 Vgl. BGH, NJW 2002, 2232 (2234); *Larenz/Canaris*, Schuldrecht II/2, § 75 I 2 e.
83 BGHZ 39, 281 (285); BGH, NJW 1984, 1958; NJW 2005, 354 (355); Palandt/*Sprau* § 828 Rn. 6; krit. *Kuhlen*, JZ 1990, 273 ff.; *Looschelders*, VersR 1999, 141 ff.
84 Vgl. BT-Drs. 14/7752, 26; Hk-BGB/*Staudinger* § 828 Rn. 2.
85 Vgl. BGH, NJW 2005, 354 (355); NJW 2009, 3231 (3232); Palandt/*Sprau* § 828 Rn. 3.
86 Vgl. BGH, NJW 2005, 354 (355); NJW 2005, 356.

fen.[87] Eine strikte Unterscheidung zwischen fließendem und ruhendem Verkehr wird damit zu Recht abgelehnt.

Beispiele: (1) Der 9-jährige K veranstaltet mit anderen Kindern auf der Straße ein Wettrennen mit Kickboards. Dabei stürzt er aus Unachtsamkeit, worauf sein Kickboard führungslos gegen den ordnungsgemäß am Straßenrand geparkten Pkw des G prallt und diesen beschädigt. Der BGH hat einen Schadensersatzanspruch des G gegen K aus § 823 I bejaht. Die Privilegierung des § 828 II greife nicht ein, weil der Unfall nicht auf den spezifischen Gefahren des motorisierten Straßenverkehrs beruhe.[88]

(2) Der 8-jährige K stößt aufgrund von Unaufmerksamkeit mit seinem Fahrrad auf einen verkehrsbedingt haltenden Pkw. Der BGH hat eine verkehrstypische Überforderung des K konstatiert und § 828 II angewendet. Ob sich die Überforderungssituation konkret ausgewirkt habe, sei unerheblich.[89]

(3) Der 9-jährige Fahrradfahrer K kollidiert mit einem verkehrswidrig am linken Fahrbahnrand geparkten Pkw. Das LG Saarbrücken hat die Anwendbarkeit des § 828 II bejaht, weil durch das verkehrswidrige Linksparken für K eine verkehrstypische Überforderungssituation begründet worden sei.[90]

Nach allgemeiner Ansicht ist § 828 II auch dann anwendbar, wenn der Minderjährige an dem Verkehrsunfall als **Geschädigter** beteiligt ist. Wird ein 7–9-jähriges Kind von einem Kraftfahrzeug erfasst, weil es unachtsam auf die Straße gelaufen ist, kann sich der ersatzpflichtige Halter oder Fahrer daher nicht auf ein **Mitverschulden** (§ 254) berufen.[91]

b) Ausschluss der Verantwortlichkeit nach § 827

Weitere Gründe für den Ausschluss der Zurechnungsfähigkeit sind in § 827 geregelt. **1196**
Die Verantwortlichkeit ist danach ausgeschlossen, wenn der Schädiger den Schaden in einem Zustand der **Bewusstlosigkeit** (zB Ohnmacht)[92] oder in einem die freie Willensbestimmung ausschließenden Zustand **krankhafter Störung der Geistestätigkeit** (zB epileptischer Anfall)[93]verursacht hat. Hat sich der Schädiger durch geistige Getränke (Alkohol) oder ähnliche Mittel (zB Rauschgift, Medikamente) schuldhaft in einen solchen Zustand versetzt, so ist er für den Schaden aber doch so verantwortlich, wie wenn er im Tatzeitpunkt fahrlässig gehandelt hätte (§ 827 S. 2). Daneben sind auch die allgemeinen Grundsätze der **actio libera in causa** anwendbar.[94]

c) Billigkeitshaftung nach § 829

Ist die Verantwortlichkeit des Schädigers nach §§ 827, 828 ausgeschlossen, so kommt **1197**
in Ausnahmefällen eine Ersatzpflicht aus Billigkeitsgründen nach § 829 in Betracht. Die Anwendung des § 829 setzt voraus, dass die sonstigen Voraussetzungen des § 823 I (oder eines anderen Haftungstatbestands) vorliegen. Außerdem darf dem Geschädigten kein Ersatzanspruch gegen Dritte – zB die Eltern eines Kindes (§ 832) – zustehen.

87 Vgl. BGH, NJW-RR 2009, 95 (96); NJW 2009, 3231 (3232).
88 BGH, NJW 2005, 354 (355).
89 BGH, NJW 2007, 2113 = JA 2007, 736 (*Hager*).
90 LG Saarbrücken, NJW 2010, 944.
91 BGH, NJW 2005, 354 (355); *Schlechtriem*, Schuldrecht BT, Rn. 867.
92 BGHZ 23, 90, 98; 98, 135 (137 ff.); in solchen Fällen kann man sich freilich fragen, ob überhaupt eine Handlung vorliegt (vgl. dazu Staudinger/*Oechsler* [2009] § 827 Rn. 7).
93 Vgl. BGH, NJW 1995, 452.
94 Vgl. Staudinger/*Oechsler* (2009) § 827 Rn. 46; *Deutsch*, Haftungsrecht, Rn. 474.

Schließlich muss die Billigkeit die Schadloshaltung geradezu *fordern*. Dies setzt ein **wirtschaftliches Gefälle** zwischen Schädiger und Geschädigtem voraus. Ein solches Gefälle liegt insbesondere vor, wenn der Geschädigte die erlittene Einbuße selbst schwer ausgleichen kann, während der Schädiger über erhebliches Vermögen verfügt. Man hat die Vorschrift daher früher oft als »Millionärsparagraph« bezeichnet.[95] Nach der neueren Rechtsprechung kann allerdings auch die Existenz einer Pflicht-Haftpflichtversicherung des Schädigers die Billigkeitshaftung begründen; eine freiwillige Haftpflichtversicherung soll dagegen nur die Höhe einer anderweitig begründeten Ersatzpflicht nach § 829 beeinflussen können.[96]

1198 Die hM dehnt den Anwendungsbereich des § 829 auf Kinder und Jugendliche ab sieben bzw. zehn Jahren aus, die zwar die erforderliche Einsichtsfähigkeit haben, denen aber bei Zugrundelegung eines altersspezifischen Maßstabs **kein Fahrlässigkeitsvorwurf** gemacht werden kann. Die Analogie rechtfertigt sich daraus, dass die Verneinung der Fahrlässigkeit in solchen Fällen auf demselben Mangel an Reife beruht wie das in § 828 III geregelte Fehlen der Einsichtsfähigkeit.[97] Das Gleiche muss dann aber auch für den Fall gelten, dass der Fahrlässigkeitsmaßstab bei einem älteren Menschen aus alterspezifischen Gründen abgesenkt ist.[98]

Im Rahmen des **Mitverschuldens** ist § 829 entsprechend – gleichsam »spiegelbildlich« – anwendbar. Ist die Verschuldensfähigkeit des Geschädigten nach §§ 827, 828 ausgeschlossen, so kann der Anspruch also dennoch nach § 254 herabgesetzt werden, wenn dies aus Billigkeitsgründen ausnahmsweise geboten erscheint.[99]

3. Entschuldigungsgründe

1199 Im Einzelfall kann das Verschulden des Schädigers auch aufgrund von Entschuldigungsgründen ausgeschlossen sein. In Betracht kommt insbesondere der **entschuldigende Notstand** nach § 35 StGB.[100] Ist die deliktische Haftung des Schädigers hiernach ausgeschlossen, so steht dem Geschädigten aber ein Schadensersatzanspruch aus § 904 S. 2 analog zu.[101] Geht der Schädiger irrtümlich vom Vorliegen einer Notwehrlage aus (sog. **Putativnotwehr**), so ist eine Rechtfertigung ausgeschlossen. Bei unvermeidbarem Irrtum kann jedoch das Verschulden fehlen.[102] Der **Notwehrexzess** nach § 33 StGB schließt die deliktische Haftung des Schädigers im Allgemeinen nicht aus. Der vorausgehende Angriff des Geschädigten kann jedoch eine Anspruchskürzung wegen Mitverschuldens (§ 254) rechtfertigen.[103]

Literatur: *v. Bar*, Verkehrspflichten (1980); *ders.*, Entwicklungen und Entwicklungstendenzen im Recht der Verkehrs(sicherungs)pflichten, JuS 1988, 169; *ders.*, Die Billigkeitshaftung in den kontinen-

95 Vgl. BGHZ 76, 279 (284); *Gursky*, Schuldrecht BT, S. 221.
96 BGHZ 127, 186 (191 ff.); Palandt/*Sprau* § 829 Rn. 4; weitergehend *Larenz/Canaris*, Schuldrecht II/2, § 84 VII 1 b; *E. Lorenz*, FS Medicus, 1999, 353 ff.; krit. Staudinger/*Oechsler* (2009) § 829 Rn. 45 ff.
97 BGHZ 39, 281 (286); *Medicus/Lorenz*, Schuldrecht II, Rn. 1268; Soergel/*Zeuner*, 12. Aufl. 1999, § 829 Rn. 11.
98 Vgl. MüKoBGB/*Wagner* § 829 Rn. 8.
99 BGHZ 37, 102 (105 ff.); BGH, NJW 1973, 1795 (1796); MüKoBGB/*Wagner* § 829 Rn. 5; Staudinger/*Oechsler* (2009) § 829 Rn. 66 ff.; *Looschelders*, Mitverantwortlichkeit, S. 361 ff.
100 Zur Anwendbarkeit des § 35 StGB im Zivilrecht Soergel/*Wolf* § 276 Rn. 193.
101 *Larenz/Canaris*, Schuldrecht II/2, § 85 IV 1.
102 *Deutsch*, Haftungsrecht, Rn. 269.
103 Vgl. MüKoBGB/*Grundmann* § 276 Rn. 170.

talen Rechten der EU, FS E. Lorenz, 1994, 73; *Deckert*, Die Verkehrspflichten, Jura 1996, 348; *Deutsch*, Die Fahrlässigkeit als Außerachtlassung der äußeren und inneren Sorgfalt, JZ 1988, 993; *Edenfeld*, Grenzen der Verkehrssicherungspflicht, VersR 2002, 272; *U. Huber*, Zivilrechtliche Fahrlässigkeit, FS E. R. Huber, 1973, 253; *Jansen*, Das Problem der Rechtswidrigkeit bei § 823 Abs. 1 BGB, AcP 202 (2002), 517; *Kaessmann*, Kinderunfall im Straßenverkehr – Haftungsrechtliche Erwägungen, FS G. Müller, 2009, 415; *Koziol*, Objektivierung des Fahrlässigkeitsmaßstabs im Schadensrecht, AcP 196 (1996), 593; *Kuhlen*, Strafrechtliche Grenzen der zivilrechtlichen Deliktshaftung Minderjähriger, JZ 1990, 273; *E. Lorenz*, Einfluss der Haftpflichtversicherungen auf die Billigkeitshaftung nach § 829 BGB, FS Medicus, 1999, 353; *Looschelders*, Verfassungsrechtliche Grenzen der Haftung Minderjähriger, VersR 1999, 141; *ders.*, Die haftungsrechtliche Relevanz außergesetzlicher Verhaltensregeln im Sport, JR 2000, 265; *Mertens*, Verkehrspflichten und Deliktsrecht, VersR 1980, 397; *Möllers*, Verkehrspflichten gegenüber Kindern, VersR 1996, 153; *Ohly*, »Volenti non fit iniuria« – Die Einwilligung im Zivilrecht, 2002; *ders.*, Einwilligung und »Einheit der Rechtsordnung«, FS Jakobs, 2007, 451; *Raab*, Die Bedeutung der Verkehrspflichten und ihre systematische Stellung im Deliktsrecht, JuS 2002, 1041; *Rothe*, Verkehrssicherung um jeden Preis? – Keine Haftung für explodierende Limonadenflaschen, NJW 2007, 740; *Schiemann*, Die Entwicklung der Verkehrspflichten im Zwanzigsten Jahrhundert, FS Medicus, 2009, 447; *J. Schröder*, Verkehrssicherungspflicht gegenüber Unbefugten, AcP 179 (1979), 567; *Steffen*, Verkehrspflichten im Spannungsfeld von Bestandsschutz und Handlungsfreiheit, VersR 1980, 409; *Zippelius*, Die Rechtswidrigkeit von Handlung und Erfolg, AcP 157 (1958/59), 390. Vgl. auch die Nachweise zu § 56.

§ 58 Die einzelnen Elemente des § 823 I

Die Haftung nach § 823 I setzt zunächst voraus, dass der Schädiger in zurechenbarer Weise ein Rechtsgut des Geschädigten verletzt hat. 1200

I. Rechtsgutsverletzung

Zentrales Element des § 823 I ist die **Rechtsgutsverletzung.** Die Verursachung eines reinen (durch keine Rechtsgutsverletzung vermittelten) Vermögensschadens ist nach der Konzeption des Gesetzgebers (→ Rn. 1170) nicht geeignet, Ansprüche des Geschädigten aus § 823 I zu begründen.

1. Leben

Als Schutzgut nennt § 823 I zunächst das Leben. Der Sache nach geht es dabei um die **Tötung** eines anderen Menschen. Da die Rechtsfähigkeit mit dem Tod endet, können dem Betroffenen selbst wegen der Tötung keine Ersatzansprüche zustehen. In Betracht kommen daher nur *Ansprüche Dritter* – namentlich der Hinterbliebenen – nach §§ 844–846 (→ Rn. 1415 ff.).[104] Auch diesen steht aber wegen des Verlusts des Angehörigen kein Schmerzensgeldanspruch nach § 253 II zu (vgl. SAT Rn. 972). 1201

2. Körper und Gesundheit

Weitere Schutzgüter des § 823 I sind Körper und Gesundheit. Bei der Verletzung des Körpers geht es um einen Eingriff in die **körperliche Integrität.** Dazu gehört auch der *ärztliche Heileingriff.*[105] Da das Selbstbestimmungsrecht des Patienten Vorrang 1202

104 *Larenz/Canaris*, Schuldrecht II/2, § 76 II 1 a; *Medicus/Lorenz*, Schuldrecht II, Rn. 1271.

105 MüKoBGB/*Wagner* § 823 Rn. 725; Soergel/*Spickhoff* § 823 Rn. 35; Staudinger/*Hager* (2009) § 823 Rn. I 1 ff.; *Medicus/Lorenz*, Schuldrecht II, Rn. 1274; aA Erman/*Schiemann* § 823 Rn. 135.

hat, muss der Eingriff durch eine wirksame Einwilligung (→ Rn. 1187 f.) gedeckt sein. Dies gilt auch dann, wenn der Eingriff medizinisch indiziert ist und lege artis vorgenommen wird.[106]

1203 Das Merkmal der Gesundheitsverletzung betrifft die Verursachung einer **Krankheit** (i. S. einer Störung der normalen körperlichen Funktionen).[107] Die Verletzung des Körpers geht meist mit einer Gesundheitsverletzung einher, so dass eine genaue Abgrenzung nicht erforderlich ist. Im Einzelfall kann die Gesundheitsverletzung jedoch auch ausbleiben (zB Abschneiden der Haare).[108] Umgekehrt setzt die Gesundheitsverletzung nicht notwendig eine Körperverletzung voraus. So wird die Übertragung eines gefährlichen Virus (zB HIV) als Gesundheitsverletzung qualifiziert, auch wenn es noch nicht zum Ausbruch der entsprechenden Krankheit (AIDS) gekommen ist.[109]

1204 § 823 I schützt nicht nur den *geborenen* Menschen. Auch Schädigungen der **Leibesfrucht** können Ansprüche aus § 823 I begründen, sofern das Kind später mit einer entsprechenden Gesundheitsbeeinträchtigung zur Welt kommt. Maßgeblich ist die Erwägung, dass die Leibesfrucht und das später geborene Kind identische Wesen sind.[110] Eine Haftung wegen Gesundheitsbeschädigung kommt aber selbst dann in Betracht, wenn das Kind bei Vornahme der Verletzungshandlung noch nicht einmal gezeugt war.[111]

Beispiel: (BGHZ 8, 243): Die F wurde in einem Krankenhaus durch eine Bluttransfusion mit Lues-Erregern infiziert. Die später von ihr empfangene Tochter (T) kam infolgedessen mit angeborener Lues zur Welt. Der BGH hat eine Gesundheitsbeschädigung bei T bejaht. Dass das Ei oder die Leibesfrucht möglicherweise schon vom Augenblick der Empfängnis an krank gewesen sei, müsse wegen des besonderen Wesens der in § 823 I geschützten Lebensgüter außer Betracht bleiben.

1205 Bereits **abgetrennte Körperteile** unterliegen nicht mehr dem Schutz von Körper und Gesundheit. Eine Ausnahme gilt allerdings für solche Körperteile, die nur vorübergehend abgetrennt worden sind und später wieder eingegliedert werden sollen (zB zur Eigentransplantation bestimmte Haut- oder Knochenbestandteile oder zur Befruchtung entnommene Eizellen).[112]

Beispiel (BGHZ 124, 52): Der 31-jährige A musste sich einer Operation unterziehen, von der er wusste, dass sie zu seiner Zeugungsunfähigkeit führen würde. Um gleichwohl später einmal eigene Kinder haben zu können, ließ er in der Klinik des B von ihm stammendes Sperma konservieren. Da die Lagerkapazität der Klinik begrenzt war, ließ B zwei Jahre später bei A anfragen, ob er an einer weiteren Konservierung interessiert sei, was A mit eingeschriebenem Brief bejahte. Die Antwort ging zwar bei B ein, gelangte aus unerfindlichen Gründen aber nicht zur Akte des A. Als A wenig später heiratete und sich mit seiner Ehefrau den Wunsch nach einem gemeinsamen Kind erfüllen wollte, war die Konserve bereits vernichtet. – Der BGH hat dem A unter dem Aspekt der Körperverletzung einen Anspruch auf Schmerzensgeld (§§ 823 I, 253 II) zugebilligt. Zwar sei das Sperma endgültig vom Körper des A getrennt worden. Es habe aber weiterhin dem Zweck gedient, seine körperlichen Funktionen zur Hervorbringung von Nachkommen zur Geltung zu bringen.[113]

---

106 Vgl. BGHZ 29, 46 (48 ff.); 90, 103 (105 ff.).

107 Vgl. BGHZ 8, 243 (248); 114, 284 (289); *Medicus/Lorenz*, Schuldrecht II, Rn. 1273.

108 MüKoBGB/*Wagner* § 823 Rn. 71; Soergel/*Spickhoff* § 823 Rn. 35. Vgl. auch AG Köln, NJW-RR 2001, 1675: Schädigung der Haare durch Dauerwelle.

109 BGHZ 114, 284 (289).

110 BGHZ 58, 48 (51); vgl. auch BGHZ 93, 351 (355 ff.).

111 *Schlechtriem*, Schuldrecht BT, Rn. 832; *Medicus/Lorenz*, Schuldrecht II, Rn. 1275.

112 BGHZ 124, 52 (54); Palandt/*Sprau* § 823 Rn. 5.

113 Vgl. Palandt/*Sprau* § 823 Rn. 5; für Anknüpfung an das allgemeine Persönlichkeitsrecht Soergel/*Spickhoff* § 823 Rn. 34; *Taupitz*, NJW 1995, 745 ff.

Die Gesundheitsverletzung kann auch **psychisch** vermittelt werden. Praktisch bedeutsam ist der Fall, dass der Geschädigte durch die Nachricht von der Tötung eines nahen Angehörigen einen **Schock** erleidet. Nach der Rechtsprechung stellen die mit einem Trauerfall verbundenen Störungen der seelischen Funktionen (Trauer, Schmerz, Niedergeschlagenheit) allerdings noch keine tatbestandsmäßige **Gesundheitsbeschädigung** dar. Erforderlich sind vielmehr weitergehende, pathologisch fassbare gesundheitliche Beeinträchtigungen (vgl. SAT Rn. 919).[114] 1206

Liegen die genannten Voraussetzungen vor, hat der Angehörige des Getöteten eine eigene Rechtsgutsverletzung erlitten. Es bleibt aber das Problem der **Zurechenbarkeit.** Erforderlich ist hierfür, dass es sich bei dem Getöteten entweder um einen nahen Angehörigen des Geschädigten handelt oder dass der Geschädigte unmittelbar an dem Unfall beteiligt war (s. dazu SAT Rn. 920 ff.). Die Zurechenbarkeit ist daher zu verneinen, wenn ein Polizeibeamter oder ein sonstiger Dritter wegen des Miterlebens eines Unfalls einen schweren psychischen Gesundheitsschaden erleidet. Der Betreffende hat daher keinen Schadensersatzanspruch aus § 823 I.[115]

3. Freiheit

Bei der Definition des Merkmals »Freiheit« ist zu beachten, dass die Verfasser des BGB sich bewusst gegen einen umfassenden Schutz der allgemeinen Handlungsfreiheit entschieden haben (→ Rn. 1170). Bei § 823 I geht es damit allein um Beeinträchtigungen der **körperlichen Bewegungsfreiheit.**[116] In Betracht kommt zB das Einsperren eines Menschen, auch in Form der Veranlassung einer nicht berechtigten Festnahme.[117] Die Verursachung eines Verkehrsstaus wird dagegen nicht erfasst, weil die Bewegungsfreiheit des Autofahrers als solche dadurch nicht beeinträchtigt wird.[118] 1207

4. Eigentum

Nach den Lebensgütern wird das Eigentum in § 823 I als Schutzgut ausdrücklich genannt. Der Inhalt des Eigentums wird von § 903 S. 1 dahingehend umschrieben, dass der Eigentümer mit der Sache nach Belieben verfahren und andere von jeder Einwirkung ausschließen kann. Das Eigentum ist also das **umfassendste Herrschaftsrecht** an einer Sache. Es handelt sich um ein dingliches, gegenüber jedermann wirkendes (**absolutes**) Recht.[119] Verfassungsrechtlich wird das Eigentum durch Art. 14 GG geschützt. 1208

Bei Eigentumsverletzungen ist der Vorrang der Vorschriften über das **Eigentümer-Besitzer-Verhältnis** (§§ 987 ff.) zu beachten. Gemäß § 992 haftet der Besitzer einer Sache dem Eigentümer nur dann auf Schadensersatz wegen unerlaubter Handlungen, wenn er sich den Besitz durch verbotene Eigenmacht (§ 858) oder eine Straftat (zB § 242 StGB) verschafft hat.[120]

Die Eigentumsverletzung kann in verschiedenen **Formen** stattfinden. In Betracht kommen Einwirkungen auf das *Eigentumsrecht* als solches (zB Veräußerung an einen

114 BGHZ 56, 163 (166); 132, 341 (344); 172, 263 (265 ff.).
115 Vgl. BGHZ 172, 263 (266 ff.); *E. Lorenz*, FS G. Müller, 2009, 147 (151).
116 Vgl. Palandt/*Sprau* § 823 Rn. 6; *Schlechtriem*, Schuldrecht BT, Rn. 833.
117 *Medicus/Lorenz*, Schuldrecht II, Rn. 1276; *Larenz/Canaris*, Schuldrecht II/2, § 76 II 2 b.
118 *Larenz/Canaris*, Schuldrecht II/2, § 76 II 2 b; *Fuchs*, Deliktsrecht, S. 17.
119 Zum Begriff des Eigentums *Brox/Walker*, BGB AT, Rn. 624 ff.
120 Vgl. Jauernig/*Berger* § 992 Rn. 1; *Medicus*, Grundwissen, Rn. 343.

gutgläubigen Erwerber, §§ 932 ff.) oder auf die *Substanz* der Sache (Zerstörung, Beschädigung etc.) sowie die *Entziehung des Besitzes* an der Sache und die *Beeinträchtigung ihres Gebrauchs.*[121]

a) Gebrauchsbeeinträchtigungen

1209 Besondere Schwierigkeiten bereitet die Fallgruppe der **Gebrauchsbeeinträchtigungen**. Die hier auftretenden Abgrenzungsprobleme beruhen darauf, dass nicht jede vorübergehende Beeinträchtigung des Gebrauchs einer Sache, die weder mit einer Substanzverletzung noch einer Besitzentziehung einhergeht, den Tatbestand der Eigentumsverletzung erfüllen kann, weil sonst auch reine Vermögensschäden nach § 823 I ersatzfähig wären.[122] Die Abgrenzung muss danach erfolgen, ob die Beeinträchtigung sich auf Positionen bezieht, die vom **Zuweisungsgehalt des Eigentums** umfasst sind.[123]

Beispiel: (BGHZ 55, 153): Reeder R hat sich gegenüber dem Mühlenbetreiber M zur Durchführung von Transporten verpflichtet. Die Mühle befindet sich an einem im Eigentum der Bundesrepublik Deutschland stehenden Fleet, das sie mit einem Hafen verbindet. Durch den partiellen Einsturz einer baufälligen Ufermauer wird die Verbindung zwischen Mühle und Hafen für längere Zeit unterbrochen. Ein Schiff des R wird dabei zwischen Mühle und Einbruchstelle eingeschlossen; drei andere Schiffe können die Mühle nicht mehr anlaufen. R verlangt von der Bundesrepublik Deutschland Schadensersatz wegen schuldhafter Verletzung der Unterhaltungspflicht. – Der BGH hat lediglich bei dem eingeschlossenen Schiff eine Eigentumsverletzung bejaht. Dahinter steht die Erwägung, dass der Zuweisungsgehalt des Eigentums nur die *Benutzbarkeit* des Schiffes *als Transportmittel* umfasst. Die *Durchführbarkeit konkreter Transporte* gehört dagegen nicht zum Inhalt des Eigentums. Hier geht es um die wirtschaftliche Betätigungsfreiheit, die allenfalls unter dem Aspekt des eingerichteten und ausgeübten Gewerbebetriebs (→ Rn. 1249) geschützt wird.[124]

1210 Entsprechende Abgrenzungsprobleme stellen sich in allen Fällen, in denen die **Zufahrt** zu einem Grundstück oder einem Betrieb **unterbrochen** wird.

Beispiel (BGH, NJW 1977, 2264): S hat auf seinem Grundstück fahrlässig einen Brand verursacht. Aufgrund dieses Brandes wurde das benachbarte Grundstück des G wegen akuter Explosionsgefahr für zwei Stunden polizeilich geräumt. Für drei weitere Stunden waren die Zufahrtsstraßen zum Grundstück des G durch Einsatzfahrzeuge von Polizei und Feuerwehr so blockiert, dass dessen Fahrzeuge nicht an- und ausfahren konnten. Der BGH hat nur für die Zeit der Räumung eine Eigentumsverletzung angenommen. Mit Blick auf die Blockade der Zufahrtstraßen wurde die Eigentumsverletzung verneint. Dies lässt sich damit rechtfertigen, dass die Beeinträchtigung insoweit nicht das Eigentum des G, sondern dessen Recht auf Gemeingebrauch an der Straße betrifft, das nicht von § 823 I geschützt wird.[125] Daneben wird zwar auch die Nutzungsmöglichkeit des Grundstücks und der Fahrzeuge beeinträchtigt. Insoweit ist die Erheblichkeitsschwelle aber nicht überschritten.[126]

1211 Beruht die Gebrauchsbeeinträchtigung darauf, dass betriebliche Einrichtungen für gewisse Zeit von der **Stromversorgung** »abgeschnitten« sind, so liegt nach hM grundsätzlich ebenfalls keine Eigentumsverletzung vor.

---

121 Vgl. *Larenz/Canaris*, Schuldrecht II/2, § 76 II 3; *Medicus/Lorenz*, Schuldrecht II, Rn. 1285 ff.

122 Vgl. MüKoBGB/*Wagner* § 823 Rn. 117 ff.; *Medicus/Lorenz*, Schuldrecht II, Rn. 1288 ff.

123 *Larenz/Canaris*, Schuldrecht II/2, § 76 II 3 c. Andere Autoren stellen auf die *Erheblichkeit* der Beeinträchtigung ab (so Staudinger/*Hager* [1999] § 823 Rn. B 97) oder prüfen, ob der Marktwert der Sache vermindert wird (so *Fuchs*, Deliktsrecht, S. 30).

124 *Larenz/Canaris*, Schuldrecht II/2, § 76 II 3 c; krit. *Medicus/Petersen*, Bürgerliches Recht, Rn. 613.

125 Vgl. *Larenz/Canaris*, Schuldrecht II/2, § 76 II 3 c; *Esser/Weyers*, Schuldrecht BT, § 55 I 2 a; krit. auch insoweit *Medicus/Petersen*, Bürgerliches Recht, Rn. 613.

126 Vgl. in Abgrenzung dazu BGHZ 137, 89 (96): Nichteinsetzbarkeit von Maschinen für zwei volle Arbeitstage aufgrund einer Blockade als relevante Verletzung.

Beispiel (BGHZ 29, 65; 41, 123): Bauunternehmer B beschädigt bei Erdarbeiten infolge von Fahrlässigkeit ein Stromkabel. Dies hat zur Folge, dass der Unternehmer U seine Maschinen für 6 Stunden nicht nutzen kann. Durch den Produktionsausfall entsteht ein Schaden von 25.000 EUR. In der Geflügelzucht des G fallen für die gleiche Zeit die Brutapparate aus. Infolgedessen verderben 3.600 Eier, aus denen sonst Küken im Werte von 1.800 EUR geschlüpft wären. Welche Ansprüche haben U und G gegen B? – Im Hinblick auf den Produktionsausfallschaden lehnt die hM eine Eigentumsverletzung ab. Dies lässt sich damit rechtfertigen, dass die Anbindung an das Stromnetz vom Zuweisungsgehalt des Eigentums nicht umfasst ist.[127] In Betracht kommen daher allenfalls Ansprüche wegen Eingriffs in den eingerichteten und ausgeübten Gewerbebetrieb (→ Rn. 1250). Hinsichtlich der verdorbenen Eier liegt eine Eigentumsverletzung vor. Dem G steht also ein Schadensersatzanspruch aus § 823 I zu.

Die differenzierenden Lösungen der Rechtsprechung beruhen auf dem Bemühen, den **Kreis der Ersatzberechtigten einzuschränken** (→ Rn. 1171). Wird die Nutzbarkeit einer Wasserstraße, der Gemeingebrauch an einer öffentlichen Straße oder die Stromzufuhr beeinträchtigt, so kann eine unüberschaubare Vielzahl von Personen einen Vermögensschaden erleiden.[128] Man muss daher Kriterien entwickeln, die eine sachgemäße Begrenzung der Haftung ermöglichen. Die Frage nach dem Zuweisungsgehalt des Eigentums ist dabei der richtige Ansatzpunkt. 1212

b) Weiterfressende Mängel und Produktionsschäden

Das Vorliegen einer Eigentumsverletzung kann auch dann zweifelhaft sein, wenn die Beeinträchtigung auf der Lieferung einer mangelhaften Sache beruht. In solchen Fällen muss nämlich beachtet werden, dass das Deliktsrecht nur das **Integritätsinteresse** des Geschädigten schützt; für den Schutz des **Äquivalenzinteresses** ist dagegen allein das Kaufrecht zuständig (→ Rn. 182). Zwei Problemkreise lassen sich hier unterscheiden. 1213

Zum einen geht es um den Ersatz von **Schäden**, die aufgrund eines »weiterfressenden Mangels« **an der Kaufsache selbst** entstehen. Da diese Problematik bereits bei der kaufrechtlichen Gewährleistung (→ Rn. 181 ff.) erörtert wurde, muss hierauf nicht weiter eingegangen werden.

Abgrenzungsprobleme zum Kaufrecht können auch auftreten, wenn die mangelhafte Kaufsache zur **Anfertigung einer neuen Sache** mit anderen, im Eigentum des Käufers stehenden (einwandfreien) Teilen so verbunden wird, dass sowohl die Teile des Käufers als auch die neu hergestellte Sache unbrauchbar werden. Die Rechtsprechung geht in solchen Fällen davon aus, dass der Käufer unter dem Aspekt der Eigentumsverletzung Schadensersatz wegen der durch die Verbindung unbrauchbar gewordenen *eigenen Teile* verlangen kann (sog. **Produktionsschäden**), wobei die Eigentumsverletzung bereits durch die Verbindung eintritt, eine Beschädigung der Teile beim Ausbau also nicht erforderlich ist. Ein deliktischer Schadensersatzanspruch wegen der *funktionsunfähigen Gesamtsache* wird dagegen abgelehnt, weil es insoweit allein um das Äquivalenzinteresse des Käufers geht.[129] 1214

Beispiel (OLG Stuttgart, NJW-RR 2002, 25): Der K produziert und vertreibt Digital-Schaltuhren, die auf automatische Umstellung von Sommer- bzw. Winterzeit programmiert sind. Die Software für dieses Programm wird von der V-GmbH geliefert. K programmiert seine Chips mit der Software der

127 *Larenz/Canaris*, Schuldrecht II/2, § 76 II 3 c.
128 Vgl. MüKoBGB/*Wagner* § 823 Rn. 123.
129 BGHZ 117, 183 (Kondensatoren); 138, 230 (Transistoren); dazu MüKoBGB/*Wagner* § 823 Rn. 127 ff.; *Medicus/Petersen*, Bürgerliches Recht, Rn. 650 i; *Fuchs*, Deliktsrecht, S. 22 ff.; *Franzen*, JZ 1999, 702 (708 ff.); *Looschelders*, JR 2003, 309 (311 f.).

V-GmbH und fügt die Chips dann in Leiterplatten ein, die mit anderen Bauteilen zu einem in das Gehäuse der Schaltuhr eingebauten Modul verarbeitet werden. Die Software erweist sich als fehlerhaft, weil eine automatische Zeitumstellung nur erfolgt, wenn die Uhr nach der letzten Umstellung mindestens ein Mal von Hand bedient worden ist. – Das OLG Stuttgart hat eine Eigentumsverletzung bezüglich der Schaltuhren verneint, weil K insoweit nie fehlerfreies Eigentum hatte. In Bezug auf die zunächst einwandfreien Chips und Leiterplatten des K liege dagegen eine Eigentumsverletzung vor, weil sie nicht mehr von den Schaltuhren getrennt und anderweitig genutzt werden könnten.

Die zu den Produktionsschäden entwickelten Grundsätze lassen sich auf den Fall übertragen, dass das vom Käufer eines Grundstücks errichtete **Gebäude** aufgrund eines Mangels des Grundstücks **beschädigt** wird.

Beispiel (BGHZ 146, 144): K hat von V ein Grundstück erworben, das mit Elektroofenschlacke aufgefüllt ist. Nach einiger Zeit zeigen sich an den Gebäuden, die K auf dem Grundstück errichtet hat, Risse. Die Schäden beruhen darauf, dass sich das Volumen der Schlacke durch Zutritt von Wasser vergrößert hat. Der BGH hat eine Eigentumsverletzung an den Gebäuden verneint, weil die Gebäude zu keinem Zeitpunkt in mangelfreiem Zustand existiert hätten. Ob eine Eigentumsverletzung bezüglich des verwendeten Baumaterials vorliegt, hat das Gericht offen gelassen. Nach den zu den Produktionsschäden entwickelten Grundsätzen wäre dies zu bejahen.[130]

5. Sonstige Rechte

1215 Welchen Inhalt der Begriff des »sonstigen Rechts« hat, lässt sich aus dem systematischen Zusammenhang mit den übrigen von § 823 I geschützten Rechtsgütern und Rechten herleiten. All diesen Positionen ist gemeinsam, dass ihr Inhaber jeweils im Rahmen der Gesetze nach Belieben mit ihnen verfahren und jeden anderen von der Einwirkung ausschließen kann.[131] Soweit es um Rechte an Gegenständen geht, liefert das Eigentum als absolutes Recht den Maßstab (vgl. § 903 S. 1). Die sonstigen Rechte müssen also ebenfalls eine **absolute Herrschaftsmacht** vermitteln, die von jedermann zu beachten ist. Entsprechend der generellen Wertentscheidung des Gesetzgebers (→ Rn. 1170) werden das *Vermögen als solches* und die *allgemeine Handlungsfreiheit* damit nicht erfasst. Das gleiche gilt für *Forderungsrechte*, die nur gegenüber einzelnen Personen (relativ) wirken.[132]

a) Eigentumsähnliche Rechte

1216 Zu den sonstigen (eigentumsähnlichen) Rechten zählen unstreitig die **beschränkten dinglichen Rechte** (zB Hypothek, Grundschuld, Nießbrauch, Pfandrecht, Erbbaurecht) und die **Immaterialgüterrechte** (Patent-, Urheber-, Markenrecht etc.) als »Herrschaftsrechte an geistigen Schöpfungen«.[133] Zu nennen sind weiter **Aneignungsrechte** (§ 958 II) wie das Jagd- oder Fischereirecht[134] sowie Anwartschaftsrechte (→ Rn. 208).[135]

Keinen eigentumsähnlichen Charakter hat nach allgemeiner Ansicht das von der Rechtsprechung entwickelte **Recht am eingerichteten und ausgeübten Gewerbebetrieb.**[136] Dieses Recht weist daher so viele Besonderheiten auf, dass es gesondert behandelt werden soll (→ Rn. 1247 ff.).

130 Vgl. MüKoBGB/*Wagner* § 823 Rn. 134; krit. *Medicus/Petersen*, Bürgerliches Recht, Rn. 650 j.
131 Vgl. *Larenz/Canaris*, Schuldrecht II/2, § 76 I 1 c, II 4; Palandt/*Sprau* § 823 Rn. 11.
132 *Brox/Walker*, Schuldrecht BT, § 41 Rn. 9; *Medicus/Petersen*, Bürgerliches Recht, Rn. 610.
133 *Brox/Walker*, BGB AT, Rn. 627.
134 *Medicus/Lorenz*, Schuldrecht II, Rn. 1300. Zum Jagdrecht vgl. BGH, NJW-RR 2004, 100 (101).
135 Zum Anwartschaftsrecht BGHZ 114, 161 (164 ff.).
136 Vgl. statt vieler Jauernig/*Teichmann* § 823 Rn. 95.

b) Besitz

Der **Besitz** stellt als *tatsächliche* Herrschaft über eine Sache (§ 854) kein absolutes Recht dar. Gleichwohl ist anerkannt, dass der **unmittelbare berechtigte** Besitz (zB des Mieters)[137] bzw. das obligatorische Recht zum Besitz[138] als sonstiges Recht iSd § 823 I anzusehen ist. 1217

Der **unberechtigte** Besitzer wird grundsätzlich nicht durch § 823 I geschützt. Eine Ausnahme gilt nur für den *entgeltlichen redlichen Besitzer*; dieser ist nach den Wertungen der §§ 987 ff. gegenüber *Dritten* schutzwürdig, weil er auch die vor Eintritt der Rechtshängigkeit gezogenen Nutzungen behalten dürfte.[139] Im Verhältnis zum *Eigentümer* steht ihm dagegen kein Schadensersatzanspruch wegen Besitzentziehung aus § 823 I zu.

Beispiel (BGHZ 73, 355): B ist unberechtigter Besitzer der Stute »Formosa«. Eigentümer E nimmt das Pferd ohne Wissen des B an sich. B verlangt von E wegen Verletzung seines Besitzes den Ersatz von entgangenen Nutzungen (insbesondere Gebrauchsvorteilen). Der BGH hat den Anspruch abgelehnt. Ob der unberechtigte Besitzer sich überhaupt auf § 823 I berufen kann, hat das Gericht dabei offen gelassen. Ersatz entgangener Nutzungen könne schon deshalb nicht verlangt werden, weil B verpflichtet gewesen sei, dem E die Nutzungsmöglichkeit einzuräumen.

§ 823 I schützt auch den berechtigten **mittelbaren Besitzer.** Nach dem Rechtsgedanken des § 869 gilt dies aber nicht gegenüber dem unmittelbaren Besitzer. Dahinter steht der Gedanke, dass der mittelbare Besitzer im Verhältnis zum unmittelbaren Besitzer durch Ansprüche aus dem zugrunde liegenden Schuldverhältnis ausreichend geschützt wird.[140] Im Verhältnis zwischen **Mitbesitzern** (§ 866) ist § 823 I dagegen anwendbar.[141] 1218

c) Persönlichkeitsrechte

Bestimmte spezielle Persönlichkeitsrechte werden ebenfalls als sonstige Rechte iSd § 823 I angesehen. Zu nennen sind etwa das **Namensrecht** (§ 12) und das **Recht am eigenen Bild** (§§ 22 ff. KUG).[142] Darüber hinaus hat die Rechtsprechung im Wege der Rechtsfortbildung das *allgemeine Persönlichkeitsrecht* als sonstiges Recht anerkannt (→ Rn. 1234 ff.). 1219

d) Elterliche Sorge

Sonstige Rechte können sich auch aus dem Familienrecht ergeben. So ist die **elterliche Sorge** (§§ 1626 ff.) als Schutzgut des § 823 I anerkannt.[143] Dass die elterliche Sorge von *jedermann* beachtet werden muss, zeigt die Vorschrift des § 1632 I. Denn hiernach können die Eltern das Kind von jedem herausverlangen, der es ihnen widerrechtlich vorenthält. 1220

Beispiel (LG Aachen, FamRZ 1986, 713): Im Mai 2003 lernte die 15-jährige T den Schlagersänger S bei einem Konzert kennen. Schon bald entwickelte sie eine außergewöhnliche Zuneigung für ihn und schrieb ihm zahlreiche Briefe. Am 8. 2. 2004 reiste T ohne Wissen ihrer Eltern zu S in dessen Landhaus in der Toskana. Die Reisekosten waren von S bezahlt worden. Nachdem die Eltern den Aufenthaltsort ermittelt hatten, erreichten sie mit Hilfe der italienischen Polizei die Rückführung

137 BGHZ 32, 194 (204); 62, 243 (248); 137, 89 (98); *Medicus/Petersen*, Bürgerliches Recht, Rn. 607.
138 Hierauf abstellend *Larenz/Canaris*, Schuldrecht II/2, § 76 II 4 f.
139 *Medicus/Petersen*, Bürgerliches Recht, Rn. 607; aA *Larenz/Canaris*, Schuldrecht II/2, § 76 II 4 f.
140 Vgl. BGHZ 32, 194 (205); *Medicus/Petersen*, Bürgerliches Recht, Rn. 608.
141 BGHZ 62, 243 (247 ff.).
142 Jauernig/*Teichmann* § 823 Rn. 13; *Gursky*, Schuldrecht BT, S. 216.
143 Vgl. BGHZ 111, 168 (172); *Medicus/Lorenz*, Schuldrecht II, Rn. 1304.

der T. – Da S das Sorgerecht der Eltern vorsätzlich verletzt hat, muss er ihnen nach § 823 I die Kosten für das Auffinden und die Rückbringung der T ersetzen.

e) Ehe

1221 Ob die **Ehe** ein sonstiges Recht iSd § 823 I darstellt, ist streitig. Die Rechtsprechung lehnt Schadensersatzansprüche aus § 823 I wegen **Ehebruchs** ab.[144] Für den ehewidrig handelnden Ehegatten wird dies mit dem **Vorrang der familienrechtlichen Vorschriften** über die Scheidung begründet. Im Verhältnis zu dem am Ehebruch beteiligten Dritten hat der BGH darauf abgestellt, dass der Ehebruch nicht ohne Mitwirkung eines Ehegatten möglich sei. Es gehe somit um einen innerehelichen Vorgang, der vom Schutzzweck des § 823 I nicht erfasst werde.[145] In krassen Fällen soll aber ein Anspruch aus § 826 in Betracht kommen (→ Rn. 1303).[146]

Ein großer Teil der **Literatur** will den Vorrang des Familienrechts auf das Interesse am *(Fort-) Bestand der Ehe* beschränken. Die mit der *»Abwicklung« der Ehe* verbundenen Schäden (Kosten der Scheidung und der Vaterschaftsanfechtung) seien dagegen nach § 823 I ersatzfähig.[147]

Beispiel: Der M und die F sind seit 2006 miteinander verheiratet. Im Jahre 2008 wird der Sohn S geboren. Ein Jahr später erfährt M, dass ein Dritter (D) leiblicher Vater des S ist. M beantragt darauf die Scheidung der Ehe mit F (§§ 1564 ff.) und ficht die Vaterschaft an (§§ 1600 ff.). Nach der Rechtsprechung steht M kein Schadensersatzanspruch aus § 823 I gegen F oder D zu. Nach hL kann M zumindest von D Ersatz der Scheidungs- und Anfechtungskosten aus § 823 I verlangen.

Die Entscheidung des Meinungsstreits hängt vom jeweiligen Eheverständnis ab. Geht man davon aus, dass die Erfüllung der persönlichen Ehepflichten nur durch die freie Entscheidung der Ehegatten gewährleistet werden kann,[148] so erscheint die **deliktsrechtliche Sanktionierung** des Ehebruchs grundsätzlich **unangemessen**. Eine Ausnahme gilt nur für Ansprüche aus § 826. Denn das Verbot sittenwidriger Schädigungen ist Ausdruck eines allgemeinen Rechtsprinzips, das in allen Bereichen beachtet werden muss.[149]

Der **räumlich-gegenständliche Bereich der Ehe** wird dagegen als sonstiges Recht angesehen.[150] Nimmt der Ehemann seine Geliebte in die eheliche Wohnung auf, so billigt die Rechtsprechung der Ehefrau aber nur Unterlassungs- und Beseitigungsansprüche gegen Ehemann und Geliebte zu. Schadensersatz soll auch hier nicht verlangt werden können.[151]

II. Pflichtwidrige Handlung oder Unterlassung

1222 Die Rechtsgutsverletzung muss auf eine pflichtwidrige Handlung oder Unterlassung des Schädigers zurückzuführen sein. Bei *unmittelbaren Verletzungen* versteht sich die **Pflichtwidrigkeit** der Handlung im Allgemeinen von selbst und muss daher nicht

144 Vgl. BGHZ 23, 215 (217 ff.); 23, 279 ff.; 57, 229 (231 ff.); BGH, NJW 1988, 2032 (2033); NJW 1990, 706 ff.; dem folgend Bamberger/Roth/*Spindler* § 823 Rn. 90.

145 BGHZ 57, 229 (232); BGH, NJW 1990, 706 (707); krit. MüKoBGB/*Roth* § 1353 Rn. 50.

146 BGH, NJW 1990, 367 (369); aA noch BGHZ 23, 217 (221 f.).

147 So *Brox/Walker* Schuldrecht BT, § 41 Rn. 27; MüKoBGB/*Wacke* 4. Aufl. 2000, § 1353 Rn. 40; für Ansprüche gegen den Dritten auch *Medicus/Petersen*, Bürgerliches Recht, Rn. 619.

148 So überzeugend BGH, NJW 1990, 706 (707).

149 Ausführlicher dazu *Looschelders*, Jura 2000, 169 (172 f.).

150 Vgl. BGHZ 6, 360 (365 ff.); 34, 80 (85 ff.); MüKoBGB/*Roth* § 1353 Rn. 53.

151 Jauernig/*Teichmann* § 823 Rn. 91; krit. Staudinger/*Hager* (1999) § 823 Rn. B 180.

näher begründet werden. Etwas anders gilt jedoch für *mittelbare Verletzungen* und *Unterlassungen*, bei denen das Vorliegen einer Verkehrspflichtverletzung zu prüfen ist (→ Rn. 1176).

1. Begriff der Handlung

Unter welchen Voraussetzungen ein menschliches Verhalten als **Handlung** anzusehen ist, wird in der Literatur unterschiedlich beurteilt.[152] Einigkeit besteht aber über die praktisch allein relevante Frage der *Mindestvoraussetzungen*. Erforderlich ist das Vorliegen einer vom Willen beherrschten oder beherrschbaren Zustandsveränderung.[153] Bewegungen unter Einfluss von absoluter Gewalt (vis absoluta) oder im Zustand der Bewusstlosigkeit werden damit ebenso wenig erfasst wie reine Reflexbewegungen.[154] 1223

2. Tatbestandsmäßigkeit von Unterlassungen

Unterlassungen können den Tatbestand des § 823 I nur erfüllen, wenn den Schädiger eine *Pflicht* zur Abwendung der (drohenden) Rechtsgutsverletzung trifft und ihm die Erfolgsabwendung *möglich* ist.[155] Eine Pflicht zur Abwendung des Erfolgs kann sich aus der Veranlassung oder Beherrschung einer Gefahr ergeben. Insoweit gelten die zu den **Verkehrspflichten** entwickelten Grundsätze (→ Rn. 1179 ff.). Darüber hinaus kann aber auch die enge Verbundenheit mit dem gefährdeten Rechtsgut eine **Garantenstellung** begründen. In Betracht kommen insbesondere die Garantenstellung aufgrund einer *familienrechtlichen Obhutspflicht* (zB im Verhältnis zwischen Eltern und Kindern oder Ehegatten)[156] oder aufgrund *tatsächlicher* (nicht notwendig vertraglicher) *Übernahme* (zB Kindergärtnerin, Babysitterin).[157] Darüber hinaus können auch *enge Lebens- oder Gefahrengemeinschaften* (zB bei nichtehelicher Lebensgemeinschaft oder gemeinsamer Teilnahme an einer Expedition) die Annahme einer Garantenstellung rechtfertigen.[158] Die *allgemeine Hilfeleistungspflicht* nach § 323 c StGB begründet dagegen keine gesteigerte Verantwortlichkeit für die Rechtsgüter anderer.[159] 1224

Zur Vertiefung: Nach welchen Kriterien die Verkehrspflichten von den sonstigen Garantenpflichten zu unterscheiden sind, ist unsicher. Bei einem weiten Verständnis lassen sich alle Garantenpflichten als Verkehrspflichten verstehen.[160] Dies zwingt allerdings dazu, die Verkehrspflichten vom Gedanken der Gefahrveranlassung oder Gefahrbeherrschung abzukoppeln. Nach der hier vertretenen Auffassung ist danach zu unterscheiden, ob sich die Garantenstellung aus der Schaffung oder Beherrschung einer Gefahr (dann Verkehrspflicht) oder aus der engen Verbundenheit mit dem gefährdeten Rechtsgut (dann sonstige Garantenpflicht) ergibt.[161]

---

152 Vgl. statt vieler *Deutsch*, Haftungsrecht, Rn. 89 ff.
153 Vgl. BGHZ 98, 136 (137); RGRK-*Steffen* § 823 Rn. 72.
154 *Larenz/Canaris*, Schuldrecht II/2, § 75 II 1 a.
155 Bamberger/Roth/*Spindler* § 823 Rn. 6; *Larenz*, Schuldrecht AT, § 27 IIIc.
156 Vgl. BGHZ 73, 190 (193 f.); Bamberger/Roth/*Spindler* § 823 Rn. 7.
157 Staudinger/*Hager* (2009) § 823 Rn. H 11; *Deutsch*, Haftungsrecht, Rn. 103.
158 Vgl. Staudinger/*Hager* (2009) § 823 Rn. H 10; *Fikentscher/Heinemann* Rn. 1544.
159 So auch RGRK-*Steffen* § 823 Rn. 136; aA Bamberger/Roth/*Spindler* § 823 Rn. 7.
160 So etwa Erman/*Schiemann* § 823 Rn. 13.
161 So auch Staudinger/*Hager* (2009) § 823 Rn. H 7; Bamberger/Roth/*Spindler* § 823 Rn. 6.

III. Haftungsbegründende Kausalität

1225 Der Schädiger muss die Rechtsgutsverletzung in zurechenbarer Weise verursacht haben (haftungsbegründende Kausalität). Erforderlich ist zunächst, dass die Handlung oder Unterlassung eine *gesetzmäßige Bedingung* für den Eintritt der Rechtsgutsverletzung darstellt. Als Faustregel zur Feststellung der **Kausalität im naturwissenschaftlichen Sinne** kann nach der Äquivalenztheorie auf die *condicio sine qua non-Formel* zurückgegriffen werden. Kausal ist danach jede Handlung, die nicht hinweggedacht werden kann, ohne dass der Erfolg entfällt. Bei Unterlassungen ist die Kausalität zu bejahen, wenn die in Frage stehende Handlung nicht hinzugedacht werden kann, ohne dass der Erfolg entfällt (zu den Einzelheiten s. SAT Rn. 894 ff.).

1226 In Rechtsprechung und Literatur ist allgemein anerkannt, dass die Kausalität im naturwissenschaftlichen Sinne für sich genommen noch keine sachgemäße Einschränkung der Schadensersatzpflicht ermöglicht und deshalb durch *wertende Zurechnungskriterien* ergänzt werden muss.[162] Die Rechtsprechung greift dabei in erster Linie auf die **Adäquanztheorie** zurück und schließt die Zurechenbarkeit bei solchen Ursachen aus, die nur unter höchst ungewöhnlichen, selbst für den optimalen Beurteiler nicht vorhersehbaren Umständen geeignet sind, den missbilligten Erfolg herbeizuführen.[163] Auf der Ebene der haftungsbegründenden Kausalität kommt der Adäquanz im Rahmen des § 823 I allerdings keine eigenständige Bedeutung zu, weil die fehlende Vorhersehbarkeit des Erfolgs auch noch auf der Ebene des Verschuldens berücksichtigt werden kann (ausführlicher dazu SAT Rn. 901 ff.).

Wichtigstes Zurechnungskriterium ist der **Schutzzweck der Norm** (dazu SAT Rn. 906 ff.). Auf der Ebene der haftungsbegründenden Kausalität muss dabei geprüft werden, ob sich in der konkreten Rechtsgutsverletzung gerade die Gefahr realisiert hat, vor der die vom Schädiger verletzte Verhaltenspflicht schützen sollte. Zurechnungsfragen stellen sich vor allem bei mittelbarer Kausalität, namentlich dann, wenn die Rechtsgutsverletzung durch eine psychische Reaktion (sog. **Schockschäden**) bzw. ein selbstschädigendes Verhalten des Geschädigten (sog. **Herausforderungsfälle**) oder durch das **Verhalten Dritter** vermittelt wird (s. dazu SAT Rn. 917 ff.).

> **Beispiel** (BGH, NJW 2002, 2232): S und seine Ehefrau F lebten getrennt. Nach der Trennung unterhielt F freundschaftliche Beziehungen mit einem Dritten (D). An einem Abend hielt sich der Bruder des D (G) mit F allein in der Wohnung des D auf, während dieser Getränke holte. Gegen 23 Uhr tauchte S vor der Wohnungstür auf und verlangte laut schimpfend, hereingelassen zu werden. Als S die Wohnungs- und Flurtür eintrat, riss G in Panik das Fenster auf und sprang aus dem zweiten Obergeschoss hinaus. Dabei erlitt er schwere Verletzungen – Der BGH hat die Zurechenbarkeit der Körperverletzung im Rahmen des § 823 I bejaht. Dabei hat er darauf abgestellt, dass S durch das gewaltsame Eindringen eine verständliche und unter dem Aspekt des Selbstschutzes im Ansatz billigenswerte Motivation für das selbstschädigende Verhalten des G geschaffen habe.

IV. Rechtswidrigkeit

1227 Liegt eine dem Schädiger zurechenbare Rechtsgutsverletzung vor, so ist die Rechtswidrigkeit indiziert. An dieser Stelle muss daher nur noch das Eingreifen von **Rechtfertigungsgründen** (→ Rn. 1186 ff.) geprüft werden.

162 Vgl. statt vieler BGH, NJW 2002, 2232 (2233).
163 RGZ 133, 126 (127); BGHZ 137, 11 (19); BGH, NJW 2002, 2232 (2233).

V. Verschulden

Auf der Verschuldensebene ist zunächst die **Schuldfähigkeit** (§§ 827, 828) zu prüfen (dazu → Rn. 1194 ff.). Die Frage nach Vorsatz und Fahrlässigkeit ist nämlich irrelevant, wenn der Schädiger nicht schuldfähig war. Ist die Schuldfähigkeit zu verneinen, so stellt sich die Frage, ob der Schädiger ausnahmsweise aus *Billigkeitsgründen* nach § 829 haftet (Rn. 1197 ff.). 1228

War der Schädiger schuldfähig, so müssen **Vorsatz und Fahrlässigkeit** (§ 276) erörtert werden. Dabei ist zu beachten, dass sich das Verschulden nur auf den haftungsbegründenden Tatbestand, nicht aber auf die haftungsausfüllende Kausalität und den Schaden beziehen muss (→ Rn. 1193).

Auch im Rahmen der haftungsbegründenden Kausalität ist nicht erforderlich, dass der Schädiger den **konkreten Kausalverlauf** in allen Einzelheiten vorhersehen konnte. Für ihn muss lediglich erkennbar gewesen sein, dass *irgendeine* Person infolge seines Verhaltens auf *irgendeine* Weise eine Rechtsgutsverletzung erleiden kann. Eine Verwechselung der Person des Geschädigten (*error in persona*) ist damit unerheblich.[164] Völlig atypische Kausalverläufe scheiden freilich schon bei der *objektiven* Zurechnung aus. 1229

Beispiel: Im Fenstersprung-Fall (→ Rn. 1226) kam es nach Ansicht des BGH nicht darauf an, ob S die Anwesenheit des G oder den Sprung aus dem Fenster vorhersehen konnte. S habe vielmehr schon deshalb schuldhaft gehandelt, weil er damit rechnen musste, dass irgendeine Person (zB sein Nebenbuhler D) aufgrund seines Verhaltens (zB beim Eintreten der Türen) verletzt werden könnte.

VI. Schaden und haftungsausfüllende Kausalität

Das Opfer muss infolge der Rechtsgutsverletzung einen **Schaden** erlitten haben. Inhalt und Umfang des Schadens beurteilen sich nach den allgemeinen Regeln der §§ 249 ff. (SAT Rn. 878 ff.); darüber hinaus gibt es einige deliktsrechtliche Sondervorschriften (§§ 842 ff., dazu → Rn. 1407 ff.). Zu beachten ist insbesondere, dass der Geschädigte bei Verletzung von Körper, Gesundheit, Freiheit oder sexueller Selbstbestimmung gemäß § 253 II **Schmerzensgeld** verlangen kann (vgl. dazu SAT Rn. 967 ff.). 1230

Zur Wiederholung: Ausgangspunkt der Schadensberechnung ist die Differenzhypothese: Maßgeblich ist ein Vergleich zwischen der bestehenden Güterlage und der Güterlage, die ohne das schädigende Ereignis bestehen würde (SAT Rn. 879). Bestimmte Vermögensmehrungen bleiben bei der Berechnung nach den Regeln der *Vorteilsausgleichung* (dazu SAT Rn. 929 ff.) unberücksichtigt. Umgekehrt mögen bestimmte wirtschaftliche Einbußen (zB Unterhalt für ein *»ungewolltes« Kind*) aus normativen Gründen nicht als Schaden anzusehen sein (dazu SAT Rn. 1004 ff.).

Zwischen der Rechtsgutsverletzung und dem Schaden muss ein **kausaler Zusammenhang** (im Sinne der Äquivalenztheorie bzw. der Lehre von der gesetzmäßigen Bedingung) bestehen (haftungsausfüllende Kausalität). Außerdem muss der Schaden **objektiv zurechenbar** sein. Da das Verschulden sich bei § 823 I nicht auf die haftungsausfüllende Kausalität bezieht, gewinnt die **Adäquanztheorie** (dazu SAT Rn. 901 ff.) in diesem Bereich größere Bedeutung. Der Anspruch aus § 823 I erfasst damit keine Schäden, die nur aufgrund eines ganz atypischen Kausalverlaufs eingetreten sind. 1231

164 BGH, NJW 2002, 2232 (2234).

Der Schädiger haftet schließlich auch nicht für solche Schäden, die nicht vom **Schutzzweck der Norm** erfasst sind (dazu SAT Rn. 906 ff.).

VII. Haftungsausschluss

1232 Auch gegenüber Ansprüchen aus § 823 I kann im Einzelfall ein vertraglicher oder gesetzlicher **Haftungsausschluss** eingreifen. So schließen die §§ 104, 105 SGB VII bei *Arbeitsunfällen* sowohl die vertragliche als auch die deliktische Haftung des Arbeitgebers sowie der Arbeitskollegen des Geschädigten aus (→ Rn. 588). Sind neben dem Arbeitgeber bzw. dem Arbeitskollegen des Geschädigten auch Dritte als Schädiger beteiligt, so kann sich aufgrund der gesetzlichen Haftungsprivilegierung das Problem des *gestörten Gesamtschuldverhältnisses* stellen (dazu SAT Rn. 1209 ff.).

VIII. Rechtsfolgen

1233 Liegen die Voraussetzungen des § 823 I vor, so muss der Schädiger grundsätzlich den ganzen entstandenen Schaden ersetzen (Prinzip der Totalreparation). Im Einzelfall kann der Anspruch aber aufgrund der **Mitverantwortlichkeit des Geschädigten** nach § 254 (SAT Rn. 1013 ff.) zu kürzen sein.

Beispiel: Im Fenstersprung-Fall (→ Rn. 1226) schließt das selbstschädigende Verhalten des G zwar nicht die Haftung des S aus. Der Schadensersatzanspruch des G ist jedoch gemäß § 254 nach dem Maß seiner Mitverantwortlichkeit herabzusetzen.

Literatur: *Becker*, Schutz von Forderungen durch das Deliktsrecht, AcP 196 (1996), 439; *Bremenkamp/Buyten*, Deliktische Haftung des Zulieferers für Produktionsschäden?, VersR 1998, 1064; *Coester-Waltjen*, Rechtsgüter und Rechte im Sinne des § 823 I BGB, Jura 1992, 209; *Deutsch*, Familienrechte als Haftungsgrund, VersR 1993, 1; *Eckert*, Der Begriff Freiheit im Recht der unerlaubten Handlungen, JuS 1994, 625; *Franzen*, Deliktische Haftung für Produktionsschäden, JZ 1999, 702; *Gsell*, Deliktsrechtlicher Eigentumsschutz bei »weiterfressendem« Mangel, NJW 2004, 1913; *Hammen*, Die Forderung als sonstiges Recht nach § 823 I BGB?, AcP 199 (1999), 591; *Looschelders*, Schadensersatz bei »einseitiger« Durchkreuzung der Familienplanung durch den kinderwilligen (Ehe-) Partner?, Jura 2000, 169; *ders.*, Neuere Entwicklungen des Produkthaftungsrechts, JR 2003, 309; *E. Lorenz*, Einige Bemerkungen zur Struktur des Anspruchs auf Ersatz von Schockschäden, FS G. Müller, 2009, 147; *Medicus*, Besitzschutz durch Ansprüche auf Schadensersatz, AcP 165 (1965), 115; *Smid*, Fallweise Abwägung zur Bestimmung des Schutzes des räumlich-gegenständlichen Bereichs« der Ehe?, NJW 1990, 1344; *Stoll*, Deliktsrechtliche Verantwortung für bewusste Selbstgefährdung des Verletzten, FS Deutsch, 2009, 943; *Taupitz*, Der deliktsrechtliche Schutz des menschlichen Körpers und seiner Teile, NJW 1995, 745; *Wagner*, Schuldrechtsreform und Deliktsrecht, in: *Dauner-Lieb/Konzen/K. Schmidt*, Das neue Schuldrecht in der Praxis, 2003, 203. Vgl. auch die Nachweise zu § 56 und § 57.

Der Schadensersatzanspruch nach § 823 I (Prüfungsschema)
I. Haftungsbegründender Tatbestand
1. Rechtsgutsverletzung a) Verletzung eines der in § 823 I ausdrücklich genannten Rechte b) Verletzung eines sonstigen (absoluten) Rechts (zB dingliche Rechte) c) Verletzung eines Rahmenrechts (zB allg. Persönlichkeitsrecht)
2. Verhalten des Anspruchsgegners (Handeln oder Unterlassen) → Bei mittelbaren Verletzungen und Unterlassungen: Verletzung von Verkehrspflichten (kann auch im Rahmen der obj. Zurechnung geprüft werden)

3. Haftungsbegründende Kausalität a) Naturwissenschaftliche Kausalität (Äquivalenztheorie) b) Objektive Zurechnung – Adäquanztheorie (str.) – Schutzzweck der Norm
II. Rechtswidrigkeit (ist grds. indiziert)
1. Rechtfertigungsgründe prüfen 2. Bei Rahmenrechten: positive Feststellung der Rechtswidrigkeit erforderlich
III. Verschulden
1. Verschuldensfähigkeit (§§ 827, 828, ggf. § 829 prüfen) 2. Vorsatz oder Fahrlässigkeit (§ 276 II)
IV. Ersatzfähiger Schaden (§§ 249 ff.)
V. Haftungsausfüllende Kausalität → Zurechnung des Schadens zur Rechtsgutsverletzung
VI. Keine Einwendungen und Einreden des Schädigers
1. Haftungsausschluss a) Vertraglich b) Gesetzlich (zB §§ 104, 105 SGB VII) 2. Mitverschulden nach § 254 3. Verjährung (§§ 195, 199)

§ 59 Das allgemeine Persönlichkeitsrecht

I. Geschichtliche Entwicklung

Zur Zeit der **Entstehung des BGB** herrschte in Deutschland hinsichtlich des zivil- 1234
rechtlichen Persönlichkeitsschutzes eine sehr restriktive Grundhaltung.[165] Der Gesetzgeber hat deshalb bewusst darauf verzichtet, ein allgemeines Persönlichkeitsrecht oder wenigstens die Ehre dem Schutz durch § 823 I zu unterstellen. Der deliktsrechtliche Ehrenschutz sollte vielmehr allein durch § 823 II iVm den strafrechtlichen Beleidigungstatbeständen (§§ 185 ff. StGB) gewährleistet werden.[166] Selbst bei strafbaren Ehrverletzungen sollte dem Opfer kein Anspruch auf den Ersatz immaterieller Schäden zustehen. Dahinter stand die Erwägung, »es widerstrebe der herrschenden Volksauffassung, … einen idealen Schaden mit Geld aufzuwägen«.[167]

Nach **Inkrafttreten des Grundgesetzes** setzte sich in Rechtsprechung und Literatur 1235
die Auffassung durch, dass die von den Verfassern des BGB intendierte Begrenzung des Persönlichkeitsschutzes dem Recht des Einzelnen auf Achtung seiner Würde

165 Vgl. *Leuze*, Persönlichkeitsrecht, S. 72 ff.
166 Prot. II, S. 573; vgl. auch RGRK-*Dunz* § 823 Anh. I Rn. 1.
167 Prot. I, S. 622. Vgl. auch *Looschelders*, ZVglRWiss 95 (1996), 48 (50 f.) mwN.

(Art. 1 I GG) und freie Entfaltung seiner Persönlichkeit (Art. 2 I GG) nicht gerecht wird. Der BGH hat daher in der Leserbrief-Entscheidung v. 25. 5. 1954 das allgemeine Persönlichkeitsrecht erstmals als **sonstiges Recht** im Sinne des § 823 I anerkannt.[168]

Zur Vertiefung: Gegen die Qualifikation als sonstiges Recht wird zum Teil geltend gemacht, das allgemeine Persönlichkeitsrecht stehe den Rechtsgütern Leben, Körper, Gesundheit und Freiheit näher als dem Eigentum und sollte daher besser auf eine Analogie zu diesen Rechtsgütern gestützt werden.[169] Ein solcher Ansatz kann jedoch nur überzeugen, wenn man den Begriff des sonstigen Rechts auf die eigentumsähnlichen Rechte beschränkt.[170] Sieht man die speziellen Persönlichkeitsrechte (Name, Recht am eigenen Bild) als sonstige Rechte an (→ Rn. 1219), so erscheint eine entsprechende Einordnung des allgemeinen Persönlichkeitsrechts konsequent.

1236 In späteren Entscheidungen wurde dem Opfer unter Durchbrechung des § 253 aF (§ 253 I nF) ein Anspruch auf Ersatz des **immateriellen Schadens** zugebilligt (dazu SAT Rn. 978 f.).[171] Dieser Anspruch wurde zunächst mit einer Analogie zu § 847 aF (§ 253 II nF) begründet.[172] In neuerer Zeit wird er unmittelbar auf die Verfassung (Art. 1 I, 2 I GG) gestützt.[173]

Beispiele: In der Herrenreiter-Entscheidung (BGHZ 26, 349) hatte die Herstellerin eines Potenzmittels (H) zu Werbezwecken ein Plakat mit dem Bild eines Turnierreiters (T) verwendet. Es handelte sich dabei um ein Originalfoto von T, das auf einem Reitturnier aufgenommen worden war. Da T die Verwendung seines Bildes zu solchen Zwecken niemals gestattet hätte, konnte der Schaden nicht nach dem Entgelt bemessen werden, das T bei einer entsprechenden Vereinbarung mit H vermutlich erhalten hätte. Der BGH hat ihm daher einen Anspruch auf Ersatz des immateriellen Schadens zugebilligt. Ähnliche Erwägungen waren in der Catarina Valente-Entscheidung (BGHZ 30, 7) maßgeblich. Hier hatte der Hersteller eines Haftmittels für künstliche Zähne den Namen einer bekannten Künstlerin ohne deren Zustimmung in einer Werbeanzeige erwähnt. In der Ginseng-Entscheidung (BGHZ 35, 363) konnte ein Professor für Völker- und Kirchenrecht (P) immateriellen Schadensersatz verlangen, weil der Hersteller eines Ginseng-Produkts sich in Werbeprospekten auf das angebliche wissenschaftliche Urteil des P über die potenzfördernden Wirkungen von Ginseng berufen hatte, nachdem P in einem populärwissenschaftlichen Aufsatz irrtümlich als »einer der bekanntesten Ginseng-Forscher Europas« bezeichnet worden war. Nach Ansicht des BGH war diese Werbung geeignet, den P lächerlich zu machen und seinen wissenschaftlichen Ruf zu schädigen.

1237 In Anbetracht der verfassungsrechtlichen Wurzeln hat der Gesetzgeber bei der **Schadensrechtsreform von 2002** davon abgesehen, den Schmerzensgeldanspruch nach § 253 II auf Persönlichkeitsverletzungen zu erstrecken.[174] Anspruchsgrundlage ist damit weiter § 823 I iVm Art. 1 I, 2 I GG.

Zur Rechtsvergleichung: Das *schweizerische Recht* sieht traditionell einen starken Schutz der Persönlichkeit vor. Es kann daher nicht verwundern, dass der BGH sich bei seiner Rechtsprechung zum Persönlichkeitsschutz stark an den entsprechenden Regelungen des schweizerischen Rechts (Art. 28 ZGB, Art. 49 OR) orientiert hat.[175] Demgegenüber hat das *österreichische Recht* einen umfassenden

---

168 BGHZ 13, 334 (338). Vgl. auch BGHZ 26, 349 (354) (Herrenreiter). Ausführlich zur Entwicklung der Rechtsprechung *Larenz/Canaris*, Schuldrecht II/2, § 80 I.

169 So *Brox/Walker*, Schuldrecht BT, § 41 Rn. 22.

170 Gegen eine solche Beschränkung MüKoBGB/*Wagner* § 823 Rn. 178.

171 Grundlegend BGHZ 26, 349 – Herrenreiter; BGHZ 30, 7 – Catarina Valente; BGHZ 35, 363 – Ginseng; BGHZ 39, 124 – Fernsehansagerin.

172 So noch BGHZ 26, 349 (355).

173 Vgl. BGHZ 128, 1 (15); Palandt/*Grüneberg* § 253 Rn. 10. Zur Legitimität dieser Rechtsfortbildung vgl. BVerfGE 34, 269 (Soraya); krit. *Diederichsen*, AcP 198 (1998), 171 (193 ff.).

174 Vgl. BT-Drs. 14/7752, 14 f., 25; *Medicus/Lorenz*, Schuldrecht II, Rn. 1311.

175 Vgl. BGHZ 13, 334 (338); 35, 363 (369); *Zweigert/Kötz*, Rechtsvergleichung, S. 17 f.

Begriff des allgemeinen Persönlichkeitsrechts bis heute nicht entwickelt.[176] Im *französischen Recht* gewährleistet Art. 9 Code civil jedem das Recht auf Achtung seines Privatlebens, bei dessen Verletzung auch Schadensersatzansprüche in Betracht kommen.[177] Das *englische Recht* schützt traditionell nur die Ehre. Ein umfassendes »right of privacy« ist ihm dagegen – anders als dem *US-amerikanischen Recht*[178] – bis heute fremd. Nachdem die Europäische Menschenrechtskonvention (EMRK) durch den Human Rights Act von 1998 ins englische Recht umgesetzt worden ist, finden sich in der Rechtsprechung jedoch Ansätze zum Ausbau des Persönlichkeitsschutzes.[179] Auf der *europäischen Ebene* wird der Persönlichkeitsschutz durch Art. 8 EMRK (Recht auf Achtung des Privat- und Familienlebens) gewährleistet (→ Rn. 1242).[180]

II. Das allgemeine Persönlichkeitsrecht als Rahmenrecht

Nach hM unterscheidet sich das allgemeine Persönlichkeitsrecht von den anderen Schutzgütern des § 823 I durch das Fehlen einer festen und eindeutigen Umgrenzung. Es wird daher als »**Rahmenrecht**« qualifiziert.[181] Dahinter steht die zutreffende Feststellung, dass die Rechtswidrigkeit nicht schon durch den Eingriff in das Persönlichkeitsrecht indiziert wird. Ob eine rechtswidrige Persönlichkeitsverletzung vorliegt, muss somit im Einzelfall aufgrund einer sorgfältigen **Interessenabwägung** bestimmt werden. Dabei kann sich nicht nur das Opfer, sondern auch der Schädiger auf Grundrechte berufen. Neben der allgemeinen Handlungsfreiheit (Art. 2 I GG) müssen vor allem die *Meinungs- und Pressefreiheit* (Art. 5 I GG) sowie die *Freiheit der Kunst* (Art. 5 III 1 GG) berücksichtigt werden. **1238**

Zur Vertiefung: Bei genauerer Betrachtung zeigt sich, dass das Vorliegen einer *rechtswidrigen Verletzung* auch bei den anderen Schutzgütern des § 823 I nicht selten durch eine Abwägung zwischen den grundrechtlich geschützten Positionen von Schädiger und Geschädigtem festgestellt werden muss (→ Rn. 1182).[182] Die Besonderheit des allgemeinen Persönlichkeitsrechts beschränkt sich somit letztlich darauf, dass die Rechtswidrigkeit auch bei *unmittelbaren Eingriffen* besonders begründet werden muss, während sie bei unmittelbarer Verletzung von Leben, Körper, Gesundheit, Freiheit und Eigentum regelmäßig auf der Hand liegt.

Ergibt die Interessenabwägung die Zulässigkeit einer bestimmten Äußerung oder eines bestimmten Verhaltens, so liegt keine rechtswidrige Verletzung des allgemeinen Persönlichkeitsrechts vor. Auf den Rechtfertigungsgrund des § 193 StGB (**Wahrnehmung berechtigter Interessen**) muss daher nicht mehr zurückgegriffen werden.[183] Dieser wird daher vor allem für Schadensersatzansprüche aus § 823 II iVm §§ 185 ff. StGB relevant. Der Sache nach sind hier wie dort aber die gleichen Erwägungen maßgeblich.

176 *Looschelders*, ZVglRWiss 95 (1996), 48 (52 ff.).
177 Vgl. BGHZ 131, 332 (344); *Hübner/Constantinesco*, Einführung, S. 173.
178 Dazu *Zweigert/Kötz*, Rechtsvergleichung, S. 709 ff.
179 Zur Entwicklung des Persönlichkeitsschutzes in England vgl. *Kirchhoff*, S. 58 ff.
180 Vgl. dazu EGMR, NJW 2004, 2647; *Kirchhoff*, S. 25 ff.
181 Vgl. *Brox/Walker*, Schuldrecht BT, § 41 Rn. 52; *Medicus/Lorenz*, Schuldrecht II, Rn. 1308; krit. *Larenz/Canaris*, Schuldrecht II/2, § 80 II.
182 So zutreffend MüKoBGB/*Wagner* § 823 Rn. 179.
183 Zur dogmatischen Einordnung des § 193 StGB Staudinger/*Hager* (1999) § 823 Rn. C 95.

III. Wichtige Fallgruppen

1. Überblick

1239 In der Rechtsprechung findet sich eine Vielzahl von Entscheidungen zum Schutz des allgemeinen Persönlichkeitsrechts. Im Vordergrund stehen dabei die folgenden – nicht abschließend zu verstehenden – Fallkonstellationen.

Das allgemeine Persönlichkeitsrecht umfasst zunächst den Anspruch des Einzelnen auf Anerkennung und Schutz seiner **personalen Identität** und **Individualität.**[184] Praktisch geht es dabei vor allem um das Recht des Kindes auf Kenntnis der eigenen Abstammung.[185] Umgekehrt gibt es aber auch ein Recht auf Nichtwissen (zB bezüglich der genetischen Disposition).[186]

Ein zweiter wichtiger Bereich betrifft den Schutz der **Privat-** und **Intimsphäre.** Mögliche Verletzungen sind das unbefugte Eindringen in die geschützte Sphäre (zB Ausspähen, Abhören, heimliches Fotografieren oder Filmen),[187] auch wenn keine Verbreitungsabsicht besteht. Die unbefugte Veröffentlichung entsprechender Informationen oder Bilder (→ Rn. 1240 ff.)[188] stellt aber einen besonders schweren Eingriff in das allgemeine Persönlichkeitsrecht dar. Dies gilt insbesondere für die unbefugte Vermarktung des Namens oder des Bildes einer Person, zB in der Werbung (s. die Beispiele → Rn. 1236). Dahinter steht das Recht des Einzelnen auf **Selbstbestimmung** über die eigenen persönlichkeitsbezogenen Angelegenheiten.[189] Zu nennen ist außerdem das **Recht am eigenen** (gesprochenen oder geschriebenen) **Wort**, das der Veröffentlichung abgehörter oder heimlich mitgeschnittener Telefonate entgegensteht.[190] Erst recht unzulässig ist die Veröffentlichung erfundener Interviews, auch wenn der Inhalt der untergeschobenen Äußerungen nicht ehrenrührig ist.[191] In neuerer Zeit wird auch ein Recht auf Gewährleistung der Vertraulichkeit und Integrität informationstechnischer Systeme anerkannt, das insbesondere vor heimlichem Zugriff auf die in dem System vorhandenen **Daten** schützt.[192] Des Weiteren können **Diskriminierungen** aufgrund der Rasse oder des Geschlechts[193] oder **Mobbing** am Arbeitsplatz (→ Rn. 589) Ansprüche wegen Persönlichkeitsrechtsverletzung auslösen.[194] Das allgemeine Persönlichkeitsrecht schützt schließlich vor Beeinträchtigungen der **Ehre**[195] und **verfälschender Darstellung des Lebens- oder Charakterbildes.**[196]

---

184 Vgl. BVerfGE 78, 38 (49); 84, 9 (22); *Looschelders*, IPRax 2005, 28 (30).
185 Vgl. dazu BVerfGE 90, 263 (270); *Schwab*, Familienrecht, 18. Aufl. (2011), Rn. 565 ff.
186 Erman/*Ehmann*, 12. Aufl. 2008, Anh. § 12 Rn. 279.
187 Zu Überwachungskameras auf dem Nachbargrundstück BGH, NJW 2010, 1533.
188 Vgl. BGHZ 131, 332; Hk-BGB/*Staudinger* § 823 Rn. 101.
189 Palandt/*Sprau* § 823 Rn. 112.
190 Vgl. BGHZ 73,120; Palandt/*Sprau* § 823 Rn. 114.
191 Vgl. BGHZ 128, 1 – Caroline von Monaco I.
192 BVerfG, NJW 2008, 822 (827).
193 Vgl. *Larenz/Canaris*, Schuldrecht II/2, § 80 II 2 d. Die Problematik wird jetzt auch durch das Allgemeine Gleichbehandlungsgesetz (AGG) geregelt (vgl. → Rn. 550 und 589).
194 *Medicus/Lorenz*, Schuldrecht II, Rn. 1307.
195 Vgl. BVerfG, NJW 1992, 2073 (2074): Bezeichnung eines querschnittgelähmten Reserve-Offiziers als »Krüppel«. Dagegen soll die Bezeichnung eines Soldaten als »geborener Mörder« von der Meinungsfreiheit (Art. 5 I GG) gedeckt sein (vgl. BVerfG, NJW 1995, 3303).
196 Vgl. BGHZ 50, 133 (143 ff.); BVerfGE 30, 173 (Mephisto); BGH, NJW 2005, 2844 und BVerfG, NJW 2008, 39 (41) (Esra); Erman/*Klass* Anh. § 12 Rn. 199; *Medicus/Lorenz*, Schuldrecht II, Rn. 1310.

Macht der Betroffene geltend, sein Persönlichkeitsrecht wurde durch die Darstellung in einem **Roman** verletzt, so kommt es zu einer Kollision zwischen dem allgemeinen Persönlichkeitsrecht und der **Kunstfreiheit** (Art. 5 III 1 GG). Dass eine Romanfigur Ähnlichkeiten mit einer real existierenden Persönlichkeit aufweist, stellt für sich genommen noch keine Persönlichkeitsrechtsverletzung dar. Nach der Rechtsprechung des BVerfG kommt es aber darauf an, in welchem Maße »Abbild« und »Urbild« übereinstimmen. Je mehr die Darstellung besonders geschützte Bereiche des Persönlichkeitsrechts (zB die Intimsphäre) berühre, desto stärker müsse die »Fiktionalisierung« sein.[197]

Das Grundrecht auf Kunstfreiheit wird auch bei der **filmischen Darstellung** realer Straftaten relevant. Je stärker der Film beansprucht, die soziale Wirklichkeit der Betroffenen widerzuspiegeln, desto schutzwürdiger ist deren Interesse an einer »wirklichkeitsgetreuen« Darstellung ihrer Person.[198] Weiter muss bei der Abwägung berücksichtigt werden, welchen Informationswert die Darstellung für die Allgemeinheit hat und ob sie ernsthaft und sachbezogen erfolgt.

2. Schutz Prominenter gegenüber der Presse

Besonders lebhaft diskutiert wird der Schutz von Prominenten gegenüber Persönlich- 1240
keitsrechtsverletzungen durch die Presse. Dabei geht es insbesondere um die Frage, unter welchen Voraussetzungen die Veröffentlichung heimlich geschossener Bilder (sog. **Paparazzi-Fotos**) zulässig ist.

> **Beispiel** (BGHZ 131, 332; BVerfGE 101, 361; EGMR, NJW 2004, 2647): Prinzessin Caroline (C) wendet sich gegen die Veröffentlichung von Fotos, die sog. Paparazzis heimlich von ihr aufgenommen haben. Die Fotos zeigen C beim Einkaufen auf einem Markt, beim Reiten sowie (zusammen mit einem Schauspieler) in einem Gartenlokal. C meint, dass durch die Anfertigung und Verbreitung der Fotos ihr Recht auf Privatsphäre verletzt wird.

Nach traditioneller Auffassung genießen Persönlichkeiten, die eine hervorgehobene Stellung in der Öffentlichkeit haben (zB Monarchen, Politiker, Künstler, Sportler), als **absolute Personen** der Zeitgeschichte nur eingeschränkten Schutz gegenüber unbefugten Bildaufnahmen.[199] Solche Personen mussten es nach dem hergebrachten Verständnis des § 23 I Nr. 1 KUG (→ Rn. 1219) grundsätzlich hinnehmen, dass solche Aufnahmen ohne ihre Einwilligung veröffentlicht wurden. Dies sollte selbst dann gelten, wenn die Bilder die Person nicht bei der Ausübung einer öffentlichen Funktion zeigten, sondern ihr Privatleben betrafen. Eine Ausnahme wurde nur dann anerkannt, wenn der Betroffene sich in seinen häuslichen Bereich oder an einen abgeschiedenen Ort zurückgezogen hatte.[200] Dahinter stand die Erwägung, dass die Öffentlichkeit ein gesteigertes Interesse an der bildlichen Darstellung dieser Personen hat. Strengere Maßstäbe galten bei **relativen Personen** der Zeitgeschichte, die nur aufgrund eines einmaligen Ereignisses im Blickfeld der Öffentlichkeit stehen. Hier war die Einwilligung nur bei solchen Abbildungen entbehrlich, die einen sachlichen und zeitlichen Zusammenhang mit dem betreffenden Ereignis aufwiesen.[201]

197 BVerfG, NJW 2008, 39 (42).
198 BGH, VersR 2009, 1085 (1086) – Kannibale von Rotenburg.
199 Vgl. BGHZ 131, 332 (336); Staudinger/*Hager* (1999) § 823 Rn. C 200.
200 BGHZ 131, 332 (339); BGH, NJW 2004, 1795; BVerfG, NJW 2000, 1021 (1025); NJW 2000, 1921 (1933); Erman/*Klass* Anh. zu § 12 Rn. 188.
201 Vgl. Erman/*Klass* Anh. zu § 12 Rn. 177 f.

1241 Die von den deutschen Gerichten entwickelten Kriterien zum Schutz des Persönlichkeitsrechts von Prominenten sind vom **Europäischen Gerichtshof für Menschenrechte** (EGMR) kritisiert worden. Nach Ansicht des EGMR kommt es für die Zulässigkeit der Veröffentlichung von Fotoaufnahmen wesentlich darauf an, ob die betreffenden Aufnahmen oder Artikel zu einer öffentlichen Diskussion über eine Frage allgemeinen Interesses beitragen oder nur die Neugier eines bestimmten Publikums befriedigen sollen. Im letzteren Fall müsse die Meinungs- und Pressefreiheit (Art. 10 EMRK) im Allgemeinen hinter dem Recht des Betroffenen auf Achtung der Privatsphäre (Art. 8 EMRK) zurücktreten.[202]

Beispiel: Im Caroline von Monaco-Fall (→ Rn. 1240) hatte der BGH mit Billigung des BVerfG die Veröffentlichung der Bilder beim Einkaufen auf dem Markt und beim Reiten für zulässig erklärt. Bei dem Gartenlokal habe es sich dagegen um eine von der breiten Öffentlichkeit abgeschiedene Örtlichkeit gehandelt, in welche C sich zu einem Privatgespräch zurückgezogen habe. Insoweit hatte der BGH daher einen unzulässigen Eingriff in die geschützte Privatsphäre der C bejaht. Demgegenüber hat der EGMR auch die Veröffentlichung der Fotos beim Einkaufen auf dem Markt und beim Reiten für unzulässig erklärt.

1242 Die Entscheidung des EGMR hat für die deutschen Gerichte keine unmittelbare Bindungswirkung, zumal die EMRK nur den Rang einfachen Bundesrechts hat. Nach der Rechtsprechung des BVerfG sind die Gerichte aber gehalten, die Gewährleistungen der EMRK bei der Auslegung des nationalen Rechts zu berücksichtigen.[203] Der BGH kommt den Anforderungen des EGMR in seiner neueren Rechtsprechung nach.[204] Dabei betont das Gericht, dass die Erforderlichkeit der Einwilligung nach § 23 I Nr. 1 KUG nur für »Bildnisse aus dem Bereich der Zeitgeschichte« entfällt. Bei der Prüfung dieses Merkmals dürfe man sich nicht mit der Unterscheidung zwischen absoluten und relativen Personen der Zeitgeschichte begnügen. Nach Sinn und Zweck des § 23 I Nr. 1 KUG komme es darauf an, welche Bedeutung die Veröffentlichung für das **Informationsinteresse der Allgemeinheit** und den demokratischen Meinungsbildungsprozess habe.[205] Über die Zulässigkeit der Veröffentlichung muss im Einzelfall aufgrund einer **Abwägung** zwischen den jeweiligen Grundrechtspositionen entschieden werden. Der BGH hält allerdings daran fest, dass die Medien aufgrund der Pressefreiheit grundsätzlich nach ihren eigenen publizistischen Kriterien entscheiden können müssen, an welchen Informationen ein öffentliches Interesse besteht. Insofern würden auch unterhaltende Beiträge, zB über pominente Personen, durch die Pressefreiheit geschützt.[206]

Für **Personen des politischen Lebens** wird ein gesteigertes Informationsinteresse der Allgemeinheit grundsätzlich bejaht. Dies gilt nicht nur für Skandale und sittlich anstößige Verhaltensweisen, sondern auch für das **normale Alltagsleben.**[207] Dahinter steht die Erwägung, dass Politiker – ebenso wie **andere Prominente**[208] – Orientierung bei eigenen Lebensentwürfen bieten sowie eine Leitbild- und Kontrastfunktion

202 EGMR, NJW 2004, 2647 ff.; vgl. auch EGMR, NJW 2006, 591 – Karhuvaara und Iltalehti gegen Finnland.

203 BVerfG, NJW 2004, 3407 ff.; NJW 2005, 2685 (2688); NJW 2008, 1793 (1795).

204 Vgl. BGHZ 171, 275; BGH, NJW 2007, 1981; zusammenfassend *Teichmann*, NJW 2007, 1917 ff. Das BVerfG hat diese Grundsätze in der Caroline II-Entscheidung (BVerfG, NJW 2008, 1793) bestätigt.

205 BGH, VersR 2007, 1135 (1137); NJW 2011, 746 (747) – Rosenball in Monaco.

206 BGH, NJW 2011, 744 (746) – Party-Prinzessin; dazu *Wankel*, NJW 2011, 726 ff.

207 BGH, NJW 2008, 3134 (3135) – Heide Simonis.

208 BGH, VersR 2009, 843 (844) – Enkel des Fürsten von Monaco.

erfüllen können.[209] Insofern kann auch die Veröffentlichung von Fotos bei einem Einkaufsbummel durch das Interesse der Allgemeinheit gerechtfertigt sein.[210] Der Informationswert eines Fotos ist im Zusammenhang mit der dazugehörenden Wortberichterstattung zu beurteilen. Beschränkt sich die Berichterstattung darauf, lediglich einen Anlass für die Abbildung des Betreffenden zu schaffen, so muss das Veröffentlichungsinteresse im Allgemeinen hinter dem Persönlichkeitsschutz zurücktreten.[211] Der BGH verweist in diesem Zusammenhang zu Recht darauf, dass Personen, die einer breiteren Öffentlichkeit bekannt sind, sich sonst in der Öffentlichkeit nicht mehr unbefangen bewegen könnten.[212] In neuerer Zeit hat die Rechtsprechung zudem herausgearbeitet, dass der Schutz des allgemeinen Persönlichkeitsrechts gegen Presseberichte im Hinblick auf die **Veröffentlichung von Bildern** weiter reicht als im Hinblick auf die **Wortberichterstattung.**[213] Diese Differenzierung wird damit gerechtfertigt, dass die Veröffentlichung von Bildern im Allgemeinen einen stärkeren Eingriff in das allgemeine Persönlichkeitsrecht darstellt.

3. Postmortaler Persönlichkeitsschutz

Der Persönlichkeitsschutz endet nicht mit dem Tod des Betroffenen. Nach der Recht- **1243**
sprechung kann das Grundrecht aus Art. 2 I GG zwar nur einer lebenden Person zustehen. Die Unantastbarkeit der **Menschenwürde** (Art. 1 I GG) gilt aber auch für Verstorbene.[214] Bei der Reichweite des Schutzes wird zwischen den ideellen und den vermögenswerten Bestandteilen des Persönlichkeitsrechts unterschieden. Soweit es um **ideelle Interessen** geht, sind Persönlichkeitsrechte nicht vererblich. Die Persönlichkeitsrechte eines Verstorbenen können zwar durch die Angehörigen wahrgenommen werden.[215] Diesen stehen aber nur Abwehransprüche zu; eine Entschädigung in Geld kommt dagegen nicht in Betracht, weil dem Verstorbenen weder Ausgleich noch Genugtuung für die Verletzung seines Persönlichkeitsrechts verschafft werden kann.[216] Die **vermögenswerten Bestandteile des Persönlichkeitsrechts** gehen nach § 1922 auf die Erben über. Bei unbefugter Verwendung des Namens oder Bildes eines Verstorbenen in der Werbung steht diesen daher ein Anspruch auf Ersatz des materiellen Schadens zu.[217] Der Schutz der vermögenswerten Bestandteile des Persönlichkeitsrechts ist dabei aber ebenso wie das Recht am eigenen Bild (§ 22 S. 3 KUG) auf 10 Jahre nach dem Tod begrenzt.[218]

209 Vgl. BVerfG, NJW 2008, 1793 (1796).
210 BGH, NJW 2008, 3134 (Heide Simonis nach Abwahl); anders bei reinem Unterhaltungsinteresse BGH, NJW 2008, 3138 – Sabine Christiansen I.
211 Vgl. BGH, NJW 2009, 3032 (3034) – »Wer wird Millionär?«.
212 BGH, VersR 2009, 841 (842) – Sabine Christiansen II.
213 BVerfG, NJW 2011, 740 (742); BGH, NJW 2011, 744 – Party-Prinzessin.
214 BGHZ 165, 203 (205); BGH, NJW 2007, 684 (685); NJW 2009, 751 (752).
215 BGHZ 50, 133 (136 ff.); *Brox/Walker*, Erbrecht, Rn. 16. Zum Verhältnis zwischen der Menschenwürde eines Verstorbenen und der Kunstfreiheit LG Köln NJW-RR 2009, 623 (625 ff.): Geschichte der RAF.
216 BGHZ 165, 203 (206 ff.); BGH, NJW 2007, 684 (685).
217 Vgl. BGHZ 143, 214 (Marlene Dietrich); BGH, NJW 2000, 2201 – Der Blaue Engel; ausführlich dazu *Staudinger/Schmidt*, Jura 2001, 241 (245 ff.).
218 BGH, NJW 2007, 684 (685 f.); krit. *Wanckel*, NJW 2007, 686.

IV. Rechtsfolgen

1. Naturalrestitution und materieller Schadensersatz

1244 Bei schuldhaften Persönlichkeitsrechtsverletzungen steht dem Geschädigten ein **Schadensersatzanspruch** aus § 823 I zu. Der Geschädigte kann hiernach jedenfalls *Naturalrestitution* (§ 249 I) durch Beseitigung der Verletzung (zB Widerruf einer unwahren Tatsachenbehauptung) verlangen.[219] Soweit die Verletzung vermögenswerte Bestandteile des Persönlichkeitsrechts betrifft, steht dem Geschädigten auch ein Anspruch auf Ersatz des materiellen Schadens zu. Der Geschädigte kann hiernach entweder seinen **konkreten** (oft schwer nachweisbaren) **Schaden** geltend machen oder den Schaden wie bei Lizenzverletzungen nach der **angemessenen Vergütung** berechnen, die bei Abschluss einer entsprechenden Vereinbarung zu zahlen gewesen wäre.[220] Alternativ dazu kann er nach der Rechtsprechung auch die Herausgabe des vom Schädiger erzielten **Gewinns** verlangen.[221]

2. Ersatz des immateriellen Schadens

1245 Wegen des immateriellen Schadens hat das Opfer schließlich einen Anspruch auf **Entschädigung in Geld** aus § 823 I iVm Art. 1 I, 2 I GG (→ Rn. 1236 f.). Voraussetzung ist aber, dass es sich um eine *schwerwiegende Persönlichkeitsrechtsverletzung* handelt, die *nicht auf andere Weise* (zB durch Widerruf) *ausgeglichen* werden kann.[222] Ein schweres Verschulden ist nach der neueren Rechtsprechung zwar nicht mehr erforderlich.[223] Der Grad des Verschuldens kann jedoch bei der Frage nach der Schwere der Persönlichkeitsrechtsverletzung berücksichtigt werden.[224]

Die **Berechnung der Geldentschädigung** unterscheidet sich von der Berechnung des Schmerzensgeldes gemäß § 253 II dadurch, dass der *Präventionsgedanke* und der vom Schädiger *erzielte Gewinn* wichtige Faktoren sind. Auch wenn die Pressefreiheit nicht übermäßig eingeschränkt werden darf, ist der Entschädigungsanspruch damit doch wesentlich höher als ein entsprechender Schmerzensgeldanspruch bei Körper- und Gesundheitsverletzungen. Dies gilt namentlich für Entschädigungsansprüche Prominenter wegen Vermarktung ihrer Persönlichkeit (vgl. SAT Rn. 978 ff.).[225]

3. Unterlassungs- und Beseitigungsanspruch

1246 Hat der Schädiger nicht schuldhaft gehandelt, so scheidet ein Schadensersatzanspruch aus § 823 I aus. Die Rechtsprechung billigt dem Geschädigten aber einen verschuldensunabhängigen Anspruch auf **Unterlassung** und **Beseitigung** aus § 1004 analog iVm § 823 I zu (allg. dazu → Rn. 1428 ff.). Die Beseitigung kann zB in der Vernichtung heimlich aufgenommener Fotos oder der Löschung einer ehrverletzenden Darstellung im Internet bestehen.[226] Bei *unwahren Tatsachenbehauptungen* richtet sich

---

219 Hk-BGB/*Staudinger* § 823 Rn. 109.
220 BGHZ 20, 345 (353) (Paul Dahlke); BGHZ 143, 214 (232) – Marlene Dietrich; OLG München, NJW-RR 2003, 767; Palandt/*Sprau* § 823 Rn. 125.
221 Vgl. BGHZ 143, 214 (232); Hk-BGB/*Staudinger* § 823 Rn. 110.
222 Vgl. BGHZ 128, 1 (12 f.).
223 BGH, NJW 1982, 635 (636) – Böll/Walden; krit. *Medicus/Lorenz*, Schuldrecht II, Rn. 1311.
224 Vgl. Palandt/*Sprau* § 823 Rn. 124.
225 Zur Rechtfertigung der Differenzierung BVerfG, NJW 2000, 2187; *Wagner*, VersR 2000, 1305 ff.; krit. Erman/*Ehmann*[12] Anh. § 12 Rn. 383.
226 Hk-BGB/*Staudinger* § 823 Rn. 108.

der Beseitigungsanspruch auf **Widerruf**, sofern die Unwahrheit erwiesen ist.[227] Bei ehrenrührigen *Werturteilen* scheidet ein Anspruch auf Widerruf mit Rücksicht auf die Meinungsfreiheit (Art. 5 I GG) von vornherein aus.[228]

Literatur: *Diederichsen*, Der deliktsrechtliche Schutz des Persönlichkeitsrechts, Jura 2008, 1; *Ehmann*, Zur Struktur des Allgemeinen Persönlichkeitsrechts, JuS 1997, 193; *Hager*, Persönlichkeitsschutz gegenüber Medien, Jura 1995, 566; *Heldrich*, Persönlichkeitsschutz und Pressefreiheit nach der Europäischen Menschenrechtskonvention, NJW 2004, 2634; *Hoffmann-Riem*, Die Caroline II-Entscheidung des BVerfG, NJW 2009, 20; *Kirchhoff*, Möglichkeiten einer europaweiten Vereinheitlichung des Persönlichkeitsschutzes vor der Presse, 2005; *Lettmair*, Das allgemeine Persönlichkeitsrecht in der zivilrechtlichen Fallbearbeitung, JA 2008, 566; *Leuze*, Die Entwicklung des Persönlichkeitsrechts im 19. Jahrhundert, 1962; *Looschelders*, Persönlichkeitsschutz in Fällen mit Auslandsberührung, ZVglRWiss 95 (1996), 48; *Mann*, Auswirkungen der Caroline-Entscheidung des EGMR auf die forensische Praxis, NJW 2004, 3220; *Miserre*, Der deliktische Schutz des Persönlichkeitsrechts, JA 2003, 252; *G. Müller*, Möglichkeiten und Grenzen des Persönlichkeitsrechts, VersR 2000, 797; *dies.*, Der Schutzbereich des Persönlichkeitsrechts im Zivilrecht, VersR 2008, 1141; *Ohly*, Der Schutz der Persönlichkeit im englischen Zivilrecht, RabelsZ 65 (2001), 39; *Pils*, Ein neues Kapitel bei der Abwägung zwischen Pressefreiheit und Persönlichkeitsrecht, JA 2008, 852; *Prinz*, Der Schutz der Persönlichkeitsrechte vor Verletzungen durch die Medien, NJW 1995, 817; *ders.*, Geldentschädigung bei Persönlichkeitsrechtsverletzungen, NJW 1996, 953; *Staudinger/Schmidt*, Marlene Dietrich und der (postmortale) Schutz vermögenswerter Persönlichkeitsrechte, Jura 2001, 241; *Steffen*, Schmerzensgeld bei Persönlichkeitsverletzungen durch die Medien, NJW 1997, 10; *ders.*, Zur Person der Zeitgeschichte – (k)ein Nachruf, FS G. Müller, 2009, 575; *Stoll*, Freiheit der Meinungsäußerung und Schutz der Persönlichkeit in der neueren Rechtsprechung zur zivilrechtlichen Haftung, Jura 1979, 576; *Teichmann*, Abschied von der absoluten Person der Zeitgeschichte, NJW 2007, 1917; *Wagner*, Geldersatz für Persönlichkeitsverletzungen, ZEuP 2000, 200; *ders.*, Prominente und Normalbürger im Recht der Persönlichkeitsverletzungen, VersR 2000, 1305; *Wankel*, Personenbezogene Prominentenberichterstattung anlässlich zeitgeschichtlicher Ereignisse, NJW 2011, 726. Vgl. auch die Nachweise zu § 56 und § 57.

§ 60 Das Recht am Gewerbebetrieb

I. Allgemeines

Nach Rechtsprechung und hL stellt auch der eingerichtete und ausgeübte Gewerbebetrieb ein sonstiges Recht iSd § 823 I dar.[229] Dahinter steht die Erwägung, dass das BGB den Unternehmer nicht ausreichend vor Vermögensschäden schützt. Schutzlücken bestehen insbesondere, wenn das UWG nicht eingreift, weil die Parteien in keinem Wettbewerbsverhältnis stehen.[230] 1247

Der Begriff des **Gewerbebetriebs** wird in einem weiten Sinne verstanden und erfasst damit Gewerbetreibende und Freiberufler.[231] Man spricht daher heute teilweise auch vom Recht am Unternehmen.[232] Bei Arbeitnehmern wird ein entsprechendes *Recht am Arbeitsplatz* dagegen nicht anerkannt.[233]

227 BGHZ 34, 99 (102); 99, 133 (138).
228 *Fuchs*, Deliktsrecht, S. 54.; Hk-BGB/*Staudinger* § 823 Rn. 108.
229 BGHZ 45, 296 (306 ff.); 69, 128 (138); Palandt/*Sprau* § 823 Rn. 126; *Medicus/Lorenz*, Schuldrecht II, Rn. 1312 ff.; krit. *Larenz/Canaris*, Schuldrecht II/2, § 81 II; *Harke*, Schuldrecht BT, Rn. 546.
230 Vgl. *Brox/Walker*, Schuldrecht BT, § 45 Rn. 16.
231 Vgl. OLG Düsseldorf, VersR 2003, 984; Palandt/*Sprau* § 823 Rn. 127.
232 Vgl. etwa Hk-BGB/*Staudinger* § 823 Rn. 115.
233 MüKoBGB/*Wagner* § 823 Rn. 176; *Medicus/Lorenz*, Schuldrecht II, Rn. 1307.

1248 Das Recht am eingerichteten und ausgeübten Gewerbebetrieb wird als **Auffangtatbestand** aufgefasst. Soweit eine andere Anspruchsgrundlage eingreift, tritt das Recht am Gewerbebetrieb also als **subsidiär** zurück.[234] Vorrang hat insbesondere das *Wettbewerbsrecht*. Das Gleiche gilt aber auch für die anderen Schutzgüter des § 823 I sowie für Ansprüche aus §§ 823 II, 824.[235] Demgegenüber schließt die (mögliche) Anwendbarkeit des § 826 den Rückgriff auf die Figur des Eingriffs in den Gewerbebetrieb nicht aus.[236]

Beispiel: Im *Stromkabel-Fall* (→ Rn. 1211) steht G wegen der verdorbenen Eier ein Schadensersatz aus § 823 I unter dem Aspekt der Eigentumsverletzung zu. Eine Verletzung des Rechts am Gewerbebetrieb ist insoweit daher nicht mehr zu prüfen.

1249 Da ein allgemeiner deliktsrechtlicher Vermögensschutz dem System des deutschen Deliktsrecht widerspräche (→ Rn. 1170), muss das Schutzgut »Gewerbebetrieb« in dem verbleibenden Bereich restriktiv angewendet werden. Die hM beschränkt den Schutz daher auf unmittelbare Eingriffe, die gegen den Betrieb als solchen gerichtet sind und nicht lediglich vom Gewerbebetrieb ohne weiteres ablösbare Rechte oder Rechtsgüter betreffen (sog. **betriebsbezogene Eingriffe**).[237] Dies soll verhindern, dass der Vermögensschaden eines Dritten über die Figur des eingerichteten und ausgeübten Gewerbebetriebs ersatzfähig wird.

Beispiele: Im *Eiskunstlauf-Fall* (→ Rn. 1171) liegt eine Rechtsgutsverletzung (Körper und Gesundheit) nur auf Seiten des M vor. F hat dagegen einen reinen Vermögensschaden erlitten. Dieser ist auch nicht unter dem Aspekt des Eingriffs in den Gewerbebetrieb ersatzfähig.[238] Das Gleiche gilt für den Standardfall, dass ein Arbeitnehmer (A) von einem Dritten (zB bei einem Verkehrsunfall) verletzt wird und der Arbeitgeber hierdurch einen Schaden erleidet.[239] Ein betriebsbezogener Eingriff in den Gewerbebetrieb liegt aber vor, wenn der Dritte den Arbeitnehmer vorsätzlich verletzt, um den Betrieb des Arbeitgebers zu schädigen. In den *Stromkabel-Fällen* (→ Rn. 1211) wird zunächst nur das Eigentum des Netzbetreibers am Stromkabel verletzt. Erleidet ein Gewerbetreibender (G) infolgedessen einen Produktionsausfall, so handelt es sich um einen reinen Vermögensschaden. Sofern die Durchtrennung des Stromkabels nicht gerade den Zweck hatte, den Betrieb des G zu beeinträchtigen, fehlt die Betriebsbezogenheit.[240] Entsprechende Überlegungen gelten im *Fleet-Fall* (→ Rn. 1209) für den Nutzungsausfall bei den nicht eingeschlossenen Schiffen. In all diesen Konstellationen kann der Anspruch also nicht auf die Figur des eingerichteten und ausgeübten Gewerbebetriebs gestützt werden. Die Betriebsbezogenheit ist damit ein geeignetes Kriterium, um den unüberschaubaren Kreis der potentiellen Geschädigten in solchen Fällen sachgemäß einzuschränken.

1250 Der eingerichtete und ausgeübte Gewerbebetrieb stellt ebenso wie das allgemeine Persönlichkeitsrecht (→ Rn. 1238) einen offenen Tatbestand dar, bei dem die Rechtswidrigkeit selbst im Fall eines unmittelbaren Eingriffs nicht indiziert ist. Man spricht daher auch hier von einem **»Rahmenrecht«**.[241] Ob ein rechtswidriger Eingriff vorliegt, muss daher wieder im Einzelfall aufgrund einer umfassenden *Interessenabwägung* festgestellt werden.[242] Auf Seiten des Gewerbetreibenden sind dabei das Eigen-

234 BGHZ 69, 128 (138); BGH, NJW 2003, 1040 (1041); NJW 2006, 830 (839); *Medicus/Lorenz*, Schuldrecht II, Rn. 1314.
235 Vgl. *Brox/Walker*, Schuldrecht BT, § 41 Rn. 18; Hk-BGB/*Staudinger* § 823 Rn. 116.
236 BGHZ 69, 128 (139).
237 BGHZ 29, 65 (73 f.); 69, 128 (139); BGH, NJW 1983, 812 (813); NJW 2003, 1040 (1041); *Brox/Walker*, Schuldrecht BT, § 41 Rn. 20; *Medicus/Lorenz*, Schuldrecht II, Rn. 1314.
238 BGH, NJW 2003, 1040 (1041).
239 Vgl. BGHZ 7, 30 (36).
240 BGHZ 29, 65 (74); 41, 123 (127); 66, 388 (393); KG, r+s 2005, 40.
241 Vgl. *Medicus/Lorenz*, Schuldrecht II, Rn. 1308.
242 BGHZ 45, 296 (307); 65, 325 (331); 138, 311 (318); BGH, NJW 2006, 830 (840).

tumsrecht (Art. 14 GG) sowie die Berufsfreiheit (Art. 12 GG) zu berücksichtigen. Auf Seiten des Schädigers kommen neben der allgemeinen Handlungsfreiheit (Art. 2 I GG) vor allem die Meinungs- und Pressefreiheit (Art. 5 I GG), die Kunstfreiheit (Art. 5 III GG) sowie uU die Versammlungs- (Art. 8 GG) und die Koalitionsfreiheit (Art. 9 III GG) in Betracht (→ Rn. 1253).[243]

II. Wichtige Fallgruppen

Das Recht am Gewerbebetrieb kann in vielfältiger Weise verletzt werden. In der 1251
Praxis stehen folgende Fallgruppen im Vordergrund.

1. Geschäftsschädigende Kritik am Gewerbebetrieb

Gegenüber unwahren, geschäftsschädigenden **Tatsachenbehauptungen** wird der Gewerbebetrieb durch § 824 (→ Rn. 1305 ff.) geschützt. Bei negativen **Werturteilen** über gewerbliche Leistungen besteht dagegen außerhalb des Wettbewerbsrechts eine Schutzlücke. Da solche Werturteile sich gegen den Betrieb als solchen richten, liegt ein betriebsbezogener Eingriff vor. Die entscheidende Frage ist aber, ob das Werturteil vom Grundrecht der Meinungsfreiheit (Art. 5 I GG) gedeckt ist. Dies muss aufgrund einer *Interessenabwägung im Einzelfall* beurteilt werden.[244]

Die hM zieht die Grenzen der Meinungsfreiheit in solchen Fällen sehr weit. Wertende Kritik ist hiernach **grundsätzlich zulässig**, auch wenn sie scharf und überzogen formuliert ist.[245] Dies gilt namentlich dann, wenn es sich um einen *Beitrag zum geistigen Meinungskampf* in einer die Öffentlichkeit wesentlich berührenden Frage handelt.[246] Unzulässig ist aber reine *Schmähkritik*, die primär auf die Diffamierung des Betroffenen abzielt.[247]

Beispiel (BGHZ 45, 296): In der Ausgabe des »Stern« v. 14. 1. 1962 war ein Artikel erschienen, der kritische Bemerkungen über die katholische Lehre zur »Natur des Höllenfeuers« sowie über den Papst enthielt. Die Wochenzeitung »Echo der Zeit« veröffentlichte daraufhin einen Beitrag mit kritischen Äußerungen über den »Stern«. Darin hieß es unter anderem: »Sein Maßstab ist die Straße. Ihr unterwirft sich die auflagenstärkste deutsche Illustrierte seit Jahren«. – Der BGH hat einen Unterlassungsanspruch des Verlegers des »Stern« gegen den Verleger des »Echo der Zeit« wegen Eingriffs in den Gewerbebetrieb abgelehnt. Dabei ist das Gericht davon ausgegangen, dass die polemischen Äußerungen im »Echo der Zeit« in Anbetracht der vorangegangenen Herausforderung durch den Höllenfeuer-Artikel im Stern und der gesellschaftspolitischen Bedeutung des Themas von Art. 5 I GG gedeckt seien.

Einen großen Freiraum genießen kritische Werturteile über gewerbliche Leistungen 1252
bei der Veröffentlichung von **Warentests**.[248] Ein rechtswidriger Eingriff in den Gewerbebetrieb wird hier verneint, sofern die der Veröffentlichung zugrunde liegende Untersuchung objektiv (im Sinne eines Bemühens um objektive Richtigkeit), neutral und sachkundig durchgeführt worden ist und das Ergebnis nicht offensichtlich unrichtig erscheint.[249]

243 Vgl. Hk-BGB/*Staudinger* § 823 Rn. 131.
244 Ausführlich dazu *Schaub*, JZ 2007, 548 ff.
245 BGH, NJW 2002, 1192 (1193) = JZ 2002, 663 m. Anm. *Kübler*.
246 BGHZ 45, 296 (308) – Höllenfeuer; enger noch BGHZ 3, 270 – Constanze I.
247 Vgl. Staudinger/*Hager* (1999) § 823 Rn. D 28.
248 Vgl. *Medicus/Lorenz*, Schuldrecht II, Rn. 1315.
249 BGHZ 65, 325 (334 f.); BGH, NJW 1987, 2223; MüKoBGB/*Wagner* § 823 Rn. 199.

Ein noch größerer Freiraum wird negativen Werturteilen bei der **Gastronomiekritik** zugebilligt. Dahinter steht die Erwägung, dass die Beurteilung von Leistungen im Gastronomiebereich weitgehend von den persönlichen Eindrücken und Empfindungen des Kritikers abhängt.[250] Weisen die angebotenen Leistungen Mängel auf, so dürfen diese auch in sehr plakativer Weise herausgestellt werden. Schmähkritik bleibt aber auch hier unzulässig.[251]

Beispiel: Die Zeitschrift Z veröffentlicht wöchentlich einen Testbericht über Gaststätten. Sie schickt zu diesem Zweck Mitarbeiter in die Lokale, die dort speisen und dann ihren Bericht erstatten. In einem dieser Berichte werden die kulinarischen Leistungen des ägyptischen Restaurants R kritisiert. Die Kritik ist überwiegend sachlich formuliert, in der zusammenfassenden Stellungnahme heißt es jedoch: »Hier bekommen Sie Speisen so trocken wie Wüstensand«. Zu einem Fast-Food-Lokal (F) findet sich die Bemerkung, die angebotenen Gerichte würden »wie eine Portion Pinscherkot« in den Teller »hineingeschissen«.[252] Sofern die Speisen des R wirklich entsprechende Mängel aufweisen, dürfte sich der Vergleich mit dem »Wüstensand« noch im Rahmen einer zulässigen plakativen Würdigung halten. Der Vergleich mit dem »Pinscherkot« stellt dagegen eine unzulässige Schmähkritik dar.

2. Boykott, Betriebsblockaden, Streiks

1253 Betriebsbezogene Eingriffe in den Gewerbebetrieb können auch in dem Aufruf zu einem Boykott sowie der Durchführung einer gezielten Betriebsblockade oder eines rechtswidrigen Streiks liegen.[253] Auch hier ist aber stets sehr sorgfältig zu prüfen, ob das Verhalten des Schädigers durch Grundrechte geschützt wird. Beim **Boykottaufruf** kommt die Meinungsfreiheit (Art. 5 I GG) ins Spiel.[254] Bei **Betriebsblockaden** muss darüber hinaus die Versammlungsfreiheit (Art. 8 GG) beachtet werden. Die zielbewusste Anwendung unmittelbaren Zwangs gegen die Rechtsgüter eines Dritten wird hierdurch jedoch im Allgemeinen nicht gedeckt.[255] Bei der Beurteilung von **Streiks** wird die Koalitionsfreiheit (Art. 9 III GG) relevant.[256] Ist der Streik hiernach rechtmäßig, so scheidet ein Anspruch aus § 823 I aus.[257]

3. Unberechtigte Schutzrechtsverwarnung

1254 Eine weitere, praktisch seit langem bedeutsame Fallgruppe des Eingriffs in den Gewerbebetrieb ist die **unberechtigte Schutzrechtsverwarnung.**[258]

Beispiel (BGHZ 38, 200): P ist Hersteller von Kindernähmaschinen. Konkurrent K verlangt von ihm Unterlassung der Herstellung und des Vertriebes der Maschinen. Dabei beruft er sich darauf, dass ihm ein Gebrauchsmuster für solche Maschinen zustehe. Um mögliche Schadensersatzansprüche des K zu vermeiden, stellt P die beanstandete Produktion ein. Im Prozess erwirkt P die Löschung des Gebrauchsmusters von K, weil dessen Merkmale schon vor der Anmeldung öffentlich bekannt gewesen seien. Der BGH hat in der unberechtigten Abmahnung einen rechtswidrigen Eingriff in den eingerichteten und ausgeübten Gewerbebetrieb gesehen und P einen Anspruch aus § 823 I auf Ersatz des Produktionsausfalls zugebilligt.

---

250 BGH, NJW 1987, 1082 (1083).

251 MüKoBGB/*Wagner* § 823 Rn. 200; Staudinger/*Hager* (1999) § 823 Rn. D 34.

252 OLG Frankfurt, NJW 1990, 2002; dazu *Schwarz/Wandt* § 16 Rn. 80.

253 MüKoBGB/*Wagner* § 823 Rn. 201 ff.; Staudinger/*Hager* (1999) § 823 Rn. D 35 ff.; aA mit Blick auf Streiks *Larenz/Canaris*, Schuldrecht II/2, § 81 III 6.

254 Vgl. BVerfGE 7, 198 (215 ff.) – Lüth; 25, 256 (263 ff.) – Blinkfüer.

255 Vgl. BGHZ 59, 30 (35); 137, 89 (99); MüKoBGB/*Wagner* § 823 Rn. 210.

256 Vgl. etwa BAG, NJW 1985, 2545; *Schwarz/Wandt* § 16 Rn. 84.

257 MüKoBGB/*Wagner* § 823 Rn. 207.

258 Vgl. RGZ 58, 24 – Juteplüsch; BGHZ 38, 200 – Kindernähmaschinen.

In neuerer Zeit hat der I. Zivilsenat des BGH dafür plädiert, diese strenge Rechtsprechung aufzugeben, weil die gutgläubige Geltendmachung eines Schutzrechts eine zulässige (wettbewerbskonforme) Meinungsäußerung darstelle und deshalb keinen Schadensersatzanspruch aus § 823 I begründen könne.[259] Der **Große Senat für Zivilsachen** ist dem jedoch nicht gefolgt und hat an der traditionellen Auffassung festgehalten.[260]

Literatur: *Meier-Beck*, Die Verwarnung aus Schutzrechten – mehr als eine Meinungsäußerung, GRUR 2005, 535; *Sack*, Die Haftung für unbegründete Schutzrechtsverwarnungen, WRP 2005, 253; *ders.*, Die Subsidiarität des Rechts am Gewerbebetrieb, VersR 2006, 1001; *ders.*, Das Recht am Gewerbebetrieb, 2007; *Schildt*, Der deliktische Schutz des Rechts am Gewerbebetrieb, WM 1996, 2261; *Schlechtriem*, Eingriff in den Gewerbebetrieb und vertragliche Haftung, FS Deutsch, 1999, 317; *Schaub*, Äußerungsfreiheit und Haftung, JZ 2007, 548; *K. Schmidt*, Integritätsschutz von Unternehmen nach § 823 BGB – Zum »Recht am eingerichteten und ausgeübten Gewerbebetrieb«, JuS 1993, 985; *ders.*, Das Recht am eingerichteten und ausgeübten Gewerbebetrieb und das Gesetz gegen unlauteren Wettbewerb, FS Canaris I, 2007, 1293; *Wagner/Thole*, Kein Abschied von der unberechtigten Schutzrechtsverwarnung, NJW 2005, 3470. Vgl. auch die Nachweise zu § 56 und § 57.

§ 61 Produkthaftung

Einige wichtige Besonderheiten gelten für die Haftung des Produzenten bei Rechtsgutsverletzungen aufgrund der Fehlerhaftigkeit seiner Produkte. Bis zum 1. 1. 1990 konnten die Ansprüche des Geschädigten in diesem Bereich im Regelfall allein auf **§ 823 I** gestützt werden. Seitdem besteht zusätzlich eine verschuldensunabhängige Haftung nach dem **ProdHaftG**. 1255

I. Problemstellung

Erleidet der Käufer aufgrund eines Fehlers der Kaufsache eine Rechtsgutsverletzung, 1256 so kommt ein vertraglicher Schadensersatzanspruch gegen den **Verkäufer** aus §§ 437 Nr. 3, 280 I in Betracht. Da der Verkäufer die Sache nicht selbst hergestellt hat, wird ihm aber nicht selten der Nachweis gelingen, dass er die Pflichtverletzung nicht zu vertreten hat (vgl. § 280 I 2). Der Käufer kann sich dann lediglich an den Hersteller der Sache halten.

Im Verhältnis zwischen Käufer und Hersteller scheitern **vertragliche Ansprüche** regelmäßig am Fehlen eines Vertrages. Der Kaufvertrag zwischen Verkäufer und Hersteller kann auch im Allgemeinen nicht als **Vertrag mit Schutzwirkung für Dritte** (den Käufer) verstanden werden, weil der Verkäufer typischerweise kein besonderes Interesse (etwa aufgrund einer Fürsorgepflicht) am Schutz der Käufer hat (dazu SAT Rn. 206).[261] Da es an einer atypischen Schadensverlagerung fehlt, sind auch die Grundsätze über die **Drittschadensliquidation** (dazu SAT Rn. 941 ff.) unanwendbar.[262]

259 BGH, NJW 2004, 3322; krit. auch *Larenz/Canaris*, Schuldrecht II/2, § 81 III 4.
260 BGHZ 164, 1; näher dazu *Meier-Beck*, GRUR 2005, 535 ff.; *Wagner/Thole*, NJW 2005, 3470 ff.; vgl. auch BGH, NJW 2009, 1263.
261 Vgl. BGHZ 51, 91 (96); *Larenz*, Schuldrecht II/1, § 41 a.
262 Vgl. BGHZ 51, 91 (93 ff.); Hk-BGB/*Staudinger* § 823 Rn. 159.

In Betracht kommt damit zunächst nur ein **Schadensersatzanspruch aus § 823 I.**[263] Da das Deliktsrecht keine dem § 280 I 2 entsprechende Beweislastumkehr enthält, steht der Geschädigte hiernach vor erheblichen **Beweisproblemen**. Denn in den meisten Fällen kann er allenfalls beweisen, dass seine Rechtsgüter durch einen Fehler des Produkts verletzt worden sind. Da er keinen Einblick in den Organisationsbereich des Produzenten hat, kann er diesem im Regelfall aber kein Verschulden nachweisen.[264]

II. Beweislastumkehr bei der deliktischen Haftung des Produzenten

1257 Die Rechtsprechung trägt den Beweisschwierigkeiten des Geschädigten bei der deliktischen Produkthaftung nach § 823 I durch eine Beweislastumkehr Rechnung. Nach der grundlegenden *Hühnerpest-Entscheidung* von 1968 muss der Geschädigte nur darlegen und beweisen, dass die Rechtsgutsverletzung durch einen Produktfehler verursacht wurde; der Hersteller hat dann nachzuweisen, dass ihm kein **Verschulden** zur Last fällt.[265] Bei Konstruktions- und Fabrikationsfehlern (→ Rn. 1263 ff.) wird die Beweislastumkehr darüber hinaus auf die **objektive Pflichtwidrigkeit** erstreckt: Der Hersteller muss also auch noch den Beweis führen, dass er bei der Konstruktion und Herstellung des Produkts keine Verkehrspflicht verletzt hat.[266]

Beispiel (BGHZ 51, 91): Die Geflügelzüchterin G lässt ihre Hühner durch den Tierarzt Dr. T gegen Hühnerpest impfen. Einige Tage danach bricht die Hühnerpest aus. Mehr als 4.000 Hühner verenden oder müssen notgeschlachtet werden. Der Ausbruch der Seuche beruht darauf, dass der verwendete Impfstoff des Herstellers H durch Bakterien verunreinigt gewesen ist. – Der BGH hat einen Schadensersatzanspruch der G gegen H aus § 823 I bejaht. Da die Eigentumsverletzung durch ein fehlerhaftes Produkt des H verursacht worden war, hätte H das Fehlen einer schuldhaften Pflichtverletzung dartun müssen. Dieser Nachweis ist H nicht gelungen.

1258 Die Beweislastumkehr wird dadurch verschärft, dass der Hersteller sich auch für die **ordnungsgemäße Organisation** seines Betriebs zu entlasten hat. Der Hersteller muss also den Nachweis erbringen, dass er selbst oder ein Organ seines Unternehmens (§ 31) bei der Organisation und Überwachung der betrieblichen Abläufe alle erforderlichen Maßnahmen getroffen hat, damit fehlerhafte Produkte erst gar nicht in den Verkehr gelangen.[267]

Nach den bisherigen Überlegungen greift die Beweislastumkehr nur ein, wenn der Geschädigte nachweist, dass das Produkt bereits im **Zeitpunkt des In-Verkehr-Bringens** mit einem Fehler behaftet war. Auch insoweit kann aber im Einzelfall eine Beweiserleichterung in Betracht kommen.

Beispiel (BGHZ 104, 323): Der 3-jährige G wurde durch das Bersten einer Mehrweg-Limonadenflasche im Keller des elterlichen Wohnhauses an beiden Augen verletzt. G nimmt den Limonadenabfüller L auf Zahlung eines angemessenen Schmerzensgeldes in Anspruch. Nach den Feststellungen des Sachverständigen ist der Unfall entweder auf einen zu hohen Innendruck wegen zu geringer Befüllung der Flasche oder auf einen Riss im Glas zurückzuführen. Es lässt sich jedoch nicht feststellen, ob ein möglicher Riss im Verantwortungsbereich des L oder erst später (auf dem Vertriebsweg oder im Gefahrenbereich der Eltern des G) entstanden ist.

263 Zur Haftung des Herstellers nach dem ProdHaftG → Rn. 1268 ff.

264 Vgl. *Larenz*, Schuldrecht II/1, § 41 a; *Medicus/Lorenz*, Schuldrecht II, Rn. 339, 341.

265 BGHZ 51, 91 (104 ff.); vgl. auch BGH, NJW 1999, 1028 (1029); *Larenz*, Schuldrecht II/1, § 41 a; Palandt/*Sprau* § 823 Rn. 184; *Medicus/Lorenz*, Schuldrecht II, Rn. 342.

266 Vgl. Hk-BGB/*Staudinger* § 823 Rn. 183; Staudinger/*Hager* (2009) § 823 Rn. F 43 ff.

267 Zu dieser Organisationspflicht *Medicus/Petersen*, Bürgerliches Recht, Rn. 657.

Nach der Rechtsprechung hat der Hersteller beim In-Verkehr-Bringen den Zustand seiner Produkte zu ermitteln und die erhobenen Daten zu sichern. Verstößt er gegen diese **Befundsicherungspflicht**, so kann er sich nach Treu und Glauben (§ 242) nicht darauf berufen, dass der Fehler möglicherweise erst nach In-Verkehr-Bringen entstanden sei. Die Beweislastumkehr gilt aber nur, wenn das Produkt eine besondere Schadenstendenz aufweist und der Fehler typischerweise aus dem Verantwortungsbereich des Herstellers stammt. Dies hat der BGH in den Sprudelflaschen-Fällen bejaht.[268] Genau genommen geht es bei der Befundsicherungspflicht freilich nicht primär darum, dem späteren Geschädigten bessere Beweismöglichkeiten zu verschaffen. Der Hersteller muss vielmehr sicherstellen, dass keine fehlerhaften Produkte in den Verkehr gelangen. Der Begriff »Befundsicherungspflicht« erscheint daher missverständlich.[269] 1259

III. Verkehrspflichten des Herstellers

1. Grundlagen

Die deliktische Produkthaftung knüpft an die Verletzung von **Verkehrspflichten** (→ Rn. 1175 ff.) an.[270] Der Hersteller hat danach im Rahmen des technisch Möglichen und wirtschaftlich Zumutbaren alle erforderlichen Vorkehrungen zu treffen, um zu verhindern, dass Dritte durch seine Produkte geschädigt werden.[271] Die Reichweite dieser Verkehrspflichten muss durch *Interessenabwägung* bestimmt werden; dabei ist auch zu berücksichtigen, inwieweit der Geschädigte selbst über zumutbare Selbstschutzmöglichkeiten verfügt.[272] 1260

Die Verkehrspflicht des Herstellers besteht vor allem darin, die vom Produkt ausgehenden **Gefahren** möglichst gering zu halten. Ist das Produkt zur Abwehr von Gefahren bestimmt, so haftet der Hersteller auch im Fall der **Wirkungslosigkeit**, wenn der Benutzer im Vertrauen auf die Wirksamkeit von der Verwendung eines anderen – wirksamen – Produkts abgesehen hat.[273] 1261

Beispiel (BGHZ 80, 186): Der H hatte ein Pflanzenschutzmittel zur Bekämpfung des Apfelschorf-Pilzes auf den Markt gebracht. Obstbauer O verwendete das Mittel des H. Gleichwohl breitete sich an seinen Apfelbäumen die Pilzerkrankung aus. Die Wirkungslosigkeit des Mittels beruhte darauf, dass sich mit der Zeit resistente Stämme des Apfelschorf-Pilzes herausgebildet hatten. – Der BGH hat die Möglichkeit einer Haftung aus § 823 I wegen Wirkungslosigkeit des Produkts grundsätzlich bejaht. Problematisch erscheint, dass das Pflanzenschutzmittel zunächst keinen Fehler aufwies; die resistenten Stämme hatten sich erst später gebildet. H wäre daher nur dann haftbar gewesen, wenn er eine Produktbeobachtungs- und Warnpflicht (→ Rn. 1267) gegenüber O verletzt hätte. Dies war aber nicht feststellbar.

Die Grundsätze der Produkthaftung nach § 823 I gelten auch für **»weiterfressende« Mängel** (Rn. 181 ff.) und **Produktionsschäden** (Rn. 1214 ff.). Auch hier greifen also die beschriebenen Beweiserleichterungen ein.[274] 1262

---

268 Vgl. BGHZ 104, 323 (333); BGHZ 129, 353 (361); BGH, VersR 1993, 367; VersR 1993, 845 (848); einschränkend bei anderen Produkten OLG Düsseldorf, NJW-RR 2000, 833 (835) – Feuerlöschanlage; OLG Dresden, NJW-RR 1999, 34 – Hydraulikzylinder.

269 Näher dazu Staudinger/*Hager* (2009) § 823 Rn. F 40.

270 Vgl. *Schlechtriem* Schuldrecht BT, Rn. 928; Staudinger/*Hager* (2009) § 823 Rn. F 2.

271 Vgl. BGHZ 104, 323 (328); OLG Düsseldorf, VersR 2003, 912; Hk-BGB/*Staudinger* § 823 Rn. 172; MüKoBGB/*Wagner* § 823 Rn. 620 ff.

272 Vgl. Staudinger/*Hager* (2009) § 823 Rn. F 9.

273 BGHZ 80, 186; 80, 199; *Medicus/Petersen*, Bürgerliches Recht, Rn. 650 c.

274 Vgl. *Medicus/Petersen*, Bürgerliches Recht, Rn. 650 b; *Looschelders*, JR 2003, 309 (311 f.).

2. Fallgruppen

1263 Nach dem Inhalt der verletzten Verkehrspflicht lassen sich **vier Ausprägungen des Produktfehlers** unterscheiden.

a) Konstruktionsfehler

Ein Konstruktionsfehler liegt vor, wenn das Produkt schon nach seiner Konzeption nicht den berechtigten Sicherheitserwartungen eines durchschnittlichen Benutzers entspricht.[275] So mag der Benutzer aufgrund der **Bauweise** oder der verwendeten **Materialien** Gefahren ausgesetzt sein, die bei pflichtgemäßem Verhalten vermeidbar wären.[276] Solche Fehler betreffen typischerweise nicht nur einzelne Stücke, sondern die ganze Serie.[277]

Beispiele: (1) Autohersteller A hat einen Pkw entwickelt, bei dem der Treibstofftank im Bereich des Hecks liegt. Aufgrund dieser Konstruktion besteht die erhöhte Gefahr, dass sich der in dem Tank befindliche Treibstoff schon bei leichten Auffahrunfällen entzündet.[278]

(2) Die K hat einen Expander erworben, der vom Sportartikelhersteller S konstruiert worden ist. An dem Gerät befinden sich Kunststoffgriffe, die in einem Spritzgussverfahren hergestellt werden. Beim Trainieren bricht einer der Griffe ab. Der Expander schnellt daraufhin hoch und verletzt K am rechten Auge. Es stellt sich heraus, dass der verwendete Kunststoff für die beim Trainieren mit dem Expander auftretenden Belastungen ungeeignet war.[279]

1264 Liegt ein Konstruktionsfehler vor, so werden die objektive Pflichtwidrigkeit und das Verschulden des Herstellers vermutet. Der Hersteller kann sich allerdings damit entlasten, dass es sich um einen sog. **Entwicklungsfehler** handelt, der beim In-Verkehr-Bringen des Produkts nach dem damaligen Stand von Wissenschaft und Technik nicht erkennbar war. Ein Anspruch aus § 1 ProdHaftG scheidet dann ebenfalls aus (vgl. § 1 II Nr. 5 ProdHaftG);[280] eine Haftung wegen Verletzung der *Produktbeobachtungspflicht* (→ Rn. 1267) kommt aber in Betracht.[281]

b) Fabrikationsfehler

1265 Der Fabrikationsfehler ist dadurch gekennzeichnet, dass es bei der Herstellung **einzelner Stücke** zu einer planwidrigen Abweichung von der bei der Konzeption des Produkts zugrunde gelegten Beschaffenheit kommt.[282]

Beispiel: Im Hühnerpest-Fall (→ Rn. 1257) waren nur einzelne Chargen des Impfstoffs mit Bakterien verunreinigt; im Mehrwegflaschen-Fall (→ Rn. 1258) war nur eine Flasche (möglicherweise) nicht ausreichend befüllt worden oder schadhaft.

Auch bei noch so sorgfältiger Produktion und Qualitätskontrolle lässt sich nicht ausschließen, dass einzelne Stücke (sog. »**Ausreißer**«) mit Fabrikationsfehlern in den Verkehr gebracht werden. In diesem Fall kann sich der Hersteller im Rahmen des § 823 I auf das Fehlen der Pflichtverletzung bzw. des Verschuldens berufen.[283] Dies

---

275 BGH, NJW 1990, 906 (907); NJW 2009, 2952 (2953); OLG Düsseldorf, VersR 2003, 912; MüKoBGB/*Wagner* § 823 Rn. 628 ff.; *Müller*, VersR 2004, 1073 (1074 f.).
276 Vgl. Staudinger/*Hager* (2009) § 823 Rn. F 12.
277 Vgl. Hk-BGB/*Staudinger* § 823 Rn. 173.
278 Vgl. *Looschelders*, JR 2003, 309 (314 Fn. 84).
279 BGH, VersR 1990, 532.
280 Vgl. BGH, NJW 2009, 2952 (2955).
281 Vgl. Staudinger/*Hager* (2009) § 823 Rn. F 20.
282 MüKoBGB/*Wagner* § 823 Rn. 632; Palandt/*Sprau* ProdHaftG § 3 Rn. 9.
283 BGHZ 51, 91 (105); 129, 353 (358); Staudinger/*Hager* (2009) § 823 Rn. F 17.

steht einer Haftung des Herstellers nach § 1 ProdHaftG jedoch nicht entgegen (→ Rn. 1272).

c) Instruktionsfehler

Besonders große Bedeutung hat in neuerer Zeit die Haftung für Fehler bei der Instruktion der Produktbenutzer erlangt. Die Rechtsprechung ist hier sehr streng. So hat der Hersteller die Benutzer nicht nur auf die mit dem **bestimmungsgemäßen Gebrauch** des Produkts verbundenen Risiken hinzuweisen; die Instruktionspflicht bezieht sich vielmehr auch auf solche Gefahren, die sich aus einem **nahe liegenden** (aber nicht vorsätzlichen) **Fehlgebrauch** oder dem **allzu sorglosen Umgang** mit dem Produkt ergeben.[284] Die Intensität der Instruktionspflichten richtet sich nach dem Maß der drohenden Gefahren und dem Gewicht der gefährdeten Rechtsgüter.[285] Zu berücksichtigen ist außerdem, ob das Produkt allein für den gewerblichen Gebrauch bestimmt ist oder auch von Verbrauchern verwendet werden soll. 1266

Beispiele: (1) Der Hersteller von Babyflaschen und gesüßtem Kindertee hat deutlich auf die Gefahr von Kariesbildung durch »Dauernuckeln« hinzuweisen, wenn er erkennen kann, dass seine Produkte als Einschlafhilfe verwendet werden.[286]

(2) Der Hersteller eines Reißwolfs muss die Benutzer vor den Gefahren warnen, die mit dem Hineingreifen in die Maschine verbunden sind.[287] Außerdem hat er darauf hinzuweisen, dass das Gerät wegen dieser Gefahren in Gegenwart von Kindern nicht betriebsbereit gehalten werden darf.

(3) Im Hinblick auf die mit dem Konsum von Genussmitteln (Zigaretten, Alkohol, Süßigkeiten) verbundenen Gesundheitsrisiken treffen den Hersteller dagegen keine Aufklärungspflichten, weil diese Risiken dem durchschnittlichen Verbraucher bekannt sind.[288]

d) Verletzung der Produktbeobachtungspflicht

Nach dem In-Verkehr-Bringen hat der Hersteller darauf zu achten, ob sich bei der praktischen Verwendung des Produktes Risiken zeigen, die eine **Warnung** der Benutzer oder sogar einen **Rückruf** des Produkts erforderlich machen.[289] Diese Produktbeobachtungspflicht kann insbesondere bei *Entwicklungsfehlern* (→ Rn. 1264) relevant werden. Sie besteht nicht nur im Hinblick auf die eigenen Produkte, sondern betrifft auch Gefahren, die aus einer Kombination der eigenen Produkte mit anderen Sachen drohen.[290] 1267

Beispiel (BGHZ 99, 167): Der S ist mit einem Motorrad der Marke Honda GL-1000 bei hoher Geschwindigkeit tödlich verunglückt. Der Unfall beruht auf der Instabilität des Motorrads, welche durch die vom Vorbesitzer angebrachte Lenkradverkleidung »Cockpit« eines anderen Herstellers verursacht wurde. Beim In-Verkehr-Bringen des Motorrades war diese Lenkradverkleidung noch nicht auf dem Markt. Etwa ein Jahr vor dem Unfall hatten sich jedoch Anhaltspunkte dafür ergeben, dass die Stabilität des Motorrades durch Anbringen der Verkleidung beeinträchtigt wird. Der Vater des S (V) nimmt die Firma Honda und deren deutsche Vertriebsgesellschaft auf Ersatz

284 Vgl. BGHZ 105, 346 (351); 116, 60 (65); BGH, NJW 1999, 2815. Zum vorsätzlichen Fehlgebrauch BGH, VersR 1981, 957; OLG Karlsruhe, NJW-RR 2001, 1174: Missbrauch von Kältemitteln bzw. Feuerzeuggas als Rauschmittel.

285 BGH, NJW 2009, 2952 (2954) – Airbag.

286 BGHZ 116, 60 (68) – Milupa; vgl. dazu *Medicus/Petersen*, Bürgerliches Recht, Rn. 650 g.

287 BGH, NJW 1999, 2815 – Reißwolf; krit. *Littbarski*, NJW 2000, 1162 ff.

288 Vgl. LG Mönchengladbach, NJW-RR 2002, 896; OLG Düsseldorf, VersR 2003, 912 – Mars; OLG Frankfurt a. M., NJW-RR 2001, 1471; OLG Hamm, NJW 2005, 295 – Zigaretten; OLG Hamm, NJW 2001, 1654 – Bier.

289 Vgl. BGHZ 80, 186 (191); 80, 199 (202 ff.); BGH, NJW 2009, 1080 (1081) = JA 2009, 387 (*Hager*); Staudinger/*Hager* (2009) § 823 Rn. F 25; *Schlechtriem*, Schuldrecht BT, Rn. 928.

290 BGHZ 99, 167 (172); *Medicus/Petersen*, Bürgerliches Recht, Rn. 650 e.

der Reparaturkosten für das Motorrad und der Beerdigungskosten in Anspruch. – Der BGH hat daher einen Schadensersatzanspruch des V aus § 823 I wegen Verletzung der Produktbeobachtungspflicht bejaht.

Inwieweit der Produzent unter dem Aspekt des § 823 I verpflichtet ist, das Sicherheitsrisiko auf seine Kosten durch **Nachrüstung oder Reparatur** der gefährlichen Sache zu beseitigen, ist streitig.[291] Der BGH verneint eine solche Pflicht, weil der Produzent nicht die Bereitstellung einer mangelfreien Sache schulde. Eine Ausnahme soll nur in Betracht kommen, wenn sich die von dem Produkt ausgehenden Gefahren anders nicht effektiv abwehren lassen.[292] Bei professionellen Endabnehmern reichen Warnungen oder das Angebot einer kostenpflichtigen Reparatur damit eher aus als bei Verbrauchern, die ohne eine Kostenübernahme geneigt sein könnten, das gefährliche Produkt weiter zu benutzen.[293]

Beispiel (BGH, NJW 2009, 1080): Die gesetzliche Pflegekasse K hat bei einem Sanitätshaus Pflegebetten erworben, die von dem Produzenten P hergestellt worden sind. Nach Ablauf der kaufrechtlichen Verjährungsfrist stellt sich heraus, dass die Betten mit Konstruktionsfehlern behaftet sind, so dass Brandgefahr wegen Störungen der Elektronik sowie Einklemmungsgefahr an den Seitengittern besteht. P bietet der K einen Nachrüstsatz zum Preis von 350–400 EUR je Bett an, mit dem diese Risiken beseitigt werden können. K meint, die Nachrüstungskosten müssten von P getragen werden. Sie lässt die Betten nachrüsten und verlangt von P Kostenersatz. – Ein Anspruch auf Ersatz der Aufwendungen könnte sich aus Geschäftsführung ohne Auftrag (§§ 683, 677, 670 bzw. § 684 S. 1 iVm §§ 812 ff.), Bereicherungsrecht (§ 812 I 1 Alt. 2) oder aus dem Gesichtspunkt des Gesamtschuldnerausgleichs (§§ 840, 426) ergeben. Voraussetzung wäre aber jeweils, dass P nach § 823 I verpflichtet war, die Betten auf seine Kosten nachzurüsten. Der BGH hat dies mit der Begründung verneint, der Eintritt eines Schadens sei dadurch vermeidbar gewesen, dass die K auf den weiteren Gebrauch der Betten verzichte oder diese auf eigene Kosten nachrüste. Bei der Nachrüstung gehe es hier allein um das Nutzungsinteresse, das nicht von § 823 I geschützt werde.[294]

IV. Die Produkthaftung nach dem Produkthaftungsgesetz

1268 Seit 1. 1. 1990 besteht neben der deliktischen Haftung eine *verschuldensunabhängige* Haftung des Herstellers für fehlerhafte Produkte nach dem **ProdHaftG**, welches auf der EG-Produkthaftungs-Richtlinie[295] beruht. Die dogmatische Einordnung der Haftung ist streitig. Die hM geht von einer Gefährdungshaftung aus (→ Rn. 1479).

1. Voraussetzungen der Haftung

Anspruchsgrundlage ist § 1 ProdHaftG. Die Haftung setzt danach ebenso wie bei § 823 I das Vorliegen einer **Rechtsgutsverletzung** voraus. Geschützt sind Leben, Körper, Gesundheit und Eigentum.[296] Was fehlt, ist neben der bei Produktfehlern ohnehin kaum relevanten Freiheit[297] das sonstige Recht, doch werden die sonstigen Rechte an einer Sache (zB Pfandrechte) und der Besitz durch das Merkmal der *Sachbeschädigung* erfasst.[298]

291 Zum Streitstand Staudinger/*Hager* (2009) § 823 Rn. F 26; *Burckhardt*, VersR 2007, 1601 ff.
292 BGH, NJW 2009, 1080 (1081 ff.); krit. *Hager*, JA 2009, 387 (388).
293 Zu diesem Aspekt *Kettler*, VersR 2009, 274 (275).
294 Ähnlich *Medicus/Lorenz*, Schuldrecht II, Rn. 347.
295 RL 85/374/EG v. 25. 7. 1985.
296 Vgl. *Medicus/Lorenz*, Schuldrecht II, Rn. 349.
297 Dazu *Looschelders*, JR 2003, 309: Aufzug bleibt wegen Produktfehlers stecken.
298 Vgl. MüKoBGB/*Wagner* ProdHaftG § 1 Rn. 5.

Für Sachbeschädigungen gelten allerdings zwei wichtige Haftungseinschränkungen. Zunächst muss gemäß § 1 I 2 ProdHaftG eine **andere Sache** als das fehlerhafte Produkt beschädigt worden sein. Bei *»weiterfressenden« Mängeln* (→ Rn. 181 ff.) greift das ProdHaftG somit nicht ein.[299] 1269

Erforderlich ist weiter, dass die beschädigte Sache ihrer Art nach gewöhnlich für den **privaten Ge- oder Verbrauch** bestimmt und hierzu vom Geschädigten hauptsächlich verwendet worden ist. Die im gewerblichen Bereich angesiedelten *Produktionsschäden* (→ Rn. 1214 ff.) werden daher ebenfalls nicht erfasst.[300] Im Hühnerpest-Fall (→ Rn. 1257) wäre der Anspruch aus § 1 ProdHaftG an der Gewerbsmäßigkeit der Hühnerzucht gescheitert.[301]

Die Rechtsgutsverletzung muss auf dem **Fehler eines Produkts** beruhen. **Produkt** ist jede bewegliche Sache, auch wenn sie den Teil einer anderen beweglichen oder unbeweglichen Sache bildet, sowie Elektrizität (§ 2 ProdHaftG). Die Ausnahme für *landwirtschaftliche Produkte* nach § 2 S. 2 ProdHaftG aF ist als Reaktion auf die BSE-Krise zum 1. 12. 2000 entfallen. 1270

§ 3 ProdHaftG definiert den **Fehler** dahingehend, dass das Produkt nicht die Sicherheit bietet, die unter Berücksichtigung aller Umstände berechtigterweise erwartet werden kann. Der Begriff des Produktfehlers bestimmt sich somit nach den gleichen Grundsätzen wie bei der deliktischen Produkthaftung gemäß § 823 I.[302] Dementsprechend kann auch hier zwischen *Konstruktions-* und *Fabrikationsfehlern* unterschieden werden.[303] Die Haftung für *Instruktionsfehler* ergibt sich daraus, dass § 3 I lit. a ProdHaftG an die Darbietung des Produkts anknüpft. Dagegen begründet die Verletzung der *Produktbeobachtungspflicht* für die bereits in Verkehr gebrachten Produkte keine Haftung nach dem ProdHaftG, weil es für die Feststellung des Fehlers allein auf den Zeitpunkt des In-Verkehr-Bringens ankommt (§ 3 I lit. c ProdHaftG).[304] Hat der Hersteller weitere Stücke derselben Serie in den Verkehr gebracht, obwohl die Gefahr bei ordnungsgemäßer Produktbeobachtung erkennbar gewesen wäre, so kommt eine Haftung nach dem ProdHaftG aber durchaus in Betracht.[305]

> **Beispiel:** Im Honda-Fall (Rn. 1267) lag beim In-Verkehr-Bringen des Motorrads kein Fehler iSd § 3 ProdHaftG vor. Dem V steht daher kein Schadensersatzanspruch aus § 1 ProdHaftG zu. Wäre das Motorrad des S erst in den Verkehr gebracht worden, nachdem die mit dem Anbringen der Verkleidung verbundenen Gefahren bekannt oder erkennbar waren, so hätte die Firma Honda hierauf hinweisen müssen. Bei Verletzung dieser Pflicht wäre ein Instruktionsfehler (§ 3 I lit. a ProdHaftG) zu bejahen.

Hersteller ist nach § 4 I 1 ProdHaftG, wer das Endprodukt, einen Grundstoff oder ein Teilprodukt hergestellt hat. Dem *tatsächlichen Hersteller* gleichgestellt sind der sog. *Quasi-Hersteller*, der durch Anbringen seines Namens, seiner Marke oder eines anderen unterscheidungskräftigen Kennzeichens den Eindruck erweckt hat, Hersteller zu sein (§ 4 I 2 ProdHaftG), sowie der *Importeur* (§ 4 II ProdHaftG). Lässt sich 1271

299 MüKoBGB/*Wagner* ProdHaftG § 1 Rn. 9 ff.; *Larenz/Canaris*, Schuldrecht II/2, § 84 VI 1 c; aA *Katzenmeier*, NJW 1997, 486 (492).

300 Vgl. *Looschelders*, JR 2003, 309 (310).

301 Vgl. *Larenz/Canaris*, Schuldrecht II/2, § 84 VI 1 c; *Medicus/Lorenz*, Schuldrecht II, Rn. 351.

302 BGH, NJW 2009, 2952 (2953); MüKoBGB/*Wagner* ProdHaftG § 3 Rn. 6.

303 Vgl. etwa Palandt/*Sprau* ProdHaftG § 3 Rn. 8 f.

304 Hk-BGB/*Staudinger* § 823 Rn. 197; Staudinger/*Oechsler* (2009) ProdHaftG § 3 Rn. 112.

305 Vgl. MüKoBGB/*Wagner* ProdHaftG § 1 Rn. 55.

der Hersteller nicht feststellen, so kann ersatzweise auf jeden *Lieferanten* des Produkts zurückgegriffen werden, es sei denn, dass dieser innerhalb eines Monats den Hersteller oder seinen Vorlieferanten benennt (§ 4 III ProdHaftG).

2. Ausschlussgründe

1272 § 1 II ProdHaftG nennt einige Fälle, in denen die Haftung nach dem ProdHaftG ausgeschlossen ist. Besonders große Bedeutung hat dabei der Einwand, dass der Fehler nach dem Stand der Wissenschaft und Technik beim In-Verkehr-Bringen des Produkts nicht erkennbar war (§ 1 II Nr. 5 ProdHaftG). Da dieser Einwand lediglich die Haftung für **Entwicklungsrisiken** ausschließen soll, kann er allerdings nur bei *Konstruktions- und Instruktionsfehlern* geltend gemacht werden, nicht aber bei *Fabrikationsfehlern.*[306] Die Haftung für unerkennbare »Ausreißer« wird hierdurch also nicht begrenzt.

Gemäß § 1 II Nr. 2 ProdHaftG kann der Hersteller sich auch darauf berufen, es sei nach den Umständen davon auszugehen, dass das schädigende Produkt den Fehler im Zeitpunkt des In-Verkehr-Bringens noch nicht aufwies. Kann der Hersteller nachweisen, dass er seine **Befundsicherungspflicht** erfüllt hat, so ist er in den *Sprudelflaschen-Fällen* (→ Rn. 1258) daher auch nicht nach § 1 ProdHaftG haftbar.[307]

Zusätzliche Entlastungsmöglichkeiten enthält § 1 III ProdHaftG für den **Hersteller eines Teilprodukts** oder eines **Grundstoffs**. Beide können auch geltend machen, der Fehler sei durch die Konstruktion des Endprodukts oder durch die Anleitungen des Endherstellers verursacht worden.

3. Umfang der Haftung

1273 Bei **Personenschäden** war die praktische Bedeutung des ProdHaftG lange Zeit dadurch gemindert, dass dem Geschädigten bei der Gefährdungshaftung auf der Grundlage des § 847 aF kein Anspruch auf **Schmerzensgeld** zustand. Der durch das 2. SchadRÄndG zum 1. 8. 2002 eingefügte § 8 S. 2 ProdHaftG sieht aber vor, dass der Geschädigte im Fall der Körper- oder Gesundheitsverletzung wegen seines immateriellen Schadens eine billige Geldentschädigung verlangen kann. Dies entspricht im Wesentlichen der Vorschrift des § 253 II (dazu SAT Rn. 967 ff.). Die Nichterwähnung von Freiheit und sexueller Selbstbestimmung erklärt sich daraus, dass diese Rechtsgüter durch § 1 ProdHaftG generell nicht geschützt werden.

Sind Personenschäden durch ein Produkt oder gleiche Produkte mit demselben Fehler verursacht worden, so ist die Haftung gemäß § 10 ProdHaftG auf einen **Höchstbetrag** von 85 Millionen EUR begrenzt. Der darüber hinausgehende Betrag kann nur nach §§ 823 ff. verlangt werden.

1274 Bei **Sachschäden** muss der Geschädigte gemäß § 11 ProdHaftG in jedem Fall (also auch bei höherem Schaden) bis zu **500 EUR selbst tragen**. Dies ist prozessökonomisch nicht sinnvoll, weil der Geschädigte gezwungen wird, sich immer auch auf die §§ 823 ff. zu stützen.[308]

---

306 BGHZ 129, 353 (358 ff.); Palandt/*Sprau* ProdHaftG § 1 Rn. 21; *Larenz/Canaris*, Schuldrecht II/2, § 84 VI 1 b; speziell zu Instruktionsfehlern BGH, NJW 2009, 2952 (2955) (Airbag).

307 Vgl. BGHZ 129, 353 (360); Staudinger/*Oechsler* (2009) ProdHaftG § 1 Rn. 78.

308 Krit. Staudinger/*Oechsler* (2009) ProdHaftG § 11 Rn. 1; *Looschelders*, JR 2003, 309 (310).

V. Das Geräte- und Produktsicherheitsgesetz

Am 1. 5. 2004 ist das Geräte- und Produktssicherheitsgesetz (GPSG) in Kraft getreten. Das Gesetz dient der Umsetzung mehrerer EG-Richtlinien. Es enthält eine Vielzahl öffentlich-rechtlicher Pflichten des Herstellers, die hier nicht im Einzelnen dargestellt werden können.[309] Haftungsrechtliche Relevanz gewinnen diese Pflichten bei der Konkretisierung der **Verkehrspflichten** des Herstellers nach § 823 I. Darüber hinaus könnten einzelne Vorschriften des GPSG als **Schutzgesetze** im Rahmen des § 823 II Bedeutung erlangen.[310] **1275**

VI. Die Haftung nach dem Arzneimittelgesetz

In engem Zusammenhang mit der Haftung für fehlerhafte Produkte nach dem ProdHaftG steht die Haftung für fehlerhafte Arzneimittel nach dem Arzneimittelgesetz (AMG).[311] Im Verhältnis zum ProdHaftG ist das AMG **lex specialis**. Denn nach § 15 I ProdHaftG sind die Vorschriften des ProdHaftG nicht anwendbar, wenn die Arzneimittelhaftung eingreift. **1276**

§ 84 AMG legt eine **verschuldensunabhängige Haftung** des pharmazeutischen Unternehmers für den Fall fest, dass infolge der Anwendung eines Arzneimittels Schäden an Leben, Körper oder Gesundheit entstehen. Anknüpfungspunkt der Haftung ist das In-Verkehr-Bringen des Arzneimittels durch einen pharmazeutischen Unternehmer. Nach § 84 I 2 AMG besteht die Ersatzpflicht nur, wenn das Arzneimittel bei bestimmungsgemäßem Gebrauch schädliche Wirkungen hat, die über ein nach den Erkenntnissen der medizinischen Wissenschaft vertretbares Maß hinausgehen oder der Schaden infolge einer nicht den Erkenntnissen der medizinischen Wissenschaft entsprechenden Kennzeichnung, Fachinformation oder Gebrauchsinformation eingetreten ist. Letztlich geht es damit wie bei der Haftung nach dem ProdHaftG um eine objektive Einstandspflicht für die Verletzung von *Verkehrspflichten.*[312] Aus dogmatischer Sicht kann man daher zweifeln, ob es sich um eine »echte« Gefährdungshaftung handelt.[313] Fest steht jedenfalls, dass ein Verschulden nicht erforderlich ist.

Das 2. SchadRÄndG hat im Bereich der Arzneimittelhaftung zu einigen wichtigen Haftungsverschärfungen geführt.[314] Zu nennen ist zunächst die **Beweislastumkehr** hinsichtlich der **Ursache für die schädlichen Wirkungen** des Arzneimittels: Der pharmazeutische Unternehmer muss nachweisen, dass diese Ursache nicht im Bereich der Entwicklung und Herstellung liegt (§ 84 III AMG). Damit ist der Einwand des Entwicklungsrisikos (→ Rn. 1264, 1267) bei der Haftung nach dem AMG unbeachtlich. **1277**

---

309 Ausführlich dazu *Littbarski*, VersR 2005, 448 ff.

310 So zu den Vorgängervorschriften im Produktsicherheitsgesetz (PSG) und im Gerätesicherheitsgesetz (GSG) MüKoBGB/*Wagner* § 823 Rn. 355, 667 ff.; für das GPSG wird die Schutzgesetzqualität von *Müller*, VersR 2004, 1073 (1074) offen gelassen.

311 Vgl. *Larenz/Canaris*, Schuldrecht II/2, § 84 VI 2: »Sondertatbestand«.

312 So *Schlechtriem*, Schuldrecht BT, Rn. 956.

313 Für Einordnung als Gefährdungshaftung *Larenz/Canaris*, Schuldrecht II/2, § 84 VI 2; aA *Harke*, Schuldrecht BT, Rn. 572; differenzierend *Spickhoff*, Medizinrecht, § 84 AMG Rn. 2.

314 Vgl. dazu *Wagner*, NJW 2002, 2049 ff.; *ders.*, VersR 2001, 1334 ff.

Ferner statuiert § 84 II 1 AMG eine **Kausalitätsvermutung**. Ist das Arzneimittel nach den Gegebenheiten des Einzelfalls zur Schadensverursachung geeignet, so wird die Ursächlichkeit für den Schaden vermutet.[315] Die Vermutung gilt nicht, wenn ein anderer Umstand nach den Gegebenheiten des Einzelfalls geeignet ist, den Schaden zu verursachen (§ 84 II 3 AMG).

Bei der Reform neu eingeführt wurde außerdem ein **Auskunftsanspruch** des Geschädigten gegen den pharmazeutischen Unternehmer (§ 84 a AMG). Dem Geschädigten soll damit der Nachweis der anspruchsbegründenden Tatsachen erleichtert werden.[316]

1278 Sofern die Voraussetzungen des § 84 AMG vorliegen, wird sowohl der **materielle** als auch der **immaterielle Schaden** (vgl. § 87 I 2 AMG) ersetzt. Der **Höhe** nach ist die Haftung allerdings wie bei der Produkthaftung nach dem ProdHaftG und den meisten anderen sondergesetzlichen Gefährdungshaftungen (→ Rn. 1482) **begrenzt** (§ 88 AMG).

Literatur: *Adam/Bornhäuser/Pötschke/Langer/Grunewald*, Die Haftung der Zigarettenhersteller für durch Rauchen verursachte Gesundheitsschäden, NJW 2004, 3657; *Bischoff*, Warnpflichten des Produzenten – auch bei Schokoladenriegeln?, VersR 2003, 958; *Burckhardt*, Das Ende kostenloser Nachrüstung beim Rückruf von Produkten?, VersR 2007, 1601; *Fuchs/Baumgärtner*, Ansprüche aus Produzentenhaftung und Produkthaftung, JuS 2011, 1057; *Honsell*, Produkthaftungsgesetz und allgemeine Deliktshaftung, JuS 1995, 211; *Katzenmeier*, Produkthaftung und Gewährleistung des Herstellers teilmangelhafter Sachen, NJW 1997, 486; *ders.*, Entwicklungen des Produkthaftungsrechts, JuS 2003, 943; *Klindt/Handorn*, Haftung eines Herstellers für Konstruktions- und Instruktionsfehler, NJW 2010, 1105; *Koch*, »Mängelbeseitigungsansprüche« nach den Grundsätzen der Produzenten-/Produkthaftung, AcP 203 (2003), 603; *Kraft*, Der Angleichungsstand der EG-Produkthaftung, 2004; *Kullmann*, Die Rechtsprechung des BGH zum Produkthaftpflichtrecht, NJW 2000, 1912; NJW 2003, 1908; NJW 2005, 1907; *Landrock*, Das Produkthaftungsrecht im Lichte neuerer Gesetzgebung und Rechtsprechung, JA 2003, 981; *Littbarski*, Das neue Geräte- und Produktsicherheitsgesetz: Grundzüge und Auswirkungen auf die Haftungslandschaft, VersR 2005, 448; *Looschelders*, Neuere Entwicklungen des Produkthaftungsrechts, JR 2003, 309; *Molitoris/Klindt*, Produkthaftung und Produktsicherheit, NJW 2008, 1203; *Müller*, Produkthaftung im Schatten der ZPO-Reform, VersR 2004, 1073; *Sossna*, Die Rechtsprechung des BGH zur Produkthaftung, Jura 1996, 587; *Staudinger/Czaplinski*, Rückruf- und Kostentragungspflicht bei In- wie Auslandssachverhalten, JA 2008, 401; *Vieweg/Schrenk*, Produktrückruf als Instrument präventiven Verbraucherschutzes, Jura 1997, 561. **Zum AMG:** *Deutsch/Lippert*, Kommentar zum Arzneimittelgesetz, 3. Aufl. 2010; *Kullmann*, Erleichterung der Beweisführung aus § 84 AMG, FS G. Müller, 2009, 253; *Meyer*, Zur Konkurrenz von Produkthaftungsgesetz und Arzneimittelgesetz, MedR 1990, 70; *Pabel*, Arzneimittelgesetz, 12. Aufl. 2007; *Rehmann*, Arzneimittelgesetz, 3. Aufl. 2008; *Spickhoff*, Medizinrecht, 2011; *Staudinger/Czaplinski*, Rückruf- und Kostentragungspflicht des Produzenten bei In- und Auslandssachverhalten, JA 2008, 401; *Wagner*, Die Reform der Arzneimittelhaftung im Entwurf eines Zweiten Schadensrechtsänderungsgesetzes, VersR 2001, 1334, *ders.*, Das Zweite Schadensrechtsänderungsgesetz, NJW 2002, 2049. Vgl. auch die Nachweise zu § 56 und § 57.

315 Näher dazu *Kullmann*, FS G. Müller, 2009, 253 (254 ff.); *Wagner*, NJW 2002, 2049 (2050 ff.); zu den Beweisproblemen vor der Reform vgl. BGH, NJW-RR 2010, 1331.

316 Vgl. *Spickhoff*, Medizinrecht, AMG § 84 a Rn. 1.

3. Abschnitt. Die sonstigen Haftungstatbestände im BGB

§ 62 Verletzung eines Schutzgesetzes

I. Funktionen des § 823 II

Die zweite »kleine« Generalklausel ist § 823 II, der für den Fall der Verletzung eines Schutzgesetzes eine Schadensersatzpflicht statuiert. Der Gesetzgeber knüpft damit an Normen aus anderen Rechtsbereichen (zB des Strafrechts) an, um die haftungsrechtliche Stellung des Geschädigten zu verbessern. *Systematisch* betrachtet tritt § 823 II neben § 823 I (und § 826). Es besteht also **Anspruchskonkurrenz**. Die praktische Relevanz der Haftung nach § 823 II ist aber unterschiedlich. 1279

Soweit das jeweilige Schutzgesetz eine schuldhafte **Rechtsgutsverletzung** voraussetzt, wie dies bei vielen strafrechtlichen *Erfolgsdelikten* (zB §§ 211 ff., 223 ff., 242, 303 StGB) der Fall ist, wird die Haftung gegenüber § 823 I nicht erweitert. § 823 II ist insoweit also weitgehend funktionslos.[317] Dies ändert nichts daran, dass die Vorschrift bei der Erstellung eines Gutachtens auch in solchen Fällen wenigstens kurz geprüft werden muss.[318]

Größere praktische Bedeutung gewinnt § 823 II dann, wenn das in Frage stehende Gesetz vor **Gefährdungen** im Vorfeld der Rechtsgutsverletzung schützen soll.[319] Beispiele sind das Fahren ohne Fahrerlaubnis nach § 21 StVG und die Trunkenheitsfahrt nach § 316 StGB. In diesen Fällen wird die Haftung des Schädigers dadurch verschärft, dass sein Verschulden sich nur auf die Schutzgesetzverletzung, nicht aber auf die Rechtsgutsverletzung (zB die Körperverletzung) beziehen muss. Der **Verschuldensbezug** ist also gegenüber § 823 I verkürzt.[320] Außerdem können die abstrakten Gefährdungsverbote herangezogen werden, um die an den Schädiger gerichteten **Verhaltensanforderungen** zu **konkretisieren.**[321] 1280

Die größte Bedeutung hat § 823 II im Hinblick auf solche Interessen, die nicht schon durch § 823 I abgedeckt werden. Dazu gehört insbesondere das **Vermögen** als solches, das unter anderem durch zahlreiche Vorschriften des StGB (zB §§ 263, 264, 266) und des Wirtschaftsrechts (zB §§ 41, 43 GmbHG, 15 a InsO) geschützt wird.[322] Reine Vermögensschäden sind zwar auch nach § 826 ersatzfähig; im Vergleich hierzu hat die Haftung nach § 823 II aber meist die weniger strengen Voraussetzungen. 1281

II. Der Begriff des Schutzgesetzes

Unter einem Schutzgesetz wird jede Rechtsnorm (Art. 2 EGBGB) verstanden, die nicht nur dem Schutz der *Allgemeinheit*, sondern zumindest auch dem Schutz *einzelner* Personen bzw. Personenkreise dienen soll.[323] Der Begriff der **Rechtsnorm** erfasst nicht nur formelle Gesetze, sondern auch Rechtsverordnungen (zB die StVO) und 1282

317 Vgl. Soergel/*Spickhoff* § 823 Rn. 182; *Medicus/Lorenz*, Schuldrecht II, Rn. 1316.
318 Vgl. *Larenz/Canaris*, Schuldrecht II/2, § 77 I 2 b.
319 Vgl. BGHZ 103, 197 (202); Staudinger/*Hager* (2009) § 823 Rn. G 2.
320 Vgl. *Medicus/Lorenz*, Schuldrecht II, Rn. 1317; *Larenz/Canaris*, Schuldrecht II/2, § 77 III 1 a.
321 Zur Konkretisierungsfunktion des § 823 II MüKoBGB/*Wagner* § 823 Rn. 328.
322 Vgl. *Larenz/Canaris*, Schuldrecht II/2, § 77 III 2; *Medicus/Lorenz*, Schuldrecht II, Rn. 1318.
323 Vgl. BGH, NJW 2004, 356 (357); NZG 2010, 1071 (1072); Soergel/*Spickhoff* § 823 Rn. 195.

Satzungen.[324] Verwaltungsakte beinhalten keine generell-abstrakten Regelungen und können daher nicht als Rechtsnormen angesehen werden. Die hM stellt hier aber auf die Ermächtigungsgrundlage ab, die durch den Verwaltungsakt konkretisiert wird.[325]

1283 Ob eine Rechtsnorm zumindest auch den Schutz Einzelner bezweckt, muss durch *Auslegung* nach Inhalt, Zweck und Entstehungsgeschichte der Norm festgestellt werden.[326] Dabei kommt es vor allem darauf an, ob sich die Schaffung eines Schadensersatzanspruchs in das **haftungsrechtliche Gesamtsystem** einfügt und zum Schutz des Geschädigten **notwendig** erscheint.[327] Bei den Vorschriften des **StGB** ist der Individualschutz regelmäßig (mit-)beabsichtigt.[328] Dies gilt auch für Vorschriften, die in erster Linie öffentlich-rechtliche Belange wahren sollen. So sind die *Aussagedelikte* (§§ 153 ff. StGB) als Schutzgesetze anerkannt, obwohl sie primär dem Schutz der Rechtspflege dienen.[329] Schutzgesetzqualität haben auch die *Vermögensdelikte* (§§ 253 ff., 263 ff. StGB) sowie die *Insolvenzstraftatbestände* (§§ 283 ff. StGB). Dagegen sollen die *Urkundsdelikte* (§§ 267 ff. StGB) nach Ansicht des BGH nur das Allgemeininteresse an der Sicherheit und Zuverlässigkeit des Rechtsverkehrs mit Urkunden schützen; der damit verbundene Schutz des Vermögens Einzelner sei nicht intendiert, sondern bloßer Reflex.[330] Dies verkennt jedoch, dass der Schutz des Rechtsverkehrs mit Urkunden kein Selbstzweck ist, der losgelöst von den Interessen der Beteiligten verfolgt werden kann.[331] Aus dem **BGB** ist die Vorschrift des § 858 I über die *verbotene Eigenmacht* als Schutzgesetz anerkannt.[332]

Beispiel (BGH, NJW 2009, 2530): Stellt jemand seinen Pkw unbefugt auf dem Privatgrundstück eines anderen ab, so begeht er damit verbotene Eigenmacht. Der unmittelbare Besitzer des Grundstücks ist in einem solchen Fall nach § 859 I berechtigt, das Fahrzeug im Wege der Selbsthilfe abschleppen zu lassen, und kann dann vom Fahrzeugführer nach § 823 II iVm § 858 I Ersatz der Abschleppkosten verlangen.

III. Schutzbereich der Norm

1284 Für den Anspruch aus § 823 II genügt nicht, dass das betreffende Gesetz *generell* als Schutzgesetz anzusehen ist. Darüber hinaus muss vielmehr geprüft werden, ob der Geschädigte zum Kreis der geschützten Personen gehört und ob der konkrete Schadensfall im Schutzbereich der Norm liegt.[333]

Bei vielen Schutzgesetzen ist der Schutzbereich schon in **personaler Hinsicht** begrenzt. So darf der Halter nach § 21 I Nr. 2 StVG nicht zulassen, dass jemand das Fahrzeug ohne Fahrerlaubnis führt. Dieses Verbot soll indessen nur andere Verkehrsteilnehmer schützen, die durch den führerscheinlosen Fahrer gefährdet werden, nicht aber den Fahrer selbst.[334] Bei der Insolvenzantragspflicht des GmbH-Geschäftsführers nach § 64 I GmbHG aF (§ 15 a InsO) geht die Rechtsprechung davon aus, dass

---

324 Bamberger/Roth/*Spindler* § 823 Rn. 149; *Larenz/Canaris*, Schuldrecht II/2, § 77 II 1 a.
325 Vgl. BGH, NJW 2004, 356 (357); Soergel/*Spickhoff* § 823 Rn. 88.
326 Vgl. BGH, NZG 2010, 1071 (1072) = JA 2010, 899 (*Hager*).
327 Vgl. BGHZ 125, 366 (374); MüKoBGB/*Wagner* § 823 Rn. 327.
328 Zu den strafrechtlichen Schutzgesetzen vgl. ausführlich *Deutsch*, VersR 2004, 137 ff.
329 BGHZ 62, 54 (57); 100, 13 (15); *Larenz/Canaris*, Schuldrecht II/2, § 77 II 2 a.
330 BGHZ 100, 13 (15 ff.).
331 Vgl. *Larenz/Canaris*, Schuldrecht II/2, § 77 II 2 b; Soergel/*Spickhoff* § 823 Rn. 195.
332 BGH, NJW 2009, 2530; Palandt/*Sprau* § 823 Rn. 63.
333 Vgl. *Medicus/Lorenz*, Schuldrecht II, Rn. 1321 ff.; *Harke*, Schuldrecht BT, Rn. 554.
334 Vgl. BGH, VersR 1991, 196; *Fuchs*, Deliktsrecht, S. 131 f.

nicht nur die bei Eintritt der Insolvenzreife vorhandenen (Alt-)Gläubiger, sondern auch mögliche Neugläubiger geschützt werden.[335] Nicht erfasst werden aber Gesellschafter, die sich nach Eintritt der Insolvenzreife an der Gesellschaft beteiligt haben.[336]

In **sachlicher** Hinsicht stellt sich bei zahlreichen Schutzgesetzen die Frage, ob sie auch vor *Vermögensschäden* schützen sollen. Dies wird mit Blick auf die Vorschriften des StVG und der StVO im Allgemeinen verneint. So sollen etwa Halteverbote im Rahmen von Baustellen nicht das Vermögen des Bauunternehmers schützen, der durch die Missachtung des Halteverbots bei der Ausführung der Bauarbeiten behindert worden ist.[337] 1285

Im Schadensfall muss sich zudem gerade das Risiko verwirklicht haben, vor dem geschützt werden soll (sog. **modaler** Schutzbereich).[338] Soll ein Halteverbot vor einem Fußgängerüberweg Unfällen mit Fußgängern entgegenwirken, so steht dem Geschädigten kein Schadensersatzanspruch aus § 823 II iVm § 12 I Nr. 6 b StVO zu, wenn er bei Dunkelheit auf das verbotswidrig parkende Fahrzeug des Schädigers auffährt (vgl. SAT Rn. 907).

IV. Rechtswidrigkeit und Verschulden

Der Verstoß gegen das Schutzgesetz indiziert die **Rechtswidrigkeit.**[339] Der Schädiger kann sich zwar ggf. auf einen Rechtfertigungsgrund berufen (→ Rn. 1186 ff.). In vielen Fällen (insbesondere im Strafrecht) ist die Rechtswidrigkeit aber schon bei der Schutzgesetzverletzung zu prüfen.[340] 1286

Soweit das einschlägige Gesetz ein **Verschulden** voraussetzt, ist dieses Erfordernis im Rahmen der Schutzgesetzverletzung nach den für das jeweilige Rechtsgebiet maßgeblichen Grundsätzen zu beurteilen. Bei Strafgesetzen ist hiernach oft **Vorsatz** erforderlich.[341] Dies gilt insbesondere bei den Vermögensdelikten. Die Ausweitung des deliktischen Vermögensschutzes gegenüber § 823 I wird insofern also durch erhöhte subjektive Anforderungen kompensiert. Maßgeblich ist der strafrechtliche Vorsatzbegriff, wonach das Fehlen des Unrechtsbewusstseins den Vorsatz unberührt lässt. Die Deliktsfähigkeit bestimmt sich dagegen nicht nach §§ 19, 20 StGB, sondern nach §§ 827, 828.[342] Ist nach dem Schutzgesetz kein Verschulden erforderlich, so muss gemäß § 823 II 2 doch **zumindest Fahrlässigkeit** (iSd § 276 II) vorliegen. 1287

Das Verschulden muss sich nur auf die **Schutzgesetzverletzung** beziehen, nicht aber auch auf die Rechtsgutsverletzung oder den Schaden.[343] Praktische Bedeutung hat dies bei den Gefährdungsdelikten. Da die Rechtsgutsverletzung hier nicht zum Tatbestand gehört, ist der Verschuldensbezug gegenüber § 823 I verkürzt.

---

335 Zum sachlichen Schutzbereich bei Neugläubigern (Ersatz des gesamten Vertrauensschadens) BGHZ 126, 181 (190 ff.); NJW 2007, 466; anders noch BGHZ 100, 19 (23 ff.).

336 Vgl. BGHZ 96, 231 (235 ff.).

337 Vgl. BGH, NJW 2004, 356 (357); *Medicus/Lorenz*, Schuldrecht II, Rn. 1322.

338 MüKoBGB/*Wagner* § 823 Rn. 349; *Medicus/Lorenz*, Schuldrecht II, Rn. 1323.

339 Vgl. *Schlechtriem*, Schuldrecht BT, Rn. 875.

340 *Brox/Walker*, Schuldrecht BT, § 41 Rn. 74.

341 Vgl. *Larenz/Canaris*, Schuldrecht II/2, § 77 IV 2.

342 Vgl. Staudinger/*Hager* (2009) § 823 Rn. G 38.

343 Vgl. BGHZ 34, 375 (381); Staudinger/*Hager* (2009) § 823 Rn. G 34 f.; *Brox/Walker*, Schuldrecht BT, § 41 Rn. 74; *Larenz/Canaris*, Schuldrecht II/2, § 77 IV 1.

Besonderheiten bestehen nach der Rechtsprechung bei der **Beweislast**. Wenn das geforderte Verhalten durch das Schutzgesetz selbst schon konkret beschrieben wird, soll der objektive Gesetzesverstoß das Verschulden indizieren. Verbietet das Schutzgesetz dagegen nur die Herbeiführung eines bestimmten Verletzungserfolgs (so zB §§ 211 ff., 223 ff. StGB), so muss der Anspruchsteller das Verschulden des Schädigers nachweisen.[344]

Literatur: *Canaris*, Schutzgesetze – Verkehrspflichten – Schutzpflichten, FS Larenz, 1983, 27; *Coester-Waltjen*, Die Haftung nach § 823 Abs. 2 BGB, Jura 2002, 102; *Deutsch*, Schutzgesetze aus dem Strafrecht in § 823 Abs. 2 BGB, VersR 2004, 137; *Dörner*, Zur Dogmatik der Schutzgesetzverletzung, JuS 1987, 522; *Karollus*, Funktion und Dogmatik der Haftung aus Schutzgesetzverletzung, 1992; *Kothe*, Normzweck und Interessenabwägung bei der Auslegung des § 823 Abs. 2 BGB, Jura 1988, 125; *Peters*, Zur Gesetzestechnik des § 823 Abs. 2 BGB, JZ 1983, 913; *Spickhoff*, Gesetzesverstoß und Haftung, 1998. Vgl. auch die Nachweise zu § 56.

§ 63 Vorsätzliche sittenwidrige Schädigung

I. Funktion des § 826

1288 Das dritte Grundelement des deutschen Deliktsrechts ist die Haftung für vorsätzliche sittenwidrige Schädigungen nach § 826. Der Schutzumfang ist hier sehr weit und umfasst auch das **Vermögen als solches**. Eine übermäßige Beschränkung der Handlungsfreiheit von potentiellen Schädigern wird jedoch dadurch vermieden, dass die tatbestandlichen Voraussetzungen mit den Merkmalen »Sittenwidrigkeit« und »Vorsatz« sehr streng sind.

Die praktische Bedeutung des § 826 entfaltet sich vor allem bei solchen Vermögensschädigungen, die weder durch eine Rechtsgutsverletzung (§ 823 I) noch durch eine Schutzgesetzverletzung (§ 823 II) vermittelt werden.[345] Man kann insofern davon sprechen, dass § 826 für besonders krasse, von § 823 I und II aber nicht erfasste Vermögensschädigungen eine **Auffangfunktion** wahrnimmt.[346] Allerdings ist § 826 keineswegs subsidiär, sondern kann vielmehr auch *neben* § 823 I, II Anwendung finden.[347]

II. Voraussetzungen der Haftung nach § 826

1. Verursachung eines Schadens

1289 Die Haftung nach § 826 setzt zunächst die Verursachung eines Schadens voraus. Der Begriff des **Schadens** ist in einem weiten Sinne zu verstehen und erfasst damit auch reine Vermögenseinbußen.[348] Anders als bei § 823 I ist also keine Rechtsgutsverletzung erforderlich. Ob der Schädiger den Schaden **verursacht** hat, beurteilt sich nach den allgemeinen Kausalitäts- und Zurechnungskriterien (SAT Rn. 889 ff). Außer der *Kausalität* im naturwissenschaftlichen Sinne ist also auch hier erforderlich, dass der

344 Vgl. BGHZ 116, 104 (114 f.); MüKoBGB/*Wagner* § 823 Rn. 364.
345 Vgl. *Medicus/Lorenz*, Schuldrecht II, Rn. 1330; *Larenz/Canaris*, Schuldrecht II/2, § 78 I 1 a.
346 Vgl. *Schlechtriem*, Schuldrecht BT, Rn. 893.
347 Vgl. *Larenz/Canaris*, Schuldrecht II/2, § 78 I 2 a.
348 Vgl. BGH, NJW 2004, 2668 (2669); Palandt/*Sprau* § 826 Rn. 3.

Schaden vom *Schutzzweck* der verletzten Verhaltensnorm umfasst ist.[349] Auch Vorsatz und Sittenwidrigkeit rechtfertigen damit keine unbegrenzte Haftung.

Beispiel (nach BGHZ 57, 137): Der Gebrauchtwagenhändler V verschweigt dem Käufer K arglistig, dass es sich bei dem Pkw um ein Unfallfahrzeug handelt. Später wird der Pkw durch alleiniges Verschulden des K bei einem Unfall zerstört. – Nach Ansicht des BGH erfasst der Schutzzweck des § 826 (ebenso wie der Schutzzweck der §§ 823 II, 263 StGB) auch die Schäden am Pkw. Etwaige Personenschäden des K oder Dritter lägen dagegen außerhalb des Schutzzwecks. – In der Literatur ist dem zu Recht entgegengehalten worden, dass der Schutzzweckzusammenhang schon mit Blick auf die *Schäden am Pkw* verneint werden müsse.[350] Denn der Mangel des Fahrzeugs hat sich in dem Unfall gerade nicht realisiert. Davon abgesehen erstreckte sich der Vorsatz des V keinesfalls auf die Zerstörung des Pkw. Dies ändert aber nichts daran, dass die Nichtzurechnung der *Personenschäden* Zustimmung verdient.

2. Sittenwidrigkeit

a) Die »Anstandsformel«

Besonders problematisch ist das Merkmal der Sittenwidrigkeit. Es handelt sich um einen **unbestimmten, ausfüllungsbedürftigen Rechtsbegriff**, dessen genaue Reichweite abstrakt nur schwer bestimmt werden kann. Die Rechtsprechung greift traditionell auf die in den Gesetzesmaterialien verwendete Formel vom *»Anstandsgefühl aller billig und gerecht Denkenden«* zurück.[351] Der Aussagewert dieser Formel ist jedoch zweifelhaft. Zu beachten ist zunächst, dass es ein einheitliches, empirisch feststellbares Anstandsgefühl *aller* billig und gerecht Denkenden in einer pluralischen Gesellschaft nicht geben kann.[352] Man müsste daher erst bestimmen, wer zu den »billig und gerecht Denkenden« gehört. Diese Frage lässt sich aber nur beantworten, wenn man weiß, was im Einzelfall »billig und gerecht« ist. Die Anstandsformel mündet daher letztlich in einen Zirkelschluss.[353] Davon abgesehen ist die *unmittelbare* Anknüpfung an außerrechtliche (moralische) Maßstäbe (»Anstandsgefühl«) verfassungsrechtlich schwer legitimierbar.[354] 1290

b) Sittenwidrigkeit als normativer Begriff

Das Problem lässt sich nur dadurch lösen, dass man die Sittenwidrigkeit nicht in einem empirischen, sondern in einem **normativen** Sinne versteht.[355] Maßgeblich sind also die sozialethischen Wertungen, die in der Rechtsordnung Niederschlag gefunden haben. Dabei kommt den **Grundrechten** eine zentrale Bedeutung zu. Im Verhältnis zwischen den Bürgern können die Grundrechte zwar im Allgemeinen keine unmittelbare Wirkung entfalten. Sie konstituieren aber eine *objektive Wertordnung*, die bei der Auslegung der zivilrechtlichen Generalklauseln zu berücksichtigen ist (SAT Rn. 39).[356] 1291

Die Anknüpfung an die Grundrechte und andere fundamentale Rechtsprinzipien hat nicht zur Folge, dass **außerrechtliche Maßstäbe** völlig irrelevant würden. Zu beach-

349 Vgl. BGHZ 57, 137 (142); 96, 231 (236); Hk-BGB/*Staudinger* § 826 Rn. 4.
350 Vgl. Staudinger/*Oechsler* (2009) § 826 Rn. 102 mwN.
351 Mot. II, 727 = *Mugdan* II, 406; vgl. RGZ 48, 114 (124); BGHZ 10, 228 (232); BGH, NJW 2004, 2668 (2670); Hk-BGB/*Staudinger* § 826 Rn. 6.
352 Vgl. Staudinger/*Oechsler* (2009) § 826 Rn. 26; MüKoBGB/*Wagner* § 826 Rn. 9.
353 Vgl. NK-BGB/*Looschelders* § 138 Rn. 35; *Larenz/Wolf*, BGB AT, § 41 Rn. 7.
354 Vgl. (zu § 138 I) NK-BGB/*Looschelders* § 138 Rn. 83.
355 Vgl. *Larenz/Canaris*, Schuldrecht II/2, § 78 II 1 a.
356 Sog. mittelbare Drittwirkung der Grundrechte; vgl. BVerfGE 7, 198 (205).

ten ist nämlich, dass die Grundrechte selbst an zahlreichen Stellen auf außerrechtliche Maßstäbe Bezug nehmen. So lässt sich der Begriff der Menschenwürde in Art. 1 I GG nur vor dem Hintergrund eines bestimmten Menschenbildes konkretisieren.[357] Entscheidend ist aber, dass die in Frage stehenden außerrechtlichen Maßstäbe nicht unmittelbar herangezogen werden, sondern nur mittelbar Einfluss erlangen.

c) Notwendigkeit einer Interessenabwägung im Einzelfall

1292 Für die praktische Rechtsanwendung bedeutet dies, dass die Sittenwidrigkeit auf der Grundlage der *rechtlich verankerten* sozialethischen Wertungen durch eine umfassende **Interessenabwägung im Einzelfall** festgestellt werden muss. Dabei sind auch subjektive Elemente wie die Motive des Schädigers zu berücksichtigen.[358] Da das Sittenwidrigkeitsurteil eine gegenüber der »normalen« Rechtswidrigkeit erhöhte Missbilligung impliziert, ist eine zurückhaltende Handhabung geboten, zumal sonst das System der §§ 823 ff. gesprengt wird. Es erscheint deshalb gerechtfertigt, die Sittenwidrigkeit auf Verstöße gegen das **rechtsethische Minimum** zu beschränken.[359]

d) Verhältnis zu § 138 I

1293 Der Begriff der Sittenwidrigkeit findet sich auch in § 138 I. Beide Vorschriften verwenden somit den gleichen Bewertungsmaßstab. Unterschiedlich sind aber Bewertungsgegenstand und Rechtsfolgen. Während § 138 I die Nichtigkeit eines sittenwidrigen Rechtsgeschäfts regelt, geht es bei § 826 um die Schadensersatzpflicht wegen eines sittenwidrigen Verhaltens. Aufgrund dieser Unterschiede laufen die **Entscheidungen** über die Sittenwidrigkeit bei beiden Vorschriften **nicht immer parallel.**[360] So kann aus der Sittenwidrigkeit eines *Rechtsgeschäfts* nach § 138 I nicht zwingend auf die Sittenwidrigkeit des *Verhaltens* nach § 826 geschlossen werden.

3. Vorsatz

1294 Die sittenwidrige Schädigung muss vorsätzlich erfolgt sein. Erforderlich ist zumindest **bedingter Vorsatz**, der auch bei sog. »Angaben ins Blaue hinein« vorliegen kann.[361] Grobe Fahrlässigkeit reicht dagegen nicht aus.[362]

Anders als bei § 823 I (→ Rn. 1193, 1228) muss sich das Verschulden (hier also der Vorsatz) auch auf den **Schaden** beziehen. Dass der Schädiger die Person des Geschädigten, den genauen Kausalverlauf und den konkreten Umfang des Schadens vorausgesehen hat, ist jedoch nicht erforderlich.[363]

1295 In Bezug auf die **Sittenwidrigkeit** muss der Schädiger nur die tatsächlichen Umstände kennen, aus denen sich die Sittenwidrigkeit ergibt. Das *Bewusstsein der Sittenwidrigkeit* ist dagegen entbehrlich.[364]

Zur Vertiefung: Der Verzicht auf das Bewusstsein der Sittenwidrigkeit begründet einen gewissen Bruch mit der im Zivilrecht herrschenden *Vorsatztheorie*, wonach der Vorsatz bei fehlendem Un-

357 Vgl. NK-BGB/*Looschelders* § 138 Rn. 81.
358 Vgl. Hk-BGB/*Staudinger* § 826 Rn. 7; *Looschelders*, Jura 2000, 169 (173).
359 Erman/*Schiemann* § 826 Rn. 3; *Larenz/Canaris*, Schuldrecht II/2, § 78 II 1 b.
360 Zur Notwendigkeit einer getrennten Betrachtung BGHZ 10, 228 (232).
361 Vgl. BGH, NJW 2003, 2825 (2826); *Brox/Walker*, Schuldrecht BT, § 41 Rn. 84.
362 *Medicus/Lorenz*, Schuldrecht II, Rn. 1332; Hk-BGB/*Staudinger* § 826 Rn. 9.
363 BGH, NJW 1951, 596 (597); NJW 1991, 634 (636).
364 BGHZ 8, 72 (87); 101, 380 (388); Hk-BGB/*Staudinger* § 826 Rn. 10.

rechtsbewusstsein (zB im Fall des Verbotsirrtums) entfällt (s. SAT Rn. 511). Inwieweit der Vorsatztheorie zu folgen ist, hängt jedoch letztlich von Sinn und Zweck der jeweiligen Norm ab.[365] Bei § 826 ist eine Durchbrechung der Vorsatztheorie angezeigt, weil sonst der besonders gewissenlose Täter begünstigt würde.[366] Eine Ausnahme wird zwar für den Fall zugelassen, dass der Schädiger der *redlichen* Überzeugung war, sich in der fraglichen Weise verhalten zu dürfen.[367] Hier wird aber regelmäßig bereits die Sittenwidrigkeit fehlen.[368]

III. Fallgruppen

Zur Systematisierung der Rechtsprechung hat die Literatur einige Fallgruppen herausgearbeitet, bei denen der Rückgriff auf § 826 nahe liegt.[369] Diese Fallgruppen sind jedoch **nicht abschließend** und dürfen auch nicht schematisch ohne Rücksicht auf die Umstände des Einzelfalls gehandhabt werden. **1296**

1. Grob illoyales Verhalten gegenüber Vertragspartner

Die Anwendung des § 826 kommt zunächst in Betracht, wenn ein Teil sich bei den *Vertragsverhandlungen* oder im Rahmen eines *bestehenden Vertrages* grob illoyal verhält. Repräsentativ ist die **arglistige Täuschung.**[370] Das Gleiche gilt bei schweren Verletzungen der gesellschaftsrechtlichen Treuepflicht.[371] Die »normale« Verletzung (vor-) vertraglicher Pflichten reicht dagegen nicht aus, um die Sittenwidrigkeit der Schädigung zu begründen.[372]

Grob illoyales Verhalten im Rahmen eines **(vor-) vertraglichen Schuldverhältnisses** erfüllt auch die Voraussetzungen der §§ 280 I, 241 II (ggf. iVm §§ 311 II). Bei arglistiger Täuschung treten die Anfechtungsmöglichkeit nach § 123 sowie der Schadensersatzanspruch aus § 823 II iVm § 263 StGB hinzu. Die praktische Bedeutung des § 826 ist in diesem Bereich daher gering.

2. Verleiten zum Vertragsbruch

Aufgrund der Relativität des Schuldverhältnisses (SAT Rn. 29) sind schuldrechtliche Forderungen im Verhältnis zu Dritten grundsätzlich nicht geschützt. Insbesondere ist § 823 I auf Eingriffe in Forderungsrechte nicht anwendbar (→ Rn. 1215). Diese Wertungen dürfen nicht dadurch unterlaufen werden, dass man die **Mitwirkung an fremden Vertragsverletzungen** generell als sittenwidrig iSd § 826 qualifiziert. Es müssen daher *weitere Umstände* hinzutreten, die das Sittenwidrigkeitsurteil im Einzelfall rechtfertigen. In dem repräsentativen Beispiel des **Doppelverkaufs** wird dies insbesondere angenommen, wenn der Dritte (Zweitkäufer) den Verkäufer durch das Versprechen zum Vertragsbruch verleitet, dass er ihn von den Schadensersatzansprüchen des (Erst-) Käufers freistellen werde.[373] **1297**

365 Vgl. MüKoBGB/*Grundmann* § 276 Rn. 159.
366 Vgl. Staudinger/*Oechsler* (2009) § 826 Rn. 64.
367 BGHZ 101, 380 (388).
368 Vgl. *Larenz/Canaris*, Schuldrecht II/2, § 78 III 2 b.
369 Vgl. *Brox/Walker*, Schuldrecht BT, § 41 Rn. 79 ff.; *Medicus/Lorenz*, Schuldrecht II, Rn. 1336 ff.
370 Vgl. BGHZ 57, 137; *Brox/Walker*, Schuldrecht BT, § 41 Rn. 79.
371 Vgl. BGHZ 12, 308 (319).
372 Jauernig/*Teichmann* § 826 Rn. 17; krit. Staudinger/*Oechsler* (2009) § 826 Rn. 180 ff.
373 Vgl. BGH, NJW 1981, 2184 (2185 f.); *Medicus/Lorenz*, Schuldrecht II, Rn. 1336.

3. Erteilung fehlerhafter Auskünfte und Gutachten

1298 Ein weiterer wichtiger Anwendungsbereich des § 826 ist die Haftung für fehlerhafte Auskünfte (zB über die Kreditwürdigkeit eines Kunden), Arbeitszeugnisse oder Gutachten.[374] Die Haftung setzt positive Kenntnis der Unrichtigkeit der Auskunft bzw. des Gutachtens voraus. Gerade in diesem Bereich können aber Angaben »ins Blaue hinein« Bedeutung erlangen.

> **Beispiel** (BGHZ 127, 378): Der Bausachverständige B erstellt für den Verkäufer (V) ein positives Wertgutachten über den Zustand des zum Verkauf anstehenden Hauses. In Wirklichkeit ist das Dach des Gebäudes so marode, dass es vollständig erneuert werden muss. Der Fehler des Gutachtens ist darauf zurückzuführen, dass B das Dach überhaupt nicht untersucht hat. – Schließt man aus der groben Nachlässigkeit des B, dass dieser einen möglichen Schaden des Käufers (K) billigend in Kauf genommen hat, so steht K ein Schadensersatzanspruch gegen B aus § 826 zu.

1299 In solchen Fällen kommen allerdings auch **Schadensersatzansprüche aus § 280 I** wegen Verletzung eines stillschweigend geschlossenen Auskunftsvertrages, eines vorvertraglichen Schuldverhältnisses (§ 311 II Nr. 3) oder eines Vertrages mit Schutzwirkung für Dritte in Betracht. Außerdem ist an eine Haftung nach § 311 III 2 zu denken (s. SAT Rn. 218 f.). Da diese Ansprüche weder Vorsatz noch Sittenwidrigkeit voraussetzen, muss § 826 in der Praxis (anders natürlich in der Klausur) nur selten bemüht werden.

> **Beispiel:** Im Bausachverständigen-Fall hat der BGH dem Gutachtervertrag zwischen V und B Schutzwirkung für K beigemessen (vgl. SAT Rn. 207). Ob B den Schaden des K billigend in Kauf genommen hatte, musste daher nicht mehr geprüft werden.

4. Gläubigerbenachteiligung und Gläubigergefährdung

1300 Wichtige Anwendungsfälle des § 826 ergeben sich im Vorfeld von Insolvenzen.[375] So kann die verspätete Stellung des Insolvenzantrags (sog. **Insolvenzverschleppung**) Schadensersatzansprüche der Gläubiger aus § 826 begründen. Daneben kommen auch Ansprüche aus § 823 II iVm § 15 a InsO (§§ 64 I GmbH aF, 92 II AktG aF) (→ Rn. 1281) in Betracht. Auch die **Bevorzugung einzelner Gläubiger** im Vorfeld von Zwangsvollstreckung und Insolvenz kann Schadensersatzansprüche der anderen Gläubiger aus § 826 rechtfertigen. Die Regeln über die Gläubigeranfechtung (§§ 1 ff. AnfG) und die Insolvenzanfechtung (§§ 129 ff. InsO) sind insoweit aber vorrangig.[376]

Führt ein Gläubiger dem Schuldner in der Krise kurzfristig Kapital zu, damit dieser gegenüber Dritten kreditwürdiger erscheint, so kann dies unter dem Aspekt der **Kredittäuschung** Ansprüche aus § 826 begründen.[377]

5. Formale Rechtspositionen und Monopolstellungen

1301 Ein weiterer anerkannter Anwendungsfall des § 826 ist der Missbrauch formaler Rechtspositionen.[378] Im Vordergrund steht dabei die Vollstreckung aus einem rechtskräftigen, aber **materiell unrichtigen Vollstreckungstitel**. Nach hM kann der Vollstreckungsschuldner in diesen Fällen aus § 826 einen Anspruch auf Unterlassung der

374 Vgl. BGH, NJW 2004, 2668 (2669 ff.); *Larenz/Canaris*, Schuldrecht II/2, § 78 IV 3.
375 Vgl. *Larenz/Canaris*, Schuldrecht II/2, § 78 IV 2; *Medicus/Lorenz*, Schuldrecht II, Rn. 1337.
376 Vgl. BGHZ 130, 314 (330); Hk-BGB/*Staudinger* § 826 Rn. 15.
377 *Larenz/Canaris*, Schuldrecht II/2, § 78 IV 2 c; NK-BGB/*Looschelders* § 138 Rn. 273 ff.
378 *Brox/Walker*, Schuldrecht BT, § 41 Rn. 82; *Schlechtriem*, Schuldrecht BT, Rn. 903.

Zwangsvollstreckung haben.[379] Da die *Rechtskraft* nicht ausgehöhlt werden darf, ist dabei aber besonders große Zurückhaltung geboten. Erforderlich ist, dass die Vollstreckung mit dem Gerechtigkeitsgedanken offenbar unvereinbar wäre.[380] Dass der Gläubiger die Unrichtigkeit des Titels *kennt*, kann daher für sich genommen nicht ausreichen. Aus der Art und Weise der Titelerlangung oder der beabsichtigten Vollstreckung müssen sich vielmehr *zusätzliche Umstände* ergeben, die die Ausnutzung des Titels im Einzelfall als sittenwidrig erscheinen lassen.[381]

Verweigert ein Unternehmen unter Ausnutzung seiner **Monopolstellung** den Vertragsschluss mit einem anderen, der auf die Leistung dringend angewiesen ist, so kann dies als sittenwidrige Schädigung anzusehen sein. Dem Geschädigten steht dann im Wege der *Naturalrestitution* (§ 249 I) ein Anspruch aus § 826 auf Abschluss des Vertrages zu. Das Gleiche gilt unabhängig von Monopolstellungen bei unzulässigen **Diskriminierungen** (vgl. dazu SAT Rn. 117 ff.). Hier greift aber auch das **AGG** (→ Rn. 550) ein. 1302

6. Familienrecht

Bei **Verletzung ehelicher Pflichten** kommt ein Rückgriff auf § 823 I wegen des Vorrangs des Familienrechts grundsätzlich nicht in Betracht (→ Rn. 1221). § 826 ist jedoch auch hier anwendbar. Das Verbot sittenwidriger Schädigungen hat nämlich einen so fundamentalen Gerechtigkeitsgehalt, dass es in allen Lebensbereichen Geltung beansprucht.[382] 1303

Literatur: *Grunsky*, Rechtskraft und Schadensersatzansprüche wegen Erwirkung des Titels, ZIP 1987, 1026; *Klados*, § 826 BGB – Ein legitimes Mittel zur Durchbrechung der Rechtskraft?, JuS 1997, 705; *Koller*, Sittenwidrigkeit der Gläubigergefährdung und Gläubigerbenachteiligung, JZ 1985, 1013; *Kothe*, Rechtsschutz gegen die Vollstreckung des wucherähnlichen Rechtsgeschäfts nach § 826 BGB, NJW 1985, 2217; *Looschelders*, Schadensersatz bei »einseitiger« Durchkreuzung der Familienplanung durch den kinderwilligen (Ehe-)Partner?, Jura 2000, 169. Vgl. auch die Nachweise zu § 56.

§ 64 Ergänzende Tatbestände

Die §§ 824, 825 enthalten ergänzende Tatbestände zum Schutz des **Vermögens** bzw. der **sexuellen Selbstbestimmung**. Der historische Gesetzgeber wollte hierdurch Lücken bei der Anwendung des § 823 II schließen, die darauf beruhen, dass das Strafrecht die »Geschäftsehre« und die »Geschlechtsehre« (§§ 185 ff. bzw. §§ 174 ff. StGB) nicht umfassend schützt. 1304

I. Kreditgefährdung (§ 824)

1. Funktion und Konkurrenzen

Die Behauptung oder Verbreitung unwahrer Tatsachen (zB über die Liquidität eines Unternehmens, die Qualität seiner Produkte oder die Qualifikation einer Person) kann die Kreditwürdigkeit des Betroffenen in Frage stellen oder sonstige Nachteile 1305

379 Vgl. BGHZ 50, 115 (117 ff.); 101, 380 (383 ff.); aA *Medicus/Lorenz*, Schuldrecht II, Rn. 1338.
380 BGH, NJW 2002, 2940 (2943); NJW 1999, 1257 (1258).
381 BGH, NJW 1999, 1257 (1258); Palandt/*Sprau* § 826 Rn. 52.
382 Vgl. BGH, NJW 1990, 707 (709); *Looschelders*, Jura 2000, 169 (173).

für dessen Erwerb oder berufliches Fortkommen mit sich bringen. Nach § 823 II iVm § 187 StGB steht dem Betroffenen ein Anspruch auf Ersatz des Schadens in solchen Fällen nur zu, wenn der Schädiger »**wider besseres Wissen**« gehandelt hat. § 824 erweitert den deliktsrechtlichen Schutz des Betroffenen dahingehend, dass der Schädiger »auch dann« für die Kreditgefährdung haftbar ist, wenn er die Unwahrheit kennen muss, also infolge von **Fahrlässigkeit** nicht kennt.[383]

1306 Erkennt man den eingerichteten und ausgeübten **Gewerbebetrieb** als sonstiges Recht an, so könnte der Schutz vor entsprechenden Vermögensschäden auch über **§ 823 I** verwirklicht werden. Zu beachten ist jedoch, dass die Haftung nach § 823 I wegen Eingriffs in den eingerichteten und ausgeübten Gewerbebetriebs *subsidiär* ist (vgl. → Rn. 1248). Im Anwendungsbereich des § 824 – dh bei *unwahren Tatsachenbehauptungen* – kann daher nicht auf diese Rechtsfigur zurückgriffen werden. § 823 I schützt insoweit also nur vor Schäden durch nachteilige Werturteile sowie wahre, im Einzelfall aber unerlaubte Tatsachenbehauptungen.[384]

2. Voraussetzungen

a) Behauptung oder Verbreitung unwahrer Tatsachen

1307 Der Schädiger muss eine unwahre Tatsache behauptet oder verbreitet haben. In diesem Zusammenhang stellt sich das Problem der Abgrenzung gegenüber Werturteilen. Kennzeichnend für **Tatsachenbehauptungen** ist, dass die Richtigkeit der Aussage einem Wahrheitsbeweis zugänglich ist. Demgegenüber sind **Werturteile** durch Elemente der Stellungnahme, des Dafürhaltens oder Meinens geprägt und daher objektiv nicht verifizierbar.[385]

1308 Enthält eine Äußerung teils Tatsachenbehauptungen, teils Wertungen, so wird auf den **Schwerpunkt** abgestellt.[386] Stehen die wertenden Elemente im Vordergrund, so ist § 824 also auch nicht auf die damit verbundenen Tatsachenbehauptungen anwendbar. Ansonsten würde der Schutzbereich der Meinungsfreiheit (Art. 5 I GG) nämlich unzulässig verkürzt. Äußerungen im Bereich der Warentests oder der Gastronomiekritik werden daher meistens einheitlich als Werturteile qualifiziert und nach den Grundsätzen über den Eingriff in den Gewerbebetrieb (§ 823 I) beurteilt (→ Rn. 1252).

Beispiele: Die Äußerung, jemand habe »schon zweimal pleite gemacht«, ist eine Tatsachenbehauptung.[387] Wird ein Produkt als »billiger Schmarren« bezeichnet, so handelt es sich dagegen um ein Werturteil.[388] Das Gleiche gilt für die Bemerkung, die in einem Lokal verabreichten Speisen seien »trocken wie Wüstensand« (→ Rn. 1252), obwohl dahinter durchaus ein gewisser Tatsachenkern auszumachen ist. Desgleichen dürfte die Äußerung, dass eine Teppichkehrmaschine »jeden Teppich zerpflückt«, entgegen der Ansicht des BGH[389] keine Tatsachenbehauptung sein, weil es dem Erklärenden letztlich um ein negatives Werturteil über das Produkt geht.

---

383 Zur Funktion des § 824 Prot. II, 638; *Larenz/Canaris*, Schuldrecht II/2, § 79 I 1 a; MüKoBGB/*Wagner* § 824 Rn. 1. Auf § 823 II iVm § 186 StGB kann in solchen Fällen nicht abgestellt werden, weil der Kredit hierdurch gerade nicht geschützt wird.

384 Vgl. BGH, NJW 2006, 830 (839) = JA 2006, 486 (*Höpfner/Seibl*): Fall Kirch.

385 BGHZ 132, 13 (21); 154, 54 (60); BGH, NJW 1993, 930 (931); Hk-BGB/*Staudinger* § 824 Rn. 3; *Larenz/Canaris*, Schuldrecht II/2, § 79 I 2.

386 Vgl. BGH, NJW 1997, 2513; MüKoBGB/*Wagner* § 824 Rn. 9, 15 ff.

387 BGH, NJW 1994, 2614 (2615).

388 Vgl. BGH, NJW 1965, 35 (36); *Medicus/Lorenz*, Schuldrecht II, Rn. 1295.

389 BGH, NJW 1966, 2010 (2011); ebenso *Larenz/Canaris*, Schuldrecht II/2, § 79 I 2 a.

Die behauptete oder verbreitete Tatsache muss **unwahr** sein. Die Beweislast für die Unwahrheit trägt nach allgemeinen Regeln der Geschädigte.[390]

b) Eignung zur Kreditgefährdung und Unmittelbarkeit

Die unwahre Tatsache muss nach der allgemeinen Lebenserfahrung **geeignet** sein, den Kredit eines anderen zu gefährden oder sonstige Nachteile für dessen Erwerb oder Fortkommen herbeizuführen. Weitere (ungeschriebene) Voraussetzung ist, dass der Geschädigte **unmittelbar** beeinträchtigt wird.[391] Die Unmittelbarkeit der Beeinträchtigung fehlt unter anderem bei Äußerungen, die sich allgemein mit der Qualität eines Produkts auseinandersetzen, ohne dass der Bezug zu einem bestimmten Unternehmen erkennbar ist.[392] 1309

Beispiele: Äußerungen über die mangelnde Eignung elektronischer Orgeln zum kirchlichen Gebrauch führen bei den Herstellern solcher Orgeln zu keinen unmittelbaren Beeinträchtigungen des Erwerbs oder Fortkommens.[393] Die Veröffentlichung unrichtiger Notierungen über den Preis von gebrauchten Kraftfahrzeugen führt bei den betroffenen Herstellern allenfalls zu mittelbaren Beeinträchtigungen.[394]

Das Unmittelbarkeitserfordernis korrespondiert mit der Betriebsbezogenheit des Eingriffs in den Gewerbebetrieb (→ Rn. 1249). Beide Kriterien haben den *Zweck*, den **Kreis der potentiellen Anspruchsberechtigten** zur Vermeidung unüberschaubarer Haftungsrisiken zu **begrenzen.**[395] 1310

Die Rechtsprechung schränkt den Schutzbereich des § 824 weiter dadurch ein, dass nur die Beziehungen des Betroffenen zu aktuellen oder potentiellen **Geschäftspartnern** erfasst werden. Wird das geschäftliche Ansehen gegenüber politischen Entscheidungsträgern, Behörden oder der Öffentlichkeit beeinträchtigt, so soll dies nur unter dem Aspekt des Eingriffs in den Gewerbebetrieb relevant werden können.[396] Warum der Schutz gegenüber unwahren Tatsachenbehauptungen in diesen Fällen eingeschränkt werden sollte, ist jedoch nicht ersichtlich.[397]

c) Verschulden

Der Anspruch aus § 824 setzt schließlich voraus, dass der Schädiger die Unwahrheit der behaupteten oder verbreiteten Tatsache kennt oder infolge von Fahrlässigkeit nicht kennt. Der Vorwurf der Fahrlässigkeit ist insbesondere begründet, wenn der Schädiger seinen **Prüfungspflichten** bei der Verbreitung kreditgefährdender Tatsachen nicht nachgekommen ist. 1311

Nach dem Wortlaut des § 824 I muss sich das Verschulden nicht auf die Eignung der Tatsachen zur Kreditgefährdung beziehen. Die hM spricht sich jedoch zu Recht dafür aus, das Erfordernis des Verschuldens nach allgemeinen Grundsätzen auf alle Merkmale des § 824 I zu erstrecken.[398]

390 Vgl. Jauernig/*Teichmann* § 824 Rn. 12.
391 BGHZ 90, 113 (120); BGH, NJW 1992, 1312; Hk-BGB/*Staudinger* § 824 Rn. 7.
392 Vgl. *Larenz/Canaris*, Schuldrecht II, § 79 I 3 b.
393 BGH, NJW 1963, 1871 (wobei es sich auch eher um ein Werturteil handelt).
394 BGH, NJW 1965, 36 (37) betr. Preis von gebrauchten Goggomobilen.
395 *Larenz/Canaris*, Schuldrecht II/2, § 79 I 3 b ; MüKoBGB/*Wagner* § 824 Rn. 38, 40.
396 Vgl. BGHZ 90, 113 (120); Palandt/*Sprau* § 824 Rn. 8.
397 Zur Kritik vgl. MüKoBGB/*Wagner* § 824 Rn. 37.
398 Vgl. Jauernig/*Teichmann* § 824 Rn. 9; Hk-BGB/*Staudinger* § 824 Rn. 14.

3. Wahrnehmung berechtigter Interessen (§ 824 II)

1312 War dem Schädiger die Unwahrheit der Tatsache nicht bekannt, so schließt § 824 II den Schadensersatzanspruch in Anlehnung an § 193 StGB für den Fall aus, dass er oder der Empfänger der Mitteilung daran ein berechtigtes Interesse hat. Nach hM handelt es sich um einen besonderen **Rechtfertigungsgrund.**[399] Dieser diente früher vor allem dem Schutz von Auskunfteien; heute geht es primär darum, im Interesse der **Pressefreiheit** (Art. 5 I 2 GG) die haftungsrechtlichen Risiken der Medien bei der Berichterstattung über Missstände in geschäftlich relevanten Bereichen zu begrenzen.[400]

1313 Die Medien können sich auf den Haftungsausschluss nach § 824 II nur berufen, wenn sie vor der Veröffentlichung hinreichend sorgfältige Recherchen über den Wahrheitsgehalt angestellt haben.[401] Erforderlich ist eine **Interessenabwägung** im Einzelfall. Die Anforderungen an die »pressemäßige Sorgfalt« sind dabei umso höher, je geringer das Gewicht der geschützten Interessen und je größer der drohende Nachteil für den Betroffenen ist.[402]

> **Beispiel** (BGH, NJW 1987, 2225): Die Wochenzeitschrift W berichtet unter Bezugnahme auf eine Ordnungsverfügung der Stadt S, das Chemieunternehmen C habe hochgiftige Chemieabfälle »einfach ins öffentliche Kanalnetz eingeleitet« und damit die Gesundheit zahlreicher Menschen gefährdet. Stellt sich im Nachhinein heraus, dass die in der Kanalisation festgestellten chemischen Stoffe überhaupt nicht aus dem Betrieb des C stammen, so kann die W sich nach § 824 II damit entlasten, dass sie bei den Recherchen vor der Reportage die »pressemäßige Sorgfalt« beachtet hat. Denn die Öffentlichkeit hat ein berechtigtes Interesse daran, über Umweltskandale und Gesundheitsgefährdungen informiert zu werden.

1314 In welchem Verhältnis die nach § 824 I erforderliche Fahrlässigkeit zu den Sorgfaltsanforderungen bei § 824 II steht, ist zweifelhaft. Richtigerweise wird man davon ausgehen müssen, dass die **allgemeinen Sorgfaltsanforderungen** des Abs. 1 bei Abs. 2 mit Rücksicht auf die Meinungs- und Pressefreiheit und das Informationsinteresse der Empfänger **herabgesenkt** sind.[403] Bei Abs. 2 genügt demnach ein *Mindestmaß* an Sorgfalt.[404]

II. Bestimmung zu sexuellen Handlungen (§ 825)

1315 In der ursprünglichen Fassung hatte § 825 nur »Frauenspersonen« geschützt, die unter Einsatz unzulässiger Mittel (Hinterlist, Drohung, Missbrauch eines Abhängigkeitsverhältnisses) zur »Gestattung der außerehelichen Beiwohnung« bestimmt wurden. Diese »geradezu biblischen Formulierungen«[405] sind erst bei der Schadensrechtsreform von 2002 durch die jetzige Fassung des § 825 ersetzt worden. Schutzgut der Vorschrift ist nicht mehr (allein) die Geschlechtsehre der Frau, sondern die **sexuelle Selbstbestimmung** als besondere Ausprägung des allgemeinen Persönlichkeits-

399 Vgl. Staudinger/*Hager* (2009) § 824 Rn. 9; *Medicus/Lorenz*, Schuldrecht II, Rn. 1296; aA PWW/*Schaub* § 824 Rn. 13 f.; *Larenz/Canaris*, Schuldrecht II/2, § 79 I 4c: Entschuldigungsgrund.
400 Prot. II, 638; Jauernig/*Teichmann* § 824 Rn. 10.
401 Vgl. BGHZ 132, 13 (23 ff.); Staudinger/*Hager* (2009) § 824 Rn. 10; *Medicus/Lorenz*, Schuldrecht II, Rn. 1296.
402 Vgl. MüKoBGB/*Wagner* § 824 Rn. 53 ff.
403 Vgl. *Larenz/Canaris*, Schuldrecht II/2, § 79 I 4 b; MüKoBGB/*Wagner* § 824 Rn. 44.
404 Hk-BGB/*Staudinger* § 824 Rn. 12.
405 *Müller*, VersR 2003, 1 (7).

rechts.[406] Geschützt werden dementsprechend auch Männer und Kinder.[407] Die Vorschrift setzt auch keine außereheliche Beiwohnung mehr voraus, sondern erfasst die Vornahme oder Duldung jeglicher *sexueller Handlungen*. Da die sexuelle Selbstbestimmung in § 253 II als Schutzgut genannt ist, steht dem Geschädigten in den Fällen des § 825 auch ein Anspruch auf Schmerzensgeld zu.[408] Bei Verletzung der sexuellen Selbstbestimmung von Kindern ist darüber hinaus die Verjährungshemmung nach § 208 zu beachten.

Vor Inkrafttreten der Neufassung hatte § 825 keine große praktische Bedeutung, weil **1316** die meisten einschlägigen Fälle als Verletzung des **allgemeinen Persönlichkeitsrechts** qualifiziert und nach § 823 I beurteilt wurden. Bei der Reform des Schadensrechts hat der Gesetzgeber sich gleichwohl für die Beibehaltung und Ausweitung der Vorschrift entschieden, damit nicht der Eindruck entsteht, dass der Schutz der sexuellen Selbstbestimmung herabgesetzt wird.[409] Die hM geht aber davon aus, dass die praktische Bedeutung des § 825 weiter gering bleiben wird.[410] Insbesondere würden die einschränkenden Modalitäten des § 825 (Hinterlist etc.) nicht daran hindern, auf die Verletzung des allgemeinen Persönlichkeitsrechts zu rekurrieren.[411]

Auch wenn § 825 keinen abschließenden Charakter hat, lässt sich der Schadensersatzanspruch mit Hilfe dieser Vorschrift doch in einigen Fällen leichter begründen als nach § 823 I. Liegen die qualifizierten Voraussetzungen des § 825 vor, so ist der Schadensersatzanspruch ohne weiteres zu bejahen; eine **Interessenabwägung** ist also **nicht erforderlich.**[412] Außerdem kann der Geschädigte in diesem Fall nach § 253 II Schmerzensgeld verlangen, ohne dass die besonderen Voraussetzungen der immateriellen Entschädigung wegen Verletzung des allgemeinen Persönlichkeitsrechts (→ Rn. 1245) geprüft werden müssen.

Die wirklichen **Zweifelsfälle** lassen sich freilich weder nach § 823 I noch nach § 825 **1317** stringent lösen. So beantwortet § 825 auch in der geltenden Fassung nicht die Frage, ob eine Frau Schmerzensgeld verlangen kann, wenn ein verheirateter Mann sie durch Vortäuschung seiner Scheidungsabsicht zur Aufnahme sexueller Beziehungen veranlasst hat.[413] Ob hier das Merkmal der **Hinterlist** vorliegt, hängt letztlich vom Einzelfall ab.

Bei Verletzung der sexuellen Selbstbestimmung können dem Geschädigten außerdem **1318** Schadensersatzansprüche aus **§ 823 II iVm §§ 174 ff. StGB** zustehen. Der Schmerzensgeldanspruch folgt auch hier aus § 253 II.[414]

Literatur: *Beater*, Deliktischer Äußerungsschutz als Rechts- und Erkenntnisquelle des Medienrechts, JZ 2004, 889; *Jaeger*, Schmerzensgeld bei Verletzung des Rechts auf sexuelle Selbstbestimmung gem. § 253 Abs. 2 BGB n. F., VersR 2003, 1372; *Karkatsanes*, Zum Schmerzensgeldanspruch einer

406 Vgl. Soergel/*Beater* § 825 Rn. 1.
407 Zur Bedeutung dieser Ausweitung *Müller*, VersR 2003, 1 (7).
408 Vgl. Staudinger/*Hager* (2009) § 825 Rn. 14; *Jaeger*, VersR 2003, 1372 ff.
409 Vgl. BT-Drs. 14/7752, S. 26; Soergel/*Beater* § 825 Rn. 1.
410 Palandt/*Sprau* § 825 Rn. 1; Soergel/*Beater* § 825 Rn. 1; aA *Strätz*, JZ 2003, 448 ff.
411 MüKoBGB/*Wagner* § 825 Rn. 4; Staudinger/*Hager* (2009) § 825 Rn. 3.
412 Vgl. *Strätz*, JZ 2003, 448 (454).
413 Dafür OLG Hamm, NJW 1983, 1436; *Karakatsanes*, MDR 1989, 1041 ff.; *Strätz*, JZ 2003, 448 (454); aA LG Saarbrücken, NJW 1987, 2241 mit Aufsatz *Pawlowski* JuS 1988, 441 ff.; *Pawlowski*, NJW 1983, 2809; einschränkend auch Staudinger/*Hager* (2009) § 825 Rn. 7.
414 Vgl. MüKoBGB/*Oetker* § 253 Rn. 25.

Frau, die durch wahrheitswidrige Vorspiegelung der Scheidungs- und Heiratabsicht seitens eines verheirateten Mannes zur Aufnahme bzw. Fortsetzung intimer Beziehungen zu ihm bewogen wird, MDR 1989, 1041; *Kilian*, Schadensersatz bei Verletzung des Rechts auf sexuelle Selbstbestimmung: Der reformierte § 825 BGB, JR 2004, 309; *Kübler*, Öffentliche Kritik an gewerblichen Erzeugnissen und beruflichen Leistungen, AcP 172 (1972), 177; *Messer*, Der Anspruch auf Geldersatz bei Kreditgefährdung, § 824 BGB und Anschwärzung, § 14 UWG, FS Steffen, 1995, 347; *Müller*, Das reformierte Schadensersatzrecht, VersR 2003, 1; *Pawlowski*, Schmerzensgeld für fehlgeschlagene Ehestörung, NJW 1983, 2809; *ders.*, Berechtigtes Vertrauen auf Untreue als Folge der Güterabwägung?, JuS 1988, 441; *Peters*, Die publizistische Sorgfalt, NJW 1997, 1334; *Steinmeyer*, Bürgerinitiativen und Unternehmensschutz, JZ 1989, 781; *Strätz*, Wundersame Entwicklung: § 825 BGB neuer Fassung, JZ 2003, 448; *Wagner*, Zivilrechtliche Haftung für sexuelle Belästigung am Arbeitsplatz, GS Heinze, 2005, 969.

§ 65 Haftung für vermutetes Verschulden

1319 Im Fall einer deliktischen Schädigung hat der Verletzte häufig Schwierigkeiten, das Verschulden des Schädigers nachzuweisen. Anders als bei Schädigungen im Rahmen bestehender Schuldverhältnisse (§ 280 I 2) gibt es im Deliktsrecht zwar keine generelle Beweislastumkehr; in den §§ 831–838 sind jedoch einige Tatbestände geregelt, bei denen das Verschulden des Schädigers vermutet wird. Dies ändert freilich nichts daran, dass es in den §§ 831 ff. (fast) durchwegs um die Haftung für **rechtswidriges** und **schuldhaftes** Verhalten geht.[415] Dahinter stehen *Verkehrspflichten* zur Vermeidung der Schädigung Dritter durch andere Personen (§§ 831, 832), Tiere (§§ 833 S. 2, 834) oder Gebäude (§§ 836–838). Gesondert zu betrachten ist allerdings die Haftung für Tiere (§§ 833, 834), weil diese im Ausgangspunkt (§ 833 S. 1) als *Gefährdungshaftung* ausgestaltet ist (→ Rn. 1344 ff.).

Verschuldensvermutungen finden sich auch bei Haftungstatbeständen **außerhalb des BGB.** Zu nennen ist insbesondere die Haftung des Kraftfahrzeugführers nach § 18 StVG (→ Rn. 1446).

I. Haftung für Verrichtungsgehilfen (§ 831)

1. Grundgedanke

1320 Praktisch wichtigster Tatbestand bei der Haftung für vermutetes Verschulden ist die Haftung des Geschäftsherrn für seinen Verrichtungsgehilfen nach § 831 I (vgl. schon SAT Rn. 550 f.). Anders als im vertraglichen Bereich (§ 278) hat der Gesetzgeber im Deliktsrecht daran festgehalten, dass der Geschäftsherr nur für **eigenes Verschulden** (namentlich bei der Auswahl und Überwachung des Gehilfen) einstehen muss. Den Beweisschwierigkeiten des Geschädigten wird allerdings dadurch Rechnung getragen, dass das Verschulden des Geschäftsherrn vermutet wird. Dieser kann sich aber durch den Nachweis entlasten, dass er bei der Auswahl und Überwachung des Gehilfen die im Verkehr erforderliche Sorgfalt (§ 276 II) beachtet hat oder dass der Schaden auch bei Anwendung dieser Sorgfalt entstanden wäre (sog. **Exkulpation**). Anders als bei § 278 handelt es sich bei § 831 I um eine eigenständige Anspruchsgrundlage.

415 Vgl. *Brox/Walker*, Schuldrecht BT, § 42 Rn. 2.

Aus dogmatischer Sicht ist zu beachten, dass das Verschulden des Geschäftsherrn sich auf die Verletzung einer (Verkehrs-)Pflicht zu ordnungsgemäßer Auswahl und Überwachung des Gehilfen bezieht. Die Beweislastumkehr setzt damit schon auf der Ebene des **Unrechtstatbestands** an.[416]

Im Verhältnis zu § 823 I liegt die Bedeutung des § 831 vor allem in der **Beweislastumkehr.** Darüber hinaus setzt § 831 nicht notwendig eine Rechtsgutsverletzung iSd § 823 I voraus. Es genügt vielmehr, dass der Verrichtungsgehilfe die objektiven Tatbestandsmerkmale irgendeiner Haftungsnorm verwirklicht hat. Insofern können auch reine Vermögensschäden nach § 831 (iVm § 823 II oder § 826) ersatzfähig sein.[417]

2. Voraussetzungen der Haftung

a) Verrichtungsgehilfe

Die Haftung nach § 831 I setzt zunächst voraus, dass es sich bei dem unmittelbaren Schädiger um einen Verrichtungsgehilfen des in Anspruch genommenen Geschäftsherrn handelt. Verrichtungsgehilfe ist, wer in **weisungsgebundener und abhängiger Stellung** mit Wissen und Wollen des Geschäftsherrn für diesen tätig wird.[418] Erforderlich ist eine gewisse Eingliederung in den *Organisationsbereich* des Geschäftsherrn. Erfasst werden damit vor allem die Arbeitnehmer des Geschäftsherrn; bei entsprechender faktischer Abhängigkeit kann aber auch ein Handelsvertreter als Verrichtungsgehilfe anzusehen sein.[419] Selbständige Unternehmer können dagegen zwar Erfüllungsgehilfen (§ 278), nicht aber Verrichtungsgehilfen sein (vgl. SAT Rn. 550).[420] Für seine *Organe* und *sonstigen Repräsentanten* (zB Filialleiter) haftet der Geschäftsherr nach § 31 ohne Exkulpationsmöglichkeit.[421] Dies gilt nicht nur für juristische Personen, sondern auch für die Handelsgesellschaften (OHG, KG) und die BGB-Gesellschaft (§ 705).[422] 1321

Beispiel: Bei ärztlichen Behandlungen im Krankenhaus haftet der Krankenhausträger für deliktische Schädigungen durch angestellte Ärzte grundsätzlich nach § 831. Eine Ausnahme gilt für den Chefarzt. Sofern dieser im medizinischen Bereich keinen Weisungen unterliegt, ist er als verfassungsmäßig berufener Vertreter des Krankenhausträgers anzusehen.[423] Insoweit ist also § 31 (ggf. iVm § 89) anwendbar.

Anders als bei § 278 besteht bei § 831 I keine Haftung für **gesetzliche Vertreter**. Ein Minderjähriger muss sich im deliktischen Bereich daher nicht das Verhalten seiner Eltern zurechnen lassen (s. SAT Rn. 551). 1322

Das Erfordernis der Weisungsgebundenheit und Abhängigkeit ergibt sich daraus, dass die Haftung nach § 831 entsprechende **Einwirkungsmöglichkeiten** des Geschäftsherrn voraussetzt. Im Verhältnis zu selbständigen Unternehmern bestehen keine derart weitgehenden Auswahl- und Überwachungspflichten. Vielmehr darf

416 Vgl. *Larenz/Canaris*, Schuldrecht II/2, § 79 III 1 a; MüKoBGB/*Wagner* § 831 Rn. 11.
417 *Larenz/Canaris*, Schuldrecht II/2, § 79 III 1 c.
418 Vgl. RGZ 51, 199 (201); BGH, NJW 2009, 1740 (1741); Hk-BGB/*Staudinger* § 831 Rn. 7.
419 Vgl. MüKoBGB/*Wagner* § 831 Rn. 12.
420 *Larenz/Canaris*, Schuldrecht II/2, § 79 III 2 a.
421 Vgl. BGHZ 49, 19 (21); MüKoBGB/*Wagner* § 831 Rn. 18.
422 MüKoBGB/*Wagner* § 831 Rn. 18. Zur analogen Anwendung des § 31 auf die BGB-Gesellschaft BGH, NJW 2003, 1445 (1446) im Anschluss an BGHZ 146, 341.
423 BGHZ 77, 74 (76 ff.); Staudinger/*Belling* (2008) § 831 Rn. 66.

man sich grundsätzlich darauf verlassen, dass ein selbständiger Unternehmer seine Aufgaben in eigener Verantwortung sachgemäß ausführt.[424]

b) Widerrechtliche Schädigung eines Dritten

1323 Der Verrichtungsgehilfe muss einem Dritten widerrechtlich einen Schaden zugefügt haben. Mit dem Merkmal der widerrechtlichen Schädigung nimmt § 831 I auf die Vorschriften über die **deliktsrechtliche Unrechtshaftung** (§§ 823 ff.) Bezug. Praktisch geht es zwar meist um § 823 I; als Anknüpfungspunkt kommen jedoch auch alle anderen deliktsrechtlichen Tatbestände (mit Ausnahme der Gefährdungshaftung nach § 833 S. 1) in Betracht.

1324 Der Anspruch aus § 831 I setzt weiter voraus, dass der Verrichtungsgehilfe **rechtswidrig** den **objektiven Tatbestand** der betreffenden Haftungsnorm verwirklicht hat. Ein **Verschulden** des Gehilfen ist nicht erforderlich; insoweit kommt es allein auf das eigene (vermutete) Verschulden des Geschäftsherrn an.[425] Der Einstandspflicht des Geschäftherrn steht somit auch nicht entgegen, dass der Gehilfe nach §§ 827, 828 nicht deliktsfähig ist.[426]

Bei einigen Haftungstatbeständen wird schon das **Unrecht** durch **subjektive Elemente** geprägt. Dies gilt insbesondere für § 826 (Vorsatz) und § 823 II iVm den strafrechtlichen Vorsatzdelikten (zB § 263 StGB). Für diese Fälle ist anerkannt, dass der Gehilfe auch die zum Unrechtstatbestand gehörenden subjektiven Elemente verwirklicht haben muss.[427]

1325 Der Verzicht auf das Verschulden des Gehilfen darf im Übrigen nicht dazu führen, dass der Geschäftsherr nach § 831 I haftet, obwohl der Gehilfe sich völlig sachgemäß verhalten hat. Der BGH hatte zunächst versucht, das Problem durch den **Rechtfertigungsgrund des verkehrsgerechten Verhaltens** zu lösen (→ Rn. 1190 ff.). In neuerer Zeit tendiert die Rechtsprechung dazu, die Haftung nach § 831 I mit Rücksicht auf den **Schutzzweck der Norm** zu verneinen, wenn der Gehilfe sich so sachgemäß wie jede mit Sorgfalt ausgewählte und überwachte Person verhalten hat.[428]

> **Beispiel** (OLG Hamm, NJW-RR 1998, 1402): Aufgrund eines starken Abbremsens durch Omnibusfahrer O kommt der Fahrgast F zu Fall und verletzt sich. Das OLG Hamm hat die Haftung des Busbetreibers B aus § 831 verneint, weil O sich nach dem Ergebnis der Beweisaufnahme verkehrsgerecht verhalten hatte. In Betracht kam damit nur ein Schadensersatzanspruch des F gegen B aus § 7 I StVG.

c) Handeln in Ausführung der Verrichtung

1326 Der Gehilfe muss **in Ausführung** der Verrichtung gehandelt haben, zu der er vom Geschäftsherrn bestellt worden ist. Ebenso wie bei § 278 (dazu SAT Rn. 546) stellt sich auch hier das Problem der Abgrenzung zu Handlungen, die nur **»bei Gelegenheit«** vorgenommen werden. Die Haftung des Geschäftsherrn ist hiernach jedenfalls nicht schon dann ausgeschlossen, wenn der Gehilfe gegen Weisungen verstößt.[429] Nach hM muss die Schädigung jedoch in einem *inneren Zusammenhang* mit der übertragenen Aufgabe stehen. Dieser Zusammenhang wird verneint, wenn der Ge-

---

424 Vgl. BGHZ 24, 247 (248); Staudinger/*Belling* (2008) § 831 Rn. 57.
425 BGHZ 24, 21 (29); BGH, NJW 1996, 3205 (3207); *Medicus/Lorenz*, Schuldrecht II, Rn. 1346.
426 Vgl. *Gursky*, Schuldrecht BT, S. 223; *Schlechtriem*, Schuldrecht BT, Rn. 909.
427 Vgl. *Larenz/Canaris*, Schuldrecht II/2, § 79 III 2 c.
428 BGH, NJW 2003, 3205 (3207); Palandt/*Sprau* § 831 Rn. 8.
429 Vgl. BGHZ 31, 358 (366); *Larenz/Canaris*, Schuldrecht II/2, § 79 III 2 d.

hilfe im Rahmen seiner Tätigkeit rein zufällig mit den Rechtsgütern des Geschädigten in Berührung kommt und die Gelegenheit nutzt, um eine von den ihm übertragenen Aufgaben losgelöste unerlaubte Handlung vorzunehmen.[430]

Die Gegenauffassung lässt es genügen, dass die deliktische Handlung dem Gehilfen durch die Übertragung der Aufgabe **wesentlich erleichtert** worden ist.[431] Nach dieser Auffassung greift § 831 I auch bei vorsätzlichen Straftaten (zB Diebstahl) zum Nachteil Dritter ein. Dies erscheint sachgemäß, weil der Geschäftsherr auch insoweit die Möglichkeit hat, den Schaden durch sorgfältige Auswahl und Überwachung des Gehilfen zu verhindern.[432] Nicht erfasst werden damit nur solche deliktischen Handlungen, die gleichsam dem *privaten Bereich* des Gehilfen zuzurechnen sind.[433] **1327**

Beispiele: Nutzt der Malergeselle (G) des Meisters (M) bei der Ausführung von Malerarbeiten einen unbeobachteten Augenblick, um Geld aus dem Schreibtisch des Bestellers (B) zu entwenden, so steht dem B nach der hier vertretenen Meinung ein Schadensersatzanspruch gegen M aus § 280 I iVm § 278 (SAT Rn. 546) und § 831 I zu. Nimmt ein Lkw-Fahrer (L) einen Freund (F) aus privaten Gründen verbotswidrig auf einer Geschäftsfahrt mit, so haftet der Arbeitgeber des L dagegen nicht nach § 831 I, wenn F durch die fahrlässige Fahrweise des L geschädigt wird.[434] Denn die Mitnahme des F fällt hier allein in den privaten Bereich des L.

d) Keine Exkulpation des Geschäftsherrn

Gemäß § 831 I 2 kann der Geschäftsherr sich durch den Nachweis entlasten, dass er bei der **Auswahl** und **Überwachung** des Verrichtungsgehilfen die im Verkehr erforderliche Sorgfalt beachtet hat oder dass der Schaden auch bei Anwendung dieser Sorgfalt eingetreten wäre. Das Erfordernis der *Überwachung* ergibt sich zwar nicht unmittelbar aus dem Gesetz. Nach hM liegt eine sorgfältige *Auswahl* aber nur vor, wenn der Gehilfe noch im Zeitpunkt der deliktischen Schädigung hätte eingestellt werden dürfen. Hätten sich bei sorgfältiger Überwachung Anhaltspunkte für eine mögliche Unzuverlässigkeit ergeben, so ist der Gehilfe daher nicht (mehr) ordnungsgemäß »ausgewählt«.[435] Hatte der Geschäftsherr Vorrichtungen oder Gerätschaften zu beschaffen oder die Ausführung der Verrichtung zu leiten, so muss er sich auch insoweit entlasten. Voraussetzung ist jedoch, dass den Geschäftsherrn im Einzelfall wirklich eine solche Verkehrspflicht traf.[436] **1328**

Die Rechtsprechung stellt an die Auswahl und Überwachung des Gehilfen relativ **strenge Sorgfaltsanforderungen.**[437] Im Einzelnen kommt es dabei vor allem auf die Art der übertragenen Tätigkeit und das Maß der damit verbundenen Gefahren sowie auf die Persönlichkeit des Gehilfen an.[438] **1329**

Beispiel (OLG Köln, NJW-RR 1997, 471): Eine besondere Vertrauensstellung hat ein Wachmann, der für die eigenverantwortliche Überwachung größerer Lagerbestände zuständig ist. Bei der Einstellung muss der Geschäftsherr sich daher den beruflichen Werdegang des Bewerbers lückenlos dokumentieren lassen und sich in einem persönlichen Einstellungsgespräch über die persönlichen

430 Vgl. BGH, NJW 1989, 723 (725); Staudinger/*Belling* (2008) § 831 Rn. 80 ff.
431 So *Larenz/Canaris*, Schuldrecht II/2, § 79 III 2 d; *Medicus/Lorenz*, Schuldrecht II, Rn. 1347.
432 Vgl. Erman/*Schiemann* § 831 Rn. 11; MüKoBGB/*Wagner* § 831 Rn. 27.
433 *Larenz/Canaris*, Schuldrecht II/2, § 79 III 2 d; MüKoBGB/*Wagner* § 831 Rn. 27.
434 Vgl. BGH, NJW 1965, 391 (392); *Larenz/Canaris*, Schuldrecht II/2, § 79 III 2 d.
435 Vgl. *Medicus/Lorenz*, Schuldrecht II, Rn. 1348; MüKoBGB/*Wagner* § 831 Rn. 34.
436 Vgl. *Medicus/Lorenz*, Schuldrecht II, Rn. 1349; Hk-BGB/*Staudinger* § 831 Rn. 11.
437 Jauernig/*Teichmann* § 831 Rn. 11; *Larenz/Canaris*, Schuldrecht II/2, § 79 III 3 a.
438 BGH, NJW 2003, 288 (290); Erman/*Schiemann* § 831 Rn. 17.

und wirtschaftlichen Verhältnisse (Schulden, teuere Hobbys etc.) informieren. Außerdem ist eine intensive Überwachung durch planmäßige und überraschende Kontrollen erforderlich.

1330 Der Entlastungsbeweis ist in erster Linie darauf gerichtet, dass der Geschäftsherr bei der Auswahl und Überwachung des Gehilfen **nicht schuldhaft gehandelt** hat. Der Geschäftsherr kann sich aber auch darauf berufen, dass ein etwaiger **Sorgfaltsverstoß** für den Schaden **nicht kausal** war.

Beispiele: Die Kausalität des Auswahl- und Überwachungsverschuldens ist zu verneinen, wenn die mangelnde Eignung oder Unzuverlässigkeit des Gehilfen auch bei Vornahme der gebotenen Überprüfungen nicht entdeckt worden wäre. Demgegenüber kann der Geschäftsherr sich nach hM nicht damit entlasten, dass das konkrete Fehlverhalten des Gehilfen keinen Zusammenhang mit den Umständen aufweist, die ihn als ungeeignet oder unzuverlässig erscheinen lassen.[439] Hat der Gehilfe bei der Ausführung der Verrichtung die im Verkehr erforderliche Sorgfalt eingehalten, so ist ein möglicher Sorgfaltsverstoß des Geschäftsherrn bei der Auswahl- und Überwachung jedenfalls nicht kausal für den Schaden (→ Rn. 1191).

1331 Bei Großbetrieben hat die Rechtsprechung dem Geschäftsherrn die Möglichkeit eines **dezentralisierten Entlastungsbeweises** eingeräumt. Ist ein höherer Angestellter (Personalchef, Abteilungsleiter etc.) für die Auswahl und Überwachung der Mitarbeiter zuständig, so kann der Geschäftsherr sich zu seiner Entlastung darauf berufen, dass er den höheren Angestellten sorgfältig ausgewählt und überwacht hat oder dass der Schaden auch bei sorgfältiger Auswahl und Überwachung desselben eingetreten wäre.[440]

Die damit verbundene Privilegierung von Großbetrieben ist in der Literatur auf berechtigte Kritik gestoßen.[441] Die praktische Bedeutung der Dezentralisierung wird aber dadurch gemildert, dass der Geschäftsherr in jedem Fall für das eigene **Organisationsverschulden** sowie für entsprechende Versäumnisse seiner Organe und verfassungsmäßig berufenen Vertreter (§ 31) einstehen muss (→ Rn. 1258).[442] Da die neuere Rechtsprechung insoweit sehr streng ist, gilt der dezentralisierte Entlastungsbeweis bei manchen Autoren sogar als obsolet.[443] Diese Einschätzung trifft zumindest auf die deliktische Produkthaftung zu, weil die Rechtsprechung hier unmittelbar auf die Verkehrspflichten des Herstellers abstellt (vgl. → Rn. 1260 ff.).

Welche Bedeutung das Organisationsverschulden des Geschäftsherrn im Rahmen des § 831 I hat, ist umstritten. Teilweise wird auf § 823 I zurückgegriffen. Einfacher erscheint jedoch, dem Geschäftsherrn bei einem Organisationsverschulden die Exkulpation nach den Grundsätzen des **dezentralisierten Entlastungsbeweises** zu versagen.[444]

3. Übernahme von Auswahl- und Überwachungspflichten

1332 § 831 II überträgt die Haftung für Verrichtungsgehilfen auf den Fall, dass ein anderer durch Vertrag die Auswahl- und Überwachungspflichten des Geschäftsherrn übernimmt. Die Vorschrift ist mit Rücksicht auf die damit verbundenen Haftungsrisiken sehr eng auszulegen. Sie erfasst weder die *Organe* von juristischen Personen und

439 Erman/*Schiemann* § 831 Rn. 24; MüKoBGB/*Wagner* § 831 Rn. 47.
440 Vgl. BGHZ 4, 1 (2 ff.); 11, 151 (153 ff.); Hk-BGB/*Staudinger* § 831 Rn. 13.
441 Vgl. *Larenz/Canaris*, Schuldrecht II/2, § 79 III 3 b; *Medicus/Lorenz*, Schuldrecht II, Rn. 1352.
442 Hk-BGB/*Staudinger* § 831 Rn. 13; vgl. dazu schon BGHZ 4, 1 (3).
443 So Erman/*Schiemann* § 831 Rn. 21; ähnlich *Harke*, Schuldrecht BT, Rn. 560.
444 So Staudinger/*Belling* (2008) § 831 Rn. 122.

Personengesellschaften noch höhere *Angestellte*, die aufgrund ihres Arbeitsvertrages für den Geschäftsherrn die betreffenden Pflichten wahrnehmen. Denn in all diesen Fällen handelt es sich um die Verteilung von *unternehmensinternen* Zuständigkeiten. Geschäftsherr iSd § 831 bleibt insoweit allein das Unternehmen bzw. der Arbeitgeber; die Organe und Angestellten haften nur nach § 823 I.[445]

§ 831 II regelt damit lediglich den Fall, dass ein anderes selbstständiges Unternehmen die Pflichten des Geschäftsherrn **in eigener Verantwortung** übernimmt. Dies kommt zB bei *Leiharbeitsverhältnissen* in Betracht.[446] Die praktische Bedeutung der Vorschrift ist damit gering. **1333**

II. Haftung des Aufsichtspflichtigen (§ 832)

1. Grundgedanken

Wer kraft Gesetzes zur Aufsicht über eine minderjährige oder aus sonstigen Gründen (zB Geisteskrankheit, körperliche Gebrechen) aufsichtsbedürftige Person verpflichtet ist, muss nach § 832 I für den Schaden einstehen, den diese Person einem Dritten widerrechtlich zufügt. Entgegen dem landläufigen Merksatz »Eltern haften für ihre Kinder« handelt es sich auch bei § 832 I um keine Gefährdungshaftung, sondern um eine Haftung für **vermutetes Verschulden.**[447] Der Aufsichtspflichtige kann sich daher gemäß § 832 I 2 durch den Nachweis entlasten, dass er seiner Aufsichtspflicht genügt hat oder dass der Schaden auch bei gehöriger Aufsichtsführung entstanden wäre. Die Beweislastumkehr wird dadurch gerechtfertigt, dass der Geschädigte keinen Einblick in die Aufsichtsführung hat; demgegenüber kann der Aufsichtspflichtige wesentlich leichter darlegen und beweisen, welche Aufsichtsmaßnahmen er zum Schutz Dritter getroffen hat.[448] **1334**

Zur Vertiefung: Die rechtspolitische Legitimität des § 832 I ist umstritten. In der Literatur wird teilweise darauf hingewiesen, dass es bei der Aufsichtspflicht über Kinder an einem wirtschaftlichen Nutzen für die Eltern fehle, der eine Verschärfung der Haftung gegenüber den allgemeinen Grundsätzen rechtfertigen könnte.[449] Andere Autoren plädieren gerade umgekehrt dafür, den Eltern eine Gefährdungshaftung für ihre Kinder aufzuerlegen.[450] – Ausgangspunkt der rechtspolitischen Überlegungen muss der Umstand sein, dass die Erziehung von Kindern (ebenso wie die Betreuung aufsichtsbedürftiger Erwachsener) eine wichtige gesellschaftspolitische Aufgabe darstellt; die Statuierung einer Gefährdungshaftung wäre daher das falsche Signal. Die geltende Regelung betont dagegen die Verantwortlichkeit der Eltern und ist diesen wegen der besseren Beweismöglichkeiten auch in ihrer konkreten Ausgestaltung zumutbar. Dies gilt umso mehr, als die Eltern übermäßige Haftungsrisiken durch Abschluss einer Haftpflichtversicherung vermeiden können.

§ 832 weist im Übrigen die gleiche **Struktur wie § 831** auf. Die diesbezüglichen dogmatischen Überlegungen (→ Rn. 1320) gelten also auch hier.

§ 832 betrifft lediglich den Fall, dass ein **Dritter** infolge der Aufsichtspflichtverletzung geschädigt wird. Erleidet der **Aufsichtsbedürftige selbst** einen Schaden, so haftet der Aufsichtsverpflichtete nach allgemeinem Deliktsrecht (insbesondere § 823 **1335**

445 Vgl. BGH, NJW 1974, 1371 (1372); *Larenz/Canaris*, Schuldrecht II/2, § 79 III 7.
446 Vgl. Erman/*Schiemann* § 831 Rn. 27; *Medicus*, FS Deutsch, 1999, 291 ff.
447 Zur dogmatischen Einordnung MüKoBGB/*Wagner* § 832 Rn. 1.
448 *Larenz/Canaris*, Schuldrecht II/2, § 79 IV 1 b; MüKoBGB/*Wagner* § 832 Rn. 4.
449 Staudinger/*Belling* (2008) § 832 Rn. 3; *Großfeld/Mund*, FamRZ 1994, 1504 (1508 ff.).
450 Zur Reformdiskussion Staudinger/*Belling* (2008) § 832 Rn. 176 f. mwN.

I).[451] Eltern kommt dabei gegenüber ihren Kindern die Haftungsprivilegierung nach § 1664 zugute. Sie müssen somit nur für die Sorgfalt in eigenen Angelegenheiten (§ 277) einstehen.

2. Voraussetzungen

a) Aufsichtspflichten

1336 § 832 I betrifft die **gesetzliche Aufsichtspflicht**. Wichtigstes Beispiel ist die Aufsichtspflicht der *Eltern* gegenüber ihren *minderjährigen Kindern* (§§ 1626 I, 1631 I). Bei Volljährigen kann die Aufsichtspflicht des *Betreuers* (§§ 1896 ff.) relevant werden.[452] Eine generelle Aufsichtspflicht über Volljährige aus familiärer Verbundenheit (etwa zwischen Ehegatten) ist dagegen nicht anzuerkennen.[453] Insoweit kommt nur eine Haftung aus § 823 I wegen Verletzung allgemeiner Verkehrspflichten in Betracht.

1337 § 832 II erstreckt die Haftung auf den Fall, dass jemand die Führung der Aufsicht **durch Vertrag** übernimmt. Erfasst werden Kindermädchen, Tagesmütter, Babysitter, Jugendleiter etc., aber auch privatrechtlich betriebene Schulen und Kindergärten.[454] Bei Patchwork-Familien wird eine entsprechende Anwendung der Vorschrift auf die Aufsicht gegenüber dem Kind des Partners befürwortet.[455] Die kurzfristige Übernahme der Aufsicht aus **Gefälligkeit** (zB durch Verwandte oder Nachbarn) rechtfertigt dagegen noch nicht die Anwendung des § 832 II.[456] Hier kommt daher nur eine Haftung nach § 823 I (ohne Beweislastumkehr) in Betracht.[457] Der Vertrag muss nach hM **wirksam** sein. Ein minderjähriger Babysitter haftet daher nicht nach § 832 II, wenn er die Aufsichtsführung ohne Zustimmung seiner Eltern übernommen hat.[458]

b) Widerrechtliche Schädigung eines Dritten

1338 Die Haftung nach § 832 setzt voraus, dass der Aufsichtsbedürftige einen Dritten widerrechtlich geschädigt hat. Der Aufsichtsbedürftige muss also **rechtswidrig** den **objektiven Tatbestand** einer deliktischen Haftungsnorm verwirklicht haben; das (subjektive) **Verschulden** ist dagegen – ebenso wie bei § 831 – unerheblich.[459] Vor allem bei aufsichtsbedürftigen Kindern ist die Schuldfähigkeit oft nach § 828 ausgeschlossen. In diesem Fall kann der Geschädigte sich allein an den Aufsichtspflichtigen halten. Ist der Aufsichtsbedürftige ebenfalls (zB aus § 823 I) haftbar, so sind beide Gesamtschuldner (§ 840 I). Im Innenverhältnis ist aber gemäß § 840 II grundsätzlich allein der Aufsichtsbedürftige verpflichtet (vgl. → Rn. 1403).

c) Keine Exkulpation des Aufsichtspflichtigen

1339 Der Aufsichtspflichtige kann sich damit entlasten, dass er seiner Aufsichtspflicht genügt hat (§ 832 I 2). **Umfang und Inhalt der Aufsichtspflicht** lassen sich nicht

451 BGHZ 73, 190 (194); BGH, NJW 1996, 53.
452 Hk-BGB/*Staudinger* § 832 Rn. 6.
453 Vgl. MüKoBGB/*Wagner* § 832 Rn. 14.
454 MüKoBGB/*Wagner* § 832 Rn. 17. Bei öffentlich-rechtlicher Trägerschaft richtet sich die Haftung nach § 839 iVm Art. 34 GG. Für die Beweislast gelten aber die Grundsätze des § 832 (Staudinger/*Belling* [2008] § 832 Rn. 167).
455 *Bernau*, FamRZ 2006, 82 ff.; vgl. auch MüKoBGB/*Wagner* § 832 Rn. 12.
456 Vgl. Staudinger/*Belling* (2008) § 832 Rn. 35.
457 *Larenz/Canaris*, Schuldrecht II/2, § 79 IV 2 a.
458 Vgl. Staudinger/*Belling* (2008) § 832 Rn. 40; krit. MüKoBGB/*Wagner* § 832 Rn. 19 f.
459 BGHZ 111, 282 (284); Hk-BGB/*Staudinger* § 832 Rn. 9.

generell festlegen. Erforderlich ist eine Interessenabwägung im Einzelfall. Bei **Kindern** sind vor allem das Alter, der Entwicklungsstand und die persönlichen Eigenarten von Bedeutung.[460] Die Rechtsprechung stellt darauf ab, welche Vorkehrungen *verständige Eltern* in der konkreten Situation treffen würden, um Schädigungen Dritter zu verhindern.[461] Ein wichtiger Akzent liegt bei der vorsorglichen *Belehrung* über die Gefährlichkeit bestimmter Verhaltensweisen (zB Umgang mit Feuer oder gefährlichem Spielzeug, Verhalten im Straßenverkehr). Eine vollständige *Überwachung* ist dagegen zumindest bei älteren Kindern weder möglich noch zumutbar. Denn nach § 1626 II 1 sind die Eltern sogar verpflichtet, die wachsende Fähigkeit und das wachsende Bedürfnis des Kindes zu selbständigem verantwortungsbewusstem Handeln zu berücksichtigen.[462] Bei normal entwickelten Kindern geht der BGH von einer Altersgrenze von vier Jahren aus, ab der auch beim Spielen im Freien keine ständige Überwachung erforderlich ist. Allerdings soll eine regelmäßige Kontrolle in Abständen von höchstens 30 Minuten geboten sein.[463]

Beispiele: Die Eltern haben ihre Kinder mit den *Gefahren des Straßenverkehrs* vertraut zu machen. Kleinere Kinder müssen auf dem Gehweg an die Hand genommen oder wenigstens überwacht werden. Spielen auf der Straße ist zu verbieten.[464] Eine Ausnahme gilt für Spielstraßen, auf denen das Spielen (einschließlich des Befahrens mit Kinderfahrrädern) auch ohne ständige Beaufsichtigung erlaubt ist.[465]

Der Aufsichtspflichtige kann sich auch damit entlasten, dass die **Aufsichtspflichtverletzung** für den Schaden **nicht ursächlich** war. Dabei geht es nicht nur um Kausalität im naturwissenschaftlichen Sinne. Der Aufsichtspflichtige kann sich vielmehr auch darauf berufen, dass sich in dem Schaden nicht die durch die Pflichtverletzung geschaffene Gefahr realisiert hat.[466] 1340

Beispiel (BGH, VersR 1957, 799): Vater (V) überlässt seinem 11-jährigen Sohn (S) einen ungewöhnlich großen Flitzebogen mit Pfeilen zum unbeaufsichtigten Spielen. S wirft beim Spielen mit den Pfeilen gegen einen Baum. Einer der Pfeile prallt vom Baum ab und verletzt ein daneben stehendes Kind (K) am Auge. K verlangt von V Schadensersatz. – K könnte gegen V einen Schadensersatzanspruch aus § 832 I haben. Als Vater ist V gemäß §§ 1626, 1631 I gegenüber S aufsichtspflichtig. S hat rechtswidrig den Körper und die Gesundheit des K verletzt und damit den Tatbestand des § 823 I verwirklicht. V kann sich aber gemäß § 832 I 2 exkulpieren. Aufgrund der Gefährlichkeit von Pfeil und Bogen als Schusswaffe ist zwar davon auszugehen, dass V mit der Überlassung des Spielzeugs an S seine Aufsichtspflicht verletzt hat. Im naturwissenschaftlichen Sinne ist dies auch für den Eintritt des Schadens ursächlich. Der konkrete Schaden beruht aber nicht auf der spezifischen Gefahr von Pfeil und Bogen. Der BGH hat den Anspruch daher zu Recht verneint.

III. Schäden durch Bauwerke (§§ 836–838)

Eine weitere Haftung für vermutetes Verschulden findet sich in den §§ 836–838. Die Vorschriften regeln den Fall, dass durch den **Einsturz eines Gebäudes** oder eines anderen mit einem Grundstück verbundenen **Werkes** (Brücke, Scheune, Baugerüst, Zirkuszelt, Grabstein, Verkehrsschild etc.)[467] oder durch die **Ablösung von Teilen** 1341

460 BGH, VersR 2009, 788 (789); *Larenz/Canaris*, Schuldrecht II/2, § 79 IV 2 c.
461 BGHZ 111, 282 (285); BGH, NJW 1993, 1003.
462 Erman/*Schiemann* § 832 Rn. 6.
463 BGH, VersR 2009, 788 (789).
464 Zu den Einzelheiten MüKoBGB/*Wagner* § 832 Rn. 29 mwN.
465 Vgl. OLG Hamm, NJW-RR 2002, 236 (237).
466 Vgl. Staudinger/*Belling* (2008) § 832 Rn. 132.
467 MüKoBGB/*Wagner* § 836 Rn. 9; Palandt/*Sprau* § 836 Rn. 3.

des Gebäudes oder Werkes ein Mensch getötet oder verletzt oder eine Sache beschädigt wird. Es geht damit um Sonderfälle einer **Verkehrspflichtverletzung.**[468] Im Verhältnis zu § 823 I ergibt sich die eigenständige Bedeutung der §§ 836 ff. aus der Beweislastumkehr für das **Verschulden**. Der Sicherungspflichtige muss nachweisen, dass er bei der Errichtung und Unterhaltung des Bauwerks die erforderliche Sorgfalt eingehalten hat.[469] Darüber hinaus wird vermutet, dass das schuldhafte Verhalten des Sicherungspflichtigen für den Einsturz bzw. die Ablösung der Teile **ursächlich** ist.[470] Dahinter steht die Erwägung, dass der Sicherungspflichtige auch in dieser Hinsicht bessere Aufklärungsmöglichkeiten hat.[471] Die **objektive Fehlerhaftigkeit** des Gebäudes oder Werkes muss dagegen vom Geschädigten bewiesen werden. Der Einsturz oder die Ablösung von Teilen können jedoch einen *Anscheinsbeweis* begründen.[472]

Nach dem Wortlaut des § 836 I 2 kann der Sicherungspflichtige sich – anders als bei § 831 I 2 und § 832 I 2 – nicht darauf berufen, dass der Schaden auch bei sorgfältigem Verhalten eingetreten wäre. Die hM billigt dem Sicherungspflichtigen aber auch insoweit eine Entlastungsmöglichkeit zu.[473]

Die Rechtsprechung wendet die §§ 836 ff. nur auf die ausdrücklich erfassten Fälle an. Bei anderen von einem Grundstück oder Gebäude ausgehenden Risiken (zB umstürzende Bäume oder Dachlawinen) wird eine **Analogie** abgelehnt. Hier muss auf die allgemeine Haftung für Verkehrspflichtverletzungen (§ 823 I) zurückgegriffen werden.[474]

1342 Die Haftung nach §§ 836 ff. setzt voraus, dass die Rechtsgutsverletzung auf den **spezifischen Gefahren** des Einsturzes oder der Ablösung beruht. Erforderlich ist hiernach, dass der Schaden durch die bewegend wirkende Kraft (kinetische Energie) des Einsturzes oder der Ablösung verursacht wird. Dies ist zu verneinen, wenn ein Fußgänger über ein auf den Boden gefallenes Teil stolpert und sich verletzt.[475] Der Schutzzweck der §§ 836 ff. erfasst auch nicht den Abbruchunternehmer, der bei der Ausführung von Abbrucharbeiten durch den Einsturz des Gebäudes verletzt wird.[476]

Die Verantwortlichkeit für Schäden durch Bauwerke trifft primär den **Eigenbesitzer des Grundstücks** (§ 836 III iVm § 872). Ein *früherer* Eigenbesitzer des Grundstücks haftet bis zu einem Jahr nach Beendigung seines Besitzes (§ 836 II). Hat jemand auf einem *fremden Grundstück* in Ausübung eines Rechts (zB eines Erbbaurechts) ein Gebäude oder ein anderes Werk errichtet, so haftet er anstelle des Grundstückbesitzers (§ 837).

Beispiel (OLG Hamm, NJW-RR 2002, 92): Zirkusbetreiber Z schlägt auf dem Grundstück des E ein Zirkuszelt auf. Wird ein Zuschauer aufgrund mangelnder Befestigung der Fußbodenbretter vor den Sitzreihen verletzt, so haftet Z (und nicht E) nach § 837 iVm § 836 auf Schadensersatz. Aufgrund der Beweislastumkehr nach § 836 I 2 greift die Haftung auch dann ein, wenn sich nicht ausschließen lässt, dass die Befestigung durch einen Zirkusbesucher mutwillig entfernt worden ist.

468 Zur dogmatischen Einordnung BGHZ 55, 229 (235).
469 Vgl. OLG Hamm, NJW-RR 2002, 92; *Harke*, Schuldrecht BT, Rn. 566.
470 BGH, NJW-RR 1988, 853 (854); Staudinger/*Belling* (2008) § 836 Rn. 2.
471 Zur Ratio der Beweislastumkehr MüKoBGB/*Wagner* § 836 Rn. 2.
472 Vgl. BGH, NJW 1999, 2593 (2594) – Baugerüst; Palandt/*Sprau* § 836 Rn. 9.
473 MüKoBGB/*Wagner* § 836 Rn. 24; Hk-BGB/*Staudinger* § 836 Rn. 13.
474 *Larenz/Canaris*, Schuldrecht II/2, § 79 VI 2 a; *Harke*, Schuldrecht BT, Rn. 567.
475 Vgl. BGH, NJW 1961, 1670 (1671); Jauernig/*Teichmann* § 836 Rn. 7.
476 BGH, NJW 1979, 309; Palandt/*Sprau* § 836 Rn. 7.

Neben dem Besitzer des Grundstücks bzw. des Bauwerks haftet gemäß § 838 auch derjenige, der aufgrund eines **Vertrages** (zB als Hausverwalter) oder auf sonstige Weise (zB als Insolvenzverwalter)[477] die Unterhaltung übernommen hat oder aufgrund eines **Nutzungsrechts** (zB Nießbrauch) dafür zuständig ist. Den Mieter trifft grundsätzlich keine Pflicht zur Unterhaltung des Mietobjekts (vgl. § 535 I 2). Er haftet daher nur dann nach § 838, wenn er die Unterhaltung vertraglich übernommen hat.[478] **1343**

Literatur: *Bernau*, Haftet die Patchwork-Familie aus § 832 BGB?, FamRZ 2006, 82; *ders.*, Die Elternhaftung nach § 832 BGB – Eine Übersicht der seit 2000 veröffentlichten Rechtsprechung, FamRZ 2007, 92; *Coester-Waltjen*, Beweiserleichterungen und Gefährdungshaftung, Jura 1996, 608; *Großfeld/Mund*, Die Haftung der Eltern nach § 832 I BGB, FamRZ 1994, 1504; *Fuchs*, Die deliktsrechtliche Verantwortung der Eltern für Schäden von und an Kindern im Straßenverkehr, NZV 1998, 7; *Haberstroh*, Haftungsrisiko Kind – Eigenhaftung des Kindes und elterliche Aufsichtspflicht, VersR 2000, 806; *Hartmann*, »Unmittelbare« und »mittelbare« Aufsichtspflicht in § 832 BGB – pflichtenbeschränkende Übertragung der Verkehrssicherung auf Dritte?, VersR 1998, 22; *Kupisch*, Die Haftung für Verrichtungsgehilfen (§ 831 BGB), JuS 1984, 250; *Medicus*, Zum Anwendungsbereich der Übernehmerhaftung nach § 831 Abs. 2 BGB, FS Deutsch, 1999, 291; *Petershagen*, Die Gebäudehaftung, 2000; *Rauscher*, Haftung der Eltern für ihre Kinder, JuS 1985, 757; *Schmid*, Die Aufsichtspflicht nach § 832 BGB, VersR 1982, 822; *Schreiber*, Die Haftung für Hilfspersonen, Jura 1987, 647; *Seiler*, Die deliktische Gehilfenhaftung in historischer Sicht, JZ 1967, 525; *Wolf*, Billigkeitshaftung statt überzogener elterlicher Aufsichtspflichten – ein erneutes Plädoyer für die Anwendung des § 829 BGB aufgrund einer Haftpflichtversicherung, VersR 1998, 812. Vgl. auch die Nachweise zu § 56 und § 57.

§ 66 Haftung für Tiere

I. Grundlagen

Bei der Tierhalterhaftung haben sich die Verfasser des BGB in Anknüpfung an das römische Recht[479] für die Einführung einer **Gefährdungshaftung** entschieden (§ 833 S. 1). Für Nutztiere wurde jedoch schon wenige Jahre nach Inkrafttreten des BGB eine *Exkulpationsmöglichkeit* (§ 833 S. 2) geschaffen, um eine übermäßige Belastung der beruflichen oder gewerblichen Tierhalter insbesondere im landwirtschaftlichen Bereich zu vermeiden.[480] Die Gefährdungshaftung wurde damit auf sog. Luxustiere beschränkt, die nicht zu beruflichen oder gewerblichen Zwecken als Haustiere gehalten werden. **1344**

Zur Rechtsvergleichung: Die Haftung für Tiergefahren ist in den meisten europäischen Ländern als reine Gefährdungshaftung ausgestaltet. Eine Privilegierung von Nutztieren findet sich außer in Deutschland nur in Griechenland.[481] Aus rechtspolitischer Sicht ist diese Privilegierung heute nicht mehr zu rechtfertigen, zumal die Halter von Nutztieren das Haftungsrisiko mindestens ebenso gut wie die Luxustierhalter versichern können.[482] Die Entlastungsmöglichkeit nach § 833 S. 2 verstößt

477 Vgl. MüKoBGB/*Wagner* § 838 Rn. 5.
478 Vgl. BGH, VersR 1990, 1280; *Larenz/Canaris*, Schuldrecht II/2, § 79 VI 2 d.
479 Die Haftung für Tiere setzte im römischen Recht kein Verschulden voraus. Der Eigentümer konnte sich aber durch Herausgabe des Tieres an den Geschädigten von der Haftung befreien (sog. Noxalhaftung; vgl. *Kaser/Knütel*, Römisches Privatrecht, § 50 Rn. 14).
480 Vgl. MüKoBGB/*Wagner* § 833 Rn. 3; *Medicus/Lorenz*, Schuldrecht II, Rn. 1364.
481 Vgl. *v. Bar*, Gemeineuropäisches Deliktsrecht I, Rn. 210 ff.
482 Zur Kritik vgl. Staudinger/*Eberl-Borges* (2008) § 833 Rn. 7; *Harke*, Schuldrecht BT, Rn. 563.

zwar nicht gegen das Willkürverbot des Art. 3 I GG und bleibt daher de lege lata beachtlich.[483] Bei einer Vereinheitlichung der europäischen Deliktsrechte sollte aber eine einheitliche Gefährdungshaftung geschaffen werden.[484]

Die Verschärfung der Tierhalterhaftung gegenüber der regulären Verschuldenshaftung nach § 823 I beruht darauf, dass Tiere aufgrund ihrer *Unberechenbarkeit* eine **besondere Gefahrenquelle** darstellen. Wer eine solche Gefahrenquelle im eigenen Interesse schafft oder beherrscht, soll auch die damit verbundenen Risiken tragen müssen.[485]

II. Gefährdungshaftung für Luxustiere (§ 833 S. 1)

1. Rechtsgutsverletzung

1345 Die Haftung nach § 833 S. 1 setzt zunächst eine **Rechtsgutsverletzung** (Tötung, Verletzung von Körper oder Gesundheit, Beschädigung einer Sache) voraus. Wegen der Einzelheiten kann auf die Ausführungen zu § 823 I (→ Rn. 1201 ff.) verwiesen werden.

2. Tier

1346 Die Rechtsgutsverletzung muss durch ein Tier verursacht worden sein. Der Begriff des **Tieres** bestimmt sich nach allgemeinem Sprachgebrauch.[486] Ob **Mikroorganismen** wie Bakterien und Viren erfasst sind, ist dabei sehr umstritten.[487] Die Auslegung nach dem *Wortsinn* hilft hier nicht weiter, weil Mikroorganismen (zumindest Bakterien) im »Begriffshof«[488] des Merkmals »Tier« liegen. Entscheiden müssen daher *teleologische* Argumente. Gegen die Anwendbarkeit des § 833 S. 1 spricht, dass die Vorschrift vor äußeren Einwirkungen schützen soll, die auf der Unberechenbarkeit des Tieres beruhen; die von Mikroorganismen ausgehende Ansteckungsgefahr ist damit nicht vergleichbar.[489] Für gentechnisch veränderte Mikroorganismen besteht aber eine Gefährdungshaftung nach § 32 GenTG (→ Rn. 1479 f.).

3. Kausalität und Schutzzweckzusammenhang

1347 Die Rechtsgutsverletzung muss in zurechenbarer Weise auf das Verhalten des Tieres zurückführbar sein. Erforderlich ist also die **Kausalität** im naturwissenschaftlichen Sinne (Äquivalenztheorie). Darüber hinaus muss sich die **spezifische Tiergefahr** verwirklicht haben, vor der § 833 S. 1 schützen soll.[490] Der Schutzzweckzusammenhang wird nicht dadurch ausgeschlossen, dass das Tier sich seiner »natürlichen Veranlagung

483 BGH, NJW 2009, 3233.
484 Vgl. *v. Bar*, Gemeineuropäisches Deliktsrecht I, Rn. 211.
485 Vgl. MüKoBGB/*Wagner* § 833 Rn. 2; *Larenz/Canaris*, Schuldrecht II/2, § 84 II 1 b.
486 *Larenz/Canaris*, Schuldrecht II/2, § 84 II 1 a; *Medicus/Lorenz*, Schuldrecht II, Rn. 1365.
487 Für Anwendbarkeit des § 833 S. 1 *Medicus/Lorenz*, Schuldrecht II, Rn. 1365; *Deutsch*, NJW 1990, 751; aA *Larenz/Canaris*, Schuldrecht II/2, § 84 II 1 a. BGH, NJW 1989, 2947 prüft bei Ansteckung mit Viren die §§ 823 I, 831, ohne auf § 833 S. 1 einzugehen.
488 Der Begriffskern umfasst alle Gegenstände, die dem Begriff sprachlich eindeutig zugeordnet sind (zB Pferd als Tier). Im Begriffshof ist die sprachliche Zuordnung möglich, aber nicht zwingend.
489 MüKoBGB/*Wagner* § 833 Rn. 6; vgl. auch *v. Bar*, Deliktsrecht I, Rn. 209.
490 BGHZ 67, 129 (130); BGH, NJW 1999, 3119; *Medicus/Lorenz*, Schuldrecht II, Rn. 1367.

gemäß« verhalten hat;[491] entscheidend ist, dass der Schaden auf einem der tierischen Natur entsprechenden **unberechenbaren selbständigen Verhalten** beruht.[492]

Beispiele: Die Unberechenbarkeit und Selbständigkeit des Tieres realisiert sich besonders deutlich beim Durchgehen, Beißen, Kratzen, Ausschlagen oder Ausbrechen. Erfasst wird aber auch der Fall, dass ein Mischlings-Rüde eine reinrassige Hündin ohne Wissen der Halter deckt.[493] Die spezifische Tiergefahr realisiert sich auch dann, wenn ein Fußgänger über ein am Boden liegendes Tier stolpert. Denn die Unberechenbarkeit und Selbständigkeit des Tieres zeigt sich gerade darin, dass es sich an einen anderen Ort begeben und dort niederlegen kann.[494] Stand das Tier unter menschlicher Leitung, so soll § 833 S. 1 dagegen grundsätzlich nicht anwendbar sein.[495] Der Halter würde daher nicht haften, wenn ein Dritter seinen Hund auf einen anderen Menschen hetzt[496] oder wenn Unbekannte seine Pferde auf die Autobahn treiben und so einen Unfall verursachen.[497] Diese Einschränkungen sind jedoch nicht gerechtfertigt. Denn es gehört zu den typischen Gefahren von Tieren, dass sie von Menschen zur selbständigen Schädigung anderer eingesetzt werden können.[498]

Nach einer in der Literatur verbreiteten Auffassung kann der **Reiter** keinen Scha- 1348
densersatz aus § 833 S. 1 gegen den Halter geltend machen, wenn er freiwillig die Herrschaft für das Pferd übernommen hat. Dahinter steht der Gedanke des **Handelns auf eigene Gefahr** (vgl. SAT Rn. 1042).[499] Diese Auffassung kann jedoch nicht überzeugen. Auf der Tatbestandsebene des § 833 S. 1 kommt es allein darauf an, dass der Reitunfall auf der spezifischen Tiergefahr beruht. Dies lässt sich allenfalls verneinen, wenn das Pferd zu besonderen sportlichen Zwecken (zB Military, Springreiten oder Dressur) eingesetzt wird.[500] Im Übrigen kommt nur eine Kürzung des Anspruchs wegen **Mitverschuldens** des Reiters nach § 254 in Betracht.

4. Halter

Die Gefährdungshaftung nach § 833 S. 1 trifft den Tierhalter. Halter ist, wer willent- 1349
lich und im eigenen Interesse die **tatsächliche Herrschaft** über das Tier ausübt.[501] Auf die Eigentumsverhältnisse kommt es nicht an. Auch der Dieb des Tieres kann daher Halter sein.[502] Bei Minderjährigen ist aber analog §§ 104 ff. die Zustimmung des gesetzlichen Vertreters erforderlich.[503]

491 BGHZ 67, 169 (130). Im römischen Recht setzte die Haftung dagegen voraus, dass das Tier den Schaden »entgegen seiner natürlichen Friedfertigkeit« verursacht hatte (*Kaser/Knütel*, Römisches Privatrecht, § 51 Rn. 14; hieran anknüpfend *Haase*, JR 1973, 10 ff.).

492 Vgl. BGHZ 67, 129 (132 f.); BGH, VersR 1990, 796 (797); VersR 2006, 416 (417).

493 BGHZ 67, 129. Der BGH hat einen Schadensersatzanspruch gegen den Halter des Rüden jedoch abgelehnt, weil dem Halter der Hündin eine entsprechende Tiergefahr und außerdem noch ein erhebliches Mitverschulden (§ 254) anzulasten war (BGHZ 67, 129 [134]).

494 *Larenz/Canaris*, Schuldrecht II/2, § 84 II 1 c; MüKoBGB/*Wagner* § 833 Rn. 15.

495 Vgl. Palandt/*Sprau* § 833 Rn. 7.

496 *Medicus/Petersen*, Bürgerliches Recht, Rn. 635; *Gursky*, Schuldrecht BT, S. 225.

497 Vgl. BGH, VersR 1990, 796 (797).

498 Staudinger/*Eberl-Borges* (2008) § 833 Rn. 57.

499 So *Deutsch*, Haftungsrecht, Rn. 593 f.; *Dunz*, JZ 1987, 63 (67).

500 So auch die hM, vgl. etwa BGH, NJW 1992, 2474; NJW 1993, 2611; NJW 1999, 3119.

501 Zum Halterbegriff BGH, NJW-RR 1988, 655 (656); *Medicus/Lorenz*, Schuldrecht II, Rn. 1366.

502 Vgl. *Medicus/Lorenz*, Schuldrecht II, Rn. 1366; *Eberl-Borges*, VersR 1996, 1070 (1071).

503 Hk-BGB/*Staudinger* § 833 Rn. 6; *Larenz/Canaris*, Schuldrecht II/2, § 84 I 2 g; aA *Medicus/Lorenz*, Schuldrecht II, Rn. 1366; MüKoBGB/*Wagner* § 833 Rn. 33: §§ 827 ff. analog.

III. Haftung für Nutztiere (§ 833 S. 2)

1. Anwendungsbereich

1350 Ist der Schaden durch ein **Haustier** verursacht worden, das dem **Beruf**, der Erwerbstätigkeit oder dem Unterhalt des Tierhalters zu dienen bestimmt ist, kann dieser sich gemäß § 833 S. 2 exkulpieren. Der Begriff des Haustiers erfasst nur *zahme* Tiere (Hund, Katze, Kuh, Schwein), *gezähmte* Tiere (zB Tiger, Löwen, Wölfe) fallen auch dann nicht unter Satz 2, wenn sie zu beruflichen oder gewerblichen Zwecken (zB im Zirkus) gehalten werden.[504]

1351 § 833 S. 2 gilt nicht für jedes Haustier; erforderlich ist vielmehr, dass das Tier als »**Nutztier**« gehalten wird.[505] Für die Abgrenzung zu den Luxustieren kommt es auf die *hauptsächliche Zweckbestimmung* des Tieres an.[506] § 833 S. 2 ist daher auch anwendbar, wenn ein Nutztier bei dem schädigenden Ereignis ausnahmsweise nicht zu beruflichen oder gewerblichen Zwecken eingesetzt worden ist.[507]

Beispiele (OLG Koblenz, VersR 1992, 1017): Forstwirt W erklärt sich auf Bitten des örtlichen Karnevalvereins bereit, mit seinen beiden Pferden als Gespann an dem Karnevalsumzug teilzunehmen. Als sich der Zug noch formiert, brechen die beiden Pferde aus und überrennen die am Straßenrand stehende Zuschauerin Z. – Da die beiden Pferde gewöhnlich zu forstwirtschaftlichen Zwecken eingesetzt werden, steht W gemäß § 833 S. 2 die Möglichkeit des Entlastungsbeweises offen. – Typische Anwendungsfälle des § 833 S. 2 sind Hühner, Schweine und Kühe. Bei Hunden und anderen »doppelfunktionalen« Tieren (zB Pferden) kommt es auf die konkrete Zweckbestimmung an.[508] Blindenhunde dienen dem Unterhalt des Halters und werden daher unabhängig von der Berufstätigkeit des Halters erfasst.[509]

2. Exkulpation

1352 Der Halter des Nutztiers kann sich gemäß § 833 S. 2 damit entlasten, dass er bei der Beaufsichtigung des Tieres die im Verkehr erforderliche Sorgfalt eingehalten hat oder dass der Schaden auch bei Einhaltung dieser Sorgfalt eingetreten wäre. Welche Sorgfaltsanforderungen der Tierhalter zu beachten hat, hängt von den Umständen des Einzelfalls ab. Besondere Bedeutung haben neben der Gattung und den individuellen Eigenarten des Tieres[510] die Tätigkeit sowie die Umgebung, in der das Tier gehalten bzw. eingesetzt wird.

Beispiele: (1) Im Karnevalzugs-Fall (→ Rn. 1351) ist davon auszugehen, dass zwei lammfromme Kaltblüter grundsätzlich keiner speziellen Aufsicht bedürfen. Etwas anderes kann aber gelten, wenn die Tiere in einer besonderen Situation (als Gespann bei einem Karnevalszug angesichts einer lärmenden Menschenmenge) eingesetzt werden.

(2) Bei der Weidehaltung von Rindern ist zu beachten, dass dadurch der Herdeninstinkt geweckt wird. Außerdem lassen sich Panikattacken in einer weidenden Rinderherde nicht ausschließen.[511]

504 *Medicus/Lorenz*, Schuldrecht II, Rn. 1356; Hk-BGB/*Staudinger* § 833 Rn. 9.
505 Vgl. *Deutsch*, JuS 1987, 673 (679).
506 BGH, NJW-RR 2005, 1183; Palandt/*Sprau* § 833 Rn. 17; *Harke*, Schuldrecht BT, Rn. 563.
507 Jauernig/*Teichmann* § 833 Rn. 7.
508 BGH, NJW-RR 2005, 1183 (1184); Palandt/*Sprau* § 833 Rn. 17. Zur Abgrenzung von »Wachhund« und »Familienhund« vgl. LG Bayreuth NJW-RR 2008, 976.
509 *Deutsch*, JuS 1987, 673 (679); aA Jauernig/*Teichmann* § 833 Rn. 7.
510 BGH, NJW-RR 2005, 1183 (1184).
511 BGH, NJW 2009, 3233 (3234 f.).

IV. Haftung des Tieraufsehers (§ 834)

§ 834 regelt die Haftung des Tieraufsehers. Die Vorschrift entspricht strukturell den §§ 831 II, 832 II, 838. Ebenso wie in den dort geregelten Fällen besteht eine **Exkulpationsmöglichkeit**. Dies gilt unabhängig davon, ob es um die Aufsicht über ein Luxus- oder ein Nutztier geht. 1353

Die Haftung nach § 834 setzt voraus, dass der Betreffende durch **Vertrag** und nicht nur aus Gefälligkeit die Aufsicht über das Tier übernommen hat.[512] Erforderlich ist zudem eine gewisse *Selbständigkeit.*[513] Diese fehlt einem Stallknecht oder dem bei einem Reitverein angestellten Reitlehrer.[514]

V. Haftung für Wild- und Jagdschäden

Die ursprünglich in § 835 geregelte Haftung für Wild- und Jagdschäden findet sich heute in den §§ 29 ff. BJagdG. § 29 BJagdG statuiert eine verschuldensunabhängige Haftung des Jagdberechtigten für **Schäden** an Grundstücken und Erzeugnissen, die **durch bestimmte Wildarten** (Schalenwild, Wildkaninchen oder Fasane) verursacht werden. Die Vorschrift schafft einen gewissen Ausgleich dafür, dass der Grundstückseigentümer den Wildbestand nicht selbst durch Jagd reduzieren darf. Sie kann daher der *Aufopferungshaftung* (→ Rn. 1166) zugeordnet werden.[515] 1354

Bei **missbräuchlicher** Ausübung der Jagd haftet der Jagdberechtigte dem Grundstückseigentümer oder Nutzungsberechtigten aus § 33 II BJagdG. Aus der Wendung »missbräuchlich« folgt, dass ein *Verschulden* erforderlich ist.[516] Der Anspruch erfasst nur Schäden am Grundstück.[517] Bei Personenschäden (zB Verletzung eines Jagdgenossen durch Schrotkugeln) richtet sich die Haftung allein nach § 823 I und § 823 II iVm § 229 StGB.

Literatur: *Deutsch*, Der Reiter auf dem Pferd und der Fußgänger unter dem Pferd, NJW 1978, 1998; *ders.*, Die Haftung des Tierhalters, JuS 1987, 673; *ders.*, Gefährdungshaftung für Mikroorganismen im Labor, NJW 1990, 751; *Dunz*, Reiter wider Pferd oder Ehrenrettung des Handelns auf eigene Gefahr, JZ 1987, 63; *Eberl-Borges*, Die Tierhalterhaftung des Diebes, des Erben und des Minderjährigen, VersR 1996, 1070; *Haase*, Zur Schadenszufügung »durch ein Tier« (§ 833 BGB), JR 1973, 10; *Kipp*, Haftung des Tierhalters gem. § 833 S. 1 BGB trotz Selbstgefährdung des Geschädigten?, VersR 2000, 1348; *Schünemann*, Die Verantwortlichkeit des Tierhalters – BGH NJW 1976, 2130, JuS 1978, 376; *Staudinger/Schmidt*, »Gutes Reiten, schlechtes Reiten« – Eine weitere Episode der Tierhalterhaftung, Jura 2000, 347; *Stötter*, Die Beschränkung der Tierhalterhaftung nach § 833 S. 1 BGB durch das von der Rechtsprechung entwickelte Tatbestandsmerkmal der Tiergefahr, MDR 1970, 100; *Terbille*, Der Schutzbereich der Tierhalterhaftung nach § 833 S. 1 BGB, VersR 1994, 1151; *Westerhoff*, Ist die Entscheidung gerecht? – Methodische Wertung am Beispiel eines Reitunfalls, JR 1993, 497. Vgl. auch die Nachweise zu § 56.

512 Vgl. Jauernig/*Teichmann* § 834 Rn. 3.
513 Hk-BGB/*Staudinger* § 834 Rn. 2.
514 Vgl. RGZ 50, 247; OLG Hamm, VersR 2002, 1519 [LS].
515 Vgl. Erman/*Schiemann* § 835 Rn. 2; *Brox/Walker*, Schuldrecht BT, § 46 Rn. 54; für Einordnung als Gefährdungshaftung *Larenz/Canaris*, Schuldrecht II/2, § 84 II 2 a.
516 Staudinger/*Belling* (2008) § 835 Rn. 29; *Larenz/Canaris*, Schuldrecht II/2, § 84 II 2 b; aA Palandt/*Sprau* § 835 Rn. 4.
517 Staudinger/*Belling* (2008) § 835 Rn. 27.

§ 67 Haftung von Amtsträgern und gerichtlichen Sachverständigen

I. Allgemeines

1355 Die Haftung von Personen, die bei der Ausübung eines öffentlichen Amtes eine Pflicht verletzen, ist in § 839 geregelt. Die Vorschrift beschäftigt sich mit der **Eigenhaftung** von Beamten im staatsrechtlichen Sinne. Die Ausgestaltung der Norm erklärt sich aus ihrer Entstehungsgeschichte. Bei der Schaffung des BGB ging der Gesetzgeber davon aus, dass Beamte im Fall einer Amtspflichtverletzung nicht mehr im Rahmen des ihnen übertragenen Amts tätig werden.[518] Dies hatte zur Folge, dass nicht der Staat, sondern allenfalls der Beamte zur Haftung herangezogen werden konnte. Das Verständnis der Amtspflichtverletzung hat sich inzwischen gewandelt. Deshalb bestimmt **Art. 34 GG**, dass die durch § 839 begründete Haftung *auf den Staat übergeleitet wird*, sofern der Amtsträger in Ausübung eines öffentlichen Amtes – also hoheitlich – gehandelt hat. Die Eigenhaftung des Beamten ist damit nur noch im privatrechtlichen (fiskalischen) Bereich relevant.[519]

Zur Vertiefung: Die Amtshaftung nach § 839 iVm Art. 34 GG bildet nach heutigem Verständnis einen wesentlichen Bestandteil des Staatshaftungsrechts. Weitere wichtige Institute in diesem Bereich sind der enteignende und der enteignungsgleiche Eingriff, die Aufopferung sowie der Folgenbeseitigungsanspruch.[520] Die Rechtslage ist aufgrund der starken Zersplitterung der Materie sehr unbefriedigend. Der Versuch, die Staatshaftung in einem einheitlichen Gesetz zu regeln, ist 1982 jedoch an der fehlenden Gesetzgebungskompetenz des Bundes gescheitert.[521] Eine entsprechende Kompetenz konnte inzwischen zwar geschaffen werden (vgl. Art. 74 Abs. 1 Nr. 25 GG). Gleichwohl steht eine Reform des Staatshaftungsrechts weiter aus.

1356 Auf **gerichtliche Sachverständige** ist § 839 (ggf. iVm Art. 34 GG) nur in Ausnahmefällen (insbesondere bei Behördengutachten) anwendbar.[522] Für diesen Bereich gilt daher die Sonderregelung des § 839 a.

II. Persönliche Haftung des Beamten bei fiskalischem Handeln

1. Anwendungsbereich

1357 Die Eigenhaftung des Beamten nach § 839 greift nur noch bei Handeln im privatrechtlichen (fiskalischen) Bereich ein. Erforderlich ist also, dass der Beamte **nicht hoheitlich** gehandelt hat. Der Begriff des hoheitlichen Handelns wird in einem weiten Sinne verstanden. Erfasst wird jedenfalls die *Eingriffsverwaltung* (zB Erlass von Steuerbescheiden). Auf der anderen Seite stellt die Vornahme *privatrechtlicher Hilfsgeschäfte* (zB Ankauf von Büromaterial) keinesfalls eine hoheitliche Tätigkeit dar.[523] Problematisch erscheint aber der Bereich der *Leistungsverwaltung*. Hier kommt es darauf an, ob die Behörde sich einer öffentlich-rechtlichen oder eine privatrechtlichen Handlungsform (sog. **Verwaltungsprivatrecht**) bedient hat.[524]

518 Vgl. Erman/*Hecker* § 839 Rn. 10; *Fuchs*, Deliktsrecht, S. 187 f.
519 Vgl. *Schlechtriem*, Schuldrecht BT, Rn. 961.
520 Zum System der öffentlich-rechtlichen Schadensersatz- und Entschädigungsansprüche vgl. MüKoBGB/*Papier* § 839 Rn. 25 ff.; AnwKomm-*vom Stein* § 839 Rn. 4 ff.
521 Zur Nichtigkeit des StHG vom 26. 6. 1981 vgl. BVerfGE 61, 149.
522 Vgl. Soergel/*Spickhoff* § 839 a Rn. 4.
523 Vgl. Jauernig/*Teichmann* § 839 Rn. 7.
524 Vgl. MüKoBGB/*Papier* § 839 Rn. 150.

Beispiel: Der beamtete Arzt einer Universitätsklinik haftet für Behandlungsfehler gegenüber den Patienten persönlich nach § 839 I.[525] Dies gilt allerdings *nicht* für die *ambulante Behandlung von Privatpatienten*, auch wenn sie innerhalb des Krankenhauses erfolgt. Da der Arzt insoweit in Ausübung einer Nebentätigkeit handelt, richtet sich seine Haftung nach allgemeinem Deliktsrecht.[526]

2. Voraussetzungen der Haftung nach § 839 I

Die Eigenhaftung nach § 839 I setzt voraus, dass ein Beamter im staatsrechtlichen 1358
Sinne schuldhaft eine drittbezogene Amtspflicht verletzt.

a) Beamter im staatsrechtlichen Sinne

Als Beamte im staatsrechtlichen Sinne sind Personen zu verstehen, denen der *Beam-* 1359
tenstatus durch Überreichen der Ernennungsurkunde verliehen worden ist.[527] Der Begriff des Beamten ist damit in diesem Bereich eng auszulegen und unterliegt einer **statusrechtlichen** Betrachtung.[528]

b) Verletzung einer drittbezogenen Amtspflicht

Die **Amtspflichten** eines Beamten leiten sich aus *sämtlichen Rechtsquellen*, insbeson- 1360
dere dem GG, den Gesetzen des Bundes und der Länder, Verordnungen, Satzungen, Verwaltungsvorschriften und dienstlichen Weisungen ab.[529] Dies ergibt sich aus *Art. 20 III GG*, wonach sowohl die vollziehende Gewalt als auch die Rechtsprechung an Recht und Gesetz gebunden sind.[530] Beamte müssen dabei nicht nur die Normen einhalten, die jedermann in die Pflicht nehmen (zB das StGB); sie haben vielmehr auch solche Vorschriften zu beachten, welche speziell auf ihre Stellung zugeschnitten sind.[531]

Darüber hinaus muss die Amtspflicht gerade **dem Verletzten gegenüber** bestehen, 1361
also drittbezogen sein. Dies ist der Fall, wenn die Amtspflicht dem *Schutz von Individualinteressen* dient und nicht lediglich öffentliche Interessen wahren soll.[532] Entscheidend ist also der *Zweck der jeweiligen Amtspflicht*.[533] Die Individualinteressen stimmen dabei im Wesentlichen mit den subjektiv öffentlichen Rechten iSd § 42 VwGO überein.[534]

Beispiele für **drittbezogene Amtspflichten** im nicht-hoheitlichen Bereich sind die Behandlungspflichten des beamteten Arztes (→ Rn. 1357) oder privatrechtliche Verkehrssicherungspflichten im Rahmen des § 823 I.

c) Verschulden und Schaden

Der Beamte haftet nur, wenn er **vorsätzlich oder fahrlässig** die Amtspflicht verletzt 1362
hat. Hierbei muss sich der Vorsatz auf die Verletzung der Amtspflicht erstrecken.[535]

525 Vgl. BGHZ 85, 393.
526 BGHZ 120, 376.
527 Bamberger/Roth/*Reinert* § 839 Rn. 3; Staudinger/*Wurm* (2007) § 839 Rn. 37.
528 *Brox/Walker*, Schuldrecht BT, § 42 Rn. 49.
529 Bamberger/Roth/*Reinert* § 839 Rn. 33; zur Relevanz des Völkerrechts BGHZ 169, 349.
530 Vgl. Staudinger/*Wurm* (2007) § 839 Rn. 117.
531 Staudinger/*Wurm* (2007) § 839 Rn. 117 f.; *Schlechtriem*, Schuldrecht BT, Rn. 969.
532 BGHZ 1, 388, 394; BGHZ 31, 388, 390; *Brox/Walker*, Schuldrecht BT, § 42 Rn. 36.
533 MüKoBGB/*Papier* § 839 Rn. 229; Staudinger/*Wurm* (2007) § 839 Rn. 170.
534 Bamberger/Roth/*Reinert* § 839 Rn. 56; MüKoBGB/*Papier* § 839 Rn. 229.
535 MüKoBGB/*Papier* § 839 Rn. 285.

Die Fahrlässigkeit bemisst sich gemäß § 276 II danach, ob der Beamte die im Verkehr erforderliche Sorgfalt außer Acht gelassen hat. Abzustellen ist darauf, was von einem *»pflichtgetreuen Durchschnittsbeamten«*[536] verlangt werden kann. Ein Beamter handelt insbesondere dann fahrlässig, wenn er die einschlägigen Verfahrensvorschriften versehentlich nicht beachtet oder die Rechtslage nicht ordnungsgemäß prüft.

1363 Aufgrund der Amtspflichtverletzung muss ein **Schaden** eingetreten sein. Zur Bestimmung des Schadens finden die **§§ 249 ff.** Anwendung.

3. Haftungsausschlüsse

a) Subsidiaritätsklausel

1364 Nach der **Subsidiaritätsklausel des § 839 I 2** kann der Beamte bei Fahrlässigkeit nur dann in Anspruch genommen werden, wenn der Verletzte nicht auf andere Weise Ersatz zu erlangen vermag. Die Privilegierung soll den Beamten vor allzu großen Haftungsrisiken schützen und seine Entschlussfreudigkeit fördern.[537] Eine anderweitige Ersatzmöglichkeit wird insbesondere angenommen, wenn dem Geschädigten durchsetzbare Schadensersatzansprüche gegen Dritte (zB weitere Schädiger) zustehen.[538]

Beispiel (BGHZ 85, 393): Ein beamteter Chefarzt haftet gegenüber den Patienten für Schäden aus Versäumnissen im Rahmen einer stationären Behandlung aus § 839 I 1 (→ Rn. 1357). Er kann den geschädigten Patienten aber nach § 839 I 2 darauf verweisen, dass ihm wegen desselben Schadens aufgrund Organisationsverschuldens (hier: Unterversorgung des Krankenhauses mit Fachanästhesisten) vertragliche oder deliktische Ersatzansprüche gegen den Krankenhausträger zustehen.

Zu den vor allem im hoheitlichen Bereich relevanten **Einschränkungen** der Subsidiaritätsklausel → Rn. 1374.

b) Nichteinlegung von Rechtsmitteln

1365 Die Haftung des Beamten ist **ausgeschlossen**, wenn der Geschädigte es vorsätzlich oder fahrlässig unterlassen hat, den Schaden durch Gebrauch eines Rechtsmittels abzuwenden (§ 839 III). Der Begriff des Rechtsmittels wird in einem weiten Sinne verstanden. Erfasst werden unter anderem der verwaltungsrechtliche Widerspruch (§§ 68 ff. VwGO), die Anfechtungs- und die Verpflichtungsklage (§ 42 I VwGO) und die Dienstaufsichtsbeschwerde.[539]

Die Regelung des § 839 III konkretisiert die in § 254 II 1 verankerte Obliegenheit, den Schaden möglichst gering zu halten.[540] Anders als bei § 254 hat die Versäumung des Rechtsmittels aber nicht nur die anteilsmäßige Kürzung, sondern den *vollständigen Ausschluss des Anspruchs* zur Folge.

4. Konkurrenzen

1366 § 839 regelt die Haftung von Beamten im staatsrechtlichen Sinne für Amtspflichtverletzungen **abschließend.**[541] Die §§ 823 ff. werden also verdrängt.

536 So Staudinger/*Wurm* (2007) § 839 Rn. 199.
537 Vgl. *Fuchs*, Deliktsrecht, S. 191 f; Staudinger/*Wurm* (2007) § 839 Rn. 260.
538 Bamberger/Roth/*Reinert* § 839 Rn. 86.
539 AnwKomm-*vom Stein* § 839 Rn. 242, 245; MüKoBGB/*Papier* § 839 Rn. 331.
540 Vgl. MüKoBGB/*Papier* § 839 Rn. 329; Staudinger/*Wurm* (2007) § 839 Rn. 336.
541 Palandt/*Sprau* § 839 Rn. 3.

III. Die Haftung des Staates bei hoheitlichem Handeln

Bei **hoheitlichem Handeln des Amtsträgers** leitet Art. 34 GG die Haftung nach § 839 auf den Staat über. Zugleich werden die Haftungsvoraussetzungen modifiziert. Anspruchsgrundlage ist damit § 839 iVm Art. 34 GG. 1367

1. Voraussetzungen der Haftung nach § 839 iVm Art. 34 GG

a) Haftungsrechtlicher Beamtenbegriff

Die Haftung des Staates nach § 839 iVm Art. 34 GG setzt voraus, dass *jemand* in Ausübung eines ihm anvertrauten öffentlichen Amtes gehandelt hat. Der Handelnde muss damit kein Beamter im statusrechtlichen Sinne sein.[542] Erfasst werden auch Angestellte, Arbeiter oder Beliehene (zB TÜV).[543] Entscheidend ist allein, dass der Betreffende mit einer hoheitlichen Tätigkeit betraut ist (sog. haftungsrechtlicher Beamtenbegriff).[544] 1368

Die Amtspflichtverletzung muss **in Ausübung** des öffentlichen Amtes begangen worden sein; ein Handeln »bei Gelegenheit« genügt nicht.[545] Erforderlich ist ein *innerer Zusammenhang* zwischen der schädigenden Handlung und der dienstlichen Tätigkeit. Dass der Amtsträger seine dienstlichen Befugnisse überschreitet, stellt den inneren Zusammenhang grundsätzlich nicht in Frage. Eine Ausnahme gilt allerdings, wenn die schädigende Handlung auf rein persönlichen Beweggründen (zB Eifersucht) beruht.[546] 1369

> **Beispiel** (BGHZ 11, 181): Soldat S erschießt während des Dienstes aus persönlichen Gründen (hier: Wut und Rache) mit seiner Dienstwaffe den Vorgesetzten V.

b) Verletzung einer drittbezogenen Amtspflicht

Erforderlich ist weiter die Verletzung einer drittbezogenen Amtspflicht. Für den Begriff der **Amtspflicht** und das Erfordernis des **Drittbezuges** gelten die gleichen Erwägungen wie bei der Eigenhaftung des Beamten. 1370

> **Beispiele:** Die Aufsichtspflicht von Lehrern an öffentlichen Schulen dient primär dem Zweck, die Schüler vor gesundheitlichen Schäden zu bewahren. Daneben sollen aber auch schulfremde Dritte (zB Verkehrsteilnehmer) vor Schädigungen durch die Schüler (zB bei einem Schulausflug) geschützt werden.[547] Die Bankaufsicht durch die Bundesanstalt für Finanzdienstleistungsaufsicht dient auch dem Schutz der Einlagegläubiger des Kreditinstituts.[548] Dagegen nimmt die Aufsichtsbehörde ihre Aufgaben im Versicherungsrecht kraft ausdrücklicher gesetzlicher Anordnung (§ 81 I 3 VAG) nur im öffentlichen Interesse wahr.

Im hoheitlichen Bereich stellt sich allerdings noch die Frage, ob auch bei pflichtwidrigem Verhalten der an der **Gesetzgebung** beteiligten Amtsträger eine Haftung nach § 839 iVm Art. 34 GG in Betracht kommt. Die Rechtsprechung lehnt eine solche Haftung für **»legislatives Unrecht«** mit der Begründung ab, dass der Gesetzgeber in der Regel ausschließlich Aufgaben der Allgemeinheit wahrnehme. Ausnah- 1371

---

542 Jauernig/*Teichmann* § 839 Rn. 6; Staudinger/*Wurm* (2007) § 839 Rn. 37.
543 BGHZ 147, 169; *Schlechtriem*, Schuldrecht BT, Rn. 966; Palandt/*Sprau* § 839 Rn. 17.
544 Vgl. Erman/*Hecker* § 839 Rn. 37; *Fikentscher/Heinemann* Rn. 1649.
545 MüKoBGB/*Papier* § 839 Rn. 188; *Schlechtriem*, Schuldrecht BT, Rn. 968.
546 MüKoBGB/*Papier* § 839 Rn. 190.
547 BGHZ 29, 297 (299).
548 BGHZ 74, 144; MüKoBGB/*Papier* § 839 Rn. 252.

men sollen nur in Sonderfällen (insbesondere bei Maßnahme- oder Einzelfallgesetzen) in Betracht kommen.[549]

Besonderheiten gelten für den Fall, dass eine **EG-Richtlinie nicht rechtzeitig umgesetzt** wird. Hier muss dem Geschädigten nach der Rechtsprechung des EuGH ein Entschädigungsanspruch zugebilligt werden, sofern die Richtlinie konkret bestimmbaren *Einzelinteressen* dient und das Untätigbleiben des Gesetzgebers für den Schaden des Einzelnen kausal ist.[550] Der BGH stützt diesen Anspruch aber nicht auf § 839 iVm Art. 34 GG, sondern greift unmittelbar auf das Gemeinschaftsrecht zurück.[551]

c) Verschulden und Schaden

1372 Die Amtshaftung nach § 839 iVm Art. 34 GG setzt ebenso wie die Eigenhaftung des Beamten Vorsatz oder Fahrlässigkeit voraus. Eine Individualisierung des Schuldvorwurfs auf einen bestimmten Beamten ist hier jedoch nicht erforderlich. Die Haftung greift deshalb auch dann ein, wenn dem Staat ein **Organisationsverschulden** (zB durch Nichteinstellung des für die Erfüllung der Amtspflicht notwendigen Personals) zur Last fällt.[552] Ein Amtshaftungsanspruch kommt daher zB in Betracht, wenn die übergeordneten Behörden die einzelnen Verwaltungsstellen nicht so ausstatten, dass sie ihre Aufgaben ohne unzumutbare Verzögerungen erfüllen können.[553]

Aufgrund der Amtspflichtverletzung muss ein **Schaden** entstanden sein. Auch insoweit bestehen gegenüber der Eigenhaftung keine Besonderheiten.

2. Haftungsausschlüsse

a) Subsidiaritätsklausel

1373 Die **Subsidiaritätsklausel** des § 839 I 2 wird von der Rechtsprechung auch bei der Amtshaftung nach § 839 I iVm Art. 34 GG angewendet.[554] In der Literatur wird dem zu Recht entgegengehalten, dass die Privilegierung ursprünglich allein den einzelnen Beamten in seiner Entschlussfreudigkeit stärken und ihn vor allzu hohen Haftungsrisiken bewahren sollte.[555] Es sei aber nicht erkennbar, warum der Staat insoweit ebenfalls schutzwürdig sei.

1374 Unter dem Eindruck dieser Kritik hat die Rechtsprechung die Subsidiaritätsklausel für zahlreiche Fallgruppen **eingeschränkt**. Keine anderweitige Ersatzmöglichkeit stellen danach Ansprüche des Geschädigten gegen eine andere Körperschaft des öffentlichen Rechts dar.[556] Das Gleiche gilt für Ansprüche aus einer *Sozial- oder Privatversicherung* (zB Kranken- oder Lebensversicherung) sowie *Entgeltfortzahlungsanprüche gegen den Arbeitgeber.*[557] Diese Ansprüche sollen allein dem Geschädigten zugute kommen und dürfen dessen Rechtsstellung nicht verschlech-

549 BGHZ 56, 40 (46); 84, 292 (300); 140, 25 (32); BGH, NJW 2007, 830 (832); krit. MüKoBGB/*Papier* § 839 Rn. 261.
550 EuGH Slg. 1991, I-5357 ff. – Francovich; vgl. auch *Fuchs*, Deliktsrecht, S. 198 f.
551 BGHZ 134, 30 (33); vgl. aber auch BGH, NVwZ 2007, 362.
552 Vgl. MüKoBGB/*Papier* § 839 Rn. 293; Staudinger/*Wurm* (2007) § 839 Rn. 220.
553 Vgl. BGH, NJW 2007, 830 (832) (betr. Amtshaftung wegen verzögerter Grundbucheintragung).
554 Vgl. BGHZ 61, 351 (354); 113, 164 (166); 120, 124 (125 f.).
555 Vgl. MüKoBGB/*Papier* § 839 Rn. 303; *Fuchs*, Deliktsrecht, S. 191 f.
556 BGHZ 50, 271. Bei fiskalischem Handeln kann der Beamte den Geschädigten dagegen auf privatrechtliche Ansprüche gegen seinen Dienstherren verweisen. Zu einem Beispiel → Rn. 1364.
557 Staudinger/*Wurm* (2007) § 839 Rn. 270; vgl. auch *Stangl*, JA 1995, 572 (573).

tern.[558] Nimmt ein Beamter dienstlich am *Straßenverkehr* teil,[559] ohne die Sonderrechte aus § 35 StVO auszuüben, so findet § 839 I 2 keine Anwendung.[560] Bei Teilnahme am allgemeinen Straßenverkehr ist der Beamte nicht anders als jeder Verkehrsteilnehmer zu behandeln.[561] Die Subsidiaritätsklausel greift auch nicht bei Verletzung einer *hoheitlichen Straßenverkehrssicherungspflicht*, weil hier kein Unterschied zur allgemeinen Verkehrssicherungspflicht besteht.[562]

b) Nichteinlegung von Rechtsmitteln

In gleicher Weise wie die Subsidiaritätsklausel ist auch der Haftungsausschluss wegen 1375
Nichteinlegung von Rechtsmitteln (§ 839 III) auf die Amtshaftung nach § 839 III iVm Art. 34 GG anwendbar. Da auch diese Privilegierung ursprünglich allein dem **Schutz des Beamten** diente, ist ihre Übertragung auf Ansprüche gegen den Staat ebenfalls rechtspolitischen Zweifeln ausgesetzt. In neuerer Zeit wird der Zweck der Vorschrift allerdings zunehmend darin gesehen, bei rechtswidrigem staatlichem Handeln den **Vorrang des primären Rechtsschutzes** gegenüber dem sekundären Rechtsschutz durch Schadensersatzansprüche sicherzustellen (kein »Dulden und Liquidieren«).[563]

c) Spruchrichterprivileg

Ein spezielles **Haftungsprivileg** für die richterliche Tätigkeit findet sich in § 839 II. 1376
Verletzt ein Beamter bei dem Urteil in einer Rechtssache seine Amtspflicht, so ist er für den daraus entstehenden Schaden nur verantwortlich, wenn die Pflichtverletzung in einer *Straftat* besteht. Diese Privilegierung dient zum einen dem Schutz der richterlichen Unabhängigkeit,[564] zum anderen soll verhindert werden, dass ein rechtskräftiges Urteil mit Hilfe von Schadensersatzansprüchen aus § 839 in Frage gestellt werden kann.[565]

Das Haftungsprivileg schützt **Richter**, die an staatlichen Gerichten tätig sind. Hierunter fallen nicht nur Berufsrichter, sondern auch ehrenamtliche Richter wie Schöffen, nicht jedoch Schiedsrichter iSd §§ 1025 ff. ZPO.[566] Die Rechtsprechung geht jedoch davon aus, dass Schiedsrichter kraft stillschweigender Parteivereinbarung nicht schärfer als Richter haften sollen.[567]

Des Weiteren muss die Amtspflicht **bei dem Urteil in einer Rechtssache** verletzt worden sein. Der Begriff des Urteils ist in einem weiten Sinne zu verstehen. Erfasst werden alle rechtskraftfähigen Entscheidungen.[568] Aus der Formulierung »bei dem Urteil« folgt, dass die Verletzung nicht notwendig durch das Urteil selbst erfolgen muss. Das Privileg erfasst daher auch alle Maßnahmen, mit denen die Grundlagen für die Sachentscheidung gewonnen werden sollen (zB Entscheidungen im Rahmen der Beweisaufnahme).

558 BGHZ 62, 380 (383 f.); MüKoBGB/*Papier* § 839 Rn. 307.
559 BGHZ 68, 217 ff.
560 MüKoBGB/*Papier* § 839 Rn. 313.
561 *Stangl*, JA 1995, 572 (573 f.).
562 BGHZ 75, 134 (138).
563 Vgl. MüKoBGB/*Papier* § 839 Rn. 330.
564 Vgl. BGHZ 50, 14 (19); Staudinger/*Wurm* (2007) § 839 Rn. 313.
565 Vgl. MüKoBGB/*Papier* § 839 Rn. 323; *Smid*, Jura 1990, 225 (226 ff.).
566 AnwKomm-*vom Stein* § 839 Rn. 224 f.
567 Vgl. BGHZ 42, 313 (316); Hk-BGB/*Staudinger* § 839 Rn. 37.
568 BGHZ 57, 33 (45 f.); 64, 347 (348 ff.); AnwKomm-*vom Stein* § 839 Rn. 227 ff.

Hinweis: Auch das Spruchrichterprivileg des § 839 II sollte ursprünglich den persönlich haftenden Beamten schützen. In Rechtsprechung und Literatur ist jedoch anerkannt, dass das Privileg auch auf die Amtshaftung nach § 839 iVm Art. 34 GG anwendbar ist. Für die Eigenhaftung des Beamten ist § 839 II dagegen heute nicht mehr relevant. Aus der engen Verknüpfung mit dem Erlass eines Urteils folgt nämlich, dass die Vorschrift im fiskalischen Bereich praktisch nicht anwendbar ist.

1377 Als verletzter **Straftatbestand** kommt vor allem die Rechtsbeugung (§ 339 StGB) in Betracht.[569] Das Haftungsprivileg ist nach § 839 II 2 *nicht* anwendbar, wenn die Pflichtverletzung des Richters in der Verweigerung oder Verzögerung der Ausübung des Amtes liegt.

3. Konkurrenzen

1378 Im Anwendungsbereich der Amtshaftung ist eine **persönliche Haftung** des Amtsträgers nach §§ 823 ff. **ausgeschlossen.**[570] Bei Vorsatz oder grober Fahrlässigkeit kommt jedoch ein **Rückgriff** der haftenden Körperschaft gegen den Amtsträger (zB nach § 78 BBG) in Betracht (Art. 34 S. 2 GG).

IV. Die Haftung des gerichtlichen Sachverständigen (§ 839 a)

1. Normzweck

1379 **§ 839 a** ist durch das 2. SchadRÄndG von 2002 ins BGB eingefügt worden, um die Ersatzmöglichkeiten der durch das **falsche Gutachten eines Sachverständigen** geschädigten Prozesspartei zu verbessern.

Vor Inkrafttreten des § 839 a konnten Ansprüche gegen einen gerichtlichen Sachverständigen allein nach den **allgemeinen Vorschriften** geltend gemacht werden.[571] Der Schutz der geschädigten Prozesspartei war hiernach jedoch sehr lückenhaft. Da zwischen dem Sachverständigen und den Parteien kein Schuldverhältnis besteht, scheidet ein Schadensersatzanspruch aus § 280 I aus. § 823 I hilft regelmäßig mangels Rechtsgutsverletzung nicht weiter. Etwas anderes gilt nur, wenn das fehlerhafte Gutachten im Strafverfahren zu einer unberechtigten Freiheitsstrafe führt. Für diese Fälle hat die Rechtsprechung jedoch eine Haftung des gerichtlichen Sachverständigen abgelehnt, sofern ihm nur leichte Fahrlässigkeit zur Last fällt.[572] Schutzgesetze iSd § 823 II sind ebenfalls nur selten verletzt. Allenfalls ist an eine Haftung des beeidigten gerichtlichen Sachverständigen nach § 823 II iVm § 163 StGB wegen fahrlässigen Falscheides zu denken. Schließlich fehlt es meist auch an den Voraussetzungen des § 826. Denn der Sachverständige will im Allgemeinen keinen Prozessbeteiligten schädigen.

Der Gesetzgeber hat diese Rechtslage als unbefriedigend empfunden und deshalb mit § 839 a eine **Anspruchsgrundlage** geschaffen, die auch *reine Vermögensschäden* erfasst und *beeidigte und nicht beeidigte gerichtliche Sachverständige gleich behandelt.*[573] Andererseits wird die **Haftung** auf Vorsatz und grobe Fahrlässigkeit **be-**

569 AnwKomm-*vom Stein* § 839 Rn. 236.
570 Palandt/*Sprau* § 839 Rn. 3.
571 Vgl. Staudinger/*Wurm* (2007) § 839 a Rn. 3; Soergel/*Spickhoff* § 839 a Rn. 3.
572 BGHZ 62, 54 (57 ff.); krit. BVerfGE 49, 304 (316 ff.).
573 Vgl. MüKoBGB/*Wagner* § 839 a Rn. 3.

schränkt.[574] Nach dem Zweck dieser Privilegierung muss ein Rückgriff auf die allgemeinen Vorschriften im Anwendungsbereich des § 839 a ausscheiden.[575]

2. Voraussetzungen

Die Haftung nach § 839 a setzt voraus, dass ein gerichtlicher Sachverständiger schuldhaft ein *unrichtiges Gutachten* erstattet und ein Verfahrensbeteiligter durch eine hierauf beruhende *unrichtige Entscheidung* einen *Schaden* erlitten hat. Es handelt sich also um einen **zweiaktigen Geschehensablauf,**[576] wobei zwischen Gutachten und Entscheidung sowie zwischen Entscheidung und Schaden jeweils **Kausalität** bestehen muss. Schematisch stellt sich der Tatbestand daher wie folgt dar: 1380

Unrichtiges Gutachten → Unrichtige Entscheidung → Schaden

Schema: Struktur des § 839 a

a) Der gerichtliche Sachverständige

Gerichtlicher Sachverständiger ist, wer durch einen **Beweisbeschluss** nach § 404 I 1 ZPO oder eine entsprechende **Beweisanordnung** des Strafgerichts nach §§ 72 ff. StPO hierzu bestellt wird. *Privatgutachter* sind keine gerichtlichen Sachverständigen.[577] Auch Gutachten vor einem *Schiedsgericht* können keine Haftung des Sachverständigen nach § 839 a begründen. Denn der Gutachter wird hier aufgrund einer vertraglichen Vereinbarung tätig.[578] 1381

Wird eine **Behörde** mit der Erstellung eines Gutachtens beauftragt oder der Mitarbeiter einer Behörde dienstlich mit einer solchen Aufgabe betraut, dann ist § 839 a nicht einschlägig. Vielmehr muss auf die *Amtshaftung* nach § 839 iVm Art. 34 GG zurückgegriffen werden.[579]

Nach einer in der Literatur verbreiteten Ansicht ist § 839 a auf Aussagen von **Zeugen** analog anwendbar.[580] Dem ist aber zu widersprechen. Denn es ist nicht einsehbar, dass Zeugen, die grundsätzlich zur Aussage verpflichtet sind und nur eine geringfügige Entschädigung erhalten, der Haftung nach § 839 a ausgesetzt sein sollen.[581]

b) Unrichtiges Gutachten

Der Sachverständige muss ein **unrichtiges Gutachten** erstattet haben. Unrichtigkeit ist gegeben, wenn der Sachverständige *unzureichendes Tatsachenmaterial* für seine Stellungnahme verwendet, zu *objektiv falschen Ergebnissen* gelangt oder *nicht alle vertretbaren Ansätze* der Wissenschaft darlegt.[582] Ob das Gutachten mündlich oder schriftlich erstattet wurde, ist irrelevant.[583] Hält der Sachverständige ein Ergebnis für wahrscheinlich richtig, so muss er den *Grad seines Zweifels* mitteilen.[584] 1382

---

574 Dazu Bamberger/Roth/*Reinert* § 839 a Rn. 4; Soergel/*Spickhoff* § 839 a Rn. 6.
575 Vgl. Begr. BT-Drs. 14/7752, S. 28; BGH, NJW 2006, 1733; Palandt/*Sprau* § 839 a Rn. 1 a.
576 BGH, NJW 2006, 1733; *Wagner/Thode*, VersR 2004, 275 (278).
577 Soergel/*Spickhoff* § 839 a Rn. 8.
578 AnwKomm-*Huber* § 839 a Rn. 22; MüKoBGB/*Wagner* § 839 a Rn. 11.
579 MüKoBGB/*Wagner* § 839 a Rn. 8 f.; Soergel/*Spickhoff* § 839 a Rn. 13.
580 So Staudinger/*Wurm* (2007) § 839 a Rn. 33; *Thole*, Haftung, S. 199 ff.
581 So auch Palandt/*Sprau* § 839 a Rn. 1 a; *Windthorst*, VersR 2005, 1634 ff.
582 Vgl. Soergel/*Spickhoff* § 839 a Rn. 20.
583 Erman/*Hecker* § 839 a Rn. 4; Soergel/*Spickhoff* § 839 a Rn. 21.
584 MüKoBGB/*Wagner* § 839 a Rn. 17.

c) Verschulden

1383 Der Sachverständige haftet für **Vorsatz und grobe Fahrlässigkeit. Grobe Fahrlässigkeit** setzt nach allgemeinen Grundsätzen voraus, dass der Betreffende die von einem durchschnittlichen Sachverständigen zu erwartende Sorgfalt *objektiv* in einem ungewöhnlich hohen Maße verletzt hat.[585] Außerdem muss sein Verhalten auch *subjektiv* schlechthin unentschuldbar sein (vgl. SAT Rn. 525).[586] In der Literatur wird bei § 839 a allerdings teilweise ein rein objektiver Maßstab befürwortet.[587] Eine solche Durchbrechung der allgemeinen Grundsätze erscheint indes nicht erforderlich. Individuelle Defizite schließen die grobe Fahrlässigkeit auch bei Berücksichtigung subjektiver Kriterien keineswegs generell aus, weil den Sachverständigen hier meist ein Übernahmeverschulden trifft. Der Sachverständige muss sich also auch dann grobe Fahrlässigkeit vorwerfen lassen, wenn er die Erstellung eines Gutachtens übernimmt, obwohl er dafür nicht qualifiziert ist.[588]

d) Schaden durch die gerichtliche Entscheidung

1384 Die gerichtliche **Entscheidung** muss *auf dem unrichtigen Gutachten beruhen* und *für den Eintritt des Schadens ursächlich* sein. Hätte das Gericht ohne das unrichtige Gutachten dieselbe Entscheidung getroffen, so fehlt es an der erforderlichen **Kausalität** (→ Rn. 1380).[589]

Als Entscheidung ist **jede gerichtliche Maßnahme** zu verstehen.[590] Endet ein Verfahren mit einem Vergleich, so liegt keine gerichtliche Entscheidung vor.[591] Der Sachverständige haftet daher nicht nach § 839 a, wenn eine Partei auf der Grundlage seines unrichtigen Gutachtens einen nachteiligen Vergleich geschlossen hat.[592] Der **Schaden** muss durch die Entscheidung **adäquat kausal** verursacht worden sein und in den **Schutzbereich** der Pflicht fallen, die der Sachverständige verletzt hat.

In persönlicher Hinsicht beschränkt sich der Schutz auf **Verfahrensbeteiligte**. Die hM legt diesen Begriff aber über den Kreis der nach dem Prozessrecht förmlich Beteiligten hinaus weit aus. So gehört der Ersteigerer eines Grundstücks zwar nicht zu den am Zwangsversteigerungsverfahren formal beteiligten Personen (§ 9 ZVG); er wird aber vom Schutzbereich des § 839 a erfasst, wenn er das Grundstück aufgrund eines fehlerhaften Wertgutachtens zu einem überhöhten Gebot ersteigert hat.[593]

3. Ausschluss der Haftung

1385 Die Haftung ist nach § 839 a II iVm § 839 III **ausgeschlossen**, wenn der Geschädigte es schuldhaft unterlassen hat, den *Schaden durch Gebrauch eines Rechtsmittels abzuwenden*. Der Ausschluss der Haftung setzt voraus, dass der Schaden durch das Einlegen eines Rechtsmittels gegen das unrichtige Gutachten oder gegen die gerichtliche Entscheidung hätte verhindert werden können.[594] Wäre ein Teil des

585 KG, NZV 2007, 462 (463).
586 Vgl. Staudinger/*Wurm* (2007) § 839 a Rn. 12.
587 So AnwKomm-*Huber* § 839 a Rn. 32; MüKoBGB/*Wagner* § 839 a Rn. 18.
588 So iE auch MüKoBGB/*Wagner* § 839 a Rn. 18; *Kilian*, VersR 2003, 683 (687).
589 MüKoBGB/*Wagner* § 839 a Rn. 21.
590 Vgl. BGH, NJW 2006, 1733: Zuschlagbeschluss nach § 90 ZVG.
591 Vgl. *Fuchs*, Deliktsrecht, S. 196 f.
592 *Emmerich*, Schuldrecht BT, § 25 Rn. 12 f.
593 BGH, NJW 2006, 1733 (1734); aA *Wagner/Thole*, VersR 2004, 275 ff.
594 MüKoBGB/*Wagner* § 839 a Rn. 33.

Schadens auch bei Einlegung des Rechtsmittels eingetreten, so bleibt dieser Teil ersatzfähig.[595]

Literatur: *Coester-Waltjen*, Die Anspruchsgrundlagen und Abgrenzungen bei Amtshaftung und Organhaftung, Jura 1995, 368; *Kilian*, Die Haftung des gerichtlichen Sachverständigen nach § 839 a BGB, VersR 2003, 683; *ders.*, Zweifelsfragen der deliktsrechtlichen Sachverständigenhaftung nach § 839 a BGB, ZGS 2004, 220; *Saenger*, Staatshaftung wegen Verletzung europäischen Gemeinschaftsrechts, JuS 1997, 865; *Schenke*, Staatshaftung und Aufopferung – Der Anwendungsbereich des Aufopferungsanspruchs, NJW 1991, 1777; *Schlick*, Die Rechtsprechung des BGH in den öffentlich-rechtlichen Ersatzleistungen – 2. Teil: Amtshaftung, NJW 2008, 127; *Schoch*, Amtshaftung, Jura 1988, 585 und 648; *Schöpflin*, Probleme der Haftung des gerichtlichen Sachverständigen nach § 839 a BGB, ZfS 2004, 241; *Smid*, Zum prozeßrechtlichen Grund des Haftungsausschlusses nach § 839 Abs. 2 S. 1 BGB, Jura 1990, 225; *Stangl*, Die Subsidiaritätsklausel des § 839 I 2 BGB in der Rechtsprechung des Bundesgerichtshofes, JA 1995, 572; *Thole*, Die Haftung des gerichtlichen Sachverständigen nach § 839 a BGB, 2004; *Wagner/Thole*, Die Haftung des Wertgutachters gegenüber dem Ersteigerer, VersR 2004, 275; *Windthorst*, Schadensersatz wegen fahrlässiger Falschaussage? – Zur Haftung von Zeugen für primäre Vermögensschäden nach Erlass des § 839 a BGB, VersR 2005, 1634; *Wurm*, Drittgerichtetheit und Schutzzweck der Amtspflicht als Voraussetzungen für die Amtshaftung, JA 1992, 1. Vgl. auch die Nachweise zu § 56.

4. Abschnitt. Mehrheit von Schädigern und Inhalt der Haftung

§ 68 Verantwortlichkeit mehrerer Schädiger

In der Praxis finden sich häufig Fälle, bei denen mehrere Personen als Schädiger an einer unerlaubten Handlung beteiligt sind. Zu denken ist dabei zunächst an die **gemeinsame Begehung** von *Straftaten* (zB Körperverletzungen, Raubüberfälle). Nicht immer liegt aber ein bewusstes Zusammenwirken zwischen den beteiligten Schädigern vor. Ein besonders eindrucksvolles Beispiel für das **Nebeneinander** mehrerer Schädiger sind *Massenkarambolagen* im Straßenverkehr. Lebhaft diskutiert wird schließlich der Fall, dass Dritte bei einer gewalttätigen *Demonstration* geschädigt werden.[596] Auch hier wird sich ein bewusstes Zusammenwirken der Demonstranten in Bezug auf die konkrete Schädigung häufig nicht feststellen lassen. 1386

In allen diesen Fällen stellt sich zunächst die Frage, ob nur Einzelne oder alle Beteiligten für den konkreten Schaden **verantwortlich** sind. Diese Frage ist in § 830 geregelt. Ergibt sich hiernach die Verantwortlichkeit mehrerer, so muss in einem zweiten Schritt geprüft werden, in welcher Weise die Schädiger im **Außenverhältnis** gegenüber dem Geschädigten haften und nach welchen Grundsätzen ein möglicher Ausgleich im **Innenverhältnis** stattfinden kann. Hier muss dann § 840 herangezogen werden.[597] 1387

I. Mittäter und Beteiligte (§ 830)

Bei einer Mehrheit von Schädigern kann im Nachhinein oft nicht sicher festgestellt werden, wer den konkreten Schaden herbeigeführt hat. Nach allgemeinen Grund- 1388

595 Vgl. Palandt/*Sprau* § 839 Rn. 73.

596 Speziell dazu BGHZ 89, 383 (389 ff.); *Emmerich*, Schuldrecht BT, § 26 Rn. 5; *Kollhosser*, JuS 1969, 510 ff.; *Kornblum*, JuS 1986, 500 ff.

597 Zur Unterscheidung vgl. *Medicus/Lorenz*, Schuldrecht II, Rn. 1423; *Fuchs*, Deliktsrecht, S. 218.

sätzen müsste dieses **Beweisproblem** zu Lasten des Geschädigten gehen. In dieser Situation schafft § 830 Abhilfe. Die Vorschrift enthält *zwei eigenständige Anspruchsgrundlagen*: Dabei geht es zum einen um solche Fälle, in denen die Schädiger sich die Tatbeiträge der Mitschädiger entsprechend den **strafrechtlichen Grundsätzen** von Mittäterschaft und Teilnahme zurechnen lassen müssen (§ 830 I 1, II). Hier besteht genau betrachtet überhaupt kein Beweisproblem, weil nach den Zurechnungsregeln jeder Schädiger für den gesamten Schaden verantwortlich ist.[598] Darüber hinaus verschafft § 830 I 2 dem Geschädigten für bestimmte Fälle eine echte Beweiserleichterung (sog. **zivilrechtlicher Teil** des § 830).[599]

1389 Auch außerhalb der in § 830 geregelten Fälle können mehrere Schädiger gemeinsam für denselben Schaden verantwortlich sein. Eine solche **Nebentäterschaft** liegt vor, wenn mehrere Schädiger unabhängig voneinander eine unerlaubte Handlung vornehmen, die für den Schaden kausal wird.[600]

1. Mittäterschaft und Teilnahme

1390 § 830 I 1 regelt den Fall, dass mehrere durch eine gemeinschaftlich begangene unerlaubte Handlung einen Schaden verursacht haben. Die Vorschrift nimmt auf die **Mittäterschaft im strafrechtlichen Sinne** (§ 25 II StGB) Bezug.[601] Erforderlich ist somit ein *bewusstes und gewolltes Zusammenwirken* zwischen den Tätern, wobei die unerlaubte Handlung allerdings nicht den Tatbestand eines Strafgesetzes zu erfüllen braucht.[602] Da jeder sich die Verursachungsbeiträge der anderen Mittäter aufgrund des gemeinsamen Tatentschlusses zurechnen lassen muss, kann keiner sich damit entlasten, dass sein Beitrag für den konkreten Schaden nicht kausal geworden ist.[603] Jeder ist vielmehr für den *gesamten* Schaden verantwortlich und haftet gemäß § 840 I als Gesamtschuldner iSd §§ 421 ff. (dazu Rn. 1399 ff.).

1391 § 830 II erstreckt die gemeinsame Verantwortlichkeit für den gesamten Schaden auf **Anstifter** (§ 26 StGB) und **Gehilfen** (§ 27 StGB). Ob der Betreffende einen eigenhändigen Beitrag leistet, der für den Schaden kausal wird, ist auch hier unerheblich. Entscheidend ist der Wille, die Tat eines anderen durch Anstiftung oder Beihilfe zu fördern oder zu unterstützen.[604] Da sich die Rechtsfolgen im Zivilrecht nicht unterscheiden, ist eine genaue Abgrenzung zwischen den verschiedenen Beteiligungsformen entbehrlich.

1392 Entsprechend den allgemeinen strafrechtlichen Regeln setzen alle Beteiligungsformen **Vorsatz** voraus. Im Rahmen des § 823 ist aber zu beachten, dass sich der Vorsatz nur auf die Rechtsgutsverletzung (Abs. 1) bzw. die Verletzung des Schutzgesetzes (Abs. 2) und nicht auch auf die daraus resultierenden Schäden beziehen muss. **Exzesstaten** einzelner Beteiligter sind nicht nach § 830 I 1, II zurechenbar.[605] Denkbar ist

598 Vgl. MüKoBGB/*Wagner* § 830 Rn. 5; Soergel/*Krause* § 830 Rn. 7.
599 Vgl. *Medicus/Lorenz*, Schuldrecht II, Rn. 1426 f.; MüKoBGB/*Wagner* § 830 Rn. 2 f.
600 Vgl. Soergel/*Krause* § 830 Rn. 3; *Brox/Walker*, Schuldrecht BT, § 43 Rn. 12.
601 BGHZ 8, 288 (292); 137, 90 (102); *Emmerich*, Schuldrecht BT, § 26 Rn. 2.
602 Vgl. *Medicus/Lorenz*, Schuldrecht II, Rn. 1425.
603 MüKoBGB/*Wagner* § 830 Rn. 4 f.; *Medicus/Lorenz*, Schuldrecht II, Rn. 1425; aA *Larenz/Canaris*, Schuldrecht II/2, § 82 I 1; Staudinger/*Eberl-Borges* (2008) § 830 Rn. 25.
604 BGHZ 63, 124 (126).
605 BGHZ 89, 383 (396); BGH, VersR 1992, 498 (499); Jauernig/*Teichmann* § 830 Rn. 5.

aber, dass die anderen Beteiligten insoweit schon nach allgemeinen Grundsätzen haftbar sind.

Beispiel (nach BGH, VersR 1992, 498): Die A hat mit dem als gewalttätig bekannten B verabredet, die F mit einem Schlafmittel zu betäuben und auszurauben. B nutzt die hilfslose Lage der F ohne Wissen und Wollen der A zu körperlichen Misshandlungen aus. – Mit den Misshandlungen ist B über den gemeinsamen Tatplan hinausgegangen. Die Voraussetzungen des § 830 I 1 liegen insoweit also nicht vor. Die A muss für die Misshandlungen aber schon aufgrund ihres eigenen Tatbeitrags nach § 823 I einstehen. Durch Mitwirkung an der Betäubung der F hat A das Risiko der anschließenden Misshandlungen (mit-) geschaffen. Die Misshandlungen sind ihr daher objektiv zurechenbar. Da B als gewalttätig bekannt war, musste A auch subjektiv mit den Übergriffen auf F rechnen und hat somit fahrlässig gehandelt. A und B haften daher für die Misshandlungen als *Nebentäter* (auch → Rn. 1400).

2. Beteiligung

§ 830 I 2 regelt den Fall, dass mehrere Personen unabhängig voneinander eine Handlung vornehmen, die zur Herbeiführung des Schadens **geeignet** ist. Lässt sich im Nachhinein nicht feststellen, welche Handlung den Schaden tatsächlich verursacht hat, sind alle Beteiligten nach § 830 I 2 für den Schaden verantwortlich und haften gemäß § 840 I als Gesamtschuldner. 1393

Beispiel (nach OLG Celle, NJW 1950, 951): Der 10-jährige G wird von seinen beiden gleichaltrigen Spielkameraden S und T mit Steinen beworfen. Ein Stein trifft G am rechten Auge, wodurch dessen Sehkraft weitgehend verloren geht. Es lässt sich nicht feststellen, ob S oder T den betreffenden Stein geworfen hat. G verlangt von S und T Schadensersatz und Schmerzensgeld. Zu Recht? Mit dem Werfen der Steine haben S und T unabhängig voneinander Handlungen vorgenommen, die zur Herbeiführung des Schadens geeignet waren. Sie müssen daher gemäß § 830 I 2 iVm § 840 I als Gesamtschuldner für den ganzen Schaden einstehen.

Welche genaue Bedeutung der Begriff der **»Beteiligten«** in § 830 I 2 hat, ist umstritten. Fest steht nur, dass der Begriff nicht im strafrechtlichen Sinne verstanden werden kann, weil die verschiedenen strafrechtlichen Beteiligungsformen schon von § 830 I 1, II erfasst werden.[606] Hieraus folgt, dass eine *subjektive Beziehung* zwischen den Beteiligten *nicht erforderlich* ist. 1394

In objektiver Hinsicht wird häufig gefordert, dass die Handlungen der Beteiligten in sachlicher, räumlicher und zeitlicher Hinsicht untereinander und mit der Schädigung einen **einheitlichen Vorgang** bilden.[607] Zur Konkretisierung wird auf die »praktische Anschauung des täglichen Lebens« sowie die »Gleichartigkeit der Gefährdung« verwiesen.[608] Diese Kriterien sind jedoch sehr unscharf. In der neueren Literatur wird deshalb dafür plädiert, allein auf die Eignung der Handlung zur Herbeiführung des konkreten Schadens abzustellen.[609] Hierfür spricht auch das Schutzbedürfnis des Geschädigten. 1395

Die Beteiligung iSd § 830 I 2 darf nicht mit der Nebentäterschaft (→ Rn. 1169) verwechselt werden. Bei der *Nebentäterschaft* steht fest, dass *beide* (alle) Schädiger für den Schaden kausal geworden sind (sog. kumulative Kausalität). Demgegenüber besteht das Problem der *Beteiligung* darin, dass entweder die Handlung des A oder

---

606 Vgl. Hk-BGB/*Staudinger* § 830 Rn. 22.
607 Vgl. BGHZ 33, 286 (292); 55, 86 (93).
608 Vgl. OLG Koblenz, NJW-RR 2005, 1111 (1113).
609 MüKoBGB/*Wagner* § 830 Rn. 52; Hk-BGB/*Staudinger* § 830 Rn. 22.

die Handlung des B den Schaden verursacht hat. § 830 I 2 regelt damit einen Fall der alternativen Kausalität.[610]

1396 § 830 I 2 statuiert lediglich eine **Beweislastumkehr hinsichtlich der Kausalität**. Im Übrigen muss jeder Beteiligte alle Merkmale eines haftungsbegründenden Tatbestands verwirklicht haben.[611] Ist ein Beteiligter für den ganzen Schaden verantwortlich, so greift § 830 I 2 nicht ein.[612] Die Nichtfeststellbarkeit der Kausalität ist also ein echtes Tatbestandsmerkmal.[613]

> **Beispiel** (BGHZ 72, 355): Der A hatte den Mofafahrer M mit seinem Pkw erfasst. M stürzte mit dem Mofa und blieb regungslos auf der Fahrbahn liegen. Der nachfolgende Pkw-Fahrer B bemerkte den M zu spät und schleifte ihn nach Einleitung des Bremsmanövers noch mehrere Meter mit. M erlag zwei Stunden später seinen schweren Verletzungen. Ob die tödlichen Verletzungen des M ganz oder teilweise auf dem ersten oder dem zweiten Unfall beruhen, lässt sich nicht mehr feststellen. – Durch die Verursachung des ersten Unfalls hat A auch die Gefahr geschaffen, dass M von einem nachfolgenden Pkw erfasst und verletzt wird. Dem A sind daher sämtliche Verletzungen des M zurechenbar. B muss daher nur für die Verletzungen einstehen, die nachweislich auf den zweiten Unfall zurückzuführen sind. Da A in vollem Umfang haftet, ist § 830 I 2 nicht zu Lasten des B anwendbar, selbst wenn die Ansprüche gegen A aus tatsächlichen Gründen nicht realisierbar sind.

1397 § 830 I 2 ist nur dann anwendbar, wenn feststeht, dass *ein* Beteiligter den Schaden **in haftungsbegründender Weise** verursacht hat. Die Vorschrift greift daher nicht ein, wenn einer der potentiellen Schädiger sich auf einen *Rechtfertigungsgrund* berufen kann oder nach §§ 827, 828 *nicht* für den Schaden *verantwortlich* ist.[614] Das Gleiche gilt, wenn der Geschädigte den Schaden möglicherweise *selbst verursacht* hat. In all diesen Fällen kann nämlich nicht ausgeschlossen werden, dass dem Geschädigten auch bei Aufklärbarkeit der Kausalität kein Schadensersatzanspruch zustünde.

> **Beispiel:** Im Steinwurf-Fall (→ Rn. 1393) hat G ebenfalls mit Steinen geworfen. Es lässt sich nicht ausschließen, dass ein von G selbst geworfener Stein von einem Baum abgeprallt ist und die Verletzung verursacht hat. Das OLG Celle hat § 830 I 2 entsprechend angewendet und den Schadensersatzanspruch des G nach § 254 um dessen möglichen eigenen Verursachungsanteil gekürzt.[615] Dem hat der BGH zu Recht eine Absage erteilt.[616] § 830 I 2 muss insoweit restriktiv gehandhabt werden, weil die dort vorgesehene Haftung für mögliche Kausalität ein wesentliches Prinzip des deutschen Haftungsrechts – nämlich das Verursachungsprinzip – durchbricht.[617]

1398 Da § 830 I 2 keine subjektiven Voraussetzungen hat, kann die Vorschrift – anders als § 830 I 1, II – auch bei der **Gefährdungshaftung** herangezogen werden.[618] Sie ist darüber hinaus auf **vertragliche Schadensersatzansprüche** wegen Schutzpflichtverletzung (§§ 280 I, 241 II) anwendbar.[619]

610 Vgl. Soergel/*Krause* § 830 Rn. 14.
611 MüKoBGB/*Wagner* § 830 Rn. 37 ff.
612 *Medicus/Lorenz*, Schuldrecht II, Rn. 1427.
613 BGHZ 72, 355 (358).
614 Vgl. MüKoBGB/*Wagner* § 830 Rn. 38.
615 OLG Celle, NJW 1950, 951 (952); ebenso *Larenz/Canaris*, Schuldrecht II/2, § 82 II 3.
616 BGHZ 60, 177 (181 ff.); 67, 14 (20); ebenso *Medicus/Lorenz*, Schuldrecht II, Rn. 1427.
617 Ausführlich dazu *Looschelders*, Mitverantwortlichkeit, S. 324 ff.
618 Hk-BGB/*Staudinger* § 830 Rn. 3; aA *Adam*, VersR 1995, 1291 ff.
619 Vgl. BGH, NJW 2001, 2538 (2539); *Eberl-Borges*, NJW 2002, 949 ff.

II. Gesamtschuldnerschaft (§ 840)

1. Allgemeines

§ 840 regelt die Frage, in welcher Weise mehrere Schädiger haften, die für den aus einer unerlaubten Handlung entstandenen Schaden verantwortlich sind. Für das Außenverhältnis zum Geschädigten schreibt § 840 I eine **gesamtschuldnerische Haftung** nach §§ 421 ff. vor. Der Geschädigte kann damit jeden Schädiger nach seiner Wahl auf Ersatz des gesamten Schadens in Anspruch nehmen, wobei der Ersatz aber nur einmal geleistet werden muss (vgl. SAT Rn. 1194 ff.). Dahinter steht die Erwägung, dass dem Geschädigten eine anteilige Inanspruchnahme jedes einzelnen Schädigers in Anbetracht der damit verbundenen Kosten und Risiken nicht zumutbar ist.[620] 1399

§ 840 enthält **keine selbständige Anspruchsgrundlage**, sondern knüpft an die anderweitig begründete Ersatzpflicht mehrerer Schädiger an.[621] Der Anwendungsbereich der Vorschrift beschränkt sich dabei nicht auf die in **§ 830** geregelten Beteiligungsformen, sondern erfasst auch die Fälle, in denen mehrere Schädiger nach anderen deliktsrechtlichen Vorschriften als **Nebentäter** (→ Rn. 1389) für denselben Schaden verantwortlich sind.[622] 1400

Beispiel: Im Schlafmittel-Fall (→ Rn. 1392) haften A und B für die durch die Misshandlungen entstandenen Schäden gegenüber F nach § 840 I als Gesamtschuldner.

§ 840 gilt nicht nur für die **deliktsrechtliche Verschuldenshaftung**, sondern auch für die **Gefährdungshaftung**. Dass einer der Schädiger *auch* aus Vertrag haftet, steht der Anwendung der Vorschrift nicht entgegen.[623] Sofern ein Schädiger *nur* aus Vertrag haftet, ist § 840 zwar nicht unmittelbar anwendbar. In der Literatur wird aber zu Recht eine entsprechende Anwendung der Vorschrift befürwortet.[624] Andere Autoren wollen die Gesamtschuld in solchen Fällen aus allgemeinen Kriterien (dazu SAT Rn. 1196 ff.) ableiten.[625] Dies führt indes zu keinen abweichenden Ergebnissen. 1401

2. Das Innenverhältnis zwischen den Schädigern

Im Innenverhältnis steht dem in Anspruch genommenen Schädiger ein **Regressanspruch** nach § 426 I, II gegen die anderen Schädiger zu. Nach der Grundregel des § 426 I 1 sind die Schädiger zu gleichen Anteilen verpflichtet. Diese Regel steht jedoch unter dem Vorbehalt, dass nicht etwas anderes bestimmt ist. Im Deliktsrecht folgt eine abweichende Bestimmung aus dem Rechtsgedanken des § 254, wonach jeder Schädiger im Innenverhältnis nach dem *Gewicht seiner Verursachungsbeiträge* und dem *Maß seines Verschuldens* für den Schaden einstehen muss (vgl. SAT Rn. 1206).[626] 1402

Für bestimmte Konstellationen finden sich in §§ 840 II, III, 841 Sonderregelungen, die der Anknüpfung an den Rechtsgedanken des § 254 vorgehen. Die Regelungen des § 840 II, III beruhen dabei auf dem Gedanken, dass der wegen erwiesenen Ver- 1403

620 Vgl. MüKoBGB/*Wagner* § 840 Rn. 1.
621 Vgl. Hk-BGB/*Staudinger* § 840 Rn. 1.
622 Vgl. Soergel/*Krause* § 840 Rn. 1, 3; *Medicus/Lorenz*, Schuldrecht II, Rn. 1426.
623 Vgl. nur Soergel/*Krause* § 840 Rn. 5.
624 So AnwKomm-*Katzenmeier* § 840 Rn. 7; tendenziell auch Palandt/*Sprau* § 840 Rn. 1.
625 So Jauernig/*Teichmann* § 840 Rn. 3.
626 Vgl. MüKoBGB/*Wagner* § 840 Rn. 14 ff.; *Medicus/Lorenz*, Schuldrecht II, Rn. 1429.

schuldens haftbare unmittelbare Schädiger im Verhältnis zu einem wegen vermuteten Verschuldens oder aus Gefährdung ersatzpflichtigen mittelbaren Schädiger den ganzen Schaden tragen soll.[627] So kann der nach § 831 in Anspruch genommene Geschäftsherr bei dem nach §§ 823 ff. verantwortlichen **Verrichtungsgehilfen** gemäß § 840 II in vollem Umfang Regress nehmen. Bei Arbeitsverhältnissen gehen die Grundsätze über den *innerbetrieblichen Schadensausgleich* (→ Rn. 568 ff.) aber vor. Im Innenverhältnis muss danach meistens gerade umgekehrt der Geschäftsherr (Arbeitgeber) allein für den Schaden einstehen.[628]

Im Verhältnis zwischen dem **Aufsichtspflichtigen** (§ 832) und dem Aufsichtsbedürftigen trifft die Verantwortlichkeit im Innenverhältnis grundsätzlich allein den Letzteren. Eine Ausnahme gilt aber für den Fall, dass sich die Haftung des Aufsichtsbedürftigen aus § 829 ergibt (§ 840 II Hs. 2).

1404 Der Grundgedanke des § 840 II, III trifft nicht zu, wenn der mittelbare Schädiger (zB der Geschäftsherr) aufgrund nachgewiesenen eigenen Verschuldens für den Schaden verantwortlich ist. Insoweit ist daher eine teleologische Reduktion geboten.[629] Umgekehrt ist der Rechtsgedanke des § 840 II, III nicht auf andere als die dort ausdrücklich geregelten Fälle übertragbar. Hier kommen vielmehr die flexibleren Regeln des § 254 zum Zuge.[630]

1405 § 841 enthält eine Sonderregelung für die Ausgleichspflicht zwischen einem **Beamten** und einem anderen, den der Beamte zur Geschäftsführung für einen Dritten bestellt oder dessen Geschäftsführung er zu überwachen hatte. Beispiele sind der Vormundschaftsrichter im Verhältnis zum Vormund und der Insolvenzrichter im Verhältnis zum Insolvenzverwalter.[631] Wird der Dritte geschädigt, so ist im Innenverhältnis allein der andere Schädiger (und nicht der Beamte) für den Schaden verantwortlich.

1406 Besondere Probleme können entstehen, wenn einer der Schädiger sich auf eine Haftungsprivilegierung berufen kann, die den anderen Schädigern nicht zugute kommt. Bei solchen **gestörten Gesamtschuldverhältnissen** muss geprüft werden, ob die Haftungsprivilegierung nur im Außenverhältnis wirkt oder auch bei der internen Schadensverteilung zu berücksichtigen ist. Zu den Einzelheiten s. SAT Rn. 1209–1216.

Sehr umstritten ist schließlich, in welcher Weise ein **Mitverschulden** des Geschädigten **im Verhältnis zu mehreren Schädigern** in Ansatz zu bringen ist. Bei der Prüfung dieser Frage ist zwischen den einzelnen Formen der Beteiligung zu unterscheiden. Müssen sich die Schädiger die Tatbeiträge der anderen als **Mittäter** (§ 830 I 1) oder **Teilnehmer** (§ 830 II) zurechnen lassen, so kann man ihren als Einheit verstandenen Beitrag nach allgemeinen Grundsätzen (SAT Rn. 1037) mit dem Beitrag des Geschädigten abwägen. Die Schädiger haften dann für die ihnen zur Last fallende Quote nach § 840 I als Gesamtschuldner.[632]

---

627 Vgl. Bamberger/Roth/*Spindler* § 840 Rn. 18; Soergel/*Krause* § 840 Rn. 13.
628 *Medicus/Lorenz*, Schuldrecht II, Rn. 1429; Staudinger/*Belling* (2008) § 831 Rn. 14.
629 So auch Bamberger/Roth/*Spindler* § 840 Rn. 20 f.; Soergel/*Krause* § 840 Rn. 14, 17.
630 Bamberger/Roth/*Spindler* § 840 Rn. 18.
631 Soergel/*Krause* § 841 Rn. 1.
632 Vgl. BGHZ 30, 195 (206); *Looschelders*, Mitverantwortlichkeit, S. 620.

Bei **Nebentätern** kommt eine wechselseitige Zurechnung der Tatbeiträge nach § 830 I 1, II nicht in Betracht. Die hM befürwortet daher eine komplizierte Kombination von Gesamt- und Einzelabwägungen.[633] Diesem Ansatz ist jedoch entgegenzuhalten, dass Nebentäter nach allgemeinen Zurechnungsregeln ebenfalls für den gesamten Schaden verantwortlich sind (→ Rn. 1389). Es erscheint daher auch hier gerechtfertigt, die Beiträge der Schädiger im Ganzen gegen den Beitrag des Geschädigten abzuwägen und die Nebentäter für den ihnen zur Last fallenden Anteil als Gesamtschuldner haften zu lassen.[634]

Literatur: *Adam*, § 830 Abs. 1 S. 2 BGB und die Gefährdungshaftung, VersR 1995, 1291; *Benicke*, Deliktische Haftung mehrerer nach § 830 BGB, Jura 1996, 127; *Bodewig*, Probleme alternativer Kausalität bei Massenschäden, AcP 185 (1985), 505; *Eberl-Borges*, § 830 BGB und die Gefährdungshaftung, AcP 196 (1996), 491; *dies.*, Vertragliche Haftungstatbestände im Rahmen des § 830 I 2 BGB, NJW 2002, 949; *v. Hein*, Neutrale Beihilfe im Zivilrecht, AcP 204 (2004), 761; *Heinze*, Zur dogmatischen Struktur des § 830 I 2 BGB, VersR 1973, 1081; *Kollhosser*, Haftung für Demonstrationsschäden, JuS 1969, 510; *Kornblum*, Die folgenreiche Großdemonstration – BGH, NJW 1984, 1226, JuS 1986, 600; *Kruse*, Haftung bei alternativer Kausalität nach § 830 BGB, ZGS 2007, 135; *Looschelders*, Die Mitverantwortlichkeit des Geschädigten im Privatrecht (1999); *E. Lorenz*, Die Lehre von den Haftungs- und Zurechnungseinheiten und die Stellung des Geschädigten in Nebentäterfällen, 1979; *G. Müller*, Haftungsrechtliche Probleme des Massenschadens, VersR 1998, 1181; *T. Müller*, Haftung von Erst- und Zweitschädiger bei ungeklärtem Kausalverlauf, NJW 2002, 2841; *ders.*, Beteiligungshaftung bei Konkurrenz mit einer Zufallsursache – BGH, NJW 2001, 2538, JuS 2002, 432; *Sedemund*, Zur Haftung von Nebentätern bei Mitverschulden des Geschädigten, ZGS 2003, 337; *Wurm*, Das gestörte Gesamtschuldverhältnis, JA 1986, 177.

§ 69 Inhalt und Umfang des Schadensersatzanspruchs

Inhalt und Umfang des deliktischen Schadensersatzanspruchs richten sich grundsätzlich nach den allgemeinen Regeln der **§§ 249 ff.** Darüber hinaus finden sich in den §§ 842 ff. einige deliktsrechtliche Sondervorschriften, die *ergänzend* anzuwenden sind. Systematisch gehören die meisten Vorschriften allerdings ins allgemeine Schadensrecht[635] und sind deshalb auch dort schon behandelt worden (vgl. SAT Rn. 872 ff.). Die nachfolgenden Ausführungen können sich daher auf einige besondere Aspekte konzentrieren. **1407**

I. Umfang der Ersatzpflicht bei Personenschäden (§§ 842, 843)

1. Materielle Schäden

Für Personenschäden wird die Pflicht zum Ersatz von **materiellen Schäden** in den §§ 842, 843 konkretisiert. § 842 stellt zunächst klar, dass sich die Ersatzpflicht auch auf die Nachteile für den *Erwerb* und das *Fortkommen* des Verletzten erstreckt. Der Verlust oder die Einschränkung der *Arbeitskraft* ist dagegen für sich genommen nicht ersatzfähig (SAT Rn. 996 f.).[636] **1408**

633 Vgl. BGHZ 30, 203 (207); Soergel/*Krause* § 840 Rn. 19 ff.; *Larenz/Canaris*, Schuldrecht II/2, § 82 III 3.

634 Ausführlich *Looschelders*, Mitverantwortlichkeit, S. 620 ff.; *E. Lorenz*, Haftungs- und Zurechnungseinheiten, S. 26 ff.

635 Vgl. MüKoBGB/*Wagner* §§ 842, 843 Rn. 2 ff.

636 BGHZ 90, 334 (336); MüKoBGB/*Wagner* §§ 842, 843 Rn. 15.

Die Ersatzpflicht nach § 842 bezieht sich zunächst auf den Verlust der *aktuellen* Einkünfte (**Erwerb**). Darüber hinaus müssen aber auch Nachteile für die *künftige* berufliche Entwicklung (**Fortkommen**) kompensiert werden. Der Sache nach folgt dies freilich schon aus § 252 (vgl. SAT Rn. 965 f.).

> **Beispiel** (BGH, NJW 2000, 3287): Die 17-jährige G hat durch den Huftritt eines Pferdes schwere Kopfverletzungen erlitten. Sie verlangt von der Halterin (H) Schadensersatz. Dabei macht G geltend, dass sie ohne die Verletzung ihre Schulausbildung beendet, eine Lehre als Pferdewirtin begonnen und diese erfolgreich abgeschlossen hätte. Der BGH ist dieser Argumentation gefolgt. Dabei hat er darauf hingewiesen, dass nach dem gewöhnlichen Lauf der Dinge von einem durchschnittlichen Erfolg des Geschädigten in Ausbildung und Beruf auszugehen sei.

1409 Kommt es infolge einer **Körper- oder Gesundheitsverletzung** beim Geschädigten zu einer Beeinträchtigung seiner Erwerbsfähigkeit oder zu einer Vermehrung seiner Bedürfnisse, so ist der Schadensersatz gemäß § 843 I grundsätzlich in Form einer **Geldrente** zu leisten. Bei Vorliegen eines wichtigen Grundes kann der Geschädigte stattdessen eine **Kapitalabfindung** verlangen (§ 843 III). § 843 IV stellt klar, dass der Anspruch nicht durch die Unterhaltsverpflichtung eines Dritten ausgeschlossen wird. Eine **Vorteilsausgleichung** (SAT Rn. 929 ff.) findet insoweit also nicht statt.

1410 Eine weitere wichtige Schadensposition sind bei Körper- und Gesundheitsverletzungen die **Behandlungskosten**. Die §§ 842 ff. enthalten insoweit keine eigenständige Regelung. Insoweit muss daher auf die allgemeine Regelung des § 249 II 1 abgestellt werden (SAT Rn. 951). Nach den Regeln der **Vorteilsausgleichung** wird der Anspruch nicht dadurch ausgeschlossen, dass eine gesetzliche oder private Krankenversicherung die Behandlungskosten ersetzt. Der Anspruch geht in diesem Fall vielmehr nach § 116 SGB X bzw. § 86 VVG auf die Krankenversicherung über (SAT Rn. 931).

2. Immaterielle Schäden

1411 Der Anspruch auf Ersatz des **immateriellen Schadens** war früher in § 847 aF geregelt. Der systematische Standort der Vorschrift beruhte darauf, dass der *Schmerzensgeldanspruch* grundsätzlich allein für die **deliktische Verschuldenshaftung** vorgesehen war. Bei der Reform des Schadensrechts durch das 2. SchadRÄndG von 2002 hat der Gesetzgeber die Regelung in das allgemeine Schadensrecht (§ 253 II) verlagert, um dem Geschädigten auch bei der **vertraglichen Haftung** sowie bei der **Gefährdungshaftung** einen Anspruch auf Schmerzensgeld zu verschaffen.

1412 Anders als bei § 847 aF handelt es sich bei § 253 II um **keine eigenständige Anspruchsgrundlage**. Die Vorschrift setzt vielmehr voraus, dass der Geschädigte aufgrund einer anderen Norm Schadensersatz verlangen kann. Praktisch kommt dabei § 823 I nach wie vor große Bedeutung zu. Dies ergibt sich daraus, dass § 253 II im Wesentlichen **die gleichen Persönlichkeitsgüter** (Körper, Gesundheit, Freiheit, sexuelle Selbstbestimmung als Ausprägung des allgemeinen Persönlichkeitsrechts) wie § 823 I schützt. Die einzelnen Voraussetzungen des Schmerzensgelds nach § 253 II sind schon im allgemeinen Schadensrecht (SAT Rn. 969 ff.) dargestellt worden. An dieser Stelle muss hierauf daher nicht weiter eingegangen werden.

1413 Nicht von § 253 II erfasst wird der Ersatz des immateriellen Schadens bei Verletzung des **allgemeinen Persönlichkeitsrechts**. Hier wird die Ersatzpflicht der Schädigers unmittelbar aus Art. 1 iVm Art. 2 I GG abgeleitet.

II. Ansprüche mittelbar Geschädigter (§§ 844–846)

Für das Deliktsrecht gilt der allgemeine Grundsatz, dass Schadensersatzansprüche nur vom unmittelbar Geschädigten geltend gemacht werden können. Bei § 823 I ist daher nur der **Inhaber des verletzten Rechtsguts** anspruchsberechtigt. Dritte haben keinen eigenen Anspruch, auch wenn sie mittelbar einen (Vermögens-) Schaden erlitten haben. 1414

1. Ansprüche Dritter bei Tötung (§ 844)

Im Fall der **Tötung** geht die Anknüpfung an den Inhaber des verletzten Rechtsguts ins Leere, weil dieser keine eigenen Schadensersatzansprüche mehr geltend machen kann.[637] Der Gesetzgeber hat sich zwar nicht dazu durchringen können, den **Angehörigen** für diesen Fall einen allgemeinen Anspruch auf Schadensersatz und Schmerzensgeld zuzubilligen.[638] Nach § 844 sind aber wenigstens zwei Positionen ersatzfähig: nämlich die **Beerdigungskosten** (Abs. 1) und der **Unterhaltsschaden** (Abs. 2). 1415

Die Anwendung des § 844 setzt voraus, dass der Schädiger durch eine **unerlaubte Handlung** nach §§ 823 ff. den Tod eines anderen verursacht hat. Bei den außerhalb des BGB geregelten **Gefährdungshaftungen** finden sich im Allgemeinen entsprechende Regelungen wie in § 844 (vgl. § 7 ProdHaftG, § 10 StVG). Im **vertraglichen Bereich** ist § 844 grundsätzlich nicht anwendbar. Eine Ausnahme besteht aber bei § 618 (→ Rn. 595) und bei § 62 III HGB.[639] 1416

Der Anspruch aus § 844 I steht demjenigen zu, der die **Beerdigungskosten** zu tragen hat. Gemäß § 1968 ist dies in erster Linie der Erbe. Nach hM sind auch die Aufwendungen der Angehörigen für *Trauerkleidung* ersatzfähig. Da die Kleidung auch zu anderen Anlässen getragen werden könne, wird aber teilweise eine Vorteilsanrechnung befürwortet.[640]

Der Ersatzanspruch wegen entgangenen Unterhalts nach § 844 II knüpft an die **gesetzlichen Unterhaltspflichten** des Getöteten (zB gegenüber seinem Ehegatten und seinen Kindern) an. Vertraglich übernommene Unterhaltspflichten und freiwillige Unterhaltsleistungen (etwa im Rahmen einer nichtehelichen Lebensgemeinschaft) genügen nach hM nicht.[641] 1417

§ 844 II ist auch dann anwendbar, wenn der getötete Ehegatte den **Haushalt geführt** hat. Denn mit der Haushaltsführung erfüllt der Ehegatte nach § 1360 S. 2 seine Unterhaltspflicht.[642] Der Schadensersatzanspruch des Hinterbliebenen bemisst sich dabei nach dem Nettolohn einer Ersatzkraft.[643]

Ob der Ersatzberechtigte sich die mit dem möglichen **Anfall einer Erbschaft** verbundenen Vorteile anrechnen lassen muss, ist umstritten. Gegen eine Anrechnung der *Erbschaft als solcher* spricht, dass diese irgendwann ohnehin angefallen wäre. Die hM will daher nur die mit dem *vorzeitigen Anfall* der Erbschaft verbundenen Vorteile 1418

637 Zur Problemstellung vgl. *Medicus*, ZGS 2006, 103.
638 Zum Angehörigenschmerzensgeld MüKoBGB/*Wagner* § 844 Rn. 4.
639 Palandt/*Sprau* § 844 Rn. 2.
640 Vgl. AnwKomm-*Huber* § 844 Rn. 13; aA OLG Karlsruhe, VersR 1993, 381 (382).
641 BGH, VersR 2001, 648 (650); Hk-BGB/*Staudinger* § 844 Rn. 7.
642 Vgl. MüKoBGB/*Wagner* § 844 Rn. 62.
643 BGHZ 86, 372; Palandt/*Sprau* § 844 Rn. 11.

anrechnen.[644] Bei Leistungen aus einer **Lebensversicherung** wird eine Vorteilsanrechnung dagegen abgelehnt, weil diese nach Sinn und Zweck nicht den Schädiger entlasten sollen.[645] Dass der Schädiger den Angehörigen des Getöteten den vorzeitigen Anfall der Erbschaft entgegenhalten kann, erscheint indes gleichfalls unbillig. Eine Vorteilsanrechnung ist daher auch hier abzulehnen.[646]

2. Schadensersatz wegen entgangener Dienste (§ 845)

1419 § 845 erweitert den Schutz der Angehörigen auf einen weiteren Sonderfall. War der Verletzte kraft Gesetzes einem Dritten zur **Leistung von Diensten** in dessen Hauswesen oder Gewerbe verpflichtet, so steht dem Dritten ein Ersatzanspruch wegen der Dienste zu, welche ihm aufgrund der Tötung, Verletzung oder Freiheitsentziehung entgangen sind. Der Gesetzgeber trägt damit dem Umstand Rechnung, dass der durch die unerlaubte Handlung verursachte wirtschaftliche Nachteil in solchen Fällen nicht bei dem Verletzten selbst, sondern bei dem Dienstberechtigten eintritt.[647]

1420 Nach der Konzeption des historischen Gesetzgebers betraf § 845 vor allem die Verletzung oder Tötung der **Ehefrau**, die nach damaligem Recht zur Haushaltsführung und zur Mitarbeit im Gewerbe des Ehemannes verpflichtet war. Diese Sichtweise ist jedoch mit dem Grundsatz der Gleichberechtigung (Art. 3 II GG) unvereinbar.[648] Durch die Haushaltsführung oder die Mitarbeit im Betrieb des Ehepartners erfüllt jeder Ehegatte seine **gesetzliche Unterhaltspflicht**. Im Fall der Tötung ist daher § 844 II anwendbar (→ Rn. 1417). Bei Körperverletzung oder Freiheitsentziehung entsteht dem betroffenen Ehegatten ein eigener Schaden (§ 842), weil er an der Erfüllung seiner Unterhaltspflicht gehindert ist (vgl. SAT Rn. 938). Der Anspruch ist auch dann zu bejahen, wenn die Familie keine Ersatzkraft einstellt, sondern den Ausfall intern kompensiert. Denn die damit verbundenen Einschränkungen sollen den Schädiger nicht entlasten.

1421 Für § 845 bleibt damit nur Raum, wenn der unmittelbar Verletzte ein im elterlichen Haushalt lebendes **Kind** ist, das nach § 1619 zu unentgeltlichen Dienstleistungen im Haushalt oder Geschäft der Eltern verpflichtet ist. Auch dieser Anspruch besteht aber nur, wenn dem Kind wegen der Beeinträchtigung seines Erwerbs (§ 842) kein eigener Schadensersatzanspruch zusteht.[649] Hatte das Kind seine volle Arbeitskraft für eine anderweitige entgeltliche Erwerbstätigkeit eingesetzt, so scheidet ein Anspruch der Eltern aus § 845 aus, selbst wenn das Kind noch im elterlichen Haushalt wohnte und in seiner arbeitsfreien Zeit auf dem elterlichen Hof mitarbeitete.[650]

3. Mitverschulden des Verletzten

1422 Steht einem Dritten nach §§ 844, 845 ein eigener Schadensersatzanspruch zu, so muss er sich das **Mitverschulden des Verletzten** am Eintritt des schädigenden Ereignisses nach § 846 iVm § 254 anrechnen lassen. Dahinter steht die Erwägung, dass dem

644 Vgl. BGHZ 8, 325 (328 ff.); 62, 126 (127); MüKoBGB/*Wagner* § 844 Rn. 79.
645 Vgl. BGHZ 115, 228 (233).
646 So überzeugend *Medicus*, ZGS 2006, 103 (105 ff.).
647 BGHZ 137, 1 (3).
648 Vgl. BGHZ 38, 55 (56 ff.); 51, 109 (110 ff.).
649 BGHZ 69, 380 (383 ff.).
650 BGHZ 137, 1 (3 ff.).

Dritten gegen den Schädiger keine weitergehenden Ansprüche als dem Verletzten selbst zustehen sollen.[651]

III. Ersatzansprüche bei Sachschäden (§§ 848–851)

Für den Ersatz von Sachschäden enthalten die §§ 848–851 einige Sondervorschriften, deren praktische Bedeutung aber gering ist. Dies lässt sich am Beispiel der **Zufallshaftung** nachweisen: Hat der Schädiger einem anderen durch eine unerlaubte Handlung eine Sache entzogen, so muss er nach **§ 848** auch für den zufälligen Untergang oder die zufällige Verschlechterung der Sache einstehen. Der Gesetzgeber hat damit eine Angleichung an die Verzugshaftung nach § 287 S. 2 (dazu SAT Rn. 596) bezweckt. Bei deliktischer Sachentziehung ist der Untergang oder die Verschlechterung der Sache dem Schädiger indes meist schon nach allgemeinen Regeln zurechenbar. Da es sich um ein Problem der *haftungsausfüllenden* Kausalität handelt, ist insoweit auch kein Verschulden erforderlich (→ Rn. 1228). Eigenständige Bedeutung könnte § 848 daher nur dann gewinnen, wenn die objektive Zurechnung des Untergangs oder der Verschlechterung ausnahmsweise ausgeschlossen ist, weil kein spezifischer Zusammenhang mit der Sachentziehung besteht.[652] In diesem Fall wird der Schädiger sich aber im Allgemeinen auch nach § 848 Hs. 2 entlasten können.[653] **1423**

Nach **§ 849** hat der Schädiger die wegen der Entziehung oder Beschädigung einer Sache geschuldete **Ersatzsumme** zu **verzinsen**. Das Gesetz bezweckt auch hier eine Angleichung mit dem Verzug (§ 290). Der Schädiger hat daher nicht nur den gesetzlichen Zinssatz von 4 % (§ 246), sondern den höheren Verzugszins nach § 288 I 2 zu entrichten.[654] **1424**

IV. Verjährung

Seit der Schuldrechtsreform von 2001/2002 richtet sich die Verjährung deliktsrechtlicher Ansprüche nach allgemeinen Regeln. Die Verjährung beträgt somit gemäß § 195 **drei Jahre** und beginnt mit dem Schluss des Jahres, in dem der Anspruch entsteht und der Gläubiger von den anspruchsbegründenden Umständen und der Person des Schädigers **Kenntnis** erlangt oder ohne grobe Fahrlässigkeit erlangen müsste (§ 199 I). Die **objektive Obergrenze** beträgt grundsätzlich 10 Jahre ab Entstehung des Anspruchs (§ 199 III Nr. 1) bzw. ohne Rücksicht auf die Entstehung 30 Jahre ab Eintritt des schädigenden Ereignisses (§ 199 III Nr. 2). Bei Verletzung der Persönlichkeitsgüter Leben, Körper, Gesundheit und Freiheit verlängert sich die objektive Obergrenze ohne Rücksicht auf die Entstehung des Anspruchs auf 30 Jahre ab Eintritt des schädigenden Ereignisses (§ 199 II). **1425**

Auch nach Verjährung des Schadensersatzanspruchs kann der Geschädigte **Herausgabe** dessen verlangen, was der Schädiger durch die unerlaubte Handlung erlangt hat (§ 852). Beispiele sind die entwendete Sache oder ein durch deren Veräußerung erzielter Erlös. Für den Umfang der Herausgabepflicht verweist § 852 S. 1 auf die Vorschriften über die ungerechtfertigte Bereicherung. Es handelt sich um eine *Rechts-* **1426**

651 MüKoBGB/*Wagner* § 846 Rn. 1; Hk-BGB/*Staudinger* § 846 Rn. 1.
652 Vgl. AnwKomm-*Katzenmeier* § 848 Rn. 1; *Larenz/Canaris*, Schuldrecht II/2, § 83 IV.
653 So zutreffend MüKoBGB/*Wagner* § 848 Rn. 2; *Meincke*, JZ 1980, 677 f.
654 MüKoBGB/*Wagner* § 849 Rn. 6; aA AnwKomm-*Katzenmeier* § 849 Rn. 1.

folgenverweisung auf die §§ 818 ff.[655] Der Herausgabeanspruch verjährt nach § 852 S. 2 in 10 Jahren ab Entstehung bzw. in 30 Jahren ab Eintritt des schädigenden Ereignisses.

1427 Die Verjährung des Ersatzanspruchs hindert den Geschädigten auch nicht daran, dem Schädiger ein Leistungsverweigerungsrecht (sog. **Arglisteinrede**) entgegenzuhalten, wenn dieser gegen ihn eine Forderung geltend macht, die er durch eine unerlaubte Handlung (zB Betrug) erlangt hat (§ 853).

Literatur: *Medicus*, Der Tod als Schaden, ZGS 2006, 103; *Meincke*, Kann § 848 BGB gestrichen werden?, JZ 1980, 677; *Scheffen*, Erwerbsausfallschaden bei verletzten und getöteten Personen (§§ 842–844 BGB), VersR 1990, 926; *Schubel*, Ansprüche Unterhaltsberechtigter bei Tötung des Verpflichteten zwischen Delikts-, Familien- und Erbrecht, AcP 198 (1998), 1.

§ 70 Unterlassungs- und Beseitigungsansprüche

I. Allgemeines

1428 Wird das **Eigentum** in anderer Weise als durch Entziehung oder Vorenthaltung des Besitzes beeinträchtigt, so kann der Eigentümer nach § 1004 von dem Störer die Beseitigung der Beeinträchtigung verlangen. Sind weitere Beeinträchtigungen zu besorgen, so kann er auch auf Unterlassung klagen. Entsprechende Beseitigungs- und Unterlassungsansprüche sieht das Gesetz für das **Namensrecht** (§ 12) und den **Besitz** (§ 862) vor. In Rechtsprechung und Literatur hat sich schon früh die Auffassung durchgesetzt, dass der Betroffene im Interesse eines *effektiven Rechtsschutzes* auch bei den anderen durch **§ 823 I** geschützten Rechten und Rechtsgütern die Möglichkeit haben muss, drohenden Verletzungen durch Unterlassungsklagen entgegenzuwirken und die Beseitigung eingetretener Beeinträchtigungen zu verlangen.[656] Das Gleiche muss bei Verletzung eines Schutzgesetzes nach **§ 823 II** sowie in den Fällen des **§ 824** gelten.[657] Grundlage für solche **quasi-negatorischen Ansprüche** ist eine Gesamtanalogie zu §§ 12, 862, 1004.[658]

Zur Terminologie: Der Anspruch aus § 1004 wird oft als negatorischer Anspruch bezeichnet. Hiervon werden die quasi-negatorischen Ansprüche unterschieden, die auf eine Analogie zu § 1004 (iVm §§ 12, 862) zurückgehen. Da auf die objektive Verletzung eines Deliktstatbestandes (bzw. die Gefahr einer solchen) abgestellt wird, kann auch von deliktischen Abwehransprüchen gesprochen werden.[659]

1429 Die quasi-neagatorischen Ansprüche unterscheiden sich von dem Schadensersatzanspruch aus §§ 823 ff. vor allem dadurch, dass sie **kein Verschulden** voraussetzen. Es genügt, dass die rechtswidrige Verwirklichung eines objektiven Deliktstatbestandes droht bzw. eingetreten ist.[660] Der Schutz gegenüber deliktischen Schädigungen wird damit deutlich verstärkt.

---

655 Vgl. BGHZ 71, 86; Palandt/*Sprau* § 852 Rn. 2.
656 Grundlegend RGZ 60, 6 (7); vgl. auch MüKoBGB/*Baldus* § 1004 Rn. 9.
657 Vgl. BGH, NJW 1993, 1580; *Medicus/Petersen*, Bürgerliches Recht, Rn. 628.
658 Vgl. MüKoBGB/*Wagner* Vor § 823 Rn. 35; *Fuchs*, Deliktsrecht, S. 119 f.
659 Zur Terminologie vgl. MüKoBGB/*Baldus* § 1004 Rn. 13.
660 Zum Erfordernis der Rechtswidrigkeit MüKoBGB/*Wagner* Vor § 823 Rn. 36.

II. Der Unterlassungsanspruch

Der Unterlassungsanspruch beruht auf dem Gedanken, dass es das primäre Ziel des Deliktsrechts sein muss, den Eintritt schädigender Ereignisse von vornherein zu verhindern.[661] Der Anspruch setzt nach § 1004 I 2 (analog) voraus, dass *weitere Beeinträchtigungen* zu besorgen sind. Diese Formulierung bezieht sich zunächst nur auf den Fall, dass eine Beeinträchtigung bereits eingetreten ist und **Wiederholungsgefahr** besteht.[662] **1430**

Beispiel: S hat im Hinblick auf G unwahre ehrenrührige Tatsachen behauptet. Von G angesprochen, äußert S, dass er an seinen Behauptungen festhalten will. Es ist daher zu befürchten, dass S in Zukunft entsprechende Äußerungen machen wird.

Aus § 1004 I 2 folgt jedoch nicht, dass der Rechtsgutsinhaber die erste Verletzung abwarten muss. In Rechtsprechung und Literatur ist vielmehr anerkannt, dass der Unterlassungsanspruch auch bei Vorliegen einer sog. **Erstbegehungsgefahr** geltend gemacht werden kann. Man spricht auch von vorbeugender Unterlassungsklage.[663] Während die Wiederholungsgefahr durch die erste Beeinträchtigung indiziert wird, muss die Annahme der Erstbegehungsgefahr aber auf konkrete Tatsachen gestützt werden.[664] **1431**

Zur Vertiefung: Die prozessuale Formulierung des § 1004 I 2 (»klagen«) darf nicht darüber hinwegtäuschen, dass es sich um einen *materiell-rechtlichen Unterlassungsanspruch* handelt. Erstbegehungs- und Wiederholungsgefahr sind damit nicht nur Prozessvoraussetzungen, sondern auch materielle Anspruchsvoraussetzungen.[665]

III. Der Beseitigungsanspruch

1. Voraussetzungen

Ist eine Beeinträchtigung bereits eingetreten, so kann der Inhaber der betroffenen Rechtsposition außerdem nach § 1004 I 1 (analog) Beseitigung verlangen. Anspruchsgegner ist der Störer. Die hM unterscheidet zwischen Handlungs- und Zustandsstörern. **Handlungsstörer** ist, wer die Beeinträchtigung durch eigenes Verhalten – positives Tun oder pflichtwidriges Unterlassen – in objektiv zurechenbarer Weise herbeigeführt hat. Der **Zustandsstörer** hat demgegenüber zwar nicht selbst gehandelt; die Beseitigung der Beeinträchtigung hängt aber von seinem maßgebenden Willen ab.[666] **1432**

Beispiel: Hat jemand auf dem Grundstück eines anderen Schutt abgeladen, so ist er *Handlungsstörer*. Der Eigentümer eines Grundstücks ist als *Zustandsstörer* auch dann für die von seinem Grundstück ausgehenden Beeinträchtigungen (zB auf das Nachbargrundstück herüberwuchernde Baumwurzeln) verantwortlich, wenn er den störenden Zustand weder geschaffen noch gekannt hat.

Ein Beseitigungsanspruch kommt nur in Betracht, wenn die Beeinträchtigung **fortdauert.**[667] Der durch die Störung geschaffene **Zustand** muss schließlich **rechtswidrig** **1433**

661 *Larenz/Canaris*, Schuldrecht II/2, § 87 I 1; *Emmerich*, Schuldrecht BT, § 26 Rn. 27.
662 Vgl. BGHZ 78, 9 (17 ff.); *Brox/Walker*, Schuldrecht BT, § 45 Rn. 8.
663 Vgl. *Medicus/Petersen*, Bürgerliches Recht, Rn. 628; *Fuchs*, Deliktsrecht, S. 120.
664 Vgl. MüKoBGB/*Baldus* § 1004 Rn. 134 f.
665 BGH, NJW 2005, 594 (595); MüKoBGB/*Baldus* § 1004 Rn. 136.
666 BGH, NJW-RR 2001, 232; *Larenz/Canaris*, Schuldrecht II/2, § 86 III.
667 *Brox/Walker*, Schuldrecht BT, § 45 Rn. 19; *Vieweg/Werner*, Sachenrecht, § 9 Rn. 17.

sein.[668] Ein *rechtswidriges Verhalten* ist dagegen weder bei der Zustands- noch bei der Handlungshaftung erforderlich.[669]

> **Beispiel:** Bei fortwirkender Beeinträchtigung des allgemeinen Persönlichkeitsrechts durch objektiv unwahre Tatsachenbehauptungen kann der Betroffene auch dann Beseitigung verlangen, wenn die Behauptung durch Wahrnehmung berechtigter Interessen (§ 193 StGB) gerechtfertigt war. Die Beseitigung erfolgt bei unwahren Tatsachenbehauptungen durch Widerruf (→ Rn. 1246). Da die Behauptung zunächst gerechtfertigt war, kommt hier ein *eingeschränkter Widerruf* in Betracht. Dieser besteht in der Erklärung, an der Behauptung nicht festhalten zu können.[670]

Die **Rechtswidrigkeit des Zustands** ist **ausgeschlossen**, wenn den Gestörten eine Pflicht zur Duldung der Beeinträchtigung trifft (§ 1004 II). Diese kann sich aus vertraglicher Vereinbarung oder Gesetz (zB §§ 906, 912, 917) ergeben. Dem Duldungspflichtigen steht hier meistens ein Entschädigungsanspruch wegen **Aufopferung** zu (vgl. §§ 906 II 2, 912 II, 917 II).

2. Abgrenzung zum Schadensersatz

1434 Auf der Rechtsfolgenseite des § 1004 I 1 stellt sich das Problem der **Abgrenzung zum Anspruch auf Schadensersatz**, der ja im Rahmen der Naturalrestitution (§ 249 I) die Beseitigung mit umfasst. Die Abgrenzung erlangt dadurch Bedeutung, dass der Beseitigungsanspruch aus § 1004 I 1 (analog) kein Verschulden voraussetzt. Das für Schadensersatzansprüche geltende Verschuldenserfordernis darf daher nicht durch ein allzu weites Verständnis des Beseitigungsanspruchs ausgehöhlt werden.[671]

1435 Die hL plädiert zu Recht dafür, den Anspruch aus § 1004 I 1 (analog) auf die **Rückgängigmachung der störenden Handlung** – durch Vornahme des *contrarius actus* – bzw. die Beseitigung der primären Störungsquelle zu beschränken.[672] Für weitere Folgen der Störung muss dann auf den Schadensersatzanspruch aus §§ 823 ff. zurückgegriffen werden.

> **Beispiel** (BGH, NJW 2003, 1732): Auf dem Grundstück des E stehen mehrere altersschwache Pappeln, die der Voreigentümer des Grundstücks gepflanzt hat. Während eines Sturms stürzt eine der Pappeln auf das Grundstück des Nachbarn N und beschädigt dabei dessen Gartenhaus. – Der Beseitigungsanspruch des N aus § 1004 I 1 umfasst nur die Entfernung der umgestürzten Pappel. Ersatz für das beschädigte Gartenhaus muss E nur unter den Voraussetzungen des § 823 I leisten. Der E müsste dann schuldhaft seine Verkehrssicherungspflicht hinsichtlich der Pappel verletzt haben. Dies hat der BGH im Hinblick auf das Alter der Pappeln bejaht.

1436 Die Abgrenzung von Schadensersatz und Beseitigung bereitet Probleme, wenn die Beseitigung der Störungsquelle zwangläufig zu weiteren Beeinträchtigungen führt. Die hM erstreckt den Beseitigungsanspruch aus § 1004 I 1 in solchen Fällen auch auf die **Begleitschäden.**[673]

> **Beispiel** (BGHZ 135, 235): Der N hat neben dem Grundstück des E Tennisplätze errichtet. Auf dem Grundstück des E stehen mehrere Pappeln. Deren Wurzeln wachsen mit der Zeit in das Grundstück des N hinein und führen auf zwei Spielfeldern zu Verwölbungen des Bodenbelags. – Nach Ansicht des BGH umfasst der Beseitigungsanspruch des N aus § 1004 I 1 nicht nur die Entfernung der Baumwurzeln, sondern auch die Wiederherstellung der Tennisplätze, die zu diesem

---

668 Palandt/*Bassenge* § 1004 Rn. 12; *Vieweg/Werner*, Sachenrecht, § 9 Rn. 28 ff.
669 BGH, NJW-RR 2003, 953 (955); *Larenz/Canaris*, Schuldrecht II/2, § 86 IV 1 b.
670 Vgl. *Larenz/Canaris*, Schuldrecht II/2, § 88 I 2 a.
671 Zur Problemstellung vgl. BGH, NJW 1996, 845 (846); *Waas*, VersR 2002, 1205.
672 MüKoBGB/*Baldus* § 1004 Rn. 106; *F. Baur*, AcP 160 (1961), 465 (487 ff.).
673 Vgl. BGHZ 135, 235 (238); *Larenz/Canaris*, Schuldrecht II/2, § 86 VI 1 c.

Zweck aufgegraben werden müssen. Das Gericht hat dem N aber ein Mitverschulden (§ 254 analog) angelastet, weil die Beeinträchtigung für ihn vorhersehbar gewesen sei.

Beseitigt der Betroffene die Störung selbst, so kann er vom Störer **Erstattung der Kosten** aus *Geschäftsführung ohne Auftrag* (§§ 677, 683, 670) verlangen.[674] Voraussetzung ist allerdings, dass die Selbstbeseitigung nicht dem Willen des Störers widerspricht (vgl. § 683 S. 1).[675] Ansonsten kommt nur ein Anspruch aus § 812 I 1 Alt. 2 (Rückgriffskondiktion) in Betracht.[676] 1437

Literatur: *Armbrüster*, Eigentumsschutz durch den Beseitigungsanspruch nach § 1004 I 1 BGB und durch Deliktsrecht, NJW 2003, 3087; *F. Baur*, Der Beseitigungsanspruch nach § 1004 BGB, AcP 160 (1961), 465; *Buchholz/Radke*, Negatorische Haftung und Billigkeit, Jura 1997, 454; *Herrmann*, Die Haftungsvoraussetzungen nach § 1004 BGB – Neuere Entwicklungen und Lösungsvorschlag, JuS 1994, 273; *Lohse*, § 1004 BGB als Rechtsgrundlage für Zahlungsansprüche, AcP 201 (2001), 902; *Neuner*, Das nachbarrechtliche Haftungssystem, JuS 2005, 385 und 487; *Waas*, Zur Abgrenzung des Beseitigungsanspruchs gem. § 1004 Abs. 1 S. 1 BGB von dem Anspruch auf Schadensersatz wegen unerlaubter Handlung, VersR 2002, 1205. Vgl. auch die Nachweise zu § 56.

5. Abschnitt. Gefährdungshaftung

§ 71 Grundlagen

I. Grundgedanken der Gefährdungshaftung

Das BGB geht grundsätzlich vom Verschuldensprinzip aus. Einzige Ausnahme ist die Haftung des Luxustierhalters nach § 833 S. 1 (→ Rn. 1344). In zahlreichen Gesetzen **außerhalb des BGB** wird demgegenüber eine verschuldensunabhängige Gefährdungshaftung statuiert. Bekanntestes Beispiel ist die Haftung des Kraftfahrzeughalters nach § 7 StVG. 1438

Zur Vertiefung: Der Begriff der Gefährdungshaftung geht auf *Max Rümelin* zurück.[677] Die erste gesetzliche Ausprägung findet sich in § 25 des Preußischen Eisenbahngesetzes von 1838.[678] Ein wichtiger Meilenstein war dann die Einführung der Gefährdungshaftung für Kraftfahrzeuge (§ 7 StVG) im Jahre 1908. Aufgrund des wachsenden technischen Fortschritts hat der Gesetzgeber inzwischen aber auch in zahlreichen anderen Bereichen eine Gefährdungshaftung statuiert (→ Rn. 1479).

Die Gefährdungshaftung ist für den Verpflichteten besonders streng, weil **kein Verschulden** vorausgesetzt wird. Zur Legitimation können mehrere Gesichtspunkte angeführt werden: Im Vordergrund steht der Gedanke der **Gefahrveranlassung** und **Gefahrbeherrschung.**[679] Es entspricht den Geboten der **ausgleichenden Gerechtigkeit**, dass derjenige, der eine Gefahrenquelle schafft oder beherrscht und daraus einen wirtschaftlichen Nutzen zieht, für die damit verbundenen Schäden aufzukommen 1439

674 Vgl. BGHZ 110, 313 (314 ff.).
675 Vgl. MüKoBGB/*Baldus* § 1004 Rn. 127.
676 Vgl. BGHZ 97, 231 (234); 106, 142 (143); *Larenz/Canaris*, Schuldrecht II/2, § 69 III 2 d; krit. MüKoBGB/*Baldus* § 1004 Rn. 127.
677 *Rümelin*, Gründe der Schadenszurechnung, S. 45.
678 *Brüggemeier*, Prinzipien, S. 81 spricht vom »Prototyp« eines modernen Gefährdungshaftungstatbestandes. Die Regelung wurde in § 1 HPflG übernommen.
679 Vgl. *Larenz/Canaris*, Schuldrecht II/2, § 84 I 2 a.

hat.[680] Einige sehen die Gefährdungshaftung auch als **Preis für das erlaubte Risiko** an.[681]

1440 Letztlich steht hinter der Statuierung einer Gefährdungshaftung eine **Abwägung**: auf der einen Seite sollen gewisse gefährliche Tätigkeiten aufgrund des damit verbundenen *gesamtgesellschaftlichen* Nutzens als rechtmäßig angesehen werden. Auf der anderen Seite darf das Risiko aber nicht auf den *Einzelnen*, zufällig betroffenen Geschädigten abgewälzt werden.

Als weiteres Kriterien für die Rechtfertigung einer Gefährdungshaftung lässt sich die *Versicherbarkeit des Risikos* anführen: danach ist die Schadenstragung demjenigen zuzumuten, der sich einfacher versichern kann.[682]

1441 Auf die **Rechtswidrigkeit** des schädigenden Verhaltens kommt es bei der Gefährdungshaftung nicht an.[683] Grundlage der Haftung ist nämlich gerade ein nicht verbotenes Verhalten (zB das Halten eines Tieres oder eines Kfz). Dass das Verhalten aufgrund seiner Gefährlichkeit zu einer Rechtsgutsverletzung führen kann, ändert nichts an der Rechtmäßigkeit. Anknüpfungspunkt ist nämlich eine *abstrakte* Gefahr, die aus übergeordneten Gründen von der Gesellschaft akzeptiert wird. Die Rechtmäßigkeit des Verhaltens ändert freilich nichts daran, dass der Betroffene die daraus *konkret* drohenden Rechtsgutsverletzungen abwehren darf. Ist der Betroffene ausnahmsweise verpflichtet, die Rechtsgutsverletzung zu dulden, so muss auch ein Schadensersatzanspruch aus Gefährdungshaftung ausscheiden.

Beispiele: Der A kann seinem Nachbarn N nicht verbieten, einen Schäferhund zu halten (abstrakte Gefahr). Wird G von dem Hund angefallen (konkrete Gefahr), so darf er den Angriff aber nach § 228 abwehren, auch wenn das Tier dadurch verletzt oder getötet wird. – Die Bienen des S haben die Blumenbestände in der Gärtnerei des G angeflogen und die Blüten befruchtet. Dies führt zu einem vorzeitigen Verblühen, so dass die Pflanzen nicht mehr vermarktet werden können. Musste G die Einwirkung durch die Bienen nach § 906 II 1 dulden, so steht ihm wegen der Eigentumsverletzung an den Blumen kein Schadensersatzanspruch aus § 833 S. 1 zu.[684] Zu prüfen bleibt aber ein Entschädigungsanspruch wegen *Aufopferung* aus § 906 II 2.

Der Verpflichtete haftet bei der Gefährdungshaftung allein wegen der Verwirklichung der betreffenden Gefahr. Sollte darüber hinaus ein **rechtswidriges Verhalten** gegeben sein, so bedeutet dies für die Falllösung, dass daneben noch die Verschuldenshaftung nach § 823 ff. zu prüfen ist.

II. Struktur der gesetzlichen Regelung

1442 Kennzeichnend für die Gefährdungshaftung ist das sog. **Enumerationsprinzip.**[685] Danach bedarf die Statuierung einer Gefährdungshaftung der Anordnung durch den Gesetzgeber. Aufgrund dieses Prinzips fehlt es in Deutschland an einem geschlosse-

680 Vgl. *Brox/Walker*, Schuldrecht BT, § 46 Rn. 1; zum Unterschied zwischen ausgleichender und austeilender Gerechtigkeit *Looschelders*, Mitverantwortlichkeit, S. 122.

681 BGHZ 105, 65 (66); 107, 359 (367); *Medicus*, Jura 1996, 561 (564); *Schlechtriem*, Schuldrecht BT, Rn. 937; krit. *Larenz/Canaris*, Schuldrecht II/2, § 84 I 2 a.

682 Dazu *Larenz/Canaris*, Schuldrecht II/2, § 84 I 2 a; *Medicus*, Jura 1996, 561 (563); *Looschelders*, VersR 1996, 529 ff.; Staudinger/*Hager* (1999) Vorbem. zu §§ 823 ff. Rn. 28.

683 BGHZ 24, 21 (26); 34, 355 (361); 105, 65 (68); *Deutsch/Ahrens*, Deliktsrecht, Rn. 362; *Larenz/Canaris*, Schuldrecht II/2, § 84 I 3 a; aA BGHZ 57, 170 (176); 117, 110 (111), wo aber auf die rechtliche Missbilligung des *Erfolgs* abgestellt wird.

684 Vgl. *Larenz/Canaris*, Schuldrecht II/2, § 84 II 1 d; iE auch BGHZ 117, 110 (111 ff.).

685 Vgl. *Larenz/Canaris*, Schuldrecht II/2, § 84 I 1 b; krit. *Harke*, Schuldrecht AT, Rn. 268.

nen System der Gefährdungshaftung; stattdessen existiert eine Vielzahl von sondergesetzlichen Einzeltatbeständen.

Die Schaffung neuer Gefährdungshaftungstatbestände oder eine Erweiterung beste- 1443
hender Tatbestände durch **Gesamtanalogie** wird überwiegend **abgelehnt.**[686] Dies hängt nicht zuletzt damit zusammen, dass die der Gefährdungshaftung unterfallenden Risiken in den Spezialgesetzen zumeist abschließend aufgezählt werden, so dass sich ein darüber hinausgehender verallgemeinerungsfähiger Rechtsgedanke kaum finden lässt.[687] Der Gesetzgeber hat daher jeweils selbst darüber zu entscheiden, ob eine bestimmte Anlage oder ein bestimmtes Verhalten aufgrund seiner abstrakten Gefährlichkeit mit einer Gefährdungshaftung belegt werden soll.[688] Das Enumerationsprinzip schützt außerdem das Interesse des Haftpflichtigen an Rechtssicherheit.[689] Denn durch die gesetzliche Statuierung der Gefährdungshaftung werden ihm die Haftungsrisiken klar vor Augen geführt.

Zur Vertiefung: In Deutschland wird seit längerer Zeit darüber diskutiert, ob eine Generalklausel für die Gefährdungshaftung statuiert werden soll.[690] Demgegenüber hat die französische Rechtsprechung auf der Grundlage des Art. 1384 I Code Civil eine allgemeine Gefährdungshaftung für gefährliche Sachen geschaffen.[691] Der wichtigste Vorteil einer solchen Generalklausel wird darin gesehen, dass der Gesetzgeber der technischen Entwicklung nicht immer hinterherzulaufen braucht.[692]

Trotz der vielen Einzeltatbestände lassen sich einige Strukturen erkennen, die nahezu 1444
allen Gefährdungshaftungen immanent sind: Kennzeichnend ist zunächst der **Gefährdungs- oder Zurechnungszusammenhang.** Dieser wird als zentrales haftungsbegründendes und -begrenzendes Element der Gefährdungshaftung bezeichnet.[693] Danach muss sich in dem Schaden gerade diejenige Gefahr verwirklicht haben, vor welcher der Tatbestand schützen soll. Dahinter steht der Gedanke, dass der Pflichtige nur für solche Schäden einstehen muss, die aus der von ihm geschaffenen »besonderen Gefahr« resultieren.[694] Im Prinzip handelt es sich dabei um die gleichen Erwägungen, die bei der Verschuldenshaftung nach § 823 I, II im Zusammenhang mit dem Schutzzweck der Norm zu thematisieren sind.[695]

Beispiele für den Gefährdungszusammenhang: § 7 StVG »bei dem Betrieb eines Kraftfahrzeuges« (→ Rn. 1452); § 1 I HPflG »bei dem Betrieb der Bahn« (→ Rn. 1475).

Außerdem enthalten die meisten Gefährdungshaftungen **Haftungsbegrenzungen** 1445
(insbesondere für Fälle von »höherer Gewalt«) und sind im Interesse der Versicherbarkeit durch **summenmäßige Höchstbeträge** beschränkt.

Zu beachten ist schließlich, dass seit Inkrafttreten des 2. SchadRÄndG am 1. 8. 2002 auch bei der Gefährdungshaftung ein **Schmerzensgeldanspruch** nach § 253 II be-

686 RGZ 78, 171 (172); 147, 353 (355 f.); BGHZ 55, 229 (234); 63, 234 (237); Bamberger/Roth/*Spindler* Vorbem. zu § 823 Rn. 3; *Larenz/Canaris*, Schuldrecht II/2, § 84 I 1 b.
687 Vgl. MüKoBGB/*Wagner* Vor § 823 Rn. 24.
688 Vgl. Bamberger/Roth/*Spindler* Vorbem. zu § 823 Rn. 3.
689 *Larenz/Canaris*, Schuldrecht II/2, § 84 I 1 b.
690 Dafür *Deutsch*, Jura 1983, 617 (624); aA *Larenz/Canaris*, Schuldrecht II/2, § 84 I 1 b; *Medicus/Petersen*, Bürgerliches Recht, Rn. 637; ausf. *Kötz*, Gefährdungshaftung, S. 1779 ff.
691 Vgl. *Hübner/Constantinesco*, Einführung in das französische Recht, S. 202.
692 Vgl. *Medicus*, Jura 1996, 561 (562).
693 So *Brüggemeier*, Prinzipien, S. 82.
694 Zum Begriff der »besonderen Gefahr« *Larenz/Canaris*, Schuldrecht II/2, § 84 I 2 b.
695 Vgl. *Larenz/Canaris*, Schuldrecht II/2, § 84 I 1 g.

steht (allgemein dazu SAT Rn. 968). Die ausdrückliche Normierung des Anspruchs in den meisten Spezialgesetzen (vgl. etwa §§ 8 S. 2 ProdHaftG, 11 S. 2 StVG) hat lediglich klarstellende Bedeutung.[696]

Literatur: *Blaschczok*, Gefährdungshaftung und Risikozuweisung, 1993; *Coester-Waltjen*, Beweiserleichterungen und Gefährdungshaftung, Jura 1996, 608; *Cosack*, Die Gefährdungshaftung im Vordringen – Hintergründe und Entwicklungslinien der aktuellen Tendenz im deliktischen Haftungsrecht, VersR 1992, 1439; *Deutsch*, Gefährdungshaftung: Tatbestand und Schutzbereich, JuS 1981, 317; *ders.*, Das Recht der Gefährdungshaftung, Jura 1983, 617; *Esser*, Grundlagen und Entwicklung der Gefährdungshaftung, 2. Aufl. 1969; *Jaeger*, Bemessung des Schmerzensgeldes bei der Haftung aus Gefährdungstatbeständen, ZGS 2004, 217; *Kötz*, Haftung für besondere Gefahr, AcP 170 (1970), 1; *ders.*, Gefährdungshaftung, in: BMJ (Hrsg.), Gutachten und Vorschläge zur Überarbeitung des Schuldrechts, Bd. II, 1981, 1779; *Looschelders*, Bewältigung des Zufalls durch Versicherung, VersR 1996, 529; *Medicus*, Gefährdungshaftung im Zivilrecht, Jura 1996, 561; *Rümelin*, Gründe der Schadenszurechnung, 1896; *Wagner*, Das Zweite Schadensrechtsänderungsgesetz, NJW 2002, 2049. Vgl. auch die Nachweise zu § 56.

§ 72 Gefährdungshaftungstatbestände außerhalb des BGB

I. Die Haftung des Kraftfahrzeughalters nach dem StVG

1446 Wegen der Vielzahl der täglich vorkommenden Verkehrsunfälle ist es nicht verwunderlich, dass die Kraftfahrzeughalterhaftung nach dem StVG die praktisch **wichtigste Gefährdungshaftung** darstellt. Nach **§ 7 I StVG** hat der Halter eines Kraftfahrzeugs diejenigen Schäden zu ersetzen, die daraus resultieren, dass bei dem Betrieb eines Kraftfahrzeugs oder eines Anhängers ein Mensch getötet oder verletzt oder eine Sache beschädigt wird.

Die Haftung für Anhänger ist durch das 2. SchadRÄndG eingefügt worden. Die Ausdehnung der Haftung soll den Geschädigten schützen, dem nur das Kennzeichen des Anhängers, nicht aber das des schädigenden Kfz bekannt ist.[697]

Demgegenüber haftet der **Kraftfahrzeugführer** nach § 18 I StVG für **vermutetes Verschulden.** Es handelt sich um eine bloße Beweislastumkehr. Im Unterschied zum Halter kann der Kraftfahrzeugführer sich daher entlasten, wenn er die im Verkehr erforderliche Sorgfalt eingehalten hat.

1. Voraussetzungen der Haftung

a) Rechtsgutsverletzung

1447 Die Haftung des Halters nach § 7 I StVG setzt voraus, dass bei dem Betrieb eines Kraftfahrzeugs oder Anhängers ein **Mensch getötet**, dessen **Körper oder Gesundheit verletzt** oder eine **Sache beschädigt** wurde. Der gesetzlichen Aufzählung kann entnommen werden, dass die zentralen Rechtsgüter des § 823 I (mit Ausnahme der sonstigen Rechte) geschützt werden. **Nicht** erfasst werden **reine Vermögensschäden.** Im Fall der Beschädigung einer Sache kann auch der Besitzer Schadensersatz verlangen. Denn § 7 I StVG stellt gerade nicht auf die Verletzung des Eigentums ab.

696 Vgl. *Hentschel*, NZV 2002, 433 (437); *Huber*, Schadensersatzrecht, § 4 Rn. 2.
697 Vgl. *Huber*, Schadensersatzrecht, § 4 Rn. 97 f.

b) Begriff des Kraftfahrzeugs

Nach der Definition des **§ 1 II StVG** gelten als Kraftfahrzeuge alle Landfahrzeuge, die durch Maschinenkraft bewegt werden, ohne dabei an Bahngleise gebunden zu sein. Bei der Haftung nach § 7 StVG ist allerdings die **Ausnahmevorschrift** des **§ 8 Nr. 1 StVG** zu beachten. Danach gilt die Gefährdungshaftung nicht für Kraftfahrzeuge oder mit einem solchen Fahrzeug verbundene Anhänger, die auf ebener Bahn nicht schneller als mit einer Geschwindigkeit von 20 Kilometer in der Stunde fahren können. 1448

Zur Vertiefung: Die Ausnahmevorschrift des § 8 Nr. 1 StVG wird teilweise als rechtspolitisch verfehlt angesehen, da derart langsamen Fahrzeugen bei den heutigen Verkehrsverhältnissen keine geringere, sondern eher eine höhere Gefahr immanent sei. Größte Nutznießer sind die Landwirtschaft und die Bauwirtschaft.[698]

c) Haltereigenschaft des Anspruchsgegners

Als Halter wird angesehen, wer das Kraftfahrzeug **auf eigene Rechnung** in Gebrauch hat und die **Verfügungsgewalt** darüber besitzt.[699] Für die Verfügungsgewalt ist das **tatsächliche**, nicht das rechtliche **Herrschaftsverhältnis** maßgebend.[700] Bei dem Merkmal »auf eigene Kosten« kommt es darauf an, wer die Betriebskosten trägt und die Vorteile aus dem Betrieb zieht. Auch wenn der Eigentümer im Regelfall zugleich Halter ist, sind die Eigentumsverhältnisse für die Haltereigenschaft nicht entscheidend.[701] 1449

Beispiele: Eigentümer und Halter fallen typischerweise bei längerfristigen Leasingverträgen auseinander (zum Leasing → Rn. 509 ff.). Auch wenn der Leasinggeber Eigentümer bleibt, ist der Leasingnehmer während der Dauer des Vertrages alleiniger Halter.[702] Entsprechendes gilt für den Fall, dass das Kfz nach § 930 zur Sicherheit an eine Bank übereignet wird. Hier bleibt der Sicherungsgeber Halter.

d) Beim Betrieb eines Kraftfahrzeugs oder eines Anhängers

Weiterhin muss der Schaden »bei dem Betrieb eines Kraftfahrzeugs oder eines Anhängers« entstanden sein. Die Prüfung dieser Tatbestandsvoraussetzung hat in **zwei Schritten** zu erfolgen: Zunächst ist zu fragen, ob das Kraftfahrzeug zur Zeit des Unfalls überhaupt **in Betrieb** war. Sodann muss geprüft werden, ob zwischen dem Betrieb des Fahrzeugs und dem eingetretenen Schaden ein **ursächlicher Zusammenhang** besteht. 1450

Nach der herrschenden **verkehrstechnischen Auffassung** ist ein Kraftfahrzeug in Betrieb, wenn es im öffentlichen Verkehrsbereich bewegt wird oder in verkehrsbeeinflussender Weise ruht.[703] Anders als nach der **maschinentechnischen Auffassung** muss die Motorkraft also nicht für den Schaden relevant sein.[704] Vielmehr kommt es allein darauf an, ob von dem Fahrzeug eine **erhöhte Gefahr** ausgeht. Dies ist auch dann zu bejahen, wenn das Fahrzeug be- oder entladen wird, auf der Straße liegen 1451

698 Vgl. *Larenz/Canaris*, Schuldrecht II/2, § 84 IIII 1 a; *Medicus/Lorenz*, Schuldrecht II, Rn. 1370.
699 RGZ 127, 175; BGHZ 13, 351 (354).
700 *Medicus/Petersen*, Bürgerliches Recht, Rn. 632.
701 *Brox/Walker*, Schuldrecht BT, § 46 Rn. 5.
702 BGHZ 87, 133.
703 Vgl. BGHZ 29, 163; OLG Stuttgart, NZV 1993, 436; *Hentschel/König* StVG § 7 Rn. 5.
704 Vgl. *Coester-Waltjen*, Jura 2004, 173 (174); *Greger* § 3 Rn. 51.

bleibt oder abgeschleppt wird.[705] Der Betrieb endet selbst dann nicht, wenn das Fahrzeug ordnungsgemäß im Verkehrsraum (zB am Straßenrand) abgestellt wird.[706]

1452 Darüber hinaus muss zwischen dem Betrieb des Kraftfahrzeugs und dem Eintritt des Schadens ein **besonderer Zurechnungszusammenhang** bestehen. Der Eintritt des Schadens muss sich hiernach als Verwirklichung der durch den Betrieb des Kraftfahrzeugs hervorgerufenen spezifischen Gefahr darstellen.[707] Diese Voraussetzung liegt auch dann vor, wenn das Kraftfahrzeug als Mordwaffe missbraucht wird.[708] Sie ist aber zu verneinen, wenn sich im Schaden ein **eigenständiger Gefahrenkreis** verwirklicht hat.[709]

> **Beispiel** (BGHZ 115, 84): Im sog. »Schweinepanikfall« hatte der durch einen Verkehrsunfall verursachte Knall bei Schweinen, die in einer Intensivzucht gehalten wurden, eine Panik ausgelöst; dabei fanden zahlreiche Tiere den Tod. Der BGH hat den Tod der Schweine auf keine spezifische Gefahr des Kraftfahrzeugbetriebs zurückgeführt, sondern die Auffassung vertreten, dass sich darin eine vom Tierhalter aufgrund der Intensivzucht selbst geschaffene Gefahr verwirklich habe.[710]

Ob der spezifische Zusammenhang mit dem Betrieb des Kraftfahrzeugs vorliegt, wenn der Geschädigte aufgrund der Nachricht vom Unfall eines nahen Angehörigen einen **Schock** erleidet, ist umstritten. Das RG hat die Anwendbarkeit des § 7 I StVG verneint, weil ein Schockschaden auch durch jeden anderen Unfall verursacht werden könne;[711] hiernach kommt nur ein Anspruch aus § 823 I in Betracht. Nach Sinn und Zweck des § 7 I StVG muss es jedoch ausreichen, dass der Verkehrsunfall als Auslöser des Schockschadens einen entsprechenden Zusammenhang mit dem Betrieb des Kraftfahrzeugs aufweist; die Zurechenbarkeit des Schockschadens richtet sich dann nach allgemeinen Kriterien (dazu SAT Rn. 918 ff.).[712]

Der innere Zusammenhang mit dem Betrieb des Fahrzeugs ist nicht gegeben, wenn der Geschädigte aufgrund eines Streits über den Unfallhergang einen **Schlaganfall** erleidet.[713] Hier fehlt aber auch nach allgemeinen Grundsätzen die Zurechenbarkeit, so dass ein Schadensersatzanspruch aus § 823 I ebenfalls ausscheidet (vgl. SAT Rn. 909).

2. Ausschluss der Haftung

a) Höhere Gewalt (§ 7 II StVG)

1453 Die Haftung des Kraftfahrzeughalters ist nach § 7 II StVG ausgeschlossen, wenn der Unfall auf »**höherer Gewalt**« beruht. Vor Inkrafttreten des 2. SchadRÄndG griff der Haftungsausschluss nach § 7 II StVG aF bereits bei Vorliegen eines »**unabwendbaren Ereignisses**« ein. Ein solches Ereignis wurde angenommen, wenn der Unfall auch bei der äußersten möglichen Sorgfalt nicht zu vermeiden war. Leitbild war der »Idealfahrer«.[714]

---

705 Vgl. BGHZ 58, 162; LG Schweinfurt, NJW-RR 1993, 220; *Hentschel/König* StVG § 7 Rn. 6 ff.
706 Vgl. *Greger* § 3 Rn. 107 ff.
707 *Coester-Waltjen*, Jura 2004, 173 (175); *Martis*, JA 1997, 45 (46).
708 Vgl. BGHZ 37, 311 (313 ff.); *Larenz/Canaris*, Schuldrecht II/2, § 84 III 1 d.
709 *Schwarz/Wandt* § 21 Rn. 14.
710 BGHZ 115, 84 (87); krit. *Greger* § 3 Rn. 74; *Larenz/Canaris*, Schuldrecht II/2, § 84 IIII 1 d.
711 Vgl. RGZ 133, 270 (274).
712 *Larenz/Canaris*, Schuldrecht II/2, § 84 III 1 d; vgl. auch BGH, NJW 2007, 2764.
713 Vgl. BGHZ 107, 359 (367); dazu *Schwarz/Wandt* § 21 Rn. 14.
714 Vgl. BGHZ 113, 164 (165 f.); 117, 337 (340); *Schwarz/Wandt* § 21 Rn. 20.

Die Einschränkung des Ausschlussgrundes soll einen **stärkeren Schutz von Kindern** im Straßenverkehr gewährleisten. Ein unabwendbares Ereignis war nämlich insbesondere gegeben, wenn ein Kind überraschend auf die Straße lief und von dem Kraftfahrzeug erfasst wurde. 1454

Der Begriff der »**höheren Gewalt**« setzt ein außergewöhnliches, betriebsfremdes, von außen durch elementare Naturkräfte oder durch Handlungen Dritter herbeigeführtes Ereignis voraus, das nach menschlicher Einsicht und Erfahrung unvorhersehbar ist, mit wirtschaftlich erträglichen Mitteln auch durch die äußerste Sorgfalt nicht verhütet werden kann und auch nicht wegen seiner Häufigkeit in Kauf zu nehmen ist.[715] Maßgeblich sind also im Wesentlichen drei Kriterien: Das Ereignis muss (1) **von außen kommen**, (2) **außergewöhnlich** und **unvorhersehbar** sein und (3) auch **durch äußerste Sorgfalt nicht verhütet** werden können.[716] 1455

Beispiele: Dass ein Kind plötzlich auf die Straße läuft, stellt keinen Fall höherer Gewalt dar. Hier fehlt es jedenfalls an der Außergewöhnlichkeit und Unvorhersehbarkeit. Der Halter kann sich auch nicht mit Mängeln in der Beschaffenheit des Fahrzeugs (zB defekte Bremsen) oder der Fahrbahn (zB Glatteis oder eine Ölspur) entlasten. Dagegen liegt höhere Gewalt vor, wenn der Unfall durch einen Erdrutsch oder durch den Steinwurf eines Dritten verursacht wurde.

b) Schwarzfahrten nach § 7 III StVG

Einen weiteren Ausschlussgrund enthält § 7 III 1 StVG. Die Halterhaftung ist danach ausgeschlossen, wenn das Kraftfahrzeug oder der Anhänger **ohne Wissen und Wollen des Halters** benutzt wird. In diesem Fall haftet der Schwarzfahrer *anstelle des Halters* verschuldensunabhängig. Hat der Halter die »Schwarzfahrt« durch eigenes Verschulden ermöglicht, so haftet er neben dem Schwarzfahrer. Ein eigenes Verschulden ist zB gegeben, wenn der Halter das Fahrzeug nicht abschließt oder den Schlüssel stecken lässt. 1456

Der Haftungsausschluss greift gemäß § 7 III 2 StVG nicht ein, wenn der Schwarzfahrer für den Betrieb des Kraftfahrzeugs **angestellt** ist oder wenn der Halter ihm das Kraftfahrzeug **überlassen** hat. Da der Halter selbst nach § 7 I StVG haftet, muss die Gefährdungshaftung nicht auf den Benutzer erstreckt werden. Dieser haftet also nur nach § 18 I StVG und §§ 823 ff. 1457

c) Haftungsausschlüsse nach § 8 StVG

Gemäß § 8 Nr. 2 StVG ist die Gefährdungshaftung des Halters auch dann ausgeschlossen, wenn der Verletzte **bei dem Betrieb des Kraftfahrzeugs oder des Anhängers tätig** war. Unter diesen Ausnahmetatbestand fallen vor allem die Arbeitnehmer des Halters (zB der angestellte Kraftfahrer). Der Ausschluss der Haftung rechtfertigt sich daraus, dass der Verletzte die mit dem Betrieb des Kraftfahrzeugs verbundenen Gefahren freiwillig auf sich genommen hat.[717] Außerdem stehen ihm meistens vertragliche Ansprüche gegen den Halter (zB aufgrund eines Arbeitsvertrages) zu.[718] 1458

Wird eine durch das Kraftfahrzeug **beförderte Sache** beschädigt, so ist die Halterhaftung nach § 8 Nr. 3 StVG ausgeschlossen.

715 BGHZ 7, 338 (339); 62, 351 (354); *Brox/Walker*, Schuldrecht BT, § 46 Rn. 11.
716 Vgl. *Larenz/Canaris*, Schuldrecht II/2, § 84 II 2 d (zu § 1 II 1 HPflG).
717 Vgl. *Coester-Waltjen*, Jura 2004, 173 (175).
718 *Larenz/Canaris*, Schuldrecht II/2, § 84 III 1 f.

d) Schädigung von Insassen (§ 8 a StVG)

1459 Vor der Änderung des StVG durch das 2. SchadRÄndG war die Halterhaftung nach § 7 StVG gegenüber **Insassen** grundsätzlich ausgeschlossen; eine Ausnahme galt nur für entgeltlich und geschäftsmäßig beförderte Personen (§ 8 a StVG aF). Dies hatte zur Folge, dass der Fahrzeuginsasse deutlich weniger Schutz genoss als der Verletzte außerhalb des Fahrzeugs.[719]

Durch die Neufassung des § 8 a StVG wird die Benachteiligung der unentgeltlich oder nicht geschäftsmäßig beförderten Insassen beendet. Denn nach § 8 a StVG nF kommt es für den Schadensersatzanspruch gegen den Halter aus § 7 StVG grundsätzlich nicht mehr auf das Vorliegen einer entgeltlichen, geschäftsmäßigen Beförderung an. Bei **unentgeltlicher** und/oder **nicht geschäftsmäßiger Personenbeförderung** besteht aber die Möglichkeit, die Haftung durch Vertrag auszuschließen (Umkehrschluss aus § 8 a StVG). Die Haftung für die entgeltliche, geschäftsmäßige Personenbeförderung kann demgegenüber weder ausgeschlossen noch beschränkt werden.

3. Haftungsumfang und Direktanspruch gegen Versicherer

1460 Die §§ 10 ff. StVG regeln den Umfang des Schadensersatzanspruchs. Wird ein **Mensch getötet oder verletzt**, sind nach §§ 10, 11, 13 StVG nur bestimmte Schäden zu ersetzen. Die Vorschriften entsprechen im Wesentlichen den §§ 842–844. Für die Fälle des § 845 enthält das StVG keine vergleichbare Regelung. Ersatz für entgangene Dienste kann daher nur nach allgemeinem Deliktsrecht verlangt werden. Nach § 11 S. 2 StVG wird auch **Schmerzensgeld** gewährt.

1461 Bei **Beschädigung einer Sache** sind mangels spezieller Regelungen die §§ 249 ff. anwendbar. Eine Abrechnung auf der Basis fiktiver Reparaturkosten ist möglich; Umsatzsteuer ist gemäß § 249 II 2 aber nur ersatzfähig, soweit sie tatsächlich angefallen ist (s. SAT Rn. 955 f.).

1462 Die §§ 12, 12 a StVG legen für die Haftung nach dem StVG bestimmte **Höchstbeträge** fest. Diese Begrenzung wird mit der Verschuldensunabhängigkeit sowie dem Problem der Versicherbarkeit legitimiert.[720]

1463 Eine Besonderheit stellt der **Direktanspruch** des Geschädigten gegen den Kfz-Haftpflichtversicherer nach § 115 I 1 Nr. 1 VVG (§ 3 Nr. 1 PflVG aF) dar.[721] Nach § 1 PflVG ist der Halter eines Kfz verpflichtet, eine **Haftpflichtversicherung** abzuschließen, damit dem Geschädigten in jedem Fall ein solventer Schuldner gegenüber steht. Der Direktanspruch gegen den Versicherer soll die Stellung des Geschädigten stärken und ihm die Durchsetzung seiner Ansprüche erleichtern. Der Direktanspruch knüpft zwar an den Versicherungsvertrag zwischen Halter (Versicherungsnehmer) und Versicherer an; er hat aber überwiegend eine **deliktsrechtliche Natur.**[722]

Der Direktanspruch gegen den Versicherer ändert nichts an der Ersatzpflicht des Halters und ggf. des Fahrers. Es handelt sich damit um einen Fall des **gesetzlichen Schuldbeitritts.**[723] Zwar haften der Kraftfahrzeughalter bzw. -fahrer und der Ver-

719 Vgl. *Huber*, Schadensersatzrecht, § 4 Rn. 136.
720 Siehe *Coester-Waltjen*, Jura 2004, 173 (176).
721 Näher dazu *Schwarz/Wandt* § 21 Rn. 44 f.
722 Vgl. BGHZ 57, 265 (269 f.); 152, 298 (302); Looschelders/Pohlmann/*Schwartze* § 115 VVG Rn. 3.
723 Looschelders/Pohlmann/*Schwartze* § 115 VVG Rn. 3; *Deutsch/Ahrens*, Deliktsrecht, Rn. 385.

sicherer gesamtschuldnerisch (§ 115 I 4 VVG). Sofern der Versicherer dem Halter gegenüber nicht ausnahmsweise leistungsfrei ist, besteht im Innenverhältnis aber eine alleinige Verpflichtung des Versicherers (§ 116 I 1 VVG).

4. Mitverantwortlichkeit und Anzeigeobliegenheit

1464 Für das **Mitverschulden** des Geschädigten an der Entstehung des Schadens verweist § 9 StVG auf § 254. Diese Verweisung hat aber im Regelfall nur *deklaratorische Bedeutung.*[724] Eine Ausnahme gilt lediglich für den Fall der Sachbeschädigung. Hier wird das Verschulden dessen, der die tatsächliche Gewalt über die Sache ausübt, dem Verschulden des Geschädigten gleichgestellt. Der Eigentümer muss sich daher das Verschulden desjenigen anrechnen lassen, der sein Fahrrad fährt oder auf seinem Pferd reitet.

1465 War auch der Verletzte als Halter oder Fahrer eines Kraftfahrzeugs am Unfall beteiligt, so wird § 9 StVG durch die Sonderregelung des § 17 StVG (→ Rn. 1468 ff.) verdrängt.[725] Das Mitverschulden beurteilt sich somit nur bei Verletzung von **nicht motorisierten Verkehrsteilnehmern** (zB Fußgängern, Radfahrern, Reitern) nach § 9 StVG.

1466 Bei **Minderjährigen** vor Vollendung des 10. Lebensjahres ist bei der Prüfung des Mitschuldens die Vorschrift des **§ 828 II** zu beachten (vgl. SAT Rn. 519 sowie → Rn. 1027). Danach entfällt die Verantwortlichkeit von unter 10-jährigen Kindern bei einem Unfall mit einem Kraftfahrzeug. Diese Haftungsprivilegierung findet auch im Rahmen von § 9 StVG Anwendung. Die Mitverantwortlichkeit ist danach ggf. zu verneinen.

1467 § 15 StVG statuiert überdies eine **Anzeigeobliegenheit**. Danach muss der Verletzte dem Ersatzpflichtigen den Schaden innerhalb von zwei Monaten nach Kenntniserlangung anzeigen. Versäumt der Geschädigte diese Anzeige schuldhaft, so verliert er seine Ansprüche nach dem StVG.

5. Schadensausgleich bei mehreren Ersatzpflichtigen

1468 Auf Unfälle mit **mindestens zwei beteiligten Kraftfahrzeugen** ist § 17 StVG anzuwenden. Für das Verständnis der Vorschrift ist wichtig, die Absätze getrennt voneinander zu betrachten.

§ 17 I StVG regelt als Sondervorschrift zu § 426 I[726] den **Innenausgleich** zwischen den Kraftfahrzeughaltern, wenn durch einen Unfall mit mehreren beteiligten Haltern ein **Dritter** verletzt wird. Die Verteilung des Schadens richtet sich nach den Umständen des Einzelfalles, insbesondere hat eine **Abwägung nach den Verursachungsbeiträgen** der Halter zu erfolgen.

1469 Demgegenüber betrifft § 17 II StVG die Haftung im Außenverhältnis zwischen mehreren unfallbeteiligten Haltern oder Fahrern bei **wechselseitiger Schädigung**. Hier stellt sich die Frage, ob der geschädigte Halter vollen Schadensausgleich verlangen kann oder ob sein Anspruch wegen Mitverantwortlichkeit zu kürzen ist. Nach

724 Vgl. *Greger*, 3. Aufl. 1999, § 9 StVG Rn. 2 f.
725 *Huber*, Schadensersatzrecht, § 4 Rn. 55; *Schwarz/Wandt* § 21 Rn. 30.
726 *Schwarz/Wandt* § 21 Rn. 46.

§ 17 II StVG gelten insoweit die gleichen Grundsätze wie für den Innenausgleich zwischen den Haltern. Bei der Berechnung des Schadens müssen also auch hier die Verursachungsbeiträge der Halter gegeneinander abgewogen werden. Zu beachten ist dabei, dass der Geschädigte sich als Halter oder Fahrer im Regelfall zumindest die **allgemeine Betriebsgefahr** seines Fahrzeuges anrechnen lassen muss.

Zur Vertiefung: Unter der allgemeinen Betriebsgefahr versteht man die Summe der Gefahren, die typischerweise mit der Benutzung eines Kraftfahrzeugs im Verkehr verbunden sind.[727] Die allgemeine Betriebsgefahr kann unterschiedlich hoch sein. So geht von einem Lkw eine größere Gefahr aus als von einem Pkw. Fällt dem anderen Beteiligten eine besonders grobe Verkehrswidrigkeit zur Last, tritt die allgemeine Betriebsgefahr des geschädigten Kraftfahrzeugs zurück. Umgekehrt kann die allgemeine Betriebsgefahr eines Kraftfahrzeugs durch besondere Umstände (zB technische Mängel, verkehrswidrige Fahrweise) erhöht sein.

1470 § 17 III StVG schließt die Ersatzpflicht nach § 17 I und II StVG aus, wenn der Unfall sich für den Betreffenden als ein **unabwendbares Ereignis** darstellt. Anders als bei § 7 II StVG (→ Rn. 1453) kommt es im Verhältnis zwischen mehreren Haltern also nach wie vor darauf an, ob der Unfall bei Einhaltung der äußersten möglichen Sorgfalt vermeidbar war.[728]

Die Vorschriften des § 17 I–III gelten entsprechend, wenn der Schaden durch ein Kraftfahrzeug und ein **Tier** oder ein Kraftfahrzeug und eine **Eisenbahn** verursacht wurde (§ 17 IV StVG).

6. Verhältnis zu anderen Vorschriften

1471 § 16 StVG stellt klar, dass die Haftung des Kraftfahrzeughalters nach § 7 StVG neben die verschuldensabhängige Haftung nach §§ 823 ff. treten kann. Es besteht somit **Anspruchskonkurrenz**. Hat der Halter oder Fahrer schuldhaft gehandelt, so muss daher auch ein Schadensersatzanspruch aus §§ 823 ff. geprüft werden. Praktische Bedeutung hat dies bei einer Überschreitung der Haftungshöchstgrenzen nach dem StVG, bei Verletzung der Anzeigeobliegenheit aus § 15 StVG sowie in den Fällen des § 845 (→ Rn. 1460). Wegen der geringeren Anspruchsvoraussetzungen sollte im Allgemeinen aber mit der Prüfung von § 7 StVG begonnen werden.

II. Haftung für Bahnen und Energieanlagen nach dem HPflG

1472 Neben der Gefährdungshaftung des Kraftfahrzeughalters nach dem StVG ist die Haftung nach dem HPflG von besonderer Bedeutung. Das HPflG hat das Reichshaftpflichtgesetz von 1871 abgelöst. Es statuiert in § 1 HPflG eine verschuldensunabhängige Haftung für **Betriebsunternehmer**. Die Haftung trifft danach solche Personen, die eine Schienen- oder Schwebebahn für eigene Rechnung betreiben. Darüber hinaus legt § 2 HPflG eine Gefährdungshaftung für Inhaber von **Energieanlagen und -leitungen** fest.

727 Vgl. *Emmerich*, Schuldrecht BT, § 27 Rn. 31; Palandt/*Grüneberg* § 254 Rn. 60.
728 Näher dazu *Schwarz/Wandt* § 21 Rn. 19 ff.

1. Haftung des Bahnunternehmers (§ 1 HPflG)

a) Voraussetzungen

1473 Die Haftung des Bahnunternehmers nach § 1 HPflG setzt zunächst den Eintritt einer **Rechtsgutsverletzung** voraus. In Betracht kommen die Tötung eines Menschen, die Verletzung des Körpers oder der Gesundheit eines Menschen oder eine Sachbeschädigung. Wegen der Einzelheiten kann auf die Ausführungen zu § 823 I verwiesen werden (→ Rn. 1201 ff.).

1474 § 1 HPflG gilt nur für **Schienen- oder Schwebebahnen**. Darunter fallen alle Bahnen, die dem Transport von Personen oder Gütern dienen und an Schienen oder Schwebevorrichtungen gebunden sind.[729]

Beispiele: Eisenbahnen, Straßenbahnen, Zahnradbahnen, Seilbahnen mit Gondeln oder Kabinen, Sessellifte. Auf Schlepplifte ist § 1 HaftPflG nicht anwendbar, weil der Skifahrer durch die Skier mit dem Boden verbunden bleibt.[730] Nach hM werden auch die dem *nichtöffentlichen Verkehr* dienenden Bahnen (zB Fabrik- oder Hafenbahnen) von § 1 HPflG erfasst, sofern aus ihrem Betrieb gleichartige Gefahren wie bei öffentlichen Bahnen resultieren.[731]

1475 Der Unfall muss »**bei dem Betrieb**« der Bahn eingetreten sein. Nach hM ist dieses Merkmal wegen der besonderen Gefahren des Bahnbetriebs weit auszulegen. Erforderlich ist, dass sich im Unfall die typische Betriebsgefahr einer Schienen- oder Schwebebahn *als Verkehrsmittel* realisiert hat.[732]

Zum Betrieb gehört nicht nur die eigentliche Beförderungstätigkeit; erfasst werden vielmehr alle Vorgänge, die im **Zusammenhang mit der Beförderung** stehen (zB Ein- und Aussteigen der Fahrgäste, Be- oder Entladen von Gütern).[733] Demgegenüber ist der Zusammenhang mit dem Betrieb grundsätzlich nicht mehr gegeben, wenn Reisende durch vorsätzliche Handlungen Dritter während der Fahrt geschädigt werden.[734] Denn solche Ereignisse sind nicht auf die mit der Benutzung der Bahn als Verkehrsmittel verbundenen Gefahren zurückzuführen.

b) Haftungsausschluss

1476 Gemäß § 1 II HPflG ist die Haftung bei **höherer Gewalt** ausgeschlossen. Insoweit gelten die gleichen Grundsätze wie bei § 7 II StVG (→ Rn. 1453 ff.). Zu weiteren Ausschlussgründen vgl. § 1 III HPflG.

Beispiele für höhere Gewalt: Beschädigung der Schienen durch ein Erdbeben, Sturm, Überschwemmungen oder Blitzschlag, Attentate oder Sabotageakte.

2. Haftung für Energieanlagen und -leitungen (§ 2 HPflG)

1477 Nach § 2 I 1 HPflG ist der Inhaber einer Anlage zum Ersatz eines Personen- oder Sachschadens verpflichtet, der durch die Wirkungen von Elektrizität, Gasen, Dämpfen oder Flüssigkeiten einer Strom- oder Rohrleitungsanlage verursacht wird. Voraussetzung für die Ersatzpflicht nach § 2 I 1 HPflG ist, dass der Schaden gerade auf der

729 Vgl. *Larenz/Canaris*, Schuldrecht II/2, § 84 III 2 a; *Filthaut* § 1 Rn. 5 ff.
730 Zu den Einzelheiten vgl. *Filhaut* § 1 Rn. 18 ff. mwN.
731 Vgl. *Brox/Walker*, Schuldrecht BT, § 46 Rn. 21; *Gursky*, Schuldrecht BT, S. 239.
732 Vgl. RGZ 144, 208; *Deutsch/Ahrens*, Deliktsrecht, Rn. 377; *Filthaut* § 1 Rn. 82.
733 Vgl. *Filthaut* § 1 Rn. 71 ff., 100 ff.
734 RGZ 69, 357; *Filthaut* § 1 Rn. 89.

Wirkung der Elektrizität oder der anderen genannten Energieträger beruht (sog. **Wirkungshaftung**).[735]

Nach § 2 I 2 HPflG haftet der Inhaber der Anlage darüber hinaus auch für Schäden, die auf das bloße Vorhandensein der Anlage zurückzuführen sind, ohne auf den Wirkungen der betreffenden Energieträger zu beruhen (sog. **Zustandshaftung**). Beispiele sind das Umstürzen von Leitungsmasten oder das Herabfallen von Leitungsdrähten, die keinen elektrischen Strom führen.[736] Die Haftung greift nur ein, wenn sich die Anlage nicht in einem ordnungsgemäßen Zustand befindet, also nicht den Regeln der Technik entspricht (§ 2 I 2, 3 HPflG). Insoweit besteht für den Inhaber der Anlage eine **Entlastungsmöglichkeit**. Nach hM handelt es sich dennoch um keine Haftung für vermutetes Verschulden, sondern um eine Gefährdungshaftung.[737] Gemäß § 2 III HPflG ist die Haftung in einigen Fällen ausgeschlossen. So gilt auch hier der Ausschlussgrund der **höheren Gewalt** (Nr. 3).

3. Umfang der Haftung

1478 Die §§ 5 ff. HPflG regeln den Umfang der Haftung nach dem HPflG. Gemäß § 6 S. 2 HPflG kann der Geschädigte ein angemessenes **Schmerzensgeld** verlangen. Ebenso wie im StVG (→ Rn. 1462) sind auch hier **Haftungshöchstgrenzen** festgesetzt (§§ 9, 10 HPflG).

III. Sonstige Gefährdungshaftungen

1. Überblick

1479 Neben der Haftung nach dem StVG und dem HPflG gibt es zahlreiche weitere sondergesetzliche Gefährdungshaftungen. Zu nennen sind die Haftung für **Luftfahrzeuge** nach dem LuftverkehrsG (§§ 33 ff. LuftVG), die Haftung für **Kernenergieschäden** nach dem Atomgesetz (§§ 25 ff. AtomG), die Haftung für die **Verunreinigung von Gewässern** nach dem Wasserhaushaltsgesetz (§ 89 WHG),[738] die Haftung für **Umwelteinwirkungen** nach dem Umwelthaftungsgesetz (§ 1 UmweltHG), die Haftung für **gentechnisch veränderte Organismen** nach dem Gentechnikgesetz (§ 32 I GenTG) sowie die Haftung für **Bergschäden** nach dem Bundesberggesetz (§§ 114 ff. BBergG). Hierher gehört auch die Haftung für **Arzneimittel** nach dem Arzneimittelgesetz (§ 84 AMG), die aus systematischen Gründen aber schon bei der Produkthaftung besprochen worden ist (→ Rn. 1276 ff.).

Nach hM stellt auch die Produkthaftung nach dem **ProdHaftG** (→ Rn. 1268 ff.) eine Gefährdungshaftung dar.[739] Die Gegenauffassung lehnt eine solche Zuordnung mit der Begründung ab, das ProdHaftG enthalte auch Elemente einer Verschuldenshaf-

---

735 BGH, NJW-RR 2010, 1467.

736 BGH, NJW-RR 2010, 1467 (1468).

737 Staudinger/*Kohler* (2010) HPflG § 2 Rn. 1; *Larenz/Canaris*, Schuldrecht II/2, § 84 IV 1 e; aA *Deutsch/Ahrens*, Deliktsrecht, Rn. 390; *Harke*, Schuldrecht BT, Rn. 582.

738 Die Gefährdungshaftung für Gewässerveränderungen war bis zur Neuregelung des Wasserrechts durch das Gesetz v. 31. 7. 2009 (BGBl. I 2585) in § 22 WHG aF. geregelt. Die neue Vorschrift des § 89 WHG enthält einige Klarstellungen, entspricht inhaltlich aber im Wesentlichen dem § 22 WHG aF (vgl. *Schwendner*, in: *Sieder/Zeitler/Dahme/Knopp*, § 89 WHG Rn. 7).

739 Palandt/*Sprau* ProdHaftG § 1 Rn. 1; Hk-BGB/*Staudinger* § 823 Rn. 189; *Larenz/Canaris*, Schuldrecht II/2, § 84 VI 1 a; *Schwarz/Wandt* § 21 Rn. 71.

tung.[740] Dabei wird insbesondere auf die Entlastungsmöglichkeit nach § 1 II Nr. 5 ProdHaftG (Einwand des Entwicklungsrisikos) verwiesen. Auf der anderen Seite ist aber nicht zu bestreiten, dass die Haftung nach dem ProdHaftG über eine Verschuldenshaftung hinausgeht. So kann der Hersteller sich bei Fabrikationsfehlern gerade nicht auf die fehlende Erkennbarkeit berufen (→ Rn. 1272). Nach allem ist davon auszugehen, dass das ProdHaftG eine Gefährdungshaftung statuiert, bei der die Entlastungsmöglichkeiten in einigen Fallgruppen (insbesondere bei Konstruktions- und Instruktionsfehlern) allerdings sehr weit gehen.

Im Folgenden werden die sonstigen Gefährdungshaftungstatbestände nur im **Überblick** dargestellt. Dabei sollen die wesentlichen Gemeinsamkeiten sowie etwaige Besonderheiten aufgezeigt werden.

2. Zustands- und Handlungshaftung

Die Gefährdungshaftungen knüpfen typischer Weise an die **Herrschaft** des potentiellen Schädigers **über eine Gefahrenquelle** an. Eine solche Halter-, Anlagen oder Zustandshaftung liegt den §§ 33 ff. LuftVG, 89 II WHG, § 1 UmweltHG zugrunde. Es gibt jedoch auch einige wichtige Tatbestände, die auf ein **gefährliches Verhalten** abstellen (sog. Handlungshaftung, vgl. §§ 89 I WHG, 32 I GenTG, 84 AMG).[741] 1480

3. Haftungsausschlüsse

Die meisten Gefährdungshaftungen enthalten spezielle Haftungsausschlüsse. Besonders verbreitet ist der Ausschlussgrund der **höheren Gewalt** (vgl. → Rn. 1453 ff.). Allerdings können sich weder der Luftfahrzeughalter noch der Inhaber einer Anlage nach dem AtomG auf höhere Gewalt berufen. 1481

Im **WHG** ist nur für die Anlagenhaftung nach § 89 II WHG ein Haftungsausschluss wegen höherer Gewalt normiert (§ 89 II 2 WHG),[742] nicht aber für die Handlungshaftung nach § 89 I WHG. In der Literatur wird die Auffassung vertreten, der Ausschlussgrund der höheren Gewalt müsse zur Vermeidung von Wertungswidersprüchen auch bei § 89 I WHG herangezogen werden.[743] Die Handlungshaftung nach § 89 I WHG setzt jedoch voraus, dass der (potentielle) Schädiger die Stoffe **zielgerichtet** in das Gewässer einleitet oder einbringt; bei höherer Gewalt ist die Haftung daher schon tatbestandlich ausgeschlossen.[744]

4. Haftungshöchstbeträge und Schmerzensgeld

Fast alle einschlägigen Gesetze sehen **Haftungshöchstbeträge** sowie einen **Schmerzensgeldanspruch** des Geschädigten vor. 1482

Besonderheiten finden sich allerdings im **WHG**. So ist die Haftung nach § 89 WHG summenmäßig nicht begrenzt.[745] Ferner enthält das WHG keine eigene Regelung über den Schmerzensgeldanspruch. Dies ist aber unschädlich, weil die ausdrückliche

740 MüKoBGB/*Wagner* ProdHaftG Einl. Rn. 14 ff.; Staudinger/*Oechsler* (2009) ProdHaftG Einl. Rn. 27 ff. spricht von einem »Mischsystem aus Haftung für Verhaltensunrecht und Gefahr«.

741 Zur Zustands- und Handlungshaftung *Larenz/Canaris*, Schuldrecht II/2, § 84 I 4 a.

742 Zu den Einzelheiten *Schwendner*, in: *Sieder/Zeitler/Dahme/Knopp*, WHG § 89 Rn. 63.

743 Vgl. *Larenz/Canaris*, Schuldrecht II/2, § 84 V 2 e; von BGHZ 62, 351 (357) offen gelassen.

744 Vgl. *Schwendner*, in: *Sieder/Zeitler/Dahme/Knopp*, WHG § 89 Rn. 37 und 63.

745 Krit. gegenüber der Sonderstellung des § 89 WHG *Harke*, Schuldrecht BT, Rn. 584.

Erwähnung des Schmerzensgeldes in den Spezialgesetzen lediglich klarstellende Bedeutung hat. Der Schmerzensgeldanspruch folgt daher unmittelbar aus § 253 II (iVm § 22 WHG).[746]

5. Sonstige Besonderheiten

1483 Eine weitere Besonderheit des § 89 WHG besteht darin, dass die Haftung nicht auf die Verletzung bestimmter Rechtsgüter begrenzt ist. Nach dem WHG sind damit auch **reine Vermögensschäden ersatzfähig.**[747] Diese Ausweitung ist notwendig, weil das verunreinigte Wasser häufig nicht im Eigentum des Nutzungsberechtigten steht, so dass es auf dessen Seite an einer Rechtsgutsverletzung fehlt.[748]

1484 Besondere **Auskunftsansprüche** werden dem Geschädigten nur selten eingeräumt. Nach dem Gentechnik- und dem Umwelthaftungsgesetz steht ihm aber ein Auskunftsanspruch gegen den Betreiber der Anlage bzw. die Behörden zu (§§ 35 GenTG, 8 ff. UmweltHG). Zum Auskunftsanspruch des Geschädigten nach § 84 a AMG → Rn. 1277.

Literatur: Zum StVG: *Coester-Waltjen*, Die Haftung nach § 7 StVG, Jura 2004, 173; *Garbe/Hagedorn*, Die zivilrechtliche Haftung beim Verkehrsunfall, JuS 2004, 287; *Greger*, Haftungsrecht des Straßenverkehrs, 3. Aufl. 1999; 4. Aufl. 2007; *Hentschel/König/Dauer*, Straßenverkehrsrecht, 41. Aufl. 2011; *Hirte/Heber*, Haftung bei Gefälligkeitsfahrten im Straßenverkehr, JuS 2002, 241; *Kunschert*, Die Haftung des Kfz-Halters gegenüber seinem Partner und seinem Kind als Insassen, NJW 2003, 950; *Lattka*, Schadensersatzrecht, Gefährdungshaftung, JA 2002, 921; *Lemcke*, Gefährdungshaftung im Straßenverkehr unter Berücksichtigung der Änderungen durch das 2. SchadÄndG, ZfS 2002, 318; *Looschelders/Pohlmann*, Versicherungsvertragsgesetz, 2. Aufl. 2011; *Martis*, Die Haftung des Fahrzeughalters und Fahrzeugführers nach §§ 7, 18 StVG, JA 1997, 45; *ders.*, Mitverursachung und Mitverschulden beim Straßenverkehrsunfall mit einzelnen Haftungsquoten, JA 1997, 141; *v. Sachsen-Gesaphe*, Verbesserter Opferschutz im Straßenverkehr und beim Schmerzensgeld, Jura 2007, 481; *Schreiber/Strupp*, Die Haftung bei Verkehrsunfällen, Jura 2007, 594; *Staudinger/Schmidt-Bendun*, Die Reform des Schadensersatzrechts und ihre Bedeutung für die Haftung im Straßenverkehr, Jura 2003, 441; *C. Vogel*, »Höhere Gewalt« und Haftungsbeschränkungen im StVG nach der Schadensersatzrechtsreform, ZGS 2002, 400. **Zum HPflG:** *Filthaut*, Haftpflichtgesetz, 8. Aufl. 2010; *ders.*, Die Zustandshaftung für ordnungswidrige Anlagen nach § 2 Abs. 1 S. 2 HpflG, VersR 1997, 145; *Tschersich*, Die Haftung (auf) der Schiene – Anwendungsbereich des HpflG innerhalb des internen Bahnbetriebes, VersR 2003, 962. **Zu den sonstigen Gefährdungshaftungen:** *Czychowski/Reinhardt*, Wasserhaushaltsgesetz, 10. Aufl. 2010; *Deutsch*, Umwelthaftung: Theorie und Grundsätze, JZ 1991, 1097; *Hager*, Das neue Umwelthaftungsgesetz, NJW 1991, 134; *Kreuzer*, Das neue Umwelthaftungsgesetz, JA 1991, 209; *Larenz*, Die Schadenshaftung nach dem Wasserhaushaltsgesetz im System der zivilrechtlichen Haftungsgründe, VersR 1963, 593; *Sieder/Zeitler/Dahme/Knopp*, Wasserhaushaltsgesetz und Abwasserabgabengesetz, Stand: 42. Lfg. 2011.

746 Vgl. *Medicus/Lorenz*, Schuldrecht II, Rn. 1390.
747 Vgl. *Fuchs*, Deliktsrecht, S. 262; *Harke*, Schuldrecht BT, Rn. 584.
748 Vgl. *Larenz/Canaris*, Schuldrecht II/2, § 84 V 1 f.

Paragrafenregister

(Die Angaben verweisen auf die Randnummern)

Sachregister

(Die Angaben verweisen auf die Randnummern. Die Hauptfundstellen sind durch Fettdruck gekennzeichnet)

Entscheidungsregister

(Die Reihenfolge folgt dem Gang der Darstellung. Die Angaben verweisen auf die Randnummern.)

1. Kaufrecht

a. Gewährleistung

BGH NJW 1962, 1196	Motorsäge	39
BGHZ 132, 55; BGH NJW 2007, 2111	Kraftstoffmehrverbrauch	52, 108
BGH NJW 1989, 218	Glykolwein	67
BGHZ 110, 196	Boris-Becker	78, 149
BGHZ 174, 61	Eigentumsverschaffungspflicht	79
BGHZ 113, 106	Heizöldiesel	81, 194
BGH NJW 2006, 2839; OLG Braunschweig NJW 2003, 1053	Nachlieferung bei Stückkauf	89
BGHZ 177, 224	Parkettstäbe	90, 132
BGH NJW 2009, 1660	Bodenfliesen	90, 95
EuGH NJW 2011, 2269	Ein- und Ausbau bei Nachlieferung	90 a, 95
EuGH NJW 2008, 1433; BGH NJW 2006, 3200; NJW 2009, 427	Nutzungsentschädigung bei Nachlieferung (Quelle-Herd)	91 f.
BGH NJW 2011, 2278	Erfüllungsort der Nacherfüllung	96 a
BGHZ 162, 219; BVerfG ZGS 2006, 470	Selbstvornahme	98
BGH NJW 2009, 3153	Anforderungen an Fristsetzung	101, 135
BGH NJW 2007, 835; 1534; 2008, 1371; 2010, 1805	Fristsetzung bei Arglist	102
BGH NJW 2006, 1960; NJW 2007, 2111; NJW 2009, 508	Unerheblichkeit des Mangels	108 f.
BGH NJW 2010, 148	Nutzungsentschädigung bei Rücktritt	116
BGH NJW 2009, 2674	Sorgfaltspflicht des Verkäufers; Einordnung des Nutzungsausfallschadens	126, 132, 142
BGH NJW 1993, 2103; NJW 1995, 1673	Burra	128 f., 138
BGHZ 122, 256; 170, 67	Garantie (»Fahrbereit«)	128, 130
BGHZ 170, 31	Rücktritt und Verjährung	160, 163

BGH NJW 1988, 2597	Duveneck/Leibl	176
BGH NJW 1989, 2051	Chemische Reinigungsanlagen	178

b. Weiterfresser-Schäden

BGH NJW 1978, 2241	Sportwagen	180 ff.
BGHZ 67, 359	Schwimmerschalter	182 ff.
BGHZ 86, 256	Gaszug	182 ff.
BGH NJW 1983, 812	Hebebühne	182 ff.

c. Gefahrtragung / Besondere Arten des Kaufs

BGH NJW 2003, 3341	Camcorder-Fall	190
BGH NJW 2001, 284	Wiederkauf	248
BGHZ 140, 218	Wiederverkauf	250

d. Verbrauchsgüterkauf

BGH NJW 2005, 1045	Barchetta-Fall	258
EuGH NJW 2006, 653	Gemischte Nutzung (Gruber)	259
BGH NZV 2011, 535	Branchenfremdes Nebengeschäft	260
BGHZ 167, 40 = NJW 2006, 2250	Sommerekzem	260, 274
OLG Oldenburg ZGS 2004, 75	Matrosen-Fall	266
BGHZ 170, 67; BGH NJW 2005, 1039	Agentur- und Strohmanngeschäfte	267 f.
BGHZ 159, 215	Zahnriemen	272
BGH NJW 2007, 2621	Zylinderkopfdichtung	272
BGH NJW 2007, 2619	Zuchtkater	274

2. Tausch

BGH NJW 2006, 988	Gewährleistung beim Pferdetausch	293

3. Teilzeit-Wohnrechte

BGH NJW 1997, 1697	Gran Canaria	296, 303

4. Schenkung

BGHZ 93, 23	Kartoffelpülpe	316 f.
BGH NJW 2010, 2655	Verarmung des Schenkers	325
BGHZ 116, 167; 177, 193; BGH NJW 2010, 998	Unbenannte Zuwendungen	327

BGH NJW 2010, 2202; 2884	Schenkungen an Schwiegerkinder	327

5. Gelddarlehen

BGHZ 104, 102; 110, 336	Wucherähnliches Darlehen	347 ff.
BGHZ 149, 80	GbR als Verbraucher	364
BGHZ 179, 126	Begriff des Unternehmers	364

6. Miete

BVerfGE 90, 27; BVerfG NZM 2005, 252; BGH NJW 2006, 1062; NJW 2010, 436	Parabolantenne	402
BGHZ 92, 363; 101, 253; BGH NJW 2004, 2586; 2006, 2915; 3778; 2008, 2499; 3772, 2009, 62; 2590; 3716; 2010, 674	Schönheitsreparaturen	404, 451 f.
BGH WuM 1979, 144	Eisdiele	406
BGH NJW 2010, 3152	Haftung für anfängliche Mängel	421, 423
BGH NJW 2008, 1216	Eigenmächtige Mängelbeseitigung	425
BGH NJW 2009, 1266	Anfechtung wegen arglistiger Täuschung	435
BGH NJW 1999, 635	Arztpraxis	437
BGHZ 157, 1	Lebensgefährte als »Dritter«	446
BGH NJW 2007, 2180	Beseitigungsanspruch	448
BGH NJW 2006, 2915	Rauchen in der Wohnung	450
BGHZ 124, 186	Fischzucht	456
BGH VersR 2006, 1076	Zündelnde Kinder	458
BGHZ 136, 357; BGH NJW 2008, 2178	Schriftformerfordernis	468
BGHZ 117, 200	Vermieterpfandrecht	475
BGH NJW 2007, 2177	Schimmelpilz	466, 495, 503
BGHZ 165, 75	Wegfall des Eigenbedarfs	498
BGH NJW 2003, 2604; NZM 2008, 642	Pflicht zum Anbieten einer Alternativwohnung	498
BVerfGE 79, 292; BGH NJW 2009, 2738; 2010, 1068; 1290	Eigenbedarfskündigung	499
BGH NJW 2009, 1200	Verwertungskündigung	499
BGH NJW 2006, 107	Leasing	514

7. Dienstvertrag

8. Arztvertrag

9. Werkvertrag

BGH NJW 2010, 3085	Kein Ersatz von Umsatzsteuer	695
BGH NJW 2007, 366	Verjährung	704

10. Reisevertrag

BGHZ 119, 152	Ferienwohnung	718
BGHZ 130, 128	Segelyacht	718
BGH NJW 2006, 2321; 3137; OLG Düsseldorf NJW-RR 2005, 644	Stellung und Haftung des Reisebüros	721
BGH, NJW 2011, 315	Rail & Fly Ticket	723
BGHZ 93, 271	Karibik	724 f.
BGHZ 84, 268; 100, 157	Reiseprospekt	738
BGHZ 59, 158	Zusicherung	741
BGH NJW 2008, 2775	Beinahe-Absturz	744
BGHZ 103, 298	Balkonbrüstung	752
BGH NJW 2006, 3268	Wasserrutsche	752
BGH NJW 2005, 1047	Malediven-Urteil	754

11. Maklervertrag

BGH NJW 1983, 1849; NJW 1984, 232; NJW-RR 1991, 371	Kausalitätserfordernis	772
BGH NJW-RR 2007, 711	Schutzpflichten	774
BGH NJW-RR 2005, 1033	Wohnungsvermittlung	780
BGHZ 112, 122; BGH NJW-RR 2004, 778	Partnerschaftsvermittlung	781

12. Auslobung

LG Trier v. 7. 6. 1904 (n. v.); OLG Köln v. 30. 3. 1905 (n. v.)	Dasbachsche Auslobung	785
OLG München NJW 1983, 759	Eishockey	786
BGH NJW 2003, 3620; NJW 2006, 230	Gewinnzusagen	794, 798

13. Auftrag und entgeltliche Geschäftsbesorgung

BGHZ 21, 102	Spediteur	809
BGHZ 45, 223	Architekt	821

14. Geschäftsführung ohne Auftrag

BGHZ 40, 28	Funkenflug	850
BGH NJW 2000, 72	Erbensucher	851
BGH NJW-RR 2004, 956	Generalunternehmer	852
BGH NJW 2009, 2590	Unwirksame Renovierungsklausel	853
BGHZ 38, 270	Selbstaufopferung	855

15. Verwahrung

OLG Zweibrücken NJW-RR 2002, 1456	Schaustellerwagen	898 f.

16. Verträge über ein Risiko

BGH NJW-RR 1991, 1035	Leibrente	920
BVerfG NJW 2006, 1261; EuGH EuZW 2010, 759 und 760	Staatliches Wettmonopol	928

17. Bürgschaft

BGH NJW 1981, 47	Abgrenzung Schuldbeitritt	939
BGHZ 117, 127; BGH NJW 2010, 3442	Harte Patronatserklärung	947
BGHZ 132, 119; BGH NJW 2000, 1179	Blankobürgschaft	953
BGH WM 1986, 939	Formmangel	956
BVerfGE 89, 214; BGHZ 125, 206; 146, 37; 151, 34; BGH NJW 1994, 1278; NJW 2002, 744; WM 2003, 1563; NJW 2009, 2671	Bürgschaft naher Angehöriger	958 ff.
BGHZ 130, 19; 143, 95; 151, 374	Globalbürgschaft	961
EuGH NJW 1998, 1295; BGHZ 139, 21; 165, 363	Bürgschaft als Haustürgeschäft	962 f.
BGHZ 138, 321	Verbraucherkredit	965
BGHZ 147, 99; 150, 299; 151, 229; NJW 2009, 378	Bürgschaft auf erstes Anfordern	974

18. Bereicherungsrecht

BGHZ 55, 128	Flugreise-Fall	1020, 1028, 1033, 1108, 1112, 1119, 1120, 1123

BGH NJW-RR 1990, 827	Strafanzeige	1042
OLG Düsseldorf NJW-RR 1998, 1517	»Freikauf« einer Prostituierten	1042
BGHZ 44, 321	Erbeinsetzung	1043
RGZ 132, 238	Festungsbaufall	1045
BGHZ 177, 193; BGH NJW 2010, 998; 2202; 2884	Zuwendungen auf den Bestand einer Ehe bzw. Lebensgemeinschaft	1045
BGHZ 131, 297	Untervermietung	1064
BGHZ 20, 117	Paul Dahlke	1067
BGHZ 169, 340	Oskar Lafontaine	1067
BGHZ 56, 131	Leder zu Handtaschen	1081
RGZ 138, 45	Gestohlenes Gemälde	1082
BGHZ 40, 272	Einbau eigener Sachen	1096
BGHZ 53, 144; 57, 137	Saldotheorie	1135 ff.
BGHZ 36, 30	Doppelmangel	1145
BGHZ 147, 269; 152, 307; 158, 1; BGH NJW 2008, 2331; NJW-RR 2010, 858; NJW 2011, 66	Anweisungsfälle	1149 ff.
BGHZ 56, 228	Einbau fremder Sachen	1161 ff.
BGHZ 55, 176	Jungbullen	1164 f.

19. Deliktsrecht

a. Grundfragen

BGH NJW 2003, 1040	Eiskunstlaufpaar	1171, 1249
BGH NJW 1968, 1182	Bierflasche	1181
BGH NJW 2007, 762	Kühlung von Sprudelflaschen	1182
BGH NJW 1997, 582	Löschwasserteich	1183
BGH NJW 1995, 1184	Güterwagenfall	1184
BGHZ 21, 26	Straßenbahnfall	1190
BGH NJW 2005, 354; 2007, 2113; 2009, 3231; LG Saarbrücken NJW 2010, 944	Haftungsprivilegierung für Kinder im Straßenverkehr	1195
BGH NJW 2002, 2232	Fenstersprung-Fall	1226, 1229

b. Schutzgüter des § 823 I BGB

BGHZ 8, 243	Lues-Fall	1204
BGHZ 124, 52	Spermakonservierung	1205

BGHZ 56, 163; 132, 341; 172, 263	Schockschaden	1206
BGHZ 55, 153	Fleet-Fall	1209
BGH NJW 1977, 2264	Zufahrtsperrung	1210
BGHZ 29, 65; 41, 123	Stromkabelfälle	1211, 1248
OLG Stuttgart NJW-RR 2002, 25	Zeitschaltuhr	1214
BGHZ 146, 144	Elektroofenschlacke	1214
BGHZ 73, 355	Formosa	1217
LG Aachen FamRZ 1986, 713	Schlagersänger	1220
BGHZ 13, 334	Leserbrief	1235
BGHZ 26, 349	Herrenreiter-Fall	1236
BGHZ 30, 7	Catarina Valente	1236
BGHZ 35, 363	Ginseng	1236
BGHZ 39, 124	Fernsehansagerin	1236
BVerfGE 34, 269	Soraya	1236
BVerfG NJW 1995, 3303	Geborener Mörder	1239
BVerfGE 30, 173	Mephisto	1239
BGH NJW 2005, 2844; BVerfG NJW 2008, 39	Esra	1239
BGH VersR 2009, 1085	»Kannibale von Rotenburg«	1239
BGHZ 131, 332; BGHZ 171, 275; BVerfGE 101, 361; BVerfG NJW 2008, 1793; EGMR NJW 2004, 2647	Caroline	1240 ff.
BGH NJW 2008, 3134; NJW 2008, 3138; VersR 2009, 841; NJW 2009, 3032; NJW 2011, 744; 746	Heide Simonis – Sabine Christiansen I – Sabine Christiansen II – «Wer wird Millionär?" – Party-Prinzessin – Rosenball von Monaco	1242
BGHZ 143, 214	Marlene Dietrich	1243
BGH NJW 2000, 2201	Blauer Engel	1243
BGHZ 45, 296	Höllenfeuer	1251
BverfGE 7, 198; 25, 256	Boykott (Lüth – Blinkfüer)	1253
BGHZ 59, 30; 137, 90	Betriebsblockade	1253
BGHZ 38, 200	Kindernähmaschine	1254
BGHZ 164, 1	Unberechtigte Schutzrechtsverwarnung	1254

c. Produkthaftung

BGHZ 51, 91	Hühnerpest	1257
BGHZ 104, 323	Sprudelflasche	1258, 1272
BGHZ 80, 186	Apfelschorf	1261
BGH NJW 2009, 2952	Entwicklungsfehler	1264
BGHZ 116, 60	Milupa	1266
OLG Düsseldorf VersR 2003, 912	Mars	1266
OLG Frankfurt NJW-RR 2001, 1471; OLG Hamm NJW 2005, 295	Zigaretten	1266
OLG Hamm NJW 2001, 1654	Bier	1266
BGH NJW 1999, 2815	Reißwolf	1266
BGHZ 99, 167	Honda	1267
BGH NJW 2009, 1080	Pflegebetten	1267
BGH NJW 2009, 2952	Airbag	1270, 1272

d. Sonstige Tatbestände

BGH NJW 2009, 2530	§ 858 als Schutzgesetz (Abschleppkosten)	1283
BGH NJW 2003, 2825	Angaben ins Blaue	1294
BGHZ 127, 378	Bausachverständiger	1298 f.
BGH NJW 2006, 830	Kirch	1306
BGH NJW 1966, 2010	Teppichkehrer	1308
BGH NJW 1963, 1871	Elektronische Orgeln	1309
BGH NJW 1965, 36	Gogomobil	1309
OLG Köln NJW-RR 1997, 471	Wachmann	1329
BGH VersR 2009, 788	Aufsichtspflicht über kleinere Kinder	1339
BGH VersR 1957, 799	Flitzebogen	1340
BGH NJW 1999, 2593	Baugerüst	1341
OLG Hamm NJW-RR 2002, 92	Zirkuszelt	1342
BGH NJW 2009, 3233	Privilegierung des Nutztierhalters	1344
BGH NJW 1989, 2947	Mikroorganismen	1346
BGHZ 67, 129	Mischlings-Rüde	1347
OLG Koblenz VersR 1992, 1017	Karnevalspferde	1351 f.
BGH NJW 2009, 3223	Panik bei weidender Rinderherde	1352
BVerfGE 61, 149	Nichtigkeit des StHG	1355

BGHZ 56, 40; 140, 25	Legislatives Unrecht	1371
BGH NJW 2006, 1733	Wertgutachter	1380, 1384

e. Mehrheit von Schädigern

BGH NJW 2007, 830	Verzögerte Grundbucheintragung	1372
BGHZ 89, 383	Grohnde	1386
BGH VersR 1992, 498	Zurechnung von Exzessen	1392, 1400
OLG Celle NJW 1950, 951	Steinwurf	1393, 1397
BGHZ 72, 355	Haftung von Beteiligten	1396

f. Inhalt und Umfang

BGH NJW 2000, 3287	Huftritt	1408
BGH NJW 2003, 1732; BGHZ 135, 235	Pappeln	1435 f.

g. Gefährdungshaftung außerhalb des BGB

BGHZ 115, 84	Schweinepanik	1452
BGH NJW-RR 2010, 1467	Haftung für Energieanlagen	1477